実績と信頼の充実データ

種牡馬
最強データ'24~'25

関口隆哉
宮崎聡史

ジャンタルマンタル

Contents

12年振りに新王者が誕生!!
003 **新時代が幕を開ける～リーディングサイアー史～**

旋風巻き起こした2023年リーディングフレッシュサイアー!
011 **スワーヴリチャード 躍進の理由とハーツクライ系確立への期待**

異次元の種付料が設定されるも、瞬く間に"Book Full"に! 2023年
015 **種牡馬としても新時代を切り拓く、世界最強馬 イクイノックス**

馬券大作戦
019 **3つのキーワードで読み解く春のGI戦線**

Sire Debut in Japan
2027年産駒デビュー予定
027 **2024年 初供用される新種牡馬たち**

030 **本書の見方**

Japan Sire Ranking 2023
2023年種牡馬ランキング
031 **ランキングTOP20**
113 **ランキング21～100**
269 **ランキング101～266**
309 **ランキング267～502**
349 **2023年フレッシュサイアーランキング1～33**
338 2023年2歳馬サイアーランキング
340 2023年地方競馬サイアーランキング

Japan New Sire 2024～26
367 **2024年新種牡馬**
379 **2025年新種牡馬**
391 **2026年新種牡馬**

BMS Ranking 2023
412 2023年ブルードメアサイアーランキング1～150

Blood in the World
Column 2023年 海外競馬活躍馬の血統
112 ACE IMPACT **エースインパクト**
268 MOSTAHDAF **モスターダフ**
308 AUGUSTE RODIN **オーギュストロダン**
348 WHITE ABARRIO **ホワイトアバリオ**

World Sire Ranking 2023
342 **2023年欧州サイアーランキング**
344 **2023年北米サイアーランキング**
346 **2022／2023年豪サイアーランキング**
401 **2024年注目される海外けい養種牡馬**

特別インタビュー
サラブレッド血統センター 藤井正弘氏に聞く これから
426 **日本のダート競馬の過去・現在・未来**

434 **2023年海外主要レース勝ち馬一覧**
436 **2024年JRA重賞競走一覧**
439 **地方競馬グレード競走一覧**

440 **国内けい養種牡馬INDEX**
445 **海外けい養種牡馬INDEX**

はじめに

　ここ数年間、毎月、北海道の育成牧場を巡りながら、デビュー前のサラブレッドたちを取材する仕事を続けています。2023年ランキング上位馬でいえば、ドゥラメンテ産駒の優れた柔軟性、ロードカナロア産駒の肉付きの良さ、バランスが取れた馬体の持ち主が多いキズナ産駒と、種牡馬たちの特徴を実感することも多いのですが、反面、母系が強く出ていて、種牡馬の印象が薄くなっている若駒も、決して少なくはありません。考えてみれば、大種牡馬サンデーサイレンス直仔サイアーの中にも、ディープインパクトやハーツクライのような芝中距離馬、フジキセキのような短距離、マイル戦を得意とするもの、あるいは、ゴールドアリュールを典型とするダートのスペシャリストなど、本当に様々なタイプが存在しています。サラブレッドとして、優れた資質を誇っていたことが故に種牡馬となった馬たちは、それぞれに個性的であることは間違いのないところ。まだまだ力及ばずであるのは否めませんが、本書が、一頭、一頭の種牡馬が持つ独自性を、上手に理解する一助となればと、強く願っています（関口隆哉）。

新時代が幕を開ける

～リーディングサイアー史～

最終盤の大逆転劇 ドゥラメンテが リーディングサイアーに 輝く!!

11年連続で首位の座をキープしていた世界的大種牡馬ディープインパクトがフェイドアウトし、新王座を目指す精鋭たちが激戦を繰り広げた2023年リーディングサイアー戦線。グランプリレースの大逆転で新王座に就いたいまは亡きドゥラメンテ、そして2024年以降の有力な新チャンピオン候補でもあるロードカナロア、キズナ、キタサンブラックといったランキング上位種牡馬たちの個性、セールスポイントを検証しつつ、今年から大きく変化する3歳ダート重賞路線、恒常的な海外ビッグレースへの参戦といった現代日本競馬界のトレンドに対する適応力も踏まえ、新たな時代を切り拓くトップサイアー像を模索していく。

3

上位馬が持ち味を発揮して輝いた2023年

ドゥラメンテ
自らが誇ったスケールの大きさと高い芝中距離適性を上手に
産駒に伝える。大一番での強さが首位獲得の原動力となった。

長打力が魅力となる新チャンピオン
圧倒的勝ち鞍数が光る小差の2位馬

2023年年明けのシンザン記念をライトクオンタムが制したものの、日本で血統登録された最終世代産駒がわずか6頭しかいなかったこともあり、2012年から2022年までリーディングサイアーを続けていた絶対王者ディープインパクトは、3歳クラシック戦線において賞金を積み重ねることがかなり難しい状況となっていた。また、古馬陣も相変わらずの層の厚さ、レベルの高さを示したものの、GI勝ちは天皇賞・春のジャスティンパレスのみと、例年に比べる

と勢いに翳りが見えた印象も否めなかった。結果的にディープインパクトは、トップ2頭から10億円強の差を付けられた5位に後退。13年連続で首位種牡馬の地位をキープした父サンデーサイレンスの大記録には、「わずかに及ばず」となってしまった。

替わって、12年振りの新王座に就いたのが、2023年に4世代目が競走馬デビューしたドゥラメンテ。優秀なアヴェレージヒッターというよりは、ホームランを量産できることが種牡馬ドゥラメンテ最大の魅力だが、2023年もGIレースにおける産駒の強さは格別だった。桜花賞、オークス、秋華賞を制し3冠牝馬の栄誉に浴したのに加え、王者イクイノックスに敢然と挑んだジャパンCで2着したリバティアイランドを筆頭に、菊花賞馬ドゥレッツァ、NHKマイルC馬シャンパンカラー、交流ダートGIJBCレディスクラシックを制したアイコンテーラーと、4頭の産駒が計6つのGIタイトルを獲得。また、それまでサイアーランキングトップを快走続けていたロードカナロアを大逆転したのも、高額賞金が懸かった暮れのGI有馬記念で、スターズオンアースが2着、タイトルホルダーが3着し、計3億3000万円の賞金を上積みしたからこそでもあった。まさしくGI戦での抜群の好成績が、ドゥラメンテに初の王座をもたらす強力な原動力となった。

ドゥラメンテの代表産駒

馬名	性	生年	母	母父	戦績	主な勝ち鞍
タイトルホルダー	牡	2018	*メーヴェ	Motivator	19戦7勝	宝塚記念、天皇賞・春、菊花賞
スターズオンアース	牝	2019	*サザンスターズ	Smart Strike	12戦3勝	桜花賞、オークス
リバティアイランド	牝	2020	*ヤンキーローズ	All American	7戦5勝	牝馬3冠、阪神JF
ドゥレッツァ	牡	2020	*モアザンセイクリッド	More Than Ready	6戦5勝	菊花賞
アイコンテーラー	牝	2018	ボイルトウショウ	*ケイムホーム	24戦6勝	JBCレディスクラシック
シャンパンカラー	牡	2020	*メモリアルライフ	Reckless Abandon	7戦3勝	NHKマイルC
ドゥラエレーデ	牡	2020	マルケッサ	オルフェーヴル	12戦2勝	ホープフルS
ヴァレーデラルナ	牝	2019	*セレスタ	Jump Start	15戦5勝	JBCレディスクラシック
ロードアヴニール	牡	2020	ヴィーヴル	ディープインパクト	6戦4勝	招福S
ルガル	牡	2020	*アタブ	New Approach	11戦3勝	シルクロードS

🐎＝現役馬（以下同）

ロードカナロアの代表産駒

馬名	性	生年	母	母父	戦績	主な勝ち鞍
アーモンドアイ	牝	2015	フサイチパンドラ	*サンデーサイレンス	15戦11勝	ジャパンC2回などGI9勝
ダノンスマッシュ	牡	2015	スピニングワイルドキャット	ハードスパン	26戦11勝	高松宮記念、香港スプリント
サートゥルナーリア	牡	2016	シーザリオ	スペシャルウィーク	10戦6勝	皐月賞、ホープフルS
パンサラッサ	牡	2017	ミスペンバリー	Montjeu	27戦7勝	サウジC、ドバイターフ
ステルヴィオ	牡	2015	ラルケット	ファルブラヴ	21戦4勝	マイルCS、スプリングS
レッドルゼル	牡	2016	フレンチノワール	フレンチデピュティ	27戦9勝	JBCスプリント、東京盃
ファストフォース	牡	2016	ラッシュライフ	サクラバクシンオー	29戦7勝	高松宮記念、CBC賞
ベラジオオペラ	牡	2020	エアルーティーン	*ハービンジャー	7戦4勝	スプリングS、チャレンジC

　5回目の種付シーズンが終了した2021年8月に、9歳の若さで死亡してしまったドゥラメンテだが、種牡馬生活を送っていた安平・社台SS事務局の三輪圭祐氏は、こんな言葉で種牡馬としての凄みを語ってくれた。

「牡牝、芝、ダートの如何にかかわらず、各世代、ジャンルの王座決定戦的なレースを多数勝ち続けていることは能力の高さの、何よりの証明といえるでしょう。もし長生きしていれば、長期政権を樹立した可能性も十分にあったと思います。また、アドマイヤグルーヴ〜エアグルーヴへと遡る、母系の素晴らしさを改めて実感させてくれたことも、功績といえるでしょう」

　わずか6千万円強の獲得賞金差で2位に甘んじたロードカナロアは、高松宮記念勝ちのファストフォース、エリザベス女王杯馬ブレイディヴェーグといった2頭のGI勝ち産駒を含め、数多くの重賞勝ち馬、好走馬が登場、改めて産駒層の厚さを見せつけた。JRA、地方競馬を合わせた勝ち鞍数は計「421」。この数字はドゥラメンテの「252」はもちろん、地方競馬首位種牡馬で、全体2位の勝ち鞍数を記録したシニ

ロードカナロア
産駒層の厚さと安定感の高さ、加えて父キングカメハメハ譲りの万能性も武器。芝中距離戦線の大物誕生が王座奪取の鍵か。

スターミニスターの「322」を100近く上回る、途轍もない数字となっている。

「ロードカナロアは繁殖牝馬の特性を活かしながら、そこに自分の個性を重ねていく種牡馬だと感じています。配合のバリエーションに沿って生産者が期待した産駒を送り出す万能性は、他の追随を許さないところがあります。加えて受胎率の高さも大きな武器。初期のアーモンド

2023年種牡馬ランキング　Top6

順位	種牡馬名	出走回数	出走頭数	勝利回数	勝利頭数	AEI	総収得賞金（万円）
1	ドゥラメンテ	2293	383	252	160	2.51	446028.8
2	ロードカナロア	3624	571	421	257	1.66	439925
3	キズナ	2573	397	307	191	2.02	371708.4
4	ハーツクライ	2342	350	227	137	2.13	345745.5
5	ディープインパクト	1602	259	139	96	2.78	333271.2
6	キタサンブラック	975	169	155	92	3.84	300489.9

キズナ
種付料が高騰してからの産駒が続々登場。従来の層の厚さに質の一段階アップが加われば、新王座誕生が十分に望める。

アイやサートゥルナーリアといった、芝中距離戦線の大物ということでは、最近はやや物足りないのかもしれませんが、様々なジャンルで賞金を積み重ねることができるだけに、2024年以降もリーディングサイアー争いに絡んでくることは確実でしょう（けい養先である社台ＳＳ・三輪氏）」

上位馬はそれぞれ首位に立てる器
新生ダート3冠戦での争いにも注目

　ロードカナロアから約6億8千万円差で3位に入ったのが、2021、22年の4位から1つ順

位を上げてきたキズナ。2023年のGI勝ちは5歳となった2年目産駒の一頭ソングラインが、ヴィクトリアマイル、安田記念を連勝したのみだったが、ダート中距離戦線のハギノアレグリアス、交流ダート重賞戦線をタフに駆け抜けたテリオスベルといった、多彩な重賞勝ち馬、枚挙に暇がない重賞好走馬が登場し初のトップ3入りを果たしている。コース別のJRAランキングでは芝で6位、ダートで5位、地方競馬ランキングでも8位に付けていることは、種牡馬キズナが誇る総合力の高さの証明といえるだろう。

　「常に元気で、活気に充ちた種牡馬。スタリオンでの様子を見ていると、"野性的な生命力の強さ"といったものを感じてしまいます。あるいは、ハナ差を争うような接戦に強かったり、人気薄の馬が激走したりといったケースが目立つのも、キズナ自身が持つ高いエネルギーが産駒に伝わっているからかもしれません。2024年3歳世代、夏からデビューしてくる2歳勢は、共に種付料が大幅にアップしてからの産駒たち。いままではやや縁が薄かった牡馬クラシック戦線の有力馬が出てくれば、リーディングサイアーの座も自然と近付いてくるのではないでしょうか（けい養先である社台ＳＳ・三輪氏）」

　4位ハーツクライ、前述の5位ディープインパクトといったレジェンドたちを挟み、2022年の14位から一気にランキングを上げてきたのが、2023年に3世代目産駒がデビューしてきた新進気鋭種牡馬キタサンブラック。もちろん、宝塚記念、天皇賞・秋、ジャパンCとGI

キズナの代表産駒

馬名	性	生年	母	母父	戦績	主な勝ち鞍
ソングライン	牝	2018	ルミナスパレード	＊シンボリクリスエス	17戦7勝	安田記念、富士S
アカイイト	牝	2017	ウアジェト	＊シンボリクリスエス	27戦5勝	エリザベス女王杯、垂水S
ディープボンド	牡	2017	ゼフィランサス	キングヘイロー	26戦5勝	阪神大賞典2回、フォワ賞
マルターズディオサ	牝	2017	＊トップオブドーラ	Grand Slam	17戦4勝	チューリップ賞、紫苑S
ファインルージュ	牝	2018	パシオンルージュ	＊ボストンハーバー	10戦3勝	フェアリーS、紫苑S
テリオスベル	牝	2017	アーリースプリング	＊クロフネ	40戦7勝	ブリーダーズGC、クイーン賞
ハギノアレグリアス	牡	2017	タニノカリス	＊ジェネラス	16戦7勝	シリウスS、名古屋大賞典
サンライズジパング	牡	2021	＊サイマー	Zoffany	6戦2勝	若駒S、ホープフルS3着

ソールオリエンス
キタサンブラック産駒初のクラシック制覇となった2023年
皐月賞のソールオリエンス。ゴール前の切れ味は圧巻だった。

を3連勝し、一頭で9億円以上の賞金を稼いだ
イクイノックスの存在が大きかったが、皐月賞
馬ソールオリエンス、青葉賞勝ちのスキルヴィ
ング、桜花賞2着のコナコーストといった、日
本競馬の王道であり高額賞金レースが多数用意
されている、芝中長距離戦線、3歳クラシック
戦線での強さは、今後も種牡馬としての強力な
武器となってくるはずだ。加えて交流ダート重
賞を3勝し、チャンピオンズCで2着したウィ
ルソンテソーロ、ジャンプ戦線の重賞ウイナー
となったエコロデュエルなど、幅広い活躍産駒
が出てきたことも、今後のリーディングサイア
ー争いにおいて心強い材料となっている。

キタサンブラック
2024年は現役種牡馬最高額タイとなる2000万円の種付料
が設定された。芝中長距離戦線での強さが最大の武器となる。

キタサンブラックの代表産駒

馬名	性	生年	母	母父	戦績	主な勝ち鞍
イクイノックス	牡	2019	シャトーブランシュ	キングヘイロー	10戦8勝	ジャパンC、有馬記念などGI6勝
ガイアフォース	牡	2019	ナターレ	*クロフネ	13戦3勝	セントライト記念、フェブラリーS2着
ソールオリエンス	牡	2020	*スキア	Motivator	8戦3勝	皐月賞、京成杯
ウィルソンテソーロ	牡	2019	*チェストケローズ	Uncle Mo	15戦7勝	マーキュリーC、白山大賞典
コナコースト	牝	2020	コナブリュワーズ	キングカメハメハ	8戦1勝	桜花賞2着、チューリップ賞2着
エコロデュエル	牡	2019	*クラリネット	Giant's Causeway	16戦4勝	京都ジャンプS、中山大障害3着

キタサンブラック **キズナ** **ロードカナロア**

　「いわゆる名血馬ではないのかもしれませんが、自身は間違いなく日本最強馬でしたし、その圧倒的な競走能力を上手に産駒に伝えている印象があります。その意味では血統面、競走成績、種牡馬となっての遺伝力の強さは、サンデーサイレンスと似ているのかもしれません。芝中長距離戦という日本競馬の王道路線での大物を量産できるタイプですし、海外から輸入してきた繁殖牝馬との相性も良い。当然、リーディ

キズナ
2023年総合ダートサイアーランキングは8位。母父がストームキャットで、今後は砂の超大物誕生も十分に期待できる。

ングサイアーを獲り、それを継続できる器だと見ています（けい養先である社台ＳＳ・三輪氏）」

　おそらく、2024年リーディングサイアー争いは、前述したドゥラメンテ、ロードカナロア、キズナ、キタサンブラックの４頭に、年明けの芝重賞で産駒の活躍が目覚ましいエピファネイアを加えた、熾烈な争いとなるだろう。もちろん、最も賞金が高くその結果が順位に反映しやすい、クラシックを含む芝中長距離重賞戦線に、どれだけ有力馬を送り出せるかが、勝負の鍵を握ることになるが、数千万円を争う大接戦になった場合、2024年から大きく形を変える３歳ダートＧＩ戦線における産駒の活躍具合も、重要なポイントとなるかもしれない。

　ここまでのダート戦での成績を見ると、３歳ダート３冠戦の舞台となる大井コースですでにアイコンテーラーがＧＩ制覇を達成しているドゥラメンテと、交流ダート重賞戦線の優秀産駒を多数輩出し地方競馬サイアーランキングでもトップ10入りを果たしているキズナの２頭には、今回の番組改革はプラスに働く公算が高い。とはいえ、ロードカナロア、キタサンブラックもダートの強豪を送り出した実績があるだけ

新生 "ダート3冠" が遂にスタート!!

1月17日
ブルーバードC
Jpn III 船橋 1800m

2月14日
雲取賞
Jpn III 大井 1800m

3月20日
京浜盃
Jpn II 大井 1700m

4月24日
羽田盃
Jpn I 大井 1800m

6月5日
東京ダービー
Jpn I 大井 2000m

10月2日
ジャパンダートクラシック
Jpn I 大井 2000m

4月27日
ユニコーンS
G III JRA 京都

8月4日
レパードS
G III JRA 新潟 1800m

9月3日
不来方賞
Jpn II 盛岡 2000m

各競走の1着賞金は羽田盃5000万円、東京ダービーが1億円、ジャパンダートクラシックが7000万円。3冠達成馬には8000万円のボーナスが付く。

国内外での活躍を後押しする高い絶対能力

に、3冠戦の勝ち馬が登場してきてもまったく驚きはない。当然、シニスターミニスター、エスポワールシチーといったダート系サイアーも意地を見せたいところではあるし、こちらもレベルの高い混戦となりそうだ。

国内での争いだけでは止まらない、世界での活躍が求められる時代に

　日本競馬リーディングサイアー史を振り返ると、1980年代のノーザンテースト、1990年代中盤から2000年代にかけてのサンデーサイレンス、そして2010年代のディープインパクトと、時代ごとに長期政権を築き上げた歴史的大種牡馬たちが存在した。言い換えれば前記3頭の種牡馬としての能力が、他馬よりも明らかに上回っていたからこそ起きた現象でもあったのだろう。しかし、社台SS・三輪氏が「現在のランキング上位種牡馬たちは、どの馬がリーディングを獲っても、まったく不思議ではない高い能力を有している」と指摘するように、日本競馬史上類を見ないハイレベルでの大混戦となっているのは、間違いない。

　もう1つ、リーディングサイアー争いをより難しくしているのが、高額賞金が懸かった海外のビッグレースだ。日本馬が積極的に参戦することが極めて当たり前になった現在の日本競馬において、有力産駒が国内で賞金を上積みする機会を逃しているともいえる状況にある。

　2023年もロードカナロア産駒のパンサラッサが、1着賞金1000万ドル（当時のレートで約13億6000万円）となるサウジCに優勝。もし、このパンサラッサが得た賞金が加算されていれば、悠々とリーディングサイアーを獲得していた計算にはなる。ほかにも、グレード外レースでありながら1着賞金525万豪ドル（当時のレートで約5億400万円）というビッグマネーが用意されたザ・ゴールデンイーグルを制したのは、ディスクリートキャット産駒のオオ

ロードカナロア
2023年サウジCを産駒パンサラッサが見事に勝利。1000万ドル（当時のレートで約13億6000万円）の1着賞金を得た。

キタサンブラック
2023年に産駒イクイノックスがドバイシーマクラシックを快勝。今後は、世界中の芝大レースがターゲットになるかも。

バンブルマイ。父ディスクリートキャットもこの賞金が加算されていれば、36位だったサイアーランキングを22、23位にまで引き上げることができていた。

日本馬が海外で得た賞金をランキングに反映させるべきかについては、議論の分かれるところだろうが、その種牡馬の本当の実力、価値を推し量る上で、日本国内のみを対象とした順位だけでなく、海外での実績もより重要視されてくるのは必然的な流れなのかもしれない。

間違いなく、世界レベルの能力を誇る日本供用種牡馬たちに求められる近未来像を、社台SS・三輪氏はこんな言葉で表現してくれた。

「母馬が日本でダイワメジャーに種付され仏でデビューしたダブルメジャーが、GIロワイヤルオーク賞を制したことは、個人的にもとても嬉しい出来事でした。一流ではあるけれども日本では、2、3番手評価だった種牡馬から、こういった産駒が出るのは全体的なレベルアップの証明でしょう。今春も、海外の生産者からキタサンブラック、キズナ、イクイノックスを付けたいという要望が来ています。いつの日か日本馬、外国馬を問わず、日本供用種牡馬の産駒が毎週のように世界の大レースに出走する時代が来ることを目指し、スタリオンとしての役割を果たしていきたいと考えています」

2023年日本調教馬の海外遠征の主な成績一覧

日程	馬名	性齢	開催地	格付	レース名	父馬名	騎手	調教師	着順
2月25日	バスラットレオン	牡5歳	沙	GIII	1351ターフスプリント	キズナ	坂井 瑠星	矢作 芳人	1着
2月25日	シルヴァーソニック	牡7歳	沙	GIII	レッドシーターフハンデキャップ	オルフェーヴル	D.レーン	池江 泰寿	1着
2月25日	デルマソトガケ	牡3歳	沙	GIII	サウジダービー	マインドユアビスケッツ	松若 風馬	音無 秀孝	3着
2月25日	リメイク	牡4歳	沙	GIII	リヤドダートスプリント	ラニ	福永 祐一	新谷 功一	3着
2月25日	パンサラッサ	牡6歳	沙	GI	サウジカップ	ロードカナロア	吉田 豊	矢作 芳人	1着
2月25日	カフェファラオ	牡6歳	沙	GI	サウジカップ	American Pharoah	J.モレイラ	堀 宣行	3着
3月25日	デルマソトガケ	牡3歳	首	GII	UAEダービー	マインドユアビスケッツ	C.ルメール	音無 秀孝	1着
3月25日	ドゥラエレーデ	牡3歳	首	GII	UAEダービー	ドゥラメンテ	C.デムーロ	池添 学	2着
3月25日	コンティノアール	牡3歳	首	GII	UAEダービー	ドレフォン	坂井 瑠星	矢作 芳人	3着
3月25日	ダノンベルーガ	牡4歳	首	GI	ドバイターフ	ハーツクライ	J.モレイラ	堀 宣行	3着
3月25日	イクイノックス	牡4歳	首	GI	ドバイシーマクラシック	キタサンブラック	C.ルメール	木村 哲也	1着
3月25日	ウシュバテソーロ	牡6歳	首	GI	ドバイワールドカップ	オルフェーヴル	川田 将雅	高木 登	1着
4月30日	プログノーシス	牡5歳	香	GI	クイーンエリザベスII世カップ	ディープインパクト	Z.パートン	中内田 充正	2着
9月10日	リメイク	牡4歳	韓	GIII	コリアスプリント	ラニ	川田 将雅	新谷 功一	1着
9月10日	バスラットレオン	牡5歳	韓	GIII	コリアスプリント	キズナ	坂井 瑠星	矢作 芳人	3着
9月10日	クラウンプライド	牡4歳	韓	GIII	コリアカップ	リーチザクラウン	川田 将雅	新谷 功一	1着
9月10日	グロリアムンディ	牡5歳	韓	GIII	コリアカップ	キングカメハメハ	坂井 瑠星	大久保 龍志	2着
11月4日	オオバンブルマイ	牡3歳	豪		ゴールデンイーグル	ディスクリートキャット	J.パー	吉村 圭司	1着
11月4日	シャフリヤール	牡5歳	米	GI	ブリーダーズカップターフ	ディープインパクト	C.デムーロ	藤原 英昭	3着
11月4日	デルマソトガケ	牡3歳	米	GI	ブリーダーズカップクラシック	マインドユアビスケッツ	C.ルメール	音無 秀孝	2着
12月10日	ゼッフィーロ	牡4歳	香	GI	香港ヴァーズ	ディープインパクト	D.レーン	池江 泰寿	3着
12月10日	ナミュール	牝4歳	香	GI	香港マイル	ハービンジャー	W.ビュイック	高野 友和	3着
12月10日	ヒシイグアス	牡7歳	香	GI	香港カップ	ハーツクライ	J.モレイラ	堀 宣行	3着

スワーヴリチャード

躍進の理由と
ハーツクライ系
確立への期待

Suave Richard

2023年活躍産駒
レガレイラ

4角10番手から、末脚爆発。ホープフルSのGⅠ昇格後初の牝馬優勝を達成すると共に、父に初のGⅠタイトルをプレゼントした。

最終的にはキズナ、エピファネイアの後塵を拝することになったが、
一時は2歳総合サイアーランキングでも首位に立っていた、
2023年リーディングフレッシュサイアーに輝くスワーヴリチャード。
決して高くなかった前評判を覆し、大躍進を遂げた理由を考察するとともに、
父ハーツクライを祖とする父系の旗手となることも求められる、その近未来を展望してみた。

道中は終始好位集団から競馬を進め、ゴール前で先頭に躍り出る、完璧なレース運びで2つ目のGⅠ制覇を達成。

初年度産駒たちの3歳以降の走りが新たな歴史を作り上げる重要な鍵に

　いずれも100頭以上の初年度産駒が血統登録されていたレイデオロ、モーニン、ブリックスアンドモルタルといった新種牡馬たちの前評判が高かった、2023年リーディングフレッシュサイアー争い。そのなかで、前評判を覆し、ほぼ独走で首位新種牡馬の栄誉に浴したのが、82頭の初年度産駒が血統登録されていたスワーヴリチャードだった。

　けい養先である社台スタリオンステーション（以下社台SS）事務局の三輪圭祐氏は、首位獲得までは予測していなかったものの、"それなりの活躍を示すのでは"という予感を抱いていたそうだ。

　「初年度産駒が誕生した当初から、"いい意味で個体差がない、バランスの取れた仔が多いな"という印象は持っていました。1歳秋となり、本格的なトレーニングが始まってからも、育成牧場のスタッフたちからは高い評価が与えられていましたし、"早めにデビューしてくる産駒も多

そうだし、上位争いには加わってくるかな"という想いは強くなっていました。ただ、ここまで勝ち上がり産駒が続出してきたことは、正直、"うれしい誤算"でした」

　種牡馬スワーヴリチャードのストロングポイントとして、まず、あげられるのが、2歳でデビューした産駒の多さ。血統登録された82頭中、80%強となる66頭が競走馬としてのスタートを切り、内21頭が勝ち上がっている。仕上がりの早さが生み出した2歳陣の層の厚さ、優秀な勝ち上がり率が証明するレベルの高さは、新種牡馬ランキング2位ブリックスアンドモルタルに1億5000万円弱の決定的な差をつける原動力にもなった。

　もう1つ、リーディングフレッシュサイアー獲得に大きな貢献を果たしたのが、京王杯2歳Sを1番人気で制したコラソンビート、暮れのホープフルSを切れ味抜群の末脚で勝利したレガレイラという、2頭の重賞勝ち産駒だ。この重賞2勝の1着賞金合計額は1億800万円。産駒全体の獲得賞金額4億1691万円の約26%という高い比率を占めている。

　「スワーヴリチャードの2歳戦での強さは、父がブリーダーズCジュヴナイルの勝ち馬で、種牡馬としても2歳戦を得意としたアンブライドルズソング、母がブリーダーズCジュヴナイルフ

スワーヴリチャード

PROFILE

競走成績　19戦6勝
最高レーティング　121Ｉ（18年）、**121Ｌ**（19年）
主な勝ち鞍　ジャパンC（GⅠ）、
大阪杯（GⅠ）、金鯱賞（GⅡ）、
Ar共和国杯（GⅡ）、共同通信杯（GⅢ）。

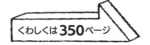

くわしくは**350**ページ

スワーヴリチャード・血の強さの秘密

父 ハーツクライ 鹿 2001	**父父** *サンデーサイレンス 青鹿 1986	Halo	Hail to Reason	Turn-to
				Nothirdchance
			Cosmah	Cosmic Bomb
				Almahmoud
		Wishing Well	Understanding	Promised Land
				Pretty Ways
			Mountain Flower	Montparnasse
				Edelweiss
	父母 アイリッシュダンス 鹿 1990	*トニービン	*カンパラ	Kalamoun
				State Pension
			Severn Bridge	Hornbeam
				Priddy Fair
		*ビューパーダンス	Lyphard	Northern Dancer
				Goofed
			My Bupers	Bupers
				Princess Revoked
母 *ピラミマ 黒鹿 2005	**母父** アンブライドルズソング Unbridled's Song 芦 1993	Unbridled	Fappiano	Mr. Prospector
				Killaloe
			Gana Facil	Le Fabuleux
				Charedi
		Trolley Song	Caro	*フォルティノ
				Chambord
			Lucky Spell	Lucky Mel
				Incantation
	母母 *キャリアコレクション 鹿 1995	General Meeting	Seattle Slew	Bold Reasoning
				My Charmer
			Alydar's Promise	Alydar
				Summertime Promise
		River of Stars	Riverman	Never Bend
				River Lady
			Star Fortune	Pia Star
				Flitter Flutter

血統的特徴

- SS、トニービンと歴代首位種牡馬が配合された父の長所を継承
- 仕上がり早い母系が2歳戦の活躍を後押し

　クラシックで善戦、古馬となりGⅠタイトルを重ねた現役時代は、父ハーツクライの競走成績を彷彿とさせる。父が誇った強さは共に首位種牡馬経験を持つ、父サンデーサイレンス×母父トニービンという黄金配合がもたらしたものでもある。初産駒が示した2歳戦の活躍は、仕上がりの早さが光る母父アンブライドルズソング、米GⅠで2着した祖母キャリアコレクションの血の賜物か。

母父

Unbridled's Song　アンブライドルズソング

　現役時代はヘネシー、オナーアンドグローリーら強敵を降し、BCジュヴナイルに優勝。種牡馬となり2017年北米首位サイアーに輝く。代表産駒にアロゲート。日本ではコントレイルのBMSとしても知られる。

距離	成長型	芝	ダート	瞬発力	パワー	底力
マ中	普	○	◎	◎	◎	○

母母

キャリアコレクション

　2歳時の活躍が光り、ソレントS、ランダルースSとGⅡを2勝したほか、ブリーダーズCジュヴナイルフィリーズ、GⅠハリウッドスターレットSで2着。スワーヴリチャードの母ピラミマはその4番仔。

距離	成長型	芝	ダート	瞬発力	パワー	底力
短マ	早	○	◎	○	○	△

ィリーズで2着したキャリアコレクションという配合が施されている、米国産の母ピラミマから受け継いだものでしょう。2頭の2歳重賞馬が典型ですが、仕上がりの早さ、マイル前後の距離で遺憾なく発揮されるスピード、そして終いでビュッと来る瞬発力を兼ね備えていることは、今後も、産駒の2歳戦での活躍を保証するものとなるはずです（社台SS・三輪氏）」

　2024年に3歳となるスワーヴリチャード産駒だが、スケールの大きさと限りない可能性を感じさせるレガレイラを筆頭に、さらなる飛躍を遂げる可能性は十分にありそうだ。スワーヴリチャード自身そして父ハーツクライもそうだが、本当の意味で高い能力を開花させたのは古馬となって

から。優れた成長力の持ち主であることが、この父系が誇る最大のセールスポイントでもある。

　「2歳までは母系、3歳以降は父ハーツクライが強く出てくるというのが理想型です。クラシック戦線、あるいは古馬となり一線級に躍り出てくる産駒も出てくるとは思いますが、種牡馬スワーヴリチャードの今後を占う上でも、これからの初年度産駒の走りには大いに注目しています（社台SS・三輪氏）」。

　2024年春から種付料が前年までの200万円から7.5倍増の1500万円となる、異例の展開を見せている新進気鋭種牡馬スワーヴリチャード。日本馬産界に新たな歴史を作り上げるための正念場は、意外と早く訪れてきそうだ。

まだまだ続く、
ハーツクライ後継種牡馬たち

父系に多様性をもたらす後継候補
将来的には世界的な発展も期待

「日本だけでなく北米、欧州、オセアニアを含めた世界的傾向ですが、2歳戦から走れる種牡馬が重用されるというのは、間違いがないところです。ハーツクライ自身は、2歳サイアーランキングでも度々上位を賑わせていましたが、その直仔種牡馬には2歳戦から活躍するイメージは薄かった。その意味ではスワーヴリチャードが出てきたことは、ハーツクライ系の今後という意味でも大きな出来事となったのでは、と考えています（社台SS・三輪氏）」。

　ハーツクライ直仔種牡馬のなかでは、2023年スワーヴリチャードの3位が2018、23年ジャスタウェイの7位を上回る過去最高順位。最後にGI勝ち産駒レガレイラが登場したこともあり、実際の数字以上に強かった"ハーツクライ直仔種牡馬は2歳戦ではいま一つ"というこれまでのイメージを、スワーヴリチャードが大きく覆したことは間違いない。2歳戦での活躍ということで、大きな期待を集めるハーツクライ直仔種牡馬が、2023年が初供用年度となったサリオスだ。2歳6月のデビュー戦、芝1600m1分32秒7の東京コース2歳レコードを樹立したサウジアラビアRC、そして3連勝での朝日杯FS制覇と、2歳戦の実

米国で芝とダートのGIを制覇した日本生まれの強豪

ヨシダ
ノーザンファームで生まれ、米に渡りターフクラシックS、ウッドワードSとGI2勝。2024年から母国で種牡馬供用される。

朝日杯FSを無敗で制したコントレイルのライバル！

サリオス
朝日杯FSに勝ち、皐月賞、ダービーは共にコントレイルの2着。種牡馬供用初年度の2023年は176頭に種付された。

績は申し分なし。さらに5歳秋の毎日王冠も芝1800m1分44秒1のレコード勝ちと、スピード競馬に対する適性にも抜群のものがある。

「母サロミナは独オークス馬、半姉サラキアも府中牝馬Sに勝っていて、母系は超一級品といえるでしょう。サリオスも日本の名種牡馬であるハーツクライという土台に、スピード、仕上がりの早さといった現代的要素を積み重ねた、スワーヴリチャードと似たタイプ。2歳戦からの大活躍を期待しています（社台SS・三輪氏）」。

　サリオス以降も2024年から日本での種牡馬生活が始まるヨシダ、2歳で朝日杯FS、3歳でダービー、4歳で有馬記念とGIを3勝している現役馬ドウデュースと、有力な後継候補たちが控えているハーツクライ直仔種牡馬。ヨシダにはダート中距離戦線の大物、ドウデュースには王道の芝中長距離戦線での活躍産駒を輩出することを望みたいが、どちらもスワーヴリチャードとは違うタイプだけに、ハーツクライ系に多様性をもたらす存在となるはずだ。父サンデーサイレンス×母父トニービンという、日本馬産界の歴史を体現する血統構成を持つハーツクライ。自身も海外GIを圧勝しているだけに、近い将来その系統は国内に止まらず世界的トレンドへ発展するのかもしれない。

異次元の種付料が設定されるも、瞬く間に "Book Full" に！
種牡馬としても新時代を切り拓く、
2023年世界最強馬

イクイノックス

Equinox

レーティングは
2023年世界最高
「135」

2023年ジャパンC

ラストランとなるジャパンCを完勝し、日本競馬史上最高値となる「135」のレーティングが与えられたイクイノックス。

2023年世界ランキングでも堂々の1位となった歴史的名馬は、これもまた供用初年度の種牡馬としては、歴代最高額となる2000万円という種付料が設定された。

父キタサンブラックと共に、近未来の日本馬産界を牽引していくであろうイクイノックスの種牡馬としての能力と可能性を、現役時代の走り、血統、配合繁殖牝馬などから探っていく。

3角過ぎからマクリ気味に前進を開始。直線では楽な手応えで抜け出し、前走天皇賞・秋に続くGI連勝を記録する。

世界ランク1位に輝く4歳秋の走りは「最強馬」に相応しい内容

　後ろに付けていたジオグリフにゴール前でかわされた皐月賞、位置取りの差もあり末脚比べでドウデュースを捉え切れなかったダービーと、3歳春のイクイノックスは、運のなさと共にどこか勝負弱い面も見せていた。

　しかし、出走馬中最速の上がり3F32秒7の末脚を繰り出し、快調に逃げていたパンサラッサをゴール寸前で逆転した3歳時の天皇賞・秋から、イクイノックスは完全に一皮むけた逞しい姿を見せ続けることになる。2021年年度代表馬エフフォーリア、エリザベス女王杯を制していたジェラルディーナら強力古馬陣を打ち破り快勝した有馬記念でGIを連勝、2022年年度代表馬のタイトルも得たイクイノックスは、一気に頂点へと昇り詰めていった。

　父キタサンブラックも3歳秋の菊花賞でGI初勝利。4歳時に2つ、5歳時に4つGIタイトルを積み重ねる、圧倒的なまでの成長力を誇っていた。息仔であるイクイノックスも古馬と

なり、さらにスケールアップした姿を披露する。

　年明け緒戦の初の海外遠征となるドバイシーマクラシックを逃げて、3馬身半差の完勝。ドバイシーマクラシックでのレース振り勝ちっ振りということでは、血統表のなかに同じサンデーサイレンス、トニービンを持つ、2006年ハーツクライを彷彿とさせるものがあった。

　帰国緒戦の宝塚記念は海外遠征の疲れもあったのか、スルーセブンシーズの追撃をクビ差凌ぎ切る辛勝となったが、十分な休養、調整期間を経た秋2戦の強さは、まさに格別だった。芝2000m戦1分55秒2の日本レコードを樹立した天皇賞・秋、1歳下の3冠牝馬リバティアイランドらを迎え撃ち、完膚なきまでに叩き潰したジャパンCは、共に3番手追走からレースを進め、直線で後続を突き放す憎々しいまでの強さを発揮。ジャパンCでは2023年世界ランク1位となる「135」のレーティングが与えられたイクイノックスに対し、ディープインパクトやオルフェーヴルを超える、「21世紀日本競馬最強馬」という声が上がるのも、至極当然のことなのかもしれない。

王者である父から誕生した絶対王者、3代前を構成する名馬たちにも注目

　イクイノックスの父キタサンブラックは4、

イクイノックス現役時代競走成績一覧　最高レーティング135L（23年）

日付	競馬場	格	レース名	人気	着順	騎手	斤量	距離	馬場状態	タイム	1着（2着）馬名
2023/11/26	5 東京 8	GI	ジャパンC	1	1	ルメール	58	芝 2400	良	2:21.8	（リバティアイランド）
2023/10/29	4 東京 9	GI	天皇賞・秋	1	1	ルメール	58	芝 2000	良	1:55.2	（ジャスティンパレス）
2023/6/25	3 阪神 8	GI	宝塚記念	1	1	ルメール	58	芝 2200	良	2:11.2	（スルーセブンシーズ）
2023/3/25	メイダン	GI	ドバイシーマC	1	1	ルメール	56.5	芝 2410	良	2:25.65	（ウエストオーバー）
2022/12/25	5 中山 8	GI	有馬記念	1	1	ルメール	58	芝 2500	良	2:32.4	（ボルドグフーシュ）
2022/10/30	4 東京 9	GI	天皇賞・秋	1	1	ルメール	56	芝 2000	良	1:57.5	（パンサラッサ）
2022/5/29	2 東京 12	GI	東京優駿	2	2	ルメール	57	芝 2400	良	2:21.9	ドウデュース
2022/4/17	3 中山 8	GI	皐月賞	3	2	ルメール	57	芝 2000	良	1:59.8	ジオグリフ
2021/11/20	5 東京 5	GII	東京スポーツ杯2歳S	1	1	ルメール	55	芝 1800	良	1:46.2	（アサヒ）
2021/8/28	4 新潟 5	新馬	2 歳新馬	2	1	ルメール	54	芝 1800	良	1:47.4	（メンアットワーク）

イクイノックス・血統構成の考察

父
キタサンブラック

　現役時代はジャパンC、有馬記念、天皇賞・春2回などGIを計7勝。4、5歳時に2年連続年度代表馬に選出。種牡馬となり初年度産駒からイクイノックス、2年目に皐月賞馬ソールオリエンスを出している。

距離	成長型	芝	ダート	瞬発力	パワー	底力
万	普	◎	○	○	◎	○

PROFILE

競走成績　20戦12勝（2〜5歳・日）
主な勝ち鞍　ジャパンC、天皇賞・春（2回）、天皇賞・秋、有馬記念、菊花賞、大阪杯。

　5歳時に2年連続で年度代表馬に選出された、まごうことなきチャンピオンホース。その意味でイクイノックスは「チャンピオンホースの仔から次代のチャンピオンが登場する」という、馬産の理想を体現した存在でもある。

　母系は超名門というわけではないが、母シャトーブランシュはマーメイドSに勝った重賞馬。3代母メゾンブランシュも当時のトライアルレースだったクイーンSで3着し、エリザベス女王杯に駒を進めた実績を持っていて、一本筋の通ったファミリーであることは間違いない。

　母父キングヘイローは「1980年代欧州最強馬」と称された父ダンシングブレーヴと、ケンタッキーオークスなど米GIを7勝した母グッバイヘイローの間に生まれた、世界レベルでの超名血馬。競走成績、種牡馬成績共に一流のものを残したとはいえ、当初の大きな期待からすればやや物足りない印象も拭えなかった。本領を発揮したのはBMSに入ってから。イクイノックス、ピクシーナイト、キングズソードといったGI馬を含め、数多くの重賞ウイナーの母父

父 キタサンブラック 鹿 2012	父父 ブラックタイド 黒鹿 2001	*サンデーサイレンス	Halo	Hail to Reason
				Cosmah
			Wishing Well	Understanding
				Mountain Flower
		*ウインドインハーヘア	Alzao	Lyphard
				Lady Rebecca
			Burghclere	Busted
				Highclere
	父母 シュガーハート 鹿 2005	サクラバクシンオー	サクラユタカオー	*テスコボーイ
				アンジェリカ
			サクラハゴロモ	*ノーザンテースト
				*クリアアンバー
		オトメゴコロ	*ジャッジアンジェルーチ	Honest Pleasure
				Victorian Queen
			*テイズリー	Lyphard
				Tizna
母 シャトーブランシュ 鹿 2010	母父 キングヘイロー 鹿 1995	*ダンシングブレーヴ	Lyphard	Northern Dancer
				Goofed
			Navajo Princess	Drone
				Olmec
		*グッバイヘイロー	Halo	Hail to Reason
				Cosmah
			Pound Foolish	Sir Ivor
				Squander
	母母 ブランシェリー 鹿 1998	*トニービン	*カンパラ	Kalamoun
				State Pension
			Severn Bridge	Hornbeam
				Priddy Fair
		メゾンブランシュ	Alleged	Hoist the Flag
				Princess Pout
			*ブランシュレイン	Nureyev
				Belga

母
シャトーブランシュ

　ローズS2着から臨んだ秋華賞は6着。5歳時のマーメイドSで末脚が爆発し、重賞初制覇を飾った。繁殖入りしイクイノックスの半兄に重賞勝ち馬ヴァイスメテオール（ラジオNIKKEI賞）を産んでいる。

距離	成長型	芝	ダート	瞬発力	パワー	底力
中	普	○	◎	○	○	○

欧州最強馬フランケルと同等の成功をおさめるか

として、父の長所を存分に引き出す役割を果たしている。

　もう1つ、前述のダンシングブレーヴ、グッバイヘイローのほか、血統表の3代前にサンデーサイレンス、トニービン、サクラバクシンオー、ウインドインハーヘアといった、距離、コース適性の異なる欧米日のGⅠウイナーが名を連ねていることは、イクイノックス自身の圧倒的な競走能力の土台となっているだけでなく、種牡馬としての万能性や適応力の高さを担保する、強力な後ろ盾となるのではないだろうか。

供用初年度としては過去最高となる2000万円の種付料が設定されたが、すぐに満口となる圧倒的な人気を博している。

現代版サンデーサイレンス
日本馬産界の絶対王者への成長を期待

　2024年春から安平・社台スタリオンステーション（以下社台SS）での種牡馬生活を開始するイクイノックス。種付料は2000万円に設定されたが、この金額は、2006年ディープインパクトの1200万円を上回る、供用初年度歴代最高額となっている。もちろん、時代や日本供用種牡馬を巡る状況が2006年当時とはだいぶ違ってきているだけに単純な比較は出来ないが、イクイノックスに懸けられた馬産界の期待が極めて大きなものであることは確かだ。

　「イクイノックスの父系は、父キタサンブラック、その父であるディープインパクトの全兄弟ブラックタイドを経て、3代前がサンデーサイレンス。例えばハーツクライ牝馬に付けた場合

配合相手の一頭といわれる
アーモンドアイとの産駒の血統表

系統：サンデーサイレンス　母父系統：キングマンボ系		
父 イクイノックス 青鹿　2019	キタサンブラック	ブラックタイド
		シュガーハート
	シャトーブランシュ	キングヘイロー
		ブランシェリー
母 アーモンドアイ 鹿　2015	ロードカナロア	キングカメハメハ
		レディブラッサム
	フサイチパンドラ	*サンデーサイレンス
		*ロッタレース

サンデーサイレンス4×3のクロスが発生する、現代日本馬産界のスタンダードともいえる配合。両親の競走成績から、芝2000～2400mがベストとなりそうだが、母父ロードカナロアの血が強く出れば、マイラーとしての大成があるかも。

でもその産駒にはサンデー4×3という理想的なインブリードが完成することも、大きなアドバンテージとなるはずです。イクイノックスは3代父サンデーサイレンス特有の切れ味、軽さを色濃く受け継いだ上に、先行して最後に凄い末脚を使える、後方一気を得意としたディープインパクトとは一味違う個性の持ち主。日本競馬への適性の高さはもちろんですが、出来れば産駒には海外でも走ってもらって、"現代版サンデーサイレンス"ともいえる、圧倒的な存在感を誇る種牡馬へ成長して欲しいという希望を抱いています（社台SS・三輪圭祐氏）」。

　洋の東西は違うが、最強馬の種牡馬入りということで思い浮かぶのが、現役時代に歴代最高値となる「140」のレーティングを獲得し、2013年から英で供用されているフランケル。それから11年が経過した現在、数多のGⅠ勝ち産駒を送り出しているフランケルは、欧州最高額タイ（ドバウィと同額の35万ポンド－約6577万円）の種付料が設定される大種牡馬となった。

　フランケルの血統構成は、父ガリレオ、母父デインヒル、3代前にはノーザンダンサー、ダンチヒ、レインボークエストと、欧州で超一流の実績を残した種牡馬たちの血が重ねられている。日本馬産界の粋を集めた血統構成を持つ最強馬イクイノックスも、10年後には絶対王者として君臨しているのかもしれない。

馬券大作戦
3つのキーワードで読み解く
春のGI戦線

スワーヴリチャード

レイデオロ

2023年日本ダービー

ドゥラメンテ

キタサンブラック

春のGI戦線を読み解く上で、注目したいキーワードは「ルーキー種牡馬」「ランキング上位種牡馬」「スペシャリスト」の3つ。実はこの3つは、3歳、古馬中長距離、古馬マイルの各路線と密接に関係している。そしてそこからさらに要素を絞り込んで、活躍する馬の血統的特徴をあぶり出し、これから行われるGIレースで狙える馬をピックアップしていくとしよう！

キーワードその1 「ルーキー種牡馬×春の3歳GI」

春の3歳GIは初年度産駒と2年目産駒が強い！

春の3歳GIではルーキー種牡馬の活躍が続いている

まず「ルーキー種牡馬」の定義を説明すると、3歳世代が初年度産駒もしくは2年目産駒となる種牡馬のこと。今年でいえばスワーヴリチャードやレイデオロが初年度産駒、サトノクラウンやリアルスティールが2年目産駒を、3歳馬として送り出している。

実はこのルーキー種牡馬の産駒が、春の3歳GI戦線においてかなり優秀な成績を残している。下表を見てもらえればわかるように、春の3歳GIレースで、ルーキー種牡馬の産駒が馬券の対象にならなかった年は近5年で1回もなく、少なくとも5つのレースのうち3つでルーキー種牡馬の産駒が馬券に絡んでいる。

トータルで見ても、全25レース中19レースでルーキー種牡馬の産駒が馬券内に入っており、ルーキー種牡馬の産駒でワンツーとなった

2023年の皐月賞も、ルーキー種牡馬の産駒のワンツーで決まっており、2番人気→5番人気で好配当がついた。

例も6回ある。また、2022年の桜花賞はルーキー種牡馬の産駒が1〜3着を占めている。

期待されて種牡馬入りしていれば産駒数も多く、活躍するのも当然のことかもしれないが、ディープインパクトやハーツクライなどのトップサイアーの産駒を相手にして、これだけの成績を残しているのだから、これは注目に値する。しかも、どの馬も有力馬だったわけではなく、穴人気だったケースも多い。配当的な魅力にも満ちあふれているわけだ。

近5年の3歳春のGI勝ち馬の父馬

初年度産駒　　2年目産駒

年	順位	桜花賞	皐月賞	NHKマイルC	オークス	ダービー
2023	1	ドゥラメンテ	キタサンブラック	ドゥラメンテ	ドゥラメンテ	サトノクラウン
	2	キタサンブラック	サトノクラウン	ロードカナロア	ハーツクライ	キタサンブラック
	3	ハーツクライ	ハービンジャー	ディスクリートキャット	ドゥラメンテ	ハーツクライ
2022	1	ドゥラメンテ	ドレフォン	ロードカナロア	ドゥラメンテ	ハーツクライ
	2	シルバーステート	キタサンブラック	ダイワメジャー	キングカメハメハ	キタサンブラック
	3	ミッキーアイル	ハーツクライ	ドレフォン	ハービンジャー	ディープインパクト
2021	1	クロフネ	エピファネイア	KINGMAN	ゴールドシップ	ディープインパクト
	2	ディープインパクト	ドゥラメンテ	キズナ	ディープインパクト	エピファネイア
	3	キズナ	バゴ	FRANKEL	キズナ	バゴ
2020	1	エピファネイア	ディープインパクト	リアルインパクト	エピファネイア	ディープインパクト
	2	ダイワメジャー	ハーツクライ	ダイワメジャー	スクリーンヒーロー	ハーツクライ
	3	ディープインパクト	キンシャサノキセキ	オルフェーヴル	ゴールドシップ	ドリームジャーニー
2019	1	ディープインパクト	ロードカナロア	ダイワメジャー	ディープインパクト	ディープインパクト
	2	ダイワメジャー	ジャスタウェイ	ロードカナロア	ディープインパクト	ディープインパクト
	3	バゴ	ディープインパクト	ハーツクライ	バゴ	ジャスタウェイ

ルーキー種牡馬の産駒で春のGI1〜3着の馬を分析

① 父系と母父系を分析

サンデーサイレンス系の産駒が強さを見せつけている

さらに、活躍したルーキー種牡馬の産駒28頭に共通する特徴がないか調べてみた。

まずは系統別に見ると、圧倒的にサンデーサイレンス系がリード。次から次へと有力種牡馬をデビューさせており、その期待に対してしっかり応えているといえる。内訳で見るとキタサンブラックが5頭、キズナなどディープインパクト直仔が6頭、そのほかのサンデーサイレンス系種牡馬が4頭となっている。

一方で、母父の系統を見ると、サンデーサイレンス系が多いのは相変わらずだが、こちらは父系に比べるとバラエティに富んでいる。特に父系が日本で発展していないサドラーズウェルズ系も、3頭が母父として馬券圏内に入っており、割引材料とはいえなくなっている。

28頭を分類

系統別分類

系統	頭数
サンデーサイレンス系	15
キングマンボ系	4
ロベルト系	4
ストームキャット系	3
トライマイベスト系	2

母父系統分類

母父系統	頭数
サンデーサイレンス系	7
ミスタープロスペクター系	3
サドラーズウェルズ系	3
キングマンボ系	4
リファール系	3
ストームキャット系	1
シアトルスルー系	1
ロベルト系	1
ヘイロー系	1
レイズアネイティヴ系	1
ケーニッヒシュトール系	2
エーピーインディ系	1

② 5代以内のクロスと母・祖母の産地を分析

サンデーサイレンスのクロスがGIの活躍を約束してくれる

続いては、父系と母系の組合せ、いわゆるクロスに注目。ここでも、サンデーサイレンスは猛威を奮っており、「サンデーサイレンスの3×4、4×3」は8頭が該当する。

キタサンブラックのような代を経たサンデーサイレンス系種牡馬だけでなく、ドゥラメンテやエピファネイアのようなサンデーサイレンスを内包した他系種牡馬が、サンデーの血を持つ牝馬との配合で、より効果的とされる「3×4、4×3」のクロスを生み出しているわけだ。

また、母系の母、祖母の産地をチェックしたところ、重賞勝ちがあるような輸入繁殖牝馬でなく、母、祖母共に日本産という馬でも活躍しており、特に気にする必要はなさそうだ。

5代以内のクロス

系統	頭数
SS3×4、4×3	8
MP4×3、4×5、5×4	4
ND4×5、5×4、5×5	4
ヘイロー4×4、4×5	3
リファール5×4、5×5	4
5代以内のクロスなし	5

母系 (母、祖母の産地)

国	頭数
日日	14
米米	2
日米	2
独独	2
仏米	2
日英	1
日愛	1
英仏	2
仏米	2

※ SS=サンデーサイレンス、MP=ミスタープロスペクター、ND=ノーザンダンサー

狙ってみたい種牡馬とイチ推し産駒はこれだ

いきなりGI馬を送り出した
スワーヴリチャードは超有力

　ここまでの分析から、狙ってみたい種牡馬およびその産駒をピックアップしてみたのが下表。2歳戦で実績を残した馬もいれば、まだ1戦しかしておらず、これからが注目される馬もいる。

　なかでも、やはり最注目はスワーヴリチャード。2歳リーディングで、キズナやエピファネイアと僅差で争っただけのことはある。産駒のレベルも高く、大レースで活躍してくれそうな大物感もある。

　レイデオロは2月終了時点で重賞馬こそないが、父譲りの切れ味は、レースで磨かれてさらに増す。これからが楽しみだ。

皇月賞 芝2000m
4月14日 中山競馬場

狙える種牡馬はこれだ！

- **スワーヴリチャード**
中山の芝2000m重賞で1、2着。末脚が素晴らしい
- **レイデオロ**
折り合いがつきやすいハイペースになればチャンス
- **リアルスティール**
東京巧者だが中山コースとの相性は悪くない

ルーキー種牡馬の晴れ舞台
5年で4回のワンツー！

　20ページの表を見てもわかるように、皇月賞はルーキー種牡馬が強い。近5年では4回がルーキー種牡馬によるワンツー。唯一、馬券圏内に入らなかった2020年はコントレイルとサリオスという強力な2頭がいた年だった。特に初年度産駒は4回すべてで連絡みしており、軸馬として扱っていい。

　すでに同じ舞台で結果を出しているスワーヴリチャード産駒のレガレイラは牝馬ながら最有力候補。京成杯2着のアーバンシックも見逃せない一頭だ。2000m戦で高い適性を見せているレイデオロ産駒は、トライアルでの走りに注目したい。

春の3歳GIで狙える1、2年新種牡馬の仔供たち

種牡馬	産駒	性別	クロス	狙うレース	ワンポイント
スワーヴリチャード	パワーホール	牡馬	FP5×5	ダービー	札幌2歳S2着、共同通信杯3着
	アーバンシック	牡馬	SS3×4	ダービー	3戦2勝。京成杯2着。従姉妹にレガレイラ、ステレンボッシュ
	コラソンビート	牝馬	SS3×4	NHKマイルC	京王杯2歳Sを勝ち、阪神JFで3着
	アドマイヤベル	牝馬	RM5×5	オークス	フリージア賞でタイム差なしの2着
	レガレイラ	牝馬	SS3×4	皇月賞	ホープフルSを鮮やかな末脚で優勝。牝馬ながら皇月賞を目指す
ブリックスアンドモルタル	ゴンバデカーブース	牡馬	RB5×5	NHKマイルC	サウジRCで評判馬相手に2馬身差完勝
レイデオロ	サンライズアース	牡馬	MP4×5	皇月賞	阪神の芝2200mのすみれSを3コーナーからまくって快勝。近親にGI馬シュヴァルグラン
	ペッレグリーニ	牡馬	MP4×5	ダービー	4戦2勝。セントポーリア賞をセンスあるレースで快勝
	アドマイヤテラ	牡馬	MP4×5	ダービー	2戦2勝。ディープインパクトを介さないウインドインハーヘアの4×4
カリフォルニアクローム	ワイドラトゥール	牝馬	ND5×4、MP5×4	NHKマイルC	紅梅Sを勝っている。半兄ワイドファラオは芝GIも勝っている
ロジャーバローズ	サクセスカラー	牝馬	DZ4×5、ND5×5、LP5×5	NHKマイルC	2戦1勝。キャリア1戦で臨んだクイーンCで4着
リアルスティール	ニュージーズ	牡馬	MP4×4、NR5×4、ND5×5	皇月賞、NHKマイルC	新馬戦を好位から上がり最速で5馬身差圧勝。レガレイラと同厩舎
サトノダイヤモンド	オーロラエックス	牝馬	ND4×5、HA4×5	オークス	1戦1勝。叔父、叔母に重賞活躍馬がズラリ
サトノクラウン	サトノエンバイア	牡馬	なし	ダービー	母はディープ×ストームキャット系というニックス配合

※FP＝ファビアノ、SS＝サンデーサイレンス、RM＝リヴァーマン、RB＝ロベルト、MP＝ミスタープロスペクター、ND＝ノーザンダンサー、DZ＝ダンチヒ、NR＝ヌレイエフ、HA＝ヘイロー、LP＝リファール

NHKマイルC 芝1600m

5月5日 東京競馬場

狙える種牡馬はこれだ！

- **ブリックスアンドモルタル**
米芝牡馬王者。仕上がり早い血統で3歳春で完成
- **ロジャーバローズ**
ダービー史上3位の好タイムのスピードは魅力
- **カリフォルニアクローム**
先手を取って押し切るレース展開で浮上

ルーキー種牡馬が複数入った年はないが単独なら狙える

ルーキー種牡馬の産駒が馬券圏内に入ったのは近5年で4頭と、春の3歳GⅠの中では最も少ない。去年ものべ6頭が出走して5着が最高と、ルーキー種牡馬にはややハードルが高いといえるが、ノーマークというわけにはいかないだろう。

狙うならブリックスアンドモルタル産駒。NHKマイルCと同じ東京芝1600mで行われたサウジアラビアRCを、好メンバー相手に完勝したゴンバデカーブースに期待したい。ほかでは、東京コースの直線を粘りきってダービー馬に輝いたロジャーバローズ産駒のサクセスカラー。1戦1勝で臨んだクイーンCで4着に健闘。この経験が後に活きてくる。

オークス 芝2400m

5月19日 東京競馬場

狙える種牡馬はこれだ！

- **サトノダイヤモンド**
菊花賞、有馬記念を連勝したスタミナに期待
- **スワーヴリチャード**
牝馬の方がより大物感があり、距離延長で一変も
- **ロジャーバローズ**
東京コース向き。牝馬限定なら距離が伸びても◎

個性派種牡馬の活躍するチャンス父譲りのスタミナで乗り切れ！

近5年の内3回は、桜花賞馬が力の違いを見せて圧勝しているが、そのうち2頭はルーキー種牡馬の産駒だった。もし桜花賞をルーキー種牡馬の産駒が勝つようであれば、ここでも中心的存在となる。

一方で、距離適性を活かして好走する馬も出ているのも確かで、2020年、21年のゴールドシップ産駒はまさにその好例といえよう。今年のルーキー種牡馬の中で長距離適性が高そうな種牡馬はサトノダイヤモンド。その産駒オーロラエックスは現時点では1勝馬だが、じっくり力をつけてくれば面白い一頭。スワーヴリチャード産駒も、距離が伸びて一変する可能性は高い。牝馬に大物感があるのも強み。

ダービー 芝2400m

5月26日 東京競馬場

狙える種牡馬はこれだ！

- **レイデオロ**
キングカメハメハ譲りの息の長い末脚は強力
- **サトノクラウン**
すでにダービー馬を輩出しているのは強み
- **スワーヴリチャード**
東京芝2400mでの実績は申し分なし

長く良い脚を使えるかどうかがダービーの明暗を分ける！

近5年のうち4年でルーキー種牡馬の産駒が馬券圏内に入っている点に注目。特に皐月賞で馬券圏内に入ったルーキー種牡馬産駒は、ダービーでも馬券になっている。皐月賞で結果を出した馬が駒を進めてきたら本命候補として扱っていい。

種牡馬別ではレイデオロ産駒に期待したい。皐月賞で好走すればもちろんのこと、時期的に皐月賞は間に合わなかった馬でも、ダービーに向けての成長次第では一仕事をやってくれるかもしれない。ほかでは、大物食いを得意としたサトノクラウン、ジャパンCを勝ちダービーで2着したスワーヴリチャード両馬の産駒からも目が離せない。

天皇賞・春、宝塚記念の狙い目種牡馬はこれだ

上位サイアーの上位たる所以は
大レースの強さで証明される

　続いては古馬GⅠ戦線。春の古馬GⅠは、中長距離路線とマイル路線に二分される。

　中長距離路線は大阪杯、天皇賞・春、宝塚記念の３つで、このうち宝塚記念は阪神コースの改装のために2024年は京都コースにて行われる。グレード制導入後としては、1995年、2006年に次ぐ３回目で、18年ぶりとなる。

　この路線の種牡馬的特徴は、ランキング上位に位置するようなトップサイアーたちが、順当に結果を出していること。トップサイアーなのだから当たり前なのかもしれないが、言い換えると、こういう大レースできっちり結果を出しているからこそ、ランキング上位にいるわけだ。

　近５年の中長距離GⅠの１～３着馬の父を見てみると、45頭のうち31頭までが「2023年のサイアーランキング芝部門のトップ10種牡馬」の産駒。ちなみに、オルフェーヴルとステイゴールドは近５年にトップ10入りしていた実績が

あるので、それを含めると、45頭中35頭となり、実に約78％が該当する。極端な言い方をすれば、春の中長距離GⅠは表の10頭の産駒を軸に、あるいは相手に入れておけばOKということ。３歳GⅠ路線ではもはや名前を見ることのないディープインパクトも、この路線ではまだまだ中心的存在。特にすでに結果が出ているが大阪杯、そして天皇賞・春では外すことはできない。

　なお、宝塚記念でのディープインパクト産駒は近５年で３着が２回あるだけ。しかもいずれも２番人気を裏切ってのものだった。大阪杯、天皇賞・春に比べても圧倒的に分が悪い。この時期、連続開催や梅雨などのせいで、ディープインパクト産駒には不向きなタフな馬場になりやすいのが原因となっている可能性もある。ただし、前述したように今年の宝塚記念は阪神ではなく京都で行われる。これはディープインパクト産駒にとっては朗報といえるだろう。もちろん、すぐに天皇賞・春並みの好成績があげられるとは限らないが、例年に比べたら期待度が上がることは間違いない。

近５年の古馬中長距離GⅠ勝ち馬の父親

		大阪杯	天皇賞・春	宝塚記念
2023	1	モーリス	ディープインパクト	キタサンブラック
	2	ドゥラメンテ	キズナ	ドリームジャーニー
	3	ジャスタウェイ	オルフェーヴル	ディープインパクト
2022	1	ディープインパクト	ドゥラメンテ	ドゥラメンテ
	2	ディープインパクト	キズナ	ハーツクライ
	3	ドゥラメンテ	リオンディーズ	エピファネイア
2021	1	ディープインパクト	ディープインパクト	バゴ
	2	ディープブリランテ	キズナ	NO NAY NEVER
	3	ディープインパクト	ディープインパクト	ディープインパクト
2020	1	オルフェーヴル	ディープインパクト	バゴ
	2	バゴ	ステイゴールド	ルーラーシップ
	3	ディープインパクト	トーセンホマレボシ	ディープブリランテ
2019	1	ディープインパクト	ディープインパクト	ハーツクライ
	2	ルーラーシップ	ディープインパクト	ルーラーシップ
	3	ディープインパクト	ステイゴールド	ハーツクライ

サイアーランキング
芝部門トップ10 (2023年)

1	ドゥラメンテ
2	ディープインパクト
3	ロードカナロア
4	キタサンブラック
5	キズナ
6	モーリス
7	ハーツクライ
8	ハービンジャー
9	エピファネイア
10	ルーラーシップ

天皇賞・春 芝3200m

4月28日 京都競馬場

⇨令和のステイヤー血統はこの馬だ！

特注種牡馬 ドゥラメンテ

狙い馬

父系	圧倒的にサンデーサイレンス
母系	リファール、ニジンスキー
クロス	ノーザンダンサー ヘイロー

注目種牡馬はドゥラメンテ。前年の菊花賞馬ドゥレッツァが出るようなら有力候補筆頭となる。また、ドゥレッツァのように急速に力をつけてくる馬も現れる可能性はある。菊花賞4着馬で、現在休養中のドゥラドーレスが間に合うようであれば面白い。

近5年で、ディープインパクト産駒が出走した場合、18番人気のトーセンカンビーナ1頭しか出走していなかった2022年を除き、人気を集めた馬はいずれも連絡みしていた。もしサリエラが人気になるようなら、たとえ牝馬でも軽視は禁物だ。

狙える種牡馬の仔供たち

仔馬名	種牡馬名	性別	戦績	実績	寸評
ドゥレッツァ	ドゥラメンテ	牡馬	6戦5勝	キングマンボ系	前年の菊花賞馬が好調なレース。Halo 4×4
ドゥラドーレス	ドゥラメンテ	牡馬	7戦4勝	キングマンボ系	レガレイラの半兄。菊花賞4着。長期休養中だが出られれば面白い
サリエラ	ディープインパクト	牝馬	8戦3勝	サンデーサイレンス系	ダイヤモンドSで長距離適性示す
ゼッフィーロ	ディープインパクト	牡馬	13戦5勝	サンデーサイレンス系	海外遠征で連続2着。成長著しい
プラダリア	ディープインパクト	牡馬	15戦4勝	サンデーサイレンス系	京都記念でしぶとく競り勝って重賞3勝目
テーオーロイヤル	リオンディーズ	牡馬	16戦6勝	キングマンボ系	ダイヤモンドS2勝。天皇賞・春でも3着の実績あり

宝塚記念 芝2200m

6月23日 京都競馬場

⇨京都開催に変わっての狙い目は？

特注種牡馬 ディープインパクト

狙い馬

父系	サンデーサイレンス系
母系	バラエティに富む
クロス	ノーザンダンサー以外は 横並び

京都開催ということで、例年ではやや不振のディープインパクト産駒に注目したい。なかでも、昨年3着のジャスティンパレスの巻き返しに期待したい。中距離でのスピード決着になれば、むしろ歓迎すらある。もちろん、古馬のトップクラスが参戦してきた場合は中心的存在になるのはいうまでもない。

また、近5年の3着内馬15頭のうち7頭が5歳馬と、5歳勢がやや優勢なレースではあるが、4歳馬も6頭入っており、4歳勢も決して侮れない。皐月賞馬、ダービー馬の巻き返しも十分にある。

狙える種牡馬の仔供たち

仔馬名	種牡馬名	性別	戦績	実績	寸評
ジャスティンパレス	ディープインパクト	牡馬	13戦5勝	サンデーサイレンス系	昨年3着。京都コースの方が斬れる
ドゥデュース	ハーツクライ	牡馬	12戦6勝	サンデーサイレンス系	凱旋門賞の壮行レースとして負けられない
リバティアイランド	ドゥラメンテ	牝馬	7戦5勝	キングマンボ系	京都コースも経験済み。出れば最有力
ソールオリエンス	キタサンブラック	牡馬	7戦3勝	サンデーサイレンス系	2200mはギリギリだが、成長力に期待
タスティエーラ	サトノクラウン	牡馬	7戦3勝	ノーザンダンサー系	父はこのレース覇者。大物食いの系譜で侮れない
スターズオンアース	ドゥラメンテ	牝馬	12戦3勝	キングマンボ系	牡馬相手のGIでも実績あり。距離もドンピシャ

「スペシャリスト×古馬マイルGI」
種牡馬も含めてリピーターの活躍が目立つ

芝1600m 東京競馬場

6月2日 安田記念 & ヴィクトリアマイル 5月12日

マイラーとしての適性の高さが そのまま結果となって現れる

　春の古馬マイルGIレースはヴィクトリアマイルと安田記念の2つ。この2つのレースのキーワードは「スペシャリスト」。マイルのスペシャリストの活躍が目立ち、結果的に種牡馬もマイルに強い馬が活躍馬を送り出している。そしてスペシャリストであるが故に、連続して好走する、いわゆるリピーターも多い。

　2レース合計30頭の1〜3着内馬のうち、28頭までが複数回もしくは複数の馬を出している種牡馬の産駒。特にディープインパクトは3勝2着4回3着1回の好成績。実績馬こそいないが、やはり見逃せない。

2つのレースの狙い馬

父系	**サンデーサイレンスが圧倒的**
母系	**ロベルト系に注目**
クロス	**ノーザンダンサー**

特注種牡馬 ハービンジャー

　Vマイルで過去に勝ち馬を出しているハービンジャーに注目。エースのナミュールは2回のGIを除けば、東京芝1600mで3戦して2勝2着1回。勝ち味を覚えた今なら、Vマイル、安田記念共に昨年のリベンジが期待できる。

近5年の春の古馬マイルGI勝ち馬の父

		ヴィクトリアマイル	安田記念
2023	1	キズナ	キズナ
	2	クロフネ	ダイワメジャー
	3	ドゥラメンテ	KINGMAN
2022	1	クロフネ	キズナ
	2	キズナ	KINGMAN
	3	ダイワメジャー	ハーツクライ
2021	1	ディープインパクト	ディープインパクト
	2	ディープインパクト	ディープインパクト
	3	ディープインパクト	KINGMAN
2020	1	ロードカナロア	ディープインパクト
	2	ディープインパクト	ロードカナロア
	3	ハービンジャー	ステイゴールド
2019	1	ハービンジャー	ステイゴールド
	2	ディープインパクト	クロフネ
	3	ステイゴールド	ロードカナロア

3着以内に入った種牡馬の回数

	1着	2着	3着	計
キズナ	3	1	0	4
クロフネ	1	2	0	3
ダイワメジャー	0	1	1	2
KINGMAN	0	1	2	3
ディープインパクト	3	4	1	8
ロードカナロア	1	1	1	3
ハービンジャー	1	0	1	2
ステイゴールド	1	0	2	3
計	10	10	8	28

回数ではディープインパクトが最多で、3回のグランアレグリアを含め6頭で8回を記録。次いで4回のキズナだが、そのうち3回はソングラインによるものとなっている。

狙える種牡馬の仔供たち

仔馬名	種牡馬名	性別	戦績	実績	寸評
ナミュール	ハービンジャー	牝馬	14戦5勝	デインヒル系	牡馬相手にこそ力を発揮するタイプ
セリフォス	ダイワメジャー	牡馬	12戦5勝	サンデーサイレンス系	父はこのレースに強い。自身も好成績
フィアスプライド	ディープインパクト	牝馬	16戦5勝	サンデーサイレンス系	重賞で堅実に走り5歳で初重賞制覇

2024年
初供用される
新種牡馬たち

Sire
Debut
in
Japan

タイトルホルダー

世界№.1ホースを筆頭に期待馬がズラリ!

**リーディングサイアーの後継に
米の名サイアー直仔と多士済々**

　なんといっても注目は、2000万円という、ディープインパクトの初年度を大きく上回る種付料で種牡馬入りしたイクイノックス。なお同馬に関しては、15ページの巻頭特集で詳しく紹介しているので、そちらを参照していただきたい。

　実績ではイクイノックスに及ばないものの、種牡馬としての注目度では負けていないのがタイトルホルダー。2023年のリーディングサイアー、ドゥラメンテの後継にして代表産駒でもあ

る。ぶっちぎりで制した天皇賞・春に菊花賞、レコードで駆け抜けた宝塚記念と、勝ったGⅠはいずれも強い内容だった。

　母系にはサドラーズウェルズ、ミルリーフという欧州の至宝ともいうべき大種牡馬の血が流れている。スタミナに関しては申し分なし。スピードも、宝塚記念でコースレコードを記録したように、持続的なスピードに優れる。

　初年度の種付料は350万円。すでに満口となっており、その人気と期待の高さがうかがえる。わずか5世代の産駒を残して早逝した父ドゥラメンテの分まで、活躍を見せて欲しいものだ。

亡きドゥラメンテの後継一番手としての期待は大きい。

タイトルホルダー
TITLEHOLDER
名種牡馬ドゥラメンテの後継一番星

PROFILE

競走成績　19戦7勝
最高レーティング　124 L（22、23年）
主な勝ち鞍　天皇賞・春、宝塚記念、菊花賞、日経賞2回、弥生賞。皐月賞2着、有馬記念3着。

父	キングカメハメハ	Kingmambo
ドゥラメンテ		*マンファス
鹿 2012	アドマイヤグルーヴ	*サンデーサイレンス
		エアグルーヴ
母	Motivator	Montjeu
*メーヴェ		Out West
黒鹿 2008	Top Table	Shirley Heights
		Lora's Guest

米からの輸入種牡馬では、ベルモントSを勝った米クラシックホースのパレスマリスに注目。天皇賞馬ジャスティンパレスの半兄ということもあり、日本競馬への適性の高さを期待されていたが、産駒のジャンタルマンタルが朝日杯FSを制して2023年2歳牡馬王者に選ばれると、2024年にもノーブルロジャーがシンザン記念を制し、早くも2頭の重賞ウイナーを送り出している。父カーリンは日本では目立った実績はないものの、米ではランキング上位の常連。父から受け継いだポテンシャルの高さを、日本でも発揮してもらいたい。初年度の種付料は350万円。

NHKマイルCを勝ち、その後もマイルGIの常連として活躍していたシュネルマイスターも期待の一頭。ダンチヒ～グリーンデザート～

*パレスマリス
PALACE MALICE
米のクラシックホース！

PROFILE

競走成績　19戦7勝
最高レーティング　123 M（14年）
主な勝ち鞍　ベルモントS、メトロポリタンH、ジムダンディS、ガルフストリームパークH、ニューオーリンズH。ジョッキークラブGC2着。

父	Smart Strike	Mr. Prospector
Curlin		Classy 'n Smart
栗 2004	Sheriff's Deputy	Deputy Minister
		Barbarika
母	Royal Anthem	Theatrical
*パレスルーマー		In Neon
鹿 2003	Whisperifyoudare	Red Ransom
		Stellar Affair

インヴィンシブルスピリットという父系ラインは、今やダンチヒ系の主流となりつつある。そのなかでも、特に実績の高い名馬キングマンの直仔ということで、種付の申込は早々に満口となった。ディープインパクトやキングカメハメハを父に持つ繁殖牝馬との配合もしやすく、どんな産駒が生まれてくるか楽しみである。

そのほかでは、強力な先行力で日本のみならず世界を沸かせたパンサラッサ、欧州古馬トップクラスのウエストオーバー、シニスターミニスター王国の若き後継者テーオーケインズ、英ダービー、"キングジョージ"を連勝したアダイヤー、ストームキャット系の期待の新鋭シャープアステカなど、多彩な顔ぶれが揃っている。世界一に輝いた名馬を相手に、どんな争いを繰り広げるのか非常に楽しみである。

すでに2頭の芝重賞勝ち馬を出し、評価は急上昇！

*シュネルマイスター
SCHNELL MEISTER
欧州名マイラーの血をひく快速馬

PROFILE

競走成績　**17 戦 5 勝**
最高レーティング　**119 M**（21 年）
主な勝ち鞍　ＮＨＫマイルＣ、毎日王冠、マイラーズＣ。安田記念2着、同3着2回、マイルＣＳ2着。

父 Kingman 鹿 2011	Invincible Spirit	Green Desert
		Rafha
	Zenda	Zamindar
		Hope
母 *セリエンホルデ 鹿 2013	Soldier Hollow	In The Wings
		Island Race
	Saldenehre	Highest Honor
		Salde

ダンチヒのスピードを 21 世紀に伝える父系の後継者。

2024 年日本で供用される主な新種牡馬

馬名	父	母父	生年	毛色	供用地	種付料
*アダイヤー	Frankel	Dubawi	2018	鹿毛	日高・ダーレー・ジャパンＳコンプレックス	産 180 万円
イクイノックス	キタサンブラック	キングヘイロー	2019	青鹿毛	安平・社台ＳＳ	受 2000 万円Ｆ
*ウエストオーバー	Frankel	Lear Fan	2019	鹿毛	新冠・優駿ＳＳ	受 250 万円Ｆ
ヴェラアズール	*エイシンフラッシュ	*クロフネ	2017	青毛	新冠・優駿ＳＳ	受 50 万円Ｆ
オセアグレイト	オルフェーヴル	Bahri	2016	鹿毛	日高・ヴェルサイユリゾートファーム	未定
オールザベスト	Speightstown	Holy Bull	2014	芦毛	青森・青森ホースファーム	未定
*オナーコード	A.P. Indy	Storm Cat	2011	黒鹿毛	新冠・優駿ＳＳ	受 80 万円Ｆ
*カフェファラオ	American Pharoah	More Than Ready	2017	鹿毛	新ひだか・アロースタッド	受 150 万円Ｆ
*グレナディアガーズ	Frankel	Harington	2018	鹿毛	安平・社台ＳＳ	受 150 万円Ｆ
*シャープアステカ	Freud	Saint Riam	2013	黒鹿毛	新ひだか・JBBA 静内種馬場	受 150 万円Ｆ
*シュネルマイスター	Kingman	Soldier Hollow	2018	鹿毛	安平・社台ＳＳ	受 350 万円Ｆ
ジュンライトボルト	キングカメハメハ	スペシャルウィーク	2017	鹿毛	新冠・優駿ＳＳ	受 80 万円Ｆ
スズカコーリン	No Nay Never	Exceed and Excel	2019	鹿毛	浦河・辻牧場	受 20 万円
タイトルホルダー	ドゥラメンテ	Motivator	2018	鹿毛	新ひだか・レックススタッド	受 350 万円Ｆ
ダノンザキッド	ジャスタウェイ	Dansili	2018	鹿毛	新冠・ビッグレッドファーム	受 50 万円Ｆ
ダンシングプリンス	パドトロワ	バブルガムフェロー	2017	鹿毛	新ひだか・レックススタッド	受 50 万円Ｆ
テーオーケインズ	*シニスターミニスター	マンハッタンカフェ	2017	栗毛	新ひだか・アロースタッド	受 250 万円Ｆ
ナランフレグ	ゴールドアリュール	*ブライアンズタイム	2016	栗毛	日高・ヴェルサイユリゾートファーム	未定
ネクサスハート	ブラックタイド	サクラバクシンオー	2018	鹿毛	浦河・イーストスタッド	受 30 万円Ｆ
*パレスマリス	Curlin	Royal Anthem	2010	鹿毛	日高・ダーレー・ジャパンＳコンプレックス	産 350 万円
パンサラッサ	ロードカナロア	Montjue	2017	鹿毛	新ひだか・アロースタッド	受 300 万円Ｆ
ピクシーナイト	モーリス	キングヘイロー	2015	鹿毛	日高・ブリーダーズＳＳ	受 100 万円Ｆ
ファストフォース	ロードカナロア	サクラバクシンオー	2016	黒鹿毛	新ひだか・アロースタッド	受 80 万円Ｆ
*フクム	Sea The Stars	Kingmambo	2017	鹿毛	日高・ダーレー・ジャパンＳコンプレックス	産 120 万円
*フルフラット	Speightstown	Medaglia d'Oro	2017	鹿毛	新冠・白馬牧場	受 50 万円Ｆ
*マスタリー	Candy Ride	Old Trieste	2014	黒鹿毛	新ひだか・レックススタッド	受 120 万円Ｆ
*ユニコーンライオン	No Nay Never	High Chaparral	2016	黒鹿毛	新ひだか・アロースタッド	受 50 万円、産 80 万円
*ヨシダ	ハーツクライ	Canadian Frontier	2014	鹿毛	日高・ダーレー・ジャパンＳコンプレックス	産 150 万円

本書の見方

収録馬について

① ランキングサイアー 1〜502位

本書では2023年の産駒の獲得賞金（中央・地方・平地・障害の全レースが対象、ただしアラブ系競走は除く）に従い502位までの馬を紹介している。ただし、2021年に日本で生まれた初産駒たちがデビューした馬に関しては、「2023年フレッシュサイアーランキング」で紹介している。紹介スペースは、ランキング1〜20位までが4頁、ランキング21〜100位が2頁、ランキング101〜266位までが4分の1頁、ランキング267〜502位までが8分の1頁となっている。なお、このランキングには外国産馬、持込み馬として産駒が日本で走った、日本以外の国で供用されている種牡馬も含まれている。

② 2023年フレッシュサイアーランキング

2023年から、日本で生まれた初産駒がデビューした種牡馬と2020年生まれの初産駒が存在する種牡馬をすべて紹介している。紹介スペースは、ランキング1〜3位が2頁、4〜19位が2分の1頁、20〜27位までが4分の1頁、28〜33位が8分の1頁となっている。

③ 2024、2025、2026年度新種牡馬

2021年に、日本で初供用された種牡馬で、翌年産駒をもうけた馬を全頭紹介している。2022年もしくは2023年度に日本で初供用された種牡馬についても、全頭紹介頁をもうけている。また、すでに外国産馬などが走り、ランキング1〜502位に入っている種牡馬についても、再びこの項で紹介している。

④ ブルードメアサイアーについて

2023年のブルードメアサイアー（BMS）ランキング1〜16位までの馬を4分の1頁で、17〜88位までの馬を8分の1頁で紹介している。

⑤ 注目される海外けい養種牡馬

2021年に海外で初供用された種牡馬と海外サイアーランキング、海外主要レース勝ち馬の父で登場し前項目で取り上げられなかった種牡馬の中で、特に重要と思われる馬について48頭を、4分の1頁、もしくは8分の1頁で紹介している。

データについて

① ランキング1〜100位及び2023年フレッシュサイアーランキング1〜3位の種牡馬

2021年1月から2023年12月までの中央競馬産駒勝ち鞍データを付している。詳しい表の見方は各扉頁参照のこと。

② ランキング101〜502位及び2023年フレッシュサイアーランキング4位以下の種牡馬

産駒の勝ち鞍データは付さず、2023年度の総収得賞金、アーニングインデックスと能力指数表を示した。

③ 2024年度以降に産駒がデビューする新種牡馬

原則的に産駒データがないため、能力指数表のみを示している。

$$\text{アーニングINDEX} = \frac{（産駒の総収得賞金）}{（産駒の出走頭数）} \div \frac{（全出走馬総収得賞金）}{（総出走頭数）}$$

単勝回収値、単勝適正回収値とは

単勝回収値は、産駒がレースに出走するごとに単勝100円を投票し、1レース平均でいくら回収できるかを表したもの。単勝適正回収値とは、産駒がレースに出走するごとに同じ配当になるようにお金をかけ、1レース平均でいくら回収できるかを表したもの。本書では100円を投票した場合のそれぞれの値を示している。

$$\text{実勢評価値} = \frac{2023年総収得賞金}{2023年出走頭数 \times 2024年種付料}$$

産駒が産み出した賞金総額を種牡馬に依拠する産駒全体の実勢価値で割った値。1.00より大きな値になれば、出走した産駒1頭平均で現在の種付料以上の賞金を生み出しているといえる。

系統の更新について

本年より血統表で表記される系統のバージョンアップを図った。詳しくはP176からの欄外を参照。

表記について

① 略語

● JRA＝日本中央競馬会、NAR＝地方競馬全国協会
● 各種牡馬の供用地で、SSはスタリオンステーション、SCはスタリオンセンターを指すものとする。
● レース名は原則としてS＝ステークス、C＝カップ、T＝トロフィー、CS＝チャンピオンシップと略記。また、英米のレースの距離表示として使われるF＝ハロン（1ハロンは約200m）の略記である。距離表示の前に付くD＝ダート、AW＝オールウェザーは馬場の種類。
● 国名は、原則として漢字表記とした。主な国名は、日＝日本、米＝アメリカ、加＝カナダ、英＝イギリス、愛＝アイルランド、仏＝フランス、独＝ドイツ、伊＝イタリア、豪＝オーストラリア、新＝ニュージーランド、香＝香港、星＝シンガポール、亜＝アルゼンチン、智＝チリ、伯＝ブラジル、宇＝ウルグアイ、土＝トルコ、首＝アラブ首長国連邦、華＝カタール、沙＝サウジアラビアとなっている。

② ＊印

外国から日本に輸入された種牡馬、繁殖牝馬であることを示す「＊」印は、最初の馬名表示、血統表内での馬名には付しているが、本文中では割愛している。

③ 馬齢表記について

各種牡馬の馬齢表記は、2001年から日本でも採用された国際基準によっている。なお2000年以前のレース名は、当時のものをそのまま使用している（例「朝日杯3歳S」、「共同通信杯4歳S」など）。

④ 重賞競走の表記について

日本がPARTⅠ国へ移行したことに従い、Gレースの表記を国際基準に改め、国際競走でないGレースはすべてJpnと表記されることになったが、本書では便宜的にGと表記している。

⑤ 競走名の前に付くL表記について

OP競走の中で重要なレースであることを示すリステッドレースであることを表している。

※本文中の競走成績は2024年2月25日現在のものです。

TOP20
2023年 種牡馬ランキング

11年連続で首位の座を守り続けてきたディープインパクトがついにその座を明け渡す時がきた。ロードカナロアとの激しい争いを制したのはドゥラメンテである。首位の座をめぐる24年の戦いも熾烈なものとなるだろう。

Thoroughbred Stallions In Japan

プロフィールページ

- 2019～22年の順位
- 馬名
- 5代血統表、種牡馬の系統、母馬（母の父）の系統
- 2023年総合ランキング、2歳馬ランキング
- 種付料、けい養先、生年、毛色、生産地など
- 能力パラメータ
- 現役時代の競走成績、最高レーティング（P164欄外参照）など
- 現役時代および種牡馬としてのエピソード
- 種牡馬の父と母などの血統的特徴
- 5代以内のインブリード
- 代表産駒
- けい養牧場からのコメント
- 最近5年間の種付頭数と産駒数

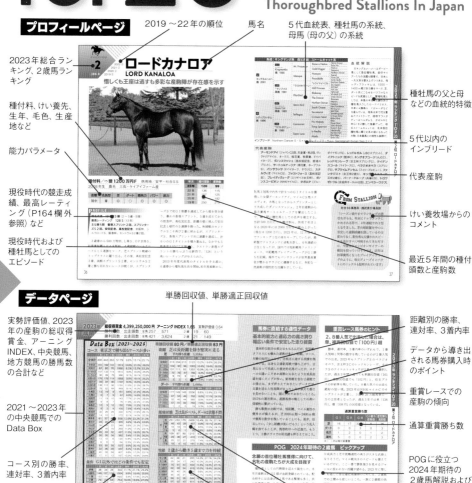

データページ

- 単勝回収値、単勝適正回収値
- 実勢評価値、2023年の産駒の総収得賞金、アーニングINDEX、中央競馬、地方競馬の勝馬数の合計など
- 2021～2023年の中央競馬でのData Box
- コース別の勝率、連対率、3着内率
- 条件別の勝率、連対率、3着内率
- 人気別の勝率、連対率、3着内率
- 芝、ダートそれぞれの勝利時の脚質
- 性齢別の勝率、連対率、3着内率
- 距離別の勝率、連対率、3着内率
- データから導き出される馬券購入時のポイント
- 重賞レースでの産駒の傾向
- 通算重賞勝ち数
- POGに役立つ2024年期待の2歳馬解説およびおすすめ2歳馬10頭、または種牡馬ストーリー
- 馬場状態別の勝率、連対率、3着内率

能力パラメータの見方

短…1000～1400m、マ…1600m前後、中…1800～2100m、長…2200m以上、万…万能（産駒の距離タイプが様々）、早…早熟、普…普通、晩…晩成、持続…早熟と晩成を併せ持つ、◎…非常に得意、○…得意、△…やや不向き、▲…不得意

※種付料で受＝受胎確認後支払、産＝産駒誕生後支払、不＝不受胎時全額返還、F＝フリーリターン特約（P138欄外参照）、返＝流死産又は死亡時返還、不出返＝不出生時返金。　価格・支払条件、供用地などは変更の場合があります。

2022 ⑤
2021 ⑪
2020 ㊼
2019 −

ドゥラメンテ
DURAMENTE

3冠牝馬を筆頭にGI戦での強さ見せつけ初の戴冠

2021年死亡
2012年生　鹿毛　安平・ノーザンファーム産

距離	成長型	芝	ダート	瞬発力	パワー	底力
中長	普	◎	○	○	○	○

年次	種付頭数	産駒数
23年	**−**	**−**
22年	−	96
21年	131	120
20年	178	122
19年	184	203

PROFILE

競走成績　9戦5勝（2〜4歳・日首）
最高レーティング　121 L（15年）、**121 M**（16年）
主な勝ち鞍　ダービー、皐月賞、中山記念。宝塚記念2着、ドバイシーマクラシック2着、共同通信杯2着。

　圧倒的1番人気に推された2歳10月の新馬戦は2着に終わったが、続く未勝利戦を6馬身差、3歳緒戦となる2月の500万下セントポーリア賞を5馬身差で完勝。初の重賞参戦となった共同通信杯は、リアルスティールの2着に敗れたが、クラシックへの出走権利をほぼ確保

する。4月の皐月賞は3番人気での出走。4角で大きく外に膨らむなど気性面での若さも見せたが、パワフルな末脚を駆使して先行勢を次々と抜き去り、2着リアルスティールに1馬身半差を付ける快勝で、クラシックウイナーの仲間入りを果たした。単勝1.9倍の1番人気となったダービーでも、直線で力強く抜け出してきて、2着サトノラーゼンに1馬身4分の3差を付け先頭でゴール。2分23秒2という勝ち時計は、父キングカメハメハが保持していた従来のレースレコードを0.1秒上回る、圧巻の速さでもあった。「3冠馬誕生は確実」との声も上がったが、

系統：キングマンボ系　母父系統：サンデーサイレンス系

父 キングカメハメハ 鹿 2001				
父父 キングマンボ Kingmambo 鹿 1990	Mr. Prospector	Raise a Native	Native Dancer	
			Raise You	
		Gold Digger	Nashua	
			Sequence	
	Miesque	Nureyev	Northern Dancer	
			Special	
		Pasadoble	Prove Out	
			Santa Quilla	
父母 *マンファス 黒鹿 1991	*ラストタイクーン	*トライマイベスト	Northern Dancer	
			Sex Appeal	
		Mill Princess	Mill Reef	
			Irish Lass	
	Pilot Bird	Blakeney	Hethersett	
			Windmill Girl	
		The Dancer	Green Dancer	
			Khazaeen	

母 アドマイヤグルーヴ 鹿 2000				
母父 *サンデーサイレンス 青鹿 1986	Halo	Hail to Reason	Turn-to	
			Nothirdchance	
		Cosmah	Cosmic Bomb	
			Almahmoud	
	Wishing Well	Understanding	Promised Land	
			Pretty Ways	
		Mountain Flower	Montparnasse	
			Edelweiss	
母母 エアグルーヴ 鹿 1993	*トニービン	*カンパラ	Kalamoun	
			State Pension	
		Severn Bridge	Hornbeam	
			Priddy Fair	
	ダイナカール	*ノーザンテースト	Northern Dancer	
			Lady Victoria	
		シャダイフェザー	*ガーサント	
			*パロクサイド	

インブリード：Northern Dancer 5・5×5

血統 解説

　父キングカメハメハは、2010、2011年リーディングサイアー。本馬は父産駒初の親仔首位種牡馬ということになる。母アドマイヤグルーヴは、エリザベス女王杯連覇など重賞を計5勝した名牝。祖母エアグルーヴは天皇賞・秋、オークスに勝った1990年代を代表する女傑、曾祖母ダイナカールもオークス馬と、日本屈指の名門母系の継承者でもある。本馬の全姉にアドマイヤセプター（京阪杯2着）、半兄にアドマイヤトライ（阪神スプリングジャンプ3着）、姪にソネットフレーズ（デイリー杯2歳S2着）。母父サンデーサイレンスは、日本馬産界を完全に支配した歴史的超大物サイアー。

代表産駒

リバティアイランド（オークス、桜花賞、秋華賞、阪神JF）、**タイトルホルダー**（宝塚記念、天皇賞・春、菊花賞）、**スターズオンアース**（オークス、桜花賞）、**ドゥレッツァ**（菊花賞）、**シャンパンカラー**（NHKマイルC）、**ドゥラエレーデ**（ホープフルS）、**ヴァレーデラルナ**（JBCレディスクラシック）、**アイコンテーラー**（JBCレディスクラシック）、**サウンドビバーチェ**（阪神牝馬S）、**シングザットソング**（フィリーズレビュー）、**アヴェラーレ**（関屋記念）、**アリーヴォ**（小倉大賞典）、**シーズンリッチ**（毎日杯）、**ドゥーラ**（クイーンS）、**バーデンヴァイラー**（佐賀記念）、**キングストンボーイ**（青葉賞2着）、**ルガル**（京阪杯2着）、**タッチウッド**（共同通信杯2着）、**ベルクレスタ**（アルテミスS2着）、**ゴールドエクリプス**（小倉記念3着）、**ドゥラドーレス**（毎日杯3着）、**ラヴスコール**（フェアリーS3着）、**ジュンブルースカイ**。

　ダービー後に骨片除去手術を受けたことで菊花賞出走を断念。約9カ月の間隔が開いた、復帰戦となる4歳2月の中山記念では、アンビシャス、リアルスティールとの接戦を勝ち抜き重賞3連勝を飾ったが、これが最後の勝利となる。初の海外遠征となった3月のドバイシーマクラシック、帰国後の宝塚記念では、共に2着に惜敗。靱帯や腱の損傷が見つかったこともあり、現役を退き5歳春から、安平・社台SSにおける種牡馬生活に入った。

　供用初年度に284頭、2年目に294頭に種付される爆発的な人気を博す。初年度産駒からGI3勝馬タイトルホルダー、ダートGI馬アイコンテーラー、2年目産駒から牝馬2冠馬スターズオンアース、やはりダートGI馬となったヴァレーデラルナらが登場。見事に生産者からの大きな期待に応えてみせた。2023年には、3年目産駒となるリバティアイランドが3冠牝馬に輝いたのを筆頭に、シャンパンカラー、ドゥレッツァが3歳GIに勝利。高額賞金が懸かるジャパンCでリバティアイランドが2着、スターズオンアースが3着、タイトルホルダーが5着、有馬記念でもスターズオンアースが2着、タイトルホルダーが3着したことも効いて、グランプリ前までリードを保っていたロードカナロアを大逆転し、2022年の5位からジャンプアップし、初めてとなるリーディングサイアー獲得を成し遂げる。2021年に9歳で早逝してしまったこともあり、長期政権樹立は難しいだろうが、競走馬としてだけでなく種牡馬としても日本競馬史に、その名を永遠に刻むことになったのは間違いのないところだ。

Data Box (2021~2023)

コース 東京芝をはじめ広い中央芝で活躍

	1着	2着	3着	出走数	勝率	連対率	3着内率
全体計	335	326	293	3310	10.1%	20.0%	28.8%
中央芝	124	118	109	1073	11.6%	22.6%	32.7%
中央ダ	74	63	45	705	10.5%	19.4%	25.8%
ローカル芝	88	102	93	992	8.9%	19.2%	28.5%
ローカルダ	49	43	46	540	9.1%	17.0%	25.6%
右回り芝	130	123	121	1218	10.7%	20.8%	30.7%
右回りダ	67	57	49	686	9.8%	18.1%	25.2%
左回り芝	82	97	81	843	9.7%	21.2%	30.8%
左回りダ	56	49	42	559	10.0%	18.8%	26.3%
札幌芝	21	8	14	124	16.9%	23.4%	34.7%
札幌ダ	7	3	3	49	14.3%	20.4%	26.5%
函館芝	4	6	4	69	5.8%	14.5%	20.3%
函館ダ	5	5	3	37	13.5%	27.0%	35.1%
福島芝	5	11	6	112	4.5%	14.3%	19.6%
福島ダ	4	4	5	56	7.1%	14.3%	23.2%
新潟芝	17	25	19	208	8.2%	20.2%	29.3%
新潟ダ	10	6	10	106	9.4%	17.0%	26.5%
東京芝	44	39	35	364	12.1%	22.8%	32.4%
東京ダ	29	22	14	233	12.4%	21.9%	27.9%
中山芝	29	35	32	294	9.9%	21.8%	32.7%
中山ダ	19	15	7	177	10.7%	19.2%	23.7%
中京芝	21	33	27	275	7.6%	19.6%	29.5%
中京ダ	17	19	22	220	7.7%	16.4%	26.4%
京都芝	11	10	10	80	13.8%	26.3%	38.8%
京都ダ	5	2	2	43	11.6%	16.3%	20.9%
阪神芝	40	34	32	335	11.9%	22.1%	31.6%
阪神ダ	21	24	21	252	8.3%	17.9%	26.2%
小倉芝	20	19	23	204	9.8%	19.1%	30.4%
小倉ダ	6	4	7	72	8.3%	13.9%	23.6%

条件 大舞台での勝負強さが光る

	1着	2着	3着	出走数	勝率	連対率	3着内率
新馬	36	38	36	322	11.2%	23.0%	34.2%
未勝利	123	115	103	1320	9.3%	18.0%	25.8%
1勝	88	100	91	976	9.0%	19.3%	28.6%
2勝	45	39	31	317	14.2%	26.5%	36.3%
3勝	18	12	13	158	11.4%	19.0%	27.2%
OPEN特別	4	8	9	73	5.5%	16.4%	28.8%
GⅢ	5	10	4	63	7.9%	23.8%	30.2%
GⅡ	5	2	1	46	10.9%	15.2%	17.4%
GⅠ	12	4	7	56	21.4%	28.6%	41.1%
ハンデ戦	12	11	8	112	10.7%	20.5%	27.7%
牝馬限定	60	53	49	590	10.2%	19.2%	27.5%
障害	1	2	2	21	4.8%	14.3%	23.8%

人気 2~3番人気の連対率が優秀

	1着	2着	3着	出走数	勝率	連対率	3着内率
1番人気	149	75	57	432	34.5%	51.9%	65.0%
2~3番人気	106	139	94	683	15.5%	35.9%	49.6%
4~6番人気	60	79	89	828	7.2%	16.8%	27.5%
7~9番人気	16	26	39	651	2.5%	6.5%	12.4%
10番人気~	5	9	16	737	0.7%	1.9%	4.1%

距離 芝ダート共距離は欲しいタイプ

芝　平均勝ち距離　1,899m

	1着	2着	3着	出走数	勝率	連対率	3着内率
全体計	212	220	202	2065	10.3%	20.9%	30.7%
芝~1300m	6	13	7	141	4.3%	13.5%	18.4%
芝~1600m	50	56	45	563	8.9%	18.8%	26.8%
芝~2000m	115	119	115	1075	10.7%	21.8%	32.5%
芝~2400m	27	25	26	202	13.4%	25.7%	38.6%
芝2500m~	14	7	9	84	16.7%	25.0%	35.7%

ダート　平均勝ち距離　1,626m

	1着	2着	3着	出走数	勝率	連対率	3着内率
全体計	123	106	91	1245	9.9%	18.4%	25.7%
ダ~1300m	15	18	9	228	6.6%	14.5%	18.4%
ダ~1600m	38	22	17	313	12.1%	19.2%	24.6%
ダ~2000m	66	62	62	661	10.0%	19.4%	28.7%
ダ2100m~	4	4	3	43	9.3%	18.6%	25.6%

馬場状態 どんな馬場状態でも力を出せる

		1着	2着	3着	出走数	勝率	連対率	3着内率
芝	良	164	168	152	1577	10.4%	21.1%	30.7%
	稍重	35	35	35	345	10.1%	20.3%	30.4%
	重	9	13	13	116	7.8%	19.0%	30.2%
	不良	4	4	2	27	14.8%	29.6%	37.0%
ダ	良	78	58	62	746	10.5%	18.2%	26.5%
	稍重	18	32	9	250	7.2%	20.0%	23.6%
	重	14	9	10	151	9.3%	15.2%	21.9%
	不良	13	7	10	98	13.3%	20.4%	30.6%

性齢 3歳後半にもうひと伸び

	1着	2着	3着	出走数	勝率	連対率	3着内率
牡2歳	36	40	30	298	12.1%	25.5%	35.6%
牝2歳	28	32	24	246	11.4%	24.4%	33.3%
牡3歳前半	70	62	53	587	11.9%	22.5%	31.5%
牝3歳前半	45	32	45	537	6.5%	15.6%	24.0%
牡3歳後半	51	36	43	388	13.1%	22.4%	33.5%
牝3歳後半	35	29	24	342	10.2%	18.7%	25.1%
牡4歳	46	43	39	434	10.6%	20.5%	29.5%
牝4歳	25	20	29	290	8.6%	15.5%	25.5%
牡5歳	9	7	11	150	4.0%	10.7%	18.0%
牝5歳	4	6	3	59	6.8%	18.6%	23.6%
牡6歳	0	0	0				
牝6歳	0	0	0				
牡7歳以上	0	0	0				
牝7歳以上	0	0	0				

単勝回収値 72円／単勝適正回収値 75円

勝ち馬の決め手

芝　212勝　追込21　逃げ34　差し71　先行86

ダート　123勝　追込5　差し19　逃げ28　先行71

アウトブリード 父系、母系、または両方に共通の祖先を5代以内に持たない配合のことで、異系交配ともいう。一般的に丈夫な仔が産まれやすいといわれている。

馬券に直結する適性データ

息長い末脚を活かせる舞台理想、距離延びて本領発揮の傾向顕著

　まず注目したいのが、持ち味である息の長い末脚が存分に発揮できる上に、ごまかしの効かないコースレイアウトから底力も求められる東京芝コースでの強さ。3着内率32.4％と、ほぼ3回に1回の確率で馬券の対象になっていることから、たとえ人気薄でも、相手候補の一頭として買い目に入れておいて損はないだろう。また、同じように直線での爆発力が活きる京都芝での好成績も、馬券作戦に活かしていきたい。

　中長距離適性の高さも、大きな特徴。マイル戦でもまずまずの成績を残しているが、その真価を発揮するのは2000m戦からということになる。なかでも、芝2400m以上のレースにおける強さは圧巻で、頭勝負、連勝馬券の軸のどちらでも厚い信用が置ける。人気での信頼度も高く1～3番人気であれば、基本的には「買い」。もう1つ、3歳後半を迎えてからより充実する産駒が多いことも、是非覚えておこう。

重賞レース馬券のヒント

大舞台で圧倒的な強さを発揮、牝馬勢の活躍にも注目したい

　タイトルホルダーが2021年菊花賞を制したのを皮切りに、GI戦における強さは、まさに格別。全体でも、勝率20％に達する素晴らしい成績をあげているが、なかでも牝馬勢は、勝率23％強、3着内率50％と、驚異的数字を残している。3冠牝馬リバティアイランドが1番人気で勝ちまくったため、単勝回収値は「106円」となっているが、複勝回収値は、それを上回る「119円」という数字が出ている。2023年有馬記念を7番人気で2着したスターズオンアース、オークスを15番人気で3着したドゥーラが典型だが、伏兵、人気薄でも、マークは外したくない。

通算重賞勝ち数

	GI	GII	GIII	GI勝ち産駒数	重賞勝ち産駒数
芝	12	5	6	6	13
ダート	0	0	0	0	0
地方	2	0	2	2	3
海外	0	0	0	0	0

POG　2024年期待の2歳馬　ピックアップ

最終世代となる5年目産駒も、大物感漂わす期待馬が多数存在

　最終世代となる5年目産駒も、95頭が血統登録される、十分な頭数をキープしている。まず注目したいのが、セレクトセールで億超えの値が付いた、母シャンパンエニワンの牡駒、母ドナブリーニの牡駒、母ポジティヴマインドの牡駒の3頭。なかでも3億5千万円超で落札された、母父に米日豪でGI勝ち産駒を出したストリートセンスが入る母シャンパンエニワンの牡駒に、大化けする可能性を強く感じている。牝馬では、半兄にホープフルSを勝ったキラーアビリティがいる母キラーグレイシスの牝駒の仕上がりの早さ、エアグルーヴ一族の血を引く、母グラディーヴァの牝駒の高い芝中距離適性が大いに楽しみだ。

母馬名（母父）	性別	おすすめポイント	母馬名（母父）	性別	おすすめポイント
カラフルブラッサム（ハーツクライ）	牡	叔父にGII馬ピイラニハイウェイ。SS3×3、トニービン4×4を持つ。	*キラーグレイシス（CONGAREE）	牝	母は米GI勝ち。半兄にGI馬キラーアビリティ。仕上がりが早そう。
*シャンパンエニワン（*ストリートセンス）	牡	母は米GII馬。当歳セレクトセールにおいて3億5200万円の値が付く。	グラディーヴァ（*ハービンジャー）	牝	名牝エアグルーヴの血を継ぐ母系の良さが魅力。大物感ある血統構成。
*ドナブリーニ（BERTOLINI）	牡	半姉にGI7勝ジェンティルドンナ。1歳セレクトセール2億3100万円。	コルデトゥリーニ（ダイワメジャー）	牝	叔母にGII2着馬アマルフィコースト。母父の血も活かし芝マイルで活躍か。
ノーブルカリナン（*ディープインパクト）	牡	3勝をマークした母の初仔。母父の血の相乗効果で大物誕生を目指す。	シャルマント（*エンパイアメーカー）	牝	叔母にGI秋華賞馬ディアドラ。1歳セレクトセールで6160万円。
*ポジティヴマインド（EQUAL STRIPES）	牡	母は南米亜のGIホース。当歳セレクトセール1億6500万円で落札。	マルケッサ（オルフェーヴル）	牝	全兄にGI馬ドゥラエレーデ。芝中距離でスケール活かしたい。

RANKING 2

2022 ②
2021 ②
2020 ②
2019 ③

2歳馬 8

ロードカナロア
LORD KANALOA

惜しくも王座は逃すも多彩な産駒陣が存在感を示す

種付料／⇨ 受 **1200万円F**　　供用地／安平・社台ＳＳ

2008年生　鹿毛　三石・ケイアイファーム産

距離	成長型	芝	ダート	瞬発力	パワー	底力
短中	普	◎	○	◎	○	◎

年次	種付頭数	産駒数
23年	**120**	**99**
22年	136	115
21年	157	125
20年	181	182
19年	250	219

PROFILE

競走成績　**19戦13勝**（2〜5歳・日香）
最高レーティング　**128 S**（13年）
主な勝ち鞍　**香港スプリント2回、スプリンターズＳ2回、安田記念、高松宮記念**、京阪杯、シルクロードＳ、阪急杯。セントウルＳ2着2回。

　3歳春から500万特別、Ｌ葵Ｓ、ＯＰ京洛Ｓ、初重賞制覇となる京阪杯、4歳緒戦のシルクロードＳと5連勝をマーク、芝スプリント戦線のトップクラスに躍り出る。その後、高松宮記念3着、函館スプリントＳ2着、セントウルＳ2着と勝ち切れないレースが続くが、スプリンタ

ーズＳで初ＧＩ制覇を達成してから殻を突き破り、暮れの香港スプリント、5歳を迎えてからの阪急杯、高松宮記念、距離の壁に挑んだ安田記念と破竹の5連勝を飾った。秋緒戦のセントウルＳこそ再び2着に終わるが、スプリンターズＳ、香港スプリントで共に連覇を達成し、計6つのＧＩタイトルを積み重ねる。なかでも5馬身差を付けて圧勝した、ラストラン香港スプリントの勝ちっぷりは鮮烈で、「128」という高いレーティングが与えられた。

　2013年年度代表馬のタイトルを手土産に、6歳春から種牡馬生活を開始。初年度産駒から、

系統：キングマンボ系　母父系統：ストームキャット系

父 キングカメハメハ 鹿 2001	父父 キングマンボ Kingmambo 鹿 1990	Mr. Prospector	Raise a Native	Native Dancer
				Raise You
			Gold Digger	Nashua
				Sequence
		Miesque	Nureyev	Northern Dancer
				Special
			Pasadoble	Prove Out
				Santa Quilla
	父母 *マンファス 黒鹿 1991	*ラストタイクーン	*トライマイベスト	Northern Dancer
				Sex Appeal
			Mill Princess	Mill Reef
				Irish Lass
		Pilot Bird	Blakeney	Hethersett
				Windmill Girl
			The Dancer	Green Dancer
				Khazaeen
母 レディブラッサム 鹿 1996	母父 ストームキャット Storm Cat 黒鹿 1983	Storm Bird	Northern Dancer	Nearctic
				Natalma
			South Ocean	New Providence
				Shining Sun
		Terlingua	Secretariat	Bold Ruler
				Somethingroyal
			Crimson Saint	Crimson Satan
				Bolero Rose
	母母 *サラトガデュー 鹿 1989	Cormorant	His Majesty	Ribot
				Flower Bowl
			Song Sparrow	Tudor Minstrel
				Swoon's Tune
		Super Luna	In Reality	Intentionally
				My Dear Girl
			Alada	Riva Ridge
				Syrian Sea

インブリード：Northern Dancer 5・5×4、母レディブラッサムに Secretariat=Syrian Sea 3×4

血統解説

　父キングカメハメハはダービー馬にして首位種牡馬。直仔サイアーたちの活躍も顕著で、日本に一大父系を築き上げつつある。母レディブラッサムは、1000～1400m戦で計5勝をマーク。芝、ダート共にこなせるパワフルなスピードを武器とした。繁殖牝馬としては、本馬の半兄に6勝をあげ種牡馬入りしたロードバリオス、半弟に4勝馬ロードガルーダなどを産んでいる。母系は米で代を重ねたファミリーで、祖母サラトガデューはベルダムS、ガゼルHと米GⅠを2勝した強豪だった。母父ストームキャットは、北米首位種牡馬に輝く父系の祖にもなった大物。日本競馬との相性も抜群だ。

代表産駒

　アーモンドアイ（ジャパンC2回、天皇賞・秋2回、ヴィクトリアマイル、オークス、桜花賞、秋華賞、ドバイターフ）、**ダノンスマッシュ**（高松宮記念、香港スプリント）、**サートゥルナーリア**（皐月賞、ホープフルS）、**パンサラッサ**（ドバイターフ、サウジC）、**ステルヴィオ**（マイルCS）、**ファストフォース**（高松宮記念）、**ブレイディヴェーグ**（エリザベス女王杯）、**ダノンスコーピオン**（NHKマイルC）、**タガロア**（ブルー

ダイヤモンドS）、**レッドルゼル**（JBCスプリント）、**ダイアトニック**（阪神C）、**キングオブコージ**（AJCC）、**レッドモンレーヴ**（京王杯スプリングC）、**ケイデンスコール**（マイラーズC）、**ベラジオオペラ**（スプリングS）、**サプライムアンセム**（フィリーズレビュー）、**ファンタジスト**（京王杯2歳S）、**キングエルメス**（京王杯2歳S）、**バーナードループ**（兵庫CS）、**トロワゼトワル**（京成杯オータムH2回）、**エンペラーワケア**。

　牡馬3冠馬で内外で計9つのGⅠタイトルを獲得した女傑アーモンドアイ、マイルCS馬ステルヴィオ、古馬となってからスプリンターとして大成したダノンスマッシュ、2年目産駒から皐月賞馬サートゥルナーリアを輩出したことで、瞬く間に種牡馬としての名声を確立する。当初500万円だった種付料も、供用7年目となる2020年には2000万円まで跳ね上がった（現在は1200万円）。2023年は、12月後半までランキング1位の座をキープしていたが、最終盤でドゥラメンテに逆転を許し、4年連続の2位となったが、国内では短距離馬ファストフォース、中距離馬ブレイディヴェーグがGⅠ勝ちを記録。海外でもパンサラッサが世界最高賞金が懸かるサウジCに優勝するなど、多彩な一流産駒が個性的な活躍を示している。

FROM STALLION

社台SS事務局・徳武英介場長談

　「シーズン途中までランキングの首位ながらも、年末にドゥラメンテにかわされる形で、4年連続での2位となりました。芝の短距離を中心に安定した産駒成績を残しているのは変わりなく、配合馬も父譲りのスピードを活かすべく吟味されてきただけに、今後もチャンピオンサイアーの戴冠を狙っていけそうです。近年は秋華賞馬となったブレイディヴェーグのように、母父ディープインパクトとのニックスも証明されています」

総収得賞金 4,399,250,000円　アーニング INDEX 1.66　実勢評価値 0.64

勝利頭数／出走頭数：全馬257／571	2歳	19／60
勝利回数／出走回数：全馬421／3,624	2歳	21／149

Data Box (2021~2023)

コース　東京芝で勝ち切るケースが多い

	1着	2着	3着	出走数	勝率	連対率	3着内率
全体計	495	443	363	5179	9.6%	18.1%	25.1%
中央芝	161	162	101	1513	10.6%	21.3%	28.0%
中央ダ	87	80	70	1066	8.2%	15.7%	22.2%
ローカル芝	157	132	114	1610	9.8%	18.0%	25.0%
ローカルダ	90	69	78	990	9.1%	16.1%	23.9%
右回り芝	176	178	114	1858	9.5%	19.1%	25.2%
右回りダ	99	87	80	1197	8.3%	15.5%	22.2%
左回り芝	138	112	92	1191	11.6%	21.0%	28.7%
左回りダ	78	62	68	859	9.1%	16.3%	24.2%
札幌芝	13	19	8	151	8.6%	21.2%	26.5%
札幌ダ	6	7	9	87	6.9%	14.9%	25.3%
函館芝	11	19	10	143	7.7%	21.0%	28.0%
函館ダ	9	8	7	76	11.8%	22.4%	31.6%
福島芝	12	5	12	152	7.9%	11.2%	19.1%
福島ダ	8	3	4	106	7.5%	10.4%	14.2%
新潟芝	32	26	28	330	9.7%	17.6%	26.1%
新潟ダ	14	10	11	172	8.1%	14.0%	20.3%
東京芝	61	57	41	508	12.0%	23.2%	31.3%
東京ダ	28	24	23	305	9.2%	16.4%	23.9%
中山芝	34	40	22	348	9.8%	21.3%	27.6%
中山ダ	16	12	15	260	6.2%	17.3%	23.1%
中京芝	49	33	32	427	11.5%	19.2%	26.7%
中京ダ	36	30	34	382	9.4%	17.3%	26.2%
京都芝	13	10	1	120	10.8%	19.2%	25.8%
京都ダ	3	6	3	64	12.5%	21.9%	26.6%
阪神芝	53	55	30	537	9.9%	20.1%	25.7%
阪神ダ	22	25	8	437	5.0%	13.3%	19.9%
小倉芝	40	30	24	407	9.8%	17.2%	23.1%
小倉ダ	17	11	13	167	10.2%	16.8%	24.6%

距離　芝は長距離を除き堅実に走る

芝　平均勝ち距離　1,518m

	1着	2着	3着	出走数	勝率	連対率	3着内率
全体計	318	294	215	3123	10.2%	19.6%	26.5%
芝~1300m	104	90	66	1000	10.4%	19.4%	26.0%
芝~1600m	131	111	92	1202	10.9%	20.1%	27.8%
芝~2000m	72	76	47	786	9.2%	18.8%	24.8%
芝~2400m	9	15	9	101	8.9%	23.8%	32.7%
芝2500m~	2	1	1	34	5.9%	11.8%	14.7%

ダート　平均勝ち距離　1,446m

	1着	2着	3着	出走数	勝率	連対率	3着内率
全体計	177	149	148	2056	8.6%	15.9%	23.1%
ダ~1300m	67	53	49	702	9.5%	17.1%	24.1%
ダ~1600m	52	45	44	585	8.9%	16.6%	24.1%
ダ~2000m	57	50	54	750	7.6%	14.4%	21.7%
ダ2100m~	1	0	0	19	5.3%	5.3%	5.3%

馬場状態　芝は良がベスト、ダートは状態不問

		1着	2着	3着	出走数	勝率	連対率	3着内率
芝	良	251	233	170	2409	10.4%	20.1%	27.1%
	稍重	46	43	29	467	9.9%	19.1%	25.3%
	重	18	18	15	212	8.5%	17.0%	24.1%
	不良	3	0	1	35	8.6%	8.6%	11.4%
ダ	良	109	87	90	1215	9.0%	16.1%	23.5%
	稍重	29	36	27	410	7.1%	15.9%	22.4%
	重	20	22	10	270	7.4%	15.6%	23.3%
	不良	19	4	11	161	11.8%	14.3%	20.5%

性齢　2歳から動き5歳まで力を持続

	1着	2着	3着	出走数	勝率	連対率	3着内率
牡2歳	42	38	21	295	14.2%	27.1%	34.2%
牝2歳	25	24	17	243	10.3%	20.2%	27.2%
牡3歳前半	75	51	51	654	11.5%	19.3%	27.1%
牝3歳前半	62	58	51	618	10.0%	19.4%	28.2%
牡3歳後半	36	40	26	376	9.6%	20.2%	27.1%
牝3歳後半	45	35	31	403	11.1%	19.8%	27.5%
牡4歳	59	51	59	544	10.8%	20.2%	26.7%
牝4歳	57	52	49	611	9.3%	17.8%	24.9%
牡5歳	41	45	29	441	9.3%	19.5%	26.1%
牝5歳	22	20	25	414	5.3%	10.1%	16.2%
牡6歳	26	16	24	358	7.3%	11.7%	18.4%
牝6歳	6	9	7	139	4.3%	10.8%	15.8%
牡7歳以上	0	3	9	141	6.4%	13.5%	15.6%
牝7歳以上	0	0	0	0	0.0%	0.0%	0.0%

条件　GI以外ではどの条件でも安定

	1着	2着	3着	出走数	勝率	連対率	3着内率
新馬	38	34	28	342	11.1%	21.1%	29.2%
未勝利	149	127	114	1504	9.9%	18.4%	25.9%
1勝	133	114	97	1422	9.4%	17.4%	24.2%
2勝	79	71	53	752	10.5%	19.9%	27.0%
3勝	38	42	23	478	7.9%	16.7%	21.5%
OPEN特別	36	33	27	371	9.7%	18.6%	25.9%
GⅢ	19	13	12	200	9.5%	16.0%	22.0%
GⅡ	9	11	10	101	8.9%	19.8%	29.7%
GⅠ	4	4	2	71	5.6%	11.3%	14.1%
ハンデ戦	36	35	35	448	8.0%	15.8%	23.7%
牝馬限定	74	72	59	831	8.9%	17.6%	24.7%
障害	10	6	3	62	16.1%	25.8%	30.6%

人気　人気は平均的、上位人気馬中心

	1着	2着	3着	出走数	勝率	連対率	3着内率
1番人気	173	115	70	546	31.7%	52.7%	65.6%
2~3番人気	172	141	109	954	18.0%	32.8%	44.2%
4~6番人気	103	111	102	1282	8.0%	16.7%	24.6%
7~9番人気	37	56	50	1042	3.6%	8.9%	13.7%
10番人気~	20	26	35	1417	1.4%	3.2%	5.7%

単勝回収値 80円／単勝適正回収値 83円

勝ち馬の決め手

芝　318勝：追込 23　逃げ 59　差し 92　先行 144
ダート　177勝：追込 8　差し 27　逃げ 59　先行 83

穴血統　人気を裏切ることが多く、その一方で人気薄の時に激走したりする種牡馬のこと。ムラっぽい血統ともいう。

馬券に直結する適性データ

基本的能力と適応力の高さ誇り 幅広い条件で安定した走り披露

　基本的な能力の高さはもちろんだが、安定感、タフネスにも優れた産駒が多く、距離、コース、年齢の如何によらず、合格点に達する成績を残している。自身も2歳新馬戦で勝ち上がり、古馬になって完成した歴史的名馬だったが、スケールの違いこそあれ産駒にも似たような成長曲線を描くタイプが多い。新馬戦を含む2歳戦での強さは、まず押さえておきたいデータだが、5歳を迎えた牡馬陣がまったく力が衰えた感じを見せないことも、頭に入れておきたいところ。19.5%の連対率は、連勝馬券の軸としての高い信頼性に繋がっている。

　勝ち鞍数の比較では、短距離、マイル適性の優秀さが窺えるが、芝2000m超〜2400m戦で優秀な数字を残していることにも、是非、注目したい。「少し距離が長いだろう」という先入観を捨てることが、馬券的中への近道だ。もう1つ、2勝クラスでの好成績も押さえておこう。

重賞レース馬券のヒント

2、8番人気で出走した場合は、単、複両回収値で「100円」超

　勝率、連対率、3着内率のいずれもで、1番人気時と同等の数字を残しているのが2番人気での出走。2023年もスプリングSのベラジオオペラ、京王杯SCのレッドモンレーヴ、カペラSのテイエムトッキュウが2番人気で勝利したが、過去3年間に遡っても単勝回収値「161円」、複勝回収値でも「102円」と、収支プラスの好結果を残していた。8番人気での出走も絶好の狙い頃。2023年はNHKマイルCでウンブライルが2着し、3連単26万超馬券の一方の立役者となったが、過去3年では単「138円」、複「108円」の回収値となっている。

通算重賞勝ち数

	GⅠ	GⅡ	GⅢ	GⅠ勝ち産駒数	重賞勝ち産駒数
芝	16	17	32 (1)	5	35
ダート	0	0	3	0	3
地方	1	2	0	1	2
海外	5	0	0	2	3

※（ ）内は格付前重賞

POG　2024年期待の2歳馬　ピックアップ

念願の首位種牡馬獲得に向けて、名牝の産駒たちが大成を目指す

　種牡馬としての円熟期を迎えて誕生した、8年目産駒は計111頭が血統登録されている。配合相手には自身がGⅠ馬である繁殖も多く、共に秋華賞を勝った母アヴェンチュラの牡駒、母ブラックエンブレムの牡駒は、3歳以降の豊かな成長力と芝中距離適性の高さが大きな武器となりそうだ。マイル戦向きのスピードも備えているだけに、ここ一番で勝負強さを見せるジャンルに捉われない活躍が望める。2023年に惜しくも逃した首位種牡馬獲得のためには、2歳戦での上積みも欲しいところ。一族に2歳戦の活躍馬がいる母ドナウブルーの牡駒、母レッドオルガの牝駒には早期からの頑張りも期待したい。

母馬名（母父）	性別	おすすめポイント	母馬名（母父）	性別	おすすめポイント
アヴェンチュラ（ジャングルポケット）	牡	母はGⅠ秋華賞。叔母にGⅠオークス馬トールポピー。芝中距離型か。	キューティゴールド（*フレンチデピュティ）	牝	半姉にGⅠジャパンC馬ショウナンパンドラ。名門母系の底力に期待。
キストゥヘヴン（アドマイヤベガ）	牡	母はGⅠ桜花賞。仕上がりは早いが、古馬となっての活躍にも期待。	*サマーハ（*シングスピール）	牝	半兄にGⅡを3勝したシャケトラ。芝中距離戦線での大成を目指す。
ディメンシオン（ディープインパクト）	牡	母はGⅡ2着。叔父に海外GⅠ勝馬パンサラッサがいる勢いにも注目。	*スピニングワイルドキャット（*ハードスパン）	牝	全兄にGⅠ2勝馬ダノンスマッシュ。スプリント向きのスピードが武器に。
ドナウブルー（ディープインパクト）	牡	母はGⅢ2着。叔母に名牝ジェンティルドンナ。勝負強さを活かしたい。	ダンスファンタジア（*ファルブラヴ）	牝	母はGⅢフェアリーSに勝利。名門一族の新星として大きく輝きたい。
ブラックエンブレム（*ウォーエンブレム）	牡	母はGⅠ秋華賞。半姉ヴィクトリアはGⅡ勝ち。スピード能力高い。	レッドオルガ（ディープインパクト）	牝	母はGⅢ2着。重賞馬多数輩出の母系が誇る芝マイル適性を活かしたい。

RANKING

3

2歳馬 **1**

2022 ④
2021 ④
2020 ⑫
2019 ㊽

キズナ
KIZUNA

最優秀マイラーも登場し、初のトップ3入り果たす

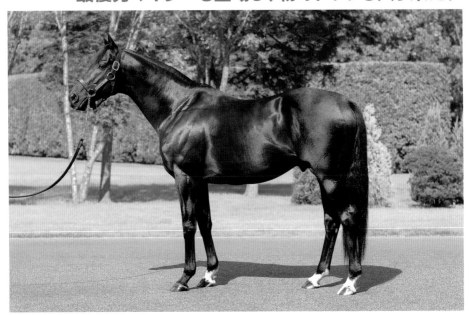

種付料／⇨受1200万円F　　供用地／安平・社台SS

2010年生　青鹿毛　新冠・ノースヒルズ産

距離	成長型	芝	ダート	瞬発力	パワー	底力
万	普	◎	◎	◎	◎	○

年次	種付頭数	産駒数
23年	**152**	**119**
22年	170	139
21年	195	171
20年	242	113
19年	164	113

PROFILE

競走成績　14戦7勝（2〜5歳・日仏）
最高レーティング　121 L（13、14年）
主な勝ち鞍　ダービー、大阪杯、京都新聞杯、
ニエル賞、毎日杯。大阪杯2着、京都記念3着、
ラジオNIKKEI杯2歳S3着、凱旋門賞4着。

　2歳10月の新馬戦、次戦の500万特別を共に
好内容で勝ち上がり、「クラシック候補」という
呼び声も高まったが、暮れのラジオNIKKEI杯
で3着、4歳緒戦の弥生賞で5着とやや足踏み
状態が続く。しかし、3月の毎日杯、5月の京
都新聞杯を、いずれもケタ違いの末脚を駆使し
て連勝し、勇躍ダービーへと向かった。1番人
気に推されたこの大一番でも末脚勝負に徹し、
ゴール寸前で先に抜け出していたエピファネイ
アを捉え、鮮やかに3歳馬の頂点に立つ。秋に
は仏遠征を敢行。GⅡニエル賞で重賞4連勝を
飾り、有力馬の一頭として凱旋門賞に参戦する
も、トレヴの4着までだった。4歳緒戦の大阪
杯で重賞5勝目。1番人気で臨んだ天皇賞・春
で4着に敗れた後に骨折が判明し、以降は復帰
戦の京都記念3着、5歳時の大阪杯2着、ラス
トランとなる天皇賞・春7着と、勝利を得られ
ぬまま現役を退く。

系統：サンデーサイレンス系　母父系統：ストームキャット系				
父 ディープインパクト 鹿 2002	**父父** *サンデーサイレンス 青鹿 1986	Halo	Hail to Reason	Turn-to
				Nothirdchance
			Cosmah	Cosmic Bomb
				Almahmoud
		Wishing Well	Understanding	Promised Land
				Pretty Ways
			Mountain Flower	Montparnasse
				Edelweiss
	父母 *ウインドインハーヘア 鹿 1991	Alzao	Lyphard	Northern Dancer
				Goofed
			Lady Rebecca	Sir Ivor
				Pocahontas
		Burghclere	Busted	Crepello
				Sans le Sou
			Highclere	Queen's Hussar
				Highlight
母 *キャットクイル 鹿 1990	**母父** ストームキャット Storm Cat 黒鹿 1983	Storm Bird	Northern Dancer	Nearctic
				Natalma
			South Ocean	New Providence
				Shining Sun
		Terlingua	Secretariat	Bold Ruler
				Somethingroyal
			Crimson Saint	Crimson Satan
				Bolero Rose
	母母 パシフィックプリンセス Pacific Princess 鹿 1973	Damascus	Sword Dancer	Sunglow
				Highland Fling
			Kerala	My Babu
				Blade of Time
		Fiji	Acropolis	Donatello
				Aurora
			Rififi	Mossborough
				Khanum

インブリード：Northern Dancer 5×4

血統解説

　父ディープインパクトは、2022年まで11年連続で首位種牡馬に輝いた歴史的名馬。日本国内だけでなく、欧州でも数多くのクラシックウイナーを輩出する、ワールドワイドな成功を収めた。母キャットクイルは未勝利馬。母系は現代の名門で、祖母パシフィックプリンセスは米G1デラウェアオークス馬、本馬の半姉にエリザベス女王杯などG13勝のファレノプシス、半兄にサンデーブレイク（ピーターパンS）、いとこに3冠馬ナリタブライアン、G13勝馬ビワハヤヒデ（宝塚記念）がいる。母父ストームキャットは北米リーディングサイアーを獲得し、父系の祖としても繁栄を極めている。

代表産駒

ソングライン（安田記念2回、ヴィクトリアマイル、富士S、1351ターフスプリント）、アカイイト（エリザベス女王杯）、ディープボンド（阪神大賞典2回、京都新聞杯、フォワ賞）、バスラットレオン（ニュージーランドT、ゴドルフィンマイル、1351ターフスプリント）、アスクワイルドモア（京都新聞杯）、マルターズディオサ（チューリップ賞、紫苑S）、ビアンフェ（函館スプリントS、函館2歳S、葵S）、ハギノアレ グリアス（シリウスS、名古屋大賞典）、ジャスティンミラノ（共同通信杯）、クイーンズウォーク（クイーンC）、クリスタルブラック（京成杯）、シャムロックヒル（マーメイドS）、ステラリア（福島牝馬S）、ファインルージュ（フェアリーS、紫苑S）、アブレイズ（フラワーC）、テリオスベル（ブリーダーズゴールドC、クイーン賞）、キメラヴェリテ（北海道2歳優駿）、キリンジ（ジャパンダートダービー2着）。

　供用初年度となった2016年の269頭を皮切りに、8年連続で150頭以上に種付される、圧倒的人気を博し続けている。初年度産駒から4歳でエリザベス女王杯を勝ったアカイイト、一流ステイヤーとして輝いたディープボンド、交流ダート重賞戦線で頑張り続けるテリオスベル、短距離馬ビアンフェなど幅広い産駒が登場し、早くから一流種牡馬の地位を確立した。当初は250万円だった種付料も、現在は1200万円まで上昇。配される牝馬の顔触れも、格段に豪華になっている。2023年は2年目産駒の一頭であるソングラインがヴィクトリアマイル、安田記念を連勝し、最優秀マイラーの栄誉も獲得。テリオスベル、ハギノアレグリアスなどダート重賞戦線における産駒の活躍も光り、自己最高位となる3位までランクを上げてきた。

社台SS事務局・徳武英介場長談

「最強世代との期待をかけていた現3歳世代が、昨年の2歳総合サイアーの首位となる活躍を見せてくれました。自身はディープインパクトの後継種牡馬のなかでも、豊富な筋肉量も有していました。その馬体が受け継がれた産駒たちは、芝のマイルを中心に高い適性を示しています。3歳世代も桜花賞や皐月賞を沸かせてくれそうです。そこに古馬の活躍も加わってくれば、リーディングサイアーも狙っていけるでしょう」

総収得賞金 3,717,084,000円　アーニング INDEX 2.02　実勢評価値 0.78

勝利頭数／出走頭数：全馬191／397	2歳 33／96
勝利回数／出走回数：全馬307／2,573	2歳 39／226

Data Box (2021~2023)

単勝回収値 96円／単勝適正回収値 87円

コース　芝ダート共コース問わず堅実

	1着	2着	3着	出走数	勝率	連対率	3着内率
全体計	370	334	343	3722	9.9%	18.9%	28.1%
中央芝	106	116	99	1065	10.0%	20.8%	30.1%
中央ダ	77	72	77	796	9.7%	18.7%	28.4%
ローカル芝	115	97	114	1180	9.7%	18.0%	27.6%
ローカルダ	72	49	53	681	10.6%	17.8%	25.6%
右回り芝	145	128	124	1392	10.4%	19.6%	28.5%
右回りダ	85	68	71	795	10.7%	19.2%	28.2%
左回り芝	76	83	86	824	9.2%	19.3%	29.7%
左回りダ	64	53	59	682	9.4%	17.2%	25.8%
札幌芝	15	3	11	104	14.4%	17.3%	27.9%
札幌ダ	5	1	2	39	12.8%	15.4%	20.5%
函館芝	12	5	9	79	15.2%	21.5%	32.9%
函館ダ	6	4	1	35	17.1%	28.6%	31.4%
福島芝	18	15	16	133	13.5%	24.8%	36.8%
福島ダ	3	3	1	40	7.5%	15.0%	17.5%
新潟芝	17	19	25	232	7.3%	15.5%	26.3%
新潟ダ	13	8	6	114	11.4%	18.4%	23.7%
東京芝	26	33	30	263	9.9%	22.4%	33.8%
東京ダ	16	17	18	221	7.2%	14.9%	23.1%
中山芝	19	21	22	229	8.3%	17.5%	27.1%
中山ダ	15	5	14	148	10.1%	13.5%	23.0%
中京芝	33	34	34	358	9.2%	18.7%	27.9%
中京ダ	35	28	35	347	10.1%	18.2%	28.2%
京都芝	15	13	9	127	11.8%	22.0%	29.1%
京都ダ	4	6	8	48	8.3%	20.8%	37.5%
阪神芝	46	49	38	446	10.3%	21.3%	29.8%
阪神ダ	42	44	37	379	11.1%	22.7%	32.5%
小倉芝	20	22	19	274	7.3%	15.3%	22.3%
小倉ダ	10	5	10	106	9.4%	14.2%	21.7%

条件　早さ活きる新馬戦から、OPも得意

	1着	2着	3着	出走数	勝率	連対率	3着内率
新馬	35	26	20	254	13.8%	24.0%	31.9%
未勝利	115	96	84	1063	10.8%	19.8%	27.8%
1勝	116	107	120	1181	9.8%	18.9%	29.0%
2勝	62	51	54	529	11.7%	21.4%	31.6%
3勝	22	28	34	344	6.4%	14.5%	24.4%
OPEN特別	19	17	15	172	11.0%	20.9%	29.7%
GⅢ	6	7	15	133	4.5%	9.8%	21.1%
GⅡ	1	8	10	80	1.3%	11.3%	23.8%
GⅠ	4	8	5	71	5.6%	16.9%	23.9%
ハンデ戦	26	16	29	290	9.0%	15.2%	25.2%
牝馬限定	68	62	60	707	9.6%	18.4%	26.9%
障害	14	10	14	105	13.3%	22.9%	36.2%

人気　人気で堅実な走りを披露

	1着	2着	3着	出走数	勝率	連対率	3着内率
1番人気	128	73	45	369	34.7%	54.5%	66.7%
2～3番人気	137	104	100	723	18.9%	33.3%	47.2%
4～6番人気	77	103	120	999	7.7%	18.0%	30.1%
7～9番人気	24	48	60	817	2.9%	8.8%	16.2%
10番人気～	18	16	32	919	2.0%	3.7%	7.2%

距離　芝ダート共中距離向きの傾向

芝　平均勝ち距離　1,782m

	1着	2着	3着	出走数	勝率	連対率	3着内率
全体計	221	213	213	2245	9.8%	19.3%	28.8%
芝～1300m	25	22	32	369	6.8%	12.7%	21.4%
芝～1600m	60	58	55	638	9.4%	18.5%	27.1%
芝～2000m	111	99	96	967	11.5%	21.7%	31.6%
芝～2400m	17	23	23	182	9.3%	22.0%	34.6%
芝2500m～	8	11	7	89	9.0%	21.3%	29.2%

ダート　平均勝ち距離　1,698m

	1着	2着	3着	出走数	勝率	連対率	3着内率
全体計	149	121	130	1477	10.1%	18.3%	27.1%
ダ～1300m	10	14	16	223	4.5%	10.8%	17.9%
ダ～1600m	36	26	22	337	10.7%	18.4%	24.9%
ダ～2000m	91	75	80	830	11.0%	20.0%	29.6%
ダ2100m～	12	6	12	87	13.8%	20.7%	34.5%

馬場状態　馬場状態は一切不問

		1着	2着	3着	出走数	勝率	連対率	3着内率
芝	良	171	166	164	1692	10.1%	19.9%	29.6%
芝	稍重	34	34	32	383	8.9%	17.8%	26.1%
芝	重	12	11	15	137	8.8%	16.8%	27.7%
芝	不良	4	2	2	33	12.1%	18.2%	24.2%
ダ	良	96	69	88	908	10.6%	18.2%	27.9%
ダ	稍重	23	20	25	292	7.9%	14.7%	26.7%
ダ	重	15	16	11	163	9.2%	19.0%	25.8%
ダ	不良	15	16	6	114	13.2%	18.4%	23.7%

性齢　父と似たやや早熟のタイプ

	1着	2着	3着	出走数	勝率	連対率	3着内率
牡2歳	47	38	31	316	14.9%	26.9%	36.7%
牝2歳	26	24	18	218	11.9%	22.9%	31.2%
牡3歳前半	51	47	39	437	11.7%	22.4%	31.4%
牝3歳前半	43	37	33	446	9.2%	17.2%	24.2%
牡3歳後半	34	23	38	297	11.4%	19.2%	32.0%
牝3歳後半	32	31	29	312	10.3%	20.2%	29.5%
牡4歳	52	55	65	560	9.3%	19.1%	30.7%
牝4歳	53	40	50	527	10.1%	17.6%	27.1%
牡5歳	24	23	28	269	8.9%	17.5%	27.9%
牝5歳	16	14	16	281	5.7%	11.0%	16.7%
牡6歳	6	9	5	100	6.0%	15.0%	20.0%
牝6歳	2	0	4	44	4.5%	4.5%	15.9%
牡7歳以上	0	0	0	0			
牝7歳以上	0	0	0	0			

勝ち馬の決め手

芝　221勝：逃げ39／先行103／差し51／追込28
ダート　149勝：逃げ27／先行78／差し36／追込8

欧州型血統　欧州の深い芝コースのような、日本のコースに比べてかなり力の要る馬場を得意とする血統。パワー型ともいう。それに対し、軽いダートコースを得意とする血統をアメリカン血統と呼ぶこともある。

馬券に直結する適性データ

芝は東京、京都、ダートは阪神 馬場状態を問わない点も特徴に

　ランキング上位種牡馬に共通する傾向でもあるが、息の長い末脚と底力が問われる東京芝コースは活躍が光る舞台。連対率22.4％、3着内率33.8％という数字は、馬連、3連複馬券を購入する際に大いに役立てていきたい。また、新装なった京都芝コースでの好成績も、是非頭に入れておきたいデータ。加えて砂上の闘いであれば、阪神ダートが絶好の稼ぎ場所になっている点にも要注目だ。

　自身が誇った抜群の切れ味だけでなく、おそらくは母父ストームキャット譲りの力の要る馬場への適応力も産駒に伝えているため、パンパンの芝良馬場、時計を要する芝不良馬場の双方で、遜色のない成績を収めていることも個性を表す特徴。この極端な馬場での強さは、ダート戦においても同様の傾向が出ている。

　人気での信頼性に問題はなし。中距離適性の高さも一貫して保持する持ち味となっている。

重賞レース馬券のヒント

単複両回収値が「100円」超え、 8番人気は勝負の価値がアリ！

　重賞における人気別の成績では、4番人気の単勝回収値「138」という数字が目立っている。しかし、詳細を調べてみると、4番人気で勝利したのは、2022、23年安田記念、そして2023年ヴィクトリアマイルと、すべてソングラインが記録したかなり特殊なデータだった。その意味では、該当していた場合思い切って狙ってみたいのが、産駒が8番人気に位置していた場合。2023年福島牝馬Sのステラリアは8番人気で勝利し、単勝配当は1380円。過去3年間の通算でも単勝回収値「131円」、複勝回収値「139円」と勝負を懸けるに値する数値が出ている。

通算重賞勝ち数

	GⅠ	GⅡ	GⅢ	GⅠ勝ち産駒数	重賞勝ち産駒数
芝	4	7	12 (1)	2	14
ダート	0	0	1	0	1
地方	0	0	4	0	3
海外	0	2	2	0	3

※（　）内は格付前重賞

POG　2024年期待の2歳馬　ピックアップ

種付料大幅アップがもたらした 一流繁殖との配合が功を奏すか

　今年2歳となる6世代目の産駒たちは、種付料が1000万円にアップした2021年に交配された仔供たち。当然、繁殖牝馬の質も上がり魅力的な名血馬たちが揃った。なかでも注目を集めるのが、3冠牝馬リバティアイランドの半妹となる母ヤンキーローズの牝駒。パワフルで持続力に優れた末脚が武器となりそうで、芝中距離戦線での大成も望める。半兄にダービー、天皇賞・秋を制したレイデオロがいる、母ラドラーダの牝駒も楽しみな存在。こちらはダート戦線での活躍があるかもしれない。米GⅠ馬である母シーエスシルクの牝駒、豪GⅠ馬の母ヤングスターの牡駒は、クラシック向きの血統構成の持ち主だ。

母馬名（母父）	性別	おすすめポイント	母馬名（母父）	性別	おすすめポイント
ヴィルデローゼ（*エンパイアメーカー）	牡	祖母ブルーメンブラットはGⅠマイルCS馬。パワフルなスピード光る。	*シアードラマ（BURNING ROMA）	牝	母は米GⅠを3つ制した強豪。芝、ダートの双方でレベル高い走り可能。
カウアイレーン（キングカメハメハ）	牡	母はGⅢ3着。半兄に重賞3勝ステイフーリッシュ。タフネスも武器に。	ジペッサ（CITY ZIP）	牝	母は米GⅠファーストレイディSの勝ち馬。中距離戦線で本領発揮か。
*シーエスシルク（MEDAGLIA D'ORO）	牡	母は米GⅠジャストアゲイムS馬。1歳セレクトセールで7920万円。	*ヤンキーローズ（ALL AMERICAN）	牝	母は豪GⅠ馬。半姉に3冠牝馬リバティアイランド。仕上がり早そう。
*ヤングスター（HIGH CHAPARRAL）	牡	母、叔母ファンスターは共に豪GⅠ馬。1歳セレクトセール2億3100万円。	ラドラーダ（*シンボリクリスエス）	牝	半兄にダービーなどGⅡ2勝レイデオロ。母父が誇る底力も活かしたい。
ローブティサージュ（*ウォーエンブレム）	牡	母はGⅠ阪神JFに勝った最優秀2歳牝馬。パワフルなスピードを誇る。	レジーナドーロ（キングカメハメハ）	牝	祖母にGⅠ桜花賞馬レジネッタ。芝マイル戦線を賑わす存在へ成長か。

2023年 ランキングTOP20　第3位 キズナ

43

RANKING

4

2歳馬 **37**

2022 ③
2021 ③
2020 ③
2019 ②

ハーツクライ
HEART'S CRY

充実著しい晩年産駒から英クラシックホースも登場

2023年死亡
2001年生　鹿毛　千歳・社台ファーム産

距離	成長型	芝	ダート	瞬発力	パワー	底力
中長	普	◎	○	◎	○	○

年次	種付頭数	産駒数
23年	－	－
22年	－	－
21年	－	35
20年	71	130
19年	180	119

PROFILE

競走成績　19戦5勝（3〜5歳・日首英）
最高レーティング　124 L（06年）
主な勝ち鞍　有馬記念、ドバイシーマクラシック、
京都新聞杯。ジャパンC2着、ダービー2着、宝
塚記念2着、大阪杯2着、"Kジョージ"3着。

　単勝1.7倍の圧倒的1番人気に推された、3歳1月のデビュー戦で初勝利。次戦きさらぎ賞は3着までだったが、3月のOP若葉Sを勝ち、皐月賞の出走権利を掴む。しかし、クラシック緒戦はダイワメジャーの14着に大敗。5月初旬の京都新聞杯で鮮やかな差し切り勝ちを収め、勇躍向かったダービーでも、4角17番手の位置取りから末脚を伸ばし、キングカメハメハから1馬身半差の2着に飛び込んだ。秋は、神戸新聞杯3着から始動。1番人気に推された菊花賞からジャパンC、有馬記念とビッグレースを転戦したが、好結果は得られず。4歳を迎えて地力が強化され、大阪杯2着、天皇賞・春5着、宝塚記念2着、天皇賞・秋6着と、常に上位争いに絡む存在となった。C・ルメール騎手が手綱を握った11月のジャパンCでも、直線で素晴らしい切れ味を発揮し、勝ったアルカセットをハナ差まで追い詰める2着。引き続き

系統：サンデーサイレンス系　母父系統：ゼダーン系					
父 *サンデーサイレンス 青鹿 1986	父父 ヘイロー Halo 黒鹿 1969	Hail to Reason	Turn-to	Royal Charger	
				Source Sucree	
			Nothirdchance	Blue Swords	
				Galla Colors	
		Cosmah	Cosmic Bomb	Pharamond	
				Banish Fear	
			Almahmoud	Mahmoud	
				Arbitrator	
	父母 ウィッシングウェル Wishing Well 鹿 1975	Understanding	Promised Land	Palestinian	
				Mahmoudess	
			Pretty Ways	Stymie	
				Pretty Jo	
		Mountain Flower	Montparnasse	Gulf Stream	
				Mignon	
			Edelweiss	Hillary	
				Dowager	
母 アイリッシュダンス 鹿 1990	母父 *トニービン 鹿 1983	*カンパラ	Kalamoun	*ゼダーン	
				Khairunissa	
			State Pension	*オンリーフォアライフ	
				Lorelei	
		Severn Bridge	Hornbeam	Hyperion	
				Thicket	
			Priddy Fair	Preciptic	
				Campanette	
	母母 ビューパーダンス 黒鹿 1983	Lyphard	Northern Dancer	Nearctic	
				Natalma	
			Goofed	Court Martial	
				Barra	
		My Bupers	Bupers	Double Jay	
				Busanda	
			Princess Revoked	Revoked	
				Miss Muffet	

インブリード：5代前までにクロスなし

血統解説

父サンデーサイレンスは1995年から13年連続でリーディングサイアーに輝き、日本競馬を世界と伍する存在にまで高めた大種牡馬。本馬はその後継サイアーを代表する一頭となっている。母アイリッシュダンスは新潟大賞典、新潟記念と重賞2勝を含む計9勝をマークした一流競走馬。母系には活力があり、本馬の叔母にスピードアイリス（アンタレスS2着）、姪にオメガハートランド（フラワーC）、オメガハートロック（フェアリーS）、一族にノンコノユメ（フェブラリーS、ジャパンダートダービー）がいる。母父トニービンは凱旋門賞馬。日本で種牡馬となり1994年に首位を獲得した。

代表産駒

リスグラシュー（有馬記念、宝塚記念、エリザベス女王杯、コックスプレート）、ジャスタウェイ（天皇賞・秋、安田記念、ドバイデューティフリー）、ドウデュース（有馬記念、ダービー、朝日杯FS）、スワーヴリチャード（ジャパンC、大阪杯）、ヨシダ（ターフクラシックS、ウッドワードS）、シュヴァルグラン（ジャパンC）、アドマイヤラクティ（コーフィールドC）、ワンアンドオンリー（ダービー）、コンティニュアス（英セントレジャー）、ヌーヴォレコルト（オークス）、ノットゥルノ（ジャパンダートダービー）、サリオス（朝日杯FS）、タイムフライヤー（ホープフルS）、ヒシイグアス（中山記念2回）、ウインバリアシオン（日経賞）、ギュスターヴクライ（阪神大賞典）、カレンミロティック（金鯱賞）、スワーヴアラミス（東海S）、フェイムゲーム（目黒記念）、カポーティスター（日経新春杯）、メイショウミモザ（阪神牝馬S）、ゴーフォザサミット。

ルメールを鞍上に配した暮れの有馬記念では、それまでの追込みから先行策へと脚質転換し、大本命と目されていた1歳下の3冠馬ディープインパクトの追撃を完封し、念願のGIタイトル獲得に成功する。5歳時は海外のビッグレースにターゲットを絞り、3月のドバイシーマクラシックでは、前々の競馬から直線で後続を突き放す盤石の強さで、4馬身強差の快勝を飾った。7月には英アスコット競馬場を舞台とするKジョージVI世＆QエリザベスSに参戦。欧州を代表する強豪であるハリケーンラン、エレクトロキューショニストと互角の追い比べを演じ、半馬身、半馬身差の3着に健闘した。

6歳春から種牡馬生活を開始。2年目産駒の一頭ジャスタウェイが天皇賞・秋を圧勝した2013年にランキング5位に食い込んだのを皮切りに、共にダービー馬となったワンアンドオンリー、ドウデュース、ジャパンCを勝ったスワーヴリチャード、シュヴァルグラン、内外でGIを4勝し2019年年度代表馬に輝いたリスグラシュー、芝、ダート双方の米GIを制した日本産馬ヨシダらの優秀産駒を多数輩出し、2023年まで11年連続でトップ5に位置し続けている。2023年には、前述のドウデュースが豪華メンバーの揃う有馬記念で鮮やかな差し切り勝ちを収めたほか、新冠・パカパカファームで生産され、愛の超名門A・オブライエン厩舎からデビューしたコンティニュアスが、クラシックレースである英セントレジャーを制する快挙を成し遂げた。2021年に種牡馬を引退、2023年に生涯の幕を閉じてしまったが、2024年も晩年産駒たちの勢いは衰えそうもない。

総収得賞金 3,457,455,000円　アーニング INDEX 2.13　実勢評価値 −

勝利頭数／出走頭数：全馬 137／350	2歳	6／19
勝利回数／出走回数：全馬 227／2,342	2歳	8／41

Data Box (2021〜2023)

単勝回収値 66円／単勝適正回収値 74円

コース　ローカルダートでの活躍も見逃せない

	1着	2着	3着	出走数	勝率	連対率	3着内率
全体計	323	306	313	3777	8.6%	16.7%	24.9%
中央芝	122	111	120	1359	9.0%	17.1%	26.0%
中央ダ	46	54	34	607	7.6%	16.5%	22.1%
ローカル芝	97	96	108	1277	7.6%	15.1%	23.6%
ローカルダ	58	45	51	534	10.9%	19.3%	28.8%
右回り芝	126	103	136	1534	8.2%	14.9%	23.8%
右回りダ	55	57	37	641	8.6%	17.5%	23.2%
左回り芝	93	103	91	1090	8.5%	18.0%	26.3%
左回りダ	49	42	48	500	9.8%	18.2%	27.8%
札幌芝	12	7	13	147	8.2%	12.9%	21.8%
札幌ダ	4	5	7	51	7.8%	17.6%	31.4%
函館芝	9	5	10	124	7.3%	11.3%	19.4%
函館ダ	4	2	1	33	12.1%	18.2%	21.2%
福島芝	6	10	11	137	4.4%	11.7%	19.7%
福島ダ	5	0	7	54	9.3%	16.7%	22.2%
新潟芝	21	19	26	259	8.1%	15.4%	25.5%
新潟ダ	12	8	7	98	12.2%	20.4%	27.6%
東京芝	42	51	48	470	8.9%	19.8%	30.0%
東京ダ	11	13	10	174	6.3%	13.8%	19.5%
中山芝	37	20	28	356	10.4%	16.0%	23.9%
中山ダ	11	17	10	157	7.0%	17.8%	24.2%
中京芝	30	33	18	373	8.0%	17.2%	22.0%
中京ダ	26	21	31	228	11.4%	20.6%	34.2%
京都芝	6	5	6	69	8.7%	15.9%	24.6%
京都ダ	4	3	2	41	9.8%	17.1%	22.0%
阪神芝	37	35	38	464	8.0%	15.5%	23.7%
阪神ダ	20	21	12	235	8.5%	17.4%	22.6%
小倉芝	19	21	30	237	8.0%	16.9%	29.5%
小倉ダ	7	5	2	70	10.0%	17.1%	20.0%

条件　下級条件で安定、障害適性も○

	1着	2着	3着	出走数	勝率	連対率	3着内率
新馬	27	28	19	210	12.9%	26.2%	35.2%
未勝利	111	94	105	1093	10.2%	18.8%	28.4%
1勝	94	95	73	1003	9.4%	18.8%	26.1%
2勝	51	52	66	642	7.9%	16.0%	26.3%
3勝	23	19	20	385	6.0%	10.9%	16.1%
OPEN特別	15	14	25	261	5.7%	11.1%	20.7%
G III	10	12	10	149	6.7%	14.8%	21.5%
G II	8	9	7	115	7.0%	14.8%	20.9%
G I	3	2	6	82	3.7%	6.1%	13.4%
ハンデ戦	22	22	26	424	5.2%	10.4%	16.5%
牝馬限定	51	55	53	605	8.4%	17.5%	26.3%
障害	19	19	18	150	12.7%	25.3%	37.3%

人気　上位人気は全馬平均よりやや低調

	1着	2着	3着	出走数	勝率	連対率	3着内率
1番人気	109	68	45	361	30.2%	49.0%	61.5%
2〜3番人気	129	122	113	840	15.4%	29.9%	43.3%
4〜6番人気	70	80	101	903	7.8%	16.6%	27.8%
7〜9番人気	28	38	46	848	3.3%	7.7%	13.1%
10番人気〜	6	18	26	975	0.6%	2.5%	5.1%

距離　芝は中距離向き、ダートなら短距離も

芝　平均勝ち距離　1,919m

	1着	2着	3着	出走数	勝率	連対率	3着内率
全体計	219	207	228	2636	8.3%	16.2%	24.8%
芝〜1300m	7	6	15	159	4.4%	8.2%	17.6%
芝〜1600m	44	46	45	554	7.9%	16.2%	24.4%
芝〜2000m	122	114	121	1334	9.1%	17.7%	26.8%
芝〜2400m	32	27	28	375	8.5%	15.7%	23.2%
芝2500m〜	14	14	19	214	6.5%	13.1%	22.0%

ダート　平均勝ち距離　1,676m

	1着	2着	3着	出走数	勝率	連対率	3着内率
全体計	104	99	85	1141	9.1%	17.8%	25.2%
ダ〜1300m	16	8	14	141	11.3%	17.0%	27.0%
ダ〜1600m	19	19	17	218	8.7%	17.4%	25.2%
ダ〜2000m	62	64	50	684	9.1%	18.3%	25.6%
ダ2100m〜	7	4	9	98	7.1%	16.3%	20.4%

馬場状態　芝は良がベター、ダートは重まで

		1着	2着	3着	出走数	勝率	連対率	3着内率
芝	良	170	170	173	2010	8.5%	16.9%	25.5%
	稍重	34	25	41	424	8.0%	13.9%	23.6%
	重	14	9	12	171	8.2%	13.5%	20.5%
	不良	1	3	2	31	3.2%	12.9%	19.4%
ダ	良	61	62	53	672	9.1%	18.3%	26.2%
	稍重	24	20	19	236	10.2%	18.6%	26.7%
	重	14	8	6	134	10.4%	16.4%	20.9%
	不良	5	9	7	99	5.1%	14.1%	21.2%

性齢　現3歳が最終、5歳まで頑張れる

	1着	2着	3着	出走数	勝率	連対率	3着内率
牡2歳	28	21	23	191	14.7%	25.7%	37.7%
牝2歳	18	22	17	163	11.0%	24.5%	35.0%
牡3歳前半	57	45	45	490	11.6%	20.8%	30.0%
牝3歳前半	36	34	30	403	8.9%	17.4%	24.8%
牡3歳後半	29	22	20	296	9.8%	17.2%	24.0%
牝3歳後半	24	26	28	297	8.1%	16.8%	26.3%
牡4歳	41	39	41	423	9.7%	18.9%	28.6%
牝4歳	27	30	32	375	7.2%	15.2%	23.7%
牡5歳	40	34	31	403	9.9%	18.4%	26.1%
牝5歳	29	12	21	243	11.9%	13.6%	22.2%
牡6歳	16	19	22	282	5.7%	12.4%	20.2%
牝6歳	1	0	5	90	1.1%	1.1%	6.7%
牡7歳以上	13	10	2	237	5.5%	10.5%	15.6%
牝7歳以上	0	3	0	34	0.0%	0.0%	8.8%

勝ち馬の決め手

芝 219勝
追込 25／逃げ 21／差し 68／先行 105

ダート 104勝
追込 8／逃げ 14／差し 21／先行 61

異流血統　主流血統とはまったく別のラインで発展してきた系統。種牡馬の数も少なく、細々と伝わっているが、途絶えているわけではない系統。主流以外の血統すべてをこう呼ぶこともある。異流血脈も意味は同じ。

馬券に直結する適性データ

芝馬の印象強いがダートも上手
芝は中距離、砂は短距離狙い目

　ノットゥルノ、ヨシダらダートGI馬が出ているように、砂の戦いでも地力の高さを見せている。ローカル場所のダート、なかでも中京ダートで優秀な成績を残していることは馬券作戦に採用したいところ。頭固定、連勝馬券の軸のどちらでも、大きな勝負が懸けられる。

　芝の平均勝ち距離1919mという数値が示す通り、芝中距離適性の高さは大きな武器。マイル戦でも強いところを見せるが、1800〜2000m戦での安定感の高さはしっかりと心に留めておきたい。一方、ダートであれば1300m以下の短距離戦で、意外なほどの優秀な数字を残していることも上手に馬券戦術に取り入れたい。

　現3歳世代がラストクロップとなるが、牡馬陣の3歳前半戦における好成績は、すぐにでも馬券に活かしたい、期間限定のデータ。もちろん、成長力にも優れているだけに、古馬となってからの活躍も大いに期待していいはずだ。

重賞レース馬券のヒント

思い切って頭から狙い撃ちたい
芝マイル戦重賞の伏兵陣

　適性データの項で、芝中距離戦における安定感の高さに触れたが、重賞で頭勝負するなら芝マイル戦がオススメ。もちろん、そう頻繁に勝てるわけではないが、5〜9番人気の一発は、常に頭の片隅に留めておきたい。2023年クイーンCのハーパーは6番人気で勝利し、単勝配当は1260円。また、同年の京都金杯を制したイルーシヴパンサーも5番人気での出走で、単勝オッズ740円という、大勝負を懸けるに値する狙い頃の配当となっていた。過去3年間の通算でも単勝回収値は「202円」となっていて、多少の失敗に懲りず狙い続ける手もアリだ。

通算重賞勝ち数

	G I	G II	G III	GI勝ち産駒数	重賞勝ち産駒数
芝	15	26	38 (2)	9	45
ダート	0	1	4	0	3
地方	1	0	6	1	5
海外	3	0	1	3	4

※（　）内は格付前重賞

種牡馬ストーリー

初産駒デビューから14年目にして、
初めて好敵手を上回る順位を確保

　2007年から種牡馬生活を開始したハーツクライだが、種牡馬としての同期生には、現役時代に対戦経験もある1歳下の超大物競走馬がいた。その名は2005年3冠馬にしてGIを計7勝したディープインパクト。両雄の初年度産駒がデビューした2010年には、ディープインパクトが首位新種牡馬に輝くだけでなく、総合2歳リーディングサイアーの栄誉にも浴した。2011年の4位をステップに、2012年には早くもリーディングサイアーの座を射止めたディープインパクトは、2022年まで11年連続で首位をキープ。ハーツクライも2013年の5位を皮切りに、2022年までサイアーランキングトップ5以内の位置を守り続けていたが、対ディープインパクトということでは、13年連続でその後塵を拝し続けていた。

　2023年、絶対王者ディープインパクトにも、ついに王座を明け渡すときがきたが、12月下旬までは5位ハーツクライより1つ上となる4位に位置していた。そして迎えた暮れの大一番、有馬記念。この一戦を産駒ドウデュースが制し、5億円の1着賞金を上積みしたハーツクライは、常に目の上のたんこぶとなっていた好敵手との順位をひっくり返す。思い起こせば、現役時代のハーツクライ、ディープインパクトの初対決は2005年の有馬記念。このときも圧倒的1番人気に推されていた無敗の3冠馬に初黒星を付けたのが、伏兵ハーツクライだった。両雄にとって因縁の深い一戦であるグランプリレースは、18年前ほど劇的ではなかったかもしれないが、新たなドラマを紡ぎ出したのだ。

RANKING

5

2歳馬 ―

2022 ①
2021 ①
2020 ①
2019 ①

ディープインパクト
DEEP IMPACT

11年守った王座を明け渡すも、内外でGⅠホース誕生

2019年死亡
2002年生　鹿毛　早来・ノーザンファーム産

年次	種付頭数	産駒数
23年	－	－
22年	－	－
21年	－	－
20年	－	6
19年	24	113

距離	成長型	芝	ダート	瞬発力	パワー	底力
万	持続	◎	○	◎	○	◎

PROFILE

競走成績　**14戦12勝**（2～4歳・日仏）
最高レーティング　**127 L**（06年）
主な勝ち鞍　**ジャパンC、有馬記念、宝塚記念、天皇賞・春、ダービー、皐月賞、菊花賞、**阪神大賞典、弥生賞、神戸新聞杯。有馬記念2着。

　2歳12月のデビュー戦を4馬身差で快勝、3歳緒戦となったOP若駒Sでも、抜群の末脚の切れを見せて5馬身差の圧勝を飾り、「クラシック最有力候補」という評価も聞こえてきた。単勝1.2倍の1番人気に推された初の重賞参戦となる弥生賞では、アドマイヤジャパンの抵抗に苦しめられたがクビ差抜け出し、無傷の3連勝を飾る。単勝オッズ1.3倍の支持を集めた4月の皐月賞では3角手前から前進を開始し、最後は2着シックスセンスに2馬身半差を付ける完勝で、クラシックウイナーの仲間入りを果たした。単勝オッズ1.1倍の大本命として臨んだダービーは東京コースの長い直線も味方に付け、2着インティライミを5馬身引き離し通算5連勝を記録する。秋は神戸新聞杯を楽勝して始動。クラシック最終戦菊花賞は、元返しとなる単勝オッズ1.0倍での出走というプレッシャーが懸かる状況となったが、先に抜け出して粘

系統：サンデーサイレンス系　母父系統：リファール系

				Royal Charger
父 *サンデーサイレンス 青鹿 1986	**父父** ヘイロー Halo 黒鹿 1969	Hail to Reason	Turn-to	Source Sucree
			Nothirdchance	Blue Swords
				Galla Colors
		Cosmah	Cosmic Bomb	Pharamond
				Banish Fear
			Almahmoud	Mahmoud
				Arbitrator
	父母 ウイッシングウェル Wishing Well 鹿 1975	Understanding	Promised Land	Palestinian
				Mahmoudess
			Pretty Ways	Stymie
				Pretty Jo
		Mountain Flower	Montparnasse	Gulf Stream
				Mignon
			Edelweiss	Hillary
				Dowager
母 *ウインドインハーヘア 鹿 1991	**母父** アルザオ Alzao 鹿 1980	Lyphard	Northern Dancer	Nearctic
				Natalma
			Goofed	Court Martial
				Barra
		Lady Rebecca	Sir Ivor	Sir Gaylord
				Attica
			Pocahontas	Roman
				How
	母母 バーグクレア Burghclere 鹿 1977	Busted	Crepello	Donatello
				Crepuscule
			Sans le Sou	*ヴィミー
				Martial Loan
		Highclere	Queen's Hussar	March Past
				Jojo
			Highlight	Borealis
				Hypericum

インブリード：5代前までにクロスなし

血統解説

父サンデーサイレンスは1989年米年度代表馬にして、日本で13年連続首位種牡馬に輝く不世出の名馬。その最強産駒といわれた本馬は父最良の後継サイアーにもなった。母ウインドインハーヘアは、独GIアラルポカルに勝ち、英オークスで2着した強豪。母系には活力があり、本馬の半兄に米GIII馬ヴェイルオブアヴァロン（ドラローズH）、全兄にブラックタイド（スプリングS）、甥にゴルトブリッツ（帝王賞）、いとこにウインクリューガー（NHKマイルC）、一族にレイデオロ（ダービー、天皇賞・秋）がいる。母父リファールは豊かなスピードを子孫に伝える、父系の祖となる名種牡馬。

代表産駒

ジェンティルドンナ（ジャパンC2回、有馬記念、オークス、桜花賞、秋華賞、ドバイシーマクラシック）、**グランアレグリア**（安田記念、マイルCS2回、ヴィクトリアマイル、桜花賞）、**オーギュストロダン**（ブリーダーズCターフ、愛チャンピオンS、英ダービー、愛ダービー、フューチュリティTS）、**コントレイル**（ジャパンC、ダービー、皐月賞、菊花賞）、**ラヴズオンリーユー**（オークス、ブリーダーズCフィリー＆メアターフ、香港C、QエリザベスII世C）、**スノーフォール**（英オークス、愛オークス、ヨークシャーオークス）、**シャフリヤール**（ダービー、ドバイシーマクラシック）、**ヴィブロス**（秋華賞、ドバイターフ）、**リアルインパクト**（安田記念、ジョージライダーS）、**サクソンウォリアー**（英2000ギニー、レーシングポストT）、**ファンシーブルー**（ナッソーS、仏オークス）、**ショウナンパンドラ**（ジャパンC、秋華賞）、**フィアスインパクト**。

り込みを図るアドマイヤジャパンを2馬身差交わし、1984年シンボリルドルフ以来となる無敗の3冠馬に輝いた。暮れの有馬記念で伏兵ハーツクライを捉え切れず、初黒星。

しかし、4歳を迎えてもその強さは不変で、阪神大賞典を3馬身半差、天皇賞・春も3馬身半差、宝塚記念を4馬身差と、完勝の連続でタイトルを重ねていく。秋には日本競馬界の期待を一身に担い凱旋門賞に挑むが、本領を発揮し切れず3着入線、レース後に禁止薬物が検出され失格処分となる屈辱を味わう。帰国後は仏の鬱憤を晴らすかのような快走劇を見せ、ジャパンC、有馬記念を連勝した。

GI計7勝、2005、06年年度代表馬の金看板を背負い、5歳春から種牡馬生活を開始。牝馬3冠馬でGIを計7勝したジェンティルドンナ、芝マイル戦線で圧倒的な強さを見せたグランアレグリア、ブリーダーズCフィリー＆メアターフ制覇など、海外の大レースで素晴らしいパフォーマンスを続けたラヴズオンリーユー、父仔二代で3冠馬に輝くコントレイルら、数多のGIホースを送り出し、3世代目産駒がデビューした2012年から2022年まで11年連続でリーディングサイアーの栄誉に浴す。海外の厩舎からデビューした仔供たちの活躍も特筆もので、英2000ギニー馬サクソンウォリアーなど6頭欧州クラシックホースを輩出した。2023年は日本でジャスティンパレス（天皇賞・春）がGIウイナーとなったほか、愛で競走馬デビューしたオーギュストロダンが、英ダービー、ブリーダーズCターフなどを制覇。王座こそ譲ったものの、強烈な存在感を示している。

総収得賞金 3,332,712,000 円　アーニング INDEX 2.78　実勢評価値 －

		2歳
勝利頭数／出走頭数：全馬 96 ／ 259		－／－
勝利回数／出走回数：全馬 139 ／ 1,602		－／－

Data Box (2021~2023)

コース　直線の長いコースで威力を発揮

	1着	2着	3着	出走数	勝率	連対率	3着内率
全体計	427	371	341	4017	10.6%	19.9%	28.4%
中央芝	207	174	178	1750	11.8%	21.8%	31.9%
中央ダ	33	22	15	363	9.1%	15.2%	19.3%
ローカル芝	163	150	127	1590	10.3%	19.7%	27.7%
ローカルダ	24	25	21	314	7.6%	15.6%	22.3%
右回り芝	192	174	172	1806	10.6%	20.3%	29.8%
右回りダ	30	18	12	347	8.6%	13.8%	17.3%
左回り芝	178	150	133	1531	11.6%	21.4%	30.1%
左回りダ	27	29	24	330	8.2%	17.0%	24.2%
札幌芝	11	18	15	159	6.9%	18.2%	27.7%
札幌ダ	5	4	0	30	16.7%	30.0%	30.0%
函館芝	10	11	10	122	8.2%	17.2%	25.4%
函館ダ	1	2	1	22	4.5%	13.6%	18.2%
福島芝	11	12	9	143	7.7%	16.1%	22.4%
福島ダ	0	1	0	17	0.0%	5.9%	5.9%
新潟芝	38	34	29	365	10.4%	19.7%	27.7%
新潟ダ	4	2	3	47	8.5%	12.8%	19.1%
東京芝	78	66	62	673	11.6%	21.4%	30.6%
東京ダ	10	12	6	131	7.6%	16.8%	21.4%
中山芝	45	40	38	382	11.8%	22.3%	32.2%
中山ダ	11	5	3	75	14.7%	21.3%	25.3%
中京芝	62	50	42	496	12.5%	22.6%	31.0%
中京ダ	13	15	15	152	8.6%	18.4%	28.3%
京都芝	8	5	8	66	12.1%	19.7%	31.8%
京都ダ	0	0	0	4	0.0%	0.0%	0.0%
阪神芝	76	63	70	629	12.1%	22.1%	33.2%
阪神ダ	12	5	6	153	7.8%	11.1%	15.0%
小倉芝	31	25	22	305	10.2%	18.4%	25.6%
小倉ダ	1	1	2	46	2.2%	4.3%	8.7%

条件　意外にも障害戦も◎

	1着	2着	3着	出走数	勝率	連対率	3着内率
新馬	28	13	10	94	29.8%	43.6%	54.3%
未勝利	95	86	58	674	14.1%	26.9%	35.5%
1勝	125	105	91	1102	11.3%	20.9%	29.1%
2勝	80	88	90	878	9.1%	19.1%	29.4%
3勝	53	42	28	510	10.4%	18.6%	24.1%
OPEN特別	31	34	42	384	8.1%	16.9%	28.4%
GⅢ	13	14	23	268	4.9%	10.1%	18.7%
GⅡ	16	13	14	181	8.8%	16.0%	23.8%
GⅠ	12	12	10	141	8.5%	17.0%	24.1%
ハンデ戦	44	49	52	641	6.9%	14.5%	22.6%
牝馬限定	59	59	49	613	9.6%	19.2%	27.2%
障害	26	36	27	215	12.1%	28.8%	41.4%

人気　人気は平均的、人気馬が中心

	1着	2着	3着	出走数	勝率	連対率	3着内率
1番人気	182	128	69	581	31.3%	53.4%	65.2%
2~3番人気	145	146	118	890	16.3%	32.7%	46.0%
4~6番人気	93	87	117	1059	8.8%	17.0%	28.0%
7~9番人気	21	25	46	770	2.7%	6.0%	11.9%
10番人気~	12	21	18	932	1.3%	3.5%	5.5%

単勝回収値 80 円／単勝適正回収値 76 円

距離　芝の中長距離向き

芝　　平均勝ち距離　1,888m

	1着	2着	3着	出走数	勝率	連対率	3着内率
全体計	370	324	305	3340	11.1%	20.8%	29.9%
芝~1300m	15	13	28	250	6.0%	11.2%	22.4%
芝~1600m	92	73	63	825	11.2%	20.0%	27.6%
芝~2000m	187	180	146	1563	12.0%	23.5%	32.8%
芝~2400m	53	43	45	445	11.9%	21.6%	31.7%
芝2500m~	23	15	23	257	8.9%	14.8%	23.7%

ダート　平均勝ち距離　1,742m

	1着	2着	3着	出走数	勝率	連対率	3着内率
全体計	57	47	36	677	8.4%	15.4%	20.7%
ダ~1300m	7	3	3	54	13.0%	18.5%	24.1%
ダ~1600m	7	11	12	148	4.7%	12.2%	20.3%
ダ~2000m	34	19	19	391	8.7%	13.6%	18.4%
ダ2100m~	9	14	2	84	10.7%	27.4%	29.8%

馬場状態　芝は良向き、ダートは状態不問

		1着	2着	3着	出走数	勝率	連対率	3着内率
芝	良	299	257	245	2648	11.3%	21.0%	30.2%
	稍重	47	48	37	442	10.6%	21.5%	29.9%
	重	22	13	19	196	11.2%	17.9%	27.6%
	不良	2	6	4	54	3.7%	14.8%	22.2%
ダ	良	39	25	21	427	9.1%	15.0%	19.9%
	稍重	8	10	5	119	6.7%	15.1%	19.3%
	重	7	5	6	86	8.1%	14.0%	20.9%
	不良	3	7	4	45	6.7%	22.2%	31.1%

性齢　現4歳が最終、5歳まで頑張れる

	1着	2着	3着	出走数	勝率	連対率	3着内率
牡2歳	22	16	15	80	27.5%	47.5%	66.3%
牝2歳	14	7	3	47	29.8%	44.7%	51.1%
牡3歳前半	52	34	28	289	18.0%	29.8%	39.4%
牝3歳前半	34	18	27	277	12.3%	22.0%	28.5%
牡3歳後半	45	27	18	223	20.2%	32.3%	40.4%
牝3歳後半	25	21	13	228	11.0%	20.2%	25.9%
牡4歳	75	83	58	610	12.3%	25.9%	35.4%
牝4歳	51	53	50	529	9.6%	19.7%	29.1%
牡5歳	59	57	60	573	10.3%	20.2%	30.7%
牝5歳	33	38	46	458	7.2%	15.5%	25.5%
牡6歳	27	25	40	429	6.3%	12.1%	21.4%
牝6歳	8	4	2	103	1.9%	5.8%	11.7%
牡7歳以上	14	15	13	367	3.8%	7.9%	11.4%
牝7歳以上	0	0	0	19	0.0%	0.0%	0.0%

勝ち馬の決め手

追込 49　逃げ 47　**370勝**　差し 124　先行 150　**芝**

追込 5　逃げ 7　差し 11　**57勝**　先行 34　**ダート**

　　毛色　毛色も両親から遺伝するものだが、毛と能力の遺伝には何の因果関係もなく、鹿毛の父から芦毛の仔が産まれても、能力が伝わっていないわけではない。

馬券に直結する適性データ

地力試される中央場所で好成績、古馬陣の頑張りにも期待したい

　直線での瞬発力比べを得意としているだけに、芝良馬場での強さは群を抜いている。勝負強さに繋がる底力を備えているタイプも多く、直線が長かったり、急坂があったりする中央場所での好成績はまず頭に入れておきたいところ。ローカル場所とはいえ、中央場所に近いレイアウトがなされた中京芝でも素晴らしい成果をあげていることも、併せて覚えておこう。

　距離はマイル戦以上であれば、まったく問題なし。特に一線級の馬たちが競う舞台となることも多い、芝1800〜2400m戦でさらに信頼性が高まることは、積極的に馬券作戦に取り入れていきたいデータといえるだろう。

　現4歳世代がラストクロップとなり、新馬戦、2歳戦における圧倒的なまでの走りがもう見られないのは淋しい限りだが、古馬になってからの成績も優秀で、引き続き馬券作戦を構築する上で、中心的役割を果たしていきそうだ。

重賞レース馬券のヒント

芝2000m、2400m戦重賞では、手頃な配当付く馬の頭狙い妙味

　直近3年間における芝2000m戦重賞の単勝回収値は「196円」、芝2400m戦で「213円」と、いずれも魅力的な数値が出ている。共にプラダリアが勝利した2400m GII戦である青葉賞が4番人気時、京都大賞典が5番人気時で、単勝オッズは690円、760円となっていた。また、2番人気での勝利だったが、芝2000m戦GII札幌記念におけるプログノーシスの単勝オッズも510円という、思い切った勝負が懸けられるだけの配当が付いていた。もちろん頭固定で3連単の高配当を狙う手もあるが、単勝1本勝負もオススメしたい馬券作戦だ。

通算重賞勝ち数

	GⅠ	GⅡ	GⅢ	GⅠ勝ち産駒数	重賞勝ち産駒数
芝	71	94	123	47	148
ダート	1	0	1	1	2
地方	0	1	3	0	2
海外	12	2	1	7	10

種牡馬ストーリー

最終世代となる超大物産駒が、欧州クラシック戦線から登場する

　シーズン序盤で種付を休止したことに加え、受胎率の低下という事情もあり、2020年春に誕生したディープインパクトの最終世代産駒は、計12頭が血統登録されるに留まった。内訳は日本国内でデビューした産駒が6頭、愛英仏といった欧州の厩舎に所属する産駒が6頭。日本でも母イルミナントの牝駒ライトクオンタムが、3歳1月に重賞シンザン記念を制する活躍を示していたが、本当の真打は海外組のなかに存在していた。母ロードデンドロンが安平・ノーザンファームに預託されディープインパクトと交配、受胎確認後に母国アイルランド（愛）に戻り、世界的名門牧場であるクールモアスタッドで2020年1月26日に誕生した牡駒オーギュストロダンがその馬だ。

　愛の超名門A・オブライエン厩舎からデビューしたオーギュストロダンは、2歳時にGⅠフューチュリティTSに勝利。1番人気に推された3歳緒戦の英2000ギニーは12着と凡走したが、陣営はきっちりと立て直して、次走英ダービーへ向かう。道中は中団後方を追走、直線では父譲りの圧倒的なまでの瞬発力を遺憾なく発揮し、父に初めてのそして最後となる英ダービーのビッグタイトルをもたらした。

　その後、愛ダービー、愛チャンピオンS、BCターフとGⅠタイトルを積み重ねたオーギュストロダンは、2024年も現役を続行。初戦にはドバイシーマクラシックが予定されている。将来的には愛で種牡馬入りを果たすと見られるが、偉大なる父の血を、欧州中に行き渡らせて欲しい。

RANKING 6

2022 ⑰
2021 ⑩
2020 −
2019 −

2歳馬 48

キタサンブラック
KITASAN BLACK

2023年世界最強馬を送り出し、ランキングも急上昇

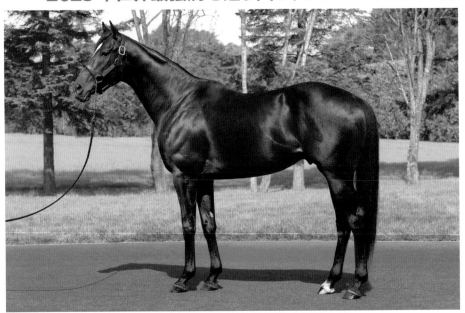

種付料／↑受**2000万円F**　　供用地／安平・社台SS

2012年生　鹿毛　日高・ヤナガワ牧場産

年次	種付頭数	産駒数
23年	**242**	**134**
22年	178	72
21年	102	55
20年	92	81
19年	110	84

距離	成長型	芝	ダート	瞬発力	パワー	底力
万	普	◎	○	○	◎	○

PROFILE

競走成績　20戦12勝（3～5歳・日）
最高レーティング　124 L（17年）
主な勝ち鞍　ジャパンC、有馬記念、天皇賞・春2回、天皇賞・秋、大阪杯、菊花賞、京都大賞典、セントライト記念、スプリングS。有馬記念2着、3着。

　3歳1月のデビュー戦からの3連勝で、スプリングSを制覇。皐月賞3着、ダービー14着を経て秋を迎えて本格化を示す。セントライト記念を勝ってから臨んだ菊花賞では、リアルスティールとの接戦をクビ差制しクラシックウイナーの仲間入りを果たした。有馬記念3着、4歳

緒戦の大阪杯2着を挟んで出走した天皇賞・春でGI2勝目。次走宝塚記念は3着に終わるが、秋緒戦の京都大賞典、続くジャパンCを快勝し、押しも押されもせぬトップランナーの地位を確立する。暮れの有馬記念ではサトノダイヤモンドとの歴史的大接戦に敗れ2着となるが、年間を通して披露した抜群の安定感が高く評価され、2016年年度代表馬の栄誉に浴した。5歳時も盤石の強さを維持し、大阪杯、連覇となる天皇賞・春、極め付けの不良馬場での戦いとなった天皇賞・秋、ラストランとなる有馬記念とGIタイトルを4つ積み重ね、文句なしで2017年年度代

系統：サンデーサイレンス系　母父系統：テスコボーイ系					
父 ブラックタイド 黒鹿 2001	**父父** *サンデーサイレンス 青鹿 1986	Halo	Hail to Reason	Turn-to	
				Nothirdchance	
			Cosmah	Cosmic Bomb	
				Almahmoud	
		Wishing Well	Understanding	Promised Land	
				Pretty Ways	
			Mountain Flower	Montparnasse	
				Edelweiss	
	父母 *ウインドインハーヘア 鹿 1991	Alzao	Lyphard	Northern Dancer	
				Goofed	
			Lady Rebecca	Sir Ivor	
				Pocahontas	
		Burghclere	Busted	Crepello	
				Sans le Sou	
			Highclere	Queen's Hussar	
				Highlight	
母 シュガーハート 鹿 2005	**母父** サクラバクシンオー 鹿 1989	サクラユタカオー	*テスコボーイ	Princely Gift	
				Suncourt	
			アンジェリカ	*ネヴァービート	
				スターハイネス	
		サクラハゴロモ	*ノーザンテースト	Northern Dancer	
				Lady Victoria	
			*クリアアンバー	Ambiopoise	
				One Clear Call	
	母母 オトメゴコロ 栗 1990	*ジャッジアンジェルーチ	Honest Pleasure	What a Pleasure	
				Tularia	
			Victorian Queen	Victoria Park	
				Willowfield	
		*テイズリー	Lyphard	Northern Dancer	
				Goofed	
			Tizna	Trevieres	
				Noris	

インブリード：Lyphard 4×4、Norther Dancer 5×5・5

血統解説

父ブラックタイドは3冠馬にして首位種牡馬であるディープインパクトの全兄にあたる名血馬で、現役時代はスプリングSに勝っている。本馬は父にとっての飛び切りの代表産駒となる。母系は南米チリに生まれ、米に渡りサンタマルガリータH2回などGIを3勝した名牝ティズナから連なるファミリー。本馬の半兄にショウナンバッハ（中日新聞杯2着）、全弟にエブリワンブラック（ダイオライト記念2着）、いとこにアドマイヤフライト（日経新春杯2着）がいる。母父サクラバクシンオーはスプリンターズS連覇を達成した名短距離馬。種牡馬となってからも、素晴らしい活躍を展開した。

代表産駒

イクイノックス（ジャパンC、有馬記念、宝塚記念、天皇賞・秋2回、ドバイシーマクラシック、東京スポーツ杯2歳S）、ソールオリエンス（皇月賞、京成杯）、ガイアフォース（セントライト記念）、スキルヴィング（青葉賞）、ラヴェル（アルテミスS）、ウィルソンテソーロ（かきつばた記念、マーキュリーC、白山大賞典）、エコロデュエル（京都ジャンプS）、コナコースト（桜花賞2着）、ヒップホップソウル（フラワーC2着）、ビ

表馬に選出される。

ジュノワール（フェアリーS3着）、ヴェルテンベルク（京都2歳S3着）、ジャスティンスカイ（洛陽S）、テーオーステルス（すばるS）、オディロン、ブラックシールド、マリオロード、テーオーサンドニ、ヴェールランス、ラスール、ドグマ、ブラックブロッサム、アスコルティアーモ、ニホンピロキーフ、ダノンソフィア、ミッキーハーモニー、ウールデュボヌール、ウインマクシマム、オアシスドール、エセルフリーダ。

6歳春から安平・社台ＳＳにおける種牡馬生活を開始。2023年は天皇賞・秋、有馬記念を連勝し、2022年年度代表馬に選出されていた初年度産駒イクイノックスが、ドバイシーマクラシック、宝塚記念、天皇賞・秋、ジャパンCとＧＩ4連勝（前年からの通算では6連勝）を成し遂げ、年間世界最高値となる「135」のレーティングを獲得、2年連続となる年度代表馬に選出されたのを始め、2年目産駒のソールオリエンスが皐月賞を制覇、ほかにも重賞勝ち馬、上位入線馬が相次ぎ、2022年の17位から一気に6位にまでランキングを上げてきた。初年度に500万円だった種付料も、2024年には2000万円にまでアップ。日本馬産界を支える種牡馬として、大きな成果を収めることが期待されている。

FROM STALLION

社台SS事務局・徳武英介場長談

「まだ、3世代しか産駒がデビューをしていないにもかかわらず、その中からGI級の大物を次から次へと送り出したこともあって、待望のトップ10入りを果たしました。昨年はキャリアハイとなる240頭の配合を行いましたが、受胎の良さもあって、適度な休みを挟みながらシーズンを送ることができました。今シーズンから後継種牡馬となるイクイノックスもスタッドインしており、この父系を更に発展させてくれそうです」

Data Box (2021~2023)

単勝回収値 95円／単勝適正回収値 85円

コース　東京芝で末脚の威力大きくアップ

	1着	2着	3着	出走数	勝率	連対率	3着内率
全体計	146	107	104	1163	12.6%	21.8%	30.7%
中央芝	59	45	32	426	13.8%	24.4%	31.9%
中央ダ	21	16	21	177	11.9%	20.9%	32.8%
ローカル芝	46	35	38	402	11.4%	20.1%	29.6%
ローカルダ	20	11	13	158	12.7%	19.6%	27.8%
右回り芝	56	48	41	474	11.8%	21.9%	30.6%
右回りダ	21	13	16	202	10.4%	16.8%	24.8%
左回り芝	49	32	29	352	13.9%	23.0%	31.3%
左回りダ	20	14	18	133	15.0%	25.6%	39.1%
札幌芝	6	5	4	45	13.3%	24.4%	33.3%
札幌ダ	1	1	1	19	5.3%	10.5%	15.8%
函館芝	2	6	1	20	10.0%	40.0%	45.0%
函館ダ	0	0	1	18	0.0%	0.0%	5.6%
福島芝	0	3	6	40	7.5%	22.5%	40.0%
福島ダ	2	0	0	13	15.4%	15.4%	15.4%
新潟芝	5	2	6	73	6.8%	9.6%	17.8%
新潟ダ	2	4	3	17	11.8%	35.3%	52.9%
東京芝	28	17	10	149	18.8%	30.2%	36.9%
東京ダ	7	4	8	45	15.6%	24.4%	42.2%
中山芝	13	8	4	94	13.8%	22.3%	26.6%
中山ダ	3	2	1	32	9.4%	15.6%	18.8%
中京芝	16	13	13	132	12.1%	22.0%	31.8%
中京ダ	11	6	7	71	15.5%	23.9%	33.8%
京都芝	6	3	8	54	11.1%	16.7%	31.5%
京都ダ	2	1	2	22	9.1%	13.6%	22.7%
阪神芝	12	17	10	129	9.3%	22.5%	30.2%
阪神ダ	9	9	10	78	11.5%	23.1%	35.9%
小倉芝	14	3	7	92	15.2%	18.5%	26.1%
小倉ダ	4	0	1	20	20.0%	20.0%	25.0%

距離　マイル対応のスピードがある

芝　平均勝ち距離　1,779m

	1着	2着	3着	出走数	勝率	連対率	3着内率
全体計	105	80	70	828	12.7%	22.3%	30.8%
芝~1300m	8	14	8	88	9.1%	25.0%	34.1%
芝~1600m	33	23	16	235	14.0%	23.8%	30.6%
芝~2000m	53	38	37	414	12.8%	22.0%	30.9%
芝~2400m	8	3	7	73	11.0%	16.4%	26.0%
芝2500m~	3	1	2	18	16.7%	22.2%	33.3%

ダート　平均勝ち距離　1,681m

	1着	2着	3着	出走数	勝率	連対率	3着内率
全体計	41	27	34	335	12.2%	20.3%	30.4%
ダ~1300m	6	4	3	50	12.0%	20.0%	26.0%
ダ~1600m	7	5	8	60	11.7%	20.0%	33.3%
ダ~2000m	24	16	20	202	11.9%	19.8%	29.7%
ダ2100m~	4	2	3	23	17.4%	26.1%	39.1%

馬場状態　芝は渋った方がいい、ダートは不問

		1着	2着	3着	出走数	勝率	連対率	3着内率
芝	良	72	65	53	635	11.3%	21.6%	29.9%
	稍重	22	11	9	127	17.3%	26.0%	33.1%
	重	10	3	0	55	18.2%	23.6%	38.2%
	不良	1	1	0	11	9.1%	18.2%	18.2%
ダ	良	22	20	18	200	11.0%	21.0%	30.0%
	稍重	10	3	7	74	13.5%	17.6%	27.0%
	重	5	2	6	37	13.5%	18.9%	35.1%
	不良	4	2	3	24	16.7%	25.0%	37.5%

性齢　牡馬は3歳時にさらに伸びる

	1着	2着	3着	出走数	勝率	連対率	3着内率
牡2歳	16	15	18	130	12.3%	23.8%	37.7%
牝2歳	17	24	7	139	12.2%	29.5%	34.5%
牡3歳前半	29	20	17	185	15.7%	26.5%	35.7%
牝3歳前半	25	18	19	225	11.1%	19.1%	27.6%
牡3歳後半	23	12	9	137	16.8%	25.5%	32.1%
牝3歳後半	12	5	10	118	7.6%	10.8%	21.5%
牡4歳	21	8	11	128	15.6%	21.9%	30.5%
牝4歳	7	5	7	68	10.3%	17.6%	27.9%
牡5歳	0	0	0	-	-	-	-
牝5歳	0	0	0	-	-	-	-
牡6歳	0	0	0	-	-	-	-
牝6歳	0	0	0	-	-	-	-
牡7歳以上	0	0	0	-	-	-	-
牝7歳以上	0	0	0	-	-	-	-

条件　新馬戦、2勝クラスで勝ち切る

	1着	2着	3着	出走数	勝率	連対率	3着内率
新馬	22	18	14	146	15.1%	27.4%	37.0%
未勝利	57	40	49	492	11.6%	19.7%	29.7%
1勝	35	29	26	309	11.3%	20.7%	29.1%
2勝	16	6	8	84	19.0%	26.2%	35.7%
3勝	5	2	4	39	12.8%	17.9%	28.2%
OPEN特別	2	2	0	25	8.0%	16.0%	16.0%
GⅢ	3	1	2	22	13.6%	18.2%	27.3%
GⅡ	3	4	0	24	12.5%	29.2%	29.2%
GⅠ	6	5	2	29	20.7%	37.9%	44.8%
ハンデ戦	4	3	3	37	10.8%	18.9%	27.0%
牝馬限定	24	16	18	244	9.8%	16.4%	23.8%
障害	3	0	1	7	42.9%	42.9%	57.1%

人気　1番人気の勝率がかなり高く優秀

	1着	2着	3着	出走数	勝率	連対率	3着内率
1番人気	64	20	19	159	40.3%	52.8%	64.8%
2~3番人気	46	50	36	279	16.5%	34.4%	47.3%
4~6番人気	28	27	30	329	8.5%	16.7%	25.8%
7~9番人気	8	7	13	210	3.8%	7.1%	13.3%
10番人気~	3	3	7	193	1.6%	3.1%	6.7%

勝ち馬の決め手

芝　105勝　追込15　逃げ18　差し30　先行42
ダート　41勝　追込2　逃げ7　差し8　先行24

インブリード　父と母系の両方に共通の祖先を持つ配合のことで、近親交配ともいう。たとえば父の3代前と母系の4代前に同じサンデーサイレンスがかけられていれば、その馬は「サンデーサイレンスの3×4」のインブリードを持つという。

馬券に直結する適性データ

東京芝コースは絶好の稼ぎ場所、スピードとパワーの兼備も魅力

　2023年天皇賞・秋、ジャパンCで演じられた、産駒イクイノックスのスーパーパフォーマンスの舞台にもなった、東京芝コースでの強さは特筆モノ。18.8%に達する勝率、30%超えの連対率から、頭勝負、連勝馬券の軸のどちらでも、自信を持って馬券作戦を組み立てたい。

　末脚の切れ味にも非凡なものを持っているが、パワフルな先行策から押し切るレースを得意とする産駒も多い。そういったタイプの馬たちにとって、芝の重馬場は本領を発揮できる条件。勝率18.2%、3着内率38.2%の素晴らしい数字が示す通り、こちらも多彩な馬券戦術が可能だ。

　自身は天皇賞・春連cov覇、菊花賞勝ちとステイヤーのイメージが強いが、多数の産駒が得意としているのはマイル〜2000m戦。絶対的なスピード値の高さも有力な武器といえるだろう。基本的には芝向きだが、ダート中距離戦での健闘も頭に入れておきたいデータとなる。

重賞レース馬券のヒント

3、4番人気で出走すれば、5割の確率で馬券に絡んでくる

　サンプル数は少ないが、2023年末まで、産駒が3、4番人気で重賞に出走した12レース中、ちょうど50%にあたる6回は馬券の対象となる好走を示した。2023年でいえば、京都ジャンプSで4番人気のエコロデュエルが勝利し3連単は29450円、マイラーズCでは4番人気ガイアフォースが2着し、1番人気馬との馬単は1940円、また、2022年アルテミスSでも3番人気ラヴェルが1着し、2着に入った1番人気との馬単は1970円と、いずれも取り頃の馬券となっている。点数を絞って馬券を買う際には、このデータを上手に活用したい。

通算重賞勝ち数

	G I	G II	G III	G I勝ち産駒数	重賞勝ち産駒数
芝	6	3	3	2	6
ダート	0	0	0	0	0
地方	0	0	3	0	0
海外	1	0	0	1	1

POG　2024年期待の2歳馬　ピックアップ

1歳セレクトセールで人気爆発次なる大物登場の可能性も十分

　2022年年度代表馬イクイノックス、2023年皐月賞馬ソールオリエンスの登場を受けて開催された2023年1歳セレクトセールでは、高額取引馬が相次いだ。そのなかでも、最高価格となる3億4100万円の値が付いた母インクルードベティの牡駒、同じく3億円超えで購買された母アイムオールレディセクシーの牡駒は、共に母が米競馬の活躍馬。あるいは、従来の産駒イメージとはやや異なるマイル戦線、ダート中距離戦線の大物誕生があるかもしれない。牝馬勢では1歳セレクトセール組の母アルテリテの牝駒、母ファッションプレートの牝駒にまず注目。加えて、全兄にガイアフォースを持つナターレの牝駒にも注目。

母馬名（母父）	性別	おすすめポイント	母馬名（母父）	性別	おすすめポイント
*アイムオールレディセクシー（READY'S IMAGE）	牡	母は米GⅢを3勝した強豪。1歳セレクトセール3億1900万円で落札。	*アルテリテ（LITERATO）	牝	母は米GⅠガーデンシティS勝ち。1歳セレクトセール9680万円で落札。
*インクルードベティ（INCLUDE）	牡	母は米GⅠマザーグースS勝ち。1歳セレクトセールで3億4100万円。	アマルフィコースト（ダイワメジャー）	牝	母はGⅡ阪神牝馬Sで2着。母父の血が出れば芝マイル戦線で活躍か。
ウイングレット（*タイキシャトル）	牝	母はGⅢ中山牝馬Sに勝利。日本競馬への高い適性活かせば大成可能。	ナターレ（*クロフネ）	牝	全兄にGⅡセントライト記念馬ガイアフォース。豊かな成長力に期待。
ダンスロマネスク（*シンボリクリスエス）	牡	4代母ダンシングキイから拡がる名門母系出身。大物感溢れる血統構成。	*ファッションプレート（OLD FASHIONED）	牝	母は米GⅠサンタアニタオークス勝ち。1歳セレクトセール9020万円。
パノラマウェイ（ロードカナロア）	牡	叔母にGⅢ2勝レディアルバローザ。母父との配合ハマれば面白い存在に。	*ルモスティ（FASTNET ROCK）	牝	母は豪GⅡを2つ制する。パワフルなスピードとタフネスが強力な武器。

55

2022 ⑨
2021 ⑯
2020 ㊹
2019 －

モーリス
MAURICE

初年度産駒から新たなGⅠ馬が登場しランキング上昇

種付料／⇨ 受 **800万円F**　　供用地／安平・社台SS

2011年生　鹿毛　日高・戸川牧場産

距離	成長型	芝	ダート	瞬発力	パワー	底力
マ中	普	◎	○	◎	○	○

年次	種付頭数	産駒数
23年	**158**	**96**
22年	133	102
21年	146	105
20年	165	137
19年	212	164

PROFILE

競走成績　18戦11勝（2～5歳・日香）
最高レーティング　127Ⅰ（16年）
**主な勝ち鞍　天皇賞・秋、安田記念、マイルCS、
香港C、香港マイル、チャンピオンズマイル、ダー
ビー卿CT。安田記念2着、札幌記念2着。**

　2歳10月のデビュー戦を3馬身差で勝利し、上々の船出を切る。続く京王杯2歳Sでは断然の1番人気に推されたが6着に敗戦、その後暮れの500万下万両賞で2勝目をあげた。3歳時は未勝利のまま終了。約8カ月の休養を経て復帰した4歳1月の1000万下若潮賞から快進撃を開始し、1000万下特別、準OP特別、初重賞制覇となるダービー卿チャレンジT、安田記念、マイルCS、香港マイルとGⅠ戦3つを含む破竹の6連勝を記録し、2015年度代表馬の栄誉にも浴した。再び香港に出向き、5歳緒戦となるチャンピオンズマイルで連勝を「7」に伸ばす。帰国後、連覇を狙った安田記念、初の芝2000m戦出走となった札幌記念は共に2着に終わるが、10月の天皇賞・秋を快勝。ラストランとなった12月の香港Cでも圧倒的な強さを見せつけ、香港では3つ目、国内を併せて6つ目のGⅠタイトル獲得に成功した。2年

系統：ロベルト系　母父系統：サドラーズウェルズ系				
父 スクリーンヒーロー 栗 2004	**父父** *グラスワンダー 栗 1995	Silver Hawk	Roberto	Hail to Reason
				Bramalea
			Gris Vitesse	Amerigo
				Matchiche
		Ameriflora	Danzig	Northern Dancer
				Pas de Nom
			Graceful Touch	His Majesty
				Pi Phi Gal
	父母 ランニングヒロイン 鹿 1993	*サンデーサイレンス	Halo	Hail to Reason
				Cosmah
			Wishing Well	Understanding
				Mountain Flower
		ダイナアクトレス	*ノーザンテースト	Northern Dancer
				Lady Victoria
			モデルスポート	*モデルフール
				*マジックゴディス
母 メジロフランシス 鹿 2001	**母父** *カーネギー 鹿 1991	Sadler's Wells	Northern Dancer	Nearctic
				Natalma
			Fairy Bridge	Bold Reason
				Special
		Detroit	Riverman	Never Bend
				River Lady
			Derna	Sunny Boy
				Miss Barberie
	母母 メジロモントレー 黒鹿 1986	*モガミ	Lyphard	Northern Dancer
				Goofed
			*ノーラック	Lucky Debonair
				No Teasing
		メジロクインシー	*フィディオン	Djakao
				Thessalie
			メジロボサツ	*モンタヴァル
				メジロクイン

インブリード：Northern Dancer 5・5×4・5、父スクリーンヒーローに Hail to Reason 4×4

血統解説

　父スクリーンヒーローは1980年代を代表する名牝ダイナアクトレスの血を受け継ぐ良血馬で、GI4勝馬グラスワンダーの息仔。現役時代は鮮やかにジャパンCを制している。その初年度産駒である本馬の大成功により、種牡馬としての価値を大きく高めている。母メジロフランシスは未勝利馬。本馬の全弟にルーカス（東京スポーツ杯2歳S2着）を産んだ。母系は名門メジロ牧場所縁のファミリーで、祖母メジロモントレーはAJCCなど重賞4勝の強豪。4代母メジロボサツは朝日杯3歳Sを勝利している。母父カーネギーはその母デトロワと共に、凱旋門賞母仔制覇の偉業を達成した。

代表産駒

ジャックドール（大阪杯、金鯱賞、札幌記念）、ピクシーナイト（スプリンターズS、シンザン記念）、ジェラルディーナ（エリザベス女王杯、オールカマー）、ヒトツ（ヴィクトリアダービー、オーストラリアンギニー、オーストラリアンダービー）、マズ（ドゥームベン10000、アローフィールド3歳スプリント）、ノースブリッジ（AJCC、エプソムC）、ディヴィーナ（府中牝馬S）、シゲルピンクルビー（フィリーズレビュー）、シュトラウス（東京スポーツ杯2歳S）、バンクモール（アリスタクラークS）、ラーグルフ（中山金杯）、ノッキングポイント（新潟記念）、ルークスネスト（ファルコンS）、カフジオクタゴン（レパードS）、キボウ（アップアンドカミングS）、ジェンツァーノ（NJC3歳スプリングS）、ルペルカーリア（京都新聞杯2着）、ムーンプローブ（フィリーズレビュー2着）、ペジャール（毎日杯2着）、ソリタリオ（シンザン記念2着）。

連続での年度代表馬には選ばれなかったが、2016年にはJRA特別賞を受賞している。

　6歳春から安平・社台SSでの種牡馬生活を開始。また、豪アローフィールドスタッドにおけるシャトル供用も、継続して行っている。176頭が血統登録され2020年からデビューしている初年度産駒には、成長力に秀でたタイプも多く、これまでにピクシーナイト、ジェラルディーナ、ジャックドール、豪のヒトツ、マズと計5頭のGIホースが誕生した。2023年には前述のジャックドールが大阪杯を制したほか、ラーグルフ、ノースブリッジ、ノッキングポイント、ディヴィーナ、シュトラウスといった重賞ウイナーが登場し、2022年の9位から2つランキングを上げて、自己最高位となる7位に食い込んできた。

FROM STALLION

社台SS事務局・徳武英介場長談

「配合だけでなく、デビューまでのノウハウも蓄積されてきたことで、昨年は2歳リーディングで4位となるなど、早い時期から多くの勝ち馬が誕生しました。生産地からの安定した人気は勿論のこと、シャトル先のオーストラリアでも100頭を超える配合を行っています。国際的な知名度もさることながら、骨格にも表れている逞しさと性格の良さは、日本で長きに亘って牝系を紡がれてきた血統馬らしさが感じられます」

総収得賞金 2,751,116,000円　アーニング INDEX 1.66　実勢評価値 0.96

勝利頭数／出走頭数：全馬 149／357			2歳	18／67
勝利回数／出走回数：全馬 239／2,275			2歳	22／159

Data Box (2021~2023)

コース　東京芝と京都芝が得意

	1着	2着	3着	出走数	勝率	連対率	3着内率
全体計	307	225	226	2931	10.5%	18.2%	25.9%
中央芝	120	80	101	1020	11.8%	19.6%	29.5%
中央ダ	49	30	29	488	10.0%	16.2%	22.1%
ローカル芝	101	82	72	1012	10.0%	18.1%	25.2%
ローカルダ	37	33	24	411	9.0%	17.0%	22.9%
右回り芝	128	91	112	1248	10.3%	17.5%	26.5%
右回りダ	51	36	32	556	9.2%	15.6%	21.4%
左回り芝	93	71	60	762	12.2%	21.5%	29.4%
左回りダ	35	27	21	343	10.2%	18.1%	24.2%
札幌芝	10	12	12	135	7.4%	16.3%	25.2%
札幌ダ	5	1	2	43	11.6%	14.0%	18.6%
函館芝	12	6	9	98	12.2%	21.4%	29.6%
函館ダ	1	3	2	38	2.6%	10.5%	15.8%
福島芝	7	3	5	99	7.1%	10.1%	15.2%
福島ダ	2	4	1	42	4.8%	14.3%	16.7%
新潟芝	20	18	9	209	9.6%	18.2%	22.5%
新潟ダ	11	6	9	86	12.8%	22.1%	29.1%
東京芝	45	30	30	325	13.8%	23.1%	32.3%
東京ダ	11	7	9	116	9.5%	15.5%	23.3%
中山芝	24	24	25	268	9.0%	17.9%	27.2%
中山ダ	12	6	5	132	9.1%	13.6%	17.4%
中京芝	28	23	22	250	11.2%	20.4%	29.2%
中京ダ	13	6	3	141	9.2%	17.7%	22.0%
京都芝	10	7	9	73	13.7%	23.3%	35.6%
京都ダ	5	1	3	36	13.9%	16.7%	25.0%
阪神芝	41	19	37	354	11.6%	16.9%	27.4%
阪神ダ	21	16	9	201	10.3%	18.1%	24.0%
小倉芝	24	17	16	221	10.9%	18.6%	25.8%
小倉ダ	5	6	7	61	8.2%	16.4%	27.9%

条件　OP特別で勝ち切るケースが多い

	1着	2着	3着	出走数	勝率	連対率	3着内率
新馬	29	24	26	300	9.7%	17.7%	26.3%
未勝利	117	98	94	1233	9.5%	17.4%	25.1%
1勝	76	61	58	751	10.1%	18.2%	26.0%
2勝	41	14	17	239	17.2%	23.0%	30.1%
3勝	19	7	13	165	11.5%	15.8%	23.6%
OPEN特別	12	10	9	105	11.4%	21.0%	29.5%
GⅢ	6	9	5	75	8.0%	20.0%	26.7%
GⅡ	7	8	4	55	12.7%	20.0%	23.6%
GⅠ	3	0	3	39	7.7%	7.7%	15.4%
ハンデ戦	13	5	9	111	11.7%	16.2%	24.3%
牝馬限定	36	30	32	480	7.5%	13.8%	20.4%
障害	3	2	1	31	9.7%	16.1%	19.4%

人気　4~6番人気の単勝に妙味あり

	1着	2着	3着	出走数	勝率	連対率	3着内率
1番人気	107	50	42	317	33.8%	49.5%	62.8%
2~3番人気	107	83	76	577	18.5%	32.9%	46.1%
4~6番人気	70	59	69	709	9.9%	18.2%	27.9%
7~9番人気	13	28	25	615	2.1%	6.7%	10.7%
10番人気~	13	7	15	744	1.7%	2.7%	4.7%

単勝回収値 83円／単勝適正回収値 86円

距離　最も力を発揮できるのは芝中距離

芝　平均勝ち距離　1,691m

	1着	2着	3着	出走数	勝率	連対率	3着内率
全体計	221	162	173	2032	10.9%	18.8%	27.4%
芝~1300m	33	27	18	367	9.0%	16.3%	21.3%
芝~1600m	75	67	64	761	9.9%	18.7%	27.1%
芝~2000m	98	60	78	758	12.9%	20.8%	31.1%
芝~2400m	14	7	10	121	11.6%	17.4%	25.6%
芝2500m~	1	1	3	25	4.0%	8.0%	20.0%

ダート　平均勝ち距離　1,494m

	1着	2着	3着	出走数	勝率	連対率	3着内率
全体計	86	63	53	899	9.6%	16.6%	22.5%
ダ~1300m	29	14	19	279	10.4%	15.4%	22.2%
ダ~1600m	27	13	12	241	11.2%	16.6%	21.6%
ダ~2000m	27	34	20	350	7.7%	17.4%	23.1%
ダ2100m~	3	2	2	29	10.3%	17.2%	24.1%

馬場状態　芝は良、ダートは稍重で走る

		1着	2着	3着	出走数	勝率	連対率	3着内率
芝	良	179	119	132	1552	11.5%	19.2%	27.7%
	稍重	28	28	27	328	8.5%	17.1%	25.3%
	重	9	12	12	116	7.8%	18.1%	28.4%
	不良	5	3	2	36	13.9%	22.2%	27.8%
ダ	良	46	36	23	527	8.7%	15.6%	19.9%
	稍重	21	16	17	175	12.0%	21.1%	30.9%
	重	10	5	7	109	9.2%	13.8%	20.2%
	不良	9	6	6	88	10.2%	17.0%	23.9%

性齢　完成度は高く2歳戦から走る

	1着	2着	3着	出走数	勝率	連対率	3着内率
牡2歳	46	35	36	326	14.1%	24.8%	35.9%
牝2歳	20	21	20	241	8.3%	17.0%	25.3%
牡3歳前半	61	55	47	495	12.3%	23.4%	32.9%
牝3歳前半	35	24	32	494	7.1%	11.9%	18.4%
牡3歳後半	38	25	32	341	11.1%	18.5%	27.9%
牝3歳後半	30	21	16	310	9.7%	16.5%	21.6%
牡4歳	43	20	24	324	13.3%	19.4%	26.9%
牝4歳	23	13	9	219	10.5%	16.4%	20.5%
牡5歳	9	4	9	111	8.1%	13.5%	21.6%
牝5歳	5	7	2	101	5.0%	11.9%	13.9%
牡6歳	0	0	0	0	－	－	－
牝6歳	0	0	0	0	－	－	－
牡7歳以上	0	0	0	0	－	－	－
牝7歳以上	0	0	0	0	－	－	－

勝ち馬の決め手

芝　221勝　追込 14／逃げ 54／差し 63／先行 90

ダート　86勝　追込 6／逃げ 30／差し 16／先行 34

グレード制　重賞レースの重要度を表すための制度。格の高い順に、GⅠ、GⅡ、GⅢの3段階に分けられている。2024年JRAでは年間26のGⅠレース、41のGⅡレース、72のGⅢレースが行われている。

馬券に直結する適性データ

東京芝、京都芝で優秀な成績、中距離適性の高さも光っている

　持続力に優れた末脚、競り合いでの勝負強さを持つ産駒が多く、直線の長い東京芝、京都芝を得意とするタイプが多い。両コース共に13%超えの勝率、23%以上の連対率、32〜35%に達する3着内率を誇っているだけに、頭固定、連勝馬券の軸、あるいは3連単の2、3着付けなど、多彩な馬券作戦が可能となってくる。

　壁に当たることも多い2勝クラスで、17.2%の勝率をあげていることにも注目。頭に据え手広く流して、3連単馬券の高配当ゲットを狙うのも、妙味高い馬券戦術といえるだろう。またLレースを含むOP特別で好成績を残していることも、頭に入れておきたいデータだ。

　自身はマイルを主戦場に、2000m戦まで距離適性を延ばしていったが、産駒は中距離適性の高さが光っている。2400m戦でも上手に対応できるだけに、距離延長を試みている産駒を、思い切って狙ってみるのも効果的だろう。

重賞レース馬券のヒント

思い切った頭勝負が効果的な伏兵評価となる4〜6番人気

　単勝回収値「132円」という魅力的な数字を残しているのが、伏兵評価となる4〜6番人気で出走したケース。2023年も、AJCCを4番人気でノースブリッジが勝利、東京スポーツ杯2歳Sでは同じく4番人気だったシュトラウスが優勝と、2つのGIIタイトルをこの範囲の人気に推されていたときに獲得している。AJCCの3連単オッズは71370円、東京スポーツ杯2歳Sでは83770円と、一桁人気内の3頭による決着としてはまずまずの高配当となっていた。勝率12.4%と万能の馬券作戦ではないが、狙い撃ちしてみる価値は十分にある。

通算重賞勝ち数

	GI	GII	GIII	GI勝ち産駒数	重賞勝ち産駒数
芝	3	8	5	3	11
ダート	0	0	1	0	1
地方	0	0	0	0	0
海外	0	0	0	0	0

POG　2024年期待の2歳馬　ピックアップ

器が大きい母父ディープインパクト名牝の孫にも大物誕生を期待

　すでにGI馬ジェラルディーナらを送り出している母父ディープインパクトとの配合では、叔父に大阪杯馬ポタジェがいる母エリティエールの牡駒、半姉オールアットワンス、プレサージュリフトが共に重賞馬である母シュプリームギフトの牡駒にスケールの大きさを感じる。前者は芝中距離、後者は芝マイル戦線での躍進を期待したい。1歳セレクトセールにおいて1億2000万円強で取引された母ダイワズームの牡駒も、芝2000m戦で強い競馬ができる血統構成の持ち主。牝馬勢では名牝ブエナビスタを祖母に持つソシアルクラブの牝駒が、楽しみな存在となる。芝マイル〜中距離戦線で息の長い活躍を示しそうだ。

母馬名（母父）	性別	おすすめポイント	母馬名（母父）	性別	おすすめポイント
エリティエール（ディープインパクト）	牡	叔父にGI大阪杯馬ポタジェ。母父の血も活きれば大物誕生も望める。	アイズオンリー（ネオユニヴァース）	牝	祖母アイランドファッションは米GI3勝。芝、ダート共にこなせそう。
シュプリームギフト（ディープインパクト）	牡	母はGIII2着。半姉2頭はGIII勝ち馬。パワフルなスピードが武器に。	*オーサムフェザー（AWESOMEOF COURSE）	牝	母は米GI BCジュヴナイルFに勝利。当歳セレクトセール4290万円。
ダイワズーム（ハーツクライ）	牡	1歳セレクトセールで1億2650万円。サンデーサイレンス4×3持つ。	ソシアルクラブ（キングカメハメハ）	牝	祖母ブエナビスタはGI6勝の名牝。豊かな成長力活かして大成目指す。
バンゴール（キングカメハメハ）	牡	叔母にGI秋華賞馬スタニングローズ。母父との相乗効果にも期待。	フレジェール（アグネスタキオン）	牝	仏GI馬スキーパラダイスから拡がる名門出身。パワー型マイラーか。
ミリッサ（ダイワメジャー）	牡	叔母にGIオークス馬シンハライト。芝マイル戦線での飛躍も望めそう。	ラストプリマドンナ（ダイワメジャー）	牝	祖母シルクプリマドンナはGIオークス馬。大一番で勝負強さを発揮。

59

RANKING

8

2歳馬 **18**

2022 ⑬
2021 ⑭
2020 ⑳
2019 ⑳

*シニスターミニスター
SINISTER MINISTER

初の地方競馬首位と総合トップ10入りを実現する

種付料／↑受700万円F　　供用地／新ひだか・アロースタッド

2003年生　鹿毛　アメリカ産　2007年輸入

距離	成長型	芝	ダート	瞬発力	パワー	底力
短中	普	△	◎	○	○	○

年次	種付頭数	産駒数
23年	**93**	**67**
22年	112	73
21年	106	80
20年	119	74
19年	115	106

PROFILE

競走成績　**13戦2勝**（2〜4歳・米）
最高レーティング　**115 M**（06年）
主な勝ち鞍　**ブルーグラスS**。カリフォルニア
ダービー2着。

　2歳の12月31日に米で競走馬デビュー。
20日後の3歳緒戦となる、サンタアニタ競馬
場D5.5Fコースで争われたクレーミング未勝
利戦で、8馬身差の圧勝を飾る。その後、GII
サンヴィセンテS6着、Lカリフォルニアダー
ビー2着と敗戦が続いたが、4月のキーンラン

ド競馬場D9Fコースを舞台とするGIブルー
グラスSで、2歳GI馬ファーストサムライ、
後のGI馬ブルーグラスキャットらの有力馬た
ちを完封し、2着ストームトレジャーに12馬
身4分の3差を付ける破格の勝利をマークし
た。続くケンタッキーダービーでは5番人気に
支持されるも、勝ったバーバロから大きく引き
離された16着に大敗。以降も勝利を重ねられ
ないまま、4歳いっぱいで現役を退く。

　日高の生産者グループに購買され、5歳春か
ら日本での種牡馬生活を開始。初供用から6年
間は50〜70頭台の種付頭数となっていたが、

系統：エーピーインディ系　母父系統：デピュティミニスター系

			Bold Reasoning	Boldnesian
父 オールドトリエステ Old Trieste 栗 1995	父父 エーピーインディ A.P. Indy 黒鹿 1989	Seattle Slew		Reason to Earn
			My Charmer	Poker
				Fair Charmer
		Weekend Surprise	Secretariat	Bold Ruler
				Somethingroyal
			Lassie Dear	Buckpasser
				Gay Missile
	父母 ラヴリアーリンダ Lovlier Linda 栗 1980	Vigors	Grey Dawn	Herbager
				Polamia
			Relifordie	El Relicario
				Crafordie
		Linda Summers	Crozier	My Babu
				Miss Olympia
			Queenly Gift	Princely Gift
				Second Fiddle
母 スウィートミニスター Sweet Minister 鹿 1997	母父 ザプライムミニスター The Prime Minister 鹿 1987	Deputy Minister	Vice Regent	Northern Dancer
				Victoria Regina
			Mint Copy	Bunty's Flight
				Shakney
		Stick to Beauty	Illustrious	Round Table
				Poster Girl
			Hail to Beauty	Hail to Reason
				Lipstick
	母母 スウィートブルー Sweet Blue 黒鹿 1985	Hurry up Blue	Mr. Leader	Hail to Reason
				Jolie Deja
			Blue Baroness	*ボールドラッド
				Blue Rage
		Sugar Gold	Mr. Prospector	Raise a Native
				Gold Digger
			Miss Ironside	Iron Ruler
				Other Side

インブリード：母 Sweet Minister に Hail to Reason 4×4

血統解説

　米3冠馬にして北米首位種牡馬のシアトルスルー〜米年度代表馬エーピーインディへと連なるサイアーラインを継ぐ父オールドトリエステは、米GⅡスワップスSにおける12馬身差の圧勝劇を含め重賞を計4勝。種牡馬としては本馬、ブリーダーズCスプリント馬シルヴァートレインらの米GⅠ勝ち産駒を輩出している。母スウィートミニスターは米で24戦し7勝2着5回3着5回。母系からは、米GⅢディスカヴァリーHを勝ったプロスペクターズフラッグなどが登場している。母父ザプライムミニスターは、D9F戦の米GⅡグッドウッドHの勝ち馬。産駒から米重賞勝ち馬も出した。

代表産駒

　テーオーケインズ（チャンピオンズC、JBCクラシック、帝王賞、アンタレスS、平安S）、**キングズソード**（JBCクラシック）、**ミックファイア**（ジャパンダートダービー）、**ヤマニンアンプリメ**（JBCレディスクラシック、北海道スプリントC、クラスターC）、**ドライスタウト**（全日本2歳優駿、武蔵野S、オーバルスプリント）、**マイネルバサラ**（浦和記念）、**グランブリッジ**（エンプレス杯、関東オークス、ブリーダーズゴールドC、TCK女王盃）、**ハヤブサカオー**（兵庫ジュニアグランプリ）、**インカンテーション**（みやこS、平安S、武蔵野S、マーチS、レパードS、白山大賞典）、**キングズガード**（プロキオンS）、**ライオットガール**（レパードS、クイーン賞）、**ゴールドクイーン**（葵S、かきつばた記念）、**ラッキードリーム**（JBC2歳優駿）、**コーラルラッキー**（エーデルワイス賞）、**シゲルコング**（全日本2歳優駿2着）、**ブラックバトラー**。

　2013年に2世代目産駒の一頭インカンテーションが重賞を制したのも効いて、2014年には大台に達する117頭との種付をこなすことになる。2019年のヤマニンアンプリメを皮切りに、2021年にはテーオーケインズ、ドライスタウトと産駒たちが相次いでGⅠタイトルを獲得し、日本馬産界を代表するダート系サイアーの地位を完全に確立した。2023年には羽田杯、東京ダービー、交流GⅠジャパンダートダービーの公営南関東3冠を達成したミックファイア、JBCクラシックを制したキングズソードといった2頭のGⅠホースを始め、前述のドライスタウト、グランブリッジ、ライオットガールといったダート重賞ウイナーが登場。初の地方競馬リーディングサイアーに輝くと同時に、総合ランキングトップ10入りを果たした。

FROM STALLION

(株)ジェイエス・松田拓也氏談

「昨年は地方だけでなく、ダート総合サイアーランキングでも首位となりました。昨年はキャリアハイの種付料に設定をさせてもらいましたが、南関東では無敗の3冠馬、そして、JBCクラシックの優勝馬も送り出すなど、産駒はその評価に応える活躍を見せてくれています。年齢的に種付頭数はセーブしていますが、配合される繁殖牝馬の質は更に高くなっているだけに、晩年の最高傑作となる産駒も期待できそうです」

総収得賞金 2,395,062,000円　アーニング INDEX 1.68　実勢評価値 1.11

勝利頭数／出走頭数：全馬 176 ／ 307		2歳 23 ／ 46	
勝利回数／出走回数：全馬 322 ／ 2,361		2歳 32 ／ 159	

Data Box (2021~2023)

単勝回収値 97円／単勝適正回収値 102円

コース　京都ダートをはじめ関西ダートで走る

	1着	2着	3着	出走数	勝率	連対率	3着内率
全体計	187	156	150	1693	11.0%	20.3%	29.1%
中央芝	0	0	0	9	0.0%	0.0%	0.0%
中央ダ	97	94	82	873	11.1%	21.9%	31.3%
ローカル芝	0	0	0	23	0.0%	0.0%	0.0%
ローカルダ	90	62	68	788	11.4%	19.3%	27.9%
右回り芝	0	0	0	16	0.0%	0.0%	0.0%
右回りダ	116	102	88	999	11.6%	21.8%	30.6%
左回り芝	0	0	0	7	0.0%	0.0%	0.0%
左回りダ	71	54	62	662	10.7%	18.9%	28.2%
札幌芝	0	0	0	0	-	-	-
札幌ダ	9	10	2	71	12.7%	26.8%	29.6%
函館芝	0	0	0	0	-	-	-
函館ダ	7	7	7	69	10.1%	20.3%	30.4%
福島芝	0	0	0	0	-	-	-
福島ダ	11	6	14	105	10.5%	16.2%	29.5%
新潟芝	0	0	0	11	0.0%	0.0%	0.0%
新潟ダ	8	12	12	128	6.3%	15.6%	25.0%
東京芝	0	0	0	3	0.0%	0.0%	0.0%
東京ダ	26	22	27	260	10.0%	18.5%	28.8%
中山芝	0	0	0	0	-	-	-
中山ダ	18	28	20	228	7.9%	20.2%	28.9%
中京芝	0	0	0	0	-	-	-
中京ダ	37	20	23	274	13.5%	20.8%	29.2%
京都芝	0	0	0	0	-	-	-
京都ダ	11	12	6	80	13.8%	28.8%	36.3%
阪神芝	0	0	0	1	0.0%	0.0%	0.0%
阪神ダ	42	32	29	305	13.8%	24.3%	33.8%
小倉芝	0	0	0	6	0.0%	0.0%	0.0%
小倉ダ	18	7	10	141	12.8%	17.7%	24.8%

条件　新馬戦よりは未勝利戦で勝ち切る

	1着	2着	3着	出走数	勝率	連対率	3着内率
新馬	14	13	16	129	10.9%	20.9%	33.3%
未勝利	73	62	52	589	12.4%	22.9%	31.7%
1勝	54	42	47	550	9.8%	17.5%	26.0%
2勝	24	22	23	244	9.8%	18.9%	28.3%
3勝	11	7	7	106	10.4%	17.0%	23.6%
OPEN特別	8	12	6	79	10.1%	25.3%	32.9%
G Ⅲ	4	1	1	22	18.2%	22.7%	27.3%
G Ⅱ	0	0	0	6	0.0%	0.0%	0.0%
G Ⅰ	1	0	0	6	16.7%	16.7%	16.7%
ハンデ戦	3	10	2	73	4.1%	17.8%	24.7%
牝馬限定	31	24	26	298	10.4%	18.5%	27.2%
障害	2	3	2	33	6.1%	15.2%	21.2%

人気　上位人気を見つけたら即買い

	1着	2着	3着	出走数	勝率	連対率	3着内率
1番人気	61	27	16	141	43.3%	62.4%	73.8%
2～3番人気	64	56	37	325	19.7%	36.9%	48.3%
4～6番人気	47	49	54	439	10.7%	21.9%	34.2%
7～9番人気	14	20	28	381	3.7%	8.9%	16.3%
10番人気～	3	7	17	440	0.7%	2.3%	6.1%

距離　はっきりダートの中長距離向き

芝　平均勝ち距離　—

	1着	2着	3着	出走数	勝率	連対率	3着内率
全体計	0	0	0	32	0.0%	0.0%	0.0%
芝～1300m	0	0	0	19	0.0%	0.0%	0.0%
芝～1600m	0	0	0	7	0.0%	0.0%	0.0%
芝～2000m	0	0	0	5	0.0%	0.0%	0.0%
芝～2400m	0	0	0	1	0.0%	0.0%	0.0%
芝2500m～	0	0	0	0	-	-	-

ダート　平均勝ち距離　1,568m

	1着	2着	3着	出走数	勝率	連対率	3着内率
全体計	187	156	150	1661	11.3%	20.7%	29.7%
ダ～1300m	43	43	35	470	9.1%	18.3%	25.7%
ダ～1600m	37	32	47	390	9.5%	17.7%	29.7%
ダ～2000m	103	78	66	775	13.3%	23.4%	31.9%
ダ2100m～	4	3	2	26	15.4%	26.9%	34.6%

馬場状態　ダートなら馬場状態は問わない

		1着	2着	3着	出走数	勝率	連対率	3着内率
芝	良	0	0	0	26	0.0%	0.0%	0.0%
	稍重	0	0	0	2	0.0%	0.0%	0.0%
	重	0	0	0	2	0.0%	0.0%	0.0%
	不良	0	0	0	2	0.0%	0.0%	0.0%
ダ	良	107	101	94	1013	10.6%	20.5%	29.8%
	稍重	41	30	31	335	12.2%	21.2%	30.4%
	重	24	17	14	191	12.6%	21.5%	28.8%
	不良	15	8	11	122	12.3%	18.9%	27.9%

性齢　牡馬は2歳戦から動き4歳まで持続

	1着	2着	3着	出走数	勝率	連対率	3着内率
牡2歳	26	23	15	141	18.4%	34.8%	45.4%
牝2歳	8	8	7	92	8.7%	17.4%	25.0%
牡3歳前半	29	19	28	258	11.2%	18.6%	29.5%
牝3歳前半	21	21	21	245	9.8%	18.4%	27.0%
牡3歳後半	23	22	18	177	13.0%	25.4%	35.6%
牝3歳後半	22	12	15	152	14.5%	22.4%	32.2%
牡4歳	31	30	23	242	12.8%	25.2%	34.7%
牝4歳	9	8	7	145	6.2%	11.7%	16.6%
牡5歳	8	9	8	127	6.3%	12.6%	19.7%
牝5歳	2	4	3	53	5.7%	9.4%	15.1%
牡6歳	4	5	8	46	10.9%	19.6%	28.3%
牝6歳	0	0	0	1	0.0%	0.0%	0.0%
牡7歳以上	1	2	0	30	3.3%	10.0%	13.3%
牝7歳以上	0	0	0	0	-	-	-

勝ち馬の決め手

芝　0勝

ダート　187勝
追込 8
差し 30
逃げ 52
先行 97

クラシック　イギリスのレース体系を模範に、3歳馬だけで行われるGⅠレースのうち、牝馬の桜花賞、オークスと、牡、牝共に出走できる皐月賞、ダービー、菊花賞の5レースをいう。

馬券に直結する適性データ

関西地区ダートは得意中の得意、2歳戦なら未勝利戦で狙いたい

　地方競馬リーディングサイアーを獲得した馬ならではかもしれないが、直近3年間のJRAにおける勝ち鞍のすべてをダートでマークしている、極め付けのスペシャリストとなっている。阪神、京都、中京、小倉といった関西地区のダートコースにおける強さはまず押さえておきたいところ。なかでも阪神、京都といった中央場所ではより信頼性が高く、頭勝負、連勝の軸のどちらでも大きな勝負が懸けられる。

　2歳時から好成績を収めているが、新馬戦よりは何度かレース経験を積んだ後の未勝利戦が、絶好の稼ぎ場所。大きな変わり身を見せるタイプもいるだけに、伏兵評価の場合は積極的に狙っていきたい。スプリント戦、マイル戦でも十分勝負になるが、中距離戦で強さが増すことも頭に入れておきたいポイント。番組数そのものが少ないが、2100m以上の距離であれば迷わず「買い」に出るのが正解だ。

重賞レース馬券のヒント

JRA重賞で1、2番人気なら迷わず「買い」。配当的妙味も大

　地方競馬で開催される交流ダート重賞で活躍する産駒が多いだけに、直近3年間におけるJRAダート重賞での勝ち鞍は「5」に留まっているが、1、2番人気に推されていたケースでは勝率50%という、極めて優秀な成績を収めている。マークした全4勝の内3勝をあげたのは2021～22年にかけてのテーオーケインズだが、2023年もドライスタウトが2番人気で武蔵野Sを制し、単勝オッズ420円、6、5番人気が2、3着した3連単馬券は、29550円という好配当となっている。単勝回収値も「152円」。頭固定で大勝負を懸けてみる根拠は十分だ。

通算重賞勝ち数

	GⅠ	GⅡ	GⅢ	GⅠ勝ち産駒数	重賞勝ち産駒数
芝	0	0	1 (1)	0	1
ダート	1	0	10	1	5
地方	6	4	10	5	13
海外	0	0	0	0	0

※（　）内は格付前重賞

POG　2024年期待の2歳馬　ピックアップ

1歳セール1億円超の馬も登場、ダート戦線を中心に活躍を期待

　自己最高位かつ初のトップ10入りを果たした2023年の勢いを繋ぎたい、14世代目にあたる産駒たち。注目の的となるのが、1歳セレクションセールにおいて1億円超えの値が付いた母カリーニョミノルの牡駒。母父クロフネの血も活か

し、パワフルなスピードでダート戦線に旋風を巻き起こして欲しいところだ。南米の競馬王国アルゼンチンの母系を受け継ぐ母パドックシアトルの牡駒、叔父にダートGⅠ4勝馬トランセンドがいる母キングベイビーの牝駒も、上手くハマれば大ブレイクが期待できる血統構成の持ち主だ。母メイショウミハルの牡駒には、ダートマイル戦線で確実に走ってきそうな雰囲気がある。

母馬名（母父）	性別	おすすめポイント	母馬名（母父）	性別	おすすめポイント
アシャカダイキ（スマートファルコン）	牡	5勝をあげた母の初仔。叔父にGⅡ2着馬ハーツイストワールがいる。	アイリッシュビート（ハーツクライ）	牝	叔父にGⅢ3着ブライアンセンス。母父の血が活きれば中距離で躍動。
カリーニョミノル（*クロフネ）	牡	叔父にGⅢ馬エテルナミノル。1歳セレクションセール1億340万円。	キングベイビー（マンハッタンカフェ）	牝	叔父に最優秀ダート馬トランセンド。ダート中距離戦線で息長く活躍か。
*パドックシアトル（SEATTLE FITZ）	牡	母系は南米アルゼンチンの系統。1歳セレクションセールで2200万円。	コーラルビュー（キングヘイロー）	牝	全姉にGⅢエーデルワイス賞馬コーラルツッキー。仕上がりは早そう。
ヘルディン（*ロードアルティマ）	牡	4勝をマークした母の2番仔。ダート中距離戦線で花開く要素を持つ。	スリーアロー（*アルデバランⅡ）	牝	半兄にGⅢ札幌2歳S馬セットアップ。芝、ダート兼用のスピード型に。
メイショウミハル（ダイワメジャー）	牡	いとこにダートGⅠ馬メイショウハリオ。母父の血も活かし大成狙う。	ワイルドポポ（*ワイルドラッシュ）	牝	祖母ファンドリポポは重賞3勝の強豪。マイル適性高く化ける可能性も。

63

RANKING

9

2歳馬 12

2022 ⑪
2021 ⑨
2020 ⑨
2019 ⑭

＊ヘニーヒューズ
HENNY HUGHES

JRA、地方で賞金積み上げ3度目のトップ10入り

種付料／⇨受500万円F　供用地／新冠・優駿SS

2003年生　栗毛　アメリカ産　2013年輸入

距離	成長型	芝	ダート	瞬発力	パワー	底力
短マ	やや早	○	◎	○	◎	○

年次	種付頭数	産駒数
23年	**97**	**38**
22年	98	74
21年	117	86
20年	132	101
19年	170	112

PROFILE

競走成績　10戦6勝（2〜3歳・米）
最高レーティング　120S（06年）
主な勝ち鞍　キングズビショップS、ヴォスバーグS、サラトガスペシャルS、ジャージーショアBCS。BCジュヴナイル2着、シャンペンS2着。

　2歳6月のデビュー戦を6馬身差、LトレモントSを15馬身差、GⅡサラトガスペシャルSを3馬身4分の3差と、いずれも完勝で無傷の3連勝をマークする。その後、8月のホープフルS、10月初旬のシャンペンS、10月下旬のブリーダーズCジュヴナイルと2歳GⅠレー

スを転戦したが、すべて2着に終わった。3歳時は米3冠レースには向かわず、短距離戦線を歩むことを選択。7月のGⅡジャージーショアBCS、8月のGⅠキングズビショップS、10月のGⅠヴォスバーグSを圧倒的なスピード能力を見せつけて連勝し、トップスプリンターの地位を確保する。しかし、11月のブリーダーズCスプリントでは、1番人気に推されながら14着に敗退。これが現役最後の一戦となった。

　4歳春から米での種牡馬生活を開始。3年目産駒からブリーダーズCディスタフ2回、ブリーダーズCジュヴナイルフィリーズ、ゼニヤッ

64

系統：ストームキャット系　母父系統：プリンスキロ系				
父 ＊ヘネシー 栗 1993	**父父** ストームキャット Storm Cat 黒鹿 1983	Storm Bird	Northern Dancer	Nearctic
				Natalma
			South Ocean	New Providence
				Shining Sun
		Terlingua	Secretariat	Bold Ruler
				Somethingroyal
			Crimson Saint	Crimson Satan
				Bolero Rose
	父母 アイランドキティ Island Kitty 栗 1976	Hawaii	Utrillo	Toulouse Lautrec
				Urbinella
			Ethane	Mehrali
				Ethyl
		T.C. Kitten	Tom Cat	Tom Fool
				Jazz Baby
			Needlebug	Needles
				Flynet
母 メドウフライヤー Meadow Flyer 鹿 1989	**母父** メドウレイク Meadowlake 栗 1983	Hold Your Peace	Speak John	Prince John
				Nuit de Folies
			Blue Moon	Eight Thirty
				Blue Grail
		Suspicious Native	Raise a Native	Native Dancer
				Raise You
			Be Suspicious	Porterhouse
				Nothirdchance
	母母 ショートレイ Shortley 黒鹿 1980	Hagley	Olden Times	Relic
				Djenne
			Teo Pepi	Jet Action
				Sherry L.
		Short Winded	Harvest Singing	Nasrullah
				Meadow
			Wind Cloud	Alquest
				Psychic Cloud

インブリード：5代前までにクロスなし

血統解説

　北米首位種牡馬ストームキャット直仔の父ヘネシーは、米2歳GⅠホープフルSに勝った早熟のスピードタイプ。本馬のほかにもBCジュヴナイル馬ヨハネスブルグ、フェブラリーS馬サンライズバッカスらを送り出している。母メドウフライヤーは米で2戦し、1勝2着1回。祖母ショートレイは米GⅢファーストフライトH勝ちを含む、14戦9勝の好成績を残した。母系は米で代を重ねてきたファミリーで、ロマーノグッチ（ゴッサムS）、ジントキング（アクアランデルS）といったGⅢ勝ち馬が出ている。母父メドウレイクは米2歳GⅠ馬。内外でGⅠ2勝リアルインパクトのBMSでもある。

代表産駒

ビホルダー（ブリーダーズCディスタフ2回、ブリーダーズCジュヴナイルフィリーズ、パシフィッククラシックS、クレメントLハーシュS、ゼニヤッタS3回、ヴァニティマイルS、サンタアニタオークス、ラズヴァージネスS）、**モーニン**（フェブラリーS、根岸S）、**アジアエクスプレス**（朝日杯FS、レパードS）、**ワイドファラオ**（かしわ記念、ニュージーランドT、ユニコーンS）、**アランバローズ**（全日本2歳優駿）、メ

リーメドウ（プリンセスルーニーS）、**ウェルドーン**（関東オークス）、**ケイアイレオーネ**（兵庫ジュニアグランプリ、シリウスS）、**セキフウ**（兵庫ジュニアグランプリ、エルムS）、**セラフィックコール**（みやこS）、**フルデプスリーダー**（エルムS）、**レピアーウィット**（マーチS）、**ペリエール**（ユニコーンS）、**ヘニーハウンド**（ファルコンS）、**ゼルトザーム**（函館2歳S）、**アカデミック**（ウッドバインオークス）。

タS3回など、GⅠを計11勝した名牝ビホルダーを送り出す大仕事を成し遂げる。そのビホルダーが現役として活躍していた2014年に、日本での供用がスタート。すでに外国産馬として走っていたヘニーハウンド、ケイアイレオーネ、2013年に朝日杯FSを勝ったアジアエクスプレスが重賞を制していたこともあり、初年度から191頭に種付する高い人気を博した。これまでに米供用時代の産駒であるモーニン、共に内国産となるワイドファラオ、アランバローズがダートGⅠ戦に優勝。2023年もペリエール、セキフウ、セラフィックコールがJRAダート重賞勝ち、ゼルトザームが芝重賞を制するなど産駒が多彩な活躍を展開、地方競馬でも確実に賞金を積み上げ、2年振り3回目となるランキングトップ10入りを果たした。

FROM STALLION

株式会社優駿・藤本一真氏談

「昨年も中央ダートサイアーで首位と、ダートにおける絶対感と安定感が、この馬のストロングポイントだと言えます。近年はアジアエクスプレス、モーニンといった後継種牡馬も、父と同じ舞台で名を残しつつあります。そのなかでも確固たる地位を築いているだけでなく、再びGⅠを狙える逸材も出てきました。産駒はセリでも高い評価を受けているように、今後も生産界に貢献を果たしていく種牡馬であり続けて欲しいです」

総収得賞金 2,371,196,000円　アーニング INDEX 1.50　実勢評価値 1.39

勝利頭数／出走頭数：全馬 172 ／ 341		2歳 20 ／ 52	
勝利回数／出走回数：全馬 309 ／ 2,333		2歳 27 ／ 159	

Data Box (2021〜2023)

単勝回収値 61円／単勝適正回収値 79円

コース　直線が平坦なダートコースで強い

	1着	2着	3着	出走数	勝率	連対率	3着内率
全体計	269	269	221	2720	9.9%	19.8%	27.9%
中央芝	0	3	4	70	0.0%	4.3%	10.0%
中央ダ	168	141	130	1492	11.3%	20.7%	29.4%
ローカル芝	3	8	7	112	2.7%	9.8%	16.1%
ローカルダ	98	117	80	1046	9.4%	20.6%	28.2%
右回り芝	2	9	9	124	1.6%	8.9%	16.1%
右回りダ	156	133	111	1377	11.3%	21.0%	29.0%
左回り芝	1	2	2	50	2.0%	6.0%	10.0%
左回りダ	110	125	99	1161	9.5%	20.2%	28.8%
札幌芝	0	0	1	14	0.0%	0.0%	7.1%
札幌ダ	15	8	4	88	17.0%	26.1%	30.7%
函館芝	1	5	1	15	6.7%	40.0%	46.7%
函館ダ	6	4	4	63	9.5%	15.9%	22.2%
福島芝	0	0	1	13	0.0%	7.7%	7.7%
福島ダ	11	15	12	122	9.0%	21.3%	31.1%
新潟芝	0	1	1	23	0.0%	4.3%	8.7%
新潟ダ	20	28	17	225	8.9%	21.3%	28.9%
東京芝	0	0	0	17	0.0%	0.0%	0.0%
東京ダ	56	52	55	538	10.4%	20.1%	30.3%
中山芝	0	0	0	14	0.0%	0.0%	0.0%
中山ダ	52	32	37	409	12.7%	20.5%	29.6%
中京芝	1	1	1	18	5.6%	11.1%	16.7%
中京ダ	34	45	27	398	8.5%	19.8%	26.6%
京都芝	0	0	0	1	0.0%	0.0%	0.0%
京都ダ	9	11	7	72	12.5%	27.8%	37.5%
阪神芝	0	3	4	40	0.0%	7.5%	17.5%
阪神ダ	51	46	31	473	10.8%	20.5%	27.1%
小倉芝	1	0	3	29	3.4%	3.4%	13.8%
小倉ダ	12	17	16	150	8.0%	19.3%	30.0%

条件　新馬戦でハイアベレージを残す

	1着	2着	3着	出走数	勝率	連対率	3着内率
新馬	30	17	21	178	16.9%	26.4%	38.2%
未勝利	76	72	50	653	11.6%	22.7%	30.3%
1勝	77	81	73	875	8.8%	18.1%	26.4%
2勝	39	48	42	515	7.6%	16.9%	25.0%
3勝	25	27	15	267	9.4%	19.5%	25.1%
OPEN特別	16	22	17	188	8.5%	20.2%	29.3%
GⅢ	6	3	3	52	11.5%	17.3%	23.1%
GⅡ	0	0	0	3	0.0%	0.0%	0.0%
GⅠ	0	0	0	6	0.0%	0.0%	0.0%
ハンデ戦	16	15	4	170	9.4%	18.2%	20.6%
牝馬限定	36	52	38	448	8.0%	19.6%	28.1%
障害	0	0	1	17	0.0%	5.9%	5.9%

人気　1番人気は平均より優秀で軸向き

	1着	2着	3着	出走数	勝率	連対率	3着内率
1番人気	123	63	48	345	35.7%	53.9%	67.8%
2〜3番人気	83	91	65	504	16.5%	34.5%	47.4%
4〜6番人気	45	70	60	645	7.0%	17.8%	27.1%
7〜9番人気	15	35	29	534	2.8%	9.4%	14.8%
10番人気〜	3	11	19	709	0.4%	2.0%	4.7%

距離　中距離まで対応もベストは短距離

芝　平均勝ち距離 1,267m

	1着	2着	3着	出走数	勝率	連対率	3着内率
全体計	3	11	11	182	1.6%	7.7%	13.7%
芝〜1300m	2	6	8	95	2.1%	8.4%	16.8%
芝〜1600m	1	5	2	60	1.7%	10.0%	13.3%
芝〜2000m	0	0	1	20	0.0%	0.0%	5.0%
芝〜2400m	0	0	0	5	0.0%	0.0%	0.0%
芝2500m〜	0	0	0	2	0.0%	0.0%	0.0%

ダート　平均勝ち距離 1,448m

	1着	2着	3着	出走数	勝率	連対率	3着内率
全体計	266	258	210	2538	10.5%	20.6%	28.9%
ダ〜1300m	101	84	76	884	11.4%	20.9%	29.5%
ダ〜1600m	89	79	64	831	10.7%	20.2%	27.9%
ダ〜2000m	73	94	67	789	9.3%	21.2%	29.8%
ダ2100m〜	3	1	2	34	8.8%	11.8%	17.6%

馬場状態　稍重までがベター、ダート不良は△

		1着	2着	3着	出走数	勝率	連対率	3着内率
芝	良	2	7	9	138	1.4%	6.5%	13.0%
	稍重	0	3	2	30	0.0%	10.0%	16.7%
	重	1	0	0	12	8.3%	16.7%	16.7%
	不良	0	0	0	2	0.0%	0.0%	0.0%
ダ	良	172	164	134	1573	10.9%	21.4%	29.9%
	稍重	58	58	38	501	11.6%	23.2%	30.7%
	重	28	24	25	309	9.1%	16.8%	24.9%
	不良	8	12	13	155	5.2%	12.9%	21.3%

性齢　完成度の高さを後々まで活かす

	1着	2着	3着	出走数	勝率	連対率	3着内率
牡2歳	34	29	26	216	15.7%	29.2%	41.2%
牝2歳	15	20	13	143	10.5%	24.5%	33.6%
牡3歳前半	47	32	31	316	14.9%	25.0%	34.8%
牝3歳前半	33	29	25	300	11.0%	20.7%	29.0%
牡3歳後半	29	22	13	213	13.6%	23.9%	30.0%
牝3歳後半	25	22	13	194	12.9%	24.2%	30.9%
牡4歳	37	45	34	415	8.9%	19.8%	28.2%
牝4歳	17	26	20	274	6.2%	15.7%	23.0%
牡5歳	20	24	20	255	7.8%	17.3%	25.1%
牝5歳	2	7	7	140	1.4%	6.4%	11.4%
牡6歳	8	8	8	136	5.9%	11.8%	17.6%
牝6歳	1	4	2	81	1.2%	6.2%	14.8%
牡7歳以上	1	0	1	37	2.7%	2.7%	5.4%
牝7歳以上	0	2	2	17	0.0%	11.8%	23.5%

勝ち馬の決め手

芝：差し 2、先行 1（3勝）

ダート：逃げ 35、追込 22、差し 81、先行 128（266勝）

クラシック血統　俗に「クラシックディスタンス」と呼ばれる2400m前後の距離を得意とする血統。特にマイルでは短すぎ、3000mでは長すぎる産駒の場合に使われる。

馬券に直結する適性データ

札幌、京都のダートで強さ示す
仕上がり早く、新馬戦から狙える

　2023年にはゼルトザームが芝重賞の函館2歳Sを制したが、ダート適性の高さが際立ってきたのが直近の傾向。勝ち鞍の約99％が砂での戦いでマークしたものだった。長さには差があるものの、直線が平坦な札幌ダート、京都ダートで優秀な成績を残していることは、まず押さえておきたい特徴。前者なら頭勝負、後者であれば連勝馬券の軸に据えるのが得策か。

　パサパサのダートでも地力の高さを示すが、脚抜けが良くなりパワフルなスピードが十分に活かせるダート稍重馬場で、より信頼性が高まる点も馬券作戦に活かしたいところ。逃げ、先行馬がそのまま押し切ってしまうようなレース展開は、常に考慮しておこう。

　自身もそうだったが仕上がりが早く、2歳戦から活躍を示す産駒も多い。新馬戦は勝率、連対率、3着内率のいずれもがハイアベレージで、人気になっていれば素直に「買い」が正解だ。

重賞レース馬券のヒント

ダートか力の要る芝が活躍舞台
超大型馬の躍進も特徴となる

　砂の専門家らしく、直近3年間におけるJRA重賞の勝ち鞍6つの内5勝までをダート戦でマークしている。唯一の例外が芝1200m戦となる2023年函館2歳Sを制したゼルトザームということになるが、これは時計を要する重馬場となったことが大きな勝因といえるだろう。ちなみに、函館2歳S時のゼルトザームの馬体重は454キロだったが、ダートでの重賞勝ち馬は最も軽い馬で472キロ。なかには、2023年みやこSを勝ったセラフィックコールの536キロ、2021年マーチSを制したレピアーウィットの564キロと超大型馬も含まれている。

通算重賞勝ち数

	G I	G II	G III	G I 勝ち産駒数	重賞勝ち産駒数
芝	1	1	2	1	4
ダート	1	0	9	0	9
地方	2	3	1	2	6
海外	0	0	0	0	0

POG　2024年期待の2歳馬　ピックアップ

芝向きの母父が目立つ牡馬勢、
牝馬勢はダートの王道目指す

　すでに十分な実績を残しているベテラン種牡馬。日本導入後8年目の産駒たち、特に牡馬勢にはディープインパクト、ステイゴールドといった芝クラシックで力を発揮した超一流種牡馬が母父に入るケースが目立っている。母スペクトロライトの牡駒、母バウンシーチューンの牡駒はそんな配合パターンを持つ若駒たち。ひょっとしたら芝中距離戦線で、新たな展開を見せてくれるかもしれない。ダートの王道配合ともいえるのが母ワンミリオンスの牡駒、母エルバンドールの牡駒、母シルバーポジーの牝駒といった面々。なかでも牝馬勢2頭は砂の女王も目指せる、スケール大きな血統構成が魅力だ。

母馬名（母父）	性別	おすすめポイント	母馬名（母父）	性別	おすすめポイント
アドマイヤアロー（*ワークフォース）	牡	叔父にGII2勝のアドマイヤデウス。パワーと勝負強さが大きな武器に。	アーデルハイト（アグネスタキオン）	牝	叔母にGI6勝の名牝ブエナビスタ。1歳セレクトセールで3410万円。
スペクトロライト（ディープインパクト）	牡	叔母にGIII紫苑S勝ちのビッシュ。母父の血も活かして大成を目指す。	エルバンドール（ネオユニヴァース）	牝	いとこにルヴァンスレーヴ、チュウワウィザード。名門一族の新星に。
バウンシーチューン（ステイゴールド）	牡	母はGIIフローラSの勝ち馬。独特の大物感伝える母父との融合楽しみに。	シルバーポジー（*クロフネ）	牝	叔父に3歳ダートGI2着トリップ。パワフルなスピードを活かしたい。
ラヴィアンフルール（ステイゴールド）	牡	叔父にGII中山記念馬ナカヤマナイト。ダート中距離戦線が活躍舞台に。	デアリングプライド（ダイワメジャー）	牝	叔父に米GIエクトンパーク。1歳セレクションセールで1760万円。
ワンミリオンス（ゴールドアリュール）	牡	母はGIIエンプレス杯に勝利。ダート中距離戦線で王道を歩めるか。	ラブミーテンダー（ゼンノロブロイ）	牝	叔父にGIII馬グレイトパール。1歳セレクションセールで2420万円。

2022 ⑧
2021 ⑥
2020 ⑥
2019 ⑥

ルーラーシップ
RULERSHIP

6年連続でトップ10圏内を維持した名血の実力派

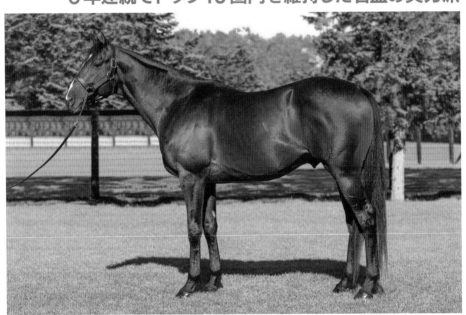

種付料／⇨受350万円F　供用地／安平・社台SS

2007年生　鹿毛　早来・ノーザンファーム産

距離	成長型	芝	ダート	瞬発力	パワー	底力
中長	普	◎	○	◎	○	○

年次	種付頭数	産駒数
23年	**151**	**60**
22年	97	86
21年	133	92
20年	134	134
19年	227	142

PROFILE

競走成績　20戦8勝（2〜5歳・日首香）
最高レーティング　123 I（12年）
主な勝ち鞍　クイーンエリザベスⅡ世C、AJCC、
金鯱賞、日経新春杯、鳴尾記念。宝塚記念2着、
ジャパンC3着、有馬記念3着、天皇賞・秋3着。

　2歳暮れのデビュー戦、3歳2戦目となる
500万下特別を勝利したが、OP若駒S2着、
毎日杯5着と大事なところで勝ち切れず、皐月
賞には駒を進められなかった。Lプリンシパル
Sを勝ってダービーへ。好走を見せるもエイシ
ンフラッシュから0秒3差の5着に終わる。半

年強の休養を挟み臨んだ12月の鳴尾記念で重
賞初制覇。次走の有馬記念は6着までだったが、
4歳緒戦の日経新春杯に勝利。この年は金鯱賞
も制したが、GⅠレースでは馬券圏内に絡むこ
とができなかった。5歳1月のAJCCで4つ
目の重賞勝ちを達成。日経賞3着を挟み、香港
に遠征して挑んだ4月のQエリザベスⅡ世Cで
は、度重なるGⅠ敗戦の鬱憤を晴らすかのよう
な快走を見せ、2着サムザップに3馬身4分の
3差を付け念願のビッグタイトル獲得に成功す
る。帰国後の宝塚記念はオルフェーヴルの2着。
天皇賞・秋、ジャパンC、有馬記念はいずれも

系統：キングマンボ系　母父系統：セダーン系				
父 キングカメハメハ 鹿 2001	**父** キングマンボ Kingmambo 鹿 1990	Mr. Prospector	Raise a Native	Native Dancer Raise You
			Gold Digger	Nashua Sequence
		Miesque	Nureyev	Northern Dancer Special
			Pasadoble	Prove Out Santa Quilla
	父母 *マンファス 黒鹿 1991	*ラストタイクーン	*トライマイベスト	Northern Dancer Sex Appeal
			Mill Princess	Mill Reef Irish Lass
		Pilot Bird	Blakeney	Hethersett Windmill Girl
			The Dancer	Green Dancer Khazaeen
母 エアグルーヴ 鹿 1993	**母父** *トニービン 鹿 1983	*カンパラ	Kalamoun	*ゼダーン Khairunissa
			State Pension	*オンリーフォアライフ Lorelei
		Severn Bridge	Hornbeam	Hyperion Thicket
			Priddy Fair	Preciptic Campanette
	母母 ダイナカール 鹿 1980	*ノーザンテースト	Northern Dancer	Nearctic Natalma
			Lady Victoria	Victoria Park Lady Angela
		シャダイフェザー	*ガーサント	Bubbles Montagnana
			*パロクサイド	Never Say Die Feather Ball

インブリード：Northern Dancer 5・5×4

血統解説

父キングカメハメハはNHKマイルC、ダービーを連勝した「変則2冠馬」。種牡馬となり2度のリーディングサイアーに輝いたほか、長年に亘り日本馬産界の屋台骨を支えた。母エアグルーヴは天皇賞・秋、オークスを制した1997年年度代表馬。祖母ダイナカールもオークスに勝っている。母系は現代の超名門で、本馬の半姉にアドマイヤグルーヴ（エリザベス女王杯2回）、半兄にフォゲッタブル（ステイヤーズS）、半妹にグルヴェイグ（マーメイドS）、甥にドゥラメンテ（ダービー）、レッドモンレーヴ（京王杯SC）がいる。母父トニービンは凱旋門賞馬。日本で種牡馬となり大成功を収めた。

代表産駒

メールグラース（コーフィールドC、鳴尾記念、新潟大賞典、小倉記念）、キセキ（菊花賞）、ドルチェモア（朝日杯FS、サウジアラビアロイヤルC）、ダンビュライト（AJCC、京都記念）、ソウルラッシュ（マイラーズC、京成杯オータムH）、ムイトオブリガード（アルゼンチン共和国杯）、リオンリオン（青葉賞、セントライト記念）、ワンダフルタウン（青葉賞、京都2歳S）、マスクトディーヴァ（ローズS）、エイシンクリック（阪神スプリングジャンプ）、エヒト（七夕賞、小倉記念）、ディアンドル（福島牝馬S、葵S）、フリームファクシ（きさらぎ賞）、フェアリーポルカ（中山牝馬S、福島牝馬S）、ビッグリボン（マーメイドS）、パッシングスルー（紫苑S）、ホウオウイクセル（フラワーC）ハッシュライター（ニューカッスルゴールドC）、マイブルーヘブン（新潟ジャンプS）、サンリヴァル（皐月賞2着）、ミッキーメテオ（中山グランドJ2着）。

3着し、現役生活に終止符を打った。

6歳春から種牡馬生活を開始。初年度から7年連続で200頭以上の種付をこなす、凄まじい人気を博す。初年度産駒から菊花賞馬キセキ、GⅡ2勝のダンビュライトらが出て、早くから種牡馬としての確固たる地位を築き上げた。その後も豪でGⅠを制したメールドグラース、朝日杯FS馬ドルチェモアを含む、数多くの重賞ウイナーを輩出。2023年はエヒト、フリームファクシ、ビッグリボン、ソウルラッシュ、マスクトディーヴァと産駒5頭が重賞タイトル獲得に成功。ソウルラッシュはマイルCSで、マスクトディーヴァは秋華賞で共に2着と、GⅠレースでも見せ場を作っている。2022年の8位から2つ順位を落としたものの10位に留まり、6年連続でトップ10入りを果たした。

FROM STALLION

社台SS事務局・徳武英介場長談

「自身の馬体の良さや配合のしやすさもあってか、母父ディープインパクト、あるいは母父オルフェーヴルといった、小型軽量化した繁殖牝馬との配合は、今や生産地での鉄板となっています。このように、馬体を含めて足りない部分を補ってくれる種牡馬との評価に加えて、この血統馬らしく、長めの距離でも活躍馬を送り出しています。今年は年齢も考慮して、種付頭数をセーブしながらシーズンに臨ませる予定です」

2023年成績

総収得賞金 2,250,300,000円　アーニング INDEX 1.17　実勢評価値 1.55

	勝利頭数／出走頭数：全馬 173／416	2歳 21／62
	勝利回数／出走回数：全馬 292／2,972	2歳 23／162

Data Box (2021~2023)

コース　力の要る阪神芝で台頭する

	1着	2着	3着	出走数	勝率	連対率	3着内率
全体計	290	286	331	4007	7.2%	14.4%	22.6%
中央芝	90	87	92	1116	8.1%	15.9%	24.1%
中央ダ	63	59	77	939	6.7%	13.0%	21.2%
ローカル芝	82	81	92	1101	7.4%	14.8%	23.2%
ローカルダ	55	59	70	851	6.5%	13.4%	21.6%
右回り芝	110	106	113	1360	8.1%	15.9%	24.2%
右回りダ	73	64	87	1042	7.0%	13.1%	21.5%
左回り芝	62	62	71	850	7.3%	14.6%	22.9%
左回りダ	45	54	60	748	6.0%	13.2%	21.3%
札幌芝	8	6	4	96	8.3%	14.6%	18.8%
札幌ダ	7	7	6	73	9.6%	19.2%	27.4%
函館芝	2	7	5	83	2.4%	10.8%	16.9%
函館ダ	2	3	5	62	3.2%	8.1%	16.1%
福島芝	12	6	10	131	9.2%	13.7%	21.4%
福島ダ	4	4	9	77	5.2%	10.4%	22.1%
新潟芝	15	17	22	232	6.5%	13.8%	23.3%
新潟ダ	8	13	16	164	4.9%	12.8%	22.6%
東京芝	23	23	30	340	6.8%	13.5%	22.4%
東京ダ	17	16	22	262	6.5%	12.6%	20.6%
中山芝	24	29	25	325	7.4%	16.3%	24.0%
中山ダ	14	16	10	233	6.0%	12.9%	17.2%
中京芝	24	22	19	285	8.4%	16.1%	22.8%
中京ダ	20	26	22	322	6.2%	14.3%	21.1%
京都芝	3	4	4	62	4.8%	11.3%	17.7%
京都ダ	2	2	6	50	4.0%	8.0%	20.0%
阪神芝	40	31	31	389	10.3%	18.3%	26.2%
阪神ダ	30	26	39	394	7.6%	14.2%	24.1%
小倉芝	21	23	32	274	7.7%	16.1%	27.7%
小倉ダ	14	6	12	153	9.2%	13.1%	20.9%

条件　新馬戦よりは未勝利戦で力を発揮

	1着	2着	3着	出走数	勝率	連対率	3着内率
新馬	20	15	24	274	7.3%	12.8%	21.5%
未勝利	116	103	113	1420	8.2%	15.4%	23.4%
1勝	85	85	110	1180	7.2%	14.4%	23.7%
2勝	40	38	45	555	7.2%	14.1%	22.2%
3勝	18	29	24	330	5.5%	14.2%	21.5%
OPEN特別	14	10	12	166	8.4%	14.5%	21.7%
GⅢ	9	7	10	121	7.4%	13.2%	21.5%
GⅡ	4	3	4	65	6.2%	10.8%	16.9%
GⅠ	1	3	2	38	2.6%	10.5%	15.8%
ハンデ戦	16	24	22	306	5.2%	13.1%	20.3%
牝馬限定	57	57	64	798	7.1%	14.3%	21.8%
障害	17	7	13	142	12.0%	16.9%	26.1%

人気　全体的にやや低調な数字

	1着	2着	3着	出走数	勝率	連対率	3着内率
1番人気	111	45	36	318	34.9%	49.1%	60.4%
2~3番人気	96	102	102	614	15.6%	32.2%	48.9%
4~6番人気	67	87	122	981	6.8%	15.7%	28.1%
7~9番人気	26	42	51	951	2.7%	7.2%	12.5%
10番人気~	2	17	33	1285	0.5%	1.9%	4.4%

単勝回収値 64円／単勝適正回収値 77円

距離　ダート長距離以外で安定した成績
芝　平均勝ち距離　1,840m

	1着	2着	3着	出走数	勝率	連対率	3着内率
全体計	172	168	184	2217	7.8%	15.3%	23.6%
芝~1300m	14	21	22	217	6.5%	16.1%	26.3%
芝~1600m	46	40	30	532	8.6%	16.2%	21.8%
芝~2000m	86	71	99	1056	8.1%	14.9%	24.2%
芝~2400m	19	26	25	277	6.9%	16.2%	25.3%
芝2500m~	7	10	8	135	5.2%	12.6%	18.5%

ダート　平均勝ち距離　1,670m

	1着	2着	3着	出走数	勝率	連対率	3着内率
全体計	118	118	147	1790	6.6%	13.2%	21.4%
ダ~1300m	12	14	20	184	6.5%	14.1%	25.0%
ダ~1600m	24	28	35	381	6.3%	13.6%	22.8%
ダ~2000m	79	74	83	1107	7.1%	13.8%	21.3%
ダ2100m~	3	2	9	118	2.5%	4.2%	11.9%

馬場状態　少し渋った芝は大得意

		1着	2着	3着	出走数	勝率	連対率	3着内率
芝	良	124	125	142	1682	7.4%	14.8%	23.2%
	稍重	38	30	24	347	11.0%	19.6%	26.5%
	重	9	10	17	158	5.7%	12.0%	22.8%
	不良	1	3	1	30	3.3%	13.3%	16.7%
ダ	良	80	64	80	1060	7.5%	13.6%	21.1%
	稍重	17	29	37	369	4.6%	11.7%	21.7%
	重	12	9	21	213	7.0%	11.3%	18.8%
	不良	9	16	14	148	6.1%	16.9%	26.4%

性齢　牡馬は4歳時にもうひと伸びする

	1着	2着	3着	出走数	勝率	連対率	3着内率
牡2歳	27	24	27	245	11.0%	20.8%	31.8%
牝2歳	16	13	13	224	7.1%	12.9%	18.8%
牡3歳前半	49	36	45	563	8.7%	15.1%	23.1%
牝3歳前半	38	44	40	537	7.1%	15.3%	22.7%
牡3歳後半	31	29	41	350	8.9%	17.1%	28.9%
牝3歳後半	25	25	28	179	8.7%	17.9%	27.9%
牡4歳	49	31	39	468	10.5%	17.1%	25.4%
牝4歳	18	20	22	341	5.3%	11.1%	17.6%
牡5歳	32	36	41	434	7.4%	15.7%	25.1%
牝5歳	9	18	18	251	3.2%	9.2%	16.3%
牡6歳	8	12	13	243	3.3%	8.2%	13.6%
牝6歳	2	3	4	69	2.9%	7.2%	15.9%
牡7歳以上	4	2	9	125	3.2%	6.4%	13.6%
牝7歳以上	0	1	2	19	0.0%	5.3%	15.8%

勝ち馬の決め手

芝　172勝
追込 17／逃げ 31／差し 54／先行 70

ダート　118勝
追込 8／逃げ 20／差し 29／先行 61

欧州3冠 (レース) ヨーロッパの主要3レース、英国ダービー、キングジョージⅥ世＆QES、凱旋門賞のこと。この3レースすべてに勝った馬を欧州3冠馬といい、ミルリーフ、ラムタラなどがいる。

馬券に直結する適性データ

パワー要する芝は得意な舞台
成長力活かし古馬となり活躍

　自身も日本の馬場よりも時計が掛かる、香港の芝GI戦で圧勝劇を演じたが、産駒もやや力の要る芝で、本領を発揮する傾向が強い。そういった条件となりやすい阪神芝、芝稍重のコンディションで優秀な成績を収めていることは、まず押さえておきたいポイント。3連単における頭勝負、3連複の軸と、幅広い馬券作戦を立てて、好配当ゲットを狙いたい。

　2歳戦から走れるが、レース経験を積みながら豊かな成長力を発揮していくのも持ち味。2歳時であれば、新馬戦よりは未勝利戦で狙うのが正解であることに加え、4歳牡馬陣が高い勝率を誇っていることも、併せて記憶に留めておこう。

　突き抜けた強さというよりも、確実に上位争いに加わってくる安定感の高さが特徴であることも確か。全体的に3着内率が高く、3連単、3連複の相手に加えておくのも妙味が高い。

重賞レース馬券のヒント

重賞でも阪神コースは輝く舞台、
速い時計にも十分に対応可能だ

　"適性データ"でも阪神芝コースにおける優秀さに触れたが、ダート戦を含め、全10場で最多となる5勝をマークしていることが示す通り、重賞においても阪神コースは得意な舞台となっている。2023年はビッグリボンがマーメイドS、マスクトディーヴァがローズSに勝っているが、直近3年間の数字でも単勝回収値「113円」と、馬券的にも妙味が高い結果が出ていた。ちなみに阪神芝の重賞では、必ずしも時計の掛かるコンディションである必要はなく、ローズSのマスクトディーヴァは、芝1800m戦1分43秒0というレコードタイムを樹立している。

通算重賞勝ち数

	GⅠ	GⅡ	GⅢ	GⅠ勝ち産駒数	重賞勝ち産駒数
芝	2	9	19 (1)	2	21
ダート	0	0	0	0	0
地方	0	0	0	0	0
海外	1	0	0	1	1

※（　）内は格付前重賞

POG　2024年期待の2歳馬　ピックアップ

クラシックホースの全弟など
楽しみな血統構成持つ産駒揃う

　すでに種牡馬としての確固たる地位を築き上げてから種付に臨んだ9世代目産駒には、しっかりとした血統的裏付けがある期待馬が揃った。最注目は、菊花賞馬キセキの全弟となる母ブリッツフィナーレの牡駒。兄同様、個性的強豪へ成長することを望みたい。キセキもそうだが、活躍馬を多く輩出している母父ディープインパクトとの組合せでは、GⅡ勝ちの母タッチングスピーチの牡駒、叔父に種牡馬として旋風を起こしたスワーヴリチャードがいる母ルナステラの牝駒も楽しみな存在。特に血統的勢いを感じる後者は、大仕事を成し遂げるかも。もう一頭、母リプリートⅡの牡駒も大成する雰囲気を漂わせている。

母馬名（母父）	性別	おすすめポイント	母馬名（母父）	性別	おすすめポイント
エリスライト（ディープインパクト）	牡	叔母にGⅠ馬マリアライト。芝中長距離戦線における大成を目指す。	シェルエメール（ジャングルポケット）	牝	半兄に3歳GⅢ馬コルテジア。芝、ダート問わず中距離戦で活躍を期待。
ギャラクシーハニー（スクリーンヒーロー）	牡	叔父にGⅡ馬モンドインテロ。1歳セレクションセールで3190万円。	ジーナスイート（ステイゴールド）	牝	祖母にGⅠフローラS勝ちのディアジーナ。母父の後押にも期待懸かる。
タッチングスピーチ（ディープインパクト）	牡	母はGⅡローズSに勝利。3歳以降の豊かな成長力も武器となるはず。	ステラリード（スペシャルウィーク）	牝	半兄に2歳GⅡ馬キングエルメス。早い時期からの息長い活躍が可能。
ブリッツフィナーレ（ディープインパクト）	牡	全兄にGⅠ菊花賞馬キセキ。芝中長距離戦線で大きなところを狙いたい。	ムーンライトナイト（ステイゴールド）	牝	3勝をマークした母の初仔。勝負強さとタフネスにも優れていそう。
*リプリートⅡ（*マクフィ）	牡	祖母バンクスヒルはBCフィリー＆メアターフ勝ち。スケール大きい。	ルナステラ（ディープインパクト）	牝	叔父にGⅠ2勝馬スワーヴリチャード。瞬発力勝負で躍進を目指す。

RANKING
11
2歳馬 31
2022 ⑭
2021 ⑳
2020 ⑯
2019 ⑫

＊ハービンジャー
HARBINGER

3年ぶりのGI制覇でランキングも上昇

種付料／プライヴェート　供用地／安平・社台SS
2006年生　鹿毛　イギリス産　2010年輸入

距離	成長型	芝	ダート	瞬発力	パワー	底力
マ中	普	◎	○	○	◎	◎

年次	種付頭数	産駒数
23年	**60**	**49**
22年	86	49
21年	81	72
20年	119	146
19年	217	134

PROFILE

競走成績　9戦6勝（3～4歳・英）
最高レーティング　135 L（10年）
**主な勝ち鞍　キングジョージVI世＆クイーンエリ
ザベスS**、ハードウィックS、ジョンポーターS、
オーモンドS、ゴードンS。

　4歳時、GIIIジョンポーターS、GIIIオーモ
ンドS、GIIハードウィックSと芝2400mの
重賞を3連勝。2番人気で迎えたキングジョー
ジVI世＆QESでは、ケープブランコ、ユーム
ザイン、ワークフォースら強豪を相手に11馬
身差で圧勝。勝ちタイムは2分26秒78のレコ
ードだった。これにより135という、歴代トッ
プクラスに次ぐ高いレーティングを獲得した。

　引退後は日本で種牡馬入り。初年度産駒から
ペルーフ、2年目産駒からドレッドノータスを
出すなどの好調な滑り出しを見せた。2017年
には、3年目産駒にあたるディアドラ、モズカ
ッチャン、ペルシアンナイトが秋のGIレース
を立て続けに制し、一気にトップサイアーの仲
間入りを果たした。続く2018年には、3歳馬
ブラストワンピースが有馬記念で古馬を撃破
するなどの活躍で、総合ランキングでも5位にラ
ンク。2019年はノームコアがヴィクトリアマ

系統：デインヒル系　母父系統：ネイティヴダンサー系				
父 ダンシリ Dansili 黒鹿 1996	**父父** *デインヒル 鹿 1986	Danzig	Northern Dancer	Nearctic
				Natalma
			Pas de Nom	Admiral's Voyage
				Petitioner
		Razyana	His Majesty	Ribot
				Flower Bowl
			Spring Adieu	Buckpasser
				Natalma
	父母 ハシリ Hasili 鹿 1991	Kahyasi	*イルドブルボン	Nijinsky
				Roseliere
			Kadissya	Blushing Groom
				Kalkeen
		Kerali	High Line	*ハイハット
				Time Call
			Sookera	Roberto
				Irule
母 ペナンパール Penang Pearl 鹿 1996	**母父** ベーリング Bering 栗 1983	Arctic Tern	Sea Bird	Dan Cupid
				Sicalade
			Bubbling Beauty	Hasty Road
				Almahmoud
		Beaune	Lyphard	Northern Dancer
				Goofed
			Barbra	Le Fabuleux
				Biobelle
	母母 グパパ Guapa 鹿 1988	Shareef Dancer	Northern Dancer	Nearctic
				Natalma
			Sweet Alliance	Sir Ivor
				Mrs. Peterkin
		Sauceboat	Connaught	St. Paddy
				Nagaika
			Cranberry Sauce	Crepello
				Queensberry

インブリード：Northern Dancer 4×4・5、Natalma 5・5×5

血統解説

　父ダンシリは、シャトルサイアーとしてその血を世界中に広めた大種牡馬デインヒルの直仔。競走成績では仏2000ギニー2着がある程度だが、種牡馬実績は本馬やレイルリンク（凱旋門賞）などを輩出し、欧州でデインヒルの血を発展させている。母ペナンパールは英3勝。母系からはクリンチャー（京都記念）、ミスイロンデル（兵庫ジュニアGP）、フロンタルアタック（神戸新聞杯2着）、ワキノブレイブ（シルクロードS3着）、カインドオブハッシュ（プリンスオブウェールズS）などが出ている。母父ベーリングは仏ダービー馬で、欧州の力強いマイラーを多数輩出した名種牡馬。

代表産駒

ノームコア（香港C、ヴィクトリアマイル、札幌記念、富士S、紫苑S）、**ディアドラ**（ナッソーS、秋華賞、府中牝馬S、英チャンピオンS3着、ドバイターフ3着）、**ブラストワンピース**（有馬記念、AJCC、札幌記念、新潟記念、毎日杯）、**ペルシアンナイト**（マイルCS、アーリントンC、皐月賞2着、大阪杯2着）、**モズカッチャン**（エリザベス女王杯、フローラS）、**ナミュール**（マイルCS、チューリップ賞、秋華賞2着、香港マイル3着）、**ドレッドノータス**（京都大賞典）、**ローシャムパーク**（オールカマー）、**ファントムシーフ**（共同通信杯）、**ニシノデイジー**（中山大障害）、**エミュー**（フラワーC）、**ペルーフ**（京成杯）、**ヒーズインラブ**（ダービー卿CT）、**サマーセント**（マーメイドS）、**フィリアプーラ**（フェアリーS）、**プレサージュリフト**（クイーンC）、**チェルヴィニア**（アルテミスS）。

イルを快勝。ディアドラが海外で英GIナッソーSを制覇し、英チャンピオンSで3着。さらに2020年は、ノームコアが香港Cを制してGI2勝目をあげた。その後、3歳世代がクラシック戦線で不振だったこともあり、2021年の総合ランキングは20位にまでダウンしたが、2022年にナミュール、プレサージュリフトらの活躍もあって、ランキングは14位にまで盛り返した。

　そして2023年はナミュールがマイルCSを鮮やかに制し、ハービンジャー産駒として3年ぶりの平地GI制覇を果たした。さらにファントムシーフやエミューがクラシックを賑わしたこともあり、ランキングは11位まで上昇している。現3歳世代でもチェルヴィニアが重賞勝ちを果たしており、期待を集めている。

FROM STALLION

社台SS事務局・徳武英介場長談

「芝での活躍に特化した種牡馬であり、ほぼ中央だけの産駒成績だけで、このランキングは評価されるべきだと思います。欧州からの輸入種牡馬のなかでも、日本の軽い馬場に適応できるスピードを産駒に伝えています。だからこそ自身が活躍した芝の中長距離だけでなく、マイルでもGI馬を送り出しているのでしょう。馬体には若々しさが感じられますが、年齢的なことを考え、今期の交配条件はプライヴェートとしています」

総収得賞金 2,129,711,000円　アーニング INDEX 1.53　実勢評価値 －

	勝利頭数／出走頭数：全馬 111 ／ 300	2歳 6 ／ 40
	勝利回数／出走回数：全馬 157 ／ 2,285	2歳 7 ／ 87

Data Box (2021~2023)

コース　函館芝では相変わらず勝負強い

	1着	2着	3着	出走数	勝率	連対率	3着内率
全体計	190	206	215	2721	7.0%	14.6%	22.5%
中央芝	74	85	83	991	7.5%	16.0%	24.4%
中央ダ	13	20	20	284	4.6%	11.6%	18.7%
ローカル芝	96	87	100	1223	7.8%	15.0%	23.1%
ローカルダ	7	14	12	223	3.1%	9.4%	14.8%
右回り芝	93	103	114	1314	7.1%	14.9%	23.6%
右回りダ	16	22	25	307	5.2%	12.4%	20.5%
左回り芝	77	69	69	897	8.6%	16.3%	24.0%
左回りダ	4	12	7	200	2.0%	8.0%	11.5%
札幌芝	10	12	15	160	6.3%	13.8%	23.1%
札幌ダ	1	1	4	21	4.8%	9.5%	28.6%
函館芝	17	12	11	135	12.6%	21.5%	29.6%
函館ダ	2	0	0	11	18.2%	18.2%	18.2%
福島芝	6	7	10	133	4.5%	9.8%	17.3%
福島ダ	1	0	2	18	5.6%	16.7%	16.7%
新潟芝	18	13	19	247	7.3%	12.6%	20.2%
新潟ダ	1	3	1	52	1.9%	7.7%	9.6%
東京芝	30	39	22	335	9.0%	20.6%	27.2%
東京ダ	2	3	3	70	2.9%	7.1%	11.4%
中山芝	20	19	27	289	6.9%	13.5%	22.8%
中山ダ	2	5	4	78	2.6%	9.0%	14.1%
中京芝	29	17	28	318	9.1%	14.5%	23.3%
中京ダ	1	3	0	78	1.3%	9.0%	12.8%
京都芝	3	10	1	58	5.2%	22.4%	24.1%
京都ダ	2	1	2	16	12.5%	18.8%	31.3%
阪神芝	21	17	33	309	6.8%	12.3%	23.0%
阪神ダ	7	11	11	120	5.8%	15.0%	24.2%
小倉芝	16	26	17	230	7.0%	18.3%	25.7%
小倉ダ	2	4	4	43	2.3%	7.0%	16.3%

条件　注目条件は新馬戦と障害戦

	1着	2着	3着	出走数	勝率	連対率	3着内率
新馬	28	23	18	245	11.4%	20.8%	28.2%
未勝利	67	85	86	1166	5.7%	13.0%	20.4%
1勝	47	48	59	715	6.6%	13.3%	21.5%
2勝	27	29	28	269	10.0%	20.8%	31.2%
3勝	10	8	11	149	6.7%	12.1%	19.5%
OPEN特別	8	12	6	83	9.6%	24.1%	31.3%
G III	7	7	5	71	9.9%	19.7%	26.8%
G II	3	1	7	39	7.7%	10.3%	28.2%
G I	2	2	2	32	6.3%	12.5%	18.8%
ハンデ戦	12	11	11	157	7.6%	14.6%	21.7%
牝馬限定	23	33	35	447	5.1%	12.5%	20.4%
障害	9	9	7	52	17.3%	34.6%	48.1%

人気　1番人気は堅く馬単の軸に最適

	1着	2着	3着	出走数	勝率	連対率	3着内率
1番人気	74	44	26	210	35.2%	56.2%	68.6%
2～3番人気	56	88	71	452	12.4%	31.9%	47.6%
4～6番人気	36	52	69	597	6.0%	14.7%	26.3%
7～9番人気	20	19	41	620	3.2%	6.3%	12.9%
10番人気～	13	12	15	894	1.5%	2.8%	4.5%

距離　芝の中長距離専門のタイプ

芝　平均勝ち距離　1,902m

	1着	2着	3着	出走数	勝率	連対率	3着内率
全体計	170	172	183	2214	7.7%	15.4%	23.7%
芝～1300m	8	8	10	181	4.4%	8.8%	14.4%
芝～1600m	30	38	38	443	6.8%	15.3%	23.9%
芝～2000m	101	96	105	1169	8.6%	16.9%	25.8%
芝～2400m	27	22	21	286	9.4%	17.1%	24.5%
芝2500m～	4	8	9	135	3.0%	8.9%	15.6%

ダート　平均勝ち距離　1,815m

	1着	2着	3着	出走数	勝率	連対率	3着内率
全体計	20	34	32	507	3.9%	10.7%	17.0%
ダ～1300m	1	4	0	66	1.5%	7.6%	10.6%
ダ～1600m	1	3	4	66	1.5%	6.1%	12.1%
ダ～2000m	16	24	25	334	4.8%	12.0%	19.5%
ダ2100m～	2	3	1	41	4.9%	12.2%	14.6%

馬場状態　重馬場で馬券圏内率アップ

		1着	2着	3着	出走数	勝率	連対率	3着内率
芝	良	128	130	145	1678	7.6%	15.4%	24.0%
	稍重	26	30	23	357	7.3%	15.7%	22.1%
	重	14	11	13	151	9.3%	16.6%	25.2%
	不良	2	1	2	28	7.1%	10.7%	17.9%
ダ	良	14	15	24	299	4.7%	9.7%	17.7%
	稍重	1	0	1	106	0.9%	11.3%	15.1%
	重	4	5	0	64	6.3%	14.1%	18.8%
	不良	1	3	1	38	2.6%	10.5%	13.2%

性齢　2歳から4歳まで活躍、ピークは短め

	1着	2着	3着	出走数	勝率	連対率	3着内率
牡2歳	26	24	25	235	11.1%	21.3%	31.9%
牝2歳	19	14	20	214	8.9%	15.4%	24.8%
牡3歳前半	27	37	37	454	5.9%	14.1%	22.2%
牝3歳前半	20	30	24	427	4.7%	11.7%	17.3%
牡3歳後半	20	28	24	275	7.3%	17.5%	26.2%
牝3歳後半	15	23	26	251	6.0%	15.1%	25.5%
牡4歳	28	24	19	235	11.9%	22.1%	30.2%
牝4歳	13	10	15	181	7.2%	12.7%	21.0%
牡5歳	10	7	8	184	5.4%	9.2%	13.6%
牝5歳	5	7	10	142	6.3%	11.3%	16.9%
牡6歳	5	7	5	67	7.5%	17.9%	25.4%
牝6歳	1	0	2	22	4.5%	4.5%	13.6%
牡7歳以上	6	5	6	76	7.9%	14.5%	22.4%
牝7歳以上	0	1	1	10	0.0%	10.0%	20.0%

勝ち馬の決め手

芝　170勝
追込 16　逃げ 19　差し 64　先行 71

ダート　20勝
追込 2　逃げ 2　差し 9　先行 7

　クロス　インブリードと同じ意味で使われるが、父系と母系の両方に同じ祖先を持つ配合で、その祖先がクロスしているという。（P54 欄外解説インブリードの項参照）

馬券に直結する適性データ

標準的な産駒は芝の中長距離向き
デビュー戦から狙っていける

　ＧＩマイラーを3頭出しているが、産駒全体の特徴を見ると、芝の中長距離の方がより適性が高い。勝率、連対率共に～2400m戦が最も高い数値を残しており、距離延長は望むところ。実際、3頭のマイルＧＩ馬はいずれも2000mのＧＩ戦でも連対しており、この辺りは、シャトルサイアーとして世界中で活躍したデインヒルの対応力を受け継いでいるといえそうだ。ただ、距離は2400mがギリギリで、それ以上になるとガクッと成績がダウン。ブラストワンピースが2500mの有馬記念を勝っているとは言え、2400m以上は割引。実際、皐月賞3着のファントムシーフも、3冠戦で距離が伸びるにつれ着順を落としている。

　条件では新馬戦に注目。勝率は10％を超えており、デビュー戦から狙い目。特に函館では芝、ダート共に高い勝率を誇り、函館デビュー組なら間違いなく買いだ。

重賞レース馬券のヒント

ハイレベルな世代に注目
古馬になってももう一伸び

　前年度版のこの項でも触れたが、産駒の世代ごとの格差が顕著で、いわゆる「当たり年」の世代の産駒は、3歳時だけでなく、古馬になっても活躍することが多い。古くは2014年生のペルシアンナイトとディアドラが古馬になってからも活躍。2023年もナミュールとローシャムパークの「2019年生組」が共に重賞勝ちを収めている。ファントムシーフやエミューのいる現4歳の2020年生世代はもちろん、チェルヴィニアがいち早く重賞勝ちを収め、プレリュードシチーが重賞2着となっている2021年生の現3歳世代にも注目が集まる。

通算重賞勝ち数

	ＧＩ	ＧⅡ	ＧⅢ	ＧⅠ勝ち産駒数	重賞勝ち産駒数
芝	7	9	24	7	22
ダート	0	0	0	0	0
地方	0	1	0	0	1
海外	2	0	0	2	2

POG　2024年期待の2歳馬　ピックアップ

日本の誇る名門の出身馬や
桜花賞馬の姪に注目！

　牡馬で注目したいのは母ボージェストの牡駒。母はキングカメハメハ×アドマイヤグルーヴで、2冠馬にして2023年のリーディングサイアーのドゥラメンテの全姉。ドゥラメンテに限らず、活躍馬が多数出ているエアグルーヴ系なので、血統的に下地は十分にある。また、名門出身という点では、ダービー馬フサイチコンコルドなどを出したバレークイーン系の出身である母アソルータの牡駒も面白い。牝馬では、叔母に桜花賞馬マルセリーナを持つ母マルチスクリーンの牝駒に期待。一族からはラストドラフト（京成杯）やグランデッツァ（スプリングＳ）などの3歳重賞馬も出ており、仕上がりの早さも折り紙付きだ。

母馬名（母父）	性別	おすすめポイント	母馬名（母父）	性別	おすすめポイント
アソルータ（ゼンノロブロイ）	牡	当歳セレクトセールで4620万円。名門のバレークイーン系出身。	レーヴディソール（アグネスタキオン）	牡	1歳セレクトセールで6600万円。母は阪神ＪＦ勝ちの2歳女王。
イタリアンホワイト（ステイゴールド）	牡	当歳ノーザンFミックスセールで5500万円。叔母にオークス3着馬。	ガラアフェアー（ダイワメジャー）	牝	いとこに阪神ＪＦ、キーンランドＣを勝ったローブティサージュ。
ガルデルスリール（ダイワメジャー）	牡	半姉に紫苑Ｓを鮮やかな脚で差し切り勝ちしたモリアーナ。	ゴルトキルシェ（ステイゴールド）	牝	叔父にＫダービー、ドバイＷＣを勝ったアニマルキングダム。
サトノオニキス（ディープインパクト）	牡	2代母ミスティックリップスは独オークス1着、独1000ギニー2着。	マルチスクリーン（スクリーンヒーロー）	牝	1歳セレクトセールで4180万円。叔母に桜花賞馬マルセリーナ。
ボージェスト（キングカメハメハ）	牡	1歳セレクトセールで8140万円。母の全弟に2冠馬ドゥラメンテ。	ラクアミ（ダイワメジャー）	牝	1歳セレクトセールで3300万円。叔父に朝日杯FS2着モンドカンノ。

RANKING

12

2歳馬 2

2022 ⑫
2021 ⑧
2020 ⑬
2019 ㊅㊅

エピファネイア
EPIPHANEIA

ランキングキープで2024年は逆襲の一年

種付料／⇩受1500万円F　供用地／安平・社台SS

2010年生　鹿毛　安平・ノーザンファーム産

距離	成長型	芝	ダート	瞬発力	パワー	底力
中長	普	◎	○	○	◎	◎

年次	種付頭数	産駒数
23年	**124**	**119**
22年	163	150
21年	218	160
20年	240	152
19年	225	138

PROFILE

競走成績　14戦6勝（2〜5歳・日首香）
最高レーティング　129 L（14年）
主な勝ち鞍　ジャパンC、菊花賞、神戸新聞杯、
ラジオNIKKEI杯2歳S。ダービー2着、皇月賞
2着、大阪杯3着、クイーンエリザベスⅡ世C4着。

　2歳時、新馬戦、京都2歳S、ラジオNIKKEI
杯2歳Sと無傷の3連勝でクラシック有力候補
となる。3歳緒戦の弥生賞は4着だったが、続
く皐月賞はロゴタイプの2着。ダービーでもキ
ズナとの激しい追い比べの末、半馬身差の2着
に惜敗した。

　秋、単勝1.4倍の圧倒的人気に推された神戸
新聞杯を2馬身半差で快勝すると、続く菊花賞
も2着に5馬身差の圧勝で、念願のGⅠタイト
ルを獲得。鞍上の福永祐一騎手に初の牡馬クラ
シックタイトルをもたらした。

　4歳緒戦のGⅡ大阪杯はキズナの3着、香港
遠征したクイーンエリザベスⅡ世Cも4着に敗
れた。休養明けとなる天皇賞・秋では初めて掲
示板を外す6着に終わったが、スミヨンが騎乗
したジャパンCでは、ジャスタウェイに4馬身の
差をつけ雪辱、GⅠ2勝目をあげた。2番人気の
有馬記念は5着。5歳時、ドバイワールドCで9

系統：ロベルト系　母父系統：サンデーサイレンス系

父 *シンボリクリスエス 黒鹿 1999	**父父** クリスエス Kris S. 黒鹿 1977	Roberto	Hail to Reason	Turn-to
				Nothirdchance
			Bramalea	Nashua
				Rarelea
			Sharp Queen	Princequillo	Prince Rose
				Cosquilla
			Bridgework	Occupy
				Feale Bridge
	父母 ティーケイ Tee Kay 黒鹿 1991	Gold Meridian	Seattle Slew	Bold Reasoning
				My Charmer
			Queen Louie	Crimson Satan
				Reagent
		Tri Argo	Tri Jet	Jester
				Haze
			Hail Proudly	Francis S.
				Spanglet
母 シーザリオ 青 2002	**母父** スペシャルウィーク 黒鹿 1995	*サンデーサイレンス	Halo	Hail to Reason
				Cosmah
			Wishing Well	Understanding
				Mountain Flower
		キャンペンガール	マルゼンスキー	Nijinsky
				*シル
			レディーシラオキ	*セントクレスピン
				ミスアシヤガワ
	母母 *キロフプリミエール 鹿 1990	Sadler's Wells	Northern Dancer	Nearctic
				Natalma
			Fairy Bridge	Bold Reason
				Special
		Querida	Habitat	Sir Gaylord
				Little Hut
			Principia	Le Fabuleux
				Pia

インブリード：Hail to Reason 4×5

血統解説

　父シンボリクリスエスは2年連続で年度代表馬に選ばれた名馬で、種牡馬としてもステイヤーからマイラー、2歳王者からダート王まで様々なタイプの一流馬を輩出した。そのなかでも、本馬は中長距離部門の代表であり、かつ最良の後継種牡馬。

　母系は日本有数の名門で、母シーザリオは日米のオークスを制した名競走馬。母としても素晴らしく本馬のほかにリオンディーズ（P116）、サートゥルナーリア（P368）を産んでいる。2代母キロフプリミエールも米GIIIラトガーズHの勝ち馬。甥にオーソリティ（ジャパンC2着）がいる。母父スペシャルウィークはBMSとしてディアドラ（秋華賞）を出すなど、母系に入っても一流。

代表産駒

エフフォーリア（天皇賞・秋、有馬記念、皐月賞、ダービー2着）、**デアリングタクト**（桜花賞、オークス、秋華賞、ジャパンC3着、宝塚記念3着）、**サークルオブライフ**（阪神JF、アルテミスS）、**アリストテレス**（AJCC、菊花賞2着）、**ブロンザホーン**（日経新春杯）、**イズジョーノキセキ**（府中牝馬S）、**ジャスティンカフェ**（エプソムC、毎日王冠2着、マイルCS3着）、**セルバーグ**（中京記念）、**モリアーナ**（紫苑S）、**ダノンデサイル**（京成杯）、**イフェイオン**（フェアリーS）、**オーソクレース**（菊花賞2着、ホープフルS2着）、**ステレンボッシュ**（阪神JF2着）、**スカイグルーヴ**（京王杯SC2着）、**シーズンズギフト**（ニュージーランドT2着）、**ヴェローナシチー**（京都新聞杯2着）、**ムジカ**（ローズS2着）、**クラヴェル**（エリザベス女王杯3着）、**ディヴァインラヴ**（菊花賞3着）。

社台SS事務局・徳武英介場長談

「現役時からキズナとのライバル関係は続いているようで、昨年は2歳総合サイアーでも僅差の戦いを繰り広げました。早い時期から後継種牡馬を送り出しただけなく、今年からサートゥルナーリアも産駒をデビューさせるなど、種牡馬入りした弟たちとの戦いも更にし烈となってきます。そのなかでも質の高い繁殖牝馬を集めているだけに、好調な3歳世代を中心に、クラシックやGIを沸かす産駒が続々と出てくるはずです」

着に大敗するとそのまま引退、種牡馬入りした。

　初年度から6年続けて200頭を超す牝馬に種付する人気種牡馬になると、その期待に応え初年度産駒から無敗の3冠牝馬デアリングタクト、2年目産駒に年度代表馬のエフフォーリア、3年目産駒からは2歳女王サークルオブライフを送り出した。

　しかし、2022年は上位陣が振るわず、ランキングは12位とトップ10から落ちてしまう。2023年はジャスティンカフェがエプソムCを勝ちマイルCSで3着に入るなどの活躍を見せたが、3歳GIでの活躍馬が現れずランキングは12位のまま。2022年に1800万円にまで上がった種付料は2024年は1500万円にダウン。層が厚いと評判の現3歳勢のクラシック戦線での巻き返しに期待したい。

2023年成績

総収得賞金 2,112,980,000円　アーニング INDEX 1.12　実勢評価値 0.35

勝利頭数／出走頭数：全馬143／407	2歳 30／97
勝利回数／出走回数：全馬207／2,454	2歳 34／233

Data Box (2021~2023)

コース　中央芝向き、東京芝でより弾ける

	1着	2着	3着	出走数	勝率	連対率	3着内率
全体計	285	277	263	3451	8.3%	16.3%	23.9%
中央芝	126	120	108	1304	9.7%	18.9%	27.1%
中央ダ	21	32	36	460	4.6%	11.5%	19.3%
ローカル芝	111	102	92	1288	8.6%	16.5%	23.7%
ローカルダ	27	24	27	399	6.8%	12.5%	19.3%
右回り芝	131	122	121	1549	8.5%	16.3%	24.1%
右回りダ	29	32	39	501	5.8%	12.2%	20.0%
左回り芝	106	100	79	1038	10.2%	19.8%	27.5%
左回りダ	19	23	24	358	5.3%	11.7%	18.4%
札幌芝	10	10	9	121	8.3%	16.5%	24.0%
札幌ダ	2	3	4	37	5.4%	13.5%	24.3%
函館芝	10	8	16	121	8.3%	14.9%	28.1%
函館ダ	0	3	3	22	0.0%	13.6%	27.3%
福島芝	8	8	7	148	5.4%	10.8%	15.5%
福島ダ	4	1	3	38	10.5%	13.2%	21.1%
新潟芝	26	24	23	281	9.3%	17.8%	26.0%
新潟ダ	6	2	4	65	9.2%	12.3%	18.5%
東京芝	47	44	34	412	11.4%	22.1%	30.3%
東京ダ	4	8	9	125	3.2%	9.6%	16.8%
中山芝	34	21	26	337	10.1%	16.3%	24.0%
中山ダ	6	4	6	107	5.6%	9.3%	15.0%
中京芝	33	34	22	350	9.4%	19.1%	24.9%
中京ダ	9	13	11	168	5.4%	13.1%	19.6%
京都芝	8	10	10	112	7.1%	16.1%	25.0%
京都ダ	2	1	3	33	6.1%	9.1%	18.2%
阪神芝	37	45	38	443	8.4%	18.5%	27.1%
阪神ダ	10	17	19	195	5.1%	13.8%	23.6%
小倉芝	24	20	15	267	9.0%	16.5%	22.1%
小倉ダ	6	1	2	69	8.7%	10.1%	13.0%

条件　早熟性を活かす新馬戦で活躍

	1着	2着	3着	出走数	勝率	連対率	3着内率
新馬	48	34	39	321	15.0%	25.5%	37.7%
未勝利	114	105	107	1377	8.3%	15.9%	23.7%
1勝	71	74	62	1001	7.1%	14.5%	20.7%
2勝	29	23	18	308	9.4%	16.9%	22.7%
3勝	10	16	10	183	5.5%	14.2%	19.7%
OPEN特別	6	12	13	88	6.8%	20.5%	35.2%
GⅢ	4	7	10	86	4.7%	12.8%	24.4%
GⅡ	3	6	5	74	4.1%	12.2%	18.9%
GⅠ	4	3	4	57	7.0%	12.3%	19.3%
ハンデ戦	9	15	9	153	5.9%	15.7%	21.6%
牝馬限定	58	39	52	713	8.1%	13.6%	20.9%
障害	4	3	5	44	9.1%	15.9%	27.3%

人気　信頼度高め、人気馬が中心

	1着	2着	3着	出走数	勝率	連対率	3着内率
1番人気	102	60	24	299	34.1%	54.2%	62.2%
2～3番人気	92	100	96	616	14.9%	31.2%	46.8%
4～6番人気	61	78	89	897	6.8%	15.5%	25.4%
7～9番人気	25	28	38	748	3.3%	7.1%	12.2%
10番人気～	9	14	21	935	1.0%	2.5%	4.7%

単勝回収値 73円／単勝適正回収値 76円

距離　万能タイプも短距離戦は苦手
芝　平均勝ち距離　1,798m

	1着	2着	3着	出走数	勝率	連対率	3着内率
全体計	237	222	200	2592	9.1%	17.7%	25.4%
芝～1300m	14	11	10	294	4.8%	8.5%	11.9%
芝～1600m	83	79	60	828	10.0%	19.6%	26.8%
芝～2000m	111	108	108	1192	9.3%	18.4%	27.4%
芝～2400m	20	19	19	209	9.6%	18.7%	27.8%
芝2500m～	9	5	3	69	13.0%	20.3%	24.6%

ダート　平均勝ち距離　1,703m

	1着	2着	3着	出走数	勝率	連対率	3着内率
全体計	48	55	63	859	5.6%	12.0%	19.3%
ダ～1300m	4	2	4	127	3.1%	4.7%	7.9%
ダ～1600m	8	14	12	201	4.0%	10.9%	16.9%
ダ～2000m	34	32	42	485	7.0%	13.6%	22.3%
ダ2100m～	2	7	5	46	4.3%	19.6%	30.4%

馬場状態　渋った芝は苦手、芝良がベター

		1着	2着	3着	出走数	勝率	連対率	3着内率
芝	良	191	181	150	1986	9.6%	18.7%	26.3%
	稍重	37	27	36	391	9.5%	16.4%	25.6%
	重	4	12	9	172	2.3%	9.3%	14.5%
	不良	5	2	5	43	11.6%	16.3%	27.9%
ダ	良	28	34	28	536	5.2%	11.4%	17.4%
	稍重	7	12	12	154	4.5%	12.3%	20.1%
	重	7	6	13	104	6.7%	12.5%	25.0%
	不良	6	4	6	65	9.2%	15.4%	24.6%

性齢　早熟タイプで世代限定戦が勝負

	1着	2着	3着	出走数	勝率	連対率	3着内率
牡2歳	47	44	38	348	13.5%	26.1%	37.1%
牝2歳	46	25	35	336	13.7%	21.1%	31.5%
牡3歳前半	47	51	57	536	8.8%	18.3%	28.9%
牝3歳前半	32	36	32	538	5.9%	12.6%	18.6%
牡3歳後半	39	25	15	288	10.1%	18.8%	24.0%
牝3歳後半	27	25	22	351	7.7%	14.8%	21.1%
牡4歳	32	30	20	360	8.9%	17.2%	22.8%
牝4歳	17	26	26	332	5.1%	13.0%	20.8%
牡5歳	3	12	8	138	2.2%	10.9%	16.7%
牝5歳	9	6	11	206	4.4%	7.3%	12.6%
牡6歳	0	0	2	34	0.0%	0.0%	5.9%
牝6歳	0	0	2	28	0.0%	0.0%	7.1%
牡7歳以上	0	0	0	0			
牝7歳以上	0	0	0	0			

勝ち馬の決め手

芝　237勝：逃げ 36／先行 106／差し 70／追込 25

ダート　48勝：逃げ 7／先行 28／差し 11／追込 2

3着内率　レースで3着以内に絡む割合のことをいう。ワイド馬券や3連単馬券の出現で以前よりも3着までに絡む割合が注目されるようになった。ワイド率ともいう。

馬券に直結する適性データ

2歳戦の強さは折り紙付き
長距離戦なら頭で狙いたい

　種牡馬デビュー以来、2歳リーディングで5、5、2、2、2位という安定した成績を残しているように、2歳戦は強い。しかも、2022、2023年と重賞勝ちなしでこの順位なのだから、いかに産駒がコンスタントに勝ち上がっているかがわかる。新馬戦、あるいは2戦目の未勝利戦は頭から狙っていきたい。もちろん1着固定でなくても、新馬戦では37.7%という3着内率を誇るので、3連複の堅軸になる。

　距離別ではスプリント戦に弱点があり、芝～1300mだと勝率、連対率、3着内率すべてが平均値の半分ほど。すでに実績がある場合以外では割引が妥当だ。逆に2500m～であれば、3着内率こそマイル～中距離に劣るものの、勝率では大きく上回っている。単勝もしくは頭固定で狙ってみても面白い。

　人気の信頼度は高めで、1番人気の時の3着内率は60%を超えるので軸にはピッタリだ。

重賞レース馬券のヒント

課題は気性の不安定さか
はまった時の強さに期待

　相変わらず古馬になってからの不安定さ、特に重賞での不甲斐なさは拭い切れていないが、2023年はジャスティンカフェ、セルバーグが重賞勝ちを収めており、2024年もブローザホーンが日経新春杯で1番人気に応えている。徐々にではあるが古馬戦線でも買えるようになってきた。勝つ時は強い競馬を見せるが、その強さが重賞では発揮されないパターンが多い。ローテーション、騎手、枠順、展開などがうまく噛み合うタイミングで狙いたい。いずれにしても、過度の期待は禁物。重賞レースでは馬券的に難しい種牡馬といえるだろう。

通算重賞勝ち数

	G I	G II	G III	G I 勝ち産駒数	重賞勝ち産駒数
芝	7	4	8	3	13
ダート	0	0	0	0	0
地方	0	0	0	0	0
海外	0	0	0	0	0

POG　2024年期待の2歳馬　ピックアップ

名牝アーモンドアイの初仔や
2冠牝馬の仔などがズラリ

　注目はなんといっても、ジャパンC2回、天皇賞秋2回などGI9勝をあげた母アーモンドアイの牡駒。最強牝馬の初仔ということもあり、全2歳馬のなかでもトップクラスの注目度を誇る。豪GIを4勝し、母としてもプリモシーン（ヴィクトリアマイル2着）を出している母モシーンの牡駒は、当歳セレクトセールで3億3000万円もの高額で取引された期待馬。甥にあたる母プリモシーンの牡駒ともども注目したい。牝馬では、母マリアライトの牝駒や母ミッキークイーンの牝駒など名牝の産駒に注目。両母馬共すでに繁殖実績もあって期待できる。ほかでは芝1600mの日本レコードホルダー、トロワゼトワルを母に持つ牝駒にも注目したい。

母馬名（母父）	性別	おすすめポイント	母馬名（母父）	性別	おすすめポイント
アーモンドアイ（ロードカナロア）	牡	ジャパンC2回などGI9勝の名牝アーモンドアイの初仔。	サラキア（ディープインパクト）	牝	初仔。母は有馬記念2着、エ女王杯2着。叔父にGI馬サリオス。
アンチュラス（ディープインパクト）	牡	1歳セレクトセールで2億7500万円。叔父に米GI馬。	*シーズアタイガー（Tale of the Cat）	牝	当歳セレクトセールで3億800万円。母は米2歳女王に輝く。
カジノブギ（*ワークフォース）	牡	1歳セレクトセールで2億900万円。全兄にジャスティンカフェ。	トロワゼトワル（ロードカナロア）	牝	母は京成杯AHで1分30秒3の芝1600mの日本レコードを樹立。
プリモシーン（ディープインパクト）	牡	母は関屋記念など重賞3勝、ヴィクトリアマイルで2着がある。	マリアライト（ディープインパクト）	牝	母は宝塚記念、エ女王杯勝ち。全兄に菊花賞2着オーソクレース。
*モシーン（Fastnet Rock）	牡	当歳セレクトセールで3億3000万円。母は豪GI4勝の名牝。	ミッキークイーン（ディープインパクト）	牝	母はオークス、秋華賞の2冠。半姉に愛知杯のミッキーゴージャス。

RANKING

13

2歳馬 7

2022 ⑳
2021 ㉕
2020 −
2019 −

*ドレフォン
DREFONG

2世代目も好調でランキングは上昇！

種付料／↓ 受**600万円**F　供用地／安平・社台SS

2013年生　鹿毛　アメリカ産　2017年輸入

距離	成長型	芝	ダート	瞬発力	パワー	底力
短中	普	○	◎	○	○	○

年次	種付頭数	産駒数
23年	**125**	**121**
22年	198	100
21年	172	126
20年	186	125
19年	204	129

PROFILE

競走成績　**9戦6勝**（2〜4歳・米）
最高レーティング　**118S**（16年）
主な勝ち鞍　**BCスプリント、フォアゴーS、キングズビショップS**。

2歳時、2戦目を9馬身半差で圧勝して初勝利をあげると、そこから3歳8月のGIキングズビショップSまで4連勝してGIウイナーに輝いた。続くGIBCスプリントはマインドユアビスケッツを降して勝利。2016年の米最優秀スプリンターに選ばれた。

4歳緒戦のGIビングクロスビーSは落馬により競走中止。続くフォアゴーSは2着に4馬身差をつける完勝。連覇を狙ったBCスプリントは1番人気に推されるも6着に敗れた。

引退後は日本で種牡馬入り。米短距離王に輝いたそのスピードが買われ、初年度から種付頭数207頭という高い人気を集めた。

2021年に初年度産駒がデビューすると、ジオグリフが札幌2歳Sを制するなどの活躍で、2021年ファーストシーズンリーディングサイアーに輝いた。これを受けて、種付料は供用初年度の300万円から一気に倍増し、2022年度

系統：ストームキャット系　母父系統：デピュティミニスター系

父 ジオポンティ Gio Ponti 鹿 2005	**父父** テイルオブザキャット Tale of the Cat 黒鹿 1994	Storm Cat	Storm Bird	Northern Dancer
				South Ocean
			Terlingua	Secretariat
				Crimson Saint
		Yarn	Mr. Prospector	Raise a Native
				Gold Digger
			Narrate	Honest Pleasure
				State
	父母 チペタスプリングズ Chipeta Springs 鹿 1989	Alydar	Raise a Native	Native Dancer
				Raise You
			Sweet Tooth	On-and-On
				Plum Cake
		Salt Spring	Salt Marsh	Tom Rolfe
				Saline
			Jungle Mythologic	Mount Athos
				Jungle Queen
母 エルティマース Eltimaas 鹿 2007	**母父** ゴーストザッパー Ghostzapper 鹿 2000	Awesome Again	Deputy Minister	Vice Regent
				Mint Copy
			Primal Force	Blushing Groom
				Prime Prospect
		Baby Zip	Relaunch	In Reality
				Foggy Note
			Thirty Zip	Tri Jet
				Sailaway
	母母 ナジェカム Najecam 栗 1993	Trempolino	Sharpen Up	＊エタン
				Rocchetta
			Trephine	＊ヴァイスリーガル
				Quiriquina
		Sue Warner	Forli	Aristophanes
				Trevisa
			Bitty Girl	Habitat
				Garvey Girl

インブリード：父 Gio Ponti に Raise a Native 4×3、母 Eltimaas に Vice Regent＝ヴァイスリーガル 4×4

血統解説

父ジオポンティはマンノウォーS、アーリントンミリオンなどGIを7勝し、オールウェザー馬場のBCクラシックでも2着して、2年連続で米最優秀芝牡馬に選ばれている名中距離馬。本馬はその代表産駒。ジオポンティの父テイルオブザキャットも日本で重賞勝ち馬を出しており、日本との相性がいい。母系にはおじにアクションディスデイ（BCジュヴナイル）がいる。母父ゴーストザッパーはBCクラシックを勝った米年度代表馬で、種牡馬として米で成功している。日本では父系はあまり馴染みがないが、BMSとしてはギベオン（金鯱賞）、レヴァンテライオン（函館2歳S）を輩出している。

代表産駒

ジオグリフ（皐月賞、札幌2歳S、共同通信杯2着）、デシエルト（若葉S、グリーンチャンネルC）、サーマルウインド（信越S）、タイセイドレフォン（平安京S、レパードS2着）、マスクオールウィン（フェアリーS2着）、ヒストリックノヴァ（エーデルワイス賞2着）、コンシリエーレ（オアシスS、兵庫CS3着、サウジダービー3着）、カワキタレブリー（湘南S、NHKマイルC3着）、コンティノアール（カトレアS）、カルネアサーダ（タンザナイトS、淀短距離S2着）、タガノクリステル（ながつきS）、ワープスピード（古都S、ダイヤモンドS3着）、サーフズアップ（東京プリンセス賞）、ヴィブラフォン（神奈川記念）、セイルオンセイラー（鶴ヶ城特別）。

は700万円に達した。

　その期待に応えるように、ジオグリフが皐月賞でイクイノックス、ドウデュースら強敵を退け優勝。父にクラシックサイアーの称号をもたらした。ほかにもデシエルトが若葉Sを制し、カワキタレブリーがNHKマイルCで3着に入る活躍を見せた。また、デシエルトが東京ダート1600mで1分33秒5のコースレコードを記録しており、ダートにおけるスピード能力の高さも披露している。

　2023年は両エースともいえるジオグリフ、デシエルトの2頭が不発で、重賞勝ちも地方重賞のみに終わったが、コンシリエーレやサーマルウインドなどがリステッドレースを勝ち、そのほかの産駒もコンスタントに走ったことで、サイアーランキングを一気に上昇させている。

FROM STALLION

社台SS事務局・徳武英介場長談

「初年度産駒からクラシック馬を送り出した、芝での活躍もさることながら、勝ち上がり率の高さもあって、産駒は昨年のJRAダート部門で2位に急浮上しています。筋肉量に秀でたフォルムはいかにもダート馬ながらも、凱旋門賞馬の名前もある母系にも証明されている脚回りの柔軟さが、産駒の芝、ダートと二刀流の活躍を可能としているのでしょう。今年からは『ダート3冠』を沸かせるような種牡馬となって欲しいです」

総収得賞金 2,051,900,000円　アーニング INDEX 1.55　実勢評価値 1.20

勝利頭数／出走頭数：全馬155／285	2歳	28／82
勝利回数／出走回数：全馬279／1,842	2歳	33／231

Data Box (2021~2023)

単勝回収値81円／単勝適正回収値93円

コース　中山ダートなどタフなダートが得意

	1着	2着	3着	出走数	勝率	連対率	3着内率
全体計	216	154	165	2000	10.8%	18.5%	26.8%
中央芝	26	18	24	314	8.3%	14.0%	21.7%
中央ダ	105	66	66	845	12.4%	20.2%	28.0%
ローカル芝	19	26	23	301	6.3%	15.0%	22.6%
ローカルダ	66	44	52	540	12.2%	20.4%	30.0%
右回り芝	26	25	31	369	7.0%	13.8%	22.2%
右回りダ	107	66	76	843	12.7%	20.5%	29.5%
左回り芝	19	19	16	244	7.8%	15.6%	22.1%
左回りダ	64	44	42	542	11.8%	19.9%	27.7%
札幌芝	4	5	5	37	10.8%	24.3%	37.8%
札幌ダ	6	8	9	63	9.5%	22.2%	36.5%
函館芝	1	2	3	32	3.1%	9.4%	18.8%
函館ダ	8	2	6	40	20.0%	25.0%	40.0%
福島芝	1	6	2	42	2.4%	16.7%	21.4%
福島ダ	8	6	5	65	12.3%	21.5%	29.2%
新潟芝	3	4	6	63	4.8%	11.1%	19.0%
新潟ダ	10	9	4	86	11.6%	22.1%	26.7%
東京芝	10	10	5	112	8.9%	17.9%	22.3%
東京ダ	30	20	18	247	12.1%	20.2%	27.5%
中山芝	9	4	6	81	11.1%	16.0%	23.5%
中山ダ	27	15	13	204	13.2%	20.6%	27.0%
中京芝	6	5	6	71	8.5%	15.5%	23.9%
中京ダ	24	15	20	209	11.5%	18.7%	28.2%
京都芝	2	1	9	26	7.7%	11.5%	30.8%
京都ダ	8	9	7	91	9.9%	20.9%	28.6%
阪神芝	5	3	8	95	5.3%	8.4%	16.8%
阪神ダ	39	21	28	303	12.9%	19.8%	29.0%
小倉芝	4	4	2	56	7.1%	14.3%	17.9%
小倉ダ	10	4	8	77	13.0%	18.2%	28.6%

条件　OP、ハンデ戦出走時は要注意

	1着	2着	3着	出走数	勝率	連対率	3着内率
新馬	24	21	24	271	8.9%	16.6%	25.5%
未勝利	92	65	75	867	10.6%	18.1%	26.8%
1勝	53	41	36	545	9.7%	17.2%	23.9%
2勝	25	16	14	147	17.0%	27.9%	37.4%
3勝	11	2	9	74	14.9%	17.6%	28.2%
OPEN特別	10	8	4	50	20.0%	36.0%	44.0%
G III	1	2	1	31	3.2%	9.7%	12.9%
G II	0	0	1	7	0.0%	0.0%	14.3%
G I	1	1	1	11	9.1%	9.1%	18.2%
ハンデ戦	12	4	3	49	24.5%	32.7%	38.8%
牝馬限定	53	34	42	479	11.1%	18.2%	26.9%
障害	1	1	0	7	14.3%	28.6%	28.6%

人気　1番人気よりも相手に回って怖い

	1着	2着	3着	出走数	勝率	連対率	3着内率
1番人気	69	30	26	192	35.9%	51.6%	65.1%
2~3番人気	76	45	54	397	19.1%	30.5%	44.1%
4~6番人気	54	55	57	562	9.6%	19.4%	29.5%
7~9番人気	15	19	17	393	3.8%	8.7%	13.0%
10番人気~	3	6	11	463	0.6%	1.9%	4.3%

距離　ダートなら距離不問、ベストはダ中距離

芝　平均勝ち距離　1,618m

	1着	2着	3着	出走数	勝率	連対率	3着内率
全体計	45	44	47	615	7.3%	14.5%	22.1%
芝~1300m	8	13	11	132	6.1%	15.9%	24.2%
芝~1600m	25	20	26	302	8.3%	14.9%	23.5%
芝~2000m	8	11	9	151	5.3%	12.6%	18.5%
芝~2400m	1	0	1	24	12.5%	12.5%	16.7%
芝2500m~	1	0	0	6	16.7%	16.7%	16.7%

ダート　平均勝ち距離　1,551m

	1着	2着	3着	出走数	勝率	連対率	3着内率
全体計	171	110	118	1385	12.3%	20.3%	28.8%
ダ~1300m	42	27	32	339	12.4%	20.4%	29.8%
ダ~1600m	45	29	30	405	11.1%	18.3%	25.7%
ダ~2000m	82	54	54	623	13.2%	21.8%	30.5%
ダ2100m~	2	0	2	18	11.1%	11.1%	22.2%

馬場状態　少し渋ったダートで勝率がアップ

		1着	2着	3着	出走数	勝率	連対率	3着内率
芝	良	36	38	34	466	7.7%	15.9%	23.2%
	稍重	7	6	10	112	6.3%	11.6%	20.5%
	重	1	0	1	26	3.8%	3.8%	7.7%
	不良	1	0	2	11	9.1%	9.1%	27.3%
ダ	良	105	67	76	879	11.9%	19.6%	28.2%
	稍重	42	25	23	272	15.4%	24.6%	33.1%
	重	15	10	14	149	10.1%	16.8%	27.5%
	不良	9	8	7	85	10.6%	20.0%	23.5%

性齢　牡は2歳、牝は3歳後半で勝負

	1着	2着	3着	出走数	勝率	連対率	3着内率
牡2歳	43	33	26	292	14.7%	26.0%	34.9%
牝2歳	26	24	32	339	7.7%	14.7%	24.2%
牡3歳前半	31	16	19	301	10.3%	15.6%	21.9%
牝3歳前半	31	19	31	334	9.3%	15.0%	24.3%
牡3歳後半	18	21	10	177	10.2%	21.5%	27.7%
牝3歳後半	26	18	18	191	13.6%	23.0%	32.5%
牡4歳	25	9	13	191	13.1%	17.8%	24.6%
牝4歳	17	15	16	182	9.3%	17.6%	26.4%
牡5歳	0	0	0	0			
牝5歳	0	0	0	0			
牡6歳	0	0	0	0			
牝6歳	0	0	0	0			
牡7歳以上	0	0	0	0			
牝7歳以上	0	0	0	0			

勝ち馬の決め手

芝　45勝：追込2／逃げ11／先行23／差し9

ダート　171勝：追込7／逃げ31／先行102／差し31

主流血統（主流血脈） 現在、父系として繁栄している種牡馬のなかでも、特に繁栄している血統のこと。ノーザンダンサー系を中心にしたネアルコの系統、およびミスタープロスペクター系をこう呼ぶ。⇔傍流血統（P140）

馬券に直結する適性データ

ベストはダートの中距離も芝長距離に意外な適性あり

　芝45勝に対しダート171勝となっており、「芝もこなすダート向き血統」という特徴がはっきりしてきた。ただ、獲得賞金上位馬は芝で実績をあげており、「下級条件でしか買えない」わけではないことを覚えておこう。

　距離別ではダートは短マ中長いずれも勝率が10％を超えており、特に苦手としている区分はない。2100m〜になると連対率が下がるが、もともとの出走数が少ないのであまり気にしなくてもいい。一方芝では3着内率でいえば短〜マイルだが、長距離でも勝率は悪くなく意外な適性といってもいい。ジリ脚っぽいところがあるので、切れが要求されるマイル〜中距離よりは、「上がりのかかる長距離戦」で狙ってみたい。

　条件では、重賞では出番は少ないが、その手前のOP特別（リステッドレースをふくむ）では好成績。連対率36％は是非買いたいレベルだ。

重賞レース馬券のヒント

単穴評価時の激走に注意！特に3歳前半では面白い

　地方重賞を除いた2023年までの重賞勝ちは、初年度産駒のジオグリフがあげた2勝（皐月賞と札幌2歳S）のみで、総合ランキング13位からすると意外。ただ、産駒の質は揃っているので今後も要注意ではある。特に2勝すればOP入りとなる3歳前半は、古馬に比べたら重賞の壁は薄い。レベル的に格下に思えても積極的に狙っていきたい。実際、2024年にはOPでは2、3着だったマスクオールウィンが重賞のフェアリーSで6番人気で2着している。条件戦を勝って臨んできたような馬は、穴候補に入れておいても損はないだろう。

通算重賞勝ち数

	GI	GII	GIII	GI勝ち産駒数	重賞勝ち産駒数
芝	1	0	1	1	1
ダート	0	0	0	0	0
地方	0	0	0	0	0
海外	0	0	0	0	0

POG　2024年期待の2歳馬　ピックアップ

米の名門牝系出身馬や「白い一族」の血縁に期待

　牡馬の目玉は母アイスパステルの牡駒。3代母メイプルジンスキーからは米古馬女王でGI9勝の名牝スカイビューティが出ており、一族からは欧州短距離王デイジュールも出ている。当歳セールで7000万超の値が付いたのも頷ける。ほかでは、日本が誇る名門エアグルーヴ系の出身である母ベルエポックの牡駒にも注目。牝馬では、「白毛の名牝」ソダシをいとこに持つ母ユキチャンの牝駒に期待。2023年の最優秀スプリンター・ママコチャもいとこにおり、全米チャンピオンスプリンターであるドレフォンとの配合は楽しみでしかない。ほかでは2024年クラシック候補シュトラウスの半妹にあたる母ブルーメンブラットの牝駒も面白い。

母馬名（母父）	性別	おすすめポイント	母馬名（母父）	性別	おすすめポイント
アイスパステル（Shackleford）	牡	当歳セレクトセールで7260万円。母系は名門メイプルジンスキー系。	ベルエポック（モーリス）	牡	当歳セレクトセールで4510万円。名門のエアグルーヴ系。
アルミレーナ（ディープインパクト）	牡	2代母は独オークス馬。叔父に毎日杯2着のグレートマジシャン。	サオヒメ（*サンデーサイレンス）	牝	1歳セレクトセールで3630万円。半兄に七夕賞2着マイネルサージュ。
ステップオブダンス（ゴールドアリュール）	牝	初仔。母は関東オークス3着のNAR3歳女王。ダート向き配合。	ディアデラマドレ（キングカメハメハ）	牝	母は府中牝馬Sなど重賞3勝。半姉にエ女杯3着のクラヴェル。
ダイアナヘイロー（キングヘイロー）	牝	母は阪神C、北九州記念、阪急杯の3重賞を制した快速馬。	ブルーメンブラット（アドマイヤベガ）	牝	母はマイルCSの勝ち馬。半兄にGII東スポ杯勝ちのシュトラウス。
トウカイシーエン（ダイワメジャー）	牡	1歳セレクションセールで4840万円。近親に重賞5勝のダイアナティック。	ユキチャン（*クロフネ）	牝	いとこに桜花賞馬ソダシ、スプリンターズS勝ちのママコチャ。

RANKING
14

2歳馬 ―

2022 ⑥
2021 ⑤
2020 ⑤
2019 ⑤

キングカメハメハ
KING KAMEHAMEHA

直仔がリーディング争い！ 父系の広がりを予感させる

2019年死亡
2001年生　鹿毛　早来・ノーザンファーム産

年次	種付頭数	産駒数
23年	－	－
22年	－	－
21年	－	－
20年	－	－
19年	－	77

距離	成長型	芝	ダート	瞬発力	パワー	底力
万	持続	◎	◎	◎	◎	◎

PROFILE

競走成績　8戦7勝（2〜3歳・日）
最高レーティング　117 M、L（04年）
主な勝ち鞍　ダービー、NHKマイルC、神戸新聞杯、毎日杯、すみれS。京成杯3着。

　2001年の当歳セレクトセールで8190万円で落札。名種牡馬キングマンボの直仔ということで期待されてのデビューを果たすと、新馬戦、エリカ賞と危なげなく連勝。続く京成杯ではフォーカルポイントの3着に敗れたものの、OP特別のすみれSで3勝目をあげると、毎日杯で重賞初制覇を遂げた。

　次走は適性を考えて皐月賞には向かわず、NHKマイルCへ駒を進める。レースでは中団から鋭い差し脚を見せ、2歳牡馬チャンピオンのコスモサンビームに5馬身の差をつけ圧勝、GIホースに輝いた。

　NHKマイルCから中3週というローテーションとなったダービーでは、その影響を微塵も感じさせない走りで、追いあげるハーツクライを1馬身半抑え、従来のダービーレコードを2秒も縮める2分23秒3のタイムで優勝。史上初となる「変則2冠」を達成した。

系統：キングマンボ系　母父系統：ノーザンダンサー系

父 キングマンボ Kingmambo 鹿 1990	**父父** ミスタープロスペクター Mr.Prospector 鹿 1970	Raise a Native	Native Dancer	Polynesian
				Geisha
			Raise You	Case Ace
				Lady Glory
		Gold Digger	Nashua	Nasrullah
				Segula
			Sequence	Count Fleet
				Miss Dogwood
	父母 ミエスク Miesque 鹿 1984	Nureyev	Northern Dancer	Nearctic
				Natalma
			Special	Forli
				Thong
		Pasadoble	Prove Out	Graustark
				Equal Venture
			Santa Quilla	Sanctus
				Neriad
母 *マンファス 黒鹿 1991	**母父** *ラストタイクーン 黒鹿 1983	*トライマイベスト	Northern Dancer	Nearctic
				Natalma
			Sex Appeal	Buckpasser
				Best in Show
		Mill Princess	Mill Reef	Never Bend
				Milan Mill
			Irish Lass	Sayajirao
				Scollata
	母母 パイロットバード Pilot Bird 鹿 1983	Blakeney	Hethersett	Hugh Lupus
				Bride Elect
			Windmill Girl	Hornbeam
				Chorus Beauty
		The Dancer	Green Dancer	Nijinsky
				Green Valley
			Khazaeen	Charlottesville
				Aimee

インブリード：Northern Dancer 4×4

血統解説

父キングマンボは仏2000ギニー、ムーランドロンシャン賞、セントジェイムズズパレスSを勝った一流マイラーで、種牡馬としてもエルコンドルパサー（ジャパンC）、レモンドロップキッド（P216）、キングズベスト（英2000ギニー）らを輩出。母マンファスは英で走った未勝利馬で、本馬の半兄にザデピュティ（サンタアニタダービー）、半妹にレースパイロット（フローラS2着）を産んでいる。母父ラストタイクーンはキングズスタンドS、BCマイルと欧米でGI制覇を達成した快速馬で、欧州のみならずオセアニアでも重賞ウイナーを多く出し、ワールドワイドな活躍を見せている種牡馬。

代表産駒

ドゥラメンテ（ダービー、皐月賞）、ロードカナロア（スプリンターズS2回、安田記念、高松宮記念、香港スプリント2回）、ホッコータルマエ（チャンピオンズC、東京大賞典2回、JBCクラシック、川崎記念3回、帝王賞2回、かしわ記念）、アパパネ（牝馬3冠、ヴィクトリアマイル、阪神JF）、チュウワウィザード（チャンピオンズC、JBCクラシック、川崎記念2回）、レイデオロ（ダービー、天皇賞・秋）、ラブリーデイ（宝塚記念、天皇賞・秋）、ローズキングダム（JC、朝日杯FS）、ハタノヴァンクール（川崎記念）、ミッキーロケット（宝塚記念）、ジュンライトボルト（チャンピオンズC）、ベルシャザール（JCダート）、レッツゴードンキ（桜花賞）、スタニングローズ（秋華賞）、ルーラーシップ（QEⅡ世C）、リオンディーズ（朝日杯FS）、ペプチドナイル（フェブラリーS）。

秋は神戸新聞杯から始動。単勝1.5倍の圧倒的人気に応えて快勝。目標である天皇賞・秋制覇に向けて順調なスタートを切ったと思われたが、天皇賞の2週間前に屈腱炎を発症。そのまま引退、種牡馬入りとなった。

2005年から種牡馬生活を始めると、初年度産駒がデビューした2008年にFSリーディングサイアーおよび2歳リーディングを獲得。2010年にはアパパネが牝馬3冠を達成し、ローズキングダムがジャパンCを制するなどの活躍で、全国リーディングサイアーに輝いた。

2012年にディープインパクトにリーディングサイアーの座を明け渡したものの、以降もそのライバルとしてロードカナロア、ホッコータルマエ、ドゥラメンテなど幾多の名馬を輩出。

2019年、体調不良のために種牡馬を引退。

功労馬として社台スタリオンステーションにけい養されていたが、同年8月に死亡。2019年生まれの現5歳世代がラストクロップとなる。

2023年はGI勝ちを果たせず、2009年以来ずっとキープしていたトップ10以内から落ちてしまったが、それでもボッケリーニやハートオンビート、ユーキャンスマイルらが古馬中長距離戦線で存在感を発揮。加えて、グロリアムンディやディクテオンが交流重賞を制し、重賞ウイナーの仲間入りを果たした。2024年はペプチドナイルが早速GI勝ちを収めている。

また、2020年にサンデーサイレンスのV14を阻止してリーディングブルードメアサイアーに輝いて以来、2023年まで4年連続してその座をキープしている。今後はこの部門において、ディープインパクトと鎬を削ることになる。

総収得賞金 1,700,002,000円　アーニング INDEX 2.28　実勢評価値 －

勝利頭数／出走頭数	全馬60／161	2歳	－／－
勝利回数／出走回数	全馬106／1,087	2歳	－／－

Data Box (2021~2023)

コース　東京では芝ダート問わず高値安定

	1着	2着	3着	出走数	勝率	連対率	3着内率
全体計	221	212	165	2113	10.5%	20.5%	28.3%
中央芝	66	71	49	593	11.1%	23.1%	31.4%
中央ダ	60	54	44	557	10.8%	20.5%	28.4%
ローカル芝	48	47	41	538	8.9%	17.7%	25.3%
ローカルダ	47	40	31	425	11.1%	20.5%	27.8%
右回り芝	64	71	49	649	9.9%	20.8%	28.4%
右回りダ	51	54	42	526	9.7%	20.0%	27.9%
左回り芝	50	47	41	479	10.4%	20.3%	28.8%
左回りダ	56	40	33	456	12.3%	21.1%	28.3%
札幌芝	12	6	2	71	16.9%	25.4%	28.2%
札幌ダ	1	6	5	37	2.7%	18.9%	32.4%
函館芝	4	6	3	62	6.5%	16.1%	21.0%
函館ダ	4	6	3	32	12.5%	31.3%	40.6%
福島芝	2	6	6	63	3.2%	12.7%	22.2%
福島ダ	5	5	4	50	10.0%	20.0%	28.0%
新潟芝	7	6	6	95	7.4%	13.7%	20.0%
新潟ダ	7	3	6	80	8.8%	12.5%	20.0%
東京芝	27	28	19	231	11.7%	23.8%	32.0%
東京ダ	27	26	17	221	12.2%	24.0%	31.7%
中山芝	16	13	13	146	11.0%	19.9%	28.8%
中山ダ	9	13	9	149	10.1%	15.4%	21.5%
中京芝	16	13	16	156	10.3%	18.6%	28.8%
中京ダ	22	11	10	155	14.2%	21.3%	27.7%
京都芝	1	6	1	20	5.0%	35.0%	40.0%
京都ダ	2	1	2	17	11.8%	17.6%	29.4%
阪神芝	22	24	17	196	11.2%	23.5%	32.1%
阪神ダ	16	19	16	170	9.4%	20.6%	30.0%
小倉芝	7	6	5	91	7.7%	14.3%	18.7%
小倉ダ	8	9	3	71	11.3%	23.9%	28.2%

条件　GIII戦で勝負強さを見せる

	1着	2着	3着	出走数	勝率	連対率	3着内率
新馬	5	4	7	63	7.9%	14.3%	25.4%
未勝利	56	25	32	406	13.8%	20.0%	27.8%
1勝	60	65	41	576	10.4%	21.7%	28.8%
2勝	44	48	30	400	11.0%	23.0%	30.5%
3勝	28	26	32	266	10.5%	20.3%	32.3%
OPEN特別	28	19	15	253	11.1%	18.6%	24.5%
GⅢ	10	17	7	122	8.2%	22.1%	27.9%
GⅡ	4	9	9	94	4.3%	13.8%	23.4%
GⅠ	2	3	1	53	3.8%	9.4%	11.3%
ハンデ戦	31	33	25	314	9.9%	20.4%	28.3%
牝馬限定	43	32	40	364	11.8%	20.9%	29.1%
障害	16	4	9	120	13.3%	16.7%	24.2%

人気　人気馬は安定、伏兵の頭も意識

	1着	2着	3着	出走数	勝率	連対率	3着内率
1番人気	85	47	26	234	36.3%	56.4%	67.5%
2~3番人気	84	74	52	442	19.0%	35.7%	47.5%
4~6番人気	50	54	65	543	9.2%	19.2%	31.1%
7~9番人気	13	30	20	443	2.9%	9.7%	14.2%
10番人気~	5	11	11	571	0.9%	2.8%	4.7%

単勝回収値 88円／単勝適正回収値 89円

距離　芝ダート共中長距離で最も活躍

芝　平均勝ち距離　1,952m

	1着	2着	3着	出走数	勝率	連対率	3着内率
全体計	114	118	90	1131	10.1%	20.5%	28.5%
芝~1300m	4	8	1	82	4.9%	14.6%	15.9%
芝~1600m	27	17	21	229	11.8%	19.2%	28.4%
芝~2000m	51	58	49	522	9.8%	20.9%	30.3%
芝~2400m	23	20	12	180	12.8%	23.9%	30.6%
芝2500m~	9	15	7	118	7.6%	20.3%	26.3%

ダート　平均勝ち距離　1,803m

	1着	2着	3着	出走数	勝率	連対率	3着内率
全体計	107	94	75	982	10.9%	20.5%	28.1%
ダ~1300m	5	10	6	101	5.0%	14.9%	20.8%
ダ~1600m	17	19	12	198	8.6%	18.2%	24.2%
ダ~2000m	64	50	47	561	11.4%	20.3%	28.7%
ダ2100m~	21	15	10	122	17.2%	29.5%	37.7%

馬場状態　芝は重まで、ダートは良馬場がベスト

		1着	2着	3着	出走数	勝率	連対率	3着内率
芝	良	89	86	67	874	10.2%	20.0%	27.7%
	稍重	17	21	17	162	10.5%	23.5%	34.0%
	重	7	9	5	76	9.2%	21.1%	27.6%
	不良	1	2	1	19	5.3%	15.8%	21.1%
ダ	良	69	63	45	580	11.9%	22.8%	30.5%
	稍重	19	17	19	213	8.9%	16.9%	25.8%
	重	10	10	11	121	8.3%	17.4%	25.6%
	不良	9	4	0	68	13.2%	17.6%	19.1%

性齢　現5歳が最終、まだ活躍できる

	1着	2着	3着	出走数	勝率	連対率	3着内率
牡2歳	2	4	2	38	5.3%	15.8%	21.1%
牝2歳	5	4	5	44	11.4%	20.5%	31.8%
牡3歳前半	32	22	19	195	16.4%	27.7%	37.4%
牝3歳前半	16	10	14	160	10.0%	16.3%	25.0%
牡3歳後半	24	20	14	140	17.1%	31.4%	39.3%
牝3歳後半	16	9	10	119	16.2%	25.3%	35.4%
牡4歳	55	50	28	377	14.6%	27.9%	35.3%
牝4歳	19	21	24	212	9.0%	18.9%	31.1%
牡5歳	33	26	21	327	10.1%	18.0%	24.5%
牝5歳	12	16	10	189	6.3%	14.8%	20.1%
牡6歳	10	12	10	228	4.4%	9.6%	15.8%
牝6歳	1	6	8	51	2.0%	13.7%	29.4%
牡7歳以上	12	16	10	197	6.1%	14.2%	19.3%
牝7歳以上	0	0	0	4	0.0%	0.0%	0.0%

勝ち馬の決め手

芝　追込 8／逃げ 6／差し 47／114勝／先行 53

ダート　追込 15／逃げ 9／差し 31／107勝／先行 52

シャトルサイアー　北半球と南半球との季節を利用して一年で2度種付を行う種牡馬。日本からも数多くの種牡馬がシャトルサイアーとして南半球に輸出されている。ちなみに、同じ北半球同士では種付シーズンが重なる。

馬券に直結する適性データ

短距離以外は万遍なく対応
人気の信頼度はかなり高い

　長年リーディングの上位にいただけあって、全体的に産駒のレベルは高い。どの条件、コース、距離においても苦手は少ない。

　芝114勝に対してダートは107勝。上位陣同様、標準的な産駒も芝、ダート共にこなしている。距離別に見ると、芝、ダートいずれも短距離になると数値がダウン。長距離戦に比べると安定感が下がる。言い換えれば、芝もダートも長距離は買い。特にダートの長距離は、37.7％もの3着内率を誇る。堅軸として十分信頼していいレベルだ。

　人気の信頼度が高いのも特徴で、1番人気はもちろんのこと、2〜3番人気、4〜6番人気でも好成績。むしろ、配当的な妙味を考えたら、対抗や単穴評価の時にこそ狙っていきたい。

　コースでは、芝、ダートを問わず東京が好成績。いい脚を長く使う産駒が多いためか。逆に、直線が短いコースでは取りこぼしも目立つ。

重賞レース馬券のヒント

5歳ならまだまだ若駒レベル
高齢になっても狙いたい

　現役馬の中で大将格と言えるボッケリーニは、7歳だった2023年5戦して連を外したのはGⅠ宝塚記念のみ。GⅡ、GⅢではまだまだ十分に主役を張れる。菊花賞3着以降、古馬中長距離路線で活躍しているユーキャンスマイルも、6、7、8歳時にそれぞれ重賞で2着に入っている。特に新潟記念では7歳時が9番人気、8歳時が7番人気の評価を覆しての走りだった。

　現5歳世代がラストクロップとなるが、5歳なんてまだまだ若い。近走が不振でも、頭打ちになったなどと思わないこと。得意な条件のレースに出てきたら、人気薄でも狙ってみたい。

通算重賞勝ち数

	GⅠ	GⅡ	GⅢ	GⅠ勝ち産駒数	重賞勝ち産駒数
芝	21	38	59	10	56
ダート	5	2	15	5	14
地方	15	8	6	4	10
海外	3	0	0	2	2

種牡馬ストーリー

2023年は直仔がワンツー
キングカメハメハ系の確立か

　2023年のリーディングサイアー争いは史上稀に見る激戦で、有馬記念で産駒が2、3着したドゥラメンテが、トップを走り続けていたロードカナロアを逆転してリーディングサイアーに輝いた。両馬の父は共にキングカメハメハ。すなわちそれは、日本生まれの種牡馬を父に持つ種牡馬による初めての戴冠であり、かの名種牡馬ディープインパクトにも成し得なかった偉業が達成された瞬間でもあった。

　そしてすごいのはこれだけではない。なんとこの2頭のほかに、ルーラーシップとホッコータルマエがトップ20にランクインしている。ディープインパクトも、多くの産駒が後継種牡馬として活躍しているが、トップ20に入っているのはキズナだけ。

　この「種牡馬の父」としての活躍ぶりは、ディープインパクトの父サンデーサイレンスを彷彿とさせる。サンデーサイレンス自身がまだトップ20入りしているうちに、直仔アグネスタキオンがリーディングサイアーに輝いた点も、キングカメハメハに共通するものがある。

　そしてサンデーサイレンスがゴールドアリュールを出してダート部門を発展させたように、キングカメハメハもホッコータルマエを通してダート部門での発展が期待できる。

　これらのことを考えると、いずれ父系としてのキングカメハメハ系が確立されるのではないか。その仮説の裏付けとなりうるのが、キングカメハメハの孫世代の活躍である。サートゥルナーリアやタイトルホルダーの活躍次第では、キングカメハメハ系が確立される日も近い。

2022 ⑦
2021 ⑦
2020 ④
2019 ⑪

オルフェーヴル
ORFEVRE

産駒がダート界の頂点に立つ活躍を見せる！

種付料／⇨受350万円F 供用地／安平・社台ＳＳ
2008年生　栗毛　白老・社台コーポレーション白老ファーム産

距離	成長型	芝	ダート	瞬発力	パワー	底力
中長	普	◎	◎	◎	◎	◎

年次	種付頭数	産駒数
23年	**172**	**77**
22年	129	99
21年	157	109
20年	165	32
19年	52	81

PROFILE

競走成績　21戦12勝（2～5歳・日仏）
最高レーティング　129 L（13年）
主な勝ち鞍　有馬記念2回、宝塚記念、ダービー、皐月賞、菊花賞、大阪杯、神戸新聞杯、スプリングＳ、フォワ賞2回。凱旋門賞2着2回。

　3歳時、スプリングＳで重賞初制覇。4番人気で迎えた皐月賞を3馬身差で快勝すると、不良馬場で行われたダービーもウインバリアシオンを抑えて2冠達成。秋、神戸新聞杯を勝って臨んだ菊花賞では1.4倍の圧倒的人気に応えて快勝、ディープインパクト以来史上7頭目とな

る3冠馬に輝いた。続く有馬記念では古馬を一蹴し、2011年年度代表馬に選ばれた。
　4歳時は、天皇賞・春こそ惨敗したが、宝塚記念でＧⅠ5勝目をあげると仏遠征に挑戦。フォワ賞を制して臨んだ凱旋門賞では、あわやのレースをしながら最後に伏兵ソレミアにかわされて2着。帰国後のジャパンＣはジェンティルドンナの2着。5歳時、前年同様にフォワ賞から臨んだ2度目の凱旋門賞はトレヴに5馬身差の2着に完敗。それでも、ラストランになった有馬記念を8馬身差で圧勝。有終の美を飾った。
　6歳で種牡馬入り。初年度産駒から2歳女王

系統：サンデーサイレンス系　母父系統：パーソロン系				
父 ステイゴールド 黒鹿 1994	**父父** *サンデーサイレンス 青鹿 1986	Halo	Hail to Reason	Turn-to
				Nothirdchance
			Cosmah	Cosmic Bomb
				Almahmoud
		Wishing Well	Understanding	Promised Land
				Pretty Ways
			Mountain Flower	Montparnasse
				Edelweiss
	父母 ゴールデンサッシュ 栗 1988	*ディクタス	Sanctus	Fine Top
				Sanelta
			Doronic	Worden
				Dulzetta
		ダイナサッシュ	*ノーザンテースト	Northern Dancer
				Lady Victoria
			*ロイヤルサッシュ	Princely Gift
				Sash of Honour
母 オリエンタルアート 栗 1997	**母父** メジロマックイーン 芦 1987	メジロティターン	メジロアサマ	*パーソロン
				*スキート
			*シェリル	*スノップ
				Chanel
		メジロオーロラ	*リマンド	Alcide
				Admonish
			メジロアイリス	*ヒンドスタン
				アサマユリ
	母母 エレクトロアート 栗 1986	*ノーザンテースト	Northern Dancer	Nearctic
				Natalma
			Lady Victoria	Victoria Park
				Lady Angela
		*グランマスティーヴンス	Lt. Stevens	Nantallah
				Rough Shod
			Dhow	Bronze Babu
				Coastal Trade

インブリード：ノーザンテースト４×３

血統解説

　父ステイゴールドは香港ヴァーズ勝ちがある名馬で、種牡馬としてもステイヤーを中心に数多くの名馬を輩出しており、サンデーサイレンス系の発展に大きく貢献した。母オリエンタルアートは３勝。本馬の全兄にドリームジャーニー（P212）、全弟にリヤンドファミュ（P285）、アッシュゴールド（デイリー杯２歳S２着）、全妹にデルニエオール（フィリーズレビュー３着）を産んでいる。母父メジロマックイーンは天皇賞春連覇を遂げ、「90年代最強のステイヤー」との呼び声も高い名馬。「ステイゴールド×メジロマックイーン」はニックス配合としてゴールドシップなど多くの名馬を輩出している。

代表産駒

ウシュバテソーロ（ドバイワールドC、東京大賞典２回、川崎記念）、**ラッキーライラック**（エリザベス女王杯２回、大阪杯、阪神JF）、**エポカドーロ**（皐月賞、ダービー２着）、**マルシュロレーヌ**（BCディスタフ）、**ショウナンナデシコ**（かしわ記念）、**オーソリティ**（アルゼンチン共和国杯２回、ジャパンC２着）、**シルヴァーソニック**（ステイヤーズS）、**アイアンバローズ**（ステイヤーズS）、**オセアグレイト**（ステイヤーズS）、**ショウリュウイクゾ**（日経新春杯）、**ジャスティン**（東京盃）、**シャインガーネット**（ファルコンS）、**ライラック**（フェアリーS、エリザベス女王杯２着）、**ミクソロジー**（ダイヤモンドS）、**ギルデッドミラー**（武蔵野S）、**ソーヴァリアント**（チャレンジC２回）、**バイオスパーク**（福島記念）、**サラス**（マーメイドS）、**クリノプレミアム**（中山牝馬S）。

のラッキーライラック、皐月賞馬エポカドーロを出すなどの活躍を見せると、以降も重賞馬を続々と輩出。総合ランキングでも2020年には自己最高の４位にランクインしている。

　2021年には２年目産駒のマルシュロレーヌがBCディスタフを制する快挙を達成した。2022年にもウシュバテソーロが東京大賞典、ショウナンナデシコがかしわ記念を制しダートでの実績を積み上げていった。

　そして2023年にはウシュバテソーロがドバイワールドCを制し、世界にその名を知らしめた。同馬は秋にBCクラシックに挑戦。５着には敗れたが、その存在感をアピール。帰国後の東京大賞典では連覇を達成している。

　芝部門においても、次なる大物の登場が待たれるところである。

FROM STALLION

社台SS事務局・徳武英介場長談

「ワールドワイドな産駒の活躍が後押しする形で、改めて大物を送り出す種牡馬であることが証明されました。昨シーズンは170頭の繁殖牝馬に配合を行っています。今年で16歳となりましたが、エネルギッシュさは相変わらずです。だからこそ産駒たちも、海外遠征といった環境の変化に適応できているのでしょう。世代間で産駒数に違いはありますが、その中からクラシックでの父仔制覇を果たす産駒を期待しています」

総収得賞金 1,634,108,000 円　アーニング INDEX 1.24　実勢評価値 1.64

勝利頭数／出走頭数：全馬 110 ／ 285			2 歳	11 ／ 65	
勝利回数／出走回数：全馬 184 ／ 2,014			2 歳	15 ／ 194	

Data Box (2021~2023)

コース　札幌函館芝と新潟ダートで活躍

	1 着	2 着	3 着	出走数	勝率	連対率	3 着内率
全体計	203	185	199	2473	8.2%	15.7%	23.7%
中央芝	42	41	49	626	6.7%	13.3%	21.1%
中央ダ	42	42	39	579	7.3%	14.5%	21.2%
ローカル芝	66	64	74	751	8.8%	17.3%	27.2%
ローカルダ	53	38	37	517	10.3%	17.6%	24.8%
右回り芝	72	69	76	864	8.3%	16.3%	25.1%
右回りダ	52	42	44	643	8.1%	14.6%	21.5%
左回り芝	35	34	46	499	7.0%	13.8%	23.0%
左回りダ	43	38	32	453	9.5%	17.9%	24.9%
札幌芝	9	8	4	72	12.5%	23.6%	29.2%
札幌ダ	2	2	2	35	5.7%	11.4%	17.1%
函館芝	8	5	6	60	13.3%	21.7%	31.7%
函館ダ	4	1	2	37	10.8%	13.5%	18.9%
福島芝	12	7	14	98	12.2%	19.4%	33.7%
福島ダ	7	1	5	51	13.7%	15.7%	25.5%
新潟芝	14	10	14	161	8.7%	14.9%	23.6%
新潟ダ	16	9	4	110	14.5%	22.7%	26.4%
東京芝	10	9	14	171	5.8%	11.1%	19.3%
東京ダ	13	9	10	149	8.7%	14.8%	21.5%
中山芝	11	15	18	185	5.9%	14.1%	23.8%
中山ダ	11	12	11	163	6.7%	14.1%	20.9%
中京芝	12	16	14	181	6.6%	16.0%	26.5%
中京ダ	14	13	18	194	7.2%	17.5%	26.8%
京都芝	2	2	1	38	5.3%	10.5%	13.2%
京都ダ	2	1	3	31	6.5%	9.7%	19.4%
阪神芝	19	15	16	232	8.2%	14.7%	21.6%
阪神ダ	16	20	14	236	6.8%	15.3%	21.6%
小倉芝	11	17	17	179	6.1%	15.6%	25.1%
小倉ダ	10	5	6	90	11.1%	16.7%	23.3%

条件　注目条件は OP と障害戦

	1 着	2 着	3 着	出走数	勝率	連対率	3 着内率
新馬	5	6	18	145	3.4%	7.6%	20.0%
未勝利	60	50	54	677	8.9%	16.2%	24.2%
1 勝	60	61	52	708	8.5%	17.1%	24.4%
2 勝	40	40	48	469	8.5%	17.1%	27.3%
3 勝	15	11	10	201	7.5%	12.9%	17.9%
OPEN 特別	20	11	9	146	13.7%	21.2%	27.4%
G Ⅲ	10	11	8	106	9.4%	19.8%	27.4%
G Ⅱ	4	6	6	73	5.5%	13.7%	21.9%
G Ⅰ	0	2	1	40	0.0%	5.0%	7.5%
ハンデ戦	26	15	18	248	10.5%	16.5%	23.8%
牝馬限定	39	38	37	457	8.5%	16.8%	24.9%
障害	11	13	7	92	12.0%	26.1%	33.7%

人気　4~6 番人気の一発は要警戒

	1 着	2 着	3 着	出走数	勝率	連対率	3 着内率
1 番人気	68	36	26	199	34.2%	52.3%	65.3%
2~3 番人気	55	58	62	393	14.0%	28.8%	44.5%
4~6 番人気	64	54	63	569	11.2%	20.7%	31.8%
7~9 番人気	17	32	31	572	3.0%	8.6%	14.0%
10 番人気~	10	18	24	832	1.2%	3.4%	6.3%

距離　芝の中長距離出走時が買い

芝　平均勝ち距離　1,990m

	1 着	2 着	3 着	出走数	勝率	連対率	3 着内率
全体計	108	105	123	1377	7.8%	15.5%	24.4%
芝~1300m	12	14	15	189	6.3%	13.8%	21.7%
芝~1600m	18	22	24	327	5.5%	12.2%	19.6%
芝~2000m	40	44	52	558	7.2%	15.1%	24.4%
芝~2400m	18	12	11	148	12.2%	20.3%	27.7%
芝2500m~	20	13	21	155	12.9%	21.3%	34.8%

ダート　平均勝ち距離　1,657m

	1 着	2 着	3 着	出走数	勝率	連対率	3 着内率
全体計	95	80	76	1096	8.7%	16.0%	22.9%
ダ~1300m	17	10	12	206	8.3%	13.1%	18.9%
ダ~1600m	15	9	9	202	7.4%	11.9%	16.3%
ダ~2000m	57	50	49	609	9.4%	18.4%	26.4%
ダ2100m~	6	6	6	79	7.6%	15.2%	22.8%

馬場状態　芝ダート共渋った馬場でこそのタイプ

		1 着	2 着	3 着	出走数	勝率	連対率	3 着内率
芝	良	86	70	94	1076	8.0%	14.5%	23.2%
	稍重	11	19	22	183	6.0%	16.4%	28.4%
	重	8	13	5	91	8.8%	23.1%	28.6%
	不良	3	3	2	27	11.1%	22.2%	29.6%
ダ	良	52	45	46	661	7.9%	16.3%	23.3%
	稍重	27	12	12	224	12.1%	17.4%	22.8%
	重	9	5	8	130	6.9%	10.8%	16.9%
	不良	7	4	10	81	8.6%	17.3%	29.6%

性齢　2 歳戦は苦手、3 歳後半から勝負

	1 着	2 着	3 着	出走数	勝率	連対率	3 着内率
牡 2 歳	5	3	10	116	4.3%	6.9%	15.5%
牝 2 歳	8	3	9	132	6.1%	8.3%	15.2%
牡 3 歳前半	17	21	24	236	7.2%	16.1%	26.3%
牝 3 歳前半	26	19	24	254	10.2%	17.7%	27.2%
牡 3 歳後半	21	12	13	138	15.2%	23.9%	33.3%
牝 3 歳後半	10	20	12	151	6.6%	19.9%	27.8%
牡 4 歳	37	24	23	273	13.6%	22.3%	30.8%
牝 4 歳	21	22	14	314	6.7%	13.7%	22.6%
牡 5 歳	37	31	26	321	11.5%	21.2%	29.3%
牝 5 歳	11	13	13	240	4.6%	10.0%	15.4%
牡 6 歳	10	15	16	211	4.7%	11.8%	19.4%
牝 6 歳	1	5	6	96	1.0%	6.3%	12.5%
牡 7 歳以上	2	4	2	74	2.7%	8.1%	10.8%
牝 7 歳以上	0	0	0	0	0.0%	0.0%	0.0%

勝ち馬の決め手

単勝回収値 85 円／単勝適正回収値 88 円

芝：108勝　追込 11／逃げ 16／先行 50／差し 31

ダート：95勝　追込 11／逃げ 19／先行 42／差し 23

血量　その馬に含まれる祖先の血の割合を示す言葉。父と母は 50% ずつ、父父と父母、母父と母母は 25% ずつというように代をさかのぼるごとに血量は少なくなるのだが、インブリードによって血量を増やすこともできる。

馬券に直結する適性データ

芝は中長距離が狙い目
ダートは短距離が妙味

　芝108勝に対しダートは95勝。近年はダートの大レースでの活躍が目立っていることもあって、ダート寄りにシフトしている印象もあったが、どちらもこなすユーティリティサイアーぶりは変わっていない。

　距離別に見るとやはり芝の長距離がいい。〜2400m、2500m〜では勝率が10％を超えており、頭狙いの軸にも向いている。特に2500m〜戦は3着内率も34.8％を記録。より確実な軸となってくれるだろう。一方ダートは実は〜1300mの勝率が2番目に高い。ダートの短距離はイメージ的に芝の長距離の正反対。なので買いにくいが、そこに意外なお宝が眠っているとも言える。単勝狙いもありだ。

　コースでは時計のかかる札幌や函館の芝コースが狙い目。特に函館は勝率も悪くないので、1着の軸にもいい。ただし、2歳戦および新馬戦は苦手なので要注意だ。

重賞レース馬券のヒント

冬のマラソン重賞は超得意
大敗後でも巻き返しに注意

　産駒の長距離適性の高さは標準的な産駒も左記データ通りだが、重賞についても同じ。ステイヤーズSは過去5年で3勝2着2回3着1回の成績を誇る。しかも3勝は前走2桁着順および競走中止からの巻き返し。特にGⅡのアルゼンチン共和国杯や京都大賞典からのコース替わり＆距離延長はむしろプラス材料。ダイヤモンドSも2023年のワンツーを含め1勝2着2回3着1回と好成績。こちらも2着馬2頭は2桁着順からの巻き返しだった。「2桁着順からのコース替わり距離延長」は、オルフェーヴル産駒にとってはまさに格好の狙い目となるのだ。

通算重賞勝ち数

	GⅠ	GⅡ	GⅢ	GⅠ勝ち産駒数	重賞勝ち産駒数
芝	5	8	14	2	18
ダート	0	0	2	0	2
地方	4	5	2	2	4
海外	2	0	3	2	5

POG　2024年期待の2歳馬　ピックアップ

芝だけでなくダートでも
期待できる産駒に注目

　牡馬で注目したいのは母アンジュシュエットの牡駒。全兄に南部杯で2着、JBCスプリントで3着した快速馬ヘリオスがいる。血統的に距離はもう少し伸びても大丈夫なはずだ。1歳セールで4840万円の値をつけた、母オリヒメの牡駒も面白い。叔父にケンタッキーダービーでカリフォルニアクロームの3着したダンザがおり、米ダートへの適性も十分と言えるだろう。牝馬では母ルーヴィンペリアルの牝駒に期待。2代母が仏オークス2着馬で、同馬の叔父叔母には欧州のGⅠ馬やGⅠ2着馬、重賞勝ち馬がズラリと並ぶ。半兄ヴェロキラプトルもクラシックで期待されていた一頭で、母系のバックボーンは折り紙付きだ。

母馬名（母父）	性別	おすすめポイント	母馬名（母父）	性別	おすすめポイント
アンジュシュエット（*フレンチデピュティ）	牡	当歳セレクトセールで5500万円。全兄に南部杯2着のヘリオス。	アンブルサイド（*ウォーエンブレム）	牝	当歳セレクトセールで2640万円。母父は米2冠馬で芝もこなす。
エアニスガール（Mizen Mast）	牡	勢いに乗る「テソーロ」軍団の一員。母系は仕上がり早いスピード血統。	*スターダムバウンド（Tapit）	牝	母はBCジュヴナイルフィリーズなど米GⅠ5勝をあげた名牝。
オリヒメ（*マジェスティックウォリアー）	牡	1歳セレクトセールで4840万円。叔父にKダービー3着馬ダンザ。	ティンバレス（*ウォーエンブレム）	牝	母は交流GⅡエンプレス杯3着。母系からは名馬クロフネが出る。
サクレディーヴァ（*クロフネ）	牡	当歳セレクトセールで2530万円。母父は芝、ダートの二刀流種牡馬。	*モンペルデュ（Cairo Prince）	牝	当歳のノーザンファームミックスセールで5170万円で取引。
*スピニングメモリーズ（Arcano）	牡	母は仏GⅢを2勝。母父は仏2歳GⅠを勝った仕上がり早い快速馬。	*ルーヴィンペリアル（Giant's Causeway）	牝	1歳セレクトセールで7480万円。叔父叔母に欧州重賞馬多数。

91

RANKING
16
2歳馬 11

2022 ⑩
2021 ⑩
2020 ⑦
2019 ⑦

ダイワメジャー
DAIWA MAJOR

種牡馬引退も産駒はGI制覇! そのスピードは受け継がれる

2023年引退
2001年生　栗毛　千歳・社台ファーム産

距離	成長型	芝	ダート	瞬発力	パワー	底力
マ中	普	◎	○	○	◎	○

年次	種付頭数	産駒数
23年	**12**	**21**
22年	34	35
21年	51	69
20年	112	85
19年	157	82

PROFILE

競走成績　**28戦9勝**（2〜6歳・日首）
最高レーティング　**121 M**（06.07年）、**121 I**（06年）
主な勝ち鞍　**天皇賞・秋、マイルCS 2回、安田記念、皐月賞**、毎日王冠、マイラーズC、ダービー卿CT。マイルCS2着、中山記念2着。

　3歳時、1勝馬の身で出走したスプリングSで3着に入り皐月賞の出走権を獲得すると、本番では10番人気の低評価を覆す走りで優勝。見事クラシックホースに輝いた。続くダービーは6着。秋は天皇賞・秋に挑戦するも最下位に敗れる。喘鳴症の手術を経て4歳春に復帰。ダ

ービー卿CT、5歳時のマイラーズCと重賞勝ちを重ねたが、GIレースにおいては安田記念8着、4着、マイルCS2着、宝塚記念4着と、あと一歩手が届かなかった。

　5歳秋、毎日王冠を勝って臨んだ天皇賞・秋で、皐月賞以来のGI制覇を果たすと、続くマイルCSでGI3勝目。ファン投票2位で出走した有馬記念では、ディープインパクトの3着と健闘した。また、この年（2006年）のJRA最優秀短距離馬に選ばれている。

　6歳時、安田記念でGI4勝目をあげると、秋にはマイルCSを連覇。ラストランとなった

系統：サンデーサイレンス系　母父系統：ノーザンダンサー系

			Turn-to	Royal Charger
父	**父父** ヘイロー Halo 黒鹿 1969	Hail to Reason		Source Sucree
			Nothirdchance	Blue Swords
				Galla Colors
		Cosmah	Cosmic Bomb	Pharamond
				Banish Fear
*サンデーサイレンス 青鹿 1986			Almahmoud	Mahmoud
				Arbitrator
	父母 ウィッシングウェル Wishing Well 鹿 1975	Understanding	Promised Land	Palestinian
				Mahmoudess
			Pretty Ways	Stymie
				Pretty Jo
		Mountain Flower	Montparnasse	Gulf Stream
				Mignon
			Edelweiss	Hillary
				Dowager
	母父 ノーザンテースト 栗 1971	Northern Dancer	Nearctic	Nearco
				Lady Angela
母			Natalma	Native Dancer
				Almahmoud
*スカーレットブーケ 栗 1988		Lady Victoria	Victoria Park	Chop Chop
				Victoriana
			Lady Angela	Hyperion
				Sister Sarah
	母母 スカーレットインク 栗 1971	Crimson Satan	Spy Song	Balladier
				Mata Hari
			Papila	Requiebro
				Papalona
		Consentida	Beau Max	Bull Lea
				Bee Mac
			La Menina	Royal Charger
				Your Hostess

インブリード：Almahmoud 4×5、Royal Charger 5×5、母父ノーザンテーストに Lady Angela 3×2

血統解説

　父は13年連続でリーディングサイアーに君臨した名種牡馬で、サンデーサイレンス系を確立させている。母スカーレットブーケは中山牝馬S、クイーンCなど重賞4勝をあげた活躍馬で、本馬の全妹にダイワスカーレット（有馬記念、桜花賞、秋華賞、エリザベス女王杯）、全姉にダイワルージュ（新潟3歳S、阪神3歳牝馬S2着、桜花賞3着）を産んでいる。母系は甥にダイワファルコン（福島記念2回）、一族からはダートGI9勝の強豪ヴァーミリアンなど活躍馬多数。母父ノーザンテーストは80年代の日本血統界を支配した大種牡馬で、BMSとしても多大な実績を残した。

代表産駒

アドマイヤマーズ（香港マイル、NHKマイルC、朝日杯FS）、メジャーエンブレム（NHKマイルC、阪神JF）、カレンブラックヒル（NHKマイルC）、コパノリチャード（高松宮記念）、レーヌミノル（桜花賞）、セリフォス（マイルCS、安田記念2着）、レシステンシア（阪神JF、桜花賞2着）、アスコリピチェーノ（阪神JF）、ブルドッグボス（JBCスプリント）、ノーヴァレンダ（全日本2歳優駿）、ダブルメジャー（ロワイヤルオーク賞）、ミスパンテール（阪神牝馬S）、ダイワマッジョーレ（京王杯SC、マイルCS2着）、ソルヴェイグ（フィリーズレビュー）、エピセアローム（セントウルS）、ボールライトニング（京王杯2歳S）、モントライゼ（京王杯2歳S）、マテンロウオリオン（シンザン記念、NHKマイルC2着）、シゲルピンクダイヤ（桜花賞2着）。

有馬記念はマツリダゴッホ、ダイワスカーレットに次ぐ3着。なお、前年に引き続き、2年連続でJRA最優秀短距離馬に輝いている。

　7歳から種牡馬生活を開始すると、2011年のFSランキングは1位。2012年には初年度産駒のカレンブラックヒルがNHKマイルCを制し、早くもGIサイアーに輝いた。

　2015年には、阪神JFを制したメジャーエンブレムの活躍により、ディープインパクトを抑えて2歳リーディングの座を獲得。

　その後も、コパノリチャードが高松宮記念、レーヌミノルが桜花賞を制するなど、産駒は多彩な活躍を披露。2019年にはアドマイヤマーズが香港マイルを制して、世界中にその名を知らしめた。

　また、ブルドッグボスがJBCスプリント、ノーヴァレンダが全日本2歳優駿を制しており、ダートでもその存在感を見せつけている。

　総合ランキングも2012年から11年連続でトップ10入りを果たし、サンデーサイレンス系種牡馬のマイル部門を牽引し続けた。

　2023年はアスコリピチェーノが阪神JFを制し、同年のJRA最優秀2歳牝馬のタイトルを獲得。また、仏所属のダブルメジャーが芝3100mの仏GIロワイヤルオーク賞を制して話題となった。

　2023年11月に種牡馬引退。現在は功労馬として社台SSで余生を送っている。後継種牡馬としてはカレンブラックヒルが成功を収めており、アドマイヤマーズも2024年に種牡馬デビューを控えている。高いスピード能力がどう継承されていくか、大いに注目したい。

総収得賞金 1,597,037,000円　アーニング INDEX 1.11　実勢評価値 −

勝利頭数／出走頭数：全馬118 ／ 309	2歳 10 ／ 54
勝利回数／出走回数：全馬191 ／ 2,249	2歳 13 ／ 142

Data Box (2021〜2023)

コース　現状は新潟芝などローカル芝向き

	1着	2着	3着	出走数	勝率	連対率	3着内率
全体計	217	225	192	2858	7.6%	15.5%	22.2%
中央芝	51	64	58	728	7.0%	15.8%	23.8%
中央ダ	39	43	36	641	6.1%	12.8%	18.4%
ローカル芝	90	80	74	985	9.1%	17.3%	24.8%
ローカルダ	37	38	24	504	7.3%	14.9%	19.6%
右回り芝	84	85	71	1073	7.8%	15.8%	22.4%
右回りダ	41	52	33	673	6.1%	13.8%	18.7%
左回り芝	52	53	55	589	8.8%	17.8%	27.2%
左回りダ	35	29	27	472	7.4%	13.6%	19.3%
札幌芝	5	4	6	96	5.2%	9.4%	15.6%
札幌ダ	0	4	2	34	0.0%	11.8%	17.6%
函館芝	7	4	3	90	7.8%	12.2%	15.6%
函館ダ	3	3	1	34	8.8%	17.6%	20.6%
福島芝	11	15	5	128	8.6%	20.3%	24.2%
福島ダ	4	2	3	49	8.2%	12.2%	18.4%
新潟芝	23	15	24	196	11.7%	19.4%	31.6%
新潟ダ	8	9	2	92	8.7%	18.5%	20.7%
東京芝	13	21	18	199	6.5%	17.1%	26.1%
東京ダ	8	9	11	166	4.8%	10.2%	16.9%
中山芝	13	19	25	231	5.6%	13.9%	24.7%
中山ダ	5	10	7	135	3.7%	11.1%	16.3%
中京芝	21	23	19	245	8.6%	18.0%	25.7%
中京ダ	19	11	14	214	8.9%	14.0%	20.6%
京都芝	4	2	2	62	6.5%	9.7%	12.9%
京都ダ	4	2	0	29	13.8%	20.7%	20.7%
阪神芝	21	22	13	236	8.9%	18.2%	23.7%
阪神ダ	22	22	18	311	7.1%	14.1%	19.9%
小倉芝	23	19	17	230	10.0%	18.3%	25.7%
小倉ダ	3	9	2	81	3.7%	14.8%	17.3%

条件　新馬戦から活躍、障害適性も◯

	1着	2着	3着	出走数	勝率	連対率	3着内率
新馬	16	16	24	197	8.1%	16.2%	28.4%
未勝利	84	76	50	951	8.8%	16.8%	22.1%
1勝	67	67	63	802	8.4%	16.7%	24.6%
2勝	25	46	26	479	5.2%	14.8%	20.3%
3勝	12	13	18	226	5.3%	11.1%	19.0%
OPEN特別	14	10	13	188	7.4%	12.8%	19.7%
GⅢ	8	5	5	101	7.9%	12.9%	17.8%
GⅡ	3	4	1	36	8.3%	19.4%	22.2%
GⅠ	2	5	1	25	8.0%	28.0%	32.0%
ハンデ戦	12	11	19	227	5.3%	10.1%	18.5%
牝馬限定	39	31	22	428	9.1%	16.4%	21.5%
障害	14	17	9	147	9.5%	21.1%	27.2%

人気　人気は平均的、4〜6人気も健闘

	1着	2着	3着	出走数	勝率	連対率	3着内率
1番人気	71	48	23	231	30.7%	51.5%	61.5%
2〜3番人気	78	84	62	486	16.0%	33.3%	46.1%
4〜6番人気	61	70	75	731	8.3%	17.9%	28.2%
7〜9番人気	14	26	22	633	2.2%	6.3%	9.8%
10番人気〜	7	14	19	924	0.8%	2.3%	4.3%

単勝回収値 73円／単勝適正回収値 79円

距離　芝短距離向きの傾向が強くなる

芝　　平均勝ち距離　1,466m

	1着	2着	3着	出走数	勝率	連対率	3着内率
全体計	141	144	132	1713	8.2%	16.6%	24.3%
芝〜1300m	60	50	43	641	9.4%	17.2%	23.9%
芝〜1600m	51	59	64	660	7.7%	16.7%	26.4%
芝〜2000m	27	33	22	360	7.5%	16.7%	22.8%
芝〜2400m	3	2	2	31	9.7%	16.1%	22.6%
芝2500m〜	0	0	1	21	0.0%	0.0%	4.8%

ダート　　平均勝ち距離　1,496m

	1着	2着	3着	出走数	勝率	連対率	3着内率
全体計	76	81	60	1145	6.6%	13.7%	19.0%
ダ〜1300m	22	16	16	312	7.1%	12.2%	17.3%
ダ〜1600m	26	24	14	326	8.0%	15.3%	19.6%
ダ〜2000m	27	40	29	479	5.6%	14.0%	20.0%
ダ2100m〜	1	1	1	28	3.6%	7.1%	10.7%

馬場状態　芝の重馬場出走時が狙い

		1着	2着	3着	出走数	勝率	連対率	3着内率
芝	良	108	107	97	1303	8.3%	16.5%	23.9%
	稍重	19	21	22	263	7.2%	15.2%	23.6%
	重	13	14	10	117	11.1%	23.1%	31.6%
	不良	1	2	3	30	3.3%	10.0%	20.0%
ダ	良	47	54	34	714	6.6%	14.1%	18.9%
	稍重	14	15	13	211	6.6%	13.7%	20.9%
	重	10	11	10	142	7.0%	14.8%	18.3%
	不良	5	1	0	78	6.4%	7.7%	15.4%

性齢　牝馬優勢、2歳時からバリバリ動く

	1着	2着	3着	出走数	勝率	連対率	3着内率
牡2歳	17	19	19	232	7.3%	15.5%	23.7%
牝2歳	27	25	23	234	11.5%	22.2%	32.1%
牡3歳前半	29	32	24	372	7.8%	16.4%	22.8%
牝3歳前半	31	16	13	312	9.9%	15.1%	19.2%
牡3歳後半	17	30	16	220	7.7%	21.4%	28.6%
牝3歳後半	14	22	10	208	6.7%	17.3%	22.1%
牡4歳	28	22	29	333	8.4%	15.0%	23.7%
牝4歳	26	19	20	288	9.0%	15.6%	22.2%
牡5歳	12	9	20	230	5.2%	13.5%	22.2%
牝5歳	6	8	6	167	4.2%	9.0%	12.6%
牡6歳	7	13	9	153	4.6%	13.1%	19.6%
牝6歳	0	2	1	41	0.0%	4.9%	7.3%
牡7歳以上	15	15	11	209	7.2%	14.4%	19.6%
牝7歳以上	1	0	0	6	16.7%	16.7%	16.7%

勝ち馬の決め手

芝：141勝　逃げ29／先行67／差し35／追込10

ダート：76勝　逃げ19／先行44／差し11／追込2

重賞　レース体系で重用視されているレースのことで賞金が高額である。GⅠ、GⅡ、GⅢとグレード（G）のついた全レースと、障害の重賞がある。

馬券に直結する適性データ

意外と長距離にも対応できる
2歳戦の強さはお墨付き

　2歳GIを5勝しているように、仕上がりの早さには定評がある。そのうち3勝が阪神JFと特に牝馬が強く、重賞級でない標準的な産駒でも然り。2歳牝馬の3着内率は30%を超えており、軸にもってこいの安定感だ。

　距離別では、重賞実績が短距離～マイルに集中しているためか、明確な距離の壁がありそうだが、下級条件も含めた標準的な産駒は、距離が短いに越したことはないが、意外と長距離に対応している。特に芝～2400mでの勝率は短距離戦のそれを上回る。バッサリ切ってしまわず、単勝で押さえておくのも手だ。さすがに2500mを超えると3着が1回あるだけだが、出走自体が激レアなのでノーマークでOK。

　芝141勝のうち逃げ切りが29勝を占めており、割合としては20%を超えている。これは全体と比較しても高い方なので、枠やメンバー構成で先手が取れそうな時は狙い目だ。

重賞レース馬券のヒント

重賞には明確な距離の壁
買えてもローカル重賞まで

　ダイワメジャー自身は皐月賞、天皇賞・秋と2000mのGIを2勝し、2500mの有馬記念で2度3着に入っているが、これは自身の能力の賜物。産駒はそこまでのスタミナはなく、重賞レベルになると1600mの地点に高い壁がある。よくて1800mまで、2000mで買うとしたらローカル重賞くらいか。すでにその距離に実績があるなら別だが、初距離や久々の出走であれば様子見が正解。逆に短距離に関しては、初距離でも積極的に狙っていきたい。レジステンシアが4歳時の高松宮記念で2着した時も、芝1200mは初めてだった。

通算重賞勝ち数

	GI	GII	GIII	GI勝ち産駒数	重賞勝ち産駒数
芝	10	14	26 (1)	8	23
ダート	0	0	1	0	1
地方	2	2	2	2	4
海外	1	0	0	1	1

※（ ）内は格付前重賞

POG　2024年期待の2歳馬　ピックアップ

スケールの大きな配合が魅力
GI馬を近親に持つ牡駒に注目

　母ウィズアミッションの牡駒は、独GIバーデン大賞などGI3勝のベストソリューション、クリテリウムドサンクルーを勝ち仏ダービーで2着のエルボデゴンをいとこに持つ良血馬。母母父にサドラーズウェルズがいるスケールの大きな配合は、3歳牡馬クラシックでも期待できる。ダイワメジャーの代表産駒の一頭レジステンシアをいとこに持つ、母マラコンセハダの牡駒も面白い。母父はアンブライドルズソング直仔で、サンデー系との相性も抜群だ。牝馬では、母アラッザの牝駒に注目。母父アレイオンは日本では無名だが、独リーディングに4度、独2歳リーディングに3度輝いている名サイアー。仕上がりの早さに期待できる。

母馬名（母父）	性別	おすすめポイント	母馬名（母父）	性別	おすすめポイント
*ウィズアミッション（DANEHILL DANCER）	牡	当歳セレクトセールで6160万円。いとこに独GI2勝の強豪馬。	*ラグプリンセス（UNION RAGS）	牡	当歳セレクトセールで5720万円。叔父にサンタアニタダービー3着馬。
カンカンガール（EXCHANGE RATE）	牡	当歳セレクトセールで5500万円。2代母はアメリカンオークス勝ち。	*アラッザ（AREION）	牝	母は独1000ギニー3着。母父は独リーディングに4度輝く名馬。
*ティズトレメンダス（TIZ WONDERFUL）	牡	当歳セレクトセールで5280万円。母はフィリーズレビューで3着。	*ダヌスカズマイガール（SHACKLEFORD）	牝	母は米GIII3勝。母父は仕上がり早いストームキャット系種牡馬。
*マラコンセハダ（ZENSATIONAL）	牡	当歳セレクトセールで5720万円。いとこに阪神JFレジステンシア。	*ミントフレッシュ（WAR FRONT）	牝	1歳セレクトセールで3410万円。2代母はベルモントオークス馬。
*ミスエリカ（BLAME）	牡	1歳セレクトセールで5500万円。叔父に米重賞2勝馬。ダート向き。	レッドアトゥ（*カジノドライヴ）	牝	母は準OPの東大路Sなど5勝をあげ、エルムSで0.5秒差4着。

RANKING

17

2歳馬 17

2022 ㉒
2021 ㉜
2020 ⑩
2019 －

ホッコータルマエ
HOKKO TARUMAE

名種牡馬キングカメハメハのダート部門の後継者

種付料／⇒ 受300万円F　供用地／浦河・イーストスタッド

2009年生　鹿毛　浦河・市川ファーム産

距離	成長型	芝	ダート	瞬発力	パワー	底力
中	普	○	◎	○	◎	○

年次	種付頭数	産駒数
23年	**159**	**120**
22年	168	116
21年	172	112
20年	161	131
19年	208	106

PROFILE

競走成績　**39戦17勝**（3～7歳・日首）
最高レーティング　**119 I**（14年）
主な勝ち鞍　**チャンピオンズC、東京大賞典2
回、JBCクラシック、帝王賞2回、川崎記念3回、
かしわ記念、アンタレスS、レパードS、佐賀記念。**

　3歳時、レパードSで重賞初制覇を果たすと、ジャパンCダートでは9番人気ながら3着に好走した。4歳時、佐賀記念、名古屋大賞典、アンタレスSと3連勝。続くかしわ記念で交流GI初制覇を達成。さらに帝王賞も制して5連勝を記録した。南部杯3着から臨んだJBCク

ラシックでGI3勝目をあげると、ジャパンCダートは3着だったが、東京大賞典、川崎記念と連勝して、GIタイトルを重ねた。

　フェブラリーS2着の後、首遠征してドバイワールドCに挑むも16着と大敗。秋、この年から名称、開催地の変わったチャンピオンズCを制し、2014年のJRA最優秀ダートホースに選ばれた。その後、東京大賞典、川崎記念を連覇してドバイワールドCに挑戦するも5着まで。帰国後に帝王賞で交流GI9勝目をあげると、連覇を狙ったチャンピオンズCは5着、3連覇を狙った東京大賞典は2着に敗れたが、

系統：キングマンボ系　母父系統：ブラッシンググルーム系

父 キングカメハメハ 鹿 2001	**父父** キングマンボ Kingmambo 鹿 1990	Mr. Prospector	Raise a Native	Native Dancer
				Raise You
			Gold Digger	Nashua
				Sequence
		Miesque	Nureyev	Northern Dancer
				Special
			Pasadoble	Prove Out
				Santa Quilla
	父母 *マンファス 黒鹿 1991	*ラストタイクーン	*トライマイベスト	Northern Dancer
				Sex Appeal
			Mill Princess	Mill Reef
				Irish Lass
		Pilot Bird	Blakeney	Hethersett
				Windmill Girl
			The Dancer	Green Dancer
				Khazaeen
母 マダムチェロキー 鹿 2001	**母父** チェロキーラン Cherokee Run 黒鹿 1990	Runaway Groom	Blushing Groom	Red God
				Runaway Bride
			Yonnie Girl	Call the Witness
				Po'Chile
		Cherokee Dame	Silver Saber	Drone
				Happy Flirt
			Dame Francesca	Francis S.
				Maid to Rule
	母母 *アンフォイルド 鹿 1995	Unbridled	Fappiano	Mr. Prospector
				Killaloe
			Gana Facil	Le Fabuleux
				Charedi
		Bold Foil	Bold Forbes	Irish Castle
				Comely Nell
			Perfect Foil	Sword Dancer
				Flight Bird

インブリード：Mr. Prospector 3×5、父キングカメハメハに Northern Dancer 4×4

血統解説

父キングカメハメハはダービー、NHKマイルCを制した変則2冠馬で、種牡馬としてもドゥラメンテ（P32）、ロードカナロア（P36）、ルーラーシップ（P68）、アパパネ（牝馬3冠）など多くの一流競走馬を送り出し、キングカメハメハ系とでもいうべき父系を発展させている。本馬はそのダート部門を代表する産駒。母マダムチェロキーは4勝をあげ、ゴールデンスパーTで3着。母系は叔母にコスモプリズム（エンプレス杯3着、TCK女王盃3着）がいる。母父チェロキーランはBCスプリントを勝った名スプリンターで、種牡馬としてもウォーパス（BCジュヴナイル）を輩出している。

代表産駒

ブリッツファング（兵庫CS、ジャパンダートダービー3着）、レディバグ（スパーキングレディーC、南部杯3着）、ゴライコウ（JBC2歳優駿）、メイショウフンジン（白山大賞典2着、ダイオライト記念3着、マーキュリーC3着）、メイショウオーロラ（兵庫CS3着、関東オークス3着）、ブライアンセンス（ユニコーンS3着）、ヒーローコール（鎌倉記念）、グラーツィア（園田プリンセスC）、ニネンビーグミ（兵庫クイーンセレクション）、ウルトラノホシ（佐賀・ネクストス）、ダイセンハッピー（名古屋・ゴールドウィング賞）、モリノオーシャン（門別・ブロッサムC）、ママママカロニ（大井・ゴールドジュニア）。

明け7歳緒戦の川崎記念を3連覇。史上初のGI10勝の偉業を達成した。3度目の挑戦となったドバイワールドCは9着。

39戦して着外になったのは4戦だけで、4歳時に初GI制覇してからはGIのみに出走。地方での交流GIは16戦して【9.3.2.2】という抜群の安定感を誇り、2013年から3年続けてNARグランプリダートグレード競走特別賞を受賞している。

8歳で種牡馬入りすると、毎年150頭以上に種付する人気振り。2022年にブリッツファングが兵庫CSで重賞初制覇を果たすと、ゴライコウがJBC2歳優駿を制覇してランキングは22位。2023年にはレディバグがスパーキングレディーCを制覇するなどの活躍で、17位までランクアップした。

FROM STALLION

ジャパンレースホースエージェンシー・秋武佳孝氏談

「地方を中心とした産駒の活躍が、種牡馬としての人気や、セリにおける評価の高さとしても現れています。産駒は古馬となってからの活躍も目覚ましく、本年度はダートサイアーでの更なるランクアップも期待できそうです。国内でのシャトルけい養を行っていますが、本場では2度目のスタッド入りながらも、移動直後は環境の変化に戸惑っているようでした。ファンからの人気も高い馬で、昨年も多くの見学者がありました」

総収得賞金 1,546,239,000円　アーニング INDEX 1.04　実勢評価値 1.61

勝利頭数／出走頭数：全馬 164 ／ 320		2歳	28 ／ 68		
勝利回数／出走回数：全馬 320 ／ 2,339		2歳	37 ／ 227		

Data Box (2021~2023)

単勝回収値 87円／単勝適正回収値 88円

コース　新潟ダートなどローカルダート向き

	1着	2着	3着	出走数	勝率	連対率	3着内率
全体計	124	119	116	1513	8.2%	16.1%	23.7%
中央芝	1	2	0	31	3.2%	9.7%	9.7%
中央ダ	70	58	64	848	8.3%	15.1%	22.6%
ローカル芝	1	3	1	43	2.3%	9.3%	11.6%
ローカルダ	52	56	51	591	8.8%	18.3%	26.9%
右回り芝	2	5	0	46	4.3%	15.2%	15.2%
右回りダ	66	64	62	815	8.1%	16.2%	23.8%
左回り芝	0	0	1	24	0.0%	0.0%	4.2%
左回りダ	56	48	53	624	9.0%	16.7%	25.2%
札幌芝	1	0	0	6	16.7%	16.7%	16.7%
札幌ダ	1	7	7	48	2.1%	16.7%	31.3%
函館芝	0	0	0	0	-	-	-
函館ダ	5	2	7	41	12.2%	17.1%	34.1%
福島芝	0	2	0	9	0.0%	22.2%	22.2%
福島ダ	5	3	3	60	8.3%	13.3%	18.3%
新潟芝	0	0	1	17	0.0%	0.0%	5.9%
新潟ダ	12	18	10	135	8.9%	22.2%	29.6%
東京芝	0	0	0	9	0.0%	0.0%	0.0%
東京ダ	20	14	25	265	7.5%	12.8%	22.3%
中山芝	1	2	0	13	7.7%	23.1%	23.1%
中山ダ	20	16	16	230	8.7%	15.7%	22.6%
中京芝	0	0	0	2	0.0%	0.0%	0.0%
中京ダ	24	16	18	224	10.7%	17.9%	25.9%
京都芝	0	0	0	4	0.0%	0.0%	0.0%
京都ダ	5	5	2	67	7.5%	14.9%	17.9%
阪神芝	0	0	0	5	0.0%	0.0%	0.0%
阪神ダ	25	23	21	286	8.7%	16.8%	24.1%
小倉芝	0	1	0	9	0.0%	11.1%	11.1%
小倉ダ	5	10	6	83	6.0%	18.1%	25.3%

距離　はっきりとダート中距離向き

芝　平均勝ち距離　1,900m

	1着	2着	3着	出走数	勝率	連対率	3着内率
全体計	2	5	1	74	2.7%	9.5%	10.8%
芝~1300m	1	2	0	25	4.0%	12.0%	12.0%
芝~1600m	0	2	1	21	0.0%	9.5%	14.3%
芝~2000m	0	0	0	20	0.0%	0.0%	0.0%
芝~2400m	0	0	0	4	0.0%	0.0%	0.0%
芝2500m~	1	1	0	4	25.0%	50.0%	50.0%

ダート　平均勝ち距離　1,700m

	1着	2着	3着	出走数	勝率	連対率	3着内率
全体計	122	114	115	1439	8.5%	16.4%	24.4%
ダ~1300m	15	23	21	259	5.8%	14.7%	22.8%
ダ~1600m	21	18	25	277	7.6%	14.1%	23.1%
ダ~2000m	80	68	58	823	9.7%	18.0%	25.0%
ダ2100m~	6	5	10	80	7.5%	13.8%	27.5%

馬場状態　ダートは状態不問、重馬場で輝く

		1着	2着	3着	出走数	勝率	連対率	3着内率
芝	良	1	2	0	50	2.0%	6.0%	6.0%
	稍重	1	2	1	18	5.6%	16.7%	22.2%
	重	0	1	0	4	0.0%	25.0%	25.0%
	不良	0	0	0	0	-	-	-
ダ	良	74	71	73	900	8.2%	16.1%	24.2%
	稍重	26	18	17	281	9.3%	15.7%	21.7%
	重	15	17	13	164	9.1%	19.5%	27.4%
	不良	7	8	12	94	7.4%	16.0%	28.7%

条件　2勝クラス、ハンデ戦で好走に期待

	1着	2着	3着	出走数	勝率	連対率	3着内率
新馬	15	12	6	152	9.9%	17.8%	21.7%
未勝利	56	53	61	704	8.0%	15.5%	24.1%
1勝	35	34	28	431	8.1%	16.0%	22.5%
2勝	15	11	12	141	10.6%	18.4%	27.0%
3勝	4	8	6	64	6.3%	18.8%	28.1%
OPEN特別	3	2	3	43	7.0%	11.6%	18.6%
GⅢ	0	0	1	10	0.0%	0.0%	10.0%
GⅡ	0	0	0	1	0.0%	0.0%	0.0%
GⅠ	0	0	0	0	-	-	-
ハンデ戦	8	3	5	47	17.0%	23.4%	34.0%
牝馬限定	17	18	20	220	7.7%	15.9%	25.0%
障害	4	1	1	33	12.1%	15.2%	18.2%

性齢　3歳時に大きく成長する

	1着	2着	3着	出走数	勝率	連対率	3着内率
牡2歳	14	11	12	174	8.0%	14.4%	21.3%
牝2歳	9	12	9	144	6.3%	14.6%	20.8%
牡3歳前半	39	31	34	363	10.7%	19.3%	28.7%
牝3歳前半	12	8	13	160	7.5%	12.5%	20.6%
牡3歳後半	21	22	20	212	9.9%	20.3%	29.7%
牝3歳後半	7	11	6	105	6.7%	17.1%	22.9%
牡4歳	16	16	17	198	8.1%	16.2%	24.7%
牝4歳	7	5	9	91	7.7%	13.2%	17.6%
牡5歳	4	4	6	85	4.7%	6.3%	7.8%
牝5歳	0	2	1	35	0.0%	6.3%	11.4%
牡6歳							
牝6歳							
牡7歳以上							
牝7歳以上							

人気　2~3番人気の頭に警戒

	1着	2着	3着	出走数	勝率	連対率	3着内率
1番人気	35	18	13	105	33.3%	50.5%	62.9%
2~3番人気	47	38	31	245	19.2%	34.7%	47.3%
4~6番人気	34	40	41	390	8.7%	19.0%	29.5%
7~9番人気	6	18	20	328	1.8%	7.3%	13.4%
10番人気~	6	6	12	478	1.3%	2.5%	5.0%

勝ち馬の決め手

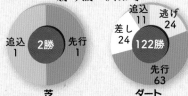

芝　2勝
- 追込 1
- 先行 1

ダート　122勝
- 逃げ 24
- 先行 63
- 差し 24
- 追込 11

重賞表記のJpnとG　日本がPARTⅠ国へ移行したことに従い、Gレースの表記を国際基準に改め、国際競走でないGレースはすべてJpnと表記されている。本書では便宜的にJpnもGと表記している。

馬券に直結する適性データ

ほぼほぼダート向きだが芝がノーチャンスでもない

ダート122勝に対し芝はわずかに2勝。ただし、2着が5回3着が1回あり、完全なダート血統と決めつけるのは早計。芝の2勝のうち1勝は1勝クラスとはいえ特別戦だった。ちなみにその1勝をあげたニシノファンフェアは同距離の芝の平場戦で2着していた。とはいえ、基本はダート。距離は〜2000mの中距離戦が勝利数、勝率、連対率、3着内率いずれも最高値をマークしている。

使われてよくなってくるタイプで、勝ち上がるのに何戦もかかる産駒が多いが、2勝クラスでの成績は悪くなく、3勝目のハードルはそれほど高くない。また、ハンデ戦で17.0%という勝率をあげているので、単勝狙いや1着固定の軸として扱ってみても面白い。

コース別では新潟ダートが狙い目。勝率は抜けていいわけではないが、連対率は20%を超えており、馬連の軸に向いている。

重賞レース馬券のヒント

整備された地方3冠路線で面白い存在になるか

中央でのダート重賞の実績はまだまだ乏しいが、中距離を中心にいずれ活躍馬が出てくるのは間違いない。左回りも苦にしていないので、フェブラリーSやチャンピオンズCでの大駆けも期待しよう。一方、地方ではローカル重賞を勝ちまくっているように、なかなか頼もしい存在。中距離が得意で3歳になって力をつけてくるということは、整備された南関東3冠路線でも面白い存在になりそう。前述したように、ホッコータルマエ自身は地方で抜群の安定感を見せていた。勝ちきれないまでも、2、3着では押さえておきたい。

通算重賞勝ち数

	GⅠ	GⅡ	GⅢ	GⅠ勝ち産駒数	重賞勝ち産駒数
芝	0	0	0	0	0
ダート	0	0	0	0	0
地方	0	1	2	0	3
海外	0	0	0	0	0

POG　2024年期待の2歳馬　ピックアップ

短距離王を叔父に持つ牡駒や2歳GⅠ馬近親の牝駒に期待

牡馬では、母キタサンテンビーの牡駒が魅力的。高松宮記念とスプリンターズSを制した2009年の短距離王ローレルゲレイロを叔父に持つ良血馬。ローレルゲレイロは朝日杯FS2着、NHKマイルCでも2着に入っており、仕上がり早く息の長い活躍を見せた。母父ダイワメジャーもその長所を後押しする配合で、2歳戦やダート3冠路線での活躍も期待できる。牝馬では、母ウィキッドアイズの牝駒に注目。母系には2歳GⅡホープフルSを制したハートレーがおり、こちらも仕上がりの早さに期待できる。母父オルフェーヴルはダートで大物を次々と輩出しており、自身の武器であった底力が伝われば、大レースが楽しみな存在になる。

母馬名（母父）	性別	おすすめポイント	母馬名（母父）	性別	おすすめポイント
キタサンテンビー（ダイワメジャー）	牡	1歳セレクションセールで4400万円。叔父にローレルゲレイロ。	ベガグレシヤス（アドマイヤドン）	牡	叔父にスワンS2着、京王杯2歳S3着のテイエムオオタカ。
ケイアイリブラ（*アグネスデジタル）	牡	1歳セレクションセールで3410万円。4代母にシンコウラブリイ。	ウィキッドアイズ（オルフェーヴル）	牝	当歳セレクトセールで2090万円。叔父に2歳GⅡ馬ハートレー。
コシミノダンサー（ハーツクライ）	牡	2代母ラブームは仏重賞で2着2着4回3着5回の活躍馬。	シャイニングスカイ（ディープインパクト）	牝	母の全兄にデイリー杯2歳Sで2着したアトム。母父に期待。
タマノエスペランサ（*ワイルドラッシュ）	牡	母父はGⅠ4勝のトランセンドを出している。ダート中距離は最適。	フォーチュンフラグ（オルフェーヴル）	牝	ミスタープロスペクターの4×4を持つ。母父はダートでも大物輩出。
ディアハート（*ヘニーヒューズ）	牡	1歳セレクションセールで2310万円。2歳戦から狙える配合。	ラブレインボー（*フレンチデピュティ）	牝	兄姉たちは堅実に勝ち上がる。母父はBMSとして魅力的な系統。

RANKING
18
2歳馬 25
2022 ㉓
2021 ⑲
2020 ⑲
2019 ⑱

ジャスタウェイ
JUST A WAY

ランク20位以内に復権！2024年は重賞勝ちで幕開け

種付料／⇩受200万円　産300万円F　供用地／日高・ブリーダーズSS
2009年生　鹿毛　浦河・社台コーポレーション白老ファーム産

距離	成長型	芝	ダート	瞬発力	パワー	底力
中	普	◎	○	◎	○	○

年次	種付頭数	産駒数
23年	**80**	**44**
22年	67	38
21年	61	62
20年	86	136
19年	214	99

PROFILE

競走成績　22戦6勝（2～5歳・日首仏）
最高レーティング　130 M（14年）
主な勝ち鞍　ドバイデューティフリー、天皇賞・秋、安田記念、中山記念、アーリントンC。ジャパンC2着、毎日王冠2着2回、エプソムC2着。

　2歳時は新潟2歳S2着、東京スポーツ杯2歳S4着。3歳時もきさらぎ賞では4着と勝ちきれなかったが、続くアーリントンCで重賞初制覇。4番人気に期待されたNHKマイルCは6着、ダービーも11着に終わった。

　秋、毎日王冠2着から臨んだ天皇賞・秋は6着。

　4歳を迎えても、中山金杯3着、エプソムC2着、関屋記念2着、毎日王冠2着と勝ちきれないレースが続いたが、天皇賞・秋で3冠牝馬ジェンティルドンナに4馬身差をつける快勝劇を見せると一気に覚醒。5歳になると中山記念を勝って臨んだドバイデューティフリーでは、6馬身強の差でレコード勝ち。この勝利で「130」という高いレートを獲得。その結果、2014年の「ロンジンワールドベストホース」に選ばれた。帰国後は安田記念を勝ち、ジャパンCで2着して、2014年のJRA最優秀4歳以上牡馬に選出された。

　6歳から種牡馬入り。2018年のFSランキン

系統：サンデーサイレンス系　母父系統：ニアークティック系				
父 ハーツクライ 鹿 2001	**父父** *サンデーサイレンス 青鹿 1986	Halo	Hail to Reason	Turn-to
				Nothirdchance
			Cosmah	Cosmic Bomb
				Almahmoud
		Wishing Well	Understanding	Promised Land
				Pretty Ways
			Mountain Flower	Montparnasse
				Edelweiss
	父母 アイリッシュダンス 鹿 1990	*トニービン	*カンバラ	Kalamoun
				State Pension
			Severn Bridge	Hornbeam
				Priddy Fair
		*ビューパーダンス	Lyphard	Northern Dancer
				Goofed
			My Bupers	Bupers
				Princess Revoked
母 シビル 鹿 1999	**母父** ワイルドアゲイン Wild Again 黒鹿 1980	Icecapade	Nearctic	Nearco
				Lady Angela
			Shenanigans	Native Dancer
				Bold Irish
		Bushel-n-Peck	Khaled	Hyperion
				Eclair
			Dama	Dante
				Clovelly
	母母 *シャロン 栗 1987	Mo Exception	Hard Work	Golden Ruler
				Adds Up
			With Exception	Pan Dancer
				Sandy's Toughie
		Double Wiggle	Sir Wiggle	Sadair
				Wiggle
			Blue Double	Nodouble
				Blue Burst

インブリード：5代以内までにクロスなし

血統解説

　父ハーツクライは有馬記念、ドバイシーマクラシックを勝った名馬で、種牡馬としてもドウデュース（ダービー、有馬記念）、リスグラシュー（年度代表馬）、スワーヴリチャード（P350）などを出した名馬。本馬はその2年目産駒。母系は半姉にスカイノダン（北九州記念2着）、2代母にシャロン（CCAオークス）がいる。母父ワイルドアゲインはBCクラシックの勝ち馬で、種牡馬としてはニアークティックの傍流血脈を発展させている貴重な存在。BMSとしては本馬のほかにパイロ（P108）、サンライズプリンス（ニュージーランドT）、ランザローテ（プロキオンS）を輩出している。

代表産駒

ダノンザキッド（ホープフルS、マイルCS2着、同3着、香港C2着）、**テオレーマ**（JBCレディスクラシック）、**エーポス**（フィリーズレビュー）、**ガストリック**（東京スポーツ杯2歳S）、**マスターフェンサー**（名古屋グランプリ）、**ヴェルテックス**（名古屋グランプリ）、**ロードマイウェイ**（チャレンジC）、**アウィルアウェイ**（シルクロードS、スプリンターズS3着）、**アドマイヤジャスタ**（函館記念）、**コレペティトール**（京都金杯）、**ヴェロックス**（皐月賞2着、ダービー3着）、**ルージュエヴァイユ**（エリザベス女王杯2着）、**ララミーファイン**（函館2歳S2着）、**テーオーシリウス**（小倉記念2着）、**ショウナンマヌエラ**（新潟2歳S2着）、**モンテディオ**（神戸新聞杯3着）、**ジューンオレンジ**（フィリーズレビュー3着）、**マラキナイア**（ローズS3着）、**ヤマニンウルス**。

グでは1位に輝いた。2019年初年度産駒のヴェロックスが皐月賞2着、ダービー3着とクラシック戦線で活躍。総合ランキングでも18位にランクイン。2020年にはダノンザキッドがホープフルSを制してGIサイアーに輝いた。その後、JBCレディスクラシック勝ちのテオレーマなどの活躍で、2020年、2021年と総合ランキングは20位以内をキープ。

　2022年こそランキングはトップ20から落ちてしまったが、2023年はルージュエヴァイユがエリザベス女王杯で2着、府中牝馬Sで2着するなどの活躍を見せ、再びトップ20以内となる18位にランクインした。

　2024年もコレペティトールが京都金杯を勝つなど、上々の滑り出し。ダートの大物候補ヤマニンウルスの活躍も大いに楽しみである。

FROM STALLION

ブリーダーズスタリオンステーション・坂本教文場長談

「年明け早々にコレペティトールが京都金杯を勝っただけでなく、ダートでもヤマニンウルスが無敗でオープン入りしました。シーズン前に父の評価を高めたのは嬉しい限りです。種牡馬としての確固たる実績に加えて、後継種牡馬も送り出すなど、ベテラン感が出ていますが、年齢的にもまだまだ老け込む年でもありません。今年のGIでの活躍も見込めsuch2頭だけでなく、芝、ダートの双方で更なる大物を期待しています」

総収得賞金 1,472,421,000 円 アーニング INDEX 1.09 実勢評価値 1.68

	勝利頭数／出走頭数		2歳	
勝利頭数／出走頭数	全馬137	292	2歳 11	44
勝利回数／出走回数	全馬210	2,255	2歳 14	150

Data Box (2021~2023)

コース 洋芝巧者の特徴がはっきり出る

	1着	2着	3着	出走数	勝率	連対率	3着内率
全体計	167	156	147	2315	7.2%	14.0%	20.3%
中央芝	48	40	36	589	8.1%	14.9%	21.1%
中央ダ	48	39	42	610	7.9%	14.3%	21.1%
ローカル芝	43	44	47	630	6.8%	13.8%	21.3%
ローカルダ	28	33	22	486	5.8%	12.6%	17.1%
右回り芝	64	53	51	756	8.5%	15.5%	22.2%
右回りダ	44	39	40	601	7.3%	13.8%	20.5%
左回り芝	25	31	32	453	5.5%	12.4%	19.4%
左回りダ	32	33	24	495	6.5%	13.1%	18.0%
札幌芝	8	8	7	64	12.5%	25.0%	35.9%
札幌ダ	3	5	1	50	6.0%	16.0%	18.0%
函館芝	8	4	5	57	14.0%	21.1%	29.8%
函館ダ	4	4	3	34	11.8%	23.5%	32.4%
福島芝	4	3	6	81	4.9%	12.3%	18.5%
福島ダ	1	2	3	40	2.5%	7.5%	15.0%
新潟芝	6	10	9	133	4.5%	12.0%	18.8%
新潟ダ	6	4	1	103	5.8%	9.7%	10.7%
東京芝	13	15	12	190	6.8%	14.7%	21.1%
東京ダ	15	14	18	183	8.2%	15.8%	22.4%
中山芝	12	5	6	152	7.9%	11.2%	15.1%
中山ダ	11	9	14	173	6.4%	11.6%	19.7%
中京芝	8	6	11	140	5.7%	10.0%	17.9%
中京ダ	11	15	11	209	5.3%	12.4%	17.7%
京都芝	4	5	4	50	8.0%	18.0%	26.0%
京都ダ	4	1	3	45	8.9%	11.1%	15.6%
阪神芝	19	15	14	197	9.6%	17.3%	24.4%
阪神ダ	18	15	14	209	8.6%	15.8%	22.5%
小倉芝	9	10	10	155	5.8%	12.3%	18.7%
小倉ダ	3	3	3	50	6.0%	12.0%	18.0%

条件 早さ活きる新馬戦が得意

	1着	2着	3着	出走数	勝率	連対率	3着内率
新馬	18	15	13	202	8.9%	16.3%	22.8%
未勝利	67	66	58	943	7.1%	14.1%	20.3%
1勝	47	46	44	610	7.7%	15.2%	22.5%
2勝	21	24	12	315	6.7%	14.3%	18.1%
3勝	12	9	7	137	8.8%	15.3%	20.4%
OPEN特別	4	1	6	69	5.8%	7.2%	15.9%
G III	0	3	4	47	0.0%	6.4%	14.9%
G II	1	1	6	31	3.2%	6.5%	25.8%
G I	0	2	2	24	0.0%	8.3%	16.7%
ハンデ戦	8	5	7	143	5.6%	9.1%	14.0%
牝馬限定	36	27	28	488	7.4%	12.9%	18.6%
障害	3	11	5	63	4.8%	22.2%	30.2%

人気 1番人気は高勝率、馬単の軸向き

	1着	2着	3着	出走数	勝率	連対率	3着内率
1番人気	60	20	17	154	39.0%	51.9%	63.0%
2～3番人気	49	51	40	327	15.0%	30.6%	42.8%
4～6番人気	34	55	50	514	6.6%	17.3%	27.0%
7～9番人気	15	15	25	505	3.0%	5.9%	12.9%
10番人気～	12	16	20	878	1.4%	3.2%	5.5%

単勝回収値 73円／単勝適正回収値 83円

距離 芝は中距離、ダートはマイル向き

芝 　平均勝ち距離 　1,751m

	1着	2着	3着	出走数	勝率	連対率	3着内率
全体計	91	84	83	1219	7.5%	14.4%	21.2%
芝～1300m	15	5	11	173	8.7%	11.6%	17.9%
芝～1600m	20	15	22	335	6.0%	10.4%	17.0%
芝～2000m	45	50	39	567	7.9%	16.8%	23.6%
芝～2400m	4	10	1	101	5.0%	10.9%	20.8%
芝2500m～	6	8	1	43	14.0%	32.6%	34.9%

ダート 　平均勝ち距離 　1,676m

	1着	2着	3着	出走数	勝率	連対率	3着内率
全体計	76	72	64	1096	6.9%	13.5%	19.3%
ダ～1300m	8	7	10	151	5.3%	9.9%	16.6%
ダ～1600m	18	19	16	231	7.8%	16.0%	22.9%
ダ～2000m	48	42	36	658	7.3%	13.7%	19.1%
ダ2100m～	2	4	2	56	3.6%	10.7%	14.3%

馬場状態 芝ダート共渋った馬場で勝率アップ

		1着	2着	3着	出走数	勝率	連対率	3着内率
芝	良	64	66	66	917	7.0%	14.2%	21.4%
	稍重	18	13	12	200	9.0%	15.5%	21.5%
	重	8	4	3	83	9.6%	14.5%	18.1%
	不良	1	1	2	19	5.3%	10.5%	21.1%
ダ	良	42	44	49	694	6.1%	12.4%	19.5%
	稍重	17	14	7	214	7.9%	14.5%	17.8%
	重	11	7	2	111	9.9%	16.2%	18.0%
	不良	6	7	6	77	7.8%	16.9%	24.7%

性齢 完成度の高さを活かし5歳まで活躍

	1着	2着	3着	出走数	勝率	連対率	3着内率
牡2歳	28	21	23	245	11.4%	20.0%	29.4%
牝2歳	8	9	12	203	3.9%	8.4%	14.3%
牡3歳前半	24	23	21	299	8.0%	15.7%	22.7%
牝3歳前半	23	18	18	351	6.6%	11.7%	16.8%
牡3歳後半	21	16	17	202	10.4%	18.3%	26.7%
牝3歳後半	18	10	15	201	9.0%	13.9%	21.4%
牡4歳	16	31	14	219	7.3%	21.5%	27.9%
牝4歳	11	10	10	186	5.9%	11.3%	16.7%
牡5歳	15	21	13	233	6.4%	15.5%	21.0%
牝5歳	5	5	7	132	3.8%	7.6%	12.9%
牡6歳	1	3	1	58	1.7%	6.9%	8.6%
牝6歳	0	0	0	29	0.0%	0.0%	0.0%
牡7歳以上	0	0	0	14	0.0%	0.0%	4.8%
牝7歳以上	0	0	0	1	—	—	—

勝ち馬の決め手

芝　91勝　追込 9／逃げ 14／先行 38／差し 30

ダート　76勝　追込 8／逃げ 13／先行 40／差し 15

折り返しの新馬戦　2003年の6月から新馬戦はどの馬も生涯に一度だけしか出走できない決まりになっているが、それまでは同一開催中であれば何度でも出られたので、初戦敗退しても2戦目の新馬戦に向かうことが出来た。

馬券に直結する適性データ

札幌・函館開催は狙い目！
芝の中距離戦が稼ぎどころ

中央の芝、ダートおよびローカルの芝は、いずれも勝ち数に大きな差はないが、ローカルのダートは勝ち数と勝率がほかよりも落ちる。苦手というほどではないが、少し割り引きたい。

コース別では、札幌芝が勝率12.5％、函館芝が勝率14.0％と、共に優秀な数値をマークしており、頭から狙っていける。逆に福島、新潟の芝コースは両方とも勝率が5％未満。単勝や連単の軸にするには心許ない。

距離では芝の〜2000mの中距離が勝ち数、3着内率共に高く、稼ぎどころとなっている。そして出走数こそ少ないが、芝2500m〜の中長距離戦は勝率14.0％、連対率32.6％と優秀。見かけたら積極的に狙っていきたい。

仕上がりは早い方で2歳戦から活躍する一方で、6歳以降は107回出走して1勝2着3回3着2回と、ガクッと成績が落ちている。とりあえず高齢馬は様子見が正解か。

重賞レース馬券のヒント

詰めの甘さが目立つも
人気薄なら2、3着狙い

近3年間で重賞は1勝2着6回3着12回という成績で、大一番での詰めの甘さが目立っている。ただ、言い換えれば2、3着では狙い目となる。2023年に重賞で3戦連続2着したルージュエヴァイユの場合、人気は7、4、5番人気だったし、ダノンザキッドがGIで2、3着した時（計4回）も、人気は5、8、6、10番人気だった。人気が落ちている時は無理に単狙いには行かず、2、3着付けで馬券に絡めたい。特に同じコース、距離のレースはリピーターになる可能性もあるので、近走が不振でもチェックは忘れずに。

通算重賞勝ち数

	GI	GII	GIII	GI勝ち産駒数	重賞勝ち産駒数
芝	1	2	5	1	7
ダート	0	0	0	0	0
地方	1	2	5	1	3
海外	0	0	0	0	0

POG　2024年期待の2歳馬　ピックアップ

ベラジオオペラの半弟や
ダノンザキッドの全妹に注目

牡馬では母エアルーティーンの牡駒に期待。スプリングS、チャレンジCを勝ち、ダービーでも僅差4着に入ったベラジオオペラの半弟にあたる。仕上がりの早さはそのままに、父がジャスタウェイに変わってより中距離適性と切れ味がアップ。皐月賞が狙い目だ。牝馬では全兄にGIホープフルS勝ちのダノンザキッドを持つ、母エピックラヴの牝駒に注目。さらに半兄のダノンタッチダウンは朝日杯FS2着、同じく半兄のミッキーブリランテは阪急杯2着と活躍馬がズラリ。桜花賞が楽しみな一頭だ。ほかでは、ジャスタウェイ産駒のロードマイウェイをいとこに持つ、母シンメイフジの牝駒も面白い。

母馬名（母父）	性別	おすすめポイント	母馬名（母父）	性別	おすすめポイント
ヴィクトリアマンボ（ヴィクトワールピサ）	牡	当歳セレクトセールで2530万円。仕上がり早く皐月賞向き。	*エピックラヴ（DANSILI）	牝	全兄にダノンザキッド、半兄に朝日杯FS2着ダノンタッチダウン。
エアルーティーン（*ハービンジャー）	牡	1歳セレクトセールで4400万円。半兄に重賞2勝ベラジオオペラ。	コマノリリー（キングカメハメハ）	牝	いとこに京成杯のコマノインパルス。3代母にエリザベス女王杯馬。
*シルヴァーカップ（ALMUTAWAKEL）	牡	1歳セレクトセールで4510万円。兄姉10頭が2勝以上あげている。	*シンメイフジ（フジキセキ）	牝	母は新潟2歳S勝ち。いとこにロードマイウェイ（チャレンジC）。
ダングラシアス（マンハッタンカフェ）	牡	母はファンタジーS2着。サンデーサイレンスの3×3に注目。	スカーレル（ゴールドアリュール）	牝	当歳セレクトセールで2310万円。母系は名門サワーオレンジ系。
ノーティスボード（*クロフネ）	牡	2代母に京王杯SCをレコード勝ちした快速馬サンクスノート。	ティックルゴールド（ステイゴールド）	牝	叔母にJBCレディスクラシック勝ちのアンジュデジール。

103

RANKING
19
2歳馬 6

2022 ㉖
2021 ㉗
2020 ㊹
2019 (85)

*マジェスティックウォリアー
MAJESTIC WARRIOR

順調な活躍でついにトップ20入りした良血種牡馬

種付料／⇨受180万円F 供用地／浦河・イーストスタッド
2005年生　鹿毛　アメリカ産　2015年輸入

年次	種付頭数	産駒数
23年	**129**	**77**
22年	126	75
21年	112	130
20年	174	94
19年	141	85

距離	成長型	芝	ダート	瞬発力	パワー	底力
短中	やや早	○	◎	○	○	○

PROFILE

競走成績　7戦2勝（2～3歳・米）
最高レーティング　118（07年）
主な勝ち鞍　米ホープフルS。

2歳時、デビュー戦を勝って臨んだホープフルSを2馬身1/4差で快勝し、GIウイナーに輝いた。続くシャンペンSも1番人気に推されたが、14馬身差の6着に大敗。

3歳初戦のルイジアナダービーでパイロに9馬身差7着、ケンタッキーダービー前哨戦でもあるフロリダダービーでは後の2冠馬ビッグブラウンに18馬身半差の6着に完敗。続く2戦も4着と、精細を欠いたまま引退した。

まず米で種牡馬入りした。米トップサイアーの直仔で、母も2代母もGIホースという良血馬だったこともあり、初年度から100頭以上の牝馬を集めた。その中から、米では2013年のGICCAオークスを勝ったプリンセスオブシルマー、日本ではユニコーンSを勝った外国産馬ベストウォーリアが現れ、注目を集める。

2014年、ベストウォーリアが交流GI南部杯を制して日米でのGIサイアーに輝くと、ベス

系統：エーピーインディ系　母父系統：シーキングザゴールド系					
父 エーピーインディ A.P. Indy 黒鹿 1989	**父父** シアトルスルー Seattle Slew 黒鹿 1974	Bold Reasoning	Boldnesian	Bold Ruler	
				Alanesian	
			Reason to Earn	Hail to Reason	
				Sailing Home	
		My Charmer	Poker	Round Table	
				Glamour	
			Fair Charmer	Jet Action	
				Myrtle Charm	
	父母 ウィークエンドサプライズ Weekend Surprise 鹿 1980	Secretariat	Bold Ruler	Nasrullah	
				Miss Disco	
			Somethingroyal	Princequillo	
				Imperatrice	
		Lassie Dear	Buckpasser	Tom Fool	
				Busanda	
			Gay Missile	Sir Gaylord	
				Missy Baba	
母 ドリームシュプリーム Dream Supreme 黒鹿 1997	**母父** シーキングザゴールド Seeking the Gold 鹿 1985	Mr. Prospector	Raise a Native	Native Dancer	
				Raise You	
			Gold Digger	Nashua	
				Sequence	
		Con Game	Buckpasser	Tom Fool	
				Busanda	
			Broadway	Hasty Road	
				Flitabout	
	母母 スピニングラウンド Spinning Round 鹿 1989	Dixieland Band	Northern Dancer	Nearctic	
				Natalma	
			Mississippi Mud	Delta Judge	
				Sand Buggy	
		Take Heart	Secretariat	Bold Ruler	
				Somethingroyal	
			Deck Stewardess	Deck Hand	
				Champagne Woman	

インブリード：Secretariat 3×4、Buckpasser 4×4、Bold Ruler 5・4×5

血統解説

　父エーピーインディはBCクラシック、ベルモントSを制し、種牡馬としても米リーディングサイアーに輝いている。そして歴史的名馬シアトルスルーの血をさらに発展させ、父系としての「エーピーインディ系」を確立。母ドリームシュプリームはテストS、バレリーナHに勝ったGIウイナー。母系は2代母にスピニングラウンド（バレリーナS）、甥にウインドファイア（フライングチルダーズS2着）、一族からはペルー3歳牡馬王者カンフーマンボ（ペルーダービー）が出ている。母父シーキングザゴールドはミスタープロスペクター直仔で日本でも産駒がGI勝ちなど活躍している種牡馬。

代表産駒

プリンセスオブシルマー（ケンタッキーオークス、CCAオークス）、**ベストウォーリア**（南部杯2回、ユニコーンS、プロキオンS2回）、**レディサベリア**（バーバラフリッチーH）、**マイマジェスティッククローズ**（サマータイムオークス）、**レインスター**（シェイカータウンS）、**プロミストウォリア**（東海S、アンタレスS）、**エアアルマス**（東海S）、**サンライズホープ**（シリウスS、みやこS）、**スマッシャー**（ユニコーンS）、**ローンセーラー**（オクラホマダービー）、**ライトウォーリア**（太秦S）、**レッドソルダード**（灘S）、**セイカメテオポリス**（大井・東京記念）、**リベイクフルシティ**（大井・ゴールドジュニア）。

　トゥーリアは2015年に南部杯を連覇。この産駒の活躍が決め手となり、2015年11月、日本に輸入され種牡馬生活を送ることとなった。

　その後も、外国産馬として走ったエアアルマスが東海Sを制覇。さらに2021年には、日本での産駒にあたるスマッシャーがユニコーンSを勝ち、サンライズホープがシリウスSを勝ってそれに続いた。

　総合ランキングでも、2020年44位、2021年27位、2022年26位と確実に上昇。そして2023年はプロミストウォリアが東海S、アンタレスSの2つの重賞を制するなどの活躍を見せたことで、ついにトップ20位以内となる19位にランクイン。日本での供用開始以来、ずっと100頭以上の牝馬を集めており、さらなる飛躍が期待される。

FROM STALLION

ジャパンレースホースエージェンシー・秋武佳孝氏談

「昨年はプロミストウォリアが重賞連勝したほか、2歳馬の活躍が目覚ましく、2歳ダートランキングでは首位の成績も残しています。勝ち上がりにも秀でた産駒たちは、古馬となってからも息長く活躍をしており、現3歳世代も更なる活躍が見込めそうです。距離もこなせる種牡馬だけに、その中からダート3冠戦線を沸かせる産駒の誕生も期待しています。今年で19歳となりましたが、その年齢を感じさせないほど元気です」

総収得賞金 1,455,908,000円　アーニング INDEX 1.02　実勢評価値 2.62

	勝利頭数／出走頭数：全馬 151 ／ 309	2歳 33 ／ 99
	勝利回数／出走回数：全馬 283 ／ 2,385	2歳 56 ／ 351

Data Box (2021〜2023)

単勝回収値 69円／単勝適正回収値 83円

コース　新潟ダートなどローカルダート向き

	1着	2着	3着	出走数	勝率	連対率	3着内率
全体計	120	108	127	1648	7.3%	13.8%	21.5%
中央芝	5	2	7	111	4.5%	6.3%	12.6%
中央ダ	57	51	54	729	7.8%	14.8%	22.2%
ローカル芝	5	6	10	150	3.3%	7.3%	14.0%
ローカルダ	53	49	56	658	8.1%	15.5%	24.0%
右回り芝	7	5	10	149	4.7%	8.1%	14.8%
右回りダ	66	68	72	831	7.9%	16.1%	24.8%
左回り芝	3	3	7	105	2.9%	5.7%	12.4%
左回りダ	44	32	38	556	7.9%	13.7%	20.5%
札幌芝	1	0	0	10	10.0%	10.0%	10.0%
札幌ダ	8	8	9	63	12.7%	25.4%	39.7%
函館芝	0	2	1	12	0.0%	16.7%	25.0%
函館ダ	4	4	2	42	9.5%	19.0%	23.8%
福島芝	1	1	1	15	6.7%	13.3%	20.0%
福島ダ	4	3	7	62	6.5%	11.3%	22.6%
新潟芝	0	1	0	44	0.0%	2.3%	4.5%
新潟ダ	12	7	4	90	13.3%	21.1%	25.6%
東京芝	2	1	1	32	6.3%	9.4%	12.5%
東京ダ	13	12	12	196	6.6%	12.8%	18.9%
中山芝	0	0	0	19	0.0%	0.0%	0.0%
中山ダ	9	8	8	136	6.6%	12.5%	18.4%
中京芝	1	1	5	36	2.8%	5.6%	19.4%
中京ダ	19	13	22	270	7.0%	11.9%	20.0%
京都芝	0	0	1	20	0.0%	0.0%	5.0%
京都ダ	6	3	1	70	8.6%	12.9%	14.3%
阪神芝	3	1	5	40	7.5%	10.0%	22.5%
阪神ダ	29	28	33	327	8.9%	17.4%	27.5%
小倉芝	2	1	0	33	6.1%	9.1%	15.2%
小倉ダ	6	14	12	131	4.6%	15.3%	24.4%

条件　2勝クラスは壁にならない

	1着	2着	3着	出走数	勝率	連対率	3着内率
新馬	14	11	17	166	8.4%	15.1%	25.3%
未勝利	40	53	40	696	5.7%	13.4%	19.1%
1勝	34	22	42	461	7.4%	12.1%	21.3%
2勝	18	15	19	179	10.1%	18.4%	29.1%
3勝	7	10	9	100	7.0%	17.0%	26.0%
OPEN特別	5	1	3	38	13.2%	15.8%	23.7%
GⅢ	4	0	0	27	14.8%	14.8%	14.8%
GⅡ	1	0	0	5	20.0%	20.0%	20.0%
GⅠ	0	0	0	1	0.0%	0.0%	0.0%
ハンデ戦	6	6	6	64	9.4%	18.8%	31.3%
牝馬限定	17	8	19	270	6.3%	9.3%	16.3%
障害	3	4	3	30	10.0%	23.3%	33.3%

人気　7〜9番人気の一発に警戒

	1着	2着	3着	出走数	勝率	連対率	3着内率
1番人気	45	21	14	122	36.9%	54.1%	65.6%
2〜3番人気	34	27	29	229	14.8%	26.6%	39.3%
4〜6番人気	22	38	49	385	5.7%	15.6%	28.3%
7〜9番人気	18	19	30	371	4.9%	10.0%	18.1%
10番人気〜	4	7	8	571	0.7%	1.9%	3.3%

距離　勝ち切るにはある程度距離が必要

芝　平均勝ち距離　1,640m

	1着	2着	3着	出走数	勝率	連対率	3着内率
全体計	10	8	17	261	3.8%	6.9%	13.4%
芝〜1300m	2	4	6	62	3.2%	9.7%	17.7%
芝〜1600m	4	3	5	94	4.3%	7.4%	12.8%
芝〜2000m	4	1	6	96	4.2%	5.2%	12.5%
芝〜2400m	0	0	0	8	0.0%	0.0%	0.0%
芝2500m〜	0	0	0	1	0.0%	0.0%	0.0%

ダート　平均勝ち距離　1,612m

	1着	2着	3着	出走数	勝率	連対率	3着内率
全体計	110	100	110	1387	7.9%	15.1%	23.1%
ダ〜1300m	19	19	15	262	7.3%	14.5%	20.2%
ダ〜1600m	26	25	34	381	6.8%	13.4%	22.3%
ダ〜2000m	63	51	55	697	9.0%	16.4%	24.2%
ダ2100m〜	2	5	6	47	4.3%	14.9%	27.7%

馬場状態　渋った馬場で好走確率アップ

		1着	2着	3着	出走数	勝率	連対率	3着内率
芝	良	7	7	14	210	3.3%	6.7%	13.3%
	稍重	0	0	2	36	5.6%	5.6%	11.1%
	重	1	0	1	10	10.0%	10.0%	20.0%
	不良	0	0	0	5	0.0%	20.0%	0.0%
ダ	良	68	60	65	882	7.7%	14.5%	21.9%
	稍重	24	17	21	265	9.1%	15.5%	23.4%
	重	12	17	6	143	8.4%	20.3%	24.5%
	不良	6	6	18	97	6.2%	12.4%	30.9%

性齢　遅咲きでピークは5歳か

	1着	2着	3着	出走数	勝率	連対率	3着内率
牡2歳	15	13	18	197	7.6%	14.2%	23.4%
牝2歳	9	10	8	173	5.2%	11.0%	15.6%
牡3歳前半	22	23	17	282	7.8%	16.0%	22.0%
牝3歳前半	8	7	13	182	4.4%	8.2%	15.4%
牡3歳後半	12	16	18	155	7.7%	18.1%	29.7%
牝3歳後半	7	3	5	91	7.7%	11.0%	16.5%
牡4歳	19	22	26	246	7.7%	16.7%	27.2%
牝4歳	13	7	8	136	9.6%	14.7%	20.6%
牡5歳	14	9	13	121	11.6%	19.0%	29.8%
牝5歳	0	1	1	43	0.0%	2.3%	4.7%
牡6歳	2	3	2	45	6.7%	8.9%	15.6%
牝6歳	0	0	1	2	0.0%	0.0%	50.0%
牡7歳以上	1	0	0	5	20.0%	20.0%	20.0%
牝7歳以上	0	0	0	1	0.0%	0.0%	0.0%

勝ち馬の決め手

芝 10勝　差し 2／逃げ 4／先行 4

ダート 110勝　追込 11／差し 18／逃げ 26／先行 55

スプリンター　スピード能力に優れ、短距離でも特に1000m〜1200mのレースに強い馬。サクラバクシンオーやロードカナロア、ビッグアーサー、ピクシーナイトなど。

馬券に直結する適性データ

ダートは距離伸びてから
2勝クラスでも苦にしない

　ダート110勝に対し芝10勝。芝でも1割弱の勝ち数をあげているのはさすが米トップサイアーの持つ対応力といったところか。重賞級はともかく、条件クラスなら芝で勝ち負けする産駒が出てもおかしくはない。とはいえ、基本はダートであることを忘れずに。

　そのダートだが、距離別に見ると距離が伸びるにつれて勝ち数が増えていく。特にダ～2000mは勝率も9.0%をマーク。短～マイルで勝ちきれないという産駒は、距離延長時には頭で狙ってみても面白い。また、2100m～は勝率こそ落ちるが3着内率は最も高い。見かけたら2、3着の候補に入れておきたい。

　条件別では、2勝クラスでの健闘が光る。1勝クラスを勝ち上がってきたばかりの馬でも頭から狙ってもいい。また、3勝クラスには壁があるが、それを突破してしまえば、OP、GⅢ、GⅡと勝率が上がっていくのは頼もしい。

重賞レース馬券のヒント

重賞には距離の壁あり？
2000mではやや割引か

　これまでの重賞実績は1400m～1900mに集中していて、2000mを超す距離に実績はなし。代表産駒のベストウォーリアも、2000mの重賞では5着が最高だった。産駒の重賞勝ちでは最長となるダート1900mのシリウスSを勝ったサンライズホープも、2000m戦の東京大賞典では1秒差の4着、2023年に5連勝で2000mの帝王賞に挑んだプロミストウォリアも3番人気で1秒差5着に敗れている。もちろん、展開や相手関係にもよるので、決めつけてしまうのは早計だが、過度の期待も禁物で慎重に判断したい。

通算重賞勝ち数

	GⅠ	GⅡ	GⅢ	GⅠ勝ち産駒数	重賞勝ち産駒数
芝	0	0	0	0	00
ダート	0	2	7	0	5
地方	2	0	0	1	1
海外	0	0	0	0	0

POG　2024年期待の2歳馬　ピックアップ

名門牝系出身の良血馬や
活躍馬のいとこに注目

　牡馬では、2代母に天皇賞馬ヘヴンリーロマンスを持つ、母イグレットの牡駒が楽しみ。叔父にはアウォーディー（JBCクラシック）、ラニ（UAEダービー）、叔母にアムールブリエ（エンプレス杯）などダート重賞戦線で活躍した馬が名を連ねる。また、母オーシャンビーナスの牡駒は、天皇賞馬カンパニー、同じく天皇賞馬トーセンジョーダン、豪GⅠ2勝馬トーセンスターダムなどが出るクラフティワイフ系の出身。スケールの大きさで注目だ。牝馬では、日本生まれの産駒として重賞一番乗りを果たしたスマッシャーのいとこにあたる、母ビーウィッチドの牝駒も、血統構成が似通っているだけに期待できそうだ。

母馬名（母父）	性別	おすすめポイント	母馬名（母父）	性別	おすすめポイント
アンソロジー（サクラバクシンオー）	牡	1歳セレクトセールで6600万円。半姉にGⅢ馬アナザーリリック。	ユーリトミクス（キングカメハメハ）	牡	叔母にキーンランドC1着、アイビスSD2着フォーエバーマーク。
*イグレット（DISTORTED HUMOR）	牡	叔父にアウォーディー（JBCクラシック）、ラニ（UAEダービー）。	アスカクイン（スペシャルウィーク）	牝	叔父にマーチS2着のバスタータイプ。母父はBMSとしても優秀。
オーシャンビーナス（リンカーン）	牡	母系は天皇賞馬カンパニーなど活躍馬多数のクラフティワイフ系。	*アニエーゼ（GHOSTZAPPER）	牝	初仔。母はダートで3勝。2代母ウィルビーゼアはクイーンC3着。
コーディリア（*シンボリクリスエス）	牡	2代母の全弟にマイルCS、香港マイル制覇のハットトリック。	ナイトフライト（ゴールドアリュール）	牝	現役の全兄はダートで2勝。母父はダートのチャンピオンサイアー。
フジインザスカイ（ディープスカイ）	牡	1歳セレクションセールで3410万円。2代母は名古屋優駿勝ち。	ビーウィッチド（*ハービンジャー）	牝	いとこにユニコーンS勝ちのスマッシャー。2代母も重賞勝ち馬。

RANKING

20
2歳馬 16

2022 ⑯
2021 ⑬
2020 ⑮
2019 ⑯

*パイロ
PYRO

さらなるGIホースの登場が待たれる！

Darley

種付料／⇨産 400万円　供用地／日高・ダーレー・ジャパンSコンプレックス

2005年生　黒鹿毛　アメリカ産　2010年輸入

距離	成長型	芝	ダート	瞬発力	パワー	底力
マ中	普	○	◎	○	○	○

年次	種付頭数	産駒数
23年	**70**	**76**
22年	131	75
21年	126	90
20年	141	63
19年	126	82

PROFILE

競走成績　**17戦5勝**（2〜4歳・米）
最高レーティング　**115S**（09年）
主な勝ち鞍　**フォアゴーS**、ルイジアナダービー、リズンスターS。BCジュヴナイル2着、シャンペンS2着、ジムダンディS2着。

　2歳時、シャンペンS、BCジュヴナイルと2戦続けて、この年の米2歳牡馬チャンピオンとなるウォーパスの2着。3歳緒戦のリズンスターSで重賞初制覇を遂げると、ルイジアナダービーを3馬身差で快勝。ただ、ブルーグラスS1番人気10着、ケンタッキーダービー3番

人気8着、トラヴァーズS1番人気3着と、GIでは人気に応えることができなかった。

　3歳後半からはマイル路線を進み、4歳時のフォアゴーSで待望のGI馬に輝いた。続くBCダートマイルは4番人気10着、ラストランとなったシガーマイルHは1番人気5着。

　引退後は日本で種牡馬入り。米の人気種牡馬プルピットの直仔ということで期待され、2年目以降は12年連続で100頭以上に種付する人気種牡馬となった。

　2013年に初年度産駒がデビュー。同年のFSランキングではヨハネスブルグに次ぐ2位。

系統：エーピーインディ系　母父系統：ニアークティック系				
父	父父 A.P. Indy 黒鹿 1989	Seattle Slew	Bold Reasoning	Boldnesian
プルピット				Reason to Earn
Pulpit			My Charmer	Poker
鹿 1994				Fair Charmer
		Weekend Surprise	Secretariat	Bold Ruler
				Somethingroyal
			Lassie Dear	Buckpasser
				Gay Missile
	父母 Preach 鹿 1989	Mr. Prospector	Raise a Native	Native Dancer
	プリーチ			Raise You
			Gold Digger	Nashua
				Sequence
		Narrate	Honest Pleasure	What a Pleasure
				Tularia
			State	Nijinsky
				Monarchy
母	母父 Wild Again 黒鹿 1980	Icecapade	Nearctic	Nearco
ワイルドヴィジョン	ワイルドアゲイン			Lady Angela
Wild Vision			Shenanigans	Native Dancer
鹿 1998				Bold Irish
		Bushel-n-Peck	Khaled	Hyperion
				Eclair
			Dama	Dante
				Clovelly
	母母 Carol's Wonder 芦 1984	Pass the Tab	Al Hattab	The Axe
	キャロルズワンダー			Abyssinia
			Dantina	Gray Phantom
				Literary Light
		Carols Christmas	Whitesburg	Crimson Satan
				Mirabio
			Light Verse	Reverse
				Brighton View

インブリード：Native Dancer 5×5

血統解説

父プルピットはシアトルスルー～エーピーインディとつながる父系を発展させた名種牡馬で、米リーディングサイアーのタピット、米2冠馬カリフォルニアクロームを輩出したラッキープルピット、米ホープフルS勝ちのスカイメサなどを輩出している。母系は半妹にウォーエコー（シルヴァービュレットデイS）、叔父にワイルドワンダー（マーヴィンリロイH）、ムニションズ（ジェベル賞）、近親にタピザー（BCダートマイル）がいる。母父ワイルドアゲインは第1回のBCクラシックの覇者で、ニアークティック系の貴重な傍流血脈を現代に伝えている名種牡馬。ジャスタウェイのBMSでもある。

代表産駒

メイショウハリオ（帝王賞2回、かしわ記念、みやこS、マーチS、フェブラリーS3着、東京大賞典3着）、**ミューチャリー**（JBCクラシック）、**デルマルーヴル**（名古屋グランプリ、兵庫ジュニアGP、ジャパンダートダービー2着、全日本2歳優駿2着、川崎記念3着）、**ラインカリーナ**（関東オークス）、**シゲルヒノクニ**（京都ハイジャンプ）、**ケイアイパープル**（佐賀記念、白山大賞典）、**ラブパイロー**（関東オークス2着）、**ハセノパイロ**（全日本2歳優駿3着）、**タービランス**（羽田盃）、**シャークファング**（浦和桜花賞）。

2016年に初めて総合ランキングでトップ20以内となる19位に入ると、2018年からは6年連続でトップ20以内をキープしている。

2021年には地方所属馬ミューチャリーがJBCクラシックでオメガパフュームなど中央の強豪馬を降して優勝。父に初のGIサイアーの勲章をもたらした。さらに2022年にはメイショウハリオが帝王賞を制して2頭目のGI馬に輝いている。

2023年はメイショウハリオが帝王賞を連覇したほか、かしわ記念1着、フェブラリーS3着などの活躍を見せた。

年齢的なものもあり、2023年の種付頭数は70頭にセーブしたが、2024年の種付料はけい養先スタリオンでは最高額となる400万円をキープしており、実績と期待の高さがうかがえる。

FROM STALLION

ダーレー・ジャパン
加治屋正太郎ノミネーションマネージャー談

「昨年はメイショウハリオが、帝王賞連覇という史上初の偉業を達成。さらに、ホッカイドウ競馬所属のベルピットが見事3冠馬に輝くなど、毎年大きな話題を提供してくれます。今年19歳となりましたが、精神的にも肉体的にも全く衰えを感じさせておらず、これからも更なる活躍馬を送り出してくれそうです。本馬の後継に相応しい種牡馬をゴドルフィンから送り出す。これが私たちに課せられた使命だと思っています」

総収得賞金 1,427,893,000円　アーニングINDEX 1.01　実勢評価値 1.17

	全馬		2歳	
勝利頭数／出走頭数	147	304	29	67
勝利回数／出走回数	257	2,349	37	229

Data Box (2021~2023)

単勝回収値92円／単勝適正回収値81円

コース　阪神、小倉などのダート戦で輝く

	1着	2着	3着	出走数	勝率	連対率	3着内率
全体計	114	112	130	1409	8.1%	16.0%	25.3%
中央芝	1	0	1	40	2.5%	2.5%	5.0%
中央ダ	58	67	72	745	7.8%	16.8%	26.4%
ローカル芝	4	5	3	66	6.1%	13.6%	18.2%
ローカルダ	51	40	54	558	9.1%	16.3%	26.0%
右回り芝	4	3	2	63	6.3%	11.1%	14.3%
右回りダ	74	65	65	713	10.4%	19.5%	28.6%
左回り芝	1	0	2	36	2.8%	2.8%	8.3%
左回りダ	35	42	61	590	5.9%	13.1%	23.4%
札幌芝	0	0	0	1	0.0%	0.0%	0.0%
札幌ダ	6	1	3	30	20.0%	23.3%	33.3%
函館芝	0	0	0	4	0.0%	0.0%	0.0%
函館ダ	3	3	1	28	10.7%	21.4%	25.0%
福島芝	0	0	2	10	0.0%	0.0%	40.0%
福島ダ	2	4	6	69	11.6%	17.4%	30.4%
新潟芝	1	2	0	19	5.3%	15.8%	15.8%
新潟ダ	5	9	10	118	4.2%	11.9%	20.3%
東京芝	0	0	1	15	0.0%	0.0%	6.7%
東京ダ	12	20	24	250	4.8%	12.8%	22.4%
中山芝	0	0	1	12	0.0%	0.0%	8.3%
中山ダ	17	13	17	185	9.2%	16.2%	25.4%
中京芝	0	0	1	9	0.0%	0.0%	11.1%
中京ダ	18	13	27	222	8.1%	14.0%	26.1%
京都芝	0	0	0	3	0.0%	0.0%	0.0%
京都ダ	4	6	5	47	8.5%	21.3%	31.9%
阪神芝	0	0	0	10	0.0%	0.0%	0.0%
阪神ダ	25	28	26	263	9.5%	20.2%	30.0%
小倉芝	1	1	2	23	4.3%	8.7%	17.4%
小倉ダ	11	10	4	91	12.1%	23.1%	27.5%

距離　ダート中距離をピンポイント狙い

芝　平均勝ち距離　1,480m

	1着	2着	3着	出走数	勝率	連対率	3着内率
全体計	5	5	4	106	4.7%	9.4%	13.2%
芝~1300m	3	4	3	44	6.8%	15.9%	22.7%
芝~1600m	0	0	1	27	0.0%	0.0%	3.7%
芝~2000m	2	1	0	27	7.4%	11.1%	11.1%
芝~2400m	0	0	0	3	0.0%	0.0%	0.0%
芝2500m~	0	0	0	5	0.0%	0.0%	0.0%

ダート　平均勝ち距離　1,527m

	1着	2着	3着	出走数	勝率	連対率	3着内率
全体計	109	107	126	1303	8.4%	16.6%	26.2%
ダ~1300m	30	22	30	338	8.9%	15.4%	24.3%
ダ~1600m	27	24	36	365	7.4%	14.0%	23.8%
ダ~2000m	51	58	58	573	8.9%	19.0%	29.1%
ダ2100m~	1	3	2	27	3.7%	14.8%	22.2%

馬場状態　ダートなら馬場は渋れば渋るほどいい

		1着	2着	3着	出走数	勝率	連対率	3着内率
芝	良	2	3	3	83	2.4%	6.0%	9.6%
	稍重	1	0	1	10	10.0%	10.0%	20.0%
	重	2	1	0	10	20.0%	30.0%	30.0%
	不良	0	1	0	3	0.0%	33.3%	33.3%
ダ	良	59	64	80	791	7.5%	15.5%	25.7%
	稍重	23	16	25	251	9.2%	15.5%	25.5%
	重	20	14	13	174	11.5%	19.5%	27.0%
	不良	7	13	7	87	8.0%	23.0%	32.2%

条件　新馬戦では頭を意識したい

	1着	2着	3着	出走数	勝率	連対率	3着内率
新馬	11	7	10	101	10.9%	17.8%	27.7%
未勝利	36	43	58	479	7.5%	16.5%	28.6%
1勝	34	27	29	399	8.5%	15.3%	22.6%
2勝	17	17	16	219	7.8%	15.5%	22.8%
3勝	11	7	12	107	10.3%	16.8%	28.0%
OPEN特別	5	10	5	96	5.2%	15.6%	20.8%
GⅢ	2	2	1	25	8.0%	16.0%	20.0%
GⅡ	0	0	0	3	0.0%	0.0%	0.0%
GⅠ	0	0	1	8	0.0%	0.0%	12.5%
ハンデ戦	9	12	5	91	9.9%	23.1%	28.6%
牝馬限定	19	20	22	236	8.1%	16.5%	25.8%
障害	2	1	2	28	7.1%	10.7%	17.9%

性齢　牡牝とも3歳後半に急成長

	1着	2着	3着	出走数	勝率	連対率	3着内率
牡2歳	17	9	10	132	12.9%	19.7%	27.3%
牝2歳	7	6	12	95	7.4%	13.7%	26.3%
牡3歳前半	10	24	31	201	5.0%	16.9%	32.3%
牝3歳前半	10	5	15	169	5.9%	11.2%	20.1%
牡3歳後半	16	11	8	106	15.1%	25.5%	33.0%
牝3歳後半	13	8	8	101	12.9%	20.8%	28.7%
牡4歳	12	22	16	156	7.7%	21.8%	32.1%
牝4歳	13	8	10	141	9.2%	14.9%	22.0%
牡5歳	10	4	12	121	8.3%	11.6%	21.5%
牝5歳	8	3	8	138	5.7%	9.1%	12.5%
牡6歳	4	2	6	67	3.0%	7.5%	16.4%
牝6歳	0	0	3	24	0.0%	12.5%	12.5%
牡7歳以上	1	3	1	36	2.8%	11.1%	13.9%
牝7歳以上	0	0	0	5	0.0%	0.0%	0.0%

人気　4~6番人気の数値優秀、押さえたい

	1着	2着	3着	出走数	勝率	連対率	3着内率
1番人気	29	20	24	116	25.0%	42.2%	62.9%
2~3番人気	46	39	40	252	18.3%	33.7%	49.6%
4~6番人気	34	31	45	332	10.2%	19.6%	33.1%
7~9番人気	5	19	15	284	1.8%	8.5%	13.7%
10番人気~	2	4	8	453	0.4%	1.3%	3.1%

勝ち馬の決め手

芝　5勝：追込1／逃げ1／先行2／差し1

ダート　109勝：追込4／逃げ26／先行50／差し29

全兄弟（姉妹）　馬の兄弟は、母馬を基準に考えるが、同じ母を持っていても、父が同じケースもあれば違うケースもある。そのうちの前者の父も母も同じケースを全兄弟（姉妹）と呼び、後者を半兄弟と呼ぶ。

馬券に直結する適性データ

基本はダートの中距離戦 1番人気の信頼度は低い

　ダート109勝に対して芝は5勝と、ほぼダート専門。芝を買うなら実績がある場合のみだ。

　距離別で見ると、〜2000mの中距離戦がメインだが、ほかの距離もそれほど数値に差がないので、短距離〜中距離では特に距離を気にする必要はない。ただ、2100m〜は勝率が低いので、長距離戦は頭ではなくヒモで押さえたい。

　年齢では2歳から走るが3歳前半で落ち込み、その後、3歳後半になって盛り返すパターン。3歳になって成績が振るわなくなったからといって、早い見切りは禁物だ。

　注目したいのは、1番人気時の信頼度の低さ。勝率は25%しかなく、トップ20以内の種牡馬ではかなり下の方に位置する。本命時でも単勝狙いや1着固定は避け、連複の軸として考えた方が無難だ。その代わりというわけではないが、4〜6番人気時の勝率は10%を超えており、こちらは配当的には狙い目。単勝勝負もありだ。

重賞レース馬券のヒント

世代限定重賞なら芝でも 穴を開ける可能性はあり

　重賞実績の多くは交流重賞および地方重賞ばかり。中央の重賞ではやや力不足の感は否めない。小回りコースが向いているのか、速いタイムの決着になりやすい馬場が合わないのかは定かではないが、過度に期待せず、慎重な馬券を心がけたい。もちろん、地方が舞台の時は逆に強気に狙っていってもいい。

　芝重賞勝ちは2016年のフェアリーSのみ。3歳1月の3歳牝馬限定競走だから、レベル的には2歳重賞とあまり変わらず、勝ちやすかったものと思われる。逆にいえば、そういったレースなら、狙ってみても面白いかもしれない。

通算重賞勝ち数

	GⅠ	GⅡ	GⅢ	GⅠ勝ち産駒数	重賞勝ち産駒数
芝	0	1	1	0	2
ダート	0	0	3	0	2
地方	4	3	3	2	6
海外	0	0	0	0	0

POG　2024年期待の2歳馬　ピックアップ

交流2歳GⅠ馬の甥や 7000万円超えの期待馬

　牡馬で注目は、母アドマイヤマリリンの牡駒。全日本2歳優駿、北海道2歳優駿勝ちのアドマイヤホープを叔父に持つ。それ以外の近親にも、アドマイヤフジ（日経新春杯）、アドマイヤコスモス（福島記念）、アドマイヤデウス（日経新春杯）などがおり、スタミナのバックボーンはかなりのものがありそうだ。母ピンクドッグウッドの牡駒も楽しみ。北海道セレクションセールで7000万円を超える値段で落札されており、母系からチャンピオンズCを勝ったサンビスタが出ている点も頼もしい。牝馬では、叔父にオールカマー、新潟大賞典、エプソムCを勝ったシンゲンがいる、母モンローの牝駒に期待したい。

母馬名（母父）	性別	おすすめポイント	母馬名（母父）	性別	おすすめポイント
アドマイヤマリリン（アグネスタキオン）	牡	叔父に全日本2歳優駿、北海道2歳優駿勝ちのアドマイヤホープ。	ファビラスタイム（*シンボリクリスエス）	牡	2代母に秋華賞1着、ジャパンC2着のファビラスラフイン。
キョウエイカプリス（ゴールドアリュール）	牡	1歳セレクションセールで3300万円。ダートに特化した配合。	ヴォレダンルシエル（キングカメハメハ）	牝	母の全兄に小倉大賞典2着、目黒記念3着の成績をあげたカフナ。
クインスヌーサ（ゴールドアリュール）	牡	2代母にスパーキングレディーC2着のクイーンオブキネマ。	ハナノパレード（ゴールドヘイロー）	牝	母は地方で9勝。3頭の兄姉たちはいずれも地方競馬で勝ち上がる。
サウスグローリー（*サウスヴィグラス）	牡	母は地方で3勝。1歳上の全姉も地方で勝ち上がっている。	プリンセスキナウ（キングカメハメハ）	牝	全兄ケイアイアニラは2勝クラスの特別戦（ダ1400m）を勝利。
ピンクドッグウッド（*サウスヴィグラス）	牡	1歳セレクションセールで7040万円。母系からGⅠ馬サンビスタ。	モンロー（*クロフネ）	牝	叔父にオールカマー、新潟大賞典など9勝をあげたシンゲン。

111

ACE IMPACT
エースインパクト

フランス

2023年
海外競馬
活躍馬の血統

PROFILE

競走成績 6戦6勝（2023年6戦6勝）
牡・鹿毛・2020年2月13日生
調教師 Jean-Claude Rouget（フランス）
主戦騎手 C.デムーロ

2023年成績　最高レーティング 128 L（2023年）

出走日	国名	格	レース名	コース・距離	着順	負担重量	馬場状態	タイム	着差	競馬場
1/26	仏		未勝利	AW2000	1着	56.5	良	2:05.52	3・1/2	カーニュシュルメール
4/2	仏		条件戦	芝1900	1着	58	重	2:10.80	2	ボルドールブスカ
5/4	仏	L	シュレンヌ賞	芝2000	1着	58	稍重	2:03.72	1・3/4	シャンティイ
6/4	仏	GⅠ	仏ダービー	芝2100	1着	58	良	R2:02.63	3・1/2	シャンティイ
8/15	仏	GⅡ	ギヨームドルナノ賞	芝2000	1着	57	稍重	2:07.59	3/4	ドーヴィル
10/1	仏	GⅠ	凱旋門賞	芝2400	1着	58	稍重	2:25.50	1・3/4	パリロンシャン

無敗のまま凱旋門賞を制した
切れ味が自慢の欧州年度代表馬

　アイルランドで生産されたエースインパクトは、共に仏ダービー馬のルアーヴル、ソットサス、仏オークス馬スタセリタら数多くのクラシックホースを育て上げた、仏競馬を代表する名調教師ジャン・クロード・ルジェ厩舎から、3歳1月に競走馬デビューした。緒戦、2戦目となる条件戦、5月のLシュレンヌ賞と、ほぼ危なげのないレース振りで3連勝。6月の大一番仏ダービーは2番人気での出走となる。

　C・デムーロが手綱を握ったエースインパクトは、後方2番手からじっくりとレースを進めていく。その本領を遺憾なく発揮したのは、直線で大外に持ち出されてから。瞬く間に前を行く馬たちを捉えると、最後は1番人気に推されていたビッグロックに3馬身半差をつける完勝で、仏3歳戦線の頂点に立った。8月のGⅡギヨームドルナノ賞で連勝を「5」に伸ばすと、10月の凱旋門賞へ。この一戦でも大外を強襲から一気に先頭に立つ、瞬発力の違いを見せつけ、悠然とゴール板を駆け抜けていった。

　6戦全勝の戦績を残し、文句なしで2023年欧州年度代表馬にも選出。2024年春から仏ボーモン牧場における種牡馬生活がスタートする。

血統解説

　父クラックスマンは、現在の欧州ナンバー1種牡馬と評価されているフランケル初年度産駒の一頭。現役時代は英チャンピオンS連覇、ガネー賞、コロネーションCとGⅠを計4勝。2017年欧州最優秀3歳牡馬にも選ばれている。2019年から英ダルハムホールスタッドで種牡馬入り。エースインパクトはその初年度産駒となる。

　母アブソルートリーミーは仏独で走った2勝馬。独リステッドレースで2着した実績を持つ。母系は曾祖母バラカットの半兄に愛セントレジャー、ベルリン銀行大賞などGⅠを計4勝し、日本でも種牡馬供用されたイブンベイがいる。母父アナバーブルーは仏ダービーの勝ち馬。パワフルで持続力に富んだスピードを子孫に伝えている。

系統：ガリレオ系　母父系統：ダンチヒ系

父 クラックスマン Cracksman 鹿 2014	フランケル Frankel 鹿 2008	Galileo	Sadler's Wells
			Urban Sea
		Kind	*デインヒル
			Rainbow Lake
	ラーデグンダ Rhadegunda 鹿 2005	Pivotal	Polar Falcon
			Fearless Revival
		St Radegund	Green Desert
			On the House
母 アブソルートリーミー Absolutely Me 鹿 2009	アナバーブルー Anabaa Blue 鹿 1998	Anabaa	Danzig
			Balbonella
		Allez les Trois	Riverman
			Allegretta
	タダウル Tadawul 鹿 2001	Diesis	Sharpen Up
			Doubly Sure
		Barakat	Bustino
			Rosia Bay

インブリード：Danzig 5・5×4、Allegretta 5×4、Northern Dancer 5×5

2023年 種牡馬ランキング
21〜100

スタミナ豊富な産駒を擁してゴールドシップが20位以内を窺う地点にやってきた。ほかの馬たちも虎視眈々と上位を狙っている。100位以内には新進気鋭の若き種牡馬もいれば、全盛期を終えた名馬など個性豊かな種牡馬たちが揃っている。

Thoroughbred Stallions In Japan

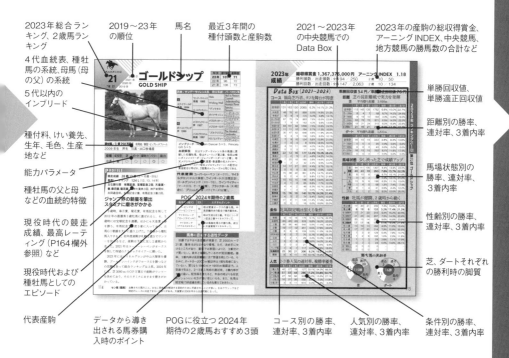

2023年総合ランキング、2歳馬ランキング

2019〜23年の順位

馬名

最近3年間の種付頭数と産駒数

2021〜2023年の中央競馬でのData Box

2023年の産駒の総収得賞金、アーニングINDEX、中央競馬、地方競馬の勝馬数の合計など

4代血統表、種牡馬の系統、母馬（母の父）の系統

5代以内のインブリード

種付料、けい養先、生年、毛色、生産地など

能力パラメータ

種牡馬の父と母などの血統的特徴

現役時代の競走成績、最高レーティング（P164欄外参照）など

現役時代および種牡馬としてのエピソード

代表産駒

データから導き出される馬券購入時のポイント

POGに役立つ2024年期待の2歳馬おすすめ3頭

コース別の勝率、連対率、3着内率

人気別の勝率、連対率、3着内率

条件別の勝率、連対率、3着内率

単勝回収値、単勝適正回収値

距離別の勝率、連対率、3着内率

馬場状態別の勝率、連対率、3着内率

性齢別の勝率、連対率、3着内率

芝、ダートそれぞれの勝利時の脚質

能力パラメータの見方 　短…1000〜1400m、マ…1600m前後、中…1800〜2100m、長…2200m以上、万…万能（産駒の距離タイプが様々）、早…早熟、普…普通、晩…晩成、持続…早熟と晩成を併せ持つ、◎…非常に得意、○…得意、△…やや不向き、▲…不得意

※種付料で受＝受胎確認後支払、産＝産駒誕生後支払、不＝不受胎時全額返還、F＝フリーリターン特約（P138欄外参照）、返＝流死産又は死亡時返還、不出返＝不出生時返金。　価格・支払条件、供用地などは変更の場合があります。

RANKING
21
2歳 **23**

2022 ㉗
2021 ㉖
2020 ㉝
2019 ⑲

ゴールドシップ
GOLD SHIP

年次	種付頭数	産駒数
23年	107	71
22年	96	72
21年	106	73

種付料／↑受250万円F　供用地／新冠・ビッグレッドファーム

2009年生　芦毛　日高・出口牧場産

距離	成長型	芝	ダート	瞬発力	パワー	底力
中長	普	○	○	○	◎	○

PROFILE

競走成績　28戦13勝（2～6歳・日仏）

最高レーティング　124L（12、13、14年）

主な勝ち鞍　有馬記念、宝塚記念2回、天皇賞・春、皐月賞、菊花賞、阪神大賞典3回、神戸新聞杯、共同通信杯。札幌記念2着、有馬記念3着2回。

ジャンプ界の新星を輩出 スタミナに磨きがかかる

　3歳時、皐月賞、菊花賞、有馬記念を制して2012年の最優秀3歳牡馬に選ばれると、4、5歳時には宝塚記念を連覇。ほかにも天皇賞・春を勝ち、有馬記念で2度3着に入っており、古馬GI戦線を大いに盛り上げた。7歳春から種牡馬入りすると、初年度産駒が札幌2歳Sでワンツーを決めるなど、産駒は予想に反し2歳戦から走った。2021年はユーバーレーベンがオークスを制して待望のクラシックサイアーに輝いた。

　2023年にはマイネルグロンが中山大障害を優勝、ゴールデンハインドがフローラSを勝つなどの活躍もあって総合ランキングは上昇。2024年には、芝3000mのOP万葉Sで産駒がワンツーを決め、マイネルグロンがJGⅡを制しており、そのスタミナにますます磨きがかかっている。

系統：サンデーサイレンス系　母父系統：パーソロン系

父 ステイゴールド 黒鹿 1994	*サンデーサイレンス 青鹿 1986	Halo	Hail to Reason
			Cosmah
		Wishing Well	Understanding
			Mountain Flower
	ゴールデンサッシュ 栗 1988	*ディクタス	Sanctus
			Doronic
		ダイナサッシュ	*ノーザンテースト
			*ロイヤルサッシュ
母 ポイントフラッグ 芦 1998	メジロマックイーン 芦 1987	メジロティターン	メジロアサマ
			*シェリル
		メジロオーロラ	*リマンド
			メジロアイリス
	パストラリズム 黒鹿 1987	*プルラリズム	The Minstrel
			Cambretta
		トクノエイティー	*トライバルチーフ
			アイアンルビー

インブリード：Northern Dancer 5×5、Princely Gift 5×5

血統解説　父はサンデーサイレンス系の発展に貢献した名種牡馬。母はチューリップ賞2着。母系は甥にダイメイコリーダ（ジャパンダートダービー2着）。母父メジロマックイーンは天皇賞・春連覇の名ステイヤー。「父ステイゴールド×母父メジロマックイーン」の配合は黄金配合と呼ばれ、3冠馬オルフェーヴルと同じである。

代表産駒　ユーバーレーベン（オークス）、マイネルグロン（中山大障害）、ウインキートス（目黒記念）、ゴールデンハインド（フローラS）、ウインマイティー（マーメイドS、オークス3着）、ブラックホール（札幌2歳S）、プリュムドール（ステイヤーズS2着）。

POG　2024年期待の2歳馬

母馬名（母父）	性別	おすすめポイント
ハービンマオ （*ハービンジャー）	牡	母は関東オークスの勝ち馬。中長距離向きの配合で皐月賞向き。
マイネエレーナ （*ロージズインメイ）	牡	母は交流GⅢ3着。半兄にシンザン記念2着マイネルフラップ。
マイネカンナ （アグネスタキオン）	牝	母は福島牝馬Sの勝ち馬。叔父に天皇賞馬マイネルキッツ。

馬券に直結する適性データ

　距離ではやはり長距離が得意で、芝2500m～で21勝、勝率9.9%はかなり優秀。ただ、決め手に欠けるところがあり、重賞では単狙いより2、3着付けで買いたい。意外と健闘しているのが短距離戦。勝率、3着内率は長距離戦に次ぐ数値を残している。ちなみに、ダートは～2000m戦以外は1頭も馬券になっていない。買うなら1700mから2000m戦限定で。人気面で見ると、2～3番人気時の連対率、3着内率がかなり高い。配当面を考えると、本命の時よりも対抗ポジションにいる方が狙い目といえる。また、牝馬は限定戦で好成績を残している点も覚えておきたい。

セン馬（騙馬）　去勢された馬のこと。おもに気性難を解消する目的のために手術されることが多い。なおクラシックなど特定のレースに出走できない決まりがある。天皇賞は2008年から出走可能になった。

2023年 成績

総収得賞金 1,367,376,000円　アーニング INDEX　1.18

	全馬		2歳	
勝利頭数／出走頭数：	94	250	10	50
勝利回数／出走回数：	147	2,063	10	134

Data Box (2021~2023)

コース　福島芝巧者、タフな舞台が得意

	1着	2着	3着	出走数	勝率	連対率	3着内率
全体計	131	163	150	2085	6.3%	14.1%	21.3%
中央芝	48	78	61	869	5.5%	14.5%	21.5%
中央ダ	6	9	9	170	5.3%	8.8%	14.1%
ローカル芝	67	70	74	883	7.6%	15.5%	23.9%
ローカルダ	7	9	6	163	4.3%	9.8%	13.5%
右回り芝	84	101	82	1099	7.6%	16.8%	24.3%
右回りダ	11	11	6	194	5.7%	11.3%	16.5%
左回り芝	30	47	52	646	4.6%	11.9%	20.0%
左回りダ	2	5	4	139	3.6%	6.5%	10.1%
札幌芝	7	9	10	124	5.6%	12.9%	21.0%
札幌ダ	1	0	0	8	12.5%	12.5%	12.5%
函館芝	4	10	11	100	4.0%	14.0%	25.0%
函館ダ	0	0	0	11	0.0%	0.0%	0.0%
福島芝	22	12	16	177	12.4%	19.2%	28.2%
福島ダ	1	2	0	21	4.8%	14.3%	14.3%
新潟芝	7	20	16	185	3.8%	14.6%	23.2%
新潟ダ	1	3	2	42	2.4%	9.5%	14.3%
東京芝	14	17	27	320	4.4%	9.7%	18.1%
東京ダ	0	0	0	32	0.0%	0.0%	0.0%
中山芝	15	38	22	361	4.2%	14.7%	20.8%
中山ダ	5	2	4	51	9.8%	13.7%	21.6%
中京芝	10	10	10	148	6.8%	13.5%	20.3%
中京ダ	6	2	1	81	6.2%	7.7%	12.3%
京都芝	4	4	2	48	8.3%	16.7%	20.8%
京都ダ	0	1	3	13	0.0%	7.7%	30.8%
阪神芝	15	19	10	140	10.7%	24.3%	31.4%
阪神ダ	4	3	2	74	5.4%	9.5%	12.2%
小倉芝	17	9	11	149	11.4%	17.4%	24.8%
小倉ダ	0	3	1	16	0.0%	18.8%	25.0%

条件　牝馬限定戦は狙える条件

	1着	2着	3着	出走数	勝率	連対率	3着内率
新馬	9	14	16	175	5.1%	13.1%	22.3%
未勝利	60	83	63	876	6.8%	16.3%	23.5%
1勝	35	38	48	642	5.5%	11.4%	18.8%
2勝	19	17	12	201	9.5%	17.9%	23.9%
3勝	6	6	8	109	5.5%	11.0%	18.3%
OPEN特別	4	5	7	76	5.3%	11.8%	21.1%
G Ⅲ	1	2	1	29	3.4%	10.3%	13.8%
G Ⅱ	3	2	6	35	8.6%	14.3%	31.4%
G Ⅰ	2	0	0	21	9.5%	9.5%	9.5%
ハンデ戦	7	8	7	117	6.0%	12.8%	18.8%
牝馬限定	25	30	21	306	8.2%	18.0%	24.8%
障害	8	4	11	79	10.1%	15.2%	29.1%

人気　2~3番人気の連対率、複勝率優秀

	1着	2着	3着	出走数	勝率	連対率	3着内率
1番人気	42	27	18	127	33.1%	54.3%	68.5%
2~3番人気	51	55	44	296	17.2%	35.8%	50.7%
4~6番人気	27	56	62	535	5.0%	15.5%	27.1%
7~9番人気	16	21	26	532	3.0%	7.0%	11.8%
10番人気~	3	8	11	674	0.4%	1.6%	3.3%

単勝回収値 54円／単勝適正回収値 76円

距離　芝の長距離戦で実力を発揮

芝　平均勝ち距離　2,050m

	1着	2着	3着	出走数	勝率	連対率	3着内率
全体計	115	148	135	1752	6.6%	15.0%	22.7%
芝~1300m	6	4	7	69	8.7%	14.5%	24.6%
芝~1600m	6	19	10	184	3.3%	13.6%	19.0%
芝~2000m	63	78	73	971	6.5%	14.5%	22.0%
芝~2400m	19	31	24	315	6.0%	15.9%	23.5%
芝2500m~	21	16	21	213	9.9%	17.4%	27.2%

ダート　平均勝ち距離　1,831m

	1着	2着	3着	出走数	勝率	連対率	3着内率
全体計	16	15	15	333	4.8%	9.3%	13.8%
ダ~1300m	0	0	0	20	0.0%	0.0%	0.0%
ダ~1600m	0	0	0	43	0.0%	0.0%	0.0%
ダ~2000m	16	15	14	263	6.1%	11.8%	17.5%
ダ2100m~	0	0	1	7	0.0%	0.0%	14.3%

馬場状態　少し渋った芝で成績アップ

		1着	2着	3着	出走数	勝率	連対率	3着内率
芝	良	84	111	105	1307	6.4%	14.9%	23.0%
	稍重	23	23	19	293	7.8%	15.7%	22.2%
	重	8	10	8	119	6.7%	15.1%	21.8%
	不良	0	4	3	33	0.0%	12.1%	21.2%
ダ	良	13	9	9	199	6.5%	11.1%	15.6%
	稍重	1	4	0	68	1.5%	7.4%	7.4%
	重	0	1	4	41	0.0%	2.4%	12.2%
	不良	2	1	2	25	8.0%	12.0%	20.0%

性齢　牝馬が健闘、2歳時から動く

	1着	2着	3着	出走数	勝率	連対率	3着内率
牡2歳	17	20	21	232	7.3%	15.9%	25.0%
牝2歳	8	19	6	155	5.2%	17.4%	21.3%
牡3歳前半	17	31	23	315	5.4%	15.2%	22.5%
牝3歳前半	21	20	24	348	6.0%	14.3%	22.6%
牡3歳後半	20	15	14	208	9.6%	16.8%	23.6%
牝3歳後半	17	17	16	179	9.5%	19.0%	27.9%
牡4歳	13	19	13	292	4.5%	11.0%	15.4%
牝4歳	17	17	20	214	7.9%	15.9%	25.2%
牡5歳	7	3	9	129	5.4%	7.8%	14.7%
牝5歳	2	1	9	102	1.0%	2.9%	11.8%
牡6歳	1	1	3	28	3.6%	7.1%	17.9%
牝6歳	3	0	3	23	13.0%	13.0%	26.1%
牡7歳以上	0	0	0	0			
牝7歳以上	0	0	0	0			

勝ち馬の決め手

芝　115勝：追込 12／逃げ 20／差し 33／先行 50

ダート　16勝：追込 3／逃げ 3／差し 4／先行 6

RANKING
22
2歳 22

2022 ㉔
2021 ㉔
2020 (93)
2019 －

リオンディーズ
LEONTES

年次	種付頭数	産駒数
23年	**78**	**105**
22年	143	94
21年	149	98

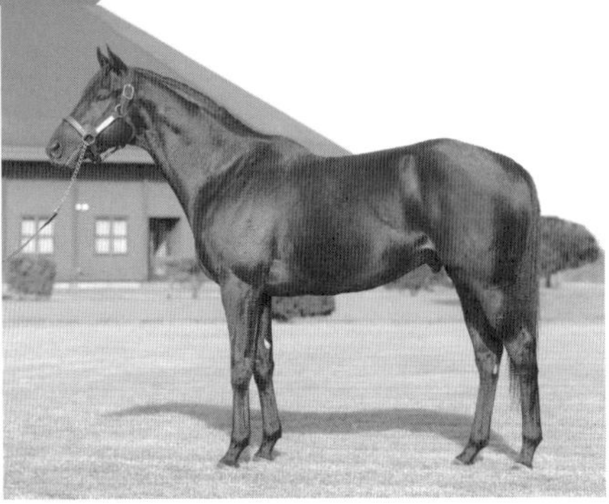

種付料／⇨受400万円F 供用地／日高・ブリーダーズSS
2013年生　黒鹿毛　安平・ノーザンファーム産

距離	成長型	芝	ダート	瞬発力	パワー	底力
マ中	普	◎	○	○	○	○

PROFILE
競走成績　**5戦2勝**（2～3歳・日）
最高レーティング　**116**（15年）、**116 I**（16年）
主な勝ち鞍　**朝日杯フューチュリティS。**

産駒のコンスタントな走りでランキング上昇！

2歳時、1戦1勝で臨んだ朝日杯FSで、4角15番手から豪快な追込で快勝。デビューから29日という早さでGⅠホースに輝いた。

3歳時、弥生賞2着から臨んだ皐月賞では暴走気味の走りで4着入線も進路妨害で5着降着。続くダービーは一転、後方2番手から上がり最速で追い込むもマカヒキの5着まで。その後、故障を発症し引退、種牡馬入りした。

供用初年度は100万円の種付料だったが、半兄エピファネイアや半弟サートゥルナーリア、さらに自身の産駒の活躍もあって急上昇。近3年は400万円をキープしている。

2023年はインダストリアがダービー卿CTを勝つなど、コンスタントに産駒が活躍。総合ランキングを2つあげている。

系統：キングマンボ系　母父系統：サンデーサイレンス系

父 キングカメハメハ 鹿 2001	Kingmambo 鹿 1990	Mr. Prospector	Raise a Native
			Gold Digger
		Miesque	Nureyev
			Pasadoble
	*マンファス 黒鹿 1991	*ラストタイクーン	*トライマイベスト
			Mill Princess
		Pilot Bird	Blakeney
			The Dancer
母 シーザリオ 青 2002	スペシャルウィーク 黒鹿 1995	*サンデーサイレンス	Halo
			Wishing Well
		キャンペンガール	マルゼンスキー
			レディーシラオキ
	*キロフプリミエール 鹿 1990	Sadler's Wells	Northern Dancer
			Fairy Bridge
		Querida	Habitat
			Principia

インブリード：Northern Dancer 5・5×4、Special 5×5
血統解説　父はドゥラメンテなど多くの名馬、名種牡馬を輩出した大種牡馬。母は日米のオークスを制した活躍馬で、繁殖に入りエピファネイア（P76）、サートゥルナーリア（P368）、ルペルカーリア（京都新聞杯2着）を産んだ名牝。甥にオーソリティ（アルゼンチン共和国杯2回、ジャパンC2着）がいる。

代表産駒 **テーオーロイヤル**（ダイヤモンドS、天皇賞・春3着）、**インダストリア**（ダービー卿CT）、**アナザーリリック**（福島牝馬S）、**リプレーザ**（兵庫CS）、**ジャスティンロック**（京都2歳S）、**ピンクカメハメハ**（サウジダービー）、**サンライズホーク**（かきつばた記念、サマーチャンピオン）。

POG　2024年期待の2歳馬

母馬名（母父）	性別	おすすめポイント
ウインフロレゾン（フジキセキ）	牡	1歳セレクションセールで7700万円。いとこにイクイノックス。
マラムデール（*フレンチデピュティ）	牡	1歳セレクトセールで9020万円。叔父に朝日杯FSのフサイチリシャール。
テルヌーラ（ディープインパクト）	牝	2代母にBCディスタフで2着したドントテルソフィアがいる。

馬券に直結する適性データ

芝91勝にダート72勝と、万能血統のキングカメハメハ直仔らしい懐の深さを持つ。距離適性も幅広く、長距離以外はほぼまんべんなく勝ち星を稼いでいる。出走数の多いところで最も良い成績を残しているのがダートの短距離。標準的な産駒のベストはこの辺りか。ただし、長距離は出走数こそ少ないが、成績が悪いわけではなく、芝もダートも勝率や連対率はむしろ高い。代表産駒の一頭であるテーオーロイヤルの長距離実績を見れば一目瞭然だ。また、1番人気時の信頼度が高く、連対率は実に6割近くある。予想に◎が並んでいるときは、安心して連複の軸に指名しよう。

早熟血統　2歳のデビュー時期から能力を発揮するが、3歳前半にはほぼ競走馬としてピークを迎えてしまう血統のこと。ピーク時の能力が高ければ古馬になっても活躍できるが、ほとんどは頭打ちの状態で競走生活を終える。

2023年 成績

総収得賞金 1,329,295,000円　アーニング INDEX　1.00

勝利頭数／出走頭数：全馬	107／287	2歳	13／58
勝利回数／出走回数：全馬	160／2,006	2歳	15／148

Data Box (2021~2023)

コース　芝ダ兼用、直線に坂のある舞台○

	1着	2着	3着	出走数	勝率	連対率	3着内率
全体計	163	174	160	2095	7.8%	16.1%	23.7%
中央芝	44	51	46	560	7.9%	17.0%	25.2%
中央ダ	44	41	37	524	8.4%	16.2%	23.3%
ローカル芝	47	47	46	578	8.1%	16.3%	24.2%
ローカルダ	28	35	31	433	6.4%	14.5%	21.7%
右回り芝	62	63	60	718	8.6%	17.4%	25.8%
右回りダ	42	50	39	555	7.6%	16.6%	23.6%
左回り芝	28	34	30	409	6.8%	15.2%	22.5%
左回りダ	30	26	29	402	7.5%	13.9%	21.1%
札幌芝	3	3	3	54	5.6%	11.1%	16.7%
札幌ダ	6	6	2	47	12.8%	25.5%	29.8%
函館芝	7	4	5	52	13.5%	21.2%	30.8%
函館ダ	2	2	6	37	5.4%	10.8%	27.0%
福島芝	8	6	6	71	11.3%	19.7%	28.2%
福島ダ	1	6	1	45	2.2%	15.6%	17.8%
新潟芝	9	10	8	120	7.5%	15.8%	22.5%
新潟ダ	5	5	8	95	5.3%	10.5%	18.9%
東京芝	10	9	8	148	6.8%	12.8%	18.9%
東京ダ	9	13	10	160	8.1%	13.8%	21.9%
中山芝	10	13	9	127	7.9%	18.1%	25.2%
中山ダ	19	16	7	219	23.3%	23.3%	28.0%
中京芝	10	16	15	152	6.6%	17.1%	27.0%
中京ダ	12	12	8	147	8.2%	16.3%	21.8%
京都芝	4	6	6	66	6.1%	15.2%	24.2%
京都ダ	1	1	6	62	1.6%	3.2%	12.9%
阪神芝	20	23	22	219	9.1%	19.6%	29.7%
阪神ダ	11	14	14	183	6.0%	13.7%	21.3%
小倉芝	10	8	9	129	7.8%	14.0%	20.9%
小倉ダ	2	4	6	62	3.2%	9.7%	19.4%

条件　2勝クラスで高勝率を誇る

	1着	2着	3着	出走数	勝率	連対率	3着内率
新馬	13	16	21	199	6.5%	14.6%	25.1%
未勝利	66	80	72	1016	6.5%	14.4%	21.5%
1勝	47	45	39	479	9.8%	19.2%	27.3%
2勝	24	22	16	190	12.6%	24.2%	32.6%
3勝	8	7	8	122	6.6%	12.3%	18.9%
OPEN特別	5	5	2	48	10.4%	20.8%	18.8%
GⅢ	4	1	2	37	10.8%	13.5%	18.9%
GⅡ	0	2	0	17	0.0%	11.8%	11.8%
GⅠ	0	0	1	12	0.0%	0.0%	8.3%
ハンデ戦	6	6	1	84	7.1%	14.3%	15.5%
牝馬限定	23	19	14	303	7.6%	13.9%	18.5%
障害	4	1	1	25	16.0%	20.0%	24.0%

人気　1番人気の連対率が6割に迫る

	1着	2着	3着	出走数	勝率	連対率	3着内率
1番人気	67	45	18	189	35.4%	59.3%	68.8%
2～3番人気	57	49	58	370	15.4%	28.6%	44.3%
4～6番人気	31	52	51	469	6.6%	17.7%	28.6%
7～9番人気	7	21	18	412	1.7%	6.8%	11.2%
10番人気～	5	8	16	680	0.7%	1.9%	4.3%

単勝回収値65円／単勝適正回収値76円

距離　距離不問、ベストはダート短距離

芝　平均勝ち距離　1,618m

	1着	2着	3着	出走数	勝率	連対率	3着内率
全体計	91	98	92	1138	8.0%	16.6%	24.7%
芝～1300m	22	25	29	264	8.3%	17.8%	28.8%
芝～1600m	38	44	40	475	8.0%	17.3%	25.7%
芝～2000m	24	23	20	328	7.3%	14.3%	20.4%
芝～2400m	4	4	1	51	7.8%	15.7%	17.6%
芝2500m～	3	2	2	20	15.0%	25.0%	35.0%

ダート　平均勝ち距離　1,494m

	1着	2着	3着	出走数	勝率	連対率	3着内率
全体計	72	76	68	957	7.5%	15.5%	22.6%
ダ～1300m	28	24	23	282	9.9%	18.4%	26.6%
ダ～1600m	16	15	15	230	7.0%	13.5%	20.0%
ダ～2000m	25	34	29	422	5.9%	14.0%	20.9%
ダ2100m～	3	3	1	23	13.0%	26.1%	30.4%

馬場状態　渋った芝で成績上昇、状態は不問

		1着	2着	3着	出走数	勝率	連対率	3着内率
芝	良	67	73	58	865	7.7%	16.2%	22.9%
	稍重	15	20	25	193	7.8%	18.1%	31.1%
	重	7	4	7	64	10.9%	17.2%	28.1%
	不良	2	1	2	16	12.5%	18.8%	31.3%
ダ	良	46	45	41	581	7.9%	15.7%	22.7%
	稍重	13	16	16	211	6.2%	13.7%	21.3%
	重	6	9	4	93	6.5%	16.1%	23.7%
	不良	7	6	7	72	9.7%	18.1%	23.6%

性齢　完成度が高く2歳戦から走る

	1着	2着	3着	出走数	勝率	連対率	3着内率
牡2歳	16	25	28	219	7.3%	18.7%	31.5%
牝2歳	11	8	20	181	6.1%	10.5%	21.5%
牡3歳前半	38	42	28	442	8.6%	18.1%	24.4%
牝3歳前半	21	19	20	319	6.6%	12.5%	18.8%
牡3歳後半	21	20	18	227	9.3%	18.1%	26.0%
牝3歳後半	21	19	13	204	10.3%	19.6%	26.0%
牡4歳	19	24	18	270	7.0%	15.9%	22.6%
牝4歳	13	14	7	136	9.6%	19.9%	25.0%
牡5歳	6	3	6	87	6.9%	10.3%	17.2%
牝5歳	1	1	3	35	2.9%	5.7%	14.3%
牡6歳	0	0	0				
牝6歳	0	0	0				
牡7歳以上	0	0	0				
牝7歳以上	0	0	0				

勝ち馬の決め手

芝　91勝　追込12／逃げ16／先行39／差し24

ダート　72勝　追込5／逃げ13／先行37／差し17

117

2022 ⑲
2021 ㉚
2020 ㉞
2019 ㊸

エスポワールシチー
ESPOIR CITY

年次	種付頭数	産駒数
23年	101	71
22年	142	70
21年	134	56

種付料／⇧受200万円F 供用地／新冠・優駿SS
2005年生　栗毛　門別・幾千世牧場産

距離	成長型	芝	ダート	瞬発力	パワー	底力
マ中	普	△	◎	○	○	○

PROFILE

- 競走成績　40戦17勝（3～8歳・日米）
- 最高レーティング　118 M（09、10年）
- 主な勝ち鞍　ジャパンCダート、フェブラリーS、JBCスプリント、南部杯3回、かしわ記念3回、マーチS、みやこS、名古屋大賞典、トパーズS。

代表産駒のイグナイターが
2年続けてNAR年度代表馬に

　4歳時、マーチSで重賞初制覇を果たすと、そこからかしわ記念、南部杯、ジャパンCダートと連勝して、2009年のJRA最優秀ダートホースに輝く。その後も、フェブラリーS、かしわ記念と連勝を伸ばし、2年続けてJRA最優秀ダートホースに選ばれた。7歳時にかしわ記念でGI6勝目をマーク。以降もダート重賞の常連として8歳まで走り、南部杯（2回）、JBCスプリントを制して通算9つのダートGIタイトルを獲得。

　2014年に種牡馬入り。2017年にはNAR新種牡馬ランキングでトップに輝いた。

　2023年はイグナイターがJBCスプリントを制して、2年連続でNAR年度代表馬に選ばれる快挙を達成している。

系統：サンデーサイレンス系　母父系統：ロベルト系

父 ゴールドアリュール 栗 1999	*サンデーサイレンス 青鹿 1986	Halo	Hail to Reason
			Cosmah
		Wishing Well	Understanding
			Mountain Flower
	*ニキーヤ 鹿 1993	Nureyev	Northern Dancer
			Special
		Reluctant Guest	Hostage
			Vaguely Royal
母 エミネントシチー 鹿 1998	*ブライアンズタイム 黒鹿 1985	Roberto	Hail to Reason
			Bramalea
		Kelley's Day	Graustark
			Golden Trail
	ヘップバーンシチー 鹿 1990	*ブレイヴェストローマン	Never Bend
			Roman Song
		コンパルシチー	*トラフィック
			リンネス

インブリード：Hail to Reason 4×4

血統解説　父はサンデーサイレンス系のダート部門を支える大種牡馬で、本馬やスマートファルコン（P210）、コパノリッキー（P138）が後継として活躍している。母系は半弟にミヤジコクオウ（レパードS2着）。母父は芝だけでなく、ダートでもフリオーソ（P154）などの活躍馬を輩出している。

代表産駒　イグナイター（2022、2023年NAR年度代表馬、JBCスプリント）、**ヴァケーション**（全日本2歳優駿）、**ペイシャエス**（名古屋グランプリ、ユニコーンS）、**ケイアイドリー**（北海道SC）、**メモリーコウ**（マリーンC2着、ブリーダーズGC2着）。

POG　2024年期待の2歳馬

母馬名（母父）	性別	おすすめポイント
ヘイヴンズギフト（*クロフネ）	牡	母は9勝。全兄姉の2頭はいずれも勝ち上がりを決めている。
ハレイワクイーン（キングカメハメハ）	牝	叔母にオーバルスプリントなど7勝のサイタスリーレッド。
ボナデア（ルーラーシップ）	牝	2代母コンコルディアは阪神JF3着。SSの3×4クロスに注目。

※ SS＝サンデーサイレンス

馬券に直結する適性データ

　全61勝中芝は1勝だけで、ほぼダート専門と言っていい。取捨選択に迷う以前に、芝レースを買う機会も少ないだろうから、ノーマークでOKだ。そのダートでは、短距離から中距離までこなしているが、連対率、3着内率から見ると若干、中距離がリードしている。なお、長距離は出走そのものが少なくなるので、こちらも気にしなくてもいい。1番人気の信頼度は低く、2～3番人気時と比べると、配当的な妙味はかなり薄い。買うなら対抗に推されている時だ。仕上がりは早く、特に牝馬は2歳戦での3着内率が4割を超えており、見かけたら是非買いたいところだ。

　単勝回収値　産駒がレースに出走するごとに単勝100円をかけ、1レース平均でいくら回収できるかを表したもの。穴をあける可能性や人気に応える可能性などを推測できる。

2023年 成績

総収得賞金 1,257,432,000円　アーニング INDEX　1.08

勝利頭数／出走頭数：全馬 141 ／ 252	2歳 20 ／ 39
勝利回数／出走回数：全馬 283 ／ 2,013	2歳 25 ／ 156

Data Box (2021~2023)

コース　阪神ダートで勝ち切ることが多い

	1着	2着	3着	出走数	勝率	連対率	3着内率
全体計	61	57	75	788	7.7%	15.0%	24.5%
中央芝	1	2	3	22	4.5%	13.6%	27.3%
中央ダ	38	27	41	400	9.5%	16.3%	26.5%
ローカル芝	0	0	0	30	0.0%	0.0%	0.0%
ローカルダ	22	28	31	336	6.5%	14.9%	24.1%
右回り芝	1	2	3	39	2.6%	7.7%	15.4%
右回りダ	40	34	43	428	9.3%	17.3%	27.3%
左回り芝	0	0	0	13	0.0%	0.0%	0.0%
左回りダ	20	21	29	308	6.5%	13.3%	22.7%
札幌芝	0	0	0	8	0.0%	0.0%	0.0%
札幌ダ	3	4	3	32	9.4%	21.9%	21.9%
函館芝	0	0	0	0	-	-	-
函館ダ	3	1	5	29	10.3%	13.8%	31.0%
福島芝	0	0	0	4	0.0%	0.0%	0.0%
福島ダ	1	6	7	54	1.9%	13.0%	25.9%
新潟芝	0	0	0	7	0.0%	0.0%	0.0%
新潟ダ	3	6	1	66	4.5%	13.6%	15.2%
東京芝	0	0	0	5	0.0%	0.0%	0.0%
東京ダ	10	7	14	132	7.6%	12.9%	23.5%
中山芝	0	0	0	3	0.0%	0.0%	0.0%
中山ダ	11	9	15	137	8.0%	14.6%	25.5%
中京芝	0	0	0	1	0.0%	0.0%	0.0%
中京ダ	7	8	14	110	6.4%	13.6%	26.4%
京都芝	0	0	0	0	-	-	-
京都ダ	1	2	5	20	5.0%	15.0%	40.0%
阪神芝	1	2	3	14	7.1%	21.4%	42.9%
阪神ダ	16	9	7	111	14.4%	22.5%	28.8%
小倉芝	0	0	0	4	0.0%	0.0%	0.0%
小倉ダ	5	3	4	45	11.1%	17.8%	26.7%

条件　世代限定戦が勝負どころ

	1着	2着	3着	出走数	勝率	連対率	3着内率
新馬	6	5	6	58	10.3%	19.0%	29.3%
未勝利	24	23	23	218	11.0%	21.6%	32.1%
1勝	19	18	25	314	6.1%	11.8%	19.7%
2勝	5	9	14	129	3.9%	10.9%	21.7%
3勝	4	1	1	35	11.4%	14.3%	17.1%
OPEN特別	4	3	4	39	10.3%	17.9%	28.2%
G Ⅲ	1	0	1	10	10.0%	10.0%	20.0%
G Ⅱ	0	0	1	1	0.0%	0.0%	100.0%
G Ⅰ	0	0	0	1	0.0%	0.0%	0.0%
ハンデ戦	3	2	5	35	8.6%	14.3%	28.6%
牝馬限定	13	16	8	154	8.4%	18.8%	24.0%
障害	2	2	0	17	11.8%	23.5%	23.5%

人気　1番人気不振、2~3番人気が狙い

	1着	2着	3着	出走数	勝率	連対率	3着内率
1番人気	18	9	9	65	27.7%	41.5%	55.4%
2~3番人気	22	19	15	119	18.5%	34.5%	47.1%
4~6番人気	13	21	35	182	7.1%	18.7%	37.9%
7~9番人気	7	5	6	150	4.7%	8.0%	13.3%
10番人気~	3	5	8	289	1.0%	2.8%	5.5%

距離　短距離もこなすがダート中距離向き
芝　平均勝ち距離　2,000m

	1着	2着	3着	出走数	勝率	連対率	3着内率
全体計	1	2	3	52	1.9%	5.8%	11.5%
芝~1300m	0	1	1	18	0.0%	5.6%	11.1%
芝~1600m	0	0	0	8	0.0%	0.0%	0.0%
芝~2000m	1	1	2	24	4.2%	8.3%	16.7%
芝~2400m	0	0	0	2	0.0%	0.0%	0.0%
芝2500m~	0	0	0	0	-	-	-

ダート　平均勝ち距離　1,498m

	1着	2着	3着	出走数	勝率	連対率	3着内率
全体計	60	55	72	736	8.2%	15.6%	25.4%
ダ~1300m	18	16	29	258	7.0%	13.2%	24.4%
ダ~1600m	16	12	16	177	9.0%	15.8%	24.9%
ダ~2000m	26	27	26	297	8.8%	17.8%	26.6%
ダ2100m~	0	0	1	4	0.0%	0.0%	25.0%

馬場状態　不良は苦手、ダート良馬場がベター

		1着	2着	3着	出走数	勝率	連対率	3着内率
芝	良	1	2	2	44	2.3%	6.8%	11.4%
	稍重	0	0	1	7	0.0%	0.0%	14.3%
	重	0	0	0	1	0.0%	0.0%	0.0%
	不良	0	0	0	0	-	-	-
ダ	良	43	34	37	451	9.5%	17.1%	25.3%
	稍重	8	13	20	148	5.4%	14.2%	27.7%
	重	7	6	9	83	8.4%	15.7%	26.5%
	不良	2	2	6	54	3.7%	7.4%	18.5%

性齢　完成度が高く牡馬は6歳まで頑張る

	1着	2着	3着	出走数	勝率	連対率	3着内率
牡2歳	7	12	7	70	10.0%	27.1%	37.1%
牝2歳	5	4	5	34	14.7%	26.5%	41.2%
牡3歳前半	12	6	15	127	9.4%	14.2%	26.0%
牝3歳前半	5	3	9	93	5.4%	8.6%	18.3%
牡3歳後半	6	4	5	53	11.3%	18.9%	28.3%
牝3歳後半	6	7	3	57	10.5%	22.8%	28.1%
牡4歳	7	5	14	95	7.4%	12.6%	27.4%
牝4歳	6	9	6	89	6.7%	16.9%	23.6%
牡5歳	5	3	9	52	9.6%	15.4%	26.9%
牝5歳	0	3	0	57	0.0%	5.3%	5.3%
牡6歳	3	1	0	27	11.1%	14.8%	14.8%
牝6歳	0	1	3	24	0.0%	4.2%	16.7%
牡7歳以上	1	1	1	24	4.2%	8.3%	12.5%
牝7歳以上	0	0	0	3	0.0%	0.0%	0.0%

勝ち馬の決め手

芝：1勝　先行 1

ダート：60勝　差し 13　逃げ 19　先行 28

2022 ⑱
2021 ⑫
2020 ⑪
2019 ⑩

*キンシャサノキセキ
KINSHASA NO KISEKI

年次	種付頭数	産駒数
23年	―	2
22年	13	22
21年	46	63

2023年引退
2003年生　鹿毛　オーストラリア産　2005年輸入

距離	成長型	芝	ダート	瞬発力	パワー	底力
短マ	普	○	○	○	○	○

系統：サンデーサイレンス系　母父系統：リボー系

父	*サンデーサイレンス 青鹿 1986	Halo	Hail to Reason
フジキセキ 青鹿 1992			Cosmah
		Wishing Well	Understanding
			Mountain Flower
	*ミルレーサー 鹿 1983	Le Fabuleux	Wild Risk
			Anguar
		Marston's Mill	In Reality
			Millicent
母	Pleasant Colony 黒鹿 1978	His Majesty	Ribot
*ケルトシャーン 鹿 1994			Flower Bowl
		Sun Colony	Sunrise Flight
			Colonia
	Featherhill 鹿 1978	Lyphard	Northern Dancer
			Goofed
		Lady Berry	Violon d'Ingres
			Moss Rose

インブリード：5代前までにクロスなし

血統解説　父はサンデーサイレンスの初年度産駒で、競走馬として父に初GⅠをもたらしただけでなく、種牡馬としても父系を発展させた名馬。母系は叔父に仏GⅠ馬で種牡馬としても成功したグルームダンサー（リュパン賞）、甥にランナウェイ（豪GⅢジーロングC）、一族にレフトハンド（ヴェルメイユ賞）がいる。

PROFILE

競走成績　**31戦12勝**（2～8歳・日）
最高レーティング　**115S**（11年）
主な勝ち鞍　**高松宮記念2回、阪神C2回、スワンS、オーシャンS、函館スプリントS**。スプリンターズS2着2回、高松宮記念2着。

高いスプリント能力を
産駒に伝えていきたい

　5歳時の高松宮記念で2着し、続く函館スプリントSで重賞初制覇。秋にはスプリンターズSで2着。7歳時、高松宮記念を1番人気に応えて勝利し、待望のGⅠタイトルを獲得した。3度目の挑戦となったスプリンターズSは2着。8歳時、59キロを背負ってオーシャンSを2着すると、4年連続の出走となった高松宮記念を快勝して、同レース連覇を達成した。

　種牡馬としても、初年度から10年続けて100頭以上に種付を行う人気種牡馬となり、芝、ダート、距離を問わない活躍で、2016年から7年連続でトップ20入りを果たした。

　2023年はダイシンクローバーが京都ハイジャンプを制し中山グランドジャンプで3着するなどの活躍を見せ、産駒の幅を広げている。

代表産駒　ガロアクリーク（スプリングS、皐月賞3着）、シュウジ（P388）、ルフトシュトローム（ニュージーランドT）、モンドキャンノ（京王杯2歳S、朝日杯FS2着）、サクセスエナジー（さきたま杯、かきつばた記念、黒船賞）、ベルーガ（ファンタジーS）。

POG　2024年期待の2歳馬

母馬名（母父）	性別	おすすめポイント
ダノンフローラ （アグネスタキオン）	牡	叔父にハイアーゲーム（青葉賞）、ダイワマッジョーレ（京王杯SC）。
*ミセスワタナベ （Tapizar）	牡	当歳セレクトセールで5720万円。母父はBCダートマイル馬。
サテラノサト （ディープブリランテ）	牝	叔母にエリザベス女王杯を勝ったアカイト。中距離向き配合。

馬券に直結する適性データ

　キンシャサノキセキ自身、生粋のスプリンターだったこともあり、産駒も短距離指向が強い。スプリングSを勝ち皐月賞で3着したガロアクリークのような産駒もいるが、レアケースと見るべきだろう。標準的な産駒は距離の壁を意識したい。特に芝～1600m戦の場合、勝率1.4%、3着内率10.2%と極めて低い。出走数を考えると、馬券を買う際に目にする機会も多いはず。うかつに手を出さないようにしよう。狙うならダートの短距離戦だ。自身同様、やや晩成傾向が見られ7歳以上でも侮れない。1番人気の信頼度は低め。2～3番人気の時に3着づけがオススメだ。

父系　ある種牡馬の血が父方から伝わっていること。例えばアーモンドアイの父はロードカナロアで、その父はキングカメハメハ、さらにその父がキングマンボという場合、アーモンドアイは父系がキングマンボ系となる。

2023年 成績

総収得賞金 1,220,685,000円　アーニング INDEX　0.85

勝利頭数／出走頭数：全馬 147 ／ 309　　2歳　9 ／ 36
勝利回数／出走回数：全馬 236 ／ 2,710　　2歳　11 ／ 137

Data Box (2021~2023)

コース　新潟ダートで大きく勝率がアップ

	1着	2着	3着	出走数	勝率	連対率	3着内率
全体計	134	167	184	2412	5.6%	12.5%	20.1%
中央芝	7	16	16	329	2.1%	7.0%	11.9%
中央ダ	55	62	85	866	6.4%	13.5%	23.3%
ローカル芝	21	29	32	462	4.5%	10.8%	17.7%
ローカルダ	51	60	51	755	6.8%	14.7%	21.5%
右回り芝	15	30	31	489	3.1%	9.2%	15.5%
右回りダ	60	71	90	965	6.2%	13.6%	22.9%
左回り芝	12	14	17	269	4.5%	9.7%	16.0%
左回りダ	46	51	46	656	7.0%	14.8%	21.8%
札幌芝	2	5	4	49	4.1%	14.3%	22.4%
札幌ダ	4	5	5	61	6.6%	14.8%	23.0%
函館芝	4	8	5	60	6.7%	20.0%	28.3%
函館ダ	2	4	3	38	5.3%	15.8%	23.7%
福島芝	3	5	5	65	4.6%	12.3%	20.0%
福島ダ	6	8	4	101	5.9%	13.9%	17.8%
新潟芝	5	5	3	106	4.7%	9.4%	12.3%
新潟ダ	14	10	13	157	8.9%	15.3%	23.6%
東京芝	2	7	7	103	1.9%	8.7%	15.5%
東京ダ	15	20	18	243	6.2%	14.4%	21.8%
中山芝	1	5	5	98	1.0%	6.1%	11.2%
中山ダ	19	16	30	273	7.0%	12.8%	23.8%
中京芝	6	3	4	93	6.5%	9.7%	17.2%
中京ダ	17	21	15	256	6.6%	14.8%	20.7%
京都芝	1	0	1	16	6.3%	6.3%	12.5%
京都ダ	1	0	4	45	2.2%	2.2%	11.1%
阪神芝	3	4	3	112	2.7%	6.3%	8.9%
阪神ダ	20	26	33	305	6.6%	15.1%	25.9%
小倉芝	1	3	6	89	1.1%	4.5%	13.5%
小倉ダ	8	12	11	142	5.6%	14.1%	21.8%

条件　新馬戦より未勝利戦で結果を残す

	1着	2着	3着	出走数	勝率	連対率	3着内率
新馬	7	10	12	144	4.9%	11.8%	20.1%
未勝利	53	58	64	752	7.0%	14.8%	23.3%
1勝	42	45	48	752	5.6%	11.6%	18.0%
2勝	19	21	36	399	4.8%	10.0%	19.0%
3勝	11	16	12	208	5.3%	13.0%	18.8%
OPEN特別	8	17	12	144	5.6%	17.4%	25.7%
GⅢ	1	2	2	43	2.3%	7.0%	11.6%
GⅡ	0	3	0	11	0.0%	27.3%	27.3%
GⅠ	0	0	1	8	0.0%	0.0%	12.5%
ハンデ戦	9	9	10	141	6.4%	12.8%	19.9%
牝馬限定	24	18	31	345	7.0%	12.2%	21.2%
障害	8	2	5	49	16.3%	20.4%	30.6%

人気　2~3番人気の3着内率が良い

	1着	2着	3着	出走数	勝率	連対率	3着内率
1番人気	42	26	18	149	28.2%	45.6%	57.7%
2~3番人気	52	52	61	334	15.6%	31.1%	49.4%
4~6番人気	31	41	60	527	5.9%	13.7%	25.0%
7~9番人気	11	30	31	538	2.0%	7.6%	14.3%
10番人気~	6	20	14	913	0.7%	2.8%	4.4%

単勝回収値 52円／単勝適正回収値 71円

距離　芝ダート共短距離向き

芝　　平均勝ち距離　1,321m

	1着	2着	3着	出走数	勝率	連対率	3着内率
全体計	28	45	48	791	3.5%	9.2%	15.3%
芝~1300m	20	26	27	389	5.1%	11.8%	18.8%
芝~1600m	4	12	13	284	1.4%	5.6%	10.2%
芝~2000m	4	7	8	108	3.7%	10.2%	17.6%
芝~2400m	0	0	0	0	0.0%	0.0%	0.0%
芝2500m~	0	0	0	2	0.0%	0.0%	0.0%

ダート　平均勝ち距離　1,390m

	1着	2着	3着	出走数	勝率	連対率	3着内率
全体計	106	122	136	1621	6.5%	14.1%	22.5%
ダ~1300m	54	55	54	662	8.2%	16.5%	24.6%
ダ~1600m	25	36	36	440	5.7%	13.9%	22.0%
ダ~2000m	27	31	46	505	5.3%	11.5%	20.6%
ダ2100m~	0	0	0	14	0.0%	0.0%	0.0%

馬場状態　ダートは状態不問も良がベスト

		1着	2着	3着	出走数	勝率	連対率	3着内率
芝	良	19	36	40	610	3.1%	9.0%	15.6%
	稍重	5	6	6	113	4.4%	9.7%	15.0%
	重	1	3	1	57	1.8%	7.0%	8.8%
	不良	3	0	1	11	27.3%	27.3%	36.4%
ダ	良	72	83	82	996	7.2%	15.6%	23.8%
	稍重	16	14	30	298	5.4%	10.4%	20.5%
	重	13	12	17	203	6.4%	12.3%	20.7%
	不良	5	7	7	124	4.0%	13.7%	19.4%

性齢　2歳から動き5歳まで力を維持

	1着	2着	3着	出走数	勝率	連対率	3着内率
牡2歳	14	23	19	202	6.9%	18.3%	27.7%
牝2歳	13	10	19	160	8.1%	14.4%	26.3%
牡3歳前半	15	18	28	257	5.8%	12.8%	23.7%
牝3歳前半	12	12	9	246	4.9%	9.8%	13.4%
牡3歳後半	9	14	8	160	5.6%	14.4%	19.4%
牝3歳後半	12	13	4	145	8.3%	17.2%	20.0%
牡4歳	16	19	32	277	5.8%	12.6%	24.2%
牝4歳	12	8	19	200	6.0%	10.0%	19.5%
牡5歳	22	25	19	262	8.4%	17.9%	25.2%
牝5歳	6	4	13	169	3.6%	5.9%	13.6%
牡6歳	5	10	10	201	2.5%	7.5%	12.4%
牝6歳	1	5	3	77	1.3%	7.8%	11.7%
牡7歳以上	5	6	6	98	5.1%	13.3%	19.4%
牝7歳以上	0	0	0	0	0.0%	0.0%	0.0%

勝ち馬の決め手

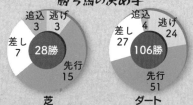

芝　28勝　追込 3／逃げ 3／差し 7／先行 15

ダート　106勝　追込 4／逃げ 24／差し 27／先行 51

RANKING
25
2歳 30

2022 ㊱
2021 ㊿
2020 －
2019 －

シルバーステート
SILVER STATE

年次	種付頭数	産駒数
23年	139	135
22年	200	82
21年	138	106

系統：サンデーサイレンス系　母父系統：ロベルト系

父 ディープインパクト 鹿 2002	*サンデーサイレンス 青鹿 1986	Halo	Hail to Reason	
			Cosmah	
		Wishing Well	Understanding	
			Mountain Flower	
	*ウインドインハーヘア 鹿 1991	Alzao	Lyphard	
			Lady Rebecca	
		Burghclere	Busted	
			Highclere	
母 *シルヴァースカヤ 黒鹿 2001	Silver Hawk 鹿 1979	Roberto	Hail to Reason	
			Bramalea	
		Gris Vitesse	Amerigo	
			Matchiche	
	Boubskaia 黒鹿 1987	Niniski	Nijinsky	
			Virginia Hills	
		Frenetique	Tyrant	
			Femina	

種付料／⇩ 受500万円F　供用地／新冠・優駿SS

2013年生　青鹿毛　安平・ノーザンファーム産

距離	成長型	芝	ダート	瞬発力	パワー	底力
マ中	普	◎	○	○	○	○

PROFILE

競走成績　5戦4勝（2〜4歳・日）
最高レーティング　レーティング対象外
主な勝ち鞍　垂水S、オーストラリアT、紫菊賞。

産駒は堅実な活躍を見せる
大物出現にも期待したい

　2歳時、未勝利戦、紫菊賞を圧倒的人気に応え連勝。クラシックでも期待されたが、屈腱炎による1年7カ月の長期休養を余儀なくされる。復帰後、オーストラリアT、垂水Sと連勝するも、再び屈腱炎を発症し引退。

　5歳で種牡馬入り。当初の種付料は80万円だったが、2021年に初年度産駒ウォーターナビレラが重賞勝ちを果たし、FSランキングはドレフォンに次ぐ2位にランクすると、2022年の種付料は一気に600万円にまで上昇。それでも200頭もの牝馬を集めており、本馬への期待の高さがうかがえた。

　2023年はエエヤン、セイウンハーデスが重賞勝ち。そのほかの産駒もコンスタントに活躍し、総合ランキングを上昇させている。

インブリード：Hail to Reason 4×4、Northern Dancer 5×5

血統解説　父ディープインパクトは世界的大種牡馬。母シルヴァースカヤはロワイヨモン賞など仏GⅢ2勝。本馬の半兄に豪GⅠ馬セヴィル（ザメトロポリタン）。母系は叔母にデインスカヤ（アスタルテ賞）、甥にヴィクテァルス（スプリングS）、いとこにシックスセンス（京都記念）、デルフォイ（京都新聞杯2着）。

代表産駒　エエヤン（ニュージーランドT）、リカンカブール（中山金杯）、ウォーターナビレラ（ファンタジーS、桜花賞2着、阪神JF3着）、セイウンハーデス（七夕賞）、ショウナンバシット（若葉S）、セッション（京都金杯2着）、メタルスピード（スプリングS3着）。

POG　2024年期待の2歳馬

母馬名（母父）	性別	おすすめポイント
*パレスルーマー （Royal Anthem）	牡	1歳セレクトセールで3億4100万円。半兄にGⅠ馬ジャスティンパレス。
*イルーシヴハピネス （Frankel）	牝	当歳セレクトセールで9240万円。2代母に仏1000ギニー馬。
レーヴドカナロア （ロードカナロア）	牝	1歳セレクトセールで5500万円。名門のレーヴドスカー系出身。

馬券に直結する適性データ

　芝88勝に対しダートは21勝で、「ダートもこなす芝血統」というイメージ。ダートで結果を出しているなら、素直に信じよう。距離別では、〜2000mが88勝のうちの半分以上の46勝となっており、勝率も11.3％を記録。基本は芝の中距離向き。ただ、長距離戦も勝ちきれないまでも2、3着は少なくないので、連下、ヒモの一頭として押さえてはおきたい。牝馬は活躍期間はあまり長くない印象だが、牡馬は4歳になっても成績が落ちていない。5歳以降はまだ未知の領域だが、たとえ凡走が続いても、すぐに見切ってしまわない方がいいだろう。

直仔　直接の産駒のこと。直仔の直仔というようにつながっている場合は、直系と呼ぶこともある。例えばステイゴールドはサンデーサイレンスの直仔、ステイゴールドの直仔のオルフェーヴルはサンデーサイレンスの直系という。

2023年成績

総収得賞金 1,202,188,000円　アーニング INDEX　1.11

勝利頭数／出走頭数：全馬 89 ／ 234	2歳	12 ／ 66
勝利回数／出走回数：全馬 145 ／ 1,563	2歳	12 ／ 182

Data Box (2021~2023)

コース　小回り向きで中山芝が大得意

	1着	2着	3着	出走数	勝率	連対率	3着内率
全体計	109	116	107	1365	8.0%	16.5%	24.3%
中央芝	45	47	42	525	8.6%	17.5%	25.5%
中央ダ	12	11	11	203	5.9%	11.3%	16.7%
ローカル芝	43	47	44	479	9.0%	18.8%	28.0%
ローカルダ	9	11	10	158	5.7%	12.7%	19.0%
右回り芝	60	63	55	643	9.3%	19.1%	27.7%
右回りダ	13	14	12	232	5.6%	11.6%	16.8%
左回り芝	25	30	30	347	7.2%	15.9%	24.5%
左回りダ	8	8	9	129	6.2%	12.4%	19.4%
札幌芝	3	4	6	48	6.3%	14.6%	27.1%
札幌ダ	2	1	0	22	9.1%	13.6%	13.6%
函館芝	2	3	4	51	3.9%	9.8%	17.6%
函館ダ	1	1	2	14	7.1%	14.3%	28.6%
福島芝	9	9	2	72	12.5%	25.0%	27.8%
福島ダ	0	0	0	16			
新潟芝	8	13	7	95	8.4%	22.1%	29.5%
新潟ダ	1	0	2	26	3.8%	3.8%	11.5%
東京芝	7	7	10	147	4.8%	9.5%	16.3%
東京ダ	4	1	2	51	7.8%	9.8%	13.7%
中山芝	22	16	12	160	13.8%	23.8%	31.3%
中山ダ	1	6	4	51	2.0%	13.7%	21.6%
中京芝	13	11	14	119	10.9%	20.2%	31.9%
中京ダ	3	7	3	52	5.8%	19.2%	28.8%
京都芝	3	10	1	50	6.0%	26.0%	28.0%
京都ダ	2	0	1	18	11.1%	11.1%	16.7%
阪神芝	13	14	19	168	7.7%	16.1%	27.4%
阪神ダ	5	4	4	83	6.0%	10.8%	15.7%
小倉芝	8	7	11	94	8.5%	16.0%	27.7%
小倉ダ	2	2	1	28	7.1%	14.3%	17.9%

距離　芝の中距離狙いが大正解

芝　平均勝ち距離　1,728m

	1着	2着	3着	出走数	勝率	連対率	3着内率
全体計	88	94	86	1004	8.8%	18.1%	26.7%
芝～1300m	13	11	12	177	7.3%	13.6%	20.3%
芝～1600m	24	29	27	338	7.1%	15.7%	23.7%
芝～2000m	46	39	39	407	11.3%	20.9%	30.5%
芝～2400m	5	12	6	70	7.1%	24.3%	32.9%
芝2500m～	0	3	2	12	0.0%	25.0%	41.7%

ダート　平均勝ち距離　1,510m

	1着	2着	3着	出走数	勝率	連対率	3着内率
全体計	21	22	21	361	5.8%	11.9%	17.7%
ダ～1300m	6	7	12	127	4.7%	10.2%	19.7%
ダ～1600m	6	2	0	82	7.3%	9.8%	12.2%
ダ～2000m	9	13	9	144	6.3%	15.3%	20.1%
ダ2100m～	0	0	0	8			

馬場状態　芝ダート共状態不問、ベストは芝良

		1着	2着	3着	出走数	勝率	連対率	3着内率
芝	良	70	68	64	751	9.3%	18.4%	26.9%
	稍重	13	20	15	179	7.3%	18.4%	26.8%
	重	4	5	6	63	6.3%	14.3%	23.8%
	不良	1	1	1	11	9.1%	18.2%	27.3%
ダ	良	15	12	14	220	6.8%	12.3%	18.6%
	稍重	3	5	2	65	4.6%	12.3%	15.4%
	重	2	3	2	46	4.3%	10.9%	15.2%
	不良	1	2	3	30	3.3%	10.0%	20.0%

性齢　牡馬は2歳から4歳まで安定

	1着	2着	3着	出走数	勝率	連対率	3着内率
牡2歳	26	22	29	262	9.9%	18.3%	29.4%
牝2歳	15	12	13	192	7.8%	14.1%	20.8%
牡3歳前半	22	29	22	294	7.5%	17.3%	24.8%
牝3歳前半	10	17	13	206	4.9%	13.1%	19.4%
牡3歳後半	16	15	16	157	10.2%	19.7%	29.9%
牝3歳後半	8	10	5	112	7.1%	16.1%	20.5%
牡4歳	11	9	9	101	10.9%	19.8%	28.7%
牝4歳	1	3	1	52	1.9%	7.7%	9.6%
牡5歳	0	0	0	0			
牝5歳	0	0	0	0			
牡6歳	0	0	0	0			
牝6歳	0	0	0	0			
牡7歳以上	0	0	0	0			
牝7歳以上	0	0	0	0			

条件　成熟の早さが活きる新馬戦向き

	1着	2着	3着	出走数	勝率	連対率	3着内率
新馬	19	18	21	204	9.3%	18.1%	28.4%
未勝利	48	61	54	722	6.6%	15.1%	22.6%
1勝	24	20	22	249	9.6%	17.7%	26.5%
2勝	6	7	5	78	7.7%	16.7%	23.1%
3勝	5	0	0	12	41.7%	41.7%	41.7%
OPEN特別	4	6	3	45	8.9%	22.2%	28.9%
G Ⅲ	2	4	1	31	6.5%	19.4%	22.6%
G Ⅱ	1	0	1	14	7.1%	7.1%	14.3%
G Ⅰ	0	1	1	19	0.0%	5.3%	10.5%
ハンデ戦	3	1	0	23	13.0%	17.4%	17.4%
牝馬限定	10	14	9	187	5.3%	12.8%	17.6%
障害	0	1	1	11	0.0%	9.1%	18.2%

人気　1番人気は馬単より馬連の軸向き

	1着	2着	3着	出走数	勝率	連対率	3着内率
1番人気	33	26	11	107	30.8%	55.1%	65.4%
2～3番人気	40	39	25	244	16.4%	32.4%	42.6%
4～6番人気	28	35	44	366	7.7%	17.2%	29.2%
7～9番人気	6	10	23	297	2.0%	5.4%	13.1%
10番人気～	2	7	5	362	0.6%	2.5%	3.9%

単勝回収値 58円／単勝適正回収値 77円

勝ち馬の決め手

芝　88勝
- 追込 6
- 逃げ 22
- 差し 15
- 先行 45

ダート　21勝
- 追込 2
- 逃げ 3
- 差し 4
- 先行 12

RANKING
26
2歳 **49**

2022 ㉕
2021 ㉝
2020 ㉞
2019 －

ミッキーアイル
MIKKI ISLE

年次	種付頭数	産駒数
23年	**102**	**76**
22年	136	91
21年	155	57

種付料／⇩ 受150万円F 供用地／新冠・優駿SS

2011年生　鹿毛　安平・ノーザンファーム産

距離	成長型	芝	ダート	瞬発力	パワー	底力
短マ	普	○	○	○	○	○

PROFILE

競走成績　**20戦8勝**（2～5歳・日香）
最高レーティング　**118 M**（16年）
主な勝ち鞍　**マイルCS、NHKマイルC、**スワン
S、阪急杯、シンザン記念、アーリントンC。スプ
リンターズS2着、高松宮記念2着、阪急杯2着。

ディープ直仔種牡馬の中で
屈指のスピード能力を持つ

　3歳時、シンザン記念、アーリントンC、
NHKマイルCと重賞3連勝でGⅠホースに輝
く。4歳時は高松宮記念3着、スプリンター
ズS4着。5歳になると、高松宮記念、スプリン
ターズSで連続2着して駒を進めたマイルCS
で2つ目のGⅠタイトルを獲得し、2016年の
JRA最優秀短距離馬に選ばれた。

　供用初年度から100頭を超える牝馬を集め
る人気種牡馬となり、2020年のFSランキン
グでは5位にランクインした。

　2023年はナムラクレアが高松宮記念で2着、
スプリンターズSで3着とGⅠ戦線で活躍。総
合ランキングは20位台をキープしている。

　また、2024年にはウィリアムバローズが東
海Sを制し、産駒の幅が広がりつつある。

系統：サンデーサイレンス系　母父系統：ディンヒル系

父 ディープインパクト 鹿 2002	*サンデーサイレンス 青鹿 1986	Halo	Hail to Reason
			Cosmah
		Wishing Well	Understanding
			Mountain Flower
	*ウインドインハーヘア 鹿 1991	Alzao	Lyphard
			Lady Rebecca
		Burghclere	Busted
			Highclere
母 *スターアイル 鹿 2004	*ロックオブジブラルタル 鹿 1999	*ディンヒル	Danzig
			Razyana
		Offshore Boom	Be My Guest
			Push a Button
	*アイルドフランス 鹿 1995	Nureyev	Northern Dancer
			Special
		*ステラマドリッド	Alydar
			My Juliet

インブリード：Northern Dancer 5×5・5・4

血統解説　父はP48参照。本馬はその短距離部
門を代表する快速血統。2代母アイルドフランスは仏
GⅢミネルバ賞の勝ち馬。母系は半弟にタイセイスター
リー（シンザン記念2着）、いとこにアエロリット（NHK
マイルC、毎日王冠、天皇賞・秋3着）。3代母ステ
ラマドリッドはエイコーンSなどGⅠ4勝をあげた名牝。

代表産駒 メイケイエール（セントウルS、京王杯
SC）、**ナムラクレア**（シルクロードS、高松宮記念2着、
スプリンターズS3着）、ウィリアムバローズ（東海S）、
デュアリスト（兵庫ジュニアGP）、ララクリスティーヌ
（京都牝馬S）、ピンハイ（チューリップ賞2着）。

POG　2024年期待の2歳馬

母馬名（母父）	性別	おすすめポイント
*カンビーナ（Hawk Wing）	牡	1歳セレクトセールで8580万円。半兄にGⅢ馬ファルコニア。
サザンスターズ（Smart Strike）	牡	当歳セレクトセールで1億5400万円。半姉にスターズオンアース。
*セレスタ（Jump Start）	牝	当歳セレクトセールで1億120万円。半姉にGⅢ馬ハーバー。

馬券に直結する適性データ

　芝59勝に対してダートは67勝と、全体的に産駒
はダート向き。ただ、重賞実績のほとんどは芝でのも
の。父のスピード能力を十分に受け継いだ産駒は芝で、
足りない産駒はダートが主戦場となるのだろう。距離は
短距離傾向がはっきりしていて、特に芝の場合、59勝
のうち8割以上を1600m以内のレースで占めている。
1600mを超える場合は2、3着付けで買うようにした
い。ただし、ダートの場合は中距離戦の方が短距離戦
より好成績なことは覚えておこう。牝馬が息の長い活躍
をするのが特徴で、メイケイエールやナムラクレアのよ
うに2歳、3歳で活躍した馬は古馬になっても侮れない。

内国産馬 日本国内で生まれた競走馬のこと。内国産馬が種牡馬になると内国産種牡馬と呼ばれる。また海外で生まれ日
本で競馬馬登録を行った競走馬を外国産馬と呼んでいる。関連→持込馬（P150）

2023年 成績

総収得賞金 1,176,816,000円　アーニング INDEX　1.23

勝利頭数／出走頭数：全馬 99／207	2歳　9／39	
勝利回数／出走回数：全馬 157／1,504	2歳　11／120	

Data Box (2021〜2023)

コース　函館、福島のような小回りが得意

	1着	2着	3着	出走数	勝率	連対率	3着内率
全体計	126	131	96	1394	9.0%	18.4%	25.3%
中央芝	21	22	18	287	7.3%	15.0%	21.3%
中央ダ	36	34	25	377	9.5%	18.6%	25.2%
ローカル芝	38	43	33	411	9.2%	19.7%	27.7%
ローカルダ	31	32	20	319	9.7%	19.7%	26.0%
右回り芝	43	43	38	457	9.4%	18.8%	27.1%
右回りダ	47	41	30	444	10.6%	19.8%	26.6%
左回り芝	15	20	12	228	6.6%	15.4%	20.6%
左回りダ	20	25	15	252	7.9%	17.9%	23.8%
札幌芝	4	7	3	39	10.3%	28.2%	35.9%
札幌ダ	1	1	4	28	3.6%	7.1%	21.4%
函館芝	6	5	5	38	15.8%	28.9%	42.1%
函館ダ	3	2	1	17	17.6%	29.4%	35.3%
福島芝	9	7	3	60	15.0%	26.7%	31.7%
福島ダ	4	3	2	51	7.8%	13.7%	17.6%
新潟芝	4	6	8	78	5.1%	12.8%	23.1%
新潟ダ	4	4	1	57	7.0%	14.0%	15.8%
東京芝	4	4	2	75	5.3%	10.7%	13.3%
東京ダ	5	8	6	82	6.1%	15.9%	23.2%
中山芝	3	4	4	68	4.4%	10.3%	16.2%
中山ダ	15	15	4	121	12.4%	24.8%	31.4%
中京芝	8	12	3	88	9.1%	22.7%	26.1%
中京ダ	11	13	8	113	9.7%	21.2%	28.3%
京都芝	0	5	2	28	0.0%	17.9%	25.0%
京都ダ	1	1	2	21	4.8%	9.5%	19.0%
阪神芝	14	9	10	116	12.1%	19.8%	28.4%
阪神ダ	15	10	9	153	9.8%	16.3%	22.2%
小倉芝	7	6	11	108	6.5%	12.0%	22.2%
小倉ダ	8	9	4	53	15.1%	32.1%	39.6%

条件　1勝クラス、牝馬限定戦で成績安定

	1着	2着	3着	出走数	勝率	連対率	3着内率
新馬	5	14	11	148	3.4%	12.8%	20.3%
未勝利	52	52	41	653	8.0%	15.9%	22.2%
1勝	35	32	21	317	11.0%	21.1%	27.8%
2勝	12	12	9	139	8.6%	17.3%	23.7%
3勝	6	6	4	43	14.0%	27.9%	32.6%
OPEN特別	7	8	6	42	16.7%	35.7%	50.0%
GⅢ	6	3	3	30	20.0%	30.0%	40.0%
GⅡ	3	4	1	14	21.4%	50.0%	57.1%
GⅠ	0	1	2	18	0.0%	5.6%	16.7%
ハンデ戦	3	2	1	46	6.5%	10.9%	21.7%
牝馬限定	17	23	15	211	8.1%	19.0%	26.1%
障害	0	1	0	10	0.0%	10.0%	10.0%

人気　2〜3番人気の複勝率が優秀

	1着	2着	3着	出走数	勝率	連対率	3着内率
1番人気	48	24	14	144	33.3%	50.0%	59.7%
2〜3番人気	45	57	36	265	17.0%	38.5%	52.1%
4〜6番人気	22	31	22	307	7.2%	17.3%	24.4%
7〜9番人気	6	10	15	289	2.1%	5.5%	10.7%
10番人気〜	5	10	9	399	1.3%	3.8%	6.0%

単勝回収値74円／単勝適正回収値79円

距離　ダートなら中距離も対応は可能

芝　平均勝ち距離　1,390m

	1着	2着	3着	出走数	勝率	連対率	3着内率
全体計	59	65	51	698	8.5%	17.8%	25.1%
芝〜1300m	29	30	27	330	8.8%	17.9%	26.1%
芝〜1600m	22	20	18	255	8.6%	16.5%	23.5%
芝〜2000m	8	15	6	102	7.8%	22.5%	28.4%
芝〜2400m	0	0	0	11	0.0%	0.0%	0.0%
芝2500m〜	0	0	0	0	–	–	–

ダート　平均勝ち距離　1,382m

	1着	2着	3着	出走数	勝率	連対率	3着内率
全体計	67	66	45	696	9.6%	19.1%	25.6%
ダ〜1300m	38	32	20	381	10.0%	18.4%	23.6%
ダ〜1600m	9	13	11	146	6.2%	15.1%	22.6%
ダ〜2000m	20	21	14	169	11.8%	24.3%	32.5%
ダ2100m〜	0	0	0	0	–	–	–

馬場状態　状態不問、ダートは渋るほど成績上昇

		1着	2着	3着	出走数	勝率	連対率	3着内率
芝	良	45	51	38	518	8.7%	18.5%	25.9%
	稍重	9	6	9	120	7.5%	12.5%	20.0%
	重	4	6	4	52	7.7%	19.2%	26.9%
	不良	1	2	0	8	12.5%	37.5%	37.5%
ダ	良	37	36	26	404	9.2%	18.1%	24.5%
	稍重	14	12	13	152	9.2%	17.1%	25.7%
	重	10	8	4	81	12.3%	22.2%	27.2%
	不良	6	10	2	59	10.2%	27.1%	30.5%

性齢　牝馬が牡馬に迫る成績を残す

	1着	2着	3着	出走数	勝率	連対率	3着内率
牡2歳	8	15	14	160	5.0%	14.4%	23.1%
牝2歳	11	18	13	174	6.3%	16.7%	24.1%
牡3歳前半	23	21	24	268	8.6%	16.4%	25.4%
牝3歳前半	20	20	5	194	10.3%	20.6%	23.2%
牡3歳後半	18	21	7	153	11.8%	25.5%	30.1%
牝3歳後半	18	9	8	137	13.1%	19.7%	25.5%
牡4歳	14	10	9	129	10.9%	18.6%	25.6%
牝4歳	11	11	11	111	9.9%	19.8%	29.7%
牡5歳	2	5	0	50	4.0%	14.0%	14.0%
牝5歳	1	2	5	50	2.0%	6.0%	16.0%
牡6歳	0	1	6	56	0.0%	1.8%	12.5%
牝6歳	0	0	0	0	–	–	–
牡7歳以上	0	0	0	0	–	–	–
牝7歳以上	0	0	0	0	–	–	–

勝ち馬の決め手

芝　59勝
追込 4／逃げ 16／差し 19／先行 20

ダート　67勝
差し 10／逃げ 21／先行 36

2022 ⑮
2021 ⑰
2020 ⑰
2019 ㉓

スクリーンヒーロー
SCREEN HERO

年次	種付頭数	産駒数
23年	**46**	**16**
22年	74	23
21年	99	39

2023年引退
2004年生　栗毛　千歳・社台ファーム産

距離	成長型	芝	ダート	瞬発力	パワー	底力
万	普	◎	○	○	○	○

PROFILE

競走成績　**23戦5勝**（2～5歳・日）
最高レーティング　**122 L**（08年）
主な勝ち鞍　**ジャパンC**、アルゼンチン共和国杯。
天皇賞・秋2着、ラジオNIKKEI賞2着、セントライト記念3着。

種牡馬引退は残念だが
産駒の活躍はまだまだ続く

　4歳時、アルゼンチン共和国杯で重賞初制覇。続くジャパンCではディープスカイ、ウオッカ、メイショウサムソンの3世代のダービー馬を撃破してGI初制覇を達成した。

　5歳時は、天皇賞・秋でカンパニーの2着に入り、名牝ウオッカに先着した。

　6歳春から種牡馬入り。2015年にモーリスが年度代表馬に輝き、ゴールドアクターが有馬記念を勝つと大ブレイク。翌年の種付料が一気に300万円に上昇。さらに同年にモーリスがGI3勝をあげたことで、種付料は一時期700万円にまで上昇した。その後も、ウインマリリンが香港ヴァーズを勝ち、ボルドグフーシュが菊花賞、有馬記念で連続2着などの活躍をしたが、2023年に惜しまれつつ種牡馬引退。

系統：ロベルト系　母父系統：サンデーサイレンス系

父	Silver Hawk	Roberto	Hail to Reason
*グラスワンダー	鹿 1979		Bramalea
栗 1995		Gris Vitesse	Amerigo
			Matchiche
	Ameriflora	Danzig	Northern Dancer
	鹿 1989		Pas de Nom
		Graceful Touch	His Majesty
			Pi Phi Gal
母	*サンデーサイレンス	Halo	Hail to Reason
ランニングヒロイン	青鹿 1986		Cosmah
鹿 1993		Wishing Well	Understanding
			Mountain Flower
	ダイナアクトレス	*ノーザンテースト	Northern Dancer
	鹿 1983		Lady Victoria
		モデルスポート	*モデルフール
			*マジックゴディス

インブリード：Hail to Reason 4×4、Northern Dancer 4×4

血統解説　父はP291参照。母系は2代母にダイナアクトレス（毎日王冠、安田記念2着、ジャパンC3着、オークス3着）、叔父にステージチャンプ（日経賞、天皇賞・春2着、菊花賞2着）、叔母にプライムステージ（札幌3歳S）、いとこにマルカラスカル（中山大障害、中山グランドジャンプ）がいる。

代表産駒　モーリス（天皇賞・秋）、ゴールドアクター（有馬記念）、ウインマリリン（香港ヴァーズ）、ジェネラーレウーノ（セントライト記念）、アートハウス（ローズS）、クールキャット（フローラS）、ウイングレイテスト（スワンS）、ウインカーネリアン（関屋記念）。

POG　2024年期待の2歳馬

母馬名（母父）	性別	おすすめポイント
ピュアコンチェルト（*キンシャサノキセキ）	牡	1歳セレクトセールで4950万円。2代母は米GⅢの勝ち馬。
アメリオラシオン（ルーラーシップ）	牝	母系はスタニングローズ（秋華賞）などを出した名門の「薔薇の一族」。
ゲッカコウ（*ロージズインメイ）	牝	母は4勝をあげフラワーC2着。半兄も中央で3勝をマーク。

馬券に直結する適性データ

　距離別に見ると、芝もダートも短距離から長距離までどの区分でも勝ち星をあげており、産駒の幅は広い。あえて絞るなら中距離が最も勝ち数が多く、メインで狙うならここ。ただ、2、3着に限れば2500m～の成績がよく、3着内率にいたっては40%を超えている。長距離戦では馬連や3連複の軸として買いたい。自身も、そして産駒のモーリス、ゴールドアクターも古馬になって本格化したように、成長力もある。早い段階から活躍している産駒でも、3歳後半からもう一伸びが期待できるので早い見切りは禁物。芝の重、不良も狙ってみたいレベルで得意だ。

ニックス（配合）　配合する血統同士の親和性のこと。簡単にいえば相性がいいということ。「○○と××はニックス配合」という場合、○○と××は血統的に相性がいい＝成功例が多いということになる。

2023年成績

総収得賞金 1,163,884,000円　アーニング INDEX　1.35

勝利頭数／出走頭数：全馬 76 ／ 186　　2歳　6 ／ 25
勝利回数／出走回数：全馬 130 ／ 1,373　　2歳　8 ／ 73

Data Box (2021~2023)

コース　福島では芝ダート問わず躍動

	1着	2着	3着	出走数	勝率	連対率	3着内率
全体計	140	156	156	1822	7.7%	16.2%	24.8%
中央芝	38	48	35	560	6.8%	15.4%	21.6%
中央ダ	23	27	35	350	6.6%	14.3%	24.3%
ローカル芝	51	48	53	582	8.8%	17.0%	26.1%
ローカルダ	28	33	33	330	8.5%	18.5%	28.5%
右回り芝	55	59	45	648	8.5%	17.6%	24.5%
右回りダ	33	32	41	389	8.5%	16.7%	27.2%
左回り芝	33	35	42	469	7.0%	14.5%	23.5%
左回りダ	18	28	27	291	6.2%	15.8%	25.1%
札幌芝	3	9	5	71	4.2%	16.9%	23.9%
札幌ダ	5	1	1	28	17.9%	21.4%	25.0%
函館芝	4	5	6	46	8.7%	19.6%	32.6%
函館ダ	2	0	2	14	14.3%	14.3%	28.6%
福島芝	13	11	6	87	14.9%	27.6%	34.5%
福島ダ	5	4	5	41	12.2%	22.0%	34.1%
新潟芝	11	9	16	157	7.0%	12.7%	22.9%
新潟ダ	8	12	12	89	9.0%	22.5%	36.0%
東京芝	14	22	17	236	5.9%	15.3%	22.5%
東京ダ	5	6	6	105	4.8%	10.5%	16.2%
中山芝	12	16	12	198	6.1%	14.1%	20.2%
中山ダ	13	15	15	145	9.0%	19.3%	29.7%
中京芝	9	6	10	101	8.9%	14.9%	24.8%
中京ダ	5	10	9	97	5.2%	15.5%	24.7%
京都芝	2	1	1	15	13.3%	20.0%	26.7%
京都ダ	1	2	0	7	14.3%	42.9%	42.9%
阪神芝	10	9	5	111	9.0%	17.1%	21.6%
阪神ダ	4	4	14	93	4.3%	8.6%	23.7%
小倉芝	11	8	10	120	9.2%	15.8%	24.2%
小倉ダ	3	6	4	61	4.9%	14.8%	21.3%

条件　ハンデ戦出走時は警戒したい

	1着	2着	3着	出走数	勝率	連対率	3着内率
新馬	6	3	6	104	5.8%	8.7%	14.4%
未勝利	46	39	49	574	8.0%	14.8%	23.3%
1勝	40	49	55	512	7.8%	17.4%	28.1%
2勝	21	27	20	303	6.9%	15.8%	22.4%
3勝	10	22	11	168	6.0%	19.0%	25.6%
OPEN特別	10	7	13	91	11.0%	18.7%	33.0%
GⅢ	4	5	0	36	11.1%	25.0%	25.0%
GⅡ	1	4	3	44	11.4%	22.7%	36.4%
GⅠ	0	3	0	22	0.0%	13.6%	13.6%
ハンデ戦	12	21	13	163	7.4%	20.2%	28.2%
牝馬限定	22	27	24	288	7.6%	17.0%	25.3%
障害	2	4	4	32	6.3%	18.8%	31.3%

人気　1番人気は3連複の軸向き

	1着	2着	3着	出走数	勝率	連対率	3着内率
1番人気	50	25	25	147	34.0%	51.0%	68.0%
2～3番人気	48	52	46	299	16.1%	33.4%	48.8%
4～6番人気	30	50	52	436	6.9%	18.3%	30.3%
7～9番人気	8	25	24	422	1.9%	7.8%	13.5%
10番人気～	6	8	13	550	1.1%	2.5%	4.9%

単勝回収値 66円／単勝適正回収値 80円

距離　芝の中長距離が最も走る舞台

芝　　平均勝ち距離　1,716m

	1着	2着	3着	出走数	勝率	連対率	3着内率
全体計	89	96	88	1142	7.8%	16.2%	23.9%
芝～1300m	18	15	23	236	7.6%	14.0%	23.7%
芝～1600m	21	35	29	356	5.9%	15.7%	23.9%
芝～2000m	40	36	28	456	8.8%	16.7%	22.8%
芝～2400m	8	4	5	67	11.9%	17.9%	25.4%
芝2500m～	2	6	3	27	7.4%	29.6%	40.7%

ダート　平均勝ち距離　1,610m

	1着	2着	3着	出走数	勝率	連対率	3着内率
全体計	51	60	68	680	7.5%	16.3%	26.3%
ダ～1300m	11	17	17	200	5.5%	14.0%	22.5%
ダ～1600m	8	14	16	160	5.0%	13.8%	23.8%
ダ～2000m	28	28	31	284	9.9%	19.7%	30.6%
ダ2100m～	4	1	4	36	11.1%	13.9%	25.0%

馬場状態　芝は渋れば渋るほどよい

		1着	2着	3着	出走数	勝率	連対率	3着内率
芝	良	68	69	67	862	7.9%	15.9%	23.7%
	稍重	11	16	14	185	5.9%	14.6%	22.2%
	重	7	10	6	79	8.9%	21.5%	29.1%
	不良	3	1	1	16	18.8%	25.0%	31.3%
ダ	良	27	34	45	410	6.6%	14.9%	25.9%
	稍重	10	16	13	136	7.4%	19.1%	28.7%
	重	5	6	6	84	6.0%	13.1%	20.2%
	不良	9	4	4	50	18.0%	26.0%	34.0%

性齢　牡牝共3歳後半に急成長

	1着	2着	3着	出走数	勝率	連対率	3着内率
牡2歳	7	3	4	95	7.4%	10.5%	14.7%
牝2歳	3	5	8	108	2.8%	7.4%	14.8%
牡3歳前半	24	14	22	204	11.8%	18.6%	29.4%
牝3歳前半	20	16	21	235	8.5%	15.3%	24.3%
牡3歳後半	15	19	18	124	12.1%	27.4%	41.9%
牝3歳後半	15	22	18	148	10.1%	25.0%	37.2%
牡4歳	20	28	26	233	8.6%	20.6%	31.8%
牝4歳	17	18	9	223	7.6%	15.7%	19.7%
牡5歳	10	15	19	180	5.6%	13.9%	24.4%
牝5歳	5	5	6	118	4.2%	8.5%	13.6%
牡6歳	5	7	5	82	6.1%	14.6%	20.7%
牝6歳	0	1	0	44	0.0%	2.3%	2.3%
牡7歳以上	1	7	4	46	2.2%	17.4%	26.1%
牝7歳以上	0	0	0	14	0.0%	0.0%	0.0%

勝ち馬の決め手

芝　89勝
追込 6／逃げ 15／差し 21／先行 47

ダート　51勝
追込 2／逃げ 18／差し 6／先行 25

RANKING
28
2歳 46

2022 ⑩
2021 ⑱
2020 −
2019 −

イスラボニータ
ISLA BONITA

年次	種付頭数	産駒数
23年	**140**	**109**
22年	175	112
21年	159	85

種付料／⇧ 受200万円F 供用地／安平・社台SS
2011年生 黒鹿毛 白老・社台コーポレーション白老ファーム産

距離	成長型	芝	ダート	瞬発力	パワー	底力
マ中	普	○	○	○	○	○

PROFILE

競走成績　25戦8勝（2〜6歳・日）
最高レーティング　117 M（16、17年）117 I、L（14年）
主な勝ち鞍　皐月賞、阪神C、マイラーズC、セントライト記念、共同通信杯、東京スポーツ杯2歳S。ダービー2着、マイルCS2着。

2頭目の重賞馬を輩出！
総合ランキングも急上昇

　3歳時、皐月賞を快勝し名種牡馬フジキセキ産駒として初のクラシックホースに輝いた。秋はセントライト記念から天皇賞・秋に向かい僅差の3着となり、2014年の最優秀3歳牡馬に選ばれた。古馬になってからはマイルを中心に走り、マイラーズC、阪神Cを勝った。ほかに東京スポーツ杯2歳S、共同通信杯、ダービー2着がある。

　7歳から種牡馬入り。2021年のFSランキングはドレフォン、シルバーステートに次ぐ3位。2022年にはプルパレイがファルコンSを制し、産駒として初の重賞制覇を達成した。

　2023年はヤマニンサルバムが中日新聞杯を制し2頭目の重賞ウイナーに輝くと、オメガリッチマン、コスモボニータも重賞で活躍。総合ランキングを前年から大きく上げている。

系統：サンデーサイレンス系　母父系統：カロ系

父 フジキセキ 青鹿 1992	*サンデーサイレンス 青鹿 1986	Halo	Hail to Reason
			Cosmah
		Wishing Well	Understanding
			Mountain Flower
	*ミルレーサー 鹿 1983	Le Fabuleux	Wild Risk
			Anguar
		Marston's Mill	In Reality
			Millicent
母 *イスラコジーン 鹿 2002	Cozzene 芦 1980	Caro	*フォルティノ
			Chambord
		Ride the Trails	Prince John
			Wildwook
	Isla Mujeres 鹿 1995	Crafty Prospector	Mr. Prospector
			Real Crafty Lady
		Lido Isle	Far North
			She Is Gorgeous

インブリード：In Reality 4×5

血統解説　父はサンデーサイレンスの初年度産駒として活躍し、種牡馬でも大きな成功を収めた名馬。母は米GIIミゼズリヴィアS2着。母系は半姉にジェラスガール（米LファンフアタールS）。母父はBCマイルを制した快速馬で、日本でもアドマイヤコジーン（安田記念）を出すなどの実績を残している名種牡馬。

代表産駒　ヤマニンサルバム（中日新聞杯）、プルパレイ（ファルコンS）、バトルクライ（すばるS）、オメガリッチマン（京成杯2着）、コスモボニータ（阪神牝馬S3着）、トゥードジボン（京都金杯3着）、ミカッテヨンデイイ（フェニックス賞）

POG　2024年期待の2歳馬

母馬名（母父）	性別	おすすめポイント
コッパ（Yesbyjimminy）	牡	当歳セレクトセールで6050万円。全弟にトゥードジボン。
ベッラレイア（ナリタトップロード）	牡	母はフローラS1着、オークス2着、エリザベス女王杯3着。
アンヴァル（ロードカナロア）	牝	母は4勝をあげ、CBC賞2着、北九州記念3着がある快速馬。

馬券に直結する適性データ

　芝64勝に対してダート43勝と、フジキセキ産駒らしい力強さでダートもこなしている。距離は短距離寄りで、芝はマイル、ダートは短距離でそれぞれ良績をあげている。ただ、距離が伸びても大きく成績は落ち込まないので、距離延長だからといって即消しは得策ではない。クラス別ではOP特別は勝率13.3％と好調。重賞こそ2着だがOP馬のレベルは決して低くないといえよう。また、ハンデ戦も11.5％の勝率をマークしており、単勝狙いも有効。ちなみに重賞2勝目となった中日新聞杯もハンデ戦だった。コースでは東京、中京の芝で好成績を残している。

母系　母方の血のつながりのこと。簡単にいえば血統表の下半分の系統を指すことが多い。牝系と同じ意味で使われることもある。

2023年成績

総収得賞金 1,092,613,000円　アーニング INDEX　1.14

勝利頭数／出走頭数：全馬 83 ／ 207	2歳　8 ／ 51
勝利回数／出走回数：全馬 129 ／ 1,455	2歳　8 ／ 136

Data Box (2021〜2023)

コース　東京芝など直線の長い芝が得意

	1着	2着	3着	出走数	勝率	連対率	3着内率
全体計	107	107	106	1275	8.4%	16.8%	25.1%
中央芝	37	31	35	370	10.0%	18.4%	27.8%
中央ダ	29	28	29	335	8.7%	17.0%	25.7%
ローカル芝	27	29	29	367	7.4%	15.3%	23.2%
ローカルダ	14	19	13	203	6.9%	16.3%	22.7%
右回り芝	31	30	40	451	6.9%	13.5%	22.4%
右回りダ	26	28	27	330	7.9%	16.4%	24.5%
左回り芝	33	30	24	283	11.7%	22.3%	30.7%
左回りダ	17	19	15	208	8.2%	17.3%	24.5%
札幌芝	2	1	2	39	5.1%	7.7%	12.8%
札幌ダ	1	3	2	29	3.4%	13.8%	20.7%
函館芝	0	2	3	31	0.0%	6.5%	16.1%
函館ダ	1	1	6	20	5.0%	10.0%	40.0%
福島芝	4	4	2	50	8.0%	16.0%	20.0%
福島ダ	4	4	1	33	12.1%	24.2%	27.3%
新潟芝	6	6	6	67	9.0%	17.9%	26.9%
新潟ダ	3	6	0	44	6.8%	20.5%	27.3%
東京芝	17	14	11	129	13.2%	24.0%	32.6%
東京ダ	10	9	11	104	9.6%	18.3%	28.8%
中山芝	8	9	4	86	9.3%	19.8%	24.4%
中山ダ	14	11	14	124	11.3%	20.2%	31.5%
中京芝	10	10	7	90	11.1%	22.2%	30.0%
中京ダ	4	1	0	60	6.7%	13.3%	15.0%
京都芝	4	0	3	29	13.8%	13.8%	24.1%
京都ダ	0	2	0	15	0.0%	13.3%	13.3%
阪神芝	8	8	17	126	6.3%	12.7%	26.2%
阪神ダ	5	6	4	92	5.4%	12.0%	16.3%
小倉芝	5	6	9	90	5.6%	12.2%	22.2%
小倉ダ	1	0	1	17	5.9%	11.8%	11.8%

条件　OPで好成績、ハンデ戦も走る

	1着	2着	3着	出走数	勝率	連対率	3着内率
新馬	16	17	18	184	8.7%	17.9%	27.7%
未勝利	39	56	47	652	6.0%	14.6%	21.8%
1勝	29	18	23	264	11.0%	17.8%	26.5%
2勝	12	9	7	74	16.2%	28.4%	37.8%
3勝	5	2	4	37	13.5%	18.9%	29.7%
OPEN特別	4	4	3	30	13.3%	26.7%	36.7%
GⅢ	2	1	3	24	8.3%	12.5%	25.0%
GⅡ	0	0	1	8	0.0%	0.0%	12.5%
GⅠ	0	0	0	2			
ハンデ戦	3	4	1	26	11.5%	26.9%	30.8%
牝馬限定	11	13	13	166	6.6%	14.5%	22.3%
障害	0	0	1	3	0.0%	0.0%	0.0%

人気　7〜9番人気に激走傾向あり

	1着	2着	3着	出走数	勝率	連対率	3着内率
1番人気	40	25	17	115	34.8%	56.5%	71.3%
2〜3番人気	34	36	35	218	15.6%	32.1%	48.2%
4〜6番人気	20	28	34	307	6.5%	15.6%	26.7%
7〜9番人気	11	16	14	291	3.8%	9.3%	14.1%
10番人気〜	2	2	6	345	0.6%	1.2%	2.9%

単勝回収値 80円／単勝適正回収値 80円

距離　芝向きのマイラー、ダートなら短距離

芝　平均勝ち距離　1,536m

	1着	2着	3着	出走数	勝率	連対率	3着内率
全体計	64	60	64	737	8.7%	16.8%	25.5%
芝〜1300m	13	14	13	203	6.4%	12.8%	19.7%
芝〜1600m	39	33	32	354	11.0%	20.3%	29.4%
芝〜2000m	11	12	17	162	6.8%	14.2%	24.7%
芝〜2400m	1	1	1	16	6.3%	12.5%	18.8%
芝2500m〜	0	1	0	2	0.0%	50.0%	50.0%

ダート　平均勝ち距離　1,444m

	1着	2着	3着	出走数	勝率	連対率	3着内率
全体計	43	47	42	538	8.0%	16.7%	24.5%
ダ〜1300m	21	18	20	213	9.9%	18.3%	27.7%
ダ〜1600m	8	9	11	139	5.8%	12.2%	20.1%
ダ〜2000m	13	17	9	174	7.5%	17.2%	22.4%
ダ2100m〜	1	2	8	33.3%	46.7%		

馬場状態　渋った芝で勝ち切る、ダートは良ベター

		1着	2着	3着	出走数	勝率	連対率	3着内率
芝	良	48	48	50	569	8.4%	16.9%	25.7%
	稍重	8	9	8	101	7.9%	16.8%	24.8%
	重	7	2	6	58	12.1%	15.5%	25.9%
	不良	1	1	0	9	11.1%	22.2%	22.2%
ダ	良	31	34	26	364	8.5%	17.9%	25.0%
	稍重	8	4	9	94	8.5%	12.8%	22.3%
	重	3	5	0	40	7.5%	15.0%	27.5%
	不良	1	4	4	40	2.5%	17.5%	22.5%

性齢　完成度の高さを4歳まで活かす

	1着	2着	3着	出走数	勝率	連対率	3着内率
牡2歳	20	23	21	235	8.5%	18.3%	27.2%
牝2歳	10	16	18	162	6.2%	16.0%	27.2%
牡3歳前半	21	29	22	262	8.0%	19.1%	27.5%
牝3歳前半	13	9	10	191	6.8%	11.5%	16.8%
牡3歳後半	14	14	9	136	10.3%	20.6%	27.2%
牝3歳後半	13	6	8	112	11.6%	17.0%	24.1%
牡4歳	11	7	8	99	11.1%	18.2%	26.3%
牝4歳	5	3	10	79	6.3%	10.1%	22.8%
牡5歳	0	0	0	0			
牝5歳	0	0	0	0			
牡6歳	0	0	0	0			
牝6歳	0	0	0	0			
牡7歳以上	0	0	0	0			
牝7歳以上	0	0	0	0			

勝ち馬の決め手

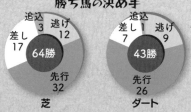

芝　64勝　追込 3／逃げ 12／差し 17／先行 32

ダート　43勝　追込 1／逃げ 9／差し 7／先行 26

RANKING
29
2歳 **15**

2022 ㉞
2021 ㊺
2020 ⑬
2019 －

＊アジアエクスプレス
ASIA EXPRESS

年次	種付頭数	産駒数
23年	66	72
22年	94	89
21年	134	111

種付料／⇩受**120万円F** 供用地／新冠・優駿SS

2011年生 栗毛 アメリカ産 2013年輸入

距離	成長型	芝	ダート	瞬発力	パワー	底力
短中	やや早	◎	◎	◎	◎	○

ⓅROFILE

競走成績 **12戦4勝**（2～5歳・日）
最高レーティング **113 I**（13年）
主な勝ち鞍 **朝日杯フューチュリティS**、レパードS。スプリングS2着、アンタレスS2着、名古屋大賞典2着。

大物はまだ出ていないが
堅実に結果を出す2歳王者

　2歳時、3戦無敗で朝日杯FSを快勝。2013年の最優秀2歳牡馬に選ばれた。3歳時は、スプリングS2着から皐月賞に出走するも6着に敗れる。以降はダート戦に路線を変更し、レパードSで重賞2勝目。4歳時はアンタレスS、名古屋大賞典で共に2着に健闘した。

　6歳から種牡馬入りすると、初年度から175頭の牝馬を集め、2018年には205頭に種付を行った。2020年に初年度産駒が重賞勝ちを果たすと、翌年の種付料は150万円にアップ。

　その後、目立った活躍馬が出ず、種付頭数は減少したが、2023年にワールドタキオンがエルムSで2着するなどの活躍を見せたこともあって、総合ランキングは29位に上昇。トップ30位入りを果たしている。

系統：ストームキャット系 母父系統：カロ系

父 ＊ヘニーヒューズ 栗 2003	＊ヘネシー 栗 1993	Storm Cat	Storm Bird
			Terlingua
		Island Kitty	Hawaii
			T.C. Kitten
	Meadow Flyer 鹿 1989	Meadowlake	Hold Your Peace
			Suspicious Native
		Shortley	Hagley
			Short Winded
母 ＊ランニングボブキャッツ 鹿 2002	Running Stag 鹿 1994	Cozzene	Caro
			Ride the Trails
		Fruhlingstag	Orsini
			Revada
	Backatem 鹿 1997	Notebook	Well Decorated
			Mobcap
		Deputy's Mistress	Deputy Minister
			River Crossing

インブリード：5代前までにクロスなし

血統解説 父はP64参照。本馬のほかにモーニン（フェブラリーS）、ワイドファラオ（かしわ記念）などの活躍馬を輩出している。母系は全弟にレピアーウィット（マーチS、同3着）。母父ランニングスタッグは名種牡馬コジーンの直仔で、香港C2着があるが、種牡馬として特に目立った産駒はいない。

代表産駒 ソロユニット（エーデルワイス賞）、ワールドタキオン（エルムS2着）、メディーヴァル（韋駄天S）、ガリバーストーム（園田・ジュニアC）、パッションクライ（門別・サンライズC）、タツノエクスプレス（船橋・東京湾C）、エンリル（盛岡・ダービーGP2着）。

POG　2024年期待の2歳馬

母馬名（母父）	性別	おすすめポイント
ソーディヴァイン （＊キンシャサノキセキ）	牡	母は3勝。叔母にTCK女王杯で3着したソーミラキュラス。
ヒバリエクスプレス （アグネスデジタル）	牡	全姉にエーデルワイス賞のソロユニット。半姉も同レース2着。
レオアルテミス （＊クロフネ）	牝	叔父にオールカマー、京都金杯、七夕賞勝ちのマイネルラクリマ。

馬券に直結する適性データ

　アジアエクスプレス自身は、芝とダートで重賞を制した二刀流だったが、産駒はダート79勝に対し芝は9勝と、ダートに偏っている。芝の重賞級が出現しないとは限らないが、標準的な産駒はダートで買いたい。距離に関しては、長距離以外はどの距離も同じような成績を残しており、特に距離延長・短縮は気にしなくて良さそうだ。条件では2勝クラスで勝率13.2%、連対率24.6%をマークしており、昇級戦であっても積極的に狙ってみたい。牡馬は新馬戦から走るが、3歳後半になってもう一伸びする。3歳前半で凡走が続いていたとしても、すぐに見切ったりしないことだ。

　半兄弟（姉妹） 母馬が同じで、父馬が異なる兄弟（姉妹）のこと。父馬まで同じだと全兄弟（姉妹）になる。

2023年成績

総収得賞金 1,071,728,000円　アーニング INDEX　0.81

勝利頭数／出走頭数：全馬 144／284	2歳 24／72
勝利回数／出走回数：全馬 250／2,087	2歳 34／250

Data Box（2021〜2023）

コース　中山ダートが主戦場、京都も得意

	1着	2着	3着	出走数	勝率	連対率	3着内率
全体計	88	104	90	1272	6.9%	15.1%	22.2%
中央芝	3	2	1	32	9.4%	15.6%	18.8%
中央ダ	55	59	51	703	7.8%	16.2%	23.5%
ローカル芝	6	2	3	76	7.9%	10.5%	14.5%
ローカルダ	24	41	35	461	5.2%	14.1%	21.7%
右回り芝	3	2	3	60	5.0%	8.3%	13.3%
右回りダ	50	59	57	694	7.2%	15.7%	23.9%
左回り芝	3	2	1	36	8.3%	13.9%	16.7%
左回りダ	29	41	29	470	6.2%	14.9%	21.1%
札幌芝	1	0	2	12	8.3%	8.3%	25.0%
札幌ダ	1	5	3	43	2.3%	14.0%	20.9%
函館芝	0	0	0	4	0.0%	0.0%	0.0%
函館ダ	1	4	4	42	2.4%	11.9%	21.4%
福島芝	0	0	0	7	0.0%	0.0%	0.0%
福島ダ	5	6	6	62	8.1%	17.7%	27.4%
新潟芝	5	0	0	25	20.0%	20.0%	20.0%
新潟ダ	4	7	10	101	4.0%	10.9%	20.8%
東京芝	1	0	0	10	10.0%	10.0%	10.0%
東京ダ	15	17	13	204	7.4%	15.7%	21.6%
中山芝	0	0	0	4	0.0%	0.0%	0.0%
中山ダ	19	25	18	241	7.9%	18.3%	25.7%
中京芝	0	2	1	13	0.0%	15.4%	23.1%
中京ダ	10	17	7	165	6.1%	16.4%	20.6%
京都芝	1	0	0	6	16.7%	33.3%	33.3%
京都ダ	4	4	4	43	9.3%	18.6%	27.9%
阪神芝	1	1	1	12	8.3%	16.7%	25.0%
阪神ダ	17	13	17	215	7.9%	14.0%	21.9%
小倉芝	0	0	0	15	0.0%	0.0%	0.0%
小倉ダ	3	2	5	48	6.3%	10.4%	20.8%

条件　2勝クラスが壁にならない産駒多い

	1着	2着	3着	出走数	勝率	連対率	3着内率
新馬	5	13	8	127	3.9%	14.2%	20.5%
未勝利	36	47	45	640	5.6%	13.0%	20.0%
1勝	28	29	22	303	9.2%	18.8%	26.1%
2勝	15	13	11	114	13.2%	24.6%	34.2%
3勝	2	2	2	57	3.5%	7.0%	10.5%
OPEN特別	2	0	2	27	7.4%	7.4%	14.8%
GⅢ	0	1	0	7	0.0%	14.3%	14.3%
GⅡ	0	0	0	3	—	—	—
GⅠ	0	0	0	—	—	—	—
ハンデ戦	3	1	5	43	7.0%	9.3%	20.9%
牝馬限定	7	13	18	221	3.2%	9.0%	17.2%
障害	0	1	0	3	0.0%	33.3%	33.3%

人気　人気は平均的、人気馬が中心

	1着	2着	3着	出走数	勝率	連対率	3着内率
1番人気	35	16	11	96	36.5%	53.1%	64.6%
2〜3番人気	28	31	29	188	14.9%	31.4%	46.8%
4〜6番人気	14	34	28	273	5.1%	17.6%	27.8%
7〜9番人気	7	16	16	302	2.3%	7.6%	12.9%
10番人気〜	4	8	6	416	1.0%	2.9%	4.3%

単勝回収値 59円／単勝適正回収値 75円

距離　最も力を出せるのはダートマイル戦

芝　平均勝ち距離　1,289m

	1着	2着	3着	出走数	勝率	連対率	3着内率
全体計	9	4	4	108	8.3%	12.0%	15.7%
芝〜1300m	5	2	1	55	9.1%	12.7%	14.5%
芝〜1600m	4	2	3	44	9.1%	13.6%	20.5%
芝〜2000m	0	0	0	9	0.0%	0.0%	0.0%
芝〜2400m	0	0	0	0	—	—	—
芝2500m〜	0	0	0	0	—	—	—

ダート　平均勝ち距離　1,451m

	1着	2着	3着	出走数	勝率	連対率	3着内率
全体計	79	100	86	1164	6.8%	15.4%	22.8%
ダ〜1300m	32	42	34	476	6.7%	15.5%	22.7%
ダ〜1600m	23	33	25	326	7.1%	17.2%	24.8%
ダ〜2000m	24	25	26	353	6.8%	13.9%	21.2%
ダ2100m〜	0	0	1	9	0.0%	0.0%	11.1%

馬場状態　渋ったダートで勝率がアップ

		1着	2着	3着	出走数	勝率	連対率	3着内率
芝	良	7	3	2	83	8.4%	12.0%	14.5%
	稍重	2	1	1	17	11.8%	17.6%	23.5%
	重	0	0	1	5	0.0%	0.0%	20.0%
	不良	0	0	0	3	0.0%	0.0%	0.0%
ダ	良	48	66	50	715	6.7%	15.9%	22.9%
	稍重	20	16	22	241	8.3%	14.9%	24.1%
	重	7	12	10	130	5.4%	14.6%	22.3%
	不良	4	6	4	78	5.1%	12.8%	17.9%

性齢　牡馬は3歳後半に急成長

	1着	2着	3着	出走数	勝率	連対率	3着内率
牡2歳	14	11	10	136	10.3%	18.4%	25.7%
牝2歳	3	14	8	123	2.4%	13.8%	20.3%
牡3歳前半	20	25	25	290	6.9%	15.5%	24.1%
牝3歳前半	9	10	11	211	4.3%	9.0%	14.2%
牡3歳後半	20	13	12	132	15.2%	25.0%	34.1%
牝3歳後半	3	14	6	117	2.6%	14.5%	19.7%
牡4歳	8	10	11	127	6.3%	14.2%	22.8%
牝4歳	2	5	6	57	3.5%	12.3%	22.8%
牡5歳	7	2	1	56	12.5%	16.1%	17.9%
牝5歳	2	1	0	26	7.7%	11.5%	11.5%
牡6歳	0	0	0				
牝6歳	0	0	0				
牡7歳以上	0	0	0				
牝7歳以上	0	0	0				

勝ち馬の決め手

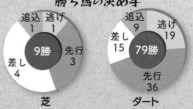

芝　9勝　追込1／逃げ1／先行3／差し4

ダート　79勝　追込9／逃げ19／先行36／差し15

RANKING
30

2歳 5

2022 ㉟
2021 －
2020 －
2019 －

リアルスティール
REAL STEEL

年次	種付頭数	産駒数
23年	118	104
22年	151	127
21年	173	114

種付料／⇒受300万円F　供用地／日高・ブリーダーズSS

2012年生　鹿毛　安平・ノーザンファーム産

距離	成長型	芝	ダート	瞬発力	パワー	底力
中長	普	◎	○	○	○	○

PROFILE

競走成績　17戦4勝（2～6歳・日首）

最高レーティング　120 M、I（16年）

主な勝ち鞍　ドバイターフ、毎日王冠、共同通信杯。天皇賞・秋2着、皐月賞2着、菊花賞2着、スプリングS2着、神戸新聞杯2着。

ドバイで花開いた名中距離馬
種牡馬としても好発進！

　3歳時、キャリア1戦で臨んだ共同通信杯でドゥラメンテを降し重賞初制覇。3冠レースでは皐月賞2着、ダービー4着、菊花賞2着とあと一歩届かなかったものの、4歳時のドバイターフを制してGIホースに輝いた。以降は、毎日王冠を勝ち、天皇賞・秋でモーリスの2着するなど、中距離で活躍を見せた。

　7歳から種牡馬入り。初年度の種付頭数は177頭。2022年に産駒がデビューすると、オールパルフェがデイリー杯2歳Sで重賞初制覇。FSランキングでは2位にランク。

　2023年には、フォーエバーヤングが全日本2歳優駿を圧勝して、父に初GIタイトルをもたらした。ほかにレーベンスティールがセントライト記念を制している。

系統：サンデーサイレンス系　母父系統：ストームキャット系

父 ディープインパクト 鹿 2002	*サンデーサイレンス 青鹿 1986	Halo	Hail to Reason
			Cosmah
		Wishing Well	Understanding
			Mountain Flower
	*ウインドインハーヘア 鹿 1991	Alzao	Lyphard
			Lady Rebecca
		Burghclere	Busted
			Highclere
母 *ラヴズオンリーミー 鹿 2006	Storm Cat 黒鹿 1983	Storm Bird	Northern Dancer
			South Ocean
		Terlingua	Secretariat
			Crimson Saint
	Monevassia 鹿 1994	Mr. Prospector	Raise a Native
			Gold Digger
		Miesque	Nureyev
			Pasadoble

インブリード：Northern Dancer 5×4・5

血統解説　父は11年連続でリーディングサイアーに輝く名馬。母系も素晴らしく、全妹に日米香でGI4勝の名牝ラヴズオンリーユー（オークス、BCフィリー＆メアターフ、香港C、QエリザベスII世C）、全弟にプロディガルサン（東京新聞杯2着）、叔母にランプルスティルツンキン（マルセルブサック賞）。母父は米首位種牡馬。

代表産駒　フォーエバーヤング（全日本2歳優駿、サウジダービー、JBC2歳優駿）、レーベンスティール（セントライト記念）、オールパルフェ（デイリー杯2歳S）、ドナベティ（ファンタジーS2着）、トーホウガレオン（シンザン記念3着）。

POG　2024年期待の2歳馬

母馬名（母父）	性別	おすすめポイント
*グローバルビューティ （Global Hunter）	牡	当歳セレクトセールで1億1550万円。母は亜GIの勝ち馬。
ダストアンドダイヤモンズ （Vindication）	牡	NFミックスセールで9460万円。半兄にダービー馬ドウデュース。
*ドバイマジェスティ （Essence of Dubai）	牝	半兄にシャフリヤール（ダービー）、アルアイン（皐月賞）。

馬券に直結する適性データ

　初年度産駒からGII馬が2頭出たと思ったら、2年目産駒からはダートの超大物候補が出ており、あらためて種牡馬としてのポテンシャルの高さを感じる。「ディープインパクト×ストームキャット」の先輩であるキズナにも劣らない活躍も期待できそうだ。距離別では、芝はマイル以下よりも1800m以上の中距離で買いたい。ダートはマイル以下の方が高い3着内率を残しているが、2000mまでなら問題なくこなせるはず。人気の信頼度は高め。特に2～3番人気時の連対率、3着内率は驚異的。1番人気馬よりもこちらを軸にした方がおいしい馬券にありつけるであろう。

繁殖牝馬　牧場で仔馬を生み育てる牝馬のこと。肌馬ともいう。現役を退いた牝馬が繁殖牝馬になることを「繁殖に上がる」という。

2023年成績

総収得賞金 1,061,658,000円　アーニング INDEX　1.47

勝利頭数／出走頭数：全馬 81 ／ 156　　2歳　21 ／ 58
勝利回数／出走回数：全馬 116 ／ 832　　2歳　25 ／ 143

Data Box (2021~2023)

コース　中山、阪神など力の要る芝が得意

	1着	2着	3着	出走数	勝率	連対率	3着内率
全体計	80	74	71	692	11.6%	22.3%	32.5%
中央芝	35	25	25	262	13.4%	22.9%	32.4%
中央ダ	14	18	19	155	9.0%	20.6%	32.9%
ローカル芝	18	19	15	177	10.2%	20.9%	29.4%
ローカルダ	13	12	12	98	13.3%	25.5%	37.8%
右回り芝	35	22	25	274	12.8%	20.8%	29.9%
右回りダ	14	20	17	161	8.7%	21.1%	31.7%
左回り芝	18	22	15	164	11.0%	24.4%	33.5%
左回りダ	13	10	14	92	14.1%	25.0%	40.2%
札幌芝	3	1	2	20	15.0%	20.0%	30.0%
札幌ダ	2	0	1	11	18.2%	18.2%	27.3%
函館芝	2	0	2	16	12.5%	12.5%	25.0%
函館ダ	0	0	0	0	0.0%	0.0%	0.0%
福島芝	3	3	3	29	10.3%	20.7%	31.0%
福島ダ	2	2	0	15	13.3%	26.7%	26.7%
新潟芝	3	6	1	35	8.6%	25.7%	28.6%
新潟ダ	5	1	6	31	16.1%	19.4%	38.7%
東京芝	10	10	11	85	11.8%	23.5%	36.5%
東京ダ	4	5	3	36	11.1%	25.0%	33.3%
中山芝	11	6	5	68	16.2%	25.0%	32.4%
中山ダ	6	6	8	57	10.5%	21.1%	35.1%
中京芝	5	3	0	45	11.1%	24.4%	31.1%
中京ダ	4	4	5	25	16.0%	32.0%	52.0%
京都芝	1	2	2	23	4.3%	17.4%	26.1%
京都ダ	1	1	3	23	4.3%	8.7%	21.7%
阪神芝	13	6	7	86	15.1%	22.1%	30.2%
阪神ダ	3	6	5	39	7.7%	23.1%	35.9%
小倉芝	2	3	4	32	6.3%	15.6%	28.1%
小倉ダ	0	0	5	10	0.0%	0.0%	50.0%

条件　新馬戦から好走が期待できる

	1着	2着	3着	出走数	勝率	連対率	3着内率
新馬	15	17	12	122	12.3%	26.2%	36.1%
未勝利	40	35	30	372	10.8%	20.2%	28.2%
1勝	19	18	21	135	14.1%	27.4%	43.0%
2勝	3	2	4	26	11.5%	19.2%	34.6%
3勝	0	0	0	0	−	−	−
OPEN特別	1	1	2	11	9.1%	18.2%	36.4%
GⅢ	0	1	2	10	0.0%	10.0%	30.0%
GⅡ	2	0	0	11	18.2%	18.2%	18.2%
GⅠ	0	0	0	5	0.0%	0.0%	0.0%
ハンデ戦	1	0	1	5	20.0%	20.0%	40.0%
牝馬限定	10	11	18	128	7.8%	16.4%	30.5%
障害	0	0	0	0	−	−	−

人気　2~3番人気が優秀、見つけたら買い

	1着	2着	3着	出走数	勝率	連対率	3着内率
1番人気	30	15	15	87	34.5%	51.7%	69.0%
2~3番人気	32	26	21	134	23.9%	43.3%	59.0%
4~6番人気	14	20	23	172	8.1%	19.8%	33.1%
7~9番人気	2	11	8	129	1.6%	10.1%	16.3%
10番人気~	2	2	4	170	1.2%	2.4%	4.7%

単勝回収値 91円／単勝適正回収値 91円

距離　芝は中距離、ダートはマイル以下

芝　　平均勝ち距離　1,772m

	1着	2着	3着	出走数	勝率	連対率	3着内率
全体計	53	44	40	439	12.1%	22.1%	31.2%
芝~1300m	4	2	6	50	8.0%	12.0%	24.0%
芝~1600m	15	16	10	147	10.2%	21.1%	27.9%
芝~2000m	29	25	21	210	13.8%	25.7%	35.7%
芝~2400m	4	1	3	25	16.0%	20.0%	32.0%
芝2500m~	1	0	0	7	14.3%	14.3%	14.3%

ダート　平均勝ち距離　1,532m

	1着	2着	3着	出走数	勝率	連対率	3着内率
全体計	27	30	31	253	10.7%	22.5%	34.8%
ダ~1300m	8	10	9	60	13.3%	30.0%	45.0%
ダ~1600m	5	10	10	61	8.2%	24.6%	41.0%
ダ~2000m	14	10	12	126	11.1%	19.0%	28.6%
ダ2100m~	0	0	0	6	0.0%	0.0%	0.0%

馬場状態　芝ダート共良馬場が大前提

		1着	2着	3着	出走数	勝率	連対率	3着内率
芝	良	44	33	32	335	13.1%	23.0%	32.5%
	稍重	3	7	6	61	4.9%	16.4%	26.2%
	重	3	2	2	32	9.4%	15.6%	21.9%
	不良	3	2	0	11	27.3%	45.5%	45.5%
ダ	良	23	18	16	166	13.9%	24.7%	34.3%
	稍重	1	6	6	40	2.5%	17.5%	32.5%
	重	2	3	2	27	7.4%	18.5%	25.9%
	不良	1	3	6	20	5.0%	20.0%	55.0%

性齢　早い時期から完成度は高い

	1着	2着	3着	出走数	勝率	連対率	3着内率
牡2歳	23	23	13	141	16.3%	32.6%	41.8%
牝2歳	12	10	11	127	9.4%	17.3%	26.0%
牡3歳前半	12	10	20	135	8.9%	16.3%	31.1%
牝3歳前半	11	17	10	121	9.1%	23.1%	31.4%
牡3歳後半	12	11	8	87	13.8%	26.4%	35.6%
牝3歳後半	10	3	9	81	12.3%	16.0%	27.2%
牡4歳	0	0	0	0	−	−	−
牝4歳	0	0	0	0	−	−	−
牡5歳	0	0	0	0	−	−	−
牝5歳	0	0	0	0	−	−	−
牡6歳	0	0	0	0	−	−	−
牝6歳	0	0	0	0	−	−	−
牡7歳以上	0	0	0	0	−	−	−
牝7歳以上	0	0	0	0	−	−	−

勝ち馬の決め手

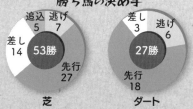

芝：追込 5／逃げ 7／差し 14／53勝／先行 27

ダート：差し 3／逃げ 6／27勝／先行 18

2022 ⑭
2021 —
2020 —
2019 —

サトノクラウン
SATONO CROWN

年次	種付頭数	産駒数
23年	**163**	**49**
22年	78	66
21年	93	91

種付料／⇧受200万円F　供用地／安平・社台SS

2012年生　黒鹿毛　安平・ノーザンファーム産

距離	成長型	芝	ダート	瞬発力	パワー	底力
中長	普	○	○	○	○	○

ᴘROFILE

競走成績　**20戦7勝**（2～6歳・日香首）
最高レーティング　**123 L**（16年）
主な勝ち鞍　**香港ヴァーズ、宝塚記念**、京都記念2回、弥生賞、東京スポーツ杯2歳S。天皇賞・秋2着、ダービー3着。

初年度産駒からダービー馬
さらなる活躍に注目が集まる

　3歳時、弥生賞を制して無敗で臨んだ皐月賞は1番人気に推されるも6着。続くダービーは3着と好走したが、古馬に挑んだ天皇賞・秋は17着に大敗。4歳時、京都記念で重賞3勝目をあげると、続くGI戦は3戦続けて着外に終わる。しかし暮れの香港ヴァーズでは、BCターフ馬のハイランドリールを半馬身抑えて優勝。待望のGIタイトルを獲得した。さらに5歳時の宝塚記念でGI 2勝目をマークした。

　7歳で種牡馬入り。FSランキングは5位。2023年には初年度産駒のタスティエーラがダービーを制覇。さらに同馬が皐月賞2着、菊花賞2着と活躍したこともあって総合ランキングは31位にランクインした。さらなる活躍馬の登場にも注目が集まる。

系統：ノーザンダンサー系　母父系統：ミスタープロスペクター系

父 Marju 黒鹿 1988	*ラストタイクーン 黒鹿 1983	*トライマイベスト	Northern Dancer
			Sex Appeal
		Mill Princess	Mill Reef
			Irish Lass
	Flame of Tara 鹿 1980	*アーティアス	Round Table
			Stylish Pattern
		Welsh Flame	Welsh Pageant
			Electric Flash
母 *ジョコンダⅡ 鹿 2003	Rossini 鹿 1997	Miswaki	Mr. Prospector
			Hopespringseternal
		Touch of Greatness	Hero's Honor
			Ivory Wand
	La Joconde 鹿 1999	Vettori	Machiavellian
			Air Distingue
		Lust	Pursuit of Love
			Pato

インブリード：Northern Dancer 4×5、Buckpasser 5×5、母ジョコンダに Mr. Prospector 3×4、Sir Ivor 4×4

血統解説　父マルジュはセントジェイムズパレスSを勝ち英ダービーで2着。種牡馬としては本馬のほかにシルシラ（仏オークス）、マイエマ（ヴェルメイユ賞）を輩出。母系は全姉にライトニングパール（チェヴァリーパークS）、半弟にフィリオアレグロ（青葉賞3着）、半妹にポンデザール（ステイヤーズS3着）。

代表産駒　タスティエーラ（ダービー、弥生賞、菊花賞2着、皐月賞2着）、トーセンローリエ（アネモネS）、ウヴァロヴァイト（スイートピーS）、レガテアドール（すずらん賞2着）、イゾラフェリーチェ（デイジー賞）、シャインズオンユー。

POG　2024年期待の2歳馬

母馬名（母父）	性別	おすすめポイント
シャリオドール（ヴィクトワールピサ）	牡	1歳セレクトセールで8140万円。半兄に京成杯のオニャンコポン。
アルギュロス（マンハッタンカフェ）	牝	当歳セレクトセールで4290万円。叔父に種牡馬シルバーステート。
リリアンフェルス（ダイワメジャー）	牝	1歳セレクトセールで6820万円。仕上がり早く桜花賞向き配合。

馬券に直結する適性データ

　いきなり代表産駒と呼ぶにふさわしいタスティエーラが登場しているが、同馬は例外というか理想的な産駒と見るべきで、一般的な産駒にタスティエーラ級のパフォーマンスを要求するのは酷。そもそも、サトノクラウン自身、GIを15戦して11戦は着外に敗れているように、安定して実力を出せるタイプではなかった。いわゆる「はまれば強い」馬で、種牡馬としても同じだと予想される。一般的な産駒のイメージは「仕上がり早いマイラー」で、基本は芝向きだがダートもこなす。1勝クラスで2着が多いように、やや決め手に欠ける面があるので単勝勝負は慎重に。

晩成血統　能力のピークを迎えるのが3歳後半以降の馬。極端な例になると古馬になってから急に能力が開花するケースもある。その後も緩やかに成長を続けることも多い。

2023年 成績

総収得賞金 979,453,000円　アーニング INDEX　1.25

	勝利頭数／出走頭数：全馬 48 ／ 169	2歳　8 ／ 57
	勝利回数／出走回数：全馬 72 ／ 1,210	2歳　8 ／ 161

Data Box (2021~2023)

コース　東京では芝ダート問わず躍動

	1着	2着	3着	出走数	勝率	連対率	3着内率
全体計	34	36	40	664	5.1%	10.5%	16.6%
中央芝	15	15	14	234	6.4%	12.8%	18.8%
中央ダ	7	8	7	122	5.7%	12.3%	18.0%
ローカル芝	10	7	12	221	4.5%	7.7%	13.1%
ローカルダ	2	6	7	87	2.3%	9.2%	17.2%
右回り芝	14	18	16	298	4.7%	10.7%	16.1%
右回りダ	4	9	7	126	3.2%	10.3%	15.9%
左回り芝	10	4	10	154	6.5%	9.1%	15.6%
左回りダ	5	5	7	83	6.0%	12.0%	20.5%
札幌芝	3	2	1	26	11.5%	19.2%	23.1%
札幌ダ	1	1	0	13	7.7%	15.4%	15.4%
函館芝	1	2	2	26	3.8%	11.5%	19.2%
函館ダ	0	1	1	6	0.0%	16.7%	33.3%
福島芝	2	0	2	35	5.7%	5.7%	11.4%
福島ダ	0	1	1	11	0.0%	9.1%	18.2%
新潟芝	2	1	3	43	4.7%	7.0%	14.0%
新潟ダ	0	3	5	21	0.0%	14.3%	38.1%
東京芝	9	2	4	77	11.7%	14.3%	19.5%
東京ダ	4	2	2	36	11.1%	16.7%	22.2%
中山芝	2	3	5	52	3.8%	9.6%	19.2%
中山ダ	2	2	2	35	5.7%	11.4%	17.1%
中京芝	0	1	3	37	0.0%	2.7%	10.8%
中京ダ	1	0	0	26	3.8%	3.8%	3.8%
京都芝	0	3	0	31	0.0%	9.7%	9.7%
京都ダ	1	0	2	18	5.6%	16.7%	22.2%
阪神芝	4	7	5	74	5.4%	14.9%	21.6%
阪神ダ	0	2	0	33	0.0%	6.1%	12.1%
小倉芝	2	1	1	54	3.7%	5.6%	7.4%
小倉ダ	0	0	0	0	0.0%	0.0%	0.0%

条件　早熟性を活かせる新馬戦が狙い

	1着	2着	3着	出走数	勝率	連対率	3着内率
新馬	12	7	8	119	10.1%	16.0%	22.7%
未勝利	13	16	19	407	3.2%	7.1%	11.8%
1勝	4	10	13	105	3.8%	13.3%	25.7%
2勝	1	0	0	1	100.0%	100.0%	100.0%
3勝	0	0	0	2	0.0%	0.0%	0.0%
OPEN特別	2	1	0	12	16.7%	25.0%	25.0%
GⅢ	0	0	0	12	0.0%	0.0%	0.0%
GⅡ	1	0	0	3	33.3%	33.3%	33.3%
GⅠ	1	2	0	6	16.7%	50.0%	50.0%
ハンデ戦	0	0	0	0	-	-	-
牝馬限定	11	6	7	108	10.2%	16.7%	23.1%
障害	0	0	0	0	0.0%	0.0%	0.0%

人気　1番人気は堅実で軸扱いしてOK

	1着	2着	3着	出走数	勝率	連対率	3着内率
1番人気	13	7	3	34	38.2%	58.8%	67.6%
2～3番人気	10	15	9	72	13.9%	34.7%	47.2%
4～6番人気	7	9	13	119	5.9%	13.4%	24.4%
7～9番人気	2	3	9	160	1.3%	3.1%	8.8%
10番人気～	2	2	6	282	0.7%	1.4%	3.5%

単勝回収値 44円／単勝適正回収値 74円

距離　芝ダート共マイル戦向き

芝　平均勝ち距離　1,736m

	1着	2着	3着	出走数	勝率	連対率	3着内率
全体計	25	22	26	455	5.5%	10.3%	16.0%
芝～1300m	3	2	1	54	5.6%	9.3%	11.1%
芝～1600m	10	7	8	137	7.3%	12.4%	18.2%
芝～2000m	9	12	14	232	3.9%	9.1%	15.1%
芝～2400m	2	0	1	17	11.8%	11.8%	17.6%
芝2500m～	1	1	2	15	6.7%	13.3%	26.7%

ダート　平均勝ち距離　1,767m

	1着	2着	3着	出走数	勝率	連対率	3着内率
全体計	9	14	14	209	4.3%	11.0%	17.7%
ダ～1300m	1	0	1	28	3.6%	3.6%	7.1%
ダ～1600m	2	5	0	48	4.2%	14.6%	14.6%
ダ～2000m	3	8	11	124	2.4%	8.9%	17.7%
ダ2100m～	3	1	2	9	33.3%	44.4%	66.7%

馬場状態　芝の良馬場向き

		1着	2着	3着	出走数	勝率	連対率	3着内率
芝	良	20	18	22	360	5.6%	10.6%	16.7%
	稍重	4	2	4	63	6.3%	9.5%	15.9%
	重	1	1	0	24	4.2%	8.3%	8.3%
	不良	0	1	0	8	0.0%	12.5%	12.5%
ダ	良	5	8	8	119	4.2%	10.9%	17.6%
	稍重	3	1	2	39	7.7%	10.3%	15.4%
	重	0	4	1	26	0.0%	15.4%	19.2%
	不良	1	1	3	25	4.0%	8.0%	20.0%

性齢　3歳時の成績今ひとつ、2歳戦勝負

	1着	2着	3着	出走数	勝率	連対率	3着内率
牡2歳	7	6	11	143	4.9%	9.1%	16.8%
牝2歳	11	6	4	112	9.8%	15.2%	18.8%
牡3歳前半	5	9	12	149	3.4%	9.4%	17.4%
牝3歳前半	4	6	6	119	3.4%	8.4%	13.4%
牡3歳後半	6	4	5	83	7.2%	12.0%	18.1%
牝3歳後半	1	5	2	61	1.6%	9.8%	13.1%
牡4歳	0	0	0	0	-	-	-
牝4歳	0	0	0	0	-	-	-
牡5歳	0	0	0	0	-	-	-
牝5歳	0	0	0	0	-	-	-
牡6歳	0	0	0	0	-	-	-
牝6歳	0	0	0	0	-	-	-
牡7歳以上	0	0	0	0	-	-	-
牝7歳以上	0	0	0	0	-	-	-

勝ち馬の決め手

芝　25勝：追込 1／逃げ 4／差し 6／先行 14

ダート　9勝：差し 2／先行 7

RANKING
32
2歳 **13**

2022 ㊻
2021 ㊱
2020 ⑲
2019 －

＊ダノンレジェンド
DANON LEGEND

年次	種付頭数	産駒数
23年	**88**	**56**
22年	71	93
21年	126	99

系統：ホーリーブル系　母父系統：ストームキャット系

父 Macho Uno 芦 1998	Holy Bull 芦 1991	Great Above	Minnesota Mac
			Ta Wee
		Sharon Brown	Al Hattab
			Agathea's Dawn
	Primal Force 鹿 1987	Blushing Groom	Red God
			Runaway Bride
		Prime Prospect	Mr. Prospector
			Square Generation
母 ＊マイグッドネス 黒鹿 2005	Storm Cat 黒鹿 1983	Storm Bird	Northern Dancer
			South Ocean
		Terlingua	Secretariat
			Crimson Saint
	Caressing 黒鹿 1998	Honour and Glory	Relaunch
			Fair to All
		Lovin Touch	Majestic Prince
			Forest Princess

種付料／⇧受100万円F　供用地／浦河・イーストスタッド

2010年生　黒鹿毛　アメリカ産　2012年輸入

距離	成長型	芝	ダート	瞬発力	パワー	底力
短マ	普	△	○	○	○	○

インブリード：Raise a Native 5×5

血統解説　父マッチョウノはＢＣジュヴナイルなどＧＩ2勝。貴重な異流種血脈であるホーリーブル系を発展させている名種牡馬でもある。母は米1勝。母系は半弟にダノンキングリー（安田記念）、叔父にウエストコースト（トラヴァーズＳ）。母父ストームキャットは米首位種牡馬で、日本の血統界とも相性は抜群。

PROFILE

競走成績　30戦14勝（2〜6歳・日）
最高レーティング　114 M（16年）
主な勝ち鞍　ＪＢＣスプリント、東京盃、カペラＳ、黒船賞2回、東京スプリント、クラスターＣ2回、北海道スプリントＣ。

堅実な走りでランク上昇
大物の出現が待たれる！

　4歳の終盤までは重賞とは無縁の存在だったが、12月のカペラＳを12番人気ながら5馬身差で圧勝。重賞初挑戦にして初制覇を果たした。さらに続く黒船賞、東京スプリントと連勝。一気にダート短距離重賞路線の常連となる。

　その後、クラスターＣ、東京盃、北海道スプリントＣと勝ち星を重ね、6歳時にＪＢＣスプリントを制して念願のＧＩタイトルを獲得した。ほかに5歳時にＪＢＣスプリント2着がある。

　7歳から種牡馬入り。2年目から4年続けて100頭以上に種付する人気種牡馬となった。

　産駒は地方を中心に活躍。交流重賞での実績は現時点で2着と3着が1回ずつだが、それでも2023年の総合ランキングは前年46位から32位にアップ。走りの堅実さがうかがえる。

代表産駒　スペシャルエックス（兵庫ジュニアGP2着、兵庫ゴールドＴ3着）、ミッキーヌチバナ（ペテルギウスＳ3着）、トラジロウ（ネクストスター門別）、ダヴァンティ（ネクストスター金沢）、サヨノネイチヤ（勝島王冠）、ジュディッタ（西脇Ｓ）。

POG　2024年期待の2歳馬

母馬名（母父）	性別	おすすめポイント
デコレイト （スペシャルウィーク）	牡	1歳サマーセールで2090万円。兄姉たちの半数が勝ち上がっている。
ファイトユアソング （スズカマンボ）	牡	1歳サマーセールで2750万円。母系に重賞馬スナークレイアース。
ジャドール （フジキセキ）	牝	2代母は智ＧⅡの勝ち馬。母父は芝もダートもこなす血統。

馬券に直結する適性データ

　ダート62勝に対し芝はわずか4勝。基本、芝はノーマークでかまわない。距離を見ると、ダノンレジェンド自身は、カペラＳ以降は一貫して1400m以下のレースしか走らなかったが、産駒は距離に融通が効く。むしろ中距離の方が成績が良いので、狙うなら中距離戦。条件別では、3勝クラスが勝率19.0％、連対率38.1％、3着内率に至っては52.4％を記録している。2勝クラスの壁を突破した産駒は、3勝クラスでも続けて馬券になる。人気には忠実で、特に1番人気時の勝率はなんと45.5％にも達する。勝利数も20勝を数えており、決してレアケースではないのもいい。

牝系　母系のなかでも特に牝馬の系統のことをいう。「牝系をたどる」という場合、母→祖母→曽祖母というように母馬をたどっていくことになる。母系とは違い、種牡馬の存在は考慮しないことが多い。

2023年成績

総収得賞金 964,315,000円　アーニング INDEX 0.98

勝利頭数／出走頭数：全馬 131 ／ 212　　２歳 32 ／ 60
勝利回数／出走回数：全馬 245 ／ 1,779　　２歳 51 ／ 269

Data Box (2021~2023)

コース　京都、阪神をはじめ中央ダートで好走

	1着	2着	3着	出走数	勝率	連対率	3着内率
全体計	66	58	61	810	8.1%	15.3%	22.8%
中央芝	1	1	2	76	1.3%	2.6%	5.3%
中央ダ	44	33	31	343	12.8%	22.4%	31.5%
ローカル芝	3	4	10	140	2.1%	5.0%	12.1%
ローカルダ	18	20	18	251	7.2%	15.1%	22.3%
右回り芝	2	2	7	130	1.5%	3.1%	8.5%
右回りダ	38	38	28	348	10.9%	21.8%	29.9%
左回り芝	1	1	3	61	1.6%	3.3%	8.2%
左回りダ	24	15	21	246	9.8%	15.9%	24.4%
札幌芝	0	0	1	9	0.0%	0.0%	11.1%
札幌ダ	2	2	1	21	9.5%	19.0%	23.8%
函館芝	1	0	1	14	7.1%	7.1%	14.3%
函館ダ	0	5	2	26	0.0%	19.2%	26.9%
福島芝	1	1	1	14	7.1%	14.3%	21.4%
福島ダ	5	3	2	41	12.2%	19.5%	24.4%
新潟芝	1	2	3	46	2.2%	6.5%	13.0%
新潟ダ	3	4	2	45	6.7%	15.6%	20.0%
東京芝	1	1	2	32	3.1%	6.3%	12.5%
東京ダ	14	6	11	113	12.4%	17.7%	27.4%
中山芝	0	0	0	21	0.0%	0.0%	0.0%
中山ダ	11	13	6	99	11.1%	24.2%	30.3%
中京芝	0	0	0	8	0.0%	0.0%	0.0%
中京ダ	7	5	8	88	8.0%	13.6%	22.7%
京都芝	0	0	0	3	0.0%	0.0%	0.0%
京都ダ	4	5	1	24	16.7%	37.5%	41.7%
阪神芝	0	0	0	20	0.0%	0.0%	0.0%
阪神ダ	15	9	13	107	14.0%	22.4%	34.6%
小倉芝	0	1	4	49	0.0%	2.0%	10.2%
小倉ダ	1	1	3	30	3.3%	6.7%	16.7%

条件　クラスが上がっても苦にしない傾向

	1着	2着	3着	出走数	勝率	連対率	3着内率
新馬	6	10	6	87	6.9%	18.4%	25.3%
未勝利	25	16	14	308	8.1%	13.3%	17.9%
1勝	23	14	26	282	8.2%	13.1%	22.3%
2勝	8	10	11	97	8.2%	18.6%	29.9%
3勝	4	4	3	21	19.0%	38.1%	52.4%
OPEN特別	0	4	1	16	0.0%	25.0%	31.3%
GⅢ	0	0	0	2	0.0%	0.0%	0.0%
GⅡ	0	0	0	2	0.0%	0.0%	0.0%
GⅠ	0	0	0	2	-	-	-
ハンデ戦	2	3	1	23	8.7%	21.7%	26.1%
牝馬限定	10	10	12	134	7.5%	14.9%	23.9%
障害	0	0	0	5	0.0%	0.0%	0.0%

人気　1番人気の勝率優秀、買って損なし

	1着	2着	3着	出走数	勝率	連対率	3着内率
1番人気	20	4	3	44	45.5%	54.5%	61.4%
2～3番人気	22	23	17	119	18.5%	37.8%	52.1%
4～6番人気	16	15	21	182	8.8%	17.0%	28.6%
7～9番人気	6	8	10	173	3.5%	8.1%	13.9%
10番人気～	2	8	10	297	0.7%	3.4%	6.7%

単勝回収値 77円／単勝適正回収値 98円

距離　意外にもダート中距離の適性が高い

芝　　平均勝ち距離　1,200m

	1着	2着	3着	出走数	勝率	連対率	3着内率
全体計	4	5	12	216	1.9%	4.2%	9.7%
芝～1300m	3	4	10	134	2.2%	5.2%	12.7%
芝～1600m	1	1	2	61	1.6%	3.3%	6.6%
芝～2000m	0	0	0	19	0.0%	0.0%	0.0%
芝～2400m	0	0	0	0	-	-	-
芝2500m～	0	0	0	2	0.0%	0.0%	0.0%

ダート　平均勝ち距離　1,461m

	1着	2着	3着	出走数	勝率	連対率	3着内率
全体計	62	53	49	594	10.4%	19.4%	27.6%
ダ～1300m	26	21	15	244	10.7%	19.3%	25.4%
ダ～1600m	14	9	19	163	8.6%	14.1%	25.8%
ダ～2000m	22	23	14	181	12.2%	24.9%	32.6%
ダ2100m～	0	0	1	6	0.0%	0.0%	16.7%

馬場状態　渋った馬場より乾いたダート

		1着	2着	3着	出走数	勝率	連対率	3着内率
芝	良	4	2	9	159	2.5%	3.8%	9.4%
	稍重	0	3	3	30	0.0%	10.0%	20.0%
	重	0	0	0	20	0.0%	0.0%	0.0%
	不良	0	0	0	7	0.0%	0.0%	0.0%
ダ	良	45	38	28	389	11.6%	21.3%	28.5%
	稍重	10	6	11	109	9.2%	14.7%	24.8%
	重	4	7	7	62	6.5%	17.7%	29.0%
	不良	3	2	3	34	8.8%	14.7%	23.5%

性齢　牝は3歳後半、牡馬は4歳に伸びる

	1着	2着	3着	出走数	勝率	連対率	3着内率
牡2歳	9	12	4	83	10.8%	25.3%	30.1%
牝2歳	7	3	5	92	7.6%	10.9%	16.3%
牡3歳前半	10	9	4	132	7.6%	14.4%	17.4%
牝3歳前半	10	5	14	147	6.8%	10.2%	19.7%
牡3歳後半	6	4	7	73	8.2%	13.7%	23.3%
牝3歳後半	9	6	9	84	10.7%	17.9%	28.6%
牡4歳	9	11	9	87	10.3%	23.0%	33.3%
牝4歳	3	3	6	61	4.9%	9.8%	19.7%
牡5歳	3	4	3	40	7.5%	17.5%	25.0%
牝5歳	0	1	0	16	0.0%	6.3%	6.3%
牡6歳	0	0	0	0	-	-	-
牝6歳	0	0	0	0	-	-	-
牡7歳以上	0	0	0	0	-	-	-
牝7歳以上	0	0	0	0	-	-	-

勝ち馬の決め手

芝（4勝）：差し1、追込、逃げ2、先行1

ダート（62勝）：差し7、逃げ22、先行32、追込

RANKING 33

2歳 **38**

2022 ㊼
2021 ⑮
2020 －
2019 －

コパノリッキー
COPANO RICKEY

年次	種付頭数	産駒数
23年	**78**	**53**
22年	75	95
21年	130	107

系統：サンデーサイレンス系　母父系統：ミスタープロスペクター系

父 ゴールドアリュール 栗 1999	*サンデーサイレンス 青鹿 1986	Halo	Hail to Reason
			Cosmah
		Wishing Well	Understanding
			Mountain Flower
	*ニキーヤ 鹿 1993	Nureyev	Northern Dancer
			Special
		Reluctant Guest	Hostage
			Vaguely Royal
母 コパノニキータ 栗 2001	*ティンバーカントリー 栗 1992	Woodman	Mr. Prospector
			*プレイメイト
		Fall Aspen	Pretense
			Change Water
	ニホンピロローズ 栗 1996	*トニービン	*カンパラ
			Severn Bridge
		ウェディングブーケ	*リアルシャダイ
			*アリーウイン

インブリード：5代前までにクロスなし

血統解説　父は何頭もの後継種牡馬を輩出し、サンデー系ダート血統の祖となっている大種牡馬。母は3勝。本馬の半弟に9勝をあげた活躍馬コパノチャーリー、全弟に南関東で13勝をあげたコパノジャッキーを産んでいる。母父ティンバーカントリーはプリークネスS、BCジュヴナイルなどGI3勝をあげた名馬。

代表産駒　アームズレイン（根岸S2着）、セブンカラーズ（東海ダービー）、エコロクラージュ（園田オータムT）、コパノニコルソン（駒場特別）、ファーストリッカー（金の鞍賞）、コパノパサディナ（青竜S2着）、マテリアルガール（ロジータ記念3着）。

種付料／⇨受100万円F 産150万円　供用地／日高・ブリーダーズSS

2010年生　栗毛　日高・ヤナガワ牧場産

距離	成長型	芝	ダート	瞬発力	パワー	底力
マ中	普	○	◎	○	◎	○

PROFILE

競走成績　33戦16勝（2～7歳・日）
最高レーティング　118 M（16年）、118 I（16,17年）
主な勝ち鞍　フェブラリーS2回、東京大賞典、JBCクラシック2回、帝王賞、南部杯2回、かしわ記念3回、東海S、兵庫CS。

ダートGI 11勝の砂の猛者
ランキングはジワリ上昇

　4歳時のフェブラリーSで、JRA史上3頭目となる「平地GIにおける最低人気馬の勝利」を遂げ話題に。そして、その後の走りでこの勝利がフロックでなかったことを証明していく。

　かしわ記念3回、JBCクラシック2回、南部杯2回，フェブラリーS（5歳時）、帝王賞とGIを勝ちまくり、ラストランとなった7歳時の東京大賞典を制して、歴代最多となるGI11勝の大記録を達成した。2015年のJRA最優秀ダートホースに選ばれ、2016、17年のNARダートグレード競走特別賞を受賞している。

　2023年は産駒がOP特別や地方重賞で堅実に走り、総合ランキングは33位にランクイン。

　2024年、根岸Sでアームズレインが2着に入って注目を集めている。

POG　2024年期待の2歳馬

母馬名（母父）	性別	おすすめポイント
クイーンオブナプレス（シングスピール）	牡	1歳セレクションセールで1650万円。兄姉は8頭が勝ち上がる。
プリンシプルレディ（アグネスデジタル）	牡	叔母に府中牝馬Sのテイエムオーロラ。トニービン4×3に注目。
ジャスティンラブ（ステイゴールド）	牝	2代母ピースオブラヴは9勝をあげマーメイドS2着。

馬券に直結する適性データ

　芝は90回出走して3勝2着3回3着2回という成績。あえて狙うほどではなく、ノーマークでいいだろう。ダートは短距離が稼ぎどころだが、2100m～の長距離戦も数値は悪くない。特に勝率が優秀なので、単狙いもあり。条件別では、2勝クラスの勝率がそこそこの数値を記録しているが、そこからクラスが上がった3勝クラスは勝率5％未満。この辺りが1つの壁になっているようだ。若干ローカルの方が好成績だが、個別コースで見ると小倉ダートが最も良く、阪神、函館がそれに続く。逆に苦手といえるのは京都ダートで、勝率はわずか2.9％。頭狙いは避けたい。

フリーリターン特約　所定の条件（種付年の9月1日以降に流産または死産した場合など）を満たした時、翌年に限り同じ種牡馬または同等の種牡馬を無料または条件付きで種付できる特約のこと。

2023年成績

総収得賞金 904,21.8,000円　アーニング INDEX　0.79

勝利頭数／出走頭数：全馬 112 ／ 248	2歳 15 ／ 70
勝利回数／出走回数：全馬 236 ／ 1,940	2歳 16 ／ 278

Data Box (2021〜2023)

コース　小倉はじめローカルダート向き

	1着	2着	3着	出走数	勝率	連対率	3着内率
全体計	66	55	62	937	7.0%	12.9%	19.5%
中央芝	1	2	1	32	3.1%	9.4%	12.5%
中央ダ	33	24	42	478	6.9%	11.9%	20.7%
ローカル芝	2	1	1	58	3.4%	5.2%	6.9%
ローカルダ	30	28	18	369	8.1%	15.7%	20.6%
右回り芝	2	2	2	63	3.2%	6.3%	9.5%
右回りダ	40	34	35	481	8.3%	15.4%	22.7%
左回り芝	1	1	0	23	4.3%	8.7%	8.7%
左回りダ	23	18	25	366	6.3%	11.2%	18.0%
札幌芝	0	0	0	12	0.0%	0.0%	0.0%
札幌ダ	3	3	0	31	9.7%	19.4%	19.4%
函館芝	1	0	0	7	14.3%	14.3%	14.3%
函館ダ	4	0	2	27	14.8%	14.8%	22.2%
福島芝	0	0	1	9	0.0%	0.0%	11.1%
福島ダ	4	4	1	41	9.8%	19.5%	22.0%
新潟芝	1	0	0	12	8.3%	8.3%	8.3%
新潟ダ	5	6	4	78	6.4%	14.1%	19.2%
東京芝	0	0	0	8	0.0%	0.0%	0.0%
東京ダ	10	3	14	153	6.5%	8.5%	17.6%
中山芝	0	1	1	11	0.0%	9.1%	18.2%
中山ダ	8	9	13	145	5.5%	11.7%	20.7%
中京芝	0	1	0	7	0.0%	14.3%	14.3%
中京ダ	8	9	7	135	5.9%	12.6%	17.8%
京都芝	1	1	0	7	14.3%	28.6%	28.6%
京都ダ	1	2	4	34	2.9%	8.8%	20.6%
阪神芝	0	0	0	6	0.0%	0.0%	0.0%
阪神ダ	14	10	11	146	9.6%	16.4%	24.0%
小倉芝	0	0	0	11	0.0%	0.0%	0.0%
小倉ダ	6	6	4	57	10.5%	21.1%	28.1%

条件　活躍の中心は2勝クラスなど下級条件

	1着	2着	3着	出走数	勝率	連対率	3着内率
新馬	7	9	10	141	5.0%	11.3%	18.4%
未勝利	32	28	35	456	7.0%	13.2%	20.8%
1勝	18	11	8	238	7.6%	12.2%	15.5%
2勝	7	5	5	68	10.3%	17.6%	25.0%
3勝	1	1	4	24	4.2%	8.3%	25.0%
OPEN特別	1	1	0	10	10.0%	20.0%	20.0%
G Ⅲ	0	0	0	3	0.0%	0.0%	0.0%
G Ⅱ	0	0	0	2			
G Ⅰ	0	0	0	0			
ハンデ戦	0	2	4	14	0.0%	14.3%	42.9%
牝馬限定	9	12	11	154	5.8%	13.6%	20.8%
障害	0	0	0	3			

人気　上位人気不振、4〜6番人気が妙味

	1着	2着	3着	出走数	勝率	連対率	3着内率
1番人気	17	11	9	57	29.8%	49.1%	64.9%
2〜3番人気	20	16	19	117	17.1%	30.8%	47.0%
4〜6番人気	21	15	17	195	10.8%	18.5%	27.2%
7〜9番人気	5	9	14	218	2.3%	6.4%	13.3%
10番人気〜	3	4	2	353	0.8%	2.0%	2.5%

単勝回収値 98円／単勝適正回収値 90円

距離　ダートの短距離か中長距離が狙い

芝　平均勝ち距離 1,867m

	1着	2着	3着	出走数	勝率	連対率	3着内率
全体計	3	3	2	90	3.3%	6.7%	8.9%
芝〜1300m	0	0	0	36	0.0%	0.0%	0.0%
芝〜1600m	1	2	0	21	4.8%	14.3%	14.3%
芝〜2000m	1	0	2	29	3.4%	6.9%	13.8%
芝〜2400m	1	1	0	2	50.0%	50.0%	50.0%
芝2500m〜	0	0	0	2	0.0%	0.0%	0.0%

ダート　平均勝ち距離 1,480m

	1着	2着	3着	出走数	勝率	連対率	3着内率
全体計	63	52	60	847	7.4%	13.6%	20.7%
ダ〜1300m	29	15	17	289	10.0%	15.2%	21.1%
ダ〜1600m	10	12	17	216	4.6%	10.2%	18.1%
ダ〜2000m	20	23	22	317	6.3%	13.6%	20.5%
ダ2100m〜	4	2	4	25	16.0%	24.0%	40.0%

馬場状態　ダートは状態不問、稍重で勝率アップ

		1着	2着	3着	出走数	勝率	連対率	3着内率
芝	良	3	2	2	68	4.4%	7.4%	10.3%
	稍重	0	0	0	14	0.0%	0.0%	0.0%
	重	0	1	0	6	0.0%	16.7%	16.7%
	不良	0	0	0	2	0.0%	0.0%	0.0%
ダ	良	38	34	36	519	7.3%	13.9%	20.8%
	稍重	16	6	14	176	9.1%	12.5%	20.5%
	重	7	4	7	87	8.0%	12.6%	20.7%
	不良	2	8	3	65	3.1%	15.4%	20.0%

性齢　3歳後半に伸びるがピークは短い

	1着	2着	3着	出走数	勝率	連対率	3着内率
牡2歳	10	7	13	156	6.4%	10.9%	19.2%
牝2歳	7	13	8	115	6.1%	17.4%	24.3%
牡3歳前半	14	14	12	182	7.7%	15.4%	22.0%
牝3歳前半	8	5	12	157	5.1%	8.3%	15.9%
牡3歳後半	14	5	4	104	13.5%	18.3%	22.1%
牝3歳後半	7	3	4	71	9.9%	14.1%	19.7%
牡4歳	5	5	8	112	4.5%	8.9%	16.1%
牝4歳	1	3	1	43	2.3%	9.3%	11.6%
牡5歳	0	0	0	0			
牝5歳	0	0	0	0			
牡6歳	0	0	0	0			
牝6歳	0	0	0	0			
牡7歳以上	0	0	0	0			
牝7歳以上	0	0	0	0			

勝ち馬の決め手

芝（3勝）：追込 1、先行 2

ダート（63勝）：逃げ 17、先行 25、差し 15、追込 6

RANKING
34
2歳 36

2022 ㉟
2021 ㉓
2020 ㉓
2019 ㉒

ブラックタイド
BLACK TIDE

年次	種付頭数	産駒数
23年	**7**	**17**
22年	35	22
21年	46	40

種付料／プライヴェート 供用地／日高・ブリーダーズSS

2001年生　黒鹿毛　早来・ノーザンファーム産

距離	成長型	芝	ダート	瞬発力	パワー	底力
中長	普	○	○	○	○	○

系統：サンデーサイレンス系　母父系統：リファール系

父 *サンデーサイレンス 青鹿 1986	Halo 黒鹿 1969	Hail to Reason	Turn-to	Nothirdchance
			Cosmah	Cosmic Bomb Almahmoud
		Cosmah	Promised Land	Pretty Ways
	Wishing Well 鹿 1975	Understanding	Promised Land	Pretty Ways
		Mountain Flower	Montparnasse Edelweiss
母 *ウインドインハーヘア 鹿 1991	Alzao 鹿 1980	Lyphard	Northern Dancer Goofed
		Lady Rebecca	Sir Ivor Pocahontas
	Burghclere 鹿 1977	Busted	Crepello Sans le Sou
		Highclere	Queen's Hussar Highlight

インブリード：5代前までにクロスなし

血統解説　父は13年連続でリーディングサイアーに輝いた大種牡馬。母は独G I 勝ち。母系は全弟にディープインパクト（P48）、オンファイア（P310）、甥にゴルトブリッツ（帝王賞）、いとこにウインクリューガー（NHKマイルC）。一族からナシュワン（英ダービー）、レガレイラ（ホープフルS）。

代表産駒 キタサンブラック（P52）、テイエムイナズマ（デイリー杯2歳S）、タガノエスプレッソ（デイリー杯2歳S）、マイネルフロスト（毎日杯）、ライジングリーズン（フェアリーS）、フェーングロッテン（ラジオNIKKEI賞）、エコロヴァルツ（朝日杯FS2着）。

PROFILE

競走成績　22戦3勝（2～7歳・日）
最高レーティング　108 M（04年）
主な勝ち鞍　スプリングS、若駒S。きさらぎ賞2着、中山金杯3着。

直系の孫が世界一に輝く！
名種牡馬の父として再評価

　3歳時、きさらぎ賞2着、スプリングS 1着で臨んだ皐月賞は2番人気に推されるも16着に大敗。この後、屈腱炎による2年の長期休養を経て復帰するも中山金杯で3着まで。

　1つ下の全弟ディープインパクトが無敗で3冠を制するなどの活躍を見せたため、同馬も種牡馬入り。その期待に応え2012年のFSランキングでは1位に輝く。さらに3年目産駒のキタサンブラックの大活躍で一気にブレイク。長らく、総合ランキング上位30位内の常連として活躍してきた。

　2023年はエコロヴァルツが朝日杯FSで2着。また、父系の孫にあたるイクイノックスがレーティング世界1位に輝いたことで、あらためて本馬の評価が高まっている。

POG　2024年期待の2歳馬

母馬名（母父）	性別	おすすめポイント
アパパネ （キングカメハメハ）	牡	母は牝馬3冠。半姉にアカイトリノムスメ（秋華賞）。
ウィキウィキ （*フレンチデピュティ）	牝	半妹にウリウリ（京都牝馬S）、半兄にマカヒキ（ダービー）。
ダンスアミーガ （サクラバクシンオー）	牝	1歳セレクトセールで7700万円。SS2×4のクロスに注目。

※ SS＝サンデーサイレンス

馬券に直結する適性データ

　キタサンブラック以降、活躍馬に恵まれなかった印象だったが、父系の孫世代のイクイノックスの活躍を機に、フェーングロッテンやエコロヴァルツなどが重賞で好走。種牡馬としての輝きを取り戻してきた感はある。2024年はアパパネの息仔バードウォッチャーに期待だ。それ以外の標準的な産駒は、芝、ダート共に中距離で粘り強く走るイメージだ。また、芝2500m～の長距離戦は連対率27.6%をマークしており、見かけたら馬連の軸として狙ってみたい。また、1番人気時の3着内率は70%オーバーと非常に優秀。穴狙いのレースでも3着までには入れておきたい。

傍流血統　主流血統と同じ系統から分岐しながら、発展していない血統のこと。例えば、ノーザンダンサーと同じくニアークティックを父に持つアイスカペイド（クロフネの母母父）の系統は、ニアークティックの傍流血統と呼ばれる。

2023年成績

総収得賞金 828,549,000円　アーニング INDEX　0.98

勝利頭数／出走頭数：全馬 76 ／ 183　　2歳　7 ／ 26
勝利回数／出走回数：全馬 125 ／ 1,456　　2歳　9 ／ 92

Data Box (2021~2023)

コース　新潟など直線平坦なダートが得意

	1着	2着	3着	出走数	勝率	連対率	3着内率
全体計	100	108	129	1643	6.1%	12.7%	20.5%
中央芝	18	24	39	381	4.7%	11.0%	21.3%
中央ダ	30	33	33	423	7.1%	14.9%	22.7%
ローカル芝	28	30	34	528	5.3%	11.0%	17.4%
ローカルダ	24	21	23	311	7.7%	14.5%	21.9%
右回り芝	36	41	51	599	6.0%	12.9%	21.4%
右回りダ	36	26	31	429	8.4%	14.5%	21.7%
左回り芝	10	13	22	305	3.3%	7.5%	14.8%
左回りダ	18	28	25	305	5.9%	15.1%	23.3%
札幌芝	3	3	4	67	4.5%	9.0%	14.9%
札幌ダ	1	0	1	27	3.7%	3.7%	7.4%
函館芝	3	3	5	57	5.3%	10.5%	19.3%
函館ダ	3	1	2	27	11.1%	14.8%	22.2%
福島芝	9	7	2	55	16.4%	29.1%	32.7%
福島ダ	2	2	4	36	5.6%	11.1%	22.2%
新潟芝	4	1	4	87	4.6%	5.7%	10.3%
新潟ダ	7	4	3	64	10.9%	17.2%	21.9%
東京芝	3	2	8	93	3.2%	5.4%	14.0%
東京ダ	4	13	10	126	3.2%	13.5%	21.4%
中山芝	5	11	10	109	4.6%	14.7%	23.9%
中山ダ	8	6	9	124	6.5%	11.3%	18.5%
中京芝	3	10	10	130	2.3%	10.0%	17.7%
中京ダ	7	11	17	130	6.1%	15.7%	26.1%
京都芝	0	0	3	19	0.0%	0.0%	15.8%
京都ダ	3	2	1	21	14.3%	23.8%	28.6%
阪神芝	10	11	18	160	6.3%	13.1%	24.4%
阪神ダ	15	12	13	152	9.9%	17.8%	26.3%
小倉芝	6	6	6	132	4.5%	9.1%	15.9%
小倉ダ	4	1	2	42	9.5%	16.7%	19.0%

条件　3勝クラスまでは万遍なく活躍

	1着	2着	3着	出走数	勝率	連対率	3着内率
新馬	8	6	6	103	7.8%	13.6%	19.4%
未勝利	51	49	61	729	7.0%	13.7%	22.1%
1勝	28	41	32	532	5.3%	13.0%	19.0%
2勝	12	13	23	208	5.8%	12.0%	23.1%
3勝	5	6	9	82	6.1%	13.4%	24.4%
OPEN特別	3	3	6	88	3.4%	6.8%	13.6%
GⅢ	1	2	2	25	4.0%	12.0%	20.0%
GⅡ	1	1	0	8	12.5%	25.0%	25.0%
GⅠ	0	1	1	6	0.0%	16.7%	33.3%
ハンデ戦	6	3	9	79	7.6%	11.4%	22.8%
牝馬限定	20	18	31	340	5.9%	11.2%	20.3%
障害	9	14	11	138	6.5%	16.7%	24.6%

人気　1番人気ではとにかく手堅い

	1着	2着	3着	出走数	勝率	連対率	3着内率
1番人気	40	20	16	106	37.7%	56.6%	71.7%
2～3番人気	32	39	37	221	14.5%	32.1%	48.9%
4～6番人気	22	39	44	389	5.7%	15.7%	27.0%
7～9番人気	13	15	28	396	3.3%	7.1%	14.1%
10番人気～	2	9	15	669	0.3%	1.6%	3.9%

単勝回収値 55円／単勝適正回収値 76円

距離　芝ダート共中距離向き

芝　平均勝ち距離　1,780m

	1着	2着	3着	出走数	勝率	連対率	3着内率
全体計	46	54	73	909	5.1%	11.0%	19.0%
芝～1300m	8	5	15	176	4.5%	7.4%	15.9%
芝～1600m	6	8	19	214	2.8%	6.5%	15.4%
芝～2000m	28	32	29	421	6.7%	14.3%	21.1%
芝～2400m	2	3	8	69	2.9%	7.2%	18.8%
芝2500m～	2	6	2	29	6.9%	27.6%	34.5%

ダート　平均勝ち距離　1,693m

	1着	2着	3着	出走数	勝率	連対率	3着内率
全体計	54	54	56	734	7.4%	14.7%	22.3%
ダ～1300m	8	10	16	153	5.2%	11.8%	22.2%
ダ～1600m	7	9	14	150	4.7%	10.7%	20.0%
ダ～2000m	37	27	24	389	9.5%	16.5%	22.6%
ダ2100m～	2	8	2	42	4.8%	23.8%	28.6%

馬場状態　ダートは重まで対応、芝は渋ってこそ

		1着	2着	3着	出走数	勝率	連対率	3着内率
芝	良	34	38	54	679	5.0%	10.6%	18.6%
	稍重	8	9	11	152	5.3%	11.2%	18.4%
	重	2	6	3	64	3.1%	12.5%	23.4%
	不良	2	1	1	14	14.3%	21.4%	28.6%
ダ	良	33	34	33	437	7.6%	15.3%	22.9%
	稍重	12	10	7	137	8.8%	16.1%	21.2%
	重	6	8	9	91	6.6%	15.4%	25.3%
	不良	3	2	7	69	4.3%	7.2%	17.4%

性齢　牡馬は完成度が高く2歳戦から

	1着	2着	3着	出走数	勝率	連対率	3着内率
牡2歳	12	9	9	77	15.6%	27.3%	39.0%
牝2歳	7	5	9	142	4.9%	8.5%	14.8%
牡3歳前半	16	20	13	236	6.8%	15.3%	20.8%
牝3歳前半	11	16	33	282	3.9%	9.6%	21.3%
牡3歳後半	11	7	10	124	8.9%	14.5%	22.6%
牝3歳後半	12	8	14	146	8.2%	13.7%	19.2%
牡4歳	22	19	15	209	10.5%	19.6%	26.8%
牝4歳	4	5	3	122	3.3%	7.4%	13.9%
牡5歳	8	14	14	150	5.3%	14.7%	24.0%
牝5歳	2	3	4	94	3.2%	7.4%	9.6%
牡6歳	0	9	11	73	0.0%	12.3%	27.4%
牝6歳	1	1	1	30	3.3%	6.7%	10.0%
牡7歳以上	3	4	7	89	3.4%	7.9%	15.7%
牝7歳以上	0	0	0	9	0.0%	0.0%	0.0%

勝ち馬の決め手

芝　46勝　追込4／逃げ9／差し13／先行20

ダート　54勝　追込4／逃げ4／差し12／先行34

RANKING 35

2歳 **24**

2022 ④
2021 ⑫
2020 −
2019 −

ビッグアーサー
BIG ARTHUR

年次	種付頭数	産駒数
23年	155	58
22年	85	71
21年	107	107

種付料／⇧受300万円F 供用地／新ひだか・アローススタッド
2011年生 鹿毛 浦河・バンブー牧場産

距離	成長型	芝	ダート	瞬発力	パワー	底力
短	普	○	○	○	○	○

PROFILE

競走成績　15戦8勝（3～6歳・日香）
最高レーティング　117S（16年）
主な勝ち鞍　高松宮記念、セントウルS、L オパールS。北九州記念2着、京阪杯2着、阪神C3着。

最強スプリンターの血を新時代に伝えたい！

　デビューは3歳4月で、そこから5連勝でOP入り。重賞初挑戦となった北九州記念は2着。その後、京阪杯2着、阪神C3着、シルクロードS5着と短距離路線で好走を重ね、1番人気に推された高松宮記念を1分6秒7のレコードタイムで制して、GI初挑戦にして初制覇の快挙を達成した。

　7歳から種牡馬入り。産駒は2021年デビュー。2年目で重賞勝ち馬が現れ躍進。

　2023年はトウシンマカオが京阪杯を連覇、ビッグシーザーが葵Sで3着に入るなどの活躍で総合ランキングもアップ。

　稀代の快速馬サクラバクシンオーのスピードを、21世紀に伝える貴重な存在で、今後も産駒たちからは目が離せない。

系統：テスコボーイ系　母父系統：キングマンボ系

父 サクラバクシンオー 鹿 1989	サクラユタカオー 栗 1982	*テスコボーイ	Princely Gift
			Suncourt
		アンジェリカ	*ネヴァービート
			スターハイネス
	サクラハゴロモ 鹿 1984	*ノーザンテースト	Northern Dancer
			Lady Victoria
		クリアアンバー	Ambiopoise
			One Clear Call
母 *シャボナ 鹿 2005	Kingmambo 鹿 1990	Mr. Prospector	Raise a Native
			Gold Digger
		Miesque	Nureyev
			Pasadoble
	Relish 鹿 1999	Sadler's Wells	Northern Dancer
			Fairy Bridge
		Reloy	Liloy
			Rescousse

インブリード：Northern Dancer 4×5・4、母シャボナに Special 4×4

血統解説　父はスプリンターズSを連覇し「1990年代の最強スプリンター」と賞賛された名馬で、父としてもグランプリボス（P260）やショウナンカンプ（P296）を輩出している。本馬は晩年の傑作。母系は半弟にセキフウ（兵庫ジュニアGP）。母父はBMSとしてスズカマンボ（天皇賞・春）、シュウジ（阪神C）などを輩出。

代表産駒 トウシンマカオ（京阪杯2回、オーシャンS）、ブトンドール（函館2歳S、ファンタジーS2着）、ビッグシーザー（淀短距離S、マーガレットS、葵S3着）、ブーケファロス（マーガレットS2着）、イコサン（クローバー賞2着）、グットディール（昇竜S3着）。

POG　2024年期待の2歳馬

母馬名（母父）	性別	おすすめポイント
グランデセーヌ （ゼンノロブロイ）	牡	当歳セレクトセールで2750万円。叔母に重賞3勝バウンスシャッセ。
ブレッシングテレサ （マンハッタンカフェ）	牡	1歳セレクションセールで3080万円。叔父に豪GI馬がいる。
デグラーティア （フジキセキ）	牝	母は小倉2歳S勝ち。叔父に京王杯2歳Sのボールライトニング。

馬券に直結する適性データ

　芝53勝のうち、実に87％近くにあたる46勝を～1300mの短距離戦が占めており、残りの7勝も～1600m戦。それより長い距離では3着なし。芝2100m以上は出走すらしないという、まさに生粋のスプリンター血統。距離延長時は、たとえ1200mから1400mであっても注意が必要だ。なお、ダートは芝よりも融通が効いて、中距離でも勝ち星をあげている。条件別では、2勝クラスとOP特別で破格の成績を記録している。特に2勝クラスは勝率29.6％、連対率は48.1％を誇り、馬連の軸として実に頼もしい存在となる。もちろん、単勝狙いでも十分に勝算が立つ。

　マイラー　1600mあたりの距離を得意とする馬のことで、1マイルが約1600mであることからつけられた。

2023年 成績

総収得賞金 824,323,000円　アーニング INDEX　0.77

勝利頭数／出走頭数：全馬 100 ／ 231	2歳 14 ／ 59
勝利回数／出走回数：全馬 173 ／ 1,757	2歳 16 ／ 223

Data Box (2021~2023)

コース　わかりやすいローカル芝巧者

	1着	2着	3着	出走数	勝率	連対率	3着内率
全体計	72	71	72	1018	7.1%	14.0%	21.1%
中央芝	16	9	15	206	7.8%	12.1%	19.4%
中央ダ	9	13	13	246	3.7%	8.9%	14.2%
ローカル芝	37	36	34	380	9.7%	19.2%	28.2%
ローカルダ	10	13	10	186	5.4%	12.4%	17.7%
右回り芝	40	35	34	407	9.8%	18.4%	26.8%
右回りダ	13	17	15	264	4.9%	11.4%	17.0%
左回り芝	12	9	14	168	7.1%	12.5%	20.8%
左回りダ	6	9	8	168	3.6%	8.9%	13.7%
札幌芝	2	3	2	40	5.0%	12.5%	17.5%
札幌ダ	2	1	0	9	22.2%	33.3%	33.3%
函館芝	6	6	7	48	12.5%	25.0%	39.6%
函館ダ	0	1	0	20	0.0%	5.0%	5.0%
福島芝	11	10	7	74	14.9%	28.4%	37.8%
福島ダ	2	4	3	27	7.4%	22.2%	33.3%
新潟芝	4	4	6	72	5.6%	11.1%	19.4%
新潟ダ	3	1	5	42	7.1%	9.5%	21.4%
東京芝	3	3	1	46	6.5%	13.0%	15.2%
東京ダ	0	4	1	64	0.0%	6.3%	7.8%
中山芝	3	1	6	54	5.6%	7.4%	18.5%
中山ダ	3	6	6	93	3.2%	9.7%	16.1%
中京芝	6	3	8	61	9.8%	14.8%	27.9%
中京ダ	3	4	2	62	4.8%	11.3%	14.5%
京都芝	2	1	3	37	5.4%	8.1%	16.2%
京都ダ	0	0	1	8	0.0%	0.0%	12.5%
阪神芝	8	4	5	69	11.6%	17.4%	24.6%
阪神ダ	6	3	5	81	7.4%	11.1%	17.3%
小倉芝	8	10	4	85	9.4%	21.2%	25.9%
小倉ダ	2	0	0	26	0.0%	0.0%	7.7%

条件　2勝クラス、OPで飛び抜けた成績

	1着	2着	3着	出走数	勝率	連対率	3着内率
新馬	8	8	16	150	5.3%	10.7%	21.3%
未勝利	31	34	37	589	5.3%	11.0%	17.3%
1勝	15	15	11	162	9.3%	18.5%	25.3%
2勝	8	5	1	27	29.6%	48.1%	51.9%
3勝	1	4	1	32	3.1%	15.6%	18.8%
OPEN 特別	6	4	4	31	19.4%	32.3%	45.2%
G Ⅲ	3	1	3	20	15.0%	20.0%	35.0%
G Ⅱ	0	1	0	6	0.0%	16.7%	16.7%
G I	0	0	0	4	0.0%	0.0%	0.0%
ハンデ戦	2	2	0	21	9.5%	19.0%	19.0%
牝馬限定	3	11	10	127	2.4%	11.0%	18.9%
障害	0	1	1	5	0.0%	20.0%	40.0%

人気　上位人気大不振、狙うなら穴馬か

	1着	2着	3着	出走数	勝率	連対率	3着内率
1番人気	27	15	17	101	26.7%	41.6%	58.4%
2～3番人気	20	21	21	142	14.1%	28.9%	43.7%
4～6番人気	20	25	19	226	8.8%	19.9%	28.3%
7～9番人気	4	7	11	219	1.8%	5.0%	10.0%
10番人気～	1	4	5	335	0.3%	1.5%	3.0%

単勝回収値 45円／単勝適正回収値 74円

距離　芝短距離のスペシャリスト

芝　　平均勝ち距離　1,226m

	1着	2着	3着	出走数	勝率	連対率	3着内率
全体計	53	45	49	586	9.0%	16.7%	25.1%
芝～1300m	46	36	39	411	11.2%	20.0%	29.4%
芝～1600m	7	9	10	165	4.2%	9.7%	15.8%
芝～2000m	0	0	0	10	0.0%	0.0%	0.0%
芝～2400m	0	0	0	0	–	–	–
芝2500m～	0	0	0	0	–	–	–

ダート　　平均勝ち距離　1,276m

	1着	2着	3着	出走数	勝率	連対率	3着内率
全体計	19	26	23	432	4.4%	10.4%	15.7%
ダ～1300m	13	15	15	255	5.1%	11.0%	16.9%
ダ～1600m	4	6	6	122	3.3%	8.2%	13.1%
ダ～2000m	2	5	2	50	4.0%	10.0%	14.0%
ダ2100m～	0	0	0	5	0.0%	40.0%	40.0%

馬場状態　少し渋った芝が得意

		1着	2着	3着	出走数	勝率	連対率	3着内率
芝	良	37	36	35	431	8.6%	16.9%	25.1%
	稍重	12	6	11	110	10.9%	16.4%	26.4%
	重	4	3	3	38	10.5%	18.4%	26.3%
	不良	0	0	0	7	0.0%	0.0%	0.0%
ダ	良	7	17	16	252	2.8%	9.5%	15.9%
	稍重	4	5	3	95	4.2%	9.5%	12.6%
	重	6	3	2	50	12.0%	18.0%	22.0%
	不良	2	1	2	35	5.7%	8.6%	14.3%

性齢　牡馬の完成度が高め

	1着	2着	3着	出走数	勝率	連対率	3着内率
牡2歳	19	16	13	221	8.6%	15.8%	21.7%
牝2歳	6	9	20	156	3.8%	9.6%	22.4%
牡3歳前半	18	8	8	196	9.2%	13.3%	17.3%
牝3歳前半	6	11	11	160	3.8%	10.6%	17.5%
牡3歳後半	8	12	7	101	7.9%	19.8%	26.7%
牝3歳後半	9	6	6	98	9.2%	15.3%	21.4%
牡4歳	3	8	5	57	5.3%	19.3%	28.1%
牝4歳	3	2	3	34	8.8%	14.7%	23.5%
牡5歳	0	0	0	0	–	–	–
牝5歳	0	0	0	0	–	–	–
牡6歳	0	0	0	0	–	–	–
牝6歳	0	0	0	0	–	–	–
牡7歳以上	0	0	0	0	–	–	–
牝7歳以上	0	0	0	0	–	–	–

勝ち馬の決め手

芝　53勝　追込 1／逃げ 9／先行 21／差し 22

ダート　19勝　追込 1／逃げ 7／先行 8／差し 3

RANKING
36

2歳 **34**

2022 ㉜
2021 ㊷
2020 ⑮
2019 －

*ディスクリートキャット
DISCREET CAT

年次	種付頭数	産駒数
23年	**54**	**54**
22年	73	70
21年	111	75

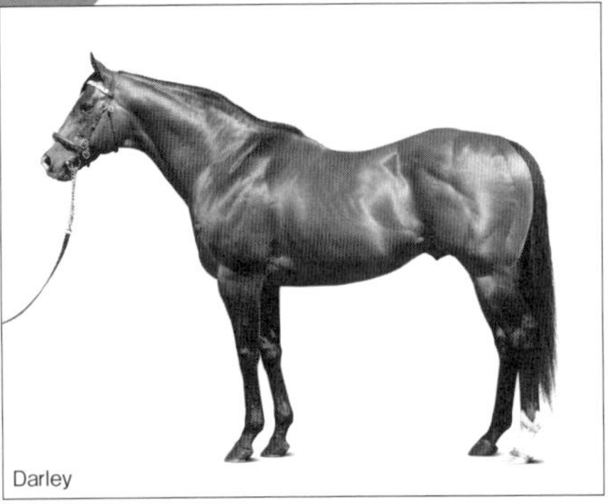

Darley

2023年死亡

2003年生　鹿毛　アメリカ産　2016年輸入

距離	成長型	芝	ダート	瞬発力	パワー	底力
マ中	普	○	○	○	○	○

系統：ストームキャット系　母父系統：ソードダンサー系

父 Forestry 鹿 1996	Storm Cat 黒鹿 1983	Storm Bird	Northern Dancer
			South Ocean
		Terlingua	Secretariat
			Crimson Saint
	Shared Interest 鹿 1988	Pleasant Colony	His Majesty
			Sun Colony
		Surgery	Dr. Fager
			Bold Sequence
母 Pretty Discreet 鹿 1992	Private Account 鹿 1976	Damascus	Sword Dancer
			Kerala
		Numbered Account	Buckpasser
			Intriguing
	Pretty Persuasive 鹿 1988	Believe It	In Reality
			Breakfast Bell
		Bury the Hatchet	Tom Rolfe
			Christmas Wishes

インブリード：Northern Dancer 4×5、Ribot 5×5、父 Forestry に Bold Ruler 4×4、母 Pretty Discreet に Buckpasser 3×4

血統解説　父フォレストリーは米短距離ＧⅠ勝ち馬で、本馬のほかにシャックルフォード（プリークネスS）、フォレストデンジャー（カーターH）などを輩出。母プリティディスクリートはGⅠアラバマS勝ち。母系は半弟にディスクリートリーマイン（キングズビショップS）、姪にオーサムマリア（オグデンフィップスH）。

代表産駒 **ダッズキャップス**（カーターH）、**ディスクリートリーマーク**（デルマーオークス）、**シークレットコンパス**（シャンデリアS）、**オオバンブルマイ**（京王杯2歳S、アーリントンC、ゴールデンイーグル、NHKマイルC 3着）、**エアハリファ**（根岸S）、**コンバスチョン**（全日本2歳優駿2着）。

PROFILE

競走成績　**9戦6勝**（2～4歳・米首）
最高レーティング　**128 M**（06年）
主な勝ち鞍　**シガーマイル**、ジェロームBCH、UAEダービー。ヴォスバーグS 3着、BCダートマイル3着。

産駒が高額賞金レースを制し話題になるも他界

3歳時、デビューからUAEダービー、ジェロームBCH、シガーマイルを含め無傷の6連勝。UAEダービーでは、後の米年度代表馬インヴァソールなどを相手に6馬身差の圧勝。4歳時は3戦して3着が最高だった。

米で種牡馬入り。外国産馬エアハリファが根岸Sを勝って注目を集め、2017年から日本で供用。1年目、2年目産駒のコンバスチョン、オオバンブルマイが重賞で好走。

2023年は前述オオバンブルマイがアーリントンCを勝ちNHKマイルCで3着。また、同馬が豪遠征して1着賞金525万Aドル（約5億円）のレース、ゴールデンイーグルを制したことでも話題となった。同年5月に死亡。残された産駒の活躍に期待したい。

POG　2024年期待の2歳馬

母馬名（母父）	性別	おすすめポイント
グラヴィオーラ（*サウスヴィグラス）	牡	1歳セレクションセールで1540万円。母はエーデルワイス賞2着。
ジョディーズロマン（サムライハート）	牡	1歳セレクションセールで2530万円。全兄姉は共に2勝以上。
ピクシープリンセス（ディープインパクト）	牝	母はエリザベス女王杯3着。母父はBMSとしても優秀。

馬券に直結する適性データ

芝21勝に対しダートは69勝。芝重賞馬も出しているが、基本はダート。芝はほぼマイル以下でしか走らないのに、ダートは幅広い距離に対応しているのもその証拠となる。仕上がり早いストームキャット系らしく、2歳から走り、3歳で完成する。その分、古馬になってからの上がり目は薄く、狙いづらくなる。ただし、産駒のレベル的なものか、新馬戦での勝率は3.3%と低い。デビュー戦は様子見が正解だろう。未勝利や1勝クラスで揉まれて力をつけた産駒は、2勝クラス、3勝クラスではそこそこ活躍する。特に3勝クラスの3着内率37.3%は狙ってもいい数値だ。

マイル（戦）　1600m（1マイル）で行われるレースのこと。ただし1マイルというと、正確には、1609.3mになる。JRAのマイルGⅠには、安田記念、マイルチャンピオンシップなど8つがある。

2023年 成績

総収得賞金 821,852,000円　アーニング INDEX　0.79

勝利頭数／出走頭数：全馬 103 ／ 223		2歳	19 ／ 49		
勝利回数／出走回数：全馬 174 ／ 1,760		2歳	30 ／ 189		

Data Box (2021~2023)

コース　中京では芝ダート共躍動

	1着	2着	3着	出走数	勝率	連対率	3着内率
全体計	90	91	106	1283	7.0%	14.1%	22.4%
中央芝	7	9	13	155	4.5%	10.3%	18.7%
中央ダ	43	40	51	556	7.7%	14.9%	24.1%
ローカル芝	14	13	15	220	6.4%	12.3%	19.1%
ローカルダ	26	29	27	352	7.4%	15.6%	23.3%
右回り芝	10	12	18	213	4.7%	10.3%	18.8%
右回りダ	35	40	42	526	6.7%	14.3%	22.2%
左回り芝	10	5	9	131	7.6%	11.5%	18.3%
左回りダ	34	29	36	382	8.9%	16.5%	25.9%
札幌芝	1	1	2	19	5.3%	10.5%	21.1%
札幌ダ	1	5	4	36	2.8%	16.7%	27.8%
函館芝	1	3	2	17	5.9%	23.5%	35.3%
函館ダ	3	3	3	29	10.3%	20.7%	31.0%
福島芝	3	1	3	38	7.9%	10.5%	18.4%
福島ダ	1	4	3	52	1.9%	9.6%	15.4%
新潟芝	3	7	9	81	3.7%	12.3%	14.8%
新潟ダ	8	2	5	64	12.5%	15.6%	23.4%
東京芝	3	2	4	56	3.6%	8.9%	16.1%
東京ダ	16	16	23	206	7.8%	15.5%	26.7%
中山芝	2	2	5	54	3.7%	7.4%	16.7%
中山ダ	17	12	10	170	10.0%	17.1%	22.9%
中京芝	6	0	4	25	24.0%	24.0%	40.0%
中京ダ	10	11	8	112	8.9%	18.8%	25.9%
京都芝	0	0	1	8	0.0%	0.0%	12.5%
京都ダ	0	2	2	22	0.0%	9.1%	18.2%
阪神芝	3	4	3	37	8.1%	18.9%	27.0%
阪神ダ	10	10	16	158	6.3%	12.7%	22.8%
小倉芝	0	1	2	40	0.0%	2.5%	7.5%
小倉ダ	3	4	4	58	5.1%	11.9%	18.6%

条件　OP以上が壁も2勝、3勝クラスで安定

	1着	2着	3着	出走数	勝率	連対率	3着内率
新馬	4	6	5	122	3.3%	8.2%	12.3%
未勝利	39	48	47	577	6.8%	15.1%	23.2%
1勝	25	24	22	348	7.2%	14.1%	20.4%
2勝	12	9	9	111	10.8%	18.9%	27.0%
3勝	6	5	14	67	9.0%	16.4%	37.3%
OPEN特別	2	0	8	41	4.9%	4.9%	24.4%
GⅢ	1	0	1	16	6.3%	6.3%	12.5%
GⅡ	0	4	0	16	0.0%	25.0%	25.0%
GⅠ	0	0	1	3	0.0%	0.0%	33.3%
ハンデ戦	6	3	3	49	12.2%	18.4%	24.5%
牝馬限定	10	16	13	184	5.4%	14.1%	21.2%
障害	0	1	1	6	0.0%	16.7%	33.3%

人気　2～3番人気の複勝率が優秀

	1着	2着	3着	出走数	勝率	連対率	3着内率
1番人気	31	11	9	88	35.2%	47.7%	58.0%
2～3番人気	25	40	27	181	13.8%	35.9%	50.8%
4～6番人気	22	29	31	293	7.5%	17.4%	28.0%
7～9番人気	8	7	27	298	2.7%	5.0%	14.1%
10番人気～	4	5	13	429	0.9%	2.1%	5.1%

単勝回収値 61円／単勝適正回収値 79円

距離　芝ダート共マイル以下の距離がいい

芝　平均勝ち距離　1,419m

	1着	2着	3着	出走数	勝率	連対率	3着内率
全体計	21	22	28	375	5.6%	11.5%	18.9%
芝～1300m	8	13	13	170	4.7%	11.8%	19.4%
芝～1600m	12	7	12	139	8.6%	13.7%	22.3%
芝～2000m	1	3	3	59	1.7%	6.8%	11.9%
芝～2400m	0	0	0	6	0.0%	0.0%	0.0%
芝2500m～	0	0	0	1	0.0%	0.0%	0.0%

ダート　平均勝ち距離　1,409m

	1着	2着	3着	出走数	勝率	連対率	3着内率
全体計	69	69	78	908	7.6%	15.2%	23.8%
ダ～1300m	31	30	30	367	8.4%	16.6%	24.8%
ダ～1600m	24	20	29	291	8.2%	15.1%	25.1%
ダ～2000m	13	17	19	235	5.5%	12.8%	20.9%
ダ2100m～	1	2	0	15	6.7%	20.0%	20.0%

馬場状態　ダートの重馬場巧者

		1着	2着	3着	出走数	勝率	連対率	3着内率
芝	良	15	15	18	278	5.4%	10.8%	17.3%
	稍重	3	3	5	59	5.1%	10.2%	18.6%
	重	2	3	4	29	6.9%	17.2%	31.0%
	不良	1	1	1	9	11.1%	22.2%	33.3%
ダ	良	40	36	52	563	7.1%	13.5%	22.7%
	稍重	11	13	12	175	6.3%	13.7%	20.6%
	重	11	13	9	111	9.9%	21.6%	29.7%
	不良	7	7	5	59	11.9%	23.7%	32.2%

性齢　早熟タイプで3歳前半がピーク

	1着	2着	3着	出走数	勝率	連対率	3着内率
牡2歳	17	11	13	180	9.4%	15.6%	22.8%
牝2歳	5	5	5	115	4.3%	8.7%	13.0%
牡3歳前半	22	24	19	211	10.4%	21.8%	30.8%
牝3歳前半	11	18	14	225	4.9%	12.9%	19.1%
牡3歳後半	10	8	16	116	8.6%	15.5%	29.3%
牝3歳後半	5	8	9	113	4.4%	11.5%	19.5%
牡4歳	13	7	14	162	8.0%	12.3%	21.0%
牝4歳	3	5	8	84	3.6%	9.5%	19.0%
牡5歳	3	2	7	54	5.6%	9.3%	22.2%
牝5歳	1	4	2	29	3.4%	17.2%	24.1%
牡6歳	0	0	0	0	-	-	-
牝6歳	0	0	0	0	-	-	-
牡7歳以上	0	0	0	0	-	-	-
牝7歳以上	0	0	0	0	-	-	-

勝ち馬の決め手

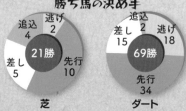

芝　21勝　追込 4／逃げ 2／差し 5／先行 10

ダート　69勝　追込 2／逃げ 18／差し 15／先行 34

145

2022 ㊹
2021 ㊵
2020 ㊾
2019 ⑱

カレンブラックヒル
CURREN BLACK HILL

年次	種付頭数	産駒数
23年	61	56
22年	78	54
21年	84	65

種付料／⇨ 受70万円F 供用地／新冠・優駿SS
2009年生 黒鹿毛 安平・ノーザンファーム産

距離	成長型	芝	ダート	瞬発力	パワー	底力
マ中	普	○	○	○	○	○

PROFILE

競走成績 22戦7勝（3～6歳・日）
最高レーティング 117 I（17年）
主な勝ち鞍 NHKマイルC、毎日王冠、ニュージーランドT、ダービー卿CT、小倉大賞典。

産駒は地方を中心に活躍
大物は出ずともランク上昇

3歳時、デビューから3連勝でニュージーランドTを制覇。続くNHKマイルCも逃げ切って、無傷の4連勝でGIタイトルを獲得。秋には毎日王冠で古馬を降し連勝を「5」に伸ばすも、天皇賞・秋ではエイシンフラッシュの5着に敗れた。ほかにダービー卿CT、小倉大賞典。

7歳春から種牡馬入り。種牡馬としてのスタートはやや出遅れたが、クイーンC3着のセイウンヴィーナス、ファンタジーS3着のラヴケリー、東京スポーツ杯2歳S2着のアサヒなどの活躍で、2021年から連続で総合ランキングトップ50位内に入った。

2023年は中央では目立った活躍馬は出なかったものの、地方では重賞を8勝。総合ランキングも37位にランクアップしている。

系統：サンデーサイレンス系　母父系統：アンブライドルド系

父 ダイワメジャー 栗 2001	*サンデーサイレンス 青鹿 1986	Halo	Hail to Reason
			Cosmah
		Wishing Well	Understanding
			Mountain Flower
	スカーレットブーケ 栗 1988	*ノーザンテースト	Northern Dancer
			Lady Victoria
		*スカーレットインク	Crimson Satan
			Consentida
母 *チャールストンハーバー 鹿 1998	Grindstone 黒鹿 1993	Unbridled	Fappiano
			Gana Facil
		Buzz My Bell	Drone
			Chateaupavia
	Penny's Valentine 栗 1989	Storm Cat	Storm Bird
			Terlingua
		Mrs. Penny	Great Nephew
			Tananarive

インブリード：Northern Dancer 4×5、母チャールストンハーバーに Le Fabuleux 4×4

血統解説 父はGI5勝の一流マイラーで、種牡馬としても、アドマイヤマーズ（P370）、メジャーエンブレム（NHKマイルC）などを輩出。母系は半弟にレッドアルヴィス（ユニコーンS）、叔母にペニーズゴールド（クインシー賞）、3代母に英愛3歳女王ミセスペニー（仏オークス）。母父はケンタッキーダービー馬。

代表産駒 アサヒ（東京スポーツ杯2歳S2着）、アザワク（道営スプリント、エーデルワイス賞2着）、ラヴケリー（ファンタジーS3着、函館2歳S3着）、セイウンヴィーナス（クイーンC3着）、カイトゲニー（橘S3着）、ジョリダム（クローバー賞）。

POG 2024年期待の2歳馬

母馬名（母父）	性別	おすすめポイント
サニーヘイロー（キングヘイロー）	牡	叔父にサニーサンデー（福島記念）。母はBMSとしても一流。
ダームドラック（*シンボリクリスエス）	牡	全姉にファンタジーS3着、函館2歳S3着のラヴケリー。
フェスティヴマロン（*クロフネ）	牝	叔母にエリザベス女王杯勝ちのレインボーダリア。

馬券に直結する適性データ

芝17勝に対しダートが56勝と、ダート傾向が強い。芝では代表産駒と呼べるレベルの馬はまだいないともいえる。父から受け継いだスピードを備えたグラスホースの出現が待たれるところだ。距離別で見ると、芝はマイルまで、ダートは幅広く対応している。性齢では、2歳牝馬が牡馬を凌ぐ成績を見せている。その後、3歳時に成績は落ち込むが4歳になってもう一伸びするのが特徴。3歳時に低迷した馬でも、古馬になってからの巻き返しに期待できる。人気では、2～3番人気の3着内率が1番人気時のそれに匹敵。配当を考えると、3着狙いなら対抗の時がオススメ。

名牝 自身が重賞をいくつも制しているか、または重賞勝ち馬など、活躍馬を多く輩出している牝馬のこと。

総収得賞金 818,824,000円　アーニング INDEX　0.91

	全馬		2歳	
勝利頭数／出走頭数：	106	194	17	46
勝利回数／出走回数：	173	1,732	22	210

Data Box (2021〜2023)

コース　中山、阪神などタフなダートで渋太い

	1着	2着	3着	出走数	勝率	連対率	3着内率
全体計	73	92	71	1135	6.4%	14.5%	20.8%
中央芝	9	8	4	157	5.7%	10.8%	13.4%
中央ダ	38	37	23	433	8.8%	17.3%	22.6%
ローカル芝	8	15	15	231	3.5%	10.0%	16.5%
ローカルダ	18	32	29	314	5.7%	15.9%	25.2%
右回り芝	11	17	13	254	4.3%	11.0%	16.1%
右回りダ	40	39	26	464	8.6%	17.0%	22.6%
左回り芝	6	6	6	121	5.0%	9.9%	14.9%
左回りダ	16	30	26	283	5.7%	16.3%	25.4%
札幌芝	3	2	2	27	11.1%	18.5%	25.9%
札幌ダ	1	2	3	27	3.7%	11.1%	22.2%
函館芝	2	2	2	28	7.1%	14.3%	21.4%
函館ダ	3	6	1	32	9.4%	28.1%	31.3%
福島芝	1	1	2	39	2.6%	5.1%	10.3%
福島ダ	4	4	3	44	9.1%	18.2%	25.0%
新潟芝	0	2	3	44	0.0%	4.5%	11.4%
新潟ダ	2	6	9	63	3.2%	12.7%	27.0%
東京芝	6	4	1	63	9.5%	15.9%	17.5%
東京ダ	8	15	10	129	6.2%	17.8%	25.6%
中山芝	1	3	1	51	2.0%	7.8%	9.8%
中山ダ	15	13	6	152	9.9%	18.4%	22.4%
中京芝	0	0	2	27	0.0%	0.0%	7.4%
中京ダ	6	9	7	91	6.6%	16.5%	24.2%
京都芝	0	0	0	8	0.0%	0.0%	0.0%
京都ダ	0	1	1	20	0.0%	5.0%	10.0%
阪神芝	2	1	2	35	5.7%	8.6%	14.3%
阪神ダ	15	8	6	132	11.4%	17.4%	22.0%
小倉芝	2	8	4	66	3.0%	15.2%	21.2%
小倉ダ	2	5	6	57	3.5%	12.3%	22.8%

条件　牝馬の強さが牝馬限定戦で活きる

	1着	2着	3着	出走数	勝率	連対率	3着内率
新馬	7	6	4	89	7.9%	14.6%	19.1%
未勝利	21	41	22	424	5.0%	14.6%	19.8%
1勝	30	22	18	330	9.1%	15.8%	21.2%
2勝	12	13	16	173	6.9%	14.5%	23.7%
3勝	2	9	8	82	2.4%	13.4%	23.2%
OPEN特別	2	0	3	26	7.7%	7.7%	19.2%
GⅢ	0	0	0	8	0.0%	0.0%	0.0%
GⅡ	0	1	0	7	0.0%	14.3%	14.3%
GⅠ	0	0	0	2	0.0%	0.0%	0.0%
ハンデ戦	1	6	2	46	2.2%	15.2%	19.6%
牝馬限定	14	11	5	132	10.6%	18.9%	22.7%
障害	1	0	0	6	16.7%	16.7%	16.7%

人気　2〜3番人気が1番人気に迫る複勝率

	1着	2着	3着	出走数	勝率	連対率	3着内率
1番人気	18	9	6	59	30.5%	45.8%	55.9%
2〜3番人気	26	35	22	155	16.8%	39.4%	53.5%
4〜6番人気	15	29	15	237	6.3%	18.6%	24.9%
7〜9番人気	9	8	15	258	3.5%	6.6%	12.4%
10番人気〜	6	11	13	432	1.4%	3.9%	6.9%

単勝回収値 104円／単勝適正回収値 83円

距離　ダートなら距離は不問、ベストはマイル

芝　　平均勝ち距離　1,424m

	1着	2着	3着	出走数	勝率	連対率	3着内率
全体計	17	23	19	388	4.4%	10.3%	15.2%
芝〜1300m	7	13	7	171	4.1%	11.7%	15.8%
芝〜1600m	8	4	8	135	5.9%	8.9%	14.8%
芝〜2000m	2	6	4	78	2.6%	10.3%	15.4%
芝〜2400m	0	0	0	2	0.0%	0.0%	0.0%
芝2500m〜	0	0	0	2	0.0%	0.0%	0.0%

ダート　平均勝ち距離　1,474m

	1着	2着	3着	出走数	勝率	連対率	3着内率
全体計	56	69	52	747	7.5%	16.7%	23.7%
ダ〜1300m	22	25	23	302	7.3%	15.6%	23.2%
ダ〜1600m	13	20	14	176	7.4%	18.8%	26.7%
ダ〜2000m	20	23	15	258	7.8%	16.7%	22.5%
ダ2100m〜	1	1	0	11	9.1%	18.2%	18.2%

馬場状態　渋ったダートで成績が上昇

		1着	2着	3着	出走数	勝率	連対率	3着内率
芝	良	12	16	14	294	4.1%	9.5%	14.3%
	稍重	5	2	4	56	8.9%	12.5%	19.6%
	重	0	4	0	29	0.0%	13.8%	13.8%
	不良	0	1	1	9	0.0%	11.1%	22.2%
ダ	良	34	40	31	450	7.6%	16.4%	23.3%
	稍重	13	15	9	153	8.5%	18.3%	24.2%
	重	4	9	8	90	4.4%	14.4%	23.3%
	不良	5	5	4	54	9.3%	18.5%	25.9%

性齢　牝馬が牡馬と互角、完成度は高い

	1着	2着	3着	出走数	勝率	連対率	3着内率
牡2歳	7	13	5	111	6.3%	18.0%	22.5%
牝2歳	13	7	8	110	11.8%	18.2%	25.5%
牡3歳前半	9	22	9	207	4.3%	15.0%	19.3%
牝3歳前半	4	10	6	133	3.0%	10.5%	15.0%
牡3歳後半	10	7	3	103	9.7%	16.5%	19.4%
牝3歳後半	2	2	8	72	2.8%	5.6%	16.7%
牡4歳	18	18	16	206	8.7%	17.5%	25.2%
牝4歳	8	7	6	82	9.8%	18.3%	25.6%
牡5歳	1	3	4	68	1.5%	5.9%	11.8%
牝5歳	1	3	5	33	3.0%	12.1%	27.3%
牡6歳	1	0	1	11	9.1%	9.1%	18.2%
牝6歳	0	0	0	5	0.0%	0.0%	0.0%
牡7歳以上	0	0	0	0			
牝7歳以上	0	0	0	0			

勝ち馬の決め手

芝（17勝）：追込 1、逃げ 3、差し 5、先行 8

ダート（56勝）：追込 6、逃げ 11、差し 11、先行 28

147

2022 ㉝
2021 ㉟
2020 ⑨⓪
2019 －

＊マクフィ
MAKFI

年次	種付頭数	産駒数
23年	**40**	**65**
22年	91	88
21年	133	43

系統：シーキングザゴールド系　母父系統：グリーンデザート系

父 Dubawi 鹿 2002	Dubai Millennium 鹿 1996	Seeking the Gold	Mr. Prospector
			Con Game
		Colorado Dancer	Shareef Dancer
			Fall Aspen
	Zomaradah 鹿 1995	Deploy	Shirley Heights
			Slightly Dangerous
		Jawaher	＊ダンシングブレーヴ
			High Tern
母 Dhelaal 鹿 2002	Green Desert 鹿 1983	Danzig	Northern Dancer
			Pas de Nom
		Foreign Courier	Sir Ivor
			Courtly Dee
	Irish Valley 栗 1982	Irish River	Riverman
			Irish Star
		Green Valley	Val de Loir
			Sly Pola

インブリード：Northern Dancer 5×4、母 Dhelaal に Never Bend 4×4

血統解説 父ドバウィは、フランケルと並び欧州最高額となる35万ポンド（約6500万円）の種付料を誇る人気種牡馬で数多くの名馬、種牡馬を輩出。母系は叔母にグリーンポーラ（カルヴァドス賞）、叔父にアルハース（デューハーストS）。一族に名種牡馬グリーンダンサー、オーソライズド（英ダービー）、ソレミア（凱旋門賞）。

種付料／↓不180万円返　供用地／新ひだか・JBBA静内種馬場

2007年生　鹿毛　イギリス産　2016年輸入

距離	成長型	芝	ダート	瞬発力	パワー	底力
マ	普	◎	○	○	○	○

PROFILE

競走成績　6戦4勝（2～3歳・仏英）
最高レーティング　128 M（10年）
主な勝ち鞍　英2000ギニー、ジャックルマロワ賞、ジェベル賞。クイーンエリザベスⅡ世S5着。

名馬ドバウィの直仔種牡馬
産駒が芝直線重賞を2勝目

　3歳時、9番人気で英2000ギニーを制覇。続くセントジェイムズパレスSは1番人気7着だったが、ジャックルマロワ賞では、BCマイル3連覇などGI14勝の名牝ゴルディコヴァに2馬身半差で快勝した。

　英、豪でシャトルサイアーとなり、メイクビリーヴ（仏2000ギニー）、新年度代表馬ボヌヴァル（豪オークス）などを輩出。2017年からは日本で供用され、2020年のFSランキングでは3位。2021年にはオールアットワンスがアイビスサマーダッシュを勝ち、日本産馬として初重賞制覇を果たした。

　2023年はオールアットワンスが2度目となるアイビスサマーダッシュ制覇を遂げ、総合ランキングは30位台をキープしている。

代表産駒 メイクビリーヴ（仏2000ギニー）、マクファンシー（クリテリウムドサンクルー）、ボヌヴァル（豪オークス、新オークス）、ソフィアローザ（豪オークス）、オールアットワンス（アイビスSD2回）、ルーチェドーロ（函館2歳S2着、全日本2歳優駿3着）。

POG　2024年期待の2歳馬

母馬名（母父）	性別	おすすめポイント
キルシュワッサー（サクラバクシンオー）	牡	1歳セレクションセールで3300万円。半兄にGI3着キルロード。
アドマイヤアロマ（ネオユニヴァース）	牝	当歳セレクトセールで4840万円。母は十勝岳特別など2勝。
ブライトムーン（ルーラーシップ）	牝	3代母に2冠牝馬ファレノプシス。キズナも出る名門牝系。

馬券に直結する適性データ

　芝33勝に対しダートは64勝と、このランクの種牡馬によく見られる「芝も走るが稼ぎどころはダート」という特徴があてはまる。芝ではランキング上位種牡馬に切れ負けしている印象だ。距離別では、芝は短距離、ダートはマイルが好成績。ただ、距離が伸びてもガクッと数値が落ち込むわけではないので、1Fの距離延長ですぐに見切ってしまうのは早計だ。牡馬より牝馬の方が息の長い活躍を見せており、特に牝馬は3歳後半にもう一伸びみせることを覚えておこう。逆に牡馬は落ち込みが速く、年を取るほど買いにくい。5歳牡馬の勝利数が0頭というのは、見逃せない事実ではある。

名牝系　重賞勝ち馬など、活躍馬を多く輩出している牝系のこと。自分自身が活躍馬でなくても、繁殖牝馬として活躍馬を産んでいる牝馬が多ければ名牝系となる。名門も同じ意味で使われる。

2023年成績

総収得賞金 768,889,000円　アーニング INDEX　0.85

| 勝利頭数／出走頭数：全馬 91 ／ 195 | 2歳　9 ／ 28 |
| 勝利回数／出走回数：全馬 181 ／ 1,533 | 2歳　12 ／ 88 |

Data Box (2021~2023)

コース　新潟、中京などローカル芝で走る

	1着	2着	3着	出走数	勝率	連対率	3着内率
全体計	97	97	98	1354	7.2%	14.3%	21.6%
中央芝	14	12	15	195	7.2%	13.3%	21.0%
中央ダ	31	26	38	504	6.2%	11.3%	18.8%
ローカル芝	19	29	17	244	7.8%	19.7%	26.6%
ローカルダ	33	30	28	411	8.0%	15.3%	22.1%
右回り芝	17	18	18	250	6.8%	14.0%	21.2%
右回りダ	34	37	37	539	6.3%	13.2%	20.0%
左回り芝	13	23	12	175	7.4%	20.6%	27.4%
左回りダ	30	19	29	376	8.0%	13.0%	20.7%
札幌芝	0	4	2	22	0.0%	18.2%	27.3%
札幌ダ	4	7	4	36	11.1%	30.6%	41.7%
函館芝	3	3	1	22	13.6%	27.3%	31.8%
函館ダ	5	2	5	31	16.1%	22.6%	38.7%
福島芝	2	2	2	31	6.5%	12.9%	19.4%
福島ダ	2	1	4	52	3.8%	5.8%	13.5%
新潟芝	7	6	5	58	12.1%	22.4%	31.0%
新潟ダ	7	3	4	77	9.1%	13.0%	18.2%
東京芝	7	7	6	83	8.4%	16.9%	24.1%
東京ダ	14	8	19	165	8.5%	13.3%	24.8%
中山芝	4	3	6	53	7.5%	13.2%	24.5%
中山ダ	4	8	5	144	2.8%	8.3%	11.8%
中京芝	2	10	3	48	4.2%	25.0%	31.3%
中京ダ	9	8	6	134	6.7%	12.7%	17.2%
京都芝	1	0	1	13	7.7%	7.7%	15.4%
京都ダ	2	0	2	46	4.3%	13.0%	17.4%
阪神芝	2	2	2	46	4.3%	8.7%	13.0%
阪神ダ	11	6	12	149	7.4%	11.4%	19.5%
小倉芝	5	4	4	63	7.9%	14.3%	20.6%
小倉ダ	6	9	6	81	7.4%	18.5%	24.7%

条件　重賞、障害を除き堅実

	1着	2着	3着	出走数	勝率	連対率	3着内率
新馬	7	9	6	117	6.0%	13.7%	18.8%
未勝利	39	42	44	615	6.3%	13.2%	20.3%
1勝	26	24	29	330	7.9%	15.2%	23.9%
2勝	15	9	14	149	10.1%	16.1%	25.5%
3勝	5	6	3	72	6.9%	15.3%	19.4%
OPEN特別	3	8	4	63	4.8%	17.5%	23.8%
GⅢ	2	0	0	19	10.5%	10.5%	10.5%
GⅡ	0	0	0	5	0.0%	0.0%	0.0%
GⅠ	0	0	0	3	0.0%	0.0%	0.0%
ハンデ戦	2	4	3	58	3.4%	10.3%	15.5%
牝馬限定	17	15	17	204	8.3%	15.7%	24.0%
障害	0	1	2	16	0.0%	6.3%	18.8%

人気　1番人気は堅実、穴馬も走りやすい

	1着	2着	3着	出走数	勝率	連対率	3着内率
1番人気	31	16	11	81	38.3%	58.0%	71.6%
2～3番人気	26	30	33	184	14.1%	30.4%	48.4%
4～6番人気	23	31	27	324	7.1%	16.7%	25.0%
7～9番人気	12	14	18	285	4.2%	9.1%	15.4%
10番人気～	5	7	11	496	1.0%	2.4%	4.6%

単勝回収値 91 円／単勝適正回収値 86 円

距離　芝は短距離、ダートはマイル

芝　平均勝ち距離　1,388m

	1着	2着	3着	出走数	勝率	連対率	3着内率
全体計	33	41	32	439	7.5%	16.9%	24.1%
芝～1300m	16	14	14	168	9.5%	17.9%	26.2%
芝～1600m	12	16	11	183	6.6%	15.3%	21.3%
芝～2000m	5	8	7	77	6.5%	16.9%	26.0%
芝～2400m	0	3	0	9	0.0%	33.3%	33.3%
芝2500m～	0	0	0	2	0.0%	0.0%	0.0%

ダート　平均勝ち距離　1,509m

	1着	2着	3着	出走数	勝率	連対率	3着内率
全体計	64	56	66	915	7.0%	13.1%	20.3%
ダ～1300m	14	14	15	258	5.4%	10.9%	16.7%
ダ～1600m	26	16	24	275	9.5%	15.3%	24.0%
ダ～2000m	23	26	27	371	6.2%	13.2%	20.5%
ダ2100m～	1	0	0	11	9.1%	9.1%	9.1%

馬場状態　渋った芝は鬼の可能性あり

		1着	2着	3着	出走数	勝率	連対率	3着内率
芝	良	22	32	21	329	6.7%	16.4%	22.8%
	稍重	6	4	7	73	8.2%	13.7%	23.3%
	重	3	5	4	30	10.0%	26.7%	40.0%
	不良	2	0	0	7	28.6%	28.6%	28.6%
ダ	良	37	40	49	577	6.4%	13.3%	21.8%
	稍重	15	9	9	154	9.7%	15.6%	21.4%
	重	7	4	6	124	5.6%	8.9%	13.7%
	不良	5	3	2	60	8.3%	13.3%	16.7%

性齢　早い時期から完成するタイプ

	1着	2着	3着	出走数	勝率	連対率	3着内率
牡2歳	13	15	10	144	9.0%	19.4%	26.4%
牝2歳	8	6	8	109	7.3%	12.8%	20.2%
牡3歳前半	19	17	11	250	7.6%	14.4%	18.8%
牝3歳前半	8	13	17	230	3.5%	9.1%	16.5%
牡3歳後半	11	9	13	130	8.5%	15.4%	25.4%
牝3歳後半	14	10	13	133	10.5%	18.0%	27.8%
牡4歳	12	14	15	184	6.5%	14.1%	22.3%
牝4歳	8	7	7	87	9.2%	17.2%	25.3%
牡5歳	0	6	5	53	0.0%	11.3%	20.8%
牝5歳	4	1	1	50	8.0%	10.0%	12.0%
牡6歳	0	0	0	5	-	-	-
牝6歳	0	0	0	1	-	-	-
牡7歳以上	0	0	0	0	-	-	-
牝7歳以上	0	0	0	0	-	-	-

勝ち馬の決め手

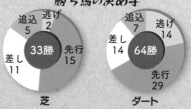

芝　33勝　追込 5／逃げ 2／先行 15／差し 11

ダート　64勝　追込 7／逃げ 14／先行 29／差し 14

149

2022 ㉙
2021 ⑱
2020 ⑭
2019 ⑬

＊クロフネ
KUROFUNE

年次	種付頭数	産駒数
23年	—	—
22年	—	—
21年	—	—

2021年死亡
1998年生　芦毛　アメリカ産　2000年輸入

距離	成長型	芝	ダート	瞬発力	パワー	底力
短中	普	◎	◎	○	○	○

系統：デピュティミニスター系　母父系統：フェアウェイ系

父 ＊フレンチデピュティ 栗 1992	Deputy Minister 黒鹿 1979	Vice Regent	Northern Dancer
			Victoria Regina
		Mint Copy	Bunty's Flight
			Shakney
	Mitterand 鹿 1981	Hold Your Peace	Speak John
			Blue Moon
		Laredo Lass	Bold Ruler
			Fortunate Isle
母 ＊ブルーアヴェニュー 芦 1990	Classic Go Go 鹿 1978	Pago Pago	Matrice
			Pompilia
		Classic Perfection	Never Bend
			Mira Femme
	Eliza Blue 芦 1983	Icecapade	Nearctic
			Shenanigans
		＊コレラ	Roberto
			Catania

インブリード：Nearctic 5×4、Nasrullah 5×5

血統解説　父はP317参照。母系は全妹にベラベルッチ（アスタリタS）、半妹にミスパスカリ（マーメイドS3着）、叔母にブロートツウマインド（ヴァニティ招待H）、甥にマウントロブソン（スプリングS）、ポポカテペトル（菊花賞3着）、一族にティンバレス（エンプレス杯3着）、アドマイヤメジャー（朝日CC3着）。

代表産駒　ソダシ（桜花賞、阪神JF、Vマイル）、カレンチャン（スプリンターズS、高松宮記念）、クラリティスカイ（NHKマイルC）、アエロリット（NHKマイルC）、スリープレスナイト（スプリンターズS）、アップトゥデイト（中山GJ、中山大障害）。

PROFILE

競走成績　10戦6勝（2～3歳・日）
最高レーティング　125 M、I（01年）
主な勝ち鞍　ジャパンCダート、NHKマイルC、武蔵野S、毎日杯。神戸新聞杯3着、ラジオたんぱ杯3歳S3着、ダービー5着。

10頭目のGI馬を輩出！
母の父としての活躍も続く

　3歳時、春シーズンからNHKマイルC1着、ダービー5着など実力を見せていたが、本領発揮は秋にダート路線に進んでから。賞金不足で天皇賞・秋出走を断念し、武蔵野Sに出走。すると2着に9馬身差をつけレコードで圧勝。続くジャパンCダートも、前年の覇者ウイングアローを7馬身差ちぎってのレコード勝ち。衝撃的過ぎるパフォーマンスを披露した。

　海外遠征に期待が膨らむも、故障により3歳で引退。4歳春から種牡馬入り。以降、ジャンルを問わず活躍馬を続々と輩出し、名種牡馬としての地位を確立していく。2020年にはソダシが阪神JFを勝ち、史上初めて白毛のGI馬に輝いた。また、BMSとしても素晴らしく、クロノジェネシス（有馬記念）、ヴェラアズール（ジャパンC）、レイパパレ（大阪杯）などの母の父として、活躍馬を多数輩出している。

　2023年はママコチャがスプリンターズSを制し、10頭目のGIホースに輝いた。

　2019年から種付を中止していたが、2021年に死亡。父系としての発展は望み薄だが、母系でその血を広げたい。

馬券に直結する適性データ

　現5歳馬が最終世代で、現役馬は11頭を数えるのみ（2024年1月現在）。そのうちオープン馬はママコチャなど3頭。残りの馬たちは、基本的に条件クラス（もしくは障害戦）で買うことになる。距離は不問だがベストはマイル戦。中山ダートコースで14勝と、頭一つ抜け出しているので狙い目はここか。勝率も10％を超えているから単勝勝負もあり。ほかでは小倉、中京、阪神の芝コースが好成績を残している。ちなみにBMSとしては2000mを超える中長距離戦でも実績を残しており、もし「母の父」欄にクロフネの名を見かけたら、距離を気にせず狙ってみても面白い。

持込馬　母馬が受胎した状態で輸入され日本国内で生まれた競走馬、または当歳（0歳）のうちに母馬と共に輸入された競走馬のこと。

2023年成績

総収得賞金 678,786,000円　アーニング INDEX　1.36

勝利頭数／出走頭数：	全馬 53 ／ 108		2歳	－／－
勝利回数／出走回数：	全馬 94 ／ 1106		2歳	－／－

Data Box (2021～2023)

単勝回収値 72円／単勝適正回収値 75円

コース　中山ダートで勝ち星を荒稼ぎ

	1着	2着	3着	出走数	勝率	連対率	3着内率
全体計	49	50	51	769	6.4%	12.9%	19.5%
中央芝	9	7	6	93	9.7%	17.2%	23.7%
中央ダ	23	20	17	318	7.2%	13.5%	18.9%
ローカル芝	12	8	11	131	9.2%	15.3%	23.7%
ローカルダ	5	15	17	227	2.2%	8.8%	16.3%
右回り芝	12	6	9	125	9.6%	14.4%	21.6%
右回りダ	20	21	20	334	6.0%	12.3%	18.3%
左回り芝	8	9	7	87	9.2%	19.5%	27.6%
左回りダ	8	14	14	211	3.8%	10.4%	17.1%
札幌芝	1	0	0	9	11.1%	11.1%	11.1%
札幌ダ	1	1	1	21	4.8%	9.5%	14.3%
函館芝	0	0	0	6	0.0%	0.0%	0.0%
函館ダ	1	2	1	6	16.7%	20.0%	26.7%
福島芝	0	0	2	19	0.0%	0.0%	10.5%
福島ダ	0	1	1	31	0.0%	3.2%	6.5%
新潟芝	3	1	3	31	9.7%	12.9%	22.6%
新潟ダ	2	6	3	47	4.3%	17.0%	23.4%
東京芝	2	5	1	35	5.7%	20.0%	22.9%
東京ダ	5	5	4	90	5.6%	11.1%	15.6%
中山芝	2	1	1	21	9.5%	14.3%	19.0%
中山ダ	14	12	11	134	10.4%	19.4%	27.6%
中京芝	4	3	4	33	12.1%	21.2%	33.3%
中京ダ	1	3	7	74	1.4%	5.4%	14.9%
京都芝	1	0	0	2	50.0%	50.0%	50.0%
京都ダ	0	0	0	9	0.0%	0.0%	0.0%
阪神芝	4	1	4	35	11.4%	14.3%	25.7%
阪神ダ	4	3	2	85	4.7%	8.2%	10.6%
小倉芝	4	4	2	33	12.1%	24.2%	30.3%
小倉ダ	0	2	4	39	0.0%	5.1%	15.4%

条件　牝馬限定戦での活躍が目立つ

	1着	2着	3着	出走数	勝率	連対率	3着内率
新馬	1	3	1	28	3.6%	14.3%	17.9%
未勝利	16	16	17	211	7.6%	15.2%	23.2%
1勝	18	20	20	257	7.0%	14.8%	22.6%
2勝	8	9	5	149	5.4%	11.4%	14.8%
3勝	4	0	6	92	4.3%	4.3%	10.9%
OPEN特別	3	5	5	65	4.6%	12.3%	20.0%
GⅢ	1	3	2	21	4.8%	19.0%	28.6%
GⅡ	1	1	0	11	9.1%	18.2%	18.2%
GⅠ	3	1	2	13	23.1%	30.8%	46.2%
ハンデ戦	6	5	2	65	9.2%	16.9%	20.0%
牝馬限定	16	29	20	217	7.4%	20.7%	30.0%
障害	6	8	7	78	7.7%	17.9%	26.9%

人気　人気は平均的、人気馬が中心

	1着	2着	3着	出走数	勝率	連対率	3着内率
1番人気	19	13	6	61	31.1%	52.5%	62.3%
2～3番人気	17	18	20	116	14.7%	30.2%	47.4%
4～6番人気	9	19	16	166	5.4%	16.9%	26.5%
7～9番人気	6	5	8	181	3.3%	6.1%	10.5%
10番人気～	4	3	8	323	1.2%	2.2%	4.6%

距離　距離不問もベストは芝のマイル

芝　平均勝ち距離　1,695m

	1着	2着	3着	出走数	勝率	連対率	3着内率
全体計	21	15	17	224	9.4%	16.1%	23.7%
芝～1300m	4	5	6	64	6.3%	14.1%	23.4%
芝～1600m	8	5	4	62	12.9%	21.0%	27.4%
芝～2000m	7	5	7	82	8.5%	14.6%	23.2%
芝～2400m	1	0	0	9	11.1%	11.1%	11.1%
芝2500m～	1	0	0	7	14.3%	14.3%	14.3%

ダート　平均勝ち距離　1,582m

	1着	2着	3着	出走数	勝率	連対率	3着内率
全体計	28	35	34	545	5.1%	11.6%	17.8%
ダ～1300m	9	4	2	121	7.4%	10.7%	12.4%
ダ～1600m	3	3	7	107	2.8%	5.6%	12.1%
ダ～2000m	14	26	25	297	4.7%	13.5%	21.9%
ダ2100m～	2	0	0	10	20.0%	20.0%	20.0%

馬場状態　芝の良馬場がベスト

		1着	2着	3着	出走数	勝率	連対率	3着内率
芝	良	17	11	12	170	10.0%	16.5%	23.5%
	稍重	2	3	1	33	6.1%	15.2%	18.2%
	重	1	0	3	17	5.9%	5.9%	23.5%
	不良	1	1	1	4	25.0%	50.0%	75.0%
ダ	良	18	24	18	340	5.3%	12.4%	17.6%
	稍重	6	6	7	112	5.4%	10.7%	17.0%
	重	3	3	6	60	5.0%	10.0%	20.0%
	不良	1	2	3	33	3.0%	9.1%	18.2%

性齢　牝馬優勢、現5歳が最終産駒

	1着	2着	3着	出走数	勝率	連対率	3着内率
牡2歳	2	1	2	29	6.9%	10.3%	17.2%
牝2歳	2	3	4	31	6.5%	16.1%	29.0%
牡3歳前半	5	4	4	59	8.5%	15.3%	22.0%
牝3歳前半	8	5	6	67	11.9%	19.4%	28.4%
牡3歳後半	0	2	1	27	0.0%	7.4%	11.1%
牝3歳後半	7	4	1	38	18.4%	28.9%	31.6%
牡4歳	10	4	6	95	10.5%	14.7%	21.1%
牝4歳	10	13	15	161	6.2%	14.3%	23.6%
牡5歳	4	4	5	82	4.9%	9.8%	15.9%
牝5歳	3	10	10	115	2.6%	11.3%	20.0%
牡6歳	2	4	3	55	3.6%	10.9%	16.4%
牝6歳	1	1	0	33	3.0%	6.1%	6.1%
牡7歳以上	1	2	1	42	2.4%	7.1%	9.5%
牝7歳以上	0	1	0	13	0.0%	7.7%	7.7%

勝ち馬の決め手

芝（21勝）：逃げ 2／先行 14／差し 4／追込 1
ダート（28勝）：逃げ 5／先行 10／差し 11／追込 2

RANKING **40**

2歳 **32**

2022 ㊖
2021 ㊽
2020 ㊾
2019 ⑩

リアルインパクト
REAL IMPACT

年次	種付頭数	産駒数
23年	**23**	**15**
22年	20	35
21年	53	70

系統：サンデーサイレンス系　母父系統：プリンスキロ系

父 ディープインパクト 鹿 2002	*サンデーサイレンス 青鹿 1986	Halo	Hail to Reason
			Cosmah
		Wishing Well	Understanding
			Mountain Flower
	*ウインドインハーヘア 鹿 1991	Alzao	Lyphard
			Lady Rebecca
		Burghclere	Busted
			Highclere
母 *トキオリアリティー 栗 1994	Meadowlake 栗 1983	Hold Your Peace	Speak John
			Blue Moon
		Suspicious Native	Raise a Native
			Be Suspicious
	What a Reality 栗 1978	In Reality	Intentionally
			My Dear Girl
		What Will Be	Crozier
			Solabar

インブリード：Northirdchance 5×5

血統解説　父は11年連続でリーディングサイアーに輝く名馬で、本馬はその初年度産駒にして最初の牡馬GI馬。母は3勝。母系は半兄にアイルラヴァゲイン（オーシャンS）、半弟にネオリアリズム（Qエリザベス II世C、札幌記念）、甥にインディチャンプ（安田記念、マイルCS）、姪にアウィルアウェイ（シルクロードS）。

種付料／⇒受50万円F　供用地／新冠・優駿SS

2008年生　鹿毛　安平・ノーザンファーム産

距離	成長型	芝	ダート	瞬発力	パワー	底力
短マ	普	○	○	○	○	○

PROFILE

競走成績　**30戦5勝**（2〜7歳・日豪）
最高レーティング　**118 M**（15年）
主な勝ち鞍　**安田記念、ジョージライダーS**、阪神C2回。ドンカスターマイル2着、朝日杯FS2着、毎日王冠2着、京王杯2歳S2着。

豪日でGIウイナーに輝く産駒も豪日で活躍中！

　3歳時、59年ぶりとなる「3歳馬の安田記念制覇」を達成し話題となった。古馬になってからは、5歳、6歳時に阪神Cを連覇。7歳時には豪遠征してジョージライダーSを制し、海外GIウイナーに輝いた。

　8歳から日と豪でシャトルサイアーとしてスタッドイン。産駒は2019年にデビュー。同年のFSランキングではキズナ、エピファネイアに次ぐ3位。初年度産駒はラウダシオンがNHKマイルCを制覇。また、豪で生まれた産駒も重賞で活躍して注目を集めている。

　2023年はモズメイメイがチューリップ賞と葵Sを勝ち、2頭目の国内重賞馬に輝くと、クリーンエアが新潟3歳Sで2着。総合ランキングは前年の56位から40位にアップしている。

代表産駒　ラウダシオン（NHKマイルC、京王杯SC）、カウントデルピー（ヴィクトリーS）、ルナーインパクト（WATCWAオークス）、モズメイメイ（チューリップ賞、葵S）、スカイラブ（ローズヒルギニーズ2着）、スイズロ（豪ダービー3着）、クリーンエア（新潟3歳S3着）。

POG　2024年期待の2歳馬

母馬名（母父）	性別	おすすめポイント
*シティイメージ（ELUSIVE CITY）	牡	1歳セレクトセールで2970万円。母は英LエンプレスS勝ち。
ローマンエンプレス（SADLERS WELLS）	牡	母はヨークシャーオークス3着。叔父にGIパリ大賞典勝ち馬。
*ディオニージア（TEJANO RUN）	牝	1歳セレクトセールで2530万円。半兄にGII3着モンテディオ。

馬券に直結する適性データ

　芝28勝に対しダートは41勝。ダートが得意というより、ダートで切れ味不足を補っていると見るべきだろう。距離では、芝の長距離以外は幅広く対応しているが、芝に関しては〜1600mが最も好成績。重賞4勝のうち3勝はこのカテゴリーに入る。条件別では、牝馬限定戦が狙い目。勝率11.3％はなかなか立派だ。連対率は勝率から考えると高いとはいえないので、思い切って頭に絞ってみるのもあり。コース別では、阪神ダートが最多となる10勝をマーク。関西所属のダート馬にとっては、阪神がホームコースといえる。なお、京都も勝ち星は少ないが、数値自体は悪くない。

　良血馬　母が名競走馬だったり、名繁殖牝馬だった場合の産駒のことをいう。たとえ父がリーディングサイアーであっても、母系に活躍馬がいなければ良血馬とはいわない。血統馬や名血馬ともいう。

2023年 成績

総収得賞金 678,383,000円　アーニング INDEX　0.93

勝利頭数／出走頭数：全馬 61 ／ 157	2歳 11 ／ 50
勝利回数／出走回数：全馬 109 ／ 1,032	2歳 16 ／ 141

Data Box (2021~2023)

コース　京都と阪神のダートで安定

	1着	2着	3着	出走数	勝率	連対率	3着内率
全体計	69	51	79	1007	6.9%	11.9%	19.8%
中央芝	15	8	21	212	7.1%	10.8%	20.8%
中央ダ	26	16	19	312	8.3%	13.5%	19.6%
ローカル芝	13	15	18	243	5.3%	11.5%	18.9%
ローカルダ	15	12	21	240	6.3%	11.3%	20.0%
右回り芝	15	11	27	280	5.4%	9.3%	18.9%
右回りダ	27	13	25	306	8.8%	13.1%	21.2%
左回り芝	13	12	12	172	7.6%	14.5%	21.5%
左回りダ	14	15	15	246	5.7%	11.8%	17.9%
札幌芝	0	1	4	31	0.0%	3.2%	16.1%
札幌ダ	2	2	6	17	11.8%	23.5%	58.8%
函館芝	3	1	0	21	14.3%	19.0%	19.0%
函館ダ	3	2	1	22	13.6%	22.7%	27.3%
福島芝	2	2	6	40	5.0%	10.0%	25.0%
福島ダ	0	1	1	30	0.0%	3.3%	6.7%
新潟芝	4	4	4	57	7.0%	14.0%	21.1%
新潟ダ	0	3	3	51	0.0%	5.9%	11.8%
東京芝	7	6	5	83	8.4%	15.7%	21.7%
東京ダ	8	9	6	115	7.0%	14.8%	20.0%
中山芝	4	0	8	69	5.8%	5.8%	17.4%
中山ダ	6	2	5	85	7.1%	9.4%	15.3%
中京芝	2	2	3	35	5.7%	11.4%	20.0%
中京ダ	6	3	6	80	7.5%	11.3%	18.8%
京都芝	2	0	3	18	11.1%	11.1%	27.8%
京都ダ	**2**	**1**	**2**	**19**	**10.5%**	**15.8%**	**26.3%**
阪神芝	2	2	5	42	4.8%	9.5%	21.4%
阪神ダ	**10**	**4**	**6**	**93**	**10.8%**	**15.1%**	**21.5%**
小倉芝	2	5	1	59	3.4%	11.9%	13.6%
小倉ダ	4	1	4	40	10.0%	12.5%	22.5%

条件　狙いは牝馬限定戦出走時

	1着	2着	3着	出走数	勝率	連対率	3着内率
新馬	6	5	7	89	6.7%	12.4%	20.2%
未勝利	27	14	25	384	7.0%	10.7%	17.2%
1勝	20	18	31	295	6.8%	12.9%	23.4%
2勝	10	9	11	136	7.4%	14.0%	22.1%
3勝	3	4	1	60	5.0%	11.7%	13.3%
OPEN特別	1	1	1	22	4.5%	9.1%	13.6%
GⅢ	1	0	3	13	7.7%	7.7%	30.8%
GⅡ	2	1	1	14	14.3%	21.4%	28.6%
GⅠ	0	0	0	5	0.0%	0.0%	0.0%
ハンデ戦	2	3	4	41	4.9%	12.2%	22.0%
牝馬限定	**19**	**6**	**17**	**168**	**11.3%**	**14.9%**	**25.0%**
障害	1	1	1	11	9.1%	18.2%	27.3%

人気　1番人気は頭を強く意識したい

	1着	2着	3着	出走数	勝率	連対率	3着内率
1番人気	**18**	**2**	**10**	**45**	**40.0%**	**44.4%**	**66.7%**
2～3番人気	21	18	20	120	17.5%	32.5%	49.2%
4～6番人気	19	16	31	219	8.7%	16.0%	30.1%
7～9番人気	9	12	11	242	3.7%	8.7%	13.2%
10番人気～	3	4	8	392	0.8%	1.8%	3.8%

単勝回収値 72円／単勝適正回収値 95円

距離　スピードを活かすダート短距離向き

芝　平均勝ち距離　1,550m

	1着	2着	3着	出走数	勝率	連対率	3着内率
全体計	28	23	39	455	6.2%	11.2%	19.8%
芝～1300m	6	11	8	139	4.3%	12.2%	18.0%
芝～1600m	15	7	21	183	8.2%	12.0%	23.5%
芝～2000m	7	5	10	122	5.7%	9.8%	18.0%
芝～2400m	0	0	0	10	0.0%	0.0%	0.0%
芝2500m～	0	0	0	1	0.0%	0.0%	0.0%

ダート　平均勝ち距離　1,532m

	1着	2着	3着	出走数	勝率	連対率	3着内率
全体計	41	28	40	552	7.4%	12.5%	19.7%
ダ～1300m	**14**	**15**	**8**	**187**	**7.5%**	**15.5%**	**19.8%**
ダ～1600m	7	8	6	128	5.5%	11.7%	16.4%
ダ～2000m	19	5	26	228	8.3%	10.5%	21.9%
ダ2100m～	1	0	0	9	11.1%	11.1%	11.1%

馬場状態　ダートは状態不問、芝は良がベター

		1着	2着	3着	出走数	勝率	連対率	3着内率
芝	良	25	17	33	352	7.1%	11.9%	21.3%
	稍重	2	4	3	64	3.1%	9.4%	14.1%
	重	0	2	2	31	0.0%	6.5%	12.9%
	不良	1	0	1	8	12.5%	12.5%	25.0%
ダ	良	25	19	29	331	7.6%	13.3%	22.1%
	稍重	8	2	6	109	7.3%	9.2%	14.7%
	重	6	3	4	65	9.2%	13.8%	20.0%
	不良	2	4	1	47	4.3%	12.8%	14.9%

性齢　牝馬優勢、3歳時に伸びる

	1着	2着	3着	出走数	勝率	連対率	3着内率
牡2歳	7	8	14	123	5.7%	12.2%	23.6%
牝2歳	5	1	5	82	6.1%	7.3%	13.4%
牡3歳前半	14	2	8	148	9.5%	10.8%	16.2%
牝3歳前半	14	5	8	126	11.1%	15.1%	21.4%
牡3歳後半	3	4	9	64	4.7%	10.9%	25.0%
牝3歳後半	**9**	**4**	**4**	**69**	**13.0%**	**18.8%**	**24.6%**
牡4歳	6	7	12	117	5.1%	11.1%	21.4%
牝4歳	7	12	10	119	5.9%	16.0%	24.4%
牡5歳	3	4	4	69	4.3%	10.1%	15.9%
牝5歳	1	3	4	55	1.8%	7.3%	14.5%
牡6歳	1	2	2	38	2.6%	7.9%	13.2%
牝6歳	0	0	0	8	0.0%	0.0%	0.0%
牡7歳以上	0	0	0	0			
牝7歳以上	0	0	0	0			

勝ち馬の決め手

芝　28勝　追込 4／逃げ 9／差し 3／先行 12

ダート　41勝　追込 5／逃げ 12／差し 5／先行 19

RANKING
41
2歳 **44**

2022 ㊲
2021 ㊲
2020 ㉟
2019 ㊴

フリオーソ
FURIOSO

年次	種付頭数	産駒数
23年	**32**	**30**
22年	58	29
21年	63	54

Darley

系統：ロベルト系　母父系統：ミスタープロスペクター系

父 *ブライアンズタイム 黒鹿 1985	Roberto 鹿 1969	Hail to Reason	Turn-to
			Nothirdchance
		Bramalea	Nashua
			Rarelea
	Kelley's Day 鹿 1977	Graustark	Ribot
			Flower Bowl
		Golden Trail	Hasty Road
			Sunny Vale
母 *ファーザ 栗 1995	Mr. Prospector 鹿 1970	Raise a Native	Native Dancer
			Raise You
		Gold Digger	Nashua
			Sequence
	Baya 栗 1990	Nureyev	Northern Dancer
			Special
		Barger	Riverman
			Trillion

インブリード：Hail to Reason 3×5、Nashua 4×4

血統解説　父はサンデーサイレンス、トニービンと並び「3強種牡馬」と称され、3冠馬ナリタブライアンを始め数多くの名馬を輩出した大種牡馬。芝だけでなくダートでも活躍馬を出しており、本馬はその代表的存在。母系には半弟にトーセンルーチェ（ダイオライト記念3着）。2代母バヤは仏GⅢグロット賞の勝ち馬で、仏オークス2着。

代表産駒　ヒカリオーソ（東京ダービー、川崎記念2着）、エイコーン（みやこS3着、シリウスS3着）、パリスコア（兵庫ジュニアGP3着）、テルペリオン（仁川S、マーキュリーC3着）、タイキフェルベール（師走S）、グランモナハート（ロジータ記念）、クロジシジョー（ジャニアリーS）。

種付料／⬇産50万円F 供用地／日高・ダーレー・ジャパンSコンプレックス
2004年生　栗毛　新冠・ハシモトファーム産

距離	成長型	芝	ダート	瞬発力	パワー	底力
中	普	△	◎	○	○	○

PROFILE

競走成績　39戦11勝（2〜8歳・日）
最高レーティング　115 M、I（10、11年）
主な勝ち鞍　川崎記念、帝王賞2回、ジャパンダートダービー、かしわ記念、全日本2歳優駿、ダイオライト記念2回、日本テレビ盃。フェブラリーS2着。

交流重賞戦線を賑わすような産駒の登場が切に待たれる

　全日本2歳優駿で交流GI初制覇を遂げると、3歳時にジャパンダートダービーでGI2勝目。以後は、交流重賞を中心に走り、地方所属馬の大将格として、カネヒキリ、スマートファルコンなどといった、並みいる中央の強豪を相手に一歩も引かなかった。帝王賞2回、川崎記念、かしわ記念、ジャパンダートダービーを勝ち、JBCクラシック、フェブラリーSなどGIで11度2着に入った。2007、2008、2010、2011年NAR年度代表馬。2013年に種牡馬入り。初年度から2020まで8年連続で100頭以上の種付を行う人気を集め、2018年から5年間、総合ランキングでは30位台をキープした。2023年は目立った活躍馬が出ずランクダウン。交流重賞を賑わす産駒の出現に期待したい。

POG　2024年期待の2歳馬

母馬名（母父）	性別	おすすめポイント
ラガーファンタジー（*クロフネ）	牡	母系はアドマイヤマックス（高松宮記念）を出したファンシミン系。
アースヴィグラス（*サウスヴィグラス）	牝	2代母アースシンボルはマーメイドS3着。ダート短距離向き。
ラヴォコ（カネヒキリ）	牝	母は6勝。母父はフリオーソのライバルだった砂の強豪。

馬券に直結する適性データ

　ダート28勝に対し芝は0勝で、しかも2着3着すらなし。完全なダート血統といえるだろう。そのダートでは、〜2000mの中距離戦が最も勝ち星を稼いでいるが、勝率や連対率では短距離戦の方がいい。もっとも、いいと言っても勝率6.1%、連対率10.6%程度なので、積極的に買いたいレベルではない。条件別では、勝ち星の大半を未勝利と1勝クラスで分け合っている。まれにOP特別まで上がってくる馬もいるが、その場合でも買えて3着まで。晩成というより勝ち味が遅く、牡牝とも3歳後半で走りに安定感が出てくる。ピンポイントで狙うなら札幌のダートコースだ。

リース供用　海外にけい養されている種牡馬を期限付きで借りてきて日本で供用すること。また、逆に日本にけい養されている種牡馬を海外にリース供用として輸出することもある。

2023年成績

総収得賞金 672,647,000円　アーニング INDEX　0.57

勝利頭数／出走頭数	全馬127／254	2歳　18／43
勝利回数／出走回数	全馬218／2,441	2歳　28／201

Data Box (2021~2023)

コース　新潟など平坦なダートで走る

	1着	2着	3着	出走数	勝率	連対率	3着内率
全体計	28	27	37	585	4.8%	9.4%	15.7%
中央芝	0	0	0	7	0.0%	0.0%	0.0%
中央ダ	10	20	20	329	3.0%	9.1%	15.2%
ローカル芝	0	0	0	19	0.0%	0.0%	0.0%
ローカルダ	18	7	17	230	7.8%	10.9%	18.3%
右回り芝	0	0	0	16	0.0%	0.0%	0.0%
右回りダ	15	17	21	316	4.7%	10.1%	16.8%
左回り芝	0	0	0	9	0.0%	0.0%	0.0%
左回りダ	13	10	16	243	5.3%	9.5%	16.0%
札幌芝	0	0	0	2	0.0%	0.0%	0.0%
札幌ダ	4	1	0	14	28.6%	35.7%	35.7%
函館芝	0	0	0	1	0.0%	0.0%	0.0%
函館ダ	2	0	2	19	10.5%	10.5%	21.1%
福島芝	0	0	0	4	0.0%	0.0%	0.0%
福島ダ	1	0	4	38	2.6%	2.6%	13.2%
新潟芝	0	0	0	6	0.0%	0.0%	0.0%
新潟ダ	6	3	3	57	10.5%	15.8%	21.1%
東京芝	0	0	0	2	0.0%	0.0%	0.0%
東京ダ	4	6	7	114	3.5%	8.8%	14.9%
中山芝	0	0	0	2	0.0%	0.0%	0.0%
中山ダ	1	6	5	121	0.8%	5.8%	9.9%
中京芝	0	0	0	2	0.0%	0.0%	0.0%
中京ダ	3	1	6	72	4.2%	5.6%	13.9%
京都芝	0	0	0	1	0.0%	0.0%	0.0%
京都ダ	1	2	0	14	7.1%	21.4%	21.4%
阪神芝	0	0	0	2	0.0%	0.0%	0.0%
阪神ダ	4	6	8	80	5.0%	12.5%	22.5%
小倉芝	0	0	0	4	0.0%	0.0%	0.0%
小倉ダ	2	2	2	30	6.7%	13.3%	20.0%

条件　活躍の中心は1勝クラスなど下級条件

	1着	2着	3着	出走数	勝率	連対率	3着内率
新馬	2	1	3	38	5.3%	7.9%	15.8%
未勝利	11	6	14	229	4.8%	7.4%	13.5%
1勝	11	8	10	150	7.3%	12.7%	19.3%
2勝	3	9	6	127	2.4%	9.4%	14.2%
3勝	2	0	1	22	9.1%	9.1%	13.6%
OPEN特別	0	3	3	30	0.0%	10.0%	20.0%
GⅢ	0	0	0	2	0.0%	0.0%	0.0%
GⅡ	0	0	0	2	0.0%	0.0%	0.0%
GⅠ	0	0	0	0	-	-	-
ハンデ戦	2	0	2	31	6.5%	6.5%	12.9%
牝馬限定	4	1	7	90	4.4%	5.6%	13.3%
障害	1	0	0	15	6.7%	6.7%	6.7%

人気　馬券的な狙いは2~3番人気

	1着	2着	3着	出走数	勝率	連対率	3着内率
1番人気	6	3	1	19	31.6%	47.4%	52.6%
2~3番人気	11	13	7	55	20.0%	43.6%	56.4%
4~6番人気	7	6	17	94	7.4%	13.8%	31.9%
7~9番人気	1	2	7	124	0.8%	2.4%	8.1%
10番人気~	4	3	5	308	1.3%	2.3%	3.9%

単勝回収値 83円／単勝適正回収値 89円

距離　ダートは状態不問、短距離向き

芝　平均勝ち距離　—

	1着	2着	3着	出走数	勝率	連対率	3着内率
全体計	0	0	0	26	0.0%	0.0%	0.0%
芝~1300m	0	0	0	9	0.0%	0.0%	0.0%
芝~1600m	0	0	0	5	0.0%	0.0%	0.0%
芝~2000m	0	0	0	11	0.0%	0.0%	0.0%
芝~2400m	0	0	0	1	0.0%	0.0%	0.0%
芝2500m~	0	0	0	0	-	-	-

ダート　平均勝ち距離　1,579m

	1着	2着	3着	出走数	勝率	連対率	3着内率
全体計	28	27	37	559	5.0%	9.8%	16.5%
ダ~1300m	8	6	14	132	6.1%	10.6%	21.2%
ダ~1600m	5	6	10	122	4.1%	9.0%	17.2%
ダ~2000m	13	13	12	263	4.9%	9.9%	14.4%
ダ2100m~	2	2	1	42	4.8%	9.5%	11.9%

馬場状態　重まで渋ったダートで出番到来

		1着	2着	3着	出走数	勝率	連対率	3着内率
芝	良	0	0	0	17	0.0%	0.0%	0.0%
	稍重	0	0	0	8	0.0%	0.0%	0.0%
	重	0	0	0	1	0.0%	0.0%	0.0%
	不良	0	0	0	0	-	-	-
ダ	良	17	16	25	324	5.2%	10.2%	17.9%
	稍重	6	6	8	126	4.8%	9.5%	15.9%
	重	4	5	4	60	6.7%	15.0%	21.7%
	不良	1	0	0	49	2.0%	2.0%	2.0%

性齢　成長はゆっくりで3歳後半から

	1着	2着	3着	出走数	勝率	連対率	3着内率
牡2歳	2	2	5	47	4.3%	8.5%	19.1%
牝2歳	0	0	3	28	0.0%	0.0%	10.7%
牡3歳前半	9	6	7	110	8.2%	13.6%	20.0%
牝3歳前半	2	2	5	72	2.8%	5.6%	12.5%
牡3歳後半	4	4	1	43	9.3%	18.6%	20.9%
牝3歳後半	3	0	1	23	13.0%	13.0%	17.4%
牡4歳	3	6	7	77	3.9%	11.7%	20.8%
牝4歳	1	1	0	34	2.9%	5.9%	5.9%
牡5歳	1	3	0	45	2.2%	8.9%	8.9%
牝5歳	0	0	0	17	0.0%	0.0%	0.0%
牡6歳	0	2	1	43	0.0%	4.7%	7.0%
牝6歳	2	0	2	26	7.7%	7.7%	15.4%
牡7歳以上	2	1	5	24	8.3%	12.5%	33.3%
牝7歳以上	0	0	0	11	0.0%	0.0%	0.0%

勝ち馬の決め手

芝　0勝

ダート　28勝
追込 3／逃げ 3／先行 9／差し 13

RANKING
42
2歳 **93**

2022 ㊴
2021 ㉘
2020 ㉑
2019 ⑮

ヴィクトワールピサ
VICTOIRE PISA

年次	種付頭数	産駒数
23年	―	―
22年	―	―
21年	―	50

系統：サンデーサイレンス系　母父系統：マキャヴェリアン系

父 ネオユニヴァース 鹿 2000	*サンデーサイレンス 青鹿 1986	Halo	Hail to Reason
			Cosmah
		Wishing Well	Understanding
			Mountain Flower
	*ポインテッドパス 栗 1984	Kris	Sharpen Up
			Doubly Sure
		Silken Way	Shantung
			Boulevard
母 *ホワイトウォーターアフェア 栗 1993	Machiavellian 黒鹿 1987	Mr. Prospector	Raise a Native
			Gold Digger
		Coup de Folie	Halo
			Raise the Standard
	Much Too Risky 栗 1982	Bustino	Busted
			Ship Yard
		Short Rations	Lorenzaccio
			Short Commons

インブリード：Halo 3×4

血統解説　父は皐月賞、ダービー勝ちの2冠馬。母ホワイトウォーターアフェアは仏GIIボモーヌ賞勝ち。母系は半兄にアサクサデンエン（安田記念、京王杯スプリングC）、スウィフトカレント（小倉記念、天皇賞・秋2着）、叔母にショートストライク（ヨークシャーオークス2着）、近親にローブティサージュ（阪神JF）がいる。

供用地／トルコ
2007年生　黒鹿毛　千歳・社台ファーム産　2021年輸出

距離	成長型	芝	ダート	瞬発力	パワー	底力
中長	持続	◎	○	○	○	○

PROFILE

競走成績　**15戦8勝**（2〜4歳・日首）
最高レーティング　**122 M, I**（11年）
主な勝ち鞍　**ドバイワールドC、有馬記念、皐月賞**、中山記念、弥生賞、ラジオNIKKEI杯2歳S。ジャパンC3着、ダービー3着。

代表産駒　ジュエラー（桜花賞）、アサマノイタズラ（セントライト記念）、ウィクトーリア（フローラS）、スカーレットカラー（府中牝馬S）、ブレイキングドーン（ラジオNIKKEI賞）、レッドアネモス（クイーンS）、コウソクストレート（ファルコンS）。

3歳で皐月賞と有馬記念制覇
残された産駒でどこまで

デビュー2戦目で初勝利をあげると、そこから京都2歳S、ラジオNIKKEI杯2歳S、弥生賞と連勝。さらに皐月賞も制して5連勝でクラシックホースに輝いた。続くダービーは1番人気3着。秋は仏遠征して、ニエル賞4着、凱旋門賞7着と健闘し、有馬記念でブエナビスタを降して2つ目のGI制覇。

4歳時、中山記念をステップにドバイワールドCに挑戦。同じ日本からの遠征馬トランセンドを抑えて1着となり、日本調教馬として初めてドバイワールドCを制覇。ちなみに、この年の同レースはオールウェザー馬場で行われており、それが好走の要因だったともいえる。

5歳から種牡馬入り。初年度産駒から桜花賞馬ジュエラーが出ると、以降もスカーレットカラーやアサマノイタズラが重賞を制するなど、多彩な活躍を見せた。2021年にトルコへ輸出。

2023年はパクスオトマニカがプリンシパルSを勝ち、ディヴィナシオンがオーシャンSで2着。総合ランキングはダウンしたが、残された産駒のさらなる活躍に期待したい。

馬券に直結する適性データ

現3歳馬が日本での最終世代だが、年齢別で見ると、決して早熟というわけではなく、ピークは4歳。まだまだ狙っていきたい。また、牡6歳の連対率が15.3％となかなか優秀だが、この中には、2022年のダービー卿CTで12番人気2着したファルコメン（正確にはセン馬）と、2023年のオーシャンSで15番人気2着したディヴィナシオンが含まれている。6歳になり、頭打ちに見えても注意は必要だ。条件別では、ハンデ戦も悪くない数値を残しており狙い目。ちなみに、前述のディヴィナシオンはハンデ戦のオパールSでも、14番人気で3着に食い込んで穴を開けている。

　リーディングサイアー　1年を通じて産駒が最も賞金を稼いだサイアーのこと。賞金はレースの入着賞金の総額のため、GIレース勝ちがなくてもリーディングサイアーになることは可能。チャンピオンサイアーも同じ意味。

2023年成績

総収得賞金 665,924,000円　アーニング INDEX　0.70

	勝利頭数／出走頭数		
全馬 73／204		2歳	3／31

	勝利回数／出走回数		
全馬 120／1,713		2歳	3／70

Data Box (2021〜2023)

コース　新潟芝など左回り芝が得意

	1着	2着	3着	出走数	勝率	連対率	3着内率
全体計	76	90	84	1499	5.1%	11.1%	16.7%
中央芝	27	30	32	439	6.2%	13.0%	20.3%
中央ダ	14	16	14	309	4.5%	9.7%	14.2%
ローカル芝	29	32	27	517	5.6%	11.8%	17.0%
ローカルダ	6	12	11	234	2.6%	7.7%	12.4%
右回り芝	31	31	36	581	5.3%	10.7%	16.9%
右回りダ	9	14	18	317	2.8%	7.3%	12.9%
左回り芝	25	31	22	365	6.8%	15.3%	21.4%
左回りダ	11	14	7	226	4.9%	11.1%	14.2%
札幌芝	1	2	3	44	2.3%	6.8%	13.6%
札幌ダ	1	0	2	25	4.0%	4.0%	16.0%
函館芝	5	2	0	58	8.6%	12.1%	15.5%
函館ダ	1	0	1	16	6.3%	6.3%	12.5%
福島芝	2	1	5	66	3.0%	4.5%	12.1%
福島ダ	0	0	0	23	0.0%	0.0%	0.0%
新潟芝	9	10	6	112	8.0%	17.0%	22.3%
新潟ダ	2	3	1	42	4.8%	11.9%	14.3%
東京芝	8	10	10	138	5.8%	13.0%	20.3%
東京ダ	7	5	0	93	7.5%	12.9%	16.1%
中山芝	13	6	6	126	10.3%	15.1%	19.8%
中山ダ	5	6	7	110	4.5%	10.0%	16.4%
中京芝	8	11	7	125	6.4%	15.2%	20.8%
中京ダ	2	6	3	91	2.2%	8.8%	12.1%
京都芝	0	2	4	31	0.0%	6.5%	19.4%
京都ダ	0	0	0	6	0.0%	0.0%	0.0%
阪神芝	6	12	12	144	4.2%	12.5%	20.8%
阪神ダ	2	0	0	100	2.0%	7.0%	11.0%
小倉芝	4	6	4	112	3.6%	8.9%	12.5%
小倉ダ	0	3	2	37	0.0%	8.1%	16.2%

条件　ハンデ戦出走時は要警戒

	1着	2着	3着	出走数	勝率	連対率	3着内率
新馬	5	5	5	105	4.8%	9.5%	14.3%
未勝利	27	38	28	576	4.7%	11.3%	16.1%
1勝	25	24	26	402	6.2%	12.2%	18.7%
2勝	13	18	26	279	4.7%	11.1%	20.4%
3勝	7	6	1	81	8.6%	16.0%	17.3%
OPEN特別	3	3	3	65	4.6%	9.2%	13.8%
GⅢ	0	2	1	29	0.0%	6.9%	10.3%
GⅡ	1	1	0	18	5.6%	11.1%	11.1%
GⅠ	0	0	0	7	0.0%	0.0%	0.0%
ハンデ戦	5	11	6	99	5.1%	16.2%	22.2%
牝馬限定	9	14	10	233	3.9%	9.9%	14.2%
障害	5	7	6	63	7.9%	19.0%	28.6%

人気　全体的に低調、強調材料欠ける

	1着	2着	3着	出走数	勝率	連対率	3着内率
1番人気	18	10	7	63	28.6%	44.4%	55.6%
2〜3番人気	28	30	22	197	14.2%	29.4%	40.6%
4〜6番人気	21	31	30	332	6.3%	15.7%	24.7%
7〜9番人気	7	18	21	361	1.9%	6.9%	12.7%
10番人気〜	7	8	10	609	1.1%	2.5%	4.1%

単勝回収値 66円／単勝適正回収値 72円

距離　芝ダート共ベストはマイル

芝　平均勝ち距離　1,663m

	1着	2着	3着	出走数	勝率	連対率	3着内率
全体計	56	62	59	956	5.9%	12.3%	18.5%
芝〜1300m	10	13	11	191	5.2%	12.0%	17.8%
芝〜1600m	18	22	16	289	6.2%	13.8%	19.4%
芝〜2000m	24	22	24	384	6.3%	12.0%	18.2%
芝〜2400m	3	2	6	64	4.7%	7.8%	20.3%
芝2500m〜	1	3	0	28	3.6%	14.3%	14.3%

ダート　平均勝ち距離　1,660m

	1着	2着	3着	出走数	勝率	連対率	3着内率
全体計	20	28	25	543	3.7%	8.8%	13.4%
ダ〜1300m	3	3	5	77	3.9%	7.8%	14.3%
ダ〜1600m	5	7	3	115	4.3%	10.4%	13.0%
ダ〜2000m	10	17	15	322	3.1%	8.4%	13.0%
ダ2100m〜	2	1	2	29	6.9%	10.3%	17.2%

馬場状態　芝の良馬場または重馬場向き

		1着	2着	3着	出走数	勝率	連対率	3着内率
芝	良	49	48	48	743	6.6%	13.1%	19.5%
	稍重	2	10	7	137	1.5%	8.8%	13.9%
	重	5	4	4	65	7.7%	13.8%	20.0%
	不良	0	0	0	11	0.0%	0.0%	0.0%
ダ	良	10	15	17	330	3.0%	7.6%	12.7%
	稍重	4	4	5	103	3.9%	7.8%	12.6%
	重	5	3	3	69	7.2%	11.6%	15.9%
	不良	1	6	0	41	2.4%	17.1%	17.1%

性齢　現3歳が日本最終、4歳時がピーク

	1着	2着	3着	出走数	勝率	連対率	3着内率
牡2歳	5	3	3	97	5.2%	8.2%	11.3%
牝2歳	5	7	4	93	5.4%	12.9%	17.2%
牡3歳前半	15	8	10	203	7.4%	11.3%	16.3%
牝3歳前半	7	19	8	202	3.5%	12.9%	16.8%
牡3歳後半	5	3	7	77	6.5%	10.4%	19.5%
牝3歳後半	0	4	9	98	0.0%	4.1%	13.3%
牡4歳	20	21	14	186	10.8%	22.0%	29.6%
牝4歳	4	2	6	80	5.0%	7.5%	15.0%
牡5歳	7	8	7	183	3.8%	8.2%	12.0%
牝5歳	4	2	4	77	5.2%	10.4%	13.0%
牡6歳	8	11	12	124	6.5%	15.3%	25.0%
牝6歳	1	0	1	50	2.0%	2.0%	4.0%
牡7歳以上	1	6	6	80	1.3%	8.8%	16.3%
牝7歳以上	0	0	1	12	0.0%	0.0%	8.3%

勝ち馬の決め手

芝　56勝　追込 13／逃げ 12／差し 15／先行 16

ダート　20勝　追込 2／逃げ 2／差し 5／先行 11

| | 2022 ㊷ |
| 2021 ⑬ |
| 2020 － |
| 2019 － |

＊アメリカンペイトリオット
AMERICAN PATRIOT

年次	種付頭数	産駒数
23年	**130**	**126**
22年	185	129
21年	186	63

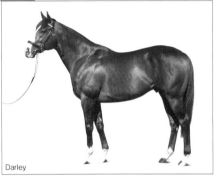
Darley

系統：ダンチヒ系　母父系統：インテント系

			Nearctic
	Danzig	Northern Dancer	Natalma
父	鹿 1977	Pas de Nom	Admiral's Voyage
War Front			Petitioner
鹿 2002		Rubiano	Fappiano
	Starry Dreamer		Ruby Slippers
	芦 1994	Lara's Star	Forli
			True Reality
			Relaunch
母	Tiznow	Cee's Tizzy	＊テイズリー
	鹿 1997	Cee's Song	Seattle Song
Life Well Lived			Lonely Dancer
鹿 2007		Notebook	Well Decorated
	Well Dressed		Mobcap
	黒鹿 1997	Trithenia	Gold Meridian
			Tri Argo

種付料／⇨産150万円　供用地／日高・ダーレー・ジャパンSコンプレックス
2013年生　鹿毛　アメリカ産　2017年輸入

距離	成長型	芝	ダート	瞬発力	パワー	底力
マ中	芝	○	○	○	○	○

インブリード：Moon Gritter＝Relaunch 5×4、母 Life Well lived に Seattle Slew 4×4

血統解説　父ウォーフロントは大種牡馬ダンチヒの最晩年の傑作といわれ、後継種牡馬として米で成功している。母は米1勝。母系は叔父にウェルアームド（ドバイワールドC）、一族からはブレイドハート（ラトロワンヌS）、シンボリクリスエス（P272）などが出ている。母父ティズナウはBCクラシック連覇の米年度代表馬。

PROFILE

競走成績　**14戦5勝**（3～4歳・米英）
最高レーティング　**115 M**（17年）
主な勝ち鞍　**メーカーズ46マイルS**、ケントS。セクレタリアトS3着。

父はダンチヒ晩年の傑作
日本でも期待の大きい血統

　3歳時、芝9FのGⅢケントSを1分47秒19のデラウェアパーク競馬場のコースレコードで快勝。続くGⅠセクレタリアトSは3着。

　4歳時、GⅠメーカーズ46マイルSでは、7番人気の低評価ながらクビ差の接戦をものにしてGⅠウィナーに輝いた。

　引退後は日本で種牡馬入り。「ダンチヒ晩年の傑作」の呼び声も高い名馬ウォーフロントの直仔ということで人気となり、初年度から154頭の牝馬を集めた。初年度産駒のビーアストニッシドがスプリングSを勝ち、2021、2022年は合計で371頭もの種付を行っている。

　2023年は重賞勝ちこそ果たせなかったが、条件クラスの特別戦で確実に勝ちを収めており、先々が楽しみである。

代表産駒　ビーアストニッシド（スプリングS）、プレスレスリー（葵S2歳S3着）、シルフィードレーヴ（小倉2歳S3着）、イールテソーロ（ひまわり賞3着）、パワーブローキング（韓国馬事会杯）、ベレザーニャ（御宿特別）、クレスコジョケツ（桑園特別）。

POG　2024年期待の2歳馬

母馬名（母父）	性別	おすすめポイント
アドマイヤチャーム（キングヘイロー）	牡	叔父に日経新春杯で2着、3着したアドマイヤフライト
エリーナハーラー（＊ヨハネスブルグ）	牡	1歳サマーセールで1760万円。母系にGⅠ馬グレイスティアラ。
クルスブランカ（ルーラーシップ）	牝	叔父にジャパンC、京都大賞典を勝ったヴェラアズール。

馬券に直結する適性データ

　芝37勝に対しダートは34勝とほぼ互角。産駒に対しても、芝馬、ダート馬と安易に決めつけてしまわないようにしたい。ただ、適正距離には若干の違いがあり、芝は短距離寄りである一方、ダートは中距離がベスト。凡走が続いても、コース・距離替わりで一変する可能性もあることは覚えておきたい。牡馬は2歳戦から走るが、3歳前後半から古馬にかけても大崩れはしない。逆に牝馬は良績が3歳前後半に集中しており、ピークはそれほど長くないようだ。コース別では、中山芝の勝率が優秀で、単狙いをするならここか。勝率はそれに劣るが、小倉芝の連対率は25.9％あり馬連の軸向け。

リーディングジョッキー　1年を通じて最も多く勝ち星をあげた騎手。JRAの場合東西に分かれているので、それぞれの最高勝利数の騎手をリーディングジョッキーと呼んでいる。

2023年成績

総収得賞金 657,077,000円　アーニング INDEX　0.81

	全馬	2歳
勝利頭数／出走頭数	86／175	13／42
勝利回数／出走回数	130／1,430	14／134

Data Box（2021〜2023）

コース　阪神ダート、中山芝が狙い目

	1着	2着	3着	出走数	勝率	連対率	3着内率
全体計	71	72	70	887	8.0%	16.1%	24.0%
中央芝	20	18	12	197	10.2%	19.3%	25.4%
中央ダ	28	26	19	271	7.7%	17.3%	24.4%
ローカル芝	17	19	27	260	6.5%	13.8%	24.2%
ローカルダ	13	9	12	159	8.2%	13.8%	21.4%
右回り芝	25	30	28	297	8.4%	18.5%	27.9%
右回りダ	25	22	22	270	9.3%	17.4%	25.6%
左回り芝	10	6	11	143	7.0%	11.2%	18.9%
左回りダ	9	13	9	160	5.6%	13.8%	19.4%
札幌芝	1	1	5	21	4.8%	9.5%	33.3%
札幌ダ	2	0	3	19	10.5%	10.5%	26.3%
函館芝	0	2	2	25	0.0%	8.0%	16.0%
函館ダ	2	0	1	15	13.3%	13.3%	20.0%
福島芝	1	1	5	41	2.4%	4.9%	17.1%
福島ダ	1	1	1	21	4.8%	9.5%	14.3%
新潟芝	5	3	2	66	7.6%	12.1%	15.2%
新潟ダ	3	0	2	28	10.7%	10.7%	17.9%
東京芝	4	0	3	45	8.9%	8.9%	15.6%
東京ダ	2	7	2	73	2.7%	12.3%	15.1%
中山芝	7	2	5	51	13.7%	17.6%	27.5%
中山ダ	8	7	6	70	10.3%	19.2%	26.9%
中京芝	3	4	6	49	6.1%	14.3%	26.5%
中京ダ	4	6	5	59	6.8%	16.9%	25.4%
京都芝	3	5	0	24	12.5%	33.3%	33.3%
京都ダ	0	2	2	18	0.0%	11.1%	22.2%
阪神芝	6	11	4	77	7.8%	22.1%	27.3%
阪神ダ	11	10	9	102	10.8%	20.6%	29.4%
小倉芝	7	8	7	58	12.1%	25.9%	37.9%
小倉ダ	1	2	0	17	5.9%	17.6%	17.6%

条件　新馬戦より未勝利戦で稼ぐ

	1着	2着	3着	出走数	勝率	連対率	3着内率
新馬	7	10	15	116	6.0%	14.7%	27.6%
未勝利	35	39	29	424	8.3%	17.5%	24.3%
1勝	21	17	12	201	10.4%	18.9%	24.9%
2勝	6	4	7	102	5.9%	9.8%	16.7%
3勝	1	0	3	20	5.0%	5.0%	20.0%
OPEN特別	0	1	1	11	0.0%	9.1%	18.2%
GⅢ	0	1	3	12	0.0%	8.3%	33.3%
GⅡ	1	0	0	3	33.3%	33.3%	33.3%
GⅠ	0	0	0	5	0.0%	0.0%	0.0%
ハンデ戦	1	2	1	19	5.3%	15.8%	21.1%
牝馬限定	12	13	13	171	7.0%	14.6%	22.2%
障害	0	0	0	7	0.0%	0.0%	0.0%

人気　1番人気は高勝率、馬単の軸向き

	1着	2着	3着	出走数	勝率	連対率	3着内率
1番人気	31	13	9	78	39.7%	56.4%	67.9%
2〜3番人気	14	22	17	122	11.5%	29.5%	43.4%
4〜6番人気	19	22	28	233	8.2%	17.6%	29.6%
7〜9番人気	3	9	9	195	1.5%	6.2%	10.8%
10番人気〜	4	6	7	266	1.5%	3.8%	6.4%

単勝回収値 80円／単勝適正回収値 81円

距離　ダートは距離不問、芝は短距離が○

芝　平均勝ち距離　1,481m

	1着	2着	3着	出走数	勝率	連対率	3着内率
全体計	37	37	39	457	8.1%	16.2%	24.7%
芝〜1300m	14	10	20	155	9.0%	15.5%	28.4%
芝〜1600m	12	17	10	162	7.4%	17.9%	24.1%
芝〜2000m	11	10	9	128	8.6%	16.4%	23.4%
芝〜2400m	0	0	0	10	0.0%	0.0%	0.0%
芝2500m〜	0	0	0	2	0.0%	0.0%	0.0%

ダート　平均勝ち距離　1,584m

	1着	2着	3着	出走数	勝率	連対率	3着内率
全体計	34	35	31	430	7.9%	16.0%	23.3%
ダ〜1300m	7	10	8	101	6.9%	16.8%	24.8%
ダ〜1600m	7	9	6	111	6.3%	14.4%	19.8%
ダ〜2000m	19	15	16	206	9.2%	16.5%	24.3%
ダ2100m〜	1	1	1	12	8.3%	16.7%	25.0%

馬場状態　芝は良馬場、ダートは重馬場向き

		1着	2着	3着	出走数	勝率	連対率	3着内率
芝	良	31	27	27	346	9.0%	16.8%	24.6%
	稍重	4	8	9	82	4.9%	14.6%	25.6%
	重	2	2	3	25	8.0%	16.0%	28.0%
	不良	0	0	0	4	0.0%	0.0%	0.0%
ダ	良	18	22	20	268	6.7%	14.9%	22.4%
	稍重	6	8	7	92	6.5%	15.2%	22.8%
	重	8	3	3	47	17.0%	23.4%	29.8%
	不良	2	1	1	23	8.7%	17.4%	21.7%

性齢　完成度は高めだが早熟ではない

	1着	2着	3着	出走数	勝率	連対率	3着内率
牡2歳	8	14	12	99	8.1%	22.2%	34.3%
牝2歳	9	10	19	160	5.6%	11.9%	23.8%
牡3歳前半	11	15	9	127	8.7%	20.5%	27.6%
牝3歳前半	16	16	13	190	8.4%	16.8%	23.7%
牡3歳後半	4	5	3	73	5.5%	12.3%	16.4%
牝3歳後半	17	6	7	106	16.0%	21.7%	28.3%
牡4歳	6	6	3	69	8.7%	17.4%	21.7%
牝4歳	0	4	0	70	0.0%	0.0%	5.7%
牡5歳	0	0	0				
牝5歳	0	0	0				
牡6歳	0	0	0				
牝6歳	0	0	0				
牡7歳以上	0	0	0				
牝7歳以上	0	0	0				

勝ち馬の決め手

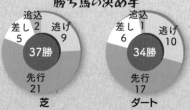

芝
- 追込 2
- 差し 5
- 逃げ 9
- 先行 21
- 37勝

ダート
- 追込 1
- 差し 6
- 逃げ 10
- 先行 17
- 34勝

RANKING
44
2歳 26
2022 ㊷
2021 ⑯
2020 ⑲
2019 ⑳

*デクラレーションオブウォー
DECLARATION OF WAR

年次	種付頭数	産駒数
23年	133	67
22年	108	86
21年	128	94

系統：ダンチヒ系　母父系統：ブラッシンググルーム系

			Nearctic
父 War Front 鹿 2002	Danzig 鹿 1977	Northern Dancer	Natalma
		Pas de Nom	Admiral's Voyage
			Petitioner
	Starry Dreamer 芦 1994	Rubiano	Fappiano
			Ruby Slippers
		Lara's Star	Forli
			True Reality
母 Tempo West 栗 1999	Rahy 栗 1985	Blushing Groom	Red God
			Runaway Bride
		Glorious Song	Halo
			Ballade
	Tempo 栗 1992	Gone West	Mr. Prospector
			Secrettame
		Terpsichorist	Nijinsky
			Glad Rags

インブリード：Northern Dancer 3×5、Mr. Prospector 5×4、Nijinsky 5×4

種付料／⑰受300万円返 供用地／新ひだか・JBBA静内種馬場
2009年生　鹿毛　アメリカ産　2018年輸入

距離	成長型	芝	ダート	瞬発力	パワー	底力
マ中	普	◎	○	○	○	○

血統解説　父ウォーフロントは種牡馬として米で大成功し、「ダンチヒ晩年の傑作」としてダンチヒ系をさらに発展させている名馬。日本にも本馬のほかに、アメリカンペイトリオット、ザファクターなどの直仔が種牡馬として導入されている。母テンポウエストは米3勝。叔父にユニオンラグス（ベルモントS）。

PROFILE

競走成績　**13戦7勝**（2〜4歳・仏愛英米）
最高レーティング　**124 I**（13年）
主な勝ち鞍　**英インターナショナルS、クイーンアンS、ダイヤモンドS**。エクリプスS2着、BCクラシック3着、サセックスS3着。

代表産駒 オルメド（仏2000ギニー）、グーフォ（ソードダンサーS）、ファイアーアットウィル（BCジュヴナイルターフ）、ヴォウアンドデクレアー（メルボルンC）、タマモブラックタイ（ファルコンS）、セットアップ（札幌2歳S）、トップナイフ（ホープフルS2着）。

すでに高い実績を持つ馬
日本でも好発進を見せる

　3歳まで、GⅢダイヤモンドSを含む6戦5勝の戦績をあげていたが、本格化したのは4歳になってから。クイーンアンSでGⅠ初制覇を遂げると、エクリプスS2着、サセックスS3着、ジャックルマロワ賞4着と好走を続け、英インターナショナルSでGⅠ2勝目をあげた。米遠征したBCクラシックは僅差の3着。

　愛で種牡馬入り後、米と豪のシャトルサイアーとなり、仏米豪でGⅠ馬を輩出している。2019年から日本で供用。初年度産駒のトップナイフがホープフルSで2着の活躍で、FSランキングは4位にランクインした。

　2023年はタマモブラックタイ、セットアップが重賞勝ちし、総合ランキングでも44位。まずは幸先の良いスタートを決めている。

POG　2024年期待の2歳馬

母馬名（母父）	性別	おすすめポイント
ヴィヴァシャスヴィヴィアン (DISTORTED HUMOR)	牡	1歳セレクションセールで5500万円。半兄にきさらぎ賞馬。
オリーブティアラ (キングカメハメハ)	牡	1歳セレクトセールで3740万円。2代母は交流GⅢの勝ち馬。
レッドベルフィーユ (アグネスタキオン)	牝	叔父にヴェルメイユ賞、アスタルテ賞などGⅠ3勝のマンデシャ。

馬券に直結する適性データ

　芝25勝に対してダートは16勝と、大きな偏りは見られない。距離別では、芝の場合勝ち星は中距離の方が多いが、勝率は短距離の方がよく、特に距離による差はなさそうだ。一方ダートは、短距離の連対率がわずか2.6％。3着内率も15.4％と、明らかに不得意。このカテゴリは手を出さないようにしたい。牡牝共に2歳戦から走るが、古馬になっても大きくは崩れない。特に牡馬は5、6歳時の3着内率が30％を超えているのは注目したいポイント。1番人気時の信頼度は高く、連対率66.7％、3着内率76.9％はランキング上位勢と比べても遜色ないレベルだ。

　レコード　距離別の走破タイムの新記録のこと。芝とダートがあり、それぞれの競馬場でのレコードをコースレコードといい、JRAの全競馬場の中での最高記録をJRAレコードという。

2023年 成績

総収得賞金 598,112,000円　アーニング INDEX　0.91

	全馬	2歳
勝利頭数／出走頭数	53／141	12／56
勝利回数／出走回数	72／754	15／150

Data Box (2021~2023)

コース　中山芝、札幌芝など小回り向き

	1着	2着	3着	出走数	勝率	連対率	3着内率
全体計	41	50	33	522	7.9%	17.4%	23.8%
中央芝	12	13	7	140	8.6%	17.9%	22.9%
中央ダ	10	15	13	158	6.3%	15.8%	24.1%
ローカル芝	13	17	9	133	9.8%	22.6%	29.3%
ローカルダ	6	5	4	91	6.6%	12.1%	16.5%
右回り芝	18	19	13	172	10.5%	21.5%	29.1%
右回りダ	10	7	9	141	7.1%	12.1%	18.4%
左回り芝	6	11	3	98	6.1%	17.3%	20.4%
左回りダ	6	13	8	108	5.6%	17.6%	25.0%
札幌芝	4	2	3	18	22.2%	33.3%	50.0%
札幌ダ	0	0	0	7	0.0%	0.0%	0.0%
函館芝	2	1	0	6	0.0%	33.3%	50.0%
函館ダ	0	0	0	2	0.0%	0.0%	0.0%
福島芝	0	2	1	11	0.0%	18.2%	27.3%
福島ダ	1	0	1	9	11.1%	11.1%	22.2%
新潟芝	3	1	1	27	11.1%	14.8%	18.5%
新潟ダ	0	1	0	16	0.0%	0.0%	6.3%
東京芝	1	5	1	37	2.7%	16.2%	18.9%
東京ダ	3	9	5	49	6.1%	24.5%	34.7%
中山芝	6	2	3	33	18.2%	24.2%	33.3%
中山ダ	1	2	3	33	3.0%	9.1%	18.2%
中京芝	3	5	1	37	8.1%	21.6%	24.3%
中京ダ	3	4	2	43	7.0%	16.3%	20.9%
京都芝	1	1	1	24	4.2%	8.3%	12.5%
京都ダ	2	1	2	22	9.1%	13.6%	22.7%
阪神芝	4	5	2	46	8.7%	19.6%	23.9%
阪神ダ	4	2	4	54	7.4%	11.1%	18.5%
小倉芝	3	5	2	34	8.8%	23.5%	29.4%
小倉ダ	2	1	4	14	14.3%	21.4%	21.4%

条件　新馬戦よりは未勝利戦で成績安定

	1着	2着	3着	出走数	勝率	連対率	3着内率
新馬	4	11	2	104	3.8%	14.4%	16.3%
未勝利	24	18	20	276	8.7%	15.2%	22.5%
1勝	5	11	8	86	5.8%	18.6%	27.9%
2勝	2	4	2	12	16.7%	50.0%	66.7%
3勝	1	2	0	7	14.3%	42.9%	42.9%
OPEN特別	3	2	2	25	12.0%	20.0%	28.0%
GⅢ	2	1	0	11	18.2%	27.3%	27.3%
GⅡ	0	2	1	8	0.0%	25.0%	37.5%
GⅠ	1	0	0	6	16.7%	16.7%	16.7%
ハンデ戦	0	1	2	11	0.0%	9.1%	27.3%
牝馬限定	6	7	5	76	7.9%	17.1%	23.7%
障害	0	2	0	13	0.0%	15.4%	30.8%

人気　1番人気は安定感抜群、穴も注意

	1着	2着	3着	出走数	勝率	連対率	3着内率
1番人気	14	12	4	39	35.9%	66.7%	76.9%
2～3番人気	11	14	8	66	16.7%	37.9%	50.0%
4～6番人気	9	11	11	122	7.4%	16.4%	25.4%
7～9番人気	6	11	6	151	4.0%	11.3%	15.2%
10番人気～	1	4	6	157	0.6%	3.2%	7.0%

単勝回収値 92 円／単勝適正回収値 86 円

距離　万能タイプもベストは芝短距離

芝　平均勝ち距離　1,600m

	1着	2着	3着	出走数	勝率	連対率	3着内率
全体計	25	30	16	273	9.2%	20.1%	26.0%
芝～1300m	7	8	1	56	12.5%	26.8%	28.6%
芝～1600m	7	11	6	100	7.0%	18.0%	24.0%
芝～2000m	10	10	8	105	9.5%	19.0%	26.7%
芝～2400m	1	0	0	9	11.1%	11.1%	11.1%
芝2500m～	0	1	1	3	0.0%	33.3%	66.7%

ダート　平均勝ち距離　1,675m

	1着	2着	3着	出走数	勝率	連対率	3着内率
全体計	16	20	17	249	6.4%	14.5%	21.3%
ダ～1300m	1	0	5	39	2.6%	2.6%	15.4%
ダ～1600m	5	10	4	72	6.9%	20.8%	26.4%
ダ～2000m	9	8	7	128	7.0%	13.3%	18.8%
ダ2100m～	1	2	1	10	10.0%	30.0%	40.0%

馬場状態　ダートは状態不問、芝は良が好成績

		1着	2着	3着	出走数	勝率	連対率	3着内率
芝	良	19	26	10	207	9.2%	21.7%	26.6%
	稍重	4	3	5	42	9.5%	16.7%	28.6%
	重	2	1	0	20	10.0%	15.0%	15.0%
	不良	0	0	1	4	0.0%	0.0%	25.0%
ダ	良	10	9	11	165	6.1%	11.5%	18.2%
	稍重	1	3	5	40	2.5%	10.0%	22.5%
	重	3	8	0	27	11.1%	40.7%	40.7%
	不良	2	0	1	17	11.8%	11.8%	17.6%

性齢　早くから動き2、3歳戦で活躍

	1着	2着	3着	出走数	勝率	連対率	3着内率
牡2歳	12	13	7	134	9.0%	18.7%	23.9%
牝2歳	8	11	3	99	8.1%	19.2%	22.2%
牡3歳前半	9	14	7	122	7.4%	18.9%	24.6%
牝3歳前半	4	1	6	55	7.3%	9.1%	20.0%
牡3歳後半	3	7	4	55	5.5%	18.2%	25.5%
牝3歳後半	1	1	4	28	3.6%	7.1%	21.4%
牡4歳	0	0	2	7	0.0%	0.0%	28.6%
牝4歳	0	0	0	2	—	—	—
牡5歳	2	3	2	21	9.5%	23.8%	33.3%
牝5歳	0	0	0	3	—	—	—
牡6歳	2	2	0	6	33.3%	66.7%	66.7%
牝6歳	0	0	0	1	—	—	—
牡7歳以上	0	0	1	5	0.0%	0.0%	20.0%
牝7歳以上	0	0	0	0	—	—	—

勝ち馬の決め手

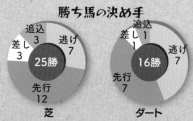

芝　25勝：追込3、逃げ7、差し3、先行12

ダート　16勝：追込1、差し1、逃げ7、先行7

2022 ⑱
2021 ー
2020 ー
2019 ー

サトノダイヤモンド
SATONO DIAMOND

年次	種付頭数	産駒数
23年	58	100
22年	143	95
21年	134	94

系統：サンデーサイレンス系　母父系統：ダンチヒ系

			Hail to Reason
父 ディープインパクト 鹿 2002	*サンデーサイレンス 青鹿 1986	Halo	Hail to Reason
			Cosmah
		Wishing Well	Understanding
			Mountain Flower
	*ウインドインハーヘア 鹿 1991	Alzao	Lyphard
			Lady Rebecca
		Burghclere	Busted
			Highclere
母 *マルペンサ 鹿 2006	Orpen 鹿 1996	Lure	Danzig
			Endear
		Bonita Francita	Devil's Bag
			Raise the Standard
	Marsella 黒鹿 1997	*サザンヘイロー	Halo
			Northern Sea
		Riviere	Logical
			Talonada

インブリード：Halo 3×5・4、Northern Dancer 5×5・5

血統解説 父は11年連続でリーディングサイアーに輝いた大種牡馬。母はフィルベルトレレナ大賞など亜GIを3勝した名牝。母系は半妹にリナーテ（京王杯SC2着、京都牝馬S2着、キーンランドC3着）、全弟にサトノジェネシス（P387）、甥にドゥラエレーデ（ホープフルS）、母父オーペンはモルニ賞勝ちの快速馬。

種付料／⇩受150万円F 供用地／日高・ブリーダーズSS

2013年生　黒鹿毛　安平・ノーザンファーム産

距離	成長型	芝	ダート	瞬発力	パワー	底力
中長	普	○	○	○	○	○

PROFILE

競走成績　18戦8勝（2〜5歳・日）
最高レーティング　122 L（16年）
主な勝ち鞍　有馬記念、菊花賞、阪神大賞典、京都大賞典、神戸新聞杯、きさらぎ賞。ダービー2着、天皇賞・春3着、皐月賞3着。

代表産駒 サトノグランツ（京都新聞杯、神戸新聞杯）、シンリョクカ（阪神JF2着）、ダイヤモンドハンズ（札幌2歳S3着）、ウィズユアドリーム（西部日刊スポーツ杯）、タツダイヤモンド（ゆきやなぎ賞）、スズハローム（タイランドC）。

菊花賞、有馬記念を連勝！種牡馬としてもこれから

　新馬戦、500万、きさらぎ賞と3連勝で臨んだ皐月賞では1番人気に推されるも3着。続くダービーでは、マカヒキとの激しい追い比べの末、ハナ差2着に惜敗した。秋、神戸新聞杯から駒を進めた菊花賞を2馬身半差で快勝、クラシックホースに輝いた。さらに有馬記念ではキタサンブラックをクビ差かわしてGI連勝。2016年のJRA最優秀3歳牡馬に選ばれた。古馬になってからは、阪神大賞典、京都大賞典を勝ったが、GIは3着まで。

　初年度産駒のシンリョクカが阪神JFで2着に入り、2022年のFSランキングは6位。

　2023年はサトノグランツが京都新聞杯、神戸新聞杯と重賞2勝。期待の高さからはやや物足りなさもあるが、さらなる活躍を期待したい。

POG　2024年期待の2歳馬

母馬名（母父）	性別	おすすめポイント
*カーミングエフェクト （WAR FRONT）	牡	2代母にアメリカンオークスなどGI4勝のエモリエント。
*スクールミストレス （EQUAL STRIPES）	牝	当歳セレクトセールで1億1550万円。母は亜GI2勝。
ラヴズオンリーミー （STORM CAT）	牝	半兄にリアルスティール、半姉にラヴズオンリーユー（オークス）。

馬券に直結する適性データ

　2世代分のデータだけに、まだ傾向もつかめない部分もあるが、ディープ系らしい万能さも垣間見せている。芝38勝に対しダートは12勝。特にダートが苦手ということはなさそうだ。距離では、芝、ダート共に中距離が主戦場で、特にダートはほぼ中距離専門。芝は勝ち星こそ中距離が半数以上を占めているが、実は数値は短距離の方が高い。菊花賞馬というイメージから人気の盲点になりやすいが、積極的に狙っていきたい。人気では1番人気よりも2〜3番人気が狙い目。勝率から3着内率まで、数値的に互角なら、配当的には2〜3番人気を買った方が断然お得だ。

連対率 レースで1、2着に絡む割合のことをいう。DATA BOXの産駒成績では全産駒の出走回数に対して、何回1、2着したかを表している。騎手の場合には騎乗回数に対しての1、2着の割合をいう。

2023年成績

総収得賞金 588,871,000円　アーニング INDEX　0.99

	勝利頭数／出走頭数：全馬 45 ／ 128	2歳 11 ／ 50
	勝利回数／出走回数：全馬 57 ／ 691	2歳 11 ／ 117

Data Box (2021~2023)

コース　父の種牡馬の中では小回り向き

	1着	2着	3着	出走数	勝率	連対率	3着内率
全体計	50	32	49	537	9.3%	15.3%	24.4%
中央芝	22	10	19	210	10.5%	15.2%	24.3%
中央ダ	4	6	6	87	4.6%	11.5%	18.4%
ローカル芝	16	14	18	177	9.0%	16.9%	27.1%
ローカルダ	8	2	6	63	12.7%	15.9%	25.4%
右回り芝	29	16	26	254	11.4%	17.7%	28.0%
右回りダ	9	5	8	107	8.4%	13.1%	20.6%
左回り芝	9	8	11	132	6.8%	12.9%	21.2%
左回りダ	3	3	4	43	7.0%	14.0%	23.3%
札幌芝	4	1	3	26	15.4%	19.2%	30.8%
札幌ダ	2	1	1	10	20.0%	30.0%	40.0%
函館芝	0	3	4	27	0.0%	11.1%	25.9%
函館ダ	2	0	0	5	40.0%	40.0%	40.0%
福島芝	1	1	3	20	5.0%	10.0%	25.0%
福島ダ	1	0	0	6	16.7%	16.7%	16.7%
新潟芝	1	3	4	36	2.8%	11.1%	22.2%
新潟ダ	1	0	2	10	10.0%	10.0%	30.0%
東京芝	4	3	5	57	7.0%	12.3%	21.1%
東京ダ	0	2	0	14	0.0%	14.3%	14.3%
中山芝	7	3	4	52	13.5%	19.2%	26.9%
中山ダ	3	2	3	25	12.0%	20.0%	32.0%
中京芝	4	2	2	40	10.0%	15.0%	20.0%
中京ダ	4	2	0	19	10.5%	15.8%	26.3%
京都芝	5	2	3	40	12.5%	17.5%	25.0%
京都ダ	0	0	1	12	0.0%	0.0%	8.3%
阪神芝	6	2	7	61	9.8%	13.1%	24.6%
阪神ダ	1	2	2	36	2.8%	8.3%	13.9%
小倉芝	6	4	2	28	21.4%	35.7%	42.9%
小倉ダ	0	0	1	13	0.0%	0.0%	7.7%

条件　早い時期から完成、新馬戦が狙い

	1着	2着	3着	出走数	勝率	連対率	3着内率
新馬	13	9	10	108	12.0%	20.4%	29.6%
未勝利	25	16	25	296	8.4%	13.9%	22.3%
1勝	8	5	11	90	8.9%	14.4%	26.7%
2勝	2	1	1	15	13.3%	20.0%	26.7%
3勝	0	0	1	2	0.0%	0.0%	50.0%
OPEN特別	0	0	0	5	0.0%	0.0%	0.0%
GⅢ	0	0	1	5	0.0%	0.0%	20.0%
GⅡ	1	0	0	4	25.0%	25.0%	25.0%
GⅠ	0	1	0	8	0.0%	12.5%	12.5%
ハンデ戦	0	0	1	1	0.0%	0.0%	100.0%
牝馬限定	4	8	7	104	3.8%	11.5%	18.3%
障害	0	0	0	0	-	-	-

人気　1番人気より2~3番人気が買い

	1着	2着	3着	出走数	勝率	連対率	3着内率
1番人気	16	6	5	50	32.0%	44.0%	54.0%
2～3番人気	27	12	13	98	27.6%	39.8%	53.1%
4～6番人気	3	7	21	115	2.6%	8.7%	27.0%
7～9番人気	2	4	7	134	1.5%	4.5%	9.7%
10番人気～	2	3	3	140	1.4%	3.6%	5.7%

距離　中距離向き、芝は短距離も○

単勝回収値 67円／単勝適正回収値 88円

芝　　平均勝ち距離　1,787m

	1着	2着	3着	出走数	勝率	連対率	3着内率
全体計	38	24	37	387	9.8%	16.0%	25.6%
芝～1300m	6	5	4	41	14.6%	26.8%	36.6%
芝～1600m	6	4	10	90	6.7%	11.1%	22.2%
芝～2000m	23	13	19	208	11.1%	17.3%	26.4%
芝～2400m	3	2	4	41	7.3%	12.2%	22.0%
芝2500m～	0	0	0	7	0.0%	0.0%	0.0%

ダート　平均勝ち距離　1,725m

	1着	2着	3着	出走数	勝率	連対率	3着内率
全体計	12	8	12	150	8.0%	13.3%	21.3%
ダ～1300m	0	0	0	6	0.0%	0.0%	0.0%
ダ～1600m	1	2	0	28	3.6%	10.7%	10.7%
ダ～2000m	11	6	12	110	10.0%	15.5%	26.4%
ダ2100m～	0	0	0	6	0.0%	0.0%	0.0%

馬場状態　少し渋った芝で成績アップ

		1着	2着	3着	出走数	勝率	連対率	3着内率
芝	良	27	18	30	295	9.2%	15.3%	25.4%
	稍重	6	5	6	58	10.3%	19.0%	29.3%
	重	5	1	1	30	16.7%	20.0%	23.3%
	不良	0	0	0	4	0.0%	0.0%	0.0%
ダ	良	7	3	8	82	8.5%	12.2%	22.0%
	稍重	1	4	1	35	2.9%	14.3%	17.1%
	重	3	0	2	18	16.7%	16.7%	27.8%
	不良	1	1	1	15	6.7%	13.3%	20.0%

性齢　完成度は高めも牝馬が不振

	1着	2着	3着	出走数	勝率	連対率	3着内率
牡2歳	16	9	11	102	15.7%	24.5%	35.3%
牝2歳	6	9	12	120	5.0%	12.5%	22.5%
牡3歳前半	9	2	6	84	10.7%	13.1%	20.2%
牝3歳前半	4	3	6	94	4.3%	7.4%	13.8%
牡3歳後半	8	4	5	65	12.3%	18.5%	29.2%
牝3歳後半	7	5	7	72	9.7%	16.7%	26.4%
牡4歳	0	0	0	0	-	-	-
牝4歳	0	0	0	0	-	-	-
牡5歳	0	0	0	0	-	-	-
牝5歳	0	0	0	0	-	-	-
牡6歳	0	0	0	0	-	-	-
牝6歳	0	0	0	0	-	-	-
牡7歳以上	0	0	0	0	-	-	-
牝7歳以上	0	0	0	0	-	-	-

勝ち馬の決め手

芝　38勝
追込 4／逃げ 10／差し 8／先行 16

ダート　12勝
逃げ 1／先行 11

ラブリーデイ
LOVELY DAY

2022 ㊾
2021 ㉛
2020 ⑬
2019 ―

年次	種付頭数	産駒数
23年	**34**	**21**
22年	37	50
21年	67	57

種付料／⇒受80万円F 産120万円 供用地／日高・ブリーダーズSS
2010年生 黒鹿毛 早来・ノーザンファーム産

距離	成長型	芝	ダート	瞬発力	パワー	底力
中	普	○	○	○	○	○

PROFILE

競走成績 33戦9勝（2〜6歳・日香）
最高レーティング 121 L（15年）
主な勝ち鞍 **宝塚記念、天皇賞・秋**、京都記念、京都大賞典、鳴尾記念、中山金杯。金鯱賞2着、京王杯2歳S2着、小倉記念2着、ジャパンC3着。

産駒の堅実な走りで
ランクはジワリと上昇中

　5歳の中山金杯で重賞初制覇を遂げると、続く京都記念も勝って重賞2勝目。阪神大賞典、天皇賞・春と続けて凡走したが、適距離に戻った鳴尾記念で重賞3勝目を飾り、宝塚記念をクビ差勝利してGIホースに輝いた。さらに秋になると、天皇賞・秋も制して2つ目のGIタイトルを獲得。その後も、GIの常連として活躍したが、ジャパンC3着が最高だった。

　7歳から種牡馬入り。2022年、グリューネグリーンが京都2歳Sを勝ち重賞サイアーとなったが、それ以外に目立った産駒が出ず種付頭数は34頭にまで減少。それでも、総合ランキングは前年の49位から46位に上昇しており、産駒は目立たぬながらも堅実な走りを見せているといえよう。

系統：キングマンボ系　母父系統：サンデーサイレンス系

父 キングカメハメハ 鹿 2001	Kingmambo 鹿 1990	Mr. Prospector	Raise a Native
			Gold Digger
		Miesque	Nureyev
			Pasadoble
	*マンファス 黒鹿 1991	*ラストタイクーン	*トライマイベスト
			Mill Princess
		Pilot Bird	Blakeney
			The Dancer
母 ポップコーンジャズ 鹿 2000	ダンスインザダーク 鹿 1993	*サンデーサイレンス	Halo
			Wishing Well
		ダンシングキイ	Nijinsky
			Key Partner
	グレイスルーマー 栗 1994	*トニービン	*カンパラ
			Severn Bridge
		ディスクジョッキー	*リアルシャダイ
			シャダイチャッター

インブリード： Northern Dancer 5・5×5

血統解説 父は2010、2011年のリーディングサイアーで、直仔2頭がリーディング争いでワンツーを決めるなど、一大父系を築きつつある。母は1勝。母系は半弟にボッケリーニ（目黒記念、鳴尾記念）、叔母にクーデグレイス（ローズS3着）。母父ダンスインザダークは菊花賞馬で、優れたスタミナを伝えている。

代表産駒 グリューネグリーン（京都2歳S）、ゾンニッヒ（ダービー卿CT3着）、プライルード（大井・優駿スプリント、全日本2歳優駿3着）、ミニアチュール（水沢・東北優駿）、エムエスドン（笠松・ライデンリーダー記念）、ラブリークイーン（古町S）、セブンデイズ（中山新春ジャンプS）。

POG　2024年期待の2歳馬

母馬名（母父）	性別	おすすめポイント
ランリーナ （エイシンフラッシュ）	牡	叔母に福島牝馬S勝ちのキンショーユキヒメ。中距離向き。
ウイッチクイーン （キングヘイロー）	牝	仔仔。叔父にファルコンS勝ちのトウショウドラフタ。
サダムノンノ （ディープインパクト）	牝	叔父に毎日王冠など重賞2勝のエルトンバローズ。

馬券に直結する適性データ

　芝24勝にダートは27勝。キングカメハメハの直仔らしい汎用性が高いサイアーぶりを見せている。距離に関しても同様で、メインは中距離だが、それ以外の距離にも対応している。条件別では新馬戦の勝率が1.7％とかなり低く、手を出しづらい。ただ、その後未勝利、1勝、2勝、3勝、OP特別とクラスが上がるにつれ勝率もアップしており、徐々に力をつけていくタイプと言える。OPクラスまで登りつめた馬は、素直に信じよう。ただ、重賞となると、現時点ではっきりいって力不足の産駒がほとんど。キャリアを重ねて地力をつけていくことを期待したい。

　レーティング①　競走馬の能力を数値で表したときに用いる負担重量（ハンデキャップ）のこと。単位はポンド（1ポンド＝約0.45kg）で表す。

2023年 成績

総収得賞金 570,341,000円　アーニング INDEX　0.73

勝利頭数／出走頭数：全馬 75 ／ 168	2歳 6 ／ 36
勝利回数／出走回数：全馬 129 ／ 1,630	2歳 7 ／ 182

Data Box (2021~2023)

単勝回収値 129円／単勝適正回収値 74円

コース　函館をはじめとしたローカル巧者

	1着	2着	3着	出走数	勝率	連対率	3着内率
全体計	51	63	66	1027	5.0%	11.1%	17.5%
中央芝	12	10	10	210	5.7%	10.5%	15.2%
中央ダ	12	13	14	327	3.7%	7.6%	11.9%
ローカル芝	12	21	21	242	5.0%	13.6%	22.3%
ローカルダ	15	19	21	248	6.0%	13.7%	22.2%
右回り芝	17	26	23	310	5.5%	13.9%	21.3%
右回りダ	12	17	21	330	3.6%	8.8%	15.2%
左回り芝	7	5	8	140	5.0%	8.6%	14.3%
左回りダ	15	15	14	245	6.1%	12.2%	18.0%
札幌芝	3	2	6	31	9.7%	16.1%	35.5%
札幌ダ	2	2	4	30	6.7%	13.3%	26.7%
函館芝	1	5	3	34	2.9%	17.6%	26.5%
函館ダ	2	2	2	22	9.1%	18.2%	27.3%
福島芝	1	3	4	37	2.7%	10.8%	21.6%
福島ダ	2	3	5	32	6.3%	15.6%	31.3%
新潟芝	2	3	2	38	5.3%	13.2%	18.4%
新潟ダ	3	2	4	43	7.0%	11.6%	20.9%
東京芝	4	1	3	63	6.3%	7.9%	12.7%
東京ダ	7	4	4	111	6.3%	9.9%	13.5%
中山芝	5	5	4	76	6.6%	13.2%	18.4%
中山ダ	3	5	5	106	2.8%	7.5%	12.3%
中京芝	1	1	3	41	2.4%	4.9%	12.2%
中京ダ	5	9	6	91	5.5%	15.4%	22.0%
京都芝	0	1	0	15	0.0%	6.7%	6.7%
京都ダ	0	1	0	13	0.0%	7.7%	7.7%
阪神芝	3	3	3	56	5.4%	10.7%	16.1%
阪神ダ	2	3	5	97	2.1%	5.2%	10.3%
小倉芝	4	7	3	61	6.6%	18.0%	23.0%
小倉ダ	1	1	0	30	3.3%	6.7%	6.7%

条件　2勝クラス、3勝クラスで成績安定

	1着	2着	3着	出走数	勝率	連対率	3着内率
新馬	2	9	14	116	1.7%	9.5%	21.6%
未勝利	28	41	42	632	4.4%	10.9%	17.6%
1勝	14	9	10	205	6.8%	11.2%	16.1%
2勝	4	4	3	52	7.7%	15.4%	21.2%
3勝	2	2	0	22	9.1%	18.2%	18.2%
OPEN特別	2	1	1	10	20.0%	30.0%	40.0%
GⅢ	1	0	1	8	12.5%	12.5%	25.0%
GⅡ	0	0	0	5	0.0%	0.0%	0.0%
GⅠ	0	0	0	3	0.0%	0.0%	0.0%
ハンデ戦	3	1	1	21	14.3%	19.0%	23.8%
牝馬限定	6	6	5	147	4.1%	8.2%	11.6%
障害	2	3	5	25	8.0%	20.0%	40.0%

人気　上位人気不振、強調材料に欠ける

	1着	2着	3着	出走数	勝率	連対率	3着内率
1番人気	15	6	7	46	32.6%	45.7%	60.9%
2〜3番人気	12	23	17	116	10.2%	29.7%	44.1%
4〜6番人気	12	24	22	199	6.0%	18.1%	29.1%
7〜9番人気	7	8	16	226	3.1%	6.6%	13.7%
10番人気〜	7	5	9	463	1.5%	2.6%	4.5%

距離　芝ダート共中距離向き

芝　平均勝ち距離　1,688m

	1着	2着	3着	出走数	勝率	連対率	3着内率
全体計	24	31	31	452	5.3%	12.2%	19.0%
芝〜1300m	4	8	5	98	4.1%	12.2%	17.3%
芝〜1600m	8	5	7	132	6.1%	11.4%	16.7%
芝〜2000m	11	15	14	185	5.9%	14.1%	21.6%
芝〜2400m	1	0	1	22	4.5%	4.5%	9.1%
芝2500m〜	0	1	4	15	0.0%	6.7%	33.3%

ダート　平均勝ち距離　1,607m

	1着	2着	3着	出走数	勝率	連対率	3着内率
全体計	27	32	35	575	4.7%	10.3%	16.3%
ダ〜1300m	4	5	9	137	2.9%	6.6%	13.1%
ダ〜1600m	7	5	7	133	5.3%	9.0%	14.3%
ダ〜2000m	14	21	18	274	5.1%	12.8%	19.3%
ダ2100m〜	2	1	1	31	6.5%	9.7%	12.9%

馬場状態　芝は渋った馬場でこそ

		1着	2着	3着	出走数	勝率	連対率	3着内率
芝	良	15	21	24	341	4.4%	10.6%	17.6%
	稍重	6	6	4	69	8.7%	17.4%	23.2%
	重	3	4	1	38	7.9%	18.4%	21.1%
	不良	0	0	2	4	0.0%	0.0%	50.0%
ダ	良	15	17	26	336	4.5%	9.5%	17.3%
	稍重	7	9	8	120	5.8%	13.3%	20.0%
	重	2	5	0	71	2.8%	9.9%	9.9%
	不良	3	1	1	48	6.3%	8.3%	10.4%

性齢　牝馬優勢、晩成で3歳後半から勝負

	1着	2着	3着	出走数	勝率	連対率	3着内率
牡2歳	4	7	10	126	3.2%	8.7%	16.7%
牝2歳	4	8	8	90	4.4%	13.3%	22.2%
牡3歳前半	9	12	20	277	3.2%	7.6%	14.8%
牝3歳前半	7	10	4	171	4.1%	9.9%	12.3%
牡3歳後半	8	8	11	131	6.1%	12.2%	20.6%
牝3歳後半	8	7	7	81	9.9%	18.5%	27.2%
牡4歳	6	8	6	92	6.5%	15.2%	21.7%
牝4歳	2	0	0	41	4.9%	4.9%	4.9%
牡5歳	4	4	3	21	19.0%	38.1%	52.4%
牝5歳	1	2	2	22	4.5%	13.6%	22.7%
牡6歳	0	0	0	0			
牝6歳	0	0	0	0			
牡7歳以上	0	0	0	0			
牝7歳以上	0	0	0	0			

勝ち馬の決め手

芝（24勝）：追込 2、逃げ 6、差し 7、先行 9
ダート（27勝）：差し 4、逃げ 6、先行 17

RANKING
47
2歳 42

2022 ㊽
2021 (57)
2020 (87)
2019 (112)

ワールドエース
WORLD ACE

年次	種付頭数	産駒数
23年	**9**	**17**
22年	35	46
21年	64	98

2023年引退
2009年生　鹿毛　安平・ノーザンファーム産

距離	成長型	芝	ダート	瞬発力	パワー	底力
マ中	普	○	○	○	○	○

PROFILE

競走成績　17戦4勝（2～6歳・日）
最高レーティング　116 L（12年）、**116 M**（14年）
主な勝ち鞍　マイラーズC、きさらぎ賞、若葉S。
皐月賞2着、ダービー4着、安田記念5着。

系統：サンデーサイレンス系　母父系統：ズルムー系

父 ディープインパクト 鹿 2002	*サンデーサイレンス 青鹿 1986	Halo	Hail to Reason
			Cosmah
		Wishing Well	Understanding
			Mountain Flower
	*ウインドインハーヘア 鹿 1991	Alzao	Lyphard
			Lady Rebecca
		Burghclere	Busted
			Highclere
母 *マンデラ 栗 2000	Acatenango 栗 1982	Surumu	Literat
			Surama
		Aggravate	Aggressor
			Raven Locks
	Mandellicht 黒鹿 1994	Be My Guest	Northern Dancer
			What a Treat
		Mandelauge	Elektrant
			Mandriale

インブリード：Northern Dancer5 × 4

血統解説　父は11年連続のリーディングサイアー。母は独オークス3着。母系は全弟にワールドプレミア（P385）、半弟にヴェルトライゼンデ（日経新春杯、鳴尾記念、ホープフルS2着、ダービー3着）、叔父にマンデュロ（ジャックルマロワ賞）。母の父アカテナンゴは独リーディングサイアーに5回輝く名種牡馬。

代表産駒 **レッドヴェロシティ**（青葉賞3着）、**メイショウシンタケ**（米子S）、**オータムレッド**（クローバー賞）、**ワールドスケール**（猪苗代特別）、**サンストックトン**（石狩特別）、**シルトプレ**（ダービーグランプリ）、**シルバーエース**（境港特別）、**タイセイブレイズ**。

ランキングは上昇するも 2023年に種牡馬を引退

3歳時、きさらぎ賞、若葉Sと連勝して臨んだ皐月賞は2番人気2着。ダービーでは1番人気に推されたもののディープブリランテの4着までだった。その後、屈腱炎となり1年8カ月の長期休養を余儀なくされる。休み明け2戦目の、マイラーズCを1分31秒4のコースレコードで制し重賞2勝目をマークした。GIでも期待されたが、安田記念5着、香港マイル4着とわずかに及ばず。また、豪遠征したものの2戦していずれも着外だった。

7歳から種牡馬入り。主な産駒に青葉賞3着のレッドヴェロシティ。

2023年は前年からランクを1つあげたが、残念ながら種牡馬引退となった。残された産駒の走りに期待したい。

POG　2024年期待の2歳馬

母馬名（母父）	性別	おすすめポイント
ソングライティング（GIANT'S CAUSEWAY）	牡	1歳セレクトセールで2310万円。2代母はGⅢ3勝の活躍馬。
コンカラン（ジャングルポケット）	牝	1歳セレクトセールで5500万円。2代母は亜GI勝ち。
フレグラントブレス（*クロフネ）	牝	1歳セレクトセールで5280万円。母系は名門のクラフティワイフ系。

馬券に直結する適性データ

ディープインパクトやその直仔のキズナ、ミッキーアイルなどは牝馬の活躍馬が多い種牡馬だが、本馬は逆に牝馬が走らないという特徴がある。牝馬は341回出走して、わずか2勝、2着も3回、3着も7回あるだけ。勝率にして0.5%、連対率は1.4%、3着内率も3.5%という有様。とても手を出せたものではない。買うなら牡馬限定だ。距離別では芝～1300mの勝率は1.5%なのに対し、芝～2400mは勝率12.2%と、明らかに中長距離向き。コースでは中山芝、阪神芝が比較的好調だが、あくまでほかのコースと比べての話で、自信を持ってオススメできるほどではない。

レーティング②　94年から欧米で統一した基準に改められ96年からは国際的に統一したものを採用することが決まり、現在はIFHA（国際競馬統括機関連盟）が国際ハンデキャッパー会議により決定している。

2023年 成績

総収得賞金 563,964,000円　アーニング INDEX　0.58

勝利頭数／出走頭数：全馬 71 ／ 209　　2歳 13 ／ 66
勝利回数／出走回数：全馬 116 ／ 1,871　　2歳 16 ／ 248

Data Box (2021〜2023)

コース　中山芝、阪神芝などタフな舞台向き

	1着	2着	3着	出走数	勝率	連対率	3着内率
全体計	42	54	83	1131	3.7%	8.5%	15.8%
中央芝	17	19	20	287	5.9%	12.5%	19.5%
中央ダ	7	14	19	287	2.4%	7.3%	13.9%
ローカル芝	9	12	22	307	2.9%	6.8%	14.0%
ローカルダ	9	9	22	250	3.6%	7.2%	16.0%
右回り芝	16	18	15	346	4.6%	9.8%	14.2%
右回りダ	10	13	24	329	3.0%	7.0%	14.3%
左回り芝	10	13	27	241	4.1%	9.5%	20.7%
左回りダ	6	10	17	208	2.9%	7.7%	15.9%
札幌芝	2	2	1	28	7.1%	14.3%	17.9%
札幌ダ	0	0	4	28	0.0%	0.0%	14.3%
函館芝	0	2	2	20	0.0%	10.0%	20.0%
函館ダ	1	1	3	25	4.0%	8.0%	20.0%
福島芝	1	0	0	35	2.9%	2.9%	2.9%
福島ダ	1	2	3	24	4.2%	12.5%	25.0%
新潟芝	3	3	2	62	4.8%	9.7%	12.9%
新潟ダ	4	1	6	51	7.8%	9.8%	21.6%
東京芝	6	6	15	108	5.6%	11.1%	25.0%
東京ダ	0	5	5	72	0.0%	6.9%	13.9%
中山芝	5	7	3	85	5.9%	14.1%	17.6%
中山ダ	1	2	3	83	1.2%	3.6%	7.2%
中京芝	1	4	10	78	1.3%	6.4%	19.2%
中京ダ	2	4	6	85	2.4%	7.1%	14.1%
京都芝	0	0	0	14	0.0%	0.0%	0.0%
京都ダ	1	0	2	20	5.0%	5.0%	15.0%
阪神芝	6	6	2	80	7.5%	15.0%	17.5%
阪神ダ	5	7	9	112	4.5%	10.7%	18.8%
小倉芝	2	1	7	84	2.4%	3.6%	11.9%
小倉ダ	1	0	1	37	2.7%	5.4%	5.4%

条件　2勝クラスなど条件戦が活躍の場

	1着	2着	3着	出走数	勝率	連対率	3着内率
新馬	0	4	8	98	0.0%	4.1%	12.2%
未勝利	18	20	32	476	3.8%	8.0%	14.7%
1勝	12	12	31	352	3.4%	6.8%	15.6%
2勝	9	17	8	133	6.8%	19.5%	25.6%
3勝	3	3	4	53	5.7%	11.3%	18.9%
OPEN特別	1	0	0	16	6.3%	6.3%	6.3%
GⅢ	0	0	0	8	0.0%	0.0%	0.0%
GⅡ	0	1	1	4	0.0%	25.0%	25.0%
GⅠ	0	0	0	1	0.0%	0.0%	0.0%
ハンデ戦	3	4	4	47	6.4%	14.9%	23.4%
牝馬限定	0	1	2	116	0.0%	0.9%	2.6%
障害	1	2	1	10	10.0%	30.0%	40.0%

人気　全ての人気帯で平均以下

	1着	2着	3着	出走数	勝率	連対率	3着内率
1番人気	17	13	4	55	30.9%	54.5%	61.8%
2〜3番人気	13	16	23	107	12.1%	27.1%	48.6%
4〜6番人気	10	13	30	200	5.0%	11.5%	26.5%
7〜9番人気	1	8	18	246	0.4%	3.7%	11.0%
10番人気〜	2	6	9	533	0.4%	1.5%	3.2%

距離　はっきり芝の中長距離向き

芝　平均勝ち距離　1,800m

	1着	2着	3着	出走数	勝率	連対率	3着内率
全体計	26	31	42	594	4.4%	9.6%	16.7%
芝〜1300m	2	2	9	130	1.5%	3.1%	10.0%
芝〜1600m	8	14	18	226	3.5%	9.7%	17.7%
芝〜2000m	11	11	8	186	5.9%	11.8%	16.1%
芝〜2400m	5	2	5	41	12.2%	17.1%	29.3%
芝2500m〜	0	2	2	11	0.0%	18.2%	36.4%

ダート　平均勝ち距離　1,638m

	1着	2着	3着	出走数	勝率	連対率	3着内率
全体計	16	23	41	537	3.0%	7.3%	14.9%
ダ〜1300m	4	4	9	133	3.0%	6.0%	12.8%
ダ〜1600m	2	5	10	119	1.7%	5.9%	14.3%
ダ〜2000m	9	13	22	272	3.3%	8.1%	16.2%
ダ2100m〜	1	1	0	13	7.7%	15.4%	15.4%

馬場状態　芝は重まで、ダートは稍重まで対応

		1着	2着	3着	出走数	勝率	連対率	3着内率
芝	良	21	23	30	446	4.7%	9.9%	16.6%
芝	稍重	3	6	7	92	3.3%	9.8%	17.4%
芝	重	2	2	4	49	4.1%	8.2%	16.3%
芝	不良	0	0	1	7	0.0%	0.0%	14.3%
ダ	良	12	15	26	336	3.6%	8.0%	15.8%
ダ	稍重	3	5	6	94	3.2%	8.5%	14.9%
ダ	重	1	1	8	66	1.5%	3.0%	15.2%
ダ	不良	0	0	1	41	0.0%	0.0%	7.3%

性齢　2歳から動き3歳後半がピーク

	1着	2着	3着	出走数	勝率	連対率	3着内率
牡2歳	8	8	18	133	6.0%	12.0%	25.6%
牝2歳	0	2	1	111	0.0%	1.8%	2.7%
牡3歳前半	6	14	20	214	2.8%	9.3%	18.7%
牝3歳前半	2	0	0	97	2.1%	2.1%	2.1%
牡3歳後半	8	9	10	113	7.1%	15.0%	23.9%
牝3歳後半	0	0	1	31	0.0%	0.0%	3.2%
牡4歳	13	14	17	185	7.0%	14.6%	23.8%
牝4歳	0	0	4	59	0.0%	0.0%	6.8%
牡5歳	6	6	11	112	5.4%	10.7%	20.5%
牝5歳	0	1	0	31	0.0%	0.0%	3.2%
牡6歳	0	2	1	43	0.0%	4.7%	7.0%
牝6歳	0	0	1	12	0.0%	8.3%	8.3%
牡7歳以上	0	0	0	0	–	–	–
牝7歳以上	0	0	0	0	–	–	–

勝ち馬の決め手

芝　26勝
追込 5／逃げ 3／先行 8／差し 10

ダート　16勝
追込 3／逃げ 4／先行 7／差し 2

単勝回収値 36円／単勝適正回収値 58円

年次	種付頭数	産駒数
23年	ー	ー
22年	ー	ー
21年	ー	ー

2022 ㉛
2021 ㉑
2020 ㉒
2019 ㉑

*アイルハヴアナザー
I'LL HAVE ANOTHER

種付料／1万ドル　供用地／アメリカ

2009年生　栗毛　アメリカ産　2012年輸入　2018年輸出

距離	成長型	芝	ダート	瞬発力	パワー	底力
マ中	普	○	◎	○	○	○

系統：フォーティナイナー系　母父系統：ロベルト系

父 Flower Alley 栗 2002	Distorted Humor 栗 1993	*フォーティナイナー	Mr. Prospector
			File
		Danzig's Beauty	Danzig
			Sweetest Chant
	*プリンセスオリビア 栗 1995	Lycius	Mr. Prospector
			Lypatia
		Dance Image	Sadler's Wells
			Diamond Spring
母 Arch's Gal Edith 黒鹿 2002	Arch 黒鹿 1995	Kris S.	Roberto
			Sharp Queen
		Aurora	Danzig
			Althea
	Force Five Gal 鹿 1994	Pleasant Tap	Pleasant Colony
			Never Knock
		Last Cause	Caucasus
			Last Bird

インブリード：Danzig 4×4、Northern Dancer 5・5×5、父 Flower Alley に Mr. Prospector 3×3

血統解説　父フラワーアレイはトラヴァーズSを勝ちBCクラシックでも2着した活躍馬で、種牡馬として本馬のほかにルークスアレイ（ガルフストリームパークターフH）などを輩出している。母アーチズギャルエディスは米1勝。母系は姪にハーヴェイズリルゴイル（クイーンエリザベスII世チャレンジCS）。

PROFILE

競走成績　**7戦5勝**（2〜3歳・米）

最高レーティング　**125 I**（12年）

主な勝ち鞍　**ケンタッキーダービー、プリークネスS、サンタアニタダービー、ロバートBルイスS**。ベストパルS2着。

代表産駒 ウインマーベル（阪神C、阪急杯、葵S、スプリンターズS2着）、アナザートゥルース（アンタレスS、ダイオライト記念）、サヴァ（六甲S、ユニコーンS2着）、マイネルサーパス（ラジオNIKKEI賞2着）、オメガレインボー（エルムS2着）。

米クラシック2冠を制覇！
産駒がスーパーGIIを勝利

　3歳時、GIIロバートBルイスSで重賞初制覇。続くサンタアニタダービーでGIホースに輝くと、ケンタッキーダービーでは9番人気の低評価だったが、1番人気のボードマイスターを1馬身半差抑えて勝利。さらにプリークネスSでも続けて1番人気のボードマイスターをクビ差降して2冠を達成した。ベルモントSでの3冠制覇が期待されたが、レース前日に屈腱炎が判明して出走取消、引退となった。

　引退後は日本で種牡馬入り。2016年のFSランキングではルーラーシップに次ぐ2位にランクイン。2018年12月に米に帰国。2019年にアナザートゥルースがアンタレスSを制して重賞サイアーとなった。その後も、オメガレインボーやサヴァなどが重賞で活躍。2022年には、3歳馬ウインマーベルが葵Sを制して2頭目の重賞馬に輝くと、さらにスプリンターズSで古馬相手にクビ差の2着に健闘した。

　2023年はウインマーベルが、GI馬4頭が出走した阪神Cを制覇。2024年には同馬が阪急杯を制し重賞3勝目を飾っている。

馬券に直結する適性データ

　現5歳馬が日本生まれの最終産駒で、4歳以下は現時点で産駒なし。5歳以上のデータを見ると、年齢なりの成績で、伸びしろもないが、急激にパフォーマンスを落とすこともないと思われる。芝12勝に対しダートは44勝と、ダート傾向が強いが、芝のGI、GIIで好走している産駒が出ているように、芝適性が低いわけではない。距離別では、芝もダートも短距離の方が若干成績が良い。4〜6番人気の数値がなかなか優秀なので、人気薄でも要注意。ウインマーベルが重賞で連対した時は、スプリンターズS7番人気2着、京王杯SC7番人気2着、阪神C4番人気1着だった。

レーティング③　日本では、従来kgを単位としたフリーハンデが日本中央競馬会（現JRA）のハンデキャップ作成委員により発表されていた。95年より欧米と統一した基準で格付けを始め、97年よりポンド表記を並記。

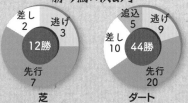

2023年 成績

総収得賞金 560,585,000円　アーニング INDEX　1.03

	全馬	2歳
勝利頭数／出走頭数	64／117	－／－
勝利回数／出走回数	120／1,295	－／－

Data Box（2021〜2023）

コース　札幌などローカルダートで好走多い

	1着	2着	3着	出走数	勝率	連対率	3着内率
全体計	56	64	54	901	6.2%	13.3%	19.3%
中央芝	6	4	2	64	9.4%	15.6%	18.8%
中央ダ	19	26	23	404	4.7%	11.1%	16.8%
ローカル芝	6	4	4	86	7.0%	11.6%	16.3%
ローカルダ	25	30	25	347	7.2%	15.9%	23.1%
右回り芝	9	4	6	95	9.5%	13.7%	20.0%
右回りダ	25	34	27	444	5.6%	13.3%	19.4%
左回り芝	3	4	0	50	6.0%	14.0%	14.0%
左回りダ	19	22	21	307	6.2%	13.4%	20.2%
札幌芝	0	1	1	9	0.0%	11.1%	22.2%
札幌ダ	3	4	2	25	12.0%	28.0%	36.0%
函館芝	1	0	2	10	10.0%	10.0%	30.0%
函館ダ	1	2	2	15	6.7%	20.0%	33.3%
福島芝	2	0	0	14	14.3%	14.3%	14.3%
福島ダ	4	2	1	38	10.5%	15.8%	18.4%
新潟芝	1	0	0	21	4.8%	4.8%	4.8%
新潟ダ	8	7	6	87	9.2%	17.2%	24.1%
東京芝	2	0	0	15	0.0%	13.3%	13.3%
東京ダ	5	6	5	115	4.3%	9.6%	13.9%
中山芝	3	2	1	26	11.5%	19.2%	23.1%
中山ダ	7	12	12	166	4.2%	11.4%	18.7%
中京芝	0	2	0	19	10.5%	21.1%	21.1%
中京ダ	6	9	10	105	5.7%	14.3%	23.8%
京都芝	0	0	1	4	0.0%	0.0%	25.0%
京都ダ	0	0	0	8	0.0%	0.0%	0.0%
阪神芝	3	0	0	19	15.8%	15.8%	15.8%
阪神ダ	7	8	6	115	6.1%	13.0%	18.3%
小倉芝	0	1	0	13	0.0%	7.7%	15.4%
小倉ダ	3	6	4	77	3.9%	11.7%	16.9%

条件　OP、牝馬限定戦での活躍が目立つ

	1着	2着	3着	出走数	勝率	連対率	3着内率
新馬	1	1	2	21	4.8%	9.5%	19.0%
未勝利	12	12	14	212	5.7%	11.3%	17.9%
1勝	19	22	13	288	5.9%	13.5%	18.1%
2勝	14	14	14	223	6.3%	12.6%	18.8%
3勝	6	2	3	72	8.3%	11.1%	15.3%
OPEN特別	7	9	4	83	8.4%	19.3%	24.1%
GⅢ	1	3	5	30	3.3%	13.3%	30.0%
GⅡ	1	2	0	5	20.0%	60.0%	60.0%
GⅠ	0	1	1	5	0.0%	20.0%	40.0%
ハンデ戦	4	8	4	85	4.7%	14.1%	18.8%
牝馬限定	12	11	12	136	8.8%	16.9%	25.7%
障害	3	2	2	38	7.9%	13.2%	18.4%

人気　2〜3番人気、4〜6番人気が優秀

	1着	2着	3着	出走数	勝率	連対率	3着内率
1番人気	14	7	6	44	31.8%	47.7%	61.4%
2〜3番人気	16	21	11	99	16.2%	37.4%	48.5%
4〜6番人気	17	20	21	194	8.8%	19.1%	29.9%
7〜9番人気	7	13	6	222	3.2%	9.0%	12.6%
10番人気〜	5	5	10	380	1.3%	2.6%	5.3%

単勝回収値 89円／単勝適正回収値 89円

距離　連対率重視なら短距離戦で買い

芝　平均勝ち距離　1,633m

	1着	2着	3着	出走数	勝率	連対率	3着内率
全体計	12	8	6	150	8.0%	13.3%	17.3%
芝〜1300m	4	3	3	40	10.0%	17.5%	25.0%
芝〜1600m	3	1	0	25	12.0%	16.0%	16.0%
芝〜2000m	4	2	1	65	6.2%	9.2%	10.8%
芝〜2400m	1	1	1	13	7.7%	15.4%	23.1%
芝2500m〜	0	1	1	7	0.0%	14.3%	28.6%

ダート　平均勝ち距離　1,581m

	1着	2着	3着	出走数	勝率	連対率	3着内率
全体計	44	56	48	751	5.9%	13.3%	19.7%
ダ〜1300m	11	18	7	162	6.8%	17.9%	22.2%
ダ〜1600m	7	5	10	136	5.1%	8.8%	16.2%
ダ〜2000m	25	32	31	420	6.0%	13.6%	21.0%
ダ2100m〜	1	1	0	33	3.0%	6.1%	6.1%

馬場状態　ダートは状態不問、重馬場がベター

		1着	2着	3着	出走数	勝率	連対率	3着内率
芝	良	7	8	5	109	6.4%	13.8%	18.3%
	稍重	2	0	1	28	7.1%	7.1%	10.7%
	重	2	0	0	10	20.0%	20.0%	20.0%
	不良	1	0	0	3	33.3%	33.3%	33.3%
ダ	良	28	29	25	435	6.4%	13.1%	18.9%
	稍重	10	10	12	157	6.4%	12.7%	20.4%
	重	6	10	7	103	5.8%	15.5%	22.3%
	不良	0	7	4	56	0.0%	12.5%	19.6%

性齢　現5歳が日本最終、3歳後半が勝負

	1着	2着	3着	出走数	勝率	連対率	3着内率
牡2歳	2	1	4	39	5.1%	7.7%	17.9%
牝2歳	0	2	1	16	0.0%	12.5%	18.8%
牡3歳前半	5	5	5	87	5.7%	11.5%	17.2%
牝3歳前半	5	7	4	70	7.1%	17.1%	22.9%
牡3歳後半	3	2	1	26	11.5%	19.2%	23.1%
牝3歳後半	3	5	6	38	7.9%	21.1%	36.8%
牡4歳	8	14	6	141	5.7%	15.6%	19.9%
牝4歳	11	10	10	139	7.9%	15.1%	22.3%
牡5歳	9	8	7	130	7.7%	13.8%	19.2%
牝5歳	5	6	1	97	5.2%	11.3%	12.4%
牡6歳	4	3	4	76	5.3%	9.2%	14.5%
牝6歳	0	0	1	1	0.0%	0.0%	100.0%
牡7歳以上	3	3	6	62	4.8%	9.7%	21.0%
牝7歳以上	0	0	0	0	－	－	－

勝ち馬の決め手

芝（12勝）：逃げ 3／先行 7／差し 2

ダート（44勝）：逃げ 9／先行 20／差し 10／追込 5

2022 ㉑
2021 ㉕
2020 ㉔
2019 ㉕

エイシンフラッシュ
EISHIN FLASH

年次	種付頭数	産駒数
23年	**41**	**36**
22年	56	31
21年	42	31

系統：キングマンボ系　母父系統：ズルムー系

父 *キングズベスト 鹿 1997	Kingmambo 鹿 1990	Mr. Prospector	Raise a Native
			Gold Digger
		Miesque	Nureyev
			Pasadoble
	Allegretta 栗 1978	Lombard	Agio
			Promised Lady
		Anatevka	Espresso
			Almyra
母 *ムーンレディ 黒鹿 1997	Platini 栗 1989	Surumu	Literat
			Surama
		Prairie Darling	Stanford
			Prairie Belle
	Midnight Fever 鹿 1991	Sure Blade	Kris
			Double Lock
		Majoritat	Konigsstuhl
			Monacchia

インブリード：Birkhahn 5×5

種付料／⇨ 受 **80万円 F**　供用地／新ひだか・レックススタッド
2007年生　黒鹿毛　千歳・社台ファーム産

距離	成長型	芝	ダート	瞬発力	パワー	底力
中長	普	◎	○	○	○	○

血統解説　父は英2000ギニー馬で、種牡馬としてはワークフォース（P299）を輩出。母ムーンレディはGII独セントレジャーなど独米で重賞を4勝。母系は叔母にミッドナイトエンジェル（独オークス2着）、姪にメジャータイフーン（函館2歳S2着）。母父プラティニはミラノ大賞などを勝った独年度代表馬。

PROFILE

競走成績　27戦6勝（2〜6歳・日首香）
最高レーティング　121 I（12年）
主な勝ち鞍　天皇賞・秋、ダービー、毎日王冠、京成杯。有馬記念2着、天皇賞・春2着、神戸新聞杯2着、宝塚記念3着、皐月賞3着。

代表産駒　ヴェラアズール（ジャパンC、京都大賞典）、オニャンコポン（京成杯）、テーオーソクラテス（小倉サマージャンプ）、ココロノトウダイ（中山金杯2着）、エイムアンドエンド（共同通信杯3着）、コスモイグナーツ（アイビーS）、カリオストロ（橘S）。

重賞馬2頭が不発に終わりランキングは大きくダウン

京成杯からぶっつけの出走となった皐月賞では、11番人気の低評価ながら3着に好走。続くダービーも7番人気だったが、上がり32.7秒の豪脚を繰り出し、見事ダービー馬に輝いた。その後、天皇賞・春2着、宝塚記念3着、有馬記念2着と、好走するも勝てないレースが続いたが、5歳時に天皇賞・秋でGI2勝目をあげた。

7歳から種牡馬入り。総合ランキングでは2019年から4年続けて20位台をキープ。2022年には、オニャンコポンが京成杯で産駒の初重賞勝ちを果たすと、秋にはヴェラアズールがジャパンCを制し、待望のGIタイトルを父にももたらした。

2023年は重賞馬2頭が振るわず、総合ランキングは大きくダウン。巻き返しに期待だ。

POG　2024年期待の2歳馬

母馬名（母父）	性別	おすすめポイント
クリムゾンフレア（*サンデーサイレンス）	牡	叔母にアルテミスSを勝ち、阪神JFで3着したココロノアイ。
ビップセーラ（ヴィクトワールピサ）	牡	2代母は智3歳牝馬チャンピオン。父×母父はオニャンコポンと同じ。
セイカハルカゼ（*グラスワンダー）	牝	3代母サンデーシスは大種牡馬サンデーサイレンスの全妹。

馬券に直結する適性データ

芝46勝に対しダート28勝。メインは芝だが、ダートを苦にするイメージはない。距離を見てみると、どの区分でも勝ち星をあげており、距離への対応力は幅広い。そのなかでも短距離の勝率が8.8%を記録しており、意外な狙い目となっている。もっとも、得意といえるほどのレベルではないので過信は禁物だ。コース別では、中山芝コースで11勝、2着も13回あり、ここが買いどころか。一方で、中山ダートでは勝率は1.8%とかなり低く、見かけてもスルー推奨。馬場状態では、芝の不良は連対率35.0%と優秀で連軸にうってつけ。逆にダートの不良は未勝利なので注意したい。

レーティング④　日本では97年、国際的には94年を境に現行の基準に統一される以前と以後のレーティングにはかなりの隔たりが生じている。なお国際的には、2013年にレーティングの見直しが行われている。

2023年 成績

総収得賞金 554,552,000円　アーニング INDEX　0.62

勝利頭数／出走頭数：全馬 74／194　　2歳 4／24
勝利回数／出走回数：全馬118／1,768　2歳 6／86

Data Box (2021〜2023)

コース　勝ち星は中山芝に集中

	1着	2着	3着	出走数	勝率	連対率	3着内率
全体計	74	89	81	1587	4.7%	10.3%	15.4%
中央芝	20	29	17	418	4.8%	11.7%	15.8%
中央ダ	12	19	18	344	3.5%	9.0%	14.2%
ローカル芝	26	21	25	498	5.2%	9.4%	14.5%
ローカルダ	16	20	21	327	4.9%	11.0%	17.4%
右回り芝	31	36	26	554	5.6%	12.1%	16.8%
右回りダ	15	23	25	375	4.0%	10.1%	16.8%
左回り芝	13	13	15	349	3.7%	7.4%	11.7%
左回りダ	13	16	14	296	4.4%	9.8%	14.5%
札幌芝	3	2	3	49	6.1%	10.2%	16.3%
札幌ダ	3	1	2	32	9.4%	12.5%	18.8%
函館芝	2	1	1	49	4.1%	6.1%	8.2%
函館ダ	1	4	3	29	3.4%	17.2%	27.6%
福島芝	3	5	5	79	3.8%	10.1%	16.5%
福島ダ	1	1	1	36	2.8%	5.6%	8.3%
新潟芝	3	2	4	111	2.7%	4.5%	8.1%
新潟ダ	2	4	6	72	2.8%	8.3%	16.7%
東京芝	5	8	4	145	3.4%	9.0%	11.7%
東京ダ	4	4	4	118	3.4%	6.8%	10.2%
中山芝	11	13	7	146	7.5%	16.4%	21.2%
中山ダ	2	6	4	110	1.8%	7.3%	10.9%
中京芝	7	4	8	106	6.6%	10.4%	17.9%
中京ダ	7	8	4	106	6.6%	14.2%	17.9%
京都芝	0	1	0	17	0.0%	5.9%	5.9%
京都ダ	2	2	2	19	10.5%	21.1%	31.6%
阪神芝	4	4	1	110	3.6%	7.3%	8.2%
阪神ダ	4	7	8	97	4.1%	11.3%	19.6%
小倉芝	8	7	4	104	7.7%	14.4%	18.3%
小倉ダ	2	2	5	52	3.8%	7.7%	17.3%

条件　注目条件は3勝クラスと障害戦

	1着	2着	3着	出走数	勝率	連対率	3着内率
新馬	5	3	3	78	6.4%	10.3%	14.1%
未勝利	33	44	29	627	5.3%	12.3%	16.9%
1勝	23	23	34	451	5.1%	10.2%	17.7%
2勝	11	15	12	332	3.3%	7.8%	11.4%
3勝	8	5	7	79	10.1%	16.5%	25.3%
OPEN特別	5	5	1	102	4.9%	9.8%	10.8%
GⅢ	2	1	0	27	7.4%	11.1%	11.1%
GⅡ	1	0	1	7	14.3%	14.3%	14.3%
GⅠ	1	0	0	9	11.1%	11.1%	11.1%
ハンデ戦	6	7	4	102	5.9%	12.7%	16.7%
牝馬限定	5	10	6	183	2.7%	8.2%	11.5%
障害	15	7	5	125	12.0%	17.6%	21.6%

人気　1番人気は不振、狙いは2〜3番人気

	1着	2着	3着	出走数	勝率	連対率	3着内率
1番人気	15	11	4	55	27.3%	47.3%	54.5%
2〜3番人気	30	24	22	165	18.2%	32.7%	46.1%
4〜6番人気	26	36	29	368	7.1%	16.8%	24.7%
7〜9番人気	11	12	18	411	2.7%	5.6%	10.0%
10番人気〜	7	13	13	713	1.0%	2.8%	4.6%

単勝回収値81円／単勝適正回収値82円

距離　意外にも芝短距離での活躍目立つ

芝　　平均勝ち距離　1,604m

	1着	2着	3着	出走数	勝率	連対率	3着内率
全体計	46	50	42	916	5.0%	10.5%	15.1%
芝〜1300m	16	11	9	182	8.8%	14.8%	19.8%
芝〜1600m	13	19	13	285	4.6%	11.2%	15.8%
芝〜2000m	13	19	16	368	3.5%	8.7%	13.0%
芝〜2400m	3	1	3	62	4.8%	6.5%	11.3%
芝2500m〜	1	0	1	19	5.3%	5.3%	10.5%

ダート　平均勝ち距離　1,568m

	1着	2着	3着	出走数	勝率	連対率	3着内率
全体計	28	39	39	671	4.2%	10.0%	15.8%
ダ〜1300m	6	9	9	191	3.1%	7.9%	12.6%
ダ〜1600m	8	7	5	151	5.3%	9.9%	13.2%
ダ〜2000m	13	18	22	291	4.5%	10.7%	18.2%
ダ2100m〜	1	5	3	38	2.6%	15.8%	23.7%

馬場状態　ダート不良を除くどの条件でも安定

		1着	2着	3着	出走数	勝率	連対率	3着内率
芝	良	31	40	32	706	4.4%	10.1%	14.6%
	稍重	9	3	8	132	6.8%	9.1%	15.2%
	重	3	3	1	58	5.2%	10.3%	12.1%
	不良	3	4	1	20	15.0%	35.0%	40.0%
ダ	良	20	26	24	415	4.8%	11.1%	16.9%
	稍重	4	7	10	134	3.0%	8.2%	15.7%
	重	4	4	4	80	5.0%	10.0%	15.0%
	不良	0	2	1	42	0.0%	4.8%	7.1%

性齢　2歳戦は苦手、3歳戦が勝負

	1着	2着	3着	出走数	勝率	連対率	3着内率
牡2歳	4	4	1	83	4.8%	9.6%	10.8%
牝2歳	5	2	6	90	5.6%	7.8%	14.4%
牡3歳前半	12	23	15	256	4.7%	13.7%	19.5%
牝3歳前半	5	9	4	165	3.0%	8.5%	10.9%
牡3歳後半	9	6	9	133	6.8%	11.3%	18.0%
牝3歳後半	7	7	4	81	8.6%	17.3%	22.2%
牡4歳	12	18	15	240	5.0%	12.5%	18.8%
牝4歳	5	4	10	130	3.8%	6.9%	14.6%
牡5歳	17	9	10	215	7.9%	12.1%	16.7%
牝5歳	5	5	4	110	4.5%	10.9%	14.5%
牡6歳	6	2	4	136	4.4%	5.9%	8.8%
牝6歳	0	3	3	39	0.0%	7.7%	15.4%
牡7歳以上	1	2	1	25	4.0%	16.0%	16.0%
牝7歳以上	1	0	1	9	11.1%	11.1%	11.1%

勝ち馬の決め手

芝（46勝）：追込 4／逃げ 9／差し 14／先行 19
ダート（28勝）：追込 2／逃げ 4／差し 6／先行 16

RANKING
50
2歳 **81**

2022 ㊺
2021 ㊸
2020 ㊲
2019 ㊿

*ダンカーク
DUNKIRK

年次	種付頭数	産駒数
23年	**27**	**33**
22年	51	41
21年	65	66

種付料／⇩受30万円F 産50万円　供用地／浦河・イーストスタッド

2006年生　芦毛　アメリカ産　2014年輸入

距離	成長型	芝	ダート	瞬発力	パワー	底力
マ中	普	○	○	○	○	○

PROFILE

競走成績　**5戦2勝**（3歳・米）
最高レーティング　**117 L**（09年）
主な勝ち鞍　ベルモントS2着、フロリダダービー2着。

米でFSランキング1位
次の重賞馬が期待される

　3歳時、2戦2勝で迎えたフロリダダービーは1番人気2着。続くケンタッキーダービーでも2番人気に推されたが11着と大敗。プリークネスSをパスしてベルモントSに出走すると、2番人気で2着に入った。

　米で種牡馬入りすると、2013年の米FSランキングで1位を獲得。その後も、チリのGⅠホースを出すなどの実績を残した。

　2015年から日本で供用。2018年のFSランキングはジャスタウェイに次ぐ2位。2021年にアイスジャイアントがJBC2歳優駿を勝ち、日本産馬初の重賞勝ちを収めた。

　2023年はメイショウテンスイがリステッドレースの栗東Sで3着、GⅢのプロキオンSで5着するなどの活躍を見せている。

系統：アンブライドルド系　母父系統：エーピーインディ系

父 Unbridled's Song 芦 1993	Unbridled 鹿 1987	Fappiano	Mr.Prospector
			Killaloe
		Gana Facil	Le Fabuleux
			Charedi
	Trolley Song 芦 1983	Caro	*フォルティノ
			Chambord
		Lucky Spell	Lucky Mel
			Incantaion
母 Secret Status 栗 1997	A.P. Indy 黒鹿 1989	Seattle Slew	Bold Reasoning
			My Chamer
		Weekend Surprise	Secretariat
			Lassie Dear
	Private Status 栗 1991	Alydar	Raise a Native
			Sweet Tooth
		Miss Eva	Con Brio
			Apolinea

インブリード：Raise a Native 5×4

血統解説　父アンブライドルズソングはBCジュヴナイルの勝ち馬で、2017年の米リーディングに輝く名馬。母シークレットステイタスはケンタッキーオークスなどGⅠを2勝。近親に米GⅠラブレアS勝ちフェアメイデン。母父エーピーインディはBMSとしてミスティックガイド（ドバイWC）などを輩出。

代表産駒　ハヴァナ（シャンペンS）、レイトーン（智2000ギニー）、エルレイブリランテ（智2歳牡馬チャンピオン）、アイスジャイアント（JBC2歳優駿）、メイショウテンスイ（兵庫ジュニアGP2着、サマーチャンピオン2着）、レオビヨンド（阪神スプリングJ2着、中山大障害3着）

POG　2024年期待の2歳馬

母馬名（母父）	性別	おすすめポイント
ベルレンケッテ（ディープインパクト）	牡	半兄に小倉2歳S2着ミルテンベルク。2代母は独オークス馬。
リボンチャン（*エンパイアメーカー）	牡	いとこに新潟2歳S2着馬。アンブライドルドの3×3を持つ。
レッドベルル（ディープインパクト）	牝	3代母に安田記念、マイルCSを制した名牝ノースフライト。

馬券に直結する適性データ

　「アンブライドルド×エーピーインディ」という、まさに米の王道血統を持つだけに、全57勝のうち50勝がダートというのも納得。ただ、芝でも7勝をあげているのは、父母母系共に米リーディングに輝いている、種牡馬としての奥の深さか。距離別では圧倒的にダートの中距離向き。ダート50勝のうち35勝を～2000mの中距離が占めている。勝率も8.6%をマークしており、買うなら中距離だ。ちなみに芝は7勝中6勝が短距離。1400mを超えたら軽視して構わない。人気の信頼度は高く、1番人気時の勝率は40.0%、3着内率も70.0%に及ぶ。本命時は素直に信じよう。

レーティング⑤　数値の略語はS（1000〜1300m）＝Sprint, M（1301〜1899m）＝Mile, I（1900〜2100m）＝Intermediate, L（2101〜2700m）＝Long, E（2701m以上）＝Extended を表す。2歳時の値には距離区分を設けない。

2023年成績

総収得賞金 548,444,000円　アーニング INDEX 0.53

勝利頭数／出走頭数：全馬 102 ／ 223	2歳	10 ／ 35
勝利回数／出走回数：全馬 189 ／ 1,999	2歳	11 ／ 142

Data Box (2021〜2023)

コース　全勝ち星の約1/3が中京ダート

	1着	2着	3着	出走数	勝率	連対率	3着内率
全体計	57	44	52	956	6.0%	10.6%	16.0%
中央芝	1	2	0	76	1.3%	3.9%	3.9%
中央ダ	25	16	32	428	5.8%	9.6%	17.1%
ローカル芝	6	1	2	123	4.9%	5.7%	7.3%
ローカルダ	25	25	18	329	7.6%	15.2%	20.7%
右回り芝	4	3	2	130	3.1%	5.4%	6.9%
右回りダ	25	18	34	417	6.0%	10.3%	18.5%
左回り芝	3	0	0	65	4.6%	4.6%	4.6%
左回りダ	25	23	16	340	7.4%	14.1%	18.8%
札幌芝	0	0	1	18	0.0%	0.0%	5.6%
札幌ダ	3	0	0	22	13.6%	13.6%	13.6%
函館芝	2	1	1	16	12.5%	18.8%	25.0%
函館ダ	2	2	0	23	8.7%	17.4%	17.4%
福島芝	0	0	0	19	0.0%	0.0%	0.0%
福島ダ	2	1	1	26	7.7%	11.5%	15.4%
新潟芝	1	0	0	26	3.8%	3.8%	3.8%
新潟ダ	1	9	4	73	1.4%	13.7%	19.2%
東京芝	1	0	0	30	3.3%	3.3%	3.3%
東京ダ	7	2	3	114	6.1%	7.9%	10.5%
中山芝	0	1	0	25	0.0%	4.0%	4.0%
中山ダ	11	5	14	129	8.5%	12.4%	23.3%
中京ダ	17	12	9	153	11.1%	19.0%	24.8%
京都芝	0	0	0	3	0.0%	0.0%	0.0%
京都ダ	1	1	2	16	6.3%	12.5%	25.0%
阪神芝	0	1	0	18	0.0%	5.6%	5.6%
阪神ダ	6	8	13	169	3.6%	8.3%	16.0%
小倉芝	2	0	0	31	6.5%	6.5%	6.5%
小倉ダ	1	0	4	32	3.1%	3.1%	15.6%

条件　活躍の多くは1勝クラスなど下級条件

	1着	2着	3着	出走数	勝率	連対率	3着内率
新馬	4	7	7	94	4.3%	11.7%	19.1%
未勝利	21	18	21	403	5.2%	9.7%	14.9%
1勝	23	10	10	232	9.9%	14.2%	18.5%
2勝	8	7	7	123	6.5%	12.2%	17.9%
3勝	3	3	5	44	6.8%	13.6%	25.0%
OPEN特別	1	2	4	70	1.4%	4.3%	10.0%
GⅢ	0	0	0	17	0.0%	0.0%	0.0%
GⅡ	0	1	0	6	0.0%	16.7%	16.7%
GⅠ	0	0	1	1	0.0%	0.0%	100.0%
ハンデ戦	0	2	0	48	0.0%	4.2%	8.3%
牝馬限定	9	7	8	158	5.7%	10.1%	15.2%
障害	3	4	3	34	8.8%	20.6%	29.4%

人気　1番人気が優秀、見つけたら買い

	1着	2着	3着	出走数	勝率	連対率	3着内率
1番人気	16	7	5	40	40.0%	57.5%	70.0%
2〜3番人気	17	18	11	100	17.0%	35.0%	46.0%
4〜6番人気	19	8	18	185	10.3%	14.6%	24.3%
7〜9番人気	5	8	15	188	2.7%	6.9%	14.9%
10番人気〜	3	7	6	477	0.6%	2.1%	3.4%

単勝回収値 60円／単勝適正回収値 95円

距離　ダートの中長距離専門と考えたい

芝　平均勝ち距離　1,200m

	1着	2着	3着	出走数	勝率	連対率	3着内率
全体計	7	3	2	199	3.5%	5.0%	6.0%
芝〜1300m	6	2	2	75	8.0%	10.7%	13.3%
芝〜1600m	1	0	0	50	2.0%	2.0%	2.0%
芝〜2000m	0	1	0	60	0.0%	1.7%	1.7%
芝〜2400m	0	0	0	6	0.0%	0.0%	0.0%
芝2500m〜	0	0	0	8	0.0%	0.0%	0.0%

ダート　平均勝ち距離　1,748m

	1着	2着	3着	出走数	勝率	連対率	3着内率
全体計	50	41	50	757	6.6%	12.0%	18.6%
ダ〜1300m	5	12	11	176	2.8%	9.7%	15.9%
ダ〜1600m	6	3	5	153	3.9%	5.9%	9.2%
ダ〜2000m	35	26	33	409	8.6%	14.9%	23.0%
ダ2100m〜	4	0	1	19	21.1%	21.1%	26.3%

馬場状態　不良まで渋ったダートで勝ち切る

		1着	2着	3着	出走数	勝率	連対率	3着内率
芝	良	3	3	1	155	1.9%	3.9%	4.5%
	稍重	3	0	1	34	8.8%	8.8%	11.8%
	重	1	0	0	9	11.1%	11.1%	11.1%
	不良	0	0	0	1	0.0%	0.0%	0.0%
ダ	良	27	22	31	472	5.7%	10.4%	16.9%
	稍重	11	8	9	146	7.5%	13.0%	19.2%
	重	6	6	9	87	6.9%	13.8%	24.1%
	不良	6	5	1	52	11.5%	21.2%	23.1%

性齢　3歳時に成長、ピークは短め

	1着	2着	3着	出走数	勝率	連対率	3着内率
牡2歳	3	7	6	79	3.8%	12.7%	20.3%
牝2歳	2	5	5	91	2.2%	7.7%	13.2%
牡3歳前半	15	10	11	157	9.6%	15.9%	22.9%
牝3歳前半	5	3	4	144	3.5%	5.6%	8.3%
牡3歳後半	9	2	3	82	11.0%	13.4%	17.1%
牝3歳後半	2	6	3	61	3.3%	13.1%	18.0%
牡4歳	10	4	8	105	9.5%	13.3%	21.0%
牝4歳	0	3	1	35	8.6%	8.6%	11.4%
牡5歳	5	6	9	102	4.9%	10.8%	19.6%
牝5歳	2	4	2	63	6.3%	9.5%	12.7%
牡6歳	0	3	3	34	0.0%	8.8%	17.6%
牝6歳	0	1	0	20	5.0%	5.0%	5.0%
牡7歳以上	0	0	0	12	0.0%	0.0%	0.0%
牝7歳以上	1	0	0	5	20.0%	20.0%	20.0%

勝ち馬の決め手

芝　7勝
差し 1／逃げ 2／先行 4

ダート　50勝
差し 5／追込 6／逃げ 9／先行 30

RANKING
51
2歳 **71**

2022 ⑥④
2021 ⑧②
2020 ⑮④
2019 －

*エイシンヒカリ
A SHIN HIKARI

年次	種付頭数	産駒数
23年	**14**	**8**
22年	12	15
21年	21	37

種付料／⇩受80万円F 供用地／浦河・イーストスタッド

2011年生　芦毛　新ひだか・木田牧場産

距離	成長型	芝	ダート	瞬発力	パワー	底力
中	普	○	○	○	○	○

系統：サンデーサイレンス系　母父系統：ストームキャット系

父 ディープインパクト 鹿 2002	*サンデーサイレンス 青鹿 1986	Halo	Hail to Reason
			Cosmah
		Wishing Well	Understanding
			Mountain Flower
	*ウインドインハーヘア 鹿 1991	Alzao	Lyphard
			Lady Rebecca
		Burghclere	Busted
			Highclere
母 *キャタリナ 芦 1994	Storm Cat 黒鹿 1983	Storm Bird	Northern Dancer
			South Ocean
		Terlingua	Secretariat
			Crimson Saint
	Carolina Saga 芦 1980	Caro	*フォルティノ
			Chambord
		Key to the Saga	Key to the Mint
			Sea Saga

インブリード： Northern Dancer 5×4

血統解説　父はP48参照。本馬はラヴズオンリーユーと並ぶ「複数の国で海外GIを制した日本産のディープインパクト産駒」。半兄にエーシンピーシー（スプリングS3着）、全妹にエイシンティンクル（関屋記念3着）、姪にスマイルカナ（フェアリーS）。「ディープインパクト×ストームキャット」はキズナと同じ配合。

代表産駒　エイシンヒテン（ローズS2着）、エンヤラヴフェイス（デイリー杯2歳S2着）、エイシンスポッター（オーシャンS2着、京阪杯3着）、ニシノライコウ（ジュニアC2着）、カジュフェイス（もみじS）、エイシンシュトルム（盛岡・南部駒賞）。

PROFILE

競走成績　15戦10勝（3～5歳・日香仏英）
最高レーティング　127 M（16年）
主な勝ち鞍　イスパーン賞、香港C、毎日王冠、エプソムC、都大路S、アイルランドT。

仏GIを10馬身差圧勝！
高い資質を産駒に伝えたい

　デビューから連勝を重ね、5戦目のアイルランドTでは、直線で外ラチ近くまで大きくよれる走りをしながら3馬身差の圧勝。大きく注目を集めた。以降、強力な逃げ馬としてそのスピードを遺憾なく発揮。4歳時にはエプソムC、毎日王冠と連勝。2番人気の天皇賞・秋こそ9着に敗れたが、暮れの香港CでGI初制覇を遂げた。5歳時には、海外遠征して仏GIイスパーン賞を10馬身差で圧勝し話題となった。

　2020年に産駒がデビュー。これまでに、父譲りの逃げでローズS2着したエイシンヒテンや、デイリー杯2歳S2着のエンヤラヴフェイス、京阪杯3着のエイシンスポッターが重賞で活躍。近年の種付頭数は減っているが、産駒の活躍で巻き返したいところだ。

POG　2024年期待の2歳馬

母馬名（母父）	性別	おすすめポイント
エイシンサンバレー（*エイシンワシントン）	牡	全姉にローズS2着、秋華賞でも4着に粘ったエイシンヒテン。
エイシンヒマワリ（UNCLE MO）	牡	叔父にジャパンダートダービー2着のエーシンゴールド。
*トピカII（WHIPPER）	牝	母はGⅢミエスク賞の勝ち馬で、仏1000ギニーで3着。

馬券に直結する適性データ

　エイシンヒカリ自身、15戦すべてが芝1800mか芝2000mのレースという一貫した中距離馬で、代表産駒のエイシンヒテンも芝2000mのローズSで2着、秋華賞で4着と中距離適性を見せていた。ただし、標準的な産駒は短距離が主戦場で、勝ち星の半分近くが芝～1300mに集中している。距離が伸びると性格的に我慢の効かない産駒が多い可能性もある。抑えが効いてじっくり乗れる産駒は距離が伸びても要注意だ。その証拠に芝～2000mでも連対率は低くない。切れる脚がない分、単勝狙いはオススメできないが、連複の軸ならOK。牡馬も牝馬も本格化するのは3歳後半から。

BMS（ブルードメアサイアー）　母の父のこと。配合において種牡馬（＝父）の次に影響力が強いとされている。母系の系統はこのブルードメアサイアーの系統のことをさす。BMSと表示されることが多い。

2023年成績

総収得賞金 548,354,000円　アーニング INDEX　0.84

勝利頭数／出走頭数：全馬66／141		2歳 11／18	
勝利回数／出走回数：全馬124／1,023		2歳 14／95	

Data Box (2021~2023)

コース　どちらかといえばローカル芝向き

	1着	2着	3着	出走数	勝率	連対率	3着内率
全体計	49	63	65	772	6.3%	14.5%	22.9%
中央芝	12	9	14	181	6.6%	11.6%	19.3%
中央ダ	9	19	20	198	4.5%	14.1%	24.2%
ローカル芝	19	23	18	258	7.4%	16.3%	23.3%
ローカルダ	9	12	13	135	6.7%	15.6%	25.2%
右回り芝	22	20	21	260	8.5%	16.2%	24.2%
右回りダ	10	21	21	200	5.0%	15.5%	26.0%
左回り芝	11	11	11	170	5.3%	11.8%	18.2%
左回りダ	8	10	12	133	6.0%	13.5%	22.6%
札幌芝	1	2	1	19	5.3%	15.8%	21.1%
札幌ダ	4	1	4	14	28.6%	35.7%	50.0%
函館芝	3	3	1	27	11.1%	22.2%	25.9%
函館ダ	0	0	1	8	0.0%	0.0%	12.5%
福島芝	3	1	4	34	8.8%	11.8%	23.5%
福島ダ	0	2	2	16	0.0%	12.5%	25.0%
新潟芝	0	6	1	57	0.0%	10.5%	12.3%
新潟ダ	4	4	4	39	10.3%	20.5%	30.8%
東京芝	4	2	3	64	6.3%	9.4%	14.1%
東京ダ	3	4	4	46	6.5%	15.2%	23.9%
中山芝	1	4	9	52	1.9%	9.6%	26.9%
中山ダ	3	6	6	73	4.1%	12.3%	20.5%
中京芝	5	4	7	58	8.6%	15.5%	27.6%
中京ダ	1	2	4	48	2.1%	6.3%	14.6%
京都芝	4	2	2	11	36.4%	54.5%	72.7%
京都ダ	1	0	2	9	11.1%	11.1%	33.3%
阪神芝	3	1	0	54	5.6%	7.4%	7.4%
阪神ダ	2	9	8	70	2.9%	15.7%	27.1%
小倉芝	7	7	4	63	11.1%	22.2%	28.6%
小倉ダ	0	0	3	10	0.0%	0.0%	30.0%

条件　3勝クラスが壁、2勝クラスで成績安定

	1着	2着	3着	出走数	勝率	連対率	3着内率
新馬	2	5	8	73	2.7%	9.6%	20.5%
未勝利	26	29	32	386	6.7%	14.2%	22.5%
1勝	13	19	16	204	6.4%	15.7%	23.5%
2勝	5	4	5	61	8.2%	14.8%	23.0%
3勝	1	2	2	22	4.5%	13.6%	22.7%
OPEN特別	2	2	0	8	25.0%	50.0%	50.0%
GⅢ	0	0	2	10	0.0%	0.0%	20.0%
GⅡ	0	2	0	7	0.0%	28.6%	28.6%
GⅠ	0	0	0	5	0.0%	0.0%	0.0%
ハンデ戦	3	1	0	15	20.0%	26.7%	26.7%
牝馬限定	6	9	17	116	5.2%	12.9%	27.6%
障害	0	0	0	4	0.0%	0.0%	0.0%

人気　4〜6番人気の連対率○、押さえたい

	1着	2着	3着	出走数	勝率	連対率	3着内率
1番人気	12	8	5	40	30.0%	50.0%	62.5%
2〜3番人気	16	15	17	101	15.8%	30.7%	47.5%
4〜6番人気	16	20	20	186	8.6%	19.4%	30.1%
7〜9番人気	4	15	14	179	2.2%	10.6%	18.4%
10番人気〜	1	5	9	270	0.4%	2.2%	5.6%

距離　意外にも芝短距離戦で好成績

芝　平均勝ち距離　1,490m

	1着	2着	3着	出走数	勝率	連対率	3着内率
全体計	31	32	32	439	7.1%	14.4%	21.6%
芝〜1300m	14	9	12	136	10.3%	16.9%	25.7%
芝〜1600m	9	10	12	147	6.1%	12.9%	21.1%
芝〜2000m	7	11	7	138	5.1%	13.0%	18.1%
芝〜2400m	1	2	0	13	7.7%	23.1%	23.1%
芝2500m〜	0	0	1	5	0.0%	0.0%	20.0%

ダート　平均勝ち距離　1,483m

	1着	2着	3着	出走数	勝率	連対率	3着内率
全体計	18	31	33	333	5.4%	14.7%	24.6%
ダ〜1300m	7	12	12	121	5.8%	15.7%	25.6%
ダ〜1600m	4	7	5	65	6.2%	16.9%	24.6%
ダ〜2000m	7	12	16	141	5.0%	13.5%	24.8%
ダ2100m〜	0	0	0	6	0.0%	0.0%	0.0%

馬場状態　渋ったダートで連対率が上昇

		1着	2着	3着	出走数	勝率	連対率	3着内率
芝	良	19	18	25	324	5.9%	11.4%	19.1%
	稍重	7	8	6	70	10.0%	21.4%	30.0%
	重	3	5	1	36	8.3%	22.2%	25.0%
	不良	2	1	0	9	22.2%	33.3%	33.3%
ダ	良	12	15	17	207	5.8%	13.0%	21.3%
	稍重	4	8	9	74	5.4%	16.2%	28.4%
	重	2	5	5	31	6.5%	22.6%	38.7%
	不良	0	3	2	21	0.0%	14.3%	23.8%

性齢　3歳後半に牡牝とも一気に伸びる

	1着	2着	3着	出走数	勝率	連対率	3着内率
牡2歳	7	5	6	89	7.9%	13.5%	20.2%
牝2歳	0	3	4	52	0.0%	5.8%	13.5%
牡3歳前半	9	17	13	167	5.4%	15.6%	23.4%
牝3歳前半	6	8	13	122	4.9%	11.5%	22.1%
牡3歳後半	11	11	4	92	12.0%	23.9%	28.3%
牝3歳後半	6	5	9	72	8.3%	15.3%	27.8%
牡4歳	1	4	3	58	1.7%	8.6%	13.8%
牝4歳	7	7	10	79	8.9%	17.7%	30.4%
牡5歳	1	1	2	18	11.1%	22.2%	27.8%
牝5歳	0	1	2	27	0.0%	3.7%	11.1%
牡6歳	0	0	0	0			
牝6歳	0	0	0	0			
牡7歳以上	0	0	0	0			
牝7歳以上	0	0	0	0			

単勝回収値 66円／単勝適正回収値 78円

勝ち馬の決め手

芝　31勝：追込6　逃げ5　先行13　差し7
ダート　18勝：追込3　逃げ3　先行9　差し3

2022 ⑰
2021 −
2020 −
2019 −

*マインドユアビスケッツ
MIND YOUR BISCUITS

年次	種付頭数	産駒数
23年	**211**	**74**
22年	110	60
21年	95	92

種付料／⇩ 受300万円F 供用地／安平・社台SS

2013年生　栗毛　アメリカ産　2019年輸入

距離	成長型	芝	ダート	瞬発力	パワー	底力
短中	普	○	◎	○	○	○

系統：デュティミニスター系　母父系統：デュティミニスター系

父 Posse 鹿 2000	Silver Deputy 鹿 1985	Deputy Minister	Vice Regent
			Mint Copy
		Silver Valley	Mr. Prospector
			Seven Valleys
	Raska 栗 1992	Rahy	Blushing Groom
			Glorious Song
		Borishka	Roberto
			Queen Maud
母 Jazzmane 栗 2006	Toccet 鹿 2000	Awesome Again	Deputy Minister
			Primal Force
		Cozzene's Angel	Cozzene
			Charming Pan
	Alljazz 鹿 1992	Stop the Music	Hail to Reason
			Bebopper
		Bounteous	Master Derby
			Mlle. Quille

インブリード：Deputy Minister 3×4、Blushing Groom 4×5、Hail to Reason 5×4

血統解説　父ポッセは米GIIリヴァリッジBCSなどを勝ったスプリンターで、種牡馬として本馬のほかにコディアックカウボーイ（シガーマイルH）、ケイレブズポッセ（BCダートマイル）などを輩出。母系は一族から米GI馬サーチリザルツ（エイコーンS）が出ている。母父トセットは米GIハリウッドフューチュリティ勝ち。

Ｐ ROFILE

競走成績　**25戦8勝**（2～5歳・米首）
最高レーティング　**120 M**（18年）、**120 S**（17年）
主な勝ち鞍　**ドバイゴールデンシャヒーン2回、マリブS、スプリントCSS、アムステルダムS、ルーカスクラシックS。ＢＣスプリント2着。**

産駒がＢＣクラシックで
2着に好走し話題となる

　3歳時、アムステルダムＳで重賞初制覇。ＢＣスプリントはドレフォンの2着。4歳時、ドバイゴールデンシャヒーンでＧＩ2勝目をあげると、2度目の挑戦となったＢＣスプリントは3着。5歳時にはドバイゴールデンシャヒーンを連覇した。25戦して、距離不向きのＢＣクラシック（11着）など着外はわずか2回。8勝2着10回3着3回という安定感を誇った。

　引退後は日本で種牡馬入り。初年度産駒のデルマソトカゲが全日本2歳優駿を制し、2022年のＦＳランキングは1位に輝いた。

　2023年はデルマソトカゲがUAEダービーを勝ち、日本調教馬として初めてＢＣクラシックで2着に入る活躍を見せたことで、本馬の評価もあらためて高まっている。

代表産駒 デルマソトカゲ（全日本2歳優駿、UEAダービー、ＢＣクラシック2着）、マルカラピッド（エーデルワイス賞）、ホウオウビスケッツ（スプリングＳ2着）、ショーモン（デイリー杯2歳Ｓ3着、アーリントンＣ3着）、フルメタルボディー（ジュニアＣ3着）。

POG　2024年期待の2歳馬

母馬名（母父）	性別	おすすめポイント
アラドヴァル （*シンボリクリスエス）	牡	2代母の全弟に名馬ハーツクライ。母父はダートでも大物輩出。
ケアレスウィスパー （フジキセキ）	牡	母系は天皇賞馬トーセンジョーダンなどを出した名門牝系。
フィルムフランセ （*シンボリクリスエス）	牝	1歳セレクトセールで4400万円。叔父にGI馬レッドルゼル。

馬券に直結する適性データ

　ダート34勝に対して芝は10勝。そもそも産駒が芝の重賞で2、3着しているのだから、ダート専門とは言えないだろう。「自身はダートの短距離馬だったが産駒が芝の中距離重賞で活躍している種牡馬」といえば、ＢＣスプリントで後塵を拝したドレフォンが思い浮かぶ。ドレフォンもＦＳランキング1位となっており、共通する部分も多く、参考になるかもしれない。実際、ダートの中距離が得意という距離適性も同じだ。馬場状態ではダートの不良馬場での連対率が優秀。また、芝の重馬場で3回馬券圏内に入っているが、うち2回は重賞でのもの。狙う価値ありだ。

系統のバージョンアップ①　サドラーズウェルズ系からガリレオ系（フランケル、ニューアプローチ）、エルプラド系（メダグリアドーロ、キトゥンズジョイ）が昇格（独立）。

2023年 成績

総収得賞金 537,769,000円　アーニング INDEX　0.76

	全馬		2歳	
勝利頭数／出走頭数	69	152	9	55
勝利回数／出走回数	102	993	9	166

Data Box（2021~2023）

コース　どの舞台でも安定、ローカルダート向き

	1着	2着	3着	出走数	勝率	連対率	3着内率
全体計	44	49	31	608	7.2%	15.3%	20.4%
中央芝	5	5	5	77	6.5%	13.0%	19.5%
中央ダ	20	23	13	276	7.2%	15.6%	20.3%
ローカル芝	5	8	3	96	5.2%	13.5%	16.7%
ローカルダ	14	13	10	159	8.8%	17.0%	23.3%
右回り芝	6	8	7	118	5.1%	11.9%	17.8%
右回りダ	21	26	16	286	7.3%	16.4%	22.0%
左回り芝	4	5	1	54	7.4%	16.7%	18.5%
左回りダ	13	10	7	149	8.7%	15.4%	20.1%
札幌芝	1	2	1	16	6.3%	18.8%	25.0%
札幌ダ	3	3	2	23	13.0%	26.1%	34.8%
函館芝	0	0	0	9	0.0%	0.0%	0.0%
函館ダ	1	4	1	16	6.3%	31.3%	37.5%
福島芝	0	2	0	14	0.0%	14.3%	14.3%
福島ダ	2	1	0	20	10.0%	15.0%	15.0%
新潟芝	3	1	0	21	14.3%	19.0%	19.0%
新潟ダ	1	2	2	25	4.0%	12.0%	20.0%
東京芝	1	2	0	17	5.9%	17.6%	17.6%
東京ダ	6	7	3	77	7.8%	16.9%	20.8%
中山芝	2	2	3	20	10.0%	20.0%	35.0%
中山ダ	5	7	3	78	6.4%	15.4%	19.2%
中京芝	0	2	1	17	0.0%	11.8%	17.6%
中京ダ	6	1	2	47	12.8%	14.9%	19.1%
京都芝	0	0	0	8	0.0%	0.0%	0.0%
京都ダ	3	1	0	38	7.9%	10.5%	15.8%
阪神芝	2	1	2	32	6.3%	9.4%	15.6%
阪神ダ	6	8	5	83	7.2%	16.9%	22.9%
小倉芝	1	1	1	19	5.3%	10.5%	15.8%
小倉ダ	1	2	3	28	3.6%	10.7%	21.4%

条件　未勝利戦など下級条件で活躍

	1着	2着	3着	出走数	勝率	連対率	3着内率
新馬	7	11	3	112	6.3%	16.1%	18.8%
未勝利	28	26	14	325	8.6%	16.6%	20.9%
1勝	8	8	9	129	6.2%	12.4%	19.4%
2勝	1	1	1	20	5.0%	10.0%	15.0%
3勝	0	0	0	2	0.0%	0.0%	0.0%
OPEN特別	0	2	2	9	0.0%	22.2%	44.4%
G Ⅲ	0	0	1	3	0.0%	0.0%	33.3%
G Ⅱ	0	1	1	5	0.0%	20.0%	40.0%
G Ⅰ	0	0	0	3	0.0%	0.0%	0.0%
ハンデ戦	0	0	0	4	0.0%	0.0%	0.0%
牝馬限定	8	9	3	122	6.6%	13.9%	16.4%
障害	0	0	0	0	－	－	－

人気　2~3番人気の複勝率に注目

	1着	2着	3着	出走数	勝率	連対率	3着内率
1番人気	13	5	0	41	31.7%	43.9%	43.9%
2~3番人気	13	24	9	94	13.8%	39.4%	48.9%
4~6番人気	11	10	14	154	7.1%	13.6%	22.7%
7~9番人気	4	7	3	137	2.9%	8.0%	10.2%
10番人気～	3	3	5	182	1.6%	3.3%	6.0%

単勝回収値 95 円／単勝適正回収値 81 円

距離　ダートのマイルから中距離向き

芝　　平均勝ち距離　1,710m

	1着	2着	3着	出走数	勝率	連対率	3着内率
全体計	10	13	8	173	5.8%	13.3%	17.9%
芝~1300m	0	3	0	33	0.0%	9.1%	9.1%
芝~1600m	7	6	6	79	8.9%	16.5%	24.1%
芝~2000m	2	4	2	51	3.9%	11.8%	15.7%
芝~2400m	1	0	0	8	12.5%	12.5%	12.5%
芝2500m~	0	0	0	2	0.0%	0.0%	0.0%

ダート　　平均勝ち距離　1,585m

	1着	2着	3着	出走数	勝率	連対率	3着内率
全体計	34	36	23	435	7.8%	16.1%	21.4%
ダ~1300m	6	3	5	88	6.8%	10.2%	15.9%
ダ~1600m	10	13	7	133	7.5%	17.3%	22.6%
ダ~2000m	18	19	11	209	8.6%	17.7%	23.0%
ダ2100m~	0	1	0	5	0.0%	20.0%	20.0%

馬場状態　状態不問、ダートは不良馬場がベスト

		1着	2着	3着	出走数	勝率	連対率	3着内率
芝	良	8	10	5	137	5.8%	13.1%	16.8%
	稍重	1	2	1	25	4.0%	12.0%	16.0%
	重	1	1	1	10	10.0%	20.0%	30.0%
	不良	0	0	1	1	0.0%	0.0%	100.0%
ダ	良	21	19	16	268	7.8%	14.9%	20.9%
	稍重	6	8	4	85	7.1%	16.5%	21.2%
	重	3	4	0	39	7.7%	17.9%	17.9%
	不良	4	5	3	43	9.3%	20.9%	27.9%

性齢　早熟タイプで3歳前半がピークか

	1着	2着	3着	出走数	勝率	連対率	3着内率
牡2歳	13	16	8	159	8.2%	18.2%	23.3%
牝2歳	11	12	4	121	9.1%	19.0%	22.3%
牡3歳前半	11	10	7	100	11.0%	21.0%	28.0%
牝3歳前半	3	3	4	97	3.1%	6.2%	10.3%
牡3歳後半	4	4	8	76	5.3%	10.5%	21.1%
牝3歳後半	2	4	0	55	3.6%	10.9%	10.9%
牡4歳	0	0	0	0	－	－	－
牝4歳	0	0	0	0	－	－	－
牡5歳	0	0	0	0	－	－	－
牝5歳	0	0	0	0	－	－	－
牡6歳	0	0	0	0	－	－	－
牝6歳	0	0	0	0	－	－	－
牡7歳以上	0	0	0	0	－	－	－
牝7歳以上	0	0	0	0	－	－	－

勝ち馬の決め手

芝　10勝：逃げ 5、先行 5

ダート　34勝：差し 4、逃げ 4、先行 26

2022 ㊾
2021 ⑬
2020 —
2019 —

サトノアラジン
SATONO ALADDIN

年次	種付頭数	産駒数
23年	45	40
22年	64	83
21年	124	72

系統：サンデーサイレンス系　母父系統：ストームキャット系

父 ディープインパクト 鹿 2002	*サンデーサイレンス 青鹿 1986	Halo	Hail to Reason
			Cosmah
		Wishing Well	Understanding
			Mountain Flower
	*ウインドインヘア 鹿 1991	Alzao	Lyphard
			Lady Rebecca
		Burghclere	Busted
			Highclere
母 *マジックストーム 黒鹿 1999	Storm Cat 黒鹿 1983	Storm Bird	Northern Dancer
			South Ocean
		Terlingua	Secretariat
			Crimson Saint
	Foppy Dancer 鹿 1990	Fappiano	Mr. Prospector
			Killaloe
		Water Dance	Nijinsky
			Luiana

インブリード：Northern Dancer 5×4・5

血統解説 父は日本のみならず、世界中で産駒が種牡馬として活躍している。母は米GIIモンマスオークスの勝ち馬。母系は全姉にラキシス（エリザベス女王杯、同2着、産経大阪杯）、全妹にフローレスマジック（福島牝馬S2着、アルテミスS2着、フローラS3着）、甥にデルマーフューチュリティ勝ちのドリルがいる。

種付料／⇨受100万円F　産150万円　供用地／日高・ブリーダーズSS
2011年生　鹿毛　安平・ノーザンファーム産

距離	成長型	芝	ダート	瞬発力	パワー	底力
マ中	普	○	○	○	○	○

PROFILE

競走成績　29戦8勝（2～6歳・日香）
最高レーティング　118 M（17年）
主な勝ち鞍　安田記念、スワンS、京王杯スプリングC。毎日王冠2着、富士S2着、エプソムC2着。

代表産駒 ペニーウエカ（豪オークス、新オークス）、トウキョウタイクーン（システマS）、ランターンウェイ（ホークスベイギニーズ）、セイクリッドサトノ（ボーンクラッシャーS）、グランドインパクト（ブルーサファイアS）、ウェルカムニュース（カノープスS）。

シャトルサイアーとして新で
2歳リーディングサイアーに輝く

　ラジオNIKKEI杯2歳S3着、共同通信杯3着と、善戦したが春クラシックには出走叶わず。秋、菊花賞に挑戦するも6着。古馬になってからはマイル路線を進み、京王杯SC、スワンSを勝ったが、マイルCS4、5着、安田記念4着、香港マイル7着と、GIではあと一歩が足りない結果が続いた。

　それでも、6歳時の安田記念を鮮やかな追込で制し、待望のGIタイトルを獲得した。

　7歳からシャトルサイアーとして新でも供用。すると2023年に新で大ブレイク。豪オークス馬ペニーウエカを筆頭に、産駒が重賞を勝ちまくって、2022/2023シーズンの新2歳リーディングサイアーに輝いた。日本ではまだ目立った産駒は出ていないが、注目したいところだ。

POG　2024年期待の2歳馬

母馬名（母父）	性別	おすすめポイント
フェイトカラー（サクラバクシンオー）	牡	当歳セレクトセールで3960万円。母系からGI馬トゥザヴィクトリー。
*マザーロシア（MAYAKOVSKY）	牡	1歳セレクトセールで3520万円。半兄にゴールデンバローズ（P 361）。
トスアップ（ジャスタウェイ）	牝	叔母にメイトリアークS1着、米オークス3着のスタービリング。

馬券に直結する適性データ

　新で2歳リーディングサイアーになっているのだから、2歳戦や新馬戦はさぞかし好成績かと思いきや、日本での産駒はそれほどでもない。原因としては、日本では上位種牡馬の産駒が2歳戦を席捲していること、そして産駒は父に似たスロースターターの方が多いことがあげられる。牡牝共に3歳後半以降の方が成績がよく、牝馬に至っては4歳でさらに数値を上げてきている。まだ、5歳以上のデータはないが、今後さらに活躍することも予想されるので、古馬牝馬からは目が離せない。距離別では、芝はやはり短距離～マイルに良績が集中している。ダートはもう少し長めでもOKだ。

　系統のバージョンアップ② ダンチヒ系からデインヒル系（ダンシリ、デインヒルダンサー）、グリーンデザート系（ケープクロス、インヴィンシブルスピリット）が昇格（独立）。

2023年成績

総収得賞金 510,483,000円　アーニング INDEX　0.78

	全馬	2歳
勝利頭数／出走頭数	55／141	9／42
勝利回数／出走回数	84／877	12／117

Data Box (2021〜2023)

単勝回収値82円／単勝適正回収値82円

コース　中京ダートで高めの連対率を記録

	1着	2着	3着	出走数	勝率	連対率	3着内率
全体計	56	49	57	821	6.8%	12.8%	19.7%
中央芝	9	7	8	160	5.6%	10.0%	15.0%
中央ダ	19	10	17	239	7.9%	12.1%	19.2%
ローカル芝	13	17	15	236	5.5%	12.7%	19.1%
ローカルダ	15	15	17	186	8.1%	16.1%	25.3%
右回り芝	14	19	17	250	5.6%	13.2%	20.0%
右回りダ	21	15	20	262	8.0%	13.7%	21.4%
左回り芝	8	5	6	139	5.8%	9.4%	13.7%
左回りダ	13	10	14	163	8.0%	14.1%	22.7%
札幌芝	2	2	2	26	7.7%	15.4%	23.1%
札幌ダ	0	1	1	14	0.0%	7.1%	14.3%
函館芝	0	2	1	16	0.0%	12.5%	18.8%
函館ダ	2	2	0	14	14.3%	28.6%	28.6%
福島芝	3	2	1	26	11.5%	19.2%	23.1%
福島ダ	0	0	1	18	0.0%	0.0%	5.6%
新潟芝	3	2	0	58	5.2%	8.6%	12.1%
新潟ダ	3	3	1	31	9.7%	19.4%	22.6%
東京芝	4	1	2	45	8.9%	11.1%	15.6%
東京ダ	0	2	0	50	4.0%	4.0%	8.0%
中山芝	1	1	4	46	2.2%	4.3%	13.0%
中山ダ	8	2	5	68	11.8%	14.7%	22.1%
中京芝	1	2	2	43	2.3%	7.0%	11.6%
中京ダ	8	7	11	82	9.8%	18.3%	31.7%
京都芝	1	2	1	21	4.8%	14.3%	19.0%
京都ダ	1	1	0	11	9.1%	18.2%	18.2%
阪神芝	3	3	1	48	6.3%	12.5%	14.6%
阪神ダ	8	7	10	110	7.3%	13.6%	22.7%
小倉芝	4	7	7	67	6.0%	16.4%	26.9%
小倉ダ	2	2	3	27	7.4%	14.8%	25.9%

条件　OPが壁も条件級は突破しやすい

	1着	2着	3着	出走数	勝率	連対率	3着内率
新馬	8	6	7	117	6.8%	12.0%	17.9%
未勝利	23	22	39	471	4.9%	9.6%	17.8%
1勝	15	20	7	174	8.6%	20.1%	24.1%
2勝	6	1	2	30	20.0%	23.3%	30.0%
3勝	4	0	2	16	25.0%	25.0%	37.5%
OPEN特別	1	0	3	19	5.3%	5.3%	21.1%
GⅢ	0	0	0	7	0.0%	0.0%	0.0%
GⅡ	0	0	0	5	0.0%	0.0%	0.0%
GⅠ	0	0	0	0			
ハンデ戦	4	0	0	18	22.2%	22.2%	33.3%
牝馬限定	6	3	6	115	5.2%	7.8%	13.0%
障害	1	0	3	15	6.7%	6.7%	26.7%

人気　7〜9番人気に一発の可能性あり

	1着	2着	3着	出走数	勝率	連対率	3着内率
1番人気	18	6	7	46	39.1%	52.2%	67.4%
2〜3番人気	13	14	17	115	11.3%	23.5%	38.3%
4〜6番人気	13	17	21	206	6.3%	14.6%	24.8%
7〜9番人気	11	8	12	197	5.6%	9.6%	15.7%
10番人気〜	2	4	3	272	0.7%	2.2%	3.3%

距離　芝は短距離、ダートは中距離向き

芝　平均勝ち距離　1,400m

	1着	2着	3着	出走数	勝率	連対率	3着内率
全体計	22	24	23	396	5.6%	11.6%	17.4%
芝〜1300m	9	12	8	111	8.1%	18.9%	26.1%
芝〜1600m	10	3	6	122	8.2%	10.7%	15.6%
芝〜2000m	3	5	7	133	2.3%	6.0%	11.3%
芝〜2400m	0	3	2	24	0.0%	12.5%	20.8%
芝2500m〜	0	1	0	6	0.0%	16.7%	16.7%

ダート　平均勝ち距離　1,653m

	1着	2着	3着	出走数	勝率	連対率	3着内率
全体計	34	25	34	425	8.0%	13.9%	21.9%
ダ〜1300m	6	5	10	94	6.4%	11.7%	22.3%
ダ〜1600m	4	1	5	86	4.7%	5.8%	11.6%
ダ〜2000m	24	19	19	240	10.0%	17.9%	25.8%
ダ2100m〜	0	0	0	5	0.0%	0.0%	0.0%

馬場状態　ダート良馬場で好調

		1着	2着	3着	出走数	勝率	連対率	3着内率
芝	良	21	16	17	310	6.8%	11.9%	17.4%
	稍重	1	5	2	53	1.9%	11.3%	15.1%
	重	0	3	3	26	0.0%	11.5%	23.1%
	不良	0	0	1	7	0.0%	0.0%	14.3%
ダ	良	25	15	16	247	10.1%	16.2%	22.7%
	稍重	5	5	14	99	5.1%	10.1%	24.2%
	重	3	2	2	43	7.0%	11.6%	16.3%
	不良	1	3	2	36	2.8%	11.1%	16.7%

性齢　牡牝とも3歳後半に成長

	1着	2着	3着	出走数	勝率	連対率	3着内率
牡2歳	9	4	14	157	5.7%	10.8%	19.7%
牝2歳	6	5	10	118	5.1%	9.3%	17.8%
牡3歳前半	11	9	14	185	5.9%	10.8%	18.4%
牝3歳前半	4	4	105	4	3.8%	10.5%	14.3%
牡3歳後半	11	9	10	101	10.9%	19.8%	29.7%
牝3歳後半	7	3	3	79	8.9%	12.7%	16.5%
牡4歳	2	3	3	42	4.8%	11.9%	19.0%
牝4歳	6	6	4	49	12.2%	24.5%	28.6%
牡5歳	0	0	0	0			
牝5歳	0	0	0	0			
牡6歳	0	0	0	0			
牝6歳	0	0	0	0			
牡7歳以上	0	0	0	0			
牝7歳以上	0	0	0	0			

勝ち馬の決め手

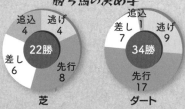

芝　22勝　追込4／逃げ4／先行8／差し6

ダート　34勝　追込1／逃げ9／先行17／差し7

2022 ㊾
2021 ㊼
2020 ㊼
2019 ㊽

ストロングリターン
STRONG RETURN

年次	種付頭数	産駒数
23年	**23**	**22**
22年	36	38
21年	59	49

2023年引退
2006年生　鹿毛　千歳・社台ファーム産

距離	成長型	芝	ダート	瞬発力	パワー	底力
マ中	普	○	◎	○	○	△

系統：ロベルト系　母父系統：スマートストライク系

父	Kris S.	Roberto	Hail to Reason
*シンボリクリスエス	黒鹿 1977		Bramalea
黒鹿 1999		Sharp Queen	Princequillo
			Bridgework
	Tee Kay	Gold Meridian	Seattle Slew
	黒鹿 1991		Queen Louie
		Tri Argo	Tri Jet
			Hail Proudly
母	Smart Strike	Mr. Prospector	Raise a Native
*コートアウト	鹿 1992		Gold Digger
鹿 1998		Classy'n Smart	Smarten
			No Class
	*アザール	Nijinsky	Northern Dancer
	栗 1991		Flaming Page
		Smart Heiress	Vaguely Noble
			Smartaire

インブリード：Nashua 5×5、母コートアウトに Smartaire 4×3
血統解説　父は天皇賞・秋と有馬記念を共に連覇した強豪。エピファネイア（P76）が後継種牡馬としてブレイクし、父系を発展させている。母コートアウトは米6勝、GIマザリーンSで2着。母系は半妹にレッドオーヴァル（桜花賞2着、スプリンターズS3着）。母父スマートストライクは2007、2008年の米リーディングサイアー。

代表産駒 プリンスリターン（キャピタルS、ポートアイランドS、シンザン記念2着、アーリントンC3着、函館2歳S3着）、ツヅミモン（シンザン記念2着）、ペイシャルアス（カンナS）、フレアリングダイヤ（大井・金盃2着）、ロードオブザチェコ（袖ケ浦特別）。

PROFILE

競走成績　27戦7勝（2～6歳・日）
最高レーティング　118 M（12年）
主な勝ち鞍　安田記念、京王杯スプリングC。
安田記念2着、ラジオNIKKEI賞3着。

2023年に事実上の種牡馬引退
残された産駒で頑張りたい

　5歳3月までは、ラジオNIKKEI賞3着はあるものの、自己条件を中心に走り、地道に力をつけていた。本格化したのは4月の京王杯スプリングCで重賞初制覇を果たしてから。続く安田記念でリアルインパクトの2着に入ると、6歳時の安田記念を1分31秒3のコースレコードで快勝。待望のGIタイトルを手に入れた。

　7歳から種牡馬入り。2年目から4年連続で100頭を超える種付を行い、シンザン記念2着馬を2頭出すなど、堅実に実績を重ねていったがそれらに続く馬が現れず、総合ランキングにおいても、近3年は47位→52位→54位とダウンしていた。

　2023年10月に生まれ故郷の社台ファームに移動、事実上の種牡馬引退となった。

POG　2024年期待の2歳馬

母馬名（母父）	性別	おすすめポイント
グラブユアコート（ゴールドアリュール）	牡	母は4勝。2代母グラブユアハートは白山大賞典など重賞5勝。
ダークアイリス（ゴールドアリュール）	牡	1歳サマーセールで1100万円。叔父に兵庫CS3着ラヴィアンクレール。
プリンセスルシータ（*サンデーサイレンス）	牝	母は5勝。叔父に宝塚記念勝ちのメイショウドトウがいる。

馬券に直結する適性データ

　ストロングリターン自身はダート未出走だが、産駒はダート30勝に対し芝はわずか4勝。芝の重賞2着馬が2頭出ているので、まるっきり芝がダメではないが、標準的な産駒はダート傾向が強い。距離を見てみると、30勝のうち半分近くの14勝を短距離で占めており、距離も壁がある。特に中距離は連対率に対しての勝率が低く、詰めの甘さが見られる。軸で買うなら短距離戦だ。また、全体的に晩成傾向が見られるようになり、2歳戦、3歳前半での勝率はかなり低め。その一方でピークは短く、5歳以降はさらに落ち込んでいる。3歳後半から4歳をピンポイントで狙おう。

系統のバージョンアップ③　ミスタープロスペクター系から その1 ゴーンウエスト系（スパイツタウン、クオリティロード）、スマートストライク系（カーリン、ルッキンアットラッキー）が昇格（独立）。

2023年 成績

総収得賞金 500,115,000円　アーニング INDEX　0.50

勝利頭数／出走頭数：全馬 84 ／ 216　　2歳　7 ／ 39
勝利回数／出走回数：全馬 167 ／ 1,863　　2歳　10 ／ 174

Data Box (2021~2023)

コース　福島ダートをピンポイント狙い

	1着	2着	3着	出走数	勝率	連対率	3着内率
全体計	34	68	73	1073	3.2%	9.5%	16.3%
中央芝	1	8	6	141	0.7%	6.4%	10.6%
中央ダ	17	26	30	417	4.1%	10.3%	17.5%
ローカル芝	3	9	9	199	1.5%	6.0%	10.6%
ローカルダ	13	25	28	316	4.1%	12.0%	20.9%
右回り芝	2	9	12	208	1.0%	5.3%	11.1%
右回りダ	13	28	35	403	3.2%	10.2%	18.9%
左回り芝	2	8	2	124	1.6%	8.1%	9.7%
左回りダ	17	23	23	330	5.2%	12.1%	19.1%
札幌芝	0	1	1	27	0.0%	3.7%	7.4%
札幌ダ	1	3	4	34	2.9%	11.8%	23.5%
函館芝	0	1	2	17	0.0%	5.9%	17.6%
函館ダ	0	3	1	20	0.0%	15.0%	20.0%
福島芝	1	1	0	32	3.1%	6.3%	6.3%
福島ダ	3	4	5	39	7.7%	17.9%	30.8%
新潟芝	0	2	3	42	0.0%	4.8%	11.9%
新潟ダ	4	9	5	87	4.6%	14.9%	20.7%
東京芝	1	5	0	64	1.6%	9.4%	9.4%
東京ダ	8	10	9	143	5.6%	12.6%	18.9%
中山芝	0	0	2	40	0.0%	5.0%	12.5%
中山ダ	5	7	13	137	3.6%	8.8%	18.2%
中京芝	1	1	0	26	3.8%	7.7%	7.7%
中京ダ	5	4	9	100	5.0%	9.0%	18.0%
京都芝	0	0	1	6	0.0%	0.0%	16.7%
京都ダ	0	2	2	24	0.0%	8.3%	16.7%
阪神芝	0	1	2	31	0.0%	3.2%	9.7%
阪神ダ	4	7	6	113	3.5%	9.7%	15.0%
小倉芝	1	3	3	55	1.8%	7.3%	12.7%
小倉ダ	0	2	4	36	0.0%	5.6%	16.7%

条件　1勝クラスなど下級条件が活躍の場

	1着	2着	3着	出走数	勝率	連対率	3着内率
新馬	2	9	4	104	1.9%	10.6%	14.4%
未勝利	14	33	41	561	2.5%	8.4%	15.7%
1勝	13	19	17	238	5.5%	13.4%	20.6%
2勝	2	9	8	169	1.2%	6.5%	11.2%
3勝	0	0	2	17	0.0%	0.0%	11.8%
OPEN特別	3	0	1	11	27.3%	27.3%	36.4%
GⅢ	0	0	0	1	0.0%	0.0%	0.0%
GⅡ	0	0	0	0	－	－	－
GⅠ	0	0	0	0	－	－	－
ハンデ戦	0	0	2	20	0.0%	0.0%	10.0%
牝馬限定	5	14	12	165	3.0%	11.5%	18.8%
障害	0	2	0	28	0.0%	7.1%	7.1%

人気　1番人気は3連複の軸向き

	1着	2着	3着	出走数	勝率	連対率	3着内率
1番人気	17	9	10	51	33.3%	51.0%	70.6%
2～3番人気	8	19	19	116	6.9%	23.3%	39.7%
4～6番人気	7	24	18	192	3.6%	16.1%	25.5%
7～9番人気	2	9	16	259	0.8%	4.2%	10.4%
10番人気～	0	9	10	483	0.0%	1.9%	3.9%

単勝回収値 17円／単勝適正回収値 47円

距離　対応距離に限界、ダート短距離向き

芝　　平均勝ち距離　1,550m

	1着	2着	3着	出走数	勝率	連対率	3着内率
全体計	4	17	15	340	1.2%	6.2%	10.6%
芝～1300m	1	8	7	91	1.1%	9.9%	17.6%
芝～1600m	2	4	4	132	1.5%	4.5%	7.6%
芝～2000m	1	5	3	108	0.9%	5.6%	8.3%
芝～2400m	0	0	1	7	0.0%	0.0%	14.3%
芝2500m～	0	0	0	2	0.0%	0.0%	0.0%

ダート　平均勝ち距離　1,420m

	1着	2着	3着	出走数	勝率	連対率	3着内率
全体計	30	51	58	733	4.1%	11.1%	19.0%
ダ～1300m	14	29	22	292	4.8%	14.7%	22.3%
ダ～1600m	10	9	13	182	5.5%	10.4%	17.6%
ダ～2000m	6	13	22	247	2.4%	7.7%	16.6%
ダ2100m～	0	0	1	12	0.0%	0.0%	8.3%

馬場状態　渋ったダートでチャンスアップ

		1着	2着	3着	出走数	勝率	連対率	3着内率
芝	良	4	14	9	258	1.6%	7.0%	10.5%
	稍重	0	3	3	56	0.0%	5.4%	10.7%
	重	0	0	1	20	0.0%	0.0%	5.0%
	不良	0	0	2	6	0.0%	0.0%	33.3%
ダ	良	19	29	35	446	4.3%	10.8%	16.6%
	稍重	2	12	12	156	1.3%	9.0%	16.7%
	重	8	5	8	88	9.1%	14.8%	23.9%
	不良	1	5	3	43	2.3%	14.0%	20.9%

性齢　牡は3歳後半、牝は4歳がピーク

	1着	2着	3着	出走数	勝率	連対率	3着内率
牡2歳	3	9	17	136	2.2%	8.8%	21.3%
牝2歳	0	6	3	116	0.0%	5.2%	7.8%
牡3歳前半	6	9	9	155	3.9%	9.7%	15.5%
牝3歳前半	4	11	10	180	2.2%	8.3%	13.9%
牡3歳後半	5	4	8	71	7.0%	12.7%	23.9%
牝3歳後半	3	7	5	83	3.6%	12.0%	18.1%
牡4歳	8	5	9	131	6.1%	9.9%	16.8%
牝4歳	3	10	3	59	5.1%	22.0%	27.1%
牡5歳	1	6	4	86	1.2%	8.1%	12.8%
牝5歳	0	2	1	19	0.0%	5.3%	15.8%
牡6歳	1	2	3	42	2.4%	7.1%	14.3%
牝6歳	0	0	0	8	0.0%	0.0%	0.0%
牡7歳以上	0	0	0	14	0.0%	0.0%	0.0%
牝7歳以上	0	0	0	1	0.0%	0.0%	0.0%

勝ち馬の決め手

芝　4勝
逃げ 1／差し 2／先行 1

ダート　30勝
追込 3／逃げ 6／差し 6／先行 15

RANKING
55
2歳 113

2022 (54)
2021 ㉙
2020 ㉗
2019 ㉔

ディープブリランテ
DEEP BRILLANTE

年次	種付頭数	産駒数
23年	**11**	**23**
22年	35	40
21年	63	24

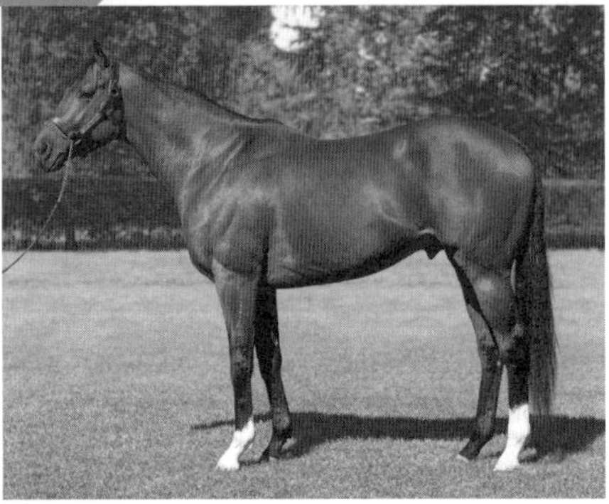

2023年引退
2009年生　鹿毛　新冠・パカパカファーム産

距離	成長型	芝	ダート	瞬発力	パワー	底力
中長	普	◎	○	○	○	○

PROFILE

競走成績　7戦3勝 (2～3歳・日英)
最高レーティング　118 L (12年)
主な勝ち鞍　ダービー、東京スポーツ杯2歳S。
スプリングS2着、共同通信杯2着、皐月賞3着。

エルトンバローズが重賞2勝も2023年で種牡馬引退

不良馬場で行われた東京スポーツ杯2歳Sの勝ち振りが素晴らしく、一躍クラシックの有力候補に名乗りを挙げた。共同通信杯、スプリングSと続けて1番人気で2着となり、さらに皐月賞は3着。3番人気に支持されたダービーでは、直線で早め先頭に立ち、フェノーメノの追撃をハナ差凌いで優勝。父に初のダービーサイアーのタイトルをもたらした。

3歳で引退して種牡馬入り。初年度には205頭もの種付を行う人気を見せた。モズベッロやミッキーブリランテの活躍で、2019年から3年続けて総合ランキング20位台にランク。

2023年はエルトンバローズが毎日王冠など重賞2勝の活躍を見せている。ただ、産駒の健闘むなしく2023年に種牡馬引退となった。

系統：サンデーサイレンス系　母父系統：ネヴァーベンド系

父 ディープインパクト 鹿 2002	*サンデーサイレンス 青鹿 1986	Halo	Hail to Reason
			Cosmah
		Wishing Well	Understanding
			Mountain Flower
	*ウインドインハーヘア 鹿 1991	Alzao	Lyphard
			Lady Rebecca
		Burghclere	Busted
			Highclere
母 *ラヴアンドバブルズ 鹿 2001	Loup Sauvage 栗 1994	Riverman	Never Bend
			River Lady
		Louveterie	Nureyev
			Lupe
	*バブルドリーム 鹿 1993	Akarad	Labus
			Licata
		*バブルプロスペクター	Miswaki
			*バブルカンパニー

インブリード：Lyphard 4×5、Busted 4×5、Northern Dancer 5×5
血統解説　父は11年連続でリーディングサイアーに輝いた大種牡馬で、本馬はその2世代目の産駒。母は仏GⅢクロエ賞の勝ち馬。母系は半妹にハブルバブル（フラワーC2着）、一族からはバブルガムフェロー（天皇賞・秋）、ザッツザプレンティ（菊花賞）。母父ルーソヴァージュは名馬リヴァーマンの直仔で、イスパーン賞の勝ち馬。

代表産駒 **エルトンバローズ**（毎日王冠、ラジオNIKKEI賞）、**モズベッロ**（日経新春杯、大阪杯2着、宝塚記念3着）、**セダブリランテス**（ラジオNIKKEI賞、中山金杯）、**ラプタス**（兵庫GT、黒船賞、かきつばた記念2回、サマーチャンピオン）、**ミッキーブリランテ**（阪急杯2着）。

POG　2024年期待の2歳馬

母馬名（母父）	性別	おすすめポイント
ネイチャーガイド（*エルコンドルパサー）	牡	半姉に中山牝馬Sを勝ち、金鯱賞で3着したシュンドルボン。
ナムラチヨガミ（*ヨハネスブルグ）	牝	叔母に重賞4勝、GⅠでも2、3着がある快速ナムラクレア。
ナムラミーティア（サクラバクシンオー）	牝	母は2勝をあげ、函館2歳Sで2着。スピード強化型の配合。

馬券に直結する適性データ

2023年はエルトンバローズが毎日王冠を制覇したが、ソングライン、シュネルマイスターという2頭のGⅠ馬を降してのものだけに価値が高い。このような、いわゆる「大物食い」はディープブリランテ産駒の特徴で、代表産駒のモズベッロは大阪杯で3冠馬コントレイルを抑えて2着しているし、宝塚記念ではラッキーライラックに先着。ディープブリランテ自身、ダービーでは人気のゴールドシップやワールドエースを負かしている。道悪など、利する要素があったら人気薄でも狙ってみたい。逆に1番人気の勝率が15.9％と低めなので、本命でも頭狙いは避けたい。

系統のバージョンアップ④　ミスタープロスペクター系から その2 マキャヴェリアン系（ストリートクライ）、シーキングザゴールド系（ドバウィ）が昇格（独立）。

2023年成績

総収得賞金 483,473,000円　アーニング INDEX　0.76

勝利頭数／出走頭数：全馬 53 ／ 137	2歳 4 ／ 18
勝利回数／出走回数：全馬 87 ／ 1,145	2歳 4 ／ 65

Data Box (2021~2023)

コース　右回りかつローカルが活躍の場

	1着	2着	3着	出走数	勝率	連対率	3着内率
全体計	51	68	92	1111	4.6%	10.7%	19.0%
中央芝	9	14	30	251	3.6%	9.2%	21.1%
中央ダ	13	25	24	342	3.8%	11.1%	18.1%
ローカル芝	19	24	19	320	5.9%	13.4%	19.4%
ローカルダ	10	5	19	198	5.1%	7.6%	17.2%
右回り芝	19	27	29	341	5.6%	13.5%	22.0%
右回りダ	15	19	20	296	5.1%	11.5%	18.2%
左回り芝	9	11	16	211	4.3%	9.5%	17.1%
左回りダ	8	11	23	244	3.3%	7.8%	17.2%
札幌芝	1	5	2	25	4.0%	24.0%	32.0%
札幌ダ	2	0	1	14	14.3%	14.3%	21.4%
函館芝	1	2	2	22	4.5%	13.6%	22.7%
函館ダ	0	0	6	16	0.0%	0.0%	37.5%
福島芝	4	6	0	53	7.5%	18.9%	18.9%
福島ダ	3	1	0	24	12.5%	16.7%	16.7%
新潟芝	3	3	7	86	3.5%	7.0%	15.1%
新潟ダ	1	0	3	36	2.8%	2.8%	11.1%
東京芝	3	3	10	84	3.6%	7.1%	19.0%
東京ダ	4	7	11	126	3.2%	8.7%	17.5%
中山芝	3	4	6	70	4.3%	10.0%	18.6%
中山ダ	6	9	9	115	5.2%	13.0%	20.9%
中京芝	3	5	3	60	5.0%	13.3%	18.3%
中京ダ	3	4	9	82	3.7%	8.5%	19.5%
京都芝	1	0	2	13	7.7%	7.7%	23.1%
京都ダ	0	1	0	10	0.0%	10.0%	10.0%
阪神芝	2	7	12	84	2.4%	10.7%	25.0%
阪神ダ	3	8	4	91	3.3%	12.1%	16.5%
小倉芝	7	3	5	74	9.5%	13.5%	20.3%
小倉ダ	1	0	0	26	3.8%	3.8%	3.8%

条件　注目条件は新馬とOP

	1着	2着	3着	出走数	勝率	連対率	3着内率
新馬	7	6	6	71	9.9%	18.3%	26.8%
未勝利	17	21	24	352	4.8%	10.8%	17.6%
1勝	17	28	43	408	4.2%	11.0%	21.6%
2勝	6	7	14	153	3.9%	8.5%	17.6%
3勝	0	2	3	61	0.0%	3.3%	8.2%
OPEN特別	4	2	0	26	15.4%	23.1%	23.1%
GⅢ	1	2	1	28	3.6%	10.7%	14.3%
GⅡ	0	1	0	17	5.9%	5.9%	11.8%
GⅠ	0	1	0	12	0.0%	8.3%	8.3%
ハンデ戦	3	3	3	56	5.4%	10.7%	16.1%
牝馬限定	8	10	10	170	4.7%	10.6%	16.5%
障害	2	1	0	17	11.8%	17.6%	17.6%

人気　1番人気が勝ち切れない

	1着	2着	3着	出走数	勝率	連対率	3着内率
1番人気	10	16	16	63	15.9%	41.3%	66.7%
2～3番人気	19	19	16	117	16.2%	32.5%	46.2%
4～6番人気	14	17	25	228	6.1%	13.6%	24.6%
7～9番人気	9	8	21	265	3.4%	6.4%	14.3%
10番人気～	1	9	14	455	0.2%	2.2%	5.3%

単勝回収値 47円／単勝適正回収値 63円

距離　芝は万能タイプ、中距離がベスト

芝　　平均勝ち距離　1,671m

	1着	2着	3着	出走数	勝率	連対率	3着内率
全体計	28	38	49	571	4.9%	11.6%	20.1%
芝～1300m	8	5	13	142	5.6%	9.2%	18.3%
芝～1600m	7	13	16	190	3.7%	10.5%	18.9%
芝～2000m	10	16	11	175	5.7%	14.9%	21.1%
芝～2400m	1	0	7	31	3.2%	3.2%	25.8%
芝2500m～	2	4	2	33	6.1%	18.2%	24.2%

ダート　平均勝ち距離　1,546m

	1着	2着	3着	出走数	勝率	連対率	3着内率
全体計	23	30	43	540	4.3%	9.8%	17.8%
ダ～1300m	6	12	13	163	3.7%	11.0%	19.0%
ダ～1600m	6	11	15	184	3.3%	9.2%	17.4%
ダ～2000m	10	6	15	171	5.8%	9.4%	18.1%
ダ2100m～	1	1	0	22	4.5%	9.1%	9.1%

馬場状態　重まで渋った芝で出番あり

		1着	2着	3着	出走数	勝率	連対率	3着内率
芝	良	23	30	40	453	5.1%	11.7%	20.5%
	稍重	2	5	6	82	2.4%	8.5%	15.9%
	重	3	2	3	27	11.1%	18.5%	29.6%
	不良	0	1	0	9	0.0%	11.1%	11.1%
ダ	良	11	22	32	331	3.3%	10.0%	19.6%
	稍重	5	3	7	105	4.8%	7.6%	14.3%
	重	5	4	3	69	7.2%	13.0%	17.4%
	不良	1	1	1	35	5.7%	8.6%	11.4%

性齢　2歳牝馬の完成度が高い

	1着	2着	3着	出走数	勝率	連対率	3着内率
牡2歳	4	9	7	88	4.5%	14.8%	22.7%
牝2歳	4	6	4	48	8.3%	20.8%	29.2%
牡3歳前半	9	13	18	179	5.0%	12.3%	22.3%
牝3歳前半	8	6	2	131	6.1%	10.7%	12.2%
牡3歳後半	4	6	12	69	5.8%	14.5%	31.9%
牝3歳後半	5	3	9	66	7.6%	12.1%	25.8%
牡4歳	7	9	10	124	5.6%	12.9%	21.0%
牝4歳	4	4	11	87	4.6%	9.2%	21.8%
牡5歳	2	5	10	128	1.6%	5.5%	13.3%
牝5歳	1	2	2	52	1.9%	5.8%	9.6%
牡6歳	4	3	5	65	6.2%	10.8%	18.5%
牝6歳	0	1	1	17	0.0%	5.9%	11.8%
牡7歳以上	1	0	1	45	2.2%	2.2%	4.4%
牝7歳以上	0	2	0	29	0.0%	6.9%	6.9%

勝ち馬の決め手

芝　28勝　追込 － ／ 逃げ 7 ／ 先行 12 ／ 差し 9

ダート　23勝　追込 4 ／ 逃げ － ／ 先行 13 ／ 差し 5

RANKING
56
2歳 69

2022 (57)
2021 ㊳
2020 ㊱
2019 ㊲

*ロージズインメイ
ROSES IN MAY

年次	種付頭数	産駒数
23年	**7**	**8**
22年	12	8
21年	16	30

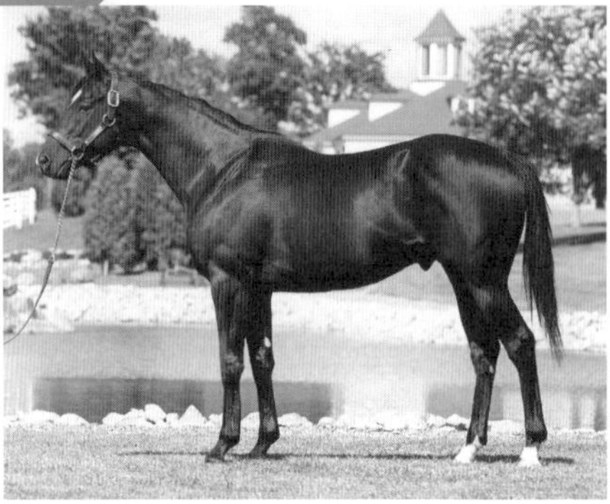

種付料／⇨受50万円不出返 供用地／新冠・ビッグレッドファーム

2000年生　青鹿毛　アメリカ産　2005年輸入

距離	成長型	芝	ダート	瞬発力	パワー	底力
中	普	○	○	○	○	○

系統：ヘイルトゥリーズン系　母父系統：プリンスキロ系

父 Devil His Due 黒鹿 1989	Devil's Bag 鹿 1981	Halo	Hail to Reason
			Cosmah
		Ballade	Herbager
			Miss Swapsco
	Plenty O'Toole 黒鹿 1977	Raise a Cup	Raise a Native
			Spring Sunshine
		Li'l Puss	Noble Jay
			Li'l Sis
母 Tell a Secret 黒鹿 1977	Speak John 鹿 1958	Prince John	Princequillo
			Not Afraid
		Nuit de Folies	Tornado
			Folle Nuit
	Secret Retreat 鹿 1968	Clandestine	Double Jay
			Conniver
		Retirement	Royal Gem
			Marie J.

インブリード：Double Jay 5×4

血統解説　父デヴィルヒズデューはピムリコスペシャルHなどGⅠを5勝2着10回の名馬で、本馬はその代表産駒。母テルアシークレットは米9勝。母系は姪にグリーフリー（米GⅢイエルバブエナBCH）、ダイナマイトラス（米GⅢザベリワンH）。母父スピークジョンはデルマーダービーを勝ったプリンスキロ系のマイラー。

代表産駒 **ドリームバレンチノ**（JBCスプリント、東京盃）、**コスモオオゾラ**（弥生賞）、**サミットストーン**（浦和記念）、**ローズジュレップ**（兵庫ジュニアGP）、**ウインムート**（さきたま杯）、**ローズプリンスダム**（レパードS）、**マイネルバイカ**（白山大賞典）。

PROFILE

競走成績　13戦8勝（3～5歳・米首）
最高レーティング　123 I（05年）
主な勝ち鞍　ドバイワールドC、ホイットニーH、ケンタッキーCクラシックH、コーンハスカーBCH。BCクラシック2着、ドンH2着。

4歳時GⅠをふくむ5連勝
5歳時ドバイワールドC優勝

4歳時、GⅢコーンハスカーBCH、GⅠホイットニーH、GⅡケンタッキーCクラシックHの3重賞を含む5連勝を達成。その勢いに乗って挑戦したBCクラシックでは、この年の米年度代表馬となるゴーストザッパーの2着に健闘した。5歳時、ドンH2着から臨んだドバイワールドCを快勝してGⅠ2勝目をあげた。

引退後は日本で種牡馬入り。コスモオオゾラが弥生賞を勝った2012年の15位を最高に、長らく総合ランキングでトップ40以内をキープ。2014年にはドリームバレンチノがJBCスプリントを制し、GⅠサイアーに輝く。

近年は、目立った活躍馬に恵まれず、ランキングは50位台にダウン。産駒数は少ないが、もう一花咲かせてもらいたいところだ。

POG　2024年期待の2歳馬

母馬名（母父）	性別	おすすめポイント
ミチビキ（ナカヤマフェスタ）	牡	叔父に中山大障害、中山グランドJで3着したマイネルプロンプト。
ギンマク（スペシャルウィーク）	牝	叔母に交流重賞2着クィーンオブキネマ。母父はBMSでも優秀。
リルティングインク（マツリダゴッホ）	牝	母系はダイワメジャーなどを輩出している名門スカーレットインク系。

馬券に直結する適性データ

現役馬もすでに40頭を割り込み、かなり厳しい状況。デビューを控えている2歳馬も8頭ほど。買う機会も少ないが、なんとか馬券に活かしたいところ。芝の重賞馬も出しているが、過去3年で芝は2勝のみと、ちょっと手は出せない。ダートは短距離から長距離まで幅広く勝ち星を稼いでいるが、マイル～中距離はやや成績が落ちる。コース別では、函館ダートが優秀。勝率28.6%、連対率42.9%は、ランキング上位でもなかなかないレベル。前述したように、現役の産駒は決して多くないので、もし函館ダートに出走しているのを見かけたら、そのチャンスを逃さないようにしよう。

系統のバージョンアップ⑤　ファピアノ系（キャンディライド、クワイエットアメリカン）からアンブライドルド系（アンブライドルズソング、エンパイアメーカー）が昇格（独立）。

2023年成績

総収得賞金 476,129,000円　アーニング INDEX　0.67

勝利頭数／出走頭数：全馬 76 ／ 154　　2歳　5 ／ 22
勝利回数／出走回数：全馬 147 ／ 1,656　　2歳　9 ／ 102

Data Box (2021~2023)

コース　勝ち星の大半はローカルダート

	1着	2着	3着	出走数	勝率	連対率	3着内率
全体計	27	31	43	642	4.2%	9.0%	15.7%
中央芝	1	1	3	64	1.6%	3.1%	7.8%
中央ダ	10	17	18	276	3.6%	9.8%	16.3%
ローカル芝	1	2	8	89	1.1%	3.4%	12.4%
ローカルダ	15	11	14	213	7.0%	12.2%	18.8%
右回り芝	1	3	8	95	1.1%	4.2%	12.6%
右回りダ	15	14	18	284	5.3%	10.2%	16.5%
左回り芝	1	0	2	56	1.8%	1.8%	5.4%
左回りダ	10	14	14	205	4.9%	11.7%	18.5%
札幌芝	1	0	2	10	10.0%	10.0%	30.0%
札幌ダ	2	0	0	20	10.0%	10.0%	20.0%
函館芝	0	1	2	8	0.0%	12.5%	37.5%
函館ダ	4	2	0	14	28.6%	42.9%	42.9%
福島芝	0	1	0	17	0.0%	5.9%	5.9%
福島ダ	1	0	0	25	4.0%	4.0%	4.0%
新潟芝	0	0	1	16	0.0%	0.0%	6.3%
新潟ダ	4	5	5	54	7.4%	16.7%	25.9%
東京芝	1	0	2	24	4.2%	4.2%	12.5%
東京ダ	3	7	7	88	3.4%	11.4%	19.3%
中山芝	0	0	0	22	0.0%	0.0%	0.0%
中山ダ	5	8	9	126	4.0%	10.3%	17.5%
中京芝	0	0	0	18	0.0%	0.0%	0.0%
中京ダ	3	2	2	63	4.8%	7.9%	11.1%
京都芝	0	0	0	2	0.0%	0.0%	0.0%
京都ダ	1	1	0	9	11.1%	22.2%	22.2%
阪神芝	0	0	1	16	0.0%	6.3%	12.5%
阪神ダ	1	0	1	53	1.9%	3.8%	7.5%
小倉芝	0	0	3	20	0.0%	0.0%	15.0%
小倉ダ	1	2	5	37	2.7%	8.1%	21.6%

条件　活躍の場はほぼ未勝利か1勝クラス

	1着	2着	3着	出走数	勝率	連対率	3着内率
新馬	1	0	6	46	2.2%	2.2%	15.2%
未勝利	11	12	17	230	4.8%	10.0%	17.4%
1勝	10	12	13	220	4.5%	10.0%	15.9%
2勝	4	3	6	116	3.4%	6.0%	11.2%
3勝	2	1	1	27	7.4%	11.1%	14.8%
OPEN特別	1	3	0	16	6.3%	25.0%	25.0%
GⅢ	0	0	0	8	0.0%	0.0%	0.0%
GⅡ	0	0	0	5	0.0%	0.0%	0.0%
GⅠ	0	0	0	1	0.0%	0.0%	0.0%
ハンデ戦	1	2	0	26	3.8%	11.5%	11.5%
牝馬限定	0	2	3	73	0.0%	2.7%	6.8%
障害	2	0	0	25	8.0%	8.0%	8.0%

人気　1番人気以外は低調、1番人気が中心

	1着	2着	3着	出走数	勝率	連対率	3着内率
1番人気	9	5	3	27	33.3%	51.9%	63.0%
2～3番人気	7	14	7	56	12.5%	37.5%	50.0%
4～6番人気	9	5	9	103	8.7%	13.6%	22.3%
7～9番人気	0	6	16	169	0.0%	3.6%	13.0%
10番人気～	4	1	8	312	1.3%	1.6%	4.2%

単勝回収値 54円／単勝適正回収値 70円

距離　ダートなら短距離と長距離が得意

芝　　平均勝ち距離　1,900m

	1着	2着	3着	出走数	勝率	連対率	3着内率
全体計	2	3	11	153	1.3%	3.3%	10.5%
芝～1300m	0	2	3	27	0.0%	7.4%	18.5%
芝～1600m	0	0	1	33	0.0%	0.0%	3.0%
芝～2000m	2	1	4	69	2.9%	4.3%	10.1%
芝～2400m	0	0	0	7	0.0%	0.0%	0.0%
芝2500m～	0	0	3	17	0.0%	0.0%	17.6%

ダート　　平均勝ち距離　1,584m

	1着	2着	3着	出走数	勝率	連対率	3着内率
全体計	25	28	32	489	5.1%	10.8%	17.4%
ダ～1300m	8	9	10	114	7.0%	14.9%	23.7%
ダ～1600m	2	4	2	83	2.4%	7.2%	9.6%
ダ～2000m	13	12	17	257	5.1%	9.7%	16.3%
ダ2100m～	2	3	3	35	5.7%	14.3%	22.9%

馬場状態　渋ったダートでこそ、重馬場で躍動

		1着	2着	3着	出走数	勝率	連対率	3着内率
芝	良	2	3	7	115	1.7%	4.3%	10.4%
	稍重	0	0	3	31	0.0%	0.0%	9.7%
	重	0	0	1	7	0.0%	0.0%	14.3%
	不良	0	0	0	0			
ダ	良	11	11	22	288	3.8%	7.6%	15.3%
	稍重	7	9	4	101	6.9%	15.8%	19.8%
	重	6	5	3	61	9.8%	18.0%	23.0%
	不良	1	3	3	39	2.6%	10.3%	17.9%

性齢　3歳後半に急成長、ピークは短い

	1着	2着	3着	出走数	勝率	連対率	3着内率
牡2歳	4	3	9	68	5.9%	10.3%	23.5%
牝2歳	0	1	4	32	0.0%	3.1%	15.6%
牡3歳前半	4	7	4	99	4.0%	11.1%	15.2%
牝3歳前半	1	3	3	70	1.4%	5.7%	10.0%
牡3歳後半	5	1	3	44	11.4%	13.6%	20.5%
牝3歳後半	2	3	1	23	8.7%	21.7%	26.1%
牡4歳	7	6	5	106	6.6%	12.3%	17.0%
牝4歳	0	0	3	34	0.0%	0.0%	8.8%
牡5歳	3	5	6	97	3.1%	8.2%	14.4%
牝5歳	0	0	2	30	0.0%	0.0%	6.7%
牡6歳	2	2	3	43	4.7%	9.3%	16.3%
牝6歳	0	0	0	1		-	-
牡7歳以上	1	0	0	21	4.8%	4.8%	4.8%
牝7歳以上	0	0	0	0	-	-	-

勝ち馬の決め手

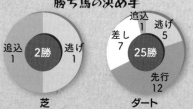

芝
追込 1
差し 2勝
逃げ 1

ダート
追込 1
差し 7
逃げ 5
25勝
先行 12

RANKING 57

2022 ㉘
2021 ⑮
2020 ⑩
2歳 ―　2019 ⑨

*サウスヴィグラス
SOUTH VIGOROUS

年次	種付頭数	産駒数
23年	―	―
22年	―	―
21年	―	―

2018年死亡

1996年生　栗毛　アメリカ産　1998年輸入

距離	成長型	芝	ダート	瞬発力	パワー	底力
短	普	△	◎	○	○	○

系統：フォーティナイナー系　母父系統：ナスルーラ系

父 *エンドスウィープ 鹿 1991	*フォーティナイナー 栗 1985	Mr. Prospector	Raise a Native
			Gold Digger
		File	Tom Rolfe
			Continue
	Broom Dance 鹿 1979	Dance Spell	Northern Dancer
			Obeah
		Witching Hour	Thinking Cap
			Enchanted Eve
母 *ダーケストスター 黒鹿 1989	Star de Naskra 黒鹿 1975	Naskra	Nasram
			Iskra
		Candle Star	Clandestine
			Star Minstrel
	Minnie Riperton 黒鹿 1974	Cornish Prince	Bold Ruler
			Teleran
		English Harbor	War Admiral
			Level Sands

インブリード：Double Jay 5×5、母ダーケストスターに Nasrullah 4×4

血統解説　父はアドマイヤムーン（P218）、プリサイスエンド（P275）などを送り出した名種牡馬。母は米4勝。母系は甥にサフィロス（京王杯2歳S2着）、姪にコーディエライト（新潟2歳S2着）がいる。母父スタードナスクラは米GⅡホイットニーS、米GⅡカーターHなどを勝った中距離馬。

代表産駒　コーリンベリー（JBCスプリント）、サブノジュニア（P387）、ヒガシウィルウィン（P398）、ラブミーチャン（全日本2歳優駿）、タイニーダンサー（関東オークス）、テイエムサウスダン（兵庫ジュニアGP）、ナムラタイタン（P290）、ハニーパイ（エーデルワイス賞）。

PROFILE

競走成績　33戦16勝（2〜7歳・日）
最高レーティング　114 S（03年）
主な勝ち鞍　JBCスプリント、根岸S2回、北海道スプリントC2回、クラスターC、黒船賞、かきつばた記念。東京盃2着、ガーネットS2着。

8度の地方リーディングに輝くスーパーサイアー

　5歳までは重賞では2着が最高だったが、6歳時根岸Sで重賞初制覇を遂げてから一気に本格化。距離が1600mのフェブラリーSこそ6着に敗れたが、重賞2勝目の黒船賞を皮切りに、かきつばた記念、北海道スプリントC、クラスターC、根岸S、北海道スプリントCと重賞6連勝を達成。東京盃2着から駒を進めたJBCスプリントで、マイネルセレクトの追撃をハナ差凌いで逃げ切り、待望のGⅠ馬に輝いた。

　8歳春から種牡馬入り。産駒は地方競馬を中心に活躍。2012年に初の地方競馬リーディングサイアーに輝くと、2015年からは7年連続でトップの座に君臨。総合ランキングでも、2019年の9位を最高に、トップ10以内に4回もランクイン。2023年はスティールペガサスが北海道スプリントCで3着するなどしたが、総合ランキングは大きくダウン。

　それでも、ナムラタイタンが後継種牡馬として供用中で、サブノジュニアやヒガシウィルウィンも種牡馬としてスタンバイしている。彼らの活躍に期待したい。

馬券に直結する適性データ

　現6歳馬が最終世代。現役馬は40頭ほどだが、サウスヴィグラス自身、6歳で本格化し7歳でGⅠ勝ちを果たしたように、産駒にもこれからの活躍を期待したい。実際、7歳以上の牡馬でも3着内率は18.2%を記録しており、ノータイムで消し、というわけにはいかないだろう。距離はやはり短距離が得意で、ダート46勝のうち80%にあたる37勝を〜1300mであげている。中距離も走るが、勝率は1.3%しかなく、距離が伸びたら連下、3着のヒモ扱いでいい。コースでは福島ダート。勝率13.6%、3着内率36.4%は、狙っても面白いレベルだ。

　系統のバージョンアップ⑥　シアトルスルー系からエーピーインディ系（プルピット）。ネヴァーベンド系（リヴァーマン）からミルリーフ系（ダルシャーン、シャーリーハイツ）が昇格（独立）。

2023年成績

総収得賞金 467,896,000円　アーニング INDEX　0.67

勝利頭数／出走頭数：全馬 77 ／ 150		2歳 －／－	
勝利回数／出走回数：全馬 144 ／ 1,388		2歳 －／－	

Data Box (2021~2023)

コース　福島などローカルダート向き

	1着	2着	3着	出走数	勝率	連対率	3着内率
全体計	46	58	55	787	5.8%	13.2%	20.2%
中央芝	0	0	0	1	0.0%	0.0%	0.0%
中央ダ	18	37	26	403	4.5%	13.6%	20.1%
ローカル芝	0	1	2	19	0.0%	5.3%	15.8%
ローカルダ	28	20	27	364	7.7%	13.2%	20.6%
右回り芝	0	0	0	8	0.0%	0.0%	0.0%
右回りダ	25	30	34	443	5.6%	12.4%	20.1%
左回り芝	0	0	0	1	0.0%	0.0%	0.0%
左回りダ	21	27	19	324	6.5%	14.8%	20.7%
札幌芝	0	0	0	2	0.0%	0.0%	0.0%
札幌ダ	1	0	4	28	3.6%	3.6%	17.9%
函館芝	0	0	0	3	0.0%	0.0%	0.0%
函館ダ	3	3	2	34	8.8%	17.6%	23.5%
福島芝	0	0	0	0	－	－	－
福島ダ	6	3	7	44	13.6%	20.5%	36.4%
新潟芝	0	1	2	11	0.0%	9.1%	27.3%
新潟ダ	7	6	7	93	7.5%	14.0%	21.5%
東京芝	0	0	0	0	－	－	－
東京ダ	7	14	8	112	6.3%	18.8%	25.9%
中山芝	0	0	0	0	－	－	－
中山ダ	4	15	13	152	2.6%	12.5%	21.1%
中京芝	0	0	0	1	0.0%	0.0%	0.0%
中京ダ	7	7	4	119	5.9%	11.8%	15.1%
京都芝	0	0	0	0	－	－	－
京都ダ	1	0	0	10	0.0%	0.0%	10.0%
阪神芝	0	0	0	1	0.0%	0.0%	0.0%
阪神ダ	7	8	4	129	5.4%	11.6%	14.7%
小倉芝	0	0	0	1	0.0%	0.0%	0.0%
小倉ダ	4	1	3	46	8.7%	10.9%	17.4%

条件　どの舞台でも安定した成績

	1着	2着	3着	出走数	勝率	連対率	3着内率
新馬	1	1	2	16	6.3%	12.5%	25.0%
未勝利	9	20	11	154	5.8%	18.8%	26.0%
1勝	17	11	19	212	8.0%	13.2%	22.2%
2勝	10	12	9	220	4.5%	10.0%	14.1%
3勝	6	6	5	87	6.9%	13.8%	19.5%
OPEN特別	3	7	10	94	3.2%	10.6%	21.3%
GⅢ	1	1	0	15	6.7%	13.3%	13.3%
GⅡ	0	0	0	0	－	－	－
GⅠ	0	1	0	2	0.0%	50.0%	50.0%
ハンデ戦	2	3	8	69	2.9%	7.2%	18.8%
牝馬限定	4	5	5	74	5.4%	12.2%	18.9%
障害	1	1	1	13	7.7%	15.4%	23.1%

人気　穴馬の激走には要警戒

	1着	2着	3着	出走数	勝率	連対率	3着内率
1番人気	19	5	10	50	38.0%	48.0%	68.0%
2～3番人気	13	22	13	95	13.7%	36.8%	50.5%
4～6番人気	6	13	20	171	3.5%	11.1%	22.8%
7～9番人気	7	10	6	160	4.4%	10.6%	14.4%
10番人気～	2	9	7	324	0.6%	3.4%	5.6%

単勝回収値 47円／単勝適正回収値 73円

距離　ダートのマイル以下の距離が得意

芝　平均勝ち距離　－

	1着	2着	3着	出走数	勝率	連対率	3着内率
全体計	0	1	2	20	0.0%	5.0%	15.0%
芝～1300m	0	1	2	19	0.0%	5.3%	15.8%
芝～1600m	0	0	0	1	0.0%	0.0%	0.0%
芝～2000m	0	0	0	0	－	－	－
芝～2400m	0	0	0	0	－	－	－
芝2500m～	0	0	0	0	－	－	－

ダート　平均勝ち距離　1,217m

	1着	2着	3着	出走数	勝率	連対率	3着内率
全体計	46	57	53	767	6.0%	13.4%	20.3%
ダ～1300m	37	37	39	546	6.8%	13.6%	20.7%
ダ～1600m	8	15	7	146	5.5%	15.8%	20.5%
ダ～2000m	1	5	7	75	1.3%	8.0%	17.3%
ダ2100m～	0	0	0	0	－	－	－

馬場状態　馬場は渋れば渋るほど良い

		1着	2着	3着	出走数	勝率	連対率	3着内率
芝	良	0	1	1	13	0.0%	7.7%	15.4%
	稍重	0	0	0	6	0.0%	0.0%	0.0%
	重	0	0	0	0	－	－	－
	不良	0	0	1	1	0.0%	0.0%	100.0%
ダ	良	29	30	31	457	6.3%	12.9%	19.7%
	稍重	9	12	9	159	5.7%	13.2%	18.9%
	重	4	10	9	104	3.8%	13.5%	22.1%
	不良	4	5	4	47	8.5%	19.1%	27.7%

性齢　現6歳が最終、7歳以上も頑張れる

	1着	2着	3着	出走数	勝率	連対率	3着内率
牡2歳	0	0	0	0	－	－	－
牝2歳	0	0	0	0	－	－	－
牡3歳前半	7	9	12	94	7.4%	17.0%	29.8%
牝3歳前半	4	9	2	57	7.0%	22.8%	26.3%
牡3歳後半	4	4	3	37	10.8%	21.6%	29.7%
牝3歳後半	6	3	4	47	12.8%	19.1%	34.0%
牡4歳	10	10	10	132	7.6%	15.2%	22.7%
牝4歳	8	4	1	77	10.4%	15.6%	16.9%
牡5歳	4	7	5	111	3.6%	9.9%	14.4%
牝5歳	1	3	6	101	1.0%	4.0%	9.9%
牡6歳	1	6	4	71	1.4%	9.9%	15.5%
牝6歳	2	0	4	39	0.0%	5.1%	15.4%
牡7歳以上	2	2	2	33	6.1%	12.1%	18.2%
牝7歳以上	0	0	0	1	0.0%	0.0%	0.0%

勝ち馬の決め手

芝　0勝

ダート　46勝
追込 1
差し 7
逃げ 18
先行 20

RANKING
58
2歳 **63**

2022 ⑯
2021 ⑭
2020 －
2019 －

ロゴタイプ
LOGOTYPE

年次	種付頭数	産駒数
23年	**70**	**22**
22年	39	31
21年	59	50

種付料／⇨受50万円F 供用地／新ひだか・レックススタッド

2010年生　黒鹿毛　千歳・社台ファーム産

距離	成長型	芝	ダート	瞬発力	パワー	底力
マ中	普	○	○	○	○	○

PROFILE

競走成績　**30戦6勝**（2〜7歳・日首香）

最高レーティング　**119 M**（16年）

主な勝ち鞍　**安田記念、皐月賞、朝日杯フューチュリティS**、**スプリングS**。安田記念2着、中山記念2着、中山金杯2着、ダービー卿CT2着。

重賞勝ち馬も出現してランキングも急上昇！

　2歳時、ベゴニア賞をレコード勝ちして臨んだ朝日杯FSを快勝してGIホースに輝く。3歳緒戦のスプリングSを制し、続く皐月賞もエピファネイアを降してレコード勝ち。2番人気に推されたダービーはキズナの5着。

　以降、中山金杯2着、中山記念2着、ダービー卿CT2着など勝てないレースが続いたが、6歳時の安田記念で断然人気のモーリスを相手にまんまと逃げ切り、GI3勝目をあげた。7歳時の安田記念も逃げて2着。

　初年度産駒から阪神JF2着のラブリイユアアイズが出るも後が続かず、2年目の総合ランキングは116位と伸び悩んだが、3年目の2023年はミトノオーが兵庫CSを勝つなどの活躍で、58位へと大きく順位を上げている。

系統：サドラーズウェルズ系　母父系統：サンデーサイレンス系

父 ローエングリン 栗 1999	Singspiel 鹿 1992	In The Wings	Sadler's Wells
			High Hawk
		Glorious Song	Halo
			Ballade
	*カーリング 黒鹿 1992	Garde Royale	Mill Reef
			Royal Way
		Corraleja	Carvin
			Darling Dale
母 ステレオタイプ 鹿 2002	*サンデーサイレンス 青鹿 1986	Halo	Hail to Reason
			Cosmah
		Wishing Well	Understanding
			Mountain Flower
	スターバレリーナ 鹿 1990	Risen Star	Secretariat
			Ribbon
		*ベリアーニS	Nureyev
			Eleven Pleasures

インブリード：Halo 4×3、Northern Dancer 5×5

血統解説　父はP277参照。母は地方で2勝。母系は2代母にスターバレリーナ（ローズS）、叔母にグランパドドゥ（中日新聞杯）、叔父にアンドゥオール（東海S、マーチS）、フレンチウォリアー（北海道2歳優駿3着）、いとこにパドトロワ（P276）、近親にアグネスラズベリ（函館スプリントS）。

代表産駒　ミトノオー（兵庫CS、ジャパンダートダービー3着）、ラブリイユアアイズ（阪神JF2着、京王杯2歳S3着）、オメガギネス（東海S2着、レパードS2着）、シカゴスティング（ファンタジーS3着）、ベラジオソノダラブ（園田・菊水賞）。

POG　2024年期待の2歳馬

母馬名（母父）	性別	おすすめポイント
オープンユアアイズ （ヴィクトワールピサ）	牡	1歳セレクトセールで4290万円。全姉にラブリイユアアイズ。
ベラフォレスタ （ゼンノロブロイ）	牡	当歳セレクトセールで2310万円。叔母にGI馬アストンマーチャン。
レッドサスペンダー （キングカメハメハ）	牝	2代母はフローラS勝ち。叔父に京都新聞杯のレッドジェニアル。

馬券に直結する適性データ

　芝12勝にダート12勝と勝ち数は同じだが、距離別の内訳が違っているのが興味深い。芝はマイルを中心にやや短距離寄りの成績をあげているのに対し、ダートは中距離に集中している。「芝でマイルを走っているから」と、ダートでマイル戦を買うと痛い目に遭う可能性も。ロゴタイプ自身は穴っぽいところがあったが、産駒は人気に忠実。特に1番人気時の勝率は50％と非常に優秀。むしろ、連対率がやや物足りないので、本命の時は単勝もしくは1着固定で狙ってみたい。仕上がりは遅い方で、3歳後半でグッと成績を伸ばしてくる。早めの見切りは禁物だ。

　系統のバージョンアップ⑦　グレイソヴリン系からカロ系（コジーン）。ネイティヴダンサー系からシャーペンアップ系（クリス）が昇格（独立）。

2023年 成績

総収得賞金 463,730,000円　アーニング INDEX　0.81

勝利頭数／出走頭数：全馬 47／123	2歳 5／34
勝利回数／出走回数：全馬 82／1,072	2歳 6／140

Data Box (2021〜2023)

コース　ほぼローカルダート専門のタイプ

	1着	2着	3着	出走数	勝率	連対率	3着内率
全体計	24	25	40	542	4.4%	9.0%	16.4%
中央芝	1	7	11	136	0.7%	5.9%	14.0%
中央ダ	6	6	9	158	3.8%	7.6%	13.3%
ローカル芝	11	5	14	163	6.7%	9.8%	18.4%
ローカルダ	6	7	6	85	7.1%	15.3%	22.4%
右回り芝	4	7	19	151	2.6%	7.3%	19.9%
右回りダ	10	8	9	143	7.0%	12.6%	18.9%
左回り芝	8	3	5	136	5.9%	8.1%	11.8%
左回りダ	2	5	6	100	2.0%	7.0%	13.0%
札幌芝	2	0	2	19	10.5%	10.5%	21.1%
札幌ダ	1	0	0	6	16.7%	16.7%	16.7%
函館芝	0	0	2	9	0.0%	0.0%	22.2%
函館ダ	1	2	1	9	11.1%	33.3%	44.4%
福島芝	1	3	7	38	2.6%	10.5%	28.9%
福島ダ	3	2	1	19	15.8%	26.3%	31.6%
新潟芝	5	2	2	58	8.6%	12.1%	15.5%
新潟ダ	1	2	2	22	4.5%	13.6%	22.7%
東京芝	1	3	3	67	1.5%	6.0%	10.4%
東京ダ	1	2	2	56	1.8%	5.4%	8.9%
中山芝	0	1	5	47	0.0%	2.1%	12.8%
中山ダ	4	2	6	74	5.4%	8.1%	16.2%
中京芝	2	0	1	23	8.7%	8.7%	13.0%
中京ダ	0	1	2	22	0.0%	4.5%	13.6%
京都芝	0	1	1	8	0.0%	12.5%	25.0%
京都ダ	1	0	0	5	20.0%	20.0%	20.0%
阪神芝	0	2	2	14	0.0%	14.3%	28.6%
阪神ダ	1	1	0	23	4.3%	8.7%	13.0%
小倉芝	1	0	0	16	6.3%	6.3%	6.3%
小倉ダ	0	0	0	7	0.0%	0.0%	0.0%

条件　OP出走時は最大限に警戒

	1着	2着	3着	出走数	勝率	連対率	3着内率
新馬	3	2	7	89	3.4%	5.6%	13.5%
未勝利	14	18	25	376	3.7%	8.5%	15.2%
1勝	3	4	7	74	4.1%	9.5%	18.9%
2勝	0	0	0	0	–	–	–
3勝	0	0	0	0	–	–	–
OPEN特別	4	0	0	5	80.0%	80.0%	80.0%
GⅢ	0	1	1	3	0.0%	33.3%	66.7%
GⅡ	0	0	1	2	0.0%	0.0%	50.0%
GⅠ	0	1	0	3	0.0%	33.3%	33.3%
ハンデ戦	0	0	0	0	–	–	–
牝馬限定	3	4	11	115	2.6%	6.1%	15.7%
障害	0	1	1	10	0.0%	10.0%	20.0%

人気　1番人気は堅実、見つけたら買い

	1着	2着	3着	出走数	勝率	連対率	3着内率
1番人気	9	1	4	18	50.0%	55.6%	77.8%
2〜3番人気	9	8	8	65	13.8%	26.2%	38.5%
4〜6番人気	5	8	17	113	4.4%	11.5%	26.5%
7〜9番人気	0	6	4	118	0.0%	5.1%	8.5%
10番人気〜	1	3	8	238	0.4%	1.7%	5.0%

単勝回収値 38円／単勝適正回収値 70円

距離　芝はマイルより短距離が向く

芝　平均勝ち距離　1,508m

	1着	2着	3着	出走数	勝率	連対率	3着内率
全体計	12	12	25	299	4.0%	8.0%	16.4%
芝〜1300m	3	3	5	56	5.4%	10.7%	19.6%
芝〜1600m	6	5	9	124	4.8%	8.9%	16.1%
芝〜2000m	3	4	11	114	2.6%	6.1%	15.8%
芝〜2400m	0	0	0	3	0.0%	0.0%	0.0%
芝2500m〜	0	0	0	2	0.0%	0.0%	0.0%

ダート　平均勝ち距離　1,683m

	1着	2着	3着	出走数	勝率	連対率	3着内率
全体計	12	13	15	243	4.9%	10.3%	16.5%
ダ〜1300m	1	3	3	67	1.5%	6.0%	10.4%
ダ〜1600m	1	1	3	58	1.7%	3.4%	8.6%
ダ〜2000m	10	8	9	116	8.6%	15.5%	23.3%
ダ2100m〜	0	1	0	2	0.0%	50.0%	50.0%

馬場状態　少し渋った芝で成績アップ

		1着	2着	3着	出走数	勝率	連対率	3着内率
芝	良	8	9	18	229	3.5%	7.4%	15.3%
	稍重	3	3	6	51	5.9%	11.8%	23.5%
	重	0	0	1	16	0.0%	0.0%	6.3%
	不良	1	0	0	3	33.3%	33.3%	33.3%
ダ	良	7	9	7	157	4.5%	10.2%	14.6%
	稍重	2	2	0	50	4.0%	8.0%	8.0%
	重	0	1	5	20	0.0%	10.0%	35.0%
	不良	3	1	3	16	18.8%	18.8%	37.5%

性齢　2歳戦は苦手、3歳後半に急成長

	1着	2着	3着	出走数	勝率	連対率	3着内率
牡2歳	4	2	6	101	4.0%	5.9%	11.9%
牝2歳	5	3	10	127	3.9%	6.3%	14.2%
牡3歳前半	5	9	8	89	5.6%	15.7%	24.7%
牝3歳前半	3	3	7	103	1.0%	3.9%	10.7%
牡3歳後半	5	3	3	41	12.2%	19.5%	26.8%
牝3歳後半	4	2	3	54	7.4%	11.1%	16.7%
牡4歳	0	2	1	10	0.0%	20.0%	30.0%
牝4歳	0	2	3	27	0.0%	7.4%	18.5%
牡5歳	0	0	0	0	–	–	–
牝5歳	0	0	0	0	–	–	–
牡6歳	0	0	0	0	–	–	–
牝6歳	0	0	0	0	–	–	–
牡7歳以上	0	0	0	0	–	–	–
牝7歳以上	0	0	0	0	–	–	–

勝ち馬の決め手

芝　　12勝　逃げ4／差し2／先行6　　ダート　12勝　逃げ3／差し2／先行7

189

RANKING

59

2歳 130

2022 ㊿
2021 (51)
2020 (57)
2019 (72)

トゥザグローリー
TO THE GLORY

年次	種付頭数	産駒数
23年	―	―
22年	―	10
21年	18	11

2022年引退
2007年生　鹿毛　安平・ノーザンファーム産

距離	成長型	芝	ダート	瞬発力	パワー	底力
中長	やや晩	○	○	○	○	△

系統：キングマンボ系　母父系統：サンデーサイレンス系

父 キングカメハメハ 鹿 2001	Kingmambo 鹿 1990	Mr. Prospector	Raise a Native
			Gold Digger
		Miesque	Nureyev
			Pasadoble
	*マンファス 黒鹿 1991	*ラストタイクーン	*トライマイベスト
			Mill Princess
		Pilot Bird	Blakeney
			The Dancer
母 トゥザヴィクトリー 鹿 1996	*サンデーサイレンス 青鹿 1986	Halo	Hail to Reason
			Cosmah
		Wishing Well	Understanding
			Mountain Flower
	*フェアリードール 栗 1991	Nureyev	Northern Dancer
			Special
		Dream Deal	Sharpen Up
			Likely Exchange

インブリード：Nureyev 4×3、Northern Dancer 5・5×4

血統解説　父は直仔がリーディング1、2位を分け合うなど、着実に父系を伸ばしている大種牡馬。母はエリザベス女王杯を勝ち、ドバイワールドC2着。母系は全弟にトゥザワールド（弥生賞、有馬記念2着）、全妹にトーセンビクトリー（中山牝馬S）、甥にリオンリオン（青葉賞）、メドウラーク（七夕賞）がいる。

代表産駒 カラテ（新潟記念、新潟大賞典、東京新聞杯）、**ゲンパチルシファー**（プロキオンS）、**サヨノグローリー**（浦和・プラチナC）、**グロリアドーロ**（兵庫ダービー3着）、**アギト**（川崎・クラウンC3着）、**メイショウミツヤス**（オークランドTRT）。

PROFILE

競走成績　33戦8勝（3～7歳・日）
最高レーティング　120 L（11、12年）
主な勝ち鞍　京都記念、日経賞、日経新春杯、鳴尾記念、中日新聞杯、カシオペアS。青葉賞2着、有馬記念3着2回、天皇賞・秋5着。

カラテが重賞3勝目をマーク ほかの産駒も後に続きたい

3歳時、青葉賞2着で出走権を得たダービーは7着。12月の中日新聞杯で重賞初制覇を遂げると、中1週で挑戦した有馬記念は14番人気ながら3着に健闘した。4歳時、京都記念、日経賞を連勝して臨んだ天皇賞・春は1番人気13着。その後、暮れの有馬記念で2年続けて3着に入った。ほかに日経新春杯、鳴尾記念。

8歳で種牡馬入り。2021年、カラテが東京新聞杯を制し、父に初の重賞タイトルをもたらすと、2022年にはゲンパチルシファーがプロキオンSを制し2頭目の重賞馬に輝いた。

2023年はカラテが新潟大賞典を制し重賞3勝目をマークするも、総合ランキングは50位台の壁を超えられず。カラテに続く活躍馬の登場に期待したい。

POG　2024年期待の2歳馬

母馬名（母父）	性別	おすすめポイント
アウグスタ（エイシンフラッシュ）	牡	2代母にGⅢ馬オーバーザウォール。一族にGⅡ2勝インティライミ。
ヌンジュリエット（ローエングリン）	牡	一族から皐月賞、マイルCSを制したジェニュインが出ている。
ユキノレッシャ（フジキセキ）	牝	いとこに重賞3勝馬カラテ。母系からは種牡馬ステイゴールド。

馬券に直結する適性データ

芝とダートの両方で重賞勝ち馬を出しているのは、万能型の父の直仔らしい特徴といえる。実際、芝11勝に対しダート16勝と、特に偏りは見られない。距離別にチェックしてみると、芝はマイルに良績が集中しており、ダートは短距離と中距離に分散している。条件別では、新馬戦は避けたい。狙うなら2勝目をあげてからだ。また、ハンデ戦に強いのも特徴。カラテの重賞3勝のうち2つはハンデ戦だった。もっとも、その2つのレースで共にトップハンデを課されており、軽ハンデを利してというより、見込まれた実力を順当に発揮できる時が狙い目だ。

系統のバージョンアップ⑧　マイリージャン系からパーソロン系（メジロマックイーン、シンボリルドルフ）。プリンスリーギフト系からテスコボーイ系（トウショウボーイ、サクラユタカオー）が昇格（独立）。

2023年成績

総収得賞金 459,501,000円　アーニング INDEX 0.85

	2歳		
勝利頭数／出走頭数：全馬 58 ／ 116	2歳	1 ／ 10	
勝利回数／出走回数：全馬 111 ／ 1,275	2歳	1 ／ 54	

Data Box (2021〜2023)

単勝回収値 87 円／単勝適正回収値 73 円

コース　東京など左回りの芝で出番

	1着	2着	3着	出走数	勝率	連対率	3着内率
全体計	27	40	38	622	4.3%	10.8%	16.9%
中央芝	7	6	5	110	6.4%	11.8%	16.4%
中央ダ	5	17	10	198	2.5%	11.1%	16.2%
ローカル芝	4	7	6	111	3.6%	9.9%	15.3%
ローカルダ	11	10	17	203	5.4%	10.3%	18.7%
右回り芝	5	8	5	135	3.7%	9.6%	13.3%
右回りダ	7	18	15	246	2.8%	10.2%	16.3%
左回り芝	6	5	6	83	7.2%	13.3%	20.5%
左回りダ	9	9	12	155	5.8%	11.6%	19.4%
札幌芝	2	1	0	10	20.0%	30.0%	30.0%
札幌ダ	2	2	3	24	8.3%	16.7%	29.2%
函館芝	0	0	0	8	0.0%	0.0%	0.0%
函館ダ	1	1	2	13	7.7%	15.4%	30.8%
福島芝	0	3	3	23	0.0%	13.0%	26.1%
福島ダ	0	1	2	22	0.0%	4.5%	13.6%
新潟芝	2	2	1	26	7.7%	15.4%	19.2%
新潟ダ	3	1	4	45	6.7%	8.9%	17.8%
東京芝	4	3	3	45	8.9%	15.6%	22.2%
東京ダ	2	5	4	56	3.6%	12.5%	19.6%
中山芝	2	1	1	39	5.1%	7.7%	10.3%
中山ダ	1	6	6	68	1.5%	10.3%	19.1%
中京芝	0	0	2	15	0.0%	0.0%	13.3%
中京ダ	4	3	4	54	7.4%	13.0%	20.4%
京都芝	1	0	1	5	20.0%	20.0%	40.0%
京都ダ	0	1	0	5	0.0%	20.0%	20.0%
阪神芝	0	2	0	21	0.0%	9.5%	9.5%
阪神ダ	2	5	0	69	2.9%	10.1%	10.1%
小倉芝	0	1	0	29	0.0%	3.4%	3.4%
小倉ダ	1	2	2	45	2.2%	6.7%	11.1%

条件　ハンデ戦出走時は要注意

	1着	2着	3着	出走数	勝率	連対率	3着内率
新馬	0	0	1	28	0.0%	0.0%	3.6%
未勝利	6	17	13	270	2.2%	8.5%	13.3%
1勝	7	14	12	214	3.3%	9.8%	15.4%
2勝	6	5	7	76	7.9%	14.5%	23.7%
3勝	4	4	6	52	7.7%	15.4%	26.9%
OPEN特別	1	1	2	17	5.9%	11.8%	23.5%
GⅢ	4	1	1	14	28.6%	35.7%	42.9%
GⅡ	0	1	0	4	0.0%	25.0%	25.0%
GⅠ	0	0	0	5	0.0%	0.0%	0.0%
ハンデ戦	5	5	6	43	11.6%	23.3%	37.2%
牝馬限定	2	7	9	91	2.2%	9.9%	19.8%
障害	1	3	4	58	1.7%	6.9%	13.8%

人気　上位人気の勝率が低め

	1着	2着	3着	出走数	勝率	連対率	3着内率
1番人気	4	6	3	20	20.0%	50.0%	65.0%
2〜3番人気	7	5	8	54	13.0%	22.2%	37.0%
4〜6番人気	10	17	10	143	7.0%	18.9%	25.9%
7〜9番人気	4	9	11	163	2.5%	8.0%	14.7%
10番人気〜	3	6	10	300	1.0%	3.0%	6.3%

距離　はっきり芝のマイル向き

芝　　平均勝ち距離　1,636m

	1着	2着	3着	出走数	勝率	連対率	3着内率
全体計	11	13	11	221	5.0%	10.9%	15.8%
芝〜1300m	0	3	3	55	0.0%	5.5%	10.9%
芝〜1600m	9	5	7	80	11.3%	17.5%	26.3%
芝〜2000m	2	5	0	61	3.3%	11.5%	11.5%
芝〜2400m	0	0	1	15	0.0%	0.0%	6.7%
芝2500m〜	0	0	0	10	0.0%	0.0%	0.0%

ダート　平均勝ち距離　1,481m

	1着	2着	3着	出走数	勝率	連対率	3着内率
全体計	16	27	27	401	4.0%	10.7%	17.5%
ダ〜1300m	7	6	7	109	6.4%	11.9%	18.3%
ダ〜1600m	2	7	5	93	2.2%	9.7%	15.1%
ダ〜2000m	7	13	13	191	3.7%	10.5%	17.3%
ダ2100m〜	0	1	2	8	0.0%	12.5%	37.5%

馬場状態　少し渋った芝で勝率がアップする

		1着	2着	3着	出走数	勝率	連対率	3着内率
芝	良	7	11	9	168	4.2%	10.7%	16.1%
	稍重	3	2	2	37	8.1%	13.5%	18.9%
	重	0	0	0	13	0.0%	0.0%	0.0%
	不良	1	0	0	3	33.3%	33.3%	33.3%
ダ	良	12	16	14	239	5.0%	11.7%	17.6%
	稍重	3	7	9	80	3.8%	12.5%	23.8%
	重	1	3	3	49	2.0%	8.2%	14.3%
	不良	0	1	0	33	0.0%	3.0%	6.1%

性齢　晩成タイプ、5歳からが本番

	1着	2着	3着	出走数	勝率	連対率	3着内率
牡2歳	0	0	0	23	0.0%	0.0%	0.0%
牝2歳	1	1	5	39	2.6%	5.1%	17.9%
牡3歳前半	2	5	3	86	2.3%	8.1%	11.6%
牝3歳前半	1	6	3	75	1.3%	9.3%	13.3%
牡3歳後半	2	2	3	44	4.5%	9.1%	15.9%
牝3歳後半	1	1	2	36	2.8%	5.6%	11.1%
牡4歳	3	7	4	92	3.3%	10.9%	15.2%
牝4歳	1	2	3	36	2.8%	8.3%	16.7%
牡5歳	11	12	8	94	11.7%	24.5%	33.0%
牝5歳	2	2	4	52	0.0%	7.7%	15.4%
牡6歳	4	4	6	55	7.3%	14.5%	25.5%
牝6歳	1	1	1	21	4.8%	9.5%	14.3%
牡7歳以上	1	0	0	25	4.0%	4.0%	4.0%
牝7歳以上	0	0	0	3	0.0%	0.0%	0.0%

勝ち馬の決め手

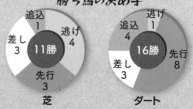

芝　11勝：逃げ4、先行3、差し3、追込1
ダート　16勝：逃げ1、先行8、差し3、追込4

RANKING
60
2歳 91

2022 (69)
2021 (54)
2020 ㊿
2019 (69)

トランセンド
TRANSCEND

年次	種付頭数	産駒数
23年	**17**	**17**
22年	28	31
21年	49	26

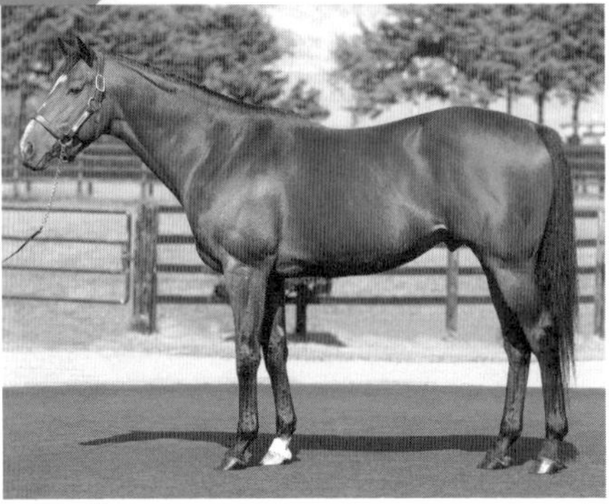

種付料／⇨受50万円F 供用地／新ひだか・アロースタッド
2006年生　鹿毛　新冠・ノースヒルズマネジメント

距離	成長型	芝	ダート	瞬発力	パワー	底力
マ中	普	△	◎	○	○	○

PROFILE

競走成績　24戦10勝（3～6歳・日首）
最高レーティング　121 I（11年）
主な勝ち鞍　ジャパンCダート2回、フェブラリーS、南部杯、みやこS、レパードS。ドバイワールドC2着、JBCクラシック2着、3着、東海S2着。

ジャパンCダート連覇の名馬 ドバイでもその実力を発揮

3歳時、この年から新設されたレパードSで重賞初制覇を遂げると、4歳時にも、同じくその年に新設されたみやこSで重賞2勝目。続くジャパンCダートでGⅠウイナーに輝くと、さらにフェブラリーSも制してGⅠ連勝。

その勢いを駆ってドバイワールドCに挑戦。スタートから先頭に立つ積極的な競馬で、同じく日本からの遠征馬ヴィクトワールピサに半馬身差の2着に惜敗した。帰国後は南部杯を勝ち、ジャパンCダートで史上初の連覇を遂げた。2011年のJRA最優秀ダートホース。

7歳から種牡馬入り。トランセンデンスやメイショウダジンが交流重賞で好走。2023年はジェミニキングが阪神スプリングJを制覇。前年より総合ランキングを上げている。

系統：ニアークティック系　母父系統：グレイソヴリン系

父 *ワイルドラッシュ 鹿 1994	Wild Again 黒鹿 1980	Icecapade	Nearctic
			Shenanigans
		Bushel-n-Peck	Khaled
			Dama
	Rose Park 鹿 1986	Plugged Nickle	Key to the Mint
			Toll Booth
		Hardship	Drone
			Hard and Fast
母 シネマスコープ 栗 1993	*トニービン 鹿 1983	*カンパラ	Kalamoun
			State Pension
		Severn Bridge	Hornbeam
			Priddy Fair
	ブルーハワイ 鹿 1989	*スリルショー	Northern Baby
			Splendid Girl
		*サニースワップス	Hawaii
			*アイアンエイジ

インブリード：Khaled 4×5、Hyperion 5×5

血統解説　父はメトロポリタンHの勝ち馬で、種牡馬として本馬のほかにパーソナルラッシュ（ダービーグランプリ）、米でステラージェーン（マザーグースS）を輩出した、貴重なニアークティック系の後継者。母は5勝。母系は叔父にパルスビート（京都新聞杯2着）、甥にアングライフェン（名古屋グランプリ2着）。

代表産駒 ジェミニキング（阪神スプリングJ）、**トランセンデンス**（JBC2歳優駿2着）、**メイショウダジン**（日本テレビ盃3着）、**エングローサー**（ユニコーンS3着）、**リアルミー**（JBC2歳優駿3着）、**ゴールドホイヤー**（船橋・京成盃グランドマイラーズ）。

POG　2024年期待の2歳馬

母馬名（母父）	性別	おすすめポイント
スイートメドゥーサ（アグネスタキオン）	牡	2代母ローブデコルテはオークス馬。近親に3冠牝馬スティルインラブ。
ラナンキュラス（スペシャルウィーク）	牡	2代母に2冠牝馬ファレノプシス。母系からはキズナも出ている。
ピンウィール（キングカメハメハ）	牝	母父はリーディングBMSに輝く名馬。ダートでも活躍馬多数。

馬券に直結する適性データ

ダート27勝に対し芝はわずか3勝だが、連対率や3着内率はそれほど悪くないので、芝＝即消しと決めつけない方がいい。とはいえ基本はダート。距離は短距離が勝ち数、勝率、連対率共にトップ。単狙いでもOKだ。また、2歳から4歳の間で、3歳後半を除き、牡馬より牝馬の方が成績がいい点に注目。これはほかの種牡馬と比べても、かなりレアな特徴。牝馬限定戦はもちろん、牡牝混合戦で牝馬というだけで人気が下がっているようならチャンスだ。逆に、牡馬を買うなら、3歳後半に狙いを絞ってみたい。コース別では、小倉ダートの連対率が優秀と覚えておこう。

系統のバージョンアップ⑨　古すぎてやや形骸化している系統も、世代を新しくするなどして見直した。ハンプトン系→ズルムー系（アカテナンゴ）。テディ系→ソードダンサー系（ダマスカス）。

2023年成績

総収得賞金 454,504,000円　アーニング INDEX　1.05

勝利頭数／出走頭数：全馬 51 ／ 93	2歳 8 ／ 20	
勝利回数／出走回数：全馬 78 ／ 701	2歳 11 ／ 85	

Data Box (2021~2023)

コース　西日本のダートで躍動

	1着	2着	3着	出走数	勝率	連対率	3着内率
全体計	30	25	18	369	8.1%	14.9%	19.8%
中央芝	0	2	2	23	0.0%	8.7%	17.4%
中央ダ	16	14	8	195	8.2%	15.4%	19.5%
ローカル芝	3	3	1	42	7.1%	14.3%	16.7%
ローカルダ	11	6	7	109	10.1%	15.6%	22.0%
右回り芝	2	5	2	44	4.5%	15.9%	20.5%
右回りダ	18	15	9	181	9.9%	18.2%	23.2%
左回り芝	1	0	1	19	5.3%	5.3%	10.5%
左回りダ	9	5	6	123	7.3%	11.4%	16.3%
札幌芝	0	0	0	1	0.0%	0.0%	0.0%
札幌ダ	0	0	0	5	0.0%	0.0%	0.0%
函館芝	0	0	0	1	0.0%	0.0%	0.0%
函館ダ	0	0	1	7	0.0%	0.0%	14.3%
福島芝	1	0	0	6	16.7%	16.7%	16.7%
福島ダ	0	0	0	11	0.0%	0.0%	0.0%
新潟芝	0	0	0	10	0.0%	0.0%	0.0%
新潟ダ	3	0	1	22	13.6%	13.6%	18.2%
東京芝	0	0	1	4	0.0%	0.0%	25.0%
東京ダ	2	3	1	61	3.3%	8.2%	9.8%
中山芝	0	0	0	8	0.0%	0.0%	0.0%
中山ダ	3	1	1	43	7.0%	9.3%	11.6%
中京芝	1	0	0	7	14.3%	14.3%	14.3%
中京ダ	4	2	4	40	10.0%	15.0%	25.0%
京都芝	0	0	0	3	0.0%	0.0%	0.0%
京都ダ	3	2	0	12	25.0%	41.7%	41.7%
阪神芝	0	2	1	8	0.0%	25.0%	37.5%
阪神ダ	8	8	6	79	10.1%	20.3%	27.8%
小倉芝	1	3	1	17	5.9%	23.5%	29.4%
小倉ダ	4	4	1	27	14.8%	29.6%	33.3%

条件　障害戦の適性が高い

	1着	2着	3着	出走数	勝率	連対率	3着内率
新馬	1	2	0	27	3.7%	11.1%	11.1%
未勝利	11	4	8	106	10.4%	14.2%	21.7%
1勝	12	10	7	133	9.0%	16.5%	21.8%
2勝	5	5	2	71	7.0%	14.1%	16.9%
3勝	2	4	2	25	8.0%	24.0%	32.0%
OPEN特別	3	4	2	36	8.3%	19.4%	25.0%
GⅢ	0	0	0	4	0.0%	0.0%	0.0%
GⅡ	1	0	0	2	50.0%	50.0%	50.0%
GⅠ	0	0	0	0	-	-	-
ハンデ戦	2	2	0	17	11.8%	23.5%	23.5%
牝馬限定	3	2	3	38	7.9%	13.2%	21.1%
障害	5	4	3	35	14.3%	25.7%	34.3%

人気　2~3番人気、4~6番人気の成績優秀

	1着	2着	3着	出走数	勝率	連対率	3着内率
1番人気	13	5	4	37	35.1%	48.6%	59.5%
2~3番人気	11	12	8	59	18.6%	39.0%	52.5%
4~6番人気	6	9	1	57	10.5%	26.3%	28.1%
7~9番人気	1	2	5	76	1.3%	3.9%	10.5%
10番人気～	4	1	3	175	2.3%	2.9%	4.6%

単勝回収値 94円／単勝適正回収値 94円

距離　芝ダート共短距離戦がベスト

芝　平均勝ち距離　1,400m

	1着	2着	3着	出走数	勝率	連対率	3着内率
全体計	3	5	3	65	4.6%	12.3%	16.9%
芝～1300m	2	4	1	27	7.4%	22.2%	25.9%
芝～1600m	0	1	2	21	0.0%	4.8%	14.3%
芝～2000m	1	0	0	14	7.1%	7.1%	7.1%
芝～2400m	0	0	0	3	0.0%	0.0%	0.0%
芝2500m～	0	0	0	0	-	-	-

ダート　平均勝ち距離　1,430m

	1着	2着	3着	出走数	勝率	連対率	3着内率
全体計	27	20	15	304	8.9%	15.5%	20.4%
ダ～1300m	12	7	5	91	13.2%	20.9%	26.4%
ダ～1600m	7	7	4	102	6.9%	13.7%	17.6%
ダ～2000m	8	5	6	105	7.6%	12.4%	18.1%
ダ2100m～	0	1	0	6	0.0%	16.7%	16.7%

馬場状態　重まで悪化したダートで速さ活かす

		1着	2着	3着	出走数	勝率	連対率	3着内率
芝	良	2	5	3	47	4.3%	14.9%	21.3%
	稍重	0	0	0	10	0.0%	0.0%	0.0%
	重	1	0	0	7	14.3%	14.3%	14.3%
	不良	0	0	0	1	0.0%	0.0%	0.0%
ダ	良	19	10	11	186	10.2%	15.6%	21.5%
	稍重	4	2	0	66	6.1%	9.1%	13.6%
	重	4	5	1	38	10.5%	23.7%	26.3%
	不良	0	3	0	14	0.0%	21.4%	21.4%

性齢　完成度は高く3歳後半に伸びる

	1着	2着	3着	出走数	勝率	連対率	3着内率
牡2歳	2	2	0	21	9.5%	19.0%	19.0%
牝2歳	3	1	3	26	11.5%	15.4%	26.9%
牡3歳前半	4	4	4	54	7.4%	14.8%	22.2%
牝3歳前半	4	2	0	36	11.1%	16.7%	16.7%
牡3歳後半	6	2	2	28	21.4%	28.6%	35.7%
牝3歳後半	2	1	2	20	10.0%	15.0%	25.0%
牡4歳	2	7	4	72	2.8%	12.5%	18.1%
牝4歳	4	4	1	32	12.5%	25.0%	28.1%
牡5歳	2	0	2	60	3.3%	3.3%	6.7%
牝5歳	0	0	0	1	0.0%	0.0%	0.0%
牡6歳	3	2	0	30	10.0%	16.7%	16.7%
牝6歳	0	0	0	0	-	-	-
牡7歳以上	3	2	2	24	12.5%	20.8%	29.2%
牝7歳以上	0	0	0	1	0.0%	0.0%	0.0%

勝ち馬の決め手

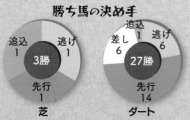

芝：追込 1／逃げ 1／差し 1／先行 1／（3勝）

ダート：追込 1／逃げ 6／差し 6／先行 14／（27勝）

2022 ⑦
2021 ⑯
2020 －
2019 －

*ラニ
LANI

年次	種付頭数	産駒数
23年	**8**	**5**
22年	10	21
21年	35	33

系統：エーピーインディ系　母父系統：サンデーサイレンス系

父 Tapit 芦 2001	Pulpit 鹿 1994	A.P. Indy	Seattle Slew
			Weekend Surprise
		Preach	Mr. Prospector
			Narrate
	Tap Your Heels 芦 1996	Unbridled	Fappiano
			Gana Facil
		Ruby Slippers	Nijinsky
			Moon Glitter
母 ヘヴンリーロマンス 鹿 2000	*サンデーサイレンス 青鹿 1986	Halo	Hail to Reason
			Cosmah
		Wishing Well	Understanding
			Mountain Flower
	*ファーストアクト 鹿 1986	Sadler's Wells	Northern Dancer
			Fairy Bridge
		Arkadina	Ribot
			Natashka

種付料/⇒受50万円F　供用地/新ひだか・アロースタッド
2013年生　芦毛　アメリカ産　2014年輸入

距離	成長型	芝	ダート	瞬発力	パワー	底力
中長	普	△	◎	○	○	△

インブリード：Northern Dancer 5×4、父 Tapit に Mr. Prospector 3×4
血統解説　父タピットは、米GⅠウッドメモリアルSの勝ち馬。種牡馬となり大成功を収め、北米首位サイアーにも輝いた。母ヘヴンリーロマンスは天皇賞・秋、札幌記念などに勝った名牝。本馬の半兄にアウォーディ（JBCクラシック）、半姉にアムールブリエ（名古屋GP2回）がいる。母父サンデーサイレンスは不世出のスーパー種牡馬。

PROFILE

競走成績　17戦3勝（2～4歳・日首米）
最高レーティング　113 L（16年）
主な勝ち鞍　UAEダービー。ベルモントS3着、ブラジルC3着。

UAEダービー制した国際派、代表産駒も海外で強さを示す

　2歳11月に500万下カトレア賞に勝利。大目標である米3冠戦出走のため、3歳3月に首遠征を敢行、GⅡUAEダービーを鮮やかに制し、生涯唯一の重賞制覇を飾る。その後米に渡り、3冠戦すべてに出走。ケンタッキーダービー9着、プリークネスS5着と尻上がりに着順を上げ、最終戦ベルモントSでは自慢の末脚を遺憾なく発揮し、クリエイターの3着に健闘した。

　5歳春から種牡馬生活を開始。2022年に初年度産駒の一頭リメイクがカペラSを制覇。このリメイクは、2023年にもクラスターC、海外遠征しGⅢコリアスプリントと重賞を2勝、JBCスプリントでも2着した。ほかに、クレメダンジュが関東オークスで2着。2022年の76位から61位にまで順位を上げている。

代表産駒 リメイク（カペラS、コリアスプリント、クラスターC、リヤドダートスプリント、JBCスプリント2着、プロキオンS2着、オーバルスプリント2着）、**クレメダンジュ**（関東オークス2着）、**ラニカイ**、**フークピグマリオン**（名古屋・ゴールドウイング賞）、**ケウ**。

POG　2024年期待の2歳馬

母馬名（母父）	性別	おすすめポイント
*シアージュ （RAVEN'S PASS）	牡	半兄に3勝馬ラフィングマッチ。パワフルなスピードと勝負強さが武器に。
ガラッシアファータ （DISTORTED HUMOR）	牝	ノーザンダンサー5×5・5のクロス。ダートマイル戦線で大成目指す。
*ラトナプラ （DISTORTED HUMOR）	牝	半姉にGⅡローズS3着エグランタイン。芝、ダート共にこなせそう。

馬券に直結する適性データ

　母が芝中距離重賞戦線の名牝だけに、芝もこなせる血統構成ではあるが、直近3年間におけるJRAでの勝ち鞍「24」の内、実に「23勝」までをダート戦でマークしている。競馬場別では中京ダートにおける3着内率の高さ、サンプル数そのものが少ないとはいえ小倉ダートでの優秀な勝率は、馬券作戦に活かしたいところ。前者であれば3連複の軸、後者なら思い切った頭勝負が功を奏しそうだ。1番人気での強さも特筆モノ。3回に2回は連絡み、10回に8、9回は3着内に来るだけに、迷わず「買い」が正解。配当的妙味ならば、2、3番人気時が、絶好の狙い目となる。

系統のバージョンアップ⑩　オリオール系→ヴェイグリーノーブル系（ミシシッピアンなど）。インテント系→インリアリティ系（リローンチなど）。バーラム系→モンズーン系（モンズーンなど）。

2023年成績

総収得賞金 448,363,000円　アーニング INDEX　0.74

| 勝利頭数／出走頭数：全馬 64 ／ 130 | 2歳 6 ／ 26 |
| 勝利回数／出走回数：全馬 111 ／ 1,174 | 2歳 11 ／ 133 |

Data Box (2021~2023)

コース　中京など左回りのダートで走る

	1着	2着	3着	出走数	勝率	連対率	3着内率
全体計	24	28	26	384	6.3%	13.5%	20.3%
中央芝	1	1	0	33	3.0%	6.1%	6.1%
中央ダ	13	17	14	214	6.1%	14.0%	20.6%
ローカル芝	0	0	0	15	0.0%	0.0%	0.0%
ローカルダ	10	10	12	122	8.2%	16.4%	26.2%
右回り芝	1	0	0	23	4.3%	4.3%	4.3%
右回りダ	12	12	15	182	6.6%	13.2%	21.4%
左回り芝	0	1	0	24	0.0%	4.2%	4.2%
左回りダ	11	15	11	154	7.1%	16.9%	24.0%
札幌芝	0	0	0	1	0.0%	0.0%	0.0%
札幌ダ	0	0	0	4	0.0%	0.0%	0.0%
函館芝	0	0	0	1	0.0%	0.0%	0.0%
函館ダ	0	0	0	2	0.0%	0.0%	0.0%
福島芝	0	0	0	5	0.0%	0.0%	0.0%
福島ダ	1	1	2	18	5.6%	11.1%	22.2%
新潟芝	0	0	0	5	0.0%	0.0%	0.0%
新潟ダ	2	2	4	30	6.7%	13.3%	26.7%
東京芝	0	1	0	18	0.0%	5.6%	5.6%
東京ダ	5	7	2	70	7.1%	17.1%	20.0%
中山芝	1	0	0	11	9.1%	9.1%	9.1%
中山ダ	3	1	7	67	4.5%	6.0%	16.4%
中京芝	0	0	0	4	0.0%	0.0%	0.0%
中京ダ	4	6	5	54	7.4%	18.5%	27.8%
京都芝	0	0	0	0	-	-	-
京都ダ	2	1	0	16	12.5%	18.8%	18.8%
阪神芝	0	0	0	4	0.0%	0.0%	0.0%
阪神ダ	3	8	5	61	4.9%	18.0%	26.2%
小倉芝	0	0	0	1	0.0%	0.0%	0.0%
小倉ダ	3	1	1	14	21.4%	28.6%	35.7%

条件　牝馬限定戦で走る

	1着	2着	3着	出走数	勝率	連対率	3着内率
新馬	2	4	3	57	3.5%	10.5%	15.8%
未勝利	11	11	13	207	5.3%	10.6%	16.9%
1勝	7	9	8	98	7.1%	16.3%	24.5%
2勝	1	3	2	18	5.6%	22.2%	33.3%
3勝	0	0	0	2	0.0%	0.0%	0.0%
OPEN特別	2	0	0	2	100.0%	100.0%	100.0%
GⅢ	1	1	0	4	25.0%	50.0%	50.0%
GⅡ	0	0	0	0	-	-	-
GⅠ	0	0	0	0	-	-	-
ハンデ戦	0	0	0	0	-	-	-
牝馬限定	9	12	9	100	9.0%	21.0%	30.0%
障害	0	0	0	4	0.0%	0.0%	0.0%

人気　上位人気で堅実、見つけたら買い

	1着	2着	3着	出走数	勝率	連対率	3着内率
1番人気	8	6	4	21	38.1%	66.7%	85.7%
2〜3番人気	8	5	8	38	21.1%	34.2%	55.3%
4〜6番人気	3	9	6	66	4.5%	18.2%	27.3%
7〜9番人気	3	6	5	78	3.8%	11.5%	17.9%
10番人気〜	2	2	3	185	1.1%	2.2%	3.8%

距離　長距離は苦手、ダートマイルがベスト

単勝回収値 67円／単勝適正回収値 90円

芝　平均勝ち距離　2,000m

	1着	2着	3着	出走数	勝率	連対率	3着内率
全体計	1	1	0	48	2.1%	4.2%	4.2%
芝〜1300m	0	0	0	3	0.0%	0.0%	0.0%
芝〜1600m	0	0	0	15	0.0%	0.0%	0.0%
芝〜2000m	1	1	0	24	4.2%	8.3%	8.3%
芝〜2400m	0	0	0	5	0.0%	0.0%	0.0%
芝2500m〜	0	0	0	1	0.0%	0.0%	0.0%

ダート　平均勝ち距離　1,574m

	1着	2着	3着	出走数	勝率	連対率	3着内率
全体計	23	27	26	336	6.8%	14.9%	22.6%
ダ〜1300m	5	5	5	60	8.3%	16.7%	25.0%
ダ〜1600m	6	13	7	93	6.5%	20.4%	28.0%
ダ〜2000m	12	9	14	172	7.0%	12.2%	20.3%
ダ2100m〜	0	0	0	11	0.0%	0.0%	0.0%

馬場状態　ダート良馬場で勝ち切る

		1着	2着	3着	出走数	勝率	連対率	3着内率
芝	良	1	1	0	37	2.7%	5.4%	5.4%
	稍重	0	0	0	8	0.0%	0.0%	0.0%
	重	0	0	0	2	0.0%	0.0%	0.0%
	不良	0	0	0	1	0.0%	0.0%	0.0%
ダ	良	19	13	16	206	9.2%	15.5%	23.3%
	稍重	2	7	5	69	2.9%	13.0%	20.3%
	重	2	5	4	40	5.0%	17.5%	27.5%
	不良	0	2	1	21	0.0%	9.5%	14.3%

性齢　牡牝とも3歳後半に急成長

	1着	2着	3着	出走数	勝率	連対率	3着内率
牡2歳	4	4	3	68	5.9%	11.8%	16.2%
牝2歳	1	3	2	44	2.3%	9.1%	13.6%
牡3歳前半	4	2	5	76	5.3%	7.9%	14.5%
牝3歳前半	3	6	4	71	4.2%	12.7%	18.3%
牡3歳後半	3	4	2	34	8.8%	20.6%	26.5%
牝3歳後半	6	3	7	34	17.6%	26.5%	47.1%
牡4歳	1	3	3	32	3.1%	12.5%	21.9%
牝4歳	2	3	0	29	6.9%	17.2%	17.2%
牡5歳	0	0	0	0	-	-	-
牝5歳	0	0	0	0	-	-	-
牡6歳	0	0	0	0	-	-	-
牝6歳	0	0	0	0	-	-	-
牡7歳以上	0	0	0	0	-	-	-
牝7歳以上	0	0	0	0	-	-	-

勝ち馬の決め手

芝：1勝　先行 1

ダート：23勝　逃げ 2／追込 1／先行 10／差し 10

RANKING
62
2歳 **78**
2022 ⑧
2021 ⑩
2020 ⑧
2019 ⑩

ダノンバラード
DANON BALLADE

年次	種付頭数	産駒数
23年	**107**	**40**
22年	71	51
21年	98	34

種付料／⇧ 受250万円F 供用地／新冠・ビッグレッドファーム
2008年生　黒鹿毛　三石・ケイアイファーム産

距離	成長型	芝	ダート	瞬発力	パワー	底力
中長	普	○	○	○	○	○

₽ROFILE

競走成績　**26戦5勝**（2～6歳・日）
最高レーティング　**117 L**（13年）
主な勝ち鞍　AJCC、ラジオNIKKEI杯2歳S。
宝塚記念2着、日経新春杯2着、皐月賞3着、オールカマー3着、中日新聞杯3着2回。

日本に再輸入された経験を持つディープインパクト直仔種牡馬

　大種牡馬ディープインパクト初年度産駒の一頭。デビュー3戦目のラジオNIKKEI杯2歳Sで重賞初制覇。3、4歳時は皐月賞3着、日経新春杯2着、中日新聞杯3着2回など、なかなかタイトルに手が届かなかったが、5歳1月のAJCCで重賞2勝目をマークする。その後、6月の宝塚記念ではゴールドシップの2着、9月のオールカマーで3着した。

　まず、日本で2年間供用。2016年夏に海を渡り、2017年は伊、2018年は英で種付を行う貴重な体験を積んだ。2018年夏に日本へ買い戻され、2019年から日本での種牡馬生活を再開。これまでにロードブレス、キタウイングと2頭の重賞勝ち産駒を出し、2023年には、自己最高位となる62位にまで順位を上げてきた。

系統：サンデーサイレンス系　母父系統：アンブライドルド系

父	*サンデーサイレンス 青鹿 1986	Halo	Hail to Reason
ディープインパクト 鹿 2002			Cosmah
		Wishing Well	Understanding
			Mountain Flower
	*ウインドインハーヘア 鹿 1991	Alzao	Lyphard
			Lady Rebecca
		Burghclere	Busted
			Highclere
母	Unbridled 鹿 1987	Fappiano	Mr. Prospector
*レディバラード 黒鹿 1997			Killaloe
		Gana Facil	Le Fabuleux
			Charedi
	Angelic Song 鹿 1988	Halo	Hail to Reason
			Cosmah
		Ballade	Herbager
			Miss Swapsco

インブリード：Halo 3×3

血統解説　父ディープインパクトは世界レベルの超一流牡馬。母系は世界的名門バラード系の流れを汲んでいる。母レディバラードはTCK女王盃、クイーン賞とダート重賞2勝。本馬の叔父に米G1馬スライゴーベイ（ハリウッドターフC）、いとこにフサイチセブン（ダイオライト記念）がいる。母父アンブライドルドは米の名サイアー。

代表産駒 ロードブレス（日本テレビ盃）、キタウイング（フェアリーS、新潟2歳S）、ナイママ（札幌2歳S2着）、グラニッド（サウジアラビアロイヤルC2着）、ウインターフェル（北海道2歳優駿2着）、ダノンレジーナ（JBCレディスクラシック4着）、ミシシッピテソーロ（阪神JF5着）。

POG　2024年期待の2歳馬

母馬名（母父）	性別	おすすめポイント
ベリンヌリング （*アイルハヴアナザー）	牡	叔父に2歳GⅢ2着マイネルシュバリエ。仕上がりの早さも武器に。
レディシアトル （*エンパイアメーカー）	牡	叔母にGⅡ馬サウンドバリアー。芝、ダート兼用の力強いスピードを持つ。
*アカデミック （*ヘニーヒューズ）	牝	母はGⅢ加ダービーの勝ち馬。タフネスとパワーに優れた中距離タイプ。

馬券に直結する適性データ

　素晴らしい差し脚を見せて重賞を2勝したキタウイングのようなタイプもいるが、基本的には切れ味勝負よりも、先行力とパワフルなスピードで押し切ってしまうレースが理想。平坦小回りでやや力の要るコンディションになりやすい福島芝での好成績は、そういった特性が十分に活かせる舞台設定であるからだろう。また、パンパンの芝良馬場よりも芝稍重馬場を得意としているのも、自然な流れといえるのかもしれない。1番人気時以上に2～3番人気に推されたときの勝率が良いことにも注目。頭固定で勝負を懸ける際は、このデータを上手に活用したいところだ。

2023年成績

総収得賞金 435,255,000円　アーニング INDEX　1.01

勝利頭数／出走頭数：全馬 43 ／ 93	2歳 3 ／ 24
勝利回数／出走回数：全馬 66 ／ 719	2歳 4 ／ 62

Data Box (2021〜2023)

コース 福島芝などローカル芝が主戦場

	1着	2着	3着	出走数	勝率	連対率	3着内率
全体計	28	45	51	589	4.8%	12.4%	21.1%
中央芝	5	11	14	200	2.5%	8.0%	15.0%
中央ダ	4	8	9	93	4.3%	12.9%	22.6%
ローカル芝	16	22	20	238	6.7%	16.0%	24.4%
ローカルダ	3	4	8	58	5.2%	12.1%	25.9%
右回り芝	14	25	24	275	5.1%	14.2%	22.9%
右回りダ	3	10	8	100	3.0%	13.0%	21.0%
左回り芝	7	8	10	160	4.4%	9.4%	15.6%
左回りダ	4	2	9	51	7.8%	11.8%	29.4%
札幌芝	3	3	2	16	18.8%	37.5%	50.0%
札幌ダ	0	1	1	8	0.0%	12.5%	25.0%
函館芝	2	3	4	31	6.5%	16.1%	29.0%
函館ダ	0	0	1	5	0.0%	0.0%	20.0%
福島芝	6	7	6	64	9.4%	20.3%	29.7%
福島ダ	1	0	0	8	12.5%	12.5%	12.5%
新潟芝	5	3	6	65	7.7%	12.3%	21.5%
新潟ダ	0	1	1	7	0.0%	14.3%	28.6%
東京芝	2	5	4	74	2.7%	9.5%	14.9%
東京ダ	2	1	5	28	7.1%	10.7%	28.6%
中山芝	2	3	7	91	2.2%	5.5%	13.2%
中山ダ	0	0	1	33	0.0%	3.0%	3.0%
中京芝	0	0	0	24	0.0%	0.0%	0.0%
中京ダ	2	2	0	16	12.5%	12.5%	31.3%
京都芝	0	0	1	5	0.0%	0.0%	20.0%
京都ダ	0	1	2	7	0.0%	14.3%	42.9%
阪神芝	1	3	2	30	3.3%	13.3%	20.0%
阪神ダ	2	5	2	25	8.0%	28.0%	36.0%
小倉芝	0	6	2	38	0.0%	15.8%	21.1%
小倉ダ	0	2	2	14	0.0%	14.3%	28.6%

条件 GI、GII以外で成績安定

	1着	2着	3着	出走数	勝率	連対率	3着内率
新馬	3	4	8	67	4.5%	10.4%	22.4%
未勝利	16	20	25	304	5.3%	11.8%	20.1%
1勝	3	12	12	130	2.3%	11.5%	20.8%
2勝	1	4	1	19	5.3%	26.3%	31.6%
3勝	1	2	1	7	14.3%	42.9%	57.1%
OPEN特別	2	1	2	21	9.5%	14.3%	23.8%
GⅢ	2	2	2	22	9.1%	18.2%	27.3%
GⅡ	0	0	0	6	0.0%	0.0%	0.0%
GⅠ	0	0	0	10	0.0%	0.0%	0.0%
ハンデ戦	1	1	1	14	7.1%	14.3%	21.4%
牝馬限定	7	7	8	100	7.0%	14.0%	22.0%
障害	0	0	0	0	-	-	-

人気 2〜3番人気の高複勝率に注目

	1着	2着	3着	出走数	勝率	連対率	3着内率
1番人気	4	2	1	13	30.8%	46.2%	53.8%
2〜3番人気	11	7	13	59	18.6%	30.5%	52.5%
4〜6番人気	9	21	20	157	5.7%	19.1%	31.8%
7〜9番人気	4	9	9	132	3.0%	9.8%	16.7%
10番人気〜	2	4	8	228	0.9%	2.6%	6.1%

単勝回収値 56円／単勝適正回収値 75円

距離 芝ダート共マイルから中距離向き

芝　平均勝ち距離　1,714m

	1着	2着	3着	出走数	勝率	連対率	3着内率
全体計	21	33	34	438	4.8%	12.3%	20.1%
芝〜1300m	1	9	5	68	1.5%	14.7%	22.1%
芝〜1600m	9	5	9	125	7.2%	11.2%	18.4%
芝〜2000m	11	19	20	233	4.7%	12.9%	21.5%
芝〜2400m	0	0	0	11	0.0%	0.0%	0.0%
芝2500m〜	0	0	0	1	0.0%	0.0%	0.0%

ダート　平均勝ち距離　1,629m

	1着	2着	3着	出走数	勝率	連対率	3着内率
全体計	7	12	17	151	4.6%	12.6%	23.8%
ダ〜1300m	1	1	2	35	2.9%	5.7%	11.4%
ダ〜1600m	2	3	3	30	6.7%	16.7%	26.7%
ダ〜2000m	4	8	10	81	4.9%	14.8%	27.2%
ダ2100m〜	0	0	2	5	0.0%	0.0%	40.0%

馬場状態 少し渋った芝で成績アップ

		1着	2着	3着	出走数	勝率	連対率	3着内率
芝	良	14	24	26	330	4.2%	11.5%	19.4%
	稍重	6	4	6	70	8.6%	14.3%	22.9%
	重	1	5	1	27	3.7%	22.2%	25.9%
	不良	0	0	1	11	0.0%	0.0%	9.1%
ダ	良	4	8	10	77	5.2%	15.6%	28.6%
	稍重	0	1	2	37	0.0%	2.7%	8.1%
	重	0	0	4	21	0.0%	0.0%	19.0%
	不良	3	3	1	16	18.8%	37.5%	43.8%

性齢 牝は3歳後半がピーク

	1着	2着	3着	出走数	勝率	連対率	3着内率
牡2歳	5	5	13	96	5.2%	10.4%	24.0%
牝2歳	7	8	8	111	6.3%	13.5%	20.7%
牡3歳前半	4	7	7	90	4.4%	12.2%	20.0%
牝3歳前半	4	5	6	98	4.1%	9.2%	15.3%
牡3歳後半	1	7	4	49	2.0%	16.3%	24.5%
牝3歳後半	5	6	7	65	7.7%	16.9%	27.7%
牡4歳	0	0	0	0	-	-	-
牝4歳	0	0	0	0	-	-	-
牡5歳	1	4	4	26	3.8%	19.2%	34.6%
牝5歳	1	2	1	11	9.1%	18.2%	18.2%
牡6歳	0	0	1	14	0.0%	7.1%	7.1%
牝6歳	1	1	1	10	10.0%	20.0%	30.0%
牡7歳以上	0	0	0	14	0.0%	0.0%	-
牝7歳以上	0	0	0	0	-	-	-

勝ち馬の決め手

芝　21勝　逃げ 4／先行 7／差し 7／追込 3

ダート　7勝　逃げ 2／先行 3／差し 2

	2022 ⑭
	2021 －
	2020 －
	2019 －

ファインニードル
FINE NEEDLE

年次	種付頭数	産駒数
23年	**62**	**61**
22年	110	34
21年	54	73

Darley

種付料/⇩産180万円F 供用地/日高・ダーレー・ジャパンSコンプレックス
2013年生 鹿毛 日高・ダーレー・ジャパンファーム産

距離	成長型	芝	ダート	瞬発力	パワー	底力
短	普	○	○	○	○	○

系統：フォーティナイナー系　母父系統：ミルリーフ系

			Mr. Prospector
父 アドマイヤムーン 鹿 2003	*エンドスウィープ 鹿 1991	*フォーティナイナー	File
		Broom Dance	Dance Spell
			Witching Hour
	マイケイティーズ 黒鹿 1998	*サンデーサイレンス	Halo
			Wishing Well
		*ケイティーズファースト	Kris
			Katies
母 *ニードルクラフト 栗 2002	Mark of Esteem 鹿 1993	Darshaan	Shirley Heights
			Delsy
		Homage	Ajdal
			Home Love
	Sharp Point 栗 1992	*ロイヤルアカデミーⅡ	Nijinsky
			Crimson Saint
		Nice Point	Sharpen Up
			Alpine Niece

インブリード：Northern Dancer 5×5・5、Sharpen Up 5×4

血統解説　父アドマイヤムーンはジャパンC、ドバイデューティフリーなどに勝った2007年度代表馬。本馬を筆頭に産駒には短距離馬が多い。母ニードルクラフトは仏GⅢクロエ賞、伊GⅢセルジオクマニ賞勝ち。本馬の叔父に仏重賞4勝馬フラクショナル（ドラール賞）がいる。母父マークオブエスティームは英2000ギニー馬。

代表産駒　カルチャーデイ（ファンタジーS）、スカイキャンパス（函館2歳S3着）、クルゼイロドスル（ジュニアC）、ウメムスビ（カンナS）、トレンディスター、エイシンフェンサー、ルーラルハピネス、ダンシングニードル、アジャカタカ、ツキシロ、カンタウッドテール。

PROFILE

競走成績　28戦10勝（2～5歳・日香）
最高レーティング　116 S（18年）
主な勝ち鞍　スプリンターズS、高松宮記念、セントウルS2回、シルクロードS。チェアマンズスプリント4着。

G12勝の最優秀短距離ホース
父となり初の重賞勝ち産駒登場

　レース経験を重ねながら地力を蓄えていき、4歳9月のセントウルSで重賞初制覇。5歳を迎え最充実期に突入し、1月のシルクロードS、3月の高松宮記念を連勝し、一気に芝スプリント戦線の頂点に立つ。香港に遠征したチェアマンズスプリントは4着に終わるが、帰国後にセントウルS連覇を達成。続くスプリンターズSでも、末脚を伸ばし、鮮やかな差し切り勝ちを収めた。ラストラン香港スプリントは凡走したが、文句なしで2018年最優秀短距離馬に選出される。

　6歳春から種牡馬生活を開始。初年度産駒からLジュニアCを勝ったクルゼイロドスルが出たのに続き、2年目産駒の一頭カルチャーデイが、2023年ファンタジーSで初重賞制覇を達成、順位でも初のトップ100入りを果たした。

POG　2024年期待の2歳馬

母馬名（母父）	性別	おすすめポイント
ケイアイカミーリア （*タイキシャトル）	牡	1歳セレクションセールで2750万円。やや力の要る馬場で本領発揮か。
ミラクルロンド （フジキセキ）	牡	叔父にGⅡアルゼンチン共和国杯馬ルルーシュ。タフなマイラーに成長。
モリトシラユリ （*クロフネ）	牝	母はGⅢフェアリーSで3着。サンデーサイレンス4×3のクロス持つ。

馬券に直結する適性データ

　サンプル数は少ないが、水はけが良く高いスピード能力を発揮しやすい新潟芝は、得意としているコース。勝率、連対率共に素晴らしい数字を残しているだけに、頭固定でも連勝馬券の軸でも、厚い信頼を寄せて構わないだろう。また、自身もそうだったが、やや渋ったパワーを要す芝も得意。芝稍重馬場における逃げ、先行馬の粘り込みには、十分に注意を払っておきたい。1番人気に推されたときの安定感の高さも、馬券作戦に活かしたいところだが、伏兵評価となる4～6番人気での健闘も、記憶に留めておきたいデータ。少なくとも、相手候補の一頭には付け加えるべきだ。

2023年成績

総収得賞金 434,452,000円　アーニング INDEX　0.89
勝利頭数／出走頭数：全馬 44 ／ 105　　2歳 10 ／ 52
勝利回数／出走回数：全馬 83 ／ 682　　2歳 15 ／ 153

Data Box (2021~2023)

コース　新潟芝をはじめローカル芝が得意

	1着	2着	3着	出走数	勝率	連対率	3着内率
全体計	27	26	24	344	7.8%	15.4%	22.4%
中央芝	6	7	6	87	6.9%	14.9%	21.8%
中央ダ	5	6	2	88	5.7%	12.5%	14.8%
ローカル芝	12	12	12	113	10.6%	21.2%	31.9%
ローカルダ	4	1	4	56	7.1%	8.9%	16.1%
右回り芝	12	11	13	136	8.8%	16.9%	26.5%
右回りダ	4	5	6	92	4.3%	9.8%	16.3%
左回り芝	3	7	5	55	5.5%	18.2%	27.3%
左回りダ	5	0	2	52	9.6%	13.5%	13.5%
札幌芝	2	1	2	11	18.2%	27.3%	45.5%
札幌ダ	0	0	1	5	0.0%	0.0%	20.0%
函館芝	2	0	3	13	15.4%	15.4%	38.5%
函館ダ	0	0	0	3	0.0%	0.0%	0.0%
福島芝	1	2	1	19	5.3%	15.8%	21.1%
福島ダ	1	0	0	8	12.5%	12.5%	12.5%
新潟芝	4	3	2	28	14.3%	25.0%	32.1%
新潟ダ	1	0	0	10	10.0%	10.0%	10.0%
東京芝	1	0	2	19	5.3%	10.5%	21.1%
東京ダ	2	0	2	22	9.1%	18.2%	18.2%
中山芝	2	3	1	20	10.0%	25.0%	30.0%
中山ダ	2	3	0	34	5.9%	14.7%	14.7%
中京芝	1	4	1	17	5.9%	29.4%	35.3%
中京ダ	1	0	0	10	10.0%	10.0%	10.0%
京都芝	3	1	0	15	20.0%	26.7%	26.7%
京都ダ	0	0	0	4	0.0%	0.0%	0.0%
阪神芝	0	2	3	33	0.0%	6.1%	15.2%
阪神ダ	1	1	1	28	3.6%	7.1%	10.7%
小倉芝	2	2	3	25	8.0%	16.0%	28.0%
小倉ダ	0	1	3	10	0.0%	10.0%	40.0%

条件　牝馬限定戦での活躍が顕著

	1着	2着	3着	出走数	勝率	連対率	3着内率
新馬	5	7	7	76	6.6%	15.8%	25.0%
未勝利	13	9	10	176	7.4%	12.5%	18.2%
1勝	4	6	3	58	6.9%	17.2%	22.4%
2勝	2	1	1	9	22.2%	33.3%	44.4%
3勝	0	2	1	7	0.0%	28.6%	42.9%
OPEN 特別	2	1	1	9	22.2%	33.3%	44.4%
GⅢ	1	0	1	5	20.0%	20.0%	40.0%
GⅡ	0	0	0	0	–	–	–
GⅠ	0	0	0	0	–	–	–
ハンデ戦	0	0	1	6	0.0%	0.0%	16.7%
牝馬限定	7	2	2	37	18.9%	24.3%	29.7%
障害	0	0	0	0	–	–	–

人気　1番人気は堅実、4~6番人気も安定

	1着	2着	3着	出走数	勝率	連対率	3着内率
1番人気	13	5	4	33	39.4%	54.5%	66.7%
2~3番人気	6	9	6	49	12.2%	30.6%	42.9%
4~6番人気	6	7	7	64	9.4%	20.3%	31.3%
7~9番人気	0	3	4	71	0.0%	4.2%	9.9%
10番人気~	2	2	3	127	1.6%	3.1%	5.5%

距離　芝短距離のスペシャリスト

芝　平均勝ち距離　1,211m

	1着	2着	3着	出走数	勝率	連対率	3着内率
全体計	18	19	18	200	9.0%	18.5%	27.5%
芝~1300m	15	11	9	108	13.9%	24.1%	32.4%
芝~1600m	3	5	9	80	3.8%	10.0%	21.3%
芝~2000m	0	3	0	11	0.0%	27.3%	27.3%
芝~2400m	0	0	0	1	0.0%	0.0%	0.0%
芝2500m~	0	0	0	0	–	–	–

ダート　平均勝ち距離　1,328m

	1着	2着	3着	出走数	勝率	連対率	3着内率
全体計	9	7	6	144	6.3%	11.1%	15.3%
ダ~1300m	5	3	4	80	6.3%	10.0%	15.0%
ダ~1600m	3	3	1	41	7.3%	14.6%	17.1%
ダ~2000m	1	1	1	23	4.3%	8.7%	13.0%
ダ2100m~	0	0	0	0	–	–	–

馬場状態　少し渋った芝で躍動する

		1着	2着	3着	出走数	勝率	連対率	3着内率
芝	良	12	15	11	152	7.9%	17.8%	25.0%
	稍重	4	1	4	28	14.3%	17.9%	32.1%
	重	2	3	2	18	11.1%	22.2%	38.9%
	不良	0	0	1	2	0.0%	50.0%	50.0%
ダ	良	7	4	3	81	8.6%	13.6%	17.3%
	稍重	0	2	1	37	0.0%	5.4%	8.1%
	重	2	1	2	15	13.3%	20.0%	33.3%
	不良	0	0	0	11	0.0%	0.0%	0.0%

性齢　牝馬が健闘、3歳時に成績上昇

	1着	2着	3着	出走数	勝率	連対率	3着内率
牡2歳	5	6	6	92	5.4%	12.0%	18.5%
牝2歳	6	7	8	79	7.6%	16.5%	26.6%
牡3歳前半	6	2	4	62	9.7%	12.9%	19.4%
牝3歳前半	6	7	2	54	11.1%	24.1%	27.8%
牡3歳後半	0	2	0	32	0.0%	6.3%	12.5%
牝3歳後半	4	2	2	25	16.0%	24.0%	32.0%
牡4歳	0	0	0	0	–	–	–
牝4歳	0	0	0	0	–	–	–
牡5歳	0	0	0	0	–	–	–
牝5歳	0	0	0	0	–	–	–
牡6歳	0	0	0	0	–	–	–
牝6歳	0	0	0	0	–	–	–
牡7歳以上	0	0	0	0	–	–	–
牝7歳以上	0	0	0	0	–	–	–

単勝回収値 68円／単勝適正回収値 81円

勝ち馬の決め手

芝　18勝　　差し 1　逃げ 8　先行 9

ダート　9勝　　先行 2　逃げ 7

RANKING 64

2歳 59

2022 ㉝
2021 ⑭
2020 ㉛
2019 ㊺

＊バトルプラン
BATTLE PLAN

年次	種付頭数	産駒数
23年	－	－
22年	－	12
21年	18	43

2021年引退
2005年生　鹿毛　アメリカ産　2010年輸入

距離	成長型	芝	ダート	瞬発力	パワー	底力
マ中	やや早	○	○	○	○	△

PROFILE

競走成績　**6戦4勝**（3〜5歳・米）
最高レーティング　**117 M**（10年）
主な勝ち鞍　ニューオリンズH。スティーヴンフォスターH2着。

産駒に公営高知の3冠馬が登場 ランキングも再上昇を果たす

　関節の故障から、3歳11月デビューという遅いスタートとなる。4歳1月の未勝利戦で初勝利をマークしたが、その後1年間の休養を余儀なくされる。5歳時には順調にレースを使えるようになり、一般競走、クレーミングレース、GIIニューオリンズHと3連勝。続く、GIスティーヴンフォスターHで後の米古馬牡馬王者ブレイムの小差2着に健闘した。

　現役引退後、すぐに日本で種牡馬入り。3年目産駒ブレスジャーニー、4年目産駒ライオンボスが重賞を制し、2019年には自己最高位となる45位にまでランキングを上げる。2023年はマルモリスペシャルがOP特別を制し、ユメノホノオが公営高知の3歳3冠競走を完全制覇。前年の93位から順位を再上昇させた。

系統：アンブライドルド系　母父系統：シーキングザゴールド系

父 ＊エンパイアメーカー 黒鹿 2000	Unbridled 鹿 1987	Fappiano	Mr. Prospector
			Killaloe
		Gana Facil	Le Fabuleux
			Charedi
	Toussaud 黒鹿 1989	El Gran Senor	Northern Dancer
			Sex Appeal
		Image of Reality	In Reality
			Edee's Image
母 Flanders 栗 1992	Seeking the Gold 鹿 1985	Mr. Prospector	Raise a Native
			Gold Digger
		Con Game	Buckpasser
			Broadway
	Starlet Storm 栗 1987	Storm Bird	Northern Dancer
			South Ocean
		Cinegita	Secretariat
			Wanika

インブリード：Mr. Prospector 4×3、Northern Dancer 4×4、Buckpasser 5×4、父エンパイアメーカーに In Reality 4×3

血統解説　父エンパイアメーカーは米で数多くのGI勝ち産駒を出した一流種牡馬。母系は素晴らしく、母フランダースはBCジュヴナイルフィリーズなどGIを3勝した米最優秀2歳牝馬。本馬の半姉にサンタアニタオークスなど米GIを計4勝したサーフサイドがいる。母父シーキングザゴールドは日本競馬とも好相性誇る米名種牡馬。

代表産駒　ブレスジャーニー（東京スポーツ杯2歳S）、ライオンボス（アイビスサマーダッシュ）、**マイネルシュバリエ**（札幌2歳S2着）、**アッシェンプッテル**（クイーン賞2着）、**モジアナフレイバー**（東京大賞典3着）、**ユメノホノオ**（公営高知3歳3冠）、マルモリスペシャル。

POG　2024年期待の2歳馬

母馬名（母父）	性別	おすすめポイント
ステラレガーロ （ハーツクライ）	牡	母は東京芝1400m戦で勝ち鞍あげる。持続力のある末脚を活かす展開理想。
ダイヤモンドハート （ダイワメジャー）	牡	パワフルなスピードが武器となるマイラー。母父の血の後押しにも期待。
マイネチリペッパー （ネオユニヴァース）	牡	祖母レッドチリペッパーはGIII2勝の強豪。力の要る芝で本領発揮か。

馬券に直結する適性データ

　"切れる"というよりも、やや力の要る馬場で活きる持続力のある末脚が武器。その意味で、先行して押し切ってしまう展開になりやすいローカル場所のダート、長く脚を使える直線長い東京の芝は、ほかとの比較で上位進出が叶いやすい舞台。抜群の信頼感とまではいえないが、狙ってみて妙味が高いのは間違いない。新馬戦での勝ち鞍がなく2歳戦でも2勝のみというデータから、馬券の対象として重視するのは3歳になってからが正解か。なかでも3歳前半の牡馬が、20%を超える3着内率を記録していることは、好配当狙いの馬券術に上手に取り入れていきたい。

2023年 成績

総収得賞金 429,370,000円　アーニング INDEX　0.75
勝利頭数／出走頭数：全馬 59 ／ 124　　2歳　10 ／ 30
勝利回数／出走回数：全馬 106 ／ 1,122　　2歳　17 ／ 160

Data Box (2021~2023)

コース　ローカルダートで安定、東京芝も○

	1着	2着	3着	出走数	勝率	連対率	3着内率
全体計	19	12	16	393	4.8%	7.9%	12.0%
中央芝	4	1	2	58	6.9%	8.6%	12.1%
中央ダ	6	6	6	154	3.9%	5.2%	11.9%
ローカル芝	3	4	3	84	3.6%	8.3%	11.9%
ローカルダ	6	5	5	97	6.2%	11.3%	16.5%
右回り芝	1	2	3	70	1.4%	4.3%	8.6%
右回りダ	9	4	4	149	6.0%	8.7%	11.4%
左回り芝	6	2	2	65	9.2%	12.3%	15.4%
左回りダ	3	3	7	102	2.9%	5.9%	12.7%
札幌芝	0	0	0	6	0.0%	0.0%	0.0%
札幌ダ	2	1	0	11	18.2%	27.3%	27.3%
函館芝	0	1	0	7	0.0%	14.3%	14.3%
函館ダ	0	0	0	3	0.0%	0.0%	0.0%
福島芝	0	0	2	15	0.0%	0.0%	13.3%
福島ダ	1	0	0	15	6.7%	6.7%	6.7%
新潟芝	2	2	0	27	7.4%	14.8%	14.8%
新潟ダ	1	1	2	22	4.5%	9.1%	18.2%
東京芝	3	1	1	28	10.7%	14.3%	17.9%
東京ダ	0	0	2	45	0.0%	0.0%	4.4%
中山芝	1	0	1	22	4.5%	4.5%	9.1%
中山ダ	2	2	0	50	4.0%	8.0%	8.0%
中京芝	1	0	1	17	5.9%	5.9%	11.8%
中京ダ	2	2	3	35	5.7%	11.4%	20.0%
京都芝	0	0	0	3	0.0%	0.0%	0.0%
京都ダ	1	0	0	6	16.7%	16.7%	16.7%
阪神芝	0	0	0	5	0.0%	0.0%	0.0%
阪神ダ	3	0	4	53	5.7%	5.7%	13.2%
小倉芝	0	1	0	12	0.0%	8.3%	8.3%
小倉ダ	0	0	1	11	0.0%	0.0%	9.1%

条件　活躍の大半は未勝利戦

	1着	2着	3着	出走数	勝率	連対率	3着内率
新馬	0	1	2	29	0.0%	3.4%	10.3%
未勝利	10	5	7	153	6.5%	9.8%	14.4%
1勝	3	4	5	121	2.5%	5.8%	9.9%
2勝	3	0	2	54	5.6%	5.6%	9.3%
3勝	2	0	0	7	28.6%	28.6%	28.6%
OPEN特別	1	2	2	29	3.4%	10.3%	17.2%
GⅢ	0	1	0	6	0.0%	16.7%	16.7%
GⅡ	0	0	0	2	-	-	-
GⅠ	0	0	0	2	-	-	-
ハンデ戦	2	0	1	25	8.0%	8.0%	12.0%
牝馬限定	3	2	1	80	3.8%	6.3%	7.5%
障害	0	1	2	6	0.0%	16.7%	50.0%

人気　7～9番人気に一発の可能性あり

	1着	2着	3着	出走数	勝率	連対率	3着内率
1番人気	3	2	1	11	27.3%	45.5%	54.5%
2～3番人気	7	3	7	35	20.0%	28.6%	48.6%
4～6番人気	4	3	2	68	5.9%	10.3%	13.2%
7～9番人気	5	3	2	77	6.5%	10.4%	13.0%
10番人気～	0	2	6	208	0.0%	1.0%	3.8%

単勝回収値 59 円／単勝適正回収値 90 円

距離　芝はマイル、ダートは中距離

芝　　平均勝ち距離　1,600m

	1着	2着	3着	出走数	勝率	連対率	3着内率
全体計	7	5	5	142	4.9%	8.5%	12.0%
芝～1300m	1	3	3	55	1.8%	7.3%	12.7%
芝～1600m	4	1	1	41	9.8%	12.2%	14.6%
芝～2000m	0	0	0	23	0.0%	0.0%	0.0%
芝～2400m	2	1	1	19	10.5%	15.8%	21.1%
芝2500m～	0	0	0	4	0.0%	0.0%	0.0%

ダート　　平均勝ち距離　1,546m

	1着	2着	3着	出走数	勝率	連対率	3着内率
全体計	12	7	11	251	4.8%	7.6%	12.0%
ダ～1300m	4	0	4	62	6.5%	6.5%	12.9%
ダ～1600m	1	0	3	61	1.6%	1.6%	6.6%
ダ～2000m	7	7	4	124	5.6%	11.3%	14.5%
ダ2100m～	0	0	0	4	0.0%	0.0%	0.0%

馬場状態　ダートは馬場が渋った方がいい

		1着	2着	3着	出走数	勝率	連対率	3着内率
芝	良	5	3	5	112	4.5%	7.1%	11.6%
	稍重	1	0	0	21	4.8%	4.8%	4.8%
	重	1	2	0	8	12.5%	37.5%	37.5%
	不良	0	0	0	1	0.0%	0.0%	0.0%
ダ	良	7	3	7	153	4.6%	6.5%	7.8%
	稍重	3	1	2	44	6.8%	9.1%	13.6%
	重	1	1	3	27	3.7%	7.4%	18.5%
	不良	1	2	4	27	3.7%	11.1%	25.9%

性齢　2歳戦は△、勝負は3歳戦から

	1着	2着	3着	出走数	勝率	連対率	3着内率
牡2歳	1	0	2	25	4.0%	4.0%	12.0%
牝2歳	1	0	1	31	3.2%	3.2%	6.5%
牡3歳前半	4	2	5	54	7.4%	11.1%	20.4%
牝3歳前半	3	3	1	52	5.8%	11.5%	13.5%
牡3歳後半	2	2	1	31	6.5%	12.9%	16.1%
牝3歳後半	1	0	0	41	2.4%	2.4%	2.4%
牡4歳	5	0	1	42	11.9%	11.9%	14.3%
牝4歳	2	1	2	29	6.9%	10.3%	17.2%
牡5歳	0	1	3	25	0.0%	4.0%	16.0%
牝5歳	0	2	0	27	0.0%	7.4%	11.1%
牡6歳	0	1	0	6	0.0%	16.7%	16.7%
牝6歳	0	0	2	21	0.0%	4.8%	9.5%
牡7歳以上	0	0	0	8	0.0%	0.0%	0.0%
牝7歳以上	0	0	0	7	0.0%	0.0%	0.0%

勝ち馬の決め手

芝　　　7勝（追込1、先行3、差し3）

ダート　12勝（逃げ1、追込1、差し2、先行8）

RANKING
65
2歳 104

2022 ㊸
2021 ㉞
2020 ㉘
2019 ㉝

＊ノヴェリスト
NOVELLIST

年次	種付頭数	産駒数
23年	**12**	**11**
22年	23	29
21年	43	16

2023年引退
2009年生　鹿毛　アイルランド産　2013年輸入

距離	成長型	芝	ダート	瞬発力	パワー	底力
中長	やや晩	○	○	○	○	○

系統：モンズーン系　母父系統：ニジンスキー系

父 Monsun 黒鹿 1990	Konigsstuhl 黒鹿 1976	Dschingis Khan	Tamerlane
			Donna Diana
		Konigskronung	Tiepoletto
			Kronung
	Mosella 鹿 1985	Surumu	Literat
			Surama
		Monasia	Authi
			Monacensia
母 Night Lagoon 黒鹿 2001	Lagunas 鹿 1981	＊イルドブルボン	Nijinsky
			Roseliere
		Liranga	Literat
			Love In
	Nenuphar 黒鹿 1994	Night Shift	Northern Dancer
			Ciboulette
		Narola	Nebos
			Nubia

インブリード：Literat 4×4、父 Monsun に Kaiserkrone ＝ Kaiseradler 4×4、母 Night Lagoon に Northern Dancer 4×3

血統解説　父モンズーンは独年度代表馬にして、独リーディングサイアーという一時代を築き上げた名馬。母ナイトラグーンは独GⅢヴィンターケーニギン賞に勝利。繁殖牝馬となり本馬、その半妹となるマジカルラグーン（愛オークス）を産む、大きな仕事を成し遂げている。母父ラグナスは独ダービー馬。独を中心に多くの重賞馬を出した。

PROFILE

競走成績　**11戦9勝**（2～4歳・独伊仏英）
最高レーティング　**128 L**（13年）
主な勝ち鞍　**キングジョージⅥ世＆QエリザベスS、サンクルー大賞、バーデン大賞、ジョッキークラブ大賞、ウニオンレネン、ウンテルネーメル大賞。**

欧州を沸かせた一流中長距離馬 種牡馬を引退し功労馬となる

　2歳8月のデビュー戦から、3歳4月の3歳戦、5月のGⅢ春季3歳賞、6月のGⅡウニオンレネンまで無傷の4連勝を飾る。独ダービーは2着、続くバーデン大賞は4着に終わったが、伊に遠征した10月のジョッキークラブ大賞でGⅠ初制覇。4歳となり絶頂期を迎え仏GⅠサンクルー大賞、英GⅠ"Kジョージ"、独GⅠバーデン大賞と3カ国のビッグレースを連勝、"Kジョージ"では、芝12F2分24秒60というレコードタイムを樹立し、大いに名声を高めた。

　引退後すぐに日本で種牡馬入り。ラストドラフト、ブレークアップといった重賞勝ち馬を出すなど、地力の高さを随所で発揮したが、当初の大きな期待には応え切れず2023年に種牡馬を引退、功労馬として余生を送ることになった。

代表産駒 ブレークアップ（アルゼンチン共和国杯）、ラストドラフト（京成杯）、ウォルフ（MRCクーンジーH）、メイドイットマム（浦和・桜花賞）、ゴッドセレクション（ジャパンダートダービー2着）、ヴァルコス（青葉賞2着）、ヴェスターヴァルト（ファルコンS3着）。

POG　2024年期待の2歳馬

母馬名（母父）	性別	おすすめポイント
アップルティー （＊サンデーサイレンス）	牡	半姉キンショーユキヒメはGⅢ勝ち。芝中距離戦線での活躍を期待。
マックスユーキャン （ゴールドアリュール）	牡	祖母マックスドゥはGⅡを2勝。タフネスと勝負強さも武器に。
イタリアンレッド （ネオユニヴァース）	牝	母はGⅡ府中牝馬Sなど重賞3勝。成長力を活かして大成を目指す。

馬券に直結する適性データ

　持久力に富んだ息の長い末脚を武器とするタイプが多く、直線の長い芝コースが理想的な舞台設定となる。加えて、左回りを得意とする傾向も出ていて、新潟芝、東京芝における好成績はまず押さえておきたいデータ。頭勝負を懸けるなら新潟芝、3連複の軸、3連単の相手候補であれば東京芝がオススメとなる。1番人気での信頼度は決して絶対的なものではないが、伏兵評価となる4～6番人気時は狙ってみたいシチュエーション。前述の直線長い左回りコース、距離2000m以上といった得意な条件が重なっているようなときは、大きな勝負に出てみるのも面白そうだ。

2023年 成績

総収得賞金 420,293,000円　アーニング INDEX　0.67

勝利頭数／出走頭数：全馬 58 ／ 135　　2歳 3 ／ 7
勝利回数／出走回数：全馬 81 ／ 1,450　　2歳 3 ／ 35

Data Box (2021〜2023)

コース　直線の長い左回り芝が得意

	1着	2着	3着	出走数	勝率	連対率	3着内率
全体計	48	44	57	876	5.5%	10.5%	17.0%
中央芝	16	18	22	265	6.0%	12.8%	21.1%
中央ダ	4	6	5	165	2.4%	6.1%	9.1%
ローカル芝	22	14	20	286	7.7%	12.6%	19.6%
ローカルダ	6	6	10	160	3.8%	7.5%	13.8%
右回り芝	15	19	24	320	4.7%	10.6%	18.1%
右回りダ	6	8	10	188	3.2%	7.4%	12.8%
左回り芝	23	11	18	225	10.2%	15.1%	23.1%
左回りダ	4	4	5	137	2.9%	5.8%	9.5%
札幌芝	1	3	3	31	3.2%	12.9%	22.6%
札幌ダ	0	2	3	12	0.0%	16.7%	41.7%
函館芝	3	1	1	24	12.5%	16.7%	20.8%
函館ダ	1	0	1	15	6.7%	6.7%	13.3%
福島芝	3	3	4	38	7.9%	15.8%	26.3%
福島ダ	0	0	1	14	0.0%	0.0%	7.1%
新潟芝	7	3	3	62	11.3%	16.1%	21.0%
新潟ダ	1	1	2	50	2.0%	4.0%	8.0%
東京芝	9	6	8	95	9.5%	15.8%	24.2%
東京ダ	0	1	1	43	0.0%	2.3%	4.7%
中山芝	4	7	5	83	4.8%	13.3%	19.3%
中山ダ	3	5	1	58	5.2%	13.8%	15.5%
中京芝	7	4	7	74	9.5%	14.9%	24.3%
中京ダ	3	2	2	44	6.8%	11.4%	15.9%
京都芝	0	0	3	19	0.0%	0.0%	15.8%
京都ダ	0	0	0	5	0.0%	0.0%	0.0%
阪神芝	3	5	6	68	4.4%	11.8%	20.6%
阪神ダ	1	0	3	59	1.7%	1.7%	6.8%
小倉芝	1	0	2	57	1.8%	1.8%	5.3%
小倉ダ	1	1	1	25	4.0%	8.0%	12.0%

条件　注目条件は新馬と障害戦

	1着	2着	3着	出走数	勝率	連対率	3着内率
新馬	5	3	5	54	9.3%	14.8%	24.1%
未勝利	16	16	18	395	4.1%	8.1%	12.7%
1勝	15	14	18	217	6.9%	13.4%	21.7%
2勝	9	9	11	105	8.6%	17.1%	27.6%
3勝	3	5	6	67	4.5%	11.9%	20.9%
OPEN特別	5	10	5	74	6.8%	20.3%	27.0%
GⅢ	0	0	0	16	0.0%	0.0%	0.0%
GⅡ	1	0	2	19	5.3%	5.3%	15.8%
GⅠ	0	0	0	6	0.0%	0.0%	0.0%
ハンデ戦	4	3	4	70	5.7%	10.0%	15.7%
牝馬限定	6	3	4	121	5.0%	7.4%	10.7%
障害	6	13	8	77	7.8%	24.7%	35.1%

人気　上位人気不振、4〜6番人気が狙い

	1着	2着	3着	出走数	勝率	連対率	3着内率
1番人気	9	5	3	33	27.3%	42.4%	51.5%
2〜3番人気	16	12	15	101	15.8%	27.7%	42.6%
4〜6番人気	17	24	32	211	8.1%	19.4%	34.6%
7〜9番人気	9	13	10	204	4.4%	10.8%	15.7%
10番人気〜	3	3	5	404	0.7%	1.5%	2.7%

距離　芝の中長距離で最も走る

単勝回収値 80円／単勝適正回収値 85円

芝　　平均勝ち距離　1,853m

	1着	2着	3着	出走数	勝率	連対率	3着内率
全体計	38	32	42	551	6.9%	12.7%	20.3%
芝〜1300m	2	5	0	85	2.4%	8.2%	8.2%
芝〜1600m	9	6	11	147	6.1%	10.2%	17.7%
芝〜2000m	20	13	19	224	8.9%	14.7%	23.2%
芝〜2400m	6	6	7	64	9.4%	18.8%	29.7%
芝2500m〜	1	2	5	31	3.2%	9.7%	25.8%

ダート　平均勝ち距離　1,530m

	1着	2着	3着	出走数	勝率	連対率	3着内率
全体計	10	12	15	325	3.1%	6.8%	11.4%
ダ〜1300m	4	8	10	133	3.0%	9.0%	16.5%
ダ〜1600m	0	1	1	62	0.0%	1.6%	3.2%
ダ〜2000m	6	3	4	121	5.0%	7.4%	10.7%
ダ2100m〜	0	0	0	9	0.0%	0.0%	0.0%

馬場状態　芝は不問も良馬場がベター

		1着	2着	3着	出走数	勝率	連対率	3着内率
芝	良	29	24	36	421	6.9%	12.6%	21.1%
	稍重	8	3	3	90	8.9%	12.2%	15.6%
	重	1	4	1	31	3.2%	16.1%	19.4%
	不良	0	1	2	9	0.0%	11.1%	33.3%
ダ	良	6	6	12	196	3.1%	6.1%	12.2%
	稍重	2	4	2	64	3.1%	9.4%	12.5%
	重	1	1	1	39	2.6%	5.1%	7.7%
	不良	1	1	0	26	3.8%	7.7%	7.7%

性齢　2歳から動き6歳まで力を持続

	1着	2着	3着	出走数	勝率	連対率	3着内率
牡2歳	6	1	4	38	15.8%	18.4%	28.9%
牝2歳	1	2	2	80	1.3%	3.8%	6.3%
牡3歳前半	6	7	7	123	4.9%	10.6%	16.3%
牝3歳前半	5	5	4	147	3.4%	6.8%	9.5%
牡3歳後半	5	4	6	65	7.7%	13.8%	23.1%
牝3歳後半	3	2	4	61	4.9%	8.2%	14.8%
牡4歳	8	11	10	110	7.3%	17.3%	26.4%
牝4歳	6	3	6	66	9.1%	13.6%	18.2%
牡5歳	5	8	14	107	4.7%	12.1%	25.2%
牝5歳	2	3	6	46	4.3%	10.9%	23.9%
牡6歳	4	8	3	68	5.9%	17.6%	22.1%
牝6歳	0	2	0	10	0.0%	20.0%	20.0%
牡7歳以上	3	1	2	32	9.4%	12.5%	18.8%
牝7歳以上	0	0	0	0			

勝ち馬の決め手

芝　38勝　追込 5／逃げ 10／差し 6／先行 17

ダート　10勝　逃げ 3／差し 4／先行 3

RANKING
67
2歳 77

2022 (97)
2021 (175)
2020 －
2019 －

ディーマジェスティ
DEE MAJESTY

年次	種付頭数	産駒数
23年	**42**	**45**
22年	72	62
21年	97	37

種付料／⇩受50万円F 供用地／新ひだか・アロースタッド
2013年生　鹿毛　新ひだか・服部牧場産

距離	成長型	芝	ダート	瞬発力	パワー	底力
マ中	普	○	○	○	○	△

PROFILE

競走成績　11戦4勝（2～4歳・日）
最高レーティング　120 I（16年）
主な勝ち鞍　皐月賞、セントライト記念、共同通信杯。ダービー3着、菊花賞4着。

鮮やかな末脚で皐月賞を制覇 サイアーランクも順調に上昇中

6番人気での出走となった3歳2月の共同通信杯で重賞初制覇。続く皐月賞でも8番人気と決して評価は高くなかったが、4角10番手の位置取りから直線で鋭く伸び、マカヒキ、サトノダイヤモンドらを抑え、クラシックウイナーの仲間入りを果たす。ダービーでは堂々の1番人気となったが、マカヒキから0秒1差の3着に敗れた。9月のセントライト記念で重賞3勝目。2番人気で迎えた菊花賞では直線で伸び切れず、サトノダイヤモンドの4着となる。

5歳春から種牡馬生活を開始。人気爆発とまではいかないが、毎年のように40頭前後の産駒が血統登録されている。2023年は2年目産駒のドットクルーが重賞で好走するなどの見せ場を作り、ランキングを確実に上昇させてきている。

系統：サンデーサイレンス系　母父系統：ロベルト系

父 ディープインパクト 鹿 2002	*サンデーサイレンス 青鹿 1986	Halo	Hail to Reason
			Cosmah
		Wishing Well	Understanding
			Mountain Flower
	*ウインドインハーヘア 鹿 1991	Alzao	Lyphard
			Lady Rebecca
		Burghclere	Busted
			Highclere
母 エルメスティアラ 鹿 1998	*ブライアンズタイム 黒鹿 1985	Roberto	Hail to Reason
			Bramalea
		Kelley's Day	Graustark
			Golden Trail
	*シンコウエルメス 鹿 1993	Sadler's Wells	Northern Dancer
			Fairy Bridge
		Doff the Derby	Master Derby
			Margarethen

インブリード：Hail to Reason 4×4、Northern Dancer 5×4

血統解説　父ディープインパクトは世界に冠たる超一流種牡馬。本馬は父にとって初の皐月賞勝ち産駒となる。母系は本馬の半兄にセイクレットレーヴ（ニュージーランドT2着）、叔母にエルノヴァ（ステイヤーズS2着）、いとこに仏GI馬ソーベツ（サンタラリ賞）がいる。母父ブライアンズタイムは1990～2000年代の大物種牡馬。

代表産駒 ドットクルー（毎日杯3着）、クロスマジェスティ（アネモネS）、シゲルファンノユメ、ペプチドタイガー、アップストローク、ドーバーホーク、ディープレイヤー、デルマグレムリン、ダンディジャック、メイショウヒヅクリ、ディマイザキッド、ボニーマジェスティ。

POG　2024年期待の2歳馬

母馬名（母父）	性別	おすすめポイント
ウォータームージカ（*フレンチデピュティ）	牡	半姉ムジックはJRAで3勝をマーク。芝、ダートをこなせるパワー有す。
*シーサイドホーム（STORM CAT）	牝	米の実力派ファミリーの血を受け継ぐ。母父の血も活きれば躍進望める。
トウカイフィーバー（*エンパイアメーカー）	牝	母はダート短距離戦で2勝をマーク。脚抜きの良いダートで本領を発揮か。

馬券に直結する適性データ

芝、ダートで拮抗した成績をマークしていることが特徴。芝ならやや力を要するコンディション、ダートであれば脚抜けの良い馬場が理想的で、そういった条件になりやすい函館芝、中山芝、ダートの重馬場で、かなり優秀な成績を残しているのは是非頭に入れておきたいデータとなる。自身は典型的な中距離馬だったが、産駒は短距離戦でより信頼度が高まる点も、馬券戦術に活かしていきたいところ。1番人気で72％強の3着内率を残しているように、本命に推されているときは迷わずに買い。もう1つ、7～9番人気で健闘していることも穴党には心強い特記事項だ。

※66位のスワーヴリチャードはP350に掲載しています。

2023年 成績

総収得賞金 415,974,000円　アーニング INDEX　0.92

	全馬	2歳
勝利頭数／出走頭数	47／98	7／27
勝利回数／出走回数	71／777	7／115

Data Box（2021～2023）

単勝回収値 171円／単勝適正回収値 77円

コース　右回りかつ小回りの芝が得意

	1着	2着	3着	出走数	勝率	連対率	3着内率
全体計	37	48	39	508	7.3%	16.7%	24.4%
中央芝	8	16	18	137	5.8%	17.5%	30.7%
中央ダ	10	13	7	153	6.5%	15.0%	19.6%
ローカル芝	9	15	8	116	7.8%	20.7%	27.6%
ローカルダ	10	4	6	102	9.8%	13.7%	19.6%
右回り芝	15	18	17	160	9.4%	20.6%	31.3%
右回りダ	14	14	8	169	8.3%	16.6%	21.3%
左回り芝	2	13	9	93	2.2%	16.1%	25.8%
左回りダ	6	3	5	86	7.0%	10.5%	16.3%
札幌芝	2	1	3	16	12.5%	18.8%	37.5%
札幌ダ	1	0	1	10	10.0%	10.0%	20.0%
函館芝	3	2	1	12	25.0%	41.7%	50.0%
函館ダ	3	1	0	12	25.0%	33.3%	33.3%
福島芝	2	3	3	19	10.5%	26.3%	42.1%
福島ダ	0	0	1	15	0.0%	0.0%	6.7%
新潟芝	1	3	1	24	4.2%	16.7%	20.8%
新潟ダ	1	1	0	10	10.0%	20.0%	20.0%
東京芝	1	5	8	48	2.1%	12.5%	29.2%
東京ダ	1	1	1	36	2.8%	5.6%	8.3%
中山芝	4	8	5	52	7.7%	23.1%	32.7%
中山ダ	4	4	2	44	9.1%	18.2%	22.7%
中京芝	0	5	0	21	0.0%	23.8%	23.8%
中京ダ	4	1	4	40	10.0%	12.5%	22.5%
京都芝	1	1	1	8	12.5%	25.0%	37.5%
京都ダ	1	3	1	16	6.3%	25.0%	31.3%
阪神芝	2	2	4	29	6.9%	13.8%	27.6%
阪神ダ	4	5	3	57	7.0%	15.8%	21.1%
小倉芝	1	1	0	24	4.2%	8.3%	8.3%
小倉ダ	1	0	0	15	6.7%	13.3%	13.3%

条件　3勝クラスが壁、2勝クラス以下で安定

	1着	2着	3着	出走数	勝率	連対率	3着内率
新馬	2	7	3	66	3.0%	13.6%	18.2%
未勝利	19	22	18	255	7.5%	16.1%	23.1%
1勝	12	9	14	110	10.9%	19.1%	31.8%
2勝	3	9	3	50	6.0%	24.0%	30.0%
3勝	0	0	0	12	0.0%	0.0%	0.0%
OPEN特別	1	1	0	4	25.0%	50.0%	50.0%
GⅢ	0	0	1	7	0.0%	0.0%	14.3%
GⅡ	0	0	0	1	0.0%	0.0%	0.0%
GⅠ	0	0	0	0	－	－	－
ハンデ戦	0	1	0	10	0.0%	10.0%	10.0%
牝馬限定	7	6	4	67	10.4%	19.4%	25.4%
障害	0	0	0	0	－	－	－

人気　1番人気の複勝率が7割超

	1着	2着	3着	出走数	勝率	連対率	3着内率
1番人気	13	11	8	44	29.5%	54.5%	72.7%
2～3番人気	11	14	8	70	15.7%	35.7%	47.1%
4～6番人気	6	13	13	122	4.9%	15.6%	26.2%
7～9番人気	4	8	3	103	3.9%	11.7%	14.6%
10番人気～	3	2	7	169	1.8%	3.0%	7.1%

距離　芝ダート共短距離がベター

芝　　平均勝ち距離　1,612m

	1着	2着	3着	出走数	勝率	連対率	3着内率
全体計	17	31	26	253	6.7%	19.0%	29.2%
芝～1300m	5	9	3	51	9.8%	27.5%	33.3%
芝～1600m	5	10	10	88	5.7%	17.0%	28.4%
芝～2000m	6	10	12	93	6.5%	17.2%	30.1%
芝～2400m	0	2	0	17	0.0%	11.8%	11.8%
芝2500m～	1	0	1	4	25.0%	25.0%	50.0%

ダート　　平均勝ち距離　1,425m

	1着	2着	3着	出走数	勝率	連対率	3着内率
全体計	20	17	13	255	7.8%	14.5%	19.6%
ダ～1300m	8	11	2	86	9.3%	22.1%	24.4%
ダ～1600m	5	3	5	65	7.7%	12.3%	20.0%
ダ～2000m	7	3	5	99	7.1%	10.1%	15.2%
ダ2100m～	0	0	1	5	0.0%	0.0%	20.0%

馬場状態　重まで悪化したダートで怖い

		1着	2着	3着	出走数	勝率	連対率	3着内率
芝	良	15	26	24	204	7.4%	20.1%	31.9%
	稍重	2	4	2	38	5.3%	15.8%	21.1%
	重	0	0	0	9	0.0%	11.1%	11.1%
	不良	0	0	0	2	0.0%	0.0%	0.0%
ダ	良	8	11	12	157	5.1%	12.1%	19.7%
	稍重	3	3	0	46	6.5%	13.0%	13.0%
	重	7	1	1	33	21.2%	27.3%	30.3%
	不良	2	2	0	19	10.5%	15.8%	15.8%

性齢　2歳から4歳まで満遍なく動く

	1着	2着	3着	出走数	勝率	連対率	3着内率
牡2歳	6	12	6	93	6.5%	19.4%	25.8%
牝2歳	4	3	1	50	8.0%	14.0%	16.0%
牡3歳前半	8	13	12	111	7.2%	18.9%	29.7%
牝3歳前半	4	5	5	74	5.4%	12.2%	18.9%
牡3歳後半	4	7	5	72	5.6%	15.3%	22.2%
牝3歳後半	2	3	3	32	6.3%	15.6%	25.0%
牡4歳	5	3	3	53	9.4%	15.1%	20.8%
牝4歳	1	2	0	23	4.3%	13.0%	13.0%
牡5歳	0	0	0	0	－	－	－
牝5歳	0	0	0	0	－	－	－
牡6歳	0	0	0	0	－	－	－
牝6歳	0	0	0	0	－	－	－
牡7歳以上	0	0	0	0	－	－	－
牝7歳以上	0	0	0	0	－	－	－

勝ち馬の決め手

芝（17勝）：逃げ1、先行9、差し6、追込1
ダート（20勝）：逃げ3、先行12、差し3、追込2

2022 ⑤
2021 ㊻
2020 ㉜
2019 ㉜

メイショウボーラー
MEISHO BOWLER

年次	種付頭数	産駒数
23年	—	**3**
22年	7	22
21年	33	38

2022年引退
2001年生　黒鹿毛　浦河・日の出牧場産

距離	成長型	芝	ダート	瞬発力	パワー	底力
短中	普	○	○	○	○	○

PROFILE

競走成績　29戦7勝（2〜6歳・日香）
最高レーティング　114 M（05年）
主な勝ち鞍　フェブラリーS、デイリー杯2歳S、根岸S、ガーネットS、小倉2歳S。スプリンターズS2着、朝日杯FS2着、皐月賞3着。

重賞3連勝でダートGIを制覇
父の後継種牡馬としても活躍示す

　2歳7月の新馬戦から、OPフェニックス賞、小倉2歳S、デイリー杯2歳Sと重賞2つを含む4連勝を記録。その後は朝日杯FS2着、弥生賞2着、皐月賞3着、NHKマイルC3着と、大レースでの惜敗が続いた。4歳となりダート重賞に参戦し、ガーネットS、根岸S、初のGI制覇となるフェブラリーSを連勝、一気にダートマイル戦線の頂点へと昇り詰める。

　7歳春から種牡馬生活を開始。供用初年度から8年連続で100頭以上の種付をこなし、父タイキシャトル最良の後継者と見なされるようになった。これまでにダートGI馬ニシケンモノノフをはじめ、芝、ダートを問わずパワフルなスピードを武器とする産駒を輩出。2023年まで13年連続でランキング2ケタ台を維持している。

系統：ヘイルトゥリーズン系　母父系統：ストームキャット系

父			
*タイキシャトル 栗 1994	Devil's Bag 鹿 1981	Halo	Hail to Reason
			Cosmah
		Ballade	Herbager
			Miss Swapsco
	*ウェルシュマフィン 鹿 1987	Caerleon	Nijinsky
			Foreseer
		Muffitys	Thatch
			Contrail
母			
*ナイスレイズ 黒鹿 1994	Storm Cat 黒鹿 1983	Storm Bird	Northern Dancer
			South Ocean
		Terlingua	Secretariat
			Crimson Saint
	Nice Tradition 鹿 1979	Search Tradition	Nashua
			Searching
		Nice Dancing	Kazan
			Nice

インブリード：Northern Dancer 5×4

血統解説　父タイキシャトルは内外でGIを計5勝した1998年度代表馬。種牡馬としても成功を収めた。母ナイスレイズは米で走った1勝馬。本馬の半弟に共に5勝をあげたメイショウトッパー、メイショウヤタロウ、甥にマッハヴェロシティ（青葉賞2着）がいる。母父ストームキャットは日本競馬との相性も抜群な北米首位種牡馬。

代表産駒　ニシケンモノノフ（JBCスプリント）、エキマエ（兵庫CS）、ラインミーティア（アイビスサマーダッシュ）、マキオボーラー（小倉サマージャンプ）、ショーウェイ（ファンタジーS2着）、メイショウタンツツ（京都ハイジャンプ3着）、キタノヴィジョン（マーチS3着）。

POG　2024年期待の2歳馬

母馬名（母父）	性別	おすすめポイント
チャームキャップ （*キャプテンスティーヴ）	牡	母はダート短距離戦で3勝をマーク。タフにレースを使えそうな点も魅力。
ミキノクレシェンド （ブラックタキシード）	牡	ストームキャット3×4のクロスを持つ。気持ちの入った走りに期待。
クーファチック （ハーツクライ）	牝	叔母に2歳GⅢ3着馬ルリニガナ。パワフルなスピードを活かしたい。

馬券に直結する適性データ

　自身は芝、ダートの双方で活躍を示していたが、種牡馬としての晩年に差し掛かった時代に生まれた、現在走っている直仔たちはダートのスペシャリストという傾向がハッキリと出ている。サンプル数は少ないが、札幌ダート、函館ダートといった、小回りながらパワーも要するコースでの好成績は押さえておきたいところ。出走数の多い競馬場ということでは、中京ダートでの勝ち鞍数が多い点も馬券戦術に活かしていきたい。またコースコンディションでは、ダート不良で20％を超える3着内率をマークしていることも、上手に利用していきたいデータとなっている。

2023年成績

総収得賞金 410,463,000円　アーニング INDEX　0.43

	全馬	2歳
勝利頭数／出走頭数	95／205	5／29
勝利回数／出走回数	166／2,021	6／134

Data Box (2021〜2023)

コース　中京ダートで約1/4の勝ち星

	1着	2着	3着	出走数	勝率	連対率	3着内率
全体計	29	50	47	917	3.2%	8.6%	13.7%
中央芝	0	2	3	79	0.0%	2.5%	6.3%
中央ダ	13	17	22	362	3.6%	8.3%	14.4%
ローカル芝	0	9	5	151	0.0%	6.0%	9.3%
ローカルダ	16	22	17	325	4.9%	11.7%	16.9%
右回り芝	0	7	5	151	0.0%	4.6%	7.9%
右回りダ	17	23	23	401	4.2%	10.0%	15.7%
左回り芝	0	3	3	69	0.0%	4.3%	8.7%
左回りダ	12	16	16	286	4.2%	9.8%	15.4%
札幌芝	0	0	0	7	0.0%	0.0%	0.0%
札幌ダ	2	0	2	15	13.3%	13.3%	26.7%
函館芝	0	2	0	14	0.0%	14.3%	14.3%
函館ダ	2	1	1	16	12.5%	18.8%	25.0%
福島芝	0	0	2	12	0.0%	0.0%	16.7%
福島ダ	0	4	1	30	0.0%	13.3%	16.7%
新潟芝	0	2	1	33	0.0%	6.1%	9.1%
新潟ダ	3	5	3	64	4.7%	12.5%	17.2%
東京芝	0	0	1	16	0.0%	0.0%	6.3%
東京ダ	2	2	4	66	3.0%	6.1%	12.1%
中山芝	0	0	0	16	0.0%	0.0%	0.0%
中山ダ	3	6	5	94	3.2%	9.6%	14.9%
中京芝	0	2	1	30	0.0%	6.7%	10.0%
中京ダ	7	9	9	156	4.5%	10.3%	16.0%
京都芝	0	0	0	5	0.0%	0.0%	0.0%
京都ダ	1	0	0	17	5.9%	5.9%	5.9%
阪神芝	0	2	2	42	0.0%	4.8%	9.5%
阪神ダ	7	9	13	185	3.8%	8.6%	15.7%
小倉芝	0	3	1	55	0.0%	5.5%	7.3%
小倉ダ	2	1	4	44	4.5%	11.4%	13.6%

条件　活躍の多くは下級条件が中心

	1着	2着	3着	出走数	勝率	連対率	3着内率
新馬	0	3	3	70	0.0%	4.3%	8.6%
未勝利	14	24	15	441	3.2%	8.6%	12.0%
1勝	7	12	13	156	4.5%	12.2%	20.5%
2勝	4	5	9	130	3.1%	6.9%	13.8%
3勝	2	6	3	75	2.7%	10.7%	14.7%
OPEN特別	4	1	3	67	6.0%	7.5%	11.9%
G Ⅲ	0	0	1	4	0.0%	0.0%	25.0%
G Ⅱ	0	0	0	4	0.0%	0.0%	0.0%
G Ⅰ	0	0	0	0	-	-	-
ハンデ戦	4	5	5	70	5.7%	12.9%	20.0%
牝馬限定	2	11	6	137	1.5%	9.5%	13.9%
障害	2	1	0	26	7.7%	11.5%	11.5%

人気　1番人気は馬連、3連複の軸向き

	1着	2着	3着	出走数	勝率	連対率	3着内率
1番人気	6	13	4	34	17.6%	55.9%	67.6%
2〜3番人気	9	11	5	57	15.8%	35.1%	43.9%
4〜6番人気	11	13	16	155	7.1%	15.5%	25.8%
7〜9番人気	3	6	13	205	1.5%	4.4%	10.7%
10番人気〜	2	8	9	492	0.4%	2.0%	3.9%

距離　ダート中距離の適性が最も高い

単勝回収値 38円／単勝適正回収値 60円

芝　平均勝ち距離　—

	1着	2着	3着	出走数	勝率	連対率	3着内率
全体計	0	11	8	230	0.0%	4.8%	8.3%
芝〜1300m	0	8	3	112	0.0%	7.1%	9.8%
芝〜1600m	0	2	4	85	0.0%	2.4%	7.1%
芝〜2000m	0	1	1	32	0.0%	3.1%	6.3%
芝〜2400m	0	0	0	0	-	-	-
芝2500m〜	0	0	0	1	0.0%	0.0%	0.0%

ダート　平均勝ち距離　1,479m

	1着	2着	3着	出走数	勝率	連対率	3着内率
全体計	29	39	39	687	4.2%	9.9%	15.6%
ダ〜1300m	12	14	16	330	3.6%	7.9%	12.7%
ダ〜1600m	4	5	6	146	2.7%	6.2%	10.3%
ダ〜2000m	12	19	15	200	6.0%	15.5%	23.0%
ダ2100m〜	1	1	2	11	9.1%	18.2%	36.4%

馬場状態　ダートは状態不問、不良で強い

		1着	2着	3着	出走数	勝率	連対率	3着内率
芝	良	0	7	5	177	0.0%	4.0%	6.8%
	稍重	0	3	2	38	0.0%	7.9%	13.2%
	重	0	1	1	15	0.0%	6.7%	13.3%
	不良	0	0	0	0	-	-	-
ダ	良	15	23	22	412	3.6%	9.2%	14.6%
	稍重	8	8	9	144	5.6%	11.1%	17.4%
	重	3	4	3	75	4.0%	9.3%	13.3%
	不良	3	4	5	56	5.4%	12.5%	21.4%

性齢　本領発揮は3歳後半以降

	1着	2着	3着	出走数	勝率	連対率	3着内率
牡2歳	1	6	4	78	1.3%	9.0%	14.1%
牝2歳	0	4	2	76	0.0%	5.3%	7.9%
牡3歳前半	4	5	7	148	2.7%	6.1%	10.8%
牝3歳前半	4	5	5	150	3.3%	6.0%	9.3%
牡3歳後半	5	5	5	59	8.5%	16.9%	25.4%
牝3歳後半	2	6	2	59	3.4%	13.6%	16.9%
牡4歳	5	5	4	67	7.5%	14.9%	20.9%
牝4歳	0	3	4	49	0.0%	6.1%	14.3%
牡5歳	5	2	6	70	7.1%	10.0%	18.6%
牝5歳	0	1	0	21	0.0%	4.8%	4.8%
牡6歳	1	2	5	66	1.5%	4.5%	12.1%
牝6歳	0	1	2	26	0.0%	3.8%	11.5%
牡7歳以上	2	1	2	55	3.6%	5.5%	9.1%
牝7歳以上	1	1	0	19	5.3%	10.5%	10.5%

勝ち馬の決め手

芝　0勝

ダート　29勝　逃げ6／先行13／差し7／追込3

RANKING
69
2歳 43

2022 (94)
2021 (201)
2020 (200)
2019 (157)

*シャンハイボビー
SHANGHAI BOBBY

年次	種付頭数	産駒数
23年	**137**	**70**
22年	99	70
21年	100	65

種付料／⇨受250万円F 供用地／新ひだか・アロースタッド
2010年生　青鹿毛　アメリカ産　2018年輸入

距離	成長型	芝	ダート	瞬発力	パワー	底力
マ中	普	○	◎	○	○	○

系統：ストームキャット系　母父系統：ブラッシンググルーム系

父 Harlan's Holiday 鹿 1999	Harlan 黒鹿 1989	Storm Cat	Storm Bird
			Terlingua
		Country Romance	Halo
			Sweet Romance
	Christmas in Aiken 鹿 1992	Affirmed	Exclusive Native
			Won't Tell You
		Dowager	Honest Pleasure
			Princessnesian
母 Steelin' 黒鹿 2004	Orientate 黒鹿 1998	Mt. Livermore	Blushing Groom
			Flama Ardiente
		Dream Team	Cox's Ridge
			Likely Double
	Steel Band 黒鹿 1997	Carson City	Mr. Prospector
			Blushing Promise
		*ウェディングバンド	Mighty Appealing
			Ring of Steel

インブリード：Raise a Native 5×5、母 Steelin' に Blushing Groom 3×4

血統解説　父ハーランズホリデーはフロリダダービー、ブルーグラスS、ドンHと米GIを3勝した一流中距離馬。種牡馬としても成功し、北米首位種牡馬を続けているイントゥミスチーフの父として知られている。母スティーリンは米で走った5勝馬。母父オリエンテイトはブリーダーズCスプリントを1番人気で制した米最優秀スプリンター。

代表産駒 **インフォーサー**（ブラジルJC大賞）、**ココナッツボビー**（智セントレジャー）、**アエロトレム**（ラテンアメリカ大賞）、**シャンスロット**（アムステルダムS）、**シャンシャンシャン**（ノーフォークS）、**マンダリンヒーロー**（サンタアニタダービー2着）、**マリアズハート**。

PROFILE

競走成績　8戦6勝（2～3歳・米）
最高レーティング　126（12年）
主な勝ち鞍　ブリーダーズCジュヴナイル、シャンペンS、米ホープフルS、トラックバロンS。ホーリーブルS2着、フロリダダービー5着。

5連勝飾り米最優秀2歳牡馬に種牡馬となり南米で成果を出す

2歳4月のデビュー戦から、LトラックバロンS、GⅡホープフルS、GⅠシャンペンSと無傷の4連勝を飾る。11月の大一番ブリーダーズCジュヴナイルでもアタマ差の接戦を制し、文句なしで2012年米最優秀2歳牡馬に選出された。3歳緒戦のGⅡホーリーブルSは2着。続くフロリダダービーで5着に敗れ、3歳3冠レースには向かわず休養に入る。9月の復帰戦に勝利したものの繋靭帯を傷め現役を退いた。

米と伯でシャトル供用され、南米の伯智ウルグアイでGⅠ勝ち産駒を出す大活躍を示す。南米のほか米英でも重賞勝ち馬が登場してきたタイミングで日本に導入。2023年に日本での初年度産駒マンダリンヒーローが米に遠征し、GⅠサンタアニタダービーで2着に健闘した。

POG　2024年期待の2歳馬

母馬名（母父）	性別	おすすめポイント
キモンレッド（*サウスヴィグラス）	牡	母はGIJBCレディスクラシック3着。母父の血との相乗効果も楽しみ。
エヴァ（キングカメハメハ）	牝	叔父にGⅢ平安S馬ロールオブザダイス。ダート中距離戦線で本領発揮。
*ゴーンクレージー（GONE WEST）	牝	1歳セレクションセールで1540万円。スケールの大きさが魅力となる。

馬券に直結する適性データ

ダートが主戦場となるが、芝もこなせる点が特徴。芝であればローカル場所で好成績を残していることは、記憶に留めておきたい。本業ともいえるダートでは、パワーが問われるタフな条件になることが多い中山ダート、阪神ダートでの頑張りに注目。頭固定でも3連複の軸でも、思い切った勝負が懸けられる。自身は米最優秀2歳牡馬に選ばれた仕上がりの早さを誇っていたが、産駒も2歳戦から十分に動ける。特に牝馬陣は勝率10%を超えているだけに積極的に狙っていきたいところだ。距離適性はスプリント戦にあり。芝、ダートの双方で共通した傾向となっている。

2023年 成績

	総収得賞金 406,001,000円　アーニング INDEX　0.82
勝利頭数／出走頭数：全馬 48 ／ 107	2歳　15 ／ 43
勝利回数／出走回数：全馬 61 ／ 713	2歳　18 ／ 166

Data Box (2021~2023)

コース　阪神などタフなダートが得意

	1着	2着	3着	出走数	勝率	連対率	3着内率
全体計	29	36	33	414	7.0%	15.7%	23.7%
中央芝	1	5	6	82	1.2%	7.3%	14.6%
中央ダ	15	16	11	171	8.8%	18.1%	24.6%
ローカル芝	7	4	8	81	8.6%	13.6%	23.5%
ローカルダ	6	11	8	80	7.5%	21.3%	31.3%
右回り芝	4	5	11	112	3.6%	8.0%	17.9%
右回りダ	17	19	11	168	10.1%	21.4%	28.0%
左回り芝	2	2	3	45	4.4%	8.9%	15.6%
左回りダ	4	8	8	83	4.8%	14.5%	24.1%
札幌芝	0	0	0	9	0.0%	0.0%	0.0%
札幌ダ	0	0	0	3	0.0%	0.0%	0.0%
函館芝	2	0	1	5	40.0%	40.0%	60.0%
函館ダ	0	0	0	0	0.0%	0.0%	0.0%
福島芝	1	0	2	16	6.3%	6.3%	18.8%
福島ダ	1	5	1	17	5.9%	35.3%	41.2%
新潟芝	3	3	2	17	17.6%	35.3%	47.1%
新潟ダ	1	2	2	12	8.3%	25.0%	41.7%
東京芝	0	1	1	18	0.0%	5.6%	11.1%
東京ダ	1	2	3	37	2.7%	8.1%	16.2%
中山芝	0	3	1	29	0.0%	10.3%	13.8%
中山ダ	5	5	2	47	10.6%	21.3%	25.5%
中京芝	1	0	0	16	6.3%	6.3%	6.3%
中京ダ	2	4	3	34	5.9%	17.6%	26.5%
京都芝	2	0	1	8	12.5%	12.5%	37.5%
京都ダ	1	1	1	21	4.8%	9.5%	14.3%
阪神芝	0	1	2	27	0.0%	3.7%	11.1%
阪神ダ	8	8	5	66	12.1%	24.2%	31.8%
小倉芝	0	1	3	18	0.0%	5.6%	22.2%
小倉ダ	2	0	2	13	15.4%	15.4%	30.8%

条件　重賞以外で安定した成績

	1着	2着	3着	出走数	勝率	連対率	3着内率
新馬	6	5	5	72	8.3%	15.3%	22.2%
未勝利	16	20	18	211	7.6%	17.1%	25.6%
1勝	3	8	9	91	3.3%	12.1%	22.0%
2勝	2	0	1	11	18.2%	18.2%	27.3%
3勝	0	1	0	6	0.0%	16.7%	16.7%
OPEN特別	2	2	0	14	14.3%	28.6%	28.6%
GⅢ	0	0	0	7	0.0%	0.0%	0.0%
GⅡ	0	0	0	0	0.0%	0.0%	0.0%
GⅠ	0	0	0	1	0.0%	0.0%	0.0%
ハンデ戦	2	2	0	7	28.6%	57.1%	57.1%
牝馬限定	3	7	6	68	4.4%	14.7%	23.5%
障害	0	0	0	1	0.0%	0.0%	0.0%

人気　2～3番人気の複勝率が超優秀

	1着	2着	3着	出走数	勝率	連対率	3着内率
1番人気	7	9	4	32	21.9%	50.0%	62.5%
2～3番人気	13	18	12	66	19.7%	47.0%	65.2%
4～6番人気	6	7	11	93	6.5%	14.0%	25.8%
7～9番人気	2	2	5	90	2.2%	4.4%	10.0%
10番人気～	1	0	1	134	0.7%	0.7%	1.5%

単勝回収値 69 円／単勝適正回収値 74 円

距離　芝ダート共短距離戦が得意

芝　　平均勝ち距離　1,300m

	1着	2着	3着	出走数	勝率	連対率	3着内率
全体計	8	9	14	163	4.9%	10.4%	19.0%
芝～1300m	5	7	10	68	7.4%	17.6%	32.4%
芝～1600m	2	1	1	50	4.0%	8.0%	10.0%
芝～2000m	1	0	3	37	2.7%	2.7%	10.8%
芝～2400m	0	0	0	3	0.0%	0.0%	0.0%
芝2500m～	0	0	0	5	0.0%	0.0%	0.0%

ダート　平均勝ち距離　1,355m

	1着	2着	3着	出走数	勝率	連対率	3着内率
全体計	21	27	19	251	8.4%	19.1%	26.7%
ダ～1300m	11	15	10	108	10.2%	24.1%	33.3%
ダ～1600m	6	6	7	74	8.1%	16.2%	25.7%
ダ～2000m	4	6	2	67	6.0%	14.9%	17.9%
ダ2100m～	0	0	0	2	0.0%	0.0%	0.0%

馬場状態　ダート良馬場または重馬場が向く

		1着	2着	3着	出走数	勝率	連対率	3着内率
芝	良	5	7	12	128	3.9%	9.4%	18.8%
	稍重	1	2	1	25	4.0%	12.0%	16.0%
	重	2	0	1	8	25.0%	25.0%	37.5%
	不良	0	0	0	2	0.0%	0.0%	0.0%
ダ	良	13	19	10	149	8.7%	21.5%	28.2%
	稍重	3	5	5	54	5.6%	14.8%	24.1%
	重	3	2	2	25	12.0%	20.0%	28.0%
	不良	2	1	2	23	8.7%	13.0%	21.7%

性齢　完成は早め、世代戦で頑張る

	1着	2着	3着	出走数	勝率	連対率	3着内率
牡2歳	10	8	7	95	10.5%	18.9%	26.3%
牝2歳	5	13	10	109	4.6%	16.5%	25.7%
牡3歳前半	3	7	3	61	4.9%	16.4%	21.3%
牝3歳前半	4	1	6	53	7.5%	9.4%	20.8%
牡3歳後半	3	3	4	32	9.4%	18.8%	31.3%
牝3歳後半	2	2	2	41	4.9%	9.8%	14.6%
牡4歳	0	0	0	0	－	－	－
牝4歳	0	0	0	0	－	－	－
牡5歳	0	0	0	0	－	－	－
牝5歳	1	1	1	14	7.1%	14.3%	21.4%
牡6歳	0	0	0	0	－	－	－
牝6歳	0	1	1	8	12.5%	25.0%	25.0%
牡7歳以上	0	0	0	0	－	－	－
牝7歳以上	0	0	0	1	0.0%	0.0%	0.0%

勝ち馬の決め手

芝　8勝　　差し3　逃げ1　先行4

ダート　21勝　　差し4　逃げ8　先行9

RANKING
70
2歳 **83**

2022 ㉘
2021 ㉛
2020 ㉖
2019 ㉟

スマートファルコン
SMART FALCON

年次	種付頭数	産駒数
23年	**53**	**56**
22年	85	61
21年	90	36

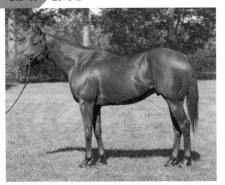

種付料／⇒受50万円F 産80万円 供用地／新ひだか・レックススタッド
2005年生　栗毛　静内・岡田スタッド産

距離	成長型	芝	ダート	瞬発力	パワー	底力
マ中	普	△	◎	△	○	○

PROFILE

競走成績　34戦23勝（2〜7歳・日首）
最高レーティング　118 I（12年）
主な勝ち鞍　JBCクラシック2回、東京大賞典
2回、帝王賞、川崎記念、浦和記念2回、ダイオ
ライト記念、日本テレビ盃、ブリーダーズゴールドC。

交流ダート重賞戦線の絶対王者
種牡馬となり堅実な活躍を示す

　3歳10月の白山大賞典を皮切りに、交流ダ
ート重賞を勝ちまくったJRA所属馬。3歳11
月の浦和記念から兵庫ゴールドT、佐賀記念、
名古屋大賞典、かきつばた記念、4歳5月のさ
きたま杯まで重賞6連勝、5歳11月のJBC
クラシックから7歳1月の川崎記念までは、東
京大賞典2回、帝王賞、連覇となったJBCク
ラシックとGI6つを含む重賞9連勝という、
圧倒的なまでの強さを発揮し続ける。生涯に獲
得した重賞タイトルは計19個。この数字は、
日本競馬史上最多となった。

　種牡馬となり、これまでにオーヴェルニュ、
シャマルという2頭のダート重賞勝ち産駒が登
場。2020年の26位を最高位に、2023年まで
7年連続でランキング70位以内に入っている。

系統：サンデーサイレンス系　母父系統：ヴェイグリーノーブル系

父 ゴールドアリュール 栗 1999	*サンデーサイレンス 青鹿 1986	Halo	Hail to Reason
			Cosmah
		Wishing Well	Understanding
			Mountain Flower
	*ニキーヤ 鹿 1993	Nureyev	Northern Dancer
			Special
		Reluctant Guest	Hostage
			Vaguely Royal
母 ケイシュウハーブ 芦 1988	*ミシシッピアン 鹿 1971	Vaguely Noble	*ヴィエナ
			Noble Lassie
		Gazala	Dark Star
			Belle Angevine
	キョウエイシラユキ 芦 1980	*クラウンプリンス	Raise a Native
			Gay Hostess
		*アリアーン	*シルバーシャーク
			Nucciolina

インブリード： Vaguely Noble 5×3

血統解説　父ゴールドアリュールはダートGIを計4
勝。種牡馬としても数多くの「砂の大物」を送り出してい
る。母ケイシュウハーブは公営川崎で2勝をマーク。本
馬の半兄にワールドクリーク（東京大賞典）、叔父にキョ
ウエイコロナ（小倉3歳S2着）、甥にリッカルド（エルム
S）がいる。母父ミシシッピアンは仏2歳GIを制した。

代表産駒　オーヴェルニュ（東海S、平安S）、シャ
マル（東京スプリント、サマーチャンピオン、オーバル
スプリント,黒船賞）、**ティーズダンク**（さきたま杯2着）、
マンノグランプリ（東京ジャンプS3着）、**ファルコン
ピーク**（川崎マイラーズ）、**チサット**（大井・京浜盃）。

POG　2024年期待の2歳馬

母馬名（母父）	性別	おすすめポイント
クィーンズトレイル（ディープインパクト）	牡	サンデーサイレンス3×3のクロス持つ。中距離適性の高さも武器に。
ハヤブサビクシー（ジャングルポケット）	牝	甥にGII4勝スーパーホーネット。成長力を活かして大成を目指す。
ブーケオブジュエル（キングカメハメハ）	牝	祖母ザッハーマインはGIIIクイーン賞2着。母父の血との相乗効果期待。

馬券に直結する適性データ

　地方競馬での活躍産駒も多い、砂のスペシャリス
ト。近3年間におけるJRAの勝ち鞍も、すべてダー
ト戦でマークしたものとなっている。競馬場別では
新潟ダートで11.9%の勝率をマークしていることに
まず注目。2、3着に入ったのはそれぞれ1回ずつだ
けに、勝負を懸ける際は頭固定で3連単を買うのが
正解かもしれない。また、阪神ダート、小倉ダート
も馬券を買いやすい舞台であることも覚えておこう。
基本的に2歳戦では買い辛いタイプ。その分、牡牝
共に3歳後半で勝ち鞍をマークすることが多く、頭
固定で馬券作戦を組み立てたい。

2023年成績

総収得賞金 401,471,000円　アーニング INDEX　0.56

	全馬		2歳	
勝利頭数／出走頭数	70	154	11	28
勝利回数／出走回数	121	1,245	15	160

Data Box (2021〜2023)

コース　阪神、新潟ダートが狙い

	1着	2着	3着	出走数	勝率	連対率	3着内率
全体計	22	25	27	485	4.5%	9.7%	15.3%
中央芝	0	0	0	2	0.0%	0.0%	0.0%
中央ダ	8	12	12	232	3.4%	8.6%	13.8%
ローカル芝	0	0	3	39	0.0%	0.0%	7.7%
ローカルダ	14	13	12	212	6.6%	12.7%	18.4%
右回り芝	0	0	3	24	0.0%	0.0%	12.5%
右回りダ	13	16	15	265	4.9%	10.9%	16.6%
左回り芝	0	0	0	8	0.0%	0.0%	0.0%
左回りダ	9	9	9	179	5.0%	10.1%	15.1%
札幌芝	0	0	0	1	0.0%	0.0%	0.0%
札幌ダ	0	0	0	11	0.0%	0.0%	0.0%
函館芝	0	0	0	2	0.0%	0.0%	0.0%
函館ダ	0	2	1	10	0.0%	20.0%	30.0%
福島芝	0	0	2	8	0.0%	0.0%	25.0%
福島ダ	2	1	0	25	8.0%	12.0%	12.0%
新潟芝	0	0	0	15	0.0%	0.0%	0.0%
新潟ダ	5	1	1	42	11.9%	14.3%	16.7%
東京芝	0	0	0	1	0.0%	0.0%	0.0%
東京ダ	1	3	3	63	1.6%	6.3%	11.1%
中山芝	0	0	0	1	0.0%	0.0%	0.0%
中山ダ	1	3	5	69	1.4%	5.8%	13.0%
中京芝	0	0	0	0	-	-	-
中京ダ	3	5	5	74	4.1%	10.8%	17.6%
京都芝	0	0	0	0	-	-	-
京都ダ	0	1	0	12	0.0%	8.3%	8.3%
阪神芝	0	0	0	0	-	-	-
阪神ダ	6	5	4	88	6.8%	12.5%	17.0%
小倉芝	0	0	0	12	0.0%	0.0%	8.3%
小倉ダ	4	4	5	50	8.0%	16.0%	26.0%

条件　牝馬限定戦出走時は買い

	1着	2着	3着	出走数	勝率	連対率	3着内率
新馬	0	0	1	13	0.0%	0.0%	7.7%
未勝利	6	6	5	125	4.8%	9.6%	13.6%
1勝	8	8	11	143	5.6%	11.2%	18.9%
2勝	4	9	7	137	2.9%	9.5%	14.6%
3勝	2	1	2	49	4.1%	6.1%	10.2%
OPEN特別	0	0	0	12	0.0%	0.0%	0.0%
GⅢ	1	0	1	6	16.7%	16.7%	33.3%
GⅡ	1	1	0	3	33.3%	66.7%	66.7%
GⅠ	0	0	0	5	0.0%	0.0%	0.0%
ハンデ戦	0	0	2	39	0.0%	0.0%	5.1%
牝馬限定	5	8	4	64	7.8%	20.3%	26.6%
障害	0	0	0	8	0.0%	0.0%	0.0%

人気　上位人気は不振、どの人気帯も△

	1着	2着	3着	出走数	勝率	連対率	3着内率
1番人気	3	5	1	15	20.0%	53.3%	60.0%
2〜3番人気	10	2	7	47	21.3%	25.5%	40.4%
4〜6番人気	6	10	7	82	7.3%	19.5%	28.0%
7〜9番人気	3	7	6	114	2.6%	8.8%	14.0%
10番人気〜	0	1	6	235	0.0%	0.4%	3.0%

単勝回収値 38 円／単勝適正回収値 74 円

距離　ダート短距離戦で力を出せる

芝　平均勝ち距離　―

	1着	2着	3着	出走数	勝率	連対率	3着内率
全体計	0	0	3	41	0.0%	0.0%	7.3%
芝〜1300m	0	0	3	34	0.0%	0.0%	8.8%
芝〜1600m	0	0	0	6	0.0%	0.0%	0.0%
芝〜2000m	0	0	0	1	0.0%	0.0%	0.0%
芝〜2400m	0	0	0	0	-	-	-
芝2500m〜	0	0	0	0	-	-	-

ダート　平均勝ち距離　1,455m

	1着	2着	3着	出走数	勝率	連対率	3着内率
全体計	22	25	24	444	5.0%	10.6%	16.0%
ダ〜1300m	11	6	6	136	8.1%	12.5%	16.9%
ダ〜1600m	1	5	7	91	1.1%	6.6%	14.3%
ダ〜2000m	10	14	11	209	4.8%	11.5%	16.7%
ダ2100m〜	0	0	0	0	-	-	-

馬場状態　ダートは状態不問

		1着	2着	3着	出走数	勝率	連対率	3着内率
芝	良	0	0	2	31	0.0%	0.0%	6.5%
	稍重	0	0	1	8	0.0%	0.0%	12.5%
	重	0	0	0	1	0.0%	0.0%	-
	不良	0	0	0	1	0.0%	0.0%	0.0%
ダ	良	15	16	13	268	5.6%	11.6%	16.4%
	稍重	2	3	0	75	2.7%	6.7%	13.3%
	重	3	4	2	64	4.7%	10.9%	14.1%
	不良	2	2	4	37	5.4%	10.8%	21.6%

性齢　牡牝共3歳後半からが勝負

	1着	2着	3着	出走数	勝率	連対率	3着内率
牡2歳	0	0	0	14	0.0%	0.0%	0.0%
牝2歳	1	1	1	13	7.7%	15.4%	23.1%
牡3歳前半	1	2	1	42	2.4%	7.1%	9.5%
牝3歳前半	2	0	3	49	4.1%	10.2%	16.3%
牡3歳後半	3	0	0	13	23.1%	23.1%	23.1%
牝3歳後半	4	0	1	18	22.2%	22.2%	27.8%
牡4歳	6	6	6	86	7.0%	14.0%	20.9%
牝4歳	1	3	2	28	3.6%	14.3%	21.4%
牡5歳	2	6	4	83	2.4%	9.6%	14.5%
牝5歳	1	2	1	29	3.4%	10.3%	13.8%
牡6歳	0	2	1	53	0.0%	3.8%	5.7%
牝6歳	0	0	1	17	0.0%	0.0%	5.9%
牡7歳以上	1	0	4	34	2.9%	2.9%	14.7%
牝7歳以上	0	2	0	14	0.0%	0.0%	14.3%

勝ち馬の決め手

芝　0勝

ダート　22勝　差し 2　逃げ 3　先行 17

RANKING 71

ドリームジャーニー
DREAM JOURNEY

2歳 —

2022 ⑦⑤		
2021 ⑥⑦		
2020 ㊽		
2019 ㊳		

年次	種付頭数	産駒数
23年	—	—
22年	—	—
21年	—	—

2021年引退
2004年生　鹿毛　白老・社台コーポレーション白老ファーム産

距離	成長型	芝	ダート	瞬発力	パワー	底力
中長	やや晩	○	○	○	○	△

系統：サンデーサイレンス系　母父系統：パーソロン系

			Halo	Hail to Reason
父 ステイゴールド 黒鹿 1994	*サンデーサイレンス 青鹿 1986			Cosmah
		Wishing Well	Understanding
				Mountain Flower
	ゴールデンサッシュ 栗 1988	*ディクタス	Sanctus
				Doronic
		ダイナサッシュ	*ノーザンテースト
			*ロイヤルサッシュ
母 オリエンタルアート 栗 1997	メジロマックイーン 芦 1987	メジロティターン	メジロアサマ
			*シェリル
		メジロオーロラ	*リマンド
			メジロアイリス
	エレクトロアート 栗 1986	*ノーザンテースト	Northern Dancer
				Lady Victoria
		*グランマスティーヴンス	Lt. Stevens
				Dhow

インブリード：ノーザンテースト４×３

血統解説　父ステイゴールドは個性派の名種牡馬。母オリエンタルアートは3勝。本馬、その全弟である3冠馬オルフェーヴルを産む、競馬史に残る大仕事を成し遂げた。ほかにも本馬の全弟にGⅡ2着馬アッシュゴールド、全妹にGⅡ3着馬デルニエオールがいる。母父メジロマックイーンはGⅠを4勝した1990年代前半の名馬中の名馬。

PROFILE

競走成績　**31戦9勝**（2〜7歳・日）
最高レーティング　**122 L**（09年）
主な勝ち鞍　**有馬記念、宝塚記念、朝日杯FS、**大阪杯、神戸新聞杯、小倉記念、朝日チャレンジC。中山記念2着、オールカマー2着2回。

代表産駒　ヴェルトライゼンデ（日経新春杯、鳴尾記念）、ミライヘノツバサ（ダイヤモンドS）、スルーセブンシーズ（中山牝馬S）、トゥラヴェスーラ（京王杯SC2着）、エスティタート（シルクロードS2着）、アルメリアブルーム（愛知杯2着）、イルティモーネ（兵庫GT2着）。

GPレース連覇など重賞を7勝
2023年も産駒2頭が重賞を制す

　新馬、OP芙蓉Sを連勝。東京スポーツ杯2歳Sは3着に終わるが、暮れの朝日杯FSを鮮やかな追込みで制し、2006年最優秀2歳牡馬に選出される。3歳緒戦の弥生賞は3着。最大目標であるクラシックでは皐月賞8着、ダービー5着と、本領を発揮しきれなかった。9月の神戸新聞杯で重賞2勝目をマークするも、菊花賞は5着まで。その後凡走が続いたが、4歳夏から秋に小倉記念、朝日チャレンジCを連勝し復調を示す。5歳となり最充実期を迎え、大阪杯、宝塚記念、有馬記念とグランプリレース連覇を含む、重賞3勝を記録。2009年最優秀古牡馬のタイトルも獲得した。

　産駒が走り始めた当初は、なかなか結果が出ず種付数も激減したが、2020年に2年目産駒ミライヘノツバサが、7歳で重賞初制覇を達成する。2021年に種牡馬を引退するも、2023年にはヴェルトライゼンデ、スルーセブンシーズが重賞を制覇。さらにスルーセブンシーズは凱旋門賞でも4着に健闘し、競馬ファンに父の名を再アピールする強力な契機となった。

馬券に直結する適性データ

　近3年間にJRAでマークした勝ち鞍「11」の内、10勝までを芝でマークしていることからわかるように、典型的なグラスホースであるのは、間違いない。ただし、パンパンの良馬場での時計勝負や切れ味比べには向かず、やや力の要る芝で、持続力に優れた末脚を存分に活かせるレースが理想的な条件となる。そういった状況になりやすい中山芝、中京芝、芝稍重馬場における好成績は、是非馬券作戦に取り入れたいところ。いずれの場合も30％超えの3着内率を記録しているだけに、例え人気薄でも相手候補に入れておくことで高配当ゲットに繋がるかもしれない。

2023年成績

総収得賞金 397,262,000円　アーニング INDEX　2.32

勝利頭数／出走頭数：全馬 17 ／ 37	2歳 －／－
勝利回数／出走回数：全馬 32 ／ 433	2歳 －／－

Data Box (2021~2023)

単勝回収値 27 円／単勝適正回収値 62 円

コース　中山芝、中京芝出走時が狙い

	1着	2着	3着	出走数	勝率	連対率	3着内率
全体計	11	18	26	283	3.9%	10.2%	19.4%
中央芝	4	11	11	120	3.3%	12.5%	21.7%
中央ダ	1	0	0	25	4.0%	4.0%	4.0%
ローカル芝	6	7	15	124	4.8%	10.5%	22.6%
ローカルダ	0	0	0	14	0.0%	0.0%	0.0%
右回り芝	5	11	13	143	3.5%	11.2%	20.3%
右回りダ	1	0	0	15	6.7%	6.7%	6.7%
左回り芝	5	7	13	98	5.1%	12.2%	25.5%
左回りダ	0	0	0	24	0.0%	0.0%	0.0%
札幌芝	0	0	0	5	0.0%	0.0%	0.0%
札幌ダ	0	0	0	0	－	－	－
函館芝	0	0	0	4	0.0%	0.0%	0.0%
函館ダ	0	0	0	0	－	－	－
福島芝	0	0	0	9	0.0%	0.0%	0.0%
福島ダ	0	0	0	0	－	－	－
新潟芝	1	1	1	25	4.0%	8.0%	12.0%
新潟ダ	0	0	0	1	0.0%	0.0%	0.0%
東京芝	0	2	3	23	0.0%	8.7%	21.7%
東京ダ	0	0	0	11	0.0%	0.0%	0.0%
中山芝	3	2	4	30	10.0%	16.7%	30.0%
中山ダ	1	0	0	9	11.1%	11.1%	11.1%
中京芝	4	4	9	53	7.5%	15.1%	32.1%
中京ダ	0	0	0	12	0.0%	0.0%	0.0%
京都芝	0	2	2	18	0.0%	11.1%	22.2%
京都ダ	0	0	0	0	－	－	
阪神芝	1	5	2	49	2.0%	12.2%	16.3%
阪神ダ	0	0	0	5	0.0%	0.0%	0.0%
小倉芝	1	2	5	28	3.6%	10.7%	28.6%
小倉ダ	0	0	0	1	0.0%	0.0%	0.0%

距離　芝中長距離戦で弾ける

芝　平均勝ち距離　1,940m

	1着	2着	3着	出走数	勝率	連対率	3着内率
全体計	10	18	26	244	4.1%	11.5%	22.1%
芝～1300m	1	0	1	31	3.2%	3.2%	6.5%
芝～1600m	0	3	6	56	0.0%	5.4%	16.1%
芝～2000m	7	6	14	99	7.1%	13.1%	27.3%
芝～2400m	2	7	5	44	4.5%	20.5%	31.8%
芝2500m～	0	1	0	14	0.0%	14.3%	14.3%

ダート　平均勝ち距離　2,400m

	1着	2着	3着	出走数	勝率	連対率	3着内率
全体計	1	0	0	39	2.6%	2.6%	2.6%
ダ～1300m	0	0	0	8	0.0%	0.0%	0.0%
ダ～1600m	0	0	0	8	0.0%	0.0%	0.0%
ダ～2000m	0	0	0	16	0.0%	0.0%	0.0%
ダ2100m～	1	0	0	7	14.3%	14.3%	14.3%

馬場状態　渋った芝でこそのタイプ

		1着	2着	3着	出走数	勝率	連対率	3着内率
芝	良	5	9	18	185	2.7%	7.6%	17.3%
	稍重	3	6	3	34	8.8%	26.5%	35.3%
	重	2	2	2	19	10.5%	21.1%	31.6%
	不良	0	1	3	6	0.0%	16.7%	66.7%
ダ	良	1	0	0	28	3.6%	3.6%	3.6%
	稍重	0	0	0	8	0.0%	0.0%	0.0%
	重	0	0	0	3	0.0%	0.0%	0.0%
	不良	0	0	0	0	－	－	－

性齢　残る現役馬は6歳以上

	1着	2着	3着	出走数	勝率	連対率	3着内率
牡2歳	0	0	1	9	0.0%	0.0%	11.1%
牝2歳	0	0	0	7	0.0%	0.0%	0.0%
牡3歳前半	0	2	1	26	0.0%	7.7%	11.5%
牝3歳前半	3	0	5	26	11.5%	11.5%	30.8%
牡3歳後半	0	0	0	4	0.0%	0.0%	0.0%
牝3歳後半	0	1	2	10	0.0%	10.0%	30.0%
牡4歳	0	1	1	7	0.0%	14.3%	28.6%
牝4歳	1	3	1	10	10.0%	40.0%	50.0%
牡5歳	5	4	3	58	8.6%	15.5%	20.7%
牝5歳	1	4	1	35	2.9%	14.3%	20.0%
牡6歳	3	5	5	56	5.4%	14.3%	23.2%
牝6歳	0	0	0	0	－	－	－
牡7歳以上	1	7	7	69	1.4%	11.6%	21.7%
牝7歳以上	0	0	0	0	－	－	－

条件　GⅢと障害戦出走時は要注意

	1着	2着	3着	出走数	勝率	連対率	3着内率
新馬	0	0	2	13	0.0%	0.0%	15.4%
未勝利	5	4	6	77	6.5%	11.7%	19.5%
1勝	3	3	5	47	6.4%	12.8%	23.4%
2勝	1	6	8	62	1.6%	11.3%	24.2%
3勝	1	2	4	47	2.1%	6.4%	14.9%
OPEN特別	2	3	2	38	5.3%	13.2%	18.4%
GⅢ	2	3	0	18	11.1%	27.8%	27.8%
GⅡ	1	2	1	11	9.1%	27.3%	36.4%
GⅠ	0	1	2	10	0.0%	10.0%	30.0%
ハンデ戦	4	2	3	58	6.9%	12.1%	17.2%
牝馬限定	4	2	6	33	12.1%	18.2%	36.4%
障害	4	6	4	40	10.0%	25.0%	35.0%

人気　1番人気より2~3番人気で怖い

	1着	2着	3着	出走数	勝率	連対率	3着内率
1番人気	3	3	2	15	20.0%	40.0%	53.3%
2～3番人気	9	8	4	37	24.3%	45.9%	56.8%
4～6番人気	2	9	12	73	2.7%	15.1%	31.5%
7～9番人気	1	1	7	62	1.6%	3.2%	14.5%
10番人気～	0	3	5	136	0.0%	2.2%	5.9%

勝ち馬の決め手

芝：追込 3　先行 3　差し 4　10勝

ダート：追込 1　1勝

RANKING
72
2歳 ―

2022 (51)
2021 ⑩
2020 (79)
2019 (138)

*ザファクター
THE FACTOR

年次	種付頭数	産駒数
23年	**―**	**―**
22年	―	―
21年	―	―

種付料／1万ドル 供用地／アメリカ
2008年生 芦毛 アメリカ産 2018年輸入、2020年輸出

距離	成長型	芝	ダート	瞬発力	パワー	底力
短マ	普	○	○	○	○	○

系統：ダンチヒ系 母父系統：ミスタープロスペクター系

父 War Front 鹿 2002	Danzig 鹿 1977	Northern Dancer	Nearctic
			Natalma
		Pas de Nom	Admiral's Voyage
			Petitioner
	Starry Dreamer 芦 1994	Rubiano	Fappiano
			Ruby Slippers
		Lara's Star	Forli
			True Reality
母 Greyciousness 芦 1995	Miswaki 栗 1978	Mr. Prospector	Raise a Native
			Gold Digger
		Hopespringseternal	Buckpasser
			Rose Bower
	Skatingonthinice 芦 1986	Icecapade	Nearctic
			Shenanigans
		Rain Shower	Bold Forbes
			Right as Rain

インブリード：Mr. Prospector 5×3、Nearctic 4×4、Northern Dancer 5×5・5
血統解説 父ウォーフロントは米GⅡに勝ったスプリンター。種牡馬となり、現役時代を凌駕する大成功を収め、米を中心に数多くのGⅠ勝ち産駒を出している。母グレイシアスネスは、米で走った2勝馬。本馬の姪に米GⅠ馬キーパーオブザスターズ（ゲイムリーS）がいる。母父ミスワキは芝中距離適性が高い名種牡馬。

代表産駒 **シストロン**（ビングクロスビーS）、**ノーテッドアンドクォーテッド**（シャンデリアS）、**ファクターディス**（ディナーパーティS）、**バウンドフォーノーウェア**（ハイランダーS）、**ショウナンマグマ**（ラジオNIKKEI賞2着）、**サンライズアリオン**。

PROFILE
競走成績 13戦6勝（2～4歳・米首）
最高レーティング 117 S、M（11年）
主な勝ち鞍 マリブS、パットオブライエンS、サンカルロスS、サンヴィセンテS、レベルS。トリプルベンドH2着、ビングクロスビーS2着。

日本でのリース供用経験を持つスピード豊かな気鋭サイアー

デビュー2戦目となる2歳12月の未勝利戦で、D6F1分6秒98のレコードタイムを樹立。3歳緒戦の7F戦で争われるサンヴィセンテSで、重賞初制覇を飾った。さらに距離が延びるD8.5F戦のGⅡレベルSで連勝を飾ったが、続くD9F戦アーカンソーダービーで7着に敗れたこともあり、3歳3冠戦には向かわずマイル、スプリント戦線にターゲットを絞る。3歳8月のAW7F戦のパットオブライエンSで初GⅠ制覇を飾ると12月のD7F戦マリブSでGⅠ2勝目。4歳緒戦サンカルロスSに勝利するも、その後はトリプルベンドH2着、ビングクロスビーS2着と勝利には届かなかった。

5歳春から米で種牡馬入り。豪でのシャトル供用も行っていて、これまでに、共に米GⅠウイナーとなったノーテッドアンドクォーテッド、シストロン、豪重賞馬ファンファクター（BRCグランプリS）らを送り出している。日本では2018年シーズンにリース供用を経験。その時の産駒であるショウナンマグマ、サンライズアリオンらが現役で活躍を示している。

馬券に直結する適性データ

パワフルなスピードを武器とする産駒が多く、勝ち鞍の76％をダート戦でマークしている。サンプル数そのものが少ないが、逃げ、先行から、そのまま押し切ってしまうようなレースがしやすい、小回りコースの福島ダート、小倉ダートで安定した成績を収めていることは、頭に入れておきたいデータ。加えて、小倉芝で健闘している点も馬券作戦に活かしていきたいところだ。自身もスプリント戦での活躍が目立ったが、産駒も短距離戦で数多くの勝ち鞍をあげている。ただし、ダート中距離戦も不得手ではなく、25.5％に達する3着内率は注目に値する数字といえるだろう。

2023年 成績

総収得賞金 392,443,000円　アーニング INDEX　1.01

勝利頭数／出走頭数：全馬 48 ／ 84	2歳 −／−
勝利回数／出走回数：全馬 120 ／ 837	2歳 −／−

Data Box (2021〜2023)

コース　小倉は芝ダート問わず好走

	1着	2着	3着	出走数	勝率	連対率	3着内率
全体計	50	51	57	746	6.7%	13.5%	21.2%
中央芝	3	1	4	79	3.8%	5.1%	10.1%
中央ダ	22	22	27	303	7.3%	14.5%	23.4%
ローカル芝	9	8	6	140	6.4%	12.1%	16.4%
ローカルダ	16	20	20	224	7.1%	16.1%	25.0%
右回り芝	8	5	4	130	6.2%	10.0%	14.6%
右回りダ	22	27	35	333	6.6%	14.7%	25.2%
左回り芝	2	3	2	72	2.8%	6.9%	9.7%
左回りダ	16	15	12	194	8.2%	16.0%	22.2%
札幌芝	0	1	0	11	0.0%	9.1%	9.1%
札幌ダ	1	1	2	15	6.7%	13.3%	26.7%
函館芝	2	0	1	15	13.3%	13.3%	20.0%
函館ダ	0	1	3	18	0.0%	5.6%	22.2%
福島芝	1	2	0	25	4.0%	12.0%	12.0%
福島ダ	**3**	**2**	**1**	**28**	**10.7%**	**17.9%**	**21.4%**
新潟芝	2	2	3	31	6.5%	12.9%	22.6%
新潟ダ	3	4	3	45	6.7%	15.6%	22.2%
東京芝	1	1	0	32	3.1%	6.3%	6.3%
東京ダ	7	5	4	76	9.2%	15.8%	21.1%
中山芝	2	0	1	18	11.1%	11.1%	16.7%
中山ダ	9	6	11	112	8.0%	13.4%	23.2%
中京芝	1	1	1	26	3.8%	7.7%	11.5%
中京ダ	6	6	5	73	8.2%	16.4%	23.3%
京都芝	0	0	3	6	0.0%	0.0%	50.0%
京都ダ	0	0	4	20	0.0%	0.0%	20.0%
阪神芝	0	0	0	23	0.0%	0.0%	0.0%
阪神ダ	6	11	8	95	6.3%	17.9%	26.3%
小倉芝	**3**	**2**	**1**	**32**	**9.4%**	**15.6%**	**18.8%**
小倉ダ	**3**	**6**	**6**	**45**	**6.7%**	**20.0%**	**33.3%**

条件　1勝クラスなど下級条件が中心

	1着	2着	3着	出走数	勝率	連対率	3着内率
新馬	4	5	4	72	5.6%	12.5%	18.1%
未勝利	25	17	24	310	8.1%	13.5%	21.3%
1勝	**17**	**21**	**19**	**233**	**7.3%**	**16.3%**	**24.5%**
2勝	3	6	8	94	3.2%	9.6%	18.1%
3勝	0	1	2	18	0.0%	5.6%	16.7%
OPEN特別	1	0	1	13	7.7%	7.7%	15.4%
GⅢ	0	1	0	7	0.0%	14.3%	14.3%
GⅡ	0	0	0	0	−	−	−
GⅠ	0	0	0	0	−	−	−
ハンデ戦	0	2	1	16	0.0%	12.5%	18.8%
牝馬限定	9	8	3	118	7.6%	14.4%	16.9%
障害	0	0	1	4	0.0%	0.0%	25.0%

人気　1番人気が高勝率、馬単の軸向き

	1着	2着	3着	出走数	勝率	連対率	3着内率
1番人気	**16**	**7**	**4**	**43**	**37.2%**	**53.5%**	**62.8%**
2〜3番人気	14	15	19	101	13.9%	28.7%	47.5%
4〜6番人気	12	14	10	166	7.2%	15.7%	26.5%
7〜9番人気	4	8	13	174	2.3%	6.9%	14.4%
10番人気〜	4	7	4	266	1.5%	4.1%	5.6%

距離　ダートの短距離または中距離向き

芝　平均勝ち距離　1,383m

	1着	2着	3着	出走数	勝率	連対率	3着内率
全体計	12	9	10	219	5.5%	9.6%	14.2%
芝〜1300m	7	5	6	108	6.5%	11.1%	16.7%
芝〜1600m	1	3	3	67	1.5%	6.0%	10.4%
芝〜2000m	4	1	1	40	10.0%	12.5%	15.0%
芝〜2400m	0	0	0	3	0.0%	0.0%	0.0%
芝2500m〜	0	0	0	1	0.0%	0.0%	0.0%

ダート　平均勝ち距離　1,428m

	1着	2着	3着	出走数	勝率	連対率	3着内率
全体計	38	42	47	527	7.2%	15.2%	24.1%
ダ〜1300m	19	20	24	248	7.7%	15.7%	25.4%
ダ〜1600m	8	7	7	115	7.0%	13.0%	19.1%
ダ〜2000m	10	15	16	161	6.2%	15.5%	25.5%
ダ2100m〜	1	0	0	3	33.3%	33.3%	33.3%

馬場状態　少し渋ったダートでこそのタイプ

		1着	2着	3着	出走数	勝率	連対率	3着内率
芝	良	8	7	7	157	5.1%	9.6%	14.0%
	稍重	4	2	3	48	8.3%	12.5%	18.8%
	重	0	0	0	10	0.0%	0.0%	0.0%
	不良	0	0	0	4	0.0%	0.0%	0.0%
ダ	良	21	25	29	334	6.3%	13.8%	22.5%
	稍重	**11**	**13**	**11**	**118**	**9.3%**	**20.3%**	**29.7%**
	重	2	2	5	47	4.3%	8.5%	19.1%
	不良	4	2	2	28	14.3%	21.4%	28.6%

性齢　早熟傾向で3歳前半が勝負

	1着	2着	3着	出走数	勝率	連対率	3着内率
牡2歳	6	5	1	69	8.7%	15.9%	17.4%
牝2歳	2	6	5	76	2.6%	10.5%	17.1%
牡3歳前半	**10**	**10**	**14**	**117**	**8.5%**	**17.1%**	**29.1%**
牝3歳前半	11	7	9	132	8.3%	13.6%	20.5%
牡3歳後半	6	4	7	71	8.5%	14.1%	23.9%
牝3歳後半	6	6	1	63	9.5%	19.0%	20.6%
牡4歳	5	9	17	125	4.0%	11.2%	24.8%
牝4歳	3	4	3	80	3.8%	8.8%	12.5%
牡5歳	0	0	0	0	−	−	−
牝5歳	0	0	0	0	−	−	−
牡6歳	0	0	0	2	0.0%	0.0%	0.0%
牝6歳	0	0	0	0	−	−	−
牡7歳以上	1	0	1	12	8.3%	8.3%	16.7%
牝7歳以上	0	0	0	0	−	−	−

勝ち馬の決め手

芝　12勝
逃げ 4／先行 3／差し 5／追込 0

ダート　38勝
逃げ 16／先行 16／差し 5／追込 1

2022 ⑭
2021 ㉔
2020 ㉓
2019 ㉓

LEMON DROP KID
レモンドロップキッド

年次	種付頭数	産駒数
23年	—	—
22年	—	—
21年	—	—

系統：キングマンボ系　母父系統：シアトルスルー系

写真はレモンポップ

父 Kingmambo 鹿 1990	Mr. Prospector 鹿 1970	Raise a Native	Native Dancer
			Raise You
		Gold Digger	Nashua
			Sequence
	Miesque 鹿 1984	Nureyev	Northern Dancer
			Special
		Pasadoble	Prove Out
			Santa Quilla
母 Charming Lassie 黒鹿 1987	Seattle Slew 黒鹿 1974	Bold Reasoning	Boldnesian
			Reason to Earn
		My Charmer	Poker
			Fair Charmer
	Lassie Dear 鹿 19874	Buckpasser	Tom Fool
			Busanda
		Gay Missile	Sir Gaylord
			Missy Baba

インブリード：5代前までにクロスなし。

血統解説　父キングマンボは「世紀の名牝」ミエスクを母に持つ超名血馬。競走馬、種牡馬として大きな成功を収めた。母系は世界的名門で、本馬の半弟に日本で種牡馬となったスタチューオブリバティ、いとこにエーピーインディ（BCクラシック）、一族にルーラーオブザワールド（英ダービー）らがいる。母父シアトルスルーは米3冠馬。

代表産駒 リチャーズキッド（パシフィッククラシックS2回）、ビーチパトロール（アーリントンミリオン）、レモンズフォーエヴァー（ケンタッキーオークス）、キャノックチェイス（カナディアン国際）、シトロネイド（ケイムリー BCS）、レモンポップ（チャンピオンズC）。

2021 年引退
1996 年生　鹿毛　アメリカ産

距離	成長型	芝	ダート	瞬発力	パワー	底力
中	普	○	○	○	○	○

PROFILE

競走成績　24 戦 10 勝（2〜4歳・米）
最高レーティング　125 M, I（00 年）
主な勝ち鞍　ベルモントS、トラヴァーズ S、ウッドワード S、ホイットニーH、フューチュリティ S、ブルックリンH、サバーバンH。

米GIレースを5勝した強豪
2023 年の日本でダート王出現す

　2歳9月のフューチュリティSでGI初制覇。3歳時はGIブルーグラスS5着を経てケンタッキーダービーへ向かうが、カリズマティックの9着に終わる。プリークネスSには行かずピーターパンS3着から出走したベルモントSでは、7番人気という低評価を覆す快走を見せアタマ差の接戦を制し、3冠競走最終戦で大きな花を咲かせた。8月のトラヴァーズSでGI3勝目。4歳となり最充実期に入り、GIIブルックリンH、GIIサバーバンH、GIホイットニーH、GIウッドワードSと4連勝を飾り、2000 年米最優秀古牡馬にも選出される。

　米で種牡馬となり、米GI3勝馬リチャーズキッド、セクレタリアトS などに勝った一流グラスホースで、現在は日本で種牡馬となっているビーチパトロール、ケンタッキーオークス馬レモンズフォーエヴァーなどを輩出。2021 年に種牡馬を引退したが、2023 年の日本でフェブラリーS、チャンピオンズC を制し、文句なしで最優秀ダートホースに選ばれたレモンポップが登場し、大きな注目を集める存在となった。

馬券に直結する適性データ

　データに反映されているのが、2023 年最優秀ダートホースに選出されたレモンポップのJRA における成績ということもあり、かなり偏った結果にはなっている。自身がパワフルなスピードとタフネスが求められる米競馬の一流馬ということもあり、脚抜けの良いダート戦としては比較的時計が速い東京ダートは、得意中の得意。その意味ではD 1600m1 分 33 秒 8 の時計が出た、盛岡競馬場で行われた南部杯をレモンポップが大差勝ちしたのも、至極当然のことだったのかもしれない。また、先行から直線で抜け出し、そのまま押し切るレースが出来るのも地力の高さの証明だ。

2023年成績

総収得賞金 364,167,000円　アーニング INDEX　19.64

勝利頭数／出走頭数：全馬 3 ／ 4	2歳 －／－
勝利回数／出走回数：全馬 10 ／ 37	2歳 －／－

Data Box (2021〜2023)

単勝回収値 58円／単勝適正回収値 115円

コース　左回りのダートで安定感

	1着	2着	3着	出走数	勝率	連対率	3着内率
全体計	7	3	0	21	33.3%	47.6%	47.6%
中央芝	0	0	0	1	0.0%	0.0%	0.0%
中央ダ	6	2	0	12	50.0%	66.7%	66.7%
ローカル芝	0	0	0	1	0.0%	0.0%	0.0%
ローカルダ	1	1	0	7	14.3%	28.6%	28.6%
右回り芝	0	0	0	2	0.0%	0.0%	0.0%
右回りダ	0	1	0	6	0.0%	16.7%	16.7%
左回り芝	0	0	0	0			
左回りダ	7	2	0	13	53.8%	69.2%	69.2%
札幌芝	0	0	0	0			
札幌ダ	0	0	0	0	0.0%	0.0%	0.0%
函館芝	0	0	0	0			
函館ダ	0	0	0	0			
福島芝	0	0	0	0			
福島ダ	0	0	0	0			
新潟芝	0	0	0	0			
新潟ダ	0	0	0	0			
東京芝	0	0	0	0			
東京ダ	6	1	0	9	66.7%	77.8%	77.8%
中山芝	0	0	0	1	0.0%	0.0%	0.0%
中山ダ	0	0	0	2	0.0%	0.0%	0.0%
中京芝	0	0	0	0			
中京ダ	1	1	0	4	25.0%	50.0%	50.0%
京都芝	0	0	0	0			
京都ダ	0	0	0	0			
阪神芝	0	0	0	0			
阪神ダ	0	0	0	0	0.0%	100.0%	100.0%
小倉芝	0	0	0	0			
小倉ダ	0	0	0	2			

条件　レモンポップ1頭が重賞で活躍

	1着	2着	3着	出走数	勝率	連対率	3着内率
新馬	0	0	0	1	0.0%	0.0%	0.0%
未勝利	0	0	0	6	0.0%	0.0%	0.0%
1勝	0	0	0	3	0.0%	0.0%	0.0%
2勝	1	2	0	6	16.7%	50.0%	50.0%
3勝	1	0	0	1	100.0%	100.0%	100.0%
OPEN特別	2	0	0	2	100.0%	100.0%	100.0%
G Ⅲ	1	1	0	2	50.0%	100.0%	100.0%
G Ⅱ	0	0	0	0			
G Ⅰ	2	0	0	2	100.0%	100.0%	100.0%
ハンデ戦	1	0	0	1	100.0%	100.0%	100.0%
牝馬限定	0	0	0	0			-
障害	0	0	0	2	0.0%	0.0%	0.0%

人気　1番人気の連対率は脅威の100%

	1着	2着	3着	出走数	勝率	連対率	3着内率
1番人気	7	3	0	10	70.0%	100.0%	100.0%
2〜3番人気	0	0	0	0			
4〜6番人気	0	0	0	3	0.0%	0.0%	0.0%
7〜9番人気	0	0	0	3	0.0%	0.0%	0.0%
10番人気〜	0	0	0	7	0.0%	0.0%	0.0%

距離　ダートマイル戦でこそのタイプ

芝　平均勝ち距離　－

	1着	2着	3着	出走数	勝率	連対率	3着内率
全体計	0	0	0	2	0.0%	0.0%	0.0%
芝〜1300m	0	0	0	1	0.0%	0.0%	0.0%
芝〜1600m	0	0	0	0			
芝〜2000m	0	0	0	0			
芝〜2400m	0	0	0	0			
芝2500m〜	0	0	0	1	0.0%	0.0%	0.0%

ダート　平均勝ち距離　1,486m

	1着	2着	3着	出走数	勝率	連対率	3着内率
全体計	7	3	0	19	36.8%	52.6%	52.6%
ダ〜1300m	0	0	0	4	0.0%	0.0%	0.0%
ダ〜1600m	6	3	0	11	54.5%	81.8%	81.8%
ダ〜2000m	1	0	0	4	25.0%	25.0%	25.0%
ダ2100m〜	0	0	0	0			

馬場状態　ダート良馬場または稍重向き

		1着	2着	3着	出走数	勝率	連対率	3着内率
芝	良	0	0	0	0			
	稍重	0	0	0	1	0.0%	0.0%	0.0%
	重	0	0	0	0			
	不良	0	0	0	1	0.0%	0.0%	0.0%
ダ	良	5	3	0	12	41.7%	66.7%	66.7%
	稍重	2	0	0	5	40.0%	40.0%	40.0%
	重	0	0	0	2	0.0%	0.0%	0.0%
	不良	0	0	0	0			

性齢　本格化するのは3歳後半以降

	1着	2着	3着	出走数	勝率	連対率	3着内率
牡2歳	0	0	0	3	0.0%	0.0%	0.0%
牝2歳	0	0	0	0			
牡3歳前半	0	0	0	0			
牝3歳前半	0	0	0	0			-
牡3歳後半	0	0	0	1	0.0%	100.0%	100.0%
牝3歳後半	0	0	0	0			
牡4歳	4	2	0	7	57.1%	85.7%	85.7%
牝4歳	0	0	0	0			
牡5歳	3	0	0	7	42.9%	42.9%	42.9%
牝5歳	0	0	0	0			
牡6歳	0	0	0	2	0.0%	0.0%	0.0%
牝6歳	0	0	0	1			
牡7歳以上	0	0	0	0			
牝7歳以上	0	0	0	0			

勝ち馬の決め手

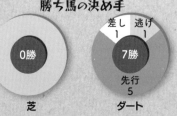

芝：0勝

ダート：7勝（差し 1／逃げ 1／先行 5）

アドマイヤムーン
ADMIRE MOON

年次	種付頭数	産駒数
23年	**14**	**9**
22年	14	21
21年	39	39

Darley

系統：フォーティナイナー系　母父系統：サンデーサイレンス系

父 *エンドスウィープ 鹿 1991	*フォーティナイナー 栗 1985	Mr. Prospector	Raise a Native
			Gold Digger
		File	Tom Rolfe
			Continue
	Broom Dance 鹿 1979	Dance Spell	Northern Dancer
			Obeah
		Witching Hour	Thinking Cap
			Enchanted Eve
母 マイケイティーズ 黒鹿 1998	*サンデーサイレンス 青鹿 1986	Halo	Hail to Reason
			Cosmah
		Wishing Well	Understanding
			Mountain Flower
	*ケイティーズファースト 鹿 1987	Kris	Sharpen Up
			Doubly Sure
		Katies	*ノノアルコ
			Mortefontaine

インブリード： Nearctic 5×5

血統解説　父エンドスウィープは米GⅢ勝ち馬。種牡馬として大成し、米日新でGI勝ち産駒を送り出している。母マイケイティーズは未出走馬。馬系は名門で本馬の半弟にプレイ（弥生賞2着）、いとこに年度代表馬エフフォーリア（有馬記念）、一族に女傑ヒシアマゾン（エリザベス女王杯）がいる。母父サンデーサイレンスは首位BMS。

種付料／プライヴェート　供用地／日高・ダーレー・ジャパンSコンプレックス
2003年生　鹿毛　早来・ノーザンファーム産

距離	成長型	芝	ダート	瞬発力	パワー	底力
短中	普	◎	○	○	○	○

PROFILE

競走成績　17戦10勝（2〜4歳・日香首）
最高レーティング　125 M（07年）
主な勝ち鞍　ジャパンC、宝塚記念、ドバイデューティフリー、京都記念、札幌記念、弥生賞、共同通信杯、札幌2歳S。香港C2着。

内外で強さ示す2007年度代表馬
種牡馬としても確かな功績を残す

　札幌2歳S、共同通信杯、弥生賞と重賞を3つ制してから臨んだ皐月賞は、1番人気に推されながらメイショウサムソンの4着に敗北。ダービーも7着と凡走する。その後は立て直し札幌記念制覇、天皇賞・秋3着、香港C2着、4歳緒戦の京都記念勝ちと、地力の高さを存分に発揮。3月のドバイデューティフリーを快勝し念願のGIタイトルを手に入れた。香港に転戦したQエリザベスⅡ世Cは3着だったが、帰国後の宝塚記念でGI2勝目。秋にはジャパンCも制し2007年度代表馬に選ばれる。

　種牡馬となり共にGIを制したセイウンコウセイ、ファインニードルを筆頭とする、優秀なスプリンターを輩出した。2023年まで13年連続でランキング2ケタ台を維持している。

代表産駒　ファインニードル（スプリンターズS、高松宮記念）、**セイウンコウセイ**（高松宮記念）、**ハクサンムーン**（セントウルS）、**ムーンクエイク**（京王杯スプリングC）、**レオアクティヴ**（京王杯2歳S）、**オースミムーン**（東京ハイジャンプ）、**ブラックムーン**（京都金杯）。

POG　2024年期待の2歳馬

母馬名（母父）	性別	おすすめポイント
キャノピーウォーク （ロードカナロア）	牡	祖母ロンドンブリッジから連なる名門出身もスプリンターとして大成も。
クラリティアイズ （キングカメハメハ）	牝	サンデーサイレンス3×4のクロス持つ。母父の血との相乗効果も期待。
プリディカメント （*ハードスパン）	牝	母はJRA3勝、地方で2勝。パワフルなスピードが武器のマイラーか。

馬券に直結する適性データ

　全体的な傾向として、勝ち切ることよりも2、3着に食い込むパターンが目立つタイプ。得意としている中山芝、阪神芝でも頭勝負ではなく、連勝馬券の軸、3連単の2、3着候補に据えることで、馬券的妙味が高くなるのを是非覚えておきたい。速い時計が出るパンパンの良馬場より、やや力の要る馬場コンディションが理想的。芝稍重、芝重馬場で連対率がアップすることも上手に馬券戦術に取り入れていきたい。産駒レベルが高いこともあり、2勝クラス、3勝クラスでの健闘も注目したいポイント。3勝クラスに関しては、頭勝負を懸けるのも十分にアリとなる。

2023年成績

総収得賞金 356,478,000円　アーニング INDEX　0.38

	全馬	2歳
勝利頭数／出走頭数	86／200	3／29
勝利回数／出走回数	150／2,134	5／151

Data Box (2021～2023)

コース　直線に坂があるコース向き

	1着	2着	3着	出走数	勝率	連対率	3着内率
全体計	32	56	60	1035	3.1%	8.5%	14.3%
中央芝	9	15	21	254	3.5%	9.4%	17.7%
中央ダ	5	8	10	215	2.3%	6.0%	10.7%
ローカル芝	16	23	16	391	4.1%	10.0%	14.1%
ローカルダ	2	10	13	175	1.1%	6.9%	14.3%
右回り芝	17	27	25	389	4.4%	11.3%	17.7%
右回りダ	4	14	13	255	1.6%	7.1%	12.2%
左回り芝	6	9	10	229	2.6%	6.6%	10.9%
左回りダ	3	4	10	135	2.2%	5.2%	12.6%
札幌芝	2	3	2	43	4.7%	11.6%	16.3%
札幌ダ	0	1	1	22	0.0%	4.5%	9.1%
函館芝	3	1	3	44	6.8%	9.1%	15.9%
函館ダ	0	4	2	15	0.0%	26.7%	40.0%
福島芝	2	4	3	60	3.3%	10.0%	15.0%
福島ダ	0	1	2	31	0.0%	3.2%	9.7%
新潟芝	4	6	4	98	4.1%	10.2%	14.3%
新潟ダ	1	1	3	25	4.0%	8.0%	20.0%
東京芝	2	1	4	88	2.3%	3.4%	8.0%
東京ダ	1	1	3	55	1.8%	3.6%	9.1%
中山芝	3	9	8	93	3.2%	12.9%	21.5%
中山ダ	1	5	5	95	1.1%	6.3%	11.6%
中京芝	2	4	4	70	2.9%	8.6%	14.3%
中京ダ	1	2	4	55	1.8%	5.5%	12.7%
京都芝	1	1	1	6	16.7%	33.3%	50.0%
京都ダ	1	1	1	7	14.3%	28.6%	42.9%
阪神芝	3	4	8	67	4.5%	10.4%	22.4%
阪神ダ	2	1	1	58	3.4%	5.2%	6.9%
小倉芝	3	5	0	76	3.9%	10.5%	10.5%
小倉ダ	0	1	1	27	0.0%	3.7%	7.4%

条件　2勝クラス、3勝クラスで成績安定

	1着	2着	3着	出走数	勝率	連対率	3着内率
新馬	1	5	6	105	1.0%	5.7%	11.4%
未勝利	16	31	21	527	3.0%	8.9%	12.9%
1勝	9	12	18	245	3.7%	8.6%	15.9%
2勝	4	3	6	65	6.2%	10.8%	20.0%
3勝	5	3	2	44	11.4%	18.2%	22.7%
OPEN特別	0	3	7	58	0.0%	5.2%	17.2%
G Ⅲ	0	1	3	21	0.0%	4.8%	19.0%
G Ⅱ	2	0	0	11	18.2%	18.2%	18.2%
G Ⅰ	0	0	0	3	0.0%	0.0%	0.0%
ハンデ戦	4	4	5	53	7.5%	15.1%	24.5%
牝馬限定	4	2	6	103	3.9%	5.8%	11.7%
障害	5	2	3	44	11.4%	15.9%	22.7%

人気　上位人気不振、4～6番人気が◯

	1着	2着	3着	出走数	勝率	連対率	3着内率
1番人気	5	11	5	37	29.7%	43.2%	56.8%
2～3番人気	9	13	13	98	9.2%	22.4%	35.7%
4～6番人気	11	28	18	204	5.4%	19.1%	27.9%
7～9番人気	4	10	12	226	1.8%	6.2%	11.5%
10番人気～	2	2	15	514	0.4%	0.8%	3.7%

単勝回収値 32円／単勝適正回収値 58円

距離　芝短距離のスペシャリスト

芝　平均勝ち距離　1,432m

	1着	2着	3着	出走数	勝率	連対率	3着内率
全体計	25	38	37	645	3.9%	9.8%	15.5%
芝～1300m	14	27	16	279 280	14.7%	20.4%	
芝～1600m	6	7	14	228 232	2.7%	5.7%	11.8%
芝～2000m	3	2	7	113	2.7%	4.4%	10.6%
芝～2400m	1	1	0	14	7.1%	14.3%	14.3%
芝2500m～	1	1	0	11	9.1%	18.2%	18.2%

ダート　平均勝ち距離　1,557m

	1着	2着	3着	出走数	勝率	連対率	3着内率
全体計	7	18	23	390	1.8%	6.4%	12.3%
ダ～1300m	3	15	14	209	1.4%	8.6%	15.3%
ダ～1600m	0	1	1	61	0.0%	1.6%	3.3%
ダ～2000m	4	2	7	111	3.6%	5.4%	11.7%
ダ2100m～	0	0	1	9	0.0%	0.0%	11.1%

馬場状態　少し渋った芝で複勝率アップ

		1着	2着	3着	出走数	勝率	連対率	3着内率
芝	良	20	25	23	489	4.1%	9.2%	13.9%
	稍重	3	9	11	103	2.9%	11.7%	22.3%
	重	2	3	1	43	4.7%	11.6%	14.0%
	不良	0	1	2	10	0.0%	10.0%	30.0%
ダ	良	5	9	12	232	2.2%	6.0%	11.2%
	稍重	1	6	4	66	1.5%	10.6%	16.7%
	重	0	2	0	59	0.0%	3.4%	11.9%
	不良	1	1	1	33	3.0%	6.1%	12.1%

性齢　牡牝とも3歳後半に伸びる

	1着	2着	3着	出走数	勝率	連対率	3着内率
牡2歳	3	8	6	123	2.4%	8.9%	13.8%
牝2歳	2	5	4	107	1.9%	6.5%	10.3%
牡3歳前半	5	19	11	190	2.6%	12.6%	18.4%
牝3歳前半	2	1	6	141	1.4%	2.1%	6.4%
牡3歳後半	3	6	6	87	3.4%	10.3%	17.2%
牝3歳後半	4	6	1	57	7.0%	17.5%	19.3%
牡4歳	2	2	6	81	2.5%	4.9%	12.3%
牝4歳	2	9	4	88	2.3%	9.0%	14.9%	19.4%
牡5歳	2	2	3	58	3.4%	3.4%	13.8%
牝5歳	2	4	5	59	3.4%	10.2%	18.6%
牡6歳	0	1	0	20	0.0%	5.0%	10.0%
牝6歳	2	4	3	46	4.3%	8.7%	30.4%
牡7歳以上	5	1	3	65	7.7%	9.2%	13.8%
牝7歳以上	0	0	0	1	0.0%	0.0%	0.0%

勝ち馬の決め手

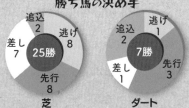

芝　25勝　追込2／逃げ8／先行8／差し7

ダート　7勝　追込2／逃げ1／先行3／差し1

219

RANKING
75
2歳 **108**

2022 ㊴
2021 ㉚
2020 ⑱
2019 ㊺

＊ヴァンセンヌ
VINCENNES

年次	種付頭数	産駒数
23年	**30**	**24**
22年	36	15
21年	24	22

系統：サンデーサイレンス系　母父系統：ハビタット系

父 ディープインパクト 鹿 2002	＊サンデーサイレンス 青鹿 1986	Halo	Hail to Reason
			Cosmah
		Wishing Well	Understanding
			Mountain Flower
	＊ウインドインハーヘア 鹿 1991	Alzao	Lyphard
			Lady Rebecca
		Burghclere	Busted
			Highclere
母 フラワーパーク 鹿 1992	ニホンピロウイナー 黒鹿 1980	＊スティールハート	Habitat
			A.1
		ニホンピロエバート	＊チャイナロック
			ライトフレーム
	ノーザンフラワー 栗 1977	＊ノーザンテースト	Northern Dancer
			Lady Victoria
		＊ファイアフラワー	Dike
			Pascha

インブリード：Northern Dancer 5×4

血統解説　父ディープインパクトは 11 年連続リーディングサイアーに輝いた現代の大種牡馬。母フラワーパークは高松宮記念、スプリンターズＳを制した 1996 年最優秀短距離馬。本馬のいとこにエムオーウイナー（シルクロードＳ）がいる。母父ニホンピロウイナーはマイルＣＳ2 回、安田記念に勝った、1980 年代を代表する名マイラー。

種付料／⇧受50万円F　産80万円　供用地／新ひだか・レックススタッド
2009年生　鹿毛　白老・社台コーポレーション白老ファーム産

距離	成長型	芝	ダート	瞬発力	パワー	底力
短マ	やや晩	○	○	○	○	△

PROFILE

競走成績　**16戦6勝**（3〜6歳・日）
最高レーティング　**116 M**（15年）
主な勝ち鞍　東京新聞杯。安田記念2着、京王杯スプリングＣ2着。

代表産駒 イロゴトシ（中山グランドジャンプ）、ロードベイリーフ（アイビスサマーダッシュ3着2回）、バラジ、ファユエン、ウォーロード、フォレスタ、ヤマニンプレシオサ、ビップエレナ、トゥルスウィー（佐賀・九州ダービー栄城賞）、ハルノインパクト（高知・高知優駿）。

芝マイル戦線で実力示した強豪
2023年にジャンプGⅠ産駒登場

　3歳4月のデビュー戦で勝ち上がるも、続く京都新聞杯は 12 着に敗れる。4歳2月に2勝目をマークしたが、その後やや低迷。壁を突き破ったのは4歳秋からで、500万特別、1000万特別、準ＯＰ元町Ｓ、5歳緒戦の初重賞制覇となる東京新聞杯と4連勝を飾った。京王杯スプリングＣ2着を経て臨んだ安田記念は、3番人気での出走。直線でよく脚を伸ばしたが、勝ったモーリスからクビ差の2着までだった。

　7歳春から種牡馬生活を開始。供用初年度の 60 頭を皮切りに、最も少なかった年でも 24 頭の種付をこなす安定した人気を博している。2023 年には初年度産駒の一頭イロゴトシが、ＪＧⅠ中山グランドジャンプに優勝。自己最高となる 75 位にまでランキングを上げてきた。

POG　2024年期待の2歳馬

母馬名（母父）	性別	おすすめポイント
＊サバス （KINGMAMBO）	牡	母は仏で走り1勝をあげる。芝、ダート兼用のパワフルなスピードを持つ。
クラウンフォルテ （＊ハービンジャー）	牝	成長力に優れたマイラータイプ。芝向きの瞬発力も備えいている。
ジャストザハピネス （ハーツクライ）	牝	サンデーサイレンス3×3のクロス持つ。勝負強さ活かし出世を目指す。

馬券に直結する適性データ

　自身は速い時計への対応力が高い典型的なグラスホースだったが、産駒は芝、ダートをほぼ遜色なくこなしている。まず記憶したいのがローカル場所ダートでの健闘。なかでもサンプル数は多くないものの、勝率18.2%、連対率27.3%、3着内率50%という圧倒的な数字を残している新潟ダートは多様な馬券戦術を、効果的に実行することができるはずだ。自身も晩成傾向が強いタイプだったが、2歳戦は基本的に見送っておくのが正解。買いに転じるタイミングが3歳後半から4歳にかけて。特に牡馬陣がマークしている優秀な成績は、馬券に活かしていきたい。

2023年成績

総収得賞金 350,214,000円　アーニング INDEX　0.90

勝利頭数／出走頭数：全馬 40 ／ 84	2歳 4 ／ 16	
勝利回数／出走回数：全馬 70 ／ 735	2歳 5 ／ 87	

Data Box (2021〜2023)

コース　新潟などローカルダートで好走

	1着	2着	3着	出走数	勝率	連対率	3着内率
全体計	26	22	34	442	5.9%	10.9%	18.6%
中央芝	7	2	11	124	5.6%	7.3%	16.1%
中央ダ	1	4	3	86	1.2%	5.8%	9.3%
ローカル芝	8	11	11	138	5.8%	13.8%	21.7%
ローカルダ	10	5	9	94	10.6%	16.0%	25.5%
右回り芝	7	8	9	152	4.6%	9.9%	15.8%
右回りダ	4	5	5	97	4.1%	9.3%	14.4%
左回り芝	8	4	11	103	7.8%	11.7%	22.3%
左回りダ	7	4	7	83	8.4%	13.3%	21.7%
札幌芝	0	2	2	10	0.0%	20.0%	40.0%
札幌ダ	1	0	0	3	33.3%	33.3%	33.3%
函館芝	0	0	1	5	0.0%	0.0%	20.0%
函館ダ	1	1	0	8	12.5%	25.0%	25.0%
福島芝	0	0	3	24	0.0%	12.5%	12.5%
福島ダ	1	0	1	11	9.1%	9.1%	18.2%
新潟芝	2	3	2	31	6.5%	16.1%	22.6%
新潟ダ	4	2	5	22	18.2%	27.3%	50.0%
東京芝	3	2	8	54	5.6%	9.3%	24.1%
東京ダ	1	1	0	29	3.4%	6.9%	6.9%
中山芝	3	0	0	39	7.7%	7.7%	7.7%
中山ダ	0	2	3	33	0.0%	9.1%	15.2%
中京芝	3	0	3	25	12.0%	12.0%	24.0%
中京ダ	2	1	2	32	6.3%	9.4%	15.6%
京都芝	0	0	0	6	0.0%	0.0%	0.0%
京都ダ	0	0	0	3	0.0%	0.0%	0.0%
阪神芝	1	0	1	25	4.0%	4.0%	8.0%
阪神ダ	0	0	1	20	0.0%	0.0%	5.0%
小倉芝	3	3	3	43	7.0%	14.0%	20.9%
小倉ダ	1	1	0	18	5.6%	11.1%	16.7%

条件　1勝クラスで安定した成績を収める

	1着	2着	3着	出走数	勝率	連対率	3着内率
新馬	0	2	0	29	0.0%	6.9%	6.9%
未勝利	9	7	11	183	4.9%	8.7%	14.8%
1勝	8	9	12	86	9.3%	19.8%	33.7%
2勝	7	3	8	99	7.1%	10.1%	18.2%
3勝	3	2	1	34	8.8%	14.7%	17.6%
OPEN特別	0	1	2	13	0.0%	7.7%	23.1%
GⅢ	0	0	2	9	0.0%	0.0%	22.2%
GⅡ	0	0	0	4	0.0%	0.0%	0.0%
GⅠ	1	0	0	1	100.0%	100.0%	100.0%
ハンデ戦	1	3	2	33	3.0%	12.1%	18.2%
牝馬限定	6	5	10	77	7.8%	14.3%	27.3%
障害	2	2	2	16	12.5%	25.0%	37.5%

人気　7〜9番人気の一発に注意

	1着	2着	3着	出走数	勝率	連対率	3着内率
1番人気	8	4	2	22	36.4%	54.5%	63.6%
2〜3番人気	4	9	4	42	9.5%	31.0%	40.5%
4〜6番人気	7	8	17	92	7.6%	16.3%	34.8%
7〜9番人気	7	1	8	100	7.0%	8.0%	16.0%
10番人気〜	2	2	5	202	1.0%	2.0%	4.5%

単勝回収値 87円／単勝適正回収値 97円

距離　芝は中長距離、ダートは中距離

芝　平均勝ち距離　1,787m

	1着	2着	3着	出走数	勝率	連対率	3着内率
全体計	15	13	22	262	5.7%	10.7%	19.1%
芝〜1300m	4	5	4	72	5.6%	12.5%	18.1%
芝〜1600m	1	1	6	60	1.7%	3.3%	13.3%
芝〜2000m	7	4	11	115	6.1%	9.6%	19.1%
芝〜2400m	3	3	1	13	23.1%	46.2%	53.8%
芝2500m〜	0	0	0	2	0.0%	0.0%	0.0%

ダート　平均勝ち距離　1,586m

	1着	2着	3着	出走数	勝率	連対率	3着内率
全体計	11	9	12	180	6.1%	11.1%	17.8%
ダ〜1300m	4	2	2	68	5.9%	8.8%	11.8%
ダ〜1600m	0	1	0	33	0.0%	3.0%	3.0%
ダ〜2000m	6	6	8	72	8.3%	16.7%	27.8%
ダ2100m〜	1	0	2	7	14.3%	14.3%	42.9%

馬場状態　芝は稍重まで、ダートは重以上

		1着	2着	3着	出走数	勝率	連対率	3着内率
芝	良	11	12	16	204	5.4%	11.3%	19.1%
	稍重	3	1	6	41	7.3%	9.8%	24.4%
	重	1	0	0	13	7.7%	7.7%	7.7%
	不良	0	0	0	4	0.0%	0.0%	0.0%
ダ	良	7	3	6	99	7.1%	10.1%	16.2%
	稍重	2	1	1	37	5.4%	8.1%	10.8%
	重	0	4	3	26	0.0%	15.4%	26.9%
	不良	2	1	2	18	11.1%	16.7%	27.8%

性齢　牡は3歳後半から急激に伸びる

	1着	2着	3着	出走数	勝率	連対率	3着内率
牡2歳	1	2	1	36	2.8%	8.3%	11.1%
牝2歳	0	2	1	33	0.0%	6.1%	9.1%
牡3歳前半	4	4	5	55	7.3%	14.5%	23.6%
牝3歳前半	0	2	0	56	3.6%	3.6%	12.5%
牡3歳後半	4	4	2	32	12.5%	25.0%	31.3%
牝3歳後半	1	0	2	34	2.9%	2.9%	8.8%
牡4歳	5	3	3	38	13.2%	21.1%	28.9%
牝4歳	3	5	5	63	4.8%	12.7%	20.6%
牡5歳	2	1	1	31	6.5%	9.7%	12.9%
牝5歳	3	2	4	42	7.1%	11.9%	21.4%
牡6歳	2	0	4	13	15.4%	15.4%	46.2%
牝6歳	1	1	3	25	4.0%	8.0%	20.0%
牡7歳以上	0	0	0	0	-	-	-
牝7歳以上	0	0	0	0	-	-	-

勝ち馬の決め手

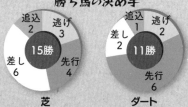

芝　15勝　追込 2／逃げ 3／差し 6／先行 4

ダート　11勝　追込 1／逃げ 2／差し 2／先行 6

RANKING
76
2歳 **110**

2022 ㊾
2021 ㉞
2020 ㊻
2019 ㉚

＊モンテロッソ
MONTEROSSO

年次	種付頭数	産駒数
23年	―	―
22年	―	5
21年	12	25

Darley

2021年引退
2007年生　鹿毛　イギリス産　2014年輸入

距離	成長型	芝	ダート	瞬発力	パワー	底力
マ中	やや晩	○	○	△	○	○

PROFILE

競走成績　**17戦7勝**（2〜6歳・英愛独首）
最高レーティング　**126I**（12年）
主な勝ち鞍　**ドバイワールドC**、キングエドワードVII世S、ドバイシティオブゴールド。ドバイワールドC3着、愛ダービー4着。

ドバイWCを3馬身差で快勝
父となり重賞勝ち産駒を出す

　レース経験を積み重ねながら地力を蓄えていき、初めての重賞参戦となった3歳6月のGIIキングエドワードVII世Sに勝利する。その9日後に英ダービーに出走。中身の濃いレース振りを示しケープブランコの4着に健闘した。4歳以降は首が主戦場となり、4歳時にGIIドバイシティオブゴールドを制覇。5歳時には大目標であるドバイワールドCで、2着カッポーニを3馬身引き離す快勝を飾った。

　現役引退後すぐに日本で種牡馬入り。供用初年度、3年目には、いずれも119頭に種付される高い人気を博した。これまでに重賞勝ち馬ビリーバー、ホッカイドウ競馬3冠馬リンゾウチャネルらを送り出し、2023年まで6年連続でランキング2ケタ台をキープしている。

系統：シーキングザゴールド系　母父系統：サドラーズウェルズ系

父 Dubawi 鹿 2002	Dubai Millennium 鹿 1996	Seeking the Gold	Mr. Prospector
			Con Game
		Colorado Dancer	Shareef Dancer
			Fall Aspen
	Zomaradah 鹿 1995	Deploy	Shirley Heights
			Slightly Dangerous
		Jawaher	＊ダンシングブレーヴ
			High Tern
母 Porto Roca 鹿 1996	Barathea 鹿 1990	Sadler's Wells	Northern Dancer
			Fairy Bridge
		Brocade	Habitat
			Canton Silk
	Antelliere 鹿 1986	Salieri	Accipiter
			Hogan's Sister
		Anntelle	Loosen Up
			Soft Quest

インブリード：Northern Dancer 5×4

血統解説　父ドバウィは、愛2000ギニーなどに勝った一流マイラー。英愛リーディングサイアー経験も持つ、現代の欧州馬産界を代表する存在でもある。母ポルトロカは豪GIクールモアフィリー＆メアクラシックの勝ち馬。本馬の叔父に新GI馬ブルーバードザワールド（新インターナショナルS）がいる。母父バラシアはBCマイルに勝利。

代表産駒　ビリーバー（アイビスサマーダッシュ）、ラセット（中京記念2着）、リュヌルージュ（中山牝馬S2着）、ホープフルサイン（淀短距離S）、リンゾウチャネル（門別・北海優駿、北斗盃、王冠賞、園田・楠賞）、トキノパイレーツ（川崎。スパーキングサマーC）。

POG　2024年期待の2歳馬

母馬名（母父）	性別	おすすめポイント
グリシーヌ （サムライハート）	牝	叔父にダートGIII2着トウショウコナン。中距離適性の高さも武器に。
トウカイレジーナ （＊ワイルドラッシュ）	牝	母はJRAで3勝、地方競馬で2勝。ダート中距離戦線で息長く活躍か。
ハワイアンムーン （キングカメハメハ）	牝	マイル戦で発揮される力強いスピードに優れる。芝、ダート兼用タイプ。

馬券に直結する適性データ

　地方競馬における活躍産駒も多く、JRAでの勝ち鞍数はやや淋しいものになっているが、芝、ダートの双方をこなせるパワフルなスピードが大きな武器となっている。素軽いスピードや切れ味が問われないコンディションとなるケースも多い中京ダート、小倉芝で、まずまずの成績を収めていることは記憶しておきたいデータ。ただし頭勝負というよりは、連勝馬券の軸、3連単の2、3着候補に据えておく方が妙味は高そうだ。晩成傾向が強まってきたのも間違いないところ。勝負を懸けたいのは古馬になってから。特に7歳以上の牡馬陣の健闘に注目したい。

2023年成績

総収得賞金 346,811,000円　アーニング INDEX　0.57

勝利頭数／出走頭数：全馬 55／132　　2歳 3／19
勝利回数／出走回数：全馬 109／1,297　　2歳 3／84

Data Box（2021～2023）

コース　西日本のローカル競馬場向き

	1着	2着	3着	出走数	勝率	連対率	3着内率
全体計	21	17	24	549	3.8%	6.9%	11.3%
中央芝	4	4	2	103	3.9%	7.8%	9.7%
中央ダ	7	6	11	229	3.1%	5.7%	10.5%
ローカル芝	5	3	6	100	5.0%	8.0%	14.0%
ローカルダ	5	4	5	117	4.3%	7.7%	12.0%
右回り芝	6	5	7	128	4.7%	8.6%	14.1%
右回りダ	6	5	11	194	3.1%	5.7%	11.3%
左回り芝	2	2	1	62	3.2%	6.5%	8.1%
左回りダ	6	5	5	152	3.9%	7.2%	10.5%
札幌芝	1	0	1	8	12.5%	12.5%	25.0%
札幌ダ	0	0	0	5	0.0%	0.0%	0.0%
函館芝	0	1	2	9	0.0%	11.1%	33.3%
函館ダ	0	0	1	5	0.0%	0.0%	20.0%
福島芝	0	0	1	18	0.0%	0.0%	5.6%
福島ダ	1	1	0	13	7.7%	15.4%	15.4%
新潟芝	1	1	0	31	3.2%	6.5%	6.5%
新潟ダ	1	0	0	32	3.1%	3.1%	3.1%
東京芝	1	1	1	33	3.0%	6.1%	9.1%
東京ダ	2	2	1	71	2.8%	5.6%	7.0%
中山芝	2	1	0	30	6.7%	10.0%	10.0%
中山ダ	2	3	4	94	2.1%	5.3%	9.6%
中京芝	1	0	0	11	9.1%	9.1%	9.1%
中京ダ	3	3	3	49	6.1%	12.2%	18.4%
京都芝	0	0	0	4	0.0%	0.0%	–
京都ダ	0	0	0	0	–	–	–
阪神芝	1	2	1	36	2.8%	8.3%	11.1%
阪神ダ	3	1	6	64	4.7%	6.3%	15.6%
小倉芝	2	1	2	23	8.7%	13.0%	21.7%
小倉ダ	0	0	0	13	0.0%	0.0%	0.0%

条件　活躍の大半は1勝クラス

	1着	2着	3着	出走数	勝率	連対率	3着内率
新馬	0	0	0	42	0.0%	0.0%	0.0%
未勝利	4	5	8	241	1.7%	3.7%	7.1%
1勝	10	6	8	122	8.2%	13.1%	19.7%
2勝	4	5	9	97	4.1%	9.3%	18.6%
3勝	1	0	1	18	5.6%	5.6%	11.1%
OPEN特別	1	3	1	40	2.5%	10.0%	12.5%
GⅢ	1	0	0	11	9.1%	9.1%	9.1%
GⅡ	0	0	0	3	0.0%	0.0%	0.0%
GⅠ	0	0	0	1	0.0%	0.0%	0.0%
ハンデ戦	1	2	2	39	2.6%	7.7%	12.8%
牝馬限定	3	3	3	89	3.4%	6.7%	10.1%
障害	0	2	3	26	0.0%	7.7%	19.2%

人気　2～3番人気の連対率に注目

	1着	2着	3着	出走数	勝率	連対率	3着内率
1番人気	2	1	3	10	20.0%	30.0%	60.0%
2～3番人気	6	6	4	33	18.2%	36.4%	48.5%
4～6番人気	4	6	8	75	5.3%	13.3%	24.0%
7～9番人気	8	4	7	138	5.8%	8.7%	13.8%
10番人気～	1	2	5	319	0.3%	0.9%	2.5%

単勝回収値 59円／単勝適正回収値 91円

距離　幅広くこなすが芝短距離がベスト

芝　平均勝ち距離　1,467m

	1着	2着	3着	出走数	勝率	連対率	3着内率
全体計	9	7	8	203	4.4%	7.9%	11.8%
芝～1300m	5	1	3	57	8.8%	10.5%	15.8%
芝～1600m	1	2	1	51	2.0%	5.9%	7.8%
芝～2000m	2	4	4	73	2.7%	8.2%	13.7%
芝～2400m	1	0	0	14	7.1%	7.1%	7.1%
芝2500m～	0	0	0	8	0.0%	0.0%	0.0%

ダート　平均勝ち距離　1,525m

	1着	2着	3着	出走数	勝率	連対率	3着内率
全体計	12	10	16	346	3.5%	6.4%	11.0%
ダ～1300m	5	0	6	91	5.5%	5.5%	12.1%
ダ～1600m	2	1	1	66	3.0%	4.5%	6.1%
ダ～2000m	5	8	9	172	2.9%	7.6%	12.8%
ダ2100m～	0	1	0	17	0.0%	5.9%	5.9%

馬場状態　ダートの渋った馬場で一発

		1着	2着	3着	出走数	勝率	連対率	3着内率
芝	良	8	3	7	149	5.4%	7.4%	12.1%
	稍重	1	3	1	36	2.8%	11.1%	13.9%
	重	0	1	0	15	0.0%	6.7%	6.7%
	不良	0	0	0	3	0.0%	0.0%	0.0%
ダ	良	5	4	8	195	2.6%	5.1%	9.2%
	稍重	6	0	4	78	7.7%	7.7%	12.8%
	重	1	2	2	36	2.8%	8.3%	13.9%
	不良	0	3	2	37	0.0%	8.1%	13.5%

性齢　晩成タイプ、本格化は4歳以降

	1着	2着	3着	出走数	勝率	連対率	3着内率
牡2歳	0	0	0	54	0.0%	0.0%	0.0%
牝2歳	1	0	0	45	2.2%	2.2%	4.4%
牡3歳前半	1	2	2	97	1.0%	3.1%	5.2%
牝3歳前半	2	1	2	65	3.1%	4.6%	7.7%
牡3歳後半	0	0	0	15	6.7%	6.7%	6.7%
牝3歳後半	3	0	3	15	20.0%	20.0%	40.0%
牡4歳	5	4	6	54	9.3%	16.7%	27.8%
牝4歳	0	2	0	28	0.0%	7.1%	7.1%
牡5歳	4	3	7	72	5.6%	9.7%	19.4%
牝5歳	0	1	1	22	0.0%	4.5%	9.1%
牡6歳	1	2	4	49	2.0%	6.1%	14.3%
牝6歳	0	0	0	3	0.0%	0.0%	0.0%
牡7歳以上	2	4	1	33	6.1%	18.2%	21.2%
牝7歳以上	1	0	0	6	16.7%	16.7%	16.7%

勝ち馬の決め手

芝：逃げ1　追込3　9勝　先行2　差し2
ダート：逃げ3　追込1　12勝　先行5　差し3

RANKING
77
2歳 21
2022 ⑫
2021 －
2020 －
2019 －

*ベストウォーリア
BEST WARRIOR

年次	種付頭数	産駒数
23年	**100**	**71**
22年	127	76
21年	126	95

種付料／⇨ 受50万円F　供用地／新冠・優駿SS

2010年生　鹿毛　アメリカ産　2012年輸入

距離	成長型	芝	ダート	瞬発力	パワー	底力
マ	普	△	◎	◎	◎	△

系統：エーピーインディ系　母父系統：ゴーンウエスト系

父 *マジェスティックウォリアー 鹿 2005	A.P. Indy 黒鹿 1989	Seattle Slew	Bold Reasoning
			My Charmer
		Weekend Surprise	Secretariat
			Lassie Dear
	Dream Supreme 黒鹿 1997	Seeking the Gold	Mr. Prospector
			Con Game
		Spinning Round	Dixieland Band
			Take Heart
母 *フラーテイシャスミス 栗 2004	Mr. Greeley 栗 1992	Gone West	Mr. Prospector
			Secrettame
		Long Legend	Reviewer
			Lianga
	Seductive Smile 鹿 1990	Silver Hawk	Roberto
			Gris Vitesse
		Exit Smiling	Stage Door Johnny
			Chandelier

インブリード：Secretariat 4・5×4、Mr. Prospector 4×4、Bold Ruler 5×5、Broadway 5×5、父マジェスティックウォリアーにBuckpasser 4×4

血統解説　父マジェスティックウォリアーは米2歳GI馬。本馬の活躍もあり日本に導入され、人気種牡馬となっている。母フラーテイシャスミスは米で走った1勝馬、本馬の叔母にプロスペクトレス（ラヴレヴォワイヤント S）、叔父にアクロスザライン（ミンストレル S）といった米重賞馬がいる。母父ミスターグリーリーは米GIIIを3勝。

PROFILE

競走成績　**36戦9勝**（2～8歳・日）

最高レーティング　**115 M**（17年）

主な勝ち鞍　南部杯2回、プロキオンS2回、ユニコーンS。フェブラリーS2、3着、JBCスプリント2着、南部杯2着、かしわ記念2着。

ダートマイル戦線沸かせた強豪
種牡馬としての伸びしろも十分

　3歳5月の兵庫CS2着から向かった、6月のユニコーンSで重賞初制覇。その後、すばるS、オアシスSとLレースで勝ち鞍を重ね、4歳夏から秋にプロキオンS、初のGIタイトルとなる南部杯を連勝する。5歳時はプロキオンS、南部杯を共に連覇。6～7歳時も一線級の実力を維持し、さきたま杯、南部杯、JBCスプリント、根岸S、フェブラリーSと「重賞5戦連続2着」という珍しい記録を残した。

　8歳秋の南部杯6着をラストランに現役を引退。9歳春から種牡馬生活を開始し、供用初年度の158頭を皮切りに2023年まで5年連続で100頭以上の種付をこなしている。2022年から初年度産駒がデビュー。地方競馬でも産駒が活躍し順調にランキングを上げてきた。

代表産駒 クルマトラサン（大井・ゴールドジュニア）、アイアーシアトル、ピノホホッア、スイフトランナー、グリーリー、グッジョブ、ジョージテソーロ、フォルトリアン、リケアサブル、ランプロン、アメノオシホミミ、メルティーショコラ、ピックプリンサ、コンプラドール。

POG　2024年期待の2歳馬

母馬名（母父）	性別	おすすめポイント
ソヨカゼステップ （*スタチューオブリバティ）	牡	母は公営南関東で計7勝をマーク。高いダート適性活かし出世を狙う。
メリーウェザー （メジロベイリー）	牡	半兄に2歳GIII3着シーウィザード。仕上がり早く2歳戦からの活躍期待。
トーセンディオール （キングカメハメハ）	牝	いとこにGIII馬ミッキードリーム。首位BMSである母父の血も楽しみ。

馬券に直結する適性データ

　2022年から初年度産駒がデビューした、新鋭種牡馬であることに加え、地方競馬でデビューする産駒も多いことから、JRAでのデータを深く分析するには、まだまだ分量不足であることは確かだ。現段階でいえるのは勝ち鞍のすべてがダート戦で、砂のスペシャリストである公算が極めて高いこと。直線の長い底力も問われる東京ダートで好成績を収めていることは、高い地力の証明といえるかもしれない。2歳戦から動ける仕上がりの早さを保持している点も、種牡馬としての将来に向けての明るい材料。成長力もありそうで、古馬となってからの本格化を大いに期待したい。

2023年 成績

総収得賞金 345,353,000円　アーニング INDEX　0.48

勝利頭数／出走頭数：全馬62／154	2歳 24／68	
勝利回数／出走回数：全馬98／1,181	2歳 28／353	

Data Box (2021～2023)

単勝回収値 40円／単勝適正回収値 88円

コース　勝ち星の大半は中央ダート

	1着	2着	3着	出走数	勝率	連対率	3着内率
全体計	8	6	8	178	4.5%	7.9%	12.4%
中央芝	0	0	0	4	0.0%	0.0%	0.0%
中央ダ	6	4	6	99	6.1%	10.1%	16.2%
ローカル芝	0	0	0	19	0.0%	0.0%	0.0%
ローカルダ	2	2	2	56	3.6%	7.1%	10.7%
右回り芝	0	0	0	11	0.0%	0.0%	0.0%
右回りダ	5	3	4	90	5.6%	8.9%	13.3%
左回り芝	0	0	0	9	0.0%	0.0%	0.0%
左回りダ	3	3	4	65	4.6%	9.2%	15.4%
札幌芝	0	0	0	3	0.0%	0.0%	0.0%
札幌ダ	0	0	0	3	0.0%	0.0%	0.0%
函館芝	0	0	0	0	－	－	－
函館ダ	0	0	0	3	0.0%	0.0%	0.0%
福島芝	0	0	0	2	0.0%	0.0%	0.0%
福島ダ	1	0	1	11	9.1%	9.1%	18.2%
新潟芝	0	0	0	8	0.0%	0.0%	0.0%
新潟ダ	0	1	0	13	0.0%	7.7%	7.7%
東京芝	0	0	0	2	0.0%	0.0%	0.0%
東京ダ	3	1	3	34	8.8%	11.8%	20.6%
中山芝	0	0	0	1	0.0%	0.0%	0.0%
中山ダ	1	2	3	40	2.5%	7.5%	15.0%
中京芝	0	0	0	0	－	－	－
中京ダ	0	1	1	18	0.0%	5.6%	11.1%
京都芝	0	0	0	0	－	－	－
京都ダ	1	0	0	7	14.3%	14.3%	14.3%
阪神芝	0	0	0	1	0.0%	0.0%	0.0%
阪神ダ	1	1	0	18	5.6%	11.1%	11.1%
小倉芝	0	0	0	1	0.0%	0.0%	0.0%
小倉ダ	1	0	0	8	12.5%	12.5%	12.5%

条件　活躍の大半は1勝クラスと未勝利

	1着	2着	3着	出走数	勝率	連対率	3着内率
新馬	1	1	2	39	2.6%	5.1%	10.3%
未勝利	5	3	6	123	4.1%	6.5%	11.4%
1勝	1	1	0	13	7.7%	15.4%	15.4%
2勝	1	0	0	1	100.0%	100.0%	100.0%
3勝	0	0	0	0	－	－	－
OPEN特別	0	1	0	2	0.0%	50.0%	50.0%
GⅢ	0	0	0	0	－	－	－
GⅡ	0	0	0	0	－	－	－
GⅠ	0	0	0	0	－	－	－
ハンデ戦	0	0	0	0	－	－	－
牝馬限定	1	2	1	44	2.3%	6.8%	9.1%
障害	0	0	0	0	－	－	－

人気　1番人気は堅実な成績

	1着	2着	3着	出走数	勝率	連対率	3着内率
1番人気	21	19	11	89	23.6%	44.9%	57.3%
2～3番人気	36	33	24	233	15.5%	29.6%	39.9%
4～6番人気	32	36	40	460	7.0%	14.8%	23.5%
7～9番人気	18	16	25	530	3.4%	6.4%	11.1%
10番人気～	11	19	18	888	1.2%	3.4%	5.4%

距離　ダート短距離専門のタイプ

芝　平均勝ち距離　—

	1着	2着	3着	出走数	勝率	連対率	3着内率
全体計	0	0	0	23	0.0%	0.0%	0.0%
芝～1300m	0	0	0	14	0.0%	0.0%	0.0%
芝～1600m	0	0	0	8	0.0%	0.0%	0.0%
芝～2000m	0	0	0	1	0.0%	0.0%	0.0%
芝～2400m	0	0	0	0	－	－	－
芝2500m～	0	0	0	0	－	－	－

ダート　平均勝ち距離　1,219m

	1着	2着	3着	出走数	勝率	連対率	3着内率
全体計	8	6	8	155	5.2%	9.0%	14.2%
ダ～1300m	7	5	6	91	7.7%	13.2%	19.8%
ダ～1600m	1	1	2	43	2.3%	4.7%	9.3%
ダ～2000m	0	0	0	21	0.0%	0.0%	0.0%
ダ2100m～	0	0	0	0	－	－	－

馬場状態　ダートは状態不問、不良馬場で走る

		1着	2着	3着	出走数	勝率	連対率	3着内率
芝	良	0	0	0	18	0.0%	0.0%	0.0%
	稍重	0	0	0	4	0.0%	0.0%	0.0%
	重	0	0	0	1	0.0%	0.0%	0.0%
	不良	0	0	0	0	－	－	－
ダ	良	5	2	5	97	5.2%	7.2%	12.4%
	稍重	1	2	1	26	3.8%	11.5%	15.4%
	重	1	0	0	16	6.3%	6.3%	18.8%
	不良	1	2	0	16	6.3%	18.8%	18.8%

性齢　完成自体は早めの印象

	1着	2着	3着	出走数	勝率	連対率	3着内率
牡2歳	2	1	4	35	5.7%	8.6%	20.0%
牝2歳	1	0	3	53	1.9%	1.9%	7.5%
牡3歳前半	1	1	0	16	6.3%	12.5%	12.5%
牝3歳前半	1	3	1	49	2.0%	8.2%	10.2%
牡3歳後半	0	1	0	7	0.0%	14.3%	14.3%
牝3歳後半	3	0	0	18	16.7%	16.7%	16.7%
牡4歳	0	0	0	0	－	－	－
牝4歳	0	0	0	0	－	－	－
牡5歳	0	0	0	0	－	－	－
牝5歳	0	0	0	0	－	－	－
牡6歳	0	0	0	0	－	－	－
牝6歳	0	0	0	0	－	－	－
牡7歳以上	0	0	0	0	－	－	－
牝7歳以上	0	0	0	0	－	－	－

勝ち馬の決め手

芝　0勝

ダート　8勝　差し1　先行2　逃げ5

RANKING
78
2歳 **105**

2022 ⑦
2021 ⑥⑨
2020 ⑦⑤
2019 ⑨⑦

ジョーカプチーノ
JO CAPPUCCINO

年次	種付頭数	産駒数
23年	**8**	**12**
22年	27	14
21年	23	22

種付料／⇨受30万円F 供用地／新冠・ビッグレッドファーム
2006年生　芦毛　荻伏・ハッピーネモファーム産

距離	成長型	芝	ダート	瞬発力	パワー	底力
短マ	普	○	◎	○	△	○

PROFILE

競走成績　**23戦6勝**（2～6歳・日）
最高レーティング　**113 M**（11年）
主な勝ち鞍　**NHKマイルC**、シルクロードS、
ファルコンS、ラピスラズリS。スワンS2、3着、
京王杯SC3着、ニュージーランドT3着。

父を王座に導いたマイルGI馬
5年連続トップ100サイアーに

　4歳2月の500万特別を勝ち上がってから臨んだファルコンSで重賞初制覇。続くニュージーランドTは3着に終わるも、最大目標となるNHKマイルCを2番手追走から抜け出す盤石の競馬で快勝し、父マンハッタンカフェの首位種牡馬獲得に大きな貢献を果たす。3歳暮れにはOPラピスラズリSに勝利。4歳緒戦のシルクロードSも制し3つ目の重賞タイトルを得た。ほかにスワンS2、3着、京王杯スプリングC3着、安田記念5着などの成績を残す。

　種牡馬となりこれまでにジョーストリクトリ、ナムラリコリスといった重賞勝ち駒を出している。2023年はキタノリュウオーのL師走S勝ち、シナモンスティックのGⅢ2着があり、5年連続でランキング2ケタ台を維持した。

系統：サンデーサイレンス系　母父系統：ニジンスキー系

父 マンハッタンカフェ 青鹿 1998	*サンデーサイレンス 青鹿 1986	Halo	Hail to Reason
			Cosmah
		Wishing Well	Understanding
			Mountain Flower
	*サトルチェンジ 黒鹿 1988	Law Society	Alleged
			Bold Bikini
		Santa Luciana	Luciano
			Suleika
母 ジョープシケ 芦 2000	フサイチコンコルド 鹿 1993	Caerleon	Nijinsky
			Foreseer
		*バレークイーン	Sadler's Wells
			Sun Princess
	ジョーユーチャリス 芦 1988	トウショウボーイ	*テスコボーイ
			*ソシアルバタフライ
		ジョーバブーン	*フォルティノ
			ハードゲイ

インブリード：母父フサイチコンコルドに Northern Dancer 3×3
血統解説　父マンハッタンカフェは菊花賞、有馬記念、天皇賞・春に勝った超一流ステイヤー。種牡馬となり幅広い産駒を出し、2009年首位サイアーにも輝いた。母ジョープシケは1勝馬。3代母ジョーユーチャリスは京王杯で2着している。母父フサイチコンコルドはデビューからの3連勝でダービーを制した名馬。種牡馬でも成功を収めた。

代表産駒　ジョーストリクトリ（ニュージーランドT）、ナムラリコリス（函館2歳S）、シナモンスティック（キーンランドC2着）、ジョーアラビカ（京阪杯3着）、ジョーマンデリン（函館スプリントS3着）、キタノリューオー（師走S）。

POG　2024年期待の2歳馬

母馬名（母父）	性別	おすすめポイント
ベルジュルネ （ヴィクトワールピサ）	牡	サンデーサイレンス3×4のクロス持つ。脚抜けの良いダート戦向きか。
オーミボルカ （キングヘイロー）	牝	パワフルなスピードが武器のマイラーに。勢いある母父の血にも期待。
コスモバタフライ （ソングオブウインド）	牝	半兄にGⅢ京成杯3着コスモブッドレア。成長力あり息の長い活躍可能。

馬券に直結する適性データ

　パワフルなスピードと優秀な先行力を武器としていることもあり、勝ち鞍の大部分を中央場所のダート、もしくはローカル場所の芝でマークしている。前者であれば東京ダート、サンプル数は少ないが京都ダート、後者であれば札幌芝、函館芝が絶好の狙いどころ。特に北海道の洋芝コースでは抜群の強さを誇っていて、頭勝負、連勝馬券の軸のいずれもで確率の高い馬券戦術をあてられる。2歳戦から動ける仕上がりの早さと、古馬になってからの成長力を兼備している点も魅力。4歳牡馬陣が20％を超える3着内率を記録していることも、頭の片隅に入れておきたいデータだ。

2023年 成績

総収得賞金 342,710,000円　アーニング INDEX　0.68

勝利頭数／出走頭数	全馬46 ／ 108	2歳 4 ／ 19
勝利回数／出走回数	全馬78 ／ 848	2歳 4 ／ 67

Data Box (2021〜2023)

コース　力の要る洋芝が大得意

	1着	2着	3着	出走数	勝率	連対率	3着内率
全体計	33	37	63	771	4.3%	9.1%	17.3%
中央芝	4	5	9	131	3.1%	6.9%	13.7%
中央ダ	14	13	18	238	5.9%	11.3%	18.9%
ローカル芝	13	14	26	257	5.1%	10.5%	20.6%
ローカルダ	2	5	10	145	1.4%	4.8%	11.7%
右回り芝	12	12	18	213	5.6%	11.3%	19.7%
右回りダ	7	10	17	223	3.1%	7.6%	15.2%
左回り芝	4	6	14	142	2.8%	7.0%	16.9%
左回りダ	9	8	11	160	5.6%	10.6%	17.5%
札幌芝	3	3	4	27	11.1%	22.2%	37.0%
札幌ダ	0	0	0	18	0.0%	0.0%	0.0%
函館芝	4	3	0	26	15.4%	26.9%	26.9%
函館ダ	0	0	2	15	0.0%	0.0%	13.3%
福島芝	2	1	7	43	4.7%	7.0%	23.3%
福島ダ	0	1	2	26	0.0%	3.8%	11.5%
新潟芝	4	4	9	80	5.0%	10.0%	21.3%
新潟ダ	1	3	5	52	1.9%	7.7%	17.3%
東京芝	1	1	7	61	1.6%	3.3%	14.8%
東京ダ	7	4	5	84	8.3%	13.1%	19.0%
中山芝	1	4	2	50	2.0%	10.0%	14.0%
中山ダ	6	5	9	108	5.6%	10.2%	18.5%
中京芝	0	2	1	34	0.0%	5.9%	8.8%
中京ダ	1	1	1	24	4.2%	8.3%	12.5%
京都芝	0	0	0	9	0.0%	0.0%	0.0%
京都ダ	1	0	1	10	10.0%	10.0%	20.0%
阪神芝	2	0	0	11	18.2%	18.2%	18.2%
阪神ダ	0	4	3	36	0.0%	11.1%	19.4%
小倉芝	0	1	5	47	0.0%	2.1%	12.8%
小倉ダ	0	0	0	10	0.0%	0.0%	0.0%

条件　完成の早さを活かす新馬戦向き

	1着	2着	3着	出走数	勝率	連対率	3着内率
新馬	4	6	2	51	7.8%	19.6%	23.5%
未勝利	11	11	23	294	3.7%	7.5%	15.3%
1勝	9	15	29	304	3.0%	7.9%	17.4%
2勝	4	3	6	58	6.9%	12.1%	22.4%
3勝	2	1	2	27	7.4%	11.1%	18.5%
OPEN特別	3	0	1	31	9.7%	9.7%	12.9%
GⅢ	1	1	0	10	10.0%	20.0%	20.0%
GⅡ	0	0	0	2	0.0%	0.0%	0.0%
GⅠ	0	0	0	3	0.0%	0.0%	0.0%
ハンデ戦	1	1	2	16	6.3%	12.5%	25.0%
牝馬限定	1	8	4	101	1.0%	8.9%	12.9%
障害	1	0	0	6	16.7%	16.7%	16.7%

人気　上位人気不振、狙うなら7〜9番人気

	1着	2着	3着	出走数	勝率	連対率	3着内率
1番人気	3	1	5	21	14.3%	19.0%	42.9%
2〜3番人気	11	8	14	70	15.7%	27.1%	47.1%
4〜6番人気	12	14	20	164	7.3%	15.9%	28.0%
7〜9番人気	7	7	14	173	4.0%	8.1%	16.2%
10番人気〜	1	7	10	349	0.3%	2.3%	5.2%

単勝回収値54円／単勝適正回収値74円

距離　ダートは万能、芝は短距離向き

芝　平均勝ち距離　1,329m

	1着	2着	3着	出走数	勝率	連対率	3着内率
全体計	17	19	35	388	4.4%	9.3%	18.3%
芝〜1300m	11	12	15	190	5.8%	12.1%	20.0%
芝〜1600m	4	4	7	105	3.8%	7.6%	14.3%
芝〜2000m	2	2	11	77	2.6%	5.2%	19.5%
芝〜2400m	0	1	1	13	0.0%	7.7%	15.4%
芝2500m〜	0	0	1	3	0.0%	0.0%	33.3%

ダート　平均勝ち距離　1,613m

	1着	2着	3着	出走数	勝率	連対率	3着内率
全体計	16	18	28	383	4.2%	8.9%	16.2%
ダ〜1300m	3	7	16	200	1.5%	5.0%	13.0%
ダ〜1600m	6	4	3	88	6.8%	11.4%	14.8%
ダ〜2000m	5	6	7	87	5.7%	12.6%	20.7%
ダ2100m〜	2	1	2	8	25.0%	37.5%	62.5%

馬場状態　芝の良馬場で勝ち星大半

		1着	2着	3着	出走数	勝率	連対率	3着内率
芝	良	15	14	29	295	5.1%	9.8%	19.7%
	稍重	1	2	3	55	1.8%	5.5%	10.9%
	重	1	3	1	31	3.2%	6.5%	16.1%
	不良	0	0	2	7	0.0%	28.6%	28.6%
ダ	良	7	14	18	237	3.0%	8.9%	16.5%
	稍重	3	3	4	76	3.9%	7.9%	13.2%
	重	3	0	5	49	6.1%	6.1%	16.3%
	不良	3	1	1	21	14.3%	19.0%	23.8%

性齢　早熟タイプ、4歳で盛り返す

	1着	2着	3着	出走数	勝率	連対率	3着内率
牡2歳	5	6	3	66	7.6%	16.7%	21.2%
牝2歳	4	5	7	70	5.7%	12.9%	22.9%
牡3歳前半	6	6	9	95	6.3%	12.6%	22.1%
牝3歳前半	2	3	5	117	1.7%	4.3%	8.5%
牡3歳後半	3	2	11	61	3.3%	8.2%	26.2%
牝3歳後半	3	3	6	75	4.0%	8.0%	16.0%
牡4歳	6	5	8	93	6.5%	11.8%	20.4%
牝4歳	3	2	5	78	3.8%	6.4%	12.8%
牡5歳	2	1	3	42	4.8%	7.1%	14.3%
牝5歳	2	3	0	40	0.0%	5.0%	12.5%
牡6歳	0	0	3	20	0.0%	0.0%	15.0%
牝6歳	1	1	0	12	8.3%	16.7%	16.7%
牡7歳以上	0	0	0	8	0.0%	0.0%	0.0%
牝7歳以上	0	0	0	0	－	－	－

勝ち馬の決め手

芝　17勝：逃げ 3／先行 8／差し 6

ダート　16勝：逃げ 2／先行 10／差し 4

2022 ⑧
2021 ㊴
2020 ㉕
2019 ㊴

＊バゴ
BAGO

年次	種付頭数	産駒数
23年	**14**	**30**
22年	60	63
21年	105	80

種付料／⇨受100万円返 供用地／新ひだか・JBBA 静内種馬場
2001年生 黒鹿毛 フランス産 2005年輸入

距離	成長型	芝	ダート	瞬発力	パワー	底力
中長	普	◯	◯	◯	◯	◯

系統：ブラッシンググルーム系　母父系統：ヌレイエフ系

父 Nashwan 栗 1986	Blushing Groom 栗 1974	Red God	Nasrullah
			Spring Run
		Runaway Bride	Wild Risk
			Aimee
	Height of Fashion 鹿 1979	Bustino	Busted
			Ship Yard
		Highclere	Queen's Hussar
			Highlight
母 Moonlight's Box 鹿 1996	Nureyev 鹿 1977	Northern Dancer	Nearctic
			Natalma
		Special	Forli
			Thong
	Coup de Genie 鹿 1991	Mr. Prospector	Raise a Native
			Gold Digger
		Coup de Folie	Halo
			Raise the Standard

インブリード：Nearco 5×5、母 Moonlight's Box に Natalma 3×4、Native Dancer 4×4

血統解説 父ナシュワンは英ダービー、"Kジョージ"などに勝った超一流馬。母系は名門で祖母クードジェニーはGIモルニ賞、GIサラマンドル賞に勝利。本馬の半弟にマクシオス（ムーランドロンシャン賞、イスパーン賞）、一族にGI4勝エモリエント（アメリカンオークス）がいる。母父ヌレイエフはノーザンダンサー直仔の大種牡馬。

代表産駒 クロノジェネシス（有馬記念、宝塚記念2回、秋華賞）、ビッグウィーク（菊花賞）、ステラヴェローチェ（神戸新聞杯）、コマノインパルス（京成杯）、タガノアザガル（ファルコンS）、オウケンサクラ（フラワーC）、クリスマス（函館2歳S）、トロワボヌール

PROFILE

競走成績　**16戦8勝**（2～4歳・仏英愛米日）
最高レーティング　**126 L**（04年）
主な勝ち鞍　**凱旋門賞、パリ大賞、ガネー賞、ジャンプラ賞、クリテリウムアンテルナシオナル、シェーヌ賞。** タタソールズゴールドC2着。

GI5勝の欧州3歳牡馬王者
種牡馬としても大仕事を為す

　2歳8月のデビュー戦から、条件戦、GIIIシェーヌ賞、GIクリテリウムアンテルナシオナル、3歳6月のGIジャンプラ賞、GIパリ大賞まで無傷の6連勝をマーク。続く英インターナショナルS3着で連勝は止まったが、10月の大一番、凱旋門賞を鮮やかに制し、2004年欧州最優秀3歳牡馬に選出された。4歳緒戦のGIガネー賞にも勝利したが、その後はタタソールズGC2着、サンクルー大賞3着、"Kジョージ"3着、凱旋門賞3着など、タイトルを重ねられず。
　ジャパンC8着をラストランに現役を引退。日本で種牡馬となり初年度産駒から菊花賞馬ビッグウィークが登場。10年目産駒から、GIを4勝した名牝クロノジェネシスを出す、大きな仕事を成し遂げている。

POG　2024年期待の2歳馬

母馬名（母父）	性別	おすすめポイント
イケジュンペガサス（＊クロフネ）	牡	叔母に2歳GIII馬マルモセーラ。2歳時から息の長い活躍が期待できる。
ジュンテオドーラ（ディープインパクト）	牡	叔父にダートGI2着タップザット。母父の血との相乗効果も楽しみに。
アンジュデジール（ディープインパクト）	牝	母はGI JBCレディスクラシックに勝利。芝、ダート兼用の中距離型に。

馬券に直結する適性データ

　素軽いスピードや鋭い切れ味が求められるパンパンの良馬場よりも、やや力の要るコンディションで、息の長い末脚を駆使できる展開が得意。その意味で福島芝、中京芝、阪神芝、芝稍重馬場は、本領を発揮しやすい舞台となっている。3つの競馬場に関しては頭勝負、連防馬券の軸のいずれでも、大きな勝負を懸けて良さそうだ。2歳戦から動ける仕上がりの早さも持っているが、成長力に優れたタイプが多く、3歳後半の牡馬が好成績を収めていることも注目すべきデータ。また、サンプル数そのものが少ないが、5歳牝馬の一発も頭の片隅に入れておいて損はないだろう。

2023年 成績

総収得賞金 337,996,000円　アーニング INDEX　0.50

勝利頭数／出走頭数：全馬 50 ／ 145	2歳 6 ／ 53
勝利回数／出走回数：全馬 87 ／ 1,140	2歳 6 ／ 200

Data Box (2021~2023)

コース　福島、中京、阪神芝に好走集中

	1着	2着	3着	出走数	勝率	連対率	3着内率
全体計	31	42	44	682	4.5%	10.7%	17.2%
中央芝	9	11	17	210	4.3%	9.5%	17.6%
中央ダ	6	6	5	148	4.1%	8.1%	11.5%
ローカル芝	13	19	12	225	5.8%	14.2%	19.6%
ローカルダ	3	6	10	99	3.0%	9.1%	19.2%
右回り芝	15	19	19	269	5.6%	12.6%	19.7%
右回りダ	5	8	8	145	3.4%	9.0%	14.5%
左回り芝	7	11	10	166	4.2%	10.8%	16.9%
左回りダ	4	4	7	102	3.9%	7.8%	14.7%
札幌芝	0	2	1	25	0.0%	8.0%	12.0%
札幌ダ	1	1	0	15	6.7%	13.3%	13.3%
函館芝	2	3	2	23	8.7%	21.7%	30.4%
函館ダ	0	1	0	8	0.0%	12.5%	12.5%
福島芝	4	3	3	36	11.1%	19.4%	27.8%
福島ダ	0	0	0	6	0.0%	0.0%	0.0%
新潟芝	0	3	2	49	0.0%	6.1%	10.2%
新潟ダ	1	2	4	27	3.7%	11.1%	25.9%
東京芝	2	5	5	68	2.9%	10.3%	17.6%
東京ダ	2	1	0	51	3.9%	5.9%	5.9%
中山芝	1	1	6	79	1.3%	2.5%	10.1%
中山ダ	3	4	5	53	5.7%	13.2%	22.6%
中京芝	5	3	3	49	10.2%	16.3%	22.4%
中京ダ	1	1	3	24	4.2%	8.3%	20.8%
京都芝	1	0	2	18	5.6%	5.6%	16.7%
京都ダ	0	0	0	10	0.0%	0.0%	0.0%
阪神芝	5	5	4	45	11.1%	22.2%	31.1%
阪神ダ	1	1	0	34	2.9%	5.9%	5.9%
小倉芝	2	5	1	43	4.7%	16.3%	18.6%
小倉ダ	0	1	1	6	0.0%	16.7%	33.3%

条件　注目条件は1勝クラスと障害戦

	1着	2着	3着	出走数	勝率	連対率	3着内率
新馬	2	7	5	86	2.3%	10.5%	16.3%
未勝利	16	20	20	357	4.5%	10.1%	15.7%
1勝	10	10	10	140	7.1%	14.3%	21.4%
2勝	3	4	3	57	5.3%	12.3%	17.5%
3勝	0	0	2	19	0.0%	0.0%	10.5%
OPEN特別	2	1	1	25	8.0%	12.0%	16.0%
GⅢ	0	1	1	12	0.0%	8.3%	16.7%
GⅡ	1	1	0	5	20.0%	40.0%	40.0%
GⅠ	1	0	3	7	14.3%	14.3%	57.1%
ハンデ戦	0	1	1	24	0.0%	4.2%	8.3%
牝馬限定	2	3	4	80	2.5%	6.3%	11.3%
障害	4	2	1	26	15.4%	23.1%	26.9%

人気　2~3番人気の勝率が優秀

	1着	2着	3着	出走数	勝率	連対率	3着内率
1番人気	11	8	5	37	29.7%	51.4%	64.9%
2~3番人気	16	10	9	77	20.8%	33.8%	45.5%
4~6番人気	5	18	16	141	3.5%	16.3%	27.7%
7~9番人気	1	5	8	138	0.7%	4.3%	10.1%
10番人気~	2	3	7	315	0.6%	1.6%	3.8%

単勝回収値 40円／単勝適正回収値 68円

距離　ベストは芝短距離戦

芝　平均勝ち距離　1,518m

	1着	2着	3着	出走数	勝率	連対率	3着内率
全体計	22	30	29	435	5.1%	12.0%	18.6%
芝~1300m	9	7	9	75	12.0%	21.3%	33.3%
芝~1600m	7	6	7	116	6.0%	11.2%	17.2%
芝~2000m	4	16	11	204	2.0%	9.8%	15.2%
芝~2400m	1	1	1	29	6.9%	10.3%	13.8%
芝2500m~	0	0	1	11	0.0%	0.0%	9.1%

ダート　平均勝ち距離　1,489m

	1着	2着	3着	出走数	勝率	連対率	3着内率
全体計	9	12	15	247	3.6%	8.5%	14.6%
ダ~1300m	3	7	11	81	3.7%	12.3%	25.9%
ダ~1600m	2	1	1	59	3.4%	5.1%	6.8%
ダ~2000m	4	4	3	101	4.0%	7.9%	10.9%
ダ2100m~	0	0	0	6	0.0%	0.0%	0.0%

馬場状態　少し渋った芝で成績上昇

		1着	2着	3着	出走数	勝率	連対率	3着内率
芝	良	17	20	21	339	5.0%	10.9%	17.1%
	稍重	3	8	7	69	4.3%	15.9%	26.1%
	重	1	2	0	18	5.6%	16.7%	16.7%
	不良	1	0	1	9	11.1%	11.1%	22.2%
ダ	良	7	6	6	149	4.7%	8.7%	12.8%
	稍重	1	2	4	47	2.1%	6.4%	14.9%
	重	1	4	2	25	4.0%	12.0%	28.0%
	不良	0	0	3	26	0.0%	7.7%	11.5%

性齢　牡馬は2歳から6歳まで安定

	1着	2着	3着	出走数	勝率	連対率	3着内率
牡2歳	5	12	7	109	4.6%	15.6%	22.0%
牝2歳	3	5	7	105	2.9%	7.6%	14.3%
牡3歳前半	4	8	7	113	3.5%	10.6%	16.8%
牝3歳前半	2	1	5	91	2.2%	3.3%	8.8%
牡3歳後半	7	5	4	65	10.8%	18.5%	24.6%
牝3歳後半	2	2	2	35	5.7%	11.4%	17.1%
牡4歳	4	5	6	68	5.9%	13.2%	22.1%
牝4歳	2	2	0	44	4.5%	9.1%	9.1%
牡5歳	2	4	3	57	3.5%	10.5%	15.8%
牝5歳	2	0	1	9	22.2%	22.2%	33.3%
牡6歳	3	2	3	31	9.7%	16.1%	25.8%
牝6歳	0	0	0	0	–	–	–
牡7歳以上	1	0	0	22	4.5%	4.5%	4.5%
牝7歳以上	0	0	0	0	–	–	–

勝ち馬の決め手

芝
- 逃げ 2
- 先行 12
- 差し 5
- 追込 3
- 22勝

ダート
- 先行 9
- 9勝

RANKING 80

年次	種付頭数	産駒数
23年	27	17
22年	33	25
21年	37	44

2022 ⑥1
2021 ㊺5
2020 ㊴9
2019 ⑫5
2歳 61

トゥザワールド
TO THE WORLD

2023年引退
2011年生　鹿毛　安平・ノーザンファーム産

距離	成長型	芝	ダート	瞬発力	パワー	底力
中	普	○	○	○	○	○

PROFILE

競走成績　12戦4勝（2〜4歳・日豪）
最高レーティング　120 L（14年）
主な勝ち鞍　弥生賞、若駒S。有馬記念2着、皐月賞2着、ザ・BMW2着、セントライト記念2着、ダービー5着。

大一番で2着が多かった一流馬 種牡馬としては堅実な活躍示す

　2歳10月の未勝利戦から、3歳緒戦の500万特別、L若駒S、初重賞制覇となる弥生賞と4連勝をマークし、クラシック戦線のトップランナーに踊り出る。しかし、1番人気に推された皐月賞はイスラボニータの2着、2番人気だったダービーはワンアンドオンリーの5着と苦杯を嘗めた。セントライト記念2着を経て臨んだ菊花賞は16着に大敗。暮れの有馬記念では9番人気と評価を落としたが、ジェンティルドンナの2着し地力の高さを示す。4歳時は豪へ遠征しGIザ・BMWで2着した。

　種牡馬としてはやや地味な存在に終始してしまったが、JRA、地方競馬の双方で実力派産駒を多数輩出。2023年まで4年連続でランキング80位以内に入っている。

系統：キングマンボ系　母父系統：サンデーサイレンス系

父 キングカメハメハ 鹿 2001	Kingmambo 鹿 1990	Mr. Prospector	Raise a Native
			Gold Digger
		Miesque	Nureyev
			Pasadoble
	*マンファス 黒鹿 1991	*ラストタイクーン	*トライマイベスト
			Mill Princess
		Pilot Bird	Blakeney
			The Dancer
母 トゥザヴィクトリー 鹿 1996	*サンデーサイレンス 青鹿 1986	Halo	Hail to Reason
			Cosmah
		Wishing Well	Understanding
			Mountain Flower
	*フェアリードール 栗 1991	Nureyev	Northern Dancer
			Special
		Dream Deal	Sharpen Up
			Likely Exchange

インブリード：Nureyev 4×3、Northern Dancer 5・5×4

血統解説　父キングカメハメハは万能型の名サイアー。母系は名門で母トゥザヴィクトリーはエリザベス女王杯に勝ち、ドバイワールドCで2着した名牝。本馬の全兄に重賞5勝馬トゥザグローリー（京都記念）、全妹にトーセンビクトリー（中山牝馬S）、叔父に重賞3勝サイレントディールがいる。母父サンデーサイレンスは首位BMS。

代表産駒　ゴールドチャリス（中京2歳S）、ワールドリンク（大井・アフター5スター賞）、ベルセウスシチー、コスモアンジュ、ショウナンバービー、ミエノワールド、ゴールドブリーズ、ヴァヴィロフ、ビックバレリーナ（名古屋・東海クイーンC）、マナホク（盛岡・不来方賞）。

POG　2024年期待の2歳馬

母馬名（母父）	性別	おすすめポイント
クリノバンダイサン（*フレンチデピュティ）	牡	叔父にダートGII馬メイショウカズサ。ダート中距離戦線での活躍期待。
ジャムトウショウ（*デザートキング）	牡	叔母に3歳GII2着ナンシーシャイン。3歳春に一気の成長かも。
マジックシアター（ネオユニヴァース）	牝	母はGIIIフラワーCで3着。サンデーサイレンス3×3のクロスを持つ。

馬券に直結する適性データ

　自身は典型的な芝中距離型だったが、地方競馬における活躍馬の多さが示す通り、産駒にはダート適性が高いタイプが目立つ。JRAでは中山ダートが得意としている競馬場、コース。頭固定というよりは3連複の軸、3連単の2、3着候補に据える馬券作戦が効果的となる。また、芝で頭勝負を懸けるなら勝率10％を超える新潟芝がオススメだ。馬場コンディション別では脚抜けの良い条件となりやすい、ダート重、不良での好成績に注目。人気になっているようなら素直に従うことが得策となる。もう1つ、2勝クラスでの強さも馬券戦術に活かしていきたい。

2023年成績

総収得賞金 334,023,000円　アーニング INDEX　0.40

勝利頭数／出走頭数：全馬 78 ／ 180　　2歳　20 ／ 38
勝利回数／出走回数：全馬 121 ／ 1,732　　2歳　20 ／ 215

Data Box (2021~2023)

単勝回収値 64 円／単勝適正回収値 72 円

コース　中山ダートが1番の稼ぎどころ

	1着	2着	3着	出走数	勝率	連対率	3着内率
全体計	27	34	38	559	4.8%	10.9%	17.7%
中央芝	2	3	3	83	2.4%	6.0%	9.6%
中央ダ	12	14	10	212	5.7%	12.3%	17.0%
ローカル芝	8	4	11	117	6.8%	10.3%	19.7%
ローカルダ	5	13	14	147	3.4%	12.2%	21.8%
右回り芝	7	4	12	129	5.4%	8.5%	17.8%
右回りダ	10	15	15	211	4.7%	11.8%	19.0%
左回り芝	2	3	1	65	3.1%	7.7%	9.2%
左回りダ	7	12	9	148	4.7%	12.8%	18.9%
札幌芝	1	0	1	18	5.6%	5.6%	11.1%
札幌ダ	1	2	0	13	7.7%	23.1%	23.1%
函館芝	1	0	1	11	9.1%	9.1%	18.2%
函館ダ	0	2	2	13	0.0%	15.4%	30.8%
福島芝	1	0	3	17	5.9%	5.9%	23.5%
福島ダ	0	0	1	19	0.0%	0.0%	5.3%
新潟芝	3	1	1	29	10.3%	13.8%	17.2%
新潟ダ	1	4	5	45	2.2%	11.1%	22.2%
東京芝	0	1	0	29	0.0%	3.4%	3.4%
東京ダ	4	4	2	68	5.9%	11.8%	14.7%
中山芝	2	2	2	33	6.1%	12.1%	18.2%
中山ダ	8	8	6	112	7.1%	14.3%	19.6%
中京芝	0	1	1	13	0.0%	7.7%	15.4%
中京ダ	2	4	2	35	5.7%	17.1%	22.9%
京都芝	0	0	0	1	0.0%	0.0%	0.0%
京都ダ	0	0	0	1	0.0%	0.0%	0.0%
阪神芝	0	0	0	20	0.0%	0.0%	5.0%
阪神ダ	0	2	2	29	0.0%	6.9%	13.8%
小倉芝	2	2	4	29	6.9%	13.8%	27.6%
小倉ダ	1	1	4	22	4.5%	9.1%	27.3%

距離　芝ダート共基本は短距離向き

芝　平均勝ち距離　1,420m

	1着	2着	3着	出走数	勝率	連対率	3着内率
全体計	10	7	14	200	5.0%	8.5%	15.5%
芝～1300m	6	4	12	80	7.5%	12.5%	27.5%
芝～1600m	1	1	0	58	1.7%	3.4%	3.4%
芝～2000m	3	2	2	53	5.7%	9.4%	13.2%
芝～2400m	0	0	0	9	0.0%	0.0%	0.0%
芝2500m～	0	0	0	0	–	–	–

ダート　平均勝ち距離　1,459m

	1着	2着	3着	出走数	勝率	連対率	3着内率
全体計	17	27	24	359	4.7%	12.3%	18.9%
ダ～1300m	10	9	11	156	6.4%	12.2%	19.2%
ダ～1600m	0	3	1	66	0.0%	4.5%	6.1%
ダ～2000m	7	14	12	132	5.3%	15.9%	25.0%
ダ2100m～	0	1	0	5	0.0%	20.0%	20.0%

馬場状態　重以上に渋ったダートで活躍

		1着	2着	3着	出走数	勝率	連対率	3着内率
芝	良	7	6	10	149	4.7%	8.7%	15.4%
	稍重	3	1	1	39	7.7%	10.3%	12.8%
	重	0	0	1	8	0.0%	0.0%	12.5%
	不良	0	0	2	4	0.0%	0.0%	50.0%
ダ	良	7	20	11	225	3.1%	12.0%	16.9%
	稍重	2	3	10	68	2.9%	7.4%	22.1%
	重	4	3	0	34	11.8%	20.6%	20.6%
	不良	4	1	3	32	12.5%	15.6%	25.0%

性齢　3歳後半が勝負どころ

	1着	2着	3着	出走数	勝率	連対率	3着内率
牡2歳	2	3	0	52	3.8%	9.6%	9.6%
牝2歳	3	2	2	37	8.1%	13.5%	18.9%
牡3歳前半	4	7	5	88	4.5%	12.5%	18.2%
牝3歳前半	1	4	5	92	1.1%	5.4%	10.9%
牡3歳後半	3	3	3	31	9.7%	19.4%	29.0%
牝3歳後半	2	4	4	42	4.8%	14.3%	23.8%
牡4歳	5	5	8	79	6.3%	12.7%	22.8%
牝4歳	3	4	6	60	5.0%	11.7%	21.7%
牡5歳	3	1	0	34	8.8%	11.8%	11.8%
牝5歳	1	3	5	33	3.0%	6.1%	21.2%
牡6歳	0	0	0	8	0.0%	0.0%	0.0%
牝6歳	0	0	0	5	0.0%	0.0%	0.0%
牡7歳以上	0	0	0	0	–	–	–
牝7歳以上	0	0	0	0	–	–	–

条件　狙いどころは新馬戦と2勝クラス

	1着	2着	3着	出走数	勝率	連対率	3着内率
新馬	4	2	1	39	10.3%	15.4%	17.9%
未勝利	8	19	12	231	3.5%	11.7%	16.9%
1勝	7	6	16	175	4.0%	7.4%	16.6%
2勝	7	6	3	62	11.3%	21.0%	25.8%
3勝	1	1	5	37	2.7%	5.4%	18.9%
OPEN特別	0	0	1	14	0.0%	0.0%	7.1%
GⅢ	0	0	0	2	0.0%	0.0%	0.0%
GⅡ	0	0	0	2	0.0%	0.0%	0.0%
GⅠ	0	0	0	1	0.0%	0.0%	0.0%
ハンデ戦	1	1	1	24	4.2%	8.3%	12.5%
牝馬限定	2	9	9	110	1.8%	10.0%	18.2%
障害	0	0	0	4	0.0%	0.0%	0.0%

人気　人気は平均的、人気馬が中心

	1着	2着	3着	出走数	勝率	連対率	3着内率
1番人気	7	5	3	24	29.2%	50.0%	62.5%
2～3番人気	8	12	10	64	12.5%	31.3%	46.9%
4～6番人気	6	8	7	100	6.0%	14.0%	21.0%
7～9番人気	3	5	15	117	2.6%	6.8%	19.7%
10番人気～	3	4	3	258	1.2%	2.7%	3.9%

勝ち馬の決め手

芝　10勝
差し 1／逃げ 3／先行 6

ダート　17勝
差し 6／逃げ 3／先行 8

2022 ㊼
2021 ―
2020 ―
2019 ―

*ビーチパトロール
BEACH PATROL

年次	種付頭数	産駒数
23年	**57**	**51**
22年	74	48
21年	68	61

系統：キングマンボ系　母父系統：ファピアノ系

父 Lemon Drop Kid 鹿 1996	Kingmambo 鹿 1990	Mr. Prospector	Raise a Native
			Gold Digger
		Miesque	Nureyev
			Pasadoble
	Charming Lassie 黒鹿 1987	Seattle Slew	Bold Reasoning
			My Charmer
		Lassie Dear	Buckpasser
			Gay Missile
母 Bashful Bertie 鹿 2007	Quiet American 鹿 1986	Fappiano	Mr. Prospector
			Killaloe
		Demure	Dr. Fager
			Quiet Charm
	Clever Bertie 鹿 1991	Timeless Native	Timeless Moment
			Head Off
		Clever But Costly	Clever Trick
			Swoonlow

インブリード：Mr. Prospector 3×4、母父 Quiet American に Dr. Fager 3×2

血統解説　父レモンドロップキッドは米 G I 5勝の強豪。種牡馬としても成功し日本ではダート王レモンポップの父として再評価されている。母バッシュフルバーティーは、米で走った未勝利馬。本馬の叔母に、共に米 G II 馬のハリウェーンバーティー、オールアメリカンバーティーがいる。母父クワイエットアメリカンは中距離型の名サイアー。

種付料／⇒ 受80万円F　供用地／新ひだか・レックススタッド

2013年生　黒鹿毛　アメリカ産　2018年輸入

距離	成長型	芝	ダート	瞬発力	パワー	底力
中長	普	○	○	○	○	○

PROFILE

競走成績　19戦5勝（2～5歳・米）
最高レーティング　121 L（17年）
主な勝ち鞍　ターフクラシックS、アーリントンミリオン、セクレタリアトS。ブリーダーズCターフ2着。ハリウッドダービー2着。

G I を3勝した米芝戦線の強豪
引退後すぐに日本で種牡馬入り

　2歳11月のデビュー戦から一貫して芝のレースを使い続け、3歳8月のセクレタリアトSで重賞初制覇をG I 戦で記録した。その後、G I ハリウッドダービー2着、4歳5月のG I WRターフクラシックS2着など、勝ち星に恵まれなかったが、8月のアーリントンミリオン、9月のターフクラシックSとG I を連勝。次走ブリーダーズCターフは、現在日本で種牡馬供用されているタリスマニックの2着となる。

　現役引退直後に日本で種牡馬入り。供用初年度は109頭の種付をこなす、高い人気を博している。2022年から競走馬デビューしている初年度産駒から、公営南関東のローカル重賞馬ライズゾーン、重賞3着馬シーウィザードらが登場。初のランキングトップ100入りも果たした。

代表産駒　シーウィザード（新潟2歳S3着）、ライズゾーン（船橋・東京湾C）、タリア、モズロックンロール、サンマルパトロール、ビキニボーイ、エナジーポコアポコ、ルーチェロッサ、ライフセービング、オズモポリタン、アニモ、デイドリームビーチ

POG　2024年期待の2歳馬

母馬名（母父）	性別	おすすめポイント
ウィズジョイ （ヴィクトワールピサ）	牡	祖母ハニーパイは2歳ダートG III勝ち。仕上がりの早さも武器となる。
ディアハピアナ （マツリダゴッホ）	牡	叔父に2歳重G II 3着カルリー。パワフルなスピードで芝、ダートこなす。
フレンドスイート （*バゴ）	牝	母はJRAで3勝、地方競馬でも3勝。母父誇る大物感も活かしたい。

馬券に直結する適性データ

　公営船橋のローカル重賞馬ライズゾーンが出ているように、ダートも十分にこなせるが、JRAにおいては自身と同じように芝での活躍が目立っている。2022年から初年度産駒がデビューした新進気鋭でもあり、まだまだサンプル数そのものが少ないが、持ち前のパワーが活きる洋芝の札幌芝、函館芝で好成績をあげていることは、今後も継続していきそうなデータ。コースコンディションでいえば、芝稍重、重が向くことも併せて覚えておきたい。2歳戦から走れるが牡牝共に3歳後半を迎えて成績が向上してくるのは、産駒たちが優秀な成長力を受け継いでいる証といえるだろう。

2023年成績

総収得賞金 333,486,000円　アーニング INDEX　0.58

	全馬	2歳
勝利頭数／出走頭数	46／124	8／44
勝利回数／出走回数	82／1,044	14／185

Data Box (2021~2023)

コース　札幌芝、函館芝で走る洋芝巧者

	1着	2着	3着	出走数	勝率	連対率	3着内率
全体計	15	15	22	410	3.7%	7.3%	12.7%
中央芝	6	1	4	123	4.9%	5.7%	8.9%
中央ダ	2	2	5	105	1.9%	3.8%	8.6%
ローカル芝	6	8	10	125	4.8%	11.2%	19.2%
ローカルダ	1	4	3	57	1.8%	8.8%	14.0%
右回り芝	11	6	7	156	7.1%	10.9%	15.4%
右回りダ	2	5	5	97	2.1%	7.2%	12.4%
左回り芝	1	3	7	87	1.1%	4.6%	12.6%
左回りダ	1	1	3	65	1.5%	3.1%	7.7%
札幌芝	2	2	2	20	10.0%	20.0%	30.0%
札幌ダ	0	2	1	5	0.0%	40.0%	60.0%
函館芝	1	1	1	14	7.1%	14.3%	21.4%
函館ダ	0	0	0	6	0.0%	0.0%	0.0%
福島芝	2	0	0	22	9.1%	9.1%	9.1%
福島ダ	0	1	0	9	0.0%	11.1%	11.1%
新潟芝	1	3	2	37	2.7%	10.8%	16.2%
新潟ダ	0	0	0	10	0.0%	0.0%	0.0%
東京芝	0	0	1	37	0.0%	0.0%	2.7%
東京ダ	0	1	1	34	0.0%	0.0%	5.9%
中山芝	4	0	2	57	7.0%	7.0%	10.5%
中山ダ	1	0	0	30	0.0%	0.0%	3.3%
中京芝	0	0	4	18	0.0%	0.0%	22.2%
中京ダ	1	1	1	21	4.8%	9.5%	14.3%
京都芝	1	0	0	9	11.1%	11.1%	11.1%
京都ダ	0	1	0	12	0.0%	8.3%	8.3%
阪神芝	1	1	1	20	5.0%	10.0%	15.0%
阪神ダ	2	1	2	29	6.9%	10.3%	17.2%
小倉芝	0	2	1	14	0.0%	14.3%	21.4%
小倉ダ	0	0	1	6	0.0%	0.0%	16.7%

条件　3勝クラスが壁も2勝クラスは安定

	1着	2着	3着	出走数	勝率	連対率	3着内率
新馬	2	1	2	70	2.9%	4.3%	7.1%
未勝利	7	9	15	252	2.8%	6.3%	12.3%
1勝	3	3	3	64	4.7%	9.4%	14.1%
2勝	2	2	2	10	20.0%	40.0%	60.0%
3勝	0	0	0	5	0.0%	0.0%	0.0%
OPEN特別	1	0	0	3	33.3%	33.3%	33.3%
GⅢ	0	0	0	5	0.0%	0.0%	20.0%
GⅡ	0	0	0	5	0.0%	0.0%	0.0%
GⅠ	0	0	0	1	0.0%	0.0%	0.0%
ハンデ戦	0	0	0	5	0.0%	0.0%	0.0%
牝馬限定	2	0	2	52	3.8%	3.8%	7.7%
障害	0	0	1	5	0.0%	0.0%	20.0%

人気　1番人気は超堅実

	1着	2着	3着	出走数	勝率	連対率	3着内率
1番人気	5	2	2	9	55.6%	77.8%	100.0%
2〜3番人気	4	3	8	33	12.1%	21.2%	45.5%
4〜6番人気	4	7	8	62	6.5%	17.7%	30.6%
7〜9番人気	1	3	1	87	1.1%	4.6%	5.7%
10番人気〜	1	0	4	224	0.4%	0.4%	2.2%

単勝回収値 36円／単勝適正回収値 78円

距離　短距離も走るが芝中距離向き

芝　平均勝ち距離　1,700m

	1着	2着	3着	出走数	勝率	連対率	3着内率
全体計	12	9	14	248	4.8%	8.5%	14.1%
芝〜1300m	4	2	1	47	8.5%	12.8%	14.9%
芝〜1600m	0	0	3	64	0.0%	0.0%	4.7%
芝〜2000m	8	7	8	124	6.5%	12.1%	18.5%
芝〜2400m	0	0	1	10	0.0%	0.0%	10.0%
芝2500m〜	0	0	1	3	0.0%	0.0%	33.3%

ダート　平均勝ち距離　1,667m

	1着	2着	3着	出走数	勝率	連対率	3着内率
全体計	3	6	8	162	1.9%	5.6%	10.5%
ダ〜1300m	0	0	0	28	0.0%	0.0%	0.0%
ダ〜1600m	1	1	3	49	2.0%	4.1%	10.2%
ダ〜2000m	2	5	5	81	2.5%	8.6%	14.8%
ダ2100m〜	0	0	0	4			

馬場状態　良よりも少し渋った芝が良い

		1着	2着	3着	出走数	勝率	連対率	3着内率
芝	良	7	6	9	176	4.0%	7.4%	12.5%
	稍重	3	2	2	44	6.8%	11.4%	15.9%
	重	2	0	2	18	11.1%	11.1%	22.2%
	不良	0	0	0	10	0.0%	0.0%	0.0%
ダ	良	2	5	5	100	2.0%	7.0%	12.0%
	稍重	0	1	2	29	0.0%	3.4%	10.3%
	重	0	0	1	16	0.0%	0.0%	6.3%
	不良	1	0	0	17	5.9%	5.9%	5.9%

性齢　牡牝共3歳後半に一気に成長

	1着	2着	3着	出走数	勝率	連対率	3着内率
牡2歳	5	3	6	122	4.1%	6.6%	11.5%
牝2歳	0	1	0	67	0.0%	1.5%	1.5%
牡3歳前半	2	4	5	86	2.3%	7.0%	12.8%
牝3歳前半	3	1	5	61	4.9%	6.6%	14.8%
牡3歳後半	3	4	4	54	5.6%	13.0%	20.4%
牝3歳後半	2	2	3	25	8.0%	16.0%	28.0%
牡4歳	0	0	0	0	−	−	−
牝4歳	0	0	0	0	−	−	−
牡5歳	0	0	0	0	−	−	−
牝5歳	0	0	0	0	−	−	−
牡6歳	0	0	0	0	−	−	−
牝6歳	0	0	0	0	−	−	−
牡7歳以上	0	0	0	0	−	−	−
牝7歳以上	0	0	0	0	−	−	−

勝ち馬の決め手

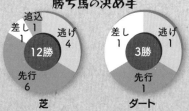

芝　12勝　追込1／差し1／逃げ4／先行6

ダート　3勝　差し1／逃げ1／先行1

2022 ⑧
2021 —
2020 —
2019 —

レッドファルクス
RED FALX

年次	種付頭数	産駒数
23年	**30**	**44**
22年	68	48
21年	83	75

種付料／⇨受50万円F 供用地／新ひだか・レックススタッド
2011年生　芦毛　千歳・社台ファーム産

距離	成長型	芝	ダート	瞬発力	パワー	底力
短マ	やや晩	○	○	○	○	○

PROFILE

競走成績　**29戦10勝**（2〜7歳・日香）
最高レーティング　**116S、M**（17年）
主な勝ち鞍　**スプリンターズS2回**、京王杯スプリングC、CBC賞、欅S。安田記念3着、高松宮記念3着、阪急杯3着。

爆発的な末脚で短距離GI連覇
種牡馬としての評価も上昇中

　キャリアを重ねながら徐々に地力を蓄えていき、5歳初夏を迎えて本格化。L欅S、初重賞制覇となるCBC賞、さらにはスプリンターズSと3連勝し、一気に芝スプリント戦線の頂点に立つ。6歳緒戦の高松宮記念は3着、続く京王杯スプリングCで3つ目の重賞タイトルを得た。マイルGI安田記念でも3着に健闘。10月のスプリンターズSでは持ち前の爆発的末脚を駆使し、鮮やかにこのレース連覇を飾り、2017年最優秀短距離馬の栄誉にも浴する。

　8歳春から種牡馬生活を開始。初年度産駒は2022年からデビューし、重賞戦線での活躍はないものの、層の厚さ、レベルの高さを備え、確実に勝ち鞍をあげている。2023年には初のランキングトップ100入りも果たした。

系統：フォーティナイナー系　母父系統：サンデーサイレンス系

父	*エンドスウィープ 鹿 1991	*フォーティナイナー	Mr. Prospector
			File
*スウェプトオーヴァーボード 芦 1997		Broom Dance	Dance Spell
			Witching Hour
	Sheer Ice 芦 1982	Cutlass	Damascus
			Aphonia
		Hey Dolly A.	Ambehaving
			Swift Deal
母	*サンデーサイレンス 青鹿 1986	Halo	Hail to Reason
			Cosmah
ベルモット 栗 1997		Wishing Well	Understanding
			Mountain Flower
	*レガシーオブストレングス 栗 1982	Affirmed	Exclusive Native
			Won't Tell You
		Katonka	Minnesota Mac
			Minnetonka

インブリード：Raise a Native 5×5

血統解説　父スウェプトオーヴァーボードはマイル、短距離戦で争われた米GIを2勝。種牡馬となり、芝、ダートのGI勝ち産駒を出した。母ベルモットは3勝馬。本馬の叔母にスティンガー（阪神3歳牝馬S）、サイレントハピネス（ローズS）、いとこにフォーエバーマーク（キーンランドC）がいる。母父サンデーサイレンスは首位種牡馬。

代表産駒　ペンティメント、リバートゥルー、メイショウオトギ、レッドシュヴェルト、シルバープリペット、ナックブレイヴ、ナムラテディー、デイズオブドリーム、ファルシオン、ハッピーサプライズ、ヴァレンティヌス、トーアアイギス、キョウエイジョイ、アルジェンタージョ

POG　2024年期待の2歳馬

母馬名（母父）	性別	おすすめポイント
ジェルヴェーズ （メイショウサムソン）	牡	祖母ジェルミナルは3歳GIII勝ち。マイル戦線で息の長い活躍期待。
マコトクラダリング （*シンボリクリスエス）	牡	ミックスセール当歳で1210万円。パワフルなスピードを活かしたい。
モンアムール （ディープインパクト）	牝	祖母オンヴェラは仏GI2着馬。サンデーサイレンス3×3クロス持つ。

馬券に直結する適性データ

　自身は芝GIウイナーだが、ダートのLレースを制するなど適応力の高さを誇っていた。産駒も芝、ダートの双方で走れるが、脚抜きが良く、直線で息の長い末脚が活きる東京ダートで好成績を収めていることは、大きな特徴となっている。勝率、連対率共に優秀な数字を残しているだけに、頭勝負でも連勝馬券の軸でも、思い切った馬券戦術が可能となる。自身も本格化したのは古馬となってからだったが、初年度産駒も3歳後半を迎えて安定感がアップする傾向が見られる。1番人気での信頼性も十分に厚いが、4〜6番人気での健闘は頭の片隅に入れておこう。

2023年成績

総収得賞金 323,248,000円　アーニング INDEX　0.59

勝利頭数／出走頭数：全馬 49／119	2歳	15／54
勝利回数／出走回数：全馬 65／766	2歳	18／201

Data Box (2021~2023)

コース　東京など中央ダート向き

	1着	2着	3着	出走数	勝率	連対率	3着内率
全体計	24	18	23	384	6.3%	10.9%	16.9%
中央芝	4	4	5	89	4.5%	9.0%	14.6%
中央ダ	**11**	**9**	**7**	**134**	**8.2%**	**14.9%**	**20.1%**
ローカル芝	5	3	8	104	4.8%	7.7%	15.4%
ローカルダ	4	2	3	57	7.0%	10.5%	15.8%
右回り芝	5	7	7	117	4.3%	10.3%	16.2%
右回りダ	8	6	8	131	6.1%	10.7%	16.8%
左回り芝	4	0	6	73	5.5%	5.5%	13.7%
左回りダ	7	5	2	60	11.7%	20.0%	23.3%
札幌芝	0	2	2	12	0.0%	16.7%	33.3%
札幌ダ	2	0	1	8	25.0%	25.0%	37.5%
函館芝	0	0	1	13	0.0%	0.0%	7.7%
函館ダ	0	1	1	4	0.0%	25.0%	50.0%
福島芝	2	1	2	22	9.1%	13.6%	22.7%
福島ダ	0	1	0	12	0.0%	8.3%	8.3%
新潟芝	2	0	1	23	8.7%	8.7%	13.0%
新潟ダ	1	0	1	11	9.1%	9.1%	18.2%
東京芝	1	0	3	27	3.7%	3.7%	14.8%
東京ダ	**5**	**5**	**1**	**39**	**12.8%**	**25.6%**	**28.2%**
中山芝	1	2	0	23	4.3%	13.0%	13.0%
中山ダ	4	2	3	51	7.8%	11.8%	17.6%
中京芝	1	0	2	26	3.8%	3.8%	11.5%
中京ダ	1	0	0	10	10.0%	10.0%	10.0%
京都芝	0	0	1	11	0.0%	0.0%	9.1%
京都ダ	0	0	1	13	0.0%	0.0%	7.7%
阪神芝	2	0	3	28	7.1%	14.3%	17.9%
阪神ダ	2	2	2	31	6.5%	12.9%	19.4%
小倉芝	0	0	0	8	0.0%	0.0%	0.0%
小倉ダ	0	0	0	12	0.0%	0.0%	0.0%

条件　活躍の多くは未勝利と1勝クラス

	1着	2着	3着	出走数	勝率	連対率	3着内率
新馬	4	5	6	73	5.5%	12.3%	20.5%
未勝利	15	9	12	246	6.1%	9.8%	14.6%
1勝	**4**	**2**	**3**	**44**	**9.1%**	**13.6%**	**20.5%**
2勝	1	1	2	6	16.7%	33.3%	66.7%
3勝	0	0	0	1	0.0%	0.0%	0.0%
OPEN特別	0	1	0	8	0.0%	12.5%	12.5%
GⅢ	0	0	0	5	0.0%	0.0%	0.0%
GⅡ	0	0	0	1	0.0%	0.0%	0.0%
GⅠ	0	0	0	0			
ハンデ戦	0	0	0	1	0.0%	0.0%	0.0%
牝馬限定	4	3	2	67	6.0%	10.4%	13.4%
障害	0	0	0	1	0.0%	0.0%	0.0%

人気　4~6番人気の好走割合が高め

	1着	2着	3着	出走数	勝率	連対率	3着内率
1番人気	8	5	5	22	36.4%	59.1%	81.8%
2~3番人気	5	6	4	41	12.2%	26.8%	36.6%
4~6番人気	**9**	**6**	**9**	**75**	**12.0%**	**20.0%**	**32.0%**
7~9番人気	2	1	3	81	2.5%	3.7%	7.4%
10番人気~	0	0	2	166	0.0%	0.0%	1.2%

単勝回収値 58円／単勝適正回収値 88円

距離　芝ダート共はっきりマイル向き

芝　平均勝ち距離　1,578m

	1着	2着	3着	出走数	勝率	連対率	3着内率
全体計	9	7	13	193	4.7%	8.3%	15.0%
芝~1300m	2	3	2	68	2.9%	7.4%	10.3%
芝~1600m	**5**	**4**	**9**	**85**	**5.9%**	**10.6%**	**21.2%**
芝~2000m	1	0	1	34	2.9%	2.9%	5.9%
芝~2400m	1	0	0	4	25.0%	25.0%	25.0%
芝2500m~	0	0	1	2	0.0%	0.0%	50.0%

ダート　平均勝ち距離　1,480m

	1着	2着	3着	出走数	勝率	連対率	3着内率
全体計	15	11	10	191	7.9%	13.6%	18.8%
ダ~1300m	5	4	7	93	5.4%	9.7%	17.2%
ダ~1600m	**5**	**4**	**2**	**53**	**9.4%**	**17.0%**	**20.8%**
ダ~2000m	5	2	1	44	11.4%	15.9%	18.2%
ダ2100m~	0	1	0	1	0.0%	100.0%	100.0%

馬場状態　芝ダート共状態不問

		1着	2着	3着	出走数	勝率	連対率	3着内率
芝	良	5	5	11	142	3.5%	7.0%	14.8%
	稍重	2	2	1	32	6.3%	12.5%	15.6%
	重	1	0	1	17	5.9%	5.9%	11.8%
	不良	1	0	0	2	50.0%	50.0%	50.0%
ダ	**良**	**10**	**7**	**6**	**117**	**8.5%**	**14.5%**	**19.7%**
	稍重	1	2	3	39	2.6%	7.7%	15.4%
	重	3	2	0	17	17.6%	29.4%	29.4%
	不良	1	0	1	18	5.6%	5.6%	11.1%

性齢　キャリア重ねつつ成績を伸ばす

	1着	2着	3着	出走数	勝率	連対率	3着内率
牡2歳	4	4	7	102	3.9%	7.8%	14.7%
牝2歳	6	5	6	92	6.5%	12.0%	18.5%
牡3歳前半	5	2	4	57	8.8%	12.3%	19.3%
牝3歳前半	3	5	1	78	3.8%	10.3%	11.5%
牡3歳後半	**2**	**2**	**3**	**21**	**9.5%**	**19.0%**	**33.3%**
牝3歳後半	4	0	2	35	11.4%	11.4%	17.1%
牡4歳	0	0	0	0			
牝4歳	0	0	0	0			
牡5歳	0	0	0	0			
牝5歳	0	0	0	0			
牡6歳	0	0	0	0			
牝6歳	0	0	0	0			
牡7歳以上	0	0	0	0			
牝7歳以上	0	0	0	0			

勝ち馬の決め手

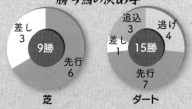

芝　9勝　差し3／先行6

ダート　15勝　追込3／逃げ4／差し1／先行7

RANKING
83
2歳 170
2022 ㉘
2021 ⑪
2020 ⑯
2019 ⑭

トーセンラー
TOSEN RA

年次	種付頭数	産駒数
23年	**8**	**10**
22年	18	23
21年	29	31

系統：サンデーサイレンス系　母父系統：ミスタープロスペクター系

父 ディープインパクト 鹿 2002	*サンデーサイレンス 青鹿 1986	Halo	Hail to Reason
			Cosman
		Wishing Well	Understanding
			Mountain Flower
	*ウインドインハーヘア 鹿 1991	Alzao	Lyphard
			Lady Rebecca
		Burghclere	Busted
			Highclere
母 *プリンセスオリビア 栗 1995	Lycius 栗 1988	Mr. Prospector	Raise a Native
			Gold Digger
		Lypatia	Lyphard
			Hypatia
	Dance Image 鹿 1990	Sadler's Wells	Northern Dancer
			Fairy Bridge
		Diamond Spring	Vaguely Noble
			Dumfries

種料料／⇨受50万円F　産80万円　供用地／日高エスティファーム
2008年生　黒鹿毛　千歳・社台ファーム産

距離	成長型	芝	ダート	瞬発力	パワー	底力
中	普	○	○	△	○	△

インブリード：Northern Dancer 5×5・4、Lyphard 4×4、Goofed 5×5・5

血統解説　父ディープインパクトは11年連続でリーディングサイアーを獲得。母プリンセスオリビアは米で走った3勝馬。母系は現代の名門で、本馬の半兄に米GI馬フラワーアレイ（トラヴァーズS）、全弟にスピルバーグ（天皇賞・秋）、姪にランブリングアレー（中山牝馬S）がいる。母父リシウスは英2歳GIミドルパークS勝ち。

代表産駒　ザダル（エプソムC、京都金杯）、アイラブテーラー（淀短距離S）、ドロップオブライト、アケルナルスター、パンデルオーラ、エンドウハナ、グルアーブ、ファンシャン、サザンナイツ、ロードバルドル、ブルーゲート、トーセンエスクード、ジャガード、ララロトリー。

PROFILE

競走成績　25戦4勝（2～6歳・日）
最高レーティング　119 M、E（13年）
主な勝ち鞍　マイルCS、京都記念、きさらぎ賞。天皇賞・春2着。京都記念2着、セントライト記念2着、小倉記念2着、七夕賞2着、菊花賞3着。

距離自在の個性派一流競走馬
重賞勝ち産駒出し期待高まる

　3歳2月のきさらぎ賞で重賞初制覇。皐月賞7着、ダービー11着と春のクラシックレースでは好結果を出せなかったが、セントライト記念2着から臨んだ菊花賞で3冠馬オルフェーヴルの3着する。5歳を迎え最充実期に入り、2月の京都記念で重賞2勝目。続く天皇賞・春でフェノーメノの2着に健闘した。宝塚記念5着、京都大賞典3着を経て向かったのは、距離を短縮したマイルCS。四角14番手から一気に末脚を伸ばし、GIタイトル奪取に成功する。

　7歳春から種牡馬生活を開始。初年度産駒の一頭であるザダルが芝中距離戦線の一線級として活躍し、重賞を2勝。2023年は重賞戦線における産駒の上位争いはなかったが、層の厚さが増しランキングを2つ上げる形となった。

POG　2024年期待の2歳馬

母馬名（母父）	性別	おすすめポイント
*アイアムルビー （SAINT LIAM）	牡	母はJRAで4勝をあげた活躍馬。1歳セレクトセールで1650万円。
アンジェリカス （*ハービンジャー）	牡	叔父にGII馬ユールシンギング。1歳セレクションセールで1100万円。
*ラブレシューズ （A.P. INDY）	牝	祖母プリモディーネはGI桜花賞馬。勝負強さ活かせば大成があるかも。

馬券に直結する適性データ

　近3年間のJRAにおける全勝ち鞍数「31」のうち、「27勝」を芝のレースでマークしている典型的なグラスホース。ローカル場所芝での好成績が目立っているが、特筆モノとなるのが中京芝での素晴らしい成績。頭勝負、連勝馬券の軸のどちらでも、妙味の高い馬券戦術が展開できるはずだ。自身も古馬となってからの充実が光るタイプだったが、産駒も4歳となってからの頑張りが、際立った特徴となっている。牡牝共にかなり優秀な結果を出しているだけに、出馬表に産駒の名を発見したら人気の如何にかかわらず、しっかりとチェックしておきたい。

2023年 成績

総収得賞金 312,827,000円　アーニング INDEX　0.61

勝利頭数／出走頭数：全馬34／110	2歳 1／21
勝利回数／出走回数：全馬54／1,080	2歳 1／79

Data Box (2021~2023)

コース　中京芝などローカル芝で注意

	1着	2着	3着	出走数	勝率	連対率	3着内率
全体計	31	28	31	601	5.2%	9.8%	15.0%
中央芝	6	10	12	219	2.7%	7.3%	12.8%
中央ダ	3	1	0	95	3.2%	4.2%	4.2%
ローカル芝	21	17	17	237	8.9%	16.0%	23.2%
ローカルダ	1	0	2	50	2.0%	2.0%	6.0%
右回り芝	17	19	18	280	6.1%	12.9%	19.3%
右回りダ	3	1	0	80	3.8%	5.0%	5.0%
左回り芝	9	8	11	170	5.3%	10.0%	16.5%
左回りダ	1	0	2	65	1.5%	1.5%	4.6%
札幌芝	2	4	2	30	6.7%	20.0%	26.7%
札幌ダ	0	0	0	8	0.0%	0.0%	0.0%
函館芝	5	1	2	26	19.2%	23.1%	30.8%
函館ダ	0	0	0	0	-	-	-
福島芝	1	3	1	33	3.0%	12.1%	15.2%
福島ダ	1	0	0	10	10.0%	10.0%	10.0%
新潟芝	3	1	3	52	5.8%	7.7%	13.5%
新潟ダ	0	0	0	11	0.0%	0.0%	18.2%
東京芝	2	2	6	85	2.4%	4.7%	11.8%
東京ダ	1	0	0	36	2.8%	2.8%	2.8%
中山芝	3	6	3	85	3.5%	10.6%	14.1%
中山ダ	2	0	0	45	4.4%	4.4%	4.4%
中京芝	5	5	5	39	12.8%	25.6%	30.8%
中京ダ	0	0	0	18	0.0%	0.0%	0.0%
京都芝	0	1	1	9	0.0%	11.1%	22.2%
京都ダ	0	0	0	7	0.0%	0.0%	0.0%
阪神芝	1	1	2	40	2.5%	5.0%	10.0%
阪神ダ	0	0	1	12	0.0%	8.3%	8.3%
小倉芝	5	3	7	57	8.8%	14.0%	26.3%
小倉ダ	0	0	0	6	0.0%	0.0%	0.0%

条件　2勝クラスとハンデ戦で好成績

	1着	2着	3着	出走数	勝率	連対率	3着内率
新馬	0	3	1	69	0.0%	4.3%	7.2%
未勝利	12	15	14	323	3.7%	8.4%	12.7%
1勝	8	5	11	103	7.8%	12.6%	23.3%
2勝	7	2	0	47	14.9%	19.1%	19.1%
3勝	3	2	4	36	8.3%	13.9%	25.0%
OPEN特別	0	1	0	16	0.0%	6.3%	6.3%
GⅢ	2	0	0	13	15.4%	15.4%	15.4%
GⅡ	0	0	0	7	0.0%	0.0%	0.0%
GⅠ	0	0	0	4	0.0%	0.0%	0.0%
ハンデ戦	5	2	2	31	16.1%	22.6%	29.0%
牝馬限定	1	2	3	71	1.4%	4.2%	8.5%
障害	1	0	0	14	7.1%	7.1%	7.1%

人気　7~9番人気の一発に警戒

	1着	2着	3着	出走数	勝率	連対率	3着内率
1番人気	9	3	4	24	37.5%	50.0%	66.7%
2~3番人気	7	5	7	50	14.0%	24.0%	38.0%
4~6番人気	7	10	12	98	7.1%	17.3%	29.6%
7~9番人気	8	6	6	141	5.7%	9.9%	14.2%
10番人気~	1	4	2	302	0.3%	1.7%	2.3%

単勝回収値 49円／単勝適正回収値 92円

距離　芝は短距離か中長距離向き

芝　平均勝ち距離　1,652m

	1着	2着	3着	出走数	勝率	連対率	3着内率
全体計	27	27	29	456	5.9%	11.8%	18.2%
芝~1300m	12	9	9	123	9.8%	17.1%	24.4%
芝~1600m	3	9	5	122	2.5%	9.8%	13.9%
芝~2000m	6	5	7	158	3.8%	7.0%	11.4%
芝~2400m	3	2	4	33	9.1%	15.2%	27.3%
芝2500m~	3	2	4	20	15.0%	25.0%	45.0%

ダート　平均勝ち距離　1,725m

	1着	2着	3着	出走数	勝率	連対率	3着内率
全体計	4	1	2	145	2.8%	3.4%	4.8%
ダ~1300m	0	0	0	31	0.0%	0.0%	3.2%
ダ~1600m	1	1	0	41	2.4%	4.9%	4.9%
ダ~2000m	3	0	1	69	4.3%	4.3%	5.8%
ダ2100m~	0	0	0	4	0.0%	0.0%	0.0%

馬場状態　少し渋った芝で成績アップ

		1着	2着	3着	出走数	勝率	連対率	3着内率
芝	良	19	20	23	336	5.7%	11.6%	18.5%
	稍重	6	5	2	78	7.7%	14.1%	16.7%
	重	2	2	4	39	5.1%	10.3%	20.5%
	不良							
ダ	良	1	1	1	72	1.4%	2.8%	4.2%
	稍重	2	0	1	34	5.9%	5.9%	8.8%
	重							
	不良	1	0	0	25	4.0%	4.0%	4.0%

性齢　牡牝共4歳時にピークを迎える

	1着	2着	3着	出走数	勝率	連対率	3着内率
牡2歳	2	4	1	74	2.7%	8.1%	9.5%
牝2歳	0	2	5	56	0.0%	3.6%	8.9%
牡3歳前半	6	10	9	135	4.4%	11.9%	18.5%
牝3歳前半	3	2	2	91	2.2%	5.5%	7.7%
牡3歳後半	5	3	7	62	8.1%	12.9%	24.2%
牝3歳後半	2	1	4	40	5.0%	7.5%	17.5%
牡4歳	8	1	3	57	14.0%	15.8%	21.1%
牝4歳	4	4	2	30	13.3%	26.7%	33.3%
牡5歳	2	0	0	36	5.6%	5.6%	5.6%
牝5歳	0	0	0	17	0.0%	0.0%	0.0%
牡6歳	1	0	0	6	16.7%	16.7%	16.7%
牝6歳	0	0	0	0	0.0%	0.0%	0.0%
牡7歳以上	0	0	0	0	-	-	-
牝7歳以上	0	0	0	0	0.0%	0.0%	0.0%

勝ち馬の決め手

芝　27勝　追込6／逃げ3／先行9／差し9

ダート　4勝　逃げ1／先行3

237

2022 ㉚
2021 ㉒
2020 ⑧
2019 ⑧

ゴールドアリュール
GOLD ALLURE

年次	種付頭数	産駒数
23 年	—	—
22 年	—	—
21 年	—	—

2017 年死亡
1999 年生　栗毛　追分・追分ファーム産

距離	成長型	芝	ダート	瞬発力	パワー	底力
中長	普	○	◎	○	◎	○

系統：サンデーサイレンス系　母父系統：ヌレイエフ系

父 *サンデーサイレンス 青鹿 1986	Halo 黒鹿 1969	Hail to Reason	Turn-to
			Nothirdchance
		Cosmah	Cosmic Bomb
			Almahmoud
	Wishing Well 鹿 1975	Understanding	Promised Land
			Pretty Ways
		Mountain Flower	Montparnasse
			Edelweiss
母 *ニキーヤ 鹿 1993	Nureyev 鹿 1977	Northern Dancer	Nearctic
			Natalma
		Special	Forli
			Thong
	Reluctant Guest 鹿 1986	Hostage	Nijinsky
			Entente
		Vaguely Royal	Vaguely Noble
			Shoshanna

インブリード：Almahmoud 4×5、母ニキーヤに Northern Dancer 2×4

血統解説　父サンデーサイレンスは 13 年連続の首位種牡馬。本馬は多岐にわたる父後継者のダート部門を代表する存在となった。母ニキーヤは仏で3勝。本馬の半弟にゴールスキー（根岸S）、甥にペルシアンナイト（マイルCS）、いとこにディアマイダーリン（クイーン賞）がいる。母父ヌレイエフは、豊かなスピードを伝える超一流種牡馬。

代表産駒 コパノリッキー（フェブラリーS、東京大賞典）、エスポワールシチー（JCダート、フェブラリーS）、ゴールドドリーム（チャンピオンズC、フェブラリーS）、スマートファルコン（東京大賞典）、クリソベリル（チャンピオンズC）、ナランフレグ（高松宮記念）。

PROFILE

競走成績　**16 戦 8 勝**（2 〜 4 歳・日）
最高レーティング　**116 M**（03 年）
主な勝ち鞍　**フェブラリーS、東京大賞典、ジャパンダートダービー、ダービーグランプリ、アンタレスS。**ダービー 5 着、ジャパンCダート 5 着。

ダートの名馬にして名サイアー 芝でもGI勝ち産駒を送り出す

　D 1800 m 戦で争われたOP端午Sを勝ち、1カ月後のダービーへ駒を進める。13 番人気と評価は低かったが、タニノギムレットの 5 着し能力の高さを示した。7 月のジャパンダートダービーで 7 馬身差の圧勝を飾り、初重賞制覇をGI戦で達成した以降はダート戦線に専念。ダービーグランプリを 10 馬身差で勝利し、2 つ目のGIタイトルを手中にした。古馬陣と相対したジャパンCダートはイーグルカフェの 5 着に敗れるが、暮れの東京大賞典を快勝し 2002 年最優秀ダートホースに選出される。4 歳緒戦のフェブラリーSでGI4 勝目。斤量 59 キロを背負った次走アンタレスSを 8 馬身差で制する、怪物的強さも示したが、6 月の帝王賞で大敗を喫しこれが現役最後の一戦となった。

　種牡馬となり、コパノリッキー、エスポワールシチー、スマートファルコン、ゴールドドリームら、“砂の大物”を多数輩出。2022 年には芝GI馬ナランフレグも送り出す。2023 年はハヤブサナンデクン（マーチS）がダート重賞勝ち。16 年連続でトップ 100 以内に入った。

馬券に直結する適性データ

　芝GI馬ナランフレグの登場はあったが、近 3 年間にJRAでマークした 33 勝のうち 30 勝までをダート戦であげている。現在走っているのは晩年の産駒ということもあり全体的に低調な数字が並んでいるが、中山ダート、中京ダートで多くの勝ち鞍を記録していることは、頭に入れておきたいデータ。また、サンプル数そのものが少ないが、中京芝、阪神芝で高い連対率を残していることにも注目したい。2024 年に走っている産駒はすべて 7 歳以上ということになるが、高齢での活躍馬も多いダート戦線が主戦場となるだけに、年齢だけで馬券の対象から切り捨てるのは禁物だ。

2023年成績

総収得賞金 303,835,000円　アーニング INDEX　0.80

| 勝利頭数／出走頭数：全馬 29／82 | 2歳 －／－ |
| 勝利回数／出走回数：全馬 53／623 | 2歳 －／－ |

Data Box (2021〜2023)

コース　中山ダートでは好走割合が高め

	1着	2着	3着	出走数	勝率	連対率	3着内率
全体計	33	33	45	717	4.6%	9.2%	15.5%
中央芝	2	1	2	29	6.9%	13.8%	17.2%
中央ダ	14	15	25	347	4.0%	8.4%	15.6%
ローカル芝	1	3	1	29	3.4%	13.8%	17.2%
ローカルダ	16	13	18	312	5.1%	9.3%	15.1%
右回り芝	2	3	1	35	5.7%	14.3%	17.1%
右回りダ	18	14	21	344	5.2%	9.3%	15.4%
左回り芝	1	2	1	21	4.8%	14.3%	19.0%
左回りダ	12	14	22	315	3.8%	8.3%	15.2%
札幌芝	0	0	0	4	0.0%	0.0%	0.0%
札幌ダ	0	2	3	19	0.0%	10.5%	26.3%
函館芝	0	0	0	0	0.0%	0.0%	0.0%
函館ダ	2	1	0	19	10.5%	15.8%	15.8%
福島芝	0	1	0	1	0.0%	100.0%	100.0%
福島ダ	1	2	1	21	4.8%	14.3%	19.0%
新潟芝	0	0	0	4	0.0%	0.0%	0.0%
新潟ダ	3	4	3	70	4.3%	10.0%	14.3%
東京芝	0	0	0	7	0.0%	0.0%	0.0%
東京ダ	2	7	9	118	1.7%	7.6%	15.3%
中山芝	0	1	1	10	0.0%	10.0%	20.0%
中山ダ	6	5	6	96	6.3%	11.5%	17.7%
中京芝	1	2	1	12	8.3%	25.0%	33.3%
中京ダ	7	3	10	127	5.5%	7.9%	15.7%
京都芝	0	0	0	2	0.0%	0.0%	0.0%
京都ダ	0	0	0	4	0.0%	0.0%	0.0%
阪神芝	2	1	0	10	20.0%	30.0%	30.0%
阪神ダ	6	3	10	129	4.7%	7.0%	14.7%
小倉芝	0	0	0	6	0.0%	0.0%	0.0%
小倉ダ	1	2	1	56	5.4%	7.1%	8.9%

条件　OP特別での勝負強さが目立つ

	1着	2着	3着	出走数	勝率	連対率	3着内率
新馬	0	0	0	0	－	－	－
未勝利	1	2	1	20	5.0%	15.0%	20.0%
1勝	14	9	18	241	5.8%	9.5%	17.0%
2勝	7	7	13	243	2.9%	7.0%	12.3%
3勝	7	3	5	103	6.8%	9.7%	14.6%
OPEN特別	5	11	8	105	4.8%	15.2%	22.9%
GⅢ	1	1	2	22	4.5%	9.1%	18.2%
GⅡ	0	0	1	5	0.0%	0.0%	20.0%
GⅠ	1	0	1	12	8.3%	8.3%	16.7%
ハンデ戦	7	5	8	111	6.3%	10.8%	18.0%
牝馬限定	1	3	5	78	1.3%	5.1%	11.5%
障害	3	3	4	34	8.8%	17.6%	29.4%

人気　全体的にやや低調、人気馬が中心

	1着	2着	3着	出走数	勝率	連対率	3着内率
1番人気	14	7	5	42	33.3%	50.0%	61.9%
2〜3番人気	11	5	10	72	15.3%	22.2%	36.1%
4〜6番人気	9	11	16	129	7.0%	15.5%	27.9%
7〜9番人気	1	6	8	142	0.7%	4.9%	10.6%
10番人気〜	1	7	10	366	0.3%	2.2%	4.9%

単勝回収値 34円／単勝適正回収値 68円

距離　芝は短距離、ダートは距離不問

芝　平均勝ち距離　1,400m

	1着	2着	3着	出走数	勝率	連対率	3着内率
全体計	3	5	2	58	5.2%	13.8%	17.2%
芝〜1300m	2	5	2	29	6.9%	24.1%	31.0%
芝〜1600m	0	0	0	20	0.0%	0.0%	0.0%
芝〜2000m	1	0	0	7	14.3%	14.3%	14.3%
芝〜2400m	0	0	0	1	0.0%	0.0%	0.0%
芝2500m〜	0	0	0	1	0.0%	0.0%	0.0%

ダート　平均勝ち距離　1,528m

	1着	2着	3着	出走数	勝率	連対率	3着内率
全体計	30	28	43	659	4.6%	8.8%	15.3%
ダ〜1300m	10	9	8	180	5.6%	10.6%	15.0%
ダ〜1600m	5	7	14	187	2.7%	6.4%	13.9%
ダ〜2000m	15	10	17	263	5.7%	9.5%	16.0%
ダ2100m〜	0	2	4	29	0.0%	6.9%	20.7%

馬場状態　ダートの稍重がベター

		1着	2着	3着	出走数	勝率	連対率	3着内率
芝	良	2	5	2	47	4.3%	14.9%	19.1%
	稍重	0	0	0	6	0.0%	0.0%	0.0%
	重	1	0	0	4	25.0%	25.0%	25.0%
	不良	0	0	0	1	0.0%	0.0%	0.0%
ダ	良	19	17	27	417	4.6%	8.6%	15.1%
	稍重	8	6	5	133	6.0%	10.5%	14.3%
	重	1	3	8	68	1.5%	5.9%	17.6%
	不良	2	2	3	41	4.9%	9.8%	17.1%

性齢　残る現役馬は7歳以上

	1着	2着	3着	出走数	勝率	連対率	3着内率
牡2歳	0	0	0	0	－	－	－
牝2歳	0	0	0	0	－	－	－
牡3歳前半	0	0	1	5	0.0%	0.0%	20.0%
牝3歳前半	0	2	0	3	0.0%	66.7%	66.7%
牡3歳後半	2	0	0	4	50.0%	50.0%	50.0%
牝3歳後半	0	0	0	0	－	－	－
牡4歳	7	7	12	117	6.0%	12.0%	22.2%
牝4歳	3	2	7	60	5.0%	8.3%	20.0%
牡5歳	11	11	14	176	6.3%	12.5%	20.5%
牝5歳	1	3	1	72	1.4%	5.6%	6.9%
牡6歳	7	7	13	135	5.2%	10.4%	18.5%
牝6歳	0	1	0	44	0.0%	2.3%	2.3%
牡7歳以上	5	4	2	116	4.3%	7.8%	9.5%
牝7歳以上	0	0	0	19	0.0%	0.0%	0.0%

勝ち馬の決め手

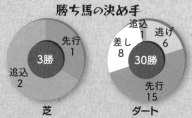

芝　3勝（追込 2、先行 1、差し 0）
ダート　30勝（逃げ 6、先行 15、差し 8、追込 1）

239

2022 ⑧④
2021 ⑧③
2020 ㊿①
2019 ⑦⓪

*トビーズコーナー
TOBY'S CORNER

年次	種付頭数	産駒数
23年	**6**	**20**
22年	30	31
21年	45	32

種付料／産 **20万円**　供用地／宮崎県・吉野牧場
2008年生　栗毛　アメリカ産　2012年輸入

距離	成長型	芝	ダート	瞬発力	パワー	底力
短マ	普	△	○	○	○	○

系統：ダンチヒ系　母父系統：ソードダンサー系

父 Bellamy Road 黒鹿 2002	Concerto 栗 1994	Chief's Crown	Danzig
			Six Crowns
		Undeniably	In Reality
			Past Forgetting
	Hurry Home Hillary 黒鹿 1995	Deputed Testamony	Traffic Cop
			Proof Requested
		Ten Cents a Turn	Cozzene
			Rub al Khali
母 Brandon's Ride 黒鹿 1996	Mister Frisky 栗 1987	Marsayas	Damascus
			Extra Place
		Frisky Flyer	Highest Tide
			Eager Nymph
	Mrs. Bumble 芦 1983	Restivo	Restless Native
			Jaffa
		Bumble	Poker
			Distant Scene

インブリード：母 Brandon's Ride に Round Table 4×4

血統解説　父ベラミーロードは米GIウッドメモリアルSに勝利。本馬により同レース親仔制覇を達成した。ダンチヒ系種牡馬のなかでは、中距離適性の高いタイプであるチーフズクラウンから連なる父系の継承者でもある。母ブランドンズライドは米で走った1勝馬。母父ミスターフリスキーはD9F戦のGIサンタアニタダービー馬。

PROFILE

競走成績　12戦5勝（2～4歳・米）
最高レーティング　WTランキング対象外
主な勝ち鞍　ウッドメモリアルS。フィリップHアイズリンS2着、ニューオーリンズH3着、ジェネラルジョージH3着、ゴーサムS3着。

クビ差の接戦を制し米GI勝利
産駒もダートでの活躍が目立つ

　2歳11月の未勝利戦から3歳2月のLワーラウェイSまで3連勝。3月のGⅢゴーサムS3着で連勝は止まったが、続くGIウッドメモリアルSでクビ差の接戦を制しタイトル獲得に成功する。その後、4歳夏まで現役を続けLマウンテンビューHに勝ち、GⅢフィリップHアイズリンSで2着、GⅢジェネラルジョージH、GⅢニューオーリンズHで共に3着した。

　現役引退後すぐに日本で種牡馬入り。人気爆発とまではいかなかったが、供用初年度の48頭を皮切りに、10年連続で30～50頭台の種付を行った。JRAで重賞を制したソリストサンダーのほか、リンノレジェンドなど地方競馬のローカル重賞馬を輩出。2023年はグリードパルフェが公営佐賀、園田で重賞を制している。

代表産駒 ソリストサンダー（武蔵野S）、ソウカイボーイ（兵庫ジュニアグランプリ3着）、グリードパルフェ（園田・六甲盃）、リンノレジェンド（門別・道営記念）、ニジイロ（名古屋・東海クイーンC）、フジヤマブシ（金沢・MRO金賞）、ショウナンマリオ、スターシューター。

POG　2024年期待の2歳馬

母馬名（母父）	性別	おすすめポイント
マリアビスティー （ハーツクライ）	牡	半姉にダートGⅢ馬ライオットガール。芝、ダート兼用の中距離型に。
ナイスゴールド （*サウスヴィグラス）	牝	母はJRAで2勝をマーク。母父の血も活かしダート戦線での健闘期待。
ニュースター （*プリサイスエンド）	牝	母はJRAと地方で計3勝。ダートマイル線でタフにキャリア積む。

馬券に直結する適性データ

　芝がダメということでもないが、基本的にはダート戦で本領を発揮するタイプ。得意としているのは中山、阪神、新潟ダート。連対率の高い中山ダートであれば連勝馬券の軸、勝率、3着内率の高さが光る阪神、新潟ダートなら、頭勝負もしくは3連単の3着づけで高配当を狙うのが、妙味高い馬券作戦となる。また、脚抜けが良くなりパワフルなスピードが存分に活かしやすい、ダート稍重馬場で信頼度が増すことも併せて覚えておこう。自身も3歳春に米GIを制したが、産駒たちも3歳前半の好走が目立っている。特に牡馬の成績は優秀で、思い切って狙っていきたい。

2023年成績

総収得賞金 302,067,000円　アーニング INDEX　0.64

	全馬	2歳
勝利頭数／出走頭数	44／102	9／27
勝利回数／出走回数	全馬77／826	12／140

Data Box (2021~2023)

コース　全連対の約1/3が中山ダート

	1着	2着	3着	出走数	勝率	連対率	3着内率
全体計	16	10	9	189	8.5%	13.8%	18.5%
中央芝	0	1	0	8	0.0%	12.5%	12.5%
中央ダ	12	6	2	106	11.3%	17.0%	18.9%
ローカル芝	1	0	0	13	7.7%	7.7%	7.7%
ローカルダ	3	3	7	62	4.8%	9.7%	21.0%
右回り芝	1	1	0	11	9.1%	18.2%	18.2%
右回りダ	9	7	7	107	8.4%	15.0%	21.5%
左回り芝	0	0	0	9	0.0%	0.0%	0.0%
左回りダ	6	2	2	61	9.8%	13.1%	16.4%
札幌芝	0	0	0	0	-	-	-
札幌ダ	0	0	0	3	0.0%	0.0%	0.0%
函館芝	0	0	0	0	-	-	-
函館ダ	0	1	0	9	0.0%	11.1%	11.1%
福島芝	1	0	0	5	20.0%	20.0%	20.0%
福島ダ	0	1	4	21	0.0%	4.8%	23.8%
新潟芝	0	0	0	7	0.0%	0.0%	0.0%
新潟ダ	2	1	2	16	12.5%	18.8%	31.3%
東京芝	0	0	0	2	0.0%	0.0%	0.0%
東京ダ	4	1	0	36	11.1%	13.9%	13.9%
中山芝	0	1	0	5	0.0%	20.0%	20.0%
中山ダ	4	5	1	46	8.7%	19.6%	21.7%
中京芝	0	0	0	1	0.0%	0.0%	0.0%
中京ダ	0	0	0	1	0.0%	0.0%	0.0%
京都芝	0	0	0	1	0.0%	0.0%	0.0%
京都ダ	0	0	0	0	-	-	-
阪神芝	0	0	0	0	-	-	-
阪神ダ	4	0	1	15	26.7%	26.7%	33.3%
小倉芝	0	0	0	0	-	-	-
小倉ダ	1	0	1	4	25.0%	25.0%	50.0%

条件　牝馬限定戦出走時は要警戒

	1着	2着	3着	出走数	勝率	連対率	3着内率
新馬	4	0	0	18	22.2%	22.2%	22.2%
未勝利	4	5	1	82	4.9%	11.0%	12.2%
1勝	3	4	4	64	4.7%	10.9%	17.2%
2勝	2	2	4	21	9.5%	19.0%	38.1%
3勝	1	0	1	9	11.1%	11.1%	22.2%
OPEN特別	1	0	0	5	20.0%	20.0%	20.0%
GⅢ	1	0	0	5	20.0%	20.0%	20.0%
GⅡ	0	0	0	0	-	-	-
GⅠ	0	0	0	0	-	-	-
ハンデ戦	1	1	1	6	16.7%	33.3%	50.0%
牝馬限定	5	2	1	25	20.0%	28.0%	32.0%
障害	0	1	1	18	0.0%	5.6%	11.1%

人気　人気馬は平均以上の成績

	1着	2着	3着	出走数	勝率	連対率	3着内率
1番人気	2	1	1	6	33.3%	50.0%	66.7%
2～3番人気	4	4	2	19	21.1%	42.1%	52.6%
4～6番人気	8	2	4	45	17.8%	22.2%	31.1%
7～9番人気	2	3	3	44	4.5%	11.4%	18.2%
10番人気～	0	1	0	93	0.0%	1.1%	1.1%

単勝回収値 73円／単勝適正回収値 124円

距離　ダート中距離向きの傾向がはっきり

芝　　平均勝ち距離　1,200m

	1着	2着	3着	出走数	勝率	連対率	3着内率
全体計	1	1	0	21	4.8%	9.5%	9.5%
芝～1300m	1	0	0	8	12.5%	12.5%	12.5%
芝～1600m	0	1	0	10	0.0%	10.0%	10.0%
芝～2000m	0	0	0	3	0.0%	0.0%	0.0%
芝～2400m	0	0	0	0	-	-	-
芝2500m～	0	0	0	0	-	-	-

ダート　平均勝ち距離　1,687m

	1着	2着	3着	出走数	勝率	連対率	3着内率
全体計	15	9	9	168	8.9%	14.3%	19.6%
ダ～1300m	2	4	2	52	3.8%	11.5%	15.4%
ダ～1600m	3	0	0	35	8.6%	8.6%	8.6%
ダ～2000m	8	4	7	73	11.0%	16.4%	26.0%
ダ2100m～	2	1	0	8	25.0%	37.5%	37.5%

馬場状態　ダートは状態不問、稍重がベター

		1着	2着	3着	出走数	勝率	連対率	3着内率
芝	良	1	1	0	15	6.7%	13.3%	13.3%
	稍重	0	0	0	3	0.0%	0.0%	0.0%
	重	0	0	0	0	-	-	-
	不良	0	0	0	3	0.0%	0.0%	0.0%
ダ	良	9	7	6	100	9.0%	16.0%	22.0%
	稍重	4	0	2	30	13.3%	13.3%	20.0%
	重	1	1	0	25	4.0%	8.0%	8.0%
	不良	1	1	1	13	7.7%	15.4%	23.1%

性齢　牡は3歳前半に一気に動く

	1着	2着	3着	出走数	勝率	連対率	3着内率
牡2歳	0	1	0	22	0.0%	4.5%	4.5%
牝2歳	3	1	0	24	12.5%	16.7%	16.7%
牡3歳前半	3	3	0	22	13.6%	27.3%	27.3%
牝3歳前半	2	2	0	21	9.5%	19.0%	19.0%
牡3歳後半	1	0	0	13	7.7%	7.7%	7.7%
牝3歳後半	1	0	1	18	5.6%	5.6%	11.1%
牡4歳	0	1	3	32	0.0%	3.1%	12.5%
牝4歳	3	1	1	16	18.8%	25.0%	31.3%
牡5歳	1	2	4	21	4.8%	14.3%	33.3%
牝5歳	0	1	0	6	0.0%	16.7%	16.7%
牡6歳	2	0	0	9	22.2%	22.2%	22.2%
牝6歳	0	0	0	0	-	-	-
牡7歳以上	0	0	0	3	0.0%	0.0%	0.0%
牝7歳以上	0	0	0	0	-	-	-

勝ち馬の決め手

芝　1勝（差し1）

ダート　15勝（逃げ2、追込2、差し4、先行7）

2022 ㊽
2021 －
2020 －
2019 －

＊タリスマニック
TALISMANIC

年次	種付頭数	産駒数
23年	**71**	**74**
22年	111	26
21年	37	69

Darley

系統：エルプラド系　母父系統：マキャヴェリアン系

父 Medaglia d'Oro 黒鹿 1999	El Prado 芦 1989	Sadler's Wells	Northern Dancer
			Fairy Bridge
		Lady Capulet	Sir Ivor
			Cap and Bells
	Cappucino Bay 鹿 1989	Bailjumper	Damascus
			Court Circuit
		Dubbed In	Silent Screen
			Society Singer
母 Magic Mission 鹿 1998	Machiavellian 黒鹿 1987	Mr. Prospector	Raise a Native
			Gold Digger
		Coup de Folie	Halo
			Raise the Standard
	Dream Ticket 鹿 1992	Danzig	Northern Dancer
			Pas de Nom
		Capo Di Monte	Final Straw
			Burghclere

インブリード：Northern Dancer 4×4、Natalma 5×5・5、Special＝Thatch 5×5

血統解説　父メダグリアドーロは、トラヴァーズSなど米GIを3勝した強豪。種牡馬としても大きな成功を収めた。母マジックミッションは、米芝GIIIロイヤルヒロインSの勝ち馬。母系は、ディープインパクトと同じ世界的名門ハイクレア系。本馬のいとこにロジクライ（シンザン記念）。母父マキャヴェリアンは、モルニ賞など仏GIを2勝。

種付料／産120万円　供用地／日高・ダーレー・ジャパンSコンプレックス
2013年生　黒鹿毛　イギリス産　2019年輸入

距離	成長型	芝	ダート	瞬発力	パワー	底力
中長	普	○	○	△	○	○

PROFILE

競走成績　**23戦8勝**（2〜5歳・米仏香首）
最高レーティング　**122 L**（17年）
主な勝ち鞍　**ブリーダーズCターフ**、モーリスドニュイユ賞、ゴントービロン賞。香港ヴァーズ2着、フォア賞2、3着、シャンティイ大賞2着。

米遠征で勲章得た仏の中距離馬
6歳から日本で種牡馬生活開始

　仏の名門A・ファーブル厩舎から競走馬デビュー。Lアヴル賞を勝ってから臨んだ3歳6月の仏ダービーでは、アルマンゾールの4着に健闘する。その後も地道に経験値を増やしていき、4歳7月のGIIモーリスドニュイユ賞で重賞初制覇。秋には海外遠征を敢行し、強豪が集ったブリーダーズCターフでビーチパトロール、ハイランドリールらを撃破、GIウイナーの栄誉に浴した。次走の香港ヴァーズでは、ハイランドリールに雪辱されるも、2着を確保している。

　現役引退直後の6歳春から日本での種牡馬生活を開始。2023年には、共に初年度産駒であるサウザンサニー、ナンセイホワイトが、JRA、公営大井の重賞で好走。順調にランキングをアップさせ、初のトップ100入りを果たした。

代表産駒　サウザンサニー（ファルコンS3着）、ナンセイホワイト（大井・東京ダービー3着）、イリュージョン、ナガタエース、モーモーレッド、アンクルクロス、ポッドマーフィー、エテルネル、ブレードサクセス、ロングウッド、キタノチェロキー、レンダリング。

POG　2024年期待の2歳馬

母馬名（母父）	性別	おすすめポイント
トモジャオール（＊エンパイアメーカー）	牡	祖母アポロティアラは2歳GIII勝ち。やや力の要る芝で本領を発揮しそう。
プリムローズレーン（＊サンデーサイレンス）	牡	叔母に英GIII馬サンドロップ。スケールの大きさ活かし大成を目指す。
モフモフ（＊サウスヴィグラス）	牝	母は公営南関東で6連勝を含む計10勝マーク。ダート短距離戦で輝く。

馬券に直結する適性データ

　自身は世界を転戦したグラスホースだったが、パワーに優れていたこともあり、ダート適性の高い産駒が目立つ。2023年に2世代目がデビューした段階で、まだ明確な傾向は出てはいないが、阪神ダートにおける好成績はしっかりと押さえておきたいところ。3連単、3連複の相手候補に入れておくことで、好配当ゲットのチャンスも拡がってくるはずだ。2歳戦から走れる仕上がりの早さを持っているが、成長力に優れている点も特徴。なかでも、3歳後半を迎えた牝馬陣の健闘は馬券作戦に活かしていきたい。もう1つ、芝であれば、短距離戦で好調なことも頭に入れておこう。

2023年 成績

総収得賞金 296,762,000円　アーニング INDEX　0.63

勝利頭数／出走頭数：全馬 40／101		2歳 8／41	
勝利回数／出走回数：全馬 75／678		2歳 9／148	

Data Box (2021〜2023)

コース　阪神など中央ダートが活躍の場

	1着	2着	3着	出走数	勝率	連対率	3着内率
全体計	16	22	20	357	4.5%	10.6%	16.2%
中央芝	1	0	2	58	1.7%	1.7%	5.2%
中央ダ	**9**	**10**	**5**	**135**	**6.7%**	**14.1%**	**17.8%**
ローカル芝	2	4	6	69	2.9%	8.7%	17.4%
ローカルダ	4	8	7	95	4.2%	12.6%	20.0%
右回り芝	2	4	7	93	2.2%	6.5%	14.0%
右回りダ	8	11	7	140	5.7%	13.6%	18.6%
左回り芝	1	0	1	34	2.9%	2.9%	5.9%
左回りダ	5	7	5	90	5.6%	13.3%	18.9%
札幌芝	1	1	2	14	7.1%	14.3%	28.6%
札幌ダ	0	1	1	10	0.0%	10.0%	20.0%
函館芝	0	0	1	5	0.0%	0.0%	20.0%
函館ダ	0	2	1	14	0.0%	14.3%	21.4%
福島芝	1	1	1	14	0.0%	14.3%	21.4%
福島ダ	1	1	1	11	9.1%	18.2%	27.3%
新潟芝	0	0	0	10	0.0%	0.0%	0.0%
新潟ダ	1	2	1	22	4.5%	13.6%	18.2%
東京芝	0	0	0	11	0.0%	0.0%	0.0%
東京ダ	3	3	2	40	7.5%	15.0%	20.0%
中山芝	1	0	0	16	6.3%	6.3%	6.3%
中山ダ	2	4	1	37	5.4%	16.2%	18.9%
中京芝	1	0	0	13	7.7%	7.7%	15.4%
中京ダ	1	3	2	28	3.6%	10.7%	17.9%
京都芝	0	0	0	12	0.0%	0.0%	0.0%
京都ダ	0	0	0	13	0.0%	0.0%	0.0%
阪神芝	0	0	2	19	0.0%	0.0%	10.5%
阪神ダ	**4**	**3**	**2**	**45**	**8.9%**	**15.6%**	**20.0%**
小倉芝	0	1	1	13	0.0%	7.7%	15.4%
小倉ダ	1	0	1	10	10.0%	10.0%	20.0%

条件　牝馬の好調さが限定戦に反映

	1着	2着	3着	出走数	勝率	連対率	3着内率
新馬	1	3	0	66	1.5%	6.1%	6.1%
未勝利	**14**	**16**	**17**	**249**	**5.6%**	**12.0%**	**18.9%**
1勝	1	3	1	38	2.6%	10.5%	13.2%
2勝	0	0	0	0	–	–	–
3勝	0	0	0	0	–	–	–
OPEN特別	0	0	1	3	0.0%	0.0%	33.3%
GⅢ	0	0	1	1	0.0%	0.0%	100.0%
GⅡ	0	0	0	0	–	–	–
GⅠ	0	0	0	0	–	–	–
ハンデ戦	0	0	0	0	–	–	–
牝馬限定	**3**	**8**	**3**	**52**	**5.8%**	**21.2%**	**26.9%**
障害	0	0	0	0	–	–	–

人気　全体的に低調、強調材料に欠ける

	1着	2着	3着	出走数	勝率	連対率	3着内率
1番人気	**6**	**5**	**2**	**26**	**23.1%**	**42.3%**	**50.0%**
2〜3番人気	3	7	4	32	9.4%	31.3%	43.8%
4〜6番人気	4	5	8	72	5.6%	12.5%	23.6%
7〜9番人気	2	4	4	82	2.4%	7.3%	12.2%
10番人気〜	1	1	2	145	0.7%	1.4%	2.8%

単勝回収値 55円／単勝適正回収値 65円

距離　芝ダート共ベストは短距離戦

芝　平均勝ち距離　1,267m

	1着	2着	3着	出走数	勝率	連対率	3着内率
全体計	3	4	8	127	2.4%	5.5%	11.8%
芝〜1300m	**2**	**4**	**3**	**29**	**6.9%**	**20.7%**	**31.0%**
芝〜1600m	1	0	4	46	2.2%	2.2%	10.9%
芝〜2000m	0	0	1	49	0.0%	0.0%	2.0%
芝〜2400m	0	0	0	3	0.0%	–	–
芝2500m〜	0	0	0	0	–	–	–

ダート　平均勝ち距離　1,569m

	1着	2着	3着	出走数	勝率	連対率	3着内率
全体計	13	18	12	230	5.7%	13.5%	18.7%
ダ〜1300m	**3**	**2**	**0**	**32**	**9.4%**	**15.6%**	**15.6%**
ダ〜1600m	3	3	4	50	6.0%	12.0%	20.0%
ダ〜2000m	7	13	4	143	4.9%	14.0%	19.6%
ダ2100m〜	0	0	0	5	0.0%	–	–

馬場状態　ダートは渋れば渋るほどいい

		1着	2着	3着	出走数	勝率	連対率	3着内率
芝	良	3	3	4	89	3.4%	6.7%	11.2%
	稍重	0	1	3	24	0.0%	4.2%	16.7%
	重	0	0	1	12	0.0%	0.0%	8.3%
	不良	0	0	0	2	–	–	–
ダ	良	5	13	4	136	3.7%	13.2%	16.2%
	稍重	2	3	4	49	4.1%	10.2%	16.3%
	重	2	0	2	19	10.5%	10.5%	21.1%
	不良	**4**	**2**	**3**	**26**	**15.4%**	**23.1%**	**34.6%**

性齢　牝馬優勢、2歳戦より3歳戦で

	1着	2着	3着	出走数	勝率	連対率	3着内率
牡2歳	4	5	3	106	3.8%	8.5%	11.3%
牝2歳	2	4	5	73	2.7%	8.2%	15.1%
牡3歳前半	6	1	5	98	6.1%	7.1%	12.2%
牝3歳前半	2	6	3	37	5.4%	21.6%	29.7%
牡3歳後半	1	4	4	32	3.1%	15.6%	28.1%
牝3歳後半	**1**	**2**	**0**	**11**	**9.1%**	**27.3%**	**27.3%**
牡4歳	0	0	0	0	–	–	–
牝4歳	0	0	0	0	–	–	–
牡5歳	0	0	0	0	–	–	–
牝5歳	0	0	0	0	–	–	–
牡6歳	0	0	0	0	–	–	–
牝6歳	0	0	0	0	–	–	–
牡7歳以上	0	0	0	0	–	–	–
牝7歳以上	0	0	0	0	–	–	–

勝ち馬の決め手

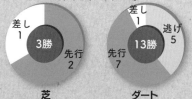

芝：差し 1／先行 2／3勝

ダート：差し 1／逃げ 5／先行 7／13勝

RANKING
87
2歳 **95**

2022 ⑱
2021 ⑱
2020 ⑲
2019 ⑭

リーチザクラウン
REACH THE CROWN

年次	種付頭数	産駒数
23年	**22**	**20**
22年	38	19
21年	31	24

種付料／⇨**受50万円F** 供用地／新ひだか・アローススタッド

2006年生 青鹿毛 千歳・社台ファーム産

距離	成長型	芝	ダート	瞬発力	パワー	底力
マ中	普	○	○	○	○	△

系統：サンデーサイレンス系　母父系統：シアトルスルー系

父	*サンデーサイレンス 青鹿 1986	Halo	Hail to Reason
スペシャルウィーク 黒鹿 1995			Cosmah
		Wishing Well	Understanding
			Mountain Flower
	キャンペンガール 鹿 1987	マルゼンスキー	Nijinsky
			*シル
		レディーシラオキ	*セントクレスピン
			ミスアシヤガワ
母	Seattle Slew 黒鹿 1974	Bold Reasoning	Boldnesian
クラウンピース 鹿 1997			Reason to Earn
		My Charmer	Poker
			Fair Charmer
	*クラシッククラウン 鹿 1985	Mr. Prospector	Raise a Native
			Gold Digger
		Six Crowns	Secretariat
			Chris Evert

インブリード：Hail to Reason 4×5、母クラウンピースに Bold Ruler 4×4

血統解説　父スペシャルウィークはジャパンC、ダービーなどGI4勝の名馬。母クラウンピースは1勝馬。祖母クラシッククラウンは、フリゼットS、ガゼルHと米GI2勝の名牝。本馬の全姉にクラウンプリンセス（小倉記念3着）、いとこにエーシンジーライン（小倉大賞典）がいる。母父シアトルスルーは米3冠馬にして首位種牡馬。

代表産駒　クラウンプライド（UAEダービー、コリアC、チャンピオンズC2着）、キョウヘイ（シンザン記念）、アーテルアストレア（レディスプレリュード、クイーン賞）、サヤカチャン（アルテミスS2着）、ニシノドレッシー、ノーダブルディップ、ニシノベイオウルフ。

PROFILE

競走成績　26戦4勝（2〜7歳・日）
最高レーティング　114 M（10年）
主な勝ち鞍　マイラーズC、きさらぎ賞。ダービー2着、神戸新聞杯2着、ラジオNIKKEI杯2着、中山記念3着、菊花賞5着。

タフに走り抜け芝重賞を2勝
産駒はダートでタイトル重ねる

　2歳時は未勝利戦、500万特別を勝ち、ラジオNIKKEI杯2歳Sで2着。3歳緒戦のきさらぎ賞で重賞初制覇を飾る。皐月賞は13着に大敗するも、続くダービーでロジユニヴァースの2着に健闘した。秋は神戸新聞杯から始動して2着。菊花賞では1番人気に支持されたが、スリーロールスの5着までだった。4歳4月のマイラーズCで重賞2勝目。その後もタフにレースを使い、5歳時の中山記念で3着している。

　初年度産駒キョウヘイがシンザン記念を制したことで、供用5年目に自己最多となる98頭との種付をこなす。2023年は、代表産駒クラウンプライドがGⅢコリアCを勝ち、2つ目の海外重賞タイトルを獲得。アーテルアストレアもダート重賞に勝ち、改めて存在感を示した。

POG　2024年期待の2歳馬

母馬名（母父）	性別	おすすめポイント
キトゥンズグレイス（KITTEN'S JOY）	牡	叔父にGⅢ2着フォルコメン。パワーも求められる芝で本領を発揮しそう。
チェリーボンボン（*プリサイスエンド）	牡	母系は名門メイプルジンスキー系。タフネスも武器となるダート馬に。
フラワープリンセス（*キングズベスト）	牝	叔父にダートGⅢ3勝クリノスターオー。ダート中距離戦線で活躍期待。

馬券に直結する適性データ

　芝、ダート共にこなせ、距離も融通が利く万能型サイアー。また、クラウンプライドが典型だが、環境が違っても実力を発揮できる適応力の高さも保持している。競馬場別では、新潟ダート、中京ダートといったローカル場所の左回りコースでの好成績にまず注目。勝率、連対率の高さが際立っているだけに、頭勝負、馬連の軸として効果的な馬券戦術を組み立てていきたい。また、芝、ダート共にパワフルなスピードを活かしやすく、稍重馬場で成績が良いことも記憶の隅に留めておこう。もう1つ、牝馬限定戦でしっかりと勝ち切ることが多いのも、馬券作戦に取り入れたい。

2023年 成績

総収得賞金 286,750,000円　アーニング INDEX　0.68

勝利頭数／出走頭数：全馬 29／91　　2歳 7／18
勝利回数／出走回数：全馬 51／746　　2歳 8／71

Data Box (2021～2023)　単勝回収値 106円／単勝適正回収値 106円

コース　左回りのローカルダートで好走

	1着	2着	3着	出走数	勝率	連対率	3着内率
全体計	31	23	24	557	5.6%	9.7%	14.0%
中央芝	1	6	7	123	0.8%	5.7%	11.4%
中央ダ	10	6	10	182	5.5%	8.8%	14.3%
ローカル芝	9	6	7	159	5.7%	9.4%	13.8%
ローカルダ	11	5	0	93	11.8%	17.2%	17.2%
右回り芝	9	9	10	161	5.6%	11.2%	17.4%
右回りダ	10	6	4	149	6.7%	10.7%	13.4%
左回り芝	1	3	4	115	0.9%	3.5%	7.0%
左回りダ	11	5	6	126	8.7%	12.7%	17.5%
札幌芝	1	1	1	21	4.8%	9.5%	14.3%
札幌ダ	0	0	0	11	0.0%	0.0%	0.0%
函館芝	2	1	2	14	14.3%	21.4%	35.7%
函館ダ	1	0	0	2	50.0%	50.0%	50.0%
福島芝	3	1	1	25	12.0%	16.0%	20.0%
福島ダ	0	0	0	8	0.0%	0.0%	0.0%
新潟芝	1	0	1	39	2.6%	2.6%	5.1%
新潟ダ	4	2	0	23	17.4%	26.1%	26.1%
東京芝	0	3	2	56	0.0%	5.4%	8.9%
東京ダ	1	1	6	71	1.4%	2.8%	11.3%
中山芝	1	3	5	41	2.4%	9.8%	22.0%
中山ダ	5	3	4	80	6.3%	10.0%	15.0%
中京芝	0	0	1	26	0.0%	0.0%	3.8%
中京ダ	6	2	0	32	18.8%	25.0%	25.0%
京都芝	0	0	0	2	0.0%	0.0%	0.0%
京都ダ	0	0	0	2	0.0%	0.0%	0.0%
阪神芝	0	0	0	24	0.0%	0.0%	0.0%
阪神ダ	4	2	4	28	14.3%	21.4%	21.4%
小倉芝	2	3	1	34	5.9%	14.7%	17.6%
小倉ダ	0	1	0	17	0.0%	5.9%	5.9%

条件　注目条件は新馬戦と牝馬限定戦

	1着	2着	3着	出走数	勝率	連対率	3着内率
新馬	4	3	0	42	9.5%	16.7%	16.7%
未勝利	11	10	11	219	5.0%	9.6%	14.6%
1勝	11	6	8	182	6.0%	9.3%	13.7%
2勝	3	2	3	87	3.4%	5.7%	9.2%
3勝	1	2	0	13	7.7%	23.1%	23.1%
OPEN特別	2	0	2	32	6.3%	6.3%	12.5%
G Ⅲ	0	0	0	7	0.0%	0.0%	0.0%
G Ⅱ	0	0	0	0	—	—	—
G Ⅰ	0	1	0	4	0.0%	25.0%	25.0%
ハンデ戦	0	1	1	15	0.0%	6.7%	13.3%
牝馬限定	9	4	3	69	13.0%	18.8%	23.2%
障害	1	1	0	30	3.3%	6.7%	6.7%

人気　上位人気の単勝に妙味あり

	1着	2着	3着	出走数	勝率	連対率	3着内率
1番人気	7	1	1	18	38.9%	44.4%	50.0%
2～3番人気	9	5	5	43	20.9%	32.6%	44.2%
4～6番人気	10	12	12	109	9.2%	20.2%	31.2%
7～9番人気	4	4	4	119	3.4%	6.7%	10.1%
10番人気～	2	2	2	298	0.7%	1.3%	2.0%

距離　芝は短距離、ダートは中距離向き

芝　平均勝ち距離　1,380m

	1着	2着	3着	出走数	勝率	連対率	3着内率
全体計	10	12	14	282	3.5%	7.8%	12.8%
芝～1300m	7	6	4	104	6.7%	12.5%	16.3%
芝～1600m	0	2	8	105	0.0%	1.9%	9.5%
芝～2000m	3	4	2	69	4.3%	10.1%	13.0%
芝～2400m	0	0	0	2	0.0%	0.0%	0.0%
芝2500m～	0	0	0	2	0.0%	0.0%	0.0%

ダート　平均勝ち距離　1,586m

	1着	2着	3着	出走数	勝率	連対率	3着内率
全体計	21	11	10	275	7.6%	11.6%	15.3%
ダ～1300m	6	3	0	74	8.1%	12.2%	12.2%
ダ～1600m	2	2	5	79	2.5%	5.1%	11.4%
ダ～2000m	13	6	4	109	11.9%	17.4%	21.1%
ダ2100m～	0	0	1	13	0.0%	0.0%	7.7%

馬場状態　芝ダート共対応は稍重まで

		1着	2着	3着	出走数	勝率	連対率	3着内率
芝	良	8	7	11	220	3.6%	6.8%	11.8%
	稍重	2	5	2	42	4.8%	16.7%	21.4%
	重	0	0	1	15	0.0%	0.0%	6.7%
	不良	0	0	0	5	0.0%	0.0%	0.0%
ダ	良	15	5	6	166	9.0%	12.0%	15.1%
	稍重	5	3	3	53	9.4%	15.1%	20.8%
	重	1	1	0	31	3.2%	6.5%	6.5%
	不良	0	2	2	25	0.0%	8.0%	16.0%

性齢　早熟傾向で3歳までが勝負

	1着	2着	3着	出走数	勝率	連対率	3着内率
牡2歳	6	1	3	49	12.2%	14.3%	20.4%
牝2歳	4	2	1	50	8.0%	12.0%	14.0%
牡3歳前半	2	5	5	90	2.2%	7.8%	13.3%
牝3歳前半	5	4	4	83	6.0%	10.8%	15.7%
牡3歳後半	4	1	1	49	8.2%	10.2%	12.2%
牝3歳後半	4	5	3	48	8.3%	18.8%	25.0%
牡4歳	2	5	3	71	2.8%	9.9%	14.1%
牝4歳	3	0	1	37	8.1%	8.1%	13.5%
牡5歳	0	0	0	33	0.0%	0.0%	6.1%
牝5歳	1	0	0	34	2.9%	5.9%	5.9%
牡6歳	1	0	0	23	4.3%	4.3%	4.3%
牝6歳	0	0	0	0	—	—	—
牡7歳以上	0	0	0	20	0.0%	0.0%	0.0%
牝7歳以上	0	0	0	0	—	—	—

勝ち馬の決め手

芝：10勝　追込2／逃げ3／差し4／先行5

ダート：21勝　追込2／逃げ4／差し4／先行11

RANKING
88
2歳 125
2022 ⑤
2021 ⑤
2020 ⑤
2019 ⑥

ベルシャザール
BELSHAZZAR

年次	種付頭数	産駒数
23年	**9**	**1**
22年	4	13
21年	20	17

種付料／プライヴェート 供用地／青森県・フォレブルー（東北牧場）

2008年生　青鹿毛　千歳・社台ファーム産

距離	成長型	芝	ダート	瞬発力	パワー	底力
中長	普	○	○	○	○	○

系統：キングマンボ系　母父系統：サンデーサイレンス系

父 キングカメハメハ 鹿 2001	Kingmambo 鹿 1990	Mr. Prospector	Raise a Native
			Gold Digger
		Miesque	Nureyev
			Pasadoble
	*マンファス 黒鹿 1991	*ラストタイクーン	*トライマイベスト
			Mill Princess
		Pilot Bird	Blakeney
			The Dancer
母 マルカキャンディ 青鹿 1996	*サンデーサイレンス 青鹿 1986	Halo	Hail to Reason
			Cosmah
		Wishing Well	Understanding
			Mountain Flower
	*ジーナロマンティカ 鹿 1988	*セクレト	Northern Dancer
			Betty's Secret
		Waya	Faraway Son
			War Path

インブリード：Northern Dancer 5・5×4

血統解説　父キングカメハメハは、2000～2010年代の日本馬界界を支えた万能型のトップサイアー。母マルカキャンディは、府中牝馬Sを制したGⅢ勝ち馬。本馬の半姉にライムキャンディ（クイーンC2着）がいる。3代母ワーヤは、米GⅠを4勝した仏国産の名牝。母父サンデーサイレンスは、13年連続首位BMSを獲得。

PROFILE

競走成績　**18戦6勝**（2～6歳・日首）
最高レーティング　**116 M**（13年）
主な勝ち鞍　**ジャパンCダート**、武蔵野S、ブラジルC、ホープフルS。スプリングS2着、ダービー3着、フェブラリーS3着。

芝で活躍後にダート路線へ転身 産駒はJRA、地方で活躍示す

　2歳暮れにLレース時代のホープフルSに勝ち、3歳時はクラシック戦線を歩む。タイトル獲得こそならなかったが、スプリングS2着、ダービー3着など、地力の高さを示した。5歳初夏を迎えダート戦線に転身。LブラジルC、初重賞制覇となる武蔵野Sを連勝して臨んだジャパンCダートでは、鞍上ルメールの好騎乗もあり、ワンダーアキュートの追撃をクビ差凌ぎGⅠタイトル奪取に成功する。これが2013年最優秀ダート馬に選出される決定打となった。

　7歳春から種牡馬入り。供用3年目までは、いずれも100頭を超える種付をこなす高い人気を博した。産駒は、JRA、地方競馬の双方で堅実な走りを示していて、2023年を含め、5年連続で2ケタ台の順位を維持している。

代表産駒 シャイニーロック(リゲルS)、セイヴァリアント、ソルトイブキ、イシュタルゲート、ナリタフォルテ、グランコージー、アズユーフィール、キョウワウォール、センタースリール、ブリッツェンシチー、フォルベルール、シェナキング（園田・菊水賞）。

POG　2024年期待の2歳馬

母馬名（母父）	性別	おすすめポイント
ヒメカイドウ （カルストンライトオ）	牡	母は公営名古屋、大井、園田で計5勝。パワフルなスピード活かしたい。
メロディアス （ゴールドアリュール）	牡	祖母フォルナリーナは3歳GⅢ3着。サンデーサイレンス3×3を持つ。
デルマプロティナ （ゴールドアリュール）	牝	母はJRAで3勝をマーク。母父の血が相乗効果生めばダートで成功も。

馬券に直結する適性データ

　地方競馬で走っている産駒も多く、ダート型サイアーという印象が強いが、JRAでは芝でも健闘を示している。サンプル数そのものが少ないものの、40％を超える3着内率をマークしている阪神芝での好成績は、頭に入れておきたいデータ。人気薄だったとしても、3連複、3連単の相手として1点加えておくことをオススメしたい。自身も5歳で大きく花開いたが、産駒も古馬となってから本領を発揮するタイプが多い。4歳牡馬陣が20％を超える連対率をマークしていることも、馬券戦術に活かしていきたい。芝ならマイル戦、ダートなら中距離戦が得意とする舞台だ。

2023年 成績

総収得賞金 286,014,000円　アーニング INDEX　0.40

	全馬		2歳	
勝利頭数／出走頭数	54	154	3	13
勝利回数／出走回数	93	1,586	4	71

Data Box（2021～2023）

単勝回収値 57円／単勝適正回収値 82円

コース　阪神芝で人気以上の走り見られる

	1着	2着	3着	出走数	勝率	連対率	3着内率
全体計	20	28	28	488	4.1%	9.8%	15.6%
中央芝	3	5	5	42	7.1%	19.0%	31.0%
中央ダ	6	8	10	209	2.9%	6.7%	11.5%
ローカル芝	2	1	1	47	4.3%	6.4%	8.5%
ローカルダ	9	14	12	190	4.7%	12.1%	18.4%
右回り芝	5	3	5	55	9.1%	14.5%	23.6%
右回りダ	6	14	15	221	2.7%	9.0%	15.8%
左回り芝	0	3	1	30	0.0%	10.0%	13.3%
左回りダ	9	8	7	178	5.1%	9.6%	13.5%
札幌芝	1	0	0	7	14.3%	14.3%	14.3%
札幌ダ	0	1	1	15	0.0%	6.7%	13.3%
函館芝	1	0	0	3	33.3%	33.3%	33.3%
函館ダ	0	1	2	14	0.0%	7.1%	21.4%
福島芝	0	0	0	4	0.0%	0.0%	0.0%
福島ダ	0	0	1	12	0.0%	0.0%	8.3%
新潟芝	0	0	1	12	0.0%	0.0%	8.3%
新潟ダ	2	2	2	37	5.4%	10.8%	16.2%
東京芝	0	3	0	9	0.0%	33.3%	33.3%
東京ダ	2	1	2	65	3.1%	4.6%	7.7%
中山芝	1	0	0	8	12.5%	12.5%	12.5%
中山ダ	0	4	2	68	0.0%	5.9%	8.8%
中京芝	0	0	0	13	0.0%	0.0%	0.0%
中京ダ	5	5	3	76	6.6%	13.2%	17.1%
京都芝	0	0	0	3	0.0%	0.0%	0.0%
京都ダ	0	0	0	7	0.0%	0.0%	0.0%
阪神芝	2	2	5	22	9.1%	18.2%	40.9%
阪神ダ	4	3	6	69	5.8%	10.1%	18.8%
小倉芝	0	1	0	8	0.0%	12.5%	12.5%
小倉ダ	2	5	3	36	5.6%	19.4%	27.8%

条件　1勝クラス、障害戦で成績安定

	1着	2着	3着	出走数	勝率	連対率	3着内率
新馬	0	1	1	29	0.0%	3.4%	6.9%
未勝利	9	14	11	198	4.5%	11.6%	17.2%
1勝	8	10	12	138	5.8%	13.0%	21.7%
2勝	4	4	5	106	3.8%	7.5%	12.3%
3勝	1	2	1	36	2.8%	8.3%	11.1%
OPEN特別	1	0	1	16	6.3%	6.3%	12.5%
GⅢ	0	0	0	1	0.0%	0.0%	0.0%
GⅡ	0	0	0	1	0.0%	0.0%	0.0%
GⅠ	0	0	0	0	-	-	-
ハンデ戦	1	0	2	24	4.2%	4.2%	12.5%
牝馬限定	4	2	3	64	6.3%	9.4%	14.1%
障害	3	3	3	37	8.1%	16.2%	24.3%

人気　1番人気の勝率優秀、単勝で狙う

	1着	2着	3着	出走数	勝率	連対率	3着内率
1番人気	6	1	2	13	46.2%	53.8%	69.2%
2～3番人気	5	10	4	39	12.8%	38.5%	48.7%
4～6番人気	6	8	15	104	5.8%	13.5%	27.9%
7～9番人気	5	10	9	124	4.0%	12.1%	19.4%
10番人気～	1	2	1	245	0.4%	1.2%	1.6%

距離　芝はマイル、ダートは中距離

芝　平均勝ち距離　1,820m

	1着	2着	3着	出走数	勝率	連対率	3着内率
全体計	5	6	6	89	5.6%	12.4%	19.1%
芝～1300m	0	0	0	12	0.0%	0.0%	0.0%
芝～1600m	3	4	2	33	9.1%	21.2%	27.3%
芝～2000m	1	2	2	32	3.1%	9.4%	15.6%
芝～2400m	1	0	2	11	9.1%	9.1%	27.3%
芝2500m～	0	0	0	1	0.0%	0.0%	0.0%

ダート　平均勝ち距離　1,767m

	1着	2着	3着	出走数	勝率	連対率	3着内率
全体計	15	22	22	399	3.8%	9.3%	14.8%
ダ～1300m	0	0	0	51	0.0%	0.0%	0.0%
ダ～1600m	2	1	4	63	3.2%	4.8%	11.1%
ダ～2000m	13	17	15	254	5.1%	11.8%	17.7%
ダ2100m～	0	4	3	31	0.0%	12.9%	22.6%

馬場状態　芝は良馬場、ダートは稍重まで

		1着	2着	3着	出走数	勝率	連対率	3着内率
芝	良	4	5	6	72	5.6%	12.5%	20.8%
	稍重	0	1	0	9	0.0%	11.1%	11.1%
	重	1	0	1	8	12.5%	12.5%	12.5%
	不良	0	0	0	0	-	-	-
ダ	良	7	17	14	240	2.9%	10.0%	15.8%
	稍重	6	2	1	78	7.7%	10.3%	11.5%
	重	2	1	2	47	4.3%	6.4%	19.1%
	不良	0	0	1	34	0.0%	5.9%	8.8%

性齢　晩成傾向、本格化は4歳

	1着	2着	3着	出走数	勝率	連対率	3着内率
牡2歳	0	0	0	21	0.0%	0.0%	0.0%
牝2歳	1	1	2	28	3.6%	7.1%	14.3%
牡3歳前半	4	6	6	91	4.4%	11.0%	17.6%
牝3歳前半	2	0	2	47	4.3%	4.3%	8.5%
牡3歳後半	4	4	3	48	4.2%	16.7%	22.9%
牝3歳後半	1	1	0	18	5.6%	11.1%	11.1%
牡4歳	4	8	4	59	6.8%	20.3%	27.1%
牝4歳	2	0	1	45	4.4%	4.4%	6.7%
牡5歳	4	7	2	71	5.6%	15.5%	18.3%
牝5歳	0	0	0	31	0.0%	0.0%	0.0%
牡6歳	2	1	10	44	4.5%	6.8%	29.5%
牝6歳	0	0	0	0	-	-	-
牡7歳以上	1	1	1	20	5.0%	10.0%	15.0%
牝7歳以上	0	0	0	0	-	-	-

勝ち馬の決め手

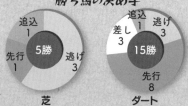

芝（5勝）：追込 1／逃げ 3／先行 1

ダート（15勝）：追込 1／差し 3／逃げ 3／先行 8

RANKING
89

2022 (95)
2021 (86)
2020 (108)
2019 (170)

2歳 228

スピルバーグ
SPIELBERG

年次	種付頭数	産駒数
23年	**2**	**1**
22年	3	7
21年	9	12

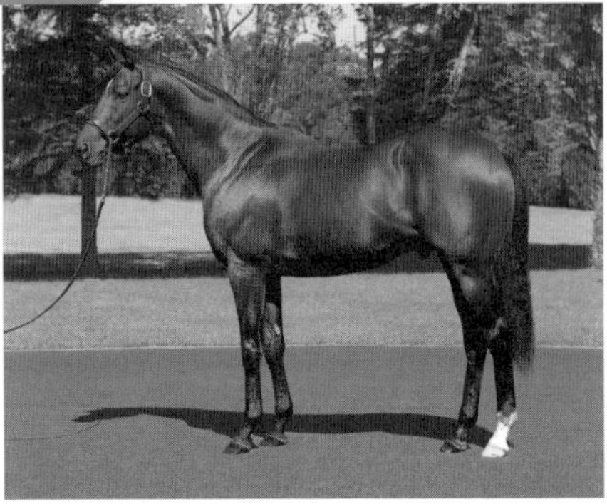

種付料／プライヴェート 供用地／青森県・フォレブルー

2009年生　鹿毛　千歳・社台ファーム産

距離	成長型	芝	ダート	瞬発力	パワー	底力
中長	普	○	○	○	○	△

系統：サンデーサイレンス系　母父系統：ミスタープロスペクター系

父 ディープインパクト 鹿 2002	*サンデーサイレンス 青鹿 1986	Halo	Hail to Reason
			Cosmah
		Wishing Well	Understanding
			Mountain Flower
	*ウインドインハーヘア 鹿 1991	Alzao	Lyphard
			Lady Rebecca
		Burghclere	Busted
			Highclere
母 *プリンセスオリビア 栗 1995	Lycius 栗 1988	Mr. Prospector	Raise a Native
			Gold Digger
		Lypatia	Lyphard
			Hypatia
	Dance Image 鹿 1990	Sadler's Wells	Northern Dancer
			Fairy Bridge
		Diamond Spring	Vaguely Noble
			Dumfries

インブリード：Lyphard 4×4、Northern Dancer 5×5・4、Goofed 5×5・5

血統解説　父ディープインパクトは、世界レベルで活躍する日本産サイアー。母系は名門で、本馬の半兄に米GI馬フラワーアレイ（トラヴァーズS）、全兄にトーセンラー（マイルCS）、半姉にブルーミングアレー（フローラS3着）、姪にランブリングアレー（中山牝馬S）がいる。母父リシウスは、BMSでいい仕事をするタイプの名種牡馬。

代表産駒 ウィンドジャマー、ルージュリナージュ、デルマカンノン、ヴルカーノ、セオ、ルージュメサージュ、タイキフォース、バレエマスター、ラブスピール、カズロレアート、ヴィブラツィオーネ、メイショウユウスイ、フロンタルジェダイ、フォーチュンコード。

PROFILE

競走成績　18戦6勝（2～6歳・日英）
最高レーティング　120 L（14年）
主な勝ち鞍　天皇賞・秋、プリンシパルS、メイS。ジャパンC3着、毎日王冠3着、共同通信杯3着、毎日杯3着。

爆発的な末脚でGIウイナーに 種牡馬としては粘り強く活躍示す

共同通信杯3着、毎日杯3着と重賞で上位争いを繰り広げたが、皐月賞には駒を進めず。5月のプリンシパルSを勝利し、堂々とダービーへ向かうも、ディープブリランテの14着に終わる。4歳秋からギアが上がり、1000万特別、準OP特別、5歳5月のOPメイSと3連勝。毎日王冠3着を挟んで臨んだ天皇賞・秋では、直線で末脚が爆発し、ジェンティルドンナらの強敵をまとめて差し切り、初重賞制覇をGIタイトルで飾った。続くジャパンCでもエピファネイアの3着し力のあるところを示す。

種牡馬となり、供用初年度は101頭の種付をこなした。現在は、青森県で種牡馬生活を続行中。2023年は芝戦線で産駒が健闘し、3年連続でランキング2ケタ台をキープする。

POG　2024年期待の2歳馬

母馬名（母父）	性別	おすすめポイント
ウインミューズ（ダイワメジャー）	牡	祖母イクスキューズは3歳GⅢに勝利。芝マイル～中距離戦で活躍狙う。
マダムブランシェ（ミラクルアドマイヤ）	牝	サンデーサイレンス3×4クロス持つ。芝中距離戦で切れ味発揮したい。
ラレゾン（ハーツクライ）	牝	祖母ラリーズンは米GⅡ勝ち馬。息の長い末脚を駆使して勝利を目指す。

馬券に直結する適性データ

ダートもこなせるが、父譲りの切れ味鋭い末脚を武器とする産駒が多く、JRAでは芝での活躍が目立っている。長く脚を使えるタイプも多いだけに、東京芝は、遺憾なく本領を発揮できる舞台。勝率、連対率、3着内率のいずれもで優秀な成績を残しているだけに、幅広い馬券作戦を立てながら、好結果に結び付けていきたい。一方、サンプル数が少ないとはいえ、切れ味が活かしにくい芝重馬場で優秀な数字を残しているのも、面白いところ。こちらも、頭勝負、連勝馬券の軸と、臨機応変に戦術を組み立てていこう。人気での信頼度は高く、特に、2、3番人気で妙味が高い。

2023年 成績

総収得賞金 284,925,000円　アーニング INDEX　0.70

勝利頭数／出走頭数：全馬 28 ／ 88	2歳 　－／ 3
勝利回数／出走回数：全馬 43 ／ 833	2歳 　－／ 17

Data Box (2021~2023)

コース　父と同様に東京芝で輝く

	1着	2着	3着	出走数	勝率	連対率	3着内率
全体計	29	32	36	509	5.7%	12.0%	19.1%
中央芝	**10**	**9**	**17**	**126**	**7.9%**	**15.1%**	**28.6%**
中央ダ	4	8	9	122	3.3%	9.8%	17.2%
ローカル芝	8	9	5	159	5.0%	10.7%	13.8%
ローカルダ	7	6	5	102	6.9%	12.7%	17.6%
右回り芝	10	11	11	177	5.6%	11.9%	18.1%
右回りダ	1	7	11	121	0.8%	6.6%	14.9%
左回り芝	8	7	11	103	7.8%	14.6%	25.2%
左回りダ	10	7	4	103	9.7%	16.5%	20.4%
札幌芝	0	1	0	16	0.0%	6.3%	6.3%
札幌ダ	0	0	1	11	0.0%	0.0%	9.1%
函館芝	0	0	0	14	0.0%	0.0%	0.0%
函館ダ	0	0	1	3	0.0%	0.0%	33.3%
福島芝	2	1	0	25	8.0%	12.0%	12.0%
福島ダ	0	2	1	13	0.0%	15.4%	23.1%
新潟芝	1	2	3	36	2.8%	8.3%	16.7%
新潟ダ	2	0	1	24	8.3%	8.3%	12.5%
東京芝	**5**	**3**	**7**	**40**	**12.5%**	**20.0%**	**37.5%**
東京ダ	3	4	3	43	7.0%	16.3%	23.3%
中山芝	2	3	4	37	5.4%	13.5%	24.3%
中山ダ	1	3	3	40	2.5%	10.0%	17.5%
中京芝	2	2	1	32	6.3%	12.5%	15.6%
中京ダ	5	3	0	36	13.9%	22.2%	22.2%
京都芝	1	1	2	11	9.1%	18.2%	36.4%
京都ダ	0	1	1	5	0.0%	20.0%	40.0%
阪神芝	2	2	4	38	5.3%	10.5%	21.1%
阪神ダ	0	2	0	34	0.0%	5.9%	5.9%
小倉芝	3	3	1	36	8.3%	16.7%	19.4%
小倉ダ	0	1	1	15	0.0%	6.7%	13.3%

条件　2勝クラスで安定した成績

	1着	2着	3着	出走数	勝率	連対率	3着内率
新馬	1	0	2	33	3.0%	3.0%	9.1%
未勝利	10	12	9	209	4.8%	10.5%	14.8%
1勝	12	12	14	176	6.8%	13.6%	21.6%
2勝	**5**	**9**	**12**	**86**	**5.8%**	**16.3%**	**30.2%**
3勝	2	1	0	10	20.0%	30.0%	30.0%
OPEN特別	0	0	1	4	0.0%	0.0%	25.0%
GⅢ	0	0	0	3	0.0%	0.0%	0.0%
GⅡ	0	0	0	0	0.0%	0.0%	0.0%
GⅠ	0	0	0	1	0.0%	0.0%	0.0%
ハンデ戦	1	1	1	17	5.9%	11.8%	17.6%
牝馬限定	7	4	5	90	7.8%	12.2%	17.8%
障害	1	2	2	15	6.7%	20.0%	33.3%

人気　2~3番人気が優秀、狙いはここ

	1着	2着	3着	出走数	勝率	連対率	3着内率
1番人気	10	7	3	30	33.3%	56.7%	66.7%
2~3番人気	**13**	**10**	**10**	**58**	**22.4%**	**39.7%**	**56.9%**
4~6番人気	5	5	13	88	5.7%	11.4%	26.1%
7~9番人気	0	8	8	93	0.0%	8.6%	17.2%
10番人気~	2	4	4	255	0.8%	2.4%	3.9%

単勝回収値 46円／単勝適正回収値 81円

距離　芝は中距離、ダートはマイル向き

芝　　平均勝ち距離　1,833m

	1着	2着	3着	出走数	勝率	連対率	3着内率
全体計	18	18	22	285	6.3%	12.6%	20.4%
芝~1300m	1	4	2	56	1.8%	8.9%	12.5%
芝~1600m	3	5	9	68	4.4%	11.8%	25.0%
芝~2000m	**14**	**9**	**10**	**143**	**9.8%**	**16.1%**	**23.1%**
芝~2400m	0	0	1	10	0.0%	0.0%	10.0%
芝2500m~	0	0	0	8	0.0%	0.0%	0.0%

ダート　　平均勝ち距離　1,709m

	1着	2着	3着	出走数	勝率	連対率	3着内率
全体計	11	14	14	224	4.9%	11.2%	17.4%
ダ~1300m	0	4	0	50	0.0%	8.0%	8.0%
ダ~1600m	**4**	**4**	**2**	**46**	**8.7%**	**17.4%**	**21.7%**
ダ~2000m	7	4	9	118	5.9%	9.3%	16.9%
ダ2100m~	0	2	3	10	0.0%	20.0%	50.0%

馬場状態　芝は渋れば渋るほど良い

		1着	2着	3着	出走数	勝率	連対率	3着内率
芝	良	12	14	15	219	5.5%	11.9%	18.7%
	稍重	3	2	4	43	7.0%	11.6%	20.9%
	重	**2**	**2**	**2**	**16**	**12.5%**	**25.0%**	**37.5%**
	不良	1	0	1	7	14.3%	14.3%	28.6%
ダ	良	7	8	9	151	4.6%	9.9%	15.9%
	稍重	1	0	1	34	2.9%	2.9%	11.8%
	重	2	2	2	21	9.5%	19.0%	28.6%
	不良	1	2	2	18	5.6%	16.7%	27.8%

性齢　牡牝共3歳後半が勝負どころ

	1着	2着	3着	出走数	勝率	連対率	3着内率
牡2歳	2	2	2	32	6.3%	12.5%	18.8%
牝2歳	0	0	0	32	0.0%	0.0%	0.0%
牡3歳前半	5	6	6	56	8.9%	19.6%	30.4%
牝3歳前半	2	4	5	86	2.3%	7.0%	12.8%
牡3歳後半	**4**	**1**	**2**	**39**	**10.3%**	**12.8%**	**17.9%**
牝3歳後半	**5**	**3**	**0**	**39**	**12.8%**	**20.5%**	**20.5%**
牡4歳	8	12	13	83	9.6%	24.1%	39.8%
牝4歳	3	3	70	4.3%	8.6%	12.9%	
牡5歳	1	1	2	23	4.3%	8.7%	17.4%
牝5歳	0	2	3	41	0.0%	4.9%	12.2%
牡6歳	1	0	0	2	50.0%	50.0%	50.0%
牝6歳	0	0	2	13	0.0%	0.0%	15.4%
牡7歳以上	0	0	0	0	－	－	－
牝7歳以上	0	0	0	0	－	－	－

勝ち馬の決め手

芝（18勝）　追込 3／逃げ 3／先行 4／差し 8

ダート（11勝）　逃げ 2／先行 9

2022 ⑦
2021 ⑥⑥
2020 ⑤⑤
2019 ⑤⑤

＊ベーカバド
BEHKABAD

年次	種付頭数	産駒数
23年	1	2
22年	2	3
21年	8	6

系統：グリーンデザート系　母父系統：シャーペンナップ系

父 Cape Cross 黒鹿 1994	Green Desert 鹿 1983	Danzig	Northern Dancer
			Pas de Nom
		Foreign Courier	Sir Ivor
			Courtly Dee
	Park Appeal 黒鹿 1982	Ahonoora	Lorenzaccio
			Helen Nichols
		Balidaress	Balidar
			Innocence
母 Behkara 鹿 2000	Kris 栗 1976	Sharpen Up	＊エタン
			Rocchetta
		Doubly Sure	Reliance
			Soft Angels
	Behera 鹿 1986	Mill Reef	Never Bend
			Milan Mill
		Borushka	Bustino
			Valdavia

インブリード：Never Bend 5×4

血統解説　父ケープクロスは英マイルGI馬。種牡馬となり、シーザスターズ、ウィジャボード、ゴールデンホーンら大物産駒を出すことでも知られている。母ベーカラは、仏GIIユベールショードネイ賞に勝ち、GIロイヤルオーク賞で2着した強豪。祖母ベヘーラも仏GIサンタラリ賞を勝っている。母父クリスは欧州の一流マイラー。

代表産駒 ハングリーベン（兵庫ジュニアグランプリ2着）、フィールシンパシー（ターコイズS2着）、タイセイアベニール（函館スプリントS3着）、エネスク（北海道2歳優駿3着）、ビレッジイーグル（中山大障害4着）、タイセイエクレール、シンボ、アップクオーク。

種付料／⇨受20万円F　産30万円 供用地／新冠・白馬牧場
2007年生　鹿毛　フランス産　2012年輸入

距離	成長型	芝	ダート	瞬発力	パワー	底力
マ中	普	○	○	△	○	○

PROFILE

競走成績　11戦6勝（2〜4歳・仏米）
最高レーティング　122 L（10、11年）
主な勝ち鞍　パリ大賞、ニエル賞、ギシュ賞、シェーヌ賞。シャンティイ大賞2着、ブリーダーズCターフ3着、凱旋門賞4着。

堅実な走りが定評の仏GI馬
日本で重賞好走産駒を送り出す

　2歳時は、初重賞制覇となるGIIIシェーヌ賞を含む、3戦全勝の戦績を残す。4歳緒戦で連勝は止まるも、5月のGIIIギシュ賞で重賞2勝目。続く仏ダービーは、ロペデヴェガの4着だった。7月のパリ大賞でGI初勝利。9月のGIIニエユ賞にも勝ち、人気の一角として凱旋門賞に向かうが、ワークフォースの4着、米に遠征したブリーダーズCターフもデンジャラスミッジの3着に終わる。4歳6月のGIシャンティイ大賞は2着、これが現役最後の一戦となった。

　5歳春に日本で種牡馬入り。これまでもハングリーベン、ダブルシャープら重賞で上位争いする産駒を出していたが、2023年もフィールシンパシーがターコイズSで2着。8年連続でランキング2ケタ台を維持している。

POG　2024年期待の2歳馬

母馬名（母父）	性別	おすすめポイント
サマーリガード （アドマイヤマックス）	牡	祖母リーガルジョイは米GIII勝ち馬。芝、ダート兼用でタフに走れそう。
モーモーハナコ （ロッコウオロシ）	牡	公営園田・佐賀で3勝をマークした母の初仔。アウトブリード配合が施される。
アブマーシュ （＊ディクタット）	牝	母は芝1200m戦で4勝をあげる。芝マイル戦線で息の長い活躍を期待。

馬券に直結する適性データ

　パワフルなスピードを武器とする産駒が多く、芝、ダート双方に対応できる点も特徴。逃げ、先行から押し切る展開が理想でもあり、小回りコースでやや力の要るコンディションにもなりやすい、中山芝、小倉芝を得意としていることをまずは押さえておきたい。連対率の高さから考えて、馬連の軸というのが最も妙味のある馬券戦術となるはずだ。近3年間の2歳戦で、連勝馬券の対象となったのは牝馬だけというのも頭に入れておきたいデータ。出馬表に牝駒の名前があったときは、思い切って狙ってみたい。一方、牡駒を買うのは3歳後半からが正解となる。

2023年成績

総収得賞金 279,016,000円　アーニング INDEX　0.68

勝利頭数／出走頭数：全馬 38 ／ 88	2歳	2 ／ 5
勝利回数／出走回数：全馬 63 ／ 871	2歳	2 ／ 16

Data Box (2021〜2023)

コース　中山芝など小回り向き産駒が多い

	1着	2着	3着	出走数	勝率	連対率	3着内率
全体計	17	24	27	430	4.0%	9.5%	15.8%
中央芝	4	9	7	104	3.8%	12.5%	19.2%
中央ダ	3	3	5	106	2.8%	5.7%	10.4%
ローカル芝	8	11	11	160	5.0%	11.9%	18.8%
ローカルダ	2	1	4	60	3.3%	5.0%	11.7%
右回り芝	9	12	11	159	5.7%	13.2%	20.1%
右回りダ	5	1	5	97	5.2%	6.2%	11.3%
左回り芝	3	6	6	91	3.3%	9.9%	16.5%
左回りダ	0	3	4	69	0.0%	4.3%	10.1%
札幌芝	1	1	2	14	7.1%	14.3%	28.6%
札幌ダ	0	0	0	3	0.0%	0.0%	0.0%
函館芝	0	0	1	14	0.0%	0.0%	7.1%
函館ダ	0	0	0	0	-	-	-
福島芝	2	2	1	33	6.1%	12.1%	15.2%
福島ダ	2	0	3	11	18.2%	18.2%	45.5%
新潟芝	2	4	3	38	5.3%	15.8%	23.7%
新潟ダ	0	0	0	16	0.0%	0.0%	0.0%
東京芝	1	3	2	40	2.5%	10.0%	15.0%
東京ダ	0	2	3	33	0.0%	6.1%	15.2%
中山芝	3	5	2	42	7.1%	19.0%	23.8%
中山ダ	3	1	1	50	6.0%	8.0%	10.0%
中京芝	0	1	2	27	0.0%	3.7%	11.1%
中京ダ	0	1	1	20	0.0%	5.0%	10.0%
京都芝	0	0	0	2	0.0%	0.0%	0.0%
京都ダ	0	0	0	2	0.0%	0.0%	0.0%
阪神芝	0	1	3	20	0.0%	5.0%	20.0%
阪神ダ	1	0	1	20	5.0%	5.0%	10.0%
小倉芝	3	3	2	34	8.8%	17.6%	23.5%
小倉ダ	0	0	0	10	0.0%	0.0%	0.0%

条件　OP特別出走時は要警戒

	1着	2着	3着	出走数	勝率	連対率	3着内率
新馬	0	1	2	21	0.0%	4.8%	14.3%
未勝利	7	4	3	135	5.2%	8.1%	10.4%
1勝	5	5	6	97	5.2%	10.3%	16.5%
2勝	2	5	3	87	2.3%	8.0%	11.5%
3勝	3	4	8	57	5.3%	12.3%	26.3%
OPEN特別	3	5	6	44	6.8%	18.2%	31.8%
GⅢ	0	1	1	14	0.0%	7.1%	14.3%
GⅡ	0	0	0	1	0.0%	0.0%	0.0%
GⅠ	0	0	0	5	0.0%	0.0%	0.0%
ハンデ戦	2	3	2	58	3.4%	8.6%	12.1%
牝馬限定	0	2	0	32	0.0%	6.3%	6.3%
障害	3	1	2	31	9.7%	12.9%	19.4%

人気　2〜3番人気が1番人気と同等の成績

	1着	2着	3着	出走数	勝率	連対率	3着内率
1番人気	2	2	2	16	12.5%	25.0%	37.5%
2〜3番人気	8	7	6	36	22.2%	41.7%	58.3%
4〜6番人気	7	7	11	83	8.4%	16.9%	30.1%
7〜9番人気	1	4	6	92	1.1%	5.4%	12.0%
10番人気〜	0	5	4	234	0.0%	2.1%	3.8%

距離　芝は距離不問、ダートは中距離

芝　平均勝ち距離　1,642m

	1着	2着	3着	出走数	勝率	連対率	3着内率
全体計	12	20	18	264	4.5%	12.1%	18.9%
芝〜1300m	3	11	9	105	2.9%	13.3%	21.9%
芝〜1600m	4	4	2	63	6.3%	12.7%	15.9%
芝〜2000m	4	5	7	88	4.5%	10.2%	18.2%
芝〜2400m	1	0	0	7	14.3%	14.3%	14.3%
芝2500m〜	0	0	0	1	0.0%	0.0%	0.0%

ダート　平均勝ち距離　1,640m

	1着	2着	3着	出走数	勝率	連対率	3着内率
全体計	5	4	9	166	3.0%	5.4%	10.8%
ダ〜1300m	1	0	1	59	1.7%	1.7%	3.4%
ダ〜1600m	0	2	3	36	0.0%	5.6%	13.9%
ダ〜2000m	4	2	5	70	5.7%	8.6%	15.7%
ダ2100m〜	0	0	0	1	0.0%	0.0%	0.0%

馬場状態　芝良馬場でこそのタイプ

		1着	2着	3着	出走数	勝率	連対率	3着内率
芝	良	10	17	17	207	4.8%	13.0%	21.3%
	稍重	1	2	1	39	2.6%	7.7%	10.3%
	重	1	0	0	12	8.3%	8.3%	8.3%
	不良	0	1	0	6	0.0%	16.7%	16.7%
ダ	良	3	3	5	101	3.0%	5.9%	10.9%
	稍重	1	1	3	30	3.3%	6.7%	16.7%
	重	1	0	1	21	4.8%	4.8%	9.5%
	不良	0	0	0	14	0.0%	0.0%	0.0%

性齢　牝馬優勢、牝馬は2歳から動く

	1着	2着	3着	出走数	勝率	連対率	3着内率
牡2歳	0	0	2	29	0.0%	0.0%	6.9%
牝2歳	3	3	1	21	14.3%	28.6%	33.3%
牡3歳前半	1	2	0	58	1.7%	5.2%	5.2%
牝3歳前半	0	0	0	29	0.0%	0.0%	0.0%
牡3歳後半	2	1	10	57	3.5%	5.3%	22.8%
牝3歳後半	3	0	0	8	37.5%	37.5%	37.5%
牡4歳	4	5	6	66	6.1%	13.6%	22.7%
牝4歳	1	2	2	26	3.8%	11.5%	19.2%
牡5歳	1	3	5	45	2.2%	8.9%	20.0%
牝5歳	0	1	2	27	0.0%	3.7%	11.1%
牡6歳	4	6	5	65	6.2%	15.4%	23.1%
牝6歳	0	0	0	5	0.0%	0.0%	0.0%
牡7歳以上	1	1	2	40	2.5%	5.0%	10.0%
牝7歳以上	0	1	0	5	0.0%	20.0%	20.0%

勝ち馬の決め手

芝（12勝）：逃げ 5、先行 5、差し 1、追込 1
ダート（5勝）：逃げ 1、先行 3、差し 1

単勝回収値 31円／単勝適正回収値 77円

RANKING
92
2歳 116

2022 (83)
2021 (95)
2020 (70)
2019 (137)

*エスケンデレヤ
ESKENDEREYA

年次	種付頭数	産駒数
23年	**39**	**10**
22年	13	19
21年	30	10

2024年死亡
2007年生　栗毛　アメリカ産　2015年輸入

距離	成長型	芝	ダート	瞬発力	パワー	底力
短中	普	△	◎	○	○	◎

PROFILE

競走成績　6戦4勝（2～3歳・米）
最高レーティング　124 M（10年）
主な勝ち鞍　ウッドメモリアルS、ファウンテンオブユースS、ピルグリムS。

米GI戦を9馬身強差で完勝 種牡馬としても米GI産駒輩出

デビュー2戦目のD8Fで争われたLピルグリムSで初勝利をマーク。敢然と挑んだ次走のブリーダーズCジュヴナイルでは、ヴェイルオブヨークの9着に終わる。3歳1月の一般競走で2勝目をあげてから向かった、2月のD9F戦GⅡファウンテンオブユースSでは、2着馬に8馬身半差を付ける圧勝で、重賞初制覇。同じく、D9F戦を舞台とした4月のウッドメモリアルSでも、2着ジャクソンベンドに9馬身4分の3差ぶっ千切る独走劇を演じ、鮮やかにGIウイナーの仲間入りを果たした。

まず米で種牡馬となり、米チャンピオンスプリンター、マイトーリを出す大仕事を成し遂げた。2016年から日本で供用され、2023年を含め4年連続でトップ100内を維持している。

系統：ストームキャット系　母父系統：シアトルスルー系

父 Giant's Causeway 栗 1997	Storm Cat 黒鹿 1983	Storm Bird	Northern Dancer
			South Ocean
		Terlingua	Secretariat
			Crimson Saint
	Mariah's Storm 鹿 1991	Rahy	Blushing Groom
			Glorious Song
		*イメンス	Roberto
			Imsodear
母 Aldebaran Light 鹿 1996	Seattle Slew 黒鹿 1974	Bold Reasoning	Boldnesian
			Reason to Earn
		My Charmer	Poker
			Fair Charmer
	Altair 鹿 1991	Alydar	Raise a Native
			Sweet Tooth
		*ステラーオデッセイ	Northern Dancer
			Queen Sucree

インブリード：Northern Dancer 4×4、Hail to Reason 5×5、Bold Ruler 5×5

血統解説　父ジャイアンツコーズウェイはGⅠを5連勝した2000年欧州年度代表馬。種牡馬としてもストームキャット系を代表する存在となる。母アルデバランライトは米で走った3勝馬。本馬の半兄に英2歳GⅠ馬バルモント（ミドルパークS）、一族にトーラスジェミニ（七夕賞）がいる。母父シアトルスルーは、米3冠を制した歴史的名馬。

代表産駒 マイトーリ（ブリーダーズCスプリント、メトロポリタンH、フォアゴーS、チャーチルダウンズS）、**モースピリット**（メトロポリタンH、ロスアラミトスフューチュリティ）、**ダイメイコリーダ**（ジャパンダートダービー2着）、**スズカデレヤ、メルト**（名古屋記念）。

POG　2024年期待の2歳馬

母馬名（母父）	性別	おすすめポイント
アンドローラ（ネオユニヴァース）	牡	いとこにダートGI馬ホワイトフーガ。スケール大きな中距離馬誕生も。
アームズトウショウ（*コロナドズクエスト）	牝	半姉にダートGⅢ2着アームズレイン。ダートマイル戦線での活躍期待。
リオファンク（トランセンド）	牝	母はD 1200m戦で勝ち鞍をあげる。母父との相乗効果も楽しみに。

馬券に直結する適性データ

脚抜けの良い、パワフルなスピードが存分に活かせるダートを稼ぎ場所としている。なかでも、先行から早め抜け出し、そのまま押し切ってしまうという得意のレース展開になりやすい、小回りコースの福島ダートは、圧倒的なまでの好成績を残している。頭勝負、馬連、3連複の軸として、思い切った馬券戦術を組み立てたい。人気での信頼度は十分に合格点が与えられるものとなっているが、配当的な妙味が高いのは対抗評価となる2、3番人気時。また、馬券に絡めば好配当必至となる7～9番人気時の健闘も、是非心に留めておきたいデータといえるだろう。

※91位のブリックスアンドモルタルはP352に掲載しています。

2023年成績

総収得賞金 259,864,000円　アーニング INDEX　0.66

	全馬	2歳
勝利頭数／出走頭数	41 ／ 85	2 ／ 9
勝利回数／出走回数	73 ／ 924	2 ／ 53

Data Box(2021～2023)

コース　福島ダートでは鬼の可能性あり

	1着	2着	3着	出走数	勝率	連対率	3着内率
全体計	26	31	29	465	5.6%	12.3%	18.5%
中央芝	1	1	1	31	3.2%	6.5%	9.7%
中央ダ	12	15	13	225	5.3%	12.0%	17.8%
ローカル芝	4	6	3	72	5.6%	13.9%	18.1%
ローカルダ	9	9	12	137	6.6%	13.1%	21.9%
右回り芝	5	7	3	71	7.0%	16.9%	21.1%
右回りダ	17	17	14	210	8.1%	16.2%	22.9%
左回り芝	0	0	1	32	0.0%	0.0%	3.1%
左回りダ	4	7	11	152	2.6%	7.2%	14.5%
札幌芝	1	1	0	10	10.0%	20.0%	20.0%
札幌ダ	0	0	1	9	0.0%	0.0%	11.1%
函館芝	0	1	0	8	0.0%	12.5%	12.5%
函館ダ	1	1	0	7	14.3%	28.6%	28.6%
福島芝	2	2	1	23	8.7%	17.4%	21.7%
福島ダ	5	3	2	21	23.8%	38.1%	47.6%
新潟芝	0	0	1	14	0.0%	0.0%	7.1%
新潟ダ	2	0	3	45	4.4%	4.4%	11.1%
東京芝	0	0	0	13	0.0%	0.0%	0.0%
東京ダ	1	4	3	63	1.6%	7.9%	12.7%
中山芝	1	0	0	13	7.7%	7.7%	7.7%
中山ダ	7	4	5	92	7.6%	12.0%	17.4%
中京芝	0	0	0	5	0.0%	0.0%	0.0%
中京ダ	1	3	5	44	2.3%	9.1%	20.5%
京都芝	0	0	0	1	0.0%	0.0%	0.0%
京都ダ	0	0	1	6	0.0%	0.0%	16.7%
阪神芝	0	1	1	4	0.0%	25.0%	50.0%
阪神ダ	4	7	4	64	6.3%	17.2%	23.4%
小倉芝	1	2	1	12	8.3%	25.0%	33.3%
小倉ダ	0	2	1	11	0.0%	18.2%	27.3%

条件　新馬戦出走時は買い

	1着	2着	3着	出走数	勝率	連対率	3着内率
新馬	4	1	2	34	11.8%	14.7%	20.6%
未勝利	8	7	11	166	4.8%	9.0%	15.7%
1勝	11	19	9	153	7.2%	19.6%	25.5%
2勝	4	2	6	79	5.1%	7.6%	15.2%
3勝	0	2	1	31	0.0%	6.5%	9.7%
OPEN特別	0	0	0	8	0.0%	0.0%	0.0%
GⅢ	0	0	0	2	0.0%	0.0%	0.0%
GⅡ	0	0	0	0	–	–	–
GⅠ	0	0	0	0	–	–	–
ハンデ戦	0	1	1	13	0.0%	7.7%	15.4%
牝馬限定	3	4	6	71	4.2%	9.9%	18.3%
障害	1	0	0	8	12.5%	12.5%	12.5%

人気　2～3人気の単勝勝率が20%に迫る

	1着	2着	3着	出走数	勝率	連対率	3着内率
1番人気	9	6	3	28	32.1%	53.6%	64.3%
2～3番人気	8	7	4	41	19.5%	36.6%	46.3%
4～6番人気	5	6	10	81	6.2%	13.6%	25.9%
7～9番人気	4	8	6	126	3.2%	9.5%	14.3%
10番人気～	1	4	6	197	0.5%	2.5%	5.6%

単勝回収値 54円／単勝適正回収値 84円

距離　芝は短距離、ダートは中距離向き

芝　平均勝ち距離　1,480m

	1着	2着	3着	出走数	勝率	連対率	3着内率
全体計	5	7	4	103	4.9%	11.7%	15.5%
芝～1300m	3	2	2	29	10.3%	17.2%	24.1%
芝～1600m	0	0	0	20	0.0%	0.0%	0.0%
芝～2000m	2	5	1	49	4.1%	14.3%	16.3%
芝～2400m	0	0	1	4	0.0%	0.0%	25.0%
芝2500m～	0	0	0	1	0.0%	0.0%	0.0%

ダート　平均勝ち距離　1,662m

	1着	2着	3着	出走数	勝率	連対率	3着内率
全体計	21	24	25	362	5.8%	12.4%	19.3%
ダ～1300m	5	1	2	51	9.8%	11.8%	15.7%
ダ～1600m	0	4	2	61	0.0%	6.6%	9.8%
ダ～2000m	15	18	20	230	6.5%	14.3%	23.0%
ダ2100m～	1	1	1	20	5.0%	10.0%	15.0%

馬場状態　ダートは渋ってこそのタイプ

		1着	2着	3着	出走数	勝率	連対率	3着内率
芝	良	2	4	3	76	2.6%	7.9%	11.8%
	稍重	3	1	1	23	13.0%	17.4%	21.7%
	重	0	2	0	3	0.0%	66.7%	66.7%
	不良	0	0	0	1	0.0%	0.0%	0.0%
ダ	良	13	11	14	220	5.9%	10.9%	17.3%
	稍重	6	6	3	77	7.8%	15.6%	19.5%
	重	2	4	6	46	4.3%	13.0%	26.1%
	不良	0	3	2	19	0.0%	15.8%	26.3%

性齢　牡牝とも3歳後半がピーク

	1着	2着	3着	出走数	勝率	連対率	3着内率
牡2歳	3	2	4	55	5.5%	9.1%	16.4%
牝2歳	1	3	3	41	2.4%	9.8%	17.1%
牡3歳前半	3	1	1	45	6.7%	8.9%	11.1%
牝3歳前半	1	2	5	45	2.2%	6.7%	17.8%
牡3歳後半	3	3	3	29	10.3%	20.7%	31.0%
牝3歳後半	6	3	1	32	18.8%	28.1%	31.3%
牡4歳	4	11	5	77	5.2%	19.5%	26.0%
牝4歳	3	2	3	68	4.4%	8.8%	11.8%
牡5歳	2	3	3	47	4.3%	10.6%	17.0%
牝5歳	0	0	2	18	0.0%	0.0%	11.1%
牡6歳	1	0	0	15	6.7%	6.7%	6.7%
牝6歳	0	0	0	3	0.0%	0.0%	0.0%
牡7歳以上	0	0	0	0	–	–	–
牝7歳以上	0	0	0	0	–	–	–

勝ち馬の決め手

芝　5勝　　差し1　逃げ1　先行3

ダート　21勝　　追込3　逃げ2　差し4　先行12

ミッキーロケット
MIKKI ROCKET

年次	種付頭数	産駒数
23年	25	13
22年	22	25
21年	44	44

系統：キングマンボ系　母父系統：ヌレイエフ系

父 キングカメハメハ 鹿 2001	Kingmambo 鹿 1990	Mr. Prospector	Raise a Native
			Gold Digger
		Miesque	Nureyev
			Pasadoble
	*マンファス 黒鹿 1991	*ラストタイクーン	*トライマイベスト
			Mill Princess
		Pilot Bird	Blakeney
			The Dancer
母 *マネーキャントバイミーラヴ 鹿 2006	Pivotal 栗 1993	Polar Falcon	Nureyev
			Marie d'Argonne
		Fearless Revival	Cozzene
			Stufida
	Sabreon 鹿 1997	Caerleon	Nijinsky
			Foreseer
		Sabria	Miswaki
			Flood

インブリード：Mr. Prospector 3×5、Nureyev 4×4、Northern Dancer 5・5×5・5

血統解説　父キングカメハメハはNHKマイルC、ダービーを連勝した史上初の「変則2冠馬」。種牡馬となり、二度ランキング首位に輝いている。母マネーキャントバイミーラヴは、英Lレースを2勝しGIナッソーSで3着した強豪。一族には、仏2000ギニー馬ランドシーアがいる。母父ピヴォータルは欧州のマイラー系一流種牡馬。

種付料／⇨ 受50万円F　供用地／新冠・優駿SS
2013年生　鹿毛　安平・ノーザンファーム産

距離	成長型	芝	ダート	瞬発力	パワー	底力
中長	普	◯	◯	△	◯	◯

PROFILE

競走成績　24戦5勝（2〜5歳・日）
最高レーティング　119 L（18年）
主な勝ち鞍　宝塚記念、日経新春杯。神戸新聞杯2着、中日新聞杯2着、有馬記念4着、天皇賞・春4着、天皇賞・秋5着、菊花賞5着。

宝塚記念を制した名中距離馬 2024年に初の重賞産駒が登場

　抽選で出走権利を得た皐月賞は、13着に大敗。夏の北海道開催で2勝をあげてから臨んだ神戸新聞杯では、サトノダイヤモンドのクビ差2着し地力アップを証明する走りを見せた。菊花賞は5着に終わるも、4歳緒戦の日経新春杯で重賞初制覇。その後の芝中長距離GI戦ではなかなか実力を出し切れなかったが、5歳6月の宝塚記念では持ち前のパワフルなスピードを存分に発揮し、香港からの遠征馬ワーザーをクビ差抑えビッグタイトル獲得に成功する。

　6歳春から種牡馬生活を開始。供用初年度には117頭との種付をこなした。2023年に初のランキングトップ100入りを果たしたのに続き、2024年1月には、ミッキーゴージャスが愛知杯に勝ち産駒初の重賞制覇を成し遂げる。

代表産駒　ミッキーゴージャス（愛知杯）、メイテソーロ、ジョウショーホープ、タイセイフェリーク、タイガーチャージ、フラッシングレート、ダノンヒューマ、ヴェルトラウム、チハヤ、キーウェーブ、タッカー、ウインドインバイオ、アイサマン、ハンデンリリー、ダブネマリン。

POG　2024年期待の2歳馬

母馬名（母父）	性別	おすすめポイント
ミッキーローズ （ディープインパクト）	牡	祖母サファリミスは亜GI勝ち馬。芝中距離戦線での活躍がありそう。
アイアムカガヤキ （モーリス）	牝	祖母アイアムカシノマサはGIII勝ち馬。ミスタープロスペクター4×5持つ。
テレフォングラフ （ハーツクライ）	牝	母は門別など地方競馬で計13勝。芝、ダート兼用のスピードを持つ。

馬券に直結する適性データ

　2024年の年明けに芝重賞ウイナー、ミッキーゴージャスが登場してきたことが示す通り、基本的にはグラスホースと考えていいだろう。重賞奪取の舞台となった小倉芝を含め、中山芝、京都芝は得意としている舞台。なかでも、京都芝における23%を超える勝率、30%を上回る連対率は、是非、馬券戦術に活かしていきたいところだ。また、サンプル数が少ないものの、1番人気時の58%強の勝率、75%に達する連対率も、心に留めておきたいデータとなる。芝での勝ち鞍の3分の2を中距離戦であげていることにも注目。もう1つ、1勝クラスにおける好成績も見逃せない特徴だ。

2023年成績

総収得賞金 247,682,000円　アーニング INDEX　0.64

勝利頭数／出走頭数：全馬 28 ／ 84	2歳 7 ／ 31	
勝利回数／出走回数：全馬 45 ／ 603	2歳 9 ／ 125	

Data Box (2021〜2023)

単勝回収値 61円／単勝適正回収値 108円

コース　京都芝など中央芝で好成績

	1着	2着	3着	出走数	勝率	連対率	3着内率
全体計	16	10	15	218	7.3%	11.9%	18.8%
中央芝	7	6	5	74	9.5%	17.6%	24.3%
中央ダ	3	1	4	53	5.7%	7.5%	15.1%
ローカル芝	5	3	6	78	6.4%	10.3%	17.9%
ローカルダ	1	0	0	13	7.7%	7.7%	7.7%
右回り芝	11	6	9	102	10.8%	16.7%	25.5%
右回りダ	2	1	3	44	4.5%	6.8%	13.6%
左回り芝	1	3	2	50	2.0%	8.0%	12.0%
左回りダ	2	0	1	22	9.1%	9.1%	13.6%
札幌芝	0	0	2	8	0.0%	0.0%	25.0%
札幌ダ	0	0	0	2	0.0%	0.0%	0.0%
函館芝	0	0	0	1	0.0%	0.0%	0.0%
函館ダ	0	0	0	0	-	-	-
福島芝	1	0	1	9	11.1%	11.1%	22.2%
福島ダ	0	0	0	3	0.0%	0.0%	0.0%
新潟芝	0	0	0	15	0.0%	0.0%	0.0%
新潟ダ	1	0	0	5	20.0%	20.0%	20.0%
東京芝	0	1	0	14	0.0%	7.1%	7.1%
東京ダ	1	0	1	14	7.1%	7.1%	14.3%
中山芝	3	2	1	24	12.5%	20.8%	25.0%
中山ダ	2	1	1	21	9.5%	14.3%	19.0%
中京芝	1	2	2	21	4.8%	14.3%	23.8%
中京ダ	0	0	0	3	0.0%	0.0%	0.0%
京都芝	3	1	1	13	23.1%	30.8%	38.5%
京都ダ	0	0	0	0	-	-	-
阪神芝	1	2	3	23	4.3%	13.0%	26.1%
阪神ダ	0	0	2	15	0.0%	0.0%	13.3%
小倉芝	3	1	1	24	12.5%	16.7%	20.8%
小倉ダ	0	0	0	0	-	-	-

条件　活躍の大半1勝クラスなど下級条件

	1着	2着	3着	出走数	勝率	連対率	3着内率
新馬	4	3	1	43	9.3%	16.3%	18.6%
未勝利	6	4	9	134	4.5%	7.5%	14.2%
1勝	4	1	0	12	33.3%	41.7%	41.7%
2勝	1	2	2	14	7.1%	21.4%	35.7%
3勝	1	0	0	1	100.0%	100.0%	100.0%
OPEN特別	0	0	3	6	0.0%	0.0%	50.0%
GⅢ	0	0	0	3	0.0%	0.0%	0.0%
GⅡ	0	0	0	0	-	-	-
GⅠ	0	0	0	0	-	-	-
ハンデ戦	1	0	0	2	50.0%	50.0%	50.0%
牝馬限定	4	1	7	54	7.4%	9.3%	22.2%
障害	0	0	0	0	-	-	-

人気　1番人気の勝率が6割に迫る

	1着	2着	3着	出走数	勝率	連対率	3着内率
1番人気	7	2	0	12	58.3%	75.0%	75.0%
2〜3番人気	5	3	6	20	25.0%	40.0%	70.0%
4〜6番人気	2	3	6	32	6.3%	15.6%	34.4%
7〜9番人気	2	2	2	51	3.9%	7.8%	11.8%
10番人気〜	0	0	1	103	0.0%	0.0%	1.0%

距離　芝は短距離から中距離まで対応

芝　平均勝ち距離　1,750m

	1着	2着	3着	出走数	勝率	連対率	3着内率
全体計	12	9	11	152	7.9%	13.8%	21.1%
芝〜1300m	1	0	1	8	12.5%	12.5%	25.0%
芝〜1600m	3	4	5	55	5.5%	12.7%	21.8%
芝〜2000m	8	4	5	72	11.1%	16.7%	23.6%
芝〜2400m	0	1	0	15	0.0%	6.7%	6.7%
芝2500m〜	0	0	0	2	0.0%	0.0%	0.0%

ダート　平均勝ち距離　1,575m

	1着	2着	3着	出走数	勝率	連対率	3着内率
全体計	4	1	4	66	6.1%	7.6%	13.6%
ダ〜1300m	2	0	1	18	11.1%	11.1%	16.7%
ダ〜1600m	0	0	2	17	0.0%	0.0%	11.8%
ダ〜2000m	1	0	0	27	3.7%	7.4%	11.1%
ダ2100m〜	1	0	1	4	25.0%	25.0%	25.0%

馬場状態　芝は重まで、ダートは良が前提

		1着	2着	3着	出走数	勝率	連対率	3着内率
芝	良	8	9	9	111	7.2%	15.3%	23.4%
	稍重	2	0	0	27	7.4%	7.4%	7.4%
	重	2	0	2	12	16.7%	16.7%	33.3%
	不良	0	0	0	2	0.0%	0.0%	0.0%
ダ	良	4	1	1	36	11.1%	13.9%	16.7%
	稍重	0	0	1	15	0.0%	0.0%	6.7%
	重	0	0	1	5	0.0%	0.0%	20.0%
	不良	0	0	1	10	0.0%	0.0%	10.0%

性齢　牝は3歳後半に大きく伸びる

	1着	2着	3着	出走数	勝率	連対率	3着内率
牡2歳	5	1	3	45	11.1%	13.3%	20.0%
牝2歳	2	2	4	41	4.9%	9.8%	19.5%
牡3歳前半	2	2	2	43	4.7%	9.3%	14.0%
牝3歳前半	2	1	3	47	4.3%	6.4%	12.8%
牡3歳後半	1	2	1	21	4.8%	14.3%	19.0%
牝3歳後半	4	2	2	21	19.0%	28.6%	38.1%
牡4歳	0	0	0	0	-	-	-
牝4歳	0	0	0	0	-	-	-
牡5歳	0	0	0	0	-	-	-
牝5歳	0	0	0	0	-	-	-
牡6歳	0	0	0	0	-	-	-
牝6歳	0	0	0	0	-	-	-
牡7歳以上	0	0	0	0	-	-	-
牝7歳以上	0	0	0	0	-	-	-

勝ち馬の決め手

芝（12勝）　追込1／逃げ1／差し3／先行7

ダート（4勝）　追込1／逃げ1／先行2

RANKING
95
2歳 74

2022 ⑤
2021 —
2020 —
2019 —

グレーターロンドン
GREATER LONDON

年次	種付頭数	産駒数
23年	119	23
22年	34	26
21年	43	32

系統：サンデーサイレンス系　母父系統：アホヌーラ系

父 ディープインパクト 鹿 2002	*サンデーサイレンス 青鹿 1986	Halo	Hail to Reason
			Cosmah
		Wishing Well	Understanding
			Mountain Flower
	*ウインドインハーヘア 鹿 1991	Alzao	Lyphard
			Lady Rebecca
		Burghclere	Busted
			Highclere
母 ロンドンブリッジ 栗 1995	*ドクターデヴィアス 栗 1989	Ahonoora	Lorenzaccio
			Helen Nichols
		Rose of Jericho	Alleged
			Rose Red
	*オールフォーロンドン 鹿 1982	Danzig	Northern Dancer
			Pas de Nom
		Full Card	Damascus
			Belle of the Ball

インブリード：Northern Dancer 5×5・4

種付料／➡️受150万円F、産200万円　供用地／日高・ブリーダーズSS
2012年生　鹿毛　日高・下河辺牧場産

距離	成長型	芝	ダート	瞬発力	パワー	底力
マ	普	◎	◯	◯	◯	◯

PROFILE

競走成績　15戦7勝（3〜6歳・日）
最高レーティング　110 M（18年）
主な勝ち鞍　中京記念、東風S。毎日王冠3着、
安田記念4着。

産駒数少ないがレベルは高い
新たな個性派名種牡馬誕生か

　3歳2月の新馬戦を勝ち上がり、次戦500万下特別山吹賞は2着。3歳秋の500万下戦を勝ったが、蹄の不安もあり1年以上に亘る休養を余儀なくされる。4歳11月の復帰戦から5歳3月のL東風Sまで、5連勝をマーク。6月の安田記念でも、勝ったサトノアラジンから0秒1差の4着に健闘した。秋緒戦の毎日王冠で3着したものの、その後は苦戦が続く。しかし、ラストランとなった6歳夏の中京記念をレコードで制し、初の重賞タイトルを手にした。

　大きな期待を担っての種牡馬入りではなかったが、初年度産駒から2歳重賞馬ロンドンプラン、LエルフィンS勝ちのユリーシャらが登場。供用5年目となる2023年春には、前年から約4倍増となる119頭の種付をこなしている。

血統解説　父ディープインパクトは世界に冠たる大種牡馬。母ロンドンブリッジはファンタジーSに勝ち、桜花賞で2着した一流マイラー。本馬の半姉にダイワエルシェーロ（オークス）、半兄にビッグプラネット（京都金杯）、甥にキセキ（菊花賞）、姪にビックリボン（マーメイドS）がいる。母父ドクターデヴィアスは英ダービーに勝利。

代表産駒　ロンドンプラン（小倉2歳S）、ユリーシャ（エルフィンS）、キョウエイブリッサ（朝日杯FS4着）、トラベログ、ナイトインロンドン、セイカティターニア、ロードプレイヤー、チャンネルトンネル、ハッピーロンドン、ロンドンアームズ、セイウンティーダ。

POG　2024年期待の2歳馬

母馬名（母父）	性別	おすすめポイント
サヤカチャン （リーチザクラウン）	牡	母はGⅢアルテミスS2着。芝マイル戦線で息の長い活躍示しそう。
クリスマスローズ （*アグネスデジタル）	牝	祖母マイルロンデルはダートGⅢ馬。仕上がり早く2歳戦から走れそう。
*サンドスラッシュ （HOLY ROMAN EMPEROR）	牝	母は伊GⅢに勝利。スケール大きく、芝マイル戦線での大成があるかも。

馬券に直結する適性データ

　2022年夏から初年度産駒がデビューした新進気鋭で、古馬となってからのデータはないが、2歳戦における優秀な成績から、仕上がりの早さ、レベルの高さを保持していることは間違いないだろう。芝向きの傾向もハッキリと出ているが、中山芝、福島芝といった、直線の短い、先行力が活きるコース形態を得意としていることは頭に入れておきたいポイント。両コース共に、高い勝率、連対率、3着内率を記録しているだけに、幅広い馬券作戦を立てながら好配当ゲットを目指していきたい。1番人気での信頼度はいま一つだが、2〜6番人気での健闘は注目に値する。

2023年 成績

総収得賞金 246,499,000円　アーニング INDEX　0.92

勝利頭数／出走頭数：全馬28 ／ 58	2歳	7 ／ 17
勝利回数／出走回数：全馬36 ／ 413	2歳	8 ／ 47

Data Box (2021〜2023)

単勝回収値 112円／単勝適正回収値 131円

コース　右回りかつ小回りの芝向き

	1着	2着	3着	出走数	勝率	連対率	3着内率
全体計	21	12	15	180	11.7%	18.3%	26.7%
中央芝	9	6	6	83	10.8%	18.1%	25.3%
中央ダ	3	2	3	28	10.7%	17.9%	28.6%
ローカル芝	8	4	4	55	14.5%	21.8%	29.1%
ローカルダ	1	0	2	14	7.1%	7.1%	21.4%
右回り芝	11	7	6	74	14.9%	24.3%	32.4%
右回りダ	1	0	3	19	5.3%	5.3%	21.1%
左回り芝	6	3	4	63	9.5%	14.3%	20.6%
左回りダ	3	2	2	23	13.0%	21.7%	30.4%
札幌芝	1	2	0	11	9.1%	27.3%	27.3%
札幌ダ	0	0	1	1	0.0%	0.0%	100.0%
函館芝	0	0	0	0	－	－	－
函館ダ	0	0	0	1	0.0%	0.0%	0.0%
福島芝	2	1	2	11	18.2%	27.3%	45.5%
福島ダ	0	0	0	0	－	－	－
新潟芝	2	1	1	17	11.8%	17.6%	23.5%
新潟ダ	1	0	0	5	20.0%	20.0%	20.0%
東京芝	3	2	2	38	7.9%	13.2%	18.4%
東京ダ	2	2	1	13	15.4%	30.8%	38.5%
中山芝	4	2	3	21	19.0%	28.6%	42.9%
中山ダ	0	0	2	10	0.0%	0.0%	20.0%
中京芝	1	0	1	9	11.1%	11.1%	22.2%
中京ダ	0	0	1	5	0.0%	0.0%	20.0%
京都芝	0	0	0	7	0.0%	0.0%	0.0%
京都ダ	1	0	0	2	50.0%	50.0%	50.0%
阪神芝	2	2	1	17	11.8%	23.5%	29.4%
阪神ダ	0	0	0	3	0.0%	0.0%	0.0%
小倉芝	2	0	0	7	28.6%	28.6%	28.6%
小倉ダ	0	0	0	1	0.0%	0.0%	0.0%

条件　完成の早さが活きる新馬戦向き

	1着	2着	3着	出走数	勝率	連対率	3着内率
新馬	7	2	3	37	18.9%	24.3%	32.4%
未勝利	7	4	4	81	8.6%	13.6%	18.5%
1勝	3	6	6	36	8.3%	25.0%	41.7%
2勝	2	0	2	6	33.3%	33.3%	66.7%
3勝	0	0	0	0	－	－	－
OPEN特別	1	0	0	3	33.3%	33.3%	33.3%
GⅢ	1	0	0	8	12.5%	12.5%	12.5%
GⅡ	0	0	0	3	0.0%	0.0%	0.0%
GⅠ	0	0	0	3	0.0%	0.0%	0.0%
ハンデ戦	0	0	0	2	0.0%	0.0%	0.0%
牝馬限定	6	1	4	27	22.2%	25.9%	40.7%
障害	0	0	0	0	－	－	－

人気　2〜3番人気、4〜6番人気に注目

	1着	2着	3着	出走数	勝率	連対率	3着内率
1番人気	4	0	1	11	36.4%	36.4%	45.5%
2〜3番人気	9	6	6	34	26.5%	44.1%	61.8%
4〜6番人気	6	5	6	42	14.3%	26.2%	40.5%
7〜9番人気	2	0	1	26	7.7%	7.7%	11.5%
10番人気〜	0	1	1	67	0.0%	1.5%	3.0%

距離　芝は距離不問、ダートはマイル

芝　平均勝ち距離　1,682m

	1着	2着	3着	出走数	勝率	連対率	3着内率
全体計	17	10	10	138	12.3%	19.6%	26.8%
芝〜1300m	4	1	3	29	13.8%	17.2%	27.6%
芝〜1600m	6	5	7	65	9.2%	16.9%	27.7%
芝〜2000m	4	3	0	30	13.3%	23.3%	23.3%
芝〜2400m	2	1	0	10	20.0%	30.0%	30.0%
芝2500m〜	1	0	0	4	25.0%	25.0%	25.0%

ダート　平均勝ち距離　1,500m

	1着	2着	3着	出走数	勝率	連対率	3着内率
全体計	4	2	5	42	9.5%	14.3%	26.2%
ダ〜1300m	0	0	0	9	0.0%	0.0%	0.0%
ダ〜1600m	3	2	2	17	17.6%	29.4%	41.2%
ダ〜2000m	1	0	3	15	6.7%	6.7%	26.7%
ダ2100m〜	0	0	0	1	0.0%	0.0%	0.0%

馬場状態　芝ダート共稍重までがベター

		1着	2着	3着	出走数	勝率	連対率	3着内率
芝	良	13	8	10	106	12.3%	19.8%	29.2%
	稍重	3	1	0	19	15.8%	21.1%	21.1%
	重	1	0	0	11	0.0%	9.1%	9.1%
	不良	0	1	0	2	0.0%	50.0%	50.0%
ダ	良	3	2	4	34	8.8%	14.7%	26.5%
	稍重	1	0	0	3	33.3%	33.3%	33.3%
	重	0	0	1	2	0.0%	0.0%	50.0%
	不良	0	0	0	0	－	－	－

性齢　完成が早く2歳戦から動く

	1着	2着	3着	出走数	勝率	連対率	3着内率
牡2歳	6	2	2	39	15.4%	20.5%	28.2%
牝2歳	5	2	2	30	16.7%	23.3%	30.0%
牡3歳前半	4	3	4	45	8.9%	15.6%	24.4%
牝3歳前半	3	2	0	27	11.1%	18.5%	18.5%
牡3歳後半	2	3	1	23	8.7%	21.7%	26.1%
牝3歳後半	1	0	5	16	6.3%	6.3%	37.5%
牡4歳	0	0	0	0	－	－	－
牝4歳	0	0	0	0	－	－	－
牡5歳	0	0	0	0	－	－	－
牝5歳	0	0	0	0	－	－	－
牡6歳	0	0	0	0	－	－	－
牝6歳	0	0	0	0	－	－	－
牡7歳以上	0	0	0	0	－	－	－
牝7歳以上	0	0	0	0	－	－	－

勝ち馬の決め手

芝　17勝　追込1／差し3／逃げ5／先行8
ダート　4勝　逃げ1／先行3

257

RANKING 96

2歳 138

2022 ⑤7
2021 ⑦3
2020 ⑧4
2019 ⑫7

フェノーメノ
FENOMENO

年次	種付頭数	産駒数
23年	－	－
22年	－	13
21年	18	22

系統：サンデーサイレンス系　母父系統：デインヒル系

父 ステイゴールド 黒鹿 1994	*サンデーサイレンス 青鹿 1986	Halo	Hail to Reason
			Cosmah
		Wishing Well	Understanding
			Mountain Flower
	ゴールデンサッシュ 栗 1988	*ディクタス	Sanctus
			Doronic
		ダイナサッシュ	*ノーザンテースト
			*ロイヤルサッシュ
母 *ディラローシェ 鹿 1999	*デインヒル 鹿 1986	Danzig	Northern Dancer
			Pas de Nom
		Razyana	His Majesty
			Spring Adieu
	Sea Port 黒鹿 1980	Averof	Sing Sing
			Argentina
		Anchor	Major Portion
			Ripeck

2021年引退
2009年生　青鹿毛　平取・追分ファーム産

距離	成長型	芝	ダート	瞬発力	パワー	底力
中長	普	○	○	○	○	○

インブリード：Northern Dancer 5×4、母ディラローシェに Ribot 4×4、母父デインヒルに Natalma 3×3
血統解説　父ステイゴールドは複数のGⅠタイトルを獲得した大物産駒を輩出した、個性派の名種牡馬。母ディラローシェは愛米で走った2勝馬。本馬の叔父にGⅡ時代の香港ヴァーズに勝ち、ジャパンCでスペシャルウィークの2着したインディジェナスがいる。母父デインヒルは欧州、豪を行き来し、数多くの強豪を出した名種牡馬。

PROFILE

競走成績　18戦7勝（2～6歳・日）
最高レーティング　121 E（13年）
主な勝ち鞍　天皇賞・春2回、日経賞、セントライト記念、青葉賞。ダービー2着、天皇賞・秋2着、宝塚記念4着、ジャパンC5着。

代表産駒 ワーウルフ（京都ハイジャンプ2着）、ナッジ（JBC 2歳優駿2着）、ナギサ（小倉サマージャンプ2着）、キタノオクトパス（ジャパンダートダービー3着）、アルーブルト、スタードラマー（盛岡・ハヤテスプリント）、エムティエーレ（金沢ヤングチャンピオン）。

天皇賞・春を連覇した一流馬
種牡馬引退しリードホースに

　3歳4月の青葉賞で重賞初制覇を飾り、世代トップクラスの仲間入りを果たす。続くダービーは、ディープブリランテのハナ差2着に惜敗。秋緒戦のセントライト記念を勝ってから向かった天皇賞・秋でも、エイシンフラッシュから半馬身差の2着となった。日経賞を制してから臨んだ4歳4月の天皇賞・春では、四角2番手追走から抜け出す盤石の競馬で、念願のGⅠタイトル獲得に成功する。5歳時の天皇賞・春は4番人気での出走となったが、3頭横一線の接戦を制し、鮮やかな春の盾連覇を達成した。

　種牡馬としては、障害重賞戦線の活躍馬、地方競馬のローカル重賞馬を輩出したが、2021年種付シーズン終了後に引退。現在は、故郷の追分ファームで、リードホースとなっている。

POG　2024年期待の2歳馬

母馬名（母父）	性別	おすすめポイント
クリノヴィクトリア（アサクサキングス）	牡	D1800m戦で3勝をあげた母の初仔。成長力を活かして出世を目指す。
オジャッタモンセ（*クロフネ）	牝	半姉メダタルはGⅢチューリップ賞3着。芝向きの素軽いスピード持つ。
ケイツーリラ（*シンボリクリスエス）	牝	母は新潟D1800m戦を連勝。名BMSである母父の大物感にも期待。

馬券に直結する適性データ

　地方競馬、障害戦線での活躍馬が多いことからわかるように、パワーとスタミナで勝負する産駒が多い。障害レースでの頑張りは、馬券戦術にも活かしていきたいところ。3着内率が25％を超えているだけに、3連複の軸、3連単の相手候補といった買い方がより効果的かもしれない。コース別では、阪神ダートにおける高い勝率に注目。7勝2着0回3着2回という、偏った数字が出ているだけに、思い切った頭勝負を推奨したい。もう1つ、サンプル数そのものが少ないため微妙なところもあるデータとなるが、3勝クラスで健闘していることも頭の片隅に留めておこう。

2023年 成績

総収得賞金 237,609,000円　アーニング INDEX　0.48

勝利頭数／出走頭数：全馬 48 ／ 106	2歳 0 ／ 13	
勝利回数／出走回数：全馬 85 ／ 1,084	2歳 5 ／ 93	

Data Box (2021〜2023)

コース　阪神ダートで勝ち星を稼ぐ

	1着	2着	3着	出走数	勝率	連対率	3着内率
全体計	22	32	26	540	4.1%	10.0%	14.8%
中央芝	2	6	5	104	1.9%	7.7%	12.5%
中央ダ	9	7	9	158	5.7%	10.1%	15.8%
ローカル芝	8	6	5	129	6.2%	10.9%	14.7%
ローカルダ	3	13	7	149	2.0%	10.7%	15.4%
右回り芝	7	8	7	141	5.0%	10.6%	15.6%
右回りダ	7	9	9	179	3.9%	8.9%	14.0%
左回り芝	3	4	3	92	3.3%	7.6%	10.9%
左回りダ	5	11	7	128	3.9%	12.5%	18.0%
札幌芝	0	0	0	14	0.0%	0.0%	0.0%
札幌ダ	0	1	1	12	0.0%	8.3%	16.7%
函館芝	0	3	0	11	0.0%	27.3%	27.3%
函館ダ	0	0	1	7	0.0%	0.0%	14.3%
福島芝	3	1	0	24	12.5%	16.7%	16.7%
福島ダ	0	4	0	25	0.0%	16.0%	16.0%
新潟芝	1	1	1	27	3.7%	7.4%	11.1%
新潟ダ	2	2	1	26	7.7%	15.4%	19.2%
東京芝	0	2	2	45	0.0%	4.4%	8.9%
東京ダ	2	4	4	51	3.9%	11.8%	19.6%
中山芝	1	1	2	30	3.3%	6.7%	13.3%
中山ダ	0	3	2	55	0.0%	5.5%	9.1%
中京芝	2	1	0	20	10.0%	15.0%	15.0%
中京ダ	1	5	2	51	2.0%	11.8%	15.7%
京都芝	1	2	0	4	25.0%	75.0%	75.0%
京都ダ	0	0	1	4	0.0%	0.0%	25.0%
阪神芝	0	1	1	25	0.0%	4.0%	8.0%
阪神ダ	7	0	2	48	14.6%	14.6%	18.8%
小倉芝	2	0	4	33	6.1%	6.1%	18.2%
小倉ダ	0	1	2	28	0.0%	3.6%	10.7%

条件　3勝クラス、障害戦で成績安定

	1着	2着	3着	出走数	勝率	連対率	3着内率
新馬	1	2	0	38	2.6%	7.9%	7.9%
未勝利	12	5	19	301	4.0%	5.6%	12.0%
1勝	8	22	7	151	5.3%	19.9%	24.5%
2勝	3	4	6	58	5.2%	12.1%	22.4%
3勝	2	1	1	18	11.1%	16.7%	22.2%
OPEN特別	2	1	1	34	5.9%	8.8%	11.8%
GⅢ	0	1	0	10	0.0%	10.0%	10.0%
GⅡ	0	1	1	4	0.0%	25.0%	25.0%
GⅠ	0	0	0	0			
ハンデ戦	2	0	1	14	14.3%	14.3%	21.4%
牝馬限定	4	4	2	80	5.0%	10.0%	12.5%
障害	6	5	8	74	8.1%	14.9%	25.7%

人気　上位人気の勝率の高さが魅力

	1着	2着	3着	出走数	勝率	連対率	3着内率
1番人気	9	6	1	24	37.5%	62.5%	66.7%
2〜3番人気	11	6	9	52	21.2%	32.7%	50.0%
4〜6番人気	4	18	9	101	4.0%	21.8%	30.7%
7〜9番人気	2	5	13	136	1.5%	5.1%	14.7%
10番人気〜	2	2	2	301	0.7%	1.3%	2.0%

単勝回収値 60円／単勝適正回収値 78円

距離　芝ダート共中距離向き

芝　平均勝ち距離　1,900m

	1着	2着	3着	出走数	勝率	連対率	3着内率
全体計	10	12	10	233	4.3%	9.4%	13.7%
芝〜1300m	1	0	0	18	5.6%	5.6%	5.6%
芝〜1600m	1	1	0	50	2.0%	4.0%	4.0%
芝〜2000m	7	8	8	132	5.3%	11.4%	17.4%
芝〜2400m	0	3	1	23	0.0%	13.0%	17.4%
芝2500m〜	1	0	1	10	10.0%	10.0%	20.0%

ダート　平均勝ち距離　1,658m

	1着	2着	3着	出走数	勝率	連対率	3着内率
全体計	12	20	16	307	3.9%	10.4%	15.6%
ダ〜1300m	2	3	2	87	2.3%	5.7%	8.0%
ダ〜1600m	2	5	1	53	3.8%	13.2%	15.1%
ダ〜2000m	7	5	6	130	5.4%	9.2%	14.6%
ダ2100m〜	1	7	6	37	2.7%	21.6%	37.8%

馬場状態　芝は稍重がベスト、ダートは重まで

		1着	2着	3着	出走数	勝率	連対率	3着内率
芝	良	6	11	7	180	3.3%	9.4%	13.3%
	稍重	4	1	1	36	11.1%	13.9%	16.7%
	重	0	0	2	15	0.0%	0.0%	13.3%
	不良	0	0	0	2	0.0%	0.0%	0.0%
ダ	良	8	13	9	184	4.3%	11.4%	16.3%
	稍重	3	3	6	70	4.3%	8.6%	17.1%
	重	1	3	1	35	2.9%	11.4%	14.3%
	不良	0	1	0	18	0.0%	5.6%	5.6%

性齢　牡牝共3歳後半からが勝負

	1着	2着	3着	出走数	勝率	連対率	3着内率
牡2歳	1	1	2	62	1.6%	3.2%	6.5%
牝2歳	0	0	0	31	0.0%	0.0%	0.0%
牡3歳前半	6	4	7	119	5.0%	8.4%	14.3%
牝3歳前半	2	2	1	63	3.2%	6.3%	7.9%
牡3歳後半	4	5	0	50	8.0%	18.0%	18.0%
牝3歳後半	1	3	2	30	3.3%	13.3%	20.0%
牡4歳	4	7	11	79	5.1%	13.9%	27.8%
牝4歳	7	4	5	69	10.1%	15.9%	23.2%
牡5歳	2	5	3	45	4.4%	15.6%	22.2%
牝5歳	1	3	2	37	2.7%	8.1%	13.5%
牡6歳	1	0	1	22	0.0%	18.2%	22.7%
牝6歳	0	0	0	15	0.0%	0.0%	0.0%
牡7歳以上	0	0	0	0			
牝7歳以上	0	0	0	0			

勝ち馬の決め手

芝　10勝　追込 2／逃げ 5／先行 1／差し 2

ダート　12勝　追込 1／先行 5／差し 6

グランプリボス
GRAND PRIX BOSS

2022 ⑫
2021 ㊾
2020 ⑬
2019 ㉒

年次	種付頭数	産駒数
23年	―	1
22年	3	1
21年	3	9

種付料／⇨ 受50万円F 供用地／浦河・イーストスタッド
2008年生 鹿毛 安平・ノーザンファーム産

距離	成長型	芝	ダート	瞬発力	パワー	底力
マ	普	○	○	○	○	○

系統：テスコボーイ系　母父系統：サンデーサイレンス系

父 サクラバクシンオー 鹿 1989	サクラユタカオー 栗 1982	*テスコボーイ	Princely Gift
			Suncourt
		アンジェリカ	*ネヴァービート
			スターハイネス
	サクラハゴロモ 鹿 1984	*ノーザンテースト	Northern Dancer
			Lady Victoria
		*クリアアンバー	Ambiopoise
			One Clear Call
母 ロージーミスト 黒鹿 1997	*サンデーサイレンス 青鹿 1986	Halo	Hail to Reason
			Cosmah
		Wishing Well	Understanding
			Mountain Flower
	*ビューティフルベーシック 栗 1989	Secretariat	Bold Ruler
			Somethingroyal
		Nervous Pillow	Nervous Energy
			Fathers Pillow

インブリード：Nasrullah 5×5

血統解説　父サクラバクシンオーはスプリンターズS連覇を達成した名馬。1970年代の大種牡馬テスコボーイの血を現代に繋げる、貴重な役割も果たした。母ロージーミストは1勝馬。本馬の半兄、半妹に、共に3勝をマークしたミステリーゲスト、アドマイヤキュートがいる。母父サンデーサイレンスは日本競馬史に残るスーパー種牡馬。

代表産駒 モズナガレボシ（小倉記念）、モズミギカタアガリ（エーデルワイス賞）、リュウノシンゲン（佐賀・中島記念、水沢・東北優駿）、リーチ（川崎・鎌倉記念）、モズマゾク、モズピンポン、ヒロノトウリョウ、ミズリーナ、オカリナ、スイートフィル、ゼットパッション。

PROFILE

競走成績　28戦6勝（2～6歳・日英香）
最高レーティング　118 M（14年）
主な勝ち鞍　NHKマイルC、**朝日杯FS**、マイラーズC、スワンS、京王杯2歳S。安田記念2着2回、マイルCS2着、阪神C2着、香港マイル3着。

芝マイルGⅠを2勝した一流馬
2023年はダート交流重賞馬登場

　京王杯2歳S、朝日杯FSを連勝し、2010年最優秀2歳牡馬に選出される。3歳緒戦のスプリングS4着という結果も受け、クラシックには向かわずマイル戦線を選択。ニュージーランドT3着を経たNHKマイルCを1番人気で快勝し、2つ目の芝マイルGⅠタイトルを手中にした。その後もタフに走り続け、4歳時のスワンS、5歳時のマイラーズCに勝ち、4、6歳時の安田記念、4歳時のマイルCSで2着、6歳暮れのラストラン香港マイルで3着している。

　種牡馬となり、芝中距離重賞を制したモズナガレボシ、地方競馬のローカル重賞勝ち馬を輩出。2023年は道営競馬所属のモズミギカタアガリが2歳交流ダート重賞を制し、5年連続となるランキングトップ100入りを果たした。

POG　2024年期待の2歳馬

母馬名（母父）	性別	おすすめポイント
モズネイティブ（BERNARDINI）	牡	米3冠馬セクレタリアト4×5クロス持つ。パワフルなスピードが武器。

（血統登録されている2024年2歳産駒は上記1頭のみ）

馬券に直結する適性データ

　自身は一流のグラスホースだったが、地方競馬の活躍馬が多いことが示す通り、ダートを得意とする産駒が多い。JRAにおいてもこの傾向は不変で、近3年間にあげた勝ち鞍の75%がダートでマークしたものとなっている。サンプル数は少ないが、札幌ダートでの素晴らしい成績は押さえておきたいポイント。3着内率が46%強あるだけに、産駒が出走していたらとりあえず買い目に入れておくことをオススメしたい。2歳戦がまったくダメということはないが、キャリアを積んで地力を付けていく傾向が強く、4歳牡馬陣の連対率、3着内率の高さも要注目データとなる。

2023年成績

総収得賞金 234,621,000円　アーニング INDEX　0.53

	全馬	2歳
勝利頭数／出走頭数	38／96	4／6
勝利回数／出走回数	70／962	6／37

Data Box (2021〜2023)

コース　阪神などタフなダート向き

	1着	2着	3着	出走数	勝率	連対率	3着内率
全体計	16	22	25	388	4.1%	9.8%	16.2%
中央芝	0	1	4	38	0.0%	2.6%	13.2%
中央ダ	6	10	8	133	4.5%	12.0%	18.0%
ローカル芝	4	3	2	77	5.2%	9.1%	11.7%
ローカルダ	6	8	11	140	4.3%	10.0%	17.9%
右回り芝	2	2	2	67	3.0%	6.0%	9.0%
右回りダ	8	14	12	158	5.1%	13.9%	21.5%
左回り芝	1	2	4	43	2.3%	7.0%	16.3%
左回りダ	4	4	7	115	3.5%	7.0%	13.0%
札幌芝	0	0	0	2	0.0%	0.0%	0.0%
札幌ダ	2	3	1	13	15.4%	38.5%	46.2%
函館芝	0	0	0	1	0.0%	0.0%	0.0%
函館ダ	0	0	0	5	0.0%	0.0%	0.0%
福島芝	0	0	0	14	0.0%	0.0%	0.0%
福島ダ	0	0	0	11	0.0%	0.0%	0.0%
新潟芝	2	0	1	19	10.5%	10.5%	15.8%
新潟ダ	2	2	2	28	7.1%	14.3%	21.4%
東京芝	0	0	2	14	0.0%	0.0%	14.3%
東京ダ	1	2	1	39	2.6%	7.7%	10.3%
中山芝	0	0	0	9	0.0%	0.0%	0.0%
中山ダ	2	3	2	36	5.6%	13.9%	19.4%
中京芝	0	2	1	15	0.0%	13.3%	20.0%
中京ダ	1	0	4	48	2.1%	2.1%	10.4%
京都芝	0	0	1	2	0.0%	0.0%	50.0%
京都ダ	0	0	0	5	0.0%	0.0%	0.0%
阪神芝	0	1	1	13	0.0%	7.7%	15.4%
阪神ダ	3	5	5	53	5.7%	15.1%	24.5%
小倉芝	2	1	0	26	7.7%	11.5%	11.5%
小倉ダ	1	3	4	35	2.9%	11.4%	22.9%

条件　1勝クラス、2勝クラスで成績安定

	1着	2着	3着	出走数	勝率	連対率	3着内率
新馬	1	1	4	23	4.3%	8.7%	26.1%
未勝利	6	5	4	143	4.2%	7.7%	10.5%
1勝	4	9	6	104	3.8%	12.5%	18.3%
2勝	4	6	8	86	4.7%	11.6%	20.9%
3勝	0	1	3	28	0.0%	3.6%	14.3%
OPEN特別	0	0	0	2	0.0%	0.0%	0.0%
GⅢ	1	0	0	8	12.5%	12.5%	12.5%
GⅡ	0	0	0	0	0.0%	0.0%	0.0%
GⅠ	0	0	0	0	-	-	-
ハンデ戦	2	0	3	27	7.4%	7.4%	18.5%
牝馬限定	4	5	2	78	5.1%	11.5%	14.1%
障害	0	0	0	9	0.0%	0.0%	0.0%

人気　1番人気は3連複の軸向き

	1着	2着	3着	出走数	勝率	連対率	3着内率
1番人気	3	1	3	9	33.3%	44.4%	77.8%
2〜3番人気	3	5	5	32	9.4%	25.0%	40.6%
4〜6番人気	6	10	7	82	7.3%	19.5%	28.0%
7〜9番人気	3	3	5	95	3.2%	6.3%	11.6%
10番人気〜	1	3	5	179	0.6%	2.2%	5.0%

単勝回収値 54円／単勝適正回収値 71円

距離　ダート中距離でこそのタイプ

芝　平均勝ち距離　1,850m

	1着	2着	3着	出走数	勝率	連対率	3着内率
全体計	4	4	6	115	3.5%	7.0%	12.2%
芝〜1300m	1	1	1	30	3.3%	6.7%	10.0%
芝〜1600m	0	0	3	25	0.0%	0.0%	12.0%
芝〜2000m	2	2	2	47	4.3%	8.5%	12.8%
芝〜2400m	0	1	0	10	0.0%	10.0%	10.0%
芝2500m〜	1	0	0	3	33.3%	33.3%	33.3%

ダート　平均勝ち距離　1,642m

	1着	2着	3着	出走数	勝率	連対率	3着内率
全体計	12	18	19	273	4.4%	11.0%	17.9%
ダ〜1300m	1	6	5	83	1.2%	8.4%	14.5%
ダ〜1600m	3	3	2	66	4.5%	9.1%	12.1%
ダ〜2000m	8	9	12	122	6.6%	13.9%	23.8%
ダ2100m〜	0	0	0	2	0.0%	0.0%	0.0%

馬場状態　渋ったダートで本領を発揮

		1着	2着	3着	出走数	勝率	連対率	3着内率
芝	良	2	3	3	86	2.3%	5.8%	9.3%
	稍重	2	1	3	20	10.0%	15.0%	30.0%
	重	0	0	0	8	0.0%	0.0%	0.0%
	不良	0	0	0	1	0.0%	0.0%	0.0%
ダ	良	5	11	12	171	2.9%	9.4%	16.4%
	稍重	4	3	1	47	8.5%	14.9%	17.0%
	重	2	2	2	37	5.4%	10.8%	16.2%
	不良	1	2	4	18	5.6%	16.7%	38.9%

性齢　2歳から動き4歳まで力持続

	1着	2着	3着	出走数	勝率	連対率	3着内率
牡2歳	1	0	1	8	12.5%	12.5%	25.0%
牝2歳	1	1	2	25	4.0%	8.0%	16.0%
牡3歳前半	3	3	1	48	6.3%	12.5%	14.6%
牝3歳前半	2	3	4	67	3.0%	7.5%	13.4%
牡3歳後半	1	1	4	23	4.3%	8.7%	26.1%
牝3歳後半	0	0	0	18	0.0%	0.0%	0.0%
牡4歳	4	8	6	53	7.5%	22.6%	34.0%
牝4歳	1	2	0	27	3.7%	11.1%	11.1%
牡5歳	1	1	4	54	1.9%	3.7%	11.1%
牝5歳	1	3	2	34	2.9%	11.8%	17.6%
牡6歳	1	0	1	19	5.3%	5.3%	10.5%
牝6歳	0	0	0	17	0.0%	0.0%	0.0%
牡7歳以上	0	0	0	4	0.0%	0.0%	0.0%
牝7歳以上	0	0	0	0	-	-	-

勝ち馬の決め手

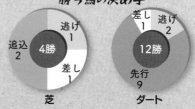

芝　4勝：逃げ1／差し1／追込2／先行（残り）

ダート　12勝：逃げ2／差し1／先行9

2022 ㉑⑨
2021 ―
2020 ―
2019 ―

ゴールドアクター
GOLD ACTOR

年次	種付頭数	産駒数
23年	**27**	**23**
22年	31	23
21年	33	30

系統：ロベルト系　母父系統：レイズアネイティヴ系

父 スクリーンヒーロー 栗 2004	*グラスワンダー 栗 1995	Silver Hawk	Roberto
			Gris Vitesse
		Ameriflora	Danzig
			Graceful Touch
	ランニングヒロイン 鹿 1993	*サンデーサイレンス	Halo
			Wishing Well
		ダイナアクトレス	*ノーザンテースト
			モデルスポート
母 ヘイロンシン 黒鹿 1999	*キョウワアリシバ 鹿 1990	Alysheba	Alydar
			Bel Sheba
		Sulemeif	Northern Dancer
			Barely Even
	ハッピーヒエン 栗 1987	マナード	Captain's Gig
			Slipstream
		ブゼンフブキ	*セダン
			トサクイン

インブリード：Northern Dancer 5・5×4、父スクリーンヒーローに Hail to Reason 4×4

血統解説　父スクリーンヒーローはジャパンCの勝ち馬。モーリスと本馬が相次いで登場してきたことで、種牡馬としてのブレイクを果たす。母ヘイロンシンは2勝馬。本馬の半兄に公営佐賀、園田で計14勝をあげたゴールドウインドがいる。母父キョウワアリシバは日本で走った米国産馬。本馬のBMSとしてスポットライトを浴びた。

種付料／⇨ 受50万円F　供用地／新冠・優駿SS
2011年生　青鹿毛　新冠・北勝ファーム産

距離	成長型	芝	ダート	瞬発力	パワー	底力
中長	普	○	○	△	○	○

PROFILE

競走成績　24戦9勝（2～7歳・日）
最高レーティング　120 L（16年）
主な勝ち鞍　**有馬記念**、日経賞、オールカマー、アルゼンチン共和国杯。宝塚記念2着、有馬記念3着、菊花賞3着、ジャパンC4着。

上昇気流に乗り有馬記念制覇
産駒は3歳となり動き活発に

　3歳5月の青葉賞は4着に終わり、ダービー出走はならず。夏の札幌開催で2勝してから菊花賞に臨み、トーホウジャッカルの3着に健闘した。4歳夏から充実期に入り、1000万特別、準OP特別、初重賞制覇となるアルゼンチン共和国杯を連勝。8番人気での出走となった有馬記念でも、並居るスターホースたちを完封しビッグタイトル獲得に成功する。5歳緒戦の日経賞で5連勝を達成。1番人気に推された天皇賞・春で大敗を喫したが、9月のオールカマーに勝ち、6歳時の宝塚記念で2着した。

　初年度産駒は、2022年夏からデビュー。2歳戦での成績はいま一つだったが、3歳となり、2勝クラス特別を勝ち上がる産駒が相次ぐ。ランキングも急上昇し100位内に突入してきた。

代表産駒　マオノアラシ、ゴールドプリンセス、ゴールドバランサー、サラサビーザベスト、パンセ、ウマピョイ、ウインアクトゥール、トレーナーチョイス、シェイクオンイット、オンネマトカ、ウォーターフルール、ゴールドレコーダー、ミスゴールド、スノープリザード

POG　2024年期待の2歳馬

母馬名（母父）	性別	おすすめポイント
ギンザクイーンビー （*フレンチデピュティ）	牡	叔父に2歳GⅢフサイチアソート。早い時期からのタフな走りを期待。
エリーフェアリー （*アルデバランⅡ）	牝	母は平地、障害で計4勝をマーク。芝中長距離戦線で息長い活躍できそう。
*パテオドパーテル （SHIROCCO）	牝	母は伯GIの勝ち馬。スケールの大きさ感じさせる血統構成が魅力に。

馬券に直結する適性データ

　2023年に2年目産駒となる2歳陣がデビューした、フレッシュな種牡馬でもあり、確たる傾向が出ているわけではないが、芝、ダートの双方で発揮されるパワフルなスピードを武器とするタイプが多い。際立っているのは、小倉芝での好成績。勝率20%超、連対率55%強、3着内率66.7%という圧倒的な数字が出ているだけに、産駒が出走していたらとりあえず買っておくことが、効果的な馬券戦術となり得る。また、やや力の要る芝、脚抜けの良いダートを得意としていることも心に留めておきたい。もう1つ、4～6番人気の連対率、3着内率の高さも要注目だ。

2023年成績

総収得賞金 229,613,000円　アーニング INDEX　0.75

	全馬	2歳
勝利頭数／出走頭数	20／66	7／24
勝利回数／出走回数	33／573	8／129

Data Box (2021〜2023)

コース　芝ダート共ローカルで走る

	1着	2着	3着	出走数	勝率	連対率	3着内率
全体計	11	15	14	178	6.2%	14.6%	22.5%
中央芝	2	4	5	70	2.9%	8.6%	15.7%
中央ダ	3	4	1	51	5.9%	11.8%	13.7%
ローカル芝	3	6	5	40	7.5%	22.5%	35.0%
ローカルダ	3	2	3	17	17.6%	29.4%	47.1%
右回り芝	4	9	8	64	6.3%	20.3%	32.8%
右回りダ	3	2	3	41	7.3%	12.2%	19.5%
左回り芝	1	1	2	45	2.2%	4.4%	8.9%
左回りダ	3	3	1	27	11.1%	22.2%	25.9%
札幌芝	0	1	2	6	0.0%	16.7%	50.0%
札幌ダ	1	1	0	3	33.3%	66.7%	66.7%
函館芝	0	0	0	1	0.0%	0.0%	0.0%
函館ダ	0	0	0	0	–	–	–
福島芝	0	1	2	10	0.0%	10.0%	30.0%
福島ダ	1	1	2	6	16.7%	33.3%	66.7%
新潟芝	1	1	0	11	9.1%	18.2%	18.2%
新潟ダ	1	0	1	6	16.7%	16.7%	33.3%
東京芝	0	0	2	32	0.0%	0.0%	6.3%
東京ダ	2	3	0	19	10.5%	26.3%	26.3%
中山芝	0	2	1	23	0.0%	8.7%	13.0%
中山ダ	1	0	1	24	4.2%	4.2%	8.3%
中京芝	0	0	0	2	0.0%	0.0%	0.0%
中京ダ	0	0	0	8	0.0%	0.0%	0.0%
京都芝	1	1	1	4	25.0%	50.0%	75.0%
京都ダ	0	0	0	0	–	–	–
阪神芝	1	1	1	11	9.1%	18.2%	27.3%
阪神ダ	0	0	0	8	0.0%	0.0%	0.0%
小倉芝	2	3	1	9	22.2%	55.6%	66.7%
小倉ダ	0	0	0	0	–	–	–

条件　1勝クラス、2勝クラスで成績安定

	1着	2着	3着	出走数	勝率	連対率	3着内率
新馬	0	3	3	30	0.0%	10.0%	20.0%
未勝利	6	11	9	122	4.9%	13.9%	21.3%
1勝	3	1	1	15	20.0%	26.7%	33.3%
2勝	2	0	1	3	66.7%	66.7%	100.0%
3勝	0	0	0	2	0.0%	0.0%	0.0%
OPEN特別	0	0	0	4	0.0%	0.0%	0.0%
GⅢ	0	0	0	3	0.0%	0.0%	0.0%
GⅡ	0	0	0	0	–	–	–
GⅠ	0	0	0	0	–	–	–
ハンデ戦	0	0	0	1	0.0%	0.0%	0.0%
牝馬限定	2	1	0	19	10.5%	15.8%	15.8%
障害	0	0	0	1	0.0%	0.0%	0.0%

人気　2〜6番人気のゾーンは買い

	1着	2着	3着	出走数	勝率	連対率	3着内率
1番人気	4	3	2	13	30.8%	53.8%	69.2%
2〜3番人気	4	3	6	17	23.5%	41.2%	76.5%
4〜6番人気	2	7	2	27	7.4%	33.3%	40.7%
7〜9番人気	1	2	4	39	2.6%	7.7%	17.9%
10番人気〜	0	0	0	83	0.0%	0.0%	0.0%

単勝回収値 30円／単勝適正回収値 84円

距離　距離は欲しいタイプ、ダートは中距離

芝　平均勝ち距離　2,120m

	1着	2着	3着	出走数	勝率	連対率	3着内率
全体計	5	10	10	110	4.5%	13.6%	22.7%
芝〜1300m	0	0	2	10	0.0%	0.0%	20.0%
芝〜1600m	0	1	1	25	0.0%	4.0%	8.0%
芝〜2000m	3	9	6	70	4.3%	17.1%	25.7%
芝〜2400m	2	0	1	5	40.0%	40.0%	60.0%
芝2500m〜	0	0	0	0	–	–	–

ダート　平均勝ち距離　1,867m

	1着	2着	3着	出走数	勝率	連対率	3着内率
全体計	6	5	4	68	8.8%	16.2%	22.1%
ダ〜1300m	0	0	1	13	0.0%	0.0%	7.7%
ダ〜1600m	0	2	0	16	0.0%	12.5%	12.5%
ダ〜2000m	4	3	2	36	11.1%	16.7%	25.0%
ダ2100m〜	2	0	1	3	66.7%	100.0%	100.0%

馬場状態　渋った芝向き、ダートは重まで

		1着	2着	3着	出走数	勝率	連対率	3着内率
芝	良	3	6	9	87	3.4%	10.3%	20.7%
	稍重	1	2	1	14	7.1%	21.4%	28.6%
	重	1	1	0	6	16.7%	33.3%	33.3%
	不良	0	1	0	3	0.0%	33.3%	33.3%
ダ	良	5	3	2	45	11.1%	17.8%	22.2%
	稍重	0	1	0	7	0.0%	14.3%	14.3%
	重	1	1	2	9	11.1%	22.2%	44.4%
	不良	0	0	0	7	0.0%	0.0%	0.0%

性齢　牡牝共3歳時に急成長

	1着	2着	3着	出走数	勝率	連対率	3着内率
牡2歳	1	4	3	50	2.0%	10.0%	16.0%
牝2歳	0	0	2	19	0.0%	0.0%	10.5%
牡3歳前半	3	3	3	39	7.7%	15.4%	23.1%
牝3歳前半	3	4	1	39	7.7%	17.9%	20.5%
牡3歳後半	3	2	2	15	20.0%	33.3%	46.7%
牝3歳後半	1	2	3	17	5.9%	17.6%	35.3%
牡4歳	0	0	0	0	–	–	–
牝4歳	0	0	0	0	–	–	–
牡5歳	0	0	0	0	–	–	–
牝5歳	0	0	0	0	–	–	–
牡6歳	0	0	0	0	–	–	–
牝6歳	0	0	0	0	–	–	–
牡7歳以上	0	0	0	0	–	–	–
牝7歳以上	0	0	0	0	–	–	–

勝ち馬の決め手

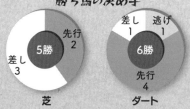

芝：先行 2、差し 3、5勝
ダート：差し 1、逃げ 1、先行 4、6勝

2022 ⑲
2021 ⑱
2020 ㊷
2019 ⑫

トーセンジョーダン
TOSEN JORDAN

年次	種付頭数	産駒数
23年	―	―
22年	―	1
21年	1	0

種付料/⇨受30万円F、産50万円 供用地/日高・エスティファーム
2006年生 鹿毛 早来・ノーザンファーム産

距離	成長型	芝	ダート	瞬発力	パワー	底力
中長	普	○	○	△	○	△

PROFILE

競走成績　**30戦9勝**（2～8歳・日）
最高レーティング　**121 I、L**（11年）
主な勝ち鞍　**天皇賞・秋、札幌記念、AJCC、アルゼンチン共和国杯。ジャパンC2、3着、天皇賞・春2着、共同通信杯2着、大阪杯3着。**

レコードタイムで秋の盾を制覇
2023年は重賞好走産駒も登場

　2歳11月の未勝利戦から、500万下特別葉牡丹賞、LホープフルSと3連勝。3歳緒戦の共同通信杯でも2着し、クラシックでの活躍も期待されたが、裂蹄もあり出走自体が叶わなかった。4歳秋のアルゼンチン共和国杯で重賞初制覇。5歳となり最充実期を迎え、AJCC、札幌記念とGⅡタイトルを重ねていく。天皇賞・秋では、7番人気と評価は低かったが、持ち前の持久力に優れた末脚が炸裂。1分56秒1のレコードタイムを樹立し、ビッグタイトル獲得に成功した。その後、次走のジャパンC、6歳時の天皇賞・春で共に2着に入っている。

　2023年には産駒シルブロンが長距離GⅢで3着。公営名古屋の重賞馬アンタンスルフレも登場し、4年連続でトップ100内を維持した。

系統：グレイソヴリン系　母父系統：ノーザンダンサー系

父 ジャングルポケット 鹿 1998	*トニービン 鹿 1983	*カンパラ	Kalamoun
			State Pension
		Severn Bridge	Hornbeam
			Priddy Fair
	*ダンスチャーマー 黒鹿 1990	Nureyev	Northern Dancer
			Special
		Skillful Joy	Nodouble
			Skillful Miss
母 エヴリウィスパー 栗 1997	*ノーザンテースト 栗 1971	Northern Dancer	Nearctic
			Natalma
		Lady Victoria	Victoria Park
			Lady Angela
	*クラフティワイフ 栗 1985	Crafty Prospector	Mr. Prospector
			Real Crafty Lady
		Wife Mistress	Secretariat
			Political Payoff

インブリード：Northern Dancer 4×3、Hyperion 5×5、母父ノーザンテーストに Lady Angela 3×2
血統解説　父ジャングルポケットはダービー、ジャパンCを制した2001年度代表馬。母系は名門で、本馬の半弟にトーセンホマレボシ（京都新聞杯）、叔父にビッグショウリ（マイラーズC）、甥に豪GI馬トーセンスターダム（VRCエミレーツS）、いとこにカンパニー（天皇賞・秋）がいる。母父ノーザンテーストは歴史に残る名種牡馬。

代表産駒　アズマヘリテージ（小倉2歳S2着）、シルブロン（ダイヤモンドS3着）、キタノインディ、ルノワール、アンタンスルフレ（名古屋・東海菊花賞）、セシール（盛岡・イーハトーブマイル）、シウラグランデ（佐賀・佐賀ユースC）、ジェフリー（盛岡・ウイナーC）。

POG　2024年期待の2歳馬

母馬名（母父）	性別	おすすめポイント
クリストフォリ（*ヘニーヒューズ）	牡	いとこにGIダービー馬タスティエーラ。大物感ある芝中距離タイプ。

（血統登録されている2024年2歳産駒は上記一頭のみ）

馬券に直結する適性データ

　自らがGI奪取に成功し、産駒シルブロンがダイヤモンドSで3着した東京芝は、得意としている舞台。勝率が13.6％に達していることもあり、思い切った頭勝負が功を奏するかもしれない。一方、ダート適性の高さも特徴となっていて、なかでも、脚抜けが良くなり持続力に優れたスピードが活きるダート稍重馬場での好走例が多いことも、心に留めておきたい。1番人気で、73％強の3着内率をマークしているだけに、本命馬を「消し」にしてしまうのは禁物。また、伏兵評価となる4～6番人気での健闘も光り、好配当狙いの馬券作戦には欠かせない存在となっている。

2023年成績

総収得賞金 229,500,000円　アーニング INDEX　0.44

勝利頭数／出走頭数：全馬 52 ／ 112	2歳 －／－
勝利回数／出走回数：全馬 95 ／ 1,318	2歳 －／－

Data Box (2021〜2023)

コース　東京芝など左回り芝が得意

	1着	2着	3着	出走数	勝率	連対率	3着内率
全体計	14	19	21	343	4.1%	9.6%	15.7%
中央芝	4	1	1	49	8.2%	10.2%	12.2%
中央ダ	3	9	11	131	2.3%	9.2%	17.6%
ローカル芝	1	1	2	54	1.9%	3.7%	7.4%
ローカルダ	6	8	7	109	5.5%	12.8%	19.3%
右回り芝	1	0	1	54	1.9%	1.9%	3.7%
右回りダ	5	8	14	128	3.9%	10.2%	21.1%
左回り芝	4	2	2	49	8.2%	12.2%	16.3%
左回りダ	4	9	4	112	3.6%	11.6%	15.2%
札幌芝	0	0	0	3	0.0%	0.0%	0.0%
札幌ダ	0	1	1	8	0.0%	12.5%	25.0%
函館芝	0	0	0	3	0.0%	0.0%	0.0%
函館ダ	0	0	0	6	0.0%	0.0%	0.0%
福島芝	0	0	0	6	0.0%	0.0%	0.0%
福島ダ	0	0	2	12	0.0%	16.7%	33.3%
新潟芝	1	1	1	14	7.1%	14.3%	21.4%
新潟ダ	4	1	3	32	12.5%	15.6%	25.0%
東京芝	3	1	1	22	13.6%	18.2%	22.7%
東京ダ	0	3	1	40	0.0%	7.5%	10.0%
中山芝	1	0	0	16	6.3%	6.3%	6.3%
中山ダ	0	1	5	43	0.0%	2.3%	14.0%
中京芝	0	0	0	13	0.0%	0.0%	0.0%
中京ダ	0	5	0	40	0.0%	12.5%	12.5%
京都芝	0	0	0	0	－	－	－
京都ダ	0	0	1	5	0.0%	0.0%	20.0%
阪神芝	0	0	0	11	0.0%	0.0%	0.0%
阪神ダ	3	5	4	43	7.0%	18.6%	27.9%
小倉芝	0	0	1	15	0.0%	0.0%	6.7%
小倉ダ	2	0	2	20	10.0%	10.0%	20.0%

条件　注目条件は牝馬限定戦と障害戦

	1着	2着	3着	出走数	勝率	連対率	3着内率
新馬	1	1	0	28	3.6%	7.1%	7.1%
未勝利	6	10	10	169	3.6%	9.5%	15.4%
1勝	5	8	10	93	5.4%	14.0%	24.7%
2勝	2	1	2	54	3.7%	5.6%	9.3%
3勝	1	1	1	9	11.1%	22.2%	33.3%
OPEN特別	0	0	0	2	0.0%	0.0%	0.0%
GⅢ	0	0	1	1	0.0%	0.0%	100.0%
GⅡ	0	0	0	1	0.0%	0.0%	0.0%
GⅠ	0	0	0	0	－	－	－
ハンデ戦	1	0	1	9	11.1%	11.1%	22.2%
牝馬限定	3	5	9	48	6.3%	16.7%	35.4%
障害	1	2	3	14	7.1%	21.4%	42.9%

人気　上位人気は堅実、3連複の軸向き

	1着	2着	3着	出走数	勝率	連対率	3着内率
1番人気	4	7	3	19	21.1%	57.9%	73.7%
2〜3番人気	3	5	7	30	10.0%	26.7%	50.0%
4〜6番人気	5	3	5	42	11.9%	19.0%	31.0%
7〜9番人気	2	4	1	65	3.1%	9.2%	10.8%
10番人気〜	1	2	8	201	0.5%	1.5%	5.5%

単勝回収値 54 円／単勝適正回収値 69 円

距離　芝は中長距離、ダートは中距離

芝　　平均勝ち距離　2,220m

	1着	2着	3着	出走数	勝率	連対率	3着内率
全体計	5	2	3	103	4.9%	6.8%	9.7%
芝〜1300m	0	0	2	35	0.0%	0.0%	5.7%
芝〜1600m	0	0	0	26	0.0%	0.0%	0.0%
芝〜2000m	2	1	0	31	6.5%	9.7%	9.7%
芝〜2400m	2	1	0	6	33.3%	50.0%	50.0%
芝2500m〜	1	0	1	5	20.0%	20.0%	40.0%

ダート　　平均勝ち距離　1,667m

	1着	2着	3着	出走数	勝率	連対率	3着内率
全体計	9	17	18	240	3.8%	10.8%	18.3%
ダ〜1300m	2	5	5	68	2.9%	10.3%	17.6%
ダ〜1600m	0	3	1	43	0.0%	7.0%	9.3%
ダ〜2000m	7	9	12	123	5.7%	13.0%	22.8%
ダ2100m〜	0	0	0	6	0.0%	0.0%	0.0%

馬場状態　芝は稍重まで、ダートは稍重向き

		1着	2着	3着	出走数	勝率	連対率	3着内率
芝	良	4	2	3	78	5.1%	7.7%	11.5%
	稍重	1	0	0	17	5.9%	5.9%	5.9%
	重	0	0	0	2	0.0%	0.0%	0.0%
	不良	0	0	0	6	0.0%	0.0%	0.0%
ダ	良	4	7	11	144	2.8%	7.6%	15.3%
	稍重	3	5	4	51	5.9%	15.7%	23.5%
	重	0	1	2	24	0.0%	4.2%	12.5%
	不良	2	4	1	21	9.5%	28.6%	33.3%

性齢　完成は遅めで4歳がピーク

	1着	2着	3着	出走数	勝率	連対率	3着内率
牡2歳	2	0	0	25	8.0%	8.0%	8.0%
牝2歳	0	0	0	17	0.0%	0.0%	0.0%
牡3歳前半	3	7	1	80	3.8%	12.5%	13.8%
牝3歳前半	1	4	4	47	2.1%	10.6%	19.1%
牡3歳後半	3	1	0	32	9.4%	12.5%	12.5%
牝3歳後半	1	1	3	17	5.9%	11.8%	29.4%
牡4歳	4	4	4	36	11.1%	22.2%	33.3%
牝4歳	1	1	4	30	3.3%	6.7%	20.0%
牡5歳	0	2	6	33	0.0%	6.1%	24.2%
牝5歳	1	0	1	23	0.0%	4.3%	8.7%
牡6歳	0	1	0	10	0.0%	0.0%	10.0%
牝6歳	0	0	0	3	0.0%	0.0%	0.0%
牡7歳以上	0	3	0	7	0.0%	0.0%	0.0%
牝7歳以上	0	0	0	0	－	－	－

勝ち馬の決め手

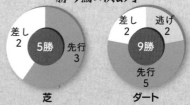

芝：差し 2、先行 3、逃げ（5勝）

ダート：差し 2、逃げ 2、先行 5（9勝）

RANKING
100
2歳 229

2022 (100)
2021 (72)
2020 (60)
2019 (91)

FRANKEL
フランケル

年次	種付頭数	産駒数
23年	**—**	**—**
22 年	—	—
21 年	—	—

写真はソウルスターリング

種付料／35万ポンド 供用地／イギリス
2008年生 鹿毛 イギリス産

距離	成長型	芝	ダート	瞬発力	パワー	底力
マ中	普	◎	○	◎	◎	◎

PROFILE
競走成績 **14 戦 14 勝**（2～4歳・英）
最高レーティング **140 M、I**（12年）
主な勝ち鞍 **英チャンピオンS、英インターナショナルS、英2000ギニー、サセックスS2回、QアンS、ロッキンジS、QエリザベスII世S。**

14戦全勝の怪物的な競走馬 欧州最強の種牡馬にもなる

デビュー戦以来の4連勝で、2歳GIデューハーストSを制覇。欧州最優秀2歳牡馬に選出される。3歳時は、英2000ギニー、セントジェイムズパレスS、サセックスS、QエリザベスII世SとマイルGI4つを含む5戦全勝の戦績を残し、2011年欧州年度代表馬の栄誉にも浴した。4歳となり、GIロッキンジS、QアンS、サセックスS、距離延長に挑んだ英インターナショナルS、英チャンピオンSと、GIばかりを5戦全勝。通算連勝記録を「14」に伸ばし、文句なしで2012年欧州年度代表馬となる。

種牡馬としても順調に実績を積み上げ、2023年も含め3年連続で欧州リーディングサイアーを獲得。日本競馬との相性も抜群で、ソウルスターリングなど3頭のGI馬を出した。

系統：ガリレオ系　母父系統：デインヒル系

父 Galileo 鹿 1998	Sadler's Wells 鹿 1981	Northern Dancer	Nearctic
			Natalma
		Fairy Bridge	Bold Reason
			Special
	Urban Sea 栗 1989	Miswaki	Mr. Prospector
			Hopespringseternal
		Allegretta	Lombard
			Anatevka
母 Kind 鹿 2001	*デインヒル 鹿 1986	Danzig	Northern Dancer
			Pas de Nom
		Razyana	His Majesty
			Spring Adieu
	Rainbow Lake 鹿 1990	Rainbow Quest	Blushing Groom
			I Will Follow
		Rockfest	Stage Door Johnny
			Rock Garden

インブリード：Northern Dancer 3×4、Natalma 4×5・5、Buckpasser 5×5
血統解説 父ガリレオは21世紀序盤の欧州馬産界を支配する圧倒的実績を残した大種牡馬。本馬はその最良後継者となりつつある。母カインドは英Lレースを2勝しGIIIバリーオーガンSで3着。本馬の全弟にGI3勝の強豪ノーブルミッション（英チャンピオンS）がいる。母父デインヒルは「世界最強シャトル種牡馬」の称号を持つ。

代表産駒 アルピニスタ（凱旋門賞）、**アダイヤー**（英ダービー）、**クラックスマン**（英チャンピオンS2回）、**アナプルナ**（英オークス）、**インスパイラル**（BCフィリー&メアターフ）、**ソウルスターリング**（オークス）、**モズアスコット**（安田記念）、**グレナディアガーズ**（朝日杯FS）。

POG 2024年期待の2歳馬

母馬名（母父）	性別	おすすめポイント
*アムールブリエ (SMART STRIKE)	牡	母はダート重賞を計6勝した名牝。脚抜けの良いダートで能力全開か。
*ワディハッタ (CAPE CROSS)	牡	半兄にGI愛ダービー馬サンティアゴ。芝中距離戦線で大きな仕事も。
*ジョイカネラ (FORTIFY)	牝	母はGI亜1000ギニーの勝ち馬。パワフルなスピードで大成目指す。

馬券に直結する適性データ

欧州のトップサイアーであり、当然、日本で走る産駒そのものが少ないが、レベルの高さは相当なものがある。パワフルなスピードで一気に押し切ってしまえる、札幌芝での実績は圧倒的。34%強の連対率、43%超の3着内率を誇るだけに、馬連、3連複の軸としては極めて高い信頼性を保持している。加えて、中京芝で示す強さも馬券作戦に活かしていきたい。2歳戦における52%強の3着内率は凄まじいが、成長力にも優れ、3歳後半の牡馬陣が優秀な成績を残していることにも注目。もう1つ、10番人気以下で14%の3着内率をマークしていることも、心に刻んでおこう。

2023年成績

総収得賞金 227,264,000円　アーニング INDEX　2.04

勝利頭数／出走頭数：全馬10／24		2歳　0／2
勝利回数／出走回数：全馬13／134		2歳　0／7

Data Box (2021~2023)

コース　札幌芝と中京芝の巧者

	1着	2着	3着	出走数	勝率	連対率	3着内率
全体計	26	36	32	309	8.4%	20.1%	30.4%
中央芝	3	10	11	87	3.4%	14.9%	27.6%
中央ダ	2	2	2	33	6.1%	12.1%	18.2%
ローカル芝	18	23	18	156	11.5%	26.3%	37.8%
ローカルダ	3	1	1	33	9.1%	12.1%	15.2%
右回り芝	13	21	19	160	8.1%	21.3%	33.1%
右回りダ	3	2	2	38	7.9%	13.2%	18.4%
左回り芝	8	12	10	83	9.6%	24.1%	36.1%
左回りダ	2	1	1	28	7.1%	10.7%	14.3%
札幌芝	5	6	3	32	15.6%	34.4%	43.8%
札幌ダ	0	0	0	1	0.0%	0.0%	0.0%
函館芝	2	5	3	20	10.0%	35.0%	50.0%
函館ダ	0	0	0	0	-	-	-
福島芝	2	1	0	11	18.2%	27.3%	27.3%
福島ダ	0	0	0	0	-	-	-
新潟芝	2	1	4	15	13.3%	20.0%	46.7%
新潟ダ	0	0	0	0	-	-	-
東京芝	1	3	2	22	4.5%	18.2%	27.3%
東京ダ	1	0	0	7	14.3%	14.3%	14.3%
中山芝	0	1	3	14	0.0%	7.1%	28.6%
中山ダ	0	0	0	1	0.0%	0.0%	0.0%
中京芝	5	8	4	46	10.9%	28.3%	37.0%
中京ダ	1	0	1	19	5.3%	10.5%	15.8%
京都芝	1	1	0	11	9.1%	18.2%	27.3%
京都ダ	0	0	0	3	0.0%	0.0%	0.0%
阪神芝	1	5	5	40	2.5%	15.0%	27.5%
阪神ダ	1	2	2	22	4.5%	13.6%	22.7%
小倉芝	4	2	4	32	6.3%	12.5%	25.0%
小倉ダ	2	0	0	9	22.2%	22.2%	22.2%

条件　2勝クラスは壁にならない

	1着	2着	3着	出走数	勝率	連対率	3着内率
新馬	2	3	1	17	11.8%	29.4%	35.3%
未勝利	8	8	13	103	7.8%	15.5%	28.2%
1勝	7	6	5	74	9.5%	17.6%	24.3%
2勝	6	9	5	46	13.0%	32.6%	43.5%
3勝	2	5	3	41	4.9%	17.1%	24.4%
OPEN特別	0	0	0	3	0.0%	0.0%	0.0%
GⅢ	0	3	3	14	0.0%	21.4%	42.9%
GⅡ	1	2	0	6	16.7%	50.0%	50.0%
GⅠ	0	0	2	6	0.0%	0.0%	33.3%
ハンデ戦	0	4	3	28	0.0%	14.3%	25.0%
牝馬限定	2	6	4	33	6.1%	24.2%	36.4%
障害	0	0	0	1	0.0%	0.0%	0.0%

人気　上位人気イマイチ、大穴を押さえる

	1着	2着	3着	出走数	勝率	連対率	3着内率
1番人気	8	9	10	46	17.4%	37.0%	58.7%
2～3番人気	10	15	10	84	11.9%	29.8%	41.7%
4～6番人気	6	6	6	81	7.4%	14.8%	22.2%
7～9番人気	1	3	3	49	2.0%	8.2%	14.3%
10番人気～	1	3	3	50	2.0%	8.0%	14.0%

単勝回収値87円／単勝適正回収値55円

距離　芝は距離不問、ダートは中距離向き

芝　平均勝ち距離　1,467m

	1着	2着	3着	出走数	勝率	連対率	3着内率
全体計	21	33	29	243	8.6%	22.2%	34.2%
芝～1300m	8	9	9	80	10.0%	21.3%	32.5%
芝～1600m	9	11	11	90	10.0%	22.2%	34.4%
芝～2000m	3	11	8	64	4.7%	21.9%	34.4%
芝～2400m	1	2	1	7	14.3%	42.9%	57.1%
芝2500m～	0	0	0	2	0.0%	0.0%	0.0%

ダート　平均勝ち距離　1,720m

	1着	2着	3着	出走数	勝率	連対率	3着内率
全体計	5	3	3	66	7.6%	12.1%	16.7%
ダ～1300m	0	0	0	0	-	-	-
ダ～1600m	1	1	1	25	4.0%	8.0%	12.0%
ダ～2000m	4	2	2	30	13.3%	20.0%	26.7%
ダ2100m～	0	0	0	11	0.0%	0.0%	0.0%

馬場状態　芝は良がベター、重までは対応

		1着	2着	3着	出走数	勝率	連対率	3着内率
芝	良	18	29	23	195	9.2%	24.1%	35.9%
	稍重	2	2	3	30	6.7%	13.3%	23.3%
	重	1	2	3	15	6.7%	20.0%	40.0%
	不良	0	0	0	3	0.0%	0.0%	0.0%
ダ	良	2	0	3	38	5.3%	10.5%	13.2%
	稍重	1	0	2	15	6.7%	6.7%	20.0%
	重	0	3	0	10	0.0%	30.0%	30.0%
	不良	2	0	1	10	20.0%	20.0%	30.0%

性齢　2歳から動きピークは3歳後半

	1着	2着	3着	出走数	勝率	連対率	3着内率
牡2歳	2	4	6	23	8.7%	26.1%	52.2%
牝2歳	0	0	0	9	0.0%	0.0%	0.0%
牡3歳前半	4	2	5	34	11.8%	17.6%	32.4%
牝3歳前半	2	2	3	38	5.3%	18.4%	26.3%
牡3歳後半	5	3	4	32	15.6%	25.0%	37.5%
牝3歳後半	4	4	7	41	9.8%	19.5%	36.6%
牡4歳	3	2	1	30	10.0%	16.7%	20.0%
牝4歳	3	9	1	33	9.1%	36.4%	39.4%
牡5歳	0	1	0	17	0.0%	5.9%	5.9%
牝5歳	1	3	2	22	4.5%	18.2%	27.3%
牡6歳	1	0	0	7	14.3%	14.3%	14.3%
牝6歳	1	3	2	21	4.8%	19.0%	28.6%
牡7歳以上	0	0	0	0	-	-	-
牝7歳以上	0	0	1	3	0.0%	0.0%	33.3%

勝ち馬の決め手

芝　21勝
逃げ 3／先行 3／差し 14／追込 1

ダート　5勝
先行 3／差し 1／追込 1

MOSTAHDAF
モスターダフ

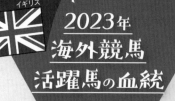

イギリス
2023年
海外競馬
活躍馬の血統

PROFILE

競走成績 17戦10勝（2023年5戦3勝）
牡・黒鹿毛・2018年5月4日生
調教師 John & Thady Gosden（イギリス）
主戦騎手 J.グローリー

2023年成績　最高レーティング 128 I（2023年）

出走日	国名	格	レース名	コース・距離	着順	負担重量	馬場状態	タイム	着差	競馬場
2/25	沙	GⅢ	ネオムターフカップ	芝2100	1着	57.4	堅良	2:06.23	7	キングアブドゥルアジーズ
3/25	首	GⅠ	ドバイシーマクラシック	芝2410	4着	57	良		7	メイダン
6/21	英	GⅠ	プリンスオブウェールズステークス	芝9F212Y	1着	58	良	2:05.95	4	アスコット
8/23	英	GⅠ	英国際S	芝10F56Y	1着	61	堅良	2:06.40	1	ヨーク
11/4	米	GⅠ	ブリーダーズCターフ	芝12F	8着	57	堅良		6	サンタアニタパーク

強豪が揃う少頭数GⅠを連勝し高いレーティングを獲得する

　3歳3月に英の名門J・ゴスデン厩舎から競走馬デビュー。4歳9月までは、欧州トップクラスの戦いには参加しなかったものの、ダーレーSを皮切りに3つのGⅢ重賞を制していた。4歳10月には凱旋門賞に出走したが、最下位の20着に惨敗する。

　サウジアラビアに遠征した5歳緒戦のGⅢネオムターフCに勝利。続くドバイシーマクラシックではイクイノックスの4着までだったが、欧州に戻り競走馬としての絶頂期を迎える。6月のプリンスオブウェールズSは6頭立て、8月の英インターナショナルSは4頭立てと、いずれも少頭数のレースとなったが、欧州一線級が集うなかでGⅠ連勝を達成。特に、それまでに3つのGⅠを制していた2着馬ルクセンブルクを4馬身差千切ったプリンスオブウェールズSの評価は高く、「128」という高いレーティングが与えられた。

　11月のブリーダーズCターフで8着したのを最後に現役を引退。2024年春から、英ニューマーケットのビーチハウススタッドで種牡馬入りすることとなった。初年度の種付料は1万5千ポンド（約280万円）に設定されている。

血統解説

　父フランケルは、16戦全勝、GⅠ10勝というパーフェクトな戦績を残し、歴代最高となる「140」のレーティングが与えられた21世紀前半を代表する名馬中の名馬。種牡馬としても数多くのGⅠ勝ち産駒を出し、「現役欧州ナンバーワンサイアー」という評価も得ている。日本競馬との相性も良く、ソウルスターリングらのGⅠホースを輩出した。

　母ハンダッサは愛LガーネットSの勝ち馬。本馬の半姉にGⅠ2勝馬ナジーフ（サンチャリオットS、ファルマスS）を産んだ。母系は欧州の名門で、英GⅠジュライCを制したパストラルパースーツらが登場している。母父ドバウィは名馬ドバイミレニアムの貴重な血を継ぐ超一流種牡馬。2022年英愛リーディングサイアーに輝いている。

系統：ガリレオ系　母父系統：シーキングザゴールド系

父 フランケル Frankel 鹿 2008	ガリレオ Galileo 鹿 1998	Sadler's Wells	Northern Dancer
			Fairy Bridge
		Urban Sea	Miswaki
			Allegretta
	カインド Kind 鹿 2001	*デインヒル	Danzig
			Razyana
		Rainbow Lake	Rainbow Quest
			Rockfest
母 ハンダッサ Handassa 黒鹿 2008	ドバウィ Dubawi 鹿 2002	Dubai Millennium	Seeking the Gold
			Colorado Dancer
		Zomaradah	Deploy
			Jawaher
	スターストーン Starstone 黒鹿 2003	*ディクタット	*ウォーニング
			*アルヴォラ
		Star	Most Welcome
			Marista

インブリード：Sadler's Wells 3×5、Mr. Prospector 5×5、父Frankelに Northern Dancer 3×4、母Handassaに Slightly Dangerous 4×4

2023年 種牡馬ランキング
101~266

この順位帯には北米の首位種牡馬のイントゥミスチーフをはじめ、海外でけい養されている種牡馬が数多く登場する。アーニングインデックスが異常に高い数値を示すなど恐るべし。

Thoroughbred Stallions In Japan

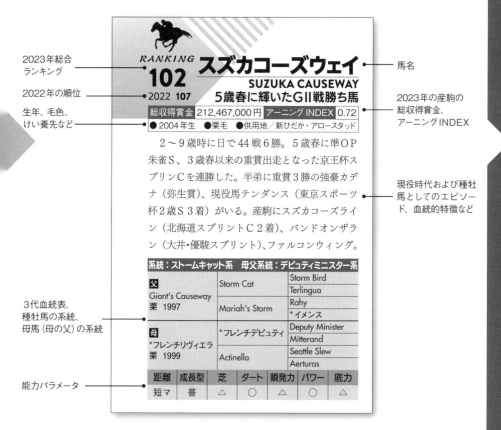

2023年総合ランキング

2022年の順位

生年、毛色、けい養先など

馬名

2023年の産駒の総収得賞金、アーニングINDEX

現役時代および種牡馬としてのエピソード、血統的特徴など

3代血統表、種牡馬の系統、母馬（母の父）の系統

能力パラメータ

RANKING 102
スズカコーズウェイ
SUZUKA CAUSEWAY
2022 **107**
5歳春に輝いたGⅡ戦勝ち馬

総収得賞金	212,467,000円	アーニング INDEX	0.72

● 2004年生　● 栗毛　● 供用地／新ひだか・アロースタッド

　2～9歳時に日で44戦6勝。5歳春に準OP朱雀S、3歳春以来の重賞出走となった京王杯スプリンCを連勝した。半弟に重賞3勝の強豪カデナ（弥生賞）、現役馬テンダンス（東京スポーツ杯2歳S3着）がいる。産駒にスズカコーズライン（北海道スプリントC2着）、バンドオンザラン（大井・優駿スプリント）、ファルコンウィング。

系統：ストームキャット系　母父系統：デピュティミニスター系		
父 Giant's Causeway 栗 1997	Storm Cat	Storm Bird
		Terlingua
	Mariah's Storm	Rahy
		*イメンス
母 *フレンチリヴィエラ 栗 1999	*フレンチデピュティ	Deputy Minister
		Mitterand
	Actinella	Seattle Slew
		Aerturas

距離	成長型	芝	ダート	瞬発力	パワー	底力
短マ	普	△	○	△	○	△

能力パラメータの見方　短…1000～1400m、マ…1600m前後、中…1800～2100m、長…2200m以上、万…万能（産駒の距離タイプが様々）、早…早熟、普…普通、晩…晩成、持続…早熟と晩成を併せ持つ、◎…非常に得意、○…得意、△…やや不向き、▲…不得意

RANKING 102　スズカコーズウェイ
SUZUKA CAUSEWAY
5歳春に輝いたGⅡ戦勝ち馬

2022 **107**

総収得賞金	212,467,000円	アーニング INDEX	0.72

● 2004年生　● 栗毛　● 供用地／新ひだか・アロースタッド

2～9歳時に日で44戦6勝。5歳春に準OP朱雀S、3歳春以来の重賞出走となった京王杯スプリングCを連勝した。半弟に重賞3勝の強豪カデナ（弥生賞）、現役馬テンダンス（東京スポーツ杯2歳S3着）がいる。産駒にスズカコーズライン（北海道スプリントC2着）、バンドオンザラン（大井・優駿スプリント）、ファルコンウィング。

系統：ストームキャット系　母父系統：デピュティミニスター系			
父　Giant's Causeway　栗 1997	Storm Cat	Storm Bird	
		Terlingua	
	Mariah's Storm	Rahy	
		*イメンス	
母　*フレンチリヴィエラ　栗 1999	*フレンチデピュティ	Deputy Minister	
		Mitterand	
	Actinella	Seattle Slew	
		Aerturas	

距離	成長型	芝	ダート	瞬発力	パワー	底力
短マ	普	△	○	△	○	△

RANKING 103　マツリダゴッホ
MATSURIDA GOGH
中山コース得意な有馬記念馬

2022 **73**

総収得賞金	209,638,000円	アーニング INDEX	0.49

● 2003年生　● 鹿毛　● 2023年引退

2～6歳時に日香で27戦10勝。中山芝を舞台とする重賞で、圧倒的な強さを見せ、有馬記念、3連覇したオールカマー、AJCC、日経賞を制した。叔父にナリタトップロード（菊花賞）、いとこにダノンヨーヨー（富士S）。産駒にロードクエスト（スワンS）、マイネルハニー（チャレンジC）、ウインマーレライ（ラジオNIKKEIⅠ賞）。

系統：サンデーサイレンス系　母父系統：ボールドルーラー系			
父　*サンデーサイレンス　青鹿 1986	Halo	Hail to Reason	
		Cosmah	
	Wishing Well	Understanding	
		Mountain Flower	
母　*ペイパーレイン　栗 1991	Bel Bolide	Bold Bidder	
		Lady Graustark	
	*フローラルマジック	Affirmed	
		Rare Lady	

距離	成長型	芝	ダート	瞬発力	パワー	底力
マ中	普	○	○	○	○	○

RANKING 104　DARK ANGEL
ダークエンジェル
日本でも活躍産駒が登場する

2022 **109**

総収得賞金	203,466,000円	アーニング INDEX	4.39

● 2005年生　● 芦毛　● 供用地／アイルランド

2歳時に英で9戦4勝。GⅠミドルパークSに勝っている。種牡馬となり、現役時代を凌駕する成功を収め、マングスティン（仏1000ギニー）、バターシュ（アベイユドロンシャン賞）、レザーフォース（ジュライC）などGⅠ勝ち産駒を多数輩出している。2023年の日本ではマッドクール（スプリンターズS2着）が芝スプリント戦線で活躍。

系統：ノーザンダンサー系　母父系統：マキャヴェリアン系			
父　Acclamation　鹿 1999	Royal Applause	*ワージブ	
		Flying Melody	
	Princess Athena	Ahonoora	
		Shopping Wise	
母　Midnight Angel　芦 1994	Machiavellian	Mr. Prospector	
		Coup de Folie	
	Night At Sea	Night Shift	
		Into Harbour	

距離	成長型	芝	ダート	瞬発力	パワー	底力
短	普	◎				

RANKING 105　ネオユニヴァース
NEO UNIVERSE
鋭い末脚で見事に2冠を制覇

2022 **80**

総収得賞金	199,963,000円	アーニング INDEX	0.50

● 2000年生　● 鹿毛　● 2021年死亡

2～4歳時に日で13戦7勝。切れ味抜群の末脚を駆使して、きさらぎ賞、スプリングS、皐月賞、ダービーを連勝したクラシック2冠馬。産駒にヴィクトワールピサ（ドバイワールドC）、ロジユニヴァース（ダービー）、アンライバルド（皐月賞）、ネオリアリズム（QエリザベスⅡ世C）。2024年に入り、サクラトゥジュールが重賞勝ち。

系統：サンデーサイレンス系　母父系統：シャーペンアップ系			
父　*サンデーサイレンス　青鹿 1986	Halo	Hail to Reason	
		Cosmah	
	Wishing Well	Understanding	
		Mountain Flower	
母　*ポインテッドパス　栗 1984	Kris	Sharpen Up	
		Doubly Sure	
	Silken Way	Shantung	
		Boulevard	

距離	成長型	芝	ダート	瞬発力	パワー	底力
万	普	◎				

※ 101位のニューイヤーズデイは P356 に掲載しています。

RANKING 106　ジャングルポケット
JUNGLE POCKET
2022 86　**東京芝で強さ示す年度代表馬**

総収得賞金	195,753,000円	アーニング INDEX	0.48

● 1998年生　● 鹿毛　● 2021年死亡

　2〜4歳時に日で13戦5勝。2歳時の札幌3歳Sで重賞初制覇。3歳時は、いずれも東京芝コースで争われる共同通信杯、ダービー、ジャパンCに勝ち、2001年度代表馬にも選出される。産駒にトーセンジョーダン（天皇賞・秋）、ジャガーメイル（天皇賞・春）、オウケンブルースリ（菊花賞）、クィーンスプマンテ（エリザベス女王杯）。

系統：グレイソヴリン系　母父系統：ヌレイエフ系

父		Kalamoun
*トニービン	*カンパラ	State Pension
鹿 1983	Severn Bridge	Hornbeam
		Priddy Fair
母	Nureyev	Northern Dancer
*ダンスチャーマー		Special
黒鹿 1990	Skillful Joy	Nodouble
		Skillful Miss

距離	成長型	芝	ダート	瞬発力	パワー	底力
中長	普	◎	○	○	○	◎

RANKING 107　KINGMAN
キングマン
2022 124　**GⅠ4連勝の欧州年度代表馬**

総収得賞金	194,656,000円	アーニング INDEX	2.33

● 2011年生　● 鹿毛　● 供用地／イギリス

　2〜3歳時に英愛仏で8戦7勝。豊かなスピードを武器に、愛1000ギニー、セントジェイムズパレスS、サセックスS、ジャックルマロワ賞とマイルGⅠを4連勝し、2014年欧州年度代表馬に選出された。産駒にペルシアンキング（仏2000ギニー）、パレスピア（ジャックルマロワ賞2回）。日本ではシュネルマイスター（NHKマイルC）。

系統：グリーンデザート系　母父系統：ゴーンウエスト系

父		Danzig
Invincible Spirit	Green Desert	Foreign Courier
鹿 1997	Rafha	Kris
		Eljazzi
母	Zamindar	Gone West
Zenda		Zaizafon
鹿 1999	Hope	*ダンシングブレーヴ
		Bahamian

距離	成長型	芝	ダート	瞬発力	パワー	底力
マ中	普	◎	○	◎	○	◎

RANKING 108　*クリエイターⅡ
CREATOR
2022 105　**距離延び本領発揮の米GⅠ馬**

総収得賞金	194,458,000円	アーニング INDEX	0.56

● 2013年生　● 芦毛　● 供用地／青森県・JBBA 七戸種馬場

　2〜3歳時に米で12戦3勝。GⅡレベルS3着から臨んだGⅠアーカンソーダービーで重賞初制覇。ケンタッキーダービーは13着に大敗したが、距離が2ハロン延びたベルモントSで勝負強さを見せつけ、ハナ差の大接戦を制した。現役引退後すぐに日本で種牡馬入り。産駒にリコーヴィクター（JBC2歳優駿3着）、レイクリエイター。

系統：エーピーインディ系　母父系統：ソードダンサー系

父		A.P. Indy
Tapit	Pulpit	Preach
芦 2001	Tap Your Heels	Unbridled
		Ruby Slippers
母	Privately Held	Private Account
Morena		Aviance
黒鹿 2004	Charytin	Summing
		Crownit

距離	成長型	芝	ダート	瞬発力	パワー	底力
中長	普	○	○	○	○	○

RANKING 109　ニシケンモノノフ
NISHIKEN MONONOFU
2022 176　**ダート短距離戦線頂点に立つ**

総収得賞金	192,574,000円	アーニング INDEX	0.76

● 2011年生　● 栗毛　● 供用地／新冠・優駿SS

　2〜7歳時に日で42戦12勝。ホッカイドウ競馬でデビューし、JRAに移籍。2歳時に兵庫ジュニアグランプリ、5歳時に兵庫ゴールドTに優勝。6歳となり北海道スプリントCを制したのに続き、JBCスプリントにも勝ち、ダート短距離戦線の頂点に立った。産駒にデステージョ（兵庫ジュニアグランプリ3着）、モノノフブラック。

系統：ヘイルトゥリーズン系　母父系統：ミスタープロスペクター系

父		Devil's Bag
メイショウボーラー	*タイキシャトル	*ウェルシュマフィン
黒鹿 2001	*ナイスレイズ	Storm Cat
		Nice Tradition
母	*アフリート	Mr. Prospector
グリーンヒルコマチ		Polite Lady
栗 1998	ツネノコトブキ	サンシャインボーイ
		オリエントゴールド

距離	成長型	芝	ダート	瞬発力	パワー	底力
短マ	普	△	◎	○	○	○

RANKING 110 ＊シンボリクリスエス
SYMBOLI KRIS S
2年連続年度代表馬に輝く
2022 78

総収得賞金 190,004,000円	アーニング INDEX 0.68

● 1999年生 ●黒鹿毛 ●2020年死亡

　2〜4歳時に日で15戦8勝。3、4歳時にいずれも天皇賞・秋、有馬記念を制し、2002、2003年と2年連続で年度代表馬に選ばれた。ほかに青葉賞、神戸新聞杯に勝ち、ダービーで2着。産駒にエピファネイア（ジャパンC）、ルヴァンスレーヴ（チャンピオンズC）、ストロングリターン（安田記念）、サクセスブロッケン（フェブラリーS）。

系統：ロベルト系	母父系統：シアトルスルー系	
父 Kris S. 黒鹿 1977	Roberto	Hail to Reason
		Bramalea
	Sharp Queen	Princequillo
		Bridgework
母 Tee Kay 黒鹿 1991	Gold Meridian	Seattle Slew
		Queen Louie
	Tri Argo	Tri Jet
		Hail Proudly

距離	成長型	芝	ダート	瞬発力	パワー	底力
万	普	◎	◎	◎	◎	◎

RANKING 111 AMERICAN PHAROAH
アメリカンファラオ
37年振り誕生の米3冠ホース
2022 65

総収得賞金 189,003,000円	アーニング INDEX 1.10

● 2012年生 ●鹿毛 ●供用地／アメリカ

　2〜3歳時に米で11戦9勝。デルマーフューチュリティ、フロントランナーSを連勝し米最優秀2歳牡馬に。3歳時はケンタッキーダービー、プリークネスS、ベルモントSの米3冠を制し、ブリーダーズCクラシックにも優勝。文句なしで2015年米年度代表馬に輝く。日本でカフェファラオ、ダノンファラオと2頭のGI勝ち産駒が登場。

系統：アンブライドルド系	母父系統：ストームキャット系	
父 Pioneerof the Nile 黒鹿 2006	＊エンパイアメーカー	Unbridled
		Toussaud
	Star of Goshen	Lord at War
		Castle Eight
母 Littleprincessemma 栗 2006	Yankee Gentleman	Storm Cat
		Key Phrase
	Exclusive Rosette	Ecliptical
		Zetta Jet

距離	成長型	芝	ダート	瞬発力	パワー	底力
中	普	○	◎	◎	◎	◎

RANKING 112 FROSTED
フロステッド
日本で走る産駒が重賞を連勝
2022 225

総収得賞金 185,485,000円	アーニング INDEX 5.00

● 2012年生 ●芦毛 ●供用地／アメリカ

　2〜4歳時に米首で19戦6勝。3歳4月のウッドメモリアルSに勝ち、初重賞制覇をGI戦で飾る。続くケンタッキーダービーは4着、ベルモントSで2着。4歳時はメトロポリタンH、ホイットニーSとGIを連勝した。叔父にミッドシップマン（BCジュヴナイル）。2023年に日本で走る産駒ジャスパークローネが短距離重賞2勝。

系統：エーピーインディ系	母父系統：デピュティミニスター系	
父 Tapit 芦 2001	Pulpit	A.P. Indy
		Preach
	Tap Your Heels	Unbridled
		Ruby Slippers
母 Fast Cookie 鹿 2000	Deputy Minister	Vice Regent
		Mint Copy
	Fleet Lady	Avenue of Flags
		＊ディアーミミ

距離	成長型	芝	ダート	瞬発力	パワー	底力
マ中	普	○	◎	◎	○	○

RANKING 113 ネロ
NERO
芝、ダート兼用スプリンター
2022 173

総収得賞金 185,393,000円	アーニング INDEX 0.85

● 2011年生 ●栗毛 ●供用地／鹿児島県・JBBA 九州種馬場

　2〜7歳時に日で47戦8勝。5、6歳時に京阪杯を連覇した、遅咲きのスプリンター。ほかにセントウルS、東京盃、アイビスサマーダッシュ、クラスターCでいずれも2着している。叔母ニシノフラワーは桜花賞、スプリンターズS、阪神3歳牝馬Sに勝った1990年代前半の名牝。産駒にニシノレヴァント、ペップセ（笠松・岐阜金賞）。

系統：ストームキャット系	母父系統：サンデーサイレンス系	
父 ＊ヨハネスブルグ 鹿 1999	＊ヘネシー	Storm Cat
		Island Kitty
	Myth	＊オジジアン
		Yarn
母 ニシノタカラヅカ 栗 2003	＊サンデーサイレンス	Halo
		Wishing Well
	＊デュプリシト	Danzig
		Fabulous Fraud

距離	成長型	芝	ダート	瞬発力	パワー	底力
短	やや晩	○	◎	○	○	△

RANKING 114 ＊タートルボウル
TURTLE BOWL
2022 62　仏GⅠを制した実力派種牡馬

総収得賞金	183,791,000円	アーニング INDEX	0.92

● 2002生　●鹿毛　● 2017年死亡

　2〜5歳時に英仏で21戦7勝。3歳7月に仏マイルGⅠジャンプラ賞に勝っている。まず仏で種牡馬となり、ルカヤン（仏2000ギニー）、フレンチフィフティーン（クリテリウムアンテルナシオナル）といったGⅠ勝ち産駒を輩出。日本ではタイセイビジョン（京王杯2歳S）、アンデスクイーン（エンプレス杯）、トリオンフらが重賞制覇。

系統：ノーザンダンサー系　母父系統：ダンテ系

父 Dyhim Diamond 栗 1994	Night Shift	Northern Dancer
		Ciboulette
	Happy Landing	Homing
		Laughing Goddess
母 Clara Bow 鹿 1990	Top Ville	High Top
		Sega Ville
	Kamiya	Kalamoun
		Shahinaaz

距離	成長型	芝	ダート	瞬発力	パワー	底力
マ中	普	◎	◎	◎	◎	◎

RANKING 115 INTO MISCHIEF
イントゥミスチーフ
2022 132　5年連続で北米首位種牡馬に

総収得賞金	176,781,000円	アーニング INDEX	2.12

● 2005年生　●鹿毛　●供用地／アメリカ

　2〜3歳時に米で6戦3勝。米2歳GⅠキャッシュコールフューチュリティに勝利。半妹にGⅠ11勝のビホルダー。産駒にオーセンティック（ケンタッキーダービー）、マンダルーン（ケンタッキーダービー）、プリティミスチヴァス（エイコーンS）など米GⅠ馬多数。日本でメタマックス。2023年含め、5年連続北米首位種牡馬に輝く。

系統：ストームキャット系　母父系統：ニアークティック系

父 Harlan's Holiday 鹿 1999	Harlan	Storm Cat
		Country Romance
	Christmas in Aiken	Affirmed
		Dowager
母 Leslie's Lady 鹿 1996	Tricky Creek	Clever Trick
		Battle Creek Girl
	Crystal Lady	Stop the Music
		One Last Bird

距離	成長型	芝	ダート	瞬発力	パワー	底力
マ中	普	△	◎	◎	◎	◎

RANKING 116 メイショウサムソン
MEISHO SAMSON
2022 60　GⅠ4勝の超一流中長距離馬

総収得賞金	176,283,000円	アーニング INDEX	0.48

● 2003年生　●鹿毛　● 2021年引退

　2〜5歳時に日仏で27戦9勝。3歳時は皐月賞、ダービーのクラシック2冠を制覇。4歳時も天皇賞・春、秋を連勝した超一流グラスホース。ほかに大阪杯、スプリングSに勝ち、4、5歳時の宝塚記念、5歳時の天皇賞・春で2着している。産駒にルミナスウォリアー（函館記念）、デンコウアンジュ（愛知杯）、GⅢ馬フロンテアクイーン。

系統：サドラーズウェルズ系　母父系統：リファール系

父 ＊オペラハウス 鹿 1988	Sadler's Wells	Northern Dancer
		Fairy Bridge
	Colorspin	High Top
		Reprocolor
母 マイヴィヴィアン 鹿 1997	＊ダンシングブレーヴ	Lyphard
		Navajo Princess
	ウイルプリンセス	＊サンプリンス
		エール

距離	成長型	芝	ダート	瞬発力	パワー	底力
中長	やや晩	◎	○	○	◎	◎

RANKING 117 ＊カジノドライヴ
CASINO DRIVE
2022 87　米に遠征し3歳GⅡ戦に快勝

総収得賞金	176,268,000円	アーニング INDEX	0.79

● 2005年生　●栗毛　● 2019年死亡

　3〜6歳時に日米首で11戦4勝。3歳春に米遠征を敢行、GⅡピーターパンSを5馬身4分の3差で勝利する。帰国後はフェブラリーSで2着した。半兄にジャジル（ベルモントS）、半姉にラグストゥリッチーズ（ベルモントS）。産駒にカジノフォンテン（川崎記念、かしわ記念）、メイショウカズサ（浦和記念）、ヴェンジェンス（みやこS）。

系統：エーピーインディ系　母父系統：デピュティミニスター系

父 Mineshaft 黒鹿 1999	A.P. Indy	Seattle Slew
		Weekend Surprise
	Prospectors Delite	Mr. Prospector
		Up the Flagpole
母 Better Than Honour 鹿 1996	Deputy Minister	Vice Regent
		Mint Copy
	Blush With Pride	Blushing Groom
		Best in Show

距離	成長型	芝	ダート	瞬発力	パワー	底力
マ中	普	○	◎	○	○	○

バンブーエール
BAMBOO ERE
父となりダートGⅠ産駒出す

総収得賞金	168,642,000円	アーニング INDEX	0.83

● 2003年生　●栗毛　●供用地／浦河・イーストスタッド

　2〜6歳時に日首で25戦10勝。5歳初夏から北陸S、BSN賞、ペルセウスSとLレースを3連勝。続くJBCスプリントにも勝ち、ダート短距離戦線の頂点に立つ。6歳時にはクラスターC、東京盃を連勝した。産駒にキャッスルトップ（ジャパンダートダービー）、ダンツゴウユウ（大沼S）、ダテノショウグン（大井・ハイセイコー記念）。

系統：ミスタープロスペクター系　母父系統：ブラッシンググルーム系			
父	Mr. Prospector	Raise a Native	
*アフリート		Gold Digger	
栗 1984	Polite Lady	Venetian Jester	
		Friendly Ways	
母	Rainbow Quest	Blushing Groom	
*レインボーウッド		I Will Follow	
栗 1991	Priceless Fame	Irish Castle	
		Comely Nell	

距離	成長型	芝	ダート	瞬発力	パワー	底力
短中	普	△	◎	○	◎	○

JUSTIFY
ジャスティファイ
21世紀2頭目の米3冠ホース

総収得賞金	155,859,000円	アーニング INDEX	1.34

● 2015年生　●栗毛　●供用地／アメリカ

　3歳時に米で6戦6勝。3歳2月にデビューし、GⅠサンタアニタダービー、米3冠競走のケンタッキーダービー、プリークネスS、ベルモントSを含む、無傷の6連勝をマーク。2018年米年度代表馬にも選出。産駒にジャストエフワイアイ（BCジュヴナイルフィリーズ）、シティオブトロイ（デューハーストS）。日本でユティタムが走る。

系統：ストームキャット系　母父系統：デピュティミニスター系			
父	*ヨハネスブルグ	*ヘネシー	
Scat Daddy		Myth	
黒鹿 2004	Love Style	Mr. Prospector	
		Likeable Style	
母	Ghostzapper	Awesome Again	
Stage Magic		Baby Zip	
栗 2007	Magical Illusion	Pulpit	
		Voodoo Lily	

距離	成長型	芝	ダート	瞬発力	パワー	底力
中長	普	○	◎	○	◎	◎

ダノンシャンティ
DANON CHANTILLY
NHKマイルCレコード勝ち

総収得賞金	151,113,000円	アーニング INDEX	0.51

● 2007年生　●黒鹿毛　●2020年引退

　2〜4歳時に日で8戦3勝。3歳3月の毎日杯で重賞初制覇を飾ってから臨んだNHKマイルCを、芝1600m1分31秒4の日本レコードを樹立して勝利した。祖母グロリアスソングはGⅠ4勝の名牝。叔父に世界的名馬シングスピール（ジャパンC）。産駒に重賞4勝スマートオーディン（京都新聞杯）、ダートGⅢ馬サイタスリーレッド。

系統：サンデーサイレンス系　母父系統：ミルリーフ系			
父	*サンデーサイレンス	Halo	
フジキセキ		Wishing Well	
青鹿 1992	*ミルレーサー	Le Fabuleux	
		Marston's Mill	
母	Mark of Esteem	Darshaan	
*シャンソネット		Homage	
鹿 2000	Glorious Song	Halo	
		Ballade	

距離	成長型	芝	ダート	瞬発力	パワー	底力
マ中	普	○	○	○	○	○

コパノリチャード
COPANO RICHARD
4歳春にスプリントGⅠ制覇

総収得賞金	148,857,000円	アーニング INDEX	0.80

● 2010年生　●黒鹿毛　●2021年引退

　2〜5歳時に日で22戦6勝。3歳2月のアーリントンCで重賞初制覇。秋には古馬陣を降しスワンSに勝った。4歳春に最盛期を迎え、阪急杯、高松宮記念を連勝し、芝スプリント戦線のトップに立つ。産駒に公営南関東でローカル重賞を4勝したキモンルビー（船橋記念2回）。2021年に種牡馬を引退。現在は、新冠で乗馬となっている。

系統：サンデーサイレンス系　母父系統：グレイソヴリン系			
父	*サンデーサイレンス	Halo	
ダイワメジャー		Wishing Well	
栗 2001	スカーレットブーケ	*ノーザンテースト	
		*スカーレットインク	
母	*トニービン	*カンパラ	
ヒガシリンクス		Severn Bridge	
鹿 1999	ビッグラブリー	Caerleon	
		*アルガリー	

距離	成長型	芝	ダート	瞬発力	パワー	底力
短マ	普	○	○	△	△	△

　※ 118位のレイデオロは P356 に掲載しています。

RANKING 124 *プリサイスエンド

PRECISE END
2022 74
ダート活躍産駒出したGⅢ馬

総収得賞金	147,851,000円	アーニング INDEX	0.55

● 1997年生 ●黒鹿毛 ● 2021年死亡

　2〜3歳時に加米で9戦4勝。3歳4月の米GⅢベイショアSに勝ち、GⅢウィザーズSで2着、GⅡサマーS、GⅡカウディンSで共に3着した。フォーティナイナー直仔の父は、米日で成功を収める。産駒にグロリアスノア（武蔵野S）、カフジテイク（根岸S）、シェアースマイル（エーデルワイス賞）、ショウリダバンザイ（浦和・桜花賞）。

系統：フォーティナイナー系	母父系統：プリンスキロ系		
父	*フォーティナイナー	Mr. Prospector	File
*エンドスウィープ 鹿 1991		Dance Spell	Witching Hour
	Broom Dance		
母	Summing	Verbatim	Sumatra
Precisely 栗 1987		Cold Reception	Ring O'Bells
	Crisp'n Clear		

距離	成長型	芝	ダート	瞬発力	パワー	底力
短マ	普	◯	◎	◯	◯	△

RANKING 125 ARROGATE

アロゲート
2022 142
米首のビッグレースを4連勝

総収得賞金	141,305,000円	アーニング INDEX	2.03

● 2013年生 ●芦毛 ● 2020年死亡

　3〜4歳時に米首で11戦7勝。3歳後半から4歳にかけて、トラヴァーズS、ブリーダーズCクラシック、ペガサスワールドC、ドバイワールドCとGⅠを4連覇した名馬。産駒にアルカンジェロ（ベルモントS）、シークレットオース（ケンタッキーオークス）、ファントゥドリーム（ラブレアS）、日本でジャスパーグレイト、シェイリーン。

系統：アンブライドルド系	母父系統：フォーティナイナー系		
父	Unbridled	Fappiano	Gana Facil
Unbridled's Song 芦 1993		Caro	Lucky Spell
	Trolley Song		
母	Distorted Humor	*フォーティナイナー	Danzig's Beauty
Bubbler 黒鹿 2006		Deputy Minister	Meadow Star
	Grechelle		

距離	成長型	芝	ダート	瞬発力	パワー	底力
中	普	◯	◎	◯	◯	◎

RANKING 126 *パレスマリス

PALACE MALICE
2022 477
日本で相次いで重賞産駒登場

総収得賞金	141,145,000円	アーニング INDEX	3.81

● 2010年生 ●鹿毛 ●供用地／日高・ダーレー・ジャパンSコンプレックス

　2〜5歳時に米で19戦7勝。3歳時に米3冠最終戦ベルモントSに勝利。4歳となり、GⅠメトロポロタンHを制している。産駒にストラクター（BCジュヴナイルターフ）。2024年からの日本供用に合わせるかのように、2023年最優秀2歳牡馬に選ばれたジャンタルマンタル（朝日杯FS）、ノーブルロジャー（シンザン記念）が重賞制覇。

系統：スマートストライク系	母父系統：ヌレイエフ系		
父	Smart Strike	Mr. Prospector	Classy 'n Smart
Curlin 栗 2004		Deputy Minister	Barbarika
	Sheriff's Deputy		
母	Royal Anthem	Theatrical	In Neon
*パレスルーマー 鹿 2003		Red Ransom	Stellar Affair
	Whisperifyoudare		

距離	成長型	芝	ダート	瞬発力	パワー	底力
中	普					

RANKING 127 ディープスカイ

DEEP SKY
2022 120
史上2頭目の「変則2冠馬」に

総収得賞金	133,907,000円	アーニング INDEX	0.58

● 2005年生 ●栗毛 ● 2021年引退

　2〜4歳時に日で17戦5勝。毎日杯を皮切りに、NHKマイルC、ダービーと連勝し、2004年のキングカメハメハに続く史上2頭目の「変則2冠馬」に輝く。秋緒戦の神戸新聞杯にも勝ち、重賞4連勝を達成。ほかにジャパンC、安田記念で共に2着。産駒にキョウエイギア（ジャパンダートダービー）、サウンドスカイ（全日本2歳優駿）。

系統：サンデーサイレンス系	母父系統：ダンチヒ系		
父	*サンデーサイレンス	Halo	Wishing Well
アグネスタキオン 栗 1998		*ロイヤルスキー	アグネスレディー
	アグネスフローラ		
母	Chief's Crown	Danzig	Six Crowns
*アビ 栗 1995		Key to the Mint	Carmelize
	Carmelized		

距離	成長型	芝	ダート	瞬発力	パワー	底力
中長	普					

※ 123位のカリフォルニアクロームは P357 に掲載しています。

パドトロワ
PAS DE TROIS
芝スプリント戦線で実績残す

総収益賞金	133,588,000円	アーニングINDEX	0.42

● 2007年生　●鹿毛　●2022年死亡

　2～7歳時に日香で35戦9勝。4歳秋のスプリンターズSで2着。5歳時のアイビスサマーダッシュ、キーンランドC、6歳時の函館スプリントSと重賞を3勝した。母は中日新聞杯、祖母はローズSに勝利。いとこにGI3勝馬ロゴタイプ（皐月賞）。産駒にダンシングプリンス（JBCスプリント）、エムティアン（エーデルワイス賞3着）。

系統：フォーティナイナー系　母父系統：サンデーサイレンス系

父		
*スウェプトオーヴァーボード	*エンドスウィープ	*フォーティナイナー
		Broom Dance
芦 1997	Sheer Ice	Cutlass
		Hey Dolly A.
母	フジキセキ	*サンデーサイレンス
グランパドドウ		*ミルレーサー
鹿 1997	スターバレリーナ	Risen Star
		*ベリアーニ

距離	成長型	芝	ダート	瞬発力	パワー	底力
短	普	○	○	△	○	△

キングヘイロー
KING HALO
母父として大仕事達成の名血

総収益賞金	132,045,000円	アーニングINDEX	0.69

● 1995年生　●鹿毛　●2019年死亡

　2～5歳時に日で27戦6勝、高松宮記念、中山記念、東京新聞杯、東スポ杯3歳Sを制し、皐月賞、マイルCSで2着。父は「1980年代欧州最強馬」、母は米GI7勝の名牝。産駒にローレルゲレイロ（スプリンターズS）、カワカミプリンセス（オークス）。2023年世界ランキング1位イクイノックスのBMSとしても、大きな注目を浴びている。

系統：リファール系　母父系統：ヘイルトゥリーズン系

父		
*ダンシングブレーヴ	Lyphard	Northern Dancer
		Goofed
鹿 1983	Navajo Princess	Drone
		Olmec
母	Halo	Hail to Reason
*グッバイヘイロー		Cosmah
栗 1985	Pound Foolish	Sir Ivor
		Squander

距離	成長型	芝	ダート	瞬発力	パワー	底力
短マ	普	◎	◎	◎	○	◎

ゼンノロブロイ
ZENNO ROB ROY
秋の芝中長距離GIを3連勝

総収益賞金	131,787,000円	アーニングINDEX	0.42

● 2000年生　●黒鹿毛　●2022年死亡

　3～5歳時に日英で20戦7勝。4歳秋に天皇賞・秋、ジャパンC、有馬記念を3連勝し、2004年年度代表馬に選出される。母は米GIバレリーナHに勝利。姪に米GI馬ヘヴンリーラヴ（アルシバイアディーズS）。産駒にサンテミリオン（オークス）、マグニフィカ（ジャパンダートダービー）、共にGII馬のトレイルブレイザー、ペルーサ。

系統：サンデーサイレンス系　母父系統：ミスタープロスペクター系

父	Halo	Hail to Reason
*サンデーサイレンス		Cosmah
青鹿 1986	Wishing Well	Understanding
		Mountain Flower
母	*マイニング	Mr. Prospector
ローミンレイチェル		I Pass
鹿 1990	One Smart Lady	Clever Trick
		Pia's Lady

距離	成長型	芝	ダート	瞬発力	パワー	底力
中長	普	◎	○	○	○	◎

インカンテーション
INCANTATION
ダート重賞6勝の名中距離馬

総収益賞金	126,138,000円	アーニングINDEX	0.74

● 2010年生　●鹿毛　●供用地／浦河・イーストスタッド

　2～8歳時に日で36戦11勝。3歳時のレパードS、4歳時のみやこS、5歳時の平安S、7歳となってからのマーチS、白山大賞典、武蔵野Sとダート重賞を計6勝し、5歳のフェブラリーSで2着。叔母に英GIII馬タイムアウェイ（ミュージドラS）、甥にブライアンセンス（ユニコーンS3着）。産駒にルーンファクター（水沢・不来方賞）。

系統：エーピーインディ系　母父系統：マキャヴェリアン系

父	Old Trieste	A.P. Indy
*シニスターミニスター		Lovlier Linda
鹿 2003	Sweet Minister	The Prime Minister
		Sweet Blue
母	Machiavellian	Mr. Prospector
*オリジナルスピン		Coup de Folie
鹿 1997	Not Before Time	Polish Precedent
		Time Charter

距離	成長型	芝	ダート	瞬発力	パワー	底力
中	普	△	◎	○	○	○

RANKING 132 ＊ノボジャック NOBO JACK

2022 **130**

ダートスプリント戦線の名馬

総収得賞金	121,459,000円	アーニング INDEX	0.79

●1997年生　●栗毛　●2020年引退

　2〜7歳時に日で43戦11勝。4歳3月からの約7カ月間で、黒船賞、群馬記念、北海道スプリントC、クラスターC、東京盃、JBCスプリントと6連勝。その後も、連覇の群馬記念、2年振りの黒船賞とタイトルを重ねる。いとこに米GII馬ジョシュズマンデリン（レイヴンランS）。産駒にブラゾンドゥリス（黒船賞）、ラブバレット。

系統：デピュティミニスター系	母父系統：ミスタープロスペクター系		
父 *フレンチデピュティ 栗 1992	Deputy Minister	Vice Regent	
		Mint Copy	
	Mitterand	Hold Your Peace	
		Laredo Lass	
母 *フライトオブエンジェルス 鹿 1992	*アフリート	Mr. Prospector	
		Polite Lady	
	Intently	Drone	
		Naughty Intentions	

距離	成長型	芝	ダート	瞬発力	パワー	底力
短マ	普	△	○	△	○	○

RANKING 133 シビルウォー CIVIL WAR

2022 **131**

交流D重賞が得意なパワー型

総収得賞金	120,776,000円	アーニング INDEX	0.35

●2005年生　●鹿毛　●供用地／日高・白井牧場

　2〜10歳時に日で51戦11勝。ブリーダーズGC2回、名古屋GP、白山大賞典、マーキュリーCに勝ち、JBCクラシックで2、3着した、パワーとスタミナに秀でた一流ダートホース。叔母ミスゴールデンサークルはGIIディスタフHなど米重賞を4勝。産駒にフーズサイド（園田・摂津盃）、スプリングメドウ（名古屋・湾岸スターC）。

系統：ミスタープロスペクター系	母父系統：サドラーズウェルズ系		
父 *ウォーエンブレム 青鹿 1999	Our Emblem	Mr. Prospector	
		Personal Ensign	
	Sweetest Lady	Lord At War	
		Sweetest Roman	
母 *チケットトゥダンス 鹿 1999	Sadler's Wells	Northern Dancer	
		Fairy Bridge	
	River Missy	Riverman	
		Quilloquick	

距離	成長型	芝	ダート	瞬発力	パワー	底力
中長	普	△	○	△	○	○

RANKING 134 ロジユニヴァース LOGI UNIVERSE

2022 **172**

不良馬場のダービーを大楽勝

総収得賞金	120,583,000円	アーニング INDEX	1.13

●2006年生　●鹿毛　●供用地／日高・Yogiboヴェルサイユリゾートファーム

　2〜6歳時に日で10戦5勝。2歳7月の新馬戦から、札幌2歳S、ラジオNIKKEI杯2歳S、弥生賞と4連勝。皐月賞は14着に大敗するも、不良馬場での開催となったダービーを4馬身差で快勝した。いとこに日英でGI2勝ディアドラ（ナッソーS）、一族にマイルGI3勝ソングライン（安田記念2回）。産駒にロジペルレスト。

系統：サンデーサイレンス系	母父系統：グリーンデザート系		
父 ネオユニヴァース 鹿 2000	*サンデーサイレンス	Halo	
		Wishing Well	
	*ポインテッドパス	Kris	
		Silken Way	
母 アコースティクス 鹿 2001	Cape Cross	Green Desert	
		Park Appeal	
	*ソニンク	Machiavellian	
		Sonic Lady	

距離	成長型	芝	ダート	瞬発力	パワー	底力
中長	普	○	△	○	○	○

RANKING 135 ローエングリン LOHENGRIN

2022 **118**

重賞4勝すべてGII戦で記録

総収得賞金	119,414,000円	アーニング INDEX	0.59

●1999年生　●栗毛　●2020年引退

　2〜8歳時に日仏香で48戦10勝。4歳時に中山記念、マイラーズCを連勝。6歳でマイラーズC、8歳で中山記念と、共に2度目のタイトル獲得に成功する。ほかに仏に遠征したムーランドロンシャン賞で2着した。母は仏オークス、ヴェルメイユ賞勝ちの名牝。産駒にGI3勝ロゴタイプ（皐月賞）、カラクレナイ（フィリーズレビュー）。

系統：サドラーズウェルズ系	母父系統：ミルリーフ系		
父 Singspiel 鹿 1992	In the Wings	Sadler's Wells	
		High Hawk	
	Glorious Song	Halo	
		Ballade	
母 *カーリング 黒鹿 1992	Garde Royale	Mill Reef	
		Royal Way	
	Corraleja	Carvin	
		Darling Dale	

距離	成長型	芝	ダート	瞬発力	パワー	底力
マ中	普	○	○	○	○	○

トーセンブライト
TOSEN BRIGHT
8、9歳時にダート重賞3勝

総収益賞金	119,303,000円	アーニングINDEX	0.99

● 2001年生　● 鹿毛　● 2020年引退

2～9歳時に日で54戦11勝。3歳夏に交流ダート重賞サラブレッドチャレンジCでタイトル獲得。その後、5、7歳時のマリーンS、6歳時のペルセウスSと、Lレースで勝ち鞍を重ねる。8歳時に黒船賞、兵庫ゴールドTと重賞2勝。9歳暮れに兵庫ゴールドT連覇を飾った。産駒にハイランドピーク（エルムS）、トーセンマリオン。

系統：ロベルト系	母父系統：ミスタープロスペクター系		
父	Roberto	Hail to Reason	
*ブライアンズタイム		Bramalea	
黒鹿 1985	Kelley's Day	Graustark	
		Golden Trail	
母	ジェイドロバリー	Mr. Prospector	
アサヒブライト		Number	
黒鹿 1996	コスモローマン	*ナイスダンサー	
		ジェラルレッド	

距離	成長型	芝	ダート	瞬発力	パワー	底力
マ中	普	△	○	△	○	○

SIYOUNI
シユーニ
日本でクラシック候補が登場

総収益賞金	114,128,000円	アーニングINDEX	6.15

● 2007年生　● 鹿毛　● 供用地／フランス

2～3歳時に仏で12戦4勝。仏2歳GIジャンリュックラガルデール賞に勝利。半妹にGI2勝馬シューマ（サンチャリオットS）。仏で種牡馬となり、ソットサス（凱旋門賞）、セントマークスバシリカ（仏ダービー）ら大物産駒を出している。2023年にはクラシック有力候補と目されるシンエンペラー（京都2歳S）が重賞を制した。

系統：ヌレイエフ系	母父系統：デインヒル系		
父	Polar Falcon	Nureyev	
Pivotal		Marie d'Argonne	
栗 1993	Fearless Revival	Cozzene	
		Stufida	
母	*デインヒル	Danzig	
Sichilla		Razyana	
鹿 2002	Slipstream Queen	Conquistador Cielo	
		Country Queen	

距離	成長型	芝	ダート	瞬発力	パワー	底力
マ	やや早	○	○	○	○	○

*アポロキングダム
APOLLO KINGDOM
ジャンプGI勝ち産駒を出す

総収益賞金	113,652,000円	アーニングINDEX	0.56

● 2003年生　● 栗毛　● 2022年引退

2～4歳時に日で11戦2勝。米GIを5勝した父と、ケンタッキーオークス馬ヒドゥンタレント直系の血を受け継ぐ母との配合から誕生した米国産馬。日本で競走馬デビューし、D 1600～1800m戦で2勝をマークした。産駒にジャンプGI馬となったアポロマーベリック（中山グランドジャンプ）、アポロスターズ（カンナS）、アポロビビ。

系統：キングマンボ系	母父系統：ストームキャット系		
父	Kingmambo	Mr. Prospector	
Lemon Drop Kid		Miesque	
鹿 1996	Charming Lassie	Seattle Slew	
		Lassie Dear	
母	Storm Cat	Storm Bird	
Bella Gatto		Terlingua	
栗 1996	Winter Sparkle	Northjet	
		Turn to Talent	

距離	成長型	芝	ダート	瞬発力	パワー	底力
マ中	普	○	○	○	○	○

MALIBU MOON
マリブムーン
米GI産駒多数輩出の1勝馬

総収益賞金	112,424,000円	アーニングINDEX	3.03

● 1997年生　● 鹿毛　● 2021年死亡

2歳時に米で2戦1勝。2歳5月の未勝利戦に勝利。独力で道を切り拓いていった、叩き上げの名サイアーで、オーブ（ケンタッキーダービー）、ファニームーン（CCAオークス）、ゴームリー（サンタアニタダービー）など、数多くの米GI勝ち産駒を出した。日本では、オーブルチェフ（全日本2歳優駿）、パライバトルマリン（関東オークス）。

系統：エーピーインディ系	母父系統：ミスタープロスペクター系		
父	Seattle Slew	Bold Reasoning	
A.P. Indy		My Charmer	
黒鹿 1989	Weekend Surprise	Secretariat	
		Lassie Dear	
母	Mr. Prospector	Raise a Native	
Macoumba		Gold Digger	
鹿 1992	Maximova	Green Dancer	
		Baracala	

距離	成長型	芝	ダート	瞬発力	パワー	底力
短中	やや早	△	◎	○	◎	○

RANKING 140 ローレルゲレイロ
LAUREL GUERREIRO
2022 137
GⅠ連勝した最優秀短距離馬

総収得賞金	111,986,000円	アーニング INDEX	0.73

● 2004年生　●青鹿毛　●2022年引退

　2〜6歳時に日香首で31戦5勝。5歳時に高松宮記念、スプリンターズSに勝ち、2009年最優秀短距離馬に選ばれる。ほかに東京新聞杯、阪急杯に勝ち、NHKマイルC、朝日杯FSで共に2着した。甥にノースブリッジ（AJCC）、いとこにディープボンド（阪神大賞典2回）。産駒にアイオライト（全日本2歳優駿2着）、アイライン。

系統：リファール系　母父系統：ニジンスキー系			
父 キングヘイロー 鹿 1995	*ダンシングブレーヴ	Lyphard
		Navajo Princess
	*グッバイヘイロー	Halo
		Pound Foolish
母 ビッグテンビー 黒鹿 1998	*テンビー	Caerleon
		Shining Water
	モガミヒメ	*カコイーシーズ
		モガミポイント

距離	成長型	芝	ダート	瞬発力	パワー	底力
短マ	普	◎	△	◎	○	△

RANKING 141 ＊エンパイアメーカー
EMPIRE MAKER
2022 101
米一流種牡馬として名声築く

総収得賞金	109,867,000円	アーニング INDEX	1.13

● 2000年生　●黒鹿毛　●2020年死亡

　2〜3歳時に米で8戦4勝。3歳時にフロリダダービー、ウッドメモリアルS、ベルモントSとGⅠ3勝し、ケンタッキーダービーで2着。半兄にチェスターハウス（アーリントンミリオン）。産駒にロイヤルデルタ（BCレディースクラシック2回）、3冠馬の父パイオニアオブザナイルなど米GⅠ馬多数。日本でGⅡ馬フェデラリスト。

系統：アンブライドルド系　母父系統：ノーザンダンサー系			
父 Unbridled 鹿 1987	Fappiano	Mr. Prospector
		Killaloe
	Gana Facil	Le Fabuleux
		Charedi
母 Toussaud 黒鹿 1989	El Gran Senor	Northern Dancer
		Sex Appeal
	Image of Reality	In Reality
		Edee's Image

距離	成長型	芝	ダート	瞬発力	パワー	底力
中長	普	○	◎	○	◎	◎

RANKING 142 ガルボ
GARBO
2022 122
芝短距離、マイル戦線で躍動

総収得賞金	108,323,000円	アーニング INDEX	1.56

● 2007年生　●青毛　●2023年死亡

　2〜8歳時に日で42戦5勝。3歳1月のシンザン記念を皮切りに、5歳時の東京新聞杯、ダービー卿チャレンジT、7歳時の函館スプリントSと重賞を4勝。重賞2着が阪神C2回など4回、3着も京王杯スプリングCほか3回ある。産駒に公営高知で重賞を勝ちまくったガルボマンボ（黒潮マイルCS）、エンドロール、モチベーション。

系統：サンデーサイレンス系　母父系統：ニジンスキー系			
父 マンハッタンカフェ 青鹿 1998	*サンデーサイレンス	Halo
		Wishing Well
	*サトルチェンジ	Law Society
		Santa Luciana
母 ヤマトダマシイ 黒鹿 1997	*ジェネラス	Caerleon
		Doff the Derby
	ハハゴゼン	*ファストトパーズ
		ケイティトゥート

距離	成長型	芝	ダート	瞬発力	パワー	底力
短マ	普	○	△	○	○	○

RANKING 143 ヴァーミリアン
VERMILION
2022 119
ダートGⅠ9勝の歴史的名馬

総収得賞金	103,355,000円	アーニング INDEX	0.83

● 2002年生　●黒鹿毛　●2017年引退

　2〜8歳時に日首で34戦15勝。ジャパンCダート、フェブラリーS、JBCクラシック3回、東京大賞典、帝王賞、川崎記念2回と当時は歴代最多だったGⅠ戦9勝をマーク。半兄にサカラート（東海S）、半弟にソリタリーキング（東海S）、キングスエンブレム（シリウスS）。産駒にノットフォーマル（フェアリーS）、リュウノユキナ。

系統：キングマンボ系　母父系統：サンデーサイレンス系			
父 *エルコンドルパサー 黒鹿 1995	Kingmambo	Mr. Prospector
		Miesque
	*サドラーズギャル	Sadler's Wells
		Glenveagh
母 スカーレットレディ 黒鹿 1995	*サンデーサイレンス	Halo
		Wishing Well
	スカーレットローズ	*ノーザンテースト
		*スカーレットインク

距離	成長型	芝	ダート	瞬発力	パワー	底力
中長	持続	○	◎	○	◎	◎

RANKING 144 ヤマカツエース
YAMAKATSU ACE
2022 **214**
2年目産駒にGI好走馬登場

| 総収得賞金 | 101,729,000円 | アーニング INDEX | 0.47 |

● 2012年生 ●栗毛 ●供用地／新ひだか・アローズスタッド

　2〜6歳時に日で30戦7勝。金鯱賞2回、ニュージーランドT、中山金杯、福島記念と重賞を5勝した一流中距離馬。GI大阪杯で3着している。半妹にヤマカツグレース（フローラS2着）、ヤマカツマーメイド（フィリーズレビュー2着）。2023年に、2年目産駒のタガノデュード（朝日杯FS5着）がGIで好走。その他の産駒にモカラエース。

系統：キングマンボ系　母父系統：ロベルト系		
父 キングカメハメハ 鹿 2001	Kingmambo	Mr. Prospector
		Miesque
	*マンファス	*ラストタイクーン
		Pilot Bird
母 ヤマカツマリリン 栗 2004	*グラスワンダー	Silver Hawk
		Ameriflora
	*イクセプトフォーワンダ	Tejabo
		Unique Gal

距離	成長型	芝	ダート	瞬発力	パワー	底力
中	普	◎	○	○	○	○

RANKING 145 カネヒキリ
KANE HEKILI
2022 **106**
不屈の精神を持つダート王者

| 総収得賞金 | 101,572,000円 | アーニング INDEX | 0.56 |

● 2002年生 ●栗毛 ●2016年死亡

　2〜8歳時に日首で23戦12勝。途中2年4カ月間の長期休養を挟みながら、ジャパンダートダービー、ダービーグランプリ、ジャパンCダート2回、フェブラリーSなどGIを計7勝し、2度最優秀ダートホースに選出された名馬。産駒にミツバ（川崎記念）、テーオーエナジー（兵庫CS）、ロンドンタウン（エルムS）、ジョウショーリード。

系統：サンデーサイレンス系　母父系統：デピュティミニスター系		
父 フジキセキ 青鹿 1992	*サンデーサイレンス	Halo
		Wishing Well
	*ミルレーサー	Le Fabuleux
		Marston's Mill
母 *ライフアウトゼア 栗 1992	Deputy Minister	Vice Regent
		Mint Copy
	Silver Valley	Mr. Prospector
		Seven Valleys

距離	成長型	芝	ダート	瞬発力	パワー	底力
マ中	普	△	◎	○	○	○

RANKING 146 タイムパラドックス
TIME PARADOX
2022 **112**
6歳以降GI5勝の名馬

| 総収得賞金 | 100,689,000円 | アーニング INDEX | 0.37 |

● 1998年生 ●栗毛 ●2022年死亡

　3〜8歳時に日で50戦16勝。6歳でジャパンCダート、7歳時に川崎記念、帝王賞、JBCクラシック、8歳となりJBCクラシックを連覇した遅咲きの名馬。甥にタイムフライヤー（ホープフルS）、いとこにGI2勝馬サクラローレル（有馬記念）。産駒にソルテ（さきたま杯）、トウケイタイガー（かきつばた記念）、タイムモーメント。

系統：ロベルト系　母父系統：リファール系		
父 *ブライアンズタイム 黒鹿 1985	Roberto	Hail to Reason
		Bramalea
	Kelley's Day	Graustark
		Golden Trail
母 *ジョリーザザ 鹿 1991	Alzao	Lyphard
		Lady Rebecca
	Bold Lady	*ボールドラッド
		Tredam

距離	成長型	芝	ダート	瞬発力	パワー	底力
中	やや晩	△	◎	○	○	○

RANKING 147 *ケープブランコ
CAPE BLANCO
2022 **133**
米日新で重賞勝ち産駒を出す

| 総収得賞金 | 98,504,000円 | アーニング INDEX | 0.53 |

● 2007年生 ●栗毛 ●供用地／鹿児島県・JBBA九州種馬場

　2〜4歳時に愛英仏首米で15戦9勝。3歳時に愛ダービー、愛チャンピオンSを制する。4歳夏から米に移り、マンノウォーS、アーリントンミリオン、ターフクラシック招待SとGIを3連勝。米最優秀芝牡馬にも選ばれた。産駒に、米GII馬カリフォルニアゴールドラッシュ、ランスオブプラーナ（毎日杯）、新GIII馬ダークプリンセス、アイブランコ。

系統：ガリレオ系　母父系統：ボールドルーラー系		
父 Galileo 鹿 1998	Sadler's Wells	Northern Dancer
		Fairy Bridge
	Urban Sea	Miswaki
		Allegretta
母 Laurel Delight 栗 1990	Presidium	General Assembly
		Doubly Sure
	Foudroyer	*アーティアス
		Foudre

距離	成長型	芝	ダート	瞬発力	パワー	底力
中長	普	◎	○	○	○	○

RANKING 148　トーホウジャッカル
TOHO JACKAL
3歳秋に輝き増した菊花賞馬

2022 158

総収得賞金	96,536,000円	アーニング INDEX	1.39

●2011年生　●栗毛　●供用地／新冠・クラックステーブル

　3〜5歳時に日で13戦3勝。3歳夏の小倉開催で2勝目をマーク。9月の神戸新聞杯は9番人気での出走となったが、ダービー馬ワンアンドオンリーと同タイムの3着に入る。続く菊花賞では、直線早め先頭から押し切りクラシックウイナーの栄誉に浴す。半姉にトーホウアマポーラ（CBC賞）。産駒にトーホウディアス、トーホウスザク。

系統：サンデーサイレンス系　母父系統：アンブライドルド系

父	*サンデーサイレンス	Halo
スペシャルウィーク		Wishing Well
黒鹿 1995	キャンペンガール	マルゼンスキー
		レディーシラオキ
母	Unbridled's Song	Unbridled
*トーホウガイア		Trolley Song
栗 2001	Agami	Nureyev
		Agacerie

距離	成長型	芝	ダート	瞬発力	パワー	底力
中長	普	◎	△	◎	△	◎

RANKING 149　ステイゴールド
STAY GOLD
日本競馬史に名を刻む個性派

2022 66

総収得賞金	96,247,000円	アーニング INDEX	0.77

●1994生　●黒鹿毛　●2015年死亡

　2〜7歳時に日首香で50戦7勝。ラストランとなった7歳暮れの香港ヴァーズで悲願のGI制覇を達成。ほかにGIIドバイシーマC、目黒記念、日経新春杯に勝った。産駒に、3冠馬オルフェーヴル、GI6勝馬ゴールドシップ、6月と暮れのGPレース連勝のドリームジャーニー、春の盾連覇のフェノーメノ、香港GI2勝のウインブライト。

系統：サンデーサイレンス系　母父系統：ファイントップ系

父	Halo	Hail to Reason
*サンデーサイレンス		Cosmah
青鹿 1986	Wishing Well	Understanding
		Mountain Flower
母	*ディクタス	Sanctus
ゴールデンサッシュ		Doronic
栗 1988	ダイナサッシュ	*ノーザンテースト
		*ロイヤルサッシュ

距離	成長型	芝	ダート	瞬発力	パワー	底力
中	普	◎	○	◎	○	◎

RANKING 152　WAR FRONT
ウォーフロント
種牡馬となり大きな花咲かせる

2022 229

総収得賞金	92,206,000円	アーニング INDEX	2.84

●2002年生　●鹿毛　●供用地／アメリカ

　2〜4歳時に米で13戦4勝。米GIIAGヴァンダービルトBCHに勝ち、GIフォアゴーS、ヴォスバーグSで共に2着。米で種牡馬となり、大きな成功を収めた。産駒にウォーオブウィル（プリークネスS）、デクラレーションオブウォー（英インターナショナルS）、オマハビーチ（スプリントCS）。日本でフォッサマグナが走っている。

系統：ダンチヒ系　母父系統：ファピアノ系

父	Northern Dancer	Nearctic
Danzig		Natalma
鹿 1977	Pas de Nom	Admiral's Voyage
		Petitioner
母	Rubiano	Fappiano
Starry Dreamer		Ruby Slippers
芦 1994	Lara's Star	Forli
		True Reality

距離	成長型	芝	ダート	瞬発力	パワー	底力
短中	普	◎	○	◎	○	○

RANKING 154　タイセイレジェンド
TAISEI LEGEND
ダートスプリントGIを制す

2022 102

総収得賞金	90,189,000円	アーニング INDEX	0.72

●2007年生　●栗毛　●供用地／新冠・優駿SS

　2〜8歳時に日首韓で42戦9勝。デビュー当初は芝を主戦場にしていたが、3歳夏からダート戦線に専念。5歳を迎え充実期に入り、クラスターCで重賞初制覇を飾り、秋にはJBCスプリントを鮮やかに制した。6歳時にも東京盃に勝っている。産駒にスピーディキック（エーデルワイス賞）、タイセイスラッガー、ティーズハクア。

系統：キングマンボ系　母父系統：パーソロン系

父	Kingmambo	Mr. Prospector
キングカメハメハ		Miesque
鹿 2001	*マンファス	*ラストタイクーン
		Pilot Bird
母	メジロマックイーン	メジロティターン
シャープキック		メジロオーロラ
鹿 1996	ペッパーキャロル	ニチドウアラシ
		ダイナキャロル

距離	成長型	芝	ダート	瞬発力	パワー	底力
短	普	△	◎	○	○	○

※150位のサンダースノーはP357、151位のシュヴァルグラン、153位のロジャーバローズはP358に掲載しています。

SPEIGHTSTOWN
スパイツタウン
日本競馬と好相性の名種牡馬

総収得賞金	90,139,000円	アーニング INDEX	0.97

●1998年生　●栗毛　●2023年死亡

　2～6歳時に米で16戦10勝。6歳時に競走馬としてのピークを迎え、ブリーダーズCスプリントなど重賞を4勝し、2004年米最優秀スプリンターに選ばれた。種牡馬としても大成功。産駒にタマークズ（ブリーダーズCダートマイル）、ロックフォール（ヴォスバーグS）。日本ではモズスーパーフレア（高松宮記念）、GI馬リエノテソーロ。

系統：ゴーンウエスト系		母父系統：ストームキャット系	
父 Gone West 鹿　1984	Mr. Prospector	Raise a Native
		Gold Digger
	Secrettame	Secretariat
		Tamerett
母 Silken Cat 栗　1993	Storm Cat	Storm Bird
		Terlingua
	Silken Doll	Chieftain
		Insilca

距離	成長型	芝	ダート	瞬発力	パワー	底力
短マ	普	○	◎	○	◎	○

マンハッタンカフェ
MANHATTAN CAFE
首位種牡馬獲得の名長距離馬

総収得賞金	88,566,000円	アーニング INDEX	0.87

●1998年生　●青鹿毛　●2015年死亡

　3～4歳時に日仏で12戦6勝。3歳秋に菊花賞、有馬記念を連勝。4歳となって天皇賞・春にも勝った。半兄にエアスマップ（オールカマー）。2009年に、リーディングサイアーの栄誉に浴した。産駒にヒルノダムール（天皇賞・春）、グレープブランデー（フェブラリーS）、クイーンズリング（エリザベス女王杯）、レッドディザイア（秋華賞）。

系統：サンデーサイレンス系		母父系統：リボー系	
父 *サンデーサイレンス 青鹿　1986	Halo	Hail to Reason
		Cosmah
	Wishing Well	Understanding
		Mountain Flower
母 *サトルチェンジ 黒鹿　1988	Law Society	Alleged
		Bold Bikini
	Santa Luciana	Luciano
		Suleika

距離	成長型	芝	ダート	瞬発力	パワー	底力
万	普	◎	◎	○	○	◎

レッドスパーダ
RED SPADA
2023年に代表産駒がGII制覇

総収得賞金	86,513,000円	アーニング INDEX	0.98

●2006年生　●鹿毛　●2022年死亡

　2～8歳時に日で27戦7勝。4歳1月の東京新聞杯で重賞初制覇。7歳時は関屋記念、8歳時の京王杯スプリングCと重賞タイトルを重ねる。ほかにNHKマイルCで2着。いとこに2年連続米年度代表馬のカーリン（BCクラシック）。2023年には、2022年CBC賞で産駒初の重賞制覇を達成したテイエムスパーダがセントウルSに勝利。

系統：ヘイルトゥリーズン系		母父系統：ストームキャット系	
父 *タイキシャトル 栗　1994	Devil's Bag	Halo
		Ballade
	*ウェルシュマフィン	Caerleon
		Muffitys
母 *バービキャット 鹿　1993	Storm Cat	Storm Bird
		Terlingua
	Barbarika	Bates Motel
		War Exchange

距離	成長型	芝	ダート	瞬発力	パワー	底力
短マ	普	○	△	○	○	○

*カラヴァッジオ
CARAVAGGIO
日本初供用産駒も期待懸かる

総収得賞金	86,351,000円	アーニング INDEX	4.66

●2014年生　●芦毛　●供用地／新ひだか・JBBA 静内種馬場

　2～3歳時に愛英仏で10戦7勝。2歳GIフィーニクスS、3歳6月のコモンウェルスCとGIを2勝した。甥にプルパレイ（ファルコンS）。愛豪米で種牡馬供用され、産駒にテナブリズム（ジャンプラ賞）、ホワイトビーム（ダイアナS）、独GII馬マルジョーム、アグリ（阪急杯）。2023年から、日本での種牡馬生活を開始している。

系統：ストームキャット系		母父系統：ホーリーブル系	
父 Scat Daddy 黒鹿　2004	*ヨハネスブルグ	*ヘネシー
		Myth
	Love Style	Mr. Prospector
		Likeable Style
母 Mekko Hokte 芦　2000	Holy Bull	Great Above
		Sharon Brown
	Aerosilver	Relaunch
		Silver in Flight

距離	成長型	芝	ダート	瞬発力	パワー	底力
短マ	普	○	○	○	○	○

RANKING 159　アンライバルド　UNRIVALED

2022 127　レベル高い皐月賞を快勝する

総収得賞金	82,378,000円	アーニング INDEX	0.36

● 2006年生　● 鹿毛　● 供用地/日高・ブリーダーズSS

　2〜5歳時に日で10戦4勝。3歳3月のスプリングSで重賞初制覇。続くハイレベルの戦いと評されていた皐月賞では、直線で力強く末脚を伸ばし、2着馬に1馬身半差を付ける快勝を飾る。祖母サンプリンセスは英オークス馬。半兄にフサイチコンコルド（ダービー）。産駒にトウショウドラフタ（ファルコンS）、エレフセリア。

系統：サンデーサイレンス系　母父系統：サドラーズウェルズ系

父		Halo
ネオユニヴァース	*サンデーサイレンス	Wishing Well
鹿 2000		Kris
	*ポインテッドパス	Silken Way
母		Northern Dancer
*バレークイーン	Sadler's Wells	Fairy Bridge
鹿 1988		*イングリッシュプリンス
	Sun Princess	Sunny Valley

距離	成長型	芝	ダート	瞬発力	パワー	底力
マ中	普	◎	◯	△	◯	◯

RANKING 160　*スウェプトオーヴァーボード　SWEPT OVERBOARD

2022 92　実力派種牡馬として活躍示す

総収得賞金	81,238,000円	アーニング INDEX	0.30

● 1997年生　● 芦毛　● 2017年死亡

　2〜5歳時に米で20戦8勝。4歳時にエンシェントタイトルBCH、5歳時のメトロポリタンHと米GIを2勝した一流短距離馬。日本での種牡馬生活から、オメガパフューム（東京大賞典4回）、レッドファルクス（スプリンターズS2回）、リッジマン（ステイヤーズS）、エーシンブラン（兵庫CS）といった、幅広い優秀産駒を送り出した。

系統：フォーティナイナー系　母父系統：ソードダンサー系

父		Mr. Prospector
*エンドスウィープ	*フォーティナイナー	File
鹿 1991		Dance Spell
	Broom Dance	Witching Hour
母		Damascus
Sheer Ice	Cutlass	Aphonia
芦 1982		Ambehaving
	Hey Dolly A.	Swift Deal

距離	成長型	芝	ダート	瞬発力	パワー	底力
短マ	普	◯	◯	◯	◯	◯

RANKING 161　グランデッツァ　GRANDEZZA

2022 174　中距離重賞を3勝した名血馬

総収得賞金	79,877,000円	アーニング INDEX	0.72

● 2009年生　● 栗毛　● 2020年引退

　2〜6歳時に日で19戦5勝。2歳10月の札幌2歳Sで重賞初制覇。3歳3月のスプリングSを勝ち、1番人気で臨んだ皐月賞はゴールドシップの5着に終わる。6歳時の七夕賞を制し重賞3勝目。母は仏GIアスタルテ賞の勝ち馬。半姉にマルセリーナ（桜花賞）、甥にヒートオンビート（目黒記念）。産駒にカネフラ、ローズブルーム。

系統：サンデーサイレンス系　母父系統：ノーザンダンサー系

父		Halo
アグネスタキオン	*サンデーサイレンス	Wishing Well
栗 1998		*ロイヤルスキー
	アグネスフローラ	アグネスレディー
母		*ラストタイクーン
*マルバイユ	Marju	Flame of Tara
鹿 2000		Distant Relative
	Hambye	Paglietta Gener

距離	成長型	芝	ダート	瞬発力	パワー	底力
中	普	◯	◯	◯	◯	△

RANKING 162　ローズキングダム　ROSE KINGDOM

2022 134　繰り上がりでジャパンC馬に

総収得賞金	78,875,000円	アーニング INDEX	0.63

● 2007年生　● 黒鹿毛　● 2018年引退

　2〜6歳時に日で25戦6勝。デビュー戦から3連勝で朝日杯FSを制し、最優秀2歳牡馬に選ばれる。3歳秋のジャパンCでは2着入線だったが、1着ブエナビスタの降着で、繰り上がりの優勝馬となった。ほかに神戸新聞杯など重賞3勝。母系は現代の名門「バラー一族」。産駒にロザムール（七夕賞2着）、サペラヴィ（新潟ジャンプS）。

系統：キングマンボ系　母父系統：サンデーサイレンス系

父		Mr. Prospector
キングカメハメハ	Kingmambo	Miesque
鹿 2001		*ラストタイクーン
	*マンファス	Pilot Bird
母		Halo
ローズバド	*サンデーサイレンス	Wishing Well
青 1998		Shirley Heights
	ロゼカラー	*ローズネイ

距離	成長型	芝	ダート	瞬発力	パワー	底力
マ中	普	◎	◯	◯	△	△

283

RANKING 163
KING'S BEST
＊キングズベスト
2022 117
大物産駒出す名血の英GI馬

総収得賞金	78,572,000円	アーニング INDEX	0.56

● 1997年生 ●鹿毛 ● 2019年死亡

　2～3歳時に英愛で6戦3勝。3歳4月のGⅢクレイヴァンS2着を経て臨んだ英2000ギニーに勝利する。半姉にアーバンシー（凱旋門賞）、甥にガリレオ（英ダービー）。産駒にワークフォース（凱旋門賞）、エイシンフラッシュ（ダービー）、プロクラメーション（サセックスS）、サッジャー（ドバイデューティフリー）、ミスニューヨーク。

系統：キングマンボ系		母父系統：テディ系	
父 Kingmambo 鹿 1990	Mr. Prospector	Raise a Native	
		Gold Digger	
	Miesque	Nureyev	
		Pasadoble	
母 Allegretta 栗 1978	Lombard	Agio	
		Promised Lady	
	Anatevka	Espresso	
		Almyra	

距離	成長型	芝	ダート	瞬発力	パワー	底力
万	普	◎	○	○	○	◎

RANKING 165
HENNY HOUND
＊ヘニーハウンド
2022 171
父の名を日本で広める契機に

総収得賞金	77,909,000円	アーニング INDEX	0.70

● 2008年生 ●栗毛 ●供用地／青森県・フォレブルー

　2～8歳時に日で32戦4勝。日本で走った米国産馬。デビュー2戦目となった3歳3月のファルコンSを半馬身差で制し、現在は日本で供用されている一流サイアーである父にとって、初めての重賞勝ち産駒となった。6歳時にはLレオパールSに勝っている。産駒にモナルヒ、クインズジュピタ、オーバーザドリーム、グリューフィア。

系統：ストームキャット系		母父系統：ソードダンサー系	
父 ＊ヘニーヒューズ 栗 2003	＊ヘネシー	Storm Cat	
		Island Kitty	
	Meadow Flyer	Meadowlake	
		Shortley	
母 Beautiful Moment 栗 1994	Crusader Sword	Damascus	
		Copenica	
	Proud Minstrel	Proud Birdie	
		Minstrel Lady	

距離	成長型	芝	ダート	瞬発力	パワー	底力
短マ	普	○	○	○	○	△

RANKING 166
DANON SHARK
ダノンシャーク
2022 182
8番人気でマイルCSを制す

総収得賞金	77,749,000円	アーニング INDEX	0.47

● 2008年生 ●鹿毛 ● 2021年引退

　2～8歳時に日で39戦7勝。レース経験を積み重ねながら地力を蓄えていき、マイル重賞戦でも度々上位争いを展開する。5歳1月の京都金杯で重賞初制覇。同年秋の富士Sで重賞2勝目。6歳時のマイルCSは8番人気での出走となったが、鮮やかな差し切り勝ちを収めた。姪にシンリョクカ（阪神JF2着）。産駒にシャークスポット。

系統：サンデーサイレンス系		母父系統：ニジンスキー系	
父 ディープインパクト 鹿 2002	＊サンデーサイレンス	Halo	
		Wishing Well	
	＊ウインドインハーヘア	Alzao	
		Burghclere	
母 ＊カーラパワー 鹿 1998	Caerleon	Nijinsky	
		Foreseer	
	Jabali	Shirley Heights	
		Toute Cy	

距離	成長型	芝	ダート	瞬発力	パワー	底力
マ	普	○	○	○	○	△

RANKING 168
SILPORT
シルポート
2022 175
逃げに徹してマイル重賞3勝

総収得賞金	76,184,000円	アーニング INDEX	0.86

● 2005年生 ●鹿毛 ●供用地／新ひだか・レックススタッド

　3～8歳時に日で54戦10勝。果敢にハナへ立ち、そのまま押し切る戦法で、6歳時の京都金杯、マイラーズC、連覇となった7歳時のマイラーズCと、芝マイル重賞を計3勝した個性派の人気馬。いとこにサウンドオブハート（阪神牝馬S）、カフェブリリアント（阪神牝馬S）。産駒に、公営金沢、園田で重賞を勝ちまくるハクサンアマゾネス。

系統：リファール系		母父系統：サンデーサイレンス系	
父 ＊ホワイトマズル 鹿 1990	＊ダンシングブレーヴ	Lyphard	
		Navajo Princess	
	Fair of the Furze	Ela-Mana-Mou	
		Autocratic	
母 スペランツァ 栗 1998	＊サンデーサイレンス	Halo	
		Wishing Well	
	＊フジャブ	Woodman	
		Winters' Love	

距離	成長型	芝	ダート	瞬発力	パワー	底力
マ	普	○	○	○	○	△

※ 164位のエピカリス、167位のアルアインは P359 に掲載しています。

RANKING 169
PRACTICAL JOKE
プラクティカルジョーク
2022 286
米2歳GI連勝のスピード馬

総収得賞金	75,973,000円	アーニング INDEX	2.34

● 2014年生　●鹿毛　●供用地／アメリカ

　2～3歳時に米で12戦5勝。2歳8月のデビュー戦から、GIホープフルS、GIシャンペンSと3連勝を飾る。BCジュヴナイルは3着、3歳5月のケンタッキーダービーは5着に終わるも、GIIドワイヤーS、GIHアレンジャーケンズSとタイトルを重ねた。産駒にプラクティカルムーヴ(サンタアニタダービー)。日本ではデュガ。

系統：ストームキャット系　母父系統：フォーティナイナー系

父 Into Mischief 鹿 2005	Harlan's Holiday	Harlan
		Christmas in Aiken
	Leslie's Lady	Tricky Creek
		Crystal Lady
母 Halo Humor 栗 2003	Distorted Humor	*フォーティナイナー
		Danzig's Beauty
	Gilded Halo	Gilded Time
		Careless Halo

距離	成長型	芝	ダート	瞬発力	パワー	底力
短マ	やや早	○	◎	○	○	○

RANKING 170
リヤンドファミユ
LIEN DE FAMILLE
2022 206
タイトルとは無縁だった名血

総収得賞金	74,765,000円	アーニング INDEX	1.34

● 2010年生　●鹿毛　●2021年引退

　2～6歳時に日で24戦4勝。GI3勝馬ドリームジャーニー、3冠馬にして、GIを計6勝したオルフェーヴルの全弟として、デビュー前から注目を浴びていた超名血馬。3歳1月のOP若駒Sを勝ったが、故障のためクラシック出走は成らず。復帰後も重賞タイトルとは無縁だった。産駒にマメコ、ベストインクラス、エアフォースワン。

系統：サンデーサイレンス系　母父系統：パーソロン系

父 ステイゴールド 黒鹿 1994	*サンデーサイレンス	Halo
		Wishing Well
	ゴールデンサッシュ	*ディクタス
		ダイナサッシュ
母 オリエンタルアート 栗 1997	メジロマックイーン	メジロティターン
		メジロオーロラ
	エレクトロアート	*ノーザンテースト
		*グランマスティーヴンス

距離	成長型	芝	ダート	瞬発力	パワー	底力
中長	普	○	△	△	△	△

RANKING 172
*アルデバランII
ALDEBARAN
2022 148
米最優秀スプリンターに選出

総収得賞金	72,198,000円	アーニング INDEX	0.47

● 1998生　●鹿毛　●供用地／青森県・JBBA七戸種馬場

　2～5歳時に英米で25戦8勝。5歳を迎えて大きく花開き、サンカルロスH、メトロポリタンH、フォアゴーHとGIを3勝したほか、GII2勝。2003年米チャンピオンスプリンターに選ばれる。半兄に米GI馬グッドジャーニー(アットマイル)。産駒にメインシークエンス(BCターフ)、ダンスディレクター(シルクロードS2回)、ギシギシ。

系統：ミスタープロスペクター系　母父系統：ソードダンサー系

父 Mr. Prospector 鹿 1970	Raise a Native	Native Dancer
		Raise You
	Gold Digger	Nashua
		Sequence
母 Chimes of Freedom 栗 1987	Private Account	Damascus
		Numbered Account
	Aviance	Northfields
		Minnie Hauk

距離	成長型	芝	ダート	瞬発力	パワー	底力
短マ	普	○	△	△	△	△

RANKING 173
ハクサンムーン
HAKUSAN MOON
2022 186
芝短距離重賞戦線で活躍示す

総収得賞金	71,107,000円	アーニング INDEX	0.48

● 2009年生　●栗毛　●供用地／新ひだか・レックススタッド

　2～7歳時に日で29戦7勝。3歳時の京阪杯、4歳時のアイビスサマーダッシュ、セントウルSと重賞を3勝したほか、スプリンターズSで2着、高松宮記念で2、3着、オーシャンSで2着2回した一流スプリンター。半弟に日本産の独GIII馬ウォーリングステイツ(バヴァーリアンクラシック)。産駒にハクサンハーバー、ハクサンオリヒメ。

系統：フォーティナイナー系　母父系統：テスコボーイ系

父 アドマイヤムーン 鹿 2003	*エンドスウィープ	*フォーティナイナー
		Broom Dance
	マイケイティーズ	*サンデーサイレンス
		*ケイティーズファースト
母 チリエージェ 栗 2001	サクラバクシンオー	サクラユタカオー
		サクラハゴロモ
	メガミゲラン	*シェイディハイツ
		モガミゲラン

距離	成長型	芝	ダート	瞬発力	パワー	底力
短	普	○	△	○	△	△

※ 171位のアニマルキングダムは P360 に掲載しています。

レインボーライン
RAINBOW LINE
2022 267
5歳で花開いた名ステイヤー

総収得賞金	69,968,000円	アーニング INDEX	0.41

● 2013年生 ● 鹿毛 ● 2022年引退

　2〜5歳時に日で22戦5勝。3歳2月のアーリントンCで重賞初制覇。NHKマイルCで3着した。その後は、芝中長距離戦線を主戦場とし、菊花賞で2着。5歳となり最盛期を迎え、阪神大賞典、天皇賞・春を連勝する。半姉にアニメイトバイオ（ローズS）、叔父にエースインザレース（兵庫ジュニアGP）。産駒にワイズゴールド。

系統：サンデーサイレンス系　母父系統：デピュティミニスター系

父	*サンデーサイレンス	Halo
ステイゴールド		Wishing Well
黒鹿 1994	ゴールデンサッシュ	*ディクタス
		ダイナサッシュ
母	*フレンチデピュティ	Deputy Minister
レーゲンボーゲン		Mitterand
栗 2002	レインボーファスト	レインボーアンバー
		レインボーローズ

距離	成長型	芝	ダート	瞬発力	パワー	底力
中長	普	○	○	△	○	○

TAPIT
タピット
2022 141
北米首位サイアーに3度輝く

総収得賞金	68,901,000円	アーニング INDEX	1.06

● 2001年生 ● 芦毛 ● 供用地／アメリカ

　2〜3歳時に米で6戦3勝。3歳4月にGIウッドメモリアルSを制した。米で種牡馬となり、2014〜2016年と3年連続で北米リーディングサイアーを獲得する大成功を収める。産駒にフライトライン（BCクラシック）、トゥーナリスト（ベルモントS）、エッセンシャルクオリティ（ベルモントS）、テスタマッタ（フェブラリーS）、ラニ。

系統：エーピーインディ系　母父系統：アンブライドルド系

父	A.P. Indy	Seattle Slew
Pulpit		Weekend Surprise
鹿 1994	Preach	Mr. Prospector
		Narrate
母	Unbridled	Fappiano
Tap Your Heels		Gana Facil
芦 1996	Ruby Slippers	Nijinsky
		Moon Glitter

距離	成長型	芝	ダート	瞬発力	パワー	底力
マ中	普	○	◎	○	○	◎

GUN RUNNER
ガンランナー
2022 187
種牡馬で躍進の米年度代表馬

総収得賞金	68,132,000円	アーニング INDEX	1.63

● 2013年生 ● 栗毛 ● 供用地／アメリカ

　2〜5歳時に米首で19戦12勝。2着となった4歳3月のドバイWCから帰国後に快進撃を開始。スティーヴンフォスターH、ホイットニーS、ウッドワードS、BCクラシック、5歳1月のペガサスWCとGI5連勝。2017年米年度代表馬にも選ばれた。産駒にアーリーヴォーティング（プリークネスS）、エコーズール。日本でドライゼ。

系統：ファピアノ系　母父系統：ストームキャット系

父	Ride the Rails	Cryptoclearance
Candy Ride		Herbalesian
鹿 1999	Candy Girl	Candy Stripes
		City Girl
母	Giant's Causeway	Storm Cat
Quiet Giant		Mariah's Storm
鹿 2007	Quiet Dance	Quiet American
		Misty Dancer

距離	成長型	芝	ダート	瞬発力	パワー	底力
マ中	普	◎	◎	○	◎	◎

アイファーソング
EIFER SONG
2022 374
公営名古屋移籍後も実力示す

総収得賞金	66,519,000円	アーニング INDEX	1.10

● 2008年生 ● 青毛 ● 2022年引退

　2〜8歳時に日で34戦12勝。JRAでデビューし、準OP特別を2勝、アンタレスSでゴルトブリッツの2着するなど、ダート中距離戦線で一線級の活躍を示す。公営名古屋移籍後も、オープンクラスの特別戦で勝ち鞍を重ね、地力の高さを見せた。父は彗星の如く登場してきた菊花賞馬。産駒にアイファーテイオー、アイファースキャン。

系統：キングマンボ系　母父系統：デピュティミニスター系

父	*エルコンドルパサー	Kingmambo
ソングオブウインド		*サドラーズギャル
青鹿 2003	メモリアルサマー	*サンデーサイレンス
		サマーワイン
母	*デヒア	Deputy Minister
アイファーペガサス		Sister Dot
黒鹿 2001	アストライアー	*リアルシャダイ
		ジュウジアロー

距離	成長型	芝	ダート	瞬発力	パワー	底力
中	普	△	○	△	○	△

　※ 174位のアポロケンタッキーは P360 に掲載しています。

RANKING 179 *マクマホン MACMAHON
日本で供用中の伊ダービー馬
2022 **213**

総収得賞金	66,131,000円	アーニング INDEX	0.34

● 2014年生 ●鹿毛 ●供用地/日高・エスティファーム

3〜4歳時に伊仏華で10戦5勝。カパンネッレ競馬場芝2200mコースを舞台とするGⅡ伊ダービーに勝利した。ほかにGⅡローマ賞で2着、GⅡフェデリコテシオ賞で3着している。父は伊のマイル戦GⅠヴィットリオディカプア賞など伊重賞を4勝した強豪。母も伊で走り3勝をあげた。産駒にトーセンヴィオラ、サムタイムアゴー。

系統：ノーザンダンサー系	母父系統：ミスタープロスペクター系		
父 Ramonti 鹿 2002	Martino Alonso	Marju	
		Cheerful Note	
	Fosca	El Gran Senor	
		La Locandiera	
母 Miss Sultin 鹿 2004	Celtic Swing	*ダミスター	
		Celtic Ring	
	Miss Caerleon	Caerleon	
		Satin Pointe	

距離	成長型	芝	ダート	瞬発力	パワー	底力
マ中	普	○	○	△	○	△

RANKING 180 レーヴミストラル REVE MISTRAL
GⅡを2勝した世界的名血馬
2022 **264**

総収得賞金	65,947,000円	アーニング INDEX	0.35

● 2012年生 ●鹿毛 ● 2023年死亡

2〜6歳時に日で17戦4勝。3歳5月の青葉賞で重賞初制覇。秋にはアルゼンチン共和国杯で古馬陣と対戦し3着まで。4歳1月の日経新春杯で2つ目のGⅡタイトルを得た。母は仏GⅠサンタラリ賞の勝ち馬。半姉にレーヴディソール（阪神JF）、いとこにベスラー（愛1000ギニー）。産駒にビップナージャ、ニシノシャイニング。

系統：キングマンボ系	母父系統：グレイソヴリン系		
父 キングカメハメハ 鹿 2001	Kingmambo	Mr. Prospector	
		Miesque	
	*マンファス	*ラストタイクーン	
		Pilot Bird	
母 *レーヴドスカー 芦 1997	Highest Honor	Kenmare	
		High River	
	Numidie	*バイアモン	
		Yamuna	

距離	成長型	芝	ダート	瞬発力	パワー	底力
中長	普	○	○	○	○	△

RANKING 181 *ヴィットリオドーロ VITTORIO D'ORO
魅力的な血統を持つ米国産馬
2022 **129**

総収得賞金	65,300,000円	アーニング INDEX	0.52

● 2009年生 ●黒鹿毛 ● 2022年引退

2〜5歳時に日で12戦4勝。2歳9月の新馬戦に勝つも、以降低迷。4歳で復調し、3つの勝ち鞍を重ねた。父は米の名種牡馬。母は浦和記念、エルムS、関東オークスなどダート重賞を計8勝した砂の名牝。甥にハヤブサマカオー（兵庫ジュニアGP）。産駒にオマツリオトコ（兵庫ジュニアGP）、イグナシオドーロ（北海道2歳優駿）。

系統：エルプラド系	母父系統：ミスタープロスペクター系		
父 Medaglia d'Oro 黒鹿 1999	El Prado	Sadler's Wells	
		Lady Capulet	
	Cappucino Bay	Bailjumper	
		Dubbed In	
母 プリエミネンス 鹿 1997	*アフリート	Mr. Prospector	
		Polite Lady	
	アジテーション	Caerleon	
		*ランザリスク	

距離	成長型	芝	ダート	瞬発力	パワー	底力
中	普	△	◎	△	○	○

RANKING 182 タニノギムレット TANINO GIMLET
父娘でダービー制す快挙達成
2022 **151**

総収得賞金	63,183,000円	アーニング INDEX	0.32

● 1999年生 ●鹿毛 ● 2020年引退

2〜3歳時に日で8戦5勝。3歳となりシンザン記念、アーリントンC、スプリングSと重賞3連勝。しかし、皐月賞、NHKマイルCは、共に3着に終わる。捲土重来を期したダービーでは、シンボリクリスエスとの追い比べを力づくで制した。産駒に64年振りの牝馬ダービー馬となったウオッカ。ハギノハイブリット（京都新聞杯）。

系統：ロベルト系	母父系統：カロ系		
父 *ブライアンズタイム 黒鹿 1985	Roberto	Hail to Reason	
		Bramalea	
	Kelley's Day	Graustark	
		Golden Trail	
母 タニノクリスタル 栗 1988	*クリスタルパレス	Caro	
		Hermieres	
	*タニノシーバード	Sea Bird	
		Flaxen	

距離	成長型	芝	ダート	瞬発力	パワー	底力
マ中	普	◎	○	◎	○	○

ワンアンドオンリー
ONE AND ONLY
父に初ダービータイトル贈る

総収得賞金	62,635,000円	アーニング INDEX	0.79

● 2011年生 ● 黒鹿毛 ● 供用地／熊本県・ストームファーム

　2～6歳時に日首で33戦4勝。2歳暮れのラジオNIKKEI杯2歳Sで重賞初制覇。弥生賞2着、皐月賞4着を経て臨んだダービーでは、イスラボニータとの追い比べを制し、父に初のダービータイトルをもたらした。秋緒戦の神戸新聞杯にも勝ち、4歳時のドバイシーマクラシックで3着している。産駒にシャンバラ、アトラクティーボ。

系統：サンデーサイレンス系	母父系統：ヘイルトゥリーズン系		
父 ハーツクライ 鹿 2001	*サンデーサイレンス	Halo	
		Wishing Well	
	アイリッシュダンス	*トニービン	
		*ビューパーダンス	
母 ヴァーチュ 鹿 2002	*タイキシャトル	Devil's Bag	
		*ウェルシュマフィン	
	サンタムール	Danzig	
		*アンブロジン	

距離	成長型	芝	ダート	瞬発力	パワー	底力
中長	普	○	○	△	△	○

OPTIMIZER
オプティマイザー
一族にGIホースたちが揃う

総収得賞金	62,390,000円	アーニング INDEX	13.46

● 2009年生 ● 鹿毛 ● 供用地／アメリカ

　2～6歳時に米で33戦5勝。ケントSなど米GIIIを3勝、GIWRターフクラシックSで2着している。祖母は米GIヘムステッドHに勝利。叔母に米GI馬ファインダーズフィー（メイトロンS、エイコーンS）、いとこにジュンコ（香港ヴァーズ、バイエルン大賞）。日本で走る産駒に、3勝クラス特別を勝ち抜けたモズゴールドバレル。

系統：スマートストライク系	母父系統：エーピーインディ系		
父 English Channel 栗 2002	Smart Strike	Mr.Prospector	
		Classy'n Smart	
	Belva	Theatrical	
		Committed	
母 Indy Pick 黒鹿 1998	A.P.Indy	Seattle Slew	
		Weekend Surprise	
	Fantastic Find	Mr. Prospector	
		Blitey	

距離	成長型	芝	ダート	瞬発力	パワー	底力
マ中	普	△	△	△	△	△

*ケイムホーム
CAME HOME
日本でGI産駒出した米名馬

総収得賞金	61,182,000円	アーニング INDEX	0.29

● 1999年生 ● 黒鹿毛 ● 2021年死亡

　2～3歳時に米で12戦9勝。2歳時のホープフルSでGI初制覇。3歳となり、GIIサンヴィセンテS、GIIサンラファエルS、GIサンタアニタダービーと3連勝。ケンタッキーダービー6着を挟み、GIIIアファームドH、GIIスワップスS、GIパシフィッククラシックSと再び重賞を3連勝する。産駒にインティ（フェブラリーS）。

系統：ゴーンウエスト系	母父系統：ニアークティック系		
父 Gone West 鹿 1984	Mr. Prospector	Raise a Native	
		Gold Digger	
	Secrettame	Secretariat	
		Tamerett	
母 Nice Assay 黒鹿 1988	Clever Trick	Icecapade	
		Kankakee Miss	
	*インフルヴュー	Full Out	
		Turn n'See	

距離	成長型	芝	ダート	瞬発力	パワー	底力
短中	普					

*アグネスデジタル
AGNES DIGITAL
コース、内外問わずGI6勝

総収得賞金	60,952,000円	アーニング INDEX	0.63

● 1997年生 ● 栗毛 ● 2021年死亡

　2～6歳時に日香首で32戦12勝。3歳秋のマイルCSを皮切りに、4歳時の天皇賞・秋、香港C、5歳時のフェブラリーS、6歳時の安田記念と、芝、ダート、マイル、中距離、国内外を股にかけ、GIを計6勝した個性派名馬。半弟にジャリスコライト（京成杯）。産駒にカゼノコ（ジャパンダートダービー）、GII馬ヤマニンキングリー。

系統：ミスタープロスペクター系	母父系統：ダンチヒ系		
父 Crafty Prospector 栗 1979	Mr. Prospector	Raise a Native	
		Gold Digger	
	Real Crafty Lady	In Reality	
		Princess Roycraft	
母 Chancey Squaw 鹿 1991	Chief's Crown	Danzig	
		Six Crowns	
	Alliance	Alleged	
		Runaway Bride	

距離	成長型	芝	ダート	瞬発力	パワー	底力
マ中	普	○	◎	◎	◎	◎

RANKING 187 ウインバリアシオン
WIN VARIATION
2022 177　3冠馬オルフェーヴルのライバル

総収得賞金	59,939,000円	アーニング INDEX	0.24

● 2008年生　●鹿毛　●供用地／青森県・スプリングファーム

　2～7歳時に日で23戦4勝。青葉賞を勝って臨んだダービーでオルフェーヴルの2着。秋は菊花賞でもオルフェーヴルの2着。5歳時の有馬記念でもオルフェーヴルの2着に入った。ほかに日経賞を勝ち、天皇賞・春2着（6歳時）、同3着（4歳時）。ハーツクライの初年度産駒。産駒にオタクインパクト（門別・道営記念2着）。

系統：サンデーサイレンス系　母父系統：ノーザンダンサー系

父	*サンデーサイレンス	Halo
ハーツクライ		Wishing Well
鹿 2001	アイリッシュダンス	*トニービン
		ビューパーダンス
母	Storm Bird	Northern Dancer
*スーパーバレリーナ		South Ocean
鹿 1994	*カウントオンアチェンジ	Time for a Change
		Count On Kathy

距離	成長型	芝	ダート	瞬発力	パワー	底力
中長	普	○	○	△	○	△

RANKING 188 EXCEED AND EXCEL
エクシードアンドエクセル
2022 232　世界中で産駒が活躍する名サイアー

総収得賞金	59,735,000円	アーニング INDEX	3.22

● 2000年生　●鹿毛　● 2020年引退

　2～3歳時に豪英で12戦7勝。ドバイレーシングクラブC、ニューマーケットH。産駒にエクセレブレーション（ムーランドロンシャン賞）、ミスタースタニング（香港スプリント2回）、マーゴットディド（ナンソープS）、アンバースカイ（アルクォーツスプリント）、モージ（英1000ギニー）。2012/13豪リーディングサイアー。

系統：デインヒル系　母父系統：ノーザンダンサー系

父	Danzig	Northern Dancer
*デインヒル		Pas de Nom
鹿 1986	Razyana	His Majesty
		Spring Adieu
母	Lomond	Northern Dancer
Patrona		My Charmer
栗 1994	Gladiolus	Watch Your Step
		Back Britches

距離	成長型	芝	ダート	瞬発力	パワー	底力
短中	普	◎	○	○	○	○

RANKING 189 ワンダーアキュート
WONDER ACUTE
2022 166　遅咲きのダートGIウイナー

総収得賞金	58,685,000円	アーニング INDEX	0.51

● 2006年生　●鹿毛　● 2023年引退

　3～9歳時に日で48戦13勝。6歳時にJBCクラシックで初GI制覇を飾ると、8歳時に帝王賞、9歳時にかしわ記念とGIを3勝した。ほかに東海S、日本テレビ盃、武蔵野S、ジャパンCダート2着3回、東京大賞典2着2回など。父は米2冠馬。母系は半兄にワンダースピード（東海S）。産駒にアキュートガール（園田・新春賞）。

系統：ノーザンダンサー系　母父系統：リボー系

父	Summer Squall	Storm Bird
*カリスマティック		Weekend Surprise
栗 1996	Bali Babe	Drone
		Polynesian Charm
母	Pleasant Tap	Pleasant Colony
*ワンダーヘリテージ		Never Knock
黒鹿 1995	Casa Petrone	Petrone
		Grand Tania

距離	成長型	芝	ダート	瞬発力	パワー	底力
中長	普	○	○	△	○	○

RANKING 190 *ハードスパン
HARD SPUN
2022 183　日米でGI馬を出す名種牡馬

総収得賞金	58,448,000円	アーニング INDEX	0.66

● 2004年生　●鹿毛　●供用地／アメリカ

　2～3歳時に米で13戦7勝。キングズビショップS、ケンタッキーダービー2着、BCクラシック2着、プリークネスS3着。産駒にスパントゥラン（P408）、アロハウエスト（BCスプリント）、ハーデストコア（アーリントンミリオン）、クエスティング（CCAオークス）、サマリーズ（全日本2歳優駿）、メイケイダイハード（中京記念）。

系統：ダンチヒ系　母父系統：レイズアネイティヴ系

父	Northern Dancer	Nearctic
Danzig		Natalma
鹿 1977	Pas de Nom	Admiral's Voyage
		Petitioner
母	Turkoman	Alydar
Turkish Tryst		Taba
栗 1991	Darbyvail	Roberto
		Luiana

距離	成長型	芝	ダート	瞬発力	パワー	底力
中	普	○	◎	○	○	○

191
2022 **135**

POINT OF ENTRY
ポイントオブエントリー
高松宮記念2着馬を輩出

総収得賞金	58,075,000円	アーニング INDEX	2.09

● 2008年生 ●鹿毛 ●供用地／カナダ

　3〜5歳時に米で18戦9勝。マンノウォーS、ソードダンサー招待S、ターフクラシック招待S、ガルフストリームパークターフH、マンハッタンH。父ダイナフォーマーは米でロベルト系を発展させている名種牡馬。産駒にポイントミーバイ（ブルースDS）。日本では関屋記念、京都牝馬Sを勝ち高松宮記念で2着したロータスランドがいる。

系統：ロベルト系		母父系統：シーキングザゴールド系	
父 Dynaformer 黒鹿 1985	Roberto	Hail to Reason	
		Bramalea	
	Andover Way	His Majesty	
		On the Trail	
母 Matlacha Pass 鹿 1997	Seeking the Gold	Mr. Prospector	
		Con Game	
	Our Country Place	Pleasant Colony	
		*メイプルジンスキー	

距離	成長型	芝	ダート	瞬発力	パワー	底力
中長	普	○	○	○	○	○

192
2022 **185**

ナムラタイタン
NAMURA TITAN
貴重なサウスヴィグラスの後継

総収得賞金	57,600,000円	アーニング INDEX	0.65

● 2006年生 ●栗毛 ●2023年引退

　3〜11歳時に日で52戦21勝。中央で武蔵野Sを勝ち、東海S2着、平安S3着、プロキオンS3着などの戦績を残した。地方の岩手競馬移籍後も、シアンモア記念、みちのく大賞典など当地の大レースを勝ちまくった。父はP186参照。本馬はその貴重な後継種牡馬の一頭。産駒にブンブンマル（名古屋・新春ペガサスC、名古屋・湾岸スターC）。

系統：フォーティナイナー系		母父系統：ミスタープロスペクター系	
父 *サウスヴィグラス 栗 1996	*エンドスウィープ	*フォーティナイナー	
		Broom Dance	
	*ダーケストスター	Star de Naskra	
		Minnie Riperton	
母 ネクストタイム 栗 1995	*アフリート	Mr. Prospector	
		Polite Lady	
	*ジャビラバ	Majestic Light	
		*コマーズ	

距離	成長型	芝	ダート	瞬発力	パワー	底力
マ中	普	△	○	△	△	△

193
2022 **159**

UNCLE MO
アンクルモー
カロ系を米で発展させる異流血脈

総収得賞金	57,082,000円	アーニング INDEX	1.37

● 2008年生 ●鹿毛 ●供用地／アメリカ

　2〜3歳時に米で8戦5勝。BCジュヴナイル、シャンペンS。2010年米最優秀2歳牡馬。産駒にナイキスト（ケンタッキーダービー）、モードニゴール（ベルモントS）、ゴールデンパル（BCターフスプリント）、モータウン（ハリウッドダービー）。インエクセス〜インディアンチャーリーと続くカロ系を米で発展させている。

系統：カロ系		母父系統：ロベルト系	
父 Indian Charlie 鹿 1995	In Excess	Siberian Express	
		Kantado	
	Soviet Sojourn	Leo Castelli	
		Political Parfait	
母 Playa Maya 黒鹿 2000	Arch	Kris S.	
		Aurora	
	Dixie Slippers	Dixieland Band	
		Cyane's Slippers	

距離	成長型	芝	ダート	瞬発力	パワー	底力
マ中	普	○	◎	○	○	○

194
2022 **139**

*ヨハネスブルグ
JOHANNESBURG
Sキャット系を発展させた快速馬

総収得賞金	56,468,000円	アーニング INDEX	0.36

● 1999年生 ●鹿毛 ● 2019年引退

　2〜3歳時に英愛仏米で10戦7勝。BCジュヴナイル、モルニ賞、ミドルパークS。2001年の欧州＆米最優秀2歳牡馬。産駒にスキャットダディ（フロリダダービー）、ホウライアキコ（デイリー杯2歳S）。直仔スキャットダディが米3冠馬ジャスティファイを出すなど種牡馬として大成功して、ストームキャット系を発展させている。

系統：ストームキャット系		母父系統：ソードダンサー系	
父 *ヘネシー 栗 1993	Storm Cat	Storm Bird	
		Terlingua	
	Island Kitty	Hawaii	
		T.C.Kitten	
母 Myth 鹿 1993	*オジジアン	Damascus	
		Gonfalon	
	Yarn	Mr. Prospector	
		Narrate	

距離	成長型	芝	ダート	瞬発力	パワー	底力
短マ	早					

RANKING 195

2022 126

*グラスワンダー
GRASS WONDER
ロベルト系を広めた名馬

総収得賞金	56,185,000円	アーニング INDEX	0.48

● 1995年生　● 栗毛　● 2020年引退

　2〜5歳時に日で15戦9勝。有馬記念2回、宝塚記念、朝日杯3歳S。1997年最優秀2歳牡馬。父シルヴァーホークはロベルト系を世界で発展させた名種牡馬。産駒にスクリーンヒーロー（P126）、アーネストリー（宝塚記念）、セイウンワンダー（朝日杯FS）。直仔のスクリーンヒーローがモーリス（P56）を出し父系を伸ばしている。

系統：ロベルト系　母父系統：ダンチヒ系			
父 Silver Hawk 鹿 1979	Roberto	Hail to Reason	
		Bramalea	
	Gris Vitesse	Amerigo	
		Matchiche	
母 Ameriflora 鹿 1989	Danzig	Northern Dancer	
		Pas de Nom	
	Graceful Touch	His Majesty	
		Pi Phi Gal	

距離	成長型	芝	ダート	瞬発力	パワー	底力
万	普	◎	○	◎	○	○

RANKING 196

2022 331

サクラオリオン
SAKURA ORION
名馬の血をつなげていきたい

総収得賞金	55,702,000円	アーニング INDEX	1.09

● 2002年生　● 黒鹿毛　● 供用地／新ひだか・新和牧場

　3〜8歳時に日で41戦6勝。中京記念、函館記念を勝ち札幌記念で3着。父はジャパンC、NHKマイルCを勝ち、凱旋門賞で2着した名馬で、本馬は数少ない直仔種牡馬。叔父に名種牡馬ゴーンウエスト（ドワイヤーS）、ライオンキャヴァーン（種牡馬）。産駒にカイザーメランジェ（函館SS）、スタークニナガ（盛岡・オパールC）。

系統：キングマンボ系　母父系統：ダンチヒ系			
父 *エルコンドルパサー 黒鹿 1995	Kingmambo	Mr. Prospector	
		Miesque	
	*サドラーズギャル	Sadler's Wells	
		Glenveagh	
母 *サクラセクレテーム 黒鹿 1993	Danzig	Northern Dancer	
		Pas de Nom	
	Secrettame	Secretariat	
		Tamerett	

距離	成長型	芝	ダート	瞬発力	パワー	底力
中	普	△	○	△	○	△

RANKING 197

2022 208

ポアゾンブラック
POISON BLACK
父のスピードを産駒に伝えたい

総収得賞金	55,417,000円	アーニング INDEX	0.75

● 2009年生　● 青毛　● 供用地／新ひだか・アロースタッド

　2〜8歳時に日で33戦12勝。L春雷S、LエニフS、道営スプリントを勝ち、南部杯2着、北海道スプリントC2着、クラスターC2着。父はスプリンターズSを勝った快速馬で、本馬はその貴重な後継種牡馬。産駒にイチネンエーグミ（湯布院特別）、スターオブケリー（盛岡・ハヤテスプリント）、キューティロメラ（盛岡・プリンセスC）。

系統：シーキングザゴールド系　母父系統：ダンチヒ系			
父 *マイネルラヴ 青鹿 1995	Seeking the Gold	Mr. Prospector	
		Con Game	
	Heart of Joy	*リィフォー	
		Mythographer	
母 サンライトチーフ 栗 2003	*チーフベアハート	Chief's Crown	
		Amelia Bearhart	
	サンライトコール	*スルーザドラゴン	
		イズミサンエイ	

距離	成長型	芝	ダート	瞬発力	パワー	底力
短マ	普	△	○	△	△	△

RANKING 198

2022 234

UNION RAGS
ユニオンラグス
個性的な父系の後継馬

総収得賞金	55,079,000円	アーニング INDEX	1.98

● 2009年生　● 鹿毛　● 供用地／アメリカ

　2〜3歳時に米で8戦5勝。ベルモントS、シャンペンS、BCジュヴナイル2着。父ディキシーユニオンはハスケル招待HなどGI2勝。ノーザンダンサー系の傍流を伝える父系。母系は甥にデクラレーションオブウォー（P160）。産駒にエクスプレストレイン（サンタアニタH）、ユニオンストライク（デルマーデピュタントS）。

系統：ノーザンダンサー系　母父系統：ゴーンウエスト系			
父 Dixie Union 黒鹿 1997	Dixieland Band	Northern Dancer	
		Mississippi Mud	
	She's Tops	Capote	
		She's a Talent	
母 Tempo 栗 1992	Gone West	Mr. Prospector	
		Secrettame	
	Terpsichorist	Nijinsky	
		Glad Rags	

距離	成長型	芝	ダート	瞬発力	パワー	底力
マ中	普	○	○	○	○	○

ヴァンキッシュラン
VANQUISH RUN
青葉賞勝ちの良血ディープ産駒

総収得賞金	53,636,000円	アーニング INDEX	0.53

● 2013年生　●黒鹿毛　●供用地／日高・エスティファーム

　2〜3歳時に日で8戦3勝。当歳セレクトセールで1億9950万円の高値で取引された期待馬。3歳時、500万下特別を勝って臨んだ青葉賞で重賞初制覇。続くダービーでは6番人気に推されるも13着。母は仏GIオペラ賞の勝ち馬。母系は叔父にムブタヒージ（オーサムアゲインS）。産駒にトーセンヴァンノ（札幌2歳S 3着）。

系統：サンデーサイレンス系	母父系統：ガリレオ系

父		Halo
ディープインパクト	*サンデーサイレンス	Wishing Well
鹿 2002	*ウインドインハーヘア	Alzao
		Burghclere
母	Galileo	Sadler's Wells
*リリーオブザヴァレー		Urban Sea
鹿 2007	Pennegale	Pennekamp
		Gale Warning

距離	成長型	芝	ダート	瞬発力	パワー	底力
中	普	○	○	○	○	○

SHOWCASING
ショーケーシング
産駒はスピードを活かし活躍

総収得賞金	52,378,000円	アーニング INDEX	5.65

● 2011年生　●鹿毛　●供用地／イギリス

　2〜3歳時に英で7戦2勝。ジムクラックS、ミドルパークS 3着。父はP335参照。母系は半兄にカマチョ（種牡馬）、2代母にプロフェシー（チェヴァリーパークS）。産駒にベルベク（ジャンリュックラガルデール賞）、アドヴァータイズ（モーリスドギース賞）、モハーザー（サセックスS）、ペースセッティング（シンザン記念2着）。

系統：グリーンデザート系	母父系統：ゴーンウエスト系

父		Danzig
Oasis Dream	Green Desert	Foreign Courier
鹿 2000	Hope	*ダンシングブレーヴ
		Bahamian
母	Zafonic	Gone West
Arabesque		Zaizafon
鹿 1997	Prophecy	*ウォーニング
		Andaleeb

距離	成長型	芝	ダート	瞬発力	パワー	底力
短マ	普	◎	○	○	○	○

バンドワゴン
BANDWAGON
半弟が種牡馬で大ブレイク！

総収得賞金	51,700,000円	アーニング INDEX	1.01

● 2011年生　●黒鹿毛　●供用地／新冠・白馬牧場

　2〜7歳時に日で13戦4勝。2戦2勝で臨んだきさらぎ賞は1番人気に推されるも2着。以後、自己条件で2勝をあげるも重賞では振るわず。父は凱旋門賞2着馬で、種牡馬として日本で大成功を収めた。母系は半弟にスワーヴリチャード（ジャパンC）、2代母は米GII 2勝馬。産駒にバンドマスター、バンドシェル。

系統：リファール系	母父系統：アンブライドルド系

父		Lyphard
*ホワイトマズル	*ダンシングブレーヴ	Navajo Princess
鹿 1990	Fair of the Furze	Ela-Mana-Mou
		Autocratic
母	Unbridled's Song	Unbridled
*ピラミマ		Trolley Song
黒鹿 2005	*キャリアコレクション	General Meeting
		River of Stars

距離	成長型	芝	ダート	瞬発力	パワー	底力
中	普	○	○	△	△	△

*エーシントップ
A SHIN TOP
重賞で3勝をあげた快速馬

総収得賞金	51,207,000円	アーニング INDEX	0.79

● 2010年生　●黒鹿毛　●供用地／鹿児島県・新保牧場

　2〜5歳時に日で24戦6勝。3歳時、シンザン記念、ニュージーランドTと連勝してNHKマイルCでは1番人気に推されたが7着。ほかに京王杯2歳S、高松宮記念4着。父テイルオブザキャットは米芝牡馬チャンピオンのジオポンティ（アーリントンミリオン）などを輩出した名種牡馬。産駒にエイシンエイト（HTB杯）。

系統：ストームキャット系	母父系統：アンブライドルド系

父		Storm Bird
Tale of the Cat	Storm Cat	Terlingua
黒鹿 1994	Yarn	Mr. Prospector
		Narrate
母	Unbridled's Song	Unbridled
Ecology		Trolley Song
芦 2001	Gdansk's Honour	Danzig
		Royal Honoree

距離	成長型	芝	ダート	瞬発力	パワー	底力
マ	やや早	○	○	○	○	△

RANKING 203 アドマイヤマックス
ADMIRE MAX
2022 170　ダート強豪を輩出した芝GI馬

総収得賞金	49,501,000円	アーニング INDEX	0.63

● 1999年生　●鹿毛　● 2023年死亡

　2～6歳時に日香で23戦4勝。4歳時、安田記念2着、スプリンターズS3着と力を見せ、6歳時の高松宮記念で待望のGI制覇を遂げた。ほかに富士S、東京スポーツ杯2歳S。母系は名門のファンシミン系で、一族から桜花賞馬ラインクラフト。産駒にダートGI3勝のケイティブレイブ（P396）、ショウナンアポロン（マーチS）。

系統：サンデーサイレンス系		母父系統：ノーザンダンサー系

父		Halo	Hail to Reason
*サンデーサイレンス			Cosmah
青鹿 1986		Wishing Well	Understanding
			Mountain Flower
母		*ノーザンテースト	Northern Dancer
ダイナシュート			Lady Victoria
栗 1982		シャダイマイン	*ヒッティングアウェー
			*ファンシミン

距離	成長型	芝	ダート	瞬発力	パワー	底力
短マ	やや晩	◎	○	○	○	◎

RANKING 204 ハットトリック
HAT TRICK
2022 211　米で種牡馬として大成功

総収得賞金	48,959,000円	アーニング INDEX	10.56

● 2001年生　●黒鹿毛　● 2020年死亡

　3～6歳時に日香首で21戦8勝。マイルCS、香港マイル。2005年JRA最優秀短距離馬。母は米GIIサンタイネスS勝ち。産駒に欧州最優秀2歳牡馬のダブルシム（モルニ賞）、キングデヴィッド（ジャマイカH）、マカダミア（ゲイムリーS）、ジャイアントキリング（ダルドローチャ大賞）、日本でエアファンディタ（都大路S）。

系統：サンデーサイレンス系		母父系統：リボー系

父		Halo	Hail to Reason
*サンデーサイレンス			Cosmah
青鹿 1986		Wishing Well	Understanding
			Mountain Flower
母		Lost Code	Codex
*トリッキーコード			Loss or Gain
青鹿 1991		Dam Clever	Damascus
			Clever Bird

距離	成長型	芝	ダート	瞬発力	パワー	底力
短マ	普	○	○	◎	○	○

RANKING 205 トーセンホマレボシ
TOSEN HOMAREBOSI
2022 123　芝2200mGII戦をレコード勝ち

総収得賞金	46,685,000円	アーニング INDEX	0.24

● 2009年生　●鹿毛　●供用地／日高・エスティファーム

　2～3歳時に日で7戦3勝。3歳時、芝2200mの日本レコードとなる2分10秒0で京都新聞杯を快勝。続くダービーでもディープブリランテの0.1秒差3着と好走した。母系は名門のクラフティワイフ系で、半兄に芝2000mを日本レコード勝ちしたトーセンジョーダン（天皇賞・秋）など活躍馬多数。産駒にミッキースワロー（P376）。

系統：サンデーサイレンス系		母父系統：ノーザンダンサー系

父		*サンデーサイレンス	Halo
ディープインパクト			Wishing Well
鹿 2002		*ウインドインハーヘア	Alzao
			Burghclere
母		*ノーザンテースト	Northern Dancer
エヴリウィスパー			Lady Victoria
栗 1997		*クラフティワイフ	Crafty Prospector
			Wife Mistress

距離	成長型	芝	ダート	瞬発力	パワー	底力
中	普	◎	○	○	○	○

RANKING 206 DUBAWI
ドバウィ
2022 332　種付料世界ナンバーワンサイアー

総収得賞金	45,122,000円	アーニング INDEX	1.62

● 2002年生　●鹿毛　●供用地／イギリス

　2～3歳時に英愛仏で8戦5勝。愛2000ギニー、ジャックルマロワ賞、愛ナショナルS。父はドバイワールドC馬。産駒にモダンゲームス（BCマイル）、コロエバス（英2000ギニー）、ポストポンド（P328）、マクフィ（P148）ナイトオブサンダー（P305）など。2024年の種付料はフランケルと並ぶ35万ポンド（約6500万円）。

系統：シーキングザゴールド系		母父系統：ミルリーフ系

父		Seeking the Gold	Mr. Prospector
Dubai Millennium			Con Game
鹿 1996		Colorado Dancer	Shareef Dancer
			Fall Aspen
母		Deploy	Shirley Heights
Zomaradah			Slightly Dangerous
鹿 1995		Jawaher	*ダンシングブレーヴ
			High Tern

距離	成長型	芝	ダート	瞬発力	パワー	底力
マ中	普	◎	○	◎	○	◎

RANKING 208
ZOUSTAR
ズースター
2022 405
豪首位種牡馬の血を受け継ぐ

| 総収得賞金 | 45,063,000円 | アーニング INDEX | 2.43 |

●2010年生 ●鹿毛 ●供用地／オーストラリア

2～3歳時に豪で9戦6勝。アスコットヴェイルS、ゴールデンローズS、JJアトキンスS2着。父ノーザンミーティアは豪GI馬で、豪首位種牡馬エンコスタデラゴの直仔。産駒にサンライト（ニューマーケットH）、ズートーリ（ニューマーケットH）、レズー（チェヴァリーパークS）、日本でスリーアイランド（立待岬特別）。

系統：ノーザンダンサー系	母父系統：デインヒル系	
父 Northern Meteor 鹿 2005	Encosta De Lago	Fairy King
		Shoal Creek
	Explosive	Fappiano
		Scuff
母 Zouzou 鹿 2001	Redoute's Choice	*デインヒル
		Shantha's Choice
	Meteor Mist	Star Shower
		Sunbuster

距離	成長型	芝	ダート	瞬発力	パワー	底力
短マ	やや早	○	○	△	○	○

RANKING 209
＊ストリートセンス
STREET SENSE
2022 150
日本でもGI馬を輩出！

| 総収得賞金 | 43,970,000円 | アーニング INDEX | 1.05 |

●2004年生 ●黒鹿毛 ●供用地／アメリカ

2～5歳時に米で13戦6勝。ケンタッキーダービー、トラヴァーズS、BCジュヴナイル。2006年米最優秀2歳牡馬。父はドバイWC馬。産駒にマッキンジー（ホイットニーS）、スウィートリーズン（エイコーンS）。2013年に日本でリース供用され、ファッショニスタ（JBCレディスクラシック）、サヴィ（サマーチャンピオン）を輩出。

系統：マキャヴェリアン系	母父系統：ノーザンダンサー系	
父 Street Cry 黒鹿 1998	Machiavellian	Mr. Prospector
		Coup de Folie
	Helen Street	Troy
		Waterway
母 Bedazzle 鹿 1997	Dixieland Band	Northern Dancer
		Mississippi Mud
	Majestic Legend	His Majesty
		Long Legend

距離	成長型	芝	ダート	瞬発力	パワー	底力
マ中	普	○	◎	○	◎	○

RANKING 210
SAXON WARRIOR
サクソンウォリアー
2022 406
日本産の英クラシックホース

| 総収得賞金 | 43,830,000円 | アーニング INDEX | 0.73 |

●2015年生 ●鹿毛 ●供用地／アイルランド

2～3歳時に愛英で9戦4勝。英2000ギニー、レーシングポストT、エクリプスS2着、愛チャンピオンS2着。ノーザンファーム産。母はモイグレアスタッドS勝ちの2011年欧州2歳女王。いとこにコンティニュアス（英セントレジャー）。産駒にヴィクトリアロード（BCジュヴナイルターフ）、ルミエールロック（ブランドフォードS）。

系統：サンデーサイレンス系	母父系統：ガリレオ系	
父 ディープインパクト 鹿 2002	*サンデーサイレンス	Halo
		Wishing Well
	*ウインドインハーヘア	Alzao
		Burghclere
母 *メイビー 鹿 2009	Galileo	Sadler's Wells
		Urban Sea
	Sumora	*デインヒル
		Rain Flower

距離	成長型	芝	ダート	瞬発力	パワー	底力
マ中	普	◎	○	○	○	○

RANKING 211
トウケイヘイロー
TOKEI HALO
2022 207
芝2000mの重賞を3連勝

| 総収得賞金 | 43,053,000円 | アーニング INDEX | 1.16 |

●2009年生 ●鹿毛 ●供用地／日高・Yogiboヴェルサイユリゾートファーム

2～6歳時に日香首星で27戦8勝。4歳時、鳴尾記念、函館記念、札幌記念と芝2000mの重賞を3連勝。続く天皇賞・秋ではジェンティルドンナに次ぐ2番人気に支持されたが10着。ほかにダービー卿CT、香港C2着。父はP303参照。叔母にクインオブクイン（クイーン賞2着）。産駒にトウケイカッタロー（ネクストスター園田2着）。

系統：サンデーサイレンス系	母父系統：ミルリーフ系	
父 ゴールドヘイロー 青鹿 1997	*サンデーサイレンス	Halo
		Wishing Well
	*ニアーザゴールド	Seeking the Gold
		*ニヤー
母 ダンスクィーン 鹿 1992	*ミルジョージ	Mill Reef
		Miss Charisma
	ハイネスポート	*ノーザンテースト
		*ファンシミン

距離	成長型	芝	ダート	瞬発力	パワー	底力
中	普	○	○	○	○	○

※207位のゴールデンバローズはP361に掲載しています。

RANKING 212 — CONSTITUTION

RANKING 212
2022 252
CONSTITUTION
コンスティチューション
チリでも活躍馬を輩出！

総収賞金	41,580,000円	アーニング INDEX	1.49

● 2011年生　●鹿毛　●供用地／アメリカ

　3〜4歳時に米で8戦4勝。フロリダダービー、ドンH。母系は半妹にジャカランダ（テンプティドS）、叔父にエムシー（P318）、サーファー（マクトゥームチャレンジR1）。産駒にティズザロー（ベルモントS）、アメリカンレヴォリューション（シガーマイル）、フィギュレティ（智2000ギニー）、日本でサンライズラポール（TV静岡賞）。

系統：エーピーインディ系		母父系統：フォーティナイナー系	
父 Tapit 芦 2001	Pulpit	A.P. Indy	
		Preach	
	Tap Your Heels	Unbridled	
		Ruby Slippers	
母 Baffled 黒鹿 2005	Distorted Humor	*フォーティナイナー	
		Danzig's Beauty	
	Surf Club	Ocean Crest	
		Horns Gray	

距離	成長型	芝	ダート	瞬発力	パワー	底力
中	普	○	◎	○	○	○

RANKING 214 — CURLIN

RANKING 214
2022 162
CURLIN
カーリン
確実に父系を伸ばす名種牡馬

総収賞金	41,020,000円	アーニング INDEX	1.26

● 2004年生　●栗毛　●供用地／アメリカ

　3〜4歳時に米首で16戦11勝。BCクラシック、プリークネスS、ドバイWC、ジョッキークラブGC2回。2007、2008年米年度代表馬。父はP418参照。産駒にパレスマリス（P275）、ヴィーノロッソ（P409）、エグザジャレーター（プリークネスS）、エリートパワー（BCスプリント2回）、ステラーウインド（ゼニヤッタS）。

系統：スマートストライク系		母父系統：デピュティミニスター系	
父 Smart Strike 鹿 1992	Mr. Prospector	Raise a Native	
		Gold Digger	
	Classy'n Smart	Smarten	
		No Class	
母 Sherriff's Deputy 鹿 1994	Deputy Minister	Vice Regent	
		Mint Copy	
	Barbarika	Bates Motel	
		War Exchange	

距離	成長型	芝	ダート	瞬発力	パワー	底力
中	普	○	◎	○	◎	○

RANKING 215 — NEW APPROACH

RANKING 215
2022 194
NEW APPROACH
ニューアプローチ
2008年欧州3歳牡馬王者！

総収賞金	40,787,000円	アーニング INDEX	1.47

● 2005年生　●栗毛　●供用地／イギリス

　2〜3歳時に愛英で11戦8勝。英ダービー、英チャンピオンS、愛チャンピオンS、デューハーストS、ナショナルS。2007年欧州最優秀2歳牡馬、2008年欧州最優秀3歳牡馬。半兄にシンコウフォレスト（高松宮記念）。産駒にドーンアプローチ（P321）、マサー（英ダービー）、ダーリントンホール（共同通信杯）、ベストアプローチ。

系統：ガリレオ系		母父系統：アホヌーラ系	
父 Galileo 鹿 1998	Sadler's Wells	Northern Dancer	
		Fairy Bridge	
	Urban Sea	Miswaki	
		Allegretta	
母 Park Express 黒鹿 1983	Ahonoora	Lorenzaccio	
		Helen Nichols	
	Matcher	Match	
		Lachine	

距離	成長型	芝	ダート	瞬発力	パワー	底力
万	普	◎	○	○	○	◎

RANKING 216 — LOOKS THAT KILL

RANKING 216
2022 278
ルックスザットキル
LOOKS THAT KILL
ダートの短距離路線で活躍

総収賞金	40,400,000円	アーニング INDEX	0.67

● 2012年生　●鹿毛　●供用地／浦河・イーストスタッド

　2〜5歳時に日で23戦9勝。大井競馬に所属し当地区の重賞である優駿スプリント、習志野きらっとスプリント、アフター5スター賞を勝った。父ワイルドキャットヘアは、ダート6FのGIフランクJドフランシス記念の勝ち馬で、種牡馬としてもGIウイナーを輩出している。産駒にルックスソーリス、ドレスドトゥーキル。

系統：ストームキャット系		母父系統：ミスタープロスペクター系	
父 Wildcat Heir 鹿 2000	Forest Wildcat	Storm Cat	
		Victoria Beauty	
	Penniless Heiress	Pentelicus	
		Royal Ties	
母 Carol's Amore 鹿 2001	Two Punch	Mr. Prospector	
		Heavenly Cause	
	Lady Bering	Lord Gaylord	
		Bering Sea	

距離	成長型	芝	ダート	瞬発力	パワー	底力
短	普	△	○	△	△	△

※ 213位のミッキーグローリーはP361に掲載しています。

RANKING 217
ショウナンカンプ
SHONAN KAMPF
2022 154
高松宮記念勝ちの快速馬

| 総収得賞金 | 39,964,000円 | アーニング INDEX | 0.34 |

● 1998年生　● 鹿毛　● 2020年死亡

　3～5歳時に日で19戦8勝。4歳時、重賞初挑戦となった高松宮記念を鮮やかに逃げ切り、GIホースに輝く。ほかにスワンS、阪急杯、スプリンターズS 3着。産駒にショウナンアチーブ（ニュージーランドT、朝日杯FS 2着）、ラブカンプー（CBC賞、スプリンターズS 2着）、ショウナンワダチ（ニュージーランドT 2着）。

系統：テスコボーイ系	母父系統：ニジンスキー系		
父 サクラバクシンオー 鹿 1989	サクラユタカオー	*テスコボーイ
		アンジェリカ
	サクラハゴロモ	*ノーザンテースト
		*クリアアンバー
母 ショウナングレイス 鹿 1989	*ラッキーソブリン	Nijinsky
		Sovereign
	ヤセイコーソ	タケシバオー
		メジロチドリ

距離	成長型	芝	ダート	瞬発力	パワー	底力
短マ	普	○	△	○	○	○

RANKING 218
トーセンファントム
TOSEN PHANTOM
2022 190
産駒は南半球でGI制覇

| 総収得賞金 | 37,914,000円 | アーニング INDEX | 0.55 |

● 2007年生　● 鹿毛　● 2020年引退

　2歳時に日で4戦2勝。新馬、OP特別と連勝。東京スポーツ杯2歳S 2着から駒を進めた朝日杯FSは3番人気に推されるも14着に敗れた。母系は叔父にアグネスゴールド（スプリングS）。産駒に、日本で重賞勝ちした後、豪に移籍してGI 2勝をあげたブレイブスマッシュ（マニカトS、フューチュリティS、サウジアラビアRC）。

系統：サンデーサイレンス系	母父系統：グレイソヴリン系		
父 ネオユニヴァース 鹿 2000	*サンデーサイレンス	Halo
		Wishing Well
	*ポインテッドパス	Kris
		Silken Way
母 バースデイローズ 栗 1995	*トニービン	*カンパラ
		Severn Bridge
	エリザベスローズ	*ノーザンテースト
		*ノーベンバーローズ

距離	成長型	芝	ダート	瞬発力	パワー	底力
マ中	普	○	△	△	○	△

RANKING 219
*マスタリー
MASTERY
2022 280
日本での活躍も期待される

| 総収得賞金 | 37,636,000円 | アーニング INDEX | 8.12 |

● 2014年生　● 黒鹿毛　● 供用地／新ひだか・レックススタッド

　2～3歳時に米で4戦4勝。2歳時、無傷の3連勝でGIキャッシュコールフューチュリティを制覇。父キャンディライドは亜米で6戦無敗の名馬で、種牡馬としても成功している。叔父にジャンプスタート（サラトガスペシャル）。産駒にミッドナイトメモリーズ（ゼニヤッタS）、サクセスローレル（秋嶺S）。2024年から日本で供用される。

系統：ファピアノ系	母父系統：エーピーインディ系		
父 Candy Ride 鹿 1999	Ride the Rails	Cryptoclearance
		Herbalesian
	Candy Girl	Candy Stripes
		City Girl
母 Steady Course 栗 2001	Old Trieste	A.P. Indy
		Lovlier Linda
	Steady Cat	Storm Cat
		Hopespringsforever

距離	成長型	芝	ダート	瞬発力	パワー	底力
マ中	普		◎			

RANKING 220
*ロードアルティマ
LORD ULTIMA
2022 179
名種牡馬ゴーンウエストの半弟

| 総収得賞金 | 37,273,000円 | アーニング INDEX | 0.32 |

● 2000年生　● 黒鹿毛　● 2021年引退

　2～7歳時に日で12戦6勝。6歳時、準OPの札幌日刊スポーツ杯を勝ってセントウルSに出走。重賞初挑戦ながら3番人気に推されるも16着。父シーキングザゴールドは日本でもGI馬を3頭出した名種牡馬。母系は16歳上の半兄に名種牡馬ゴーンウエスト、甥にサクラオリオン（中京記念）。産駒にヒロイックアゲン（ルミエールオータムD）。

系統：シーキングザゴールド系	母父系統：ボールドルーラー系		
父 Seeking the Gold 鹿 1985	Mr. Prospector	Raise a Native
		Gold Digger
	Con Game	Buckpasser
		Broadway
母 Secrettame 栗 1978	Secretariat	Bold Ruler
		Somethingroyal
	Tamerett	Tim Tam
		Mixed Marriage

距離	成長型	芝	ダート	瞬発力	パワー	底力
短マ	普	○	△	○	△	△

RANKING 221 ワイルドワンダー
WILD WONDER
2022 **248**
ダートGIでも好走を見せる

総収得賞金	36,985,000円	アーニング INDEX	1.60

● 2002年生　●黒鹿毛　●2020年引退

2～8歳時に日で30戦9勝。アンタレスS、プロキオンS、根岸Sを勝ち、南部杯2着、フェブラリーS3着、かしわ記念3着とダート交流GIでも好走した。父は芝、ダートを問わず数多くの名馬を輩出し、一時代を築いた大種牡馬。半弟にオペラブラーボ（新潟大賞典3着）。産駒にワンダーマンボ（白馬岳特別）、アニメート（佐賀・背振山賞）。

系統：ロベルト系	母父系統：サンデーサイレンス系		
父 *ブライアンズタイム 黒鹿 1985	Roberto	Hail to Reason
		Bramalea
	Kelley's Day	Graustark
		Golden Trail
母 ワルツダンサー 鹿 1995	*サンデーサイレンス	Halo
		Wishing Well
	*ウィシングフォーアスター	Mr. Prospector
		Barbs Dancer

距離	成長型	芝	ダート	瞬発力	パワー	底力
短中	普	△	○	△	○	△

RANKING 222 QUALITY ROAD
クオリティロード
2022 **202**
米で大ブレイク中の種牡馬

総収得賞金	36,849,000円	アーニング INDEX	1.14

● 2006年生　●鹿毛　●供用地／アメリカ

2～4歳時に米で13戦8勝。フロリダダービー、ドンH、メトロポリタンH、ウッドワードSとGI4勝の活躍馬。産駒にシティオブライト（P 322）。2023年から24年にかけてナショナルトレジャー（ペガサスWC）、エンブレムロード（サウジC）、コーニッシュ（BCジュヴナイル）などが大活躍をして注目を浴びている。

系統：ゴーンウエスト系	母父系統：ニジンスキー系		
父 Elusive Quality 鹿 1993	Gone West	Mr. Prospector
		Secretame
	Touch of Greatness	Hero's Honor
		Ivory Wand
母 Kobla 鹿 1995	Strawberry Road	Whiskey Road
		Giftisa
	Winglet	Alydar
		Highest Trump

距離	成長型	芝	ダート	瞬発力	パワー	底力
中	普	○	◎	○	○	○

RANKING 223 *ウィルテイクチャージ
WILL TAKE CHARGE
2022 **302**
2013年の米3歳牡馬王者

総収得賞金	36,839,000円	アーニング INDEX	3.97

● 2010年生　●栗毛　●供用地／日高・ダーレー・ジャパンSコンプレックス

2～4歳時に米で21戦7勝。3冠レースはいずれも着外だったが、トラヴァーズSでクラシックホース2頭を撃破。その後、BCクラシック2着、クラークH1着の成績で2013年の米3歳牡馬王者に選ばれた。母はスピンスターS2勝馬。半兄にテイクチャージインディ（P 315）。産駒にゼアゴーズハーヴァード（ハリウッドGC）。

系統：アンブライドルド系	母父系統：デピュティミニスター系		
父 Unbridled's Song 芦 1993	Unbridled	Fappiano
		Gana Facil
	Trolley Song	Caro
		Lucky Spell
母 Take Charge Lady 鹿 1999	*デヒア	Deputy Minister
		Sister Dot
	Felicita	Rubiano
		Grand Bonheur

距離	成長型	芝	ダート	瞬発力	パワー	底力
中	普					

RANKING 224 ハタノヴァンクール
HATANO VAINQUEUR
2022 **165**
JDDと川崎記念を勝利！

総収得賞金	36,283,000円	アーニング INDEX	0.39

● 2009年生　●栗毛　●供用地／日高・新生ファーム

2～4歳時に日で17戦7勝。伏竜S、端午SとOP特別を連勝して臨んだジャパンダートダービーでGI初制覇。12月の東京大賞典で2着した後に、川崎記念でGI2勝目をあげた。ほかにブリーダーズGC。父はP84参照。母系は叔父にジャガーメイル（天皇賞・春）、産駒にスティールグレイス（門別・リリC）、アンダーザスター。

系統：キングマンボ系	母父系統：ロベルト系		
父 キングカメハメハ 鹿 2001	Kingmambo	Mr. Prospector
		Miesque
	*マンファス	*ラストタイクーン
		Pilot Bird
母 ハタノブリエ 栗 1997	*ブライアンズタイム	Roberto
		Kelley's Day
	ハヤベニコマチ	*サンデーサイレンス
		ターンツーダイナ

距離	成長型	芝	ダート	瞬発力	パワー	底力
中長	普	△	○	△	○	○

スノードラゴン
SNOW DRAGON
2014年JRA最優秀短距離馬

総収得賞金	35,964,000円	アーニングINDEX	0.41

● 2008年生　●芦毛　●供用地／新ひだか・レックススタッド

　2～11歳時に日香で61戦8勝。カペラS2着、オーシャンS2着、高松宮記念2着、北海道スプリントC2着など芝とダートの短距離重賞で好走を続け、6歳時のスプリンターズSでは13番人気の低評価を覆す走りでGI初制覇。2014年のJRA最優秀短距離馬に選ばれた。父はP314参照。産駒にツミキヒトツ（名古屋・東海ダービー2着）。

系統：カロ系	母父系統：サンデーサイレンス系		
父 アドマイヤコジーン 芦 1996	Cozzene	Caro	
		Ride the Trails	
	アドマイヤヤマカディ	＊ノーザンテースト	
		＊ミセスマカディー	
母 マイネカプリース 鹿 1998	タヤスツヨシ	＊サンデーサイレンス	
		＊マガロ	
	ダイナカプリ	＊サウスアトランティック	
		ダイナギフト	

距離	成長型	芝	ダート	瞬発力	パワー	底力
短	晩	○	○	△	○	△

アスカクリチャン
ASUKA KURICHAN
AR共和国杯など重賞2勝

総収得賞金	35,819,000円	アーニングINDEX	0.45

● 2007年生　●鹿毛　●供用地／新冠・白馬牧場

　2～7歳時に日香で46戦7勝。5歳時に七夕賞で重賞初制覇を遂げると、以降は中距離重賞の常連として、函館記念3着、札幌記念2着と好走。6歳時のアルゼンチン共和国杯で重賞2勝目をあげた。父はP302参照。叔父にシグナスヒーロー（AJCC2着、日経賞2着、ステイヤーズS2着）。産駒にクリノドラゴン（浦和記念）。

系統：ミスタープロスペクター系	母父系統：ノーザンダンサー系		
父 スターリングローズ 栗 1997	＊アフリート	Mr. Prospector	
		Polite Lady	
	＊コマーズ	Danzig	
		＊ミドルマーチ	
母 ローレルワルツ 鹿 1996	ダイナレター	＊ノーザンテースト	
		＊トゥザレター	
	スワンスキー	マルゼンスキー	
		＊リビーザリブラ	

距離	成長型	芝	ダート	瞬発力	パワー	底力
中	晩	○	△	△	○	△

GOLDEN HORN
ゴールデンホーン
欧米のGI戦線で大活躍！

総収得賞金	35,555,000円	アーニングINDEX	0.70

● 2012年生　●鹿毛　●供用地／イギリス

　2～3歳時に英愛仏米で9戦7勝。英ダービー、凱旋門賞、愛チャンピオンS、エクリプスS、英インターナショナルS2着、BCターフ2着。2015年欧州年度代表馬＆最優秀3歳牡馬。父はシーザスターズ（P408）などを出し父系を発展させている名馬。叔母にレベッカシャープ（コロネーションS）。産駒にボタニク（ドーヴィル大賞）。

系統：グリーンデザート系	母父系統：キングマンボ系		
父 Cape Cross 黒鹿 1994	Green Desert	Danzig	
		Foreign Courier	
	Park Appeal	Ahonoora	
		Balidaress	
母 Fleche d'Or 鹿 2006	Dubai Destination	Kingmambo	
		Mysterial	
	Nuryana	Nureyev	
		Loralane	

距離	成長型	芝	ダート	瞬発力	パワー	底力
中長	普	◎		◎	◎	◎

GLENEAGLES
グレンイーグルス
日本でも重賞馬を出す活躍

総収得賞金	35,538,000円	アーニングINDEX	1.53

● 2012年生　●鹿毛　●供用地／アイルランド

　2～3歳時に愛仏英米で11戦7勝。英2000ギニー、愛2000ギニー、セントジェイムズパレスS、愛ナショナルS。全姉にマーヴェラス（愛1000ギニー）、全妹にジョーンオブアーク（仏オークス）、叔父にジャイアンツコーズウェイ（P333）。産駒にハイランドチーフ（マンノウォーS）、ショックアクション（新潟2歳S）。

系統：ガリレオ系	母父系統：ストームキャット系		
父 Galileo 鹿 1998	Sadler's Wells	Northern Dancer	
		Fairy Bridge	
	Urban Sea	Miswaki	
		Allegretta	
母 You'resothrilling 黒鹿 2005	Storm Cat	Storm Bird	
		Terlingua	
	Mariah's Storm	Rahy	
		＊イメンス	

距離	成長型	芝	ダート	瞬発力	パワー	底力
マ中	普	◎		◎	○	○

RANKING 230 — PIONEEROF THE NILE
パイオニアオブザナイル
2022 153　　米3冠馬を出して注目を浴びる

総収得賞金	34,298,000円	アーニング INDEX	1.85

● 2006年生　● 黒鹿毛　● 2019年死亡

　2〜3歳時に米で10戦5勝。サンタアニタダービー、キャッシュコールフューチュリティ。父はP279参照。半兄にフォーファーザー（ジェロームH2着）。産駒に37年振りの3冠馬アメリカンファラオ、クラシックエンパイア（BCジュヴナイル）、ミッドナイトストーム（シューエーカーマイルS）、レヴァンテライオン（函館2歳S）。

系統：アンブライドルド系　母父系統：ペティション系

父 *エンパイアメーカー 黒鹿 2000	Unbridled	Fappiano
		Gana Facil
	Toussaud	El Gran Senor
		Image of Reality
母 Star of Goshen 鹿 1994	Lord at War	General
		Luna de Miel
	Castle Eight	Key to the Kingdom
		Her Native

距離	成長型	芝	ダート	瞬発力	パワー	底力
マ中	やや早	○	◎	○	◎	△

RANKING 231 — LEA
リー
2022 −　　19戦して着外1回の安定感

総収得賞金	33,993,000円	アーニング INDEX	7.33

● 2009年生　● 栗毛　● 供用地／アメリカ

　3〜6歳時に米首加で19戦7勝。ドンH、BCダートマイル2着、ドバイWC3着。GI勝ちは1つのみだが2着が4回あり、トータルでも着外がわずか1回という安定感を誇った。父はP303参照。叔父にサヴァンナベイ（リュテス賞）。産駒にジブリッシュ（ターンバックジアラームH）、日本でテーオーグランビル（五頭連峰特別）。

系統：ストームキャット系　母父系統：ガリレオ系

父 First Samurai 栗 2003	Giant's Causeway	Storm Cat
		Mariah's Storm
	Freddie Frisson	Dixieland Band
		Frisson
母 Greenery 鹿 2003	Galileo	Sadler's Wells
		Urban Sea
	High Savannah	*ルション
		Stinging Nettle

距離	成長型	芝	ダート	瞬発力	パワー	底力
マ中	普	○	◎	○	○	△

RANKING 232 — RACE DAY
レースデイ
2022 282　　BCクラシック馬を輩出

総収得賞金	33,600,000円	アーニング INDEX	3.62

● 2011年生　● 芦毛　● 供用地／韓国

　3〜4歳時に米で12戦6勝。4歳時、GIIのファイエットS（D9F）で1分47秒90のレコードをマークした。ほかにオークローンH。父はP286参照。母系は叔母にライトライト（ケンタッキーオークス）、いとこにアメリカンボス（AJCC）。産駒にホワイトアバリオ（BCクラシック、フロリダダービー、ホイットニーS）。

系統：エーピーインディ系　母父系統：ヘイルトゥリーズン系

父 Tapit 芦 2001	Pulpit	A.P. Indy
		Preach
	Tap Your Heels	Unbridled
		Ruby Slippers
母 Rebalite 鹿 2004	More Than Ready	*サザンヘイロー
		Woodman's Girl
	Printing Press	In Reality
		Wealth of Nations

距離	成長型	芝	ダート	瞬発力	パワー	底力
マ中	普	△	○	△	○	△

RANKING 233 — *ワークフォース WORKFORCE
2022 113　　2010年の欧州3歳牡馬王者

総収得賞金	33,535,000円	アーニング INDEX	0.36

● 2007年生　● 鹿毛　● 供用地／アイルランド

　2〜4歳時に英仏で9戦4勝。3歳時、英ダービーを2分31秒33のレコードで優勝。凱旋門賞では、日本から遠征してきたナカヤマフェスタをアタマ差破って優勝。2010年の欧州最優秀3歳牡馬に選ばれた。産駒にディバインフォース（ステイヤーズS）、ブライトクォーツ（中山大障害2着）、アドマイヤウイナー（青葉賞3着）。

系統：キングマンボ系　母父系統：サドラーズウェルズ系

父 *キングズベスト 鹿 1997	Kingmambo	Mr. Prospector
		Miesque
	Allegretta	Lombard
		Anatevka
母 Soviet Moon 鹿 2001	Sadler's Wells	Northern Dancer
		Fairy Bridge
	Eva Luna	Alleged
		Media Luna

距離	成長型	芝	ダート	瞬発力	パワー	底力
中長	普	○	△	○	○	△

※ 229位のアドミラブルはP362に掲載しています。

KANTHAROS
カンタロス
ストームキャット系の個性派

総収得賞金	33,308,000円	アーニング INDEX	3.59

● 2008年生　●栗毛　●供用地／アメリカ

　2歳時に米で3戦3勝。2歳時、サラトガスペシャルS、バシュフォードマナーSの2重賞を含む3戦無敗の成績をあげたが、そのまま引退。父はハスケル招待H勝ち馬。半兄にイキガイ（ミスタープロスペクターS）。産駒にワールドオブトラブル（ジャイプール招待S）、エックスワイジェット（ドバイゴールデンシャヒーン）。

系統：ストームキャット系	母父系統：ヘイルトゥリーズン系		
父 Lion Heart 栗 2001	Tale of the Cat	Storm Cat	
		Yarn	
	Satin Sunrise	Mr. Leader	
		Logic	
母 Contessa Halo 黒鹿 1998	*サザンヘイロー	Halo	
		Northern Sea	
	Queen of Savoy	Conquistador Cielo	
		Jill of All Trades	

距離	成長型	芝	ダート	瞬発力	パワー	底力
短マ	普	○	○	○	○	○

MENDELSSOHN
メンデルスゾーン
半兄は米のスーパーサイアー

総収得賞金	33,020,000円	アーニング INDEX	0.89

● 2015年生　●鹿毛　●供用地／アメリカ

　2〜3歳時に愛英米首で13戦4勝。BCジュヴナイルターフ、UAEダービー。父は無敗の米3冠馬ジャスティファイなどを出した名種牡馬。半姉にGI11勝の名牝ビホルダー（BCディスタフ）、半兄に米のトップサイアーとして君臨するイントゥミスチーフ（P273）。産駒にメンデルスゾーンベイ（UAE2000ギニー）。

系統：ストームキャット系	母父系統：ニアークティック系		
父 Scat Daddy 黒鹿 2004	*ヨハネスブルグ	*ヘネシー	
		Myth	
	Love Style	Mr. Prospector	
		Likeable Style	
母 Leslie's Lady 鹿 1996	Tricky Creek	Clever Trick	
		Battle Creek Girl	
	Crystal Lady	Stop the Music	
		One Last Bird	

距離	成長型	芝	ダート	瞬発力	パワー	底力
中	普	○	○	○	○	○

ダブルスター
DOUBLE STAR
地方年度代表馬を半姉に持つ

総収得賞金	32,576,000円	アーニング INDEX	0.47

● 2009年生　●栗毛　● 2021年引退

　2〜7歳時に日で35戦6勝。OPアルデバランSを勝ち、ラジオ日本賞3着、南部杯4着などの活躍をした。父はP60参照。母系は半姉に2年連続でNAR年度代表馬に選出された名牝ラブミーチャン（全日本2歳優駿）、叔父にイッシンドウタイ（マーチS2着）、いとこにストロングハート（エーデルワイス賞）。産駒にアストライオス。

系統：エーピーインディ系	母父系統：ノーザンダンサー系		
父 *シニスターミニスター 鹿 2003	Old Trieste	A.P. Indy	
		Lovlier Linda	
	Sweet Minister	The Prime Minister	
		Sweet Blue	
母 ダッシングハニー 栗 2002	*アサティス	Topsider	
		Secret Asset	
	ラストヒット	*スラヴィック	
		ゲートアンドフライ	

距離	成長型	芝	ダート	瞬発力	パワー	底力
中	普	△	○	○	△	△

レガーロ
REGALO
全日本2歳優駿で2着好走

総収得賞金	31,916,000円	アーニング INDEX	1.38

● 2013年生　●鹿毛　●供用地／新ひだか・レックススタッド

　2〜4歳時に日で12戦2勝。500万下特別を勝って臨んだ全日本2歳優駿で2着。3歳時にはレパードSで3着に入った。父ベルナルディーニは2006年の米3歳牡馬王者。母はGIサンタマリアH勝ち。いとこにヴァリッドポイント（セクレタリアトS）、ラテュロス（ローズS3着、アルテミスS3着）。産駒にアウトレンジ。

系統：エーピーインディ系	母父系統：キングマンボ系		
父 Bernardini 鹿 2003	A.P. Indy	Seattle Slew	
		Weekend Surprise	
	Cara Rafaela	Quiet American	
		Oil Fable	
母 *サンタテレジータ 鹿 2004	Lemon Drop Kid	Kingmambo	
		Charming Lassie	
	Sweet Gold	Gilded Time	
		Anti Social	

距離	成長型	芝	ダート	瞬発力	パワー	底力
マ中	普	△	○	△	△	△

RANKING 238　オーシャンブルー　OCEAN BLUE
2022 **250**　重賞2勝の有馬記念2着馬

| 総収得賞金 | 31,751,000円 | アーニング INDEX | 0.34 |

● 2008年生　● 鹿毛　● 2022年死亡

　3〜7歳時に日で30戦7勝。4歳時、金鯱賞で重賞初制覇すると、有馬記念では10番人気でゴールドシップの2着に入り、人気のルーラーシップに先着した。6歳時には中山金杯で重賞2勝目をマーク。父はP281参照。母は米GⅢイエルバブエナBCHの勝ち馬。姪にアルメリアブルーム（愛知杯2着）。産駒にダンシングリッチー。

系統：サンデーサイレンス系		母父系統：ミルリーフ系	
父 ステイゴールド 黒鹿 1994	*サンデーサイレンス	Halo	
		Wishing Well	
	ゴールデンサッシュ	*ディクタス	
		ダイナサッシュ	
母 *プアブー 鹿 1998	Dashing Blade	Elegant Air	
		Sharp Castan	
	Plains Indian	*ダンシングブレーヴ	
		Prairie Venus	

距離	成長型	芝	ダート	瞬発力	パワー	底力
中長	普	○	○	△	○	△

RANKING 239　フサイチセブン　FUSAICHI SEVEN
2022 **156**　父はケンタッキーダービー馬

| 総収得賞金 | 31,182,000円 | アーニング INDEX | 0.45 |

● 2006年生　● 鹿毛　● 2023年引退

　3〜7歳時に日で19戦6勝。当歳セレクトセールで1億500万円で落札された期待馬。ダイオライト記念を勝ち、シリウスS、アンタレスSで3着した。父はケンタッキーダービー馬。母系は米の名門バラード系で、叔父にスライゴーベイ（ハリウッドターフC）、いとこにダノンバラード（P196）。産駒にラボエーム（由布院特別）。

系統：ミスタープロスペクター系		母父系統：ノーザンダンサー系	
父 Fusaichi Pegasus 鹿 1997	Mr. Prospector	Raise a Native	
		Gold Digger	
	Angel Fever	Danzig	
		Rowdy Angel	
母 *ディボーステスティモニー 栗 1992	Vice Regent	Northern Dancer	
		Victoria Regina	
	Angelic Song	Halo	
		Ballade	

距離	成長型	芝	ダート	瞬発力	パワー	底力
中	普	△	○	△	△	△

RANKING 241　SHACKLEFORD　シャックルフォード
2022 **263**　プリークネスSなどG13勝

| 総収得賞金 | 30,948,000円 | アーニング INDEX | 2.23 |

● 2008年生　● 鹿毛　● 供用地／韓国

　2〜4歳時に米で20戦6勝。プリークネスS、メトロポリタンH、クラークH。父はキングズビショップS勝ちの快速馬で、ディスクリートキャット（P144）などを輩出。半姉にレディジョアン（アラバマS）、近親にフィレンツェファイア（P383）。産駒にプロミシズフルフィルド（P411）、スティレロボーイ（サンタアニタH）。

系統：ストームキャット系		母父系統：アンブライドルド系	
父 Forestry 鹿 1996	Storm Cat	Storm Bird	
		Terlingua	
	Shared Interest	Pleasant Colony	
		Surgery	
母 Oatsee 栗 1997	Unbridled	Fappiano	
		Gana Facil	
	With Every Wish	Lear Fan	
		Amo	

距離	成長型	芝	ダート	瞬発力	パワー	底力
マ中	普	○	◎	○	○	○

RANKING 242　INVINCIBLE SPIRIT　インヴィンシブルスピリット
2022 **268**　確実に父系を伸ばしている名馬

| 総収得賞金 | 30,892,000円 | アーニング INDEX | 1.33 |

● 1997年生　● 鹿毛　● 供用地／アイルランド

　2〜5歳時に英愛仏で17戦7勝。スプリントC。母ラーファは仏オークス馬。半弟にコディアック（英愛2歳首位種牡馬）。産駒にキングマン（P271）、ムーンライトクラウド（モーリストゲスト賞3回）、ヨセイ（豪1000ギニー）、チャームスピリット（P410）、シャラー（P315）、アイアムインヴィンシブル（豪首位種牡馬）。

系統：グリーンデザート系		母父系統：シャーペンアップ系	
父 Green Desert 鹿 1983	Danzig	Northern Dancer	
		Pas de Nom	
	Foreign Courier	Sir Ivor	
		Courtly Dee	
母 Rafha 鹿 1987	Kris	Sharpen Up	
		Doubly Sure	
	Eljazzi	*アーティアス	
		Border Bounty	

距離	成長型	芝	ダート	瞬発力	パワー	底力
短中	普	◎	○	◎	○	○

※ 240位のホークビルは P362 に掲載しています。

RANKING 243 TOO DARN HOT
トゥーダーンホット
2022 ―
2年連続で牡馬王者に輝く

総収得賞金	29,357,000円	アーニング INDEX	6.33

● 2016年生　●鹿毛　●供用地／イギリス

　2～3歳時に英愛仏で9戦6勝。ジャンプラ賞、サセックスS、デューハーストS、愛2000ギニー2着。欧州最優秀2歳＆3歳牡馬に輝いた（2018、2019年）。父はP293参照。母はドバイシーマクラシックの勝ち馬。叔父にダリアプール（香港ヴァーズ）がいる。産駒にフォールンエンジェル（モイグレアスタッドS）。

系統：シーキングザゴールド系	母父系統：サドラーズウェルズ系		
父 Dubawi 鹿 2002	Dubai Millennium	Seeking the Gold	
		Colorado Dancer	
	Zomaradah	Deploy	
		Jawaher	
母 Dar Re Mi 鹿 2005	Singspiel	In The Wings	
		Glorious Song	
	Darara	Top Ville	
		Delsy	

距離	成長型	芝	ダート	瞬発力	パワー	底力
マ中	普	◎	○	◎	○	◎

RANKING 244 スターリングローズ
STERLING ROSE
2022 209
名馬アフリートの血を伝える

総収得賞金	29,188,000円	アーニング INDEX	0.37

● 1997年生　●栗毛　●2018年死亡

　3～7歳時に日で40戦14勝。5歳6月にプロキオンSで初重賞制覇、JBCスプリント、かしわ記念、兵庫GT、シリウスS、フェブラリーS3着とダート戦線で活躍。父はダートの活躍馬を数多く輩出。全姉にゴールデンジャック（4歳牝馬特別）。産駒にアスカクリチャン（P298）、エバーオンワード（北海道2歳優駿3着）。

系統：ミスタープロスペクター系	母父系統：ダンチヒ系		
父 *アフリート 栗 1984	Mr. Prospector	Raise a Native	
		Gold Digger	
	Polite Lady	Venetian Jester	
		Friendly Ways	
母 *コマーズ 鹿 1983	Danzig	Northern Dancer	
		Pas de Nom	
	*ミドルマーチ	Buckpasser	
		Nice Princess	

距離	成長型	芝	ダート	瞬発力	パワー	底力
短マ	やや晩	○	○	△	○	○

RANKING 245 KHOZAN
コーザン
2022 233
半姉は米3歳＆古馬女王の名牝

総収得賞金	28,213,000円	アーニング INDEX	3.04

● 2012年生　●黒鹿毛　●供用地／アメリカ

　3歳時に米で2戦2勝。父はP311参照。半姉ロイヤルデルタはBCレディスクラシックなどGI6勝をあげて米最優秀3歳＆古牝馬に選ばれた。半姉にクラウンクイーン（QエリザベスⅡ世CCS）、半弟にデルタプリンス（メイカーズ46マイルS）。産駒にバックグラウンド（ロングエイカーズマイルH）、ジャスパーゴールド（江戸川S）。

系統：フォーティナイナー系	母父系統：エーピーインディ系		
父 Distorted Humor 栗 1993	*フォーティナイナー	Mr. Prospector	
		File	
	Danzig's Beauty	Danzig	
		Sweetest Chant	
母 Delta Princess 黒鹿 1999	A.P. Indy	Seattle Slew	
		Weekend Surprise	
	Lyphard's Delta	Lyphard	
		Proud Delta	

距離	成長型	芝	ダート	瞬発力	パワー	底力
	普					

RANKING 246 LIAM'S MAP
リアムズマップ
2022 435
父系の発展に一役買う

総収得賞金	27,707,000円	アーニング INDEX	1.00

● 2011年生　●芦毛　●供用地／アメリカ

　3～4歳時に米で8戦4勝。4歳時、ウッドワードSを勝って臨んだBCダートマイルで、D8Fを1分34秒54でレコード勝ち。父はアンブライドルド系を発展させた大種牡馬。母は米GⅢウイニングカラーズS勝ち。半弟にノットディスタイム（P406）。産駒にカーネルリアム（ペガサスWCターフ2回）、ベイスン（米ホープフルS）。

系統：アンブライドルド系	母父系統：フォーティナイナー系		
父 Unbridled's Song 芦 1993	Unbridled	Fappiano	
		Gana Facil	
	Trolley Song	Caro	
		Lucky Spell	
母 Miss Macy Sue 黒鹿 2003	Trippi	*エンドスウィープ	
		Jealous Appeal	
	Yada Yada	Great Above	
		Stem	

距離	成長型	芝	ダート	瞬発力	パワー	底力
マ中	普					

RANKING 247　STORMY ATLANTIC
ストーミーアトランティック
2022 191　米の2歳リーディングサイアー

総収得賞金	27,604,000円	アーニング INDEX	5.95

● 1994年生　● 黒鹿毛　● 2021年引退

　2～4歳時に米で15戦6勝。LダミトリウスSなど短距離戦線を走った。産駒にストーミーリベラル（BCターフスプリント2回）、ゲットストーミー（ターフクラシックS）、ネクストクエスチョン（ニアークティックS）、ストーミールーシー（メイトリアークS）、アサクサゲンキ（小倉2歳S）。2006年米2歳リーディングサイアー。

系統：ストームキャット系		母父系統：シアトルスルー系	
父 Storm Cat 黒鹿 1983	Storm Bird	Northern Dancer	
		South Ocean	
	Terlingua	Secretariat	
		Crimson Saint	
母 Hail Atlantis 鹿 1987	Seattle Slew	Bold Reasoning	
		My Charmer	
	Flippers	Coastal	
		Moccasin	

距離	成長型	芝	ダート	瞬発力	パワー	底力
短マ	やや早	△	◎	△	○	△

RANKING 248　サクラゼウス
SAKURA ZEUS
2022 227　高知競馬で無敗の12連勝達成！

総収得賞金	27,405,000円	アーニング INDEX	0.59

● 2004年生　● 鹿毛　● 供用地／新ひだか・新和牧場

　2～6歳時に日で16戦14勝。中央で2勝しファルコンSで3着。長期休養後に高知競馬に移籍すると、負けなしの12連勝を達成した。父は「90年代最強スプリンター」と呼ばれた快速馬で、種牡馬としても多大な実績を残した。母系からはバブルガムフェロー（天皇賞・秋）が出ている。産駒にサクラヘラクレス、サンダーゼウス。

系統：テスコボーイ系		母父系統：シアトルスルー系	
父 サクラバクシンオー 鹿 1989	サクラユタカオー	*テスコボーイ	
		アンジェリカ	
	サクラハゴロモ	*ノーザンテースト	
		*クリアンバー	
母 *サクラブラッサム 鹿 1996	Seattle Slew	Bold Reasoning	
		My Charmer	
	Aly Sangue	Alydar	
		*サング	

距離	成長型	芝	ダート	瞬発力	パワー	底力
短	普	△	○	△	△	△

RANKING 249　ゴールドヘイロー
GOLD HALO
2022 223　種牡馬として成功した良血馬

総収得賞金	26,677,000円	アーニング INDEX	0.82

● 1997年生　● 青鹿毛　● 2017年引退

　2～4歳時に日で8戦5勝。大井競馬で走り、ゴールデンジュビリー、緑風賞などに勝った。半兄にロードプラチナム（函館記念）。産駒にトウケイヘイロー（P294）、モエレカトリーナ（紫苑S）、モエレプット（エーデルワイス賞2着）、コスモコルデス（北海道2歳優駿2着）、プロモントーリオ（目黒記念3着）、スティルネス（新潟3歳S3着）。

系統：サンデーサイレンス系		母父系統：シーキングザゴールド系	
父 *サンデーサイレンス 青鹿 1986	Halo	Hail to Reason	
		Cosmah	
	Wishing Well	Understanding	
		Mountain Flower	
母 ニアーザゴールド 鹿 1991	Seeking the Gold	Mr. Prospector	
		Con Game	
	*ニヤー	Northern Dancer	
		Far	

距離	成長型	芝	ダート	瞬発力	パワー	底力
短中	普	○	◎	△	△	△

RANKING 250　FIRST SAMURAI
ファーストサムライ
2022 379　日本でも重賞馬を出す活躍

総収得賞金	26,301,000円	アーニング INDEX	2.84

● 2003年生　● 栗毛　● 供用地／アメリカ

　2～3歳時に米で8戦5勝。米ホープフルS、シャンペンS、BCジュヴナイル3着。父はP333参照。叔母にスカイブルーピンク（サラブレッドクラブオブアメリカS）。産駒にリー（P299）、ジャスティンフィリップ（P321）、イグゼクティヴプリヴィリッジ（デルマーデビュータントS）、日本ではシヴァージ（シルクロードS）が活躍。

系統：ストームキャット系		母父系統：ノーザンダンサー系	
父 Giant's Causeway 栗 1997	Storm Cat	Storm Bird	
		Terlingua	
	Mariah's Storm	Rahy	
		*イメンス	
母 Freddie Frisson 鹿 1993	Dixieland Band	Northern Dancer	
		Mississippi Mud	
	Frisson	Fappiano	
		Mavera	

距離	成長型	芝	ダート	瞬発力	パワー	底力
マ中	やや早	△	◎	△	△	△

251 ノーザンリバー NORTHERN RIVER

RANKING 251　2022 196

芝のちダートで本領発揮！

総収得賞金	25,933,000円	アーニング INDEX	0.62

● 2008年生　●鹿毛　●供用地／青森県・フォレブルー

　2～7歳時に日で28戦10勝。3歳時、アーリントンCで重賞初制覇。長期休養後に復帰すると、ダート路線で本領発揮。カペラS、東京スプリント、さきたま杯（2回）、東京盃と重賞5勝をあげた。母系は半兄にランフォルセ(浦和記念)、甥にロジュニヴァース（P277）、姪にディアドラ（秋華賞）。産駒にボンボンショコラ（釜山S）。

系統：サンデーサイレンス系　母父系統：マキャヴェリアン系

父 アグネスタキオン 栗 1998	*サンデーサイレンス	Halo
		Wishing Well
	アグネスフローラ	*ロイヤルスキー
		アグネスレディー
母 *ソニック 黒鹿 1996	Machiavellian	Mr. Prospector
		Coup de Folie
	Sonic Lady	Nureyev
		Stumped

距離	成長型	芝	ダート	瞬発力	パワー	底力
短中	普	○	○	△	○	○

252 MOR SPIRIT モアスピリット

RANKING 252　2022 －

ストームキャット系期待の新鋭

総収得賞金	25,900,000円	アーニング INDEX	5.59

● 2013年生　●黒鹿毛　●供用地／アメリカ

　2～4歳時に米で14戦6勝。2歳時、ロスアラミトスフューチュリティでGI初制覇。3歳時は、サンタアニタダービー2着からケンタッキーダービーに駒を進めるも10着。4歳時、メトロポリタンHでGI2勝目をあげた。父エスケンデレヤはウッドメモリアルSを9馬身強で圧勝。日本で供用中。日本での産駒にティルドーン。

系統：ストームキャット系　母父系統：ノーザンダンサー系

父 *エスケンデレヤ 栗 2007	Giant's Causeway	Storm Cat
		Mariah's Storm
	Aldebaran Light	Seattle Slew
		Altair
母 Im a Dixie Girl 黒鹿 2002	Dixie Union	Dixieland Band
		She's Tops
	Im Out First	Allen's Prospect
		Sequins

距離	成長型	芝	ダート	瞬発力	パワー	底力
マ	普	○	○	○	○	○

253 MEDAGLIA D'ORO メダグリアドーロ

RANKING 253　2022 245

エルプラド系の担い手

総収得賞金	25,723,000円	アーニング INDEX	0.79

● 1999年生　●黒鹿毛　●供用地／アメリカ

　2～5歳時に米首で17戦8勝。トラヴァーズS、ホイットニーH、ドンHとGI3勝、BCクラシック2着2回。産駒にゴールデンシックスティ（香港3冠）、レイチェルアレキサンドラ（プリークネスS）、ソングバード（BCジュヴナイルF）、タリスマニック（P242）、ボルトドーロ（P317）、日本でエーシンメンフィス（愛知杯）。

系統：エルプラド系　母父系統：ソードダンサー系

父 El Prado 芦 1989	Sadler's Wells	Northern Dancer
		Fairy Bridge
	Lady Capulet	Sir Ivor
		Cap and Bells
母 Cappucino Bay 鹿 1989	Bailjumper	Damascus
		Court Circuit
	Dubbed In	Silent Screen
		Society Singer

距離	成長型	芝	ダート	瞬発力	パワー	底力
中	普	○	○	○	○	○

254 DUTCH ART ダッチアート

RANKING 254　2022 359

2歳GIで2勝をあげる

総収得賞金	25,557,000円	アーニング INDEX	5.51

● 2004年生　●栗毛　● 2023年引退

　2～3歳時に英仏で10戦4勝。2歳時、モルニ賞、ミドルパークSの2つのGIを含む4戦4勝の成績をマーク。3歳時は勝ち星こそ追加できなかったが、ジュライCとモーリスドギース賞で2着した。父はロッキンジS勝ちのマイラー。産駒にスレイドパワー（ダイヤモンドジュビリーS）、ガースウッド（モーリスドギース賞）。

系統：マキャヴェリアン系　母父系統：ブラッシンググルーム系

父 Medicean 栗 1997	Machiavellian	Mr. Prospector
		Coup de Folie
	Mystic Goddess	Storm Bird
		Rose Goddess
母 Halland Park Lass 栗 1999	Spectrum	Rainbow Quest
		River Dancer
	Palacegate Episode	Drumalis
		Pasadena Lady

距離	成長型	芝	ダート	瞬発力	パワー	底力
短マ	早	○	○	○	○	○

RANKING 255 オウケンブルースリ
OKEN BRUCE LEE
2022 164　**初勝利から4戦目で菊花賞制覇**

総収得賞金	24,605,000円	アーニング INDEX	0.31

● 2005年生　●栗毛　● 2022年引退

　3〜7歳時に日で27戦5勝。3歳6月に初勝利をあげるとそこから条件特別を連勝。神戸新聞杯3着で出走権を得た菊花賞では、1番人気に応えて優勝した。古馬になってからは京都大賞典を勝ちジャパンCでウオッカのハナ差2着。父はP271参照。母系は甥にハイパーフォルテ（兵庫ダービー）。産駒にオウケンムーン(共同通信杯)。

系統：グレイソヴリン系　母父系統：デピュティミニスター系

父 ジャングルポケット 鹿 1998	*トニービン	*カンパラ
		Severn Bridge
	*ダンスチャーマー	Nureyev
		Skillful Joy
母 *シルバージョイ 栗 1993	Silver Deputy	Deputy Minister
		Silver Valley
	Joy of Myrtlewood	Northern Jove
		Myrtlewood Lass

距離	成長型	芝	ダート	瞬発力	パワー	底力
中長	普	○	○	△	○	△

RANKING 256 NIGHT OF THUNDER
ナイトオブサンダー
2022 273　**英2000ギニー勝ちの名マイラー**

総収得賞金	24,307,000円	アーニング INDEX	1.75

● 2011年生　●栗毛　●供用地／アイルランド

　2〜4歳時に英仏で11戦4勝。3歳時、英2000ギニーでGI初制覇。その後、セントジェイムズパレスS2着、クイーンエリザベスII世S2着と勝ちきれなかったが、4歳時のロッキンジSでGI2勝目。父はP293参照。産駒にハイフィールドプリンセス（モーリスドギース賞）、クケラチャ（クイーンズランドダービー）。

系統：シーキングザゴールド系　母父系統：ガリレオ系

父 Dubawi 鹿 2002	Dubai Millennium	Seeking the Gold
		Colorado Dancer
	Zomaradah	Deploy
		Jawaher
母 Forest Storm 栗 2006	Galileo	Sadler's Wells
		Urban Sea
	Quiet Storm	Desert Prince
		Hertford Castle

距離	成長型	芝	ダート	瞬発力	パワー	底力
マ中	普	○	○	○	○	○

RANKING 257 GHOSTZAPPER
ゴーストザッパー
2022 341　**2004年の米年度代表馬**

総収得賞金	24,300,000円	アーニング INDEX	2.62

● 2000年生　●鹿毛　●供用地／アメリカ

　2〜5歳時に米で11戦9勝。BCクラシック、ヴォスバーグS、ウッドワードS、メトロポリタンH。2004年米年度代表馬。半兄にシティジップ（P319）。産駒にミスティックガイド（ドバイワールドC）、グッドナイトオリーブ（BCフィリー＆メアスプリント2回）、ガラナ（CCAオークス）、日本でワイルドフラッパー（エンプレス杯）。

系統：デピュティミニスター系　母父系統：インリアリティ系

父 Awesome Again 鹿 1994	Deputy Minister	Vice Regent
		Mint Copy
	Primal Force	Blushing Groom
		Prime Prospect
母 Baby Zip 鹿 1991	Relaunch	In Reality
		Foggy Note
	Thirty Zip	Tri Jet
		Saliaway

距離	成長型	芝	ダート	瞬発力	パワー	底力
短中	普	○	◎	◎	○	○

RANKING 258 *ストーミングホーム
STORMING HOME
2022 163　**日本でも重賞馬を出す活躍**

総収得賞金	23,912,000円	アーニング INDEX	0.40

● 1998年生　●黒鹿毛　● 2020年引退

　2〜5歳時に英仏米日で24戦8勝。4歳時、英チャンピオンSでGI初制覇。5歳から米に移籍し、チャールズウィッテンガムH、CLハーシュ記念ターフCSとGIを2勝した。2代母にイッツインジエアー（米2歳女王）。産駒にジャッカルベリー（ミラノ大賞）、ティーハーフ（函館SS）、マコトブリジャール（クイーンS）。

系統：マキャヴェリアン系　母父系統：ノーザンダンサー系

父 Machiavellian 黒鹿 1987	Mr. Prospector	Raise a Native
		Gold Digger
	Coup de Folie	Halo
		Raise the Standard
母 Try to Catch Me 鹿 1986	Shareef Dancer	Northern Dancer
		Sweet Alliance
	It's in the Air	Mr. Prospector
		A Wind Is Rising

距離	成長型	芝	ダート	瞬発力	パワー	底力
短中	普	○	○	○	○	△

MOHAYMEN
モヘイメン
半兄は日本でFSランキング4位

総収得賞金	23,800,000円	アーニング INDEX	2.57

● 2013年生　●芦毛　●供用地／カナダ

　2～4歳時に米で13戦5勝。ナシュアS、レムゼンS、ホーリーブルS、ファウンテンオブユースS。父はP286参照。母は米GⅡダヴォナデイルSの勝ち馬。半兄に2023年のFSランキングで4位に入ったニューイヤーズデイ（P356）、全弟にエンフォーサブル（ルコントS）。産駒にエルムドライヴ（ソレントS）、ケルンコンサート。

系統：エーピーインディ系　母父系統：ノーザンダンサー系			
父 Tapit 芦 2001	Pulpit	A.P. Indy	
		Preach	
	Tap Your Heels	Unbridled	
		Ruby Slippers	
母 Justwhistledixie 黒鹿 2006	Dixie Union	Dixieland Band	
		She's Tops	
	General Jeanne	Honour and Glory	
		Ahpo Hel	

距離	成長型	芝	ダート	瞬発力	パワー	底力
マ中	普	○	○	○	○	○

INTELLO
アンテロ
凱旋門賞で3着に好走

総収得賞金	23,787,000円	アーニング INDEX	5.13

● 2010年生　●鹿毛　●供用地／フランス

　2～3歳時に仏で9戦6勝。3歳時、仏2000ギニー3着から臨んだ仏ダービーを2馬身差で快勝。秋は凱旋門賞に挑戦し、2着のオルフェーヴルとはクビ差の3着と好走した。父はP323参照。叔父にモンディアリスト（アーリントンミリオン）。産駒にジュンコ（バイエルン大賞、香港ヴァーズ）、アンテロジャント（ジャンプラ賞）。

系統：ガリレオ系　母父系統：デインヒル系			
父 Galileo 鹿 1998	Sadler's Wells	Northern Dancer	
		Fairy Bridge	
	Urban Sea	Miswaki	
		Allegretta	
母 *アンプレシオナント 鹿 2003	*デインヒル	Danzig	
		Razyana	
	Occupandiste	Kaldoun	
		Only Seule	

距離	成長型	芝	ダート	瞬発力	パワー	底力
中長	普	○	○	○	○	○

CANDY RIDE
キャンディライド
亜で無敵を誇った名馬

総収得賞金	23,713,000円	アーニング INDEX	2.56

● 1999年生　●鹿毛　●供用地／アメリカ

　3～4歳時に亜米で6戦6勝。サンイシドロ大賞、パシフィッククラシックS。叔父にシティウェスト（亜2000ギニー）。産駒にガンランナー（P286）、ゲームウイナー（P404）、ロックユアワールド（サンタアニタダービー）、ミスリメンバード（サンタアニタH）、シェアードビリーフ（米2歳牡馬王者）、ヴェコマ（メトロポリタンH）。

系統：ファピアノ系　母父系統：ブラッシンググルーム系			
父 Ride the Rails 黒鹿 1991	Cryptoclearance	Fappiano	
		Naval Orange	
	Herbalesian	Herbager	
		Alanesian	
母 Candy Girl 栗 1990	Candy Stripes	Blushing Groom	
		*バブルカンパニー	
	City Girl	Farnesio	
		Cithara	

距離	成長型	芝	ダート	瞬発力	パワー	底力
マ中	普	○	○	○	○	○

GOLDENCENTS
ゴールデンセンツ
父は米のトップサイアー

総収得賞金	23,592,000円	アーニング INDEX	1.27

● 2010年生　●鹿毛　●供用地／アメリカ

　2～4歳時に米で18戦7勝。3歳時、サンタアニタダービーを勝ってケンタッキーダービーに進むも大敗。その後、短距離～マイル路線に絞ってからは、BCダートマイルを連覇し、メトロポリタンH2着に入った。父はP273参照。産駒にゴーイングトゥベガス（ロデオドライヴS）バイマイスタンダーズ（ルイジアナダービー）。

系統：ストームキャット系　母父系統：フォーティナイナー系			
父 Into Mischief 鹿 2005	Harlan's Holiday	Harlan	
		Christmas in Aiken	
	Leslie's Lady	Tricky Creek	
		Crystal Lady	
母 Golden Works 鹿 2000	Banker's Gold	*フォーティナイナー	
		Banker's Lady	
	Body Works	Bold Ruckus	
		Kinto	

距離	成長型	芝	ダート	瞬発力	パワー	底力
短マ	普	○	○	○	○	○

RANKING 263
BERNARDINI
ベルナルディーニ
2022 **314**
2006年の米3歳牡馬王者

総収得賞金	23,504,000円	アーニング INDEX	0.72

● 2003年生　●鹿毛　● 2021年死亡

3歳時に米で8戦6勝。プリークネスS、トラヴァーズS、ジョッキークラブGCを勝ち、BCクラシック2着の成績で2006年の米最優秀3歳牡馬に選ばれた。産駒にアートコレクター（ペガサスワールドC）、ステイサースティ（トラヴァーズS）、アルファ（トラヴァーズS）、日本でサトノジョリー（関東オークス2着）。

系統：エーピーインディ系　母父系統：ファピアノ系

父		Seattle Slew	Bold Reasoning
A.P. Indy			My Charmer
黒鹿 1989		Weekend Surprise	Secretariat
			Lassie Dear
母		Quiet American	Fappiano
Cara Rafaela			Demure
芦 1993		Oil Fable	Spectacular Bid
			Northern Fable

距離	成長型	芝	ダート	瞬発力	パワー	底力
中	普	△	◎	○	◎	○

RANKING 264
BOBBY'S KITTEN
ボビーズキトゥン
2022 **243**
米短距離GI勝ちの快速馬

総収得賞金	23,280,000円	アーニング INDEX	2.51

● 2011年生　●鹿毛　●供用地／イギリス

2～5歳時に米加豪で15戦6勝。3歳時、ウッドバインマイルS3着から臨んだBCターフスプリントでGI馬に輝く。ほかにBCジュヴナイルターフ3着。父は日本でもジャンダルム（スプリンターズS）を出した名種牡馬。全弟にキャメロットキトゥン（アメリカンターフS）。産駒にサンドリーヌ（ダッチェスオブケンブリッジS）。

系統：エルプラド系　母父系統：ストームキャット系

父		El Prado	Sadler's Wells
Kitten's Joy			Lady Capulet
栗 2001		Kitten's First	Lear Fan
			That's My Hon
母		Forestry	Storm Cat
Celestial Woods			Shared Interest
鹿 2003		Celestial Bliss	Relaunch
			North of Eden

距離	成長型	芝	ダート	瞬発力	パワー	底力
短マ	普	○	○	○	○	○

RANKING 265
RUNHAPPY
ランハッピー
2022 **378**
2015年の米短距離王

総収得賞金	23,047,000円	アーニング INDEX	1.66

● 2012年生　●鹿毛　●供用地／アメリカ

2～4歳時に米で10戦7勝。3歳時、キングズビショップSでGI初制覇。秋はBCスプリントを1分8秒58のレコード勝ち。続くマリブSも制してGI3勝目をあげ、2015年の米最優秀スプリンター牡馬に選ばれた。父はP317参照。産駒にヌテラフェラ（米ホープフルS）、スマイルハッピー（ケンタッキージョッキークラブS）。

系統：レイズアネイティヴ系　母父系統：アンブライドルド系

父		Maria's Mon	Wavering Monarch
Super Saver			Carlotta Maria
鹿 2007		Supercharger	A.P. Indy
			Get Lucky
母		Broken Vow	Unbridled
Bella Jolie			Wedding Vow
鹿 2007		Jolie Boutique	Northern Jove
			Mimi La Sardine

距離	成長型	芝	ダート	瞬発力	パワー	底力
短マ	普					

RANKING 266
MACLEAN'S MUSIC
マクリーンズミュージック
2022 **192**
種牡馬として大成功を収める

総収得賞金	23,013,000円	アーニング INDEX	0.99

● 2008年生　●鹿毛　●供用地／アメリカ

3歳時に米で1戦1勝。デビュー戦で2着に7馬身強の差をつけて圧勝するも、その1戦のみで引退、種牡馬入りした。父はP311参照。半弟にアンクルチャック（ロスアラミトスダービー）、産駒にジャッキーズウォリアー（シャンペンS）、コンプレックシティ（シャンペンS）、クラウドコンピューティング（プリークネスS）。

系統：フォーティナイナー系　母父系統：アンブライドルド系

父		*フォーティナイナー	Mr. Prospector
Distorted Humor			File
栗 1993		Danzig's Beauty	Danzig
			Sweetest Chant
母		Unbridled's Song	Unbridled
Forest Music			Trolley Song
芦 2001		Defer West	Gone West
			Defer

距離	成長型	芝	ダート	瞬発力	パワー	底力
マ中	普					

AUGUSTE RODIN
オーギュストロダン

アイルランド

2023年 海外競馬 活躍馬の血統

PROFILE

競走成績 10戦7勝（2023年6戦4勝）
牡・青鹿毛・2020年1月26日生
調教師 Aidan O'Brien（アイルランド）
主戦騎手 R.ムーア

2023年成績　最高レーティング 125 L（2023年）

出走日	国名	格	レース名	コース・距離	着順	負担重量	馬場状態	タイム	着差	競馬場
5/6	英	GI	英2000ギニー	芝8F	12着	58	重		22	ニューマーケット
6/3	英	GI	英ダービー	芝12F6Y	1着	58	堅良	2:33.88	1/2	エプソム
7/2	愛	GI	愛ダービー	芝12F	1着	58	良	2:33.24	1・1/2	カラー
7/29	英	GI	キングジョージVI世＆QES	芝11F211Y	10着	56	稍重		126・3/4	アスコット
9/9	愛	GI	愛チャンピオンS	芝10F	1着	58.5	良	2:02.68	1/2	レパーズタウン
11/4	米	GI	ブリーダーズCターフ	芝12F	1着	55.5	堅良	2:24.30	3/4	サンタアニタ

陣営が2024年の現役続行を表明
超一流日本馬との対決にも期待

　地元アイルランドのみならず欧州競馬全体を引っ張るA・オブライエン厩舎から、2歳6月に競走馬デビュー。緒戦は2着に敗れるも、未勝利戦、GIIチャンピオンズジュヴナイルS、GIフューチュリティTSと3連勝。来るべき欧州クラシック戦線の有力候補に躍り出る。

　3歳となり5月の英2000ギニーでは12着に大敗したが、1カ月後の英ダービーで名誉挽回。直線で末脚が爆発し、父産駒初の英ダービーホースに輝いた。7月の愛ダービーでも3番手追走から楽々と抜け出し、単勝1.3倍の圧倒的な支持に応える。しかし、同じく1番人気に推されたKジョージVI世＆QエリザベスSでは、チグハグな走りとなり最下位に沈んだ。それでもファンの信頼は揺るがず、9月の愛チャンピオンSも1番人気での出走。今度は安定したレース振りでGI4勝目を飾った。

　大西洋を横断して臨んだブリーダーズCターフでは、地元のアップトゥザマーク、同じ父を持つ日本ダービー馬シャフリヤールを抑え盤石の勝利。レース後、陣営は2024年の現役続行を表明。世界的大舞台における日本馬トップクラスとの直接対決も、大いに期待されている。

血統解説

　父ディープインパクトは、2022年まで11年連続リーディングサイアーを獲得した日本競馬界の至宝。本馬はその数少ない最終世代産駒の一頭であり、ビューティーパーラー、サクソンウォリアー、スタディオブマン、ファンシーブルー、スノーフェアリーに続く父産駒6頭目、そして最後の欧州クラシックホースということになる。

　母ロードデンドロンは2歳時にフィリーズマイル、3歳時にオペラ賞、4歳時にロッキンジSと英仏でGIを3勝した名牝。叔母に愛チャンピオンS2回、英チャンピオンS、タタソールズGC2回などGI7勝の強豪マジカルがいる。母父ガリレオは英、愛両ダービー、"Kジョージ"を連勝した名馬で、計12回英愛首位種牡馬に輝いた。

父系：サンデーサイレンス系　母父系統：ガリレオ系

父			
父 ディープインパクト 鹿 2002	*サンデーサイレンス 青鹿 1986	Halo	Hail To Reason
			Cosmah
		Wishing Well	Understanding
			Mountain Flower
	*ウインドインハーヘア 鹿 1991	Alzao	Lyphard
			Lady Rebecca
		Burghclere	Busted
			Highclere
母 *ロードデンドロン 鹿 2014	Galileo 鹿 1998	Sadler's Wells	Northern Dancer
			Fairy Bridge
		Urban Sea	Miswaki
			Allegretta
	Halfway To Heaven 黒鹿 2005	Pivotal	Polar Falcon
			Fearless Revival
		Cassandra Go	Indian Ridge
			Rahaam

インブリード：Northern Dancer 5×4

2023年 種牡馬ランキング
267〜502

華やかな現役時代を送った名馬たち、いぶし銀の活躍を示した種牡馬たちが、キラ星のごとくランクインをしている。彼らの過去を思い出しつつ、残った産駒たちにも熱い声援を。

Thoroughbred Stallions In Japan

2023年総合ランキング

馬名

2023年の産駒の総収得賞金、アーニングINDEX

生年、毛色、けい養先など

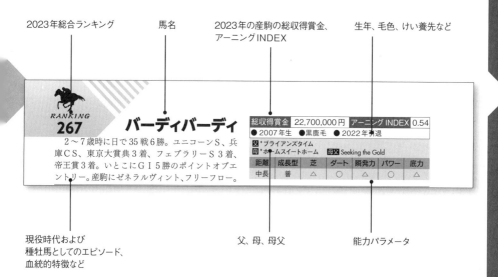

RANKING 267

バーディバーディ

2〜7歳時に日で35戦6勝。ユニコーンS、兵庫CS、東京大賞典3着、フェブラリーS3着、帝王賞3着。いとこにGI5勝のポイントオブエントリー。産駒にゼネラルヴィント、フリーフロー。

総収得賞金	22,700,000円	アーニング INDEX	0.54

● 2007年生　● 黒鹿毛　● 2022年引退

父 *ブライアンズタイム
母 *ホームスイートホーム　母父 Seeking the Gold

距離	成長型	芝	ダート	瞬発力	パワー	底力
中長	普	△	○	△	○	△

現役時代および種牡馬としてのエピソード、血統的特徴など

父、母、母父

能力パラメータ

能力パラメータの見方　短…1000〜1400m、マ…1600m前後、中…1800〜2100m、長…2200m以上、万…万能（産駒の距離タイプが様々）、早…早熟、普…普通、晩…晩成、持続…早熟と晩成を併せ持つ、◎…非常に得意、○…得意、△…やや不向き、▲…不得意

バーディバーディ

| 総収得賞金 | 22,700,000円 | アーニング INDEX | 0.54 |

● 2007年生　●黒鹿毛　● 2022年引退
父 *ブライアンズタイム
母 *ホームスイートホーム　母父 Seeking the Gold

距離	成長型	芝	ダート	瞬発力	パワー	底力
中長	普	△	○	○	○	△

2〜7歳時に日で35戦6勝。ユニコーンS、兵庫CS、東京大賞典3着、フェブラリーS3着、帝王賞3着。いとこにGI5勝のポイントオブエントリー。産駒にゼネラルヴィント、フリーフロー。

OSCAR PERFORMANCE
オスカーパフォーマンス

| 総収得賞金 | 22,640,000円 | アーニング INDEX | 1.63 |

● 2014年生　●鹿毛　●供用地／アメリカ
父 Kitten's Joy
母 Devine Actress　母父 Theatrical

距離	成長型	芝	ダート	瞬発力	パワー	底力
マ中	普	◎	○	○	○	○

2〜4歳時に米加で15戦8勝。BCジュヴナイルターフ、ベルモントダービー招待S、セクレタリアトS、ウッドバインマイルS。父はP312。産駒にレッドカーペットレディ（エイトベルズS）。

シゲルカガ

| 総収得賞金 | 22,596,000円 | アーニング INDEX | 0.23 |

● 2011年生　●鹿毛　● 2021年引退
父 *パイロ
母 アレグレッツァ　母父 *シャンハイ

距離	成長型	芝	ダート	瞬発力	パワー	底力
短	普	△	○	△	○	△

2〜7歳時に日で47戦17勝。北海道スプリントC、東京スプリント2着。父はP108参照。2代母にトミアルコ（ダービーグランプリ、大井・東京3歳優駿牝馬）。産駒にシゲルアレグリア。

HAVANA GREY
ハヴァナグレー

| 総収得賞金 | 22,210,000円 | アーニング INDEX | 4.79 |

● 2015年生　●芦毛　●供用地／イギリス
父 Havana Gold
母 Blanc de Chine　母父 Dark Angel

距離	成長型	芝	ダート	瞬発力	パワー	底力
短マ	普	○	○	○	○	○

2〜3歳時に英仏愛米で16戦6勝。フライングファイブS、サファイアS。産駒にヴァンディーク（モルニ賞）、ジャスール（ジュライS）、レイディハリウッド（アランベール賞）、ヤクシマ。

ミュゼスルタン

| 総収得賞金 | 22,191,000円 | アーニング INDEX | 0.44 |

● 2012年生　●鹿毛　●供用地／新ひだか・アローススタッド
父 キングカメハメハ
母 アスクデビュティ　母父 *フレンチデビュティ

距離	成長型	芝	ダート	瞬発力	パワー	底力
マ中	普	○	○	○	○	△

2〜4歳時に日で7戦3勝。新潟2歳S、NHKマイルC3着。2代母にマルカコマチ（京都牝馬特別）、いとこにシャドウアプローチ（朝日杯FS3着）。産駒にユングヴィ（京王杯2歳S3着）。

CENTRAL BANKER
セントラルバンカー

| 総収得賞金 | 22,043,000円 | アーニング INDEX | 4.75 |

● 2010年生　●鹿毛　●供用地／アメリカ
父 Speightstown
母 Rhum　母父 Go For Gin

距離	成長型	芝	ダート	瞬発力	パワー	底力
短マ	普	△	○	○	○	○

2〜4歳時に米で13戦4勝。マリブS2着。父はP282参照。半兄にガントリー（スマイルスプリントH）、叔父にプライヴェートエンブレム（アーカンソーダービー）。産駒にピアシック。

オンファイア

| 総収得賞金 | 21,772,000円 | アーニング INDEX | 0.59 |

● 2003年生　●鹿毛　● 2021年引退
父 *サンデーサイレンス
母 *ウインドインハーヘア　母父 Alzao

距離	成長型	芝	ダート	瞬発力	パワー	底力
マ中	やや早	○	○	○	○	△

2歳時に日で3戦1勝。東京スポーツ杯2歳S3着。全兄にブラックタイド（P140）、ディープインパクト（P48）。産駒にウキヨノカゼ（クイーンC）、シゲルキョクチョウ（小倉2歳S2着）。

IFFRAAJ
イフラージ

| 総収得賞金 | 21,545,000円 | アーニング INDEX | 0.52 |

● 2001年生　●鹿毛　●供用地／イギリス
父 Zafonic
母 Pastorale　母父 Nureyev

距離	成長型	芝	ダート	瞬発力	パワー	底力
短中	普	○	○	○	○	○

2〜5歳時に英仏で13戦7勝。パークS、レノックスS。父は英2000ギニー馬。産駒にウートンバセット（P329）、リブチェスター（ジャックルマロワ賞）、リジーナ（コロネーションS）。

RANKING 277　*タイキシャトル

3〜4歳時に日仏で13戦11勝。マイルCS2回、スプリンターズS、安田記念、ジャックルマロワ賞。1998年年度代表馬。産駒にメイショウボーラー（P206）、レッドスパーダ（P282）。

総収得賞金	20,818,000円	アーニング INDEX	0.26

● 1994年生　●栗毛　● 2022年死亡

父 Devil's Bag
母 *ウェルシュフミン　**母父** Caerleon

距離	成長型	芝	ダート	瞬発力	パワー	底力
短マ	普	◎	◎	◎	◎	○

RANKING 278　*アポロソニック

2〜3歳時に日で7戦2勝。ダービー3着。父ビッグブラウンはケンタッキーダービー、プリークネスSを勝った米2冠馬。産駒にスーパーバンタム（西日本ダービー）、オグリビッグマミー。

総収得賞金	20,809,000円	アーニング INDEX	0.22

● 2010年生　●鹿毛　● 2021年引退

父 Big Brown
母 Purely Surprised　**母父** Pure Prize

距離	成長型	芝	ダート	瞬発力	パワー	底力
中	普	○	○	△	○	△

RANKING 280　DISTORTED HUMOR ディストーティドヒューマー

3〜5歳時に米で23戦8勝。産駒にファニーサイド（米2冠）、ドロッセルマイヤー（BCクラシック）、フラワーアレイ（トラヴァーズS）、エニーギヴンサタデー（ハスケル招待H）。

総収得賞金	20,369,000円	アーニング INDEX	0.88

● 1993年生　●栗毛　● 2021年引退

父 *フォーティナイナー
母 Danzig's Beauty　**母父** Danzig

距離	成長型	芝	ダート	瞬発力	パワー	底力
マ	普	○	○	○	○	○

RANKING 281　ザサンデーフサイチ

2〜11歳時に日で11戦3勝。当歳セレクトセールで5億1450万円。母は天皇賞馬。半姉にアドマイヤグルーヴ（エリザベス女王杯）、半弟にルーラーシップ（P68）。甥にドゥラメンテ（P32）。

総収得賞金	19,637,000円	アーニング INDEX	0.25

● 2004年生　●黒鹿毛　● 2021年引退

父 ダンスインザダーク
母 エアグルーヴ　**母父** *トニービン

距離	成長型	芝	ダート	瞬発力	パワー	底力
中	普	○	△	△	○	△

RANKING 282　アサクサキングス

2〜7歳時に日で26戦6勝。菊花賞、きさらぎ賞、ダービー2着。父は次位参照。叔父に皐月賞馬ジェニュイン。産駒にバンローズキングス（兵庫CS2着）、キーグラウンド（名古屋大賞典3着）。

総収得賞金	19,583,000円	アーニング INDEX	0.30

● 2004年生　●鹿毛　● 2016年引退

父 *ホワイトマズル
母 クルーピアスター　**母父** *サンデーサイレンス

距離	成長型	芝	ダート	瞬発力	パワー	底力
中長	普	○	○	△	○	△

RANKING 283　*ホワイトマズル

2〜4歳時に英伊仏米加で17戦6勝。伊ダービー、凱旋門賞2着、キングジョージVI世＆QES2着2回。父は凱旋門賞馬。産駒にイングランディーレ（天皇賞・春）、アサクサキングス。

総収得賞金	18,965,000円	アーニング INDEX	1.36

● 1990年生　●鹿毛　● 2017年死亡

父 *ダンシングブレーヴ
母 Fair of the Furze　**母父** Ela-Mana-Mou

距離	成長型	芝	ダート	瞬発力	パワー	底力
万	普	○	○	○	○	○

RANKING 284　LE HAVRE ルアーヴル

2〜3歳時に仏で6戦4勝。仏ダービー、仏2000ギニー2着。産駒にアヴニールセルタン（仏オークス）、ワンダフルトゥナイト（ロワイヤリュー賞）、プールヴィル（フィリーズレビュー）。

総収得賞金	18,940,000円	アーニング INDEX	0.68

● 2006年生　●鹿毛　● 2022年死亡

父 Noverre
母 Marie Rheinburg　**母父** Surako

距離	成長型	芝	ダート	瞬発力	パワー	底力
マ中	普	○	○	○	○	○

RANKING 285　サムライハート

2〜4歳時に日で5戦3勝。全姉にアドマイヤグルーヴ（エリザベス女王杯）、半弟にルーラーシップ（P68）、甥にドゥラメンテ（P32）。産駒にプレミアムブルー（シンザン記念3着）。

総収得賞金	18,865,000円	アーニング INDEX	0.21

● 2002年生　●鹿毛　● 2022年死亡

父 *サンデーサイレンス
母 エアグルーヴ　**母父** *トニービン

距離	成長型	芝	ダート	瞬発力	パワー	底力
マ中	普	○	○	△	○	△

※ 275位のヤングマンパワー、276位のサトノアレスは P363 に、279位のヘンリーバローズは P364 に掲載しています。

アッミラーレ

3～6歳時に日で18戦6勝。欅S。母は米GⅡレアパフュームS勝ち。産駒にハッピースプリント（P375）、ミスミランダー（関東オークス2着）、トキノエクセレント（さきたま杯2着）。

総収得賞金	18,858,000円	アーニング INDEX	0.21

● 1997年生　●黒鹿毛　●供用地／青森県・フォレブルー

父 *サンデーサイレンス
母 *ダジルミージョリエ　母父 Carr de Naskra

距離	成長型	芝	ダート	瞬発力	パワー	底力
短中	普	△	○	○	○	○

*エイシンアポロン

2～5歳時に日で19戦4勝。マイルCS、朝日杯FS2着。半弟にマスターオブハウンズ（ジェベルハッタ）、半妹にミノレット（ベルモントオークス招待S）。産駒にエイシンハルニレ。

総収得賞金	18,617,000円	アーニング INDEX	0.40

● 2007年生　●栗毛　●2020年引退

父 Giant's Causeway
母 Silk And Scarlet　母父 Sadler's Wells

距離	成長型	芝	ダート	瞬発力	パワー	底力
マ	普	○	○	△	○	○

NO NAY NEVER
ノーネイネヴァー

2～3歳時に米英仏で6戦4勝。モルニ賞。産駒にテンソヴリンズ（ジュライC）、アルコールフリー(コロネーションS)、ブラックベアード(ミドルパークS)、ユニコーンライオン（鳴尾記念）。

総収得賞金	18,610,000円	アーニング INDEX	0.57

● 2011年生　●黒鹿毛　●供用地／アイルランド

父 Scat Daddy
母 Cat's Eye Witness　母父 Elusive Quality

距離	成長型	芝	ダート	瞬発力	パワー	底力
短中	早	○	○	○	○	○

ナカヤマフェスタ

2～5歳時に日仏で15戦5勝。宝塚記念、セントライト記念、凱旋門賞2着。父はP281参照。半妹にディアアレトゥーサ（福島記念2着）。産駒にガンコ（日経賞）、バビット（セントライト記念）。

総収得賞金	18,589,000円	アーニング INDEX	0.14

● 2006年生　●鹿毛　●供用地／浦河・うらかわ優駿ビレッジAERU

父 ステイゴールド
母 ディアウインク　母父 *タイトスポット

距離	成長型	芝	ダート	瞬発力	パワー	底力
中長	普	○	○	△	○	○

VIOLENCE
ヴァイオレンス

2～3歳時に米で4戦3勝。キャッシュコールフューチュリティ。父はP304参照。産駒にフォルテ（フロリダダービー、BCジュヴナイル）、日本でジャスパープリンス（エニフS）。

総収得賞金	18,448,000円	アーニング INDEX	0.80

● 2010年生　●黒鹿毛　●供用地／アメリカ

父 Medaglia d'Oro
母 Violent Beauty　母父 Gone West

距離	成長型	芝	ダート	瞬発力	パワー	底力
マ	普	○	○	○	○	△

KITTEN'S JOY
キトゥンズジョイ

2～4歳時に米で14戦9勝。セクレタリアトS。産駒にロアリングライオン（愛チャンピオンS）、カメコ（英2000ギニー）、ホークビル(P362)、日本でジャンダルム（スプリンターズS）。

総収得賞金	18,402,000円	アーニング INDEX	0.44

● 2001年生　●栗毛　●2022年死亡

父 El Prado
母 Kitten's First　母父 Lear Fan

距離	成長型	芝	ダート	瞬発力	パワー	底力
マ中	普	◎	○	○	○	○

NATHANIEL
ナサニエル

2～4歳時に英愛で11戦4勝。キングジョージⅥ世＆QES、エクリプスS。全妹にグレートヘヴンズ（愛オークス）。産駒にエネイブル（凱旋門賞2回）、デザートクラウン（英ダービー）。

総収得賞金	18,285,000円	アーニング INDEX	0.49

● 2008年生　●鹿毛　●供用地／イギリス

父 Galileo
母 Magnificent Style　母父 Silver Hawk

距離	成長型	芝	ダート	瞬発力	パワー	底力
中長	普	◎	○	○	○	◎

ルースリンド

3～9歳時に日で45戦14勝。東京記念2回、大井金盃、スパーキングサマーC、浦和記念2着2回。父はジャパンC馬で凱旋門賞はモンジューの2着。産駒にストゥディウム（大井・羽田盃）。

総収得賞金	17,991,000円	アーニング INDEX	0.30

● 2001年生　●鹿毛　●2020年引退

父 *エルコンドルパサー
母 *ルーズブルーマーズ　母父 Deputy Minister

距離	成長型	芝	ダート	瞬発力	パワー	底力
マ中	普	△	△	△	○	△

※293位のキタサンミカヅキはP364に掲載しています。

RANKING 295 ドリームバレンチノ

2〜10歳時に日で55戦12勝。JBCスプリント、函館SS、シルクロードS、兵庫GT、東京盃。父はP184参照。母は小倉2歳S勝ち。全弟にウインムート（さきたま杯）。産駒にマヨン。

総収得賞金	17,512,000円	アーニングINDEX	0.47

● 2007年生　●青毛　●供用地／新ひだか・アロースタッド

父 *ロージズインメイ
母コスモヴァレンチ　母父 *マイネルラヴ

距離	成長型	芝	ダート	瞬発力	パワー	底力
短	やや晩	○	○	△	○	○

RANKING 296 ロードバリオス

2〜8歳時に日で33戦6勝。六甲S。父はP416参照。半弟にロードカナロア（P36）、2代母に米GI2勝のサラトガデュー（ベルダムS）。産駒にタケノサイコウ（佐賀オータムスプリント）。

総収得賞金	17,385,000円	アーニングINDEX	0.34

● 2005年生　●青毛　●供用地／熊本県・本田土寿

父 *ブライアンズタイム
母レディブラッサム　母父 Storm Cat

距離	成長型	芝	ダート	瞬発力	パワー	底力
マ	普	○	○	○	○	△

RANKING 297 SHAMARDAL シャマーダル

2〜3歳時に英首仏で7戦6勝。仏ダービー、仏2000ギニー。産駒にロペデヴェガ（P313）、タルナワ（BCターフ）、ピナツボ（P407）、ブルーポイント（P402）、日本でライトオンキュー。

総収得賞金	17,221,000円	アーニングINDEX	0.93

● 2002年生　●鹿毛　● 2020年死亡

父 Giant's Causeway
母 Helsinki　母父 Machiavellian

距離	成長型	芝	ダート	瞬発力	パワー	底力
マ中	普	◎	△	○	○	○

RANKING 298 MACHO UNO マッチョウノ

2〜4歳時に米加で14戦6勝。BCジュヴナイル、グレイBCS。2000年最優秀2歳牡馬。半兄にオーサムアゲイン（BCクラシック）。産駒にムーチョマッチョマン（P329）、ダノンレジェンド。

総収得賞金	17,150,000円	アーニングINDEX	3.70

● 1998年生　●芦毛　● 2020年引退

父 Holy Bull
母 Primal Force　母父 Blushing Groom

距離	成長型	芝	ダート	瞬発力	パワー	底力
短マ	やや早	○	○	○	○	○

RANKING 299 *マスクゾロ

2〜6歳時に日で16戦7勝。シリウスS。父はハスケル招待Hの勝ち馬。叔母にGI5勝のユー（フリゼットS）、いとこにユーアンドアイフォーエヴァー。産駒にマスクドサムライ。

総収得賞金	16,908,000円	アーニングINDEX	0.24

● 2011年生　●黒鹿毛　● 2022年引退

父 Roman Ruler
母 Saravati　母父 Giant's Causeway

距離	成長型	芝	ダート	瞬発力	パワー	底力
中	普	△	○	△	○	△

RANKING 300 LOPE DE VEGA ロペデヴェガ

2〜3歳時に仏で9戦4勝。仏ダービー、仏2000ギニー。産駒にプログラムトレーディング(ハリウッドダービー)、ベラード（デューハーストS）、フェニックスオブスペイン（愛2000ギニー）。

総収得賞金	16,420,000円	アーニングINDEX	1.18

● 2007年生　●栗毛　●供用地／アイルランド

父 Shamardal
母 Lady Vettori　母父 Vettori

距離	成長型	芝	ダート	瞬発力	パワー	底力
中	普	◎	◎	○	○	○

RANKING 301 アーネストリー

2〜7歳時に日で29戦10勝。宝塚記念、同3着、金鯱賞、札幌記念。父はグランプリ3勝の名馬、母系からギャロップダイナ（天皇賞・秋）。産駒にコールストーム（金山特別）。

総収得賞金	15,970,000円	アーニングINDEX	0.29

● 2005年生　●鹿毛　● 2019年引退

父 *グラスワンダー
母レットルダムール　母父 *トニービン

距離	成長型	芝	ダート	瞬発力	パワー	底力
中	普	○	○	△	○	○

RANKING 302 COLLECTED コレクテッド

2〜5歳時に米で15戦8勝。パシフィッククラシックS、BCクラシック2着。父はP319参照。叔父にディープサウンド（共同通信杯3着）。産駒にタックスト（ブラックアイドスーザンS）。

総収得賞金	15,410,000円	アーニングINDEX	1.66

● 2013年生　●栗毛　●供用地／アメリカ

父 City Zip
母 Helena Bay　母父 *ヨハネスブルグ

距離	成長型	芝	ダート	瞬発力	パワー	底力
中	普	○	○	○	○	○

アドマイヤコジーン

2～6歳時に日香で23戦6勝。安田記念、朝日杯3歳S。父はBCマイル馬。産駒にアストンマーチャン（スプリンターズS）、スノードラゴン（P298）、マジンプロスパー（CBC賞2回）。

| 総収得賞金 | 15,320,000円 | アーニングINDEX | 0.66 |

● 1996年生　● 芦毛　● 2017年死亡

父 Cozzene
母 *アドマイヤマカディ　母父 *ノーザンテースト

距離	成長型	芝	ダート	瞬発力	パワー	底力
短中	普	◎	△	○	○	○

セレン

2～8歳時に日で29戦13勝。京成盃グランドマイラーズ、大井記念。父は宝塚記念の勝ち馬。母系からは名牝トリプティック（英チャンピオンS）。産駒にブラヴァール（京浜盃、羽田盃2着）。

| 総収得賞金 | 15,009,000円 | アーニングINDEX | 0.40 |

● 2005年生　● 栗毛　● 供用地／浦河・No.9ホーストレーニングメソド

父 マーベラスサンデー
母 ハイエストデイ　母父 *ブライアンズタイム

距離	成長型	芝	ダート	瞬発力	パワー	底力
中長	普	○	○	○	△	○

ニホンピロアワーズ

3～8歳時に日で42戦13勝。ジャパンCダート、東海S。父はP311参照。産駒にニホンピロスクーロ（岸和田S）、シゲルホサヤク（御影S）、ミステリーベルン（フローラルC）。

| 総収得賞金 | 14,860,000円 | アーニングINDEX | 0.29 |

● 2007年生　● 青鹿毛　● 供用地／新ひだか・レックススタッド

父 *ホワイトマズル
母 ニホンピロルピナス　母父 アドマイヤベガ

距離	成長型	芝	ダート	瞬発力	パワー	底力
中長	普	△	○	△	○	△

ヒルノダムール

2～5歳時に日仏で21戦4勝。天皇賞・春、大阪杯。2代母にメアリーリノア（マルセルブサック賞）、いとこにディアマジェスティ（中山大障害2着）。産駒にニシノオイカゼ（湯沢特別）。

| 総収得賞金 | 14,857,000円 | アーニングINDEX | 0.40 |

● 2007年生　● 鹿毛　● 2019年引退

父 マンハッタンカフェ
母 シェアエレガンス　母父 *ラムタラ

距離	成長型	芝	ダート	瞬発力	パワー	底力
中長	普	○	○	△	○	○

MIDNIGHT LUTE
ミッドナイトリュート

2～5歳時に米で13戦6勝。BCスプリント2回、フォアゴーS。産駒にミッドナイトビズ（サンタアニタオークス）、ミッドナイトラッキー（エイコーンS）、シェイキンイットアップ（P335）。

| 総収得賞金 | 14,796,000円 | アーニングINDEX | 1.60 |

● 2003年生　● 黒鹿毛　● 供用地／アメリカ

父 Real Quiet
母 Candytuft　母父 *デヒア

距離	成長型	芝	ダート	瞬発力	パワー	底力
短マ	普	△	○	△	○	○

シングンオペラ

2～4歳時に日で16戦1勝。アルゼンチン共和国杯3着。父はキングジョージVI世＆QES勝ちの欧州年度代表馬。母はローズSの勝ち馬。産駒にシングンマイケル（中山大障害）。

| 総収得賞金 | 14,196,000円 | アーニングINDEX | 0.44 |

● 1998年生　● 黒鹿毛　● 2019年死亡

父 *オペラハウス
母 タケハナミ　母父 *ハードツービート

距離	成長型	芝	ダート	瞬発力	パワー	底力
中	普	○	○	△	○	△

CARPE DIEM
カーペディエム

2～3歳時に米で6戦4勝。ブルーグラスS、ブリーダーズフューチュリティ。半弟にジェイビーズサンダー（ブリーダーズフューチュリティ）。産駒にウェイトフォーナイロビ（シンシナティT）。

| 総収得賞金 | 14,179,000円 | アーニングINDEX | 0.76 |

● 2012年生　● 栗毛　● 供用地／アメリカ

父 Giant's Causeway
母 Rebridled Dreams　母父 Unbridled's Song

距離	成長型	芝	ダート	瞬発力	パワー	底力
マ中	やや早	○	○	○	○	○

グロリアスノア

2～10歳時に日首で16戦5勝。武蔵野S、根岸S、ジャパンCダート2着。父はP275参照。いとこにトーホウアスカ（函館2歳S2着）。産駒にグロリアスアポイ（浦和・ドリームチャレンジ）。

| 総収得賞金 | 13,679,000円 | アーニングINDEX | 0.49 |

● 2006年生　● 黒鹿毛　● 供用地／浦河・辻牧場

父 *ブリサイスエンド
母 ラヴロバリー　母父 *ジェイドロバリー

距離	成長型	芝	ダート	瞬発力	パワー	底力
マ	普	△	○	△	○	△

RANKING 311　クリーンエコロジー

総収得賞金	13,510,000円	アーニング INDEX	0.49

● 2008年生　●芦毛　● 2019年引退

2〜8歳時に日で50戦9勝。道営スプリント。叔母にゴールデンバレエ（ラスヴァージネスS）、いとこにドロッセルマイヤー（BCクラシック）。産駒にサウンドブライアン（山陽特別）。

父 *キングカメハメハ
母 *スパークルジュエル　母父 Unbridled's Song

距離	成長型	芝	ダート	瞬発力	パワー	底力
短マ	普	△	○	△	△	△

RANKING 312　プレティオラス

総収得賞金	13,397,000円	アーニング INDEX	0.36

● 2009年生　●黒鹿毛　●供用地／日高・サンシャイン牧場

2〜8歳時に日で37戦7勝。東京ダービー、東京記念2回、大井記念。父は朝日杯3歳Sでグラスワンダーの3着。いとこにバンタレイ（大井・京浜盃）。産駒にコルドゥアン（門別・栄冠賞）。

父 *フィガロ
母 ユーロペ　母父 ダンスインザダーク

距離	成長型	芝	ダート	瞬発力	パワー	底力
マ中	普	△	○	△	○	○

RANKING 313　ハイアーゲーム

総収得賞金	13,225,000円	アーニング INDEX	0.71

● 2001年生　●青鹿毛　● 2017年引退

2〜8歳時に日で36戦5勝。青葉賞、鳴尾記念、ダービー3着。母は英GIIIイエルバブエナH勝ち。半弟にダイワマッジョーレ（京王杯SC）。産駒にコスモナインボール（アイビーS）。

父 *サンデーサイレンス
母 *ファンジカ　母父 Law Society

距離	成長型	芝	ダート	瞬発力	パワー	底力
中	普	○	○	○	○	△

RANKING 314　FED BIZ
フェドビズ

総収得賞金	13,200,000円	アーニング INDEX	2.85

● 2009年生　●鹿毛　●供用地／カナダ

2〜5歳時に米で19戦6勝。サンフェルナンドS、パットオブライエンS、サンディエゴH。父はP333。叔父にテイルオブザキャット（種牡馬）。産駒にゼンデン（ドバイゴールデンシャヒーン）。

父 Giant's Causeway
母 Spnoutacontrol　母父 Wild Again

距離	成長型	芝	ダート	瞬発力	パワー	底力
マ中	普	△	○	△	△	△

RANKING 315　キャプテントゥーレ

総収得賞金	12,965,000円	アーニング INDEX	0.40

● 2005年生　●芦毛　● 2016年引退

2〜6歳時に日で20戦5勝。皐月賞。母は阪神牝馬S。2代母スキーパラダイスはムーランドロンシャン賞。半弟にシルヴァーソニック（ステイヤーズS）。産駒にカシノマスト(小倉2歳S3着)。

父 アグネスタキオン
母 エアトゥーレ　母父 *トニービン

距離	成長型	芝	ダート	瞬発力	パワー	底力
マ中	普	○	○	△	○	△

RANKING 317　*エーシンフォワード

総収得賞金	12,520,000円	アーニング INDEX	0.68

● 2005年生　●鹿毛　● 2023年引退

2〜6歳時に日香で31戦6勝。マイルCS、阪急杯、高松宮記念3着。マイルCSは1分31秒8のコースレコード勝ち。父は米GIII2勝。産駒にロードエース（やまびこS）。

父 Forest Wildcat
母 Wake Up Kiss　母父 Cure the Blues

距離	成長型	芝	ダート	瞬発力	パワー	底力
短マ	普	○	○	○	○	△

RANKING 318　TAKE CHARGE INDY
テイクチャージインディ

総収得賞金	12,010,000円	アーニング INDEX	0.86

● 2009年生　●黒鹿毛　●供用地／アメリカ

2〜4歳時に米で14戦3勝。フロリダダービー。母はスピンスターS2回などGI3勝。半弟に日本で供用中のウィルテイクチャージ（P297）。産駒にペイジアン（クレメントLハーシュS3着）。

父 A.P. Indy
母 Take Charge Lady　母父 *デヒア

距離	成長型	芝	ダート	瞬発力	パワー	底力
マ中	普	○	○	○	○	○

RANKING 319　SHALAA
シャラー

総収得賞金	11,980,000円	アーニング INDEX	0.65

● 2013年生　●鹿毛　●供用地／オーストラリア

2〜3歳時に英仏で8戦6勝。モルニ賞、ミドルパークS。父はP301参照。叔父にハイル（ミドルパークS）。産駒にノースピークアレキサンダー（愛メイトロンS）。2022年仏2歳首位種牡馬。

父 Invincible Spirit
母 Ghurra　母父 War Chant

距離	成長型	芝	ダート	瞬発力	パワー	底力
短	普	○	○	○	○	○

※ 316位のショウナンバッハは P364 に掲載しています。

320 RUN AWAY AND HIDE
ランナウェイアンドハイド

総収得賞金	11,895,000円	アーニング INDEX	1.28

●2006年生　●鹿毛　●供用地／トルコ

父 City Zip			
母 Jilted	母父 Runaway Groom		

距離	成長型	芝	ダート	瞬発力	パワー	底力
短マ	やや早	○	○	○	○	○

2歳時に米で3戦3勝。サラトガスペシャル、ケンタッキーS。父はP319参照。産駒にアーユーキディングミー（加エクリプスS）、アルバーツホープ（ベストパルS）、コウエイブレイブ。

321 チェリークラウン

総収得賞金	11,840,000円	アーニング INDEX	0.32

●2004年生　●栗毛　●2021年引退

父 *チーフベアハート			
母 シュンラン	母父 *サンデーサイレンス		

距離	成長型	芝	ダート	瞬発力	パワー	底力
短マ	普	△	○	○	○	○

3～6歳時に日で37戦4勝。ルールオブロー賞。父はBCターフ勝ちの米芝チャンピオン。半姉にパフィオペディラム（TCKディスタフ2回）。母系は名牝エアグルーヴも出るパロクサイド系。

322 MASTERCRAFTSMAN
マスタークラフツマン

総収得賞金	11,635,000円	アーニング INDEX	1.25

●2006年生　●芦毛　●2021年死亡

父 Danehill Dancer			
母 Starlight Dreams	母父 *ブラックタイアフェアー		

距離	成長型	芝	ダート	瞬発力	パワー	底力
マ中	早	◎	○	○	○	◎

2～3歳時に愛英仏米で12戦7勝。愛2000ギニー、セントジェイムズパレスS。産駒にアルファセントーリ（愛1000ギニー）、ザグレイギャッツビー（仏ダービー）、日本でアイロンワークス。

323 *エーシンジーライン

総収得賞金	11,456,000円	アーニング INDEX	0.49

●2005年生　●黒鹿毛　●2020年引退

父 Giant's Causeway			
母 *レディダンズ	母父 Danzig		

距離	成長型	芝	ダート	瞬発力	パワー	底力
中	普	○	○	△	○	○

2～10歳時に日で66戦9勝。小倉大賞典、朝日CC2着。半兄にエーシンエフダンス（オーシャンS2着）、いとこにリーチザクラウン（マイラーズC、きさらぎ賞）。産駒にユウユウグリュック。

324 ALWAYS DREAMING
オールウェイズドリーミング

総収得賞金	11,300,000円	アーニング INDEX	1.22

●2014年生　●黒鹿毛　●供用地／アメリカ

父 Bodemeister			
母 Above Perfection	母父 In Excess		

距離	成長型	芝	ダート	瞬発力	パワー	底力
中	普	○	◎	○	○	○

2～4歳時に米で11戦4勝。ケンタッキーダービー、フロリダダービー。父はアーカンソーダービーの勝ち馬。産駒にサウディクラウン（ペンシルヴェニアダービー）、ドリーミーブリーズ。

325 I AM INVINCIBLE
アイアムインヴィンシブル

総収得賞金	11,200,000円	アーニング INDEX	1.21

●2004年生　●鹿毛　●供用地／オーストラリア

父 Invincible Spirit			
母 Cannarelle	母父 Canny Lad		

距離	成長型	芝	ダート	瞬発力	パワー	底力
短中	普	◎	○	○	○	○

3～6歳時に豪で13戦5勝。DCマッケイS。父はP301参照。産駒にラヴィングギャビー（マニカトS）、ブレインズボー（クールモアスタッドS）。2018/2019豪2歳リーディングサイアー。

326 ペルーサ

総収得賞金	11,175,000円	アーニング INDEX	0.20

●2007年生　●栗毛　●2020年引退

父 ゼンノロブロイ			
母 *アルゼンチンスター	母父 Candy Stripes		

距離	成長型	芝	ダート	瞬発力	パワー	底力
中長	普	○	○	○	○	○

2～9歳時に日で28戦5勝。青葉賞、天皇賞・秋2着。叔父にアルファフォーレス（東海S3着）、甥にアスクワイルドモア（京都新聞杯）。産駒にラペルーズ（ヒヤシンスS）、キラメキビジョン。

327 FARHH
ファー

総収得賞金	11,123,000円	アーニング INDEX	2.40

●2008年生　●鹿毛　●供用地／イギリス

父 Pivotal			
母 Gonbarda	母父 Lando		

距離	成長型	芝	ダート	瞬発力	パワー	底力
マ中	普	◎	○	○	○	○

2～5歳時に英仏で10戦5勝。英チャンピオンS、ロッキンジS。父はP334参照。母はドイツ賞の勝ち馬。産駒にキングオブチェンジ（クイーンエリザベスII世S）、オフトレイル（こぶし賞）。

RANKING 328　*フレンチデピュティ

2〜3歳時に米で6戦4勝。ジェロームH。産駒にクロフネ（P150）、アドマイヤジュピタ（天皇賞・春）、エイシンデピュティ（宝塚記念）、レジネッタ（桜花賞）、ピンクカメオ（NHKマイルC）。

総収得賞金	11,111,000円		アーニング INDEX		0.22

●1992年生　●栗毛　●2018年引退
父 Deputy Minister
母 Mitterand　母父 Hold Your Peace

距離	成長型	芝	ダート	瞬発力	パワー	底力
万	持続	◎	◎	○	◎	○

RANKING 329　SUPER SAVER　スーパーセイヴァー

2〜3歳時に米で10戦3勝。ケンタッキーダービー。父は米2冠王者。母系は米の名門イントリギング系。産駒にランハッピー（BCスプリント）、レトルースカ（アップルブロッサムH）。

総収得賞金	10,862,000円		アーニング INDEX		0.78

●2007年生　●鹿毛　●供用地／トルコ
父 Maria's Mon
母 Supercharger　母父 A.P. Indy

距離	成長型	芝	ダート	瞬発力	パワー	底力
マ中	やや早	○	◎	○	○	○

RANKING 330　MYBOYCHARLIE　マイボーイチャーリー

2〜4歳時に愛仏米で9戦4勝。モルニ賞。父はジュライC3着の快速馬。いとこにスノーランド（ザ・ギャラクシー）。産駒にシスターチャーリー（BCフィリー＆メアターフ）、メイショウシルト。

総収得賞金	10,814,000円		アーニング INDEX		2.33

●2005年生　●鹿毛　●供用地／トルコ
父 Danetime
母 Dulceata　母父 *ルション

距離	成長型	芝	ダート	瞬発力	パワー	底力
マ中	やや早	○	○	○	○	○

RANKING 332　トーセンレーヴ

3〜9歳時に日で33戦8勝。エプソムC。半姉にブエナビスタ（ジャパンC）、半兄にアドマイヤオーラ（P320）、アドマイヤジャパン（京成杯）。産駒にトーセンクレセント、シルバ。

総収得賞金	10,215,000円		アーニング INDEX		0.44

●2008年生　●鹿毛　●供用地／日高・エスティファーム
父 ディープインパクト
母 ビワハイジ　母父 Caerleon

距離	成長型	芝	ダート	瞬発力	パワー	底力
中	普	○	○	○	○	△

RANKING 333　サンカルロ

2〜8歳時に日で49戦6勝。阪神C2回、ニュージーランドT、阪急杯、高松宮記念2着2回、スプリンターズS3着。母系は2代母にミスセクレト（伊1000ギニー）。産駒にラウズアップ。

総収得賞金	10,077,000円		アーニング INDEX		0.14

●2006年生　●黒鹿毛　●2020年引退
父 *シンボリクリスエス
母 ディーバ　母父 Crafty Prospector

距離	成長型	芝	ダート	瞬発力	パワー	底力
短マ	普	○	○	○	○	△

RANKING 334　*セイントアレックス

不出走。父は米2冠馬。母は日米両方で重賞勝ちを収めた活躍馬。母系はいとこにスリーオペレーター（阪神スプリングJ）。産駒にジュンアイノキミ（門別・ブロッサムC）、ハレノチアラシ。

総収得賞金	9,218,000円		アーニング INDEX		0.66

●2007年生　●鹿毛　●供用地／日高・ブリーダーズSS
父 Afleet Alex
母 フェスティバル　母父 *アサティス

距離	成長型	芝	ダート	瞬発力	パワー	底力
マ中	普	△	△	△	△	△

RANKING 335　BOLT D'ORO　ボルトドーロ

2〜3歳時に米で8戦4勝。デルマーフューチュリティ。半弟にグローバルキャンペーン（ウッドワードH）。産駒にタマラ（デルマーデビュータントS）、フロムダスク（京王杯2歳S2着）。

総収得賞金	9,030,000円		アーニング INDEX		0.97

●2015年生　●鹿毛　●供用地／アメリカ
父 Medaglia d'Oro
母 Globe Trot　母父 A.P. Indy

距離	成長型	芝	ダート	瞬発力	パワー	底力
短マ	やや早	◎	○	○	○	○

RANKING 336　ビービーガルダン

2〜7歳時に日で32戦7勝。キーンランドC、阪急杯、高松宮記念2着、スプリンターズS2着。父はBCターフを勝った米芝王者。産駒にヨシノファルコン（佐賀・天山賞）、ミラクルベルン。

総収得賞金	8,863,000円		アーニング INDEX		0.21

●2004年生　●青鹿毛　●2019年引退
父 *チーフベアハート
母 *オールザチャット　母父 Westminster

距離	成長型	芝	ダート	瞬発力	パワー	底力
短	やや晩	○	○	○	○	△

※331位のアレスバローズはP364に掲載しています。

フサイチリシャール

2～5歳時に日首で24戦5勝。朝日杯FS、阪神C、東京スポーツ杯2着S。母は桜花賞2着。半姉にライラプス（クイーンC）。産駒にニホンピロバロン(中山大障害)、リッカルド(エルムS)。

総収得賞金	8,780,000円	アーニング INDEX	0.95

●2003年生　●芦毛　●2014年引退

父 *クロフネ
母 フサイチエアデール　母父 *サンデーサイレンス

距離	成長型	芝	ダート	瞬発力	パワー	底力
短中	やや早	○	○	○	○	△

EMCEE
エムシー

3～4歳時に米で8戦4勝。フォアゴーS。父は2017年米首位種牡馬。半弟にサーファー（マクトゥームチャレンジR1）、甥にコンスティチューション(P295)。産駒にコラルノクターン(遠江S)。

総収得賞金	8,600,000円	アーニング INDEX	1.85

●2008年生　●黒鹿毛　●供用地／ブラジル

父 Unbridled's Song
母 Surf Club　母父 Ocean Crest

距離	成長型	芝	ダート	瞬発力	パワー	底力
短マ		△	○		○	

MINESHAFT
マインシャフト

3～4歳時に英仏米で18戦10勝。ウッドワードSなどGI4勝。2003年米年度代表馬。産駒にディスクリートリーマイン（キングズビショップS）、カジノドライヴ（P273）、サトノムスタング。

総収得賞金	8,460,000円	アーニング INDEX	0.91

●1999年生　●黒鹿毛　●供用地／アメリカ

父 A. P. Indy
母 Prospectors Delite　母父 Mr. Prospector

距離	成長型	芝	ダート	瞬発力	パワー	底力
中	普	○	◎	○	○	○

スペシャルウィーク

2～4歳時に日で17戦10勝。ジャパンC、ダービー、天皇賞・春、天皇賞・秋。産駒にトーホウジャッカル(菊花賞)、シーザリオ(オークス)、ブエナビスタ(ジャパンC)、ローマンレジェンド。

総収得賞金	8,335,000円	アーニング INDEX	0.90

●1995年生　●黒鹿毛　●2018年死亡

父 *サンデーサイレンス
母 キャンペンガール　母父 マルゼンスキー

距離	成長型	芝	ダート	瞬発力	パワー	底力
万	普	◎	○	○	○	○

セイクリムズン

2～9歳時に日で60戦16勝。さきたま杯、根岸S、カペラS、黒船賞3回、かきつばた記念2回、東京スプリント、JBCスプリント2着2回、かしわ記念2着。産駒にセイシークエンス。

総収得賞金	8,292,000円	アーニング INDEX	0.45

●2006年生　●青毛　●2022年引退

父 エイシンサンディ
母 スダリーフ　母父 *サウスアトランティック

距離	成長型	芝	ダート	瞬発力	パワー	底力
短マ	普	△	○	△	○	△

TWIRLING CANDY
トワーリングキャンディ

2～4歳時に米で11戦7勝。マリブS、デルマーダービー。父はP306。産駒にロンバウアー（プリークネスS）、ギフトボックス(サンタアニタH)、パインハースト（デルマーフューチュリティ）。

総収得賞金	8,250,000円	アーニング INDEX	0.59

●2007年生　●黒鹿毛　●供用地／アメリカ

父 Candy Ride
母 House of Danzing　母父 Chester House

距離	成長型	芝	ダート	瞬発力	パワー	底力
マ中	普	○	○	○	○	○

UPSTART
アップスタート

2～4歳時に米で15戦4勝。ホーリーブルS、フロリダダービー2着、BCジュヴナイル3着。父はP337参照。産駒にザンドン（ブルーグラスS）、キャスリーンオー（ダヴォナデイルS）。

総収得賞金	8,130,000円	アーニング INDEX	1.75

●2012年生　●黒鹿毛　●供用地／アメリカ

父 Flatter
母 Party Silks　母父 Touch Gold

距離	成長型	芝	ダート	瞬発力	パワー	底力
マ	普	△	○	△	○	○

AIR FORCE BLUE
エアフォースブルー

2～3歳時に愛英で9戦4勝。愛フィーニクスS、愛ナショナルS、デューハーストS。2015年欧州最優秀2歳牡馬。父はP281参照。産駒にエアフォースレッド（ジョーヘルナンデスS）。

総収得賞金	8,090,000円	アーニング INDEX	0.35

●2013年生　●黒鹿毛　●供用地／韓国

父 War Front
母 Chatham　母父 Maria's Mon

距離	成長型	芝	ダート	瞬発力	パワー	底力
短マ	早	○	○	○	○	○

RANKING 345　*オールステイ

2〜5歳時に日で18戦3勝。きさらぎ賞5着。父はシーザスターズ（凱旋門賞）を出した名種牡馬。叔父にトーセンラー（P236）、スピルバーグ（P248）。産駒にラヴォラーレ、シュウエットカズ。

総収得賞金	8,033,000円	アーニング INDEX	0.87

● 2011年生　●鹿毛　●供用地／浦河・ヒダカファーム

父 Cape Cross
母 Flowerette　母父 Victory Gallop

距離	成長型	芝	ダート	瞬発力	パワー	底力
中	普	△	△	△	△	△

RANKING 346　アグニシャイン

2〜4歳時に日で4戦1勝。父はP72参照。叔父にゴルトブリッツ（帝王賞）、いとこにレイデオロ（P356）、一族からディープインパクト（P48）が出る。産駒にアグニレディアンス、トリオ。

総収得賞金	7,915,000円	アーニング INDEX	0.28

● 2014年生　●栗毛　●2022年引退

父 *ハービンジャー
母 ガールオンファイア　母父 アグネスタキオン

距離	成長型	芝	ダート	瞬発力	パワー	底力
中	普	△	△	△	△	△

RANKING 347　*スクワートルスクワート

2〜4歳時に米で16戦8勝。BCスプリント、キングズビショップS。2001年米最優秀短距離馬。産駒にヨカヨカ（北九州記念）、ジェイケイセラヴィ（アイビスSD2着）、サツマノオンナ。

総収得賞金	7,810,000円	アーニング INDEX	0.13

● 1998年生　●黒鹿毛　●供用地／鹿児島県・JBBA九州種馬場

父 Marquetry
母 Lost the Code　母父 Lost Code

距離	成長型	芝	ダート	瞬発力	パワー	底力
短	普	○	○	△	○	△

RANKING 348　*サウンドボルケーノ

2〜5歳時に日で19戦3勝。鈴鹿特別。父はP64参照。全弟にスピードホーク（首GIIIアルシンダガスプリント3着）。産駒にフローレンス（川崎・花鳥風月賞）、サウンドボス、サウンドウイッシュ。

総収得賞金	7,793,000円	アーニング INDEX	0.24

● 2008年生　●栗毛　●2021年引退

父 *ヘニーヒューズ
母 Cosmic Wing　母父 Halo

距離	成長型	芝	ダート	瞬発力	パワー	底力
短マ	普	△	○	△	○	△

RANKING 349　CITY ZIP　シティジップ

2〜3歳時に米で23戦9勝。ホープフルS、BCマイル3着。半弟にゴーストザッパー（P305）。産駒にデイアットザスパ（BCフィリー＆メアターフ）、ワークオールウィーク（BCスプリント）。

総収得賞金	7,767,000円	アーニング INDEX	1.68

● 1998年生　●栗毛　●2017年死亡

父 Carson City
母 Baby Zip　母父 Relaunch

距離	成長型	芝	ダート	瞬発力	パワー	底力
短中	普	◎	○	○	◎	○

RANKING 350　GOOD MAGIC　グッドマジック

2〜3歳時に米で9戦3勝。BCジュヴナイル、ハスケル招待S。2017年米最優秀2歳牡馬。産駒にメイジ（Kダービー）、ブレイジングセブンズ（シャンペンS）、ムー（アメリカンファラオS）。

総収得賞金	7,750,000円	アーニング INDEX	0.84

● 2015年生　●栗毛　●供用地／アメリカ

父 Curlin
母 Glinda the Good　母父 *ハードスパン

距離	成長型	芝	ダート	瞬発力	パワー	底力
マ中	普	○	○	○	○	○

RANKING 351　ROARING LION　ロアリングライオン

2〜3歳時に英愛米で13戦8勝。エクリプスS、英インターナショナルS、愛チャンピオンS、QエリザベスII世S。2018年欧州年度代表馬。産駒にドバイマイル（クリテリウムドサンクルー）。

総収得賞金	7,700,000円	アーニング INDEX	0.83

● 2015年生　●芦毛　●2019年死亡

父 Kitten's Joy
母 Vionnet　母父 *ストリートセンス

距離	成長型	芝	ダート	瞬発力	パワー	底力
中	普	◎	○	○	◎	◎

RANKING 351　LONHRO　ロンロ

2〜5歳時に豪で35戦26勝。マッキノンSなどGI8勝。2003/04年豪年度代表馬。産駒にピエロ（カンタベリーS）、バウンディング（レイルウェイS）。2010/11年豪リーディングサイアー。

総収得賞金	7,700,000円	アーニング INDEX	0.83

● 1998年生　●黒鹿毛　●2023年引退

父 Octagonal
母 Shadea　母父 Straight Strike

距離	成長型	芝	ダート	瞬発力	パワー	底力
短中	普	◎	○	○	○	○

アロマカフェ

| 総収得賞金 | 7,487,000円 | アーニング INDEX | 0.32 |

● 2007年生　●黒鹿毛　● 2019年死亡

父 マンハッタンカフェ
母 カリーノカフェ　母父 *ハートレイク

2〜9歳時に日で61戦4勝。ラジオNIKKEI賞、セントライト記念3着。父は2009年のリーディングサイアー。母父は安田記念勝ち馬。産駒にカフェベラノッテ、カフェアヴニール。

距離	成長型	芝	ダート	瞬発力	パワー	底力
中	普	○	△	△	○	△

コメート

| 総収得賞金 | 7,413,000円 | アーニング INDEX | 0.40 |

● 2012年生　●黒鹿毛　● 2021年引退

父 ブラックタイド
母 ジューンブライド　母父 *アフリート

2〜3歳時に日で8戦2勝。ホープフルS2着。叔父にビッグフリート（関屋記念3着）、マヤノスターダム（阪神ジャンプS）、いとこにブルドッグボス（P376）。産駒にスツーカ、ヴォルテッジョ。

距離	成長型	芝	ダート	瞬発力	パワー	底力
中	普					

アドマイヤオーラ

| 総収得賞金 | 7,347,000円 | アーニング INDEX | 0.53 |

● 2004年生　●鹿毛　● 2015年死亡

父 アグネスタキオン
母 ビワハイジ　母父 Caerleon

2〜6歳時に日首で16戦4勝。京都記念、弥生賞、シンザン記念。半妹にGI6勝ブエナビスタ（ジャパンC）。産駒にアルクトス（南部杯）、ノボバカラ（さきたま杯）、クロスリーガー。

距離	成長型	芝	ダート	瞬発力	パワー	底力
短中	普	○	○	○	○	○

セレスハント

| 総収得賞金 | 7,218,000円 | アーニング INDEX | 0.39 |

● 2005年生　●栗毛　●供用地／新ひだか・サンデーヒルズ

父 *コロナドズクエスト
母 エリモシンフォニー　母父 Blushing Groom

2〜9歳時に日で61戦12勝。北海道スプリントC2回、東京スプリント、サマーチャンピオン。父はP422。半兄にエリモソルジャー（京都4歳特別2着）。産駒にバー（園田FCスプリント2着）。

距離	成長型	芝	ダート	瞬発力	パワー	底力
短中	普	△	△	△	△	△

ST PATRICK'S DAY
セントパトリックスデイ

| 総収得賞金 | 7,200,000円 | アーニング INDEX | 0.78 |

● 2015年生　●鹿毛　●供用地／アメリカ

父 Pioneerof the Nile
母 Littleprincessemma　母父 Yankee Gentleman

2〜4歳時に米愛で10戦1勝。ルネサンスS2着。全兄に米3冠馬アメリカンファラオ。半妹にチェイシングイエスタデイ（スターレットS）。産駒にエンブレムボム、パトジュニア。

距離	成長型	芝	ダート	瞬発力	パワー	底力
短マ	普	△	△	△	△	△

*フィガロ

| 総収得賞金 | 7,158,000円 | アーニング INDEX | 0.22 |

● 1995年生　●芦毛　● 2020年死亡

父 Future Storm
母 Karamea　母父 Air Forbes Won

2歳時に日で3戦2勝。朝日杯3歳S3着。産駒にアンパサンド（ジャパンDダービー）、プレティオラス（P315）、プーラヴィーダ（兵庫CS3着）、ハーミア（関東オークス2着）、パンタレイ。

距離	成長型	芝	ダート	瞬発力	パワー	底力
マ中	普	△	○	△	○	△

クラグオー

| 総収得賞金 | 6,947,000円 | アーニング INDEX | 0.25 |

● 2010年生　●鹿毛　●供用地／日高・T・H・Tステーブル

父 クラキングオー
母 クラシャトル　母父 ワカオライデン

2〜5歳時に日で31戦10勝。門別・ステイヤーズC、川崎・鎌倉記念2着、門別・王冠賞2着。父は道営記念、ステイヤーズCなどを勝ったホッカイドウ競馬の名馬。産駒にクレモナ（高知優駿3着）、モンシャトール。

距離	成長型	芝	ダート	瞬発力	パワー	底力
中長	普	△	○	△	○	△

テイエムオペラオー

| 総収得賞金 | 6,837,000円 | アーニング INDEX | 0.74 |

● 1996年生　●栗毛　● 2018年死亡

父 *オペラハウス
母 *ワンスウエド　母父 Blushing Groom

2〜5歳時に日で26戦14勝。ジャパンC、天皇賞・春2回、天皇賞・秋、有馬記念、宝塚記念、皐月賞。半姉にチャンネルフォー（CBC賞2着）。産駒にテイエムトッパズレ（京都ハイJ）、テイエムエース。

距離	成長型	芝	ダート	瞬発力	パワー	底力
中長	普	○	○	○	○	○

RANKING 361　オレハマッテルゼ

3〜7歳時に日で38戦9勝。高松宮記念。全姉にエガオヲミセテ（マイラーズC）、叔母にエアグルーヴ（天皇賞・秋）。産駒にハナズゴール（オールエイジドS）、キングハート（オーシャンS）。

| 総収得賞金 | 6,628,000円 | アーニング INDEX | 0.36 |

● 2000年生　● 栗毛　● 2013年死亡

父 *サンデーサイレンス
母 カーリーエンジェル　母父 *ジャッジアンジェルーチ

距離	成長型	芝	ダート	瞬発力	パワー	底力
短マ	やや晩	○	○	○	○	△

RANKING 362　*ゴスホークケン

2〜6歳時に日で15戦2勝。朝日杯FS。父は愛GⅢコンコルドS勝ち。甥にステラヴェローチェ（神戸新聞杯、朝日杯FS2着）。産駒にマルターズアポジー（福島記念、小倉大賞典、関屋記念）。

| 総収得賞金 | 6,621,000円 | アーニング INDEX | 0.18 |

● 2005年生　● 黒鹿毛　● 2018年死亡

父 Bernstein
母 *オールザウェイザベイビー　母父 Grand Slam

距離	成長型	芝	ダート	瞬発力	パワー	底力
マ	やや早	○	○	△	○	△

RANKING 363　DAWN APPROACH
ドーンアプローチ

2〜3歳時に英愛仏で12戦8勝。英2000ギニーなどGI4勝。全弟にヘラルドザドーン（愛フューチュリティS）。産駒にポエティックフレア（P384）、ファストアプローチ（札幌2歳S2着）。

| 総収得賞金 | 6,587,000円 | アーニング INDEX | 0.36 |

● 2010年生　● 栗毛　● 供用地／アイルランド

父 New Approach
母 Hymn of the Dawn　母父 Phone Trick

距離	成長型	芝	ダート	瞬発力	パワー	底力
マ	普	◎	○	◎	○	○

RANKING 364　ブラックタキシード

2〜5歳時に日で16戦4勝。セントライト記念。姪にエアパスカル（チューリップ賞）。産駒にアスカリーブル（関東オークス）、チャンストウライ（佐賀記念）、ナンシーシャイン（Fレビュー2着）。

| 総収得賞金 | 6,563,000円 | アーニング INDEX | 0.24 |

● 1996年生　● 青毛　● 2019年死亡

父 *サンデーサイレンス
母 *オービーキャット　母父 Storm Cat

距離	成長型	芝	ダート	瞬発力	パワー	底力
中	やや晩	○	○	○	○	○

RANKING 365　STREET BOSS
ストリートボス

3〜4歳時に米で13戦7勝。ビングクロスビーH、トリプルベンドH。産駒にキャスリンソフィア（ケンタッキーオークス）、アナモエ（ジョージライダーS）、デックドアウト（米オークス）。

| 総収得賞金 | 6,476,000円 | アーニング INDEX | 0.47 |

● 2004年生　● 栗毛　● 供用地／オーストラリア

父 Street Cry
母 Blushing Ogygian　母父 *オジジアン

距離	成長型	芝	ダート	瞬発力	パワー	底力
短マ	普	○	○	○	○	○

RANKING 366　*エーシンスピーダー

2〜5歳時に日で26戦4勝。2代母にGI10勝の歴史的名牝ミエスク。叔父にキングマンボ（P420）、叔母にイーストオブザムーン（ジャックルマロワ賞）。産駒にエイシンピストン（高知・珊瑚冠賞2着）。

| 総収得賞金 | 6,331,000円 | アーニング INDEX | 0.68 |

● 2009年生　● 栗毛　● 2020年引退

父 Giant's Causeway
母 Myhrr　母父 Mr. Prospector

距離	成長型	芝	ダート	瞬発力	パワー	底力
中	普	△	○	△	○	△

RANKING 367　JUSTIN PHILLIP
ジャスティンフィリップ

2〜5歳時に米で32戦7勝。AGヴァンダービルトH、同2着。父は米ホープフルSの勝ち馬。産駒にレディティエヌティ（チャールズタウンオークス）、リョーノテソーロ（クロッカスS）。

| 総収得賞金 | 6,225,000円 | アーニング INDEX | 1.34 |

● 2008年生　● 黒鹿毛　● 供用地／アメリカ

父 First Samurai
母 Ava Knowsthecode　母父 Crypcyclearance

距離	成長型	芝	ダート	瞬発力	パワー	底力
短マ	やや早	○	○	△	○	△

RANKING 368　エキストラエンド

3〜7歳時に日で38戦6勝。京都金杯。母は仏オークス馬。半兄にローエングリン（P277）、半姉にブレーヴハート（ダイヤモンドS2着）。産駒にマツリダスティール（盛岡・不来方賞）、コルテローザ。

| 総収得賞金 | 6,154,000円 | アーニング INDEX | 0.66 |

● 2009年生　● 鹿毛　● 供用地／新冠・クラックステーブル

父 ディープインパクト
母 *カーリング　母父 Garde Royale

距離	成長型	芝	ダート	瞬発力	パワー	底力
マ中	普	○	○	△	○	△

サウンドスカイ

| 総収益賞金 | 6,081,000 円 | アーニング INDEX | 0.22 |

● 2013年生　●栗毛　●供用地／新冠・優駿ＳＳ

父 ディープスカイ
母 *アンジェラスキッス　母父 Gone West

2～5歳時に日で18戦4勝。全日本2歳優駿、兵庫ジュニアGP。父はダービー、NHKマイルCを制した変則2冠馬。3代母は米で重賞4勝。産駒にスカイオージ、チーフインザスカイ。

距離	成長型	芝	ダート	瞬発力	パワー	底力
短	早	△	◎	△	◎	△

ELUSIVE QUALITY
イルーシヴクオリティ

| 総収益賞金 | 6,000,000 円 | アーニング INDEX | 1.29 |

● 1993年生　●鹿毛　● 2018年死亡

父 Gone West
母 Touch of Greatness　母父 Hero's Honor

3～5歳時に米で20戦9勝。ジャイプールH。産駒にスマーティジョーンズ（Kダービー）、レイヴンズパス（P327）、クオリティロード（P297）、イルーシヴシティ（モルニ賞）、ダノングッド。

距離	成長型	芝	ダート	瞬発力	パワー	底力
短中	やや早	◎	◎	◎	◎	◎

CAMELOT
キャメロット

| 総収益賞金 | 5,499,000 円 | アーニング INDEX | 1.19 |

● 2009年生　●鹿毛　●供用地／アイルランド

父 Montjeu
母 Tarfah　母父 Kingmambo

2～4歳時に愛英仏で10戦6勝。英2000ギニー、英ダービー、愛ダービー。産駒にラトローブ(愛ダービー)、イーヴンソー（愛オークス）、ルクセンブルク（愛チャンピオンS）、アルバスドラコ。

距離	成長型	芝	ダート	瞬発力	パワー	底力
中長	普	◎	◯	◯	◯	◎

GARSWOOD
ガーズウッド

| 総収益賞金 | 5,410,000 円 | アーニング INDEX | 1.17 |

● 2010年生　●鹿毛　●供用地／フランス

父 Dutch Art
母 Penchant　母父 Kyllachy

2～4歳時に英仏で15戦4勝。モーリスドギース賞。父はミドルパークS、モルニ賞の勝ち馬。いとこにヴェラシャス（ファルマスS）。産駒にリトルキム（ボワ賞）、カラタリダ（レゼルヴワール賞）。

距離	成長型	芝	ダート	瞬発力	パワー	底力
短マ	やや早	◯	◯	◯	△	△

CITY OF LIGHT
シティオブライト

| 総収益賞金 | 5,410,000 円 | アーニング INDEX | 0.29 |

● 2014年生　●鹿毛　●供用地／アメリカ

父 Quality Road
母 Paris Notion　母父 デヒア

3～5歳時に米で11戦6勝。ペガサスWC、BCダートマイル、マリブS、トリプルベンドS。父はP297参照。2代母に米GI馬ファビュラスノーション。産駒にフィアースネス（BCジュヴナイル）。

距離	成長型	芝	ダート	瞬発力	パワー	底力
中	普	◯	◎	◎	◯	◎

CREATIVE CAUSE
クリエイティヴコーズ

| 総収益賞金 | 5,250,000 円 | アーニング INDEX | 1.13 |

● 2009年生　●芦毛　●供用地／アメリカ

父 Giant's Causeway
母 Dream of Summer　母父 Siberian Summer

2～3歳時に米で10戦4勝。BCジュヴナイル3着。母はGIアップルブラッサムH勝ち。全妹にヴェクセイシャス（パーソナルエンスンS）。産駒にパヴェル（スティーヴンフォスターH）。

距離	成長型	芝	ダート	瞬発力	パワー	底力
中	普	◯	◎	◯	◯	◯

LORD NELSON
ロードネルソン

| 総収益賞金 | 5,200,000 円 | アーニング INDEX | 1.12 |

● 2012年生　●栗毛　● 2021年死亡

父 Pulpit
母 African Jade　母父 Seeking the Gold

2～4歳時に米で13戦7勝。トリプルベンドS、ビングクロスビーS、スプリントCS。2代母に亜年度代表馬のミスリンダ（亜オークス）。産駒にデンジャラスライド（ガルフストリームパークJS）。

距離	成長型	芝	ダート	瞬発力	パワー	底力
短マ	普	◯	◯	◎	◯	◯

ミリオンディスク

| 総収益賞金 | 5,199,000 円 | アーニング INDEX | 1.12 |

● 2004年生　●栗毛　● 2015年引退

父 *アフリート
母 ハッピーリクエスト　母父 *トニービン

2～8歳時に日で34戦9勝。カペラS、北海道スプリントC、JBCスプリント3着。父は芝とダートでGI馬を出した名種牡馬。産駒にドリームスイーブル（金沢・MRO金賞）、ユーセイスラッガー。

距離	成長型	芝	ダート	瞬発力	パワー	底力
短	普	△	◎	△	△	△

RANKING 378 CAIRO PRINCE カイロプリンス

2〜3歳時に米で5戦3勝。ホーリーブルS、ナシュアS。産駒にニューアンドインプルーヴド（サンズポイントS）、キストゥデイグッドバイ（サンアントニオS）、トニーアン、日本でモンペルデュ。

	総収得賞金	5,161,000円	アーニング INDEX	0.56

● 2011年生　● 芦毛　● 供用地／アメリカ
父 Pioneerof the Nile
母 Holy Babbette　母父 Holy Bull

距離	成長型	芝	ダート	瞬発力	パワー	底力
短中	普	○	○	○	○	○

RANKING 379 エーシンモアオバー

2〜6歳時に日で54戦12勝。名古屋グランプリ2回、同2着、白山大賞典2回、同2、3着、浦和記念2着、3着。父はP282参照。産駒にエイシンレミー（佐賀・花吹雪賞）、エイシンテラ。

	総収得賞金	5,160,000円	アーニング INDEX	0.37

● 2006年生　● 鹿毛　● 2020年引退
父 マンハッタンカフェ
母 *オレゴンガール　母父 Rubiano

距離	成長型	芝	ダート	瞬発力	パワー	底力
中長	晩	○	○	△	○	△

RANKING 381 *オナーコード

2〜4歳時に米で11戦6勝。メトロポリタンHなどGI2勝。産駒にマックスプレイヤー（ジョッキークラブGC）、マラクージャ（CCA オークス）、オナーエーピー（サンタアニタダービー）、モズプラチナ。

	総収得賞金	4,915,000円	アーニング INDEX	1.06

● 2011年生　● 青鹿毛　● 新冠・優駿SS
父 A. P. Indy
母 Serena's Cat　母父 Storm Cat

距離	成長型	芝	ダート	瞬発力	パワー	底力
マ中	普	○	○	○	○	○

RANKING 382 NYQUIST ナイキスト

2〜3歳時に米で11戦8勝。ケンタッキーダービー、BCジュヴナイル。産駒にヴィクイスト（BCジュヴナイルフィリーズ）、ランドマイズド（アラバマS）、スローダウンアンディ（オーサムアゲインS）。

	総収得賞金	4,875,000円	アーニング INDEX	0.35

● 2013年生　● 鹿毛　● 供用地／アメリカ
父 Uncle Mo
母 Seeking Gabrielle　母父 Forestry

距離	成長型	芝	ダート	瞬発力	パワー	底力
マ中	普	○	○	○	○	○

RANKING 383 カルストンライトオ

2〜7歳時に日で36戦9勝。スプリンターズS、アイビスSD2回。53秒7の直線芝1000mの現レコード保持者。父はサセックスS勝ちのマイラー。産駒にブレイヴコール（兵庫ダービー）。

	総収得賞金	4,855,000円	アーニング INDEX	0.17

● 1998年生　● 黒鹿毛　● 2024年死亡
父 *ウォーニング
母 オオシマルチア　母父 *クリスタルグリッターズ

距離	成長型	芝	ダート	瞬発力	パワー	底力
短	普	○	○	△	○	△

RANKING 384 レオアクティブ

2〜9歳時に日で81戦4勝。京王杯2歳S、京成杯オータムH。父は2007年の年度代表馬。叔父にブレイクタイム（京成杯オータムH）。現役産駒は2019年生のレオプルミエール1頭のみ。

	総収得賞金	4,804,000円	アーニング INDEX	1.04

● 2009年生　● 栗毛　● 2022年引退
父 アドマイヤムーン
母 レオソレイユ　母父 *オペラハウス

距離	成長型	芝	ダート	瞬発力	パワー	底力
マ	やや早	○	△	○	△	△

RANKING 385 GALILEO ガリレオ

2〜3歳時に愛英米で8戦6勝。英ダービー、愛ダービー、キングジョージVI世＆QES。英愛リーディング12回。産駒にフランケル（P266）、ニューアプローチ（P295）、ナサニエル（P312）。

	総収得賞金	4,790,000円	アーニング INDEX	1.03

● 1998年生　● 鹿毛　● 2021年死亡
父 Sadler's Wells
母 Urban Sea　母父 Miswaki

距離	成長型	芝	ダート	瞬発力	パワー	底力
中	普	◎	○	○	○	○

RANKING 387 クラウンレガーロ

2〜6歳時に日で20戦2勝。デイリー杯2歳S2着、小倉2歳S2着。叔父にワンモアチャッター（朝日CC）、いとこにアリゼオ（毎日王冠）。産駒にマリノフェアレディ、クラウンサプライズ。

	総収得賞金	4,760,000円	アーニング INDEX	0.26

● 2010年生　● 栗毛　● 2023年引退
父 *グラスワンダー
母 エクストラニュース　母父 *エンドスウィープ

距離	成長型	芝	ダート	瞬発力	パワー	底力
短マ	普	△	△	△	△	△

※ 380位のユアーズトゥルーリ、386位のカイロスはP365に掲載しています。

ギンザグリングラス

2〜9歳時に日で109戦3勝。JRAで1勝をあげた後、公営川崎に移籍し、2つの勝ち鞍を重ねる。種牡馬として、貴重な父直系の血を後世に繋ぐ使命も背負った。産駒にフェイドハード。

総収得賞金	4,759,000円	アーニング INDEX	0.21

● 2005年生　●芦毛　● 2023年死亡

父 メジロマックイーン
母 ニドクリキリコ　母父 *サンキリコ

距離	成長型	芝	ダート	瞬発力	パワー	底力
短中	普	△	△	△	△	△

AUSTRALIA
オーストラリア

2〜3歳時に愛英で8戦5勝。英ダービー、愛ダービー、英インターナショナルSとGIを3連勝。母は欧州年度代表馬に2度輝く。産駒にオーダーオブオーストラリア（ブリーダーズCマイル）。

総収得賞金	4,757,000円	アーニング INDEX	0.51

● 2011年生　●栗毛　●供用地／アイルランド

父 Galileo
母 Ooija Board　母父 Cape Cross

距離	成長型	芝	ダート	瞬発力	パワー	底力
中長	普	◎	○	○	○	○

*ファスリエフ

2歳時に英愛仏で5戦5勝。フィーニクスS、モルニ賞とGI2つを含む無傷の5連勝を記録した欧州最優秀2歳牡馬。産駒に英GI馬キャリーオンケイティ（チェヴァリーパークS）、アピア。

総収得賞金	4,638,000円	アーニング INDEX	0.33

● 1997年生　●鹿毛　● 2013年死亡

父 Nureyev
母 Mr. P's Princess　母父 Mr. Prospector

距離	成長型	芝	ダート	瞬発力	パワー	底力
短マ	やや早	○	○	○	○	△

MORE THAN READY
モアザンレディ

2〜3歳時に米で17戦7勝。米GIキングズビショップSに勝利した。産駒にロイエイチ（BCスプリント2回）、ユニ（BCマイル）、ヴェラザーノ（ハスケル招待S）、日本ではジャングロ。

総収得賞金	4,600,000円	アーニング INDEX	0.50

● 1997年生　●黒鹿毛　● 2022年死亡

父 *サザンヘイロー
母 Woodman's Girl　母父 Woodman

距離	成長型	芝	ダート	瞬発力	パワー	底力
短中	普	○	○	○	○	○

*ワイルドラッシュ

2〜4歳時に米で16戦8勝。メトロポリタンH、カーターHと米GIを2勝。産駒にステラージェーン（マザーグースS）、トランセンド（ジャパンCダート2回）、GI馬パーソナルラッシュ。

総収得賞金	4,559,000円	アーニング INDEX	0.20

● 1994年生　●鹿毛　● 2018年死亡

父 Wild Again
母 Rose Park　母父 Plugged Nickle

距離	成長型	芝	ダート	瞬発力	パワー	底力
マ中	普	○	◎	○	○	○

ラブイズブーシェ

2〜6歳時に日で32戦6勝。有馬記念4着を経て5歳を迎え、充実期に突入。目黒記念2着から臨んだ函館記念で重賞初制覇を飾る。その後、天皇賞・秋で4着に健闘した。産駒にコパノライダー。

総収得賞金	4,402,000円	アーニング INDEX	0.14

● 2009年生　●黒鹿毛　● 2021年引退

父 マンハッタンカフェ
母 ローリエ　母父 メジロマックイーン

距離	成長型	芝	ダート	瞬発力	パワー	底力
中	普	△	△	△	△	△

HARRY ANGEL
ハリーエンジェル

2〜4歳時に英で12戦5勝。3歳夏にジュライC、スプリントCとGIを連勝した、2017年欧州最優秀スプリンター。産駒にトムキトゥン（スプリングチャンピオンS）。日本でコスモララバイ。

総収得賞金	4,250,000円	アーニング INDEX	0.31

● 2014年生　●鹿毛　●供用地／イギリス

父 Dark Angel
母 Beatrix Potter　母父 Cadeaux Genereux

距離	成長型	芝	ダート	瞬発力	パワー	底力
短	普	◎	○	○	○	○

フェデラリスト

3〜6歳時に日で16戦7勝。5歳時に中山金杯、中山記念と重賞を制し、大阪杯で2着した。母はオークス、エリザベス女王杯制した名牝。産駒にチャイヤプーン（水沢・ダービーグランプリ）。

総収得賞金	4,200,000円	アーニング INDEX	0.91

● 2007年生　●黒鹿毛　● 2021年死亡

父 *エンパイアメーカー
母 ダンスパートナー　母父 *サンデーサイレンス

距離	成長型	芝	ダート	瞬発力	パワー	底力
中	普	○	△	△	△	△

RANKING
396 KLIMT
クリムト

2〜3歳時に米で8戦3勝。デビュー2戦目の未勝利戦、GⅡベストパルS、2歳GⅠデルマーフューチュリティと3連勝を飾る。産駒にバタービーン(アイオワオークス)。日本でブラヴィーノ。

総収得賞金	4,150,000円	アーニングINDEX	0.90

●2014年生 ●鹿毛 ●供用地／トルコ

父 Quality Road
母 Inventive 母父 Dixie Union

距離	成長型	芝	ダート	瞬発力	パワー	底力
短マ	やや早	○	○	△	○	△

RANKING
397 スズカマンボ

2〜5歳時に日で19戦4勝。3歳時の朝日チャレンジCで重賞初制覇。5歳となり、天皇賞・春を制する大金星をあげる。産駒にメイショウマンボ（オークス)、サンビスタ（チャンピオンズC)。

総収得賞金	4,136,000円	アーニングINDEX	0.15

●2001年生 ●鹿毛 ●2015年死亡

父 *サンデーサイレンス
母 *スプリングマンボ 母父 Kingmambo

距離	成長型	芝	ダート	瞬発力	パワー	底力
中長	普	○	○	○	○	○

RANKING
398 ブリーズフレイバー

2〜7歳時に日で41戦10勝。大井を中心に公営南関東でタフにレース経験を重ね、ゆりかもめオープンなどに勝っている。叔父にリンドシェーバー(朝日杯3歳S)。産駒にランバダフレイバー。

総収得賞金	4,133,000円	アーニングINDEX	0.15

●2007年生 ●栗毛 ●供用地／浦河・地興牧場

父 *フォーティナイナー
母 *メモラブルグリーン 母父 Night Shift

距離	成長型	芝	ダート	瞬発力	パワー	底力
短	普	△	△	△	△	△

RANKING
399 FORT LARNED
フォートラーンド

2〜5歳時に米で25戦10勝。4歳秋のＢＣクラシックのほか、ホイットニーH、スティーヴンフォスターHと米GⅠを3勝。産駒に米GⅠ2着馬サーサヒブ。日本でロードジャスティスが走る。

総収得賞金	4,040,000円	アーニングINDEX	0.87

●2008年生 ●鹿毛 ●供用地／アメリカ

父 E Dubai
母 Arlucea 母父 Broad Brush

距離	成長型	芝	ダート	瞬発力	パワー	底力
中	普	○	○	○	○	○

RANKING
400 HAYNESFIELD
ヘインズフィールド

2〜5歳時に米で19戦10勝。4歳時のGⅠジョッキークラブゴールドCで、強豪ブレイムに4馬身差を付ける快勝を飾った。産駒に米GⅠ3着馬リアルム。日本でアスタースウィングが活躍。

総収得賞金	4,000,000円	アーニングINDEX	0.86

●2006年生 ●栗毛 ●供用地／サウジアラビア

父 Speightstown
母 Nothing Special 母父 Tejabo

距離	成長型	芝	ダート	瞬発力	パワー	底力
マ中	普	○	○	○	○	○

RANKING
401 FREE DROP BILLY
フリードロップビリー

2〜3歳時に米で11戦2勝。2歳10月のGⅠブリーダーズフューチュリティに勝利。半兄にホークビル（ドバイシーマクラシック)。日本で米国産馬スモーキンビリーが勝ち鞍をマークしている。

総収得賞金	3,980,000円	アーニングINDEX	0.86

●2015年生 ●栗毛 ●供用地／アメリカ

父 Union Rags
母 Trensa 母父 Giant's Causeway

距離	成長型	芝	ダート	瞬発力	パワー	底力
マ中	普	○	○	○	○	○

RANKING
402 ジュンツバサ

2〜4歳時に日で6戦2勝。未勝利戦、500万下を連勝。続くセントライト記念で3着し、菊花賞出走を果たす。叔父にブラックタキシード（セントライト記念)。産駒にジュンツバサニセイ。

総収得賞金	3,943,000円	アーニングINDEX	0.21

●2012年生 ●鹿毛 ●供用地／新冠・マリオステーブル

父 ステイゴールド
母 ピンクガーター 母父 *アフリート

距離	成長型	芝	ダート	瞬発力	パワー	底力
中	普	△	△	△	△	△

RANKING
403 メジロダイボサツ

3〜5歳時に日で16戦1勝。函館芝2600mコースを舞台とした未勝利戦を勝ち上がる。父は3冠含めGⅠを7勝、母はオークスなどGⅠを計5勝した名牝中の名牝。産駒にストレートパンチ。

総収得賞金	3,925,000円	アーニングINDEX	0.21

●2008年生 ●鹿毛 ●2021年引退

父 ディープインパクト
母 メジロドーベル 母父 メジロライアン

距離	成長型	芝	ダート	瞬発力	パワー	底力
中	普	△	△	△	△	△

VERRAZANO ヴェラザーノ

総収得賞金	3,900,000円	アーニング INDEX	0.84

●2010年生 ●鹿毛 ●供用地／ブラジル
父 More Than Ready
母 Enchanted Rock　母父 Giant's Causeway

距離	成長型	芝	ダート	瞬発力	パワー	底力
マ中	普	△	○	△	○	△

3〜4歳時に米英で13戦6勝。3歳時にウッドメモリアルS、ハスケル招待Sと米中距離GIを2勝。産駒にチータウンレディ（テストS）、智GI馬キリキナ。日本でトーキョウサバク。

キョウワスプレンダ

総収得賞金	3,880,000円	アーニング INDEX	0.28

●2001年生 ●栗毛 ●2017年引退
父 *サンデーサイレンス
母 キョウワホウセキ　母父 シンボリルドルフ

距離	成長型	芝	ダート	瞬発力	パワー	底力
中	普	○	△	△	△	△

2〜6歳時に日で21戦2勝。2歳OP特別クローバー賞に勝ち、スプリングSで2着、鳴尾記念、東京スポーツ杯2歳Sで共に3着した。母は3歳GII勝ち馬。産駒にキョウワスピネル。

テイエムジンソク

総収得賞金	3,768,000円	アーニング INDEX	0.16

●2012年生 ●芦毛 ●2022年引退
父 *クロフネ
母 マイディスカバリー　母父 *フォーティナイナー

距離	成長型	芝	ダート	瞬発力	パワー	底力
中	普	△	○	○	○	△

3〜6歳時に日で30戦9勝。5歳11月のみやこSで重賞初制覇を飾り、続くチャンピオンズCでゴールドドリームの2着に健闘する。6歳1月には東海Sを制した。産駒にテイエムジンキュウ。

ロールボヌール

総収得賞金	3,760,000円	アーニング INDEX	0.81

●2012年生 ●栗毛 ●2022年死亡
父 *フレンチデピュティ
母 ロスグラシアレス　母父 *シンボリクリスエス

距離	成長型	芝	ダート	瞬発力	パワー	底力
マ中	普	△	○	○	○	△

2〜6歳時に日で7戦6勝。公営岩手で、岩手ダービーダイヤモンドC、南部駒賞、若駒賞といったローカル重賞を制す。甥にラーグルフ（中山金杯）。産駒に、公営南関東で走るヌンヌンシー。

*サマーバード

総収得賞金	3,711,000円	アーニング INDEX	0.16

●2006年生 ●栗毛 ●2013年死亡
父 Birdstone
母 Hong Kong Squall　母父 Summer Squall

距離	成長型	芝	ダート	瞬発力	パワー	底力
中	普	△	○	○	○	○

3歳時に米で9戦4勝。ベルモントS、トラヴァーズS、ジョッキークラブGCとGI3勝の2009年米最優秀3歳牡馬。産駒に米GI馬バードアットザワイヤー（ラブレアS）、メイショウエイコウ。

TERRITORIES テリトリーズ

総収得賞金	3,690,000円	アーニング INDEX	0.27

●2012年生 ●鹿毛 ●供用地／イギリス
父 Invincible Spirit
母 Taranto　母父 Machiavellian

距離	成長型	芝	ダート	瞬発力	パワー	底力
マ中	普	○	○	○	○	○

2〜4歳時に仏英で13戦3勝。仏GIジャンプラ賞に勝ち、英2000ギニー、ジャックルマロワ賞で2着。産駒にルジール（EPテイラーS）、英GI馬レジオナル。日本でハクアイリシャール。

DANDY MAN ダンディマン

総収得賞金	3,630,000円	アーニング INDEX	0.78

●2003年生 ●鹿毛 ●2023年死亡
父 Mozart
母 Lady Alexander　母父 Night Shift

距離	成長型	芝	ダート	瞬発力	パワー	底力
短	普	○	○	○	○	○

2〜6歳時に愛英仏で30戦6勝。英GIIIパレスハウスSに勝利。産駒にペニアフォビア（香港スプリント）、ラペローサ（ナタルマS）、米GI馬リバーボイン。日本でザングウィルが走る。

*リッチーリッチー

総収得賞金	3,600,000円	アーニング INDEX	0.78

●2013年生 ●栗毛 ●供用地／浦河・イーストスタッド
父 Teofilo
母 Nick's Nikita　母父 Pivotal

距離	成長型	芝	ダート	瞬発力	パワー	底力
マ	やや早					

2〜5歳時に日で20戦4勝。準OP緑風Sなど、芝中長距離戦で計4勝をマークした。父は5戦全勝の欧州最優秀2歳牡馬、母は愛GIIIノーブレスSに勝っている。産駒にアッチェレランド。

RANKING 412 RAVEN'S PASS レイヴンズパス

2〜3歳時に英仏米で12戦6勝。英マイルGIQエリザベスII世Sに勝ってから米に向かい、BCクラシックを制した強者。産駒にタワーオブロンドン（スプリンターズS）、首GI馬マッターホルン。

| 総収得賞金 | 3,573,000円 | アーニング INDEX | 0.26 |

● 2005年生　●栗毛　●供用地／アイルランド
父 Elusive Quality
母 Ascutney　母父 Lord At War

距離	成長型	芝	ダート	瞬発力	パワー	底力
短中	普	◎	○	○	○	○

RANKING 413 BELARDO ベラード

2〜4歳時に英愛仏で16戦5勝。2歳時にGIデューハーストSを快勝。3歳時は低迷も、4歳でGIロッキンジSを制す。産駒に米GI馬ゴールドフェニックス。日本でバーストオブカラー。

| 総収得賞金 | 3,560,000円 | アーニング INDEX | 0.77 |

● 2012年生　●鹿毛　●供用地／イギリス
父 Lope de Vega
母 Danaskaya　母父 *デインヒル

距離	成長型	芝	ダート	瞬発力	パワー	底力
マ中	普	○	○	○	○	○

RANKING 414 PADDY O'PRADO パディオプラド

2〜4歳時に米で14戦5勝。3歳時に米芝GIセクレタリアトSに勝利。半妹にアンタパブル（BCディスタフ）。産駒に米GII馬プリンスアール（デルマーマイルH）、日本でパディオアヘッド。

| 総収得賞金 | 3,503,000円 | アーニング INDEX | 0.76 |

● 2007年生　●芦毛　● 2018年死亡
父 El Prado
母 Fun House　母父 Prized

距離	成長型	芝	ダート	瞬発力	パワー	底力
中	普	○	○	○	○	△

RANKING 415 DANSILI ダンシリ

2〜4歳時に仏英米で14戦5勝。仏GIIミュゲ賞など重賞を3勝し、仏2000ギニーで2着した。産駒にレイルリンク（凱旋門賞）、ハービンジャー（"Kジョージ"）。日本ではフレッチア。

| 総収得賞金 | 3,500,000円 | アーニング INDEX | 0.75 |

● 1996年生　●黒鹿毛　● 2021年死亡
父 *デインヒル
母 Hasili　母父 Kahyasi

距離	成長型	芝	ダート	瞬発力	パワー	底力
マ中	普	○	○	○	○	○

RANKING 416 *シャープアステカ

2〜5歳時に米首で17戦8勝。米GIシガーマイルHなど重賞5勝の一流マイラー。米供用時代の産駒にタイラーズトライブ、シャープアザタック。2024年から日本での種牡馬供用を開始。

| 総収得賞金 | 3,480,000円 | アーニング INDEX | 0.38 |

● 2013年生　●黒鹿毛　●供用地／新ひだか・JBBA 静内種馬場
父 Freud
母 So Sharp　母父 Saint Liam

距離	成長型	芝	ダート	瞬発力	パワー	底力
短マ	普	△	○	△	○	△

RANKING 416 アジュディミツオー

2〜8歳時に日首で27戦10勝。東京大賞典2回、帝王賞、川崎記念、かしわ記念と交流ダートGIを計5勝し、2年連続NAR年度代表馬に選出。産駒にアジュディカグラ、イチネンセイ。

| 総収得賞金 | 3,480,000円 | アーニング INDEX | 0.38 |

● 2001年生　●鹿毛　●供用地／新ひだか・藤川ファーム
父 *アジュディケーティング
母 オリミツキネン　母父 *ジャッジアンジェルーチ

距離	成長型	芝	ダート	瞬発力	パワー	底力
マ中	普	△	○	△	○	△

RANKING 418 スパロービート

2〜8歳時に日で24戦9勝。公営川崎に所属し、ローカル重賞船橋記念に勝ち、北海道スプリントCで3着した。いとこにカネマサコンコルド（北海道2歳優駿）。産駒にグローリアスサード。

| 総収得賞金 | 3,460,000円 | アーニング INDEX | 0.37 |

● 2005年生　●黒鹿毛　● 2021年引退
父 *サウスヴィグラス
母 ショウナンルビー　母父 *パークリージェント

距離	成長型	芝	ダート	瞬発力	パワー	底力
短マ	普	△	○	△	△	△

RANKING 419 エーシンシャラク

3〜9歳時に日で64戦20勝。JRAで2勝をマークしてから公営岩手に移籍し、ローカル重賞早池峰スーパースプリントに勝った。姪にスマイルカナ（ターコイズS）。産駒にカシノコマンド。

| 総収得賞金 | 3,450,000円 | アーニング INDEX | 0.25 |

● 2008年生　●芦毛　●供用地／宮崎県・田上雄二
父 *タイキシャトル
母 *キャタリナ　母父 Storm Cat

距離	成長型	芝	ダート	瞬発力	パワー	底力
短マ	普					

カンパニー

3〜8歳時に日で35戦12勝。4歳暮れの京阪杯を皮切りに、8歳春までに計6つの重賞タイトルを得る。8歳秋に、毎日王冠、天皇賞・秋、マイルCSと3連勝した。産駒にウインテンダネス。

総収得賞金	3,269,000円		アーニング INDEX	0.18
● 2001年生	● 鹿毛	● 2018年死亡		

父 ミラクルアドマイヤ
母 ブリリアントベリー　母父 *ノーザンテースト

距離	成長型	芝	ダート	瞬発力	パワー	底力
マ中	普	○	○	○	○	△

サクラオールイン

2〜9歳時に日で38戦2勝。2歳時の未勝利戦、6歳時の500万下と芝1600〜1800m戦で2勝。半兄に重賞2勝サクラオリオン、叔父に名種牡馬ゴーンウエスト。産駒にメイショウカクウン。

総収得賞金	3,250,000円		アーニング INDEX	0.70
● 2003年生	● 黒鹿毛	● 2020年引退		

父 *サンデーサイレンス
母 *サクラセクレテーム　母父 Danzig

距離	成長型	芝	ダート	瞬発力	パワー	底力
マ中	普	△	△	△	△	△

ネオヴァンドーム

2〜6歳時に日で25戦4勝。3歳2月のきさらぎ賞を制し、皐月賞に向かうも、好結果は残せず。4、5歳時にL都大路Sを連覇した。叔父にGⅡ馬タスカータソルテ。産駒にケリードラゴン。

総収得賞金	3,244,000円		アーニング INDEX	0.35
● 2007年生	● 鹿毛	● 2018年引退		

父 ネオユニヴァース
母 プリンセスカット　母父 *トニービン

距離	成長型	芝	ダート	瞬発力	パワー	底力
中	普	○	△	△	△	△

*スニッツェル

2〜3歳時に豪で15戦7勝。豪GⅠオークリープレート。産駒にシェイマスアワード（コックスプレート）など豪GⅠ馬多数、日本でヤングマンパワー（富士S）。2016/17年豪州首位種牡馬。

総収得賞金	3,200,000円		アーニング INDEX	0.69
● 2002年生	● 鹿毛	● 供用地／オーストラリア		

父 Redoute's Choice
母 Snippets'Lass　母父 Snippets

距離	成長型	芝	ダート	瞬発力	パワー	底力
短マ	普	○	○	○	○	○

TONALIST
トゥーナリスト

2〜4歳時に米で16戦7勝。3歳時のベルモントS、3、4歳時のジョッキークラブGC、4歳時のシガーマイルHと米GⅠを4勝。産駒にカントリーグラマー（ドバイWC）。日本でグーガルドリームズ。

総収得賞金	3,090,000円		アーニング INDEX	0.67
● 2011年生	● 鹿毛	● 供用地／アメリカ		

父 Tapit
母 Setting Mist　母父 Pleasant Colony

距離	成長型	芝	ダート	瞬発力	パワー	底力
マ中	普	○	◎	○	○	○

POSTPONED
ポストポンド

2〜6歳時に英愛仏首で20戦9勝。欧、首を行き来し、"Kジョージ"、ドバイシーマクラシック、英インターナショナルSなどGⅠを4勝。日本で走る産駒にタイムトゥゴー、ダノンタイムリー。

総収得賞金	3,076,000円		アーニング INDEX	0.33
● 2011年生	● 鹿毛	● 供用地／イギリス		

父 Dubawi
母 Ever Rigg　母父 Dubai Destination

距離	成長型	芝	ダート	瞬発力	パワー	底力
中長	普	○	○	○	○	○

サクラプレジデント

2〜4歳時に日で12戦4勝。中山記念、札幌記念、札幌2歳Sに勝ち、皐月賞、朝日杯FS、スプリングS、神戸新聞杯で2着した一流中距離馬。産駒にサクラゴスペル(京王杯スプリングC)。

総収得賞金	3,053,000円		アーニング INDEX	0.22
● 2000年生	● 鹿毛	● 2019年引退		

父 *サンデーサイレンス
母 セダンフォーエバー　母父 マルゼンスキー

距離	成長型	芝	ダート	瞬発力	パワー	底力
短中	普	○	△	○	△	△

キモンノカシワ

未出走。後に、世界に冠たる大種牡馬となった父の2年目産駒。半姉にキモンレッド（JBCレディスクラシック3着）。母父はBCクラシックに勝利した強豪。産駒にペガサス、キモンボーイ。

総収得賞金	2,950,000円		アーニング INDEX	0.13
● 2009年生	● 芦毛	● 2021年引退		

父 ディープインパクト
母 オイワケトモエ　母父 *ブラックタイアフェアー

距離	成長型	芝	ダート	瞬発力	パワー	底力
マ	普					

RANKING 428 MUCHO MACHO MAN ムーチョマッチョマン

2〜6歳時に米で25戦9勝。5歳時に最盛期を迎え、初GI制覇となるオーサムアゲインS、続くBCクラシックを連覇。産駒にムーチョグスト（ペガサスWC）。日本ではトニービアロ。

総収得賞金	2,790,000円	アーニング INDEX	0.60

● 2008年生　●鹿毛　●供用地／カナダ
父 Macho Uno
母 Ponche de Leona　母父 Ponche

距離	成長型	芝	ダート	瞬発力	パワー	底力
マ中	普	○	◎	○	◎	○

RANKING 429 *パーソナルラッシュ

2〜6歳時に日米で27戦7勝。3歳9月のエルムS、続くダービーGPを連覇。その後、ダイオライト記念、連覇となるエルムSに勝利。甥にGI馬イイデケンシン。産駒にパーソナルマキ。

総収得賞金	2,789,000円	アーニング INDEX	0.60

● 2001年生　●鹿毛　●2016年引退
父 *ワイルドラッシュ
母 *パーソナリー　母父 Alydar

距離	成長型	芝	ダート	瞬発力	パワー	底力
中	普	△	○	△	○	△

RANKING 430 ARMY MULE アーミーミュール

3〜4歳時に米で3戦3勝。無傷の3連勝で、D7F戦で争われる米GIカーターHを制する。産駒にワンインヴァーミリオン（Hアレンジャーケンズ記念S）。日本ではジェネラーレが走る。

総収得賞金	2,750,000円	アーニング INDEX	0.59

● 2014年生　●鹿毛　●供用地／アメリカ
父 Friesan Fire
母 Crafty Toast　母父 Crafty Prospector

距離	成長型	芝	ダート	瞬発力	パワー	底力
短	普	○	◎	◎	○	○

RANKING 430 WOOTTON BASSETT ウートンバセット

2〜3歳時に仏英で9戦5勝。5連勝で仏GIジャンリュックラガルデール賞制す。産駒にアルマンゾール（仏ダービー）、キングオブスティール(英チャンピオンS)。日本でフルラインナップ。

総収得賞金	2,750,000円	アーニング INDEX	0.59

● 2008年生　●鹿毛　●供用地／アイルランド
父 Iffraaj
母 Balladonia　母父 Primo Dominie

距離	成長型	芝	ダート	瞬発力	パワー	底力
マ	普	◎	○	○	○	○

RANKING 432 スマートボーイ

2〜9時に日で62戦11勝。タフにレースキャリアを積み重ね、平安S2回、アンタレスS2回、マーチSとD1800m戦重賞を計5勝した一流中距離馬。産駒にマツリバヤシ、ディーエスマグナム。

総収得賞金	2,600,000円	アーニング INDEX	0.28

● 1995年生　●鹿毛　● 2016年死亡
父 *アサティス
母 アンラブル　母父 *ノーリュート

距離	成長型	芝	ダート	瞬発力	パワー	底力
中	普	▲	○	△	○	△

RANKING 433 ディープエクシード

2〜4歳時に日で19戦2勝。芝マイル戦で争われた未勝利戦、500万下戦で勝ち鞍をあげる。母は米GIIデルマーマイルHで2着、GIIミレイディHで3着した。産駒にアルティメットサガ。

総収得賞金	2,581,000円	アーニング INDEX	0.28

● 2013年生　●鹿毛　●供用地／浦河・No.9ホーストレーニングメソド
父 ディープインパクト
母 *オールアイキャンセイイズワウ　母父 Street Cry

距離	成長型	芝	ダート	瞬発力	パワー	底力
マ	普	△	△	△	△	△

RANKING 434 ROMAN RULER ローマンルーラー

2〜3歳時に米で10戦5勝。3歳8月にGIハスケル招待Sに勝利。半兄に米GI馬エルコレドール（シガーマイルH）。産駒にルーラーオンアイス（ベルモントS）、マスクゾロ、サウンドガガ。

総収得賞金	2,517,000円	アーニング INDEX	0.54

● 2002年生　●黒鹿毛　● 2017年死亡
父 Fusaichi Pegasus
母 Silvery Swan　母父 Silver Deputy

距離	成長型	芝	ダート	瞬発力	パワー	底力
中	普	○	○	○	○	○

RANKING 435 PALACE パレス

3〜6歳時に米で30戦12勝。5歳時にAGヴァンダービルトH、フォアゴーSと米スプリントGIを連覇。産駒にチャチャリアルスムース。日本ではユウアメリカンが公営名古屋で活躍示す。

総収得賞金	2,513,000円	アーニング INDEX	0.54

● 2009年生　●鹿毛　●供用地／サウジアラビア
父 City Zip
母 Receivership　母父 *エンドスウィープ

距離	成長型	芝	ダート	瞬発力	パワー	底力
短マ	普	○	◎	△	○	○

ハギノハイブリッド

2〜6歳時に日で27戦4勝。3歳5月の京都新聞杯で重賞制覇を達成。LアイルランドTにも勝っている。祖母サイレントハピネスは、ローズSなど3歳牝馬GⅡ2勝。産駒にダイシンベスパ。

総収得賞金	2,490,000円	アーニング INDEX	0.27

● 2011年生　●栗毛　● 2022年引退

父 タニノギムレット
母 ハッピーペインター　母父 *トニービン

距離	成長型	芝	ダート	瞬発力	パワー	底力
中長	普	○	△	△	○	△

FREE EAGLE
フリーイーグル

2〜4歳時に愛英仏香で8戦3勝。4歳時にGⅠプリンスオブウェールズSに勝利。半弟にアスコットGCなどGⅠ4勝のキプリオス。産駒に英GⅢ馬ダンシングキング。日本でグランディス。

総収得賞金	2,450,000円	アーニング INDEX	0.53

● 2011年生　●鹿毛　●供用地／アイルランド

父 High Chaparral
母 Polished Gem　母父 *デインヒル

距離	成長型	芝	ダート	瞬発力	パワー	底力
中	普	○	○	○	○	○

ケイアイドウソジン

2〜9歳時に日で46戦11勝。平地でダイヤモンドS、障害で阪神スプリングジャンプと、重賞を2勝した個性派の名ステイヤー。産駒に、公営佐賀で勝ち鞍を重ねているクインズユーカリ。

総収得賞金	2,415,000円	アーニング INDEX	0.52

● 2006年生　●鹿毛　● 2018年死亡

父 キングカメハメハ
母 *ブリーダーズフライト　母父 Cutlass

距離	成長型	芝	ダート	瞬発力	パワー	底力
中長	やや晩	○	○	△	○	△

サダムパテック

2〜6歳時に日香で30戦6勝。4歳秋のマイルCSのほか、京王杯スプリングC、弥生賞、中京記念、東京スポーツ杯2歳Sに勝ち、皐月賞で2着した。産駒にサダムゲンヤ、サンシキヒエン。

総収得賞金	2,400,000円	アーニング INDEX	0.26

● 2008年生　●鹿毛　● 2022年死亡

父 フジキセキ
母 サマーナイトシティ　母父 *エリシオ

距離	成長型	芝	ダート	瞬発力	パワー	底力
マ	普	○	○	○	○	△

CAJUN BREEZE
カジュンブリーズ

2〜7歳時に米で33戦4勝。父は種牡馬として成功の米GⅡ馬。半兄に米GⅡ3着馬ピースアットドーン。産駒に米GⅢ馬ディーンデリヴァーズ（スマイルスプリントS）。日本でアメリカンマーチ。

総収得賞金	2,350,000円	アーニング INDEX	0.51

● 2008年生　●栗毛　●供用地／アメリカ

父 Congrats
母 Cajun Dawn　母父 Awesome Again

距離	成長型	芝	ダート	瞬発力	パワー	底力
マ中	普	△	○	△	○	△

ALMANZOR
アルマンゾール

2〜4歳時に仏愛英で11戦8勝。仏ダービー、愛チャンピオンS、英チャンピオンSに勝った2016年欧州最優秀3歳牡馬。産駒にマンゾイス（VRCヴィクトリアダービー）。日本でヴィアルーチェ。

総収得賞金	2,300,000円	アーニング INDEX	0.25

● 2013年生　●鹿毛　●供用地／フランス

父 Wootton Bassett
母 Darkova　母父 Maria's Mon

距離	成長型	芝	ダート	瞬発力	パワー	底力
マ中	普	◎	○	○	◎	○

*ブレイクランアウト

2〜4歳時に日で10戦2勝。3歳2月の共同通信杯で重賞制覇を達成。朝日チャレンジC、東京スポーツ杯2歳Sで2着、朝日杯FSで3着している。産駒にロードアクシス、マスラオ。

総収得賞金	2,296,000円	アーニング INDEX	0.25

● 2006年生　●鹿毛　● 2020年引退

父 Smart Strike
母 *キュー　母父 *フレンチデピュティ

距離	成長型	芝	ダート	瞬発力	パワー	底力
中	普	○	○	△	△	△

カフェラピード

2〜6歳時に日で5戦1勝。芝1800mコースで争われた2歳未勝利戦で勝ち鞍をマーク。半妹にサウンドオブハート（阪神牝馬S）、カフェブリリアント(阪神牝馬S)。産駒にラハイナヌーン。

総収得賞金	2,295,000円	アーニング INDEX	0.25

● 2008年生　●黒鹿毛　● 2022年引退

父 マンハッタンカフェ
母 シンメイミネルバ　母父 Caerleon

距離	成長型	芝	ダート	瞬発力	パワー	底力
マ中	普	○	○	△	○	△

RANKING 444　ヤマニンセラフィム

2〜4歳時に日で6戦3勝。ローマンエンパイアとの1着同着で、3歳1月の京成杯を制する。母はGI阪神3歳牝馬Sの勝ち馬。産駒にナムラクレセント（阪神大賞典）、ヤマニンプチガトー。

総収得賞金	2,290,000円	アーニングINDEX	0.12

● 1999年生　●栗毛　● 2018年引退

牝 *サンデーサイレンス
牡 *ヤマニンパラダイス　母父 Danzig

距離	成長型	芝	ダート	瞬発力	パワー	底力
中	普	○	○	○	○	△

RANKING 445　*コンデュイット

2〜4歳時に英米仏日で15戦7勝。英セントレジャー、KジョージVI世＆QエリザベスS、BCターフ連覇とGIを4勝。産駒にシンキングダンサー（東京ジャンプS）、ダイイチターミナル。

総収得賞金	2,279,000円	アーニングINDEX	0.10

● 2005年生　●栗毛　● 2020年死亡

牝 Dalakhani
牡 Well Head　母父 Sadler's Well

距離	成長型	芝	ダート	瞬発力	パワー	底力
中長	普	△	○	△	○	○

RANKING 446　*シルバーチャーム

2〜5歳時に米首で24戦12勝。ケンタッキーダービー、プリークネスSの米2冠に加え、ドバイワールドCにも勝った名馬中の名馬。産駒に米GII馬スプリングワルツ、マルブツシルヴァー。

総収得賞金	2,276,000円	アーニングINDEX	0.25

● 1994年生　●芦毛　● 2014年引退

牝 Silver Buck
牡 Bonnie's Poker　母父 Poker

距離	成長型	芝	ダート	瞬発力	パワー	底力
中	普	○	○	○	○	○

RANKING 447　NEW BAY　ニューベイ

2〜4歳時に仏愛で11戦5勝。仏2000ギニー2着後に臨んだ仏ダービーを、鮮やかに制す。産駒にベイブリッジ（英チャンピオンS）、サフロンビーチ（ロートシルト賞）。日本でトーセンシエロ。

総収得賞金	2,250,000円	アーニングINDEX	0.12

● 2012年生　●栗毛　●供用地／アイルランド

牝 Dubawi
牡 Cinnamon Bay　母父 Zamindar

距離	成長型	芝	ダート	瞬発力	パワー	底力
短マ	普	△	○	△	△	△

RANKING 448　STAY THIRSTY　ステイサースティ

2〜4歳時に米で17戦5勝。トラヴァーズS、シガーマイルHと米GIを2勝。産駒にマインドコントロール（HアレンジャーケンズS）、亜GI馬ジャックオブハーツ。日本でステイグリーン。

総収得賞金	2,227,000円	アーニングINDEX	0.48

● 2008年生　●黒鹿毛　●供用地／アメリカ

牝 Bernardini
牡 Marozia　母父 Storm Bird

距離	成長型	芝	ダート	瞬発力	パワー	底力
中	普	○	○	○	○	○

RANKING 449　TEOFILO　テオフィロ

2歳時に愛英で5戦5勝。愛ナショナルS、デューハーストSとGI2つを含む無傷の5連勝を記録し、欧州最優秀2歳牡馬に選出。産駒にトレーディングレザー、エグザルタント、テリトーリアル。

総収得賞金	2,200,000円	アーニングINDEX	0.12

● 2004年生　●鹿毛　●供用地／アイルランド

牝 Galileo
牡 Speirbhean　母父 *デインヒル

距離	成長型	芝	ダート	瞬発力	パワー	底力
マ中	普	◎	○	○	◎	○

RANKING 450　リッカロイヤル

2〜7歳時に日で26戦5勝。芝中距離戦を得意とし、準OP元町Sに勝った。父は仏米でGI制覇達成の強豪。母父は「世界最強シャトル種牡馬」の称号を得た。産駒にフミタツティンクル。

総収得賞金	2,080,000円	アーニングINDEX	0.45

● 2005年生　●芦毛　● 2018年引退

牝 *シーロ
牡 エトアールピオン　母父 *デインヒル

距離	成長型	芝	ダート	瞬発力	パワー	底力
マ中	普	△	○	△	△	△

RANKING 451　スウィフトカレント

2〜8歳時に日で42戦6勝。小倉記念に勝ち、天皇賞・秋で2着した。半兄にアサクサデンエン（安田記念）、半弟にヴィクトワールピサ（ドバイWC）。産駒にユウチェンジ（UAEダービー3着）。

総収得賞金	2,005,000円	アーニングINDEX	0.04

● 2001年生　●青鹿毛　● 2022年死亡

牝 *サンデーサイレンス
牡 *ホワイトウォーターアフェア　母父 Machiavellian

距離	成長型	芝	ダート	瞬発力	パワー	底力
中	普	○	○	△	○	△

RANKING 452 HOLY ROMAN EMPEROR
ホーリーローマンエンペラー

| 総収得賞金 | 1,980,000円 | アーニング INDEX | 0.43 |

●2004年生　●鹿毛　●供用地／アイルランド

父 *デインヒル
母 L'On Vite　母父 Secretariat

距離	成長型	芝	ダート	瞬発力	パワー	底力
短マ	普	○	○	○	○	○

2歳時に英仏米で7戦4勝。フィーニクスS、ジャンリュックラガルデール賞とGⅡ2勝。産駒にローマナイズド（愛2000ギニー）、デザインズオンローム（香港C）。日本でルミナスゲート。

RANKING 453 MUSKETIER
マスケティア

| 総収得賞金 | 1,920,000円 | アーニング INDEX | 0.41 |

●2002年生　●芦毛　●2021年死亡

父 Acatenango
母 Myth and Reality　母父 Linamix

距離	成長型	芝	ダート	瞬発力	パワー	底力
中長	普	○	○	○	○	○

2～10歳時に仏米加で50戦11勝。仏、北米でタフに走り続け、GⅡエルクホーンS2回GⅡWLマックナイトH、GⅢコンテ賞などに勝った。公営高知で産駒アトムズスピアーが走っている。

RANKING 454 クレスコグランド

| 総収得賞金 | 1,838,000円 | アーニング INDEX | 0.10 |

●2008年生　●栗毛　●2021年引退

父 タニノギムレット
母 マンハッタンフィズ　母父 *サンデーサイレンス

距離	成長型	芝	ダート	瞬発力	パワー	底力
中長	普	○	△	△	○	△

3～4歳時に日で10戦3勝。3歳春に未勝利戦、500万下特別、京都新聞杯と3連勝を飾る。続くダービーでも、オルフェーヴルの5着に健闘した。産駒にメイショウオトワ、クリノキララ。

RANKING 455 ストゥディウム

| 総収得賞金 | 1,828,000円 | アーニング INDEX | 0.13 |

●2012年生　●黒鹿毛　●2020年引退

父 ルースリンド
母 ルナマリア　母父 *ジェイドロバリー

距離	成長型	芝	ダート	瞬発力	パワー	底力
中	普	△	○	△	○	○

2～6歳時に日で33戦5勝。公営大井で羽田盃、ハイセイコー記念、船橋で平和賞、水沢でダービーグランプリに勝ち、ジャパンダートダービーで4着した地方競馬の強豪。産駒にリルスター。

RANKING 457 CATALINA CRUISER
カタリナクルーザー

| 総収得賞金 | 1,800,000円 | アーニング INDEX | 0.19 |

●2014年生　●栗毛　●供用地／アメリカ

父 Union Rags
母 Sea Gull　母父 Mineshaft

距離	成長型	芝	ダート	瞬発力	パワー	底力
短マ	普	○	○	△	○	△

3～5歳歳時に米で9戦7勝。パットオブライエンS2回、サンディエゴH2回、トゥルーノースSと米GⅡを5勝した。半姉に米GⅡ馬ロイヤルフラッグ。日本で産駒オールドマインが走る。

RANKING 458 ENGLISH CHANNEL
イングリッシュチャネル

| 総収得賞金 | 1,700,000円 | アーニング INDEX | 0.37 |

●2002年生　●栗毛　●2021年死亡

父 Smart Strike
母 Belval　母父 Theatrical

距離	成長型	芝	ダート	瞬発力	パワー	底力
中長	普	◎	○	○	○	○

2～5歳時に米首で23戦13勝。BCターフ、ターフクラシック招待SなどGⅠを6勝した米芝牡馬王者。産駒にザピッツァマン（アーリントンミリオン）、チャネルメーカー。日本でゾロ。

RANKING 458 MAYSON
メイソン

| 総収得賞金 | 1,700,000円 | アーニング INDEX | 0.37 |

●2008年生　●鹿毛　●供用地／アイルランド

父 Invincible Spirit
母 Mayleaf　母父 Pivotal

距離	成長型	芝	ダート	瞬発力	パワー	底力
短マ	普	○	○	○	○	○

2～4歳時に英仏愛で18戦5勝。GⅠジュライC、GⅢパレスハウスSに勝ち、GⅠアベイユドロンシャン賞で2着。産駒にオクステッド（ジュライC）。日本ではメイソンジュニアが活躍。

RANKING 460 CATHOLIC BOY
カトリックボーイ

| 総収得賞金 | 1,650,000円 | アーニング INDEX | 0.18 |

●2015年生　●鹿毛　●供用地／アメリカ

父 More Than Ready
母 Song of Bernadette　母父 Bernardini

距離	成長型	芝	ダート	瞬発力	パワー	底力
中	普	○	◎	○	◎	○

2～4歳時に米で13戦7勝。3歳時に芝10F戦のベルモントダービー招待S、D10F戦で争われるトラヴァーズSを連勝した一流中距離馬。日本では産駒イーヴンナウがJRAで走っている。

※456位のスピリッツミノルはP365に掲載しています。

RANKING 460 ディオスコリダー

２〜４歳時に日首で13戦５勝。３歳秋に準OP特別、唯一の重賞制覇となるカペラSを連勝した。父は２度に亘り最優秀ダートホースに輝く不屈の名馬。産駒に公営大井で走るルコールジャン。

総収得賞金	1,650,000円	アーニング INDEX	0.18

● 2014年生　●黒鹿毛　●供用地／新ひだか・前谷牧場
父 カネヒキリ
母 エリモトゥデイ　母父 *ワイルドラッシュ

距離	成長型	芝	ダート	瞬発力	パワー	底力
短マ	普	△	○	△	△	△

RANKING 462 HUNTER'S LIGHT ハンターズライト

２〜７歳時に英土仏伊首星独米で27戦12勝。ローマ賞、マクトゥームチャレンジR３、ジュベルハッタとGI３勝の一流中距離馬。産駒にイルスカ（リューレ賞）。日本でホウショウルイーズ。

総収得賞金	1,640,000円	アーニング INDEX	0.35

● 2008年生　●栗毛　●供用地／フランス
父 Dubawi
母 Portmanteau　母父 Barathea

距離	成長型	芝	ダート	瞬発力	パワー	底力
中	普	○	○	○	○	○

RANKING 463 スズカフェニックス

２〜６歳時に日で29戦８勝。高松宮記念、阪神C、東京新聞杯を制した強豪。叔父にドクターデヴィアス（英ダービー）、シンコウキング（高松宮杯）。産駒にマイネルホウオウ（NHKマイルC）。

総収得賞金	1,620,000円	アーニング INDEX	0.09

● 2002年生　●栗毛　● 2016年引退
父 *サンデーサイレンス
母 *ローズオブスズカ　母父 Fairy King

距離	成長型	芝	ダート	瞬発力	パワー	底力
短中	普	○	△	○	○	○

RANKING 464 BAYERN バイエルン

３〜４歳時に米で15戦６勝。３歳夏に本格化し、ハスケル招待SでGI初制覇。秋には、BCクラシックで金星をあげた。産駒にダディーズルビー（ラブレアS）。日本でマイネルカーライル。

総収得賞金	1,600,000円	アーニング INDEX	0.35

● 2011年生　●黒鹿毛　●供用地／韓国
父 Offlee Wild
母 Alittlebitearly　母父 *サンデーガルチ

距離	成長型	芝	ダート	瞬発力	パワー	底力
短マ	普	△	○	△	△	△

RANKING 465 サイレントディール

２〜８歳時に日首で50戦７勝。武蔵野S、シンザン記念、佐賀記念と芝、ダートで重賞を３勝した。全姉にトゥザヴィクトリー（エリザベス女王杯）。産駒にラッキープリンス（JDダービー３着）。

総収得賞金	1,573,000円	アーニング INDEX	0.17

● 2000年生　●栗毛　● 2020年引退
父 *サンデーサイレンス
母 *フェアリードール　母父 Nureyev

距離	成長型	芝	ダート	瞬発力	パワー	底力
マ中	普	○	○	△	○	△

RANKING 466 *トワイニング

３歳時に米で６戦５勝。ピーターパンS、ウィザーズSと米GIIを２つ制した。甥にグリーンデザート（ジュライC）。産駒にノンコノユメ（フェブラリーS）、セカンドテーブル（京王杯2歳S）。

総収得賞金	1,566,000円	アーニング INDEX	0.34

● 1991年生　●栗毛　● 2015年死亡
父 *フォーティナイナー
母 Courtly Dee　母父 Never Bend

距離	成長型	芝	ダート	瞬発力	パワー	底力
マ中	早	○	○	△	○	○

RANKING 467 AL WUKAIR アルウケール

２〜５歳時に仏英で７戦４勝。ジャックルマロワ賞、仏GIIIジェベル賞に勝ち、英2000ギニーで３着した一流マイラー。祖母カリーナは仏オークス馬。日本で産駒クリノアドバンスが走っている。

総収得賞金	1,550,000円	アーニング INDEX	0.33

● 2014年生　●鹿毛　●供用地／フランス
父 Dream Ahead
母 Macheera　母父 Machiavellian

距離	成長型	芝	ダート	瞬発力	パワー	底力
マ	普	○	○	○	○	○

RANKING 468 GIANT'S CAUSEWAY ジャイアンツコーズウェイ

２〜３歳時に英愛仏米で13戦９勝。英インターナショナルS、愛チャンピオンSなどGIを５連勝した欧州年度代表馬。産駒にシャマーダル、ブリックスアンドモルタル、エイシンアポロン。

総収得賞金	1,500,000円	アーニング INDEX	0.32

● 1997年生　●栗毛　● 2018年死亡
父 Storm Cat
母 Mariah's Storm　母父 Rahy

距離	成長型	芝	ダート	瞬発力	パワー	底力
中	やや早	◎	○	○	◎	○

RANKING 468　TAPIZAR　タピザー

| 総収得賞金 | 1,500,000円 | アーニング INDEX | 0.32 |

● 2008年生　●鹿毛　● 2020年死亡

父 Tapit
母 Winning Call　母父 Deputy Minister

2～4歳時に米で14戦6勝。ラストランとなった4歳11月のBCダートマイルで、初のGI制覇を達成する。産駒にモノモイガール（BCディスタフ2回）。日本ではゲキリン、タピゾー。

距離	成長型	芝	ダート	瞬発力	パワー	底力
マ	普	○	◎	○	○	○

RANKING 470　*ハイランドリール

| 総収得賞金 | 1,446,000円 | アーニング INDEX | 0.10 |

● 2012年生　●鹿毛　●供用地／日高・エスティファーム

父 Galileo
母 Hveger　母父 *デインヒル

2～5歳時に愛英仏米豪香首で27戦10勝。"Kジョージ"、プリンスオブウェールズS、BCターフ、香港ヴァーズ2回など、世界を股にかけGIを計6勝。2023年から日本で供用されている。

距離	成長型	芝	ダート	瞬発力	パワー	底力
中長	普	○	○	○	○	○

RANKING 471　PIVOTAL　ピヴォータル

| 総収得賞金 | 1,445,000円 | アーニング INDEX | 0.16 |

● 1993年生　●栗毛　● 2021年引退

父 Polar Falcon
母 Fearless Revival　母父 Cozzene

2～3歳時に英で6戦4勝。英短距離GIナンソープSに勝利。産駒にアデイブ（英チャンピオンS）、サリスカ（英オークス）、種牡馬シユーニ。日本ではマラードザレコードらが走る。

距離	成長型	芝	ダート	瞬発力	パワー	底力
短中	普	○	○	○	◎	○

RANKING 472　ホールウォーカー

| 総収得賞金 | 1,438,000円 | アーニング INDEX | 0.05 |

● 2003年生　●鹿毛　● 2021年引退

父 エイシンサンディ
母 ラッキーイソハル　母父 *ジョッギング

2～5歳時に日で9戦4勝。公営浦和で全4勝をマークした。父はダート向き産駒を多く出したサンデーサイレンス直仔サイアー。母は公営で26勝した活躍馬。産駒にフォクスホール。

距離	成長型	芝	ダート	瞬発力	パワー	底力
短マ	普	▲	△	△	△	△

RANKING 473　RELIABLE MAN　リライアブルマン

| 総収得賞金 | 1,405,000円 | アーニング INDEX | 0.30 |

● 2008年生　●芦毛　●供用地／ドイツ

父 Dalakhani
母 On Fair Stage　母父 Sadler's Wells

3～5歳時に仏英加豪で14戦5勝。仏ダービー、AJCQエリザベスSと欧豪でGI制覇を達成、産駒にマイアミバウンド（ヴィクトリアオークス）、アルダカーン。日本でコスモザウル。

距離	成長型	芝	ダート	瞬発力	パワー	底力
中長	普	○	○	○	○	○

RANKING 475　U S NAVY FLAG　ユーエスネイヴィーフラッグ

| 総収得賞金 | 1,380,000円 | アーニング INDEX | 0.30 |

● 2015年生　●黒鹿毛　●供用地／アイルランド

父 War Front
母 Misty For Me　母父 Galileo

2～3歳時に愛英仏豪で19戦5勝。ジュライC、デューハーストS、ミドルパークSとGI3勝した一流スプリンター。産駒にオーシャンヴィジョン、エイプリリア。日本ではポテンザが走った。

距離	成長型	芝	ダート	瞬発力	パワー	底力
マ中	普	◎	○	○	○	○

RANKING 476　*ファルブラヴ

| 総収得賞金 | 1,372,000円 | アーニング INDEX | 0.30 |

● 1998年生　●鹿毛　● 2024年死亡

父 Fairy King
母 Gift of the Night　母父 Slewpy

2～5歳時に伊仏日英愛米香で26戦13勝。エクリプスS、イスパーン賞、ミラノ大賞、ジャパンC、香港Cなど欧州、アジアでGIを計8勝。産駒にアイムユアーズ（フィリーズレビュー）。

距離	成長型	芝	ダート	瞬発力	パワー	底力
短中	普	◎	○	◎	○	○

RANKING 477　*ゴドリー

| 総収得賞金 | 1,351,000円 | アーニング INDEX | 0.15 |

● 2010年生　●栗毛　● 2019年引退

父 *ヘニーヒューズ
母 Aldebaran　母父 Seattle Slew

3～6歳時に日で10戦2勝。芝2200mの未勝利、D1800mの500万下特別と2勝をマーク。半兄に、日本で種牡馬供用されているエスケンデレヤ（ウッドメモリアルS）。産駒にラクスシャルキ。

距離	成長型	芝	ダート	瞬発力	パワー	底力
中	普	△	○	△	○	△

※ 474位のゴールデンマンデラはP366に掲載しています。

RANKING 478　OASIS DREAM
オアシスドリーム

| 総収得賞金 | 1,317,000円 | アーニング INDEX | 0.14 |

● 2000年生　●鹿毛　●供用地／イギリス
父 Green Desert
母 Hope　母父 *ダンシングブレーヴ

距離	成長型	芝	ダート	瞬発力	パワー	底力
短マ	普	◎	○	◎	○	○

2〜3歳時に英米で9戦4勝。ジュライC、ナンソープSに勝った欧州最優秀スプリンター。半姉にゼンダー（仏1000ギニー）。産駒にミッドデイ、ネイティヴトレイル、パワー、日本でサンレーン。

RANKING 479　SAVABEEL
サヴァビール

| 総収得賞金 | 1,314,000円 | アーニング INDEX | 0.28 |

● 2001年生　●黒鹿毛　●供用地／ニュージーランド
父 Zabeel
母 Savannah Success　母父 Success Express

距離	成長型	芝	ダート	瞬発力	パワー	底力
短マ	普					

2〜3歳時に豪で14戦3勝。コックスプレート、AJCスプリングチャンピオンSと豪GIを2勝した。産駒にカーヮィ、プロバビールなどオセアニアのGI馬多数。日本ではコスモサミット。

RANKING 480　リッカバクシンオ

| 総収得賞金 | 1,301,000円 | アーニング INDEX | 0.28 |

● 2002年生　●黒鹿毛　●2015年死亡
父 サクラバクシンオー
母 パラダイスチャイム　母父 ハイセイコー

距離	成長型	芝	ダート	瞬発力	パワー	底力
短	普	△	△	△	△	△

2〜8歳時に日で44戦4勝。芝1200m戦で全4勝をマークした。父は日本競馬史に残る名短距離馬で、種牡馬としても成功を収めた。母父は国民的アイドルホース。産駒にリッカウィンドウ。

RANKING 481　TWILIGHT SON
トワイライト サン

| 総収得賞金 | 1,270,000円 | アーニング INDEX | 0.27 |

● 2012年生　●鹿毛　●供用地／イギリス
父 Kyllachy
母 Twilight Mistress　母父 Bin Ajwaad

距離	成長型	芝	ダート	瞬発力	パワー	底力
短	普					

2〜4歳時に英仏で10戦6勝。スプリントC、ダイヤモンドジュビリーSとGI2勝の一流スプリンター。産駒にトワイライトジェット（コーンウォリスS）。日本ではライトスタッフが走る。

RANKING 482　SHAKIN IT UP
シェイキンイットアップ

| 総収得賞金 | 1,260,000円 | アーニング INDEX | 0.27 |

● 2010年生　●黒鹿毛　●供用地／アメリカ
父 Midnight Lute
母 *シルバーバレットムーン　母父 Vindication

距離	成長型	芝	ダート	瞬発力	パワー	底力
短中	普	△		△	○	○

2〜4歳時に米で10戦4勝。GIマリブS、GIIサンヴィセンテS、GIIストラブSに勝った、パワフルなスピード型。産駒にビービーデュード。日本ではコウエイバクシンが公営高知で走る。

RANKING 483　サドンストーム

| 総収得賞金 | 1,243,000円 | アーニング INDEX | 0.13 |

● 2009年生　●栗毛　●2022年死亡
父 *ストーミングホーム
母 *ビールジャント　母父 Green Desert

距離	成長型	芝	ダート	瞬発力	パワー	底力
短マ	普	○		△		△

2〜8歳時に日で44戦4勝。OP京洛Sに勝ち、京王杯2歳S、シルクロードS、京阪杯で2着。半兄にラッキーナイン（香港スプリント）、全弟にGIII馬ティーハーフ。産駒にクリノゴーゴー。

RANKING 485　ダンスディレクター

| 総収得賞金 | 1,215,000円 | アーニング INDEX | 0.09 |

● 2010年生　●鹿毛　●2023年引退
父 *アルデバランII
母 マザーリーフ　母父 *サンデーサイレンス

距離	成長型	芝	ダート	瞬発力	パワー	底力
短	普					

3〜8歳時に日で26戦7勝。6、7歳時にシルクロードSを連覇したほか、阪神C2着2回、CBC賞で2着、高松宮記念で4着している。父は米短距離チャンピオン。産駒にバージンエスパー。

RANKING 486　カゼノグッドボーイ

| 総収得賞金 | 1,195,000円 | アーニング INDEX | 0.26 |

● 2006年生　●栗毛　●2018年引退
父 マジェスティック
母 カミカゼビューティ　母父 マヤノトップガン

距離	成長型	芝	ダート	瞬発力	パワー	底力
短マ	普	△	△			△

3〜8歳時に日で35戦3勝。芝、ダートの双方で勝ち鞍をマークした。本馬は、競走馬デビューした父唯一の産駒となっている。母父は1995年年度代表馬。産駒に、公営名古屋のカゼノスバル。

※ 484位のウルトラカイザーは P366 に掲載しています。

RANKING 487
PREFERMENT
プリファーメント

2〜5歳時に豪で29戦5勝。ヴィクトリアダービー、ザ・BMW、VRCターンブルS、VRCオーストレイリアンCと豪GIを4勝した強豪。公営佐賀で産駒コスモアピールが走っている。

総収得賞金	1,162,000円		アーニング INDEX	0.25	
●2011年生	●鹿毛	●供用地／ニュージーランド			
父 Zabeel					
母父 Better Alternative		母父 Flying Spur			

距離	成長型	芝	ダート	瞬発力	パワー	底力
中長	普	○	○	△	○	○

RANKING 488
MAKE BELIEVE
メイクビリーヴ

2〜3歳時に英仏米で7戦4勝。仏2000ギニー、フォレ賞とGIを2勝。半姉にドバウィハイツ（ゲイムリーS）。産駒にミシュリフ（仏ダービー、ドバイシーマクラシック）。日本でヴィダル。

総収得賞金	1,100,000円		アーニング INDEX	0.24	
●2012年生	●鹿毛	●供用地／アイルランド			
父 *マクフィ					
母 Rosie's Posy		母父 Suave Dancer			

距離	成長型	芝	ダート	瞬発力	パワー	底力
マ	普	◎	○	○	○	○

RANKING 488
MASAR
マサー

2〜4歳時に英仏米首で11戦4勝。英ダービーのほか、GIIIソラリオS、GIIIクレイヴンSに勝利した。2023年から初年度産駒がデビュー。日本ではメトロポリターナがJRAで走っている。

総収得賞金	1,100,000円		アーニング INDEX	0.12	
●2015年生	●栗毛	●供用地／イギリス			
父 New Approach					
母 Khawlah		母父 Cape Cross			

距離	成長型	芝	ダート	瞬発力	パワー	底力
マ	中	○	○	△	○	○

RANKING 488
MITOLE
マイトーリ

2〜4歳時に米で14戦10勝。BCスプリント、メトロポリタンHなどGIを4勝した、2019年米チャンピオンスプリンター。産駒に米GIII馬ヴィヴィーズドリーム。日本でララモンストルが走る。

総収得賞金	1,100,000円		アーニング INDEX	0.24	
●2015年生	●鹿毛	●供用地／アメリカ			
父 *エスケンデレヤ					
母 Indian Miss		母父 Indian Charlie			

距離	成長型	芝	ダート	瞬発力	パワー	底力
短	普	○	◎	○	○	○

RANKING 488
CLASSIC EMPIRE
クラシックエンパイア

2〜3歳時に米で9戦5勝。BCジュヴナイル、ブリーダーズフューチュリティ、アーカンソーダービーと米GIを3勝。産駒に米GI制したエンジェルオブエンパイア。日本でララガルグイユ。

総収得賞金	1,100,000円		アーニング INDEX	0.24	
●2014年生	●鹿毛	●供用地／韓国			
父 Pioneerof the Nile					
母 Sambuca Classica		母父 Cat Thief			

距離	成長型	芝	ダート	瞬発力	パワー	底力
マ中	普	○	○	△	△	△

RANKING 492
オウケンマジック

2〜5歳時に日で27戦3勝。D1700〜1800m戦で計3勝をマークする。南関東3冠制した地方競馬の歴史的名牝である3代母ロジータから発展した、名門母系出身。産駒にオウケンダイヤ。

総収得賞金	1,070,000円		アーニング INDEX	0.08	
●2006年生	●鹿毛	●2018年引退			
父 タニノギムレット					
母 オウケンガール		母父 マーベラスサンデー			

距離	成長型	芝	ダート	瞬発力	パワー	底力
中	普	△	○	△	△	△

RANKING 493
*ダノンゴーゴー

2〜5歳時に日で9戦3勝。3歳3月のファルコンSで重賞制覇達成。NHKマイルCでディープスカイの3着した。叔母にGI亜オークス馬ポトリザリス。産駒にペニテンテス、ストームメイ。

総収得賞金	1,050,000円		アーニング INDEX	0.23	
●2005年生	●栗毛	●2020年引退			
父 *アルデバランII					
母 Potrinner		母父 Potrillazo			

距離	成長型	芝	ダート	瞬発力	パワー	底力
短マ	普	○	○	△	△	△

RANKING 494
BULLET TRAIN
ビュレットトレイン

2〜5歳時に英で14戦2勝。GIIIダービートライアルSに勝った。半弟に14戦全勝のスーパーホース、フランケル。GI馬ノーブルミッション。産駒アウティスタが公営競馬でタフに走る。

総収得賞金	1,0260,000円		アーニング INDEX	0.22	
●2007年生	●鹿毛	●2023年引退			
父 Sadler's Wells					
母 Kind		母父 *デインヒル			

距離	成長型	芝	ダート	瞬発力	パワー	底力
マ中	普	○	△	△	△	○

RANKING 495　ロサード

2〜7歳時に日で46戦6勝。オールカマー、小倉記念2回、京阪杯、新潟3歳Sと重賞5勝の名中距離馬。現代日本の名門母系「薔薇一族」の血を引く。産駒にクラウンロゼ（フェアリーS）。

総収得賞金	1,015,000円	アーニング INDEX	0.22

● 1996年生　●鹿毛　● 2022年死亡
父 *サンデーサイレンス
母 *ローザネイ　母父 Lyphard

距離	成長型	芝	ダート	瞬発力	パワー	底力
中	普	○	○	○	○	△

RANKING 496　FLATTER　フラッター

3〜4歳時に米で6戦4勝。GⅢワシントンパークHに3着した。全弟に種牡馬として成功したコングラッツがいる。産駒にフラットアウト（ジョッキークラブGC2回）。日本でニジノムコウ。

総収得賞金	990,000円	アーニング INDEX	0.21

● 1999年生　●鹿毛　● 2022年死亡
父 A.P. Indy
母 Praise　母父 Mr. Prospector

距離	成長型	芝	ダート	瞬発力	パワー	底力
マ中	普	△	○	△	○	△

RANKING 497　スマートロビン

2〜5歳時に日で17戦6勝。4歳時にLメトロポリタンS、唯一の重賞制覇となった目黒記念を連勝する。祖母キーダンサーは米GⅡマッチメーカーSに勝利。産駒にオンベンデッドニー。

総収得賞金	975,000円	アーニング INDEX	0.11

● 2008年生　●鹿毛　●供用地／トルコ
父 ディープインパクト
母 *キーブギー　母父 Lyphard

距離	成長型	芝	ダート	瞬発力	パワー	底力
中長	普	○	△	○	△	○

RANKING 498　WEST COAST　ウエストコースト

3〜4歳時に米首で13戦6勝。トラヴァーズS、ペンシルヴェニアダービーとGⅠを2勝し、2017年米最優秀3歳牡馬に選ばれる。母は米最優秀2歳牝馬。日本で産駒タターガタが公営金沢で走る。

総収得賞金	963,000円	アーニング INDEX	0.10

● 2014年生　●鹿毛　●供用地／アメリカ
父 Flatter
母 Caressing　母父 Honour and Glory

距離	成長型	芝	ダート	瞬発力	パワー	底力
中	普	○	◎	◎	◎	○

RANKING 499　*デビッドジュニア

2〜4歳時に英米首で13戦7勝。英チャンピオンS、ドバイデューティフリー、エクリプスSとGⅠを3勝した一流中距離馬。叔父に米GⅠ馬ワイルドイヴェント。産駒にニシオドリーム。

総収得賞金	940,000円	アーニング INDEX	0.05

● 2002年生　●栗毛　●供用地／新ひだか・JBBA静内種馬場
父 Pleasant Taps
母 Paradise River　母父 Irish River

距離	成長型	芝	ダート	瞬発力	パワー	底力
中	やや晩	○	○	△	○	○

RANKING 500　*フォーティナイナーズサン

2〜6歳時に米で19戦6勝。米芝GⅠクレメントLハーシュ記念ターフCSに勝利した。産駒にポムフィリア（関東オークス2着）、ニットウスバル（オータムリーフS）、ニシノファイター。

総収得賞金	921,000円	アーニング INDEX	0.10

● 2001年生　●栗毛　● 2020年引退
父 Distorted Humor
母 Cindazanno　母父 Alleged

距離	成長型	芝	ダート	瞬発力	パワー	底力
短中	普	△	○	△	○	○

RANKING 501　デュランダル

2〜6歳時に日香で18戦8勝。切れ味鋭い末脚を武器に、マイルCS2回、スプリンターズSに勝った名馬。産駒にエリンコート（オークス）、フラガラッハ（中京記念）、プレイアンドリアル。

総収得賞金	844,000円	アーニング INDEX	0.09

● 1999年生　●栗毛　● 2013年死亡
父 *サンデーサイレンス
母 サワヤカプリンセス　母父 *ノーザンテースト

距離	成長型	芝	ダート	瞬発力	パワー	底力
短マ	普	◎	○	○	○	○

RANKING 502　BLAME　ブレイム

2〜4歳時に米で13戦9勝。女傑ゼニヤッタを降してBCクラシック制した、2010年米最優秀古牡馬。産駒にセンガ(仏オークス)、ナダル(アーカンソーダービー)。日本でランドネが活躍。

総収得賞金	820,000円	アーニング INDEX	0.18

● 2006年生　●鹿毛　●供用地／アメリカ
父 Arch
母 Liable　母父 Seeking the Gold

距離	成長型	芝	ダート	瞬発力	パワー	底力
中	普	○	◎	○	○	○

2023年 2歳馬サイアーランキング

前年から大きく順位を上げたキズナが初戴冠

順位	22年順位	総合順位	種牡馬名	総収得賞金	産駒数	勝利頭数	代表産駒	掲載頁
1	13	3	キズナ	¥470,478,000	168	33	サンライズジパング	P 40
2	2	12	エピファネイア	¥421,893,000	160	30	ステレンボッシュ	P 76
3	新	66	★スワーヴリチャード	¥416,912,000	82	21	レガレイラ	P 11,350
4	10	7	モーリス	¥338,649,000	105	18	シュトラウス	P 56
5	16	30	リアルスティール	¥336,153,000	113	21	フォーエバーヤング	P 132
6	32	19	*マジェスティックウォリアー	¥329,631,000	125	33	カプセル	P 104
7	12	13	*ドレフォン	¥305,618,000	122	28	マスクオールウィン	P 80
8	8	2	ロードカナロア	¥271,625,000	120	19	アスクワンタイム	P 36
9	新	91	★*ブリックスアンドモルタル	¥269,589,000	107	14	イーグルノワール	P 352
10	新	93	★*モーニン	¥259,672,000	118	44	ムーンオブサマー	P 354
11	19	16	ダイワメジャー	¥253,035,000	69	10	アスコリピチェーノ	P 92,414
12	5	9	*ヘニーヒューズ	¥251,932,000	83	20	ゼルトザーム	P 64
13	36	32	*ダノンレジェンド	¥246,425,000	97	32	トラジロウ	P 136
14	新	101	★*ニューイヤーズデイ	¥224,571,000	102	23	バロンドール	P 356
15	33	29	*アジアエクスプレス	¥216,571,000	108	24	ノヴァエクスプレス	P 130
16	30	20	*パイロ	¥214,973,000	88	29	ナスティウェザー	P 108,421
17	11	17	ホッコータルマエ	¥203,644,000	109	28	ウルトラノホシ	P 96
18	37	8	*シニスターミニスター	¥202,093,000	80	23	ミスカッレーラ	P 60,422
19	3	10	ルーラーシップ	¥194,929,000	88	21	スティールブルー	P 68,420
20	新	118	★レイデオロ	¥170,814,000	129	13	トロヴァトーレ	P 356

※★は2023年産駒デビューの新種牡馬。

同期の2頭がワンツーを決める スワーヴリチャードも好発進！

2023年の2歳リーディングサイアーに輝いたのはキズナ。2021年が12位、2022年が13位と、ここ2年は順位を落としていたが、そこから大きく巻き返しての初戴冠となった。重賞勝ちこそないが39勝をマーク。サンライズジパングがJBC2歳優駿で2着、ホープフルSで3着と好走したのも大きかった。

2023年の2歳馬は、242頭の種付から171頭もの産駒を得た世代で、数の力も大きかったのは確か。それでも、2022年に種付料が1200万円にアップしていることを考えると、今後も産駒のレベルは上がっていくことが予想され、期待度は増すばかりだ。

2位はエピファイネイア。これで3年連続で栄冠にあと一歩及ばなかったことになる。12月半ばまでは首位に立っていたが、前年同様、最後の最後で差し切られるかたちとなった。こちらも重賞勝ちはないものの、34勝をあげステレンボッシュが阪神JFで2着している。

エピファネイアも2022年に種付料が1800万円に上昇しており、その世代のデビューが今後に控えている。悲願の奪首の可能性は高い。

3位はそのエピファネイアに約500万円差まで迫った新種牡馬スワーヴリチャード。グレード制導入後初となる「牝馬による牡牝混合2歳GI制覇」の偉業をなしとげたレガレイラを筆頭に、京王杯2歳Sをレコード勝ちしたコラソンビートなど産駒が大活躍。早々と2024年の種付料が、現役トップクラスとなる1500万円と決まったように、2歳戦での動きの良さは馬産地で絶大な評価をされたようだ。

順位	種牡馬名	順位	種牡馬名	順位	種牡馬名
21	*ベストウォーリア	48	キタサンブラック	75	ゴールドアクター
22	リオンディーズ	49	ミッキーアイル	76	*ビーチパトロール
23	ゴールドシップ	50	*マクフィ	77	ディーマジェスティ
24	ビッグアーサー	51	★*サンダースノー	78	ダノンバラード
25	ジャスタウェイ	52	★シュヴァルグラン	79	ミッキーロケット
26	*デクラレーションオブウォー	53	★ロジャーバローズ	80	グランプリボス
27	ドゥラメンテ	54	ニシケンモノフ	81	*ダンカーク
28	ファインニードル	55	*キンシャサノキセキ	82	*トビーズコーナー
29	*パレスマリス	56	サトノクラウン	83	スマートファルコン
30	シルバーステート	57	*アメリカンペイトリオット	84	アドマイヤムーン
31	*ハービンジャー	58	★エピカリス	85	*ラニ
32	リアルインパクト	59	*バトルプラン	86	スクリーンヒーロー
33	★*カリフォルニアクローム	60	サトノアラジン	87	★*ゴールデンバローズ
34	*ディスクリートキャット	61	トゥザワールド	88	インカンテーション
35	サトノダイヤモンド	62	★アルアイン	89	ヤマカツエース
36	ブラックタイド	63	ロゴタイプ	90	★ミッキーグローリー
37	ハーツクライ	64	ストロングリターン	91	トランセンド
38	コパノリッキー	65	*タリスマニック	92	American Pharoah
39	レッドファルクス	66	★*アポロケンタッキー	93	ヴィクトワールピサ
40	エスポワールシチー	67	Siyouni	94	Into Mischeif
41	カレンブラックヒル	68	★*アニマルキングダム	95	リーチザクラウン
42	ワールドエース	69	ロージズインメイ	96	*マクマホン
43	*シャンハイボビー	70	*バゴ	97	★アドミラブル
44	フリオーソ	71	エイシンヒカリ	98	エイシンフラッシュ
45	*マインドユアビスケッツ	72	バンブーエール	99	Constitution
46	イスラボニータ	73	ラブリーデイ	100	★*ホークビル
47	オルフェーヴル	74	グレーターロンドン		※★は2023年産駒デビューの新種牡馬

新種牡馬3頭がトップ10入り ドゥラメンテは20位圏外

　4～6位は、約900万円の間に3頭が並ぶ接戦となり、東京スポーツ杯2歳S勝ちのシュトラウスを出したモーリスが4位、超大物との呼び声が高いフォーエバーヤングを出したリアルスティールが5位となった。6位は56勝を叩き出したマジェスティックウォリアー。東京2歳優駿牝馬を勝ったローリエフレイバーなど、地方競馬での活躍がメインだが、仕上がりの早さには目を見張るものがある。

　それをも上回る61勝をマークしたのが10位のモーニン。こちらもほぼ地方競馬での実績だが、地方2歳リーディングは伊達じゃないところを見せた。そのほか、イーグルノワール（兵庫ジュニアGP）やゴンバデカーブース（サウジアラビアRC）の父ブリックスアンドモルタルが9位に入っており、スワーヴリチャードを含めた3頭が、新種牡馬としてトップ10入りしている。

　11位以下では、2023年の最優秀2歳牝馬アスコリピチェーノを出した11位ダイワメジャー、前年36位から13位にまでランクを上げてきたダノンレジェンドに注目が集まる。

　20位以下では、前年の2歳リーディングサイアーのドゥラメンテが27位と大きくランクダウン。総合リーディング1位をキープするためにも、明け3歳での巻き返しは必至だ。

　ドゥラメンテ同様に、2023年のクラシック戦線を沸かせたキタサンブラックは48位と大きく出遅れ。もっとも、同馬は2022年の2歳リーディングでも21位とスロースターターぶりを見せており、本領発揮はこれから。やはり目が離せない存在といえよう。

2023年 地方競馬サイアーランキング

シニスターミニスターが念願の首位に輝く!

大井競馬所属のミックファイアが無敗で南関東3冠馬に輝く!

ここ2年、3位に甘んじていたシニスターミニスターが念願の1位を獲得。その原動力となったのは、羽田盃、東京ダービー、ジャパンダートダービーを無敗で制し、史上8頭目の南関東3冠馬に輝いたミックファイアで間違いない。無敗での3冠制覇は2001年のトーシンブリザード以来22年ぶりの快挙で、大きな話題となった。同馬はダービーグランプリで連勝を7に伸ばし同世代に敵無しをアピール。やや順調さを欠いた東京大賞典こそ8着に敗れ連勝は止まったが、成長力もある血統なので、古馬になってからさらなる活躍も期待できる。

父の成長力を見せつけたのが、JBCクラシックでGI初制覇を果たしたキングズソード。4歳2月までは3勝クラスにとどまっていたが、重賞初挑戦となった4月のアンタレスSで3着に入ると、そこからOPを連勝して駒を進めたJBCクラシックで見事に金星を射止めた。こちらも2024年の活躍に注目したい一頭だ。

そのほかでは、エンプレス杯、TCK女王杯を勝ち、JBCレディスクラシック2着のグランブリッジの走りも、父の戴冠に貢献した。

今年で21歳となるが、円熟の時を迎えさらなる優駿を送り出してくれるだろう。

2位は前年の首位だったエスポワールシチー。昨年1位の立役者、イグナイターが待望のGI制覇を遂げるなど、2年続けてNARの年度代表馬に選ばれる大活躍を見せたが惜しくも及ばなかった。そのほかでは、さきたま杯、オーバルスプリントで共に2着したスマイルウィの活躍が目立った。

3位はパイロ。これで9年連続トップ10入り、6年連続のトップ3入りとなった。エースのメイショウハリオは2023年も帝王賞連覇、かしわ記念1着と好調。北斗盃や北海優駿を勝ちダービーグランプリでミックファイアの3着したベルピットなどの新鋭がさらなる飛躍を見せれば、2024年に待望の首位も夢ではない。

4位はレディバグが南部杯3着などの健闘を見せたホッコータルマエ。キングカメハメハ直仔種牡馬のダート部門を担うだけあって、地方でもしっかり結果を残している。

ベテランサイアーに負けじと若い世代の種牡馬の台頭に注目

ベテラン陣が上位を張る一方、JBC2歳優駿2着のサンライズジパングを出した8位キズナ、サヨノネイチヤが勝馬王冠を勝つなどコンスタントな活躍を見せた9位ダノンレジェンドと、若い種牡馬たちの台頭が目立ってきている。12位アジアエクスプレス、14位コパノリッキー、20位ドレフォンにも注目していきたい。

2歳リーディングでは、新種牡馬のモーニンがいきなりトップに立った。出走回数、出走頭数、勝利回数、勝利頭数いずれも1位。特に勝利頭数は頭1つ抜けており、父ヘニーヒューズ譲りの仕上がりの早さを遺憾なく発揮している。今後、この若駒たちの成長次第では、いきなり地方総合リーディング上位に食い込むこともあり得ないことではない。

2位は総合でも6位にランクしたマジェスティックウォリアーが入った。勝ち馬頭数はモーニンの半分ほどだが、2.30というアーニングインデックスに産駒の質の高さが感じられる。

3位はダノンレジェンド。こちらは、断トツの重賞勝ち数「8」をマークしており、産駒のレベルの高さを物語っている。

トップ10のうち3頭までがエーピーインディ系ということも注目したいポイントだ。

2023年　地方競馬サイアーランキング TOP20

順位	種牡馬名	父	母父	系統	生年	掲載頁
1	＊シニスターミニスター	☆オールドトリエステ	☆ザプライムミニスター	エーピーインディ系	2003	P 60,422
2	エスポワールシチー	ゴールドアリュール	＊ブライアンズタイム	サンデーサイレンス系	2005	P 118
3	＊パイロ	☆プルピット	☆ワイルドアゲイン	エーピーインディ系	2005	P 108,421
4	ホッコータルマエ	キングカメハメハ	☆チェロキーラン	キングマンボ系	2009	P 96
5	＊ヘニーヒューズ	＊ヘネシー	☆メドウレイク	ストームキャット系	2003	P 64
6	＊マジェスティックウォリアー	☆エーピーインディ	☆シーキングザゴールド	エーピーインディ系	2005	P 104
7	フリオーソ	＊ブライアンズタイム	☆ミスタープロスペクター	ロベルト系	2004	P 154
8	キズナ	ディープインパクト	☆ストームキャット	サンデーサイレンス系	2010	P 40
9	＊ダノンレジェンド	☆マッチョウノ	☆ミスタープロスペクター	グレートアバヴ系	2010	P 136
10	ロードカナロア	キングカメハメハ	☆ストームキャット	キングマンボ系	2005	P 36
11	オルフェーヴル	ステイゴールド	メジロマックイーン	サンデーサイレンス系	2008	P 88,424
12	＊アジアエクスプレス	＊ヘニーヒューズ	☆ランニングスタッグ	ストームキャット系	2011	P 130
13	＊キンシャサノキセキ	フジキセキ	☆プレザントコロニー	サンデーサイレンス系	2003	P 120,425
14	コパノリッキー	ゴールドアリュール	＊ティンバーカントリー	サンデーサイレンス系	2010	P 138
15	＊サウスヴィグラス	＊エンドスウィープ	☆スタードナスクラ	フォーティナイナー系	1996	P 186,417
16	スマートファルコン	ゴールドアリュール	＊ミシシッピアン	サンデーサイレンス系	2005	P 210
17	カレンブラックヒル	ダイワメジャー	☆グラインドストーン	サンデーサイレンス系	2009	P 146
18	ルーラーシップ	キングカメハメハ	＊トニービン	キングマンボ系	2007	P 68,420
19	＊ディスクリートキャット	☆フォレストリー	☆プライヴェートアカウント	ストームキャット系	2003	P 144
20	＊ドレフォン	☆ジオポンティ	☆ゴーストザッパー	ストームキャット系	2013	P 80

2023年　地方競馬2歳馬サイアーランキング TOP10

順位	種牡馬名	父	母父	系統	生年	掲載頁
1	★＊モーニン	＊ヘニーヒューズ	☆ディストーティドヒューマー	ストームキャット系	2012	P 354
2	＊マジェスティックウォリアー	☆エーピーインディ	☆シーキングザゴールド	エーピーインディ系	2005	P 104
3	＊ダノンレジェンド	☆マッチョウノ	☆ミスタープロスペクター	グレートアバヴ系	2010	P 136
4	ホッコータルマエ	キングカメハメハ	☆チェロキーラン	キングマンボ系	2009	P 96
5	＊ベストウォーリア	＊マジェスティックウォリアー	☆ミスターグリーリー	エーピーインディ系	2010	P 224
6	＊アジアエクスプレス	＊ヘニーヒューズ	☆ランニングスタッグ	ストームキャット系	2011	P 130
7	＊パイロ	☆プルピット	☆ワイルドアゲイン	エーピーインディ系	2005	P 108,421
8	フリオーソ	＊ブライアンズタイム	☆ミスタープロスペクター	ロベルト系	2004	P 154
9	＊シニスターミニスター	☆オールドトリエステ	☆ザプライムミニスター	エーピーインディ系	2003	P 60,422
10	リアルスティール	ディープインパクト	☆ストームキャット	サンデーサイレンス系	2012	P 132

★は2023年産駒デビューの新種牡馬、☆の馬は海外けい養馬。

2023年 欧州サイアーランキング

フランケルが欧州リーディング3連覇達成！

フランケル王国に向けて確実に王道を歩んでいく

2023年の欧州リーディングサイアーは、「怪物」フランケルが、「帝王」ガリレオから受け継いだ王座を堅守。これで2021年から3年連続での1位。祖父サドラーズウェルズ、父ガリレオに続く長期政権になるのは確実か。

2023年に活躍した主な産駒は、プリンスオブウェールズS、英インターナショナルSを勝ち、欧州古馬チャンピオンに選ばれたモスターダフ、サンクルー大賞を勝ち凱旋門賞でエースインパクトの2着したウエストオーバー、ジャックルマロワ賞を制したインスパイラル、英2000ギニー馬ジャルディーン、英オークス馬ソウルシスターなどがいる。

約550万ユーロの差で2位に入ったのはシューニ。日本でもシンエンペラーがGIホープフルSで2着するなど、知名度も上がっている。2023年は愛2000ギニー、セントジェイムズパレスS、エクリプスS、サセックスSとGI4連勝したパディントンを筆頭に、愛1000ギニー、コロネーションSのタヒーラ、ロートシルト賞のマルキーズドセヴィニエなどが活躍。名馬ヌレイエフの血を伝えるピヴォータルの代表産駒として、かかる期待は大きい。

3位はキングマン。パリ大賞のフィードザフレーム、ムーランドロンシャン賞のソーテルヌ、フォレ賞2着、英チャンピオンズスプリントS2着のキンロスなどが主な活躍馬。キングマン自身、マイルGIを4連勝して欧州年度代表馬に輝いただけあって、産駒はスピード豊富なマイラーが多い。日本でも直仔シュネルマイスターが2024年から種牡馬入りするので楽しみ。

4位のロペデヴェガは、主要レースの勝ち馬こそいないものの、勝利数では1位に輝いてお

り、コンスタントな実力には定評がある。日本では馴染みが薄いが、注目しておきたい一頭だ。

5位は前年の2位だったドバウィ。ここ数年はトップ3をキープしていたが、2023年にはエース級の活躍を見せた産駒が不在でランクダウン。それでも、モダンゲームズがロッキンジSを勝ち、エルダーエルダロフが愛セントレジャーを制しており、まだまだ能力は衰えていない。その証拠に、2024年の種付料はフランケルと同額の35万ポンド（約6300万円）に設定されており、世界1位の座をキープ。その期待度の高さがうかがえる。

6位以下では、ここ数年の常連メンバーに食い込んできた10位のクラックスマンに注目。初年度産駒から、無敗で凱旋門賞を制したエースインパクトという、最上級の産駒を送り出してきた。大種牡馬フランケルの後継として、いずれ父と覇を争う存在になるだろう。

20位中、ノーザンダンサーの直系が17頭。そのうち7頭がガリレオの直系。あらためてガリレオの偉大さが感じられる。

欧州2歳リーディングはノーネイネヴァーが獲得

欧州2歳リーディングサイアーはノーネイネヴァー。2021年から3連覇となった。主要レース勝ち馬こそ出せなかったが、ストームキャット系らしい仕上がりの早さはさすが。

注目は2位ブルーポイントと6位トゥーダーンホット。共に新種牡馬で、ブルーポイントはジャンリュックラガルデール賞勝ちのロザリオンを送り出している。シャマーダルの直仔として、その父系を発展させてくれるだろう。一方のトゥーダーンホットはドバウィの直仔。すでに高齢の域にある父の後継種牡馬として、大いに期待されている。

※今回より英愛リーディングサイアーに代わって、欧州の種牡馬事情をより鮮明に反映している欧州リーディングサイアーランキングをお届けします。1ポンド＝180円で換算（2023年12月末のレート）

2023年　欧州サイアーランキング TOP20

順位	種牡馬名	父	母父	系統	生年	掲載頁
1	フランケル	ガリレオ	*デインヒル	ガリレオ系	2008	P266,423
2	シユーニ	ピヴォータル	*デインヒル	ヌレイエフ系	2008	P 278
3	キングマン	インヴィンシブルスピリット	ザミンダー	グリーンデザート系	2011	P 271
4	ロペデヴェガ	シャマーダル	ヴェットーリ	ストームキャット系	2007	P 313
5	ドバウィ	ドバイミレニアム	ディプロイ	シーキングザゴールド系	2002	P293,422
6	シーザスターズ	ケープクロス	ミスワキ	グリーンデザート系	2006	P 408
7	ダークエンジェル	アクラメーション	マキャヴェリアン	ノーザンダンサー系	2005	P 270
8	ガリレオ	サドラーズウェルズ	ミスワキ	ガリレオ系	1998	P323,419
9	ウートンバセット	イフラージ	プリモドミニー	ゴーンウエスト系	2008	P 329
10	クラックスマン	フランケル	ピヴォータル	ガリレオ系	2014	P 403
11	コディアック	*デインヒル	クリス	デインヒル系	2001	－
12	ノーネイネヴァー	スキャットダディ	イルーシヴクオリティ	ストームキャット系	2011	P 312
13	チャーチル	ガリレオ	ストームキャット	ガリレオ系	2014	P 402
14	ナイトオブサンダー	ドバウィ	ガリレオ	シーキングザゴールド系	2011	P 305
15	ムハラー	オアシスドリーム	ルナミクス	グリーンデザート系	2012	－
16	キャメロット	モンジュー	キングマンボ	サドラーズウェルズ系	2009	P 322
17	グレンイーグルス	ガリレオ	ストームキャット	ガリレオ系	2012	P 298
18	オーストラリア	ガリレオ	ケープクロス	ガリレオ系	2011	P 324
19	ナサニエル	ガリレオ	シルヴァーホーク	ガリレオ系	2008	P 312
20	シーザムーン	シーザスターズ	モンズン	グリーンデザート系	2011	－

2023年　欧州2歳馬サイアーランキング TOP10

順位	種牡馬名	父	母父	系統	生年	掲載頁
1	ノーネイネヴァー	スキャットダディ	イルーシヴクオリティ	ストームキャット系	2011	P 312
2	★ブルーポイント	シャマーダル	ロイヤルアプローズ	ストームキャット系	2014	P 402
3	ハヴァナグレー	ハヴァナゴールド	ダークエンジェル	ガリレオ系	2015	P 310
4	ウートンバセット	イフラージ	プリモドミニー	ゴーンウエスト系	2008	P 329
5	コディアック	*デインヒル	クリス	デインヒル系	2001	－
6	★トゥーダーンホット	ドバウィ	シングスピール	シーキングザゴールド系	2016	P 302
7	ドバウィ	ドバイミレニアム	デプロイ	シーキングザゴールド系	2002	P293,422
8	ロペデヴェガ	シャマーダル	ヴェットーリ	ストームキャット系	2007	P 313
9	ジャスティファイ	スキャットダディ	ゴーストザッパー	ストームキャット系	2015	P 274
10	グレンイーグルス	ガリレオ	ストームキャット	ガリレオ系	2012	P 298

★は2023年産駒デビューの新種牡馬。

2023年 北米サイアーランキング

王者イントゥミスチーフが盤石のV5を達成!

2位に約660万ドルの差でイントゥミスチーフがV5!

2023年の北米リーディングサイアーに輝いたのはイントゥミスチーフで、5年連続の戴冠となった。これは伝説の大種牡馬ボールドルーラーの持つ7年連続（1963年〜1969年）に次ぐもので、記録更新も視野に入ってきた。

勝ち数は326勝、獲得賞金額は2421万8678ドル（約34億1629万円）と、前年と比べても遜色ない成績を記録。2位との差は約660万ドルあり、まさに盤石のV5達成となった。

稼ぎ頭となったのは、ケンタッキーオークス、エイコーンS、テストSとGIを3連勝した3歳牝馬プリティミスチヴァス。古馬になっての活躍も期待できるだけに2024年も楽しみ。ほかにペガサスワールドCターフを制したアトーン、シャンペンS勝ちのティンバーレイク、ファーストレディSのジーナロマンティカなど、芝、ダート、牡牝を問わない幅広い活躍は、さすが米サイアー界に君臨する王者といえよう。

前年同様、大差をつけられての2位となったのがカーリン。2023年はBCディスタフなどGI3勝をあげたイディオマティックが活躍。そのほかでは、ブライトフューチャーがジョッキークラブGCを勝っている。また、直仔のグッドマジックがケンタッキーダービー馬を、パレスマリスが日本で朝日杯馬を出すなど、父系の広がりにも注目が集まる。

3位はアンクルモー。アラビアンナイトがパシフィッククラシックS、アモーレイがビホルダーマイル、アデアマナーがクレメントLハーシュSを制している。

4位にはガンランナー。稼ぎ頭はフォアゴーSを勝ちBCスプリントで2着したガナイト。

また、2歳牡馬ロックドがブリーダーズフューチュリティSを制しており、相変わらず2歳戦での強さを見せている。ほかでは、2021年の米2歳女王エコーズールーがバレリーナHで2歳以来のGI勝ちを果たしている。

4位までの顔触れは2022年と同じ。ただ、5位以下との差はそれほど大きくはなく、まだまだ4強というほどではない。

5位以下では、7位のプラクティカルジョーク、9位のノットディスタイムが共に2014年生まれの新鋭。プラクティカルジョークはイントゥミスチーフの後継として注目を集める種牡馬で、2023年はプラクティカルムーヴがサンタアニタダービーを制した。ノットディスタイムはマンハッタンSなど芝GIを3勝し、BCターフでもオーギュストロダンの2着したアップトゥザマークが2023年の代表産駒。芝向きのジャイアンツコーズウェイの直仔種牡馬だけに、日本でも産駒が大活躍する可能性は決して低くない。

米2歳リーディングはジャスティファイが首位

米2歳リーディングは、無敗の3冠馬ジャスティファイが産駒デビュー2年目にして初戴冠。BCジュヴナイルF勝ちのジャストエフワイアイ、BCジュヴナイルFターフ勝ちのハードトゥジャスティファイの2頭の2歳GI馬がその原動力となった。3歳勢からもウッディスティーヴンスS勝ちのアラビアンライオンが出ており、2024年には、35位だった米総合リーディングのランクアップも間違いないところだ。

トップ10には4頭の新種牡馬がいるが、なかでも注目は3位のマイトーリ。日本でけい養されていたエスケンデレヤ直仔のチャンピオンスプリンターで、日本への適性も高そうだ。

※1ドル＝141円で換算（2023年12月末のレート）

2023年　北米サイアーランキング TOP20

順位	種牡馬名	父	母父	系統	生年	掲載頁
1	イントゥミスチーフ	ハーランズホリデー	トリッキークリーク	ストームキャット系	2005	P 273
2	カーリン	スマートストライク	デピュティミスター	スマートストライク系	2004	P295,425
3	アンクルモー	インディアンチャーリー	アーチ	カロ系	2008	P 290
4	ガンランナー	キャンディライド	ジャイアンツコーズウェイ	ファピアノ系	2013	P 286
5	マニングス	スパイツタウン	ホーリーブル	ゴーンウエスト系	2006	P 411
6	クオリティロード	イルーシヴクオリティ	ストロベリーロード	ゴーンウエスト系	2006	P 297
7	プラクティカルジョーク	イントゥミスチーフ	ディストーテッドヒューマー	ストームキャット系	2014	P 285
8	* ハードスパン	ダンチヒ	ターコマン	ダンチヒ系	2004	P 289
9	ノットディスタイム	ジャイアンツコーズウェイ	トリッピ	ストームキャット系	2014	P 406
10	カンタロス	ライオンハート	* サザンヘイロー	ストームキャット系	2008	P 300
11	ヴァイオレンス	メダグリアドーロ	ゴーンウエスト	エルプラド系	2010	P 312
12	トワーリングキャンディ	キャンディライド	チェスターハウス	ファピアノ系	2007	P 318
13	コンスティチューション	タピット	ディストーテッドヒューマー	エーピーインディ系	2011	P 295
14	タピット	プルピット	アンブライドルド	エーピーインディ系	2001	P286,422
15	キャンディライド	ライドザレイルズ	キャンディストライプス	ファピアノ系	1999	P 306
16	アメリカンファラオ	パイオニアオブザナイル	ヤンキージェントルマン	アンブライドルド系	2012	P 272
17	* ストリートセンス	ストリートクライ	ディキシーランドバンド	マキャヴェリアン系	2004	P294,422
18	ゴーストザッパー	オーサムアゲイン	リローンチ	デピュティミニスター系	2000	P 305
19	ナイキスト	アンクルモー	フォレストリー	カロ系	2013	P 323
20	グッドマジック	カーリン	* ハードスパン	スマートストライク系	2015	P 319

2023年　北米2歳馬サイアーランキング TOP10

順位	種牡馬名	父	母父	系統	生年	掲載頁
1	ジャスティファイ	スキャットダディ	ゴーストザッパー	ストームキャット系	2015	P 274
2	コンスティチューション	タピット	ディストーテッドヒューマー	エーピーインディ系	2011	P 295
3	★マイトーリ	* エスケンデレヤ	インディアンチャーリー	ストームキャット系	2015	P 336
4	ガンランナー	キャンディライド	ジャイアンツコーズウェイ	ファピアノ系	2013	P 286
5	メンデルスゾーン	スキャットダディ	トリッキークリーク	ストームキャット系	2015	P 300
6	★マキシマスミスチーフ	イントゥミスチーフ	ソングアンドプレイヤー	ストームキャット系	2016	P 411
7	イントゥミスチーフ	ハーランズホリデー	トリッキークリーク	ストームキャット系	2005	P 273
8	シティオブライト	クオリティロード	* デヒア	ゴーンウエスト系	2014	P 322
9	★ヴィーノロッソ	カーリン	ストリートクライ	スマートストライク系	2015	P 409
10	★オマハビーチ	ウォーフロント	シーキングザゴールド	ダンチヒ系	2016	P 407

★は 2023年産駒デビューの新種牡馬。

豪サイアーランキング

2季連続で
アイアムインヴィンシブルが戴冠

圧倒的なまでの勝ち鞍数を誇り、盤石の強さで王座防衛果たす

2位に448万豪ドル（約4億2560万円）という明確な差を付け、アイアムインヴィンシブルが、2季連続となる豪リーディングサイアーの栄誉に浴した。ＧＩ勝ち産駒は、インシークレット（クールモアスタッドＳ）、インペラトリス（ウィリアムリードＳ）の2頭に止まったが、全種牡馬中最多となる、22頭のステークスウイナーを含む、202頭にのぼる勝ち馬数、「338」の勝ち鞍数が、王座防衛の決定打となった。

2023年夏の種付料は30万2500ドル（約2870万円）に設定されているが、この金額は、豪で供用されている種牡馬の最高金額。2010年の初供用時との比較では、実に27.5倍にも達している。産駒層の厚さ、レベルの高さから考えて、今季の王座継続も十分に望めそうだ。

混戦となった2位争いから抜け出してきたのは、現役時代に南半球、北半球で各5勝、計10個のＧＩタイトルを獲得したニュージーランド産の歴史的名馬ソーユーシンク。昨季は、キングスフォードスミスＣ、ストラドブロークＨとＧＩを連勝したシンクアバウトイットを筆頭に、ＧＩタタソールズティアラを制したパライシパンらの産駒が活躍した。これで2季連続の2位となったが、今季はシンクアバウトイットが、高額賞金レースのジ・エベレストを制しているだけに、念願の初王座獲得となるかもしれない。

3位には、2001年生まれのベテラン種牡馬サヴァビールが、昨季の10位から一気に順位を上げてきた。オセアニアを代表するサートリストランム～ザビールへと連なる父系の継承者で、現役時代はコックスプレートなどに勝った名中距離馬だった。昨季はＧＩＴＪスミスＳを制したアイウィッシュアイウィンの活躍が光ったが、全種牡馬中ナンバーワンとなる勝ち馬率53.8%という産駒レベルの高さも、ランキング上昇を後押しした。

年度代表馬に選ばれたアナモーは記録的な種付料で種牡馬生活を開始

昨季、ウインクスＳ、ジョージメインＳ、マイトアンドパワーＳ、コックスプレート、チッピングノートンＳ、ジョージライダーＳとＧＩを計6勝し、22/23年豪年度代表馬、最優秀中距離馬に選出されたアナモーの父ストリートボスは10位。そのアナモーは昨季いっぱいで現役を退き、2023年夏から豪ケルヴィンサイドスタッドにおける種牡馬生活を開始、種付料は12万1000豪ドル（約1150万円）に設定されたが、この金額は、豪における供用初年度種付料としては、歴代最高額となっている。

2歳リーディングサイアーには、日本でのリース供用経験も持つベテラン名種牡馬スニッツェルが輝いた。これで3季振り4度目の首位獲得となるが、3月に開催される大一番ゴールデンスリッパーを制し、22/23年最優秀2歳牡馬に選ばれたシンゾーの存在が、王座復活に大きな貢献を果たした。

右ページの表には出ていないが、豪の隣国、ニュージーランドの2歳リーディングサイアーに輝いたのが、日本からリース供用されているディープインパクトの息仔サトノアラジン。リステッドレースながら、高額賞金が懸かったカラカミリオンを産駒のトウキョウタイクーンが制したことが、リーディング獲得の大きな要因となった。サトノアラジンは今季に入ってからも、豪ＧＩオーストラリアンオークスを勝ったスリーペンスを送り出す活躍を示している。

※1豪ドル＝95円で換算（2023年12月末のレート）

2022/2023年　豪サイアーランキング TOP20

順位	種牡馬名	父	母父	系統	生年	掲載頁
1	アイアムインヴィンシブル	インヴィンシブルスピリット	キャニーラッド	グリーンデザート系	2004	P 316
2	ソーユーシンク	ハイシャパラル	タイツ	サドラーズウェルズ系	2006	―
3	サヴァビール	ザビール	サクセスエクスプレス	サーゲイロード系	2001	P 335
4	*スニッツェル	リダウツチョイス	シニペッツ	デインヒル系	2002	P 328,423
5	ズースター	ノーザンメテオ	リダウツチョイス	ノーザンダンサー系	2010	P 294
6	ダンディール	ハイシャパラル	ザビール	サドラーズウェルズ系	2009	―
7	リトゥンタイクーン	イグレシア	ケンマール	ノーザンダンサー系	2002	―
8	プライドオブドバイ	ストリートクライ	*デインヒル	ミスタープロスペクター系	2012	―
9	ディープフィールド	ノーザンメテオ	イルーシヴクオリティ	ノーザンダンサー系	2010	―
10	ストリートボス	ストリートクライ	*オジジアン	ミスタープロスペクター系	2004	P 321
11	セブリング	モアザンレディ	フライングスパー	ヘイルトゥリーズン系	2005	―
12	オールトゥハード	カジノプリンス	デザートサン	デインヒル系	2009	―
13	ベターザンレディ	モアザンレディ	アグネスワールド	ヘイルトゥリーズン系	2009	―
14	シザーキック	リダウツチョイス	クエストフォーフェイム	デインヒル系	2011	―
15	モーリス	スクリーンヒーロー	*カーネギー	ロベルト系	2011	P 56
16	スピリットオブブーム	スクアロ	スペシャルデーン	フォルリ系	2007	―
17	トロナド	ハイシャパラル	グランドスラム	サドラーズウェルズ系	2010	―
18	ルビック	エンコスタデラゴ	*ロックオブジブラルタル	ノーザンダンサー系	2011	―
19	キャピタリスト	リトゥンタイクーン	フサイチペガサス	ノーザンダンサー系	2013	―
20	ニッコーニ	ビアンコーニ	シーニック	ダンチヒ系	2005	―

2022/2023年　豪2歳馬サイアーランキング TOP10

順位	種牡馬名	父	母父	系統	生年	掲載頁
1	*スニッツェル	リダウツチョイス	シニペッツ	デインヒル系	2002	P 328,423
2	アイアムインヴィンシブル	インヴィンシブルスピリット	キャニーラッド	グリーンデザート系	2004	P 316
3	ベターザンレディ	モアザンレディ	アグネスワールド	ヘイルトゥリーズン系	2009	―
4	エクシードアンドエクセル	*デインヒル	ロモンド	デインヒル系	2000	P 289
5	ダンディール	ハイシャパラル	ザビール	サドラーズウェルズ系	2009	―
6	ズースター	ノーザンメテオ	リダウツチョイス	ノーザンダンサー系	2010	P 294
7	ロシアンレボリューション	*スニッツェル	*ストラヴィンスキー	デインヒル系	2013	―
8	ジャスティファイ	スキャットダディ	ゴーストザッパー	ストームキャット系	2015	P 274
9	キャピタリスト	リトゥンタイクーン	フサイチペガサス	ノーザンダンサー系	2013	―
10	スピリットオブブーム	スクアロ	スペシャルデーン	フォルリ系	2007	―

WHITE ABARRIO
ホワイトアバリオ

アメリカ

2023年
海外競馬
活躍馬の血統

PROFILE

競走成績 15戦7勝（2023年5戦3勝）
牡・芦毛・2019年3月18日生
調教師 Richard Dutrow Jr（アメリカ）
主戦騎手 J.オルティス Jr

2023年成績　最高レーティング 124 M（2023年）

出走日	国名	格	レース名	コース・距離	着順	負担重量	馬場状態	タイム	着差	競馬場
1/28	米	GI	ペガサスワールドC	D9F	8着	56	速		13・1/2	ガルフストリーム
3/4	米		オプショナルクレーミング	D7F	1着	55.5	速	1:22.05	4・1/2	ガルフストリーム
6/10	米	GI	メトロポリタンH	D8F	3着	54.5	速		3・1/4	ベルモントパーク
8/5	米	GI	ホイットニーS	D9F	1着	56	速	1:48.45	6・1/4	サラトガ
11/4	米	GI	ブリーダーズCクラシック	D10F	1着	57	速	2:02.87	1	サンタアニタ

GI連勝飾り4歳時を終了、伸びしろ大きい芦毛の新星

　2歳9月のデビュー戦を圧勝したことで、新しい馬主に売買される。それに伴いS・ジョセフ厩舎に転厩。3歳2月のGIIIホーリーブルSで重賞初制覇を飾ると、続くフロリダダービーにも勝ちGIウイナーの仲間入りを果たした。しかし、ケンタッキーダービーで16着に大敗。その後も低迷が続き、4歳春に現在のR・ダトロー Jr.厩舎に移籍する。

　新しい厩舎での初戦となったGIメトロポリタンHで3着すると、8月のホイットニーSでは2着に入った実力馬ゼンダンに6馬身強の差を付ける、素晴らしいパフォーマンスを展開した。3カ月の間隔を取り、万全の状態で臨んだ大一番ブリーダーズCクラシックは、堂々の1番人気での出走。道中は好位の3番手を追走し、直線に入ると芦毛の真っ白な馬体を躍らせ、瞬く間に先頭に立つ。最後は日本から遠征してきた伏兵デルマソトガケに1馬身差に詰め寄られたが、余裕を持ちながら先頭でゴールを駆け抜けていった。

　ダート戦線の強豪が出走した、2024年2月24日のサウジCでは1番人気に押されたものの10着に敗退。今後の巻き返しに期待がかかる。

血統解説

　父レースデイは、3度北米リーディングサイアーに輝いた現代のトップサイアーの一頭であるタピットの息仔。現役時代にはGIIファイエットS、GIIオークローンHなど重賞を3勝している。本馬は現時点における父にとっての飛び切りの代表産駒。ほかにはバーバーロード（アーカンソーダービー2着）などの産駒がいる。

　母キャッチングダイアモンズは米生まれの未出走馬。母系には叔父に首GIII馬クールカウボーイ（アルシンダガスプリント）、いとこにJRAで走って2勝したサイブレーカーがいる。母父イントゥミスチーフは米2歳GIキャッシュコールフューチュリティに勝利。種牡馬となり大ブレイクを果たし、4年連続で北米首位種牡馬の座に就いた。

系統：エーピーインディ系　母父系統：ストームキャット系			
父 レースデイ Race Day 芦 2011	タピット Tapit 芦 2001	Pulpit	A.P. Indy
			Preach
		Tap Your Heels	Unbridled
			Ruby Slippers
	リバライト Rebalite 鹿 2004	More Than Ready	*サザンヘイロー
			Woodman's Girl
		Printing Press	In Reality
			Wealth Of Nations
母 キャッチングダイアモンズ Catching Diamonds 鹿 2015	イントゥミスチーフ Into Mischief 鹿 2005	Harlan's Holiday	Harlan
			Christmas In Aiken
		Leslie's Lady	Tricky Creek
			Crystal Lady
	グランブリーズ Grand Breeze 栗 2005	Grand Slam	Gone West
			Bright Candles
		Breeze Lass	It's Freezing
			Faneuil Lass

インブリード：Mr. Prospector 5×5

2023年
フレッシュサイアーランキング1~33

2023年デビューの新種牡馬では、何と言ってもスワーヴリチャードの活躍ぶりが際立っていた。G I 勝ち産駒も登場し、あわや2歳首位種牡馬をも獲得するのかという勢いだった。

Fresh Sire Thoroughbred Stallions In Japan

2023年FSランキング
2歳馬ランキング、総合ランキング

馬名

最近3年間の
種付頭数と産駒数

2023年の
中央競馬での
Data Box

2023年の産駒の総収得賞金、
アーニングINDEX、中央競馬、
地方競馬の勝利数の合計など

4代血統表、種牡
馬の系統、母馬(母
の父)の系統

5代以内の
インブリード

種付料、けい養先、
生年、毛色、生産地
など

能力パラメータ

種牡馬の父と母
などの血統的特徴

早くも産駒がG I 制覇!
種付料もトップクラスへ

現役時代の競走成
績、最高レーティ
ング(P164欄外参
照)など

現役時代および
種牡馬としての
エピソード

代表産駒

POGに役立つ2024年
期待の2歳馬おすすめ10頭

コース別の勝率、
連対率、3着内率

産駒のポイント

単勝回収値、
単勝適正回収値

距離別の勝率、
連対率、3着内率

馬場状態別の
勝率、連対率、
3着内率

性齢別の勝率、
連対率、3着内率

条件別の勝率、
連対率、3着内率

芝、ダートそれぞれ
の勝利時の脚質

人気別の勝率、
連対率、3着内率

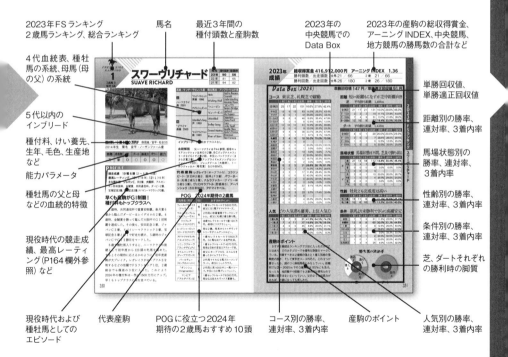

能力パラメータの見方 　短…1000~1400m、マ…1600m前後、中…1800~2100m、長…2200m以上、
万…万能(産駒の距離タイプが様々)、早…早熟、普…普通、晩…晩成、持続…早熟と晩成を併せ持つ、
◎…非常に得意、○…得意、△…やや不向き、▲…不得意

※種付料で受=受胎確認後支払、産=産駒誕生後支払、不=不受胎時全額返還、F=フリーリターン特約(P138欄外参照)、
返=流死産又は死亡時返還、不出返=不出生時返金。　価格・支払条件、供用地などは変更の場合があります。

スワーヴリチャード
SUAVE RICHARD

年次	種付頭数	産駒数
23年	**90**	**56**
22年	81	65
21年	94	82

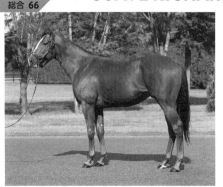

系統：サンデーサイレンス系　母父系統：アンブライドルド系

父 ハーツクライ 鹿 2001	*サンデーサイレンス 青鹿 1986	Halo	Hail to Reason
			Cosmah
		Wishing Well	Understanding
			Mountain Flower
	アイリッシュダンス 鹿 1990	*トニービン	*カンパラ
			Severn Bridge
		*ビューパーダンス	Lyphard
			My Bupers
母 *ピラミマ 黒鹿 2005	Unbridled's Song 芦 1993	Unbridled	Fappiano
			Gana Facil
		Trolley Song	Caro
			Lucky Spell
	*キャリアコレクション 鹿 1995	General Meeting	Seattle Slew
			Alydar's Promise
		River of Stars	Riverman
			Star Fortune

種付料／⇧受1500万円F　供用地／安平・社台SS
2014年生　栗毛　安平・ノーザンファーム産

距離	成長型	芝	ダート	瞬発力	パワー	底力
万	普	◎	○	◎	◎	○

PROFILE

競走成績　**19戦6勝**（2～5歳・日首）
最高レーティング　**121 I**（18年）、**121 L**（19年）
主な勝ち鞍　**ジャパンC**、同3着、**大阪杯**、アルゼンチン共和国杯、金鯱賞、共同通信杯。ダービー2着、宝塚記念3着、安田記念3着、ドバイシーマクラシック3着。

早くも産駒がGⅠ制覇！
種付料もトップクラスへ

　3歳時、共同通信杯で重賞初制覇。皐月賞6着から臨んだダービーはレイデオロの2着。4歳時、金鯱賞を勝って臨んだ大阪杯でGⅠ初制覇を達成した。その後も、安田記念3着、ジャパンC3着、ドバイシーマクラシック3着、宝塚記念3着とGⅠで好走を続け、5歳時のジャパンCでGⅠ2勝目をマークした。

　6歳で種牡馬入りすると、ハーツクライの後継として初年度から123頭の牝馬を集めた。するとその期待に応えるかのように、初年度産駒が大ブレイク。レガレイラがホープフルSを制するなどの活躍でFSランキング1位、2歳総合でも僅差の3位に入った。これにより2024年の種付料は一気に1500万円にアップ。早くもトップクラスに肩を並べている。

インブリード：5代前までクロスなし

血統解説　父ハーツクライはP44参照。祖母キャリアコレクションは米GⅡ2勝、BCジュヴナイルフィリーズなどGⅠで2着2回。半兄にバンドワゴン（きさらぎ賞2着）。母父アンブライドルズソングはコントレイル（P381）、ジャックドール（大阪杯）、トーホウジャッカル（菊花賞）などのBMS。

代表産駒　レガレイラ（ホープフルS）、コラソンビート（京王杯2歳S、阪神JF3着）、スウィープフィート（チューリップ賞）、パワーホール（札幌2歳S2着）、ナムラフッカー（デイリー杯2歳S3着）、ヴェロキラプトル（野路菊S）、アーバンシック（百日草特別）

POG　2024年期待の2歳馬

母馬名（母父）	性別	おすすめポイント
フィールパラダイス（ドゥラメンテ）	牡	1歳セレクトセールで5500万円。叔父にGⅠ馬アドマイヤマーズ。
マルーンエンブレム（オルフェーヴル）	牡	2代母が秋華賞馬ブラックエンブレム。叔父に札幌2歳S勝ち馬。
リリフレア（ロードカナロア）	牡	当歳セレクトセールで1億120万円。叔母にリスグラシュー。
レッドシャーロット（ロードカナロア）	牡	母は2勝。母系からトゥザヴィクトリーやデニムアンドルビーを。
アドマイヤキラメキ（*エンドスウィープ）	牝	1歳セレクトセールで5500万円。GⅠ馬も出ている名門牝系。
ソニックグルーヴ（*フレンチデピュティ）	牝	1歳セレクトセールで4070万円。母系は日本の至宝エアグルーヴ系。
タイムハンドラー（ディープブリランテ）	牝	叔父にホープフルS、エルムSを勝ったタイムフライヤー。
パールデュー（キングカメハメハ）	牝	2代母マイルCS馬ブルーメンブラット。叔父にシュトラウス。
*ボシンシェ（Kingmambo）	牝	2代母に英1000ギニー馬ハツーフ。半兄にGⅡ馬グレンツェント。
マンビア（*アルデバランⅡ）	牝	1歳セレクトセールで6380万円。母は仏GⅢカルヴァドス賞勝ち。

2023年 成績

総収得賞金 416,912,000円　アーニング INDEX　1.36

	全馬	2歳
勝利頭数／出走頭数	21 ／ 66	21 ／ 66
勝利回数／出走回数	26 ／ 180	26 ／ 180

Data Box（2023）

単勝回収値 147円／単勝適正回収値 91円

コース　東京芝、札幌芝で躍動

	1着	2着	3着	出走数	勝率	連対率	3着内率
全体計	25	17	22	151	16.6%	27.8%	42.4%
中央芝	12	9	15	83	14.5%	25.3%	43.4%
中央ダ	3	0	1	12	25.0%	25.0%	33.3%
ローカル芝	9	8	6	48	18.8%	35.4%	47.9%
ローカルダ	1	0	0	8	12.5%	12.5%	12.5%
右回り芝	12	13	12	93	12.9%	26.9%	39.8%
右回りダ	3	0	0	9	33.3%	33.3%	33.3%
左回り芝	9	4	9	38	23.7%	34.2%	57.9%
左回りダ	1	0	1	11	9.1%	9.1%	18.2%
札幌芝	3	4	0	10	30.0%	70.0%	70.0%
札幌ダ	0	0	0	0	-	-	-
函館芝	2	0	0	4	50.0%	100.0%	100.0%
函館ダ	0	0	0	1	0.0%	0.0%	0.0%
福島芝	0	0	1	13	0.0%	0.0%	7.7%
福島ダ	1	0	0	2	50.0%	50.0%	50.0%
新潟芝	2	2	2	12	16.7%	33.3%	50.0%
新潟ダ	0	0	0	2	0.0%	0.0%	0.0%
東京芝	6	2	5	21	28.6%	38.1%	61.9%
東京ダ	1	0	1	7	14.3%	14.3%	28.6%
中山芝	2	3	1	17	11.8%	29.4%	35.3%
中山ダ	2	0	0	5	40.0%	40.0%	40.0%
中京芝	1	0	2	5	20.0%	20.0%	60.0%
中京ダ	0	0	0	0	0.0%	0.0%	0.0%
京都芝	2	2	2	22	9.1%	18.2%	45.5%
京都ダ	0	0	0	0	0.0%	0.0%	0.0%
阪神芝	2	2	2	23	8.7%	17.4%	30.4%
阪神ダ	0	0	0	0	0.0%	0.0%	0.0%
小倉芝	1	0	1	4	25.0%	25.0%	50.0%
小倉ダ	0	0	0	0	0.0%	0.0%	0.0%

距離　短い距離もこなすが芝中距離向き

芝　平均勝ち距離　1,686m

	1着	2着	3着	出走数	勝率	連対率	3着内率
全体計	21	17	21	131	16.0%	29.0%	45.0%
芝～1300m	2	3	3	18	11.1%	27.8%	44.4%
芝～1600m	7	4	9	51	13.7%	21.6%	39.2%
芝～2000m	12	10	9	62	19.4%	35.5%	50.0%

ダート　平均勝ち距離　1,438m

	1着	2着	3着	出走数	勝率	連対率	3着内率
全体計	4	0	1	20	20.0%	20.0%	25.0%
ダ～1300m	2	0	0	7	28.6%	28.6%	28.6%
ダ～1600m	1	0	1	8	12.5%	12.5%	25.0%
ダ～2000m	1	0	0	5	20.0%	20.0%	20.0%

馬場状態　馬場状態は不問、芝良で勝ち切る

		1着	2着	3着	出走数	勝率	連対率	3着内率
芝	良	21	13	18	112	18.8%	30.4%	46.4%
	稍重	0	4	3	15	0.0%	26.7%	46.7%
	重	0	0	0	4	0.0%	0.0%	0.0%
	不良	0	0	0	0	-	-	-
ダ	良	3	0	1	15	20.0%	20.0%	26.7%
	稍重	1	0	0	4	25.0%	25.0%	25.0%
	重	0	0	0	1	0.0%	0.0%	0.0%
	不良	0	0	0	0	-	-	-

性齢　牡牝とも完成度は高い

	1着	2着	3着	出走数	勝率	連対率	3着内率
牡2歳	15	11	6	71	21.1%	36.6%	45.1%
牝2歳	10	6	16	80	12.5%	20.0%	40.0%

人気　どの人気帯も優秀、上位人気◎

	1着	2着	3着	出走数	勝率	連対率	3着内率
1番人気	13	7	3	31	41.9%	64.5%	74.2%
2～3番人気	7	4	11	37	18.9%	29.7%	59.5%
4～6番人気	4	5	5	45	8.9%	20.0%	31.1%
7～9番人気	1	1	2	26	3.8%	7.7%	15.4%
10番人気～	0	0	1	12	0.0%	0.0%	8.3%

条件　新馬より未勝利でさらに成績安定

	1着	2着	3着	出走数	勝率	連対率	3着内率
新馬	7	7	9	61	11.5%	23.0%	37.7%
未勝利	13	8	8	65	20.0%	32.3%	44.6%
1勝	1	1	2	8	12.5%	25.0%	50.0%
OPEN特別	2	0	1	7	28.6%	28.6%	42.9%
GⅢ	0	1	0	3	0.0%	33.3%	33.3%
GⅡ	1	0	0	2	50.0%	50.0%	100.0%
GⅠ	1	0	0	5	20.0%	20.0%	40.0%
牝馬限定	1	2	5	25	4.0%	12.0%	32.0%

産駒のポイント

　さすが2歳総合ランキングで3位に入っただけのことはあり、どのカテゴリーでも優秀な数値をマークしている。特筆すべきは2歳戦の強さと1番人気時の信頼度の高さ、そして東京芝コースの巧さ。この3つが重なったら、超のつく鉄板馬券とみなしていい。距離別では芝～2000mでの3着内率は50%にも及ぶ。もっとも、短距離や中距離でも3着内率は優秀なので距離に苦手はないといっていい。父のような成長力があれば、3歳になっても楽しみだ。

勝ち馬の決め手

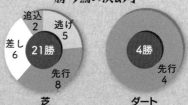

芝　21勝：逃げ5、先行8、差し6、追込2

ダート　4勝：先行4

*ブリックスアンドモルタル
BRICKS AND MORTAR

年次	種付頭数	産駒数
23年	**163**	**82**
22年	127	130
21年	180	109

系統：ストームキャット系　母父系統：ノーザンダンサー系

父 Giant's Causeway 栗 1997	Storm Cat 黒鹿 1983	Storm Bird	Northern Dancer
			South Ocean
		Terlingua	Secretariat
			Crimson Saint
	Mariah's Storm 鹿 1991	Rahy	Blushing Groom
			Glorious Song
		*イメンス	Roberto
			Imsodear
母 Beyond the Waves 黒鹿 1997	Ocean Crest 黒鹿 1991	Storm Bird	Northern Dancer
			South Ocean
		S.S.Aroma	Seattle Slew
			Rare Bouquet
	Excedent 鹿 1985	Exceller	Vaguely Noble
			Too Bald
		Broadway Lullaby	Stage Door Johnny
			*リットルブレッシング

種付料／⇨受600万円F　供用地／早来・社台SS

2014年生　黒鹿毛　アメリカ産　2019年輸入

距離	成長型	芝	ダート	瞬発力	パワー	底力
中長	普	◎	○	◎	○	◎

PROFILE

競走成績　**13戦11勝**（3〜5歳・米）

最高レーティング　**122 I**（19年）

主な勝ち鞍　BCターフ、ペガサスWCターフ、ターフクラシックS、マンハッタンS、アーリントンミリオン。

芝GI5勝の米年度代表馬
種牡馬としても好発進！

　3歳時、無傷の4連勝でGII名誉の殿堂Sを制し重賞初制覇。4歳時は1戦したのみだったが、5歳時に本格化。1月のペガサスワールドCターフを皮切りに、ターフクラシックS、マンハッタンS、アーリントンミリオン、BCターフと芝GI5つを含む6戦6勝の成績をマークし、2019年の米年度代表馬＆芝牡馬チャンピオンに選ばれた。

　現役時代から社台グループが種牡馬の権利を得ていたこともあり、引退後は日本で種牡馬入り。初年度から178頭の牝馬を集める人気となった。その期待に応えるように、初年度産駒からイーグルノワール、ゴンバデカーブース、アンモシエラの3頭の重賞勝ち馬を送り出し、FSランキングでは2位にランクしている。

インブリード：Storm Bird 3×3、母 Beyond the Waves に Prince John 4×4

血統解説　父ジャイアンツコーズウェイは愛チャンピオンSなどを勝ち、2000年欧州年度代表馬に選ばれた名馬。母ビヨンドザウェイヴスは仏GIIロワイヤリュー賞2着の実績を持つ。母系は半姉に米GIII馬エメラルドビーチ（グレンスフォールスS）。母父オーシャンクレストはGIIデルマーダービーの勝ち馬。

代表産駒　イーグルノワール（兵庫ジュニアグランプリ、全日本2歳優駿2着）、ゴンバデカーブース（サウジアラビアロイヤルC）、アンモシエラ（ブルーバードC）、クイックバイオ（ききょうS）、セシリエプラージュ（フィリーズレビュー3着）。

POG　2024年期待の2歳馬

母馬名（母父）	性別	おすすめポイント
アウェイク （ディープインパクト）	牡	当歳セレクトセールで3億4100万円。叔父に2歳王者ゴスホークケン。
ソルヴェイグ （ダイワメジャー）	牡	1歳セレクトセールで2億4200万円。母はフィリーズRなど重賞2勝。
チェッキーノ （キングカメハメハ）	牡	母はフローラS勝ち。半姉にチェルヴィニア（アルテミスS）。
ブルーミングアレー （*シンボリクリスエス）	牡	当歳セレクトセールで1億340万円。叔父に天皇賞馬スピルバーグ。
ブルックデイル （キングカメハメハ）	牡	1歳セレクトセールで2億3100万円。母系にマンハッタンカフェ。
アプリコットフィズ （ジャングルポケット）	牝	当歳セレクトセールで8800万円。母はクイーンCなど重賞2勝。
*サラフィナ （Refuse to Bend）	牝	母は仏オークスなどGI3勝、凱旋門賞で3着した一流馬。
サンブルエミューズ （ダイワメジャー）	牝	半姉にナミュール（マイルCS）、ラヴェル（アルテミスS）。
ジュエラー （ヴィクトワールピサ）	牝	母は桜花賞馬。活躍馬が多数出ている活力ある母系が魅力。
マルセリーナ （ディープインパクト）	牝	母は桜花賞馬。半兄に重賞馬のラストドラフト、ヒートオンビート。

2023年 成績

総収得賞金 269,589,000円　アーニング INDEX　0.88

勝利頭数／出走頭数：全馬 14 ／ 66		2歳　14 ／ 66		
勝利回数／出走回数：全馬 19 ／ 166		2歳　19 ／ 166		

Data Box (2023)

単勝回収値 62円／単勝適正回収値 88円

コース　中央ダートで最も成績安定

	1着	2着	3着	出走数	勝率	連対率	3着内率
全体計	16	12	15	155	10.3%	18.1%	27.7%
中央芝	8	8	9	94	8.5%	17.0%	26.6%
中央ダ	**4**	**3**	**5**	**30**	**13.3%**	**23.3%**	**40.0%**
ローカル芝	3	1	0	25	12.0%	16.0%	16.0%
ローカルダ	2	0	1	6	16.7%	16.7%	33.3%
右回り芝	6	6	5	78	7.7%	15.4%	21.8%
右回りダ	4	2	1	25	16.0%	24.0%	28.0%
左回り芝	5	3	4	41	12.2%	19.5%	29.3%
左回りダ	1	1	5	11	9.1%	18.2%	63.6%
札幌芝	1	0	0	7	14.3%	14.3%	14.3%
札幌ダ	0	0	0	0	-	-	-
函館芝	0	0	0	1	0.0%	0.0%	0.0%
函館ダ	0	0	0	0	-	-	-
福島芝	0	0	0	3	0.0%	0.0%	0.0%
福島ダ	0	0	0	2	0.0%	0.0%	0.0%
新潟芝	1	1	0	8	12.5%	25.0%	25.0%
新潟ダ	0	0	1	1	0.0%	0.0%	100.0%
東京芝	3	2	4	28	10.7%	17.9%	32.1%
東京ダ	1	1	4	9	11.1%	22.2%	66.7%
中山芝	0	1	3	21	0.0%	4.8%	19.0%
中山ダ	0	0	0	7	0.0%	0.0%	0.0%
中京芝	1	0	0	5	20.0%	20.0%	20.0%
中京ダ	0	0	0	0	-	-	-
京都芝	1	5	0	23	4.3%	26.1%	26.1%
京都ダ	2	1	0	7	28.6%	42.9%	42.9%
阪神芝	**4**	**0**	**2**	**22**	**18.2%**	**18.2%**	**27.3%**
阪神ダ	1	1	1	7	14.3%	28.6%	42.9%
小倉芝	0	0	0	1	0.0%	0.0%	0.0%
小倉ダ	1	0	0	2	50.0%	50.0%	50.0%

人気　2~3人気が1人気の成績を超越

	1着	2着	3着	出走数	勝率	連対率	3着内率
1番人気	2	0	4	11	18.2%	18.2%	54.5%
2~3番人気	**9**	**8**	**5**	**36**	**25.0%**	**47.2%**	**61.1%**
4~6番人気	5	4	5	49	10.2%	18.4%	28.6%
7~9番人気	0	0	0	22	0.0%	0.0%	0.0%
10番人気~	0	0	1	37	0.0%	0.0%	2.7%

距離　芝はマイル、ダートは短距離向き

芝　平均勝ち距離　1,591m

	1着	2着	3着	出走数	勝率	連対率	3着内率
全体計	11	9	9	119	9.2%	16.8%	24.4%
芝~1300m	0	1	0	10	0.0%	10.0%	10.0%
芝~1600m	9	4	4	68	13.2%	19.1%	25.0%
芝~2000m	2	4	4	41	4.9%	14.6%	26.8%

ダート　平均勝ち距離　1,620m

	1着	2着	3着	出走数	勝率	連対率	3着内率
全体計	5	3	6	36	13.9%	22.2%	38.9%
ダ~1300m	1	1	1	7	14.3%	28.6%	42.9%
ダ~1600m	1	1	5	14	7.1%	14.3%	50.0%
ダ~2000m	3	1	0	15	20.0%	26.7%	26.7%

馬場状態　芝は良、ダートは状態不問

		1着	2着	3着	出走数	勝率	連対率	3着内率
芝	良	9	9	9	101	8.9%	17.8%	26.7%
	稍重	1	0	0	9	11.1%	11.1%	11.1%
	重	1	0	0	9	11.1%	11.1%	11.1%
	不良	0	0	0	0	-	-	-
ダ	良	3	1	5	22	13.6%	18.2%	40.9%
	稍重	1	2	1	9	11.1%	33.3%	44.4%
	重	1	0	0	4	25.0%	25.0%	25.0%
	不良	0	0	0	1	0.0%	0.0%	0.0%

性齢　牡牝とも2歳から動く

	1着	2着	3着	出走数	勝率	連対率	3着内率
牡2歳	**7**	**10**	**13**	**85**	**8.2%**	**20.0%**	**35.3%**
牝2歳	9	2	2	70	12.9%	15.7%	18.6%

条件　新馬戦より未勝利戦で好走する

	1着	2着	3着	出走数	勝率	連対率	3着内率
新馬	4	5	5	64	6.3%	14.1%	21.9%
未勝利	**8**	**7**	**10**	**78**	**10.3%**	**19.2%**	**32.1%**
1勝	2	0	0	5	40.0%	40.0%	40.0%
OPEN特別	1	0	0	2	50.0%	50.0%	50.0%
GⅢ	1	0	0	4	25.0%	25.0%	25.0%
GⅡ	0	0	0	0	-	-	-
GⅠ	0	0	0	2	0.0%	0.0%	0.0%
牝馬限定	3	0	1	20	15.0%	15.0%	20.0%

産駒のポイント

この馬も全体的に産駒レベルは高いが、スワーヴリチャードに比べると若干落ちる。芝の短距離や長距離は芝のマイルに比べるとあまり良くない。しばらくは芝マイル戦を中心に買うことになりそうだ。注目したいのは、1番人気時の勝率、連対率。18.2%では、配当面を考えるとやや買いにくい。逆に、2～3人気が優秀で、1番人気のそれを軽く上回っている。「本命は消し対抗なら買い」でいいだろう。コース別では、阪神芝の勝率がいいので頭で狙ってみたい。

勝ち馬の決め手

芝：11勝（追込 1、逃げ 2、差し 2、先行 6）

ダート：5勝（先行 5）

*モーニン
MOANIN

年次	種付頭数	産駒数
23年	**134**	**102**
22年	167	112
21年	178	120

系統：ストームキャット系　母父系統：フォーティナイナー系

父 *ヘニーヒューズ 栗 2003	*ヘネシー 栗 1993	Storm Cat	Storm Bird
			Terlingua
		Island Kitty	Hawaii
			T.C. Kitten
	Meadow Flyer 鹿 1989	Meadowlake	Hold Your Peace
			Suspicious Native
		Shortley	Hagley
			Short Winded
母 Giggly 黒鹿 2005	Distorted Humor 栗 1993	*フォーティナイナー	Mr. Prospector
			File
		Danzig's Beauty	Danzig
			Sweetest Chant
	Chaste 鹿 1996	Cozzene	Caro
			Ride the Trails
		Purity	Fappiano
			Dame Mysterieuse

インブリード：Northern Dancer 5×5、Raise a Native 5×5、母 Giggly に Mr. Prospector 3×4

血統解説　父は P 64 参照。母系はいとこに米 G II ゴールデンロッド S 勝ちのロードトゥヴィクトリー。母父ディストーティドヒューマーはフォーティナイナー系を米で発展させた名種牡馬で、B M S として日本でスマイルカナ（ターコイズ S）、サトノフェイバー（きさらぎ賞）を輩出している。

代表産駒　ブルーサン（雲取賞）、ムーンオブザサマー（ネクストスター佐賀 2 着）、スティールアクター（笠松・ジュニアグローリー）、ミヤギヴァリアント（盛岡・若駒賞）、ヨシノヒローイン（門別・フルール C）、バラライカ（金沢シンデレラ C 2 着）。

種付料／⚤受150万円 F　供用地／新冠・優駿 SS

2012年生　栗毛　アメリカ産　2013年輸入

距離	成長型	芝	ダート	瞬発力	パワー	底力
短マ	やや早	○	◎	○	○	○

PROFILE

競走成績　28戦8勝（3〜7歳・日韓）
最高レーティング　117 M（16 年）
主な勝ち鞍　フェブラリー S、根岸 S、コリアスプリント。さきたま杯 2 着、日本テレビ盃 2 着、かしわ記念 3 着。

圧倒的な仕上がりの早さで 2歳戦で大ブレイクを果たす

　3歳5月にデビューすると、準 OP 秋嶺 S まで 4 連勝。重賞初挑戦となった武蔵野 S こそ 3 着に敗れたが、明け 4 歳の根岸 S で重賞初制覇を果たすと、続くフェブラリー S をレースレコードで快勝して G I ウイナーに輝く。その後は、日本テレビ盃 2 着、かしわ記念 3 着、さきたま杯 2 着と好走するも勝てないレースが続いたが、6歳時、OP 特別のコーラル S で約 2 年ぶりの勝利を飾ると、韓国遠征して韓国 G I（現国際 G III）のコリアスプリントを制した。

　8歳から種牡馬入り。初年度から 190 頭の牝馬を集める人気ぶりだったが、初年度産駒が期待を上回る活躍を見せ、地方競馬の 2 歳リーディングサイアーに輝いた。2024 年、ブルーサンが雲取賞を制し交流重賞初制覇。

POG　2024年期待の2歳馬

母馬名（母父）	性別	おすすめポイント
トーセンセレニティ（*サンデーサイレンス）	牡	いとこに交流 G I 全日本 2 歳優駿 2 着のリアライズノユメ。
ナムラアピア（*クロフネ）	牡	兄姉たちは順当に勝ち上がる。母父クロフネでスピードアップ。
バトルアンコール（フジキセキ）	牡	叔父にジャパンダートダービー 3 着のプリンシパルリバー。
レースドール（*クロフネ）	牡	いとこに JBC 2 歳優駿勝ちのアイスジャイアント。
アイアンクリッパー（ハーツクライ）	牝	母系は名門のサンダーラーク系。BMS としての母父にも期待。
アンナヴァン（*エンドスウィープ）	牝	叔母に函館 2 歳 S 1 着、阪神 JF 2 着アンブロワーズ。
キタサングラシアス（キングヘイロー）	牝	叔父に東京盃などを勝った NAR 年度代表馬キタサンミカヅキ。
コウセイエリザベス（*アイルハヴアナザー）	牝	叔父にスプリンターズ S 勝ちの短距離王者スノードラゴン。
サムライドライブ（*シニスターミニスター）	牝	母は名古屋・笠松競馬で 16 勝。母父は地方リーディングサイアー。
ミニョンレーヌ（ディープインパクト）	牝	母父は BMS としても頭角を現す。すぐれたダッシュ力に期待。

2023年 成績

総収得賞金 259,672,000円　アーニング INDEX　0.58

勝利頭数／出走頭数：全馬 44 ／ 96		2歳 44 ／ 96
勝利回数／出走回数：全馬 61 ／ 401		2歳 61 ／ 401

Data Box (2023)

単勝回収値 12円／単勝適正回収値 67円

コース　京都ダートなど平坦なダートが得意

	1着	2着	3着	出走数	勝率	連対率	3着内率
全体計	3	5	5	67	4.5%	11.9%	19.4%
中央芝	0	0	1	4	0.0%	0.0%	25.0%
中央ダ	2	3	2	42	4.8%	11.9%	16.7%
ローカル芝	0	1	0	10	0.0%	10.0%	10.0%
ローカルダ	1	1	2	11	9.1%	18.2%	36.4%
右回り芝	0	0	1	8	0.0%	0.0%	12.5%
右回りダ	3	2	4	37	8.1%	13.5%	24.3%
左回り芝	0	1	0	5	0.0%	20.0%	20.0%
左回りダ	0	2	0	16	0.0%	12.5%	12.5%
札幌芝	0	0	0	1	0.0%	0.0%	0.0%
札幌ダ	0	0	1	4	0.0%	0.0%	25.0%
函館芝	0	0	0	2	0.0%	0.0%	0.0%
函館ダ	0	0	0	0	–	–	–
福島芝	0	0	0	0	–	–	–
福島ダ	1	0	1	3	33.3%	33.3%	66.7%
新潟芝	0	0	1	3	0.0%	0.0%	33.3%
新潟ダ	0	1	0	3	0.0%	33.3%	33.3%
東京芝	0	0	0	1	0.0%	0.0%	0.0%
東京ダ	0	1	0	12	0.0%	8.3%	8.3%
中山芝	0	0	1	3	0.0%	0.0%	33.3%
中山ダ	0	1	0	15	0.0%	6.7%	6.7%
中京芝	0	0	0	0	–	–	–
中京ダ	0	0	0	1	0.0%	0.0%	0.0%
京都芝	0	0	0	0	–	–	–
京都ダ	2	1	2	8	25.0%	37.5%	62.5%
阪神芝	0	0	0	0	–	–	–
阪神ダ	0	0	0	7	0.0%	0.0%	0.0%
小倉芝	0	0	0	2	0.0%	0.0%	0.0%
小倉ダ	0	0	0	0	–	–	–

人気　1番人気はド安定、見つけたら買い

	1着	2着	3着	出走数	勝率	連対率	3着内率
1番人気	3	0	0	4	75.0%	75.0%	75.0%
2～3番人気	0	1	1	7	0.0%	14.3%	28.6%
4～6番人気	0	3	2	17	0.0%	17.6%	29.4%
7～9番人気	0	1	1	13	0.0%	7.7%	15.4%
10番人気～	0	0	1	26	0.0%	0.0%	3.8%

距離　短距離血統のわりには中距離好走

芝　平均勝ち距離　―

	1着	2着	3着	出走数	勝率	連対率	3着内率
全体計	0	1	1	14	0.0%	7.1%	14.3%
芝～1300m	0	0	0	3	0.0%	0.0%	0.0%
芝～1600m	0	1	1	9	0.0%	11.1%	22.2%
芝～2000m	0	0	0	1	0.0%	0.0%	0.0%

ダート　平均勝ち距離　1,583m

	1着	2着	3着	出走数	勝率	連対率	3着内率
全体計	3	4	4	53	5.7%	13.2%	20.8%
ダ～1300m	1	2	2	24	4.2%	12.5%	20.8%
ダ～1600m	0	1	0	15	0.0%	0.0%	6.7%
ダ～2000m	2	2	1	14	14.3%	28.6%	35.7%

馬場状態　ダートは良馬場がベター

		1着	2着	3着	出走数	勝率	連対率	3着内率
芝	良	0	1	1	12	0.0%	8.3%	16.7%
	稍重	0	0	0	1	0.0%	0.0%	0.0%
	重	0	0	0	1	0.0%	0.0%	0.0%
	不良	0	0	0	0	–	–	–
ダ	良	2	4	3	30	6.7%	20.0%	30.0%
	稍重	0	0	1	9	0.0%	0.0%	11.1%
	重	1	0	0	6	16.7%	16.7%	16.7%
	不良	0	0	0	8	0.0%	0.0%	0.0%

性齢　牡馬の完成度は高め

	1着	2着	3着	出走数	勝率	連対率	3着内率
牡2歳	3	5	5	43	7.0%	18.6%	30.2%
牝2歳	0	0	0	24	0.0%	0.0%	0.0%

条件　新馬戦、未勝利とも安定した成績

	1着	2着	3着	出走数	勝率	連対率	3着内率
新馬	1	2	2	27	3.7%	11.1%	18.5%
未勝利	2	2	3	38	5.3%	10.5%	18.4%
1勝	0	1	0	2	0.0%	50.0%	50.0%
OPEN特別	0	0	0	0	–	–	–
GⅢ	0	0	0	0	–	–	–
GⅡ	0	0	0	0	–	–	–
GⅠ	0	0	0	0	–	–	–
牝馬限定	0	0	0	4	0.0%	0.0%	0.0%

産駒のポイント

　FSランキング3位の原動力となったのは、地方競馬での強さ。地方2歳リーディングを獲得したように、とにかく勝ちまくっている。むしろ中央では、芝とダートを併せて3勝2着5回3着5回という成績なので過度の期待は禁物だ。距離別では、意外にも長距離戦が好成績。全3勝のうちの2勝はダ～2000mでマークしている。現役時代のイメージとのギャップから人気の盲点になっていたらチャンスだ。なお、1番人気時は4戦して3勝と、かなり信頼できる。

勝ち馬の決め手

芝　0勝　　ダート　3勝（逃げ 3）

＊ニューイヤーズデイ
NEW YEAR'S DAY
米での実績もある2歳GIウイナー

年次	種付頭数	産駒数
23年	**157**	**77**
22年	121	75
21年	117	103

3戦2勝（2歳・米）**最高R 126**（13年）

　キーンランドイヤリングセールにおいて、42万5000ドルにて購買。2歳時、BCジュヴナイルで5番人気の伏兵評価を覆す走りで優勝。GIウイナーに輝いた。

　父はドバイWCを勝ち、種牡馬としても米のゼニヤッタ、豪のウインクスという歴史的名牝を送り出している。母は米GIIダヴォナデイルS勝ち。2歳で引退し3歳春から種牡馬入りすると、マキシマムセキュリティ（P406）などを輩出。日本での初年度産駒からはエートラックス、バロンドール、ベストオブユーなどが活躍している。

種付料／↓ 受200万円F　供用地／安平・社台SS

2011年生　鹿毛　アメリカ産　2019年輸入

2023年成績　　総収得賞金 224,571,000円

アーニング INDEX 0.70　単勝回収値 81円　単勝適正回収値 86円

勝率 11.0%　平均勝ち距離　芝 1,480m／ダート 1,591m

勝利／出走頭数：23／69　勝利／出走回数：26／184

系統：マキャヴェリアン系		母父系統：ノーザンダンサー系	
父 Street Cry 黒鹿 1998	Machiavellian	Mr. Prospector	
		Coup de Folie	
	Helen Street	Troy	
		Waterway	
母 Justwhistledixie 黒鹿 2006	Dixie Union	Dixieland Band	
		She's Tops	
	General Jeanne	Honour and Glory	
		Ahpo Hel	

距離	成長型	芝	ダート	瞬発力	パワー	底力
マ中	普	○	◎	○	○	○

レイデオロ
REY DE ORO
無難なスタート切ったダービー馬

年次	種付頭数	産駒数
23年	**149**	**119**
22年	174	113
21年	170	130

17戦7勝（2〜5歳・日首）**最高R 123 I**（18年）

　3歳時、皐月賞5着から臨んだダービーを鮮やかな末脚で快勝。秋は神戸新聞杯をステップにジャパンCに挑戦すると2着に健闘した。4歳時はオールカマーで重賞4勝目をあげると続く天皇賞・秋も制してGI2勝目。ほかにGIIホープフルSを勝ち、有馬記念で2着がある。

　父はP84参照。母系は全弟にレイエンダ（エプソムC）、3代母の仔にディープインパクト（P48）がいる。主な産駒にサンライズアース（すみれS）、トロヴァトーレ（葉牡丹賞）、ペッレグリーニ（セントポーリア賞）など。

種付料／↓ 受500万円F　供用地／安平・社台SS

2014年生　鹿毛　安平・ノーザンファーム産

2023年成績　　総収得賞金 170,814,000円

アーニング INDEX 0.54　単勝回収値 116円　単勝適正回収値 90円

勝率 9.9%　平均勝ち距離　芝 1,900m／ダート 1,800m

勝利／出走頭数：13／68　勝利／出走回数：14／153

系統：キングマンボ系		母父系統：ロベルト系	
父 キングカメハメハ 鹿 2001	Kingmambo	Mr. Prospector	
		Miesque	
	＊マンファス	＊ラストタイクーン	
		Pilot Bird	
母 ラドラーダ 青鹿 2006	＊シンボリクリスエス	Kris S.	
		Tee Kay	
	＊レディブロンド	Seeking the Gold	
		＊ウインドインハーヘア	

距離	成長型	芝	ダート	瞬発力	パワー	底力
中長	普	◎	○	○	○	◎

＊カリフォルニアクローム
CALIFORNIA CHROME
米年度代表馬に2度輝いた名馬

年次	種付頭数	産駒数
23年	**73**	**99**
22年	148	111
21年	154	102

27戦16勝（2〜6歳・米首）**最高R 133 I、M**（16年）

　3歳時、ケンタッキーダービー、プリークネスSと連勝して2冠達成。3冠を狙ったベルモントSは4着だったが、2014年の米年度代表馬に選出。5歳時にも、ドバイWCなどGI3勝をマークし2度目となる米年度代表馬に輝いた。ほかにBCクラシックで2、3着がある。

　父はGII2着の中級競走馬で、種牡馬としても本馬以外に目立った産駒はいない。米で種牡馬入り。主な産駒にカビールカーン（アルマクトゥームチャレンジ）。日本でワイドラトゥール（紅梅S）、スプリングノヴァ（サフラン賞）。

種付料／⇨受400万円F　供用地／新ひだか・アローススタッド
2011年生　栗毛　アメリカ産　2020年輸入

系統：エーピーインディ系　母父系統：ミスタープロスペクター系		
父 Lucky Pulpit 栗 2001	Pulpit	A.P. Indy
		Preach
	Lucky Soph	Cozzene
		Lucky Spell
母 Love the Chase 栗 2006	Not For Love	Mr. Prospector
		Dance Number
	Chase It Down	Polish Numbers
		Chase the Dream

2023年成績　　総収得賞金 148,460,000円

アーニング INDEX 1.10　単勝回収値 153円　単勝適正回収値 84円
勝率 7.5%　平均勝ち距離　芝 1,675m・ダート 1,586m
勝利／出走頭数：17／55　勝利／出走回数：21／189

距離	成長型	芝	ダート	瞬発力	パワー	底力
中	普	○	◎	○	◎	◎

＊サンダースノー
THUNDER SNOW
史上初のドバイワールドC連覇を達成

Darley

年次	種付頭数	産駒数
23年	**145**	**84**
22年	124	115
21年	160	93

24戦8勝（2〜5歳・英首米愛仏）**最高R 122 L**（18年）

　2歳時、仏のクリテリウムインターナショナルでGI初制覇。4歳時、ドバイワールドCでGI3勝目をあげると、5歳時には史上初の同一レース連覇を達成した。ほかにジャンプラ賞を勝ち、愛2000ギニー2着、ジョッキークラブGC2着、マクトゥームCR32着2回がある。

　父はコーフィールドギニーの勝ち馬。母系は叔母にウエストウインド（仏オークス）、甥にコロエバス（英2000ギニー）がいる。引退後は日本で種牡馬入り。初年度産駒にミスターダーリン（園田ジュニアC2着）。

種付料／⇩産200万円　供用地／日高・ダーレー・ジャパンSコンプレックス
2014年生　鹿毛　アイルランド産　2020年輸入

系統：デインヒル系　母父系統：キングマンボ系		
父 Helmet 栗 2008	Exceed And Excel	＊デインヒル
		Patrona
	Accessories	Singspiel
		Anna Matrushka
母 Eastern Joy 鹿 2006	Dubai Destination	Kingmambo
		Mysterial
	Red Slippers	Nureyev
		Morning Devotion

2023年成績　　総収得賞金 93,662,000円

アーニング INDEX 0.35　単勝回収値 15円　単勝適正回収値 63円
勝率 3.3%　平均勝ち距離　芝 －・ダート 1,667m
勝利／出走頭数：13／58　勝利／出走回数：15／184

距離	成長型	芝	ダート	瞬発力	パワー	底力
中	普	○	◎	○	○	○

シュヴァルグラン
CHEVAL GRAND
強豪を降してジャパンCを快勝！

年次	種付頭数	産駒数
23年	**74**	**44**
22年	78	66
21年	91	91

33戦7勝（2〜7歳・日首英）**最高R 123 L**（17年）

　4歳時、阪神大賞典で重賞初制覇。5歳でさらに充実。5番人気で迎えたジャパンCではレイデオロ、キタサンブラックら強豪を降し、待望のGIタイトルを獲得した。ほかにアルゼンチン共和国杯を勝ち、天皇賞・春で2着2回、3着1回、ドバイシーマクラシック2着がある。

　父はP44参照。母系は半姉にヴィルシーナ（ヴィクトリアマイル）、半妹にヴィブロス（ドバイターフ）、姪にディヴィーナ（府中牝馬S）。産駒にモンゲースパイ（大井・ゴールドジュニア2着）、メリオーレム（エリカ賞）。

種付料／⇨受100万F　産150万円　供用地／日高・ブリーダーズSS
2012年生　栗毛　安平・ノーザンファーム産

系統：サンデーサイレンス系　母父系統：マキャヴェリアン系		
父 ハーツクライ 鹿 2001	*サンデーサイレンス	Halo
		Wishing Well
	アイリッシュダンス	*トニービン
		*ビューパーダンス
母 ハルーワスウィート 栗 2001	Machiavellian	Mr. Prospector
		Coup de Folie
	*ハルーワソング	Nureyev
		Morn of Song

2023年成績　　総収得賞金 93,183,000円
アーニング INDEX 0.30　単勝回収値 7円　単勝適正回収値 44円
勝率 2.8%　平均勝ち距離　芝 1,733m／ダート ー
勝利／出走頭数：10／67　勝利／出走回数：11／234

距離	成長型	芝	ダート	瞬発力	パワー	底力
中	普	◎	○	○	◎	○

ロジャーバローズ
ROGER BAROWS
12番人気を覆し栄冠を奪取！

年次	種付頭数	産駒数
23年	**66**	**49**
22年	68	64
21年	87	61

6戦3勝（2〜3歳・日）**最高R 119 L**（19年）

　3歳時、京都新聞杯2着から出走権を得たダービーでは、12番人気の低評価だったが、大逃げを打った逃げ馬の離れた2番手から直線で抜け出すと、ダノンキングリーの猛追をクビ差凌いで、第86代のダービー馬に輝いた。

　父はP48参照。母系は叔母にドナブリーニ（チェヴァリーパークS）、いとこにジェンティルドンナ（牝馬3冠、ジャパンC2回、有馬記念、ドバイシーマクラシック）、ドナウブルー（京都牝馬S）。産駒にオーキッドロマンス（京王杯2歳S3着）、オメガウインク（春菜賞）。

種付料／⇩受80万F　供用地／新ひだか・アロースタッド
2016年生　鹿毛　新ひだか・飛野牧場

系統：サンデーサイレンス系　母父系統：ダンチヒ系		
父 ディープインパクト 鹿 2002	*サンデーサイレンス	Halo
		Wishing Well
	*ウインドインハーヘア	Alzao
		Burghclere
母 *リトルブック 鹿 2008	Librettist	Danzig
		Mysterial
	Cal Norma's Lady	*リファーズスペシャル
		June Darling

2023年成績　　総収得賞金 91,451,000円
アーニング INDEX 0.55　単勝回収値 78円　単勝適正回収値 92円
勝率 6.5%　平均勝ち距離　芝 1,450m／ダート ー
勝利／出走頭数：7／36　勝利／出走回数：8／97

距離	成長型	芝	ダート	瞬発力	パワー	底力
中長	普	○	○	○	○	○

エピカリス

EPICHARIS
UAEダービーで僅差の2着

年次	種付頭数	産駒数
23年	64	21
22年	35	31
21年	50	60

種付料／⇨受30万円F 産50万円 供用地／新ひだか・レックススタッド
2014年生 黒鹿毛 浦河・鎌田正嗣産

系統：サンデーサイレンス系	母父系統：サドラーズウェルズ系		
父 ゴールドアリュール 栗 1999	*サンデーサイレンス	Halo	
		Wishing Well	
	*ニキーヤ	Nureyev	
		Reluctant Guest	
母 スターペスミツコ 鹿 2002	*カーネギー	Sadler's Wells	
		Detroit	
	マーチンミユキ	マルゼンスキー	
		ミユキカマダ	

12戦4勝（2〜5歳・日首）**最高R113 I**（17年）

　2歳時、北海道2歳優駿で、後にジャパンダートダービーを勝つヒガシウィルウィンに2.4秒もの差をつけ圧勝。3歳時、ヒヤシンスSを勝って臨んだUAEダービーでは、サンダースノー（P357）にアタマ差の2着に惜敗した。その後、米遠征してベルモントSに挑戦するも出走取消。

　父はP238参照。母系は半兄にメイショウナルト（小倉記念、七夕賞）、一族からファストフォース（高松宮記念）、アデイインザライフ（新潟記念）。産駒にサントノーレ（鎌倉記念、全日本2歳優駿3着）、ラブミーテキーラなど。

2023年成績 　総収得賞金 78,542,000円

アーニング INDEX 0.45　単勝回収値 36円　単勝適正回収値 49円
勝率 3.0%　平均勝ち距離　芝 −／ダート 1,200m
勝利／出走頭数：7／38　勝利／出走回数：13／147

距離	成長型	芝	ダート	瞬発力	パワー	底力
中	普	△	◎	○	○	○

アルアイン

AL AIN
皐月賞、大阪杯を制した良血馬

年次	種付頭数	産駒数
23年	101	80
22年	107	71
21年	108	69

種付料／⇨受150万円F 産200万円 供用地／日高・ブリーダーズSS
2014年生 栗毛 安平・ノーザンファーム産

系統：サンデーサイレンス系	母父系統：エーピーインディ系		
父 ディープインパクト 鹿 2002	*サンデーサイレンス	Halo	
		Wishing Well	
	*ウインドインハーヘア	Alzao	
		Burghclere	
母 *ドバイマジェスティ 黒鹿 2005	Essence of Dubai	Pulpit	
		Epitome	
	Great Majesty	Great Above	
		Mistic Majesty	

20戦5勝（2〜5歳・日香）**最高R118 I**（17年、19年）

　3歳時、毎日杯を勝って臨んだ皐月賞を1分57秒8の好タイムで勝ちGI初制覇。古馬になってからは、大阪杯3着、マイルCS3着などマイル〜中距離路線で活躍。5歳時、大阪杯でGI2勝目をあげた。ほかにセントライト記念2着、オールカマー2着、京都記念2着。

　父はP48参照。母はBCフィリー＆メアスプリントを勝った米最優秀スプリンター牝馬。母系は全弟にシャフリヤール（ダービー、ドバイシーマクラシック、ジャパンC2着）。産駒にコスモキュランダ（弥生賞）。

2023年成績 　総収得賞金 77,037,000円

アーニング INDEX 0.40　単勝回収値 31円　単勝適正回収値 80円
勝率 5.6%　平均勝ち距離　芝 1,750m／ダート −
勝利／出走頭数：8／42　勝利／出走回数：8／124

距離	成長型	芝	ダート	瞬発力	パワー	底力
マ中	普	◎	○	○	○	○

＊アポロケンタッキー
APOLLO KENTUCKY
東京大賞典で強豪を撃破！

年次	種付頭数	産駒数
23年	－	36
22年	54	40
21年	61	50

2022年死亡
2012年生　鹿毛　アメリカ産　2014年輸入

37戦9勝（2〜7歳・日首）**最高R 117 I**（16年）

　4歳時に本格化。リステッドレースを連勝し、重賞初挑戦のシリウスSこそ3着だったが、みやこSで初重賞制覇を果たすと、暮れの東京大賞典ではアウォーディー、サウンドトゥルー、コパノリッキーら強豪を抑えて優勝、GIホースに輝いた。ほかに日本テレビ盃1着、2着、川崎記念2着、ダイオライト記念2着、かしわ記念3着。
　父ラングフールはカーターHなどGI3勝の名マイラー。2022年に3世代の産駒を残し急死した。産駒にリメンバーアポロ（金沢ヤングチャンピオン）。

系統：ダンチヒ系　母父系統：ゴーンウエスト系		
父 Langfuhr 鹿　1992	Danzig	Northern Dancer
		Pas de Nom
	Sweet Briar Too	Briartic
		Prima Babu Gum
母 Dixiana Delight 鹿　2005	Gone West	Mr. Prospector
		Secrettame
	Lake Lady	Salt Lake
		Slinkylady

2023年成績　総収得賞金 70,466,000円

アーニング INDEX 0.45　　単勝回収値9円　単勝適正回収値71円
勝率4.8%　平均勝ち距離　芝―／ダート 1,200m
勝利／出走頭数：13／34　勝利／出走回数：19／184

距離	成長型	芝	ダート	瞬発力	パワー	底力
中	普	○	◎	○	○	○

＊アニマルキングダム
ANIMAL KINGDOM
米首でビッグレースを制す！

年次	種付頭数	産駒数
23年	36	31
22年	46	51
21年	81	75

種付料／⬇受80万円返　供用地／新ひだか・JBBA静内種馬場
2008年生　栗毛　アメリカ産　2019年輸入

12戦5勝（2〜5歳・米首英）**最高R 125 I**（13年）

　3歳時、ケンタッキーダービーを11番人気で快勝。続くプリークネスSも2着となり、2011年の米3歳牡馬王者に選ばれた。長期休養明けでBCマイル、ガルフストリームパークターフHで続けて2着。5歳時、首遠征してAW馬場のドバイWCを勝って2つ目のビッグタイトルを獲得した。
　父はGI3勝の名マイラー。母は独GIIIの勝ち馬。産駒にエンジェルオブトゥルース（豪ダービー）、リーガルグローリー（メイトリアークS2回）、日本での産駒にプリフロオールイン（ネクストスター高知、高知・金の鞍賞）。

系統：ブラッシンググルーム系　母父系統：ズルムー系		
父 Leroidesanimaux 栗　2000	Candy Stripes	Blushing Groom
		＊バブルカンパニー
	Dissemble	Ahonoora
		Kerali
母 ＊ダリシア 鹿　2001	Acatenango	Surumu
		Aggravate
	Dynamis	＊ダンシングブレーヴ
		Diasprina

2023年成績　総収得賞金 74,584,000円

アーニング INDEX 0.41　　単勝回収値7円　単勝適正回収値45円
勝率2.2%　平均勝ち距離　芝―／ダート 1,400m
勝利／出走頭数：12／39　勝利／出走回数：22／171

距離	成長型	芝	ダート	瞬発力	パワー	底力
マ中	普	○	○	○	◎	○

FRESH SIRE RANKING
14
2歳馬 87
総合 207

*ゴールデンバローズ
GOLDEN BAROWS
産駒の活躍で種牡馬復帰！

年次	種付頭数	産駒数
23年	－	－
22年	－	－
21年	0	10

26戦6勝（2〜7歳・日首）**最高R 107 M**（15年）

　2歳時、デビュー2戦目の未勝利戦を2着に2.6秒差の圧勝で飾ると、500万下、Lヒヤシンスと3連勝。首遠征したUAEダービーでも3着に入った。帰国後は自己条件に戻ってから特別戦で連勝を決めた。

　父はP286参照。母はGⅢ2着の7勝馬。母父マヤコフスキーはGⅢゴーサムSを勝ちGⅠホープフルS2着。本馬はシアトルスルー4×5のクロスを持つ。少ない産駒の大半が勝ち上がり、24年から種牡馬復帰。産駒にフジユージーン（ネクストスター盛岡、南部駒賞）。

種付料／受50万円F　供用地／新冠・白馬牧場
2012年生　栗毛　アメリカ産　2014年輸入

系統：エーピーインディ系	母父系統：シアトルスルー系	
父 Tapit 芦 2001	Pulpit	A.P. Indy
		Preach
	Tap Your Heels	Unbridled
		Ruby Slippers
母 *マザーロシア 青 2006	Mayakovsky	Matty G
		Joy to Raise
	Still Secret	*ヘネシー
		Runaway Spy

2023年成績　　総収得賞金 45,083,000円

アーニング INDEX 1.39　単勝回収値 462円　単勝適正回収値 803円
勝率 22.2%　平均勝ち距離　芝 －／ダート 1,450m
勝利／出走頭数：4／7　勝利／出走回数：8／37

距離	成長型	芝	ダート	瞬発力	パワー	底力
短マ	早	○	○	○	△	△

FRESH SIRE RANKING
15
2歳馬 90
総合 213

ミッキーグローリー
MIKKI GLORY
マイル重賞を2勝した快速ランナー

年次	種付頭数	産駒数
23年	39	25
22年	54	29
21年	64	31

13戦7勝（2〜6歳・日）**最高R 114 M**（18年）

　2歳8月にデビューするも、3歳から4歳にかけて1年半近く休養したこともあって、5歳半ばまで重賞とは無縁。重賞初挑戦となった京成杯オータムHを快勝すると、続くマイルCSでは5着に入線した。6歳時、9カ月ぶりの出走となった関屋記念で重賞2勝目をマーク。

　父はP48参照。母は北九州記念の勝ち馬。母系は全弟にカツジ（ニュージーランドT、スワンS）。母父はBMSとしてスマートレイアー（阪神牝馬S2回）を輩出。産駒にワラシベチョウジャ（ネクストスター笠松）。

種付料／⇒受30万円F　産50万円　供用地／新ひだか・レックススタッド
2013年生　青鹿毛　新ひだか・岡田スタッド

系統：サンデーサイレンス系	母父系統：リファール系	
父 ディープインパクト 鹿 2002	*サンデーサイレンス	Halo
		Wishing Well
	*ウインドインハーヘア	Alzao
		Burghclere
母 メリッサ 鹿 2004	*ホワイトマズル	*ダンシングブレーヴ
		Fair of the Furze
	ストーミーラン	*トニービン
		ウインドオブサマー

2023年成績　　総収得賞金 41,425,000円

アーニング INDEX 0.45　単勝回収値 0円　単勝適正回収値 0円
勝率 0%　平均勝ち距離　芝 －／ダート －
勝利／出走頭数：4／20　勝利／出走回数：8／107

距離	成長型	芝	ダート	瞬発力	パワー	底力
マ中	普	○	○	○	○	○

アドミラブル
ADMIRABLE
青葉賞をレースレコード勝ち！

年次	種付頭数	産駒数
23年	**18**	**14**
22年	27	21
21年	44	40

5戦3勝（2〜3歳・日）**最高R 116 L**（17年）

　3歳時、青葉賞を2分23秒6のレースレコードで優勝。ダービーでは、大外18番枠にもかかわらず1番人気に支持された。しかし、レースが超スローペースになったこともあって、後方から33.3秒の豪脚で追い上げるもレイデオロ、スワーヴリチャードに及ばず3着に敗れた。

　父はP48参照。母系は叔父にリンカーン（阪神大賞典）、ヴィクトリー（皐月賞）、いとこにアリストテレス（AJCC）、一族にフサイチコンコルド（ダービー）などがいる名門。産駒にメイショウサチダケ、マコタイガ。

種付料/⇒受30万円F　産50万円　供用地/浦河・イーストスタッド
2014年生　鹿毛　安平・ノーザンファーム産

系統：サンデーサイレンス系	母父系統：ロベルト系		
父 ディープインパクト 鹿 2002	*サンデーサイレンス	Halo
		Wishing Well
	*ウインドインハーヘア	Alzao
		Burghclere
母 スカーレット 鹿 2005	*シンボリクリスエス	Kris S.
		Tee Kay
	グレースアドマイヤ	*トニービン
		*バレークイーン

2023年成績　　総収得賞金 35,052,000円

アーニング INDEX 0.30　単勝回収値 10円　単勝適正回収値 65円
勝率2.6%　平均勝ち距離　芝 1,400m／ダート ー
勝利／出走頭数：3／25　勝利／出走回数：3／130

距離	成長型	芝	ダート	瞬発力	パワー	底力
中長	普	◎	○	○	○	○

---

*ホークビル
HAWKBILL
ドバイシーマクラシックで強豪を撃破

年次	種付頭数	産駒数
23年	**47**	**32**
22年	53	51
21年	55	63

Darley

24戦10勝（2〜5歳・英愛独仏加首）**最高R 120 L**（18年）

　3戦目で初勝利をあげると、そこから3歳7月のエクリプスSまで6連勝。一気にGI馬に駆け上がった。その後は、GII、GIIIは勝つもののGIでは2着が最高だったが、5歳時のドバイシーマクラシックで、ポエッツワード（キングジョージVI世＆QES）、レイデオロ（ダービー）を降してGI2勝目をマークした。

　父はP312参照。母系は半弟にフリードロップビリー（ブリーダーズフューチュリティ）、2代母にセラーピ（バレリーナH）。産駒にコタロー（盛岡・若鮎賞3着）。

種付料/⇩産50万円　供用地/日高・ダーレー・ジャパンSコンプレックス
2013年生　栗毛　アメリカ産　2019年輸入

系統：エルプラド系	母父系統：ストームキャット系		
父 Kitten's Joy 栗 2001	El Prado	Sadler's Wells
		Lady Capulet
	Kitten's First	Lear Fan
		That's My Hon
母 Trensa 栗 2004	Giant's Causeway	Storm Cat
		Mariah's Storm
	Serape	Fappiano
		Mochila

2023年成績　　総収得賞金 31,087,000円

アーニング INDEX 0.17　単勝回収値 0円　単勝適正回収値 0円
勝率0%　平均勝ち距離　芝 ー／ダート ー
勝利／出走頭数：4／40　勝利／出走回数：6／163

距離	成長型	芝	ダート	瞬発力	パワー	底力
中長	普	○	○	○	○	○

ヤングマンパワー
YOUNG MAN POWER
マイル重賞で3勝をあげた快速馬

年次	種付頭数	産駒数
23年	3	4
22年	4	3
21年	4	5

32戦5勝（2～7歳・日）**最高R 112 M**（16年）

　3歳時、アーリントンCを9番人気で制し重賞初制覇。NHKマイルCは6着に敗れたが、関屋記念、京成杯オータムHと連続して3着した。4歳時、関屋記念で重賞2勝目をあげると、続く富士Sでは皐月賞馬イスラボニータを降してマイル重賞3勝目をマークした。

　父はP328参照。母系は叔父にユウワンプロテクト（小倉大賞典2着）、近親にメイケイダイハード（中京記念）。産駒登録された初年度産駒はわずか5頭だが、その中からツルマウカタチなど2頭が中央で勝利をあげている。

種付料／⇒受20万円　供用地／新冠・白馬牧場

2012年生　黒鹿毛　安平・ノーザンファーム産

系統：デインヒル系	母父系統：サンデーサイレンス系	
父 ＊スニッツェル 鹿 2002	Redoute's Choice	＊デインヒル
		Shantha's Choice
	Snippets' Lass	Snippets
		Snow Finch
母 スナップショット 鹿 2000	＊サンデーサイレンス	Halo
		Wishing Well
	＊ルフィーラ	Nureyev
		River Memories

2023年成績　　総収得賞金 21,380,000円

アーニング INDEX 1.15　単勝回収値 34円　単勝適正回収値 83円
勝率 18.2%　平均勝ち距離　芝 1,600m／ダート 1,800m
勝利／出走頭数：2／4　勝利／出走回数：2／13

距離	成長型	芝	ダート	瞬発力	パワー	底力
マ中	普	○	△	△	△	△

サトノアレス
SATONO ARES
2016年の2歳牡馬チャンピオン

年次	種付頭数	産駒数
23年	0	5
22年	7	6
21年	6	19

16戦4勝（2～5歳・日）**最高R 115**（16年・2歳）

　2歳時、3戦目で初勝利をあげると、続くベゴニア賞も勝利して朝日杯FSに駒を進める。6番人気の低評価だったが、4角12番手から鮮やかな追込みを決め優勝。2016年の最優秀2歳牡馬に選ばれた。3歳以降は巴賞を勝ち、東京新聞杯で2、3着、京王杯SCで3着がある。

　父はP48参照。母は1勝。母系は大種牡馬ストームキャット、BCマイルのロイヤルアカデミーなどが出ている名門牝系。初年度産駒は18頭が血統登録。アンジェラリュールが大井で勝ち星をあげている。

供用地／トルコ

2014年生　黒鹿毛　千歳・社台ファーム産

系統：サンデーサイレンス系	母父系統：デインヒル系	
父 ディープインパクト 鹿 2002	＊サンデーサイレンス	Halo
		Wishing Well
	＊ウインドインハーヘア	Alzao
		Burghclere
母 ＊サトノアマゾネス 鹿 2004	＊デインヒル	Danzig
		Razyana
	Prawn Cocktail	Artichoke
		Crimson Saint

2023年成績　　総収得賞金 21,362,000円

アーニング INDEX 0.35　単勝回収値 0円　単勝適正回収値 0円
勝率 0%　平均勝ち距離　芝 ―／ダート ―
勝利／出走頭数：3／13　勝利／出走回数：4／63

距離	成長型	芝	ダート	瞬発力	パワー	底力
マ	早	○	○	△	○	△

FRESH SIRE RANKING 20
ヘンリーバローズ
HENRY BAROWS
全兄が種牡馬として大ブレイク

2歳馬 119
総合 279

総収得賞金	20,780,000円

●2015年生 ●鹿毛 ●供用地／浦河・イーストスタッド

　2歳時に日で2戦1勝。デビュー戦は後のダービー馬ワグネリアンのハナ差2着。続く未勝利戦を単勝1.1倍の支持に応え快勝した。父はP48参照。母系は全兄にシルバーステート（P122）、半兄に豪GⅠ馬セヴィル（ザメトロポリタン）。シルバーステートが種牡馬としてブレイクしたことで、この馬にも注目が集まっている。

系統：サンデーサイレンス系　母父系統：ロベルト系			
父 ディープインパクト 鹿 2002	*サンデーサイレンス	Halo
		Wishing Well
	*ウインドインハーエア	Alzao
		Burghclere
母 *シルヴァースカヤ 黒鹿 2001	Silver Hawk	Roberto
		Gris Vitesse
	Boubskaia	Niniski
		Frenetique

距離	成長型	芝	ダート	瞬発力	パワー	底力
中	普	○	○	○	○	○

FRESH SIRE RANKING 21
キタサンミカヅキ
KITASAN MIKAZUKI
NAR年度代表馬に選ばれた名馬

2歳馬 123
総合 293

総収得賞金	18,220,000円

●2010年生 ●鹿毛 ●供用地／新冠・優駿SS

　3～9歳時に日で60戦13勝。7歳時、東京盃で初重賞制覇。8歳時、東京盃の連覇を果たすと、続くJBCスプリントで3着。ほかに東京スプリント、同2着、さきたま杯2着、同3着、カペラS3着。父はP276参照。母系はいとこにコールサインゼロ（門別・サッポロクラシックC）。産駒にキタサンヒコボシ（門別・ラピスラズリ特別）。

系統：リファール系　母父系統：テスコボーイ系			
父 キングヘイロー 鹿 1995	*ダンシングブレーヴ	Lyphard
		Navajo Princess
	*グッバイヘイロー	Halo
		Pound Foolish
母 キタサンジュエリー 黒鹿 2001	サクラバクシンオー	サクラユタカオー
		サクラハゴロモ
	キタサンコール	*アーティアス
		バーセント

距離	成長型	芝	ダート	瞬発力	パワー	底力
短	晩	△	○	△	○	△

FRESH SIRE RANKING 22
ショウナンバッハ
SHONAN BACH
キタサンブラックの半兄

2歳馬 144
総合 316

総収得賞金	12,950,000円

●2011年生 ●鹿毛 ●供用地／日高・クローバーファーム

　3～8歳時に日で56戦6勝。タフに走って準OPノベンバーSを勝ち、中日新聞杯2着、AJCC3着、新潟記念3着の戦績を残した。父はP281参照。母系は半弟にキタサンブラック（P52）、いとこにアドマイヤフライト（日経新春杯2着）。産駒にショウナンラウール。キタサンブラックの成功で、本馬の産駒にも注目が集まる。

系統：サンデーサイレンス系　母父系統：テスコボーイ系			
父 ステイゴールド 黒鹿 1994	*サンデーサイレンス	Halo
		Wishing Well
	ゴールデンサッシュ	*ディクタス
		ダイナサッシュ
母 シュガーハート 鹿 2005	サクラバクシンオー	サクラユタカオー
		サクラハゴロモ
	オトメゴコロ	*ジャッジアンジェルーチ
		*テイズリー

距離	成長型	芝	ダート	瞬発力	パワー	底力
中長	普	○	△	○	△	△

FRESH SIRE RANKING 23
アレスバローズ
ARES BAROWS
遅咲きのスプリンター

2歳馬 154
総合 331

総収得賞金	10,485,000円

●2012年生 ●鹿毛 ●供用地／熊本県・本田土寿

　2～7歳時に日で34戦7勝。6歳時、2度目の重賞挑戦となったCBC賞で重賞初制覇。続く北九州記念を1分6秒6の好タイムをマークして重賞2勝目をあげた。7歳時にもCBC賞で2着。父はP48参照。母系からは大種牡馬リファールが出ている。初年度産駒は6頭だが、2年目は15頭が産駒登録されている点に注目。

系統：サンデーサイレンス系　母父系統：グレイソヴリン系			
父 ディープインパクト 鹿 2002	*サンデーサイレンス	Halo
		Wishing Well
	*ウインドインハーエア	Alzao
		Burghclere
母 タイセイエトワール 鹿 2000	*トニービン	*カンパラ
		Severn Bridge
	エンスラーリング	*ヘクタープロテクター
		*エンスラーリングレイディ

距離	成長型	芝	ダート	瞬発力	パワー	底力
短	普	○	○	○	○	○

364

FRESH SIRE RANKING 24

グァンチャーレ
GUANCIALE
マイル戦線で活躍を見せた快速馬

2歳馬 177　総合 371

総収得賞金	5,640,000 円

● 2012 年生　●青鹿毛　●供用地／浦河・イーストスタッド

　2〜7歳時に日で 42 戦 5 勝。3 歳時、シンザン記念で重賞初制覇。NHKマイルC、ダービーは着外に終わったが、その後はマイル路線で息の長い活躍を披露。重賞勝ちこそなかったが、マイラーズC 2 着、スワンS 3 着の成績を残した。また、OP特別で 2 着が 7 回ある。父は P126 参照。産駒にブルーチーズ（笠松・ジュニアキング）。

系統：ロベルト系　母父系統：ヘイルトゥリーズン系

父	*グラスワンダー	Silver Hawk
スクリーンヒーロー		Ameriflora
栗 2004	ランニングヒロイン	*サンデーサイレンス
		ダイナアクトレス
母	*ディアブロ	Devil's Bag
チュウオーサーヤ		Avilion
青鹿 2002	サンライトブルボン	*イルドブルボン
		ハシノシーダー

距離	成長型	芝	ダート	瞬発力	パワー	底力
マ	普	○	○	△	△	△

FRESH SIRE RANKING 25

ユアーズトゥルーリ
YOURS TRULY
母は重賞4勝の活躍馬

2歳馬 184　総合 380

総収得賞金	5,040,000 円

● 2016 年生　●鹿毛　● 2021 年引退

　3 歳時に日で 2 戦 0 勝。競走馬としては力を発揮できなかったが、良血を買われて種牡馬入りした。父は P36 参照。母はフィリーズレビュー、クイーンS 2 回、ファンタジーSを勝ち、阪神JFで 2 着、桜花賞で 3 着、オークス 4 着。母系は日本が誇る名門のダイナカール系。産駒はシントーユタカが川崎競馬で勝ち上がっている。

系統：キングマンボ系　母父系統：ノーザンダンサー系

父	キングカメハメハ	Kingmambo
ロードカナロア		*マンファス
鹿 2008	レディブラッサム	Storm Cat
		*サラトガデュー
母	*ファルブラヴ	Fairy King
アイムユアーズ		Gift of the Night
栗 2009	セシルブルース	*エルコンドルパサー
		セシルカット

距離	成長型	芝	ダート	瞬発力	パワー	底力
マ中	普	○	△	○	△	△

FRESH SIRE RANKING 26

カイロス
KAIROS
地方競馬で 29 勝をあげる活躍

2歳馬 185　総合 386

総収得賞金	4,765,000 円

● 2010 年生　●栗毛　●供用地／新冠・白馬牧場

　2〜8歳時に日で 71 戦 29 勝。地方競馬の福山、大井、高知と渡り歩いて園田FCスプリント、福山ダービー、福山 2 歳優駿、高知・福永洋一記念などを勝っている。父は P186 参照。母父ロミタスは独リーディングサイアーで、サリオス（P393）、サラキア（府中牝馬S、有馬記念 2 着）の BMS。産駒は初年度 2 頭、2 年目 2 頭、3 年目 1 頭。

系統：フォーティナイナー系　母父系統：ニジンスキー系

父	*エンドスウィープ	*フォーティナイナー
*サウスヴィグラス		Broom Dance
栗 1996	*ダークストーン	Star de Naskra
		Minnie Riperton
母	Lomitas	Niniski
*リーブイヤー		La Colorada
栗 2003	Dalaauna	Cadeaux Genereux
		Gunner's Belle

距離	成長型	芝	ダート	瞬発力	パワー	底力
短中	普	△	○	△	△	△

FRESH SIRE RANKING 27

スピリッツミノル
SPIRITS MINORU
変則2冠馬の血をひく

2歳馬 222　総合 456

総収得賞金	1,820,000 円

● 2012 年生　●栗毛　● 2021 年引退

　2〜7歳時に日で 36 戦 6 勝。3 歳時、初勝利から 3 連勝ですみれSを勝ち、クラシックへ駒を進めるも、皐月賞、ダービー、菊花賞共に振るわず。その後は中長距離重賞の常連として走り、7 歳時にリステッドレースの大阪城Sを勝った。父はダービー、NHKマイルCを勝った変則 2 冠馬（P275）。産駒は初年度の 3 頭のみ。

系統：サンデーサイレンス系　母父系統：ニジンスキー系

父	アグネスタキオン	*サンデーサイレンス
ディープスカイ		アグネスフローラ
栗 2005	*アビ	Chief's Crown
		Carmelized
母	*ラムタラ	Nijinsky
バアゼルクローバー		Snow Bride
鹿 1999	*ストームザミント	Storm Cat
		Mint Cooler

距離	成長型	芝	ダート	瞬発力	パワー	底力
中	普	○	△	△	△	△

28

2歳馬 237
総合 474

＊ゴールデンマンデラ

未出走。父はP298参照。母系は叔父にワールドエース（P166）、ワールドプレミア（P385）、ヴェルトライゼンデ（日経新春杯、鳴尾記念、ジャパンC3着、ダービー3着）。産駒にヨッコサン。

総収得賞金		1,400,000円				
● 2017年生　●鹿毛　●供用地／新ひだか・ウエスタンファーム						
父 Golden Horn						
母 ウエスタンマンデラ		母父 ネオユニヴァース				
距離	成長型	芝	ダート	瞬発力	パワー	底力
中長	普	△	△	△	△	△

29

2歳馬 241
総合 484

ウルトラカイザー

2〜11歳時に日で65戦37勝。道営記念、佐賀・中島記念、佐賀・吉野ヶ里記念。父はJBCクラシック、川崎記念など交流GI3勝の強豪。半兄にアスカクリチャン（アルゼンチン共和国杯）。

総収得賞金		1,240,000円				
● 2008年生　●鹿毛　● 2020年引退						
父 レギュラーメンバー						
母 ローレルワルツ		母父 ダイナレター				
距離	成長型	芝	ダート	瞬発力	パワー	底力
中	普	△	△	△	△	△

30

2歳馬 253
総合 505

ロンギングダンサー

2〜9歳時に日で45戦7勝。新潟競馬場開設50周年記念。父はP272参照。母はオークス、エリザベス女王杯の勝ち馬。半兄にフェデラリスト（P324）、叔父にダンスインザダーク（P416）。

総収得賞金		796,000円				
● 2009年生　●黒鹿毛　● 2020年引退						
父 ＊シンボリクリスエス						
母 ダンスパートナー		母父 ＊サンデーサイレンス				
距離	成長型	芝	ダート	瞬発力	パワー	底力
中	普	△	△	△	△	△

31

2歳馬 258
総合 514

マイティスピリット

2〜4歳時に日で21戦1勝。勝ち星は1つのみだが、2着が12回もある。父はP48参照。母はジュライCを勝った欧州チャンピオンスプリンター。血統登録している産駒は1頭。

総収得賞金		652,000円				
● 2015年生　●鹿毛　● 2021年引退						
父 ディープインパクト						
母 ＊フリーティングスピリット		母父 Invincible Spirit				
距離	成長型	芝	ダート	瞬発力	パワー	底力
短マ	普	△	△	△	△	△

32

2歳馬 267
総合 533

レガルスイ

2〜8歳時に日で31戦12勝。船橋・京成盃グランドマイラーズ、オーバルスプリント3着。父はセイクリムズン（さきたま杯）などを出した。母系は日本の名門として名高いスターロッチ系。

総収得賞金		400,000円				
● 2011年生　●芦毛　●供用地／日高・エイトステーブル						
父 エイシンサンディ						
母 ピンクキューティ		母父 サクラチトセオー				
距離	成長型	芝	ダート	瞬発力	パワー	底力
短マ	普	△	△	△	△	△

33

2歳馬 276
総合 557

キングリオ

2〜9歳時に日で29戦3勝。中央から園田に移籍して2勝をあげ、その後中央に復帰して1勝を追加した。父はP84参照。母は米GIアルシバイアディーズS勝ち。登録産駒数は2頭。

総収得賞金		0円				
● 2012年生　●鹿毛　● 2021年引退						
父 キングカメハメハ						
母 ＊ウィキッドリーパーフェクト		母父 Congrats				
距離	成長型	芝	ダート	瞬発力	パワー	底力
中	普	△	△	△	△	△

2024年
新種牡馬

サートゥルナーリア、ルヴァンスレーヴの2頭は毎年200頭近くの種付をこなし、今年夏の産駒たちのデビューを今や遅しと待ち構えている。ほかにもGI馬や強豪馬が目白押しだ。

2024 Debut Thoroughbred Stallions In Japan

馬名

最近3年間の種付頭数と産駒数

4代血統表、種牡馬の系統、母馬（母の父）の系統

5代以内のインブリード

種牡馬の父と母などの血統的特徴

種付料、けい養先、生年、毛色、生産地など

現役時代の競走成績、最高レーティング（P164欄外参照）など

現役時代および種牡馬としてのエピソード

産駒のポイントと期待の2歳馬解説

POGに役立つ2024年デビュー予定の2歳馬おすすめ8頭

能力パラメータ

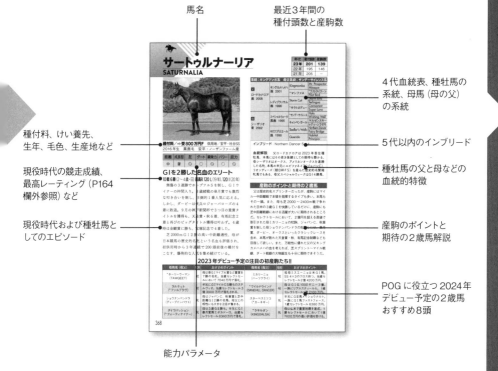

サートゥルナーリア
SATURNALIA

年次	種付頭数	産駒数
23年	**201**	**139**
22年	195	146
21年	205	—

系統：キングマンボ系　母父系統：サンデーサイレンス系

父 ロードカナロア 鹿 2008	キングカメハメハ 鹿 2001	Kingmambo	Mr. Prospector
			Miesque
		*マンファス	*ラストタイクーン
			Pilot Bird
	レディブラッサム 鹿 1996	Storm Cat	Storm Bird
			Terlingua
		*サラトガデュー	Cormorant
			Super Luna
母 シーザリオ 青 2002	スペシャルウィーク 黒鹿 1995	*サンデーサイレンス	Halo
			Wishing Well
		キャンペンガール	マルゼンスキー
			レディーシラオキ
	キロフプリミエール 鹿 1990	Sadler's Wells	Northern Dancer
			Fairy Bridge
		Querida	Habitat
			Principia

インブリード：Northern Dancer 5×4

種付料／⇨受800万円F　供用地／安平・社台SS
2016年生　黒鹿毛　安平・ノーザンファーム産

距離	成長型	芝	ダート	瞬発力	パワー	底力
中	普	◎	○	○	○	○

GIを2勝した名血のエリート

10戦6勝（2〜4歳・日）**最高R 120 L**（19年）、**120 I**（20年）

　無傷の3連勝でホープフルSを制し、GIウィナーの仲間入り。3歳緒戦の皐月賞でも激烈な叩き合いを制し、圧倒的1番人気に応える。しかし、ダービーは伏兵ロジャーバローズの4着に敗退。9月の神戸新聞杯で3つ目の重賞タイトルを獲得も、天皇賞・秋6着、有馬記念2着と再びのビッグタイトル獲得は叶わず。4歳時は金鯱賞に勝ち、宝塚記念で4着した。

　芝2000mGI2勝の高い中距離適性、母が日本競馬の歴史的名牝という名血も評価され、初供用時から3年連続で200頭前後の種付をこなす、爆発的な人気を集め続けている。

血統解説　父ロードカナロアは2023年ランク2位。本馬にはその若き後継としての期待も懸かる。母シーザリオはオークス、アメリカンオークスを連勝した名牝。本馬の半兄にエピファネイア（ジャパンC）、リオンディーズ（朝日杯FS）を産んだ歴史的名繁殖牝馬でもある。母父スペシャルウィークはGI4勝馬。

産駒のポイントと期待の2歳馬

　父は歴史的名スプリンターだったが、産駒にはマイル〜中距離戦で本領を発揮するタイプも多い。本馬もその一頭。また、母も芝2000〜2400m戦で争われた日米の3歳GIを快勝しているだけに、産駒にも芝中距離戦線における活躍が大いに期待されるところだ。セレクトセールにおいて、2億円を超える高値で取引された母ミカリーニョの牡駒、ジャパンC、秋華賞を制した母ショウナンパンドラの牝駒らには、皐月賞、ダービー、オークスといったクラシックレースを含め、本馬が敗れた天皇賞・秋、有馬記念制覇なども目指して欲しい。また、万能性に優れた父の父キングカメハメハの血を考えれば、芝スプリント〜マイル戦線、ダート戦線の大物誕生も十分に期待できそうだ。

2024年デビュー予定の注目の初産駒たち!!

母馬名（母父）	性別	おすすめポイント	母馬名（母父）	性別	おすすめポイント
*ホーリーウーマン （TAWQEET）	牡	母は亜GIマイプ大賞など重賞を7勝の名牝。当歳セレクトセールにおいて7040万円で落札。	ミカリーニョ （ハーツクライ）	牡	祖母ミスエーニョは米GI馬。SS4×3のクロス持つ。当歳セレクトセール2億4200万円。
ラルケット （*ファルブラヴ）	牡	半兄にGIマイルCS勝ちのステルヴィオ。当歳セレクトセール3億3000万円で落札される。	*ワイルドウインド （DANEHILL DANCER）	牡	母はGI仏1000ギニー3着。一族にリアルスティールら。1歳セレクトセール1億2100万円。
ショウナンパンドラ （ディープインパクト）	牝	母はジャパンC、秋華賞と芝中距離GI2勝の名馬。母父との相性にも大きな注目が集まる。	スターペスミツコ （*カーネギー）	牝	半兄にGII馬メイショウナルト。一族にGI馬ファストフォース。1歳セレクトセール6380万円。
ダイワパッション （*フォーティナイナー）	牝	母は3歳GII勝ち。半兄にGI皐月賞馬エポカドーロ。当歳セレクトセール8360万円で落札。	*ラサルダン （KINGSALSA）	牝	母は仏米で重賞制覇を達成。1歳セレクトセールにおいて1億7600万円の高い評価を受ける。

ルヴァンスレーヴ
LE VENT SE LEVE

年次	種付頭数	産駒数
23年	**185**	**141**
22年	196	152
21年	223	－

種付料／⇨受300万円F 供用地／安平・社台SS
2015年生 鹿毛 白老・社台コーポレーション白老ファーム産

距離	成長型	芝	ダート	瞬発力	パワー	底力
中	普	○	◎	○	◎	○

系統：ロベルト系　母父系統：サンデーサイレンス系

父 *シンボリクリスエス 黒鹿 1999	Kris S. 黒鹿 1977	Roberto	Hail to Reason
			Bramalea
		Sharp Queen	Princequillo
			Bridgework
	Tee Kay 黒鹿 1991	Gold Meridian	Seattle Slew
			Queen Louie
		Tri Argo	Tri Jet
			Hail Proudly
母 マエストラーレ 鹿 2006	ネオユニヴァース 鹿 2000	*サンデーサイレンス	Halo
			Wishing Well
		*ポインテッドパス	Kris
			Silken Way
	オータムブリーズ 鹿 1998	*ティンバーカントリー	Woodman
			Fall Aspen
		セプテンバーソング	*リアルシャダイ
			ダイナフェアリー

インブリード：Roberto 3×5、Hail to Reason 4×5

血統解説　父シンボリクリスエスは天皇賞・秋、有馬記念連覇を達成した2年連続年度代表馬。産駒にはダート戦線の大物も多い。母マエストラーレは4勝馬。本馬のいとこにダートGI4勝のチュウワウィザード（チャンピオンズC、JBCクラシック）がいる。母父ネオユニヴァースは皐月賞、ダービーの2冠を制す。

GIを3勝し最優秀ダート馬に
10戦7勝（2～5歳・日）**最高R 118 M**（18年）

　新馬戦、500万特別、全日本2歳優駿と3連勝。3歳緒戦は2着に終わるが、6月のユニコーンS、7月のジャパンダートダービー、10月の南部杯、12月のチャンピオンズCと、重賞4連勝を達成。文句なしで2018年最優秀ダートホースに選出される。その後は脚部不安で長期休養を余儀なくされ、復帰後のかしわ記念、続く帝王賞では本領を発揮し切れなかった。

　ダート系サイアーへの需要が高まっている時代背景もあり、供用初年度には220頭を超える種付をこなした。2、3年目も196頭、185頭と交配される、圧倒的人気を博している。

産駒のポイントと期待の2歳馬

　やはり、第一に望まれるのは自身を彷彿とさせる、ダート重賞戦線の大物登場。叔父にブルーグラスSなど米GIを2勝したカーペディエムがいる母ドリームライターの牡駒、ダート交流重賞の勝ち馬である母オウケンビリーヴの牝駒、時計の速いダートに抜群の適性を示したGI2勝馬ベストウォーリアの半妹となる母フラーテイシャスミスの牝駒といった産駒たちは、砂の大物たり得る血統背景の持ち主といえるだろう。育成牧場での話を聞くと、芝適性の高さを感じさせるタイプが少なくないことも、もう1つの産駒の特徴となりそう。ノーザンファームミックスセールで高評価を得た母プリンセスロックの牡駒、母カヒリの牝駒らは、芝マイル～中距離戦線における飛躍を期待したい。

2024年デビュー予定の注目の初産駒たち!!

母馬名（母父）	性別	おすすめポイント	母馬名（母父）	性別	おすすめポイント
*ドリームライター （TALE OF THE CAT）	牡	叔父に米GIを2勝したカーペディエム。1歳セレクションセールにおいて4840万円で落札。	ハルマッタン （*マンハッタンカフェ）	牡	叔母にGⅢクイーンSを制したレッドアネモス。1歳セレクトセールにおいて3520万円で落札。
パンデイア （ディープインパクト）	牡	いとこに3歳牝馬GⅡ馬シゲルピンクルビー。当歳セレクトセールにおいて4950万円で落札。	プリンセスロック （スウィフトカレント）	牡	ノーザンファームミックスセールで7260万円の値が付く。半姉に2歳GⅢ勝ち馬ブトンドール。
ヴォカツィオーネ （*カジノドライヴ）	牝	タフにキャリアを重ね計4勝をマークした母の初仔。砂のマイル～中距離戦における活躍期待。	オウケンビリーヴ （*クロフネ）	牝	母は交流ダートGⅢクラスターC に勝利。母の血の後押しも受け、ダート戦線での大成狙う。
カヒリ （キングカメハメハ）	牝	叔父にGⅡ金鯱賞馬ミトラ。サンデーサイレンス4×3のクロス派生。母父との相性も楽しみ。	*フラーテイシャスミス （MR. GREELEY）	牝	半兄にダートGI2勝のベストウォーリア。当歳セレクトセールにおいて3960万円で落札。

アドマイヤマーズ
ADMIRE MARS

年次	種付頭数	産駒数
23年	129	56
22年	107	63
21年	115	—

種付料／⇨受250万円F 供用地／安平・社台SS
2016年生　栗毛　安平・ノーザンファーム産

日香でGI3勝のトップマイラー

13戦6勝（2〜4歳・日香）**最高R 118 M**（19、20年）
　新馬戦、中京2歳S、デイリー杯2歳S、朝日杯FS
と無傷の4連勝を飾り、文句なしで2018年最優秀2歳
牡馬王者に選出される。3歳となり、共同通信杯2着、
皐月賞4着と好走するも勝ち星には結びつかず。続く
NHKマイルCでは好位から抜け出し、改めて抜群の
マイル適性を見せつけた。暮れには香港遠征を敢行。レ
ベル高い古馬陣を撃破して香港マイルに勝利する。4歳
時はマイルCS、香港マイルで共に3着した。
　父ダイワメジャーも歴史に残る名マイラー。母ヴィア
メディチ、祖母ヴィアミラノは、いずれも仏GIIIを勝っ
ている。日本で3年連続3ケタの種付数を確保すると同
時に、3季続けて豪でのシャトル供用を経験した。

系統：サンデーサイレンス系	母父系統：マキャヴェリアン系	
父 ダイワメジャー 栗　2001	*サンデーサイレンス	Halo
		Wishing Well
	スカーレットブーケ	*ノーザンテースト
		*スカーレットインク
母 *ヴィアメディチ 栗　2007	Medicean	Machiavellian
		Mystic Goddess
	Via Milano	Singspiel
		Salvinaxia

距離	成長型	芝	ダート	瞬発力	パワー	底力
マ	普	◎	○	◎	○	○

ゴールドドリーム
GOLD DREAM

年次	種付頭数	産駒数
23年	138	123
22年	181	132
21年	212	—

種付料／⇨受180万円F 供用地／新ひだか・レックススタッド
2013年生　鹿毛　安平・ノーザンファーム産

GIを計5勝した最優秀ダート馬

27戦9勝（2〜7歳・日首沙）**最高R 117 M**（17、19年）**117 I**（18年）
　デビューからの3連勝でLヒヤシンスSに勝利。兵庫
CSは2着に終わるも、続くユニコーンSで重賞初制覇
を飾る。その後敗戦が続くが、4歳時のフェブラリーS
で念願のGI制覇を達成。暮れにはチャンピオンズCに
も勝ち、2017年最優秀ダートホースの栄誉に浴した。
5歳時はかしわ記念、帝王賞を連覇。6歳となりかしわ
記念連覇を成し遂げる。ほかに5歳時の東京大賞典、6、
7歳時のチャンピオンズCなど、GIで計6回の2着を
経験、ダート一線級として息の長い活躍を続けた。
　父ゴールドアリュールもGIを4勝した2002年最優
秀ダートホース。母モンヴェールは関東オークスで3着
している。初年度産駒129頭が血統登録された。

系統：サンデーサイレンス系	母父系統：デピュティミニスター系	
父 ゴールドアリュール 栗　1999	*サンデーサイレンス	Halo
		Wishing Well
	*ニキーヤ	Nureyev
		Reluctant Guest
母 モンヴェール 鹿　2003	*フレンチデビュティ	Deputy Minister
		Mitterand
	*スペシャルジェイド	Cox's Ridge
		Statistic

距離	成長型	芝	ダート	瞬発力	パワー	底力
マ中	普	○	◎	○	○	○

タワーオブロンドン
TOWER OF LONDON

年次	種付頭数	産駒数
23年	**133**	**98**
22年	157	99
21年	134	−

Darley

種付料/⇒産150万円 供用地/日高・ダーレー・ジャパンSコンプレックス
2015年生　鹿毛　日高・ダーレー・ジャパン・ファーム産

GI含め重賞5勝の名短距離馬
18戦7勝（2〜5歳・日香）**最高R 117 S**（19年）

　2歳時の京王杯2歳S、3歳時のアーリントンCと重賞に勝利。1番人気に推され、5月のNHKマイルCに臨むも12着に敗れる。4歳となり充実期を迎え、京王杯スプリングC、セントウルSを快勝。2番人気での出走となったスプリンターズSでは中団追走から末脚を伸ばし、最後は逃げ粘っていたモズスーパーフレアを半馬身差交わし、念願のGIタイトル奪取に成功した。

　父レイヴンズパスはBCクラシックの勝ち馬で、種牡馬としては欧首でもGI勝ち産駒を送り出した。母系は勢いがあり、従兄弟にディーマジェスティ（皐月賞）、仏GI馬ソベツ（サンタラリ賞）。供用初年度から3年連続で130頭以上に種付される、高い人気を博している。

系統：ゴーンウエスト系		母父系統：ミルリーフ系
父 Raven's Pass 栗 2005	Elusive Quality	Gone West
		Touch of Greatness
	Ascutney	Lord At War
		Right Word
母 *スノーパイン 芦 2010	Dalakhani	Darshaan
		Daltawa
	*シンコウエルメス	Sadler's Wells
		Doff the Derby

距離	成長型	芝	ダート	瞬発力	パワー	底力
短マ	普	◎	○	◎	○	○

---

*ナダル
NADAL

年次	種付頭数	産駒数
23年	**103**	**73**
22年	114	100
21年	150	−

種付料/⇩受300万円F 供用地/安平・社台SS
2017年生　鹿毛　アメリカ産　2020年輸入

大いなる可能性秘めた米の無敗馬
4戦4勝（3歳・米）**最高R 118 M**（20年）

　米競馬界を代表する名トレーナーであるボブ・バファート厩舎から、3歳1月に競走馬デビュー。緒戦、D7F戦のGIIサンヴィセンテS、D8.5F戦のGIIレベルSと連勝を重ね、D9F戦で争われる5月のアーカンソーダービーにおいて、無敗でのGI制覇を達成する。その後の活躍も大いに期待されていたが、調教中に左前肢を骨折し、そのまま現役を退いた。

　父ブレイムは、歴史的女傑ゼニヤッタに生涯唯一の黒星を付けたBCクラシックの勝ち馬。種牡馬となり北米、欧州でGI勝ち産駒を出している。母アセンディングエンジェルは米で走った未出走馬。種牡馬らしい雄大な馬格の持ち主で、3年連続100頭以上に種付されている。

系統：ロベルト系		母父系統：エーピーインディ系
父 Blame 鹿 2006	Arch	Kris S.
		Aurora
	Liable	Seeking the Gold
		Bound
母 Ascending Angel 栗 2011	Pulpit	A.P. Indy
		Preach
	Solar Colony	Pleasant Colony
		Meteor Stage

距離	成長型	芝	ダート	瞬発力	パワー	底力
中	普	○	◎	○	○	○

＊ノーブルミッション
NOBLE MISSION

年次	種付頭数	産駒数
23年	**33**	**29**
22年	61	86
21年	128	－

種付料／⇨受150万円返　供用地／新ひだか・JBBA静内種馬場
2009年生　鹿毛　イギリス産　2020年輸入

5歳で輝いた全欧最優秀古牡馬
21戦9勝（2〜5歳・英愛仏独）**最高R 122 I**（14年）

　5歳5月のGⅢハクスリーSで重賞を連勝。これで勢いに乗ったのか、続くGⅠタタソールズゴールドC、GⅠサンクルー大賞も連勝。独に遠征したダルマイヤー大賞は2着に終わるが、ラストランになった強豪が揃う10月の英チャンピオンSを見事に勝ち切り、2014年全欧最優秀古牡馬にも選出された。

　父ガリレオは現代欧州を代表する大種牡馬。1歳上の全兄に10個のGⅠタイトルを獲得し、14戦全勝の戦績を残した超大物フランケルがいる。種牡馬となり米で供用されていた時代の産駒に、コードオブオナー（トラヴァーズS）、ノーボールズ（BCターフスプリント）。日本での初年度産駒は、85頭が血統登録されている。

系統；ガリレオ系		母父系統：デインヒル系
父 Galileo 鹿 1998	Sadler's Wells	Northern Dancer
		Fairy Bridge
	Urban Sea	Miswaki
		Allegretta
母 Kind 鹿 2001	＊デインヒル	Danzig
		Razyana
	Rainbow Lake	Rainbow Quest
		Rockfest

距離	成長型	芝	ダート	瞬発力	パワー	底力
中長	普	◎				

フィエールマン
FIEREMENT

年次	種付頭数	産駒数
23年	**86**	**60**
22年	81	71
21年	107	－

種付料／⇨産300万円F　供用地／日高・ブリーダーズSS
2015年生　鹿毛　安平・ノーザンファーム産

春の盾連覇など長距離GⅠを3勝
12戦5勝（3〜5歳・日仏）**最高R 123 I、L**（20年）

　キャリア4戦目となった菊花賞を制し、初重賞制覇をクラシックタイトルで飾る。4歳緒戦のAJCCはアタマ差の2着に惜敗するも、4月の天皇賞・春で2つ目の長距離GⅠタイトルを獲得した。期待を集めた凱旋門賞は12着に大敗。5歳時には天皇賞・春連覇を達成した後、天皇賞・秋2着、有馬記念3着と力のあるところを見せ、2020年最優秀古牡馬にも選出される。

　父は日本が誇る世界最高レベルの種牡馬ディープインパクト。母リュヌドールは、伊GⅠリディアテシオ賞、仏GⅡポモーヌ賞などを制した活躍馬。母父グリーンチューンは仏2000ギニーに勝った。供用初年度に107頭、2年目以降も80頭以上の種付をこなしている。

系統：サンデーサイレンス系		母父系統：ニジンスキー系
父 ディープインパクト 鹿 2002	＊サンデーサイレンス	Halo
		Wishing Well
	＊ウインドインハーヘア	Alzao
		Burghclere
母 ＊リュヌドール 黒鹿 2001	Green Tune	Green Dancer
		Soundings
	Luth D'Or	Noir et Or
		Viole d'Amour

距離	成長型	芝	ダート	瞬発力	パワー	底力
中長	普	◎	〇	◎	〇	◎

＊ミスターメロディ
MR MELODY

年次	種付頭数	産駒数
23年	**147**	**71**
22 年	164	81
21 年	174	－

種付料／⇨受150万円 F　供用地／新冠・優駿SS
2015年生　鹿毛　アメリカ産　2017年輸入

系統：ストームキャット系	母父系統：デピュティミニスター系	
父 Scat Daddy 黒鹿 2004	＊ヨハネスブルグ	＊ヘネシー
		Myth
	Love Style	Mr. Prospector
		Likeable Style
母 Trusty Lady 鹿 1998	Deputy Minister	Vice Regent
		Mint Copy
	Klassy Kim	Silent Screen
		＊クールアライヴァル

4歳春に高松宮記念を見事制する
17戦4勝（2～5歳・日S）最高R 114 S（19年）

　デビュー5戦目となる3歳3月のファルコンSで、後のGI馬ダノンスマッシュらを降し初の重賞タイトルを獲得。その後もNHKマイルC4着、暮れの阪神C2着と地力の高さを示した。4歳となり3番人気で高松宮記念に出走。好位追走から抜け出す盤石の競馬で、GIウイナーの仲間入りを果たす。秋のスプリンターズSは4着。5歳時にはセントウルSで3着、スプリンターズSで、前年と同じ4着に入った。

　父スキャットダディは米3冠馬ジャスティファイらを送り出した一流サイアー。祖母クラッシーキムは米GIIエルエンシノSなどに勝っている。種牡馬としての人気は高く、3年連続で140頭以上の種付をこなした。

距離	成長型	芝	ダート	瞬発力	パワー	底力
短	普	◎	○	◎	○	○

＊モズアスコット
MOZU ASCOT

年次	種付頭数	産駒数
23年	**130**	**100**
22 年	139	107
21 年	167	－

種付料／⇧受350万円 F　供用地／新ひだか・アロースタッド
2014年生　栗毛　アメリカ産　2015年輸入

系統：ガリレオ系	母父系統：ストームキャット系	
父 Frankel 鹿 2008	Galileo	Sadler's Wells
		Urban Sea
	Kind	＊デインヒル
		Rainbow Lake
母 India 栗 2003	＊ヘネシー	Storm Cat
		Island Kitty
	Misty Hour	Miswaki
		Our Tina Marie

芝、ダートでGI制す名マイラー
26戦7勝（3～6歳・日香）最高R 118 M（18年）

　キャリアを重ねながら地力を蓄え、4歳6月の安田記念を制し初重賞勝ちをGI戦で飾る。その後、勝ち鞍をあげられなかったこともあり、6歳となりダート戦線にターゲットを変更。根岸Sで2つ目の重賞タイトル得ると、続くフェブラリーSではパワフルなスピードが全開となり、2着馬に2馬身半差を付ける快勝で、1年8カ月振りのマイルGI制覇を達成した。ほかに南部杯、スワンS2回、マイラーズCでいずれも2着している。

　父フランケルはGIを10勝した欧州の歴史的名馬。母インディアは米GII馬。従兄弟には共に米GI馬のトゥオナーアンドサーヴ、アンジェララーニーがいる。3年連続で130頭以上の種付をこなす人気種牡馬だ。

距離	成長型	芝	ダート	瞬発力	パワー	底力
マ	普	◎	◎	○	◎	○

ウインブライト
WIN BRIGHT
香港で2つのGI制した個性派名馬

● 2014年生　●芦毛　●供用地／新冠・ビッグレッドファーム

　2〜6歳時に日香で24戦9勝。3歳春のスプリングSで重賞初制覇。その後、福島記念、中山記念2回、中山金杯とタイトルを重ね、香港に遠征した5歳4月のQエリザベスII世CでGIタイトル獲得に成功する。暮れには、香港Cも制覇。6歳時は香港Cを2着した。父は海外でも強さを示す一流サイアー。全姉にウインファビラス（阪神JF2着）。初年度産駒66頭が血統登録された。

系統：サンデーサイレンス系		母父系統：カロ系	
父 ステイゴールド 黒鹿 1994	*サンデーサイレンス	Halo	
		Wishing Well	
	ゴールデンサッシュ	*ディクタス	
		ダイナサッシュ	
母 サマーエタニティ 芦 2005	アドマイヤコジーン	Cozzene	
		アドマイヤマカディ	
	オールフォーゲラン	*ジェイドロバリー	
		ミスゲラン	

距離	成長型	芝	ダート	瞬発力	パワー	底力
中	普	◎	○	○	○	○

エポカドーロ
EPOCA D'ORO
伏兵評価の皐月賞を強い内容で制す

● 2015年生　●黒鹿毛　●供用地／新ひだか・アロースタッド

　2〜4歳時に日で10戦3勝。父初年度産駒の一頭。スプリングS2着で出走権利を掴んだ皐月賞では、伏兵評価の7番人気だったが、好位追走から抜け出し、後続を完封する強い内容でクラシックウイナーの栄誉に浴す。続くダービーでも、ワグネリアンの2着に健闘した。母はFレビューなど重賞を2勝。半弟にキングストンボーイ（青葉賞2着）。初年度産駒36頭が血統登録された。

系統：サンデーサイレンス系		母父系統：フォーティナイナー系	
父 オルフェーヴル 栗 2008	ステイゴールド	*サンデーサイレンス	
		ゴールデンサッシュ	
	オリエンタルアート	メジロマックイーン	
		エレクトロアート	
母 ダイワパッション 鹿 2003	*フォーティナイナー	Mr. Prospector	
		File	
	サンルージュ	*シェイディハイツ	
		*チカノヴァ	

距離	成長型	芝	ダート	瞬発力	パワー	底力
中	普	○	○	○	○	○

オーヴァルエース
OVAL ACE
圧巻の走りを見せた未完の全勝馬

● 2016年生　●栗毛　●供用地／浦河・イーストスタッド

　2〜3歳時に日で3戦3勝。2歳11月のデビュー戦は9馬身差を付ける圧勝、続く500万下寒椿賞も、危なげのない競馬で連勝を飾る。3歳2月のLヒヤシンスSでは、デルマルーヴル、マスターフェンサーらの強敵を降し、ダート戦で無傷の3連勝、しかし故障のためこれが最後の一戦となった。父はダート戦線の大物を輩出する名種牡馬、初年度産駒26頭が血統登録されている。

系統：ストームキャット系		母父系統：ロベルト系	
父 *ヘニーヒューズ 栗 2003	*ヘネシー	Storm Cat	
		Island Kitty	
	Meadow Flyer	Meadowlake	
		Shortley	
母 アブラシオ 鹿 2005	*グラスワンダー	Silver Hawk	
		Ameriflora	
	ジュウジホウセキ	マルゼンスキー	
		ジュウジターキン	

距離	成長型	芝	ダート	瞬発力	パワー	底力
マ	普	○	○	○	○	○

オールブラッシュ
ALL BLUSH
条件戦から3連勝でダートGI制覇

● 2012年生　●黒鹿毛　●供用地／青森県・スプリングファーム

　2〜8歳時に日で43戦8勝。4歳秋から5歳2月にかけ、1000万下戦、1600万特別、川崎記念と3連勝。一躍、ダート戦線のスターに昇りつめる。その後も、長らくダート重賞戦線を賑わし、6歳時のかしわ記念で2着、浦和記念で2つ目の重賞タイトル獲得に成功した。父はケンタッキーダービー馬。姪にアンジュデジール（JBCレディスクラシック）。初年度産駒7頭が血統登録。

系統：ミスタープロスペクター系		母父系統：ミスタープロスペクター系	
父 *ウォーエンブレム 青鹿 1999	Our Emblem	Mr. Prospector	
		Personal Ensign	
	Sweetest Lady	Lord At War	
		Sweetest Roman	
母 *ブラッシングプリンセス 栗 1996	Crafty Prospector	Mr. Prospector	
		Real Crafty Lady	
	Princess Laika	Blushing Groom	
		Cool Mood	

距離	成長型	芝	ダート	瞬発力	パワー	底力
中	普	△	○	△	○	△

サングレーザー
SUNGRAZER
鋭い切れ味を武器にGⅡ重賞を3勝

● 2014年生　●青鹿毛　●供用地／新冠・優駿SS

　2～5歳時に日香で20戦7勝。3歳時、500万下戦からの4連勝でスワンSを制覇。4歳時は持ち前の爆発的な末脚を駆使して、マイラーズC、札幌記念とGⅡタイトルを重ねたほか、天皇賞・秋でレイデオロの2着している。祖母ウィッチフルシンキングは米重賞4勝の強豪。叔母にダートGⅠウイナーのメーデイア（JBCレディスクラシック）。初年度産駒15頭が血統登録された。

系統：サンデーサイレンス系　母父系統：デュビティミニスター系

父	*サンデーサイレンス	Halo
ディープインパクト		Wishing Well
鹿 2002	*ウインドインハーウェア	Alzao
		Burghclere
母	Deputy Minister	Vice Regent
マンティスハント		Mint Copy
鹿 2001	*ウィッチフルシンキング	Lord Avie
		Halloween Joy

距離	成長型	芝	ダート	瞬発力	パワー	底力
マ中	普	◎	○	◎	○	○

*シスキン
SISKIN
無傷の5連勝でクラシックホースに

● 2017年生　●鹿毛　●供用地／安平・社台SS

　2～3歳時に英愛仏米で8戦5勝。2歳時にGⅠフィーニクスS、GⅡレイルウェイSを含め、4戦全勝の成績を残す。3歳緒戦の愛2000ギニーにも勝利し、クラシックウイナーに。その後仏英米でGⅠ戦に出走したが、勝ち星は重ねられなかった。日本で種牡馬入り。供用初年度はアクシデントがあり20頭の種付に止まるも、2年目は83頭、3年目は74頭との種付をこなしている。

系統：アンブライドルド系　母父系統：グリーンデザート系

父	Unbridled's Song	Unbridled
First Defence		Trolley Song
鹿 2004	Honest Lady	Seattle Slew
		Toussaud
母	Oasis Dream	Green Desert
Bird Flown		Hope
鹿 2011	Silver Star	Zafonic
		Monroe

距離	成長型	芝	ダート	瞬発力	パワー	底力
マ中	早	◎	○	○	○	○

スマートオーディン
SMART ODIN
3歳春に輝き、復帰後も重賞を制覇

● 2013年生　●黒鹿毛　●供用地／浦河・イーストスタッド

　2～8歳時に日で23戦5勝。デビュー3戦目の東京スポーツ杯2歳Sで重賞初制覇。3歳春は毎日杯、京都新聞杯を連勝し、5番人気でダービーに臨んだがマカヒキの6着までだった。その後屈腱炎を発症し、2年間の休養を余儀なくされる。復帰後は苦戦が続いたが、6歳2月の阪急杯を11番人気で制した。母は愛GⅡプリティポリーSの勝ち馬。初年度産駒11頭が血統登録。

系統：サンデーサイレンス系　母父系統：リファール系

父	フジキセキ	*サンデーサイレンス
ダノンシャンティ		*ミルレーサー
黒鹿 2007	*シャンソネット	Mark of Esteem
		Glorious Song
母	Alzao	Lyphard
*レディアップステージ		Lady Rebecca
鹿 1997	She's The Tops	Shernazar
		Troytops

距離	成長型	芝	ダート	瞬発力	パワー	底力
マ中	普	◎	○	○	○	○

ハッピースプリント
HAPPY SPRINT
GⅠ制し2歳時NAR年度代表馬に

● 2011年生　●鹿毛　●供用地／浦河・イーストスタッド

　2～8歳時に日で36戦11勝。2歳5月に道営門別でデビュー。11月の北海道2歳優駿で重賞初制覇を飾る。続く全日本2歳優駿でも、2番手追走から抜け出して快勝。NAR最優秀2歳牡馬に加え、NAR年度代表馬にも選出された。3歳時は京浜盃、羽田盃、東京ダービーを連勝、ジャパンダートダービーで2着する。4歳秋には浦和記念に勝利。初年度産駒11頭が血統登録された。

系統：サンデーサイレンス系　母父系統：ダンチヒ系

父	*サンデーサイレンス	Halo
アッミラーレ		Wishing Well
黒鹿 1997	*ダジルミージョリエ	Carr de Naskra
		Mawgrit
母	Dayjur	Danzig
*マーゴーン		Gold Beauty
青鹿 1995	Whispered Secret	Secretariat
		Classy'n Smart

距離	成長型	芝	ダート	瞬発力	パワー	底力
マ中	普	○	○	○	○	○

*フォーウィールドライブ
FOUR WHEEL DRIVE
2歳時に米芝スプリント重賞を連勝

● 2017年生　●鹿毛　●供用地／浦河・日高・ブリーダーズSS

　2〜3歳時に米で4戦3勝。2歳8月のデビュー戦を皮切りに、10月のGⅢフューチュリティS、11月のGⅡブリーダーズCジュヴナイルターフスプリントと芝5〜6Fで争われるレースを3連勝した。父は2015年に米3冠制覇を達成した歴史的名馬で、種牡馬として日本競馬との好相性を誇っている。母は米で走った2勝馬。供用初年度から3年連続で80頭以上の種付をこなしている。

系統：アンブライドルド系		母父系統：ヘイロー系	
父 American Pharoah 鹿 2012	Pioneerof the Nile	*エンパイアメーカー	
		Star of Goshen	
	Littleprincessemma	Yankee Gentleman	
		Exclusive Rosette	
母 Funfair 黒鹿 2010	More Than Ready	*サザンヘイロー	
		Woodman's Girl	
	Fleuron	Distant View	
		Flamboyance	

距離	成長型	芝	ダート	瞬発力	パワー	底力
短マ	早	◎	○	◎	○	○

ブルドッグボス
BULLDOG BOSS
7歳でダート短距離線の頂点に

● 2012年生　●鹿毛　●供用地／新ひだか・レックススタッド

　2〜8歳時に日で45戦14勝。4歳となり太秦S、千葉SとOP特別を連勝。以降、ダート短距離戦線の強豪として息の長い活躍を示し、5歳夏のクラスターCで念願の重賞初制覇を飾る。7歳11月には浦和競馬場で開催されたJBCスプリントに勝利。2019年NAR年度代表馬の栄誉にも浴した。叔父にマヤノスターダム（阪神ジャンプS）。初年度産駒19頭が血統登録されている。

系統：サンデーサイレンス系		母父系統：デインヒル系	
父 ダイワメジャー 栗 2001	*サンデーサイレンス	Halo	
		Wishing Well	
	スカーレットブーケ	*ノーザンテースト	
		*スカーレットインク	
母 リファールカンヌ 鹿 1997	*デインヒル	Danzig	
		Razyana	
	リファールニース	Greinton	
		*バーブスボールド	

距離	成長型	芝	ダート	瞬発力	パワー	底力
短	普	○	◎	○	◎	○

ミッキースワロー
MIKKI SWALLOW
芝中長距離重賞を計3勝した強豪

● 2014年生　●鹿毛　●2023年引退

　3〜6歳時に日で22戦5勝。3歳9月のセントライト記念で重賞初制覇。5歳時の七夕賞、6歳時の日経賞とタイトルを重ねたほか、AJCC、オールカマー、新潟大賞典で2着、天皇賞・春で3着している。父は京都新聞杯に勝ち、ダービーで3着した未完の大器。祖母ツインクルブライドは桜花賞2着、叔父にペールギュント（デイリー杯2歳S）。初年度産駒8頭が血統登録されている。

系統：サンデーサイレンス系		母父系統：グレイソヴリン系	
父 トーセンホマレボシ 鹿 2009	ディープインパクト	*サンデーサイレンス	
		*ウインドインヘアー	
	エヴリウィスパー	*ノーザンテースト	
		*クラフティワイフ	
母 マドレボニータ 鹿 2005	ジャングルポケット	*トニービン	
		*ダンスチャーマー	
	ツインクルブライド	Lyphard	
		*デビルズブライド	

距離	成長型	芝	ダート	瞬発力	パワー	底力
中長	普	◎	○	○	○	○

レッドベルジュール
RED BELJOUR
デビュー2戦目で鮮やかにGⅡ制覇

● 2017年生　●鹿毛　●供用地／新ひだか・アローススタッド

　2歳時に日で3戦2勝。2歳6月の新馬戦に勝利。4カ月強の間隔を取り臨んだデイリー杯2歳Sでは、上がり3ハロン33秒8の末脚が炸裂し重賞初制覇を飾る。暮れには朝日杯FSに駒を進めたが、サリオスの10着に大敗した。その後脚部不安を発症し現役を引退、4歳春から種牡馬生活に入る。全弟にレッドベルオーブ（デイリー杯2歳S）。初年度産駒17頭が血統登録された。

系統：サンデーサイレンス系		母父系統：アンブライドルド系	
父 ディープインパクト 鹿 2002	*サンデーサイレンス	Halo	
		Wishing Well	
	*ウインドインヘアー	Alzao	
		Burghclere	
母 *レッドファンタジア 黒鹿 2010	Unbridled's Song	Unbridled	
		Trolley Song	
	Cat Chat	Storm Cat	
		Phone Chatter	

距離	成長型	芝	ダート	瞬発力	パワー	底力
マ中	普	◎	○	◎	○	○

アルバート

2～9歳時に日で36戦9勝。4～6歳時にステイヤーズS 3連覇の偉業を達成。6歳時にはダイヤモンドSにも勝っている。叔父にインティライミ（京都大賞典）。初年度産駒6頭が血統登録。

- 2011年生 ●栗毛 ●供用地／新冠・優駿SS
- 父 アドマイヤドン
- 母 フォルクローレ　母父 ダンスインザダーク

距離	成長型	芝	ダート	瞬発力	パワー	底力
長	やや晩	○	○	△	○	○

ウォータービルド

2～6歳時に日で11戦3勝。2歳新馬戦、9カ月の休養を挟んだ500万特別を連勝。6歳時にも1つ勝ち鞍を重ねた。祖母の全妹に種牡馬フォーティナイナー。初年度産駒6頭が血統登録された。

- 2014年生 ●鹿毛 ●供用地／新ひだか・アロースタッド
- 父 ディープインパクト
- 母 *ウォーターエナン　母父 *ボストンハーバー

距離	成長型	芝	ダート	瞬発力	パワー	底力
マ中	普	○	○	○	○	△

エタリオウ

2～5歳時に日で17戦1勝。青葉賞2着で出走権を得たダービーで4着。3歳秋は神戸新聞杯、菊花賞を共に2着した。ほかに4歳時の日経賞で2着。母は米GⅠ馬。3頭の初年度産駒がいる。

- 2015年生 ●青鹿毛 ●供用地／日高・Yogibo Versailles Stable
- 父 ステイゴールド
- 母 *ホットチャチャ　母父 Cactus Ridge

距離	成長型	芝	ダート	瞬発力	パワー	底力
長	普	○	△	△	△	△

オウケンワールド

3～8歳時に日で20戦6勝。5歳時に500万下、1000万下、準OP特別、OP名鉄杯と4連勝をマーク。叔父にGⅠ馬レギュラーメンバー。曾祖母に南関東3冠馬ロジータ。初年度産駒は1頭。

- 2012年生 ●芦毛 ●供用地／日高・奥山ファーム
- 父 *クロフネ
- 母 オウケンガール　母父 マーベラスサンデー

距離	成長型	芝	ダート	瞬発力	パワー	底力
中	普	△	△	△	○	△

キタノコマンドール

2～3歳時に4戦2勝。新馬戦、LすみれSを連勝。皐月賞は5着、ダービーは12着だった。全姉にGⅡ2勝デニムアンドルビー、叔母にGⅠ馬トゥザヴィクトリー。初年度産駒2頭が血統登録。

- 2015年生 ●鹿毛 ●供用地／浦河・イーストスタッド
- 父 ディープインパクト
- 母 ベネンシアドール　母父 キングカメハメハ

距離	成長型	芝	ダート	瞬発力	パワー	底力
中	普	○	○	○	○	○

クワイトファイン

2～9歳時に日で142戦6勝。名馬トウカイテイオー直系の血を残すため、クラウドファンディングで種牡馬となった。いとこにニシノチャーミー（函館2歳S）。2022年産馬2頭が血統登録。

- 2010年生 ●鹿毛 ●供用地／新冠・クラックステーブル
- 父 トウカイテイオー
- 母 オーロラテルコ　母父 ミスターシービー

距離	成長型	芝	ダート	瞬発力	パワー	底力
マ	普	△	△	△	△	△

コパノチャーリー

2～9歳時に日で61戦9勝。5、6歳時に小倉D 1700mコースで争われる阿蘇Sを連覇。7歳時の川崎記念で5着している。半兄にダートGⅠ戦11勝のコパノリッキー。初年度産駒は1頭。

- 2012年生 ●栗毛 ●供用地／熊本県・本田土寿
- 父 *アグネスデジタル
- 母 コパノニキータ　母父 *ティンバーカントリー

距離	成長型	芝	ダート	瞬発力	パワー	底力
短マ	普	△	○	△	△	△

サイモンラムセス

2～10歳時に日で68戦5勝。タフにキャリアを重ね、8歳時に準OP特別グリーンSで勝利。9歳時の小倉大賞典で3着に健闘した。叔父にプライドキム(全日本2歳優駿)。初年度産駒は1頭。

- 2010年生 ●鹿毛 ●供用地／日高・サンシャイン牧場
- 父 ブラックタイド
- 母 コパノマルコリーニ　母父 マヤノトップガン

距離	成長型	芝	ダート	瞬発力	パワー	底力
中	普					

サングラス

2～9歳時に日で59戦6勝。8歳時に東京D1400mコースを舞台とするOPバレンタインSに勝っている。父は英GⅢ勝ち。母はJRAで3勝をあげている。初年度産駒3頭が血統登録された。

	●2011年生　●青鹿毛　●供用地／浦河・イーストスタッド					
父 *スタチューオブリバティ						
母 ノッティングギャル	**母父** ダンスインザダーク					
距離	成長型	芝	ダート	瞬発力	パワー	底力
短マ	普	△	△	△	△	△

ステッペンウルフ

2～3歳時に日で12戦5勝。ホッカイドウ競馬でデビューし、2歳暮れに公営船橋へ移籍。3歳時は京浜盃に勝ち、羽田盃で3着に入った。祖母メジロカンムリがGⅠ2着。初年度産駒は1頭。

	●2016年生　●栗毛　●供用地／日高・新生ファーム					
父 *サウスヴィグラス						
母 ディープキッス	**母父** アグネスタキオン					
距離	成長型	芝	ダート	瞬発力	パワー	底力
マ	普	△	△	△	△	△

ストーミーシー

2～7歳時に日で52戦5勝。3歳春にニュージーランドTで2着。5歳となりダービー卿CTで3着。6歳時にL朱鷺S、7歳時にL東風Sを勝った。姪にGⅢ2勝キタウイング。初年度産駒は4頭。

	●2013年生　●栗毛　●供用地／新冠・太平洋ナショナルスタッド					
父 アドマイヤムーン						
母 リーベストラウム	**母父** *ゼンノエルシド					
距離	成長型	芝	ダート	瞬発力	パワー	底力
マ	普	○	△	△	△	△

ダイシンサンダー

3～8歳時に日で34戦5勝。下鴨S、錦Sと芝1600～2000m戦で争われる準OP特別を2勝している。4代母アグサンから連なる一族にGⅠ戦6勝ブエナビスタ。初年度産駒2頭が血統登録。

	●2011年生　●鹿毛　●供用地／新冠・新冠タガノファーム					
父 アドマイヤムーン						
母 イチゴイチエ	**母父** マンハッタンカフェ					
距離	成長型	芝	ダート	瞬発力	パワー	底力
マ中	普	○	△	△	△	△

ハウライト

2～6歳時に日で39戦8勝。公営南関東を中心に、ホッカイドウ競馬でも走り、D1200～1600m戦で勝ち鞍を重ねた。母系からダービー馬サクラチヨノーが登場。産駒1頭が血統登録された。

	●2012年生　●栗毛　●2021年引退					
父 アドマイヤオーラ						
母 ミスバレンタイン	**母父** *ラムタラ					
距離	成長型	芝	ダート	瞬発力	パワー	底力
短マ	普	△	△	△	△	△

フロリダパンサー

3～8歳時に日で45戦8勝。JRAで3勝をあげ、公営笠松に移籍。計5つの勝ち鞍を付け加えた。また、ローカル重賞東海ゴールドC、マーチCで2着している。産駒1頭が血統登録された。

	●2011年生　●青鹿毛　●2021年引退					
父 *シンボリクリスエス						
母 ビューマカフェ	**母父** *サンデーサイレンス					
距離	成長型	芝	ダート	瞬発力	パワー	底力
中	普	△	△	△	△	△

ロンドンタウン

2～6歳時に日韓で34戦8勝。ダート中距離重賞戦線でタフに活躍し、エルムS、佐賀記念を勝利。4、5歳時には、韓国でコリアC連覇を達成している。初年度産駒3頭が血統登録された。

	●2013年生　●鹿毛　●供用地／韓国					
父 カネヒキリ						
母 フェアリーバニヤン	**母父** Honour and Glory					
距離	成長型	芝	ダート	瞬発力	パワー	底力
マ中	普	△	○	△	△	△

illustration:Oomura Taishi

2025年
新種牡馬

無敗の3冠馬コントレイルは初年度の193頭から212頭と種付頭数を増やして、ディープインパクトの後継として大きな期待を持っての登場。ほかにも内外の勇者たちが覇を競う。

2025 Debut Thoroughbred Stallions In Japan

馬名

最近2年間の
種付頭数と産駒数

現役時代の競走
成績、最高レーティング（P164
欄外参照）

種付料、けい養
先、生年、毛色、
生産地など

現役時代の競走
成績および血統
的特徴、産駒の
ポイントなど

コントレイル
CONTRAIL

年次	種付頭数	産駒数
23年	212	131
22年	193	―

種付料／⇧受1500万円返　供用地・安平・社台SS
2017年生　青鹿毛　新冠・ノースヒルズ産

系統：サンデーサイレンス系　母父系統：アンブライドルド系

父		Halo
ディープインパクト	サンデーサイレンス	Wishing Well
鹿 2002	*ウインドインハーヘア	Alzao
		Burghclere
母		Unbridled
*ロードクロサイト	Unbridled's Song	Trolley Song
芦 2010	Folklore	Tiznow
		Contrive

父ディープ以来の無敗で3冠制覇

11戦8勝（2～4歳・日）最高R126L（21年）

　2歳9月の新馬戦、東京スポーツ杯2歳S、ホープフルSと連勝し、2019年最優秀2歳牡馬に選出される。3歳時は皐月賞、ダービー、神戸新聞杯、菊花賞に勝利。2013年オルフェーヴル以来8年振り8頭目の3冠馬に輝くと同時に、1984年のシンボリルドルフ、2005年の父ディープインパクトに続く、無敗での偉業達成を成し遂げた。続くジャパンCでアーモンドアイの2着となり、連勝は「7」でストップ。4歳時にはラストランにもなったジャパンCで、GI5勝目をマークする。

　祖母フォークロアは、ブリーダーズCジュヴナイルフィリーズ、メイトロンSと米GI2勝の名牝。人気は抜群で、供用初年度193頭、2年目212頭に種付された。

距離	成長型	芝	ダート	瞬発力	パワー	底力
中	普	◎	○	◎	○	◎

3代血統表、種牡馬の系統、
母馬（母の父）の系統

能力パラメータ

2025年 新種牡馬　インディチャンプ

能力パラメータの見方　短…1000～1400m、マ…1600m前後、中…1800～2100m、長…2200m以上、
万…万能（産駒の距離タイプが様々）、早…早熟、普…普通、晩…晩成、持続…早熟と晩成を併せ持つ、
◎…非常に得意、○…得意、△…やや不向き、▲…不得意

※種付料で受＝受胎確認後支払、産＝産駒誕生後支払、不＝不受胎時全額返還、F＝フリーリターン特約（P138欄外参照）、
返＝流死産又は死亡時返還、不出返＝不出生時返金。　価格・支払条件、供用地などは変更の場合があります。

インディチャンプ
INDY CHAMP

年次	種付頭数	産駒数
23年	115	68
22年	120	—

種付料／⇨ 受 120万円返　供用地／新冠・優駿SS
2015年生　鹿毛　安平・ノーザンファーム産

４歳時に春秋の芝マイルGⅠ制覇
23戦8勝（2〜6歳・日香）**最高R 120 M**（19年）

　3歳夏から4歳にかけて、1000万特別、準OP特別、初重賞制覇となる東京新聞杯と3連勝。マイラーズCで連勝は止まったが安田記念で接戦を制し、GⅠウイナーの仲間入りを果たす。秋にはマイルCSを快勝し、文句なしで2019年最優秀短距離馬に選出された。5歳時にはマイラーズCを勝ち、マイルCSで2着、安田記念で3着。6歳3月には高松宮記念で3着している。

　父ステイゴールドは数多くの大物産駒を出した、個性派の名種牡馬。母系は現代の名門で、半妹にアウィルアウェイ（シルクロードS）、叔父にリアルインパクト（安田記念）、ネオリアリズム（QエリザベスⅡ世C）がいる。供用初年度に120頭、2年目に115頭と種付された。

系統：サンデーサイレンス系		母父系統：キングマンボ系
父 ステイゴールド 黒鹿 1994	*サンデーサイレンス	Halo
		Wishing Well
	ゴールデンサッシュ	*ディクタス
		ダイナサッシュ
母 ウィルパワー 鹿 2007	キングカメハメハ	Kingmambo
		*マンファス
	*トキオリアリティー	Meadowlake
		What a Reality

距離	成長型	芝	ダート	瞬発力	パワー	底力
マ	普	◎	○	◎	○	○

クリソベリル
CHRYSOBERYL

年次	種付頭数	産駒数
23年	145	113
22年	150	—

種付料／⇨ 受 300万円F　供用地／安平・社台SS
2016年生　鹿毛　安平・ノーザンファーム産

高い勝率をマークしたダート王者
11戦8勝（2〜5歳・日沙）**最高R 119 I**（20年）

　2歳9月のデビュー戦に勝ち、半年弱の間隔を開けた3歳緒戦の500万下戦に勝利。さらに兵庫CS、ジャパンダートダービー、日本テレビ盃、チャンピオンズCと連勝を「6」に伸ばし、2019年最優秀ダートホースにも選出される。4歳緒戦のサウジCで連勝は止まったが、帰国後に帝王賞、JBCクラシックを連勝した。

　父ゴールドアリュールも最優秀ダートホース。母系は素晴らしく、全兄にクリソライト（ジャパンダートダービー）、半姉にマリアライト（エリザベス女王杯）、半兄にリアファル（神戸新聞杯）、叔父にアロンダイト（ジャパンCダート）、いとこにダンビュライト（AJCC）がいる。初年度に150頭、2年目に145頭と種付された。

系統：サンデーサイレンス系		母父系統：キングマンボ系
父 ゴールドアリュール 栗 1999	*サンデーサイレンス	Halo
		Wishing Well
	*ニキーヤ	Nureyev
		Reluctant Guest
母 クリソブレーズ 黒鹿 2002	*エルコンドルパサー	Kingmambo
		*サドラーズギャル
	*キャサリーンパー	Riverman
		Regal Exception

距離	成長型	芝	ダート	瞬発力	パワー	底力
中	普	○	◎	○	○	◎

コントレイル
CONTRAIL

年次	種付頭数	産駒数
23年	**212**	**131**
22年	193	－

父ディープ以来の無敗で3冠制覇
11戦8勝（2～4歳・日）**最高R126L**（21年）

2歳9月の新馬戦、東京スポーツ杯2歳S、ホープフルSと連勝し、2019年最優秀2歳牡馬に選出される。3歳時は皐月賞、ダービー、神戸新聞杯、菊花賞に勝利。2013年オルフェーヴル以来8年振り8頭目の3冠馬に輝くと同時に、1984年のシンボリルドルフ、2005年の父ディープインパクトに続く、無敗での偉業達成を成し遂げた。続くジャパンCでアーモンドアイの2着となり、連勝は「7」でストップ。4歳時にはラストランにもなったジャパンCで、GI5勝目をマークする。

祖母フォークロアは、ブリーダーズCジュヴナイルフィリーズ、メイトロンSと米GI2勝の名牝。人気は抜群で、供用初年度193頭、2年目212頭に種付された。

種付料／⇧受**1500万円**返　供用地／安平・社台SS
2017年生　青鹿毛　新冠・ノースヒルズ産

系統：サンデーサイレンス系		母父系統：アンブライドルド系	
父 ディープインパクト 鹿 2002	*サンデーサイレンス	Halo
		Wishing Well
	*ウインドインハーヘア	Alzao
		Burghclere
母 *ロードクロサイト 芦 2010	Unbridled's Song	Unbridled
		Trolley Song
	Folklore	Tiznow
		Contrive

距離	成長型	芝	ダート	瞬発力	パワー	底力
中	普	◎	○	◎	◎	○

ダノンキングリー
DANON KINGLY

年次	種付頭数	産駒数
23年	**90**	**44**
22年	85	－

5歳時の安田記念でGI制覇達成
14戦6勝（2～5歳・日香）**最高R118M**（20、21年）、**I**（20年）

2歳10月の新馬戦、暮れの500万特別、3歳緒戦の共同通信杯と3連勝。皐月賞3着、ダービー2着と、クラシックレースでも地力の高さを示した。秋は菊花賞には向かわず、古馬勢を打ち破った毎日王冠からマイルCSに駒を進めたが5着に敗れる。4歳時は中山記念に勝つも大阪杯は3着まで。8番人気と評価を落とした5歳時の安田記念を勝ち、悲願のGI制覇を達成する。

父ディープインパクトは世界的大種牡馬。ブリーダーズCジュヴナイルフィリーズを勝ったカレシングから連なる母系は現代の名門で、半兄にダノンレジェンド（JBCスプリント）、叔父に米GI馬ウエストコーストがいる。供用初年度に85頭、2年目に90頭と種付された。

種付料／⇩受**150万円**F　供用地／安平・社台SS
2016年生　黒鹿毛　浦河・三嶋牧場産

系統：サンデーサイレンス系		母父系統：ストームキャット系	
父 ディープインパクト 鹿 2002	*サンデーサイレンス	Halo
		Wishing Well
	*ウインドインハーヘア	Alzao
		Burghclere
母 *マイグッドネス 黒鹿 2005	Storm Cat	Storm Bird
		Terlingua
	Caressing	Honour and Glory
		Lovin Touch

距離	成長型	芝	ダート	瞬発力	パワー	底力
マ中	普	◎	○	◎	○	○

ダノンスマッシュ
DANON SMASH

年次	種付頭数	産駒数
23年	**128**	**107**
22年	146	－

種付料／⇨受220万円F　供用地／日高・ブリーダーズSS
2015年生　鹿毛　新ひだか・ケイアイファーム産

系統：キングマンボ系　母父系統：ダンチヒ系		
父 ロードカナロア 鹿 2008	キングカメハメハ	Kingmambo
		*マンファス
	レディブラッサム	Storm Cat
		*サラトガデュー
母 *スピニングワイルドキャット 栗 2009	*ハードスパン	Danzig
		Turkish Tryst
	Hollywood Wildcat	Kris S.
		Miss Wildcatter

香日でスプリントGI戦を連勝
26戦11勝（2～6歳・日香）**最高R 116 S**（21年）

　3歳夏から芝スプリント戦線を主戦場とし、11月の京阪杯で重賞初制覇。4歳緒戦のシルクロードSにも勝利したが、1番人気に推された高松宮記念は4着に終わる。その後、4歳夏のキーンランドC、5歳春のオーシャンS、京王杯スプリングC、秋のセントウルSと重賞タイトルを重ね、暮れの香港スプリントで悲願のGIタイトルを獲得。このレース父仔制覇の快挙も達成した。6歳春には3度目の挑戦で高松宮記念に勝っている。

　父ロードカナロアは内外でGI6勝の超一流短距離馬。祖母ハリウッドワイルドキャットは、BCディスタフなど米GIを3勝。叔父にウォーチャント（BCマイル）。供用初年度に146頭、2年目は128頭に種付された。

距離	成長型	芝	ダート	瞬発力	パワー	底力
短	普	◎	○	◎	○	◎

ダノンプレミアム
DANON PREMIUM

年次	種付頭数	産駒数
23年	**99**	**94**
22年	145	－

種付料／⇨受120万円F　供用地／新ひだか・アロースタッド
2015年生　青鹿毛　新ひだか・ケイアイファーム産

系統：サンデーサイレンス系　母父系統：ロベルト系		
父 ディープインパクト 鹿 2002	*サンデーサイレンス	Halo
		Wishing Well
	*ウインドインハーヘア	Alzao
		Burghclere
母 *インディアナギャル 黒鹿 2005	Intikhab	Red Ransom
		Crafty Example
	Genial Jenny	*デインヒル
		Joma Kaanem

長期休養後も強さ示した2歳王者
15戦6勝（2～6歳・日豪香）**最高R 119 M**（19、20年）

　2歳6月の新馬戦、10月のサウジアラビアRC、朝日杯FSと3連勝し、文句なしで2017年最優秀2歳牡馬に選出される。3歳緒戦の弥生賞にも勝ったが、挫石で皐月賞を回避した辺りから順調さを欠き、1番人気に推されたダービーで6着に敗れた後9カ月強の休養を余儀なくされた。復帰戦の金鯱賞、続くマイラーズCを連勝。その後、天皇賞・秋2着、マイルCS2着、豪に遠征した5歳春のQエリザベスS3着と力のあるところを示したが、再びのGIタイトル奪取は成らなかった。

　父ディープインパクトは歴史的名馬にして大種牡馬。母インディアナギャルは、愛GIIIで2着2回3着3回している。初年度は145頭、2年目は99頭に種付された。

距離	成長型	芝	ダート	瞬発力	パワー	底力
マ中	普	◎	○	◎	○	○

＊フィレンツェファイア
FIRENZE FIRE

年次	種付頭数	産駒数
23年	**93**	**65**
22年	91	―

種付料／⇨受150万円F　供用地／新ひだか・アロースタッド
2015年生　鹿毛　アメリカ産

系統：ゴーンウエスト系　母父系統：ダンチヒ系		
父 Poseidon's Warrior 黒鹿 2008	Speightstown	Gone West
		Silken Cat
	Poised to Pounce	Smarten
		Lady Lyndy
母 My Every Wish 鹿 2009	Langfuhr	Danzig
		Sweet Briar Too
	Mille Lacs	Unbridled
		With Every Wish

6歳まで息長く活躍の2歳G1馬

38戦14勝（2〜6歳・米）WBRHランキング対象外

　2歳6月のデビュー戦、続くGⅢサンフォードSを連勝。4戦目で生涯唯一のGⅠタイトル獲得となるシャンペンSを制する。その後も一流スプリンターとして息長く活躍し、3歳時のGⅡドワイヤーS、5歳時のGⅡトゥルーノースS、GⅡヴォスバーグS、6歳時の連覇となるトゥルーノースSなど重賞を計9勝、Lレースでも4つの勝ち鞍をマークした。ほかにGⅠフォアゴーSで2着2回、GⅠヴォスバーグSでも2着している。

　父ポセイドンズウォリアーは、米GⅠAGヴァンダービルトHの勝ち馬。半弟にアンディアモアフィレンツェ（サンフォードS3着）。供用初年度から2年連続で90頭以上に種付される、安定した人気を博している。

距離	成長型	芝	ダート	瞬発力	パワー	底力
短中	普	○	◎	○	○	○

＊ベンバトル
BENBATL

年次	種付頭数	産駒数
23年	**115**	**74**
22年	108	―

種付料／⇨受250万円返　供用地／新冠・ビッグレッドファーム
2014年生　鹿毛　イギリス産

系統：シーキングザゴールド系　母父系統：シャーペンアップ系		
父 Dubawi 鹿 2002	Dubai Millennium	Seeking the Gold
		Colorado Dancer
	Zomaradah	Deploy
		Jawaher
母 Nahrain 栗 2008	Selkirk	Sharpen Up
		Annie Edge
	Bahr	＊ジェネラス
		Lady of the Sea

日本勢を降しドバイターフを快勝

25戦11勝（3〜7歳・英首独豪沙）**最高R123 M, I**（18年）

　GⅡダンテS2着、英ダービー5着を経た3歳6月のGⅢハンプトンコートSで重賞初制覇を達成する。4歳となり首に渡り、GⅢシングスピールS、GⅡアルラシディアを連勝し、GⅠジェベルハッタで2着。続くドバイターフではヴィブロス、リアルスティールといった日本馬たちを完封し、堂々たる勝利を飾った。その後もタフにレース経験を積み、独のダルマイヤー大賞、豪のラドブロークスSと、中距離戦GⅠタイトルを重ねた。

　父ドバウィは現代の欧州を代表する名種牡馬。母ナーレインも仏GⅠオペラ賞、米GⅠフラワーボウル招待Sを勝った名牝。生産地での評価は高く、供用初年度に108頭、2年目に115頭の種付をこなしている。

距離	成長型	芝	ダート	瞬発力	パワー	底力
中	普	◎	○	○	○	○

＊ポエティックフレア
POETIC FLARE

年次	種付頭数	産駒数
23年	**66**	**38**
22年	108	－

種付料／プライヴェート　供用地／安平・社台SS
2018年生　鹿毛　アイルランド産

系統：ガリレオ系	母父系統：ディンヒル系	
父	New Approach	Galileo
Dawn Approach		Park Express
栗　2010	Hymn of the Dawn	Phone Trick
		Colonial Debut
母	＊ロックオブジブラルタル	＊ディンヒル
Maria Lee		Offshore Boom
鹿　2007	Elida	＊ロイヤルアカデミーⅡ
		Saviour

3歳GⅠ2勝の欧州一流マイラー

11戦5勝（2～3歳・愛英仏）**最高R 122 M、Ⅰ**（21年）

　2歳10月のGⅢキラヴーランSで重賞初制覇を達成。3歳となり花開き、L 2000ギニートライアルSを勝ってから臨んだ英2000ギニーを9番人気で勝利し、クラシックウイナーの栄誉に浴す。その後一貫してマイル戦線を歩み、7月のセントジェイムズパレスSでGⅠ2勝目。ほかに愛2000ギニー、サセックスS、ジャックルマロワ賞でいずれも2着し、距離の壁に挑んだラストラン愛チャンピオンSで、小差の3着に頑張った。

　父ドーンアプローチは英2000ギニーなどGⅠ4勝の強豪。GⅡダイアナHで2着した4代母ヴィクトリアクイーンは、米で12勝2着14回の戦績を残したタフネスホース。供用初年度は108頭との種付を行っている。

距離	成長型	芝	ダート	瞬発力	パワー	底力
マ	普	◎	○	○	○	○

＊マテラスカイ
MATERA SKY

年次	種付頭数	産駒数
23年	**134**	**86**
22年	128	－

種付料／⇔愛100万円F、産150万円　供用地／日高・ブリーダーズSS
2014年生　栗毛　アメリカ産

系統：ゴーンウエスト系	母父系統：ブラッシンググルーム系	
父	Gone West	Mr. Prospector
Speightstown		Secrettame
栗　1998	Silken Cat	Storm Cat
		Silken Doll
母	Rahy	Blushing Groom
Mostaqeleh		Glorious Song
栗　2003	Istiqlal	Diesis
		Wasnah

海外でも健闘したダート短距離馬

36戦7勝（2～7歳・日首沙米）**最高R 111 M、S**（18年）**111 S**（19、20年）

　1000万特別、準OP特別を連勝して挑んだ4歳3月のドバイゴールデンシャヒーンで5着に大健闘。帰国後プロキオンSに勝ち、重賞初制覇を飾る。以降ダート短距離重賞戦線の一線級としてタフにキャリアを重ね、6歳時のクラスターCで重賞2勝目。ほかにJBCスプリント2着2回、5歳時のドバイゴールデンシャヒーン2着、6歳時のサウジC2着と、内外で地力の高さを示した。

　父スパイツタウンはブリーダーズCスプリントの勝ち馬。種牡馬となり米欧で数多くのGⅠ勝ち産駒を送り出している。母モスタケーレーは、仏GⅡサンドリンガム賞2着。半弟にムリリョ（GⅡコヴェントリーS3着）。供用初年度に128頭、2年目に134頭と種付された。

距離	成長型	芝	ダート	瞬発力	パワー	底力
短	普	○	◎	○	○	○

ミスチヴィアスアレックス
MISCHEVIOUS ALEX

年次	種付頭数	産駒数
23年	83	89
22年	135	─

種付料／⇨受120万円返　供用地／新ひだか・JBBA静内種馬場
2017年生　鹿毛　アメリカ産

5馬身半の大差を付けGI初制覇
15戦7勝（2〜4歳・米）**最高R 116 S、M**（21年）

　デビュー以来短距離、マイル戦線を歩み続け、3歳2月のGIIIスウェイルSで重賞初制覇。続くGIIIゴーサムSで連勝を飾る。その後ウッディスティーヴンスS、HアレンジャーケンズSといったGI戦では、本領を発揮し切れなかった。5歳2月のGIIIガルフストリームパークスプリントSで重賞3勝目をマークすると、続くカーターHで2着マインドコントロールに5馬身半差を付ける圧勝劇を演じ、GIウィナーの仲間入りを果たす。

　父イントゥミスチーフは北米首位種牡馬にも輝く、現代の米生産界を代表する超一流サイアー。母系は叔父に米GII馬ヘブロンヴィル（ジャージーショアS）がいる。供用初年度には135頭の種付をこなしている。

系統：ストームキャット系	母父系統：ゴーンウエスト系	
父 Into Mischief 鹿 2005	Harlan's Holiday	Harlan
		Christmas in Aiken
	Leslie's Lady	Tricky Creek
		Crystal Lady
母 White Pants Night 栗 2011	Speightstown	Gone West
		Silken Cat
	More d'Amour	Tour d'Or
		Love Connection

距離	成長型	芝	ダート	瞬発力	パワー	底力
短マ	普	○	◎	○	○	○

ワールドプレミア
WORLD PREMIERE

年次	種付頭数	産駒数
23年	41	25
22年	53	─

種付料／⇨受50万円F　供用地／新冠・優駿SS
2016年生　黒鹿毛　安平・ノーザンファーム産

長距離GI2勝の一流ステイヤー
12戦4勝（2〜5歳・日）**最高R 119 L**（19年）、**119 E**（21年）

　神戸新聞杯3着で出走権利を得た菊花賞は3番人気での出走。鞍上武豊の好リードもあり、好位追走から直線で1番人気に推されていたヴェロックスを捉えると後続の追撃を抑え、初重賞制覇をクラシック最終戦で飾る。古馬となってからはなかなか勝ち星に恵まれなかったが、福永祐一が手綱を握った5歳5月の天皇賞・春で、2つ目のビッグタイトル獲得に成功した。

　父ディープインパクトは抜群の瞬発力を子孫に伝える大種牡馬。母マンデラは独オークス3着。母系は名門で全兄にワールドエース（マイラーズC）、半弟にヴェルトライゼンデ（日経新春杯）、叔父にマンデュロ（ジャックルマロワ賞）。供用初年度は53頭に種付された。

系統：サンデーサイレンス系	母父系統：ズルムー系	
父 ディープインパクト 鹿 2002	*サンデーサイレンス	Halo
		Wishing Well
	*ウインドインハーヘア	Alzao
		Burghclere
母 *マンデラ 栗 2000	Acatenango	Surumu
		Aggravate
	Mandellicht	Be My Guest
		Mandelauge

距離	成長型	芝	ダート	瞬発力	パワー	底力
中	普	◎	○	○	◎	○

*アスクピーターパン
ASK PETER PAN
欧日トップスターの配合から誕生

● 2018年生　●鹿毛　●供用地／新ひだか・アロースタッド

　未出走。スプリンターズＳ、ヴィクトリアマイル2回とＧＩを計3勝した名牝ストレイトガールを英に送り込み、「21世紀最強馬」とも称されるフランケルと配合されて誕生した超名血馬。競走には出走しないままに登録を抹消され、4歳春から種牡馬生活を開始した。世界的超一流サイアー、デインヒル3×4のクロスが施されている点も魅力。供用初年度は10頭と種付されている。

系統：ガリレオ系	母父系統：サンデーサイレンス系	
父 Frankel 鹿 2008	Galileo	Sadler's Wells
		Urban Sea
	Kind	*デインヒル
		Rainbow Lake
母 ストレイトガール 鹿 2009	フジキセキ	*サンデーサイレンス
		*ミルレーサー
	ネヴァーピリオド	*タイキシャトル
		フューチャハッピー

距離	成長型	芝	ダート	瞬発力	パワー	底力
短マ	普	◎	○	○	○	○

*ヴァンゴッホ
VAN GOGH
仏2歳ＧＩで4馬身差圧勝を飾る

● 2018年生　●鹿毛　●供用地／浦河・イーストスタッド

　2～3歳時に愛仏英で11戦2勝。愛でデビューし、仏に遠征したＧＩクリテリウムアンテルナシオナルを4馬身差で快勝した。3歳時には愛2000ギニーで3着している。父は米3冠馬。母系は欧州の超名門で、母は英オークス、愛1000ギニー勝ちの名牝。本馬の半兄に仏ＧＩ馬ホレーショネルソン（ジャンリュックラガルデール賞）がいる。初年度73頭、2年目67頭に種付された。

系統：アンブライドルド系	母父系統：サドラーズウェルズ系	
父 American Pharoah 鹿 2012	Pioneerof the Nile	*エンパイアメーカー
		Star of Goshen
	Littleprincessemma	Yankee Gentleman
		Exclusive Rosette
母 Imagine 鹿 1998	Sadler's Wells	Northern Dancer
		Fairy Bridge
	Doff the Derby	Master Derby
		Margarethen

距離	成長型	芝	ダート	瞬発力	パワー	底力
マ	やや早	◎	○	○	○	○

エンパイアペガサス
EMPIRE PEGASUS
地方競馬で数多くの重賞を制する

● 2013年生　●鹿毛　●供用地／日高・Yogibo Versailles Stable

　2～8歳時に日で50戦25勝。公営岩手でデビュー。北上川大賞典3回、桐花賞2回、みちのく大賞典2回、青藍賞2回、岩手ダービーダイヤモンドＣ、不来方賞など、地元のローカル重賞を勝ちまくったほか、公営船橋の報知グランプリＣにも勝利している。父は日本でも供用された米の名種牡馬。母は米で5勝し、ＧⅢオービアＳで3着。供用初年度には15頭との種付をこなしている。

系統：アンブライドルド系	母父系統：フォーティナイナー系	
父 *エンパイアメーカー 黒鹿 2000	Unbridled	Fappiano
		Gana Facil
	Toussaud	El Gran Senor
		Image of Reality
母 *ステージトリック 栗 2006	Distorted Humor	*フォーティナイナー
		Danzig's Beauty
	Engaging	Private Account
		Starlet Storm

距離	成長型	芝	ダート	瞬発力	パワー	底力
マ中	普	△	○	△	○	○

カフジテイク
KAFUJI TAKE
追込武器にダート短距離戦線で活躍

● 2012年生　●青鹿毛　●供用地／浦河・ヒダカファーム

　3～9歳時に日で37戦7勝。持久力に優れたパワフルな末脚を駆使して、ダート短距離重賞戦線を代表する追込型として、息の長い活躍を示した。5歳時の根岸Ｓで念願の重賞制覇を達成したほか、Ｌグリーンチャンネルｃに勝ち、プロキオンＳで2着、フェブラリーＳ、武蔵野Ｓ、6歳の根岸Ｓで3着している。父はダート適性高い実力派種牡馬。初年度に4頭と種付された。

系統：フォーティナイナー系	母父系統：ミスタープロスペクター系	
父 *プリサイスエンド 黒鹿 1997	*エンドスウィープ	*フォーティナイナー
		Broom Dance
	Precisely	Summing
		Crisp'n Clear
母 テイクザケイク 黒鹿 1999	*スキャン	Mr. Prospector
		Video
	エビスマイ	*ラシアンルーブル
		ローレルハッピー

距離	成長型	芝	ダート	瞬発力	パワー	底力
短マ	普	△	○	◎	△	△

キセキ
KISEKI
不良馬場の菊花賞を2馬身差快勝

● 2014年生　●黒鹿毛　●供用地／日高・ブリーダーズSS

　2〜7歳時に日香仏で33戦4勝。神戸新聞杯2着を経て臨んだ菊花賞を1番人気で快勝。初重賞制覇をクラシックタイトルで飾る。その後、勝ち鞍は重ねられなかったが、ジャパンC、宝塚記念2回、大阪杯で2着している。全妹にビッグリボン（マーメイドS）、叔母にダイワエルシエーロ（オークス）。祖母ロンドンブリッジは桜花賞2着。初年度に79頭、2年目に81頭と種付された。

系統：キングマンボ系		母父系統：サンデーサイレンス系	
父 ルーラーシップ 鹿 2007	キングカメハメハ	キングカメハメハ	Kingmambo
		*マンファス	*トニービン
	エアグルーヴ		ダイナカール
母 ブリッツフィナーレ 鹿 2008	ディープインパクト	*サンデーサイレンス	
		*ウインドインハーウェア	
	ロンドンブリッジ	*ドクターデヴィアス	
		*オールフォーロンドン	

距離	成長型	芝	ダート	瞬発力	パワー	底力
中長	普	◎	○	○	○	○

ゴルトマイスター
GOLD MEISTER
高いダート適性を誇る中距離型

● 2016年生　●栗毛　●供用地／新ひだか・レックススタッド

　2〜5歳時に日で11戦4勝。3勝クラス北総S、2勝クラス三浦特別などD1600〜1800m戦で計4勝をマークした。ほかにOPアルハテケSで3着している。父は数多くのダート戦線の強豪を送り出したサンデーサイレンス直仔の名種牡馬。半兄にモジアナフレイバー（東京大賞典3着、南部杯3着）、叔父にセイウンコウセイ（高松宮記念）がいる。供用初年度は11頭に種付されている。

系統：サンデーサイレンス系		母父系統：デピュティミニスター系	
父 ゴールドアリュール 栗 1999	*サンデーサイレンス	Halo	
		Wishing Well	
	*ニキーヤ	Nureyev	
		Reluctant Guest	
母 ナスケンアイリス 栗 2007	*フレンチデピュティ	Deputy Minister	
		Mitterand	
	*オブザーヴァント	Capote	
		*パテントリークリア	

距離	成長型	芝	ダート	瞬発力	パワー	底力
中普	早	△	○	△	△	△

サトノジェネシス
SATONO GENESIS
セレクトセールで3億超の値が付く

● 2016年生　●鹿毛　●供用地／新冠・優駿SS

　2〜5歳時に日で4戦3勝。父は世界的大種牡馬、母はクリアドレス大賞など亜GI3勝馬。全兄にサトノダイヤモンド（有馬記念、菊花賞）がいる超名血馬で、当歳セレクトセールにおいて3億240万円で取引されている。デビュー2戦目初勝利から500万下ゆりかもめ賞、2勝クラス戦と3連勝した。2022年には甥ドゥラエレーデがホープフルS優勝。供用初年度は42頭に種付された。

系統：サンデーサイレンス系		母父系統：ダンチヒ系	
父 ディープインパクト 鹿 2002	*サンデーサイレンス	Halo	
		Wishing Well	
	*ウインドインハーウェア	Alzao	
		Burghclere	
母 *マルペンサ 鹿 2006	Orpen	Lure	
		Bonita Francita	
	Marsella	*サザンヘイロー	
		Riviere	

距離	成長型	芝	ダート	瞬発力	パワー	底力
中	普	◎	○	○	○	○

サブノジュニア
SABUNO JUNIOR
大井からダート短距離戦線の頂点に

● 2014年生　●黒鹿毛　●供用地／浦河・イーストスタッド

　2〜7歳時に日で44戦12勝。公営大井でデビューし、キャリアを積み重ねながら地力を蓄えていく。6歳4月の東京スプリントで2着に健闘。東京盃5着を経て臨んだ、大井D1200mコースを舞台とした11月のJBCスプリントでは8番人気という低評価を覆し、鮮やかな勝利を収めた。父は地方競馬首位種牡馬を続けた歴史的名サイアー。供用初年度には16頭に種付されている。

系統：フォーティナイナー系		母父系統：レイズアネイティヴ系	
父 *サウスヴィグラス 栗 1996	*エンドスウィープ	*フォーティナイナー	
		Broom Dance	
	*ダーケストスター	Star de Naskra	
		Minnie Riperton	
母 サブノイナズマ 青鹿 2005	*カコイーシーズ	Alydar	
		Careless Notion	
	サブノアフロディア	フジキセキ	
		*サニーモーニング	

距離	成長型	芝	ダート	瞬発力	パワー	底力
短	普	△	△	○	△	△

サンライズソア
SUNRISE SOAR
重賞を2勝したダート戦線の強豪

● 2014年生　●青鹿毛　●供用地／浦河・イーストスタッド

　2～7歳時に日で24戦5勝。3歳5月のOP青竜Sに勝利して以降一貫してダート戦線を歩み、4歳時に名古屋大賞典、平安Sと重賞を2勝した。ほかにジャパンダートダービー、武蔵野Sで2着、チャンピオンズC、JBCクラシックで3着している。祖母にビハインドザマスク（スワンS）、いとこにマスクトディーヴァ（ローズS）。供用初年度に、14頭との種付をこなしている。

系統：ロベルト系		母父系統：サンデーサイレンス系		
父 *シンボリクリスエス 黒鹿 1999	Kris S.		Roberto	
			Sharp Queen	
	Tee Kay		Gold Meridian	
			Tri Argo	
母 アメーリア 青鹿 2003	スペシャルウィーク		*サンデーサイレンス	
			キャンペンガール	
	ビハインドザマスク		*ホワイトマズル	
			*ヴァインゴールド	

距離	成長型	芝	ダート	瞬発力	パワー	底力
中	普	○	◎	○	○	△

シュウジ
SHUJI
スピードを武器に重賞戦線を沸かす

● 2013年生　●鹿毛　●供用地／新ひだか・アロースタッド

　2～8歳時に日で41戦5勝。デビュー戦、OP中京2歳S、小倉2歳Sと無傷の3連勝を飾る。その後は短距離、マイル重賞戦線でタフにキャリアを積み重ね、4歳暮れの阪神Cで重賞2勝目をマークした。ほかにOP千葉Sに勝ち、デイリー杯2歳S、キーンランドC、函館スプリントSで2着している。半兄にツルマルレオン（北九州記念）。供用初年度は、8頭と種付を行っている。

系統：サンデーサイレンス系		母父系統：キングマンボ系		
父 *キンシャサノキセキ 鹿 2003	フジキセキ		*サンデーサイレンス	
			*ミルレーサー	
	*ケルトシャーン		Pleasant Colony	
			Featherhill	
母 *カストリア 鹿 2001	Kingmambo		Mr. Prospector	
			Miesque	
	More Silver		Silver Hawk	
			Dancing Lt.	

距離	成長型	芝	ダート	瞬発力	パワー	底力
短	普	◎	○	○	○	○

セイウンコウセイ
SEIUN KOSEI
伏兵評価の高松宮記念を快勝する

● 2013年生　●栗毛　●供用地／新ひだか・アロースタッド

　2～8歳時に日で42戦7勝。3歳秋の準OP特別、4歳緒戦のL淀短距離Sを連勝。シルクロードS2着を経て5番人気で臨んだ高松宮記念では、好位追走から抜け出す盤石の競馬でGIタイトル奪取に成功する。その後は5歳時の函館スプリントSに勝ち、6歳時の高松宮記念で2着した。一族にクラリティスカイ（NHKマイルC）。供用初年度に29頭との種付をこなしている。

系統：フォーティナイナー系		母父系統：シアトルスルー系		
父 アドマイヤムーン 鹿 2003	*エンドスウィープ		*フォーティナイナー	
			Broom Dance	
	マイケイティーズ		*サンデーサイレンス	
			*ケイティーズファースト	
母 *オブザーヴァント 黒鹿 2000	Capote		Seattle Slew	
			Too Bald	
	*パテントリークリア		Miswaki	
			Badge of Courage	

距離	成長型	芝	ダート	瞬発力	パワー	底力
短	普	○	○	○	○	○

*タニノフランケル
TANINO FRANKEL
重賞でも好走した歴史的名牝の息仔

● 2015年生　●青鹿毛　●供用地／新ひだか・レックススタッド

　2～6歳時に日で26戦4勝。64年振りの牝馬による制覇となったダービー、ジャパンC、天皇賞・秋などGIを計7勝した歴史的名牝ウオッカが英に渡り、欧州最強馬フランケルと配合され愛で誕生した超名血馬。日本でデビューし、4歳1月の中山金杯で3着、続く小倉大賞典で2着と重賞で好勝負を演じた。供用初年度に57頭、2年目は33頭に種付されるまずまずの人気を博す。

系統：ガリレオ系		母父系統：ロベルト系		
父 Frankel 鹿 2008	Galileo		Sadler's Wells	
			Urban Sea	
	Kind		*デインヒル	
			Rainbow Lake	
母 ウオッカ 鹿 2004	タニノギムレット		*ブライアンズタイム	
			タニノクリスタル	
	タニノシスター		*ルション	
			エナジートウショウ	

距離	成長型	芝	ダート	瞬発力	パワー	底力
中	普	○	○	○	○	○

*テーオーヘリオス
T O HELIOS
6歳時にOP特別、重賞を連勝する

● 2012年生　●鹿毛　●供用地／宮崎県・吉野政敏

　3〜9歳時に日で50戦10勝。レースキャリアを積み重ねながら着実に地力を蓄えていき、6歳となりOP天王山S、北海道スプリントCを連勝した。ほかにかきつばた記念で3着。9歳となり公営佐賀に移籍し特別戦を3連勝している。父はケンタッキーダービー馬。半兄に米GⅢ3勝のアルスヴィッド（アリスタイズS2回）。宮崎県で種牡馬となり、初年度は7頭に種付けされている。

系統：ミスタープロスペクター系　母父系統：ソードダンサー系

父	Mr. Prospector	Raise a Native
Fusaichi Pegasus 鹿 1997		Gold Digger
	Angel Fever	Danzig
		Rowdy Angel
母	Afternoon Deelites	Private Terms
*リーグルメアリー 鹿 2002		Intimate Girl
	*リアリーライジング	For Really
		Rising Writer

距離	成長型	芝	ダート	瞬発力	パワー	底力
短	普	△	○	△	△	△

ノブワイルド
NOBU WILD
公営浦和に移籍して重賞制覇達成

● 2012年生　●鹿毛　●供用地／新冠・白馬牧場

　2〜9歳時に日で39戦13勝。ロックバンドTUBEのボーカル前田亘輝氏の持ち馬。JRAから公営浦和に移籍してから花開き、交流重賞オーバルスプリントで連覇を達成したほか、ローカル重賞習志野きらっとスプリントを2度勝っている。ほかにさきたま杯3着、JBCスプリント5着。父はダートGⅠ9勝の名馬。祖母トチノニシキは中山金杯に勝利。初年度は8頭に種付された。

系統：キングマンボ系　母父系統：ノーザンダンサー系

父	*エルコンドルパサー	Kingmambo
ヴァーミリアン 黒鹿 2002		*サドラーズギャル
	スカーレットレディ	*サンデーサイレンス
		スカーレットローズ
母	アンバーシャダイ	*ノーザンテスト
コウエイベスト 栗 2002		*クリアアンバー
	トチノニシキ	*ブレイヴェストローマン
		セイビニシキ

距離	成長型	芝	ダート	瞬発力	パワー	底力
短	普	△	○	△	△	△

リオンリオン
LION LION
クラシックTRのGⅡ重賞を2勝

● 2016年生　●鹿毛　●供用地／新冠・優駿SS

　2〜3歳時に日で10戦4勝。3歳3月の500万大寒桜賞に勝ち、デビュー8戦目の重賞初挑戦となった青葉賞で逃げ切り勝ちを収める。続くダービーでも逃げたがロジャーバローズの15着に大敗。しかし、9月のセントライト記念を好位から抜け出して勝利し、2つ目のGⅡタイトル獲得に成功した。祖母はエリザベス女王杯を制した名牝トゥザヴィクトリー。初年度は13頭と種付した。

系統：キングマンボ系　母父系統：デピュティミニスター系

父	キングカメハメハ	Kingmambo
ルーラーシップ 鹿 2007		*マンファス
	エアグルーヴ	*トニービン
		ダイナカール
母	*クロフネ	*フレンチデピュティ
アゲヒバリ 芦 2004		*ブルーアヴェニュー
	トゥザヴィクトリー	*サンデーサイレンス
		*フェアリードール

距離	成長型	芝	ダート	瞬発力	パワー	底力
中長	普	◎	○	△	○	○

ロジクライ
LOGI CRY
重賞を2勝した名血の一流マイラー

● 2013年生　●黒鹿毛　●供用地／日高・Yogibo Versailles Stable

　2〜8歳時に日で28戦5勝。デビュー5戦目となる3歳1月のシンザン記念を8番人気で勝利し、重賞初制覇。5歳10月には芝1600m1分31秒7というレースレコードを樹立して、2つ目の重賞タイトルとなる富士Sに勝っている。ほかに、L六甲Sを制し、中京記念で2着、京王杯SCで3着。いとこにタリスマニック（ブリーダーズCターフ）。供用初年度は4頭に種付されている。

系統：サンデーサイレンス系　母父系統：マキャヴェリアン系

父	*サンデーサイレンス	Halo
ハーツクライ 鹿 2001		Wishing Well
	アイリッシュダンス	*トニービン
		*ビューパーダンス
母	Machiavellian	Mr. Prospector
*ドリームモーメント 鹿 2005		Coup de Folie
	Dream Ticket	Danzig
		Capo Di Monte

距離	成長型	芝	ダート	瞬発力	パワー	底力
マ	普	○	△	○	△	△

キャプテンキング

2〜7歳時に日で25戦8勝。JRAから公営大井に移籍し、羽田盃、フジノウェーブ記念2回、川崎マイラーズC、ゴールドCなどローカル重賞を勝ちまくる。叔父に重賞3勝ワイルドワンダー。

●2014年生　●鹿毛　●供用地／新ひだか・チェリーフィールズ
父 *ファスリエフ
母 ストロベリーパフェ　母父 *ブライアンズタイム

距離	成長型	芝	ダート	瞬発力	パワー	底力
マ中	普	△	○	△	△	△

キングプライド

2〜9歳時に日で68戦35勝。3歳以降、公営佐賀で大レースを勝ちまくったタフな名馬。主なタイトルに九州ダービー栄城賞、はがくれ大賞典、佐賀スプリングC2回。父は地方競馬首位種牡馬。

●2012年生　●栗毛　●供用地／鹿児島県・徳重推幸
父 *サウスヴィグラス
母 アイディアルクイン　母父 アスワン

距離	成長型	芝	ダート	瞬発力	パワー	底力
中	普	△	△	△	△	△

ソルテ

2〜7歳時に日で36戦15勝。さきたま杯に勝ち、かしわ記念2着。マイルGPなどローカル重賞も勝ちまくり、2016年NAR年度代表馬に選ばれた。全弟にトウケイタイガー（かきつばた記念）。

●2010年生　●鹿毛　●供用地／新冠・太平洋ナショナルスタッド
父 タイムパラドックス
母 ヒノデモンテローザ　母父 マルゼンスキー

距離	成長型	芝	ダート	瞬発力	パワー	底力
マ	普	△	○	△	△	△

ハラモシュテソーロ

3〜4歳時に日で6戦2勝。セレクションセールにおいて2700万円で落札。JRAデビュー戦となった3歳未勝利戦に勝利。道営移籍後に1勝を加えた。母系からシスタートウショウ（桜花賞）。

●2017年生　●栗毛　●供用地／新冠・白馬牧場
父 スクリーンヒーロー
母 テイコフトウショウ　母父 *タイキシャトル

距離	成長型	芝	ダート	瞬発力	パワー	底力
マ中	普	△	△	△	△	△

フォクスホール

2〜8歳時に日で37戦5勝。公営浦和でデビューし、特別戦の梅花賞、文月特別などD1400〜1600m戦で5勝をマークした。父はエイシンサンディ直仔のマイナー種牡馬、母は地方で7勝。

●2013年生　●鹿毛　●供用地／むかわ・ストロベリーフィールドファーム
父 ホールウォーカー
母 オレンジスカイ　母父 リキアイワカタカ

距離	成長型	芝	ダート	瞬発力	パワー	底力
短マ	普	△	△	△	△	△

リコーソッピース

2〜6歳時に日で18戦12勝。道営競馬でデビュー戦から連勝、サンライズCで3着、北海道2歳優駿で7着。公営大井に移籍後は高い勝率を残している。叔母に短距離GI2勝のビリーヴ。

●2014年生　●鹿毛　●供用地／新冠・クラックステーブル
父 ゴールドアリュール
母 シマノタカラチャン　母父 *ジェイドロバリー

距離	成長型	芝	ダート	瞬発力	パワー	底力
短マ	普	△	△	△	△	△

ミラアイトーン

2〜7歳時に日で25戦6勝。3歳7月から4歳5月にかけて、1000万特別、1000万特別、準OP特別、OP鞍馬Sと4連勝。続く北九州記念は5着。半弟にギルデッドミラー（武蔵野S）。

●2014年生　●青鹿毛　●供用地／日高・エスティファーム
父 Lonhro
母 *タイタンクイーン　母父 Tiznow

距離	成長型	芝	ダート	瞬発力	パワー	底力
短マ	普	○	○	△	○	○

illustration:Oomura Taishi

2026年
新種牡馬

2021年の年度代表馬エフフォーリアと、コントレイルのライバルだったサリオス、ダートGIを4勝したチュウワウィザード、外国の名血ウィルテイクチャージが注目の存在だ。

2026 Debut Thoroughbred Stallions In Japan

馬名

最近2年間の
種付頭数と産駒数

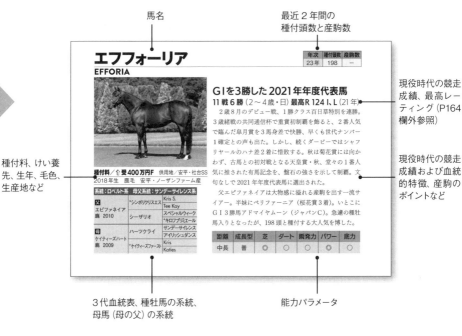

エフフォーリア
EFFORIA

年次	種付頭数	産駒数
23年	198	―

GIを3勝した2021年年度代表馬
11戦6勝（2〜4歳・日）最高R 124 I, L（21年）

2年8月のデビュー戦、1勝クラス百日草特別を連勝。3歳緒戦の共同通信杯で重賞初制覇を飾ると、2番人気で臨んだ皐月賞を3馬身差で快勝、早くも世代ナンバー1確定との声も出た。しかし、続くダービーではシャフリヤールのハナ差2着に惜敗する。秋は菊花賞には向かわず、古馬との初対戦となる天皇賞・秋、堂々の1番人気に推された有馬記念を、盤石の強さを示して制覇。文句なしで2021年年度代表馬に選出された。

父エピファネイアは大物感に溢れる産駒を出す一流サイアー。半妹にペリファーニア（桜花賞3着）。いとこにGI3勝馬アドマイヤムーン（ジャパンC）。急速の種牡馬入りとなったが、198頭と種付する大人気を博した。

種付料／企受400万円F　　供用地　安平・社台SS
2018年生　鹿毛　安平・ノーザンファーム産

系統：ロベルト系　　母系統：サンデーサイレンス系

父 エピファネイア 鹿 2010	シンボリクリスエス	Kris S.
		Tee Kay
	シーザリオ	スペシャルウィーク
		*キロフプリミエール
母 ケイティーズハート 鹿 2009	ハーツクライ	サンデーサイレンス
		アイリッシュダンス
	*ケイティーズファースト	Kris
		Katies

距離	成長型	芝	ダート	瞬発力	パワー	底力
中長	普	◎	○	◎	◎	○

種付料、けい養
先、生年、毛色、
生産地など

現役時代の競走
成績、最高レー
ティング（P164
欄外参照）

現役時代の競走
成績および血統
的特徴、産駒の
ポイントなど

3代血統表、種牡馬の系統、
母馬（母の父）の系統

能力パラメータ

＊ウィルテイクチャージ
WILL TAKE CHARGE

年次	種付頭数	産駒数
23年	174	－

Darley

種付料／⇨産120万円　供用地／日高・ダーレージャパンスタリオンコンプレックス
2010年生　栗毛　アメリカ産

日本でも人気博す名血の米GI馬
21戦7勝（2～4歳・米）最高R 124 I（13年）

　3歳3月のGIIレベルSを制して直後のケンタッキーダービーは8着。強豪が揃った8月のトラヴァーズSを鮮やかに制し、GIウイナーの仲間入りを果たす。続くGIIペンシルヴェニアダービーを連勝。大一番、BCクラシックでも好走し、ムーチョマッチョマンのハナ差2着し、続くGIクラークHも勝利。4歳時も中距離戦線の一線級として活躍GIIオークロンHに勝っている。

　母テイクチャージレディはスピンスターS2回など米GIを3勝。半兄にテイクチャージインディ（フロリダダービー）、半妹にアズタイムゴーズバイ（ビホルダーマイルS）。米供用時代の産駒に米GI馬ゼアゴーズハーヴァード。日本での供用初年度は174頭に種付された。

系統：アンブライドルド系	母父系統：デピュティミニスター系	
父	Unbridled	Fappiano
Unbridled's Song		Gana Facil
芦 1993	Trolley Song	Caro
		Lucky Spell
母	＊デビア	Deputy Minister
Take Charge Lady		Sister Dot
鹿 1999	Felicita	Rubiano
		Grand Bonheur

距離	成長型	芝	ダート	瞬発力	パワー	底力
中	普	○	◎	◎	◎	○

エフフォーリア
EFFORIA

年次	種付頭数	産駒数
23年	198	－

種付料／⇧受400万円F　供用地／安平・社台SS
2018年生　鹿毛　安平・ノーザンファーム産

GIを3勝した2021年年度代表馬
11戦6勝（2～4歳・日）最高R 124 I, L（21年）

　2歳8月のデビュー戦、1勝クラス百日草特別を連勝。3歳緒戦の共同通信杯で重賞初制覇を飾ると、2番人気で臨んだ皐月賞を3馬身差で快勝、早くも世代ナンバー1確定との声も出た。しかし、続くダービーではシャフリヤールのハナ差2着に惜敗する。秋は菊花賞には向かわず、古馬との初対戦となる天皇賞・秋、堂々の1番人気に推された有馬記念を、盤石の強さを示して制覇。文句なしで2021年年度代表馬に選出された。

　父エピファネイアは大物感に溢れる産駒を出す一流サイアー。半妹にペリファーニア（桜花賞3着）。いとこにGI3勝馬アドマイヤムーン（ジャパンC）。急遽の種牡馬入りとなったが、198頭と種付する大人気を博した。

系統：ロベルト系	母父系統：サンデーサイレンス系	
父	＊シンボリクリスエス	Kris S.
エピファネイア		Tee Kay
鹿 2010	シーザリオ	スペシャルウィーク
		＊キロフプリミエール
母	ハーツクライ	サンデーサイレンス
ケイティーズハート		アイリッシュダンス
鹿 2009	＊ケイティーズファースト	Kris
		Katies

距離	成長型	芝	ダート	瞬発力	パワー	底力
中長	普	◎	○	○	◎	○

サリオス
SALIOS

種付料／⇧受200万円F　供用地／安平・社台SS
2017年生　栗毛　安平・ノーザンファーム産

2歳GⅠ制す独オークス馬の息仔

15戦5勝（2〜5歳・日香）**最高R119 I、M**（20年）

　3歳6月の新馬戦、10月のサウジアラビアロイヤルC、暮れの朝日杯FSと無傷の3連勝を飾ったが、2019年最優秀2歳牡馬の座はコントレイルに譲る。3歳緒戦の皐月賞はコントレイルに半馬身差交わされた2着、続くダービーでもまたもコントレイルの2着までだった。秋は毎日王冠で古馬陣を撃破。しかし、次走のマイルCSは5着に終わる。古馬となり5歳時の毎日王冠に勝利。香港マイル、安田記念で共に3着した。

　父ハーツクライは歴史的名種牡馬。母系には勢いがあり母サロミナはGⅠ独オークス馬、半姉にサラキア（有馬記念2着）、全妹にサフィラ（アルテミスS2着）がいる。供用初年度は176頭との種付をこなしている。

系統：サンデーサイレンス系		母父系統：ニジンスキー系	
父 ハーツクライ 鹿 2001	*サンデーサイレンス	Halo	
		Wishing Well	
	アイリッシュダンス	*トニービン	
		*ビューパーダンス	
母 *サロミナ 鹿 2009	Lomitas	Niniski	
		La Colorada	
	Saldentigerin	Tiger Hill	
		Salde	

距離	成長型	芝	ダート	瞬発力	パワー	底力
マ	普	◎	○	○	○	○

チュウワウィザード
CHUWA WIZARD

種付料／⇧受150万円F　供用地／新冠・優駿SS
2015年生　青鹿毛　安平・ノーザンファーム産

GⅠを4勝した2020年ダート王者

26戦11勝（3〜7歳・日首）**最高R117 M**（18年）、**I**（22年）

　デビュー以来一貫してダート中距離戦線を歩み、3歳暮れの名古屋グランプリで重賞初制覇を飾る。4歳時はダイオライト記念、平安Sを勝ち、11月のJBCクラシックで初のGⅠタイトルを獲得。5歳となり最盛期を迎え川崎記念、チャンピオンズCを制し、2020年最優秀ダートホースにも選出された。7歳時の川崎記念で連覇を達成。ほかにドバイワールドC、帝王賞2回、6歳時のチャンピオンズCで、いずれも2着している。

　父キングカメハメハは芝、ダートの双方で一流産駒を出した超一流種牡馬。いとこにルヴァンスレーヴ（チャンピオンズC）、叔母にアイアンテーラー（クイーン賞）がいる。供用初年度は193頭との種付をこなした。

系統：キングマンボ系		母父系統：サンデーサイレンス系	
父 キングカメハメハ 鹿 2001	Kingmambo	Mr. Prospector	
		Miesque	
	*マンファス	*ラストタイクーン	
		Pilot Bird	
母 チュウワブロッサム 鹿 2007	デュランダル	*サンデーサイレンス	
		サワヤカプリンセス	
	オータムブリーズ	*ティンバーカントリー	
		セプテンバーソング	

距離	成長型	芝	ダート	瞬発力	パワー	底力
中	普	△	◎	○	◎	○

アルクトス
ARCTOS
D 1600m戦の日本レコードを樹立

● 2015年生　●鹿毛　●供用地／新冠・優駿SS

　2～7歳時に日で24戦10勝。4歳7月のプロキオンSで重賞初制覇。5歳秋の南部杯でモズアスコットとの接戦を制し、2001年武蔵野Sにおけるクロフネの記録を19年振りに更新する、D1600m戦1分32秒7の日本レコードを樹立する。6歳時にはさきたま杯、連覇となる南部杯に勝利した。祖母コンキスタドレスは米GⅠアシュランドS2着。供用初年度には、51頭に種付された。

系統：サンデーサイレンス系	母父系統：ロベルト系	
父 アドマイヤオーラ 鹿 2004	アグネスタキオン	*サンデーサイレンス
		アグネスフローラ
	ビワハイジ	Caerleon
		*アグサン
母 ホシニイノリヲ 鹿 2009	シンボリクリスエス	Kris S.
		Tee Kay
	*コンキスタドレス	Seeking the Gold
		Bless You

距離	成長型	芝	ダート	瞬発力	パワー	底力
マ	普	○	◎	○	◎	○

インティ
INTI
1年8カ月越しの7連勝でGⅠ制覇

● 2014年生　●栗毛　●供用地／新冠・優駿SS

　3～8歳時に日で23戦7勝。3歳6月の未勝利戦から長期休養を挟みながらも連勝を続け、5歳1月の東海Sで重賞初制覇。7連勝が掛かったフェブラリーSでも鮮やかな逃げ切り勝ちを収め、GⅠウイナーの仲間入りを果たす。その後はかしわ記念で2、3着、チャンピオンズCで3着2回した。父は米GⅠを3勝した強豪。供用初年度には75頭と種付される人気を博した。

系統：ゴーンウエスト系	母父系統：ミスタープロスペクター系	
父 *ケイムホーム 黒鹿 1999	Gone West	Mr. Prospector
		Secrettame
	Nice Assay	Clever Trick
		*インフルヴュー
母 キティ 鹿 2006	Northern Afleet	*アフリート
		Nuryette
	*フォレストキティ	Forestry
		Haleakala

距離	成長型	芝	ダート	瞬発力	パワー	底力
マ	普	△	◎	○	◎	○

オジュウチョウサン
OJU CHOSAN
JGⅠを9勝した障害戦の大スター

● 2011年生　●鹿毛　●供用地／日高・Yogibo Versailles Stable

　2～11歳時に日で40戦20勝。5～9歳時の5連覇、11歳時の勝利と、中山グランドジャンプを計6度に亘り制覇。5、6、10歳時には中山大障害を制している。ほかに東京ハイジャンプ2回、阪神スプリングジャンプ2回、東京ジャンプSに勝利。7歳時の有馬記念参戦も大きな話題を集めた。父は大物感ある産駒を多数出した名種牡馬。叔父にアルアラン（オグリキャップ記念）。

系統：サンデーサイレンス系	母父系統：ロベルト系	
父 ステイゴールド 黒鹿 1994	*サンデーサイレンス	Halo
		Wishing Well
	ゴールデンサッシュ	*ディクタス
		ダイナサッシュ
母 シャドウシルエット 青鹿 2005	*シンボリクリスエス	Kris S.
		Tee Kay
	ユーワジョイナー	*ミルジョージ
		サシマサンダー

距離	成長型	芝	ダート	瞬発力	パワー	底力
中長	やや晩	△	○	○	◎	◎

オメガパフューム
OMEGA PERFUME
東京大賞典4連覇の大偉業を達成

● 2015年生　●芦毛　●供用地／新ひだか・レックススタッド

　3～7歳時に日で26戦11勝。ジャパンダートダービー2着を経た3歳秋のシリウスSで重賞初制覇。2度目の大井D2000m戦となった暮れの東京大賞典でGⅠタイトルを獲得。その後、4、5、6歳時と東京大賞典4連覇の金字塔を打ち建てる。ほかに帝王賞、アンタレスS、平安Sに勝ち、JBCクラシックで4着2着した。いとこにエテルナミノル（愛知杯）。初年度種付数は155頭。

系統：フォーティナイナー系	母父系統：サンデーサイレンス系	
父 *スウェプトオーヴァーボード 芦 1997	*エンドスウィープ	*フォーティナイナー
		Broom Dance
	Sheer Ice	Cutlass
		Hey Dolly A.
母 オメガフレグランス 鹿 2007	ゴールドアリュール	*サンデーサイレンス
		*ニキーヤ
	ビューティーメイク	リアルシャダイ
		セイリングビューティ

距離	成長型	芝	ダート	瞬発力	パワー	底力
中	普	○	◎	○	◎	○

カデナ
CADENAS
長き低迷を打破し重賞を計3勝する

● 2014年生　●鹿毛　●供用地／新ひだか・アロースタッド

　2〜8歳時に日で42戦4勝。2歳11月の京都2歳S、3歳緒戦の弥生賞と芝2000m戦の重賞を連勝。しかし、皐月賞、ダービーは9、11着に終わる。その後低迷期が長く続いたが、5歳夏に小倉記念2着、新潟記念3着。6歳となり2月の小倉大賞典で久し振りとなる重賞タイトル獲得に成功した。半兄にスズカコーズウェイ（京王杯SC）、半弟にテンダンス（東スポ杯2歳S3着）。

系統：サンデーサイレンス系		母父系統：デピュティミニスター系	
父 ディープインパクト 鹿 2002	*サンデーサイレンス	Halo	
		Wishing Well	
	*ウインドインハーウェア	Alzao	
		Burghclere	
母 フレンチリヴィエラ 栗 1999	*フレンチデピュティ	Deputy Minister	
		Mitterand	
	Actinella	Seattle Slew	
		Aerturas	

距離	成長型	芝	ダート	瞬発力	パワー	底力
中	普	○	△	○	△	△

*カラヴァッジオ
CARAVAGGIO
すでに日本で重賞ウイナーを出す

● 2014年生　●芦毛　●供用地／新ひだか・JBBA 静内種馬場

　2〜3歳時に愛英仏で10戦7勝。2歳4月のデビュー戦から、Lレース、GⅡコヴェントリーS、GⅠフィーニックスS、3歳となってからのGⅢラッケンS、GⅠコモンウェルスCと6連勝。9月にはGⅡフライングファイヴSにも勝っている。父は米首位種牡馬。半姉に米GⅡ馬マイジェン（ギャラントブルームH）。産駒に米GⅠ馬ホワイトビーム（ダイアネS）、アグリ（阪急杯）など。

系統：ストームキャット系		母父系統：ホーリーブル系	
父 Scat Daddy 黒鹿 2004	*ヨハネスブルグ	*ヘネシー	
		Myth	
	Love Style	Mr. Prospector	
		Likeable Style	
母 Mekko Hokte 芦 2000	Holy Bull	Great Above	
		Sharon Brown	
	Aerosilver	Relaunch	
		Silver in Flight	

距離	成長型	芝	ダート	瞬発力	パワー	底力
短マ	やや早	○	○	○	○	○

キングオブコージ
KING OF KOJI
距離延びて本領発揮したGⅡ2勝馬

● 2016年生　●鹿毛　●供用地／浦河・イーストスタッド

　2〜6歳時に日で22戦6勝。4歳となり花開き1勝クラス戦、2勝クラス特別、3勝クラス特別、3歳春の毎日杯以来となる重賞挑戦となった目黒記念と4連勝。6歳1月にはAJCCを制し、2つ目のGⅡタイトルを得た。半妹に仏GⅢ馬ハラジュク（クレオパトラ賞）、叔母にナイトタイム（愛1000ギニー）、いとこにガイヤース（バーデン大賞）。供用初年度に10頭と種付された。

系統：キングマンボ系		母父系統：ガリレオ系	
父 ロードカナロア 鹿 2008	キングカメハメハ	Kingmambo	
		*マンファス	
	レディブラッサム	Storm Cat	
		*サラトガデュー	
母 ファイノメナ 栗 2010	Galileo	Sadler's Wells	
		Urban Sea	
	Caumshinaun	Indian Ridge	
		Ridge Pool	

距離	成長型	芝	ダート	瞬発力	パワー	底力
中長	やや晩	○	○	○	○	△

グローリーヴェイズ
GLORY VASE
香港ヴァーズを二度制した個性派

● 2015年生　●黒鹿毛　●供用地／日高ブリーダーズSS

　2〜7歳時に日香首で20戦6勝。4歳1月の日経新春杯で重賞初制覇。4月の天皇賞・春でも2着に健闘する。暮れには香港に遠征し香港ヴァーズでGⅠ初制覇。香港ではその後も強さを発揮し、6歳時の香港ヴァーズに勝ち、QエリザベスⅡ世Cで2着、7歳時の香港ヴァーズで3着。ほかに5歳時の京都大賞典を制した。曾祖母メジロラモーヌは牝馬3冠馬。初年度は51頭と種付。

系統：サンデーサイレンス系		母父系統：フォーティナイナー系	
父 ディープインパクト 鹿 2002	*サンデーサイレンス	Halo	
		Wishing Well	
	*ウインドインハーウェア	Alzao	
		Burghclere	
母 メジロツボネ 芦 2008	*スウェプトオーヴァーボード	*エンドスウィープ	
		Sheer Ice	
	メジロルバート	メジロライアン	
		メジロラモーヌ	

距離	成長型	芝	ダート	瞬発力	パワー	底力
中長	普	○	○	○	○	△

ケイティブレイブ
K T BRAVE
ダートのトップクラスで息長く活躍

● 2013年生　●栗毛　●供用地／新冠・優駿SS

　2～9歳時に日で46戦12勝。4歳時の帝王賞、5歳時の川崎記念、JBCクラシックとダートGIを3勝したほか、浦和記念2回、ダイオライト記念、日本テレビ盃、兵庫CS、名古屋大賞典、白山大賞典を制し、7歳時のフェブラリーSなどGIで計6回2着に入った。叔父にガーネットS2回などダート重賞8勝の名短距離馬ビーマイナカヤマ。供用初年度は31頭に種付されている。

系統：サンデーサイレンス系	母父系統：ブラッシンググルーム系		
父 アドマイヤマックス 鹿 1999	*サンデーサイレンス	Halo
		Wishing Well
	ダイナシュート	*ノーザンテースト
		シャダイマイン
母 ケイティローレル 栗 2006	サクラローレル	Rainbow Quest
		*ローラローラ
	*ビーマイファイア	Be My Guest
		Fire and Ice

距離	成長型	芝	ダート	瞬発力	パワー	底力
中長	普	△	◎	△	○	○

サンライズノヴァ
SUNRISE NOVA
5歳秋にダートGIタイトルを獲得

● 2014年生　●栗毛　●供用地／新ひだか・アロースタッド

　2～8歳時に日で43戦10勝。3歳6月のユニコーンS、4歳時の武蔵野Sに勝利。5歳秋には得意の左回りコースで行われる南部杯でGIタイトル獲得に成功した。6歳時もプロキオンS、二度目となる武蔵野Sを制覇。ほかにJBCスプリントで2着、フェブラリーS、かしわ記念で3着している。叔父にサンライズバッカス（フェブラリーS）。供用初年度は22頭に付けられた。

系統：サンデーサイレンス系	母父系統：ミスタープロスペクター系		
父 ゴールドアリュール 栗 1999	*サンデーサイレンス	Halo
		Wishing Well
	*ニキーヤ	Nureyev
		Reluctant Guest
母 ブライトサファイヤ 栗 2000	*サンダーガルチ	Gulch
		Line of Thunder
	リアルサファイヤ	*リアルシャダイ
		ワールドサファイヤ

距離	成長型	芝	ダート	瞬発力	パワー	底力
短マ	普	△	○	○	○	○

*ジャンダルム
GENDARME
7歳で大きく花開きGIウイナーに

● 2015年生　●黒鹿毛　●供用地／新ひだか・アロースタッド

　2～7歳時に日香で30戦7勝。スプリンターズS、高松宮記念に勝った母が米に渡り、現地の一流サイアーである父と配合されて誕生した名血馬。デイリー杯2歳Sで重賞初制覇を飾ったが、その後長期に亘り低迷。7歳となり才能が再開花し、オーシャンS、母仔制覇となるスプリンターズSを勝利した。半弟にファリダット（阪神C2着）。供用初年度は70頭に種付されている。

系統：エルプラド系	母父系統：サンデーサイレンス系		
父 Kitten's Joy 栗 2001	El Prado	Sadler's Wells
		Lady Capulet
	Kitten's First	Lear Fan
		That's My Hon
母 ビリーヴ 鹿 1998	*サンデーサイレンス	Halo
		Wishing Well
	*グレートクリスティーヌ	Danzig
		Great Lady M.

距離	成長型	芝	ダート	瞬発力	パワー	底力
短マ	普	○	△	○	○	○

スイーズドリームス
SEIZE DREAMS
父、母でGIを計10勝した超名血馬

● 2014年生　●鹿毛　●供用地／日高・Yogibo Versailles Stable

　3～6歳時に日で24戦4勝。デビュー3戦目となる未勝利戦で初勝利。7月の500万タイランドCで2勝目をあげる。その後、上位争いを繰り広げるもののなかなか勝てず、6歳となり2勝クラス・岡崎特別、3勝クラス・ストークSに勝利した。父は世界的大種牡馬。母は宝塚記念、エリザベス女王杯、秋華賞を制した名牝中の名牝。叔父にトウショウフリーク（ダイオライト記念2着）。

系統：サンデーサイレンス系	母父系統：フォーティナイナー系		
父 ディープインパクト 鹿 2002	*サンデーサイレンス	Halo
		Wishing Well
	*ウインドインハーヘア	Alzao
		Burghclere
母 スイープトウショウ 鹿 2001	*エンドスウィープ	*フォーティナイナー
		Broom Dance
	タバサトウショウ	*ダンシングブレーヴ
		サマンサトウショウ

距離	成長型	芝	ダート	瞬発力	パワー	底力
マ中	普	○	○	○	○	○

ステルヴィオ
STELVIO
路線を変更し3歳でマイルCS制覇

● 2015年生　●鹿毛　●供用地／新ひだか・アロースタッド

　2〜7歳時に日で21戦4勝。2歳時にサウジアラビアRC、朝日杯FSで連続2着。3歳3月のスプリングSで重賞初制覇を達成するも、皐月賞4着、ダービー8着に終わる。秋は毎日王冠2着からマイルCSに向かい、好位追走から抜け出す競馬で勝利を収める。5歳時には京王杯SC、スワンSで2着した。全妹にウンブライル（NHKマイルC2着）。初年度は91頭に種付された。

系統：キングマンボ系		母父系統：ノーザンダンサー系	
父 ロードカナロア 鹿 2008	キングカメハメハ	Kingmambo	
		*マンファス	
	レディブラッサム	Storm Cat	
		*サラトガデュー	
母 ラルケット 青鹿 2005	*ファルブラヴ	Fairy King	
		Gift of the Night	
	アズサユミ	*サンデーサイレンス	
		ファーストクラス	

距離	成長型	芝	ダート	瞬発力	パワー	底力
マ中	普	○	○	○	○	○

*ストラクター
STRUCTOR
無傷の3連勝で米2歳G1を制する

● 2017年生　●鹿毛　●供用地／新ひだか・レックススタッド

　2〜3歳時に米で4戦3勝。2歳8月のデビュー戦、9月のGⅢピルグリムSを連勝。11月のサンタアニタ競馬場芝8Fコースを舞台としたGⅠブリーダーズCジュヴナイルターフでは、鞍上J・オルティスの好リードもあり、接戦から抜け出しビッグタイトル獲得に成功する。父は今春からの日本供用が決まったベルモントS馬。母は米で走り1勝。供用初年度は29頭に種付されている。

系統：スマートストライク系		母父系統：ヘイロー系	
父 Palace Malice 鹿 2010	Curlin	Smart Strike	
		Sherriff's Deputy	
	*パレスルーマー	Royal Anthem	
		Whisperifyoudare	
母 Miss Always Ready 黒鹿 2012	More Than Ready	*サザンヘイロー	
		Woodman's Girl	
	Miss Seffens	*デヒア	
		Noise Enough	

距離	成長型	芝	ダート	瞬発力	パワー	底力
マ中	普	○	○	△	○	△

スーパーステション
SUPERSTITION
ホッカイドウ競馬を席巻した強豪

● 2014年生　●栗毛　●2023年引退

　2〜8歳時に日で32戦20勝。ホッカイドウ競馬でデビューし、伏兵評価だった3歳夏の王冠賞に勝利。秋には水沢に遠征しダービーグランプリに勝った。古馬となりさらに強さを増し、星雲賞2回、旭岳賞2回、コスモバルク記念、赤レンガ記念、道営記念などローカル重賞を勝ちまくっている。父は最優秀ダートホースに二度選出された名馬中の名馬。母は公営川崎で3勝をあげた。

系統：サンデーサイレンス系		母父系統：ニアークティック系	
父 カネヒキリ 栗 2002	フジキセキ	*サンデーサイレンス	
		*ミルレーサー	
	*ライフアウトゼア	Deputy Minister	
		Silver Valley	
母 ワイルドイマージュ 黒鹿 2006	*ワイルドラッシュ	Wild Again	
		Rose Park	
	ドラマチックローズ	Theatrical	
		*ミンデンローズ	

距離	成長型	芝	ダート	瞬発力	パワー	底力
中	普	△	○	△	○	○

ノボバカラ
NOBO BACCARA
8歳時も重賞を制した名短距離馬

● 2012年生　●栗毛　●供用地／浦河・イーストスタッド

　2〜10歳時に日で62戦10勝。4歳時にかきつばた記念、プロキオンS、カペラSとダート短距離重賞を3勝。その後は南部杯2着、北海道スプリントC3着、L栗東Sでの勝利などがあったが、重賞タイトルは重ねられず、8歳となり再び調子を上げ、かきつばた記念で2着、続くさきたま杯で4つ目のタイトルを得た。父は京都記念、弥生賞に勝利。供用初年度は11頭に付けられた。

系統：サンデーサイレンス系		母父系統：デピュティミニスター系	
父 アドマイヤオーラ 鹿 2004	アグネスタキオン	*サンデーサイレンス	
		アグネスフローラ	
	ビワハイジ	Caerleon	
		*アグサン	
母 ノボキッス 鹿 2003	*フレンチデピュティ	Deputy Minister	
		Mitterand	
	*ライズキッス	Dayjur	
		Take Lady Anne	

距離	成長型	芝	ダート	瞬発力	パワー	底力
短マ	普	△	○	○	○	△

＊ハイランドリール
HIGHLAND REEL
世界を舞台に活躍した一流中距離馬

● 2012年生　● 鹿毛　● 供用地／日高・エスティファーム

　2〜5歳時に愛英米首仏豪香で27戦10勝。米GⅠセクレタリアトSを皮切りに、香港ヴァーズ2回、"Kジョージ"、BCターフ、コロネーションC、プリンスオブウェールズSと世界各地の大レースを勝利した名馬。全弟に英GⅡ馬アイダホ（グレートヴォルティジュールS）。産駒に伊GⅡ馬エタミスク（ドルメーロ賞）、米GⅢコマンシェカントリー。2023年から日本で供用されている。

系統：ガリレオ系　母父系統：デインヒル系		
父 Galileo 鹿 1998	Sadler's Wells	Northern Dancer
		Fairy Bridge
	Urban Sea	Miswaki
		Allegretta
母 Hveger 鹿 2001	＊デインヒル	Danzig
		Razyana
	Circles of Gold	Marscay
		Olympic Aim

距離	成長型	芝	ダート	瞬発力	パワー	底力
中長	普	○	○	○	○	○

＊ホットロッドチャーリー
HOT ROD CHARLIE
大一番での2着が多かった中距離馬

● 2018年生　● 黒鹿毛　● 供用地／安平・社台SS

　2〜4歳時に米首で19戦5勝。3歳9月のGⅠペンシルヴェニアダービーのほか、GⅡルイジアナダービー、GⅡマクトゥームチャレンジR2などに勝っている。ケンタッキーダービー、ベルモントS、ドバイWC、BCジュヴナイルと大レースでの2着も目立った。父はプリークネスS馬。半兄にマイトーリ（BCスプリント）。供用初年度から133頭に種付する大きな人気を博している。

系統：デピュティミニスター系　母父系統：カロ系		
父 Oxbow 鹿 2010	Awesome Again	Deputy Minister
		Primal Force
	Tizamazing	Cee's Tizzy
		Cee's Song
母 Indian Miss 鹿 2009	Indian Charlie	In Excess
		Soviet Sojourn
	Glacken's Gal	Smoke Glacken
		Lady Diplomat

距離	成長型	芝	ダート	瞬発力	パワー	底力
マ中	普		○			

ヒガシウィルウィン
HIGASHI WILL WIN
交流GⅠ制しNAR年度代表馬に

● 2015年生　● 黒鹿毛　● 供用地／浦河・イーストスタッド

　2〜7歳時に日で44戦15勝。ホッカイドウ競馬でデビューし公営南関東に移籍。京浜盃、東京ダービーに勝ち、続くジャパンダートダービーでもJRA勢を撃破し、2017年NAR年度代表馬に選出された。その後、ホッカイドウ競馬、南関東、岩手と所属を替え、トウケイニセイ記念、青藍賞2回などに勝っている。叔母にタイニーダンサー（関東オークス）。初年度種付数は28頭。

系統：フォーティナイナー系　母父系統：ロベルト系		
父 ＊サウスヴィグラス 栗 1996	＊エンドスウィープ	＊フォーティナイナー
		Broom Dance
	＊ダーケストスター	Star de Naskra
		Minnie Riperton
母 プリモタイム 鹿 2004	＊ブライアンズタイム	Roberto
		Kelley's Day
	キハク	＊アサティス
		ウイニングベット

距離	成長型	芝	ダート	瞬発力	パワー	底力
中	普	△	○	△	○	△

マカヒキ
MAKAHIKI
9歳まで現役続けた日本ダービー馬

● 2013年生　● 鹿毛　● 供用地／新ひだか・レックススタッド

　2〜9歳時に日仏で28戦6勝。3歳時に大きな輝きを見せ、弥生賞、ダービー、仏に遠征してのニエル賞に勝利した。古馬となり長らく低迷したが、8歳秋に9番人気で京都大賞典を制している。ほかに皐月賞2着、札幌記念2着。全姉にウリウリ（CBC賞）。祖母リアルナンバーは亜GⅠフィルベルトレレナ大賞典に勝利。生産地の人気は高く初年度から104頭の種付をこなした。

系統：サンデーサイレンス系　母父系統：デピュティミニスター系		
父 ディープインパクト 鹿 2002	＊サンデーサイレンス	Halo
		Wishing Well
	＊ウインドインハーヘア	Alzao
		Burghclere
母 ウィキウィキ 鹿 2004	＊フレンチデピュティ	Deputy Minister
		Mitterand
	＊リアルナンバー	Rainbow Corner
		Numeraria

距離	成長型	芝	ダート	瞬発力	パワー	底力
中長	普	○				

マスターフェンサー
MASTER FENCER
米3冠戦にも挑んだダートの強豪

● 2016年生　●栗毛　●供用地／浦河・イーストスタッド

　2〜5歳時に日米で21戦8勝。3歳春に米遠征を敢行し、ケンタッキーダービー6着、ベルモントS5着と健闘を示す。帰国後はダート戦線を歩み、4歳時にマーキュリーC、白山大賞典、名古屋グランプリと3連勝。5歳時にはマーキュリーC連覇を達成した。父は内外でGI3勝の超一流馬。半兄にトップディーヴォ（名古屋グランプリ2着）。供用初年度は17頭に種付された。

系統：サンデーサイレンス系	母父系統：デピュティミニスター系		
父 ジャスタウェイ 鹿 2009	ハーツクライ	*サンデーサイレンス	アイリッシュダンス
	シビル	Wild Again	*シャロン
母 *セクシーザムライ 栗 2004	Deputy Minister	Vice Regent	Mint Copy
	Powder	Broad Brush	Charette

距離	成長型	芝	ダート	瞬発力	パワー	底力
中長	普	△	○	△	○	△

モジアナフレイバー
MOGIANA FLAVOR
交流GIでも健闘した大井の強豪

● 2015年生　●鹿毛　●供用地／新冠・白馬牧場

　2〜7歳時に日で28戦10勝。公営大井所属の強豪として息の長い活躍を示す。大井記念、勝島王冠2回、川崎マイラーズと公営南関東のローカル重賞を制したほか、東京大賞典で3着、南部杯で3、4着、帝王賞5着と交流ダートGIレースでも上位争いを繰り広げた。父は米GIIニューオリンズHに勝利。母はJRAで走った未勝利馬。叔父にセイウンコウセイ（高松宮記念）。

系統：アンブライドルド系	母父系統：デピュティミニスター系		
父 *バトルプラン 鹿 2005	*エンパイアメーカー	Unbridled	Toussaud
	Flanders	Seeking the Gold	Starlet Storm
母 ナスケンアイリス 栗 2007	*フレンチデピュティ	Deputy Minister	Mitterand
	*オブザーヴァント	Capote	*パテントリークリア

距離	成長型	芝	ダート	瞬発力	パワー	底力
中	早	△	○	△	○	△

モンブランテソーロ
MONT BLANC TESORO
ディープインパクトの孫世代種牡馬

● 2016年生　●鹿毛　●供用地／新冠・白馬牧場

　3〜6歳時に日で17戦4勝。北海道1歳サマーセールで落札されJRAで競走馬デビュー。3歳5月に初勝利をあげ2勝クラスTVK賞、3勝クラス五稜郭Sなど、芝1800〜2000m戦で計4勝をマークした。父は伊英での供用経験を持つ、ディープインパクト直孫の個性派サイアー。愛で生産された母は公営笠松で1勝をあげた。母父デインヒルダンサーは欧豪で活躍の一流種牡馬。

系統：サンデーサイレンス系	母父系統：デインヒル系		
父 ダノンバラード 黒鹿 2008	ディープインパクト	*サンデーサイレンス	*ウインドインハーヘア
	*レディバラード	Unbridled	Angelic Song
母 *ルヴァンクレール 栗 2005	Danehill Dancer	*デインヒル	Mira Adonde
	Loch Clair	Lomond	Burghclere

距離	成長型	芝	ダート	瞬発力	パワー	底力
中	普	○	△	△	○	△

ワイドファラオ
WIDE PHARAOH
3歳で芝GII、4歳でDGIを制覇

● 2016年生　●栗毛　●供用地／新冠・白馬牧場

　2〜6歳時に日で28戦4勝。2歳未勝利戦で初勝利をあげ、3歳緒戦のニュージーランドTを鮮やかに逃げ切り重賞初制覇を飾る。続くNHKマイルCは9着に敗れるも、初のダート戦となったユニコーンSで重賞2勝目をマークした。4歳5月には7頭立て6番人気の低評価を覆しかしわ記念を快勝、GIタイトルを得る。父はダートを得意とする名種牡馬。母はフローラS2着。

系統：ストームキャット系	母父系統：サンデーサイレンス系		
父 *ヘニーヒューズ 栗 2003	*ヘネシー	Storm Cat	Island Kitty
	Meadow Flyer	Meadowlake	Shortley
母 ワイドサファイア 鹿 2006	アグネスタキオン	*サンデーサイレンス	アグネスフローラ
	クイーンネスト	*ノーザンテースト	*エイプリルソネット

距離	成長型	芝	ダート	瞬発力	パワー	底力
マ	普	△	○	○	○	△

アールスター

3〜7歳時に日で31戦4勝。5歳8月の小倉記念を10番人気で制し、3連単137万円強という超高配当馬券の立役者となった。叔父にダート戦線の強豪キョウトシチー（浦和記念）がいる。

		距離	成長型	芝	ダート	瞬発力	パワー	底力
●2015年生	●鹿毛	●供用地／熊本県・本田土寿						
父 ロードカナロア								
母 ウェーブクイーン	母父 サッカーボーイ							
		中	普	○	△	○	△	△

シャンドマルス

3歳時に日で3戦0勝、現役時代は未勝利に終わったが、父がBCクラシック、ドバイWCに勝った米競馬界の大スター、叔母に米GI13勝のゼニヤッタがいる超名血が買われ、種牡馬となった。

		距離	成長型	芝	ダート	瞬発力	パワー	底力
●2019年生	●芦毛	●供用地／日高・奥山ファーム						
父 Arrogate								
母 *プレシャライジング	母父 Henrythenavigator							
		マ中	普	△	○	△	○	△

タガノエスプレッソ

2〜10歳時に日で44戦9勝。デイリー杯2歳Sで重賞初制覇を達成。障害転向後も京都ハイジャンプ、阪神ジャンプS、京都ジャンプSに勝っている。半兄にタガノトルネード（武蔵野S）。

		距離	成長型	芝	ダート	瞬発力	パワー	底力
●2012年生	●鹿毛	●供用地／新冠・新冠タガノファーム						
父 ブラックタイド								
母 タガノレヴェントン	母父 キングカメハメハ							
		中長	普	○	△	○	△	△

パクスアメリカーナ

2〜6歳時に日で10戦4勝。3歳暮れのLリゲルS、初重賞制覇となる4歳緒戦の京都金杯を連勝した。全姉にホエールキャプチャ（ヴィクトリアマイル）、全兄にJGⅢ馬ドリームセーリング。

		距離	成長型	芝	ダート	瞬発力	パワー	底力
●2015年生	●芦毛	●供用地／新ひだか・レックススタッド						
父 *クロフネ								
母 グローバルピース	母父 *サンデーサイレンス							
		マ中	普	○	○	○	△	△

ヒロシゲゴールド

2〜8歳時に41戦7勝。ダート短距離戦線で息の長い活躍を示し、6歳5月の北海道スプリントCで重賞制覇を達成。ほかにL京葉Sに勝ち南部杯で2着した。父は地方競馬首位サイアー。

		距離	成長型	芝	ダート	瞬発力	パワー	底力
●2015年生	●青鹿毛	●供用地／新ひだか・岡田牧場						
父 *サウスヴィグラス								
母 エフテーストライク	母父 ブラックタキシード							
		短マ	普	△	○	△	○	△

マイネルジャスト

2〜10歳時に100戦21勝。JRAでデビューしたが未勝利のまま地方競馬に移籍。佐賀、大井で走り、佐賀の重賞ロータスクラウン賞を含む、計21勝を積み上げた。父は北米首位サイアー。

		距離	成長型	芝	ダート	瞬発力	パワー	底力
●2012年生	●栗毛	●供用地／浦河・カナイシスタッド						
父 Tapit								
母 *ブリーボーンズ	母父 Hesabull							
		中長	普	△	○	△	△	△

ムーンヴィグラス

2〜7歳時に日で32戦8勝。公営佐賀で走り続け、8つの勝ち鞍を積み重ねた。母系は名門でいとこにヌーヴォレコルト（オークス）、一族にミューチャリー（JBCクラシック）がいる。

		距離	成長型	芝	ダート	瞬発力	パワー	底力
●2016年生	●栗毛	●供用地／鹿児島県・長谷川和彦						
父 *サウスヴィグラス								
母 コトノハ	母父 フジキセキ							
		短マ	普	△	△	△	△	△

リッキーボーイ

未出走。フェブラリーS2回、東京大賞典、JBCクラシック2回など、ダートGIを計11勝した父と、全日本2歳優駿などを勝ち二度NAR年度代表馬となった母から誕生した砂の名血馬。

		距離	成長型	芝	ダート	瞬発力	パワー	底力
●2019年生	●栗毛	●供用地／新ひだか・チェリーフィールズ						
父 コパノリッキー								
母 ラブミーチャン	母父 *サウスヴィグラス							
		マ中	普	△	○	△	△	△

2024年
注目される
海外けい養種牡馬

2024年に初年度産駒がデビューする海外けい養の新種牡馬を中心に、日本ではまだ産駒がいないものの海外での活躍が目覚ましい注目すべき種牡馬たちをピックアップしている。

Thoroughbred Stallions In The World

生年、毛色、けい養先の国など

現役時代の競走成績および血統的特徴、代表産駒など

能力パラメータ

馬名

3代血統表、種牡馬の系統、母馬（母の父）の系統

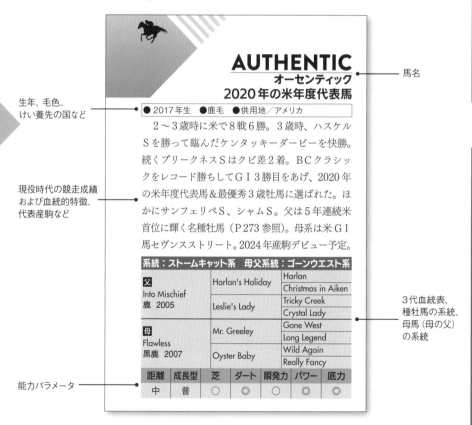

AUTHENTIC
オーセンティック
2020年の米年度代表馬

● 2017年生　● 鹿毛　● 供用地／アメリカ

　2〜3歳時に米で8戦6勝。3歳時、ハスケルSを勝って臨んだケンタッキーダービーを快勝。続くプリークネスSはクビ差2着。BCクラシックをレコード勝ちしてGI3勝目をあげ、2020年の米年度代表馬＆最優秀3歳牡馬に選ばれた。ほかにサンフェリペS、シャムS。父は5年連続米首位に輝く名種牡馬（P273参照）。母系は米GI馬セヴンススストリート。2024年産駒デビュー予定。

系統：ストームキャット系　母父系統：ゴーンウエスト系		
父 Into Mischief 鹿 2005	Harlan's Holiday	Harlan
		Christmas in Aiken
	Leslie's Lady	Tricky Creek
		Crystal Lady
母 Flawless 黒鹿 2007	Mr. Greeley	Gone West
		Long Legend
	Oyster Baby	Wild Again
		Really Fancy

距離	成長型	芝	ダート	瞬発力	パワー	底力
中	普	○	◎	○	○	○

能力パラメータの見方　短…1000〜1400m、マ…1600m前後、中…1800〜2100m、長…2200m以上、万…万能（産駒の距離タイプが様々）、早…早熟、普…普通、晩…晩成、持続…早熟と晩成を併せ持つ、◎…非常に得意、○…得意、△…やや不向き、▲…不得意

AUTHENTIC
オーセンティック
2020年の米年度代表馬

● 2017年生　●鹿毛　●供用地／アメリカ

　2〜3歳時に米で8戦6勝。3歳時、ハスケルSを勝って臨んだケンタッキーダービーを快勝。続くプリークネスSはクビ差2着。BCクラシックをレコード勝ちしてGI3勝目をあげ、2020年の米年度代表馬＆最優秀3歳牡馬に選ばれた。ほかにサンフェリペS、シャムS。父は5年連続米首位に輝く名種牡馬（P273参照）。母系は米GI馬セヴンスストリート。2024年産駒デビュー予定。

系統：ストームキャット系	母父系統：ゴーンウエスト系	
父 Into Mischief 鹿 2005	Harlan's Holiday	Harlan
		Christmas in Aiken
	Leslie's Lady	Tricky Creek
		Crystal Lady
母 Flawless 黒鹿 2007	Mr. Greeley	Gone West
		Long Legend
	Oyster Baby	Wild Again
		Really Fancy

距離	成長型	芝	ダート	瞬発力	パワー	底力
中	普	○	◎	○	◎	○

BLUE POINT
ブルーポイント
2019年の欧州短距離王

● 2014年生　●鹿毛　●供用地／アイルランド

　2〜5歳時に英香首で20戦11勝。4歳時、キングズスタンドSでGI初制覇。5歳時にはアルクオーツスプリント、キングズスタンドS、ダイヤモンドジュビリーSの3つのGIを含む5連勝を達成し、2019年の欧州最優秀スプリンターに選ばれた。父はP313参照。産駒にロザリオン（ジャンリュックラガルデール賞）、ビッグイヴス（BCジュヴナイルターフスプリント）。

系統：ストームキャット系	母父系統：ノーザンダンサー系	
父 Shamardal 鹿 2002	Giant's Causeway	Storm Cat
		Mariah's Storm
	Helsinki	Machiavellian
		Helen Street
母 Scarlett Rose 鹿 2001	Royal Applause	*ワージブ
		Flying Melody
	Billie Blue	Ballad Rock
		Blue Nose

距離	成長型	芝	ダート	瞬発力	パワー	底力
短	普	○	○	○	○	○

CHURCHILL
チャーチル
2016年の最優秀2歳牡馬

● 2014年生　●鹿毛　●供用地／アイルランド

　2〜3歳時に愛英米で13戦7勝。2歳時、ナショナルS、デューハーストSと2歳GIを連勝して2016年の最優秀2歳牡馬に選ばれた。3歳時も英2000ギニー、愛2000ギニーと連勝した。父は欧州で歴史を作った大種牡馬。2代母にエアウェイヴ（チェヴァリーパークS）。産駒にヴァデニ（仏ダービー、エクリプスS）、ブルーローズセン（仏オークスなどGI4勝）。

系統：ガリレオ系	母父系統：ストームキャット系	
父 Galileo 鹿 1998	Sadler's Wells	Northern Dancer
		Fairy Bridge
	Urban Sea	Miswaki
		Allegretta
母 Meow 鹿 2008	Storm Cat	Storm Bird
		Terlingua
	Airwave	Air Express
		Kangra Valley

距離	成長型	芝	ダート	瞬発力	パワー	底力
マ	普	○	○	○	○	○

CIRCUS MAXIMUS
サーカスマキシマス
欧州マイルGI3勝の快速馬

● 2016年生　●鹿毛　●供用地／ニュージーランド

　2〜4歳時に愛英仏米で17戦5勝。3歳時、セントジェイムズズパレスSでGI初制覇。ムーランドロンシャン賞でGI2勝目を飾り、米遠征してBCマイルで4着。4歳時、クイーンアンSでGI3勝目をあげると2度目の挑戦となったBCマイルで2着に入った。ほかにサセックスSで2着2回。父は欧州を代表する大種牡馬で母系とはニックス配合。2024年産駒デビュー予定。

系統：ガリレオ系	母父系統：デインヒル系	
父 Galileo 鹿 1998	Sadler's Wells	Northern Dancer
		Fairy Bridge
	Urban Sea	Miswaki
		Allegretta
母 Duntle 栗 2009	Danehill Dancer	*デインヒル
		Mira Adonde
	Lady Angola	Lord at War
		Benguela

距離	成長型	芝	ダート	瞬発力	パワー	底力
マ	普	○	○	○	○	○

COMPLEXITY
コンプレクシティ
米２歳ＧＩシャンペンＳ勝ち馬

● 2016 年生　●鹿毛　●供用地／アメリカ

　２～４歳時に米で 10 戦５勝。２歳時、シャンペンＳで、のちのトラヴァーズＳ勝ち馬のコードオブオナーに３馬身差をつけて快勝、ＧＩ初制覇を果たした。４歳時にＧⅡケルソＨを勝ちフォアゴーＳで２着。父はＰ 307 参照。母系は半姉にヴァラドーナ（ダブルドッグデアＳ）、叔母にスプリングサイド（デムワーゼルＳ）。母父はスプリントＧＩ勝ち。2024 年産駒デビュー予定。

系統：フォーティナイナー系	母父系統：ボールドルーラー系	
父 Maclean's Music 鹿 2008	Distorted Humor	*フォーティナイナー
		Danzig's Beauty
	Forest Music	Unbridled's Song
		Defer West
母 Goldfield 鹿 2008	Yes It's True	Is It True
		Clever Monique
	Folly Dollar	Digression
		Real Precious

距離	成長型	芝	ダート	瞬発力	パワー	底力
短マ	普	○	○	○	○	○

COUNTRY HOUSE
カントリーハウス
繰り上がりでＫダービー優勝

● 2016 年生　●栗毛　●供用地／アメリカ

　２～３歳時に米で７戦２勝。３歳時、ＧＩアーカンソーダービー３着を経てケンタッキーダービーに駒を進める。レースでは 19 頭中 18 番人気の低評価を覆す走りで２着すると、１着入線のマキシマムセキュリティが進路妨害で降着となり、繰り上がりで本馬がダービー馬に輝いた。父はプリークネスＳなどを勝った 2010 年の米３歳牡馬チャンピオン。2024 年産駒デビュー予定。

系統：スマートストライク系	母父系統：ダンチヒ系	
父 Lookin At Lucky 鹿 2007	Smart Strike	Mr. Prospector
		Classy'n Smart
	Private Feeling	Belong to Me
		Regal Feeling
母 Quake Lake 芦 2006	War Chant	Danzig
		Hollywood Wildcat
	Shooting Party	Sky Classic
		Ayanka

距離	成長型	芝	ダート	瞬発力	パワー	底力
マ中	普	○	○	○	○	○

CRACKSMAN
クラックスマン
2017 年の欧州３歳牡馬チャンピオン

● 2014 年生　●鹿毛　●供用地／イングランド

　２～４歳時に英愛仏で 11 戦８勝。３歳時、チャンピオンＳを勝ち、英ダービー３着、愛ダービー２着の成績で 2017 年の最優秀３歳牡馬に選ばれた。４歳時は、英チャンピオンＳを連覇し、ガネー賞、コロネーションＣに勝利、プリンスオブウェールズＳで２着。父はＰ 266 参照。母系は３代母にオンザハウス（英 1000 ギニー）。産駒にエースインパクト（凱旋門賞、仏ダービー）。

系統：ガリレオ系	母父系統：ヌレイエフ系	
父 Frankel 鹿 2008	Galileo	Sadler's Wells
		Urban Sea
	Kind	*デインヒル
		Rainbow Lake
母 Rhadegunda 鹿 2005	Pivotal	Polar Falcon
		Fearless Revival
	St Radegund	Green Desert
		On The House

距離	成長型	芝	ダート	瞬発力	パワー	底力
中長	普	◎	○	○	○	◎

EARTHLIGHT
アースライト
英仏の２歳ＧＩを連勝！

● 2017 年生　●栗毛　●供用地／アイルランド

　２～３歳時に仏英で９戦７勝。２歳時、モルニ賞でＧＩ初制覇を果たすと、続くミドルパークＳも制してＧＩ２勝目。３歳時、モーリスドギース賞で４着に敗れ連勝がストップ。その後、ＧⅡパン賞を勝ち、ＧＩフォレ賞で２着。父はＰ 313 参照。母系は叔母にウェイヴァリング（サンタラリ賞）、叔父にマンディエン（クリテリウムドサンクルー）。2024 年産駒デビュー予定。

系統：ストームキャット系	母父系統：ガリレオ系	
父 Shamardal 鹿 2002	Giant's Causeway	Storm Cat
		Mariah's Storm
	Helsinki	Machiavellian
		Helen Street
母 Winters Moon 栗 2012	New Approach	Galileo
		Park Express
	Summertime Legacy	Darshaan
		Zawaahy

距離	成長型	芝	ダート	瞬発力	パワー	底力
短マ	早	○	○	○	○	○

ECHO TOWN
エコータウン
日本でも実績ある快速血統

● 2017年生　● 鹿毛　● 供用地／アメリカ

　３歳時に米で10戦４勝。ダート７FのGIH.アレンジャーケンスＳを３馬身半差で快勝し、GIホースに輝いた。ほかにGIウッディスティーヴンスＳ２着、GIIフィーニクスＳで３着がある。父はP282参照。母はGIIフォワードギャルＳ勝ち。母系は半妹にBCジュヴナイルフィリーズなどを勝ち米２歳女王に輝いたエコーズールーがいる。2024年産駒デビュー予定。

系統：ゴーンウエスト系　母父系統：ストームキャット系

父	Gone West	Mr. Prospector
Speightstown		Secrettame
栗 1998	Silken Cat	Storm Cat
		Silken Doll
母	Menifee	Harlan
Letgomyecho		Anne Campbell
黒鹿 2002	Echo Echo Echo	Eastern Echo
		Kashie West

距離	成長型	芝	ダート	瞬発力	パワー	底力
短マ	普	○	○	○	○	○

GAME WINNER
ゲームウイナー
2018年の米２歳牡馬チャンピオン

● 2016年生　● 鹿毛　● 供用地／アメリカ

　２～３歳時に米で８戦５勝。２歳時、デルマーフューチュリティでGI初制覇。続くアメリカンファラオＳも制しGI連勝。さらに２歳王者決定戦のBCジュヴナイルも１番人気に応えて快勝し、2018年の米２歳牡馬王者に輝いた。父はP306参照。母系は２代母に米古馬女王フリートインディアン、半兄にフラッグスタッフ（チャーチルダウンズＳ）。2024年産駒デビュー予定。

系統：ファピアノ系　母父系統：エーピーインディ系

父	Ride the Rails	Cryptoclearance
Candy Ride		Herbalesian
鹿 1999	Candy Girl	Candy Stripes
		City Girl
母	A.P. Indy	Seattle Slew
Indyan Giving		Weekend Surprise
黒鹿 2009	Fleet Indian	Indian Charlie
		Hustleeta

距離	成長型	芝	ダート	瞬発力	パワー	底力
マ中	普	○	◎	○	○	○

GHAIYYATH
ガイヤース
2020年の欧州年度代表馬

● 2015年生　● 鹿毛　● 供用地／アイルランド

　２～５歳時に英仏独首愛で13戦９勝。４歳時、バーデン大賞を14馬身差で圧勝してGI初制覇。続く凱旋門賞は10着。５歳時はさらに充実。コロネーションＣ、エクリプスＳ、英インターナショナルＳとGIを３連勝。2020年の欧州年度代表馬に選ばれた。父はP293参照。母は愛1000ギニーの勝ち馬。母系は半姉にジューコヴァ（マンノウォーＳ）。2024年産駒デビュー予定。

系統：シーキングザゴールド系　母父系統：ガリレオ系

父	Dubai Millennium	Seeking the Gold
Dubawi		Colorado Dancer
鹿 2002	Zomaradah	Deploy
		Jawaher
母	Galileo	Sadler's Wells
Nightime		Urban Sea
栗 2003	Caumshinaun	Indian Ridge
		Ridge Pool

距離	成長型	芝	ダート	瞬発力	パワー	底力
中長	普	◎	○	○	◎	◎

IMPROBABLE
インプローバブル
2020年の米古牡馬チャンピオン

● 2016年生　● 栗毛　● 供用地／アメリカ

　２～４歳時に米で15戦７勝。２歳時、キャッシュコールフューチュリティでGI初制覇。３歳時はGIで惜しいレースが続いたが、４歳時に本格化。ハリウッドGC、ホイットニーＳ、オーサムアゲインＳとGIを３連勝。BCクラシックでも２着に入り2020年の米古牡馬王者に輝いた。ほかにアーカンソーダービー２着。父はP319参照。2024年産駒デビュー予定。

系統：ミスタープロスペクター系　母父系統：エーピーインディ系

父	Carson City	Mr. Prospector
City Zip		Blushing Promise
栗 1998	Baby Zip	Relaunch
		Thirty Zip
母	A.P. Indy	Seattle Slew
Rare Event		Weekend Surprise
鹿 2009	Our Rite of Spring	*ストラヴィンスキー
		Turkish Tryst

距離	成長型	芝	ダート	瞬発力	パワー	底力
中	普	○	◎	○	○	○

KAMEKO
カメコ
英2000ギニーの勝ち馬

● 2017年生　●黒鹿毛　●供用地／イギリス

　2～3歳時に英米で10戦4勝。2歳時、ヴァーテムフューチュリティTSでGI初制覇。3歳時、4番人気で迎えた英2000ギニーで、圧倒的人気のピナツボを3着に降して優勝。英クラシックホースに輝いた。ほかにGIIジョエルS。父はP 312参照。母は米GIIIセニョリータS勝ち。叔父にキングスバーンズ（レーシングポストトロフィー）。2024年産駒デビュー予定。

系統：エルプラド系　母父系統：デインヒル系		
父 Kitten's Joy 栗　2001	El Prado	Sadler's Wells
		Lady Capulet
	Kitten's First	Lear Fan
		That's My Hon
母 Sweeter Still 黒鹿　2005	*ロックオブジブラルタル	*デインヒル
		Offshore Boom
	Beltisaal	Belmez
		*イティサール

距離	成長型	芝	ダート	瞬発力	パワー	底力
マ中	普	○	○	○	○	○

KING OF CHANGE
キングオブチェンジ
QEII世Sを勝った名マイラー

● 2016年生　●鹿毛　●供用地／アイルランド

　2～3歳時に英で6戦3勝。3歳時、15番人気で臨んだ英2000ギニーで、マグナグレシアの2着。リステッドレース1着から駒を進めたクイーンエリザベスII世Sを快勝し、GIホースの仲間入りを果たした。父ファーは英チャンピオンSなどGI 2勝。母系は半兄にセンチュリードリーム（セレブレーションマイル）。母父はGII勝ちの中距離馬。2024年産駒デビュー予定。

系統：ヌレイエフ系　母父系統：シーキングザゴールド系		
父 Farhh 鹿　2008	Pivotal	Polar Falcon
		Fearless Revival
	Gonbarda	Lando
		Gonfalon
母 Salacia 鹿　2009	Echo of Light	Dubai Millennium
		Spirit of Tara
	Neptune's Bride	Bering
		Wedding of the Sea

距離	成長型	芝	ダート	瞬発力	パワー	底力
マ	普	◎	○	○	○	○

MANDURO
マンデュロ
GI3勝の名マイラー

● 2002年生　●黒鹿毛　● 2020年死亡

　2～5歳時に独伊仏英で18戦10勝。5歳時に本格化。イスパーン賞を5馬身差で圧勝してGI初制覇を飾ると、続くプリンスオブウェールズSも快勝。さらにジャックルマロワ賞も制してGI 3連勝を達成した。父は独リーディングサイアー。母系は甥にワールドプレミア（P 385）。産駒にヴァジラバド（ロワイヤルオーク賞）、イレジン（ガネー賞）、リボンズ（ジャンロマネ賞）。

系統：モンズーン系　母父系統：ノーザンダンサー系		
父 Monsun 黒鹿　1990	Konigsstuhl	Dschingis Khan
		Konigskronung
	Mosella	Surumu
		Monasia
母 Mandellicht 黒鹿　1994	Be My Guest	Northern Dancer
		What a Treat
	Mandelauge	Elektrant
		Mandriale

距離	成長型	芝	ダート	瞬発力	パワー	底力
マ中	普	◎	○	○	○	○

MAGNA GRECIA
マグナグレシア
英2000ギニーを快勝！

● 2016年生　●鹿毛　●供用地／アイルランド

　2～3歳時に英愛で6戦3勝。2歳時、ヴァーテムフューチュリティTSでGI初制覇。3歳時には、英2000ギニーを2馬身半差で快勝した。1番人気に推された愛2000ギニーは5着。父はスプリントC勝ちの快速馬で、種牡馬として大成功を収めている。母系は半弟に2021年の欧州年度代表馬セントマークスバシリカ（仏ダービー、仏2000ギニー、エクリプスS）。

系統：グリーンデザート系　母父系統：ガリレオ系		
父 Invincible Spirit 鹿　1997	Green Desert	Danzig
		Foreign Courier
	Rafha	Kris
		Eljazzi
母 Cabaret 鹿　2007	Galileo	Sadler's Wells
		Urban Sea
	Witch of Fife	Lear Fan
		Fife

距離	成長型	芝	ダート	瞬発力	パワー	底力
マ中	普	◎	○	◎	○	○

MAXIMUM SECURITY
マキシマムセキュリティ
GI4勝の名中距離馬

● 2016年生　● 鹿毛　● 供用地／アメリカ

　2～4歳時に米沙で14戦10勝。フロリダダービーを勝って臨んだケンタッキーダービーは1位入線も17着降着。その後、ハスケル招待S、シガーマイルH、パシフィッククラシックSの3つのGIを含む6連勝を達成した。ほかにサウジC。米3歳牡馬王者に選ばれている。父はP356参照。叔父にシガーマイルHなどGI3勝のフラットアウト。2024年産駒デビュー予定。

系統：マキャヴェリアン系	母父系統：エーピーインディ系	
父 *ニューイヤーズデイ 鹿 2011	Street Cry	Machiavellian
		Helen Street
	Justwhistledixie	Dixie Union
		General Jeanne
母 Lil Indy 栗 2007	Anasheed	A.P. Indy
		Flagbird
	Cresta Lil	Cresta Rider
		Rugosa

距離	成長型	芝	ダート	瞬発力	パワー	底力
マ中	普	○	◎	◎	◎	○

MCKINZIE
マッキンジー
米の中距離戦線で活躍

● 2015年生　● 鹿毛　● 供用地／アメリカ

　2～5歳時に米沙で18戦8勝。2歳時、キャッシュコールフューチュリティでGI初制覇。3歳時はペンシルヴェニアダービー、マリブSとGIを2勝。4歳時にはホイットニーSでGI4勝目。ほかにBCクラシック2着、メトロポリタンH2着など。父はP294参照。母は米GIIゴールデンロッドSの勝ち馬。いとこにサハム（ジェファーソンCS）。2024年産駒デビュー予定。

系統：マキャヴェリアン系	母父系統：シーキングザゴールド系	
父 *ストリートセンス 鹿 2004	Street Cry	Machiavellian
		Helen Street
	Bedazzle	Dixieland Band
		Majestic Legend
母 Runway Model 黒鹿 2002	Petionville	Seeking the Gold
		Vana Turns
	Ticket to Houston	Houston
		Stave

距離	成長型	芝	ダート	瞬発力	パワー	底力
マ中	普	○	◎	◎	◎	○

MOHAATHER
モハーザー
サセックスS勝ちの名マイラー

● 2016年生　● 鹿毛　● 供用地／イギリス

　2～4歳時に英で8戦5勝。2歳時、GIIIホーリスヒルSで重賞初制覇。3歳時、GIIIグリーナムSで重賞2勝目をあげるもGIには届かず。4歳時、サセックスSで3度の挑戦となったGIの初制覇を果たした。ほかにGIIサマーマイルS。父はGII級の競走馬だが、種牡馬としては成功。母系は甥にアクシデンタルエージェント（クイーンアンS）。2024年産駒デビュー予定。

系統：グリーンデザート系	母父系統：アホヌーラ系	
父 Showcasing 鹿 2007	Oasis Dream	Green Desert
		Hope
	Arabesque	Zafonic
		Prophecy
母 Roodeye 鹿 2002	Inchinor	Ahonoora
		Inchmurrin
	Roo	Rudimentary
		Shall We Run

距離	成長型	芝	ダート	瞬発力	パワー	底力
短マ	普	○	○	◎	○	○

NOT THIS TIME
ノットディスタイム
アイアンホースの血を広める

● 2014年生　● 黒鹿毛　● 供用地／アメリカ

　2歳時に米で4戦2勝。イロコイSで重賞初制覇を果たすと、続くBCジュヴナイルでは1番人気に推されるもクビ差の2着に惜敗した。父は「アイアンホース」の愛称で親しまれた中距離の名馬。母系は半兄にリアムズマップ（BCダートマイル）。産駒にエピセンター（トラヴァーズS）、プリンセスノーア（デルマーデビュータントS）、シベリウス（ドバイゴールデンシャヒーン）。

系統：ストームキャット系	母父系統：フォーティナイナー系	
父 Giants Causeway 栗 1997	Storm Cat	Storm Bird
		Terlingua
	Mariah's Storm	Rahy
		*イメンス
母 Miss Macy Sue 黒鹿 2003	Trippi	*エンドスウィープ
		Jealous Appeal
	Yada Yada	Great Above
		Stem

距離	成長型	芝	ダート	瞬発力	パワー	底力
短中	普	○	◎	◎	○	○

OMAHA BEACH
オマハビーチ
父はダンチヒ晩年の傑作

● 2016年生　●黒鹿毛　●供用地／アメリカ

　2～3歳時に米で10戦5勝。3歳時、アーカンソーダービーでGⅠ初制覇。続くスプリントチャンピオンシップSも制してGⅠ連勝。BCダートマイルは1番人気に推されるも2着。その後、マリブSでGⅠ3勝目をあげた。父はダンチヒ晩年の傑作と呼ばれる名馬。母系は半姉にテイクチャージブランディ（BCジュヴナイルフィリーズ）。産駒にピラート（米ホープフルS）。

系統：ダンチヒ系		母父系統：シーキングザゴールド系		
父 War Front 鹿 2002	Danzig		Northern Dancer	
			Pas de Nom	
	Starry Dreamer		Rubiano	
			Lara's Star	
母 Charming 栗 2005	Seeking the Gold		Mr. Prospector	
			Con Game	
	Take Charge Lady		*デヒア	
			Felicita	

距離	成長型	芝	ダート	瞬発力	パワー	底力
短中	普	◎	○	○	○	○

PERSIAN KING
ペルシアンキング
仏2000ギニーの勝ち馬

● 2016年生　●鹿毛　●供用地／フランス

　2～4歳時に仏英で13戦8勝。3歳時、2歳時からの5連勝で仏2000ギニーを制し、クラシックホースに輝いた。4歳時はさらに充実。イスパーン賞、ムーランドロンシャン賞の2つのGⅠタイトルを獲得した。ほかに仏ダービー2着、凱旋門賞3着。父はP271参照。叔父にプラントゥール（ガネー賞、仏ダービー2着）。母父は凱旋門賞馬。2024年産駒デビュー予定。

系統：グリーンデザート系		母父系統：デインヒル系		
父 Kingman 鹿 2011	Invincible Spirit		Green Desert	
			Rafha	
	Zenda		Zamindar	
			Hope	
母 Pretty Please 鹿 2009	Dylan Thomas		*デインヒル	
			Lagrion	
	Plante Rare		Giant's Causeway	
			Palmeraie	

距離	成長型	芝	ダート	瞬発力	パワー	底力
マ中	普	◎	○	◎	○	○

PINATUBO
ピナツボ
2019年の欧州2歳牡馬王者

● 2017年生　●鹿毛　●供用地／イギリス

　2～3歳時に英愛仏で10戦7勝。2歳時、圧勝に次ぐ圧勝でナショナルS、デューハーストSの2つのGⅠを含む6戦全勝の戦績をマーク。2歳レーティングでは怪物フランケルをも上回る128を獲得。文句なしで2019年の欧州2歳牡馬王者に選ばれた。期待された3歳時は、GⅠを4戦してジャンプラ賞1勝のみに終わった。父はP313参照。2024年産駒デビュー予定。

系統：ストームキャット系		母父系統：ミルリーフ系		
父 Shamardal 鹿 2002	Giant's Causeway		Storm Cat	
			Mariah's Storm	
	Helsinki		Machiavellian	
			Helen Street	
母 Lava Flow 栗 2010	Dalakhani		Darshaan	
			Daltawa	
	Mount Elbrus		Baratiea	
			El Jazirah	

距離	成長型	芝	ダート	瞬発力	パワー	底力
短マ	早	◎	○	◎	○	○

ROMANISED
ローマナイズド
愛2000ギニーなどGⅠ2勝

● 2015年生　●鹿毛　●供用地／フランス

　2～5歳時に英愛仏香で20戦5勝。3歳時、愛2000ギニーでGⅠ初制覇。その後、GⅠでは苦戦が続いたが、4歳時のジャックルマロワ賞を制してGⅠ2勝目をあげた。ほかにムーランドロンシャン賞2着など。父は愛フィーニクスSの勝ち馬。母系は叔父にクイーンエリザベスⅡ世Cなど香港GⅠを4勝した名馬デザインズオンロー。2024年産駒デビュー予定。

系統：デインヒル系		母父系統：アホヌーラ系		
父 Holy Roman Emperor 鹿 2004	*デインヒル		Danzig	
			Razyana	
	L'On Vite		Secretariat	
			Fanfreluche	
母 Romantic Venture 栗 1997	Indian Ridge		Ahonoora	
			Hillbrow	
	Summer Trysting		Alleged	
			Seasonal Pickup	

距離	成長型	芝	ダート	瞬発力	パワー	底力
マ	普	◎	○	○	○	○

SEA THE STARS
シーザスターズ
2009年の欧州年度代表馬

● 2006年生　●鹿毛　●供用地／アイルランド

　2～3歳時に愛英仏で9戦8勝。英ダービー、エクリプスS、英インターナショナルS、愛チャンピオンS、凱旋門賞。2009年の欧州年度代表馬。父は仏安位種牡馬。母は凱旋門賞馬。半兄にガリレオ（P323）。産駒にハーザンド（英ダービー）、タグルーダ（キングジョージVI世＆QES）、バーイード（ムーランドロンシャン賞）、フクム（キングジョージVI世＆QES）。

系統：グリーンデザート系	母父系統：ミスタープロスペクター系		
父 Cape Cross 黒鹿 1994	Green Desert	Danzig	
		Foreign Courier	
	Park Appeal	Ahonoora	
		Balidaress	
母 Urban Sea 栗 1989	Miswaki	Mr. Prospector	
		Hopespringseternal	
	Allegretta	Lombard	
		Anatevka	

距離	成長型	芝	ダート	瞬発力	パワー	底力
マ中	普	◎	○	◎	○	◎

SOTTSASS
ソットサス
凱旋門賞で1着＆3着と活躍

● 2016年生　●栗毛　●供用地／アイルランド

　2～4歳時に仏愛で12戦6勝。3歳時、仏ダービーでGI初制覇。凱旋門賞は3着。4歳時、ガネー賞でGI2勝目をあげると、不良馬場の凱旋門賞をクビ差制し前年の雪辱を果たした。ほかにニエル賞など。父はP278参照。母系は半姉に米芝女王のシスターチャーリー（BCフィリー＆メアターフ）、全弟にシンエンペラー（京都2歳S）。2024年産駒デビュー予定。

系統：ヌレイエフ系	母父系統：ガリレオ系		
父 Siyouni 鹿 2007	Pivotal	Polar Falcon	
		Fearless Revival	
	Sichilla	*デインヒル	
		Slipstream Queen	
母 Starlet's Sister 栗 2009	Galileo	Sadler's Wells	
		Urban Sea	
	Premiere Creation	Green Tune	
		Allwaki	

距離	成長型	芝	ダート	瞬発力	パワー	底力
中長	普	◎	○	○	○	◎

SPUN TO RUN
スパントゥラン
BCダートマイルの覇者

● 2016年生　●黒鹿毛　●供用地／アメリカ

　2～3歳時に米で12戦5勝。3歳時、GI初挑戦のハスケル招待Sで3着。その後、スマーティジョーンズSで重賞初制覇を遂げると、11月のBCダートマイルを2馬身強で快勝。待望のGIタイトルを獲得した。ほかにシガーマイルHで2着。父はケンタッキーダービーとBCクラシックで2着した馬で、種牡馬としても日米で活躍した（P289参照）。2024年産駒デビュー予定。

系統：ダンチヒ系	母父系統：ゴーンウエスト系		
父 *ハードスパン 鹿 2004	Danzig	Northern Dancer	
		Pas de Nom	
	Turkish Tryst	Turkoman	
		Darbyvail	
母 Yawkey Way 黒鹿 2008	Grand Slam	Gone West	
		Bright Candles	
	Is Kylie Good	Touch Gold	
		Assombrie	

距離	成長型	芝	ダート	瞬発力	パワー	底力
マ中	普	○	◎	○	◎	○

TIZ THE LAW
ティズザロー
3歳時にGI3連勝を達成

● 2017年生　●鹿毛　●供用地／アメリカ

　2～3歳時に米で9戦6勝。2歳時、シャンペンSを4馬身差で圧勝してGI初制覇。3歳時、フロリダダービーを4馬身1/4差で圧勝すると、続くベルモントSも3馬身3/4差で快勝。さらにトラヴァーズSを5馬身半差で圧勝してGI3連勝を達成。9月に行われ1番人気で迎えたケンタッキーダービーは2着に敗れた。父はP295参照。2024年産駒デビュー予定。

系統：エーピーインディ系	母父系統：インリアリティ系		
父 Constitution 鹿 2011	Tapit	Pulpit	
		Tap Your Heels	
	Baffled	Distorted Humor	
		Surf Club	
母 Tizfiz 鹿 2004	Tiznow	Cee's Tizzy	
		Cee's Song	
	Gin Running	Go for Gin	
		Crafty and Evil	

距離	成長型	芝	ダート	瞬発力	パワー	底力
中	普	○	◎	○	◎	◎

VEKOMA
ヴェコマ
カーターHを7馬身強で圧勝！

● 2016年生　●栗毛　●供用地／アメリカ

　2〜4歳時に米で8戦6勝。3歳時、GIIブルーグラスSを勝って臨んだケンタッキーダービーは12着と大敗したが、古馬になってから本格化。GIカーターHを7馬身1/4差で圧勝し、GI初制覇。続くGIメトロポリタンHも快勝してGI2連勝を飾った。父はP306参照。母はGIヒューマナディスタフSの勝ち馬。4代母に仏短距離女王リアンガ。2024年産駒デビュー予定。

系統：ファピアノ系	母父系統：ゴーンウエスト系	
父　Candy Ride　鹿 1999	Ride the Rails	Cryptoclearance
		Herbalesian
	Candy Girl	Candy Stripes
		City Girl
母　Mona de Momma　鹿 2006	Speightstown	Gone West
		Silken Cat
	Society Gal	Linkage
		Long Legend

距離	成長型	芝	ダート	瞬発力	パワー	底力
短マ	普	○	◎	◎	○	○

VINO ROSSO
ヴィーノロッソ
2019年米古牡馬チャンピオン

● 2015年生　●栗毛　●供用地／アメリカ

　2〜4歳時に米で15戦6勝。3歳時、GIIウッドメモリアルSで重賞初制覇。古馬になって本格化し、サンタアニタ金杯でGI初制覇を遂げると、BCクラシックを4馬身1/4差で勝って2019年の米古牡馬王者に輝いた。ほかにジョッキークラブGCを1着入線後2着降着。父は2年連続の米年度代表馬にして名種牡馬。産駒にワインミーアップ（アメリカンファラオS2着）。

系統：スマートストライク系	母父系統：マキャヴェリアン系	
父　Curlin　栗 2004	Smart Strike	Mr. Prospector
		Classy'n Smart
	Sheriff's Deputy	Deputy Minister
		Barbarika
母　Mythical Bride　栗 2008	Street Cry	Machiavellian
		Helen Street
	Flaming Heart	Touch Gold
		Hot Lear

距離	成長型	芝	ダート	瞬発力	パワー	底力
中	普	○	◎	○	◎	◎

WAR OF WILL
ウォーオブウィル
2019年のプリークネスS勝ち馬

● 2016年生　●鹿毛　●供用地／アメリカ

　2〜4歳時に加米で18戦5勝。2歳時、未勝利の身で果敢に挑戦したGIサマーSで2着。3歳時、GIII、GIIと連勝。ケンタッキーダービーこそ7着に終わったが、続くプリークネスSを制し米クラシックホースに輝いた。ほかにメーカーズマークマイルS。父はP281参照。半兄にパスフォーク（ナショナルS）、叔父にスピニングワールド（BCマイル）。2024年産駒デビュー予定。

系統：ダンチヒ系	母父系統：サドラーズウェルズ系	
父　War Front　鹿 2002	Danzig	Northern Dancer
		Pas de Nom
	Starry Dreamer	Rubiano
		Lara's Star
母　Visions of Clarity　鹿 2000	Sadler's Wells	Northern Dancer
		Fairy Bridge
	Imperfect Circle	Riverman
		Aviance

距離	成長型	芝	ダート	瞬発力	パワー	底力
マ中	普	○	○	○	○	○

WITHOUT PAROLE
ウイズアウトパロール
欧州マイルGIウイナー

● 2015年生　●鹿毛　●供用地／イギリス

　2〜5歳時に英仏首米で15戦4勝。3歳時、セントジェイムズパレスSでGI初制覇。その後、11戦連続してGIに挑戦するも、BCマイルなどGIで3着が3回。父はP266参照。母系は半兄にタマークズ（BCダートマイル）、叔父にステイサースティ（トラヴァーズS）。母父レモンドロップキッドはレモンポップ（チャンピオンズC）の父。2024年産駒デビュー予定。

系統：ガリレオ系	母父系統：キングマンボ系	
父　Frankel　鹿 2008	Galileo	Sadler's Wells
		Urban Sea
	Kind	*ディンヒル
		Rainbow Lake
母　Without You Babe　栗 2005	Lemon Drop Kid	Kingmambo
		Charming Lassie
	Marozia	Storm Bird
		Make Change

距離	成長型	芝	ダート	瞬発力	パワー	底力
マ	普	○	○	○	○	○

AUDIBLE
オーディブル

2～4歳時に米首で10戦5勝。3歳時、GⅡホーリーブルSを5馬身半差、GⅠフロリダダービーを3馬身差で快勝した。父はP273参照。いとこにリエノテソーロ（全日本2歳優駿）。

	● 2015年生　●鹿毛　●供用地／アメリカ					
	父 Into Mischief					
	母 Blue Devil Bel		母父 Gilded Time			
距離	成長型	芝	ダート	瞬発力	パワー	底力
マ中	普	○	◎	○	◎	○

CHARM SPIRIT
チャームスピリット

2～3歳時に仏英で9戦6勝。ムーランドロンシャン賞、クイーンエリザベスⅡ世S、ジャンプラ賞。ジャンリュックラガルデール賞3着。父はP301参照。産駒にシャキール（ジュライC）。

	● 2011年生　●鹿毛　●供用地／フランス					
	父 Invincible Spirit					
	母 L'Enjoleuse		母父 Montjeu			
距離	成長型	芝	ダート	瞬発力	パワー	底力
マ	普	○	○	○	○	○

GIFT BOX
ギフトボックス

2～6歳時に米で18戦6勝。GⅠサンタニタH。父はマリブSに勝った中距離馬。半妹にジーナロマンティカ（クイーンエリザベスⅡ世CCS）。産駒は2024年デビュー予定。

	● 2013年生　●芦毛　●供用地／アメリカ					
	父 Twirling Candy					
	母 Special Me		母父 Unbridled's Song			
距離	成長型	芝	ダート	瞬発力	パワー	底力
中	普	○	○	○	○	○

GLOBAL CAMPAIGN
グローバルキャンペーン

3～4歳時に米で10戦6勝。GⅠウッドワードH、BCクラシック3着。半姉ソニックミュール（サラトガスペシャルS3着）、半兄にボルトドーロ（デルマーフューチュリティ）。

	● 2016年生　●鹿毛　●供用地／アメリカ					
	父 Curlin					
	母 Globe Trot		母父 A.P. Indy			
距離	成長型	芝	ダート	瞬発力	パワー	底力
中	普	○	○	○	○	○

GOLDEN HORDE
ゴールデンホード

2～3歳時に英仏で10戦3勝。コモンウェルスC、ミドルパークS2着、ジュライC3着、スプリントC3着、モルニ賞3着。父リーサルフォースは2013年の欧州最優秀スプリンター。

	● 2017年生　●栗毛　●供用地／フランス					
	父 Lethal Force					
	母 Entreat		母父 Pivotal			
距離	成長型	芝	ダート	瞬発力	パワー	底力
短	普	○	○	○	○	○

HELLO YOUMZAIN
ハローユームザイン

2～4歳時に英仏で12戦5勝。スプリントC、ダイヤモンドジュビリーS。父は名種牡馬インヴィンシブルスピリットの半弟。半兄にロイヤルユームザイン（伊グランクリテリウム）。

	● 2016年生　●鹿毛　●供用地／フランス					
	父 Kodiac					
	母 Spasha		母父 Shamardal			
距離	成長型	芝	ダート	瞬発力	パワー	底力
短	普	○	○	○	○	○

HIGHER POWER
ハイアーパワー

2～5歳時に米で20戦5勝。パシフィッククラシックS、オーサムアゲインS3着、BCクラシック3着。父はP304参照。母系は叔父にピークスアンドヴァレーズ（加年度代表馬）。

	● 2015年生　●鹿毛　●供用地／アメリカ					
	父 Medaglia d'Oro					
	母 Alternate		母父 Seattle Slew			
距離	成長型	芝	ダート	瞬発力	パワー	底力
中	普	○	○	○	○	○

HONOR A. P.
オナーエーピー

2～3歳時に米で6戦2勝。サンタニタダービーで米年度代表馬オーセンティックに2馬身3/4差をつけて快勝。父は2015年の米古牡馬王者。母はGⅠハリウッドスターレットS勝ち馬。

	● 2017年生　●黒鹿毛　●供用地／アメリカ					
	父 Honor Code					
	母 Hollywood Story		母父 *ワイルドラッシュ			
距離	成長型	芝	ダート	瞬発力	パワー	底力
中	普	○	○	○	○	○

MAXIMUS MISCHIEF
マキシマスミスチーフ

2～3歳時に米で4戦3勝。レムゼンS、ホーリーブルS3着。父は現在の米ナンバーワン種牡馬。母系は叔母にシークレットコンパス（シャンデリアS）。2023年の米FSランキングで2位。

● 2016年生		●鹿毛	●供用地／アメリカ			
父 Into Mischief						
母 Reina Maria		母父 Songandprayer				
距離	成長型	芝	ダート	瞬発力	パワー	底力
短中	普	○	○	○	○	○

MUNNINGS
マニングス

2～4歳時に米で14戦4勝。米GⅡトムフールHなど重賞3勝。産駒にアイムアチャッターボックス（スピンスターS）、ジャッククリストファー（シャンペンS）、カイマリ（マディソンS）。

● 2006年生		●栗毛	●供用地／アメリカ			
父 Speightstown						
母 La Comete		母父 Hply Bull				
距離	成長型	芝	ダート	瞬発力	パワー	底力
短マ	普	○	○	○	○	△

PROMISES FULFILLED
プロミシズフルフィルド

2～4歳時に米で17戦7勝。GIH.アレンジャーケンズS、GⅡファウンテンオブユースS、GⅡフェニックスSなど。父はプリークネスSの勝ち馬。2024年産駒デビュー予定。

● 2015年生		●栗毛	●供用地／アメリカ			
父 Shackleford						
母 Marquee Delivery		母父 Marquetry				
距離	成長型	芝	ダート	瞬発力	パワー	底力
短マ	普	○	○	○	○	○

PROTECTIONIST
プロテクショニスト

2～6歳時に独豪加仏で22戦8勝。メルボルンC、ベルリン大賞。父は独年度代表馬にして独リーディングサイアーに輝く名馬。産駒にアメイジンググレイス（独オークストライアル）。

● 2010年生		●鹿毛	● 2023年死亡			
父 Monsun						
母 Patineuse		母父 *パントレセレブル				
距離	成長型	芝	ダート	瞬発力	パワー	底力
中	普	○	○	○	○	○

STARSPANGLEDBANNER
スタースパングルドバナー

2～6歳時に豪愛仏英米首で23戦7勝。ジュライC、ゴールデンジュビリーS、オークリープレート、コーフィールドギニー。産駒にカリフォルニアスパングル（香港マイル）。

● 2006年生		●栗毛	●供用地／アイルランド			
父 Choisir						
母 Gold Anthem		母父 Made of Gold				
距離	成長型	芝	ダート	瞬発力	パワー	底力
短マ	普	◎	○	○	○	○

TOM'S D'ETAT
トムズデタ

3～7歳時に米で20戦11勝。クラークS、ファイエットS、スティーヴンフォスターS、ホイットニーS3着。父は2007年、2008年の米首位種牡馬。2024年産駒デビュー予定。

● 2013年生		●鹿毛	●供用地／アメリカ			
父 Smart Strike						
母 Julia Tuttle		母父 Giant's Causeway				
距離	成長型	芝	ダート	瞬発力	パワー	底力
中	普	○	○	○	○	○

VOLATILE
ヴォラタイル

3～4歳時に米で6戦5勝。AGヴァンダービルトH。父はキャッシュコールフューチュリティ勝ち馬。2代母にレイディタック（バレリーナH）、叔父にエイシンスパルタン（京阪杯2着）。

● 2016年生		●芦毛	●供用地／アメリカ			
父 Violence						
母 Melody Lady		母父 Unbridled's Song				
距離	成長型	芝	ダート	瞬発力	パワー	底力
短マ	普	○	○	○	○	○

WOODED
ウッディド

2～3歳時に仏英で9戦3勝。アベイユドロンシャン賞。父は仏2歳首位種牡馬で、アルマンゾール（仏ダービー）、アウダーリャ（BCフィリー＆メアターフ）。2024年に産駒デビュー予定。

● 2017年生		●鹿毛	●供用地／フランス			
父 Wootton Bassett						
母 Frida La Blonde		母父 Elusive City				
距離	成長型	芝	ダート	瞬発力	パワー	底力
短マ	普	○	○	○	○	○

リーディングサイアーとの親子制覇を達成する形となったキングカメハメハが、4年連続でトップ。3年連続で2位に甘んじたディープインパクトは、前年からの差を詰めてきており1位奪取なるか、争いは熾烈だ。

順位	種牡馬名	順位	種牡馬名	順位	種牡馬名
1	キングカメハメハ	51	*ティンバーカントリー	101	*トワイニング
2	ディープインパクト	52	More Than Ready	102	Ghostzapper
3	*クロフネ	53	ヴィクトワールピサ	103	*ウォーニング
4	マンハッタンカフェ	54	ディープスカイ	104	*ストラヴィンスキー
5	*シンボリクリスエス	55	Danehill Dancer	105	Orpen
6	キングヘイロー	56	*パイロ	106	Awesome Again
7	フジキセキ	57	*ファスリエフ	107	Oratorio
8	ダイワメジャー	58	*ストリートセンス	108	War Front
9	アグネスタキオン	59	Dubawi	109	*サンダーガルチ
10	ハーツクライ	60	Tapit	110	Congrats
11	*フレンチデピュティ	61	*コマンズ	111	*ハードスパン
12	スペシャルウィーク	62	*シニスターミニスター	112	Redoute's Choice
13	*ブライアンズタイム	63	*コロナドズクエスト	113	Dansili
14	*サンデーサイレンス	64	ブラックタイド	114	Scat Daddy
15	ダンスインザダーク	65	Frankel	115	ドリームジャーニー
16	ネオユニヴァース	66	Shamardal	116	*キングズベスト
17	ゼンノロブロイ	67	*ケイムホーム	117	*アルデバランⅡ
18	サクラバクシンオー	68	*グラスワンダー	118	Pivotal
19	ゴールドアリュール	69	Kitten's Joy	119	スズカマンボ
20	*エンパイアメーカー	70	*ウォーエンブレム	120	*エリシオ
21	*ハービンジャー	71	*ヨハネスブルグ	121	Reckless Abandon
22	*サウスヴィグラス	72	*スニッツェル	122	スターリングローズ
23	ジャングルポケット	73	アドマイヤベガ	123	*カリズマティック
24	アドマイヤムーン	74	デュランダル	124	Harlan's Holiday
25	*アグネスデジタル	75	*ボストンハーバー	125	*デヒア
26	Giant's Causeway	76	アドマイヤコジーン	126	New Approach
27	*タイキシャトル	77	メイショウサムソン	127	Bernardini
28	ステイゴールド	78	チチカステナンゴ	128	Pulpit
29	Motivator	79	バブルガムフェロー	129	*コンデュイット
30	Unbridled's Song	80	オルフェーヴル	130	マヤノトップガン
31	Vindication	81	*オペラハウス	131	Le Havre
32	Smart Strike	82	Jump Start	132	Footstepsinthesand
33	All American	83	Fusaichi Pegasus	133	*ジェネラス
34	*アフリート	84	Monsun	134	トウカイテイオー
35	Galileo	85	*バゴ	135	*パラダイスクリーク
36	タニノギムレット	86	*キンシャサノキセキ	136	Soldier Hollow
37	*ワイルドラッシュ	87	マーベラスサンデー	137	Wilburn
38	Royal Anthem	88	Curlin	138	アドマイヤジャパン
39	*ファルブラヴ	89	フサイチコンコルド	139	*エンドスウィープ
40	*ロージズインメイ	90	Street Cry	140	Acatenango
41	*スウェプトオーヴァーボード	91	*フォーティナイナー	141	Oasis Dream
42	Storm Cat	92	ロードカナロア	142	*アルカセット
43	ルーラーシップ	93	Uncle Mo	143	Exceed And Excel
44	*ホワイトマズル	94	Distorted Humor	144	Sunriver
45	*ワークフォース	95	*プリサイスエンド	145	*ダンシングブレーヴ
46	*ロックオブジブラルタル	96	*ファンタスティックライト	146	*アジュディケーティング
47	Medaglia d'Oro	97	Observatory	147	サクラユタカオー
48	Kingmambo	98	Seeking the Gold	148	ゴールドヘイロー
49	*マイネルラヴ	99	Mr. Greeley	149	サクラプレジデント
50	Singspiel	100	アドマイヤマックス	150	City Zip

P413〜はブルードメアサイアーランキング1位から88位までを紹介しています。

BMS RANKING 1　キングカメハメハ
KING KAMEHAMEHA
GⅠスプリンターも登場し王座守る

総収得賞金	5,091,429,000円

● 2001年生　● 鹿毛　● 2019年死亡

　2010、11年リーディングサイアーにも輝いた万能型の超一流種牡馬。サンデーサイレンス系サイアーと配合しやすい血統構成もあり、母の父としても幅広い優秀馬を送り出す大活躍を示している。2023年はママコチャ（スプリンターズＳ）、ウシュバテソーロ（ドバイワールドＣ）らの母父に入り、3年連続となる首位ＢＭＳの座に就いた。

系統：キングマンボ系	母父系統：ノーザンダンサー系		
父 Kingmambo 鹿 1990	Mr. Prospector	Raise a Native	
		Gold Digger	
	Miesque	Nureyev	
		Pasadoble	
母 *マンファス 黒鹿 1991	*ラストタイクーン	*トライマイベスト	
		Mill Princess	
	Pilot Bird	Blakeney	
		The Dancer	

距離	成長型	芝	ダート	瞬発力	パワー	底力
万	持続	◎	◎	◎	◎	◎

BMS RANKING 2　ディープインパクト
DEEP IMPACT
数多くの重賞勝ちBMS産駒が登場

総収得賞金	4,821,622,000円

● 2002年生　● 鹿毛　● 2019年死亡

　2022年まで11年連続でリーディングサイアーに輝いた、歴史的大種牡馬。母父としても素晴らしい仕事振りを示し、芝戦線を中心に数多くの重賞馬を輩出している。2023年も、ブレイディヴェーグ（エリザベス女王杯）、レッドモンレーヴ、ヒートオンビート、マスクトディーヴァらのＢＭＳ産駒が活躍し首位から小差の2位となった。

系統：サンデーサイレンス系	母父系統：リファール系		
父 *サンデーサイレンス 青鹿 1986	Halo	Hail to Reason	
		Cosmah	
	Wishing Well	Understanding	
		Mountain Flower	
母 *ウインドインハーヘア 鹿 1991	Alzao	Lyphard	
		Lady Rebecca	
	Burghclere	Busted	
		Highclere	

距離	成長型	芝	ダート	瞬発力	パワー	底力
万	持続	◎	○	◎	○	◎

BMS RANKING 3　*クロフネ
KUROFUNE
ジャンプ戦線のGⅠBMS産駒出現

総収得賞金	3,210,616,000円

● 1998年生　● 芦毛　● 2021年死亡

　根幹種牡馬ノーザンダンサー直系の血を現代の日本で発展させた功労者。ＢＭＳとしても、6年連続でランキングトップ5以内を維持する大きな成功を収めている。母父に入ると直仔よりも距離適性が延びる傾向もあり、2023年は、イロゴトシ（中山グランドジャンプ）、プラダリア（京都大賞典）といったＢＭＳ産駒が活躍を示した。

系統：デピュティミニスター系	母父系統：フェアウェイ系		
父 *フレンチデピュティ 栗 1992	Deputy Minister	Vice Regent	
		Mint Copy	
	Mitterand	Hold Your Peace	
		Laredo Lass	
母 *ブルーアヴェニュー 芦 1990	Classic Go Go	Pago Pago	
		Classic Perfection	
	Eliza Blue	Icecapade	
		*コレラ	

距離	成長型	芝	ダート	瞬発力	パワー	底力
短中	普	◎	◎	○	◎	◎

BMS RANKING 4　マンハッタンカフェ
MANHATTAN CAFE
ダービー馬の母父となり順位急上昇

総収得賞金	3,162,839,000円

● 1998年生　● 青鹿毛　● 2015年死亡

　自身は生粋のステイヤーだったが、直仔、孫にはマイル～中距離戦線の一流馬が多い。2009年リーディングサイアー。2023年はＢＭＳ産駒タスティエーラが日本ダービーを制する快挙を成し遂げたほか、ダート戦線でメイショウハリオがかしわ記念、帝王賞とＧⅠを連勝する大活躍を展開。2022年の10位から一気に順位を上げてきた。

系統：サンデーサイレンス系	母父系統：リボー系		
父 *サンデーサイレンス 青鹿 1986	Halo	Hail to Reason	
		Cosmah	
	Wishing Well	Understanding	
		Mountain Flower	
母 *サトルチェンジ 黒鹿 1988	Law Society	Alleged	
		Bold Bikini	
	Santa Luciana	Luciano	
		Suleika	

距離	成長型	芝	ダート	瞬発力	パワー	底力
万	普	◎	○	○	◎	◎

5 *シンボリクリスエス
BMS RANKING
SYMBOLI KRIS S
BMS産駒にも独特の大物感伝える

総収得賞金	3,006,700,000円

● 1999年生 ●黒鹿毛 ●2020年死亡

　大舞台で他馬を圧倒するような走りを見せた、2002、2003年年度代表馬。直仔、孫の世代に、パワフルなスピード、ここ一番での強さを伝えている。2023年は、母父産駒ソングライン（安田記念、ヴィクトリアマイル）、スキルヴィング（青葉賞）、障害重賞馬ジューンベロシティらが活躍。4年連続でランキングトップ5以内をキープしている。

系統：ロベルト系		母父系統：シアトルスルー系	
父 Kris S. 黒鹿　1977	Roberto	Hail to Reason
		Bramalea
	Sharp Queen	Princequillo
		Bridgework
母 Tee Kay 黒鹿　1991	Gold Meridian	Seattle Slew
		Queen Louie
	Tri Argo	Tri Jet
		Hail Proudly

距離	成長型	芝	ダート	瞬発力	パワー	底力
万	普	◎	◎	○	◎	○

6 キングヘイロー
BMS RANKING
KING HALO
世界ランク1位馬を出した名BMS

総収得賞金	2,386,464,000円

● 1995年生 ●鹿毛 ●2019年死亡

　父は1980年代欧州最強馬、母は米GI7勝という世界的名血馬。競走馬、種牡馬としても成功を収めていたが、母の父に入り、出し切れていなかった真髄を見せている印象もある。2023年は、内外でGIを4勝した世界ランク1位イクイノックスのほか、キングズソード（JBCクラシック）が活躍。自己最高位にまで順位を上げてきた。

系統：リファール系		母父系統：ヘイルトゥリーズン系	
父 *ダンシングブレーヴ 鹿　1983	Lyphard	Northern Dancer
		Goofed
	Navajo Princess	Drone
		Olmec
母 *グッバイヘイロー 栗　1985	Halo	Hail to Reason
		Cosmah
	Pound Foolish	Sir Ivor
		Squander

距離	成長型	芝	ダート	瞬発力	パワー	底力
短マ	普	◎	○	○	○	○

7 フジキセキ
BMS RANKING
FUJI KISEKI
SS系の礎を築き上げた名サイアー

総収得賞金	2,298,468,000円

● 1992年生 ●青鹿毛 ●2015年死亡

　2〜3歳時に日で4戦4勝。2歳暮れに朝日杯3歳Sを制し、父サンデーサイレンスに初のGIタイトルをプレゼントする。3歳で種牡馬となり、父系の先駆けとなる成功を収めた。BMSとしても一流の存在。2023年は、母父産駒ウインマーベル（阪神C）、プロミストウォリア（東海S）、ペリエール（ユニコーンS）が重賞を制した。

系統：サンデーサイレンス系		母父系統：ワイルドリスク系	
父 *サンデーサイレンス 青鹿　1986	Halo	Hail to Reason
		Cosmah
	Wishing Well	Understanding
		Mountain Flower
母 *ミルレーサー 鹿　1983	Le Fabuleux	Wild Risk
		Anguar
	Marston's Mill	In Reality
		Millicent

距離	成長型	芝	ダート	瞬発力	パワー	底力
短中	普	◎	◎	◎	○	○

8 ダイワメジャー
BMS RANKING
DAIWA MAJOR
母父産駒初の芝マイルGI馬が誕生

総収得賞金	2,119,535,000円

● 2001年生 ●栗毛 ●2023年引退

　マイル戦向きの豊かなスピードを、直仔、孫に伝えるスペシャリスト的な名種牡馬。BMSに入るとダート向きの産駒が多く出る印象もあったが、2023年に自身も連覇を飾ったマイルCSを母父産駒ナミュールが制覇。ほかにグランブリッジ（エンプレス杯）、キミワクイーン（函館SS）などが重賞に勝ち、初のトップ10入りを果たす。

系統：サンデーサイレンス系		母父系統：ノーザンダンサー系	
父 *サンデーサイレンス 青鹿　1986	Halo	Hail to Reason
		Cosmah
	Wishing Well	Understanding
		Mountain Flower
母 スカーレットブーケ 栗　1988	*ノーザンテースト	Northern Dancer
		Lady Victoria
	*スカーレットインク	Crimson Satan
		Consentida

距離	成長型	芝	ダート	瞬発力	パワー	底力
マ中	普	◎	◎	○	◎	○

BMS RANKING 9 アグネスタキオン
AGNES TACHYON
無敗で競走生活を終えた皐月賞馬

総収得賞金 2,055,687,000 円
● 1998 年生 ● 栗毛 ● 2009 年死亡

2～3歳時に日で4戦4勝。ラジオたんぱ杯3歳S、弥生賞、皐月賞と重賞を3連勝。3冠達成も期待されたが、屈腱炎を発症し現役を退く。種牡馬として成功し、2008年首位種牡馬にも輝いた。代表BMS産駒に、ノンコノユメ（フェブラリーS）、ワイドファラオ（かしわ記念）。2023年はホウオウエミーズ（福島記念）が活躍。

系統：サンデーサイレンス系　母父系統：ボールドルーラー系

父	Halo	Hail to Reason
*サンデーサイレンス		Cosmah
青鹿 1986	Wishing Well	Understanding
		Mountain Flower
母	*ロイヤルスキー	Raja Baba
アグネスフローラ		Coz o'Nijinsky
鹿 1987	アグネスレディー	*リマンド
		イコマエイカン

距離	成長型	芝	ダート	瞬発力	パワー	底力
マ中	持続	◎	○	◎	◎	◎

BMS RANKING 10 ハーツクライ
HEART'S CRY
日本競馬界をリードしてきた名馬

総収得賞金 2,045,643,000 円
● 2001 年生 ● 鹿毛 ● 2023 年死亡

長年に亘り、日本馬界を牽引してきた名種牡馬。芝中距離戦で発揮される、持続力と瞬発力を併せ持つ末脚を子孫たちに伝えている。2023年は、インダストリア（ダービー卿CT）、シーズンリッチ（毎日杯）、ライオットガール（レパードS）といった母父に入った産駒たちが、重賞勝ちを記録。BMSランキング初のトップ10入りを果たした。

系統：サンデーサイレンス系　母父系統：グレイゾヴリン系

父	Halo	Hail to Reason
*サンデーサイレンス		Cosmah
青鹿 1986	Wishing Well	Understanding
		Mountain Flower
母	*トニービン	*カンパラ
アイリッシュダンス		Severn Bridge
鹿 1990	*ビューパーダンス	Lyphard
		My Bupers

距離	成長型	芝	ダート	瞬発力	パワー	底力
中長	普	◎	○	◎	◎	◎

BMS RANKING 11 *フレンチデピュティ
FRENCH DEPUTY
BMSに入り大物たちを送り出す

総収得賞金 1,963,469,000 円
● 1992 年生 ● 栗毛 ● 2018 年引退

父、母父として、日米で多数のGI勝ち産駒を輩出した名種牡馬。直仔クロフネと共に、日本馬産界に多大な貢献を果たした。代表BMS産駒に、マカヒキ（ダービー）、マルシュロレーヌ（BCディスタフ）、レインボーライン（天皇賞・春）、ハイハッピー（マンノウォーS）。2023年は、母父に入るカラテ、バーデンヴァイラーが重賞制覇。

系統：デピュティミニスター系　母父系統：プリンスキロ系

父	Vice Regent	Northern Dancer
Deputy Minister		Victoria Regina
黒鹿 1979	Mint Copy	Bunty's Flight
		Shakney
母	Hold Your Peace	Speak John
Mitterand		Blue Moon
鹿 1981	Laredo Lass	Bold Ruler
		Fortunate Isle

距離	成長型	芝	ダート	瞬発力	パワー	底力
万	持続	◎	◎	○	◎	◎

BMS RANKING 12 スペシャルウィーク
SPECIAL WEEK
母父に入り多数の優駿を出した名馬

総収得賞金 1,958,009,000 円
● 1995 年生 ● 黒鹿毛 ● 2018 年死亡

スケールの大きなレース振りでダービー、ジャパンCなどに勝った名馬。種牡馬となり、高い中距離適性と持続力に優れた末脚を子孫に伝えている。代表BMS産駒にエピファネイア（ジャパンC）、サートゥルナーリア（皐月賞）、ディアドラ（ナッソーS）。2023年は、母父に入るトウシンマカオ、フリームファクシ、エミューが活躍。

系統：サンデーサイレンス系　母父系統：ニジンスキー系

父	Halo	Hail to Reason
*サンデーサイレンス		Cosmah
青鹿 1986	Wishing Well	Understanding
		Mountain Flower
母	マルゼンスキー	Nijinsky
キャンペンガール		*シル
鹿 1987	レディーシラオキ	*セントクレスピン
		ミスアシヤガワ

距離	成長型	芝	ダート	瞬発力	パワー	底力
万	普	◎	○	◎	◎	◎

13 *ブライアンズタイム
BRIAN'S TIME
南関東3冠ホースのBMSで再注目

総収得賞金	1,927,993,000 円

● 1985年生　●黒鹿毛　●2013年死亡

　2～4歳時に米で21戦5勝。フロリダダービー、ペガサスHと米GIを2勝。日本で種牡馬となり、3冠馬ナリタブライアンなどを送り出す大成功を収める。子孫に、独特の大物感と勝負強さを伝えることが魅力。2023年は、南関東3冠馬ミックファイア（ジャパンダートダービー）、エルトンバローズ（毎日王冠）らの母父産駒が活躍。

系統：ロベルト系		母父系統：リボー系	
父 Roberto 鹿 1969	Hail to Reason	Turn-to	
		Nothirdchance	
	Bramalea	Nashua	
		Rarelea	
母 Kelley's Day 鹿 1977	Graustark	Ribot	
		Flower Bowl	
	Golden Trail	Hasty Road	
		Sunny Vale	

距離	成長型	芝	ダート	瞬発力	パワー	底力
中長	普	◎	◎	○	◎	◎

14 *サンデーサイレンス
SUNDAY SILENCE
日本競馬を世界レベルにした功労者

総収得賞金	1,535,025,000 円

● 1986年生　●青鹿毛　●2002年死亡

　2～4歳時に米で14戦9勝。ケンタッキーダービー、BCクラシックなどに勝った1989年米年度代表馬。日本で種牡馬となり13年連続首位種牡馬、13年連続首位BMSの金字塔を打ち建てると同時に、日本馬の飛躍的レベルアップを血統面から支えた。代表母父産駒に、アーモンドアイ、ヴァーミリアン、アドマイヤムーン、ロゴタイプ。

系統：サンデーサイレンス系		母父系統：ソードダンサー系	
父 Halo 黒鹿 1969	Hail to Reason	Turn-to	
		Nothirdchance	
	Cosmah	Cosmic Bomb	
		Almahmoud	
母 Wishing Well 鹿 1975	Understanding	Promised Land	
		Pretty Ways	
	Mountain Flower	Montparnasse	
		Edelweiss	

距離	成長型	芝	ダート	瞬発力	パワー	底力
万	持続	◎	◎	◎	◎	◎

15 ダンスインザダーク
DANCE IN THE DARK
SS系発展に寄与した名血菊花賞馬

総収得賞金	1,489,943,000 円

● 1993年生　●鹿毛　●2020年死亡

　2～3歳時に日で8戦5勝。ダービーで2着、秋になり菊花賞を制した。全姉ダンスパートナー、全妹ダンスインザムードもクラシック馬。種牡馬となり、名ステイヤー、一流マイラーを多数輩出し長年ランキング上位を賑わせた。代表BMS産駒にラブリーデイ。2023年は、母父に入るボッケリーニ、レディバグが重賞制覇を飾っている。

系統：サンデーサイレンス系		母父系統：ニジンスキー系	
父 *サンデーサイレンス 青鹿 1986	Halo	Hail to Reason	
		Cosmah	
	Wishing Well	Understanding	
		Mountain Flower	
母 *ダンシングキイ 鹿 1983	Nijinsky	Northern Dancer	
		Flaming Page	
	Key Partner	Key to the Mint	
		Native Partner	

距離	成長型	芝	ダート	瞬発力	パワー	底力
中長	普	◎	○	○	○	◎

16 ネオユニヴァース
NEO UNIVERSE
母父産駒がBCクラシックで大健闘

総収得賞金	1,436,344,000 円

● 2000年生　●鹿毛　●2021年死亡

　切れ味と持続力を兼備した末脚を武器に、皐月賞、ダービーの2冠を制覇。種牡馬となり、日本馬で初めてドバイワールドCを制したヴィクトワールピサらを送り出した。フィジカルの強さと、ここ一番で発揮される勝負根性を子孫に伝え、海外遠征を得意とするのも特徴。2023年は、母父に入るデルマソトガケが米国で大きな仕事をした。

系統：サンデーサイレンス系		母父系統：シャープンアップ系	
父 *サンデーサイレンス 青鹿 1986	Halo	Hail to Reason	
		Cosmah	
	Wishing Well	Understanding	
		Mountain Flower	
母 *ポインテッドパス 栗 1984	Kris	Sharpen Up	
		Doubly Sure	
	Silken Way	Shantung	
		Boulevard	

距離	成長型	芝	ダート	瞬発力	パワー	底力
万	普	○	◎	◎	○	○

BMS RANKING 17　ゼンノロブロイ　ZENNO ROB ROY

４歳時に天皇賞・秋、ジャパンC、有馬記念を３連勝する偉業を達成した。直仔、孫共に、芝、ダート兼用のパワフルなスピードを武器とする。母父産駒にアスクワイルドモア、イフェイオン。

総収得賞金	1,423,367,000円	
●2000年生　●黒鹿毛　●2022年死亡		
父*サンデーサイレンス		
母*ローミンレイチェル　母父*マイニング		

距離	成長型	芝	ダート	瞬発力	パワー	底力
中長	普	◎	○	◎	○	○

BMS RANKING 18　サクラバクシンオー　SAKURA BAKUSIN O

３〜５歳時に日で21戦11勝。スプリンターズSを連覇した名馬。種牡馬としても、抜群のスピード能力を子孫に伝えている。2023年は、母父産駒ファストフォース（高松宮記念）がGⅠ勝ち。

総収得賞金	1,339,776,000円	
●1989年生　●鹿毛　●2011年死亡		
父サクラユタカオー		
母サクラハゴロモ　母父*ノーザンテースト		

距離	成長型	芝	ダート	瞬発力	パワー	底力
短マ	普	◎	○	◎	○	△

BMS RANKING 19　ゴールドアリュール　GOLD ALLURE

サンデーサイレンス直仔種牡馬のダート部門を牽引した名馬。BMSに入っても、ダートで活躍するタイプが目立っている。代表母父産駒に、GⅠ5勝馬オメガパフューム、アンモシエラ。

総収得賞金	1,237,340,000円	
●1999年生　●栗毛　●2017年死亡		
父*サンデーサイレンス		
母*ニキーヤ　母父 Nureyev		

距離	成長型	芝	ダート	瞬発力	パワー	底力
中普	普	○	◎	○	◎	○

BMS RANKING 20　*エンパイアメーカー　EMPIRE MAKER

米供用時代に、数多のGⅠ勝ち産駒を輩出する素晴らしい活躍を示した。日本でも5シーズンに亘り供用され大きな人気を博している。日本での母父産駒に、エアアルマス、エアファンディタ。

総収得賞金	1,127,260,000円	
●2000年生　●黒鹿毛　●2020年死亡		
父 Unbridled		
母 Toussaud　母父 El Gran Senor		

距離	成長型	芝	ダート	瞬発力	パワー	底力
中	普	○	◎	○	○	○

BMS RANKING 21　*ハービンジャー　HARBINGER

自らが誇った芝中距離戦への高い適性、持続力に富んだ末脚を子孫に伝えている現代の一流サイアー。2023年に、母父に入ったレガレイラ（ホープフルS）が鮮やかに2歳GⅠ戦を制した。

総収得賞金	1,024,178,000円	
●2006年生　●鹿毛　●供用地/安平・社台SS		
父 Dansili		
母 Penang Pearl　母父 Bering		

距離	成長型	芝	ダート	瞬発力	パワー	底力
中長	普	◎	○	○	◎	○

BMS RANKING 22　*サウスヴィグラス　SOUTH VIGOROUS

圧倒的なまでのダート短距離適性を誇る、地方競馬リーディングサイアーを計8度獲得したスペシャリスト種牡馬。2023年は、BMSに入ったサントノーレ（全日本2歳優駿3着）らが活躍。

総収得賞金	989,506,000円	
●1996年生　●栗毛　●2018年死亡		
父*エンドスウィープ		
母*ダーケストスター　母父 Star de Naskra		

距離	成長型	芝	ダート	瞬発力	パワー	底力
短	普	△	◎	○	◎	○

BMS RANKING 23　ジャングルポケット　JUNGLE POCKET

ダービー、ジャパンCに勝った2001年度代表馬。父トニービン最良の後継種牡馬にもなった。ダート戦を上手にこなすパワーも保持している。母父産駒にミッキースワロー、ビザンチンドリーム。

総収得賞金	957,743,000円	
●1998年生　●鹿毛　●2021年死亡		
父*トニービン		
母*ダンスチャーマー　母父 Nureyev		

距離	成長型	芝	ダート	瞬発力	パワー	底力
中長	普	○	○	○	◎	○

BMS RANKING 24　アドマイヤムーン　ADMIRE MOON

内外で芝中距離GⅠ戦を3勝した2007年度代表馬。直仔はスプリンター、孫の世代には自信に似た芝中距離型が目立っている。2023年は、母父に入るノースブリッジ（AJCC）が重賞制覇。

総収得賞金	908,328,000円	
●2003年生　●鹿毛　●日高・ダーレー・ジャパンSコンプレックス		
父*エンドスウィープ		
母マイケイティーズ　母父*サンデーサイレンス		

距離	成長型	芝	ダート	瞬発力	パワー	底力
短中	普	◎	○	◎	○	○

25 *アグネスデジタル
AGNES DIGITAL

芝、ダート、国内外を股にかけGⅠを計6勝した個性派名馬。種牡馬としても、様々なタイプの強豪産駒を出している。2023年は、母父に入るシャマル、ジェミニキングが重賞制覇を達成した。

総収得賞金 890,514,000円

● 1997年生　● 栗毛　● 2021年死亡

父 Crafty Prospector
母父 Chancey Squaw　母父 Chief's Crown

距離	成長型	芝	ダート	瞬発力	パワー	底力
マ中	普	○	◎	○	○	○

26 GIANT'S CAUSEWAY
ジャイアンツコーズウェイ

GⅠを計6勝し、2000年欧州年度代表馬にも選出された強豪。種牡馬となり、父ストームキャットの有力後継者として素晴らしい実績を残す。2023年に、母父産駒レモンポップがGⅠを3勝。

総収得賞金 862,742,000円

● 1997年生　● 栗毛　● 2018年死亡

父 Storm Cat
母父 Mariah's Storm　母父 Rahy

距離	成長型	芝	ダート	瞬発力	パワー	底力
中	やや早	◎	○	○	○	◎

27 *タイキシャトル
TAIKI SHUTTLE

1990年代後半を代表する超一流マイラー。種牡馬としても、パワフルなスピードを武器とする産駒を輩出している。代表BMS産駒に、ワンアンドオンリー、ストレイトガール、レーヌミノル。

総収得賞金 861,864,000円

● 1994年生　● 栗毛　● 2022年死亡

父 Devil's Bag
母父 *ウェルシュマフィン　母父 Caerleon

距離	成長型	芝	ダート	瞬発力	パワー	底力
短マ	普	◎	○	○	○	○

28 ステイゴールド
STAY GOLD

キャリア50戦目となるラストラン香港ヴァーズで、初のGⅠタイトルを獲得。種牡馬となり大物感溢れる超一流馬を輩出する成功を収めた。BMS産駒に、アランバローズ、ライオンボス。

総収得賞金 834,373,000円

● 1994年生　● 黒鹿毛　● 2015年死亡

父 *サンデーサイレンス
母父 ゴールデンサッシュ　母父 *ディクタス

距離	成長型	芝	ダート	瞬発力	パワー	底力
中	普	◎	○	○	○	◎

29 MOTIVATOR
モティヴェイター

2〜3歳時に英愛仏で7戦4勝。英ダービー、レーシングポストTに優勝。種牡馬となり凱旋門賞連覇の女傑トレヴを出した。日本での母父産駒ソールオリエンス（皐月賞）、タイトルホルダー。

総収得賞金 800,926,000円

● 2002年生　● 鹿毛　● 供用地／フランス

父 Montjeu
母父 Out West　母父 Gone West

距離	成長型	芝	ダート	瞬発力	パワー	底力
中長	普	◎	○	○	○	◎

30 UNBRIDLED'S SONG
アンブライドルズソング

2〜4歳時に米で12戦5勝。BCジュヴナイル、フロリダダービーと米GⅠを2勝。米で種牡馬となり大成功を収めた。日本での母父産駒に、ジャックドール（大阪杯）、スワーヴリチャード。

総収得賞金 745,034,000円

● 1993年生　● 芦毛　● 2013年死亡

父 Unbridled
母父 Trolley Song　母父 Caro

距離	成長型	芝	ダート	瞬発力	パワー	底力
マ中	普	○	◎	○	◎	○

31 VINDICATION
ヴィンディケーション

2歳時に米で4戦4勝。無傷の4連勝でBCジュヴナイルを制し、2002年米最優秀2歳牡馬に選ばれた。直仔よりも、母父に入り大物を次々と送り出している。日本ではドウデュースが大活躍。

総収得賞金 738,302,000円

● 2000年生　● 黒鹿毛　● 2008年死亡

父 Seattle Slew
母父 Strawberry Reason　母父 Strawberry Road

距離	成長型	芝	ダート	瞬発力	パワー	底力
マ中	普	○	◎	○	○	△

32 SMART STRIKE
スマートストライク

3〜4歳時に米加で8戦6勝。米GⅠフィリップHアイズリンHに勝利。種牡馬となり、名馬カーリンらを送り出した。日本での母父産駒に牝馬2冠馬スターズオンアース、パライバトルマリン。

総収得賞金 677,397,000円

● 1992年生　● 鹿毛　● 2015年死亡

父 Mr. Prospector
母父 Classy'n Smart　母父 Smarten

距離	成長型	芝	ダート	瞬発力	パワー	底力
マ中	普	○	◎	○	○	◎

BMS RANKING 33　ALL AMERICAN（オールアメリカン）

2〜4歳時に豪で24戦4勝。芝マイル戦で争われたGⅠエミレーツSに勝っている。代表産駒にヤンキーローズ（ATCサイアーズプロデュースS）。その娘リバティアイランドが牝馬3冠を制する。

総収得賞金 676,909,000円
- 2005年生　●黒鹿毛　●供用地／オーストラリア
- 父 Red Ransom
- 母 Milva　母父 Strawberry Road

距離	成長型	芝	ダート	瞬発力	パワー	底力
短マ	普	○	○	○	○	△

BMS RANKING 34　*アフリート（AFLEET）

3〜4歳時に加米で15戦7勝。米GⅠジェロームHに勝利。種牡馬となり日米で成功。BMSとしても長きに亘り影響力を行使している。2023年は、母父産駒ドライスタウトらが重賞勝ち。

総収得賞金 672,136,000円
- 1984年生　●栗毛　●2014年死亡
- 父 Mr.Prospector
- 母 Polite Lady　母父 Venetian Jester

距離	成長型	芝	ダート	瞬発力	パワー	底力
短中	普	○	○	○	○	○

BMS RANKING 35　GALILEO（ガリレオ）

2010年代欧州馬産界を支配した、歴史的大種牡馬。父ディープインパクトとの相性は抜群で、英ダービー馬オーギュストロダンのBMSでもある。2023年は、母父産駒シンエンペラーが重賞制覇。

総収得賞金 623,277,000円
- 1998年生　●鹿毛　●2021年死亡
- 父 Sadler's Wells
- 母 Urban Sea　母父 Miswaki

距離	成長型	芝	ダート	瞬発力	パワー	底力
中	普	◎	○	◎	○	◎

BMS RANKING 36　タニノギムレット（TANINO GIMLET）

現役時代に日本ダービーを制覇。種牡馬としては、GⅠ7勝の女傑ウオッカを出したことが最大の功績となった。2023年は、母父産駒ララクリスティーヌ（京都牝馬S）が重賞に勝っている。

総収得賞金 612,990,000円
- 1999年生　●鹿毛　●2020年引退
- 父 *ブライアンズタイム
- 母 タニノクリスタル　母父 *クリスタルパレス

距離	成長型	芝	ダート	瞬発力	パワー	底力
マ中	普	◎	○	○	○	○

BMS RANKING 37　*ワイルドラッシュ（WILD RUSH）

日米で成功を収めた名種牡馬。脚抜けの良いダートで活きるパワフルなスピードは、子孫に伝えている。日本での代表BMS産駒に、ペイシャエス、サンレイポケット、ヒラボクラターシュ。

総収得賞金 574,089,000円
- 1994年生　●鹿毛　●2018年死亡
- 父 Wild Again
- 母 Rose Park　母父 Plugged Nickel

距離	成長型	芝	ダート	瞬発力	パワー	底力
マ中	普	○	◎	○	◎	○

BMS RANKING 38　ROYAL ANTHEM（ロイヤルアンセム）

3〜5歳時に英加米で12戦6勝。カナディアン国際S、英インターナショナルS、ガルフストリームパークBCHと3カ国でGⅠを勝った国際派。2023年に、BMS産駒ジャスティンパレスがGⅠを制する。

総収得賞金 573,910,000円
- 1995年生　●鹿毛　●2018年死亡
- 父 Theatrical
- 母 In Neon　母父 Ack Ack

距離	成長型	芝	ダート	瞬発力	パワー	底力
中長	普	○	○	○	○	○

BMS RANKING 39　*ファルブラヴ（FALBRAV）

ジャパンC、エクリプスS、イスパーン賞などを勝った国際派名馬。日本での種牡馬生活でもレベル高い産駒を送り出した。代表BMS産駒に、ステルヴィオ。2023年はラーグルフが重賞制覇。

総収得賞金 552,095,000円
- 1998年生　●鹿毛　●2024年死亡
- 父 Fairy King
- 母 Gift of the Night　母父 Slewpy

距離	成長型	芝	ダート	瞬発力	パワー	底力
短中	普	◎	○	◎	○	○

BMS RANKING 40　*ロージズインメイ（ROSES IN MAY）

ドバイワールドCを快勝した強豪。直仔にはダート戦線での活躍馬が圧倒的に多いが、BMSに入り芝適性が高まる傾向も示している。代表母父産駒に、ユーバーレーベン、クリノドラゴン。

総収得賞金 518,956,000円
- 2000年生　●青鹿毛　●供用地／新冠・ビッグレッドファーム
- 父 Devil His Due
- 母 Tell a Secret　母父 Speak John

距離	成長型	芝	ダート	瞬発力	パワー	底力
中	普	○	◎	○	○	○

BMS RANKING 41 ＊スウェプトオーヴァーボード
SWEPT OVERBOARD

総収得賞金 518,830,000円

● 1997年生　● 芦毛　● 2017年死亡

ダート中距離戦線の強豪オメガパフューム、芝スプリント王レッドファルクスなど、幅広い一流馬を出した名種牡馬。ＢＭＳランキングも確実に上昇中。代表母父産駒にグローリーヴェイズ。

父 ＊エンドスウィープ
母 Sheer Ice　母父 Cutlass

距離	成長型	芝	ダート	瞬発力	パワー	底力
短マ	普	○	○	○	○	○

BMS RANKING 42 STORM CAT
ストームキャット

総収得賞金 509,056,000円

● 1983年生　● 黒鹿毛　● 2013年死亡

２～３歳時に米で８戦４勝。ＧＩヤングアメリカＳに勝利。３年連続で北米首位種牡馬に輝く大きな成功を収める。日本競馬との相性も抜群。2023年は、母父産駒ナムラクレアが重賞を２勝。

父 Storm Bird
母 Terlingua　母父 Secretariat

距離	成長型	芝	ダート	瞬発力	パワー	底力
万	持続					

BMS RANKING 43 ルーラーシップ
RULERSHIP

総収得賞金 498,636,000円

● 2007年生　● 鹿毛　● 供用地／安平・社台SS

一流サイアーとしての地位を完全に固めた名血馬。今後はＢＭＳとしての活躍も大いに期待されている。代表母父産駒にオールパルフェ（デイリー杯２歳Ｓ）、ステレンボッシュ（阪神ＪＦ２着）。

父 キングカメハメハ
母 エアグルーヴ　母父 ＊トニービン

距離	成長型	芝	ダート	瞬発力	パワー	底力
中長	普	◎	○	◎	○	○

BMS RANKING 44 ＊ホワイトマズル
WHITE MUZZLE

総収得賞金 488,711,000円

● 1990年生　● 鹿毛　● 2017年死亡

２～４歳時に英伊仏米加日で17戦６勝。ＧＩ伊ダービーに勝ち、“Ｋジョージ”、凱旋門賞で２着した一流馬。日本で種牡馬となり成功を収めた。2023年は、母父産駒ヤマニンサルバムが重賞制覇。

父 ＊ダンシングブレーヴ
母 Fair of the Furze　母父 Ela-Mana-Mou

距離	成長型	芝	ダート	瞬発力	パワー	底力
万	普					

BMS RANKING 45 ＊ワークフォース
WORKFORCE

総収得賞金 461,874,000円

● 2007年生　● 鹿毛　● 供用地／アイルランド

英ダービー、凱旋門賞勝ちの強豪。日本での種牡馬生活は厳しいものとなったが、母父に入り成果を出している。2023年は、ＢＭＳ産駒アーテルアストレア、ジャスティンカフェが重賞制覇。

父 ＊キングズベスト
母 Soviet Moon　母父 Sadler's Wells

距離	成長型	芝	ダート	瞬発力	パワー	底力
中長	普	○	○			

BMS RANKING 46 ＊ロックオブジブラルタル
ROCK OF GIBRALTAR

総収得賞金 458,386,000円

● 1999年生　● 鹿毛　● 2022年死亡

２～３歳時に愛英仏米で13戦10勝。ＧＩ７連勝を記録した欧州のアイドルホース。日本におけるリース供用も経験した。日本でのＢＭＳ産駒に、ミッキーアイル、カルロヴェローチェ。

父 ＊デインヒル
母 Offshore Boom　母父 Be My Guest

距離	成長型	芝	ダート	瞬発力	パワー	底力
短中	普	◎	○			

BMS RANKING 47 MEDAGLIA D'ORO
メダグリアドーロ

総収得賞金 449,911,000円

● 1999年生　● 黒鹿毛　● 供用地／アメリカ

エルプラド系を代表する名種牡馬として、米で大きな成功を収める。時計の速いダート、やや力の要る芝で強さを発揮する。2023年は、母父産駒ファントムシーフ（共同通信杯）が重賞を制した。

父 El Prado
母 Cappuchino Bay　母父 Bailjumper

距離	成長型	芝	ダート	瞬発力	パワー	底力
中	普					

BMS RANKING 48 KINGMAMBO
キングマンボ

総収得賞金 446,428,000円

● 1990年生　● 鹿毛　● 2016年死亡

２～３歳時に仏英で13戦５勝。仏2000ギニー、ムーランドロンシャン賞などを勝った名マイラー。種牡馬となり父系の祖となる活躍を示す。2023年は母父産駒フィアスプライド、セキフウが重賞勝ち。

父 Mr. Prospector
母 Miessque　母父 Nureyev

距離	成長型	芝	ダート	瞬発力	パワー	底力
万	普					

49 *マイネルラヴ
MEINER LOVE

2〜5歳時に日で23戦5勝。タイキシャトルの連勝を止め、スプリンターズS制覇。種牡馬となり複数の重賞馬を出す。2023年は、母父産駒ウインカーネリアン、カルチャーデイが活躍。

総収得賞金	441,823,000円	
●1995年生	●青鹿毛	●2012年死亡

父 Seeking the Gold
母 Heart of Joy　母父 *リイフォー

距離	成長型	芝	ダート	瞬発力	パワー	底力
短マ	やや早	○	○	○	○	○

50 SINGSPIEL
シングスピール

2〜5歳時に英仏加米日首で20戦9勝。ジャパンC、英インターナショナルSなどに勝った国際派。産駒にダーレミ、アサクサデンエン。日本での代表BMS産駒に、オークス馬シンハライト。

総収得賞金	424,418,000円	
●1992年生	●鹿毛	●2010年死亡

父 In The Wings
母 Glorious Song　母父 Halo

距離	成長型	芝	ダート	瞬発力	パワー	底力
万	持続	◎	○	○	○	○

51 *ティンバーカントリー
TIMBER COUNTRY

2〜3歳時に米で12戦5勝。BCジュヴナイル、プリークネスSを勝った強豪。種牡馬となり、米豪日でGI勝ち産駒を出す。2023年は、BMS産駒エエヤン（ニュージーランドT）が活躍。

総収得賞金	416,219,000円	
●1992年生	●栗毛	●2016年死亡

父 Woodman
母 Fall Aspen　母父 Pretense

距離	成長型	芝	ダート	瞬発力	パワー	底力
マ中	やや早	◎	◎	○	◎	○

52 MORE THAN READY
モアザンレディ

米GIキングズビショップS勝ち。シャトルサイアーとして、北米、豪でGI勝ち産駒を輩出している。中距離戦向きの豊かなスピードが武器。2023年は、母父産駒ドゥレッツァが菊花賞制覇。

総収得賞金	410,954,000円	
●1997年生	●黒鹿毛	●2022年死亡

父 *サザンヘイロー
母 Woodman's Girl　母父 Woodman

距離	成長型	芝	ダート	瞬発力	パワー	底力
短中	普	○	○	○	○	○

53 ヴィクトワールピサ
VICTOIRE PISA

皐月賞、有馬記念に勝ち、日本馬初のドバイWC制覇を達成した名馬。直仔、孫には、芝マイル〜中距離戦線の活躍馬が目立つ。2023年は、BMS産駒アートハウス（愛知杯）が重賞を制する。

総収得賞金	396,740,000円	
●2007年生	●黒鹿毛	●供用地／トルコ

父 ネオユニヴァース
母 *ホワイトウォーターアフェア　母父 Machiavellian

距離	成長型	芝	ダート	瞬発力	パワー	底力
中長	持続	◎	○	○	○	○

54 ディープスカイ
DEEP SKY

史上2頭目となる、NHKマイルC、ダービーを連勝した「変則2冠馬」。直仔、孫には、ダート戦線で活躍する馬たちが目立つ。代表BMS産駒に、公営南関東の強豪セイカメテオポリス。

総収得賞金	388,066,000円	
●2005年生	●栗毛	●2021年引退

父 アグネスタキオン
母 *アビ　母父 Chief's Crown

距離	成長型	芝	ダート	瞬発力	パワー	底力
中長	普	○	○	○	○	○

55 DANEHILL DANCER
デインヒルダンサー

2〜4歳時に英愛仏で11戦4勝。2歳時にGIを連勝。シャトルサイアーとして、欧豪で素晴らしい成果をあげた。2023年は、母父産駒アスコリピチェーノ、ゼッフィーロが重賞を制する。

総収得賞金	387,110,000円	
●1993年生	●鹿毛	●2017年死亡

父 *デインヒル
母 Mira Adonde　母父 Sharpen Up

距離	成長型	芝	ダート	瞬発力	パワー	底力
短中	普	○	○	○	○	○

56 *パイロ
PYRO

現代のダート戦線をリードする名種牡馬。BMSに入ってもダート適性の高さが目立っているが、直仔よりは芝適性を持つタイプが多い。主な母父産駒にメイショウブレゲ、ロジリオン。

総収得賞金	378,352,000円	
●2005年生	●黒鹿毛	●供用地／日高・ダーレー・ジャパンSコンプレックス

父 Pulpit
母 Wild Vision　母父 Wild Again

距離	成長型	芝	ダート	瞬発力	パワー	底力
マ中	普	○	○	○	○	○

57 *ファスリエフ
FASLIYEV

| 総収益金 | 369,145,000 円 |

● 1997 年生　●鹿毛　● 2013 年死亡

父 Nureyev
母 Mr. P's Princess　母父 Mr. Prospector

距離	成長型	芝	ダート	瞬発力	パワー	底力
短マ	やや早	○	○	○	○	△

無傷の５連勝で欧州最優秀２歳牡馬に選出。直仔、孫の世代にも、自身の特徴だった仕上がりの早さ、豊かなスピードを伝えている。日本での母父産駒に、レプランシュ、エストレヤデベレン。

58 *ストリートセンス
STREET SENSE

| 総収益金 | 358,702,000 円 |

● 2004 年生　●鹿毛　●供用地／アメリカ

父 Street Cry
母 Bedazzle　母父 Dixieland Band

距離	成長型	芝	ダート	瞬発力	パワー	底力
マ中	普	○	◎	◎	○	○

ケンタッキーダービーを制した名馬。シャトル種牡馬となり、北米、オセアニアで数多くのGI勝ち産駒を送り出す。日本でのリース供用も経験。BMS産駒にディアスティマ、ディヴィナシオン。

59 DUBAWI
ドバウィ

| 総収益金 | 350,494,000 円 |

● 2002 年生　●鹿毛　●供用地／イギリス

父 Dubai Millennium
母 Zomaradah　母父 Deploy

距離	成長型	芝	ダート	瞬発力	パワー	底力
マ中	普	◎	○	○	○	○

現代の欧州馬界を代表する超一流種牡馬。パワフルなスピードと抜群の勝負強さを、直仔、孫の世代に伝えている。日本でのBMS産駒に、リバティハイツ、ロードマックス、セッション。

60 TAPIT
タピット

| 総収益金 | 350,352,000 円 |

● 2001 年生　●芦毛　●供用地／アメリカ

父 Pulpit
母 Top Your Heels　母父 Unbridled

距離	成長型	芝	ダート	瞬発力	パワー	底力
マ中	普	○	◎	○	○	○

３年連続で北米リーディングサイアーに輝いた実績を誇る、現代の超一流種牡馬。日本競馬との相性も極めて良好だ。BMS産駒に、GI馬グランアレグリア、シャムロックヒル、デュードヴァン。

61 *コマンズ
COMMANDS

| 総収益金 | 339,760,000 円 |

● 1996 年生　●黒鹿毛　● 2014 年死亡

父 *デインヒル
母 Cotehele House　母父 My Swanee

距離	成長型	芝	ダート	瞬発力	パワー	底力
短中	普	○	○	○	○	○

２～３歳時に豪で15戦４勝。GIIIATCミサイルSに勝利。種牡馬となり、長年に亘り豪トップクラスの地位を維持した。日本でのシャトル供用も経験。母父産駒にGII馬デルマルーヴル。

62 *シニスターミニスター
SINISTER MINISTER

| 総収益金 | 331,792,000 円 |

● 2003 年生　●鹿毛　●供用地／新ひだか・アロースタッド

父 Old Trieste
母 Sweet Minister　母父 The Prime Minister

距離	成長型	芝	ダート	瞬発力	パワー	底力
短中	普	△	◎	○	○	○

地方競馬首位サイアーにも輝く、現代の日本生産界を代表するダート系一流種牡馬。母父に入っても、やはりダートに強い産駒が圧倒的に多い。代表馬にメイショウフンジン、トランセンデンス。

63 *コロナドズクエスト
CORONADO'S QUEST

| 総収益金 | 331,198,000 円 |

● 1995 年生　●栗毛　● 2006 年死亡

父 *フォーティナイナー
母 Laughing Look　母父 Damascus

距離	成長型	芝	ダート	瞬発力	パワー	底力
短中	普	○	◎	○	○	○

２～３歳時に米で17戦10勝。GIトラヴァーズSなどを制した一流中距離馬。種牡馬となり米欧日で重賞勝ち馬を出す。BMS産駒に、ダートGI馬ファッショニスタ、コレペティトール。

64 ブラックタイド
BLACK TIDE

| 総収益金 | 329,659,000 円 |

● 2001 年生　●黒鹿毛　●供用地／日高・ブリーダーズSS

父 *サンデーサイレンス
母 ウインドインハーヘア　母父 Alzao

距離	成長型	芝	ダート	瞬発力	パワー	底力
中長	普	○	○	○	○	○

大種牡馬ディープインパクトの全兄でもある個性派の名サイアー。BMSとしても、確かな実績をあげつつある。2023年は、母父に入ったタマモブラックタイ（ファルコンS）が重賞を制した。

BMS RANKING 65 FRANKEL フランケル

歴代最高レーティングが与えられた無敗馬。種牡馬としても、「欧州トップオブトップ」の地位を完全に確立した。2023年には、BMS産駒モズメイメイ（チューリップ賞、葵S）が重賞を制する。

総収得賞金 326,592,000円
● 2008年生　●鹿毛　●供用地／イギリス
父 Galileo
母 Kind　母父 *デインヒル

距離	成長型	芝	ダート	瞬発力	パワー	底力
マ中	普	◎	○	◎	○	◎

BMS RANKING 66 SHAMARDAL シャマーダル

欧州を中心に、米豪香など世界各地でGI勝ち産駒を出している世界的名種牡馬。高い競走能力、大レース向きの勝負強さを子孫に伝える。2023年は、母父産駒ゴールデンハインドが重賞を制覇。

総収得賞金 324,966,000円
● 2002年生　●鹿毛　●2020年死亡
父 Giant's Causeway
母 Helsinki　母父 Machiavellian

距離	成長型	芝	ダート	瞬発力	パワー	底力
マ中	普	○	△	○	○	○

BMS RANKING 67 *ケイムホーム CAME HOME

2、3歳時に米GIを計3勝した強豪。種牡馬としては、ダート戦線を中心に随所に高い能力を発揮している。2023年に、BMS産駒アイコンテーラー（JBCレディスクラシック）が活躍。

総収得賞金 321,837,000円
● 1999年生　●黒鹿毛　●2021年死亡
父 Gone West
母 Nice Assay　母父 Clever Trick

距離	成長型	芝	ダート	瞬発力	パワー	底力
短中	普	○	○	○	○	○

BMS RANKING 68 *グラスワンダー GRASS WONDER

有馬記念2回、宝塚記念とグランプリレースで強さを見せた個性派の名馬。種牡馬となり独得の大物感を直仔、孫の世代に伝えている。代表BMS産駒にメイショウマンボ、ホープフルサイン。

総収得賞金 317,234,000円
● 1995年生　●栗毛　●2020年引退
父 Silver Hawk
母 Ameriflora　母父 Danzig

距離	成長型	芝	ダート	瞬発力	パワー	底力
万	普	○	○	○	○	○

BMS RANKING 69 KITTEN'S JOY キトゥンズジョイ

日本競馬との相性も良い、芝適性が高い北米首位サイアー。日本で走るBMS産駒にも芝向きのタイプが多い。2023年には、母父に入ったジャスパークローネ（CBC賞、北九州記念）が躍動。

総収得賞金 310,955,000円
● 2001年生　●栗毛　●2022年死亡
父 El Prado
母 Kitten's First　母父 Lear Fan

距離	成長型	芝	ダート	瞬発力	パワー	底力
マ中	普	◎	○	○	○	○

BMS RANKING 70 *ウォーエンブレム WAR EMBLEM

2～3歳時に米で13戦7勝。ケンタッキーダービー、プリークネスS勝ちの米2冠馬。産駒数は少なかったが、種牡馬としての高い能力を示す。母父産駒にスカーレットカラー、アネゴハダ。

総収得賞金 310,123,000円
● 1999年生　●青鹿毛　●2020年死亡
父 Our Emblem
母 Sweetest Lady　母父 Lord At War

距離	成長型	芝	ダート	瞬発力	パワー	底力
中	普	○	◎	○	○	○

BMS RANKING 71 *ヨハネスブルグ JOHANNESBURG

欧州、米で最優秀2歳牡馬に選ばれた。種牡馬となり、北南米、オセアニアでGI勝ち産駒を出している。仕上がりの早さ、力強いスピードが武器。日本でのBMS産駒にベルウッドブラボー。

総収得賞金 310,043,000円
● 1999年生　●鹿毛　●2019年引退
父 ヘネシー
母 Myth　母父 *オジジアン

距離	成長型	芝	ダート	瞬発力	パワー	底力
短マ	早	○	○	○	◎	○

BMS RANKING 72 *スニッツェル SNITZEL

日本でのシャトル供用経験も持つ、豪リーディングサイアー。スプリント、マイル戦向きのパワフルなスピードが大きな武器となっている。日本でのBMS産駒にベルダーイメル、サヴォーナ。

総収得賞金 308,517,000円
● 2002年生　●鹿毛　●供用地／オーストラリア
父 Redoute's Choice
母 Snippets' Lass　母父 Snippets

距離	成長型	芝	ダート	瞬発力	パワー	底力
短マ	普	○	○	○	○	△

BMS RANKING 73 アドマイヤベガ
ADMIRE VEGA
2〜3歳時に日で8戦4勝。爆発的な瞬発力を駆使して、ダービー、京都新聞杯などを制した一流馬。母ベガは牝馬2冠馬。2023年は、BMSに入ったシュトラウスが2歳GⅡ戦に勝利している。

総収得賞金	304,370,000円			
●1996年生	●鹿毛	●2004年死亡		
父 *サンデーサイレンス				
母 ベガ	母父 *トニービン			

距離	成長型	芝	ダート	瞬発力	パワー	底力
万	普	◎	△	◎	◎	○

BMS RANKING 74 デュランダル
DURANDAL
サンデーサイレンス産駒のマイル、短距離部門を代表するGI3勝の名馬。直仔、孫の世代には中距離戦線の活躍馬も多い。2024年に入り、母父産駒ブローザホーン（日経新春杯）が重賞制覇。

総収得賞金	301,754,000円			
●1999年生	●栗毛	●2013年死亡		
父 *サンデーサイレンス				
母 サワヤカプリンセス	母父 *ノーザンテースト			

距離	成長型	芝	ダート	瞬発力	パワー	底力
短マ	普	◎	○	◎	○	○

BMS RANKING 75 *ボストンハーバー
BOSTON HARBOR
2〜3歳時に米で8戦6勝。BCジュヴナイルなど米2歳重賞を4勝した早熟のスピード型。種牡馬となり米日で活躍を示した。日本での代表BMS産駒に、クロコスミア、ラプタス。

総収得賞金	279,737,000円			
●1994年生	●鹿毛	●2021年死亡		
父 Capote				
母 Harbor Springs	母父 Vice Regent			

距離	成長型	芝	ダート	瞬発力	パワー	底力
短マ	早	○	○	○	○	△

BMS RANKING 76 アドマイヤコジーン
ADMIRE COZZENE
2歳GI制覇後、長く不遇の時代が続いたが、6歳を迎えて復活し再びGIタイトルを奪取した個性派マイラー。2023年には、BMS産駒テイエムスパーダ（セントウルS）が重賞を制する。

総収得賞金	275,397,000円			
●1996年生	●芦毛	●2017年死亡		
父 Cozzene				
母 *アドマイヤマカディ	母父 *ノーザンテースト			

距離	成長型	芝	ダート	瞬発力	パワー	底力
マ中	普	◎	△	◎	○	○

BMS RANKING 77 メイショウサムソン
MEISHO SAMSON
3歳時に皐月賞、ダービー、4歳時に春秋の天皇賞を制した名馬中の名馬。種牡馬としては、超大物を出すには至っていない。2023年は、母父産駒トーセンローリエ、プレリュードシチーらが活躍。

総収得賞金	269,168,000円			
●2003年生	●鹿毛	●2021年引退		
父 *オペラハウス				
母 マイヴィヴィアン	母父 *ダンシングブレーヴ			

距離	成長型	芝	ダート	瞬発力	パワー	底力
中長	やや晩	○	○	○	○	○

BMS RANKING 78 *チチカステナンゴ
CHICHICASTENANGO
2〜3歳時に仏で14戦4勝。パリ大賞、リュパン賞とGI2勝。種牡馬となり、ヴィジョンデタ、サオノアと2頭の仏ダービー馬を出した。日本での母父産駒に、サンライズウルス、ヒュミドール。

総収得賞金	266,569,000円			
●1998年生	●芦毛	●2012年死亡		
父 Smadoun				
母 *スマラ	母父 Antheus			

距離	成長型	芝	ダート	瞬発力	パワー	底力
中長	普	○	○	○	○	○

BMS RANKING 79 バブルガムフェロー
BUBBLE GUM FELLOW
2〜4歳時に日で13戦7勝。2歳時に朝日杯3歳Sを制したのに続き、3歳で天皇賞・秋を勝った強豪。代表BMS産駒に、ダートGI馬ダンシングプリンス、重賞勝ち馬マジンプロスパー。

総収得賞金	263,993,000円			
●1993年生	●鹿毛	●2010年死亡		
父 *サンデーサイレンス				
母 *バブルカンパニー	母父 Lyphard			

距離	成長型	芝	ダート	瞬発力	パワー	底力
中	普	○	○	△	○	○

BMS RANKING 80 オルフェーヴル
ORFEVRE
2011年に史上7頭目の3冠馬に輝いた、美しい栗毛の名馬。種牡馬としては、独特の大物感を子孫に伝えている。2023年に、BMS産駒コラソンビート（京王杯2歳S）が重賞を制した。

総収得賞金	263,836,000円			
●2008年生	●栗毛	●供用地／安平・社台SS		
父 ステイゴールド				
母 オリエンタルアート	母父 メジロマックイーン			

距離	成長型	芝	ダート	瞬発力	パワー	底力
中長	普	◎	○	○	◎	◎

BMS RANKING 81 *オペラハウス OPERA HOUSE

2〜5歳時に英愛仏米で18戦8勝。“Kジョージ”などに勝った欧州最優秀古馬。代表産駒にテイエムオペラオー、メイショウサムソン。BMS産駒にメジャーエンブレム、アイオライト。

総収得賞金	261,820,000円

● 1988年生　● 鹿毛　● 2016年死亡

父 Sadler's Wells
母 Colorspin　母父 High Top

距離	成長型	芝	ダート	瞬発力	パワー	底力
中長	やや晩	○	○	○	◎	○

BMS RANKING 82 JUMP START ジャンプスタート

2歳時に米で5戦2勝。GIIサラトガスペシャルSに勝っている。産駒にレイルトリップ（ハリウッドGC）。2023年に、BMSに入ったハーパー（クイーンC）が牝馬クラシック戦線で活躍。

総収得賞金	260,432,000円

● 1999年生　● 黒鹿毛　● 2019年死亡

父 A.P. Indy
母 Steady Cat　母父 Storm Cat

距離	成長型	芝	ダート	瞬発力	パワー	底力
マ中	やや早	○	◎	○	○	△

BMS RANKING 83 FUSAICHI PEGASUS フサイチペガサス

2〜3歳時に米で9戦6勝。日本人所有馬として、史上初めてケンタッキーダービーを制する。米での種牡馬生活でも成功を収めた。2023年は、母父に入るダイシンクローバーがJGII勝ち。

総収得賞金	257,331,000円

● 1997年生　● 鹿毛　● 2023年死亡

父 Mr. Prospector
母 Angel Fever　母父 Danzig

距離	成長型	芝	ダート	瞬発力	パワー	底力
マ中	普	○	◎	○	◎	○

BMS RANKING 84 MONSUN モンズーン

2〜5歳時に独英仏で23戦12勝し独GIを3勝。独リーディングサイアーにも輝いている。産駒にスタセリタ、ノヴェリスト。日本でのBMS産駒にソウルスターリング、シュバルツクーゲル。

総収得賞金	254,773,000円

● 1990年生　● 黒鹿毛　● 2012年死亡

父 Konigsstuhl
母 Mosella　母父 Surumu

距離	成長型	芝	ダート	瞬発力	パワー	底力
万	普	◎	○	○	○	◎

BMS RANKING 85 *バゴ BAGO

凱旋門賞などGI5勝の名馬。日本での種牡馬生活から、グランプリ3連覇のクロノジェネシスという大物を送り出した。母父に入るとダート向きのタイプが目立つ。BMS産駒にブリッツファング。

総収得賞金	249,148,000円

● 2001年生　● 黒鹿毛　● 供用地／新ひだか・JBBA 静内種馬場

父 Nashwan
母 Moonlight's Box　母父 Nureyev

距離	成長型	芝	ダート	瞬発力	パワー	底力
中長	普	○	◎	○	◎	○

BMS RANKING 86 *キンシャサノキセキ KINSHASA NO KISEKI

豪州産のフジキセキ産駒で、高松宮記念連覇という偉業を達成した。種牡馬としても、父の後継となる活躍を示している。2023年に、BMSに入ったセルバーグ（中京記念）が重賞制覇を達成。

総収得賞金	248,852,000円

● 2003年生　● 鹿毛　● 2023年引退

父 フジキセキ
母 *ケルトシャーン　母父 Pleasant Colony

距離	成長型	芝	ダート	瞬発力	パワー	底力
短マ	普	◎	○	○	○	○

BMS RANKING 87 マーベラスサンデー MARVELOUS SUNDAY

3〜5歳時に日で15戦10勝。長期休養から復帰し、5歳7月の宝塚記念で6つ目の重賞タイトルを獲得した強豪。直仔にネヴァブション。BMS産駒にレッツゴードンキ、ブレイブアモーレ。

総収得賞金	246,863,000円

● 1992年生　● 栗毛　● 2016年死亡

父 *サンデーサイレンス
母 モミジダンサー　母父 *ヴァイスリーガル

距離	成長型	芝	ダート	瞬発力	パワー	底力
中長	やや晩	◎	○	○	○	○

BMS RANKING 88 CURLIN カーリン

2年連続で米年度代表馬に選ばれた、歴史的名馬。種牡馬としても成功を収めている。脚抜けの良いダートで活きる、力強いスピードを子孫に伝える。日本でのBMS産駒にエンペラーワケア。

総収得賞金	245,248,000円

● 2004年生　● 栗毛　● 供用地／アメリカ

父 Smart Strike
母 Sheriff's Deputy　母父 Deputy Minister

距離	成長型	芝	ダート	瞬発力	パワー	底力
中	普	○	◎	○	◎	○

日本のダート競馬の 過去・現在・これから未来

1988年 有馬記念

伝説のオグリキャップ

1980年代後半から1990年にかけてのオグリキャップの活躍は、単に競馬ブームを巻き起こしただけでなく、血統というものの神秘的な奥深さを、ファンに知らしめるものだった。その意味で、血は残せなくとも、大きな影響を与えた名馬といっていいだろう。

サラブレッド血統センター

藤井正弘氏に聞く

競馬のバイブルといえば『競馬四季報』。その『競馬四季報』を出版しているのがサラブレッド血統センター。日本のみならず、世界の血統のエキスパートでもある存在。今回はダート路線の大改革が行われたのを機に、そのサラブレッド血統センターの藤井正弘氏に、日本のダート競馬について語ってもらった。

藤井正弘（ふじいまさひろ）

1962年生まれ。サラブレッド血統センター所属。入社以来のライフワークとなった「競馬四季報」編集に携わる傍ら、「スポーツニッポン」「週刊競馬ブック」「優駿」などの媒体に連載を持つ血統コラムニスト兼バンドマン。

オグリキャップがダートのトップサイアーとして君臨する世界線も見てみたかったですね

きっかけはやっぱり「競馬四季報」でした

――藤井さんと競馬の関わり合いはいつ頃からだったのでしょうか？

「小学生のころハイセイコーの大ブームがあって、そのまま野球とかボクシングとかと同じように親しんでいた感じですね。家が（千葉県の）市川だったんで、となり町の中山競馬場や船橋競馬場は身近な環境でした」

――血統センターに入社されたいきさつは？

「大学4年の時、バンド活動にはまっていたこともあって全然、就職先とか決まっていなかったんですよ。そうしたら『競馬四季報』にバイト募集のページがありまして。それを見て、応募して、ここで働くこととなりました」

――『競馬四季報』が縁だったんですね。

「はい、毎号欠かさず買っていましたから」

――特に血統に強い興味があったというわけではないのですか？

「そうですね。入社した頃は、『普通の競馬ファンよりは知っている』程度だったかもしれません。そして入社して2年くらい経った頃に、オグリキャップが現れたんです。当時、オグリキャップの血統的評価は高くなくて、中央入りが決まった時も社内では『ダンシングキャップの仔が芝の一線級で通用するわけがない』といわれていました」

――たしかにダンシングキャップは特に目立った産駒を出していなかったですね。

「私は駆け出しでしたけど、母系に天皇賞馬のクインナルビーもいるし、祖父のネイティヴダンサーはアメリカの歴史的名馬なのだから、そこまで悪い血統ではないと思っていました。そしてその活躍を目の当たりにしてからですね、血統に深く興味を持ち始めたのは」

――藤井さんにとっては『血統の奥深さを知るきっかけとなった馬』というわけですね。

オグリキャップ

系統：ネイティヴダンサー系 母父系統：ウォーアドミラル系			
父 *ダンシングキャップ 芦 1968	Native Dancer 芦 1950	Polynesian	Unbreakable
			Black Polly
		Geisha	Discovery
			Miyako
	Merry Madcap 黒鹿 1962	Grey Sovereign	Nasrullah
			Kong
		Croft Lady	Golden Cloud
			Land of Hope
母 ホワイトナルビー 芦 1974	シルバーシャーク 芦 1963	Buisson Ardent	Relic
			Rose o'Lynn
		Palsaka	Palestine
			Masaka
	ネヴァーナルビー 黒鹿 1969	ネヴァービート	Never Say Die
			Bride Elect
		センジュウ	ガーサント
			スターナルビー

血統的に評価されなかったオグリキャップ

父ダンシングキャップは、名馬ネイティヴダンサーの直仔として1972年に輸入。カツルーキーオー（北海道3歳S）などを出した。産駒はマイル以下での活躍が多かった。母父シルバーシャークは、ムーランドロンシャン賞を勝った名マイラーで、父として桜花賞2着のシーバードパークなどを輩出。オグリキャップの血統的評価は「ダート向きのマイラー」だった。

サラブレッド血統センターとは

1970年創業。競走馬の血統に関するデータの収集・整備・提供、競馬関連の出版物の刊行、セリ名簿、繁殖牝馬名簿、種牡馬パンフレットの制作、各媒体への記事出稿など、半世紀以上にわたり日本の競馬と生産を多角的に支える。主な定期刊行物は「競馬四季報」「スタリオンレビュー」「ホースマンカレンダー」。

「そうですね。ただ、その父系が、今ではほとんど残っていないのは、少し寂しい気もします。もしこの時代に、今のようにダート路線が確立していたら、ダート界のトップサイアーに君臨していたかもしれませんね。そんな世界線も見てみたかった気はします」

427

地方から中央へ、そして日本から世界へ
道がつながっていればいつかはたどり着く…

桜花賞トライアルの4歳牝馬特別に快勝した
ライデンリーダーと若き日の安藤勝己騎手。

ライデンリーダー

系統：ボールドルーラー系		母父系統：サーギャラハッド系		
父 ワカオライデン 栗 1981	*ロイヤルスキー 栗 1974	Raja Baba	Bold Ruler	
			Missy Baba	
		Coz o'Nijinsky	Involvement	
			Gleam	
	オキワカ 栗 1972	*リマンド	Alcide	
			Admonish	
		ワカクモ	*カバーラップ二世	
			丘高	
母 ヒカリリーダー 鹿 1979	*ネプテューヌス 黒鹿 1961	Neptune	Crafty Admiral	
			Timely Tune	
		Bastia	Victrix	
			Barberybush	
	マウントミノル 鹿 1968	*アポッスル	Blue Peter	
			Bellani	
		ハクリョウクイン	ハクリョウ	
			カスガ	

中央と地方の壁を自らの脚で
突破したライデンリーダー

──当時はまだ、中央と地方、芝とダートの垣
根は高かったですからね。

「その意味で、エポックメイキングな出来事だ
ったのは、オグリキャップの引退から5年後の、
ライデンリーダーの中央への挑戦でした。この
年（1995年）から、地方馬が地方所属のまま
中央のGIに出走できるようになったんです」

──いわゆる地方競馬との交流元年ですね。

「それで、笠松競馬に所属し、当地では無敵を
誇ったライデンリーダーが、桜花賞への出走権
を賭けてトライアルの4歳牝馬特別（現フィリ
ーズレビュー）に出走して来たんです」

──たしか3馬身半差の圧勝でした。

「これで堂々と桜花賞への出走権を獲得して、
地方所属馬として初めて、中央の牝馬クラシッ
ク出走を果たしたわけです。本番の桜花賞、そ
の後のオークスでは共に1番人気を裏切る結果
となってしまいましたが、生産者にとってすご
く意義のあったことだと思うのです。たとえど
んなに細くても、地方馬が中央で活躍する道筋
ができたということは。また、それによって救
われた血統もたしかにありましたね。ワカオラ
イデンとか」

地方所属馬ライデンリーダーの
桜花賞挑戦！

オグリキャップを中央に送り出した笠松競馬
の名牝。当地で無敗の10連勝を飾ると、4
歳牝馬特別（現フィリーズレビュー）を快勝
して桜花賞の出走権を獲得。史上初めて地方
競馬所属のまま桜花賞への出走を果たした。
結果は1番人気4着。この後、オークス（13
着）、エリザベス女王杯（13着）と当時の牝
馬3冠の皆勤も果たしている。

世界のダート界も震撼させた
クロフネの衝撃的な走り

──この頃のダート界隈はどのような感じだっ
たのでしょうか？

「個人的にですが、日本のダート競馬は、当時
から言われるほど本場アメリカとの差はないん
じゃないかと考えていました。その根拠となっ
たのが、同じ1995年、クロフネミステリーの
活躍でした」

──藤澤和雄厩舎の馬ですね。

「そうです。当時オープン入りしたばかりのク
ロフネミステリーが、アメリカに遠征して、向
こうのグレード競走で僅差の3着に入ったんで
す。そのこともあって、競馬のレベルはそんな
に違わなくて、遠征のノウハウがしっかり確立

クロフネ			
系統：ノーザンダンサー系		母父系統：フェアウェイ系	
父 *フレンチデピュティ 栗 1992	Deputy Minister 黒鹿 1979	Vice Regent	Northern Dancer
			Victoria Regina
		Mint Copy	Bunty's Flight
			Shakney
	Mitterand 鹿 1981	Hold Your Peace	Speak John
			Blue Moon
		Laredo Lass	Bold Ruler
			Fortunate Isle
母 *ブルーアヴェニュー 芦 1990	Classic Go Go 鹿 1978	Pago Pago	Matrice
			Pompilia
		Classic Perfection	Never Bend
			Mira Femme
	Eliza Blue 芦 1983	Icecapade	Nearctic
			Shenanigans
		*コレラ	Roberto
			Catania

できれば、アメリカのGIレースでも日本馬が通用すると思っていました。そしてその5年後に現れたのがクロフネでした。ジャパンCダートで、衝撃的なパフォーマンスを披露してくれたのです。この年は5頭の海外招待馬を迎えての一戦となったのですが、なかでも大将格のリドパレスは、アメリカのダートGIを連勝中で、BCクラシックこそ産駒登録がなくて出走できませんでしたが、事実上の米ナンバーワンホースと見なされていました。その強豪をまったく相手にせず、7馬身差の圧勝でしたからね。驚きました」

──勝ちタイムは前年にウイングアローが樹立したレコードを1秒3も更新するものでした。

「さらにこの勝利によって、クロフネは3歳ダートIコラムの世界ランキングでケンタッキーダービー馬と並ぶトップに立ちました。今、振り返っても歴史の転換点だったと思います。」

──それだけに、直後の引退が惜しまれます

「そうですね。ただ当時は、クロフネは外国産馬だったこともあって、これがフィードバックされるのは、クロフネが種牡馬になってからだろうと思っていました。でも…」

「凱旋門賞よりも先に
BCクラシックを勝てると思いますよ」

BCクラシックの制覇は
それほど遠い目標ではない

──クロフネが無事なら、ドバイワールドCも、

衝撃的なクロフネの
ジャパンCダート

初ダートとなった東京D1600mの武蔵野Sを、2着に9馬身差の1分33秒3のレコード勝ち。続くジャパンCダートでも単勝1.7倍の圧倒的人気に推され、東京D2100mを2分5秒9のレコードで、前年の覇者ウイングアローに圧勝。レーティングの3歳Mコラム（1400m以上1900m未満）で125ポンドを獲得しこの部門世界一に輝いた。

BCクラシックも獲れたんじゃないかと言われていますが…。

「クロフネは確かに別格でしたが、その頃から日本のダート馬のレベルはそれなりに高かったと思います。それから20年経った今、BCクラシックは日本馬の現実的なターゲットになっていますよね」

──実際、デルマソトガケが2着してますしね。

「デルマソトガケといい勝負できる馬はほかにもいますからね。たまたまアメリカの馬が強くない時期という考えもありますが、個人的には、

429

ダート一本でここまでのし上がった
シニスターミニスターは本当にすごい種牡馬

凱旋門賞より先にＢＣクラシックを勝てるんじゃないかと思っています」

強いサイアーは芝、ダート
関係なく活躍馬を出した

——続いては種牡馬の話をお聴きします。

「今でこそ二刀流と言われますが、昔は芝とダートの二刀流が当たり前でした。ミルジョージやブレイヴェストローマンなど、後にダート血統と言われる種牡馬も、ダートに強い血統ではありましたが、ダート専門というわけではありませんでした。ミルジョージはイナリワン（有馬記念）やロッキータイガー（ジャパンＣ２着）を、ブレイヴェストローマンも２冠牝馬マックスビューティを出しています。ダートグレードが始まってからは、パークリージェントやアジュディケーティング、サウスヴィグラス、ゴールドアリュール、キングカメハメハらがリーディングとして活躍。近年はヘニーヒューズ、パイロ、シニスターミニスターが３強として鎬を削っています。2023年にはシニスターミニスターが地方リーディングサイアーに輝き、総合ダート部門でもトップに立っています」

２大種牡馬の間隙を縫った
シニスターミニスター

——そのシニスターミニスターについてもう少

しお伺いします。

「ダート専門でここまでの地位を築いたのはすごいですね。基本的にダートでしか走らない馬はサイアーランキングでは上に行かないんですけど、シニスターミニスターはほぼダート一本で2023年の総合ランキングで８位に入っているんです。ヘニーヒューズもダートに強いですが、実は芝も走っています。『ヘニーヒューズ産駒で芝で活躍する馬は必ず重賞を勝つ』という言葉があるくらい、芝適性はあります。パイロも、ヘニーヒューズほどではありませんが、産駒は芝でもそこそこ見かけます。でも、シニスターミニスター産駒が芝を走っているのを見たことありません」

——種牡馬入り当初はそれほど期待されてはいませんでしたよね。

「３歳時に、ケンタッキーダービーの前哨戦であるブルーグラスＳで12馬身千切って話題になったのですが、その後はまったく走らなかったんです。それもあって、初年度の種付料は150万円でしたが、４年目には50万円にまでダウンしています。それでも、産駒が堅実に走ったこともあってランキングも上昇してついにはランキング８位。種付料もダート系種牡馬では破格の700万円に到達しています。いい馬を出してはいましたが、ここまで成功するとは思っていませんでしたね」

——成功した理由は何でしょうか？

「１つには、キングカメハメハとゴールドアリュールの活躍馬が、ほぼ同時にいなくなったことがあります。いわばこの２大種牡馬の産駒がエアポケットに入った時に、頭角を現したのが、パイロでありシニスターミニスターだったのです」

「昔は二刀流という
言葉もなかったですからね」

シニスターミニスター

系統：エーピーインディ系　母父系統：デピュティミニスター系			
父 Old Trieste 栗 1995	A.P. Indy 黒鹿 1989	Seattle Slew	Bold Reasoning
			My Charmer
		Weekend Surprise	Secretariat
			Lassie Dear
	Lovlier Linda 栗 1980	Vigors	Grey Dawn
			Relifordie
		Linda Summers	Crozier
			Queenly Gift
母 Sweet Minister 鹿 1997	The Prime Minister 鹿 1987	Deputy Minister	Vice Regent
			Mint Copy
		Stick to Beauty	Illustrious
			Hail to Beauty
	Sweet Blue 黒鹿 1985	Hurry up Blue	Mr. Leader
			Blue Baroness
		Sugar Gold	Mr. Prospector
			Miss Ironside

——たしかに、ホッコータルマエやコパノリッキー、ゴールドドリームが引退した後ですね。

名馬デピュティミニスターの　タフさと活力を受け継いでいる

——シニスターミニスターの最大の魅力は？

「シニスターミニスターのいいところは丈夫なところですね。ある程度のレベルの、種牡馬としてのパフォーマンスを長く発揮できるのが大きな強みです。母の父ザプライムミニスターはデピュティミニスターの直仔なんですが、このデピュティミニスターがとんでもない種牡馬で、バイタリティにあふれていてすごく長生きした馬なんですね。その活力が、母の父を通してシニスターミニスターに受け継がれているのではないかと考えています」

年度代表馬にして米首位に輝く　名馬エーピーインディ

——父系の影響はどうでしょうか？

シニスターミニスターの血統的なすごさ

父オールドトリエステは、D8〜9FのGII を3勝した中距離馬。種牡馬として、BCスプリント勝ちのシルヴァートレインを輩出している。その父エーピーインディは米年度代表馬にして米リーディングサイアー。母父ザプライムミニスターはGIIを勝ち、産駒にGIII馬がいる程度の中級サイアー。エーピーインディ系×デピュティミニスター系の配合がピタリとはまったのが成功の原因か。

「父のオールドトリエステは、種牡馬としてBCスプリント馬を出した快速馬で、日本でも芝の重賞馬を出しています。その父エーピーインディは、米年度代表馬にして米リーディングサイアーですが、実はエーピーインディ以降、リーディングサイアーになった米年度代表馬は出ていません。アメリカのサイアー界の面白いところですが、それだけ、競走馬として種牡馬として共に成功した稀有な存在というわけですね。ちなみに、エーピーインディの仔を種牡馬として輸入する時は、たいていダートでの活躍

キングカメハメハ

後継種牡馬が4頭も総合ランキング20位以内に入っている。まさに種牡馬の父。

ゴールドアリュール

後継として活躍中の2頭に続き、ゴールドドリーム、クリソベリルら有力馬がスタンバイ。

海外だけでなく、日本を舞台に強い馬が強い競馬を見せて欲しいと思っています

を期待しているんですけど、もし、シニスターミニスターを芝向きだと考えて使っていたらどうなっていたんでしょうかね」

これからのリーディングはダートでの活躍が不可欠

—— 2024年からダート路線の大改革が行われますが、これからのリーディングサイアーになるには、ダートでの活躍は不可欠でしょうか？

「そうですね。ディープインパクトは例外的にダートを走らない種牡馬でしたけれど、これからはダートも走らないと厳しいかな、という時代にはなると思います」

——エピファネイアが総合12位というのは、そのあたりも関係あるのでしょうか。

「あると思います。エピファネイアやルーラーシップの産駒は、なぜかダートを苦手にしていますからね。ランキング上位争いに加わるには、ダートでの活躍馬を出したいところです。ただ、エピファネイアの場合、年明けてから3歳も古馬もいずれも絶好調ですし、種付料が1800万円に上がった年の産駒は来年デビューですから、まだまだこれからです」

——藤井さんが特に注目している種牡馬は？

エーピーインディ
系統：エーピーインディ系　母父系統：ボールドルーラー系

父 Seattle Slew 黒鹿 1974	Bold Reasoning 黒鹿 1968	Boldnesian	Bold Ruler
			Alanesian
		Reason to Earn	Hail to Reason
			Sailing Home
	My Charmer 鹿 1969	Poker	Round Table
			Glamour
		Fair Charmer	Jet Action
			Myrtle Charm
母 Weekend Surprise 鹿 1980	Secretariat 栗 1970	Bold Ruler	Nasrullah
			Miss Disco
		Somethingroyal	Princequillo
			Imperatrice
	Lassie Dear 鹿 1974	Buckpasser	Tom Fool
			Busanda
		Gay Missile	Sir Gaylord
			Missy Baba

エーピーインディの血統的なすごさ

ベルモントS、BCクラシックの勝ち馬で、1992年の米年度代表馬。米の歴史的名馬シアトルスルーの後継種牡馬として大成功を収め、新たに「エーピーインディ系」の祖として父系を発展させている。2003、2006年米リーディングサイアー。日本でも、直系のシニスターミニスターと直仔のマジェスティックウォリアーが、ダートに特化した種牡馬として活躍している。

「キタサンブラックです。種付料が上がってからの産駒がデビューするまでの間は、ドゥラメンテやキズナが中心になって、ドゥラメンテの

2023年のダートのサイアーランキング

順位	種牡馬名	父	母父	系統	生年	掲載頁
1	*シニスターミニスター	オールドトリエステ	ザプライムミニスター	エーピーインディ系	2003	P 60
2	*ヘニーヒューズ	*ヘネシー	メドウレイク	ストームキャット系	2003	P 64
3	*ドレフォン	ジオポンティ	ゴーストザッパー	ストームキャット系	2013	P 80
4	ロードカナロア	キングカメハメハ	ストームキャット	キングマンボ系	2008	P 36
5	ホッコータルマエ	キングカメハメハ	チェロキーラン	キングマンボ系	2009	P 96
6	*パイロ	プルピット	ワイルドアゲイン	エーピーインディ系	2005	P 108
7	*マジェスティックウォリアー	エーピーインディ	シーキングザゴールド	エーピーインディ系	2005	P 104
8	キズナ	ディープインパクト	ストームキャット	サンデーサイレンス系	2010	P 40
9	エスポワールシチー	ゴールドアリュール	*ブライアンズタイム	サンデーサイレンス系	2005	P 118
10	*アジアエクスプレス	*ヘニーヒューズ	ランニングスタッグ	ストームキャット系	2011	P 130

キタサンブラック
ダート部門においても、ウィルソンテソーロ、ガイアフォースがGIで2着に入る活躍を見せている。

ダノンレジェンド
父は米2歳牡馬王者のマッチョウノ。仕上がりの早さで2023年地方2歳リーディングは3位にランクインした。

産駒が減ってきたら、キタサンブラックの時代でしょう。ダートでも強い馬を出すと思っていますから。もちろん、イクイノックスも非常に楽しみです」

──初年度産駒からディープインパクト並みの活躍も期待できますからね。

ダノンレジェンドの産駒で
南関東3冠に挑んでみたい

──ダート界で期待している馬は？

「キタサンブラック以外では、ダノンレジェンドに注目しています。サウスヴィグラスの後釜になれる器じゃないでしょうか」

──もしダート3冠路線を狙うとして、この馬に付けてみたいという馬はいますか？

「やっぱりダノンレジェンドですね。距離の壁がありそうですけど。この馬は、ホーリーブルの系統なんですよね。ホーリーブルって、『アメリカ版オグリキャップ』みたいな馬で、私、こういうのに弱いんです。だからその血をひくダノンレジェンドからすごい馬が出ないかなあって思っていたりします。3冠のうち1冠でも取ってくれたら嬉しいですね」

「キタサンブラックは
ダートでも活躍しますよ」

南関東ダート3冠路線が
国内ダート路線を盛り上げる

──今年から始まる南関東ダート3冠路線につ

いて、期待することは？

「国内を舞台に、中央と地方のダートのトップクラスが熱い闘いを繰り広げてくれることですね。ダート3冠路線が整備されてくれば、その可能性も上がってくると思います。ただ、現況では、強い馬はUAEダービーやケンタッキーダービーに向かうことが普通になっています。もしフォーエバーヤングがダート3冠路線に向かったら、ものすごく盛り上がると思うんですよ。でも、実際はUAEダービーからケンタッキーダービーを目標にしているとのことですからね。3歳に限らず、古馬のダート戦線でも、最強クラスが海外を目指してしまうのは仕方ないことでしょうけど」

──ウシュバテソーロとレモンポップの初対決が海外だったというのは、ファンとして少し寂しい気もします。

「だからこそ、日本の最強クラスが鎬を削るような、魅力あるレースにすることが、今後の課題であり、目標ではないでしょうか」

2023年 海外主要レース勝ち馬一覧

レース名	開催地	距離	勝ち馬名	性齢	父馬名	父馬掲載ページ
【欧州2歳】						
モルニ賞	仏	1200m	ヴァンディーク	牡2歳	ハヴァナグレー	P310
クリテリウムアンテルナシオナル	仏	1600m	サンウェイ	牡2歳	ガリウェイ	－
フィリーズマイル	英	8F	イランイラン	牝2歳	フランケル	P266,423
ミドルパークS	英	6F	ヴァンディーク	牡2歳	ハヴァナグレー	P310
ジャンリュックラガルデール賞	仏	1400m	ロザリオン	牡2歳	ブルーポイント	P402
デューハーストS	英	7F	シティオブトロイ	牡2歳	ジャスティファイ	P274
フューチュリティトロフィー	英	8F	アンシェントウィズダム	牡2歳	ドバウィ	P293,422
【欧州3歳牡馬】						
英2000ギニー	英	8F	シャルディーン	牡2歳	フランケル	P266,423
仏2000ギニー	仏	1600m	マルハバヤサハフィ	牡3歳	ムハラー	－
愛2000ギニー	愛	8F	パディントン	牡3歳	シユーニ	P278
英ダービー	英	12F6y	オーギュストロダン	牡3歳	★ディープインパクト	P48,413
仏ダービー	仏	2100m	エースインパクト	牡3歳	クラックスマン	P403
愛ダービー	愛	12F	オーギュストロダン	牡3歳	★ディープインパクト	P48,413
セントジェイムズパレスS	英	7F213y	パディントン	牡3歳	シユーニ	P278
パリ大賞典	仏	2400m	フィードザフレーム	牡3歳	キングマン	P271
英セントレジャー	英	14F115y	コンティニュアス	牡3歳	★ハーツクライ	P44,415
【欧州3歳牝馬】						
英1000ギニー	英	8F	モージ	牝3歳	エクシードアンドエクセル	P289
仏1000ギニー	仏	1600m	ブルーローズセン	牝3歳	チャーチル	P402
愛1000ギニー	愛	8F	タヒーラ	牝3歳	シユーニ	P278
英オークス	英	12F6y	ソウルシスター	牝3歳	フランケル	P266,423
仏オークス	仏	2100m	ブルーローズセン	牝3歳	チャーチル	P402
愛オークス	愛	12F	セーヴザラストダンス	牝3歳	ガリレオ	P323,419
【欧州古馬・中長距離】						
ガネー賞	仏	2100m	イレジン	牝5歳	マンデュロ	P405
イスパーン賞	仏	1800m	アンマート	騙5歳	オータード	－
コロネーションC	英	12F	エミリーアップジョン	牝4歳	シーザスターズ	P408
プリンスオブウェールズS	英	9F212y	モスタダフ	牡5歳	フランケル	P266,423
サンクルー大賞	仏	2400m	ウエストオーバー	牡4歳	フランケル	P266,423
エクリプスS	英	9F209y	パディントン	牡3歳	シユーニ	P278
KジョージVI世&QエリザベスS	英	11F211y	フクム	牡6歳	シーザスターズ	P408
英インターナショナルS	英	10F56y	モスタダフ	牡5歳	フランケル	P266,423
愛チャンピオンS	愛	10F	オーギュストロダン	牡3歳	★ディープインパクト	P48,413
凱旋門賞	仏	2400m	エースインパクト	牡3歳	クラックスマン	P403
英チャンピオンS	英	9F212y	キングオブスティール	牡3歳	ウートンバセット	P329
バーデン大賞典	独	2400m	ザグレイ	牡4歳	ザラク	－
ヴェルメイユ賞	仏	2400m	ウォームハート	牝3歳	ガリレオ	P323,419
【欧州古馬マイル・短距離】						
QエリザベスⅡジュビリーS	英	6F	カーデム	牡7歳	ダークエンジェル	P270
ジュライC	英	6F	シャキール	牡3歳	チャームスピリット	P410
サセックスS	英	8F	パディントン	牡3歳	シユーニ	P278
ジャックルマロワ賞	仏	1600m	インスパイラル	牝4歳	フランケル	P266,423
ムーランドロンシャン賞	仏	1600m	ソーテルヌ	牝3歳	キングマン	P271
スプリントC	英	6F	リージョナル	騙5歳	テリトリーズ	P326

レース名	開催地	距離	勝ち馬名	性齢	父馬名	父馬掲載ページ
クイーンエリザベスII世S	英	8F	ビッグロック	牡3歳	*ロックオブジブラルタル	P 420
アベイユドロンシャン賞	仏	1000m	ハイフィールドプリンセス	牝6歳	ナイトオブサンダー	P 305
【米国2歳】						
フリゼットS	米	D8F	ジャストエフワイアイ	牝2歳	ジャスティファイ	P 274
シャンペンS	米	D8F	ティンバーレーク	牡2歳	イントゥミスチーフ	P 273
BCジュヴナイル	米	D8.5F	フィアースネス	牡2歳	シティオブライト	P 322
BCジュヴナイルフィリーズ	米	D8.5F	ジャストエフワイアイ	牝2歳	ジャスティファイ	P 274
【米国3歳牡馬】						
フロリダダービー	米	D9F	フォルテ	牡3歳	ヴァイオレンス	P 312
ケンタッキーダービー	米	D10F	メイジ	牡3歳	グッドマジック	P 319
プリークネスS	米	D9.5F	ナショナルトレジャー	牡3歳	クオリティロード	P 297
ベルモントS	米	D12F	アルカンジェロ	牡3歳	アロゲート	P 275
ハスケルS	米	D9F	ゴーロケットライド	牡3歳	キャンディライド	P 306
トラヴァーズS	米	D10F	アルカンジェロ	牡3歳	アロゲート	P 275
【米国3歳牝馬】						
ケンタッキーオークス	米	D9F	プリティミスチヴィアス	牝3歳	イントゥミスチーフ	P 273
エイコーンS	米	D8F	プリティミスチヴィアス	牝3歳	イントゥミスチーフ	P 273
アラバマS	米	D10F	ローマナイズド	牝3歳	ナイキスト	P 323
CCAオークス	米	D9F	ウェットペイント	牝3歳	ブレイム	P 337
【米国古馬】						
サンタアニタH	米	D10F	スティレトボーイ	牡5歳	シャックルフォード	P 301
ハリウッドゴールドカップS	米	D10F	ディファンデッド	騸5歳	ダイアルドイン	−
アーリントンミリオン	米	9F	セットピース	騸7歳	ダンシリ	P 327
EPテイラーS	加	9.5F	フェヴローバー	牝5歳	グタイファン	−
パシフィッククラシックS	米	D10F	アラビアンナイト	牡3歳	アンクルモー	P 290
オーサムアゲインS	米	D9F	スローダウンアンディ	牡4歳	ナイキスト	P 323
ジョッキークラブGC招待S	米	D10F	ブライトフューチャー	牡4歳	カーリン	P295,425
BCクラシック	米	D10F	ホワイトアバリオ	牡4歳	レースデイ	P 299
BCターフ	米	12F	オーギュストロダン	牡3歳	★ディープインパクト	P 48,413
BCマイル	米	8F	マスターオブザシーズ	牡5歳	ドバウィ	P293,422
BCスプリント	米	D6F	ノーバールズ	騸4歳	★*ノーブルミッション	P 372
BCディスタフ	米	D9F	イディオマティック	牝3歳	カーリン	P295,425
BCフィリー＆メアターフ	米	9.5F	インスパイラル	牝4歳	フランケル	P266,423
【アジア、オセアニア】						
サウジC	沙	D1800m	パンサラッサ	牡6歳	ロードカナロア	P 36
ドバイワールドC	UAE	D2000m	ウシュバテソーロ	牡6歳	★オルフェーヴル	P 88,424
ドバイシーマクラシック	UAE	2410m	イクイノックス	牡4歳	★キタサンブラック	P 52
ドバイターフ	UAE	1800m	ロードノース	騸7歳	ドバウィ	P293,422
ドバイゴールデンシャヒーン	UAE	1200m	シベリウス	騸5歳	ノットディスタイム	P 406
アルクォーツスプリント	UAE	1200m	ダンヤー	騸6歳	インヴィンシブルスピリット	P 301
メルボルンC	豪	3200m	ウィズアウトアファイト	騸6歳	テオフィロ	P 331
コックスプレート	豪	2040m	ロマンチックウォリアー	騸5歳	アクラメーション	−
コーフィールドC	豪	2400m	ウィズアウトアファイト	騸6歳	テオフィロ	P 331
ジョージライダーS	豪	1500m	アナモー	牡5歳	ストリートボス	P 321
クイーンエリザベスS	豪	2000m	ドバイオナー	騸5歳	プライドオブドバイ	−
ドンカスターマイル	豪	1600m	ミスターブライトサイド	騸6歳	ブルバース	−
クイーンエリザベスII世C	香	2000m	ロマンチックウォリアー	騸5歳	アクラメーション	−
チャンピオンズマイル	香	1600m	ゴールデンシックスティ	騸8歳	メダグリアドーロ	P304,420
香港C	香	2000m	ロマンチックウォリアー	騸5歳	アクラメーション	−
香港マイル	香	1600m	ゴールデンシックスティ	戦8歳	メダグリアドーロ	P304,420
香港ヴァーズ	香	2400m	ジュンコ	騸4歳	アンテロ	P 306
香港スプリント	香	1200m	ラッキースワイネス	騸5歳	スワイネス	−

★は日本でけい養されている種牡馬です。※ウッドワードSがGII降格のためオーサムアゲインSと入替

2024年 JRA 重賞競走一覧

月	開催日	レース名	格	場所	距離	勝ち馬名	性齢	父馬名	系統	父馬掲載ページ
1月	6（土）	京都金杯	Ⅲ	京都	1600	コレペティトール	牡4	ジャスタウェイ	サンデーサイレンス系	P 100
	6（土）	中山金杯	Ⅲ	中山	2000	リカンカブール	牡5	シルバーステート	サンデーサイレンス系	P 122
	7（日）	フェアリーS	Ⅲ	中山	1600	イフェイオン	牝3	エピファネイア	ロベルト系	P 76
	8（日）	シンザン記念	Ⅲ	京都	1600	ノーブルロジャー	牡3	＊パレスマリス	スマートストライク系	P28,275
	13（土）	愛知杯	Ⅲ	小倉	2000	ミッキーゴージャス	牝4	ミッキーロケット	キングマンボ系	P 254
	14（日）	日経新春杯	Ⅲ	京都	2200	ブローザホーン	牡5	エピファネイア	ロベルト系	P 76
	14（日）	京成杯	Ⅲ	中山	2000	ダノンデサイル	牡3	エピファネイア	ロベルト系	P 76
	21（日）	東海S	Ⅱ	京都	ダ1800	ウィリアムバローズ	牡6	ミッキーアイル	サンデーサイレンス系	P 124
	21（日）	AJCC	Ⅱ	中山	2200	チャックネイト	騸6	ハーツクライ	サンデーサイレンス系	P44,415
	28（土）	シルクロードS	Ⅲ	京都	1200	ルガル	牡4	ドゥラメンテ	キングマンボ系	P 32
	28（日）	根岸S	Ⅲ	東京	ダ1400	エンペラーワケア	牡5	ロードカナロア	キングマンボ系	P 36
2月	4（日）	きさらぎ賞	Ⅲ	京都	1800	ビザンチンドリーム	牡3	エピファネイア	ロベルト系	P 76
	4（日）	東京新聞杯	Ⅲ	東京	1600	サクラトゥジュール	牡7	ネオユニヴァース	サンデーサイレンス系	P270,416
	10（土）	クイーンC	Ⅲ	東京	1600	クイーンズウォーク	牝3	キズナ	サンデーサイレンス系	P 40
	11（日）	京都記念	Ⅱ	京都	2200	プラダリア	牡5	ディープインパクト	サンデーサイレンス系	P48,413
	11（日）	共同通信杯	Ⅲ	東京	1800	ジャスティンミラノ	牡3	キズナ	サンデーサイレンス系	P 40
	17（土）	京都牝馬S	Ⅲ	京都	1400	ソーダズリング	牝4	ハーツクライ	サンデーサイレンス系	P44,415
	17（土）	ダイヤモンドS	Ⅲ	東京	3400	テーオーロイヤル	牡6	リオンディーズ	キングマンボ系	P 116
	18（日）	小倉大賞典	Ⅲ	小倉	1800	エピファニー	牡5	エピファネイア	ロベルト系	P 76
	18（日）	**フェブラリーS**	Ⅰ	東京	ダ1600	ペプチドナイル	牡4	キングカメハメハ	キングマンボ系	P84,413
	25（土）	阪急杯	Ⅲ	阪神	1400	ウインマーベル	牡5	＊アイルハヴアナザー	フォーティナイナー系	P 168
	25（日）	中山記念	Ⅱ	中山	1800	マテンロウスカイ	騸5	モーリス	ロベルト系	P 56
3月	2（土）	オーシャンS	Ⅲ	中山	1200	ヴェントヴォーチェ	牡6	＊タートルボウル	ノーザンダンサー系	P 273
	2（土）	チューリップ賞	Ⅱ	阪神	1600	モズメイメイ	牝3	リアルインパクト	サンデーサイレンス系	P 152
	3（日）	弥生賞ディープインパクト記念	Ⅱ	中山	2000	タスティエーラ	牡3	サトノクラウン	ノーザンダンサー系	P 134
	9（土）	阪神スプリングジャンプ	Ⅱ	阪神	3900	ジェミニキング	騸7	トランセンド	ニアークティック系	P 192
	9（土）	中山牝馬S	Ⅲ	中山	1800	スルーセブンシーズ	牝5	ドリームジャーニー	サンデーサイレンス系	P 212
	10（日）	金鯱賞	Ⅱ	中京	2000	プログノーシス	牡5	ディープインパクト	サンデーサイレンス系	P48,413
	10（日）	フィリーズレビュー	Ⅱ	阪神	1400	シングザットソング	牝3	ドゥラメンテ	キングマンボ系	P 32
	16（土）	ファルコンS	Ⅲ	中京	1400	タマモブラックタイ	牡3	＊デクラレーションオブウォー	ダンチヒ系	P 160
	16（土）	フラワーC	Ⅲ	中山	1800	エミュー	牝3	＊ハービンジャー	デインヒル系	P72,417
	17（日）	阪神大賞典	Ⅱ	阪神	3000	ジャスティンパレス	牡5	ディープインパクト	サンデーサイレンス系	P48,413
	17（日）	スプリングS	Ⅱ	中山	1800	ベラジオオペラ	牡3	ロードカナロア	キングマンボ系	P 36
	23（土）	毎日杯	Ⅲ	阪神	1800	シーズンリッチ	牡3	ドゥラメンテ	キングマンボ系	P 32
	23（土）	日経賞	Ⅱ	中山	2500	タイトルホルダー	牡5	ドゥラメンテ	キングマンボ系	P 32
	24（日）	**高松宮記念**	Ⅰ	中京	1200	ファストフォース	牡7	ロードカナロア	キングマンボ系	P 36
	24（日）	マーチS	Ⅲ	中山	ダ1800	ハヤブサナンデクン	牡7	ゴールドアリュール	サンデーサイレンス系	P238,417
	30（土）	ダービー卿CT	Ⅲ	中山	1600	インダストリア	牡4	リオンディーズ	キングマンボ系	P 116
	31（日）	**大阪杯**	Ⅰ	阪神	2000	ジャックドール	牡5	モーリス	ロベルト系	P 56
4月	6（土）	阪神牝馬S	Ⅱ	阪神	1600	サウンドビバーチェ	牝4	ドゥラメンテ	キングマンボ系	P 32
	6（土）	ニュージーランドT	Ⅱ	中山	1600	エエヤン	牡3	シルバーステート	サンデーサイレンス系	P 122
	7（日）	**桜花賞**	Ⅰ	阪神	1600	リバティアイランド	牝3	ドゥラメンテ	キングマンボ系	P 32
	13（土）	アーリントンC	Ⅲ	阪神	1600	オオバンブルマイ	牡3	＊ディスクリートキャット	ストームキャット系	P 144

※ 3月2日以降は2023年の勝ち馬を掲載しています。★は海外けい養の種牡馬です。

月	開催日	レース名	格	場所	距離	勝ち馬名	性齢	父馬名	系統	父馬掲載ページ
4月	13（土）	中山グランドジャンプ	I	中山	4250	イロゴトシ	牡6	ヴァンセンヌ	サンデーサイレンス系	P 220
	14（日）	アンタレスS	III	阪神	ダ1800	プロミストウォリア	牡6	*マジェスティックウォリアー	エーピーインディ系	P 104
	14（日）	皐月賞	I	中山	2000	ソールオリエンス	牡3	キタサンブラック	サンデーサイレンス系	P 52
	20（土）	福島牝馬S	III	福島	1800	ステラリア	牝5	キズナ	サンデーサイレンス系	P 40
	21（土）	マイラーズC	II	京都	1600	*シュネルマイスター	牡5	★キングマン	グリーンデザート系	P 271
	21（日）	フローラS	II	東京	2000	ゴールデンハインド	牝3	ゴールドシップ	サンデーサイレンス系	P 114
	27（土）	ユニコーンS	III	京都	ダ1900	ペリエール	牡3	*ヘニーヒューズ	ストームキャット系	P 64
	27（土）	青葉賞	II	東京	2400	スキルヴィング	牡3	キタサンブラック	サンデーサイレンス系	P 52
	28（日）	天皇賞（春）	I	京都	3200	ジャスティンパレス	牡4	ディープインパクト	サンデーサイレンス系	P48,413
5月	4（土）	京都新聞杯	II	京都	2200	サトノグランツ	牡3	サトノダイヤモンド	サンデーサイレンス系	P 162
	5（日）	新潟大賞典	III	新潟	2000	カラテ	牡7	トゥザグローリー	キングマンボ系	P 190
	5（日）	NHKマイルC	I	東京	1600	シャンパンカラー	牡3	ドゥラメンテ	キングマンボ系	P 32
	11（土）	京王杯スプリングC	II	東京	1400	レッドモンレーヴ	牡4	ロードカナロア	キングマンボ系	P 36
	11（土）	京都ハイジャンプ	II	京都	3930	ダイシンクローバー	騙7	*キンシャサノキセキ	サンデーサイレンス系	P120,425
	12（日）	ヴィクトリアマイル	I	東京	1600	ソングライン	牝5	キズナ	サンデーサイレンス系	P 40
	18（土）	平安S	III	京都	ダ1900	グロリアムンディ	牡5	キングカメハメハ	キングマンボ系	P84,413
	19（日）	オークス	I	東京	2400	リバティアイランド	牝3	ドゥラメンテ	キングマンボ系	P 32
	25（土）	葵S	III	京都	1200	モズメイメイ	牝3	リアルインパクト	サンデーサイレンス系	P 152
	26（日）	ダービー	I	東京	2400	タスティエーラ	牡3	サトノクラウン	ノーザンダンサー系	P 134
	26（日）	目黒記念	II	東京	2500	ヒートオンビート	牡6	キングカメハメハ	キングマンボ系	P84,413
6月	1（土）	鳴尾記念	III	京都	2000	ボッケリーニ	牡7	キングカメハメハ	キングマンボ系	P84,413
	2（日）	安田記念	I	東京	1600	ソングライン	牝5	キズナ	サンデーサイレンス系	P 40
	9（日）	エプソムC	III	東京	1800	ジャスティンカフェ	牡5	エピファネイア	ロベルト系	P 76
	9（日）	函館スプリントS	III	函館	1200	キミワクイーン	牝4	ロードカナロア	キングマンボ系	P 36
	16（日）	マーメイドS	III	京都	2000	ビッグリボン	牝5	ルーラーシップ	キングマンボ系	P68,420
	22（土）	東京ジャンプS	III	東京	3110	ジューンベロシティ	牡5	ロードカナロア	キングマンボ系	P 36
	23（日）	宝塚記念	I	京都	2200	イクイノックス	牡4	キタサンブラック	サンデーサイレンス系	P 52
	30（日）	北九州記念	III	小倉	1200	*ジャスパークローネ	牡4	★フロステッド	エーピーインディ系	P 272
	30（日）	ラジオNIKKEI賞	III	福島	1800	エルトンバローズ	牡3	ディープインパクト	サンデーサイレンス系	P48,413
7月	7（日）	プロキオンS	III	小倉	ダ1700	ドンフランキー	牡4	ダイワメジャー	サンデーサイレンス系	P92,414
	7（日）	七夕賞	III	福島	2000	セイウンハーデス	牡4	シルバーステート	サンデーサイレンス系	P 122
	35（土）	函館2歳S	III	函館	1200	ゼルトザーム	牝2	*ヘニーヒューズ	ストームキャット系	P 64
	14（日）	函館記念	III	函館	2000	ローシャムパーク	牡4	*ハービンジャー	デインヒル系	P72,417
	21（日）	中京記念	III	小倉	1800	セルバーグ	牡4	エピファネイア	ロベルト系	P 76
	27（土）	新潟ジャンプS	III	新潟	3250	サクセッション	騙6	キングカメハメハ	キングマンボ系	P84,413
	28（日）	アイビスサマーダッシュ	III	新潟	1000	オールアットワンス	牝5	*マクフィ	シーキングザゴールド系	P 148
	28（日）	クイーンS	III	札幌	1800	ドゥーラ	牝3	ドゥラメンテ	キングマンボ系	P 32
8月	4（日）	レパードS	III	新潟	ダ1800	ライオットガール	牝3	*シニスターミニスター	エーピーインディ系	P60,422
	4（日）	エルムS	III	札幌	ダ1700	セキフウ	牡4	*ヘニーヒューズ	ストームキャット系	P 64
	11（日）	小倉記念	III	中京	2000	エヒト	牡5	ルーラーシップ	キングマンボ系	P68,420
	11（日）	関屋記念	III	新潟	1600	アヴェラーレ	牝5	ドゥラメンテ	キングマンボ系	P 32
	18（日）	CBC賞	III	中京	1200	*ジャスパークローネ	牡4	★フロステッド	エーピーインディ系	P 272
	18（日）	札幌記念	II	札幌	2000	プログノーシス	牡5	ディープインパクト	サンデーサイレンス系	P48,413
	24（土）	小倉サマージャンプ	III	中京	3300	テーオーソクラテス	牡6	エイシンフラッシュ	キングマンボ系	P 170
	25（日）	新潟2歳S	III	新潟	1600	アスコリピチェーノ	牝2	ダイワメジャー	サンデーサイレンス系	P92,414
	25（日）	キーンランドC	III	札幌	1200	ナムラクレア	牝4	ミッキーアイル	サンデーサイレンス系	P 124
	31（土）	札幌2歳S	III	札幌	1800	セットアップ	牝2	*デクラレーションオブウォー	ダンチヒ系	P 160

月	開催日	レース名	格	場所	距離	勝ち馬名	性齢	父馬名	系統	父馬掲載ページ
9月	1(日)	小倉2歳S	III	中京	1200	アスクワンタイム	牡2	ロードカナロア	キングマンボ系	P 36
	1(日)	新潟記念	III	新潟	2000	ノッキングポイント	牡3	モーリス	ロベルト系	P 56
	7(土)	紫苑S	II	中山	2000	モリアーナ	牝3	エピファネイア	ロベルト系	P 76
	8(日)	セントウルS	II	中京	1200	テイエムスパーダ	牝4	レッドスパーダ	ヘイルトゥリーズン系	P 282
	8(日)	京成杯オータムH	III	中山	1600	ソウルラッシュ	牡5	ルーラーシップ	キングマンボ系	P68,420
	14(土)	阪神ジャンプS	III	中京	3330	ジューンベロシティ	牡5	ロードカナロア	キングマンボ系	P 36
	15(日)	ローズS	II	中京	2000	マスクトディーヴァ	牝3	ルーラーシップ	キングマンボ系	P68,420
	16(月)	セントライト記念	III	中山	2200	レーベンスティール	牡3	リアルスティール	サンデーサイレンス系	P 132
	22(日)	神戸新聞杯	II	中京	2200	サトノグランツ	牡3	サトノダイヤモンド	サンデーサイレンス系	P 162
	22(日)	オールカマー	II	中山	2200	ローシャムパーク	牡4	*ハービンジャー	デインヒル系	P72,417
	28(土)	シリウスS	III	中京	ダ1900	ハギノアレグリアス	牡6	キズナ	サンデーサイレンス系	P 40
	29(日)	スプリンターズS	I	中山	1200	ママコチャ	牝4	*クロフネ	デピュティミニスター系	P150,413
10月	5(土)	サウジアラビアロイヤルカップ	III	東京	1600	ゴンバデカーブース	牡2	*ブリックスアンドモルタル	ストームキャット系	P 352
	6(月)	京都大賞典	II	京都	2400	プラダリア	牡5	ディープインパクト	サンデーサイレンス系	P48,413
	6(日)	毎日王冠	II	東京	1800	エルトンバローズ	牡3	ディープブリランテ	サンデーサイレンス系	P 182
	13(日)	東京ハイジャンプ	I	東京	3110	マイネルグロン	牡5	ゴールドシップ	サンデーサイレンス系	P 114
	13(日)	秋華賞	I	京都	2000	リバティアイランド	牝3	ドゥラメンテ	キングマンボ系	P 32
	14(土)	アイルランドトロフィー府中牝馬S	II	東京	1800	ディヴィーナ	牝5	モーリス	ロベルト系	P 56
	19(土)	富士S	II	東京	1600	ナムール	牝4	*ハービンジャー	デインヒル系	P72,417
	20(日)	菊花賞	I	京都	3000	ドゥレッツァ	牡3	ドゥラメンテ	キングマンボ系	P 32
	26(土)	スワンS	II	京都	1400	ウイングレイテスト	牡7	スクリーンヒーロー	ロベルト系	P 126
	26(土)	アルテミスS	III	東京	1600	チェルヴィニア	牝2	*ハービンジャー	デインヒル系	P72,417
	27(日)	天皇賞(秋)	I	東京	2000	イクイノックス	牡4	キタサンブラック	サンデーサイレンス系	P 52
11月	2(土)	ファンタジーS	III	京都	1400	カルチャーデイ	牝2	ファインニードル	フォーティナイナー系	P 198
	2(土)	京王杯2歳S	II	東京	1400	コラソンビート	牝2	スワーヴリチャード	サンデーサイレンス系	P11,350
	3(日)	みやこS	III	京都	ダ1800	セラフィックコール	牡3	*ヘニーヒューズ	ストームキャット系	P 64
	3(日)	アルゼンチン共和国杯	II	東京	2500	ゼッフィーロ	牡4	ディープインパクト	サンデーサイレンス系	P48,413
	9(土)	デイリー杯2歳S	II	京都	1600	ジャンタルマンタル	牡2	*パレスマリス	スマートストライク系	P28,275
	9(土)	京都ジャンプS	III	京都	3170	エコロデュエル	牡4	キタサンブラック	サンデーサイレンス系	P 52
	9(土)	武蔵野S	III	東京	ダ1600	ドライスタウト	牡4	*シニスターミニスター	エーピーインディ系	P60,422
	10(日)	エリザベス女王杯	I	京都	2200	ブレイディヴェーグ	牝3	ロードカナロア	キングマンボ系	P 36
	10(日)	福島記念	III	福島	2000	ホウオウエミーズ	牝6	ロードカナロア	キングマンボ系	P 36
	16(土)	東京スポーツ杯2歳S	III	東京	1800	シュトラウス	牡2	モーリス	ロベルト系	P 56
	17(日)	マイルチャンピオンシップ	I	京都	1600	ナムール	牝4	*ハービンジャー	デインヒル系	P72,417
	23(土)	京都2歳S	III	京都	2000	*シンエンペラー	牡2	★シユーニ	ヌレイエフ系	P 278
	24(日)	京阪杯	III	京都	1200	トウシンマカオ	牡4	ビッグアーサー	テスコボーイ系	P 142
	24(日)	ジャパンC	I	東京	2400	イクイノックス	牡4	キタサンブラック	サンデーサイレンス系	P 52
	30(土)	ステイヤーズS	II	中山	3600	アイアンバローズ	牡6	オルフェーヴル	サンデーサイレンス系	P88,424
	30(土)	チャレンジC	III	阪神	2000	ベラジオオペラ	牡3	ロードカナロア	キングマンボ系	P 36
12月	1(日)	チャンピオンズC	I	中京	ダ1800	*レモンポップ	牡5	★レモンドロップキッド	キングマンボ系	P 216
	7(土)	中日新聞杯	III	中京	2000	*ヤマニンサルバム	牡4	イスラボニータ	サンデーサイレンス系	P 128
	8(日)	阪神ジュベナイルフィリーズ	I	京都	1600	アスコリピチェーノ	牝2	ダイワメジャー	サンデーサイレンス系	P92,414
	8(日)	カペラS	III	中山	ダ1200	テイエムトッキュウ	牡5	ロードカナロア	キングマンボ系	P 36
	14(土)	ターコイズS	III	中山	1600	フィアスプライド	牝5	ディープインパクト	サンデーサイレンス系	P48,413
	15(日)	朝日杯フューチュリティS	I	京都	1600	ジャンタルマンタル	牡2	*パレスマリス	スマートストライク系	P28,275
	21(土)	中山大障害	I	中山	4100	マイネルグロン	牡5	ゴールドシップ	サンデーサイレンス系	P 114
	21(土)	阪神C	II	京都	1400	ウインマーベル	牡4	*アイルハヴアナザー	フォーティナイナー系	P 168
	22(日)	有馬記念	I	中山	2500	ドウデュース	牡4	ハーツクライ	サンデーサイレンス系	P44,415
	28(土)	ホープフルS	I	中山	2000	レガレイラ	牝2	スワーヴリチャード	サンデーサイレンス系	P11,350

地方競馬グレード競走一覧

（2024年1月～12月）

月	開催日	レース名	格	場所	距離	勝ち馬名	性齢	父馬名	父馬掲載ページ
1月	17日(水)	ブルーバードカップ	JpnⅢ	船橋	1800	アンモシエラ	牝3	*ブリックスアンドモルタル	P 352
2月	7日(水)	クイーン賞	JpnⅢ	船橋	1800	アーテルアストレア	牝4	リーチザクラウン	P 244
	12日(月)	佐賀記念	JpnⅢ	佐賀	2000	ノットゥルノ	牡5	ハーツクライ	P 44,415
	14日(水)	雲取賞	JpnⅢ	大井	1800	ブルーサン	牡3	*モーニン	P 354
	29日(木)	かきつばた記念	JpnⅢ	名古屋	1500	ウィルソンテソーロ	牡4	キタサンブラック	P 52
3月	6日(水)	ダイオライト記念	JpnⅡ	船橋	2400	グロリアムンディ	牡5	キングカメハメハ	P 84,413
	20日(水)	京浜盃	JpnⅢ	大井	1700	サベージ	牡3	ディープスカイ	P 275,421
	26日(火)	黒船賞	JpnⅢ	高知	1400	シャマル	牡5	スマートファルコン	P 210
4月	3日(水)	川崎記念	JpnⅠ	川崎	2100	ウシュバテソーロ	牡6	オルフェーヴル	P 88,424
	4日(木)	兵庫女王盃	JpnⅢ	園田	1870	新設			
	10日(水)	東京スプリント	JpnⅢ	大井	1200	リュウノユキナ	牡8	ヴァーミリアン	P 279
	24日(水)	羽田盃	JpnⅠ	大井	1800	ミックファイア	牡3	*シニスターミニスター	P 60,422
	29日(月)	兵庫チャンピオンシップ	JpnⅡ	園田	1400	ミトノオー	牡3	ロゴタイプ	P 188
5月	1日(水)	かしわ記念	JpnⅠ	船橋	1600	メイショウハリオ	牡7	*パイロ	P 108,421
	6日(水)	名古屋グランプリ	JpnⅡ	名古屋	2100	ディクテオン	騸5	キングカメハメハ	P 84,413
	8日(水)	エンプレス杯	JpnⅡ	川崎	2100	グランブリッジ	牝4	*シニスターミニスター	P 60,422
6月	5日(水)	東京ダービー	JpnⅠ	大井	2000	ミックファイア	牡3	*シニスターミニスター	P 60,422
	12日(水)	関東オークス	JpnⅡ	川崎	2100	パライバトルマリン	牝3	★マリブムーン	P 278
	19日(水)	さきたま杯	JpnⅡ	浦和	1400	イグナイター	牡5	エスポワールシチー	P 118
	26日(水)	帝王賞	JpnⅠ	大井	2000	メイショウハリオ	牡7	*パイロ	P 108,421
7月	3日(水)	スパーキングレディーカップ	JpnⅢ	川崎	1600	レディバグ	牝5	ホッコータルマエ	P 96
	15日(月)	マーキュリーカップ	JpnⅢ	盛岡	2000	ウィルソンテソーロ	牡4	キタサンブラック	P 52
8月	12日(月)	クラスターカップ	JpnⅢ	盛岡	1200	リメイク	牡4	*ラニ	P 194
	15日(木)	北海道スプリントカップ	JpnⅢ	門別	1200	ケイアイドリー	牡6	エスポワールシチー	P 118
	27日(火)	ブリーダーズゴールドカップ	JpnⅢ	門別	2000	テリオスベル	牝6	キズナ	P 40
	29日(木)	サマーチャンピオン	JpnⅢ	佐賀	1400	サンライズホーク	騸6	リオンディーズ	P 116
9月	3日(火)	不来方賞	JpnⅡ	盛岡	2000	ルーンファクター	牡3	インカンテーション	P 276
	18日(水)	テレ玉杯オーバルスプリント	JpnⅢ	浦和	1400	ドライスタウト	牡4	*シニスターミニスター	P 60,422
	23日(月)	白山大賞典	JpnⅢ	金沢	2100	ウィルソンテソーロ	牡4	キタサンブラック	P 52
	25日(水)	日本テレビ盃	JpnⅡ	船橋	1800	ウシュバテソーロ	牡6	オルフェーヴル	P 88,424
	26日(木)	マリーンカップ	JpnⅢ	船橋	1600	ペルアア	牝4	★アメリカンファラオ	P 272
10月	1日(火)	レディスプレリュード	JpnⅡ	大井	1800	アーテルアストレア	牝4	リーチザクラウン	P 244
	2日(水)	ジャパンダートクラシック	JpnⅠ	大井	2000	新設			
	3日(木)	東京盃	JpnⅡ	大井	1200	ドンフランキー	牡4	ダイワメジャー	P 92,414
	14日(月)	マイルチャンピオンシップ南部杯	JpnⅠ	盛岡	1600	*レモンポップ	牡5	★レモンドロップキッド	P 216
	31日(木)	エーデルワイス賞	JpnⅢ	門別	1200	モズミギカタアガリ	牝2	グランプリボス	P 260
11月	4日(月)	JBC 2歳優駿	JpnⅢ	門別	1800	フォーエバーヤング	牡2	リアルスティール	P 132
	4日(月)	JBCレディスクラシック	JpnⅠ	大井	1800	アイコンテーラー	牝5	ドゥラメンテ	P 32
	4日(月)	JBCクラシック	JpnⅠ	大井	2000	キングズソード	牡4	*シニスターミニスター	P 60,422
	4日(月)	JBCスプリント	JpnⅠ	大井	1200	イグナイター	牡5	エスポワールシチー	P 118
	20日(水)	浦和記念	JpnⅡ	浦和	2000	ディクテオン	騸5	キングカメハメハ	P 84,413
	21日(木)	兵庫ジュニアグランプリ	JpnⅡ	園田	1400	イーグルノワール	牡2	*ブリックスアンドモルタル	P 352
12月	11日(水)	全日本2歳優駿	JpnⅠ	川崎	1600	フォーエバーヤング	牡2	リアルスティール	P 132
	19日(木)	名古屋大賞典	JpnⅢ	名古屋	2000	ハギノアレグリアス	牡5	キズナ	P 40
	20日(水)	兵庫ゴールドトロフィー	JpnⅢ	園田	1400	サンライズホーク	騸4	リオンディーズ	P 116
	29日(金)	東京大賞典	GⅠ	大井	2000	ウシュバテソーロ	牡6	オルフェーヴル	P 88,424

競走条件等は変更されることがあります。2月14日までは2024年の勝ち馬、それ以外は2023年の勝ち馬を掲載しています。

国内けい養種牡馬

ア

アイファーソング……… 286
アイルハヴアナザー… 168
アグニシャイン………… 319
アグネスタキオン……… 415
アグネスデジタル
　………………… 288、418
アサクサキングス……… 311
アジアエクスプレス…… 130
アジュディミツオー…… 327
アスカクリチャン……… 298
アスクピーターパン…… 386
アダイヤー…………… 29
アッミラーレ…………… 312
アドマイヤオーラ……… 320
アドマイヤコジーン
　………………… 314、424
アドマイヤベガ………… 424
アドマイヤマックス…… 293
アドマイヤマーズ……… 370
アドマイヤムーン
　………………… 218、417
アドミラブル…………… 362
アニマルキングダム…… 360
アフリート……………… 419
アポロキングダム……… 278
アポロケンタッキー…… 360
アポロソニック………… 311
アメリカンペイトリオット
　………………………… 158
アルアイン……………… 359
アルクトス……………… 394
アルデバランⅡ………… 285
アルバート……………… 377
アレスバローズ………… 364
アロマカフェ…………… 320
アンライバルド………… 283
アーネストリー………… 313
アールスター…………… 400

イ

イクイノックス…… 15、29

イスラボニータ………… 128
インカンテーション…… 276
インティ………………… 394
インディチャンプ……… 380

ウ

ヴァンキッシュラン…… 292
ヴァンゴッホ…………… 386
ヴァンセンヌ…………… 220
ヴァーミリアン………… 279
ヴィクトワールピサ
　………………… 156、421
ヴィットリオドーロ…… 287
ウィルテイクチャージ
　………………… 297、392
ウインバリアシオン…… 289
ウインブライト………… 374
ウエストオーバー……… 29
ヴェラアズール………… 29
ウォーエンブレム……… 423
ウォータービルド……… 377
ウルトラカイザー……… 366

エ

エイシンアポロン……… 312
エイシンヒカリ………… 174
エイシンフラッシュ…… 170
エキストラエンド……… 321
エスケンデレヤ………… 252
エスポワールシチー…… 118
エタリオウ……………… 377
エピカリス……………… 359
エピファネイア………… 76
エフフォーリア………… 392
エポカドーロ…………… 374
エンパイアペガサス…… 386
エンパイアメーカー
　………………… 279、417
エーシンシャラク……… 327
エーシンジーライン…… 316
エーシンスピーダー…… 321
エーシントップ………… 292

エーシンフォワード…… 315
エーシンモアオバー…… 323

オ

オウケンブルースリ…… 305
オウケンマジック……… 336
オウケンワールド……… 377
オジュウチョウサン…… 394
オセアグレイト………… 29
オナーコード…… 29、323
オペラハウス…………… 425
オメガパフューム……… 394
オルフェーヴル… 88、424
オレハマッテルゼ……… 321
オンファイア…………… 310
オーヴァルエース……… 374
オーシャンブルー……… 301
オールザベスト………… 29
オールステイ…………… 319
オールブラッシュ……… 374

カ

カイロス………………… 365
カジノドライヴ………… 273
カゼノグッドボーイ…… 335
カデナ…………………… 395
カネヒキリ……………… 280
カフェファラオ………… 29
カフェラピード………… 330
カフジテイク…………… 386
カラヴァッジオ
　………………… 282、395
カリフォルニアクローム 357
カルストンライトオ…… 323
ガルボ…………………… 279
カレンブラックヒル…… 146
カンパニー……………… 328

キ

キズナ…………………… 40
キセキ…………………… 387
キタサンブラック……… 52

キタサンミカヅキ‥‥‥‥ 364
キタノコマンドール‥‥‥ 377
キモンノカシワ‥‥‥‥‥ 328
キャプテンキング‥‥‥‥ 390
キャプテントゥーレ‥‥‥ 315
キョウワスプレンダ‥‥‥ 326
キングオブコージ‥‥‥‥ 395
キングカメハメハ
‥‥‥‥‥‥‥‥ 84、413
キングズベスト‥‥‥‥‥ 284
キングプライド‥‥‥‥‥ 390
キングヘイロー
‥‥‥‥‥‥‥ 276、414
キングリオ‥‥‥‥‥‥‥ 366
ギンザグリングラス‥‥‥ 324
キンシャサノキセキ
‥‥‥‥‥‥‥ 120、425

ク

グァンチャーレ‥‥‥‥‥ 365
クラウンレガーロ‥‥‥‥ 323
クラグオー‥‥‥‥‥‥‥ 320
グラスワンダー
‥‥‥‥‥‥‥ 291、423
グランデッツァ‥‥‥‥‥ 283
グランプリボス‥‥‥‥‥ 260
クリエイターII‥‥‥‥‥ 271
クリソベリル‥‥‥‥‥‥ 380
クリーンエコロジー‥‥‥ 315
クレスコグランド‥‥‥‥ 332
グレナディアガーズ‥‥‥ 29
グレーターロンドン‥‥‥ 256
クロフネ‥‥‥‥‥ 150、413
グロリアスノア‥‥‥‥‥ 314
グローリーヴェイズ‥‥‥ 395
クワイトファイン‥‥‥‥ 377

ケ

ケイアイドウソジン‥‥‥ 330
ケイティブレイブ‥‥‥‥ 396
ケイムホーム‥‥ 288、423
ケープブランコ‥‥‥‥‥ 280

コ

ゴスホークケン‥‥‥‥‥ 321
ゴドリー‥‥‥‥‥‥‥‥ 334
コパノチャーリー‥‥‥‥ 377
コパノリチャード‥‥‥‥ 274
コパノリッキー‥‥‥‥‥ 138
コマンズ‥‥‥‥‥‥‥‥ 422
コメート‥‥‥‥‥‥‥‥ 320
ゴルトマイスター‥‥‥‥ 387
コロナドズクエスト‥‥‥ 422
コンデュイット‥‥‥‥‥ 331
コントレイル‥‥‥‥‥‥ 381
ゴールデンバローズ‥‥‥ 361
ゴールデンマンデラ‥‥‥ 366
ゴールドアクター‥‥‥‥ 262
ゴールドアリュール
‥‥‥‥‥‥‥ 238、417
ゴールドシップ‥‥‥‥‥ 114
ゴールドドリーム‥‥‥‥ 370
ゴールドヘイロー‥‥‥‥ 303

サ

サイモンラムセス‥‥‥‥ 377
サイレントディール‥‥‥ 333
サウスヴィグラス
‥‥‥‥‥‥‥ 186、417
サウンドスカイ‥‥‥‥‥ 322
サウンドボルケーノ‥‥‥ 319
サクラオリオン‥‥‥‥‥ 291
サクラオールイン‥‥‥‥ 328
サクラゼウス‥‥‥‥‥‥ 303
サクラバクシンオー‥‥‥ 417
サクラプレジデント‥‥‥ 328
ザサンデーフサイチ‥‥‥ 311
サダムパテック‥‥‥‥‥ 330
サトノアラジン‥‥‥‥‥ 178
サトノアレス‥‥‥‥‥‥ 363
サトノクラウン‥‥‥‥‥ 134
サトノジェネシス‥‥‥‥ 387
サトノダイヤモンド‥‥‥ 162
サドンストーム‥‥‥‥‥ 335
ザファクター‥‥‥‥‥‥ 214

サブノジュニア‥‥‥‥‥ 387
サマーバード‥‥‥‥‥‥ 326
サムライハート‥‥‥‥‥ 311
サリオス‥‥‥‥‥‥‥‥ 393
サンカルロ‥‥‥‥‥‥‥ 317
サングラス‥‥‥‥‥‥‥ 378
サングレーザー‥‥‥‥‥ 375
サンダースノー‥‥‥‥‥ 357
サンデーサイレンス‥‥‥ 416
サンライズソア‥‥‥‥‥ 388
サンライズノヴァ‥‥‥‥ 396
サートゥルナーリア‥‥‥ 368

シ

シゲルカガ‥‥‥‥‥‥‥ 310
シスキン‥‥‥‥‥‥‥‥ 375
シニスターミニスター
‥‥‥‥‥‥‥‥ 60、422
シビルウォー‥‥‥‥‥‥ 277
ジャスタウェイ‥‥‥‥‥ 100
ジャングルポケット
‥‥‥‥‥‥‥ 271、417
ジャンダルム‥‥‥‥‥‥ 396
シャンドマルス‥‥‥‥‥ 400
シャンハイボビー‥‥‥‥ 208
シャープアステカ
‥‥‥‥‥‥‥‥ 29、327
シュヴァルグラン‥‥‥‥ 358
シュウジ‥‥‥‥‥‥‥‥ 388
シュネルマイスター‥‥ 29
ジュンツバサ‥‥‥‥‥‥ 325
ジュンライトボルト‥‥ 29
ショウナンカンプ‥‥‥‥ 296
ショウナンバッハ‥‥‥‥ 364
ジョーカプチーノ‥‥‥‥ 226
シルバーステート‥‥‥‥ 122
シルバーチャーム‥‥‥‥ 331
シルポート‥‥‥‥‥‥‥ 284
シングンオペラ‥‥‥‥‥ 314
シンボリクリスエス
‥‥‥‥‥‥‥ 272、414

国内けい養種牡馬

ス

スイーズドリームス……396
スウィフトカレント……331
スウェプトオーヴァーボード
　……………………283、420
スクリーンヒーロー……126
スクワートルスクワート
　……………………………319
スズカコーズウェイ……270
スズカソブリン…………29
スズカフェニックス……333
スズカマンボ……………325
スターリングローズ……302
ステイゴールド…281、418
ステッペンウルフ………378
ステルヴィオ……………397
ストゥディウム…………332
ストラクター……………397
ストリートセンス
　……………………294、422
ストロングリターン……180
ストーミングホーム……305
ストーミーシー…………378
スニッツェル……328、423
スノードラゴン…………298
スパロービート…………327
スピリッツミノル………365
スピルバーグ……………248
スペシャルウィーク
　……………………318、415
スマートオーディン……375
スマートファルコン……210
スマートボーイ…………329
スマートロビン…………337
スワーヴリチャード
　……………………11、350
スーパーステション……397

セ

セイウンコウセイ………388
セイクリムズン…………318
セイントアレックス……317

セレスハント……………320
セレン……………………314
ゼンノロブロイ…276、417

ソ

ソルテ……………………390

タ

タイキシャトル
　……………………311、418
ダイシンサンダー………378
タイセイレジェンド……281
タイトルホルダー………28
タイムパラドックス……280
ダイワメジャー……92、414
タガノエスプレッソ……400
タニノギムレット
　……………………287、419
タニノフランケル………388
ダノンキングリー………381
ダノンゴーゴー…………336
ダノンザキッド…………29
ダノンシャンティ………274
ダノンシャーク…………284
ダノンスマッシュ………382
ダノンバラード…………196
ダノンプレミアム………382
ダノンレジェンド………136
ダブルスター……………300
タリスマニック…………242
タワーオブロンドン……371
ダンカーク………………172
ダンシングプリンス……29
ダンスインザダーク……416
ダンスディレクター……335
タートルボウル…………273

チ

チェリークラウン………316
チチカステナンゴ………424
チュウワウィザード……393

テ

テイエムオペラオー……320
テイエムジンソク………326
ディオスコリダー………333
ディスクリートキャット
　……………………………144
ティンバーカントリー
　……………………………421
ディープインパクト
　……………………48、413
ディープエクシード……329
ディープスカイ
　……………………275、421
ディープブリランテ……182
ディーマジェスティ……204

デクラレーションオブウォー
　……………………………160
デビッドジュニア………337
デュランダル……337、424
テーオーケインズ………29
テーオーヘリオス………389

ト

トウケイヘイロー………294
トゥザグローリー………190
トゥザワールド…………230
ドゥラメンテ……………32
トビーズコーナー………240
トランセンド……………192
ドリームジャーニー……212
ドリームバレンチノ……313
ドレフォン………………80
トワイニング……………333
トーセンジョーダン……264
トーセンファントム……296
トーセンブライト………278
トーセンホマレボシ……293
トーセンラー……………236
トーセンレーヴ…………317
トーホウジャッカル……281

INDEX

ナ

ナカヤマフェスタ········ 312
ナダル·············· 371
ナムラタイタン··········· 290
ナランフレグ············ 29

ニ

ニシケンモノノフ········ 271
ニホンピロアワーズ······ 314
ニューイヤーズデイ······ 356

ネ

ネオヴァンドーム········· 328
ネオユニヴァース
　　　　　　270、416
ネクサスハート········· 29
ネロ················ 272

ノ

ノヴェリスト············ 202
ノブワイルド············ 389
ノボジャック············ 277
ノボバカラ············· 397
ノーザンリバー·········· 304
ノーブルミッション······ 372

ハ

ハイアーゲーム·········· 315
ハイランドリール
　　　　　　334、398
パイロ··········· 108、421
ハウライト············· 378
ハギノハイブリッド······ 330
ハクサンムーン·········· 285
パクスアメリカーナ······ 400
バゴ············ 228、425
ハタノヴァンクール······ 297
ハットトリック·········· 293
ハッピースプリント······ 375
パドトロワ············· 276
バトルプラン············ 200
バブルガムフェロー······ 424

ハラモシュテソーロ······ 390
パレスマリス······ 28、275
パンサラッサ············ 29
バンドワゴン············ 292
バンブーエール·········· 274
パーソナルラッシュ····· 329
ハーツクライ······· 44、415
バーディバーディ········ 310
ハードスパン············ 289
ハービンジャー····· 72、417

ヒ

ヒガシウィルウィン······ 398
ピクシーナイト·········· 29
ビッグアーサー·········· 142
ヒルノダムール·········· 314
ヒロシゲゴールド········ 400
ビーチパトロール········ 232
ビービーガルダン········ 317

フ

ファインニードル········ 198
ファストフォース········· 29
ファスリエフ······ 324、422
ファルブラヴ······ 334、419
フィエールマン·········· 372
フィガロ··············· 320
フィレンツェファイア··· 383
フェデラリスト·········· 324
フェノーメノ············ 258
フォクスホール·········· 390
フォーウィールドライブ
　　　　　　　376
フォーティナイナーズサン
　　　　　　　337
フクム················· 29
フサイチセブン·········· 301
フサイチリシャール······ 318
フジキセキ············· 414
ブライアンズタイム······ 416
ブラックタイド
　　　　　140、422

ブラックタキシード······ 321
フリオーソ············· 154
プリサイスエンド········ 275
ブリックスアンドモルタル
　　　　　　　352
ブリーズフレイバー······ 325
ブルドッグボス·········· 376
フルフラット··········· 29
ブレイクランアウト······ 330
プレティオラス·········· 315
フレンチデピュティ
　　　　　317、415
フロリダパンサー········ 378

ヘ

ベストウォーリア········ 224
ヘニーハウンド·········· 284
ヘニーヒューズ·········· 64
ベルシャザール·········· 246
ペルーサ··············· 316
ベンバトル············· 383
ヘンリーバローズ········ 364
ベーカバド············· 250

ホ

ポアゾンブラック········ 291
ポエティックフレア······ 384
ボストンハーバー········ 424
ホッコータルマエ········ 96
ホットロッドチャーリー
　　　　　　　398
ホワイトマズル
　　　　　311、420
ホークビル············· 362
ホールウォーカー········ 334

マ

マイティスピリット······ 366
マイネルジャスト········ 400
マイネルラヴ············ 421
マインドユアビスケッツ
　　　　　　　176

443

国内けい養種牡馬

マカヒキ……………………398
マクフィ……………………148
マクマホン…………………287
マジェスティックウォリアー
……………………………104
マスクゾロ…………………313
マスタリー……………29、296
マスターフェンサー………399
マツリダゴッホ……………270
マテラスカイ………………384
マンハッタンカフェ
……………………282、413
マーベラスサンデー………425

ミ
ミスターメロディ…………373
ミスチヴィアスアレックス
……………………………385
ミッキーアイル……………124
ミッキーグローリー………361
ミッキースワロー…………376
ミッキーロケット…………254
ミュゼスルタン……………310
ミラアイトーン……………390
ミリオンディスク…………322

ム
ムーンヴィグラス…………400

メ
メイショウサムソン
……………………273、424
メイショウボーラー………206
メジロダイボサツ…………325

モ
モジアナフレイバー………399
モズアスコット……………373
モンテロッソ………………222
モンブランテソーロ………399
モーニン……………………354
モーリス………………………56

ヤ
ヤマカツエース……………280
ヤマニンセラフィム………331
ヤングマンパワー…………363

ユ
ユアーズトゥルーリ………365
ユニコーンライオン………29

ヨ
ヨシダ…………………………29
ヨハネスブルグ
……………………290、423

ラ
ラニ……………………………194
ラブイズブーシュ…………324
ラブリーデイ………………164

リ
リアルインパクト…………152
リアルスティール…………132
リオンディーズ……………116
リオンリオン………………389
リコーソッピース…………390
リッカバクシンオ…………335
リッカロイヤル……………331
リッキーボーイ……………400
リッチーリッチー…………326
リヤンドファミュ…………285
リーチザクラウン…………244

ル
ルヴァンスレーヴ…………369
ルックスザットキル………295
ルースリンド………………312
ルーラーシップ………68、420

レ
レイデオロ…………………356
レインボーライン…………286
レオアクティブ……………323

レガルスイ…………………366
レガーロ……………………300
レッドスパーダ……………282
レッドファルクス…………234
レッドベルジュール………376
レーヴミストラル…………287

ロ
ロゴタイプ…………………188
ロサード……………………337
ロジクライ…………………389
ロジャーバローズ…………358
ロジユニヴァース…………277
ロックオブジブラルタル
……………………………420
ロンギングダンサー………366
ロンドンタウン……………378
ローエングリン……………277
ロージズインメイ
……………………184、419
ローズキングダム…………283
ロードアルティマ…………296
ロードカナロア………………36
ロードバリオス……………313
ロールボヌール……………326
ローレルゲレイロ…………279

ワ
ワイドファラオ……………399
ワイルドラッシュ
……………………324、419
ワイルドワンダー…………297
ワンアンドオンリー………288
ワンダーアキュート………289
ワークフォース
……………………299、420
ワールドエース……………166
ワールドプレミア…………385

海外けい養種牡馬

A

エースインパクト
ACE IMPACT ………… 112

エアフォースブルー
AIR FORCE BLUE …… 318

アルウケール
AL WUKAIR …………… 333

オールアメリカン
ALL AMERICAN ……… 419

アルマンゾール
ALMANZOR …………… 330

オールウェイズドリーミング
ALWAYS DREAMING
………… 316

アメリカンファラオ
AMERICAN PHAROAH
………… 272

アーミーミュール
ARMY MULE ………… 329

アロゲート
ARROGATE …………… 275

オーディブル
AUDIBLE ……………… 410

オーギュストロダン
AUGUSTE RODIN …… 308

オーストラリア
AUSTRALIA …………… 324

オーセンティック
AUTHENTIC…………… 402

B

バイエルン
BAYERN ……………… 333

ベラード
BELARDO ……………… 327

ベルナルディーニ
BERNARDINI ………… 307

ブレイム
BLAME ………………… 337

ブルーポイント
BLUE POINT ………… 402

ボビーズキトゥン
BOBBY'S KITTEN …… 307

ボルトドーロ
BOLT D'ORO ………… 317

ビュレットトレイン
BULLET TRAIN ……… 336

C

カイロプリンス
CAIRO PRINCE ……… 323

カジュンブリーズ
CAJUN BREEZE ……… 330

キャメロット
CAMELOT……………… 322

キャンディライド
CANDY RIDE ………… 306

カーペディエム
CARPE DIEM ………… 314

カタリナクルーザー
CATALINA CRUISER … 332

カトリックボーイ
CATHOLIC BOY ……… 332

セントラルバンカー
CENTRAL BANKER … 310

チャームスピリット
CHARM SPIRIT ……… 410

チャーチル
CHURCHILL …………… 402

サーカスマキシマス
CIRCUS MAXIMUS … 402

シティオブライト
CITY OF LIGHT ……… 322

シティジップ
CITY ZIP ……………… 319

クラシックエンパイア
CLASSIC EMPIRE …… 336

コレクテッド
COLLECTED ………… 313

コンプレクシティ
COMPLEXITY ………… 403

コンスティチューション
CONSTITUTION ……… 295

カントリーハウス
COUNTRY HOUSE … 403

クラックスマン
CRACKSMAN ………… 403

クリエイティヴコーズ
CREATIVE CAUSE…… 322

カーリン
CURLIN ………… 295、425

D

ダンディマン
DANDY MAN ………… 326

デインヒルダンサー
DANEHILL DANCER … 421

ダンシリ
DANSILI ……………… 327

ダークエンジェル
DARK ANGEL ………… 270

ドーンアプローチ
DAWN APPROACH … 321

ディストーティドヒューマー
DISTORTED HUMOR
………… 311

ドバウィ
DUBAWI ………… 293、422

ダッチアート
DUTCH ART ………… 304

E

アースライト
EARTHLIGHT ………… 403

エコータウン
ECHO TOWN ………… 404

イルーシヴクオリティ
ELUSIVE QUALITY…… 322

エムシー
EMCEE ………………… 318

イングリッシュチャネル
ENGLISH CHANNEL … 332

エクシードアンドエクセル
EXCEED AND EXCEL
………… 289

F

ファー
FARHH ………………… 316

フェドビズ
FED BIZ ……………… 315

ファーストサムライ
FIRST SAMURAI …… 303

フラッター
FLATTER ……………… 337

フォートラーンド
FORT LARNED ……… 325

フランケル
FRANKEL ……… 266、423

フリードロップビリー
FREE DROP BILLY … 325

フリーイーグル
FREE EAGLE ………… 330

フロステッド
FROSTED …………… 272

フサイチペガサス
FUSAICHI PEGASUS
………… 425

G

ガリレオ
GALILEO ……… 323、419

ゲームウイナー
GAME WINNER ……… 404

ガースウッド
GARSWOOD ………… 322

ガイヤース
GHAIYYATH…………… 404

ゴーストザッパー
GHOSTZAPPER ……… 305

ジャイアンツコーズウェイ
GIANT'S CAUSEWAY
………… 333、418

ギフトボックス
GIFT BOX ……………… 410

グレンイーグルス
GLENEAGLES ………… 298

グローバルキャンペーン
GLOBAL CAMPAIGN … 410

ゴールデンセンツ
GOLDENCENTS ……… 306

海外けい養種牡馬

ゴールデンホード
GOLDEN HORDE ······ 410
ゴールデンホーン
GOLDEN HORN ········ 298
グッドマジック
GOOD MAGIC ·········· 319
ガンランナー
GUN RUNNER··········· 286

H

ハリーエンジェル
HARRY ANGEL ······ 324
ハヴァナグレー
HAVANA GREY ······ 310
ヘインズフィールド
HAYNESFIELD ········ 325
ハローユームザイン
HELLO YOUMZAIN ··· 410
ハイアーパワー
HIGHER POWER········ 410
ホーリーローマンエンペラー
HOLY ROMAN EMPEROR
·················· 332
オナーエービー
HONOR A. P. ·········· 410
ハンターズライト
HUNTER'S LIGHT ······ 333

I

アイアムインヴィンシブル
I AM INVINCIBLE ······ 316
イフラージ
IFFRAAJ ················· 310
インプローバブル
IMPROBABLE ·········· 404
アンテロ
INTELLO ·········· 306
イントゥミスチーフ
INTO MISCHIEF ······· 273
インヴィンシブルスピリット
INVINCIBLE SPIRIT ··· 301

J

ジャンプスタート
JUMP START ········ 425
ジャスティファイ
JUSTIFY ················· 274
ジャスティンフィリップ
JUSTIN PHILLIP ······· 321

K

カメコ
KAMEKO ············ 405
カンタロス
KANTHAROS ········ 300
コーザン
KHOZAN ············ 302

キングオブチェンジ
KING OF CHANGE······ 405
キングマンボ
KINGMAMBO ·········· 420
キングマン
KINGMAN ··············· 271
キトゥンズジョイ
KITTEN'S JOY ··· 312、423
クリムト
KLIMT················· 325

L

リー
LEA ···················· 299
ルアーヴル
LE HAVRE ······· 311
レモンドロップキッド
LEMON DROP KID ····· 216
リアムズマップ
LIAM'S MAP ············· 302
ロンロ
LONHRO ················· 319
ロペデヴェガ
LOPE DE VEGA ········ 313
ロードネルソン
LORD NELSON ········ 322

M

マッチョウノ
MACHO UNO ·········· 313
マクリーンズミュージック
MACLEAN'S MUSIC ··· 307
マグナグレシア
MAGNA GRECIA········ 405
メイクビリーヴ
MAKE BELIEVE ········ 336
マリブムーン
MALIBU MOON ········ 278
マンデュロ
MANDURO ············ 405
マサー
MASAR ················· 336
マスタークラフツマン
MASTERCRAFTSMAN
·················· 316
マキシマムセキュリティ
MAXIMUM SECURITY
·················· 406
マキシマスミスチーフ
MAXIMUS MISCHIEF···411
メイソン
MAYSON ··············· 332
マッキンジー
MCKINZIE··············· 406
メダグリアドーロ
MEDAGLIA D'ORO
·················· 304、420

メンデルスゾーン
MENDELSSOHN········· 300
ミッドナイトリュート
MIDNIGHT LUTE ······ 314
マインシャフト
MINESHAFT·············· 318
マイトーリ
MITOLE ················· 336
モハーザー
MOHAATHER ········ 406
モヘイメン
MOHAYMEN ············ 306
モンスン
MONSUN ············ 425
モアザンレディ
MORE THAN READY
·················· 324、421
モアスピリット
MOR SPIRIT·············· 304
モスターダフ
MOSTAHDAF ········ 268
モティヴェイター
MOTIVATOR ············ 418
ムーチョマッチョマン
MUCHO MACHO MAN
·················· 329
マニングス
MUNNINGS ············· 411
マスケティア
MUSKETIER·············· 332
マイボーイチャーリー
MYBOYCHARLIE ······ 317

N

ナサニエル
NATHANIEL ·········· 312
ニューアプローチ
NEW APPROACH ······ 295
ニューベイ
NEW BAY ·········· 331
ナイトオブサンダー
NIGHT OF THUNDER
·················· 305
ノーネイネヴァー
NO NAY NEVER ······ 312
ノットディスタイム
NOT THIS TIME ········ 406
ナイキスト
NYQUIST ················· 323

O

オアシスドリーム
OASIS DREAM ········ 335
オマハビーチ
OMAHA BEACH ········ 407
オプティマイザー
OPTIMIZER ············ 288

INDEX

オスカーパフォーマンス
OSCAR PERFORMANCE
·························· 310

P

パディオプラード
PADDY O'PRADO ······ 327
パレス
PALACE ················· 329
ペルシアンキング
PERSIAN KING ········· 407
ピナツボ
PINATUBO ·············· 407
パイオニアオブナイル
PIONEEROF THE NILE
·························· 299
ピヴォータル
PIVOTAL ················ 334
ポイントオブエントリー
POINT OF ENTRY ······ 290
ポストポンド
POSTPONED ············ 328
プラクティカルジョーク
PRACTICAL JOKE ······ 285
プリファーメント
PREFERMENT············ 336
プロミシズフルフィルド
PROMISES FULFILLED
·························· 411
プロテクショニスト
PROTECTIONIST ······· 411

Q

クオリティロード
QUALITY ROAD ········· 297

R

レースデイ
RACE DAY ··············· 299
レイヴンズパス
RAVEN'S PASS ········· 327
リライアブルマン
RELIABLE MAN ········· 334
ロアリングライオン
ROARING LION ········· 319
ローマンルーラー
ROMAN RULER ········· 329
ローマナイズド
ROMANISED ············ 407
ロイヤルアンセム
ROYAL ANTHEM ······ 419
ランナウェイアンドハイド
RUN AWAY AND HIDE
·························· 316
ランハッピー
RUNHAPPY ·············· 307

S

サヴァビール
SAVABEEL ·············· 335
サクソンウォリアー
SAXON WARRIOR ······ 294
シーザスターズ
SEA THE STARS ······ 408
シャックルフォード
SHACKLEFORD ········· 301
シェイキンイットアップ
SHAKIN IT UP ········· 335
シャラー
SHALAA ················· 315
シャマーダル
SHAMARDAL ··· 313、423
ショーケーシング
SHOWCASING ········· 292
シングスピール
SINGSPIEL ·············· 421
シューニ
SIYOUNI ················· 278
スマートストライク
SMART STRIKE ········· 418
ソットサス
SOTTSASS ·············· 408
スパイツタウン
SPEIGHTSTOWN ········ 282
スパントゥラン
SPUN TO RUN ········· 408
スタースパングルドバナー
STARSPANGLEDBANNER
·························· 411
ステイサースティ
STAY THIRSTY ········· 331
ストームキャット
STORM CAT ············ 420
ストーミーアトランティック
STORMY ATLANTIC ··· 303
セントパトリックスデイ
ST PATRICK'S DAY ··· 320
ストリートボス
STREET BOSS ········· 321
スーパーセイヴァー
SUPER SAVER ········· 317

T

テイクチャージインディ
TAKE CHARGE INDY··· 315
タピット
TAPIT················ 286、422
タピザー
TAPIZAR ················· 334
テオフィロ
TEOFILO ················ 331
テリトリーズ
TERRITORIES ··········· 326
ティズザロー
TIZ THE LAW ··········· 408

トムズデタ
TOM'S D'ETAT ········ 411
トゥーナリスト
TONALIST················ 328
トゥーダーンホット
TOO DARN HOT········ 302
トワイライトサン
TWILIGHT SON ········· 335
トワーリングキャンディ
TWIRLING CANDY ····· 318

U

アンブライドルズソング
UNBRIDLED'S SONG
·························· 418
アンクルモー
UNCLE MO ·············· 290
ユニオンラグス
UNION RAGS ············ 291
アップスタート
UPSTART ················ 318
ユーエスネイヴィーフラッグ
U S NAVY FLAG········ 334

V

ヴェコマ
VEKOMA ················ 409
ヴェラザーノ
VERRAZANO ············ 326
ヴィンディケーション
VINDICATION ··········· 418
ヴィーノロッソ
VINO ROSSO ············ 409
ヴァイオレンス
VIOLENCE ··············· 312
ヴォラタイル
VOLATILE ··············· 411

W

ウォーフロント
WAR FRONT ············ 281
ウォーオブウィル
WAR OF WILL ········· 409
ウエストコースト
WEST COAST ··········· 337
ホワイトアバリオ
WHITE ABARRIO ······ 348
ウィズアウトパロール
WITHOUT PAROLE ··· 409
ウッディド
WOODED ················ 411
ウートンバセット
WOOTTON BASSETT··· 329

Z

ズースター
ZOUSTAR ················ 294

447

■著者紹介

関口隆哉（せきぐち・たかや）

早稲田大学教育学部卒業後、出版社勤務を経て、フリーライターに。競馬に関する著書多数。現在は、育成牧場における取材を毎月継続しているほか、野球（NPB、MLB、高校野球）、ペット・動物関連、教育関連、地産地消など、幅広い分野の執筆活動を行っている。

宮崎聡史（みやざき・さとし）

早稲田大学第一文学部卒業後、フリーライターに。以降、雑誌、単行本、WEB記事など、趣味と生活全般に関する雑多なライティング業務に携わっている。

●種付頭数および産駒数は、公益財団法人ジャパン・スタッドブック・インターナショナルの公式データを利用しました。

執筆協力／村本浩平
データ作成／八角潤
編集／有限会社 オネストワン　田中一平　田中正一　内田未央
DTP／大村タイシデザイン室
写真／村田利之、山田綾子、文田信基（fort）、JRA、JScompany、中央競馬PRセンター、サラブレッド血統センター、地方競馬全国協会、上田美貴子（社台ファーム、レックススタッド）、Trish Dunell,Rich Hill Stud（サトノアラジン）、Arrowfield Stud（アドマイヤマーズ、ミッキーアイル、モーリス）
カバー・本文デザイン／大村タイシデザイン室

協力／社台SS、レックススタッド、アロースタッド、イーストスタッド、ブリーダーズSS、優駿SS、日本軽種馬協会、HBA、地方競馬全国協会、ビッグレッドファーム、ダーレー・ジャパン株式会社、ジャパンレースホースエージェンシー、社台ファーム、ノーザンファーム、ノーザンファーム空港、ケイアイファーム、中村畜産、荻伏ブリーディングシステム、エスティファーム、サラブレッド血統センター、若林順一

実績と信頼の充実データ

種牡馬最強データ'24～'25

2024年4月17日　発　行　　　　　　　　　　　　　　NDC788

著　　　者　関口隆哉、宮崎聡史
発　行　者　小川雄一
発　行　所　株式会社 誠文堂新光社
　　　　　　〒113-0033 東京都文京区本郷3-3-11
　　　　　　電話 03-5800-5780
　　　　　　https://www.seibundo-shinkosha.net/
印刷・製本　株式会社 堀内印刷所

©Takaya Sekiguchi, Satoshi Miyazaki. 2024　　　　Printed in Japan

本書掲載記事の無断転用を禁じます。

落丁本・乱丁本の場合はお取り替えいたします。

本書の内容に関するお問い合わせは、小社ホームページのお問い合わせフォームをご利用いただくか、上記までお電話ください。

JCOPY ＜（一社）出版者著作権管理機構　委託出版物＞
本書を無断で複製複写（コピー）することは、著作権法上での例外を除き、禁じられています。本書をコピーされる場合は、そのつど事前に、（一社）出版者著作権管理機構（電話 03-5244-5088／FAX 03-5244-5089／e-mail:info@jcopy.or.jp）の許諾を得てください。

ISBN978-4-416-72335-7